Martin Rüdele
Augen weit geschlossen

Kassandrarufe
Ein Bewusstsein in zwei Bänden

Band 1

Über den Autor:

Martin Rüdele, geb. am 15.11.1975 in Esslingen am Neckar, hat eigentlich nie gerne Bücher gelesen. Die Umstände zwangen ihn aber dazu, eines zu schreiben. Er machte das Abitur, leistete den Zivildienst, beendete die dreijährige Ausbildung zum Physiotherapeuten im Jahr 1999 und arbeitet seither als Angestellter in diesem Beruf. 2003 zog er nach Freiburg i.Br. und lebt dort mit seiner Partnerin, mit der er seit seiner Schulzeit zusammen ist.

Augen weit geschlossen

Kassandrarufe

Ein Bewusstsein in zwei Bänden

Band 1

Martin Rüdele

Re Di Roma-Verlag

Bibliografische Information der Deutschen Nationalbibliothek:
Die Deutsche Nationalbibliothek verzeichnet diese Publikation in der Deutschen Nationalbibliografie; detaillierte bibliografische Daten sind im Internet über http://dnb.ddb.de abrufbar.

ISBN 978-3-86870-114-2

www.rediroma-verlag.de
24,95 Euro (D)

Inhalt

FÜR MICH

FÜR DICH

FÜR UNS

Vorwort

»Die Welt ist im Wandel. Ich spüre es im Wasser. Ich spüre es in der Erde. Ich rieche es in der Luft. Vieles, was einst war, ist verloren, da niemand mehr lebt, der sich erinnert.« (1)
– Der Herr der Ringe (Die Gefährten)
(Neuseeland / USA 2001)

Bei dem Buch, welches Sie soeben vor sich haben, handelt es sich um den verzweifelten Versuch, etwas zu (ver)ändern. Es handelt sich um den Versuch, mich der Welt und die Welt mir zu erklären – mir bewusst(er) zu werden, mich zu erinnern, – im Sinne von Jean-Paul Sartre und Albert Camus – gegen die Absurdität der Welt und des Lebens zu revoltieren, um durch das bewusste Annehmen dieser Widersinnigkeit, dieser *scheinbaren* Sinnlosigkeit des menschlichen Lebens einmal alles zu retten!

Natürlich bin ich bei alledem entweder *Subjekt*, oder *Objekt* (m)einer »Beobachtung« – bin einerseits der, der (sich) anschaut, und andererseits der, der angeschaut wird! Noch ***bin*** ich nicht beides (zur selben »Zeit«[1]), denn schließlich ist es nichts anderes als der Prozess, ja das Stadium der (Selbst)Entfremdung, in dem ich mich momentan befinde und von dem ich mich befreien will! Ob ein Mensch oder ein einzelnes Leben allerdings dazu ausreicht, ja ob es überhaupt möglich ist, in (dieser) Gesellschaft die Entfremdung zu überwinden; ob es möglich ist, sich (selbst) in einem dynamischen, vermeintlich zivilisierten, chaotischen »*System*« zu finden und (damit) zum Ganzen zusammenzufügen, halte (nicht nur) ich für fraglich. Wie es momentan aussieht, wird es wohl eher bei dem Versuch bleiben, die Entfremdung[2] rechtzeitig aufzuheben[3]. Zu sehr haben wir uns verlaufen, verrannt ... uns verirrt. Vermutlich haben wir überhaupt keine Wahl (mehr), ... ich komme zu spät!

---

[1] Anm.: Die Zeit, so wie »man« sie kennt, entspringt unserem (dualistischen) Denken, unserer (dualistischen) Wahrnehmung, wohingegen das »Sein« *an und für sich*(!?) einem zeitlosen »Zustand« entspricht.

[2] »*Entfremdung bezeichnet einen individuellen oder gesellschaftlichen Zustand, in dem eine ursprünglich organisch gedachte Beziehung (zwischen Menschen, Menschen und Arbeit, Menschen und dem Produkt ihrer Arbeit sowie von Menschen zu sich selbst) aufgehoben, verkehrt oder zerstört wird.*« (383)
Ich persönlich benutze den Begriff für mich so, wie ihn Marx und Hegel seinerzeit wohl gebraucht haben und hoffe gemäß letzterem (vgl. *Augen weit geschlossen - Band 2*, S. 175) auf (m)eine »*wahrhaft religiösen Versöhnung mit der Wirklichkeit, welche die Philosophie begreift [...]*« (383)

[3] »*Die dialektische Aufhebung ist ein zentraler Begriff der Philosophie G. W. F. Hegels. Er bezeichnet den Vorgang der Überwindung eines Widerspruchs, wobei die positiven, wertvollen Elemente erhalten und fortgeführt werden und die negativen entfallen.*« (384)

Was Sie auf den folgenden Seiten lesen und womit Sie es zu tun haben werden, ist trotz allem nichts von dauerhafter Gültigkeit. Vielmehr handelt es sich um eine Momentaufnahme (m)eines plastischen, sich ständig im Fluss befindlichen (Unter)Bewusstseins, von der ich einerseits – ums Verrecken – nicht loslassen kann und die andererseits (für mich) nicht und niemals *völlig* zu (be)greifen ist!

Die Schlussfolgerungen, die ich zum Teil ziehen werde, sind deshalb nicht statisch oder gar endgültig zu sehen, sondern beziehen sich maßgeblich auf *meine* sowohl bewusst als auch un(ter)bewusst gemachten Erfahrungen während der letzten **vier** bis **sieben** Jahre…

Seit nun mehr als vier Jahren denke ich schon daran, mir meine bisher weit verschlossenen Augen zu öffnen. Seither bin ich weg, bin abwesend und gleichwohl und gleichzeitig mehr denn je »*Anwesender*« auf der Suche, gleich einer unbestimmten Reise in der Fremde. Während dieser Zeit der systemisch[4]-synergetischen[5] und hoffentlich synergistischen[6] Wechselwirkung, der miteinander und durcheinander erfolgenden Zusammenwirkung von mir und der Welt ist dieses Buch *hier* entstanden. Demzufolge ist es lediglich ein unvollkommenes, fragmentiertes, egoistisches und noch immer viel zu egozentrisches Abbild meiner selbst – eine grobe Blaupause (m)einer Welt und (m)eines ebenso bewusst wie un(ter)bewussten Wissens- und Entwicklungsstandes bis ins Jahr 2010 hinein!

Das Meiste, wovon Sie hören werden, kennen Sie daher bereits, denn es ist mittlerweile auch für Sie schon zur (greifbaren) Realität oder inzwischen zur – eventuell in Vergessenheit geratenen – Vergangenheit geworden. Einiges davon ist aber erst jetzt – im *Augenblick* – im Begriff, »Wirklichkeit« zu werden. Manches wird und muss dagegen erst noch kommen, damit wir alle es sehen und am eigenen Leib spüren. Vieles wird, und das hoffe ich mehr als alles andere, gleichwohl ausbleiben!(?)…

---

[4] *»**sys|te|misch**: (Biol., Med.) ein Organsystem od. mehrere Organe in gleicher Weise betreffend od. auf sie wirkend;«*

[5] *»**sy|n|er|ge|tisch**: zusammen…, mitwirkend«*

[6] *»**Sy|n|er|gis|mus** der; -:*

***1.** das Zusammenwirken von Substanzen od. Faktoren, die sich gegenseitig fördern.*

***2.** (Rel.) Heilslehre, nach der der Mensch an der Erlangung des Heils mitwirken kann;«*

Diejenigen, für die dieses Buch »eigentlich« geschrieben ist, werden es nicht lesen, weil es zu kompliziert, zu anstrengend, zu umfangreich, zu ausführlich, zu nachdenklich, viel zu unangenehm bzw. unbequem, noch dazu ehrlich, authentisch, direkt, realistisch, traurig, unrentabel, unbegreiflich, eventuell auch zu kostspielig und alles in allem zu »schwer« ist! (Man denke nur an dieses verfluchte Vorwort oder das Gewicht der Seiten dieses Buches!)

Kurzum: Das Buch ist so ähnlich wie Vollkornbrot – alles andere als leicht zu konsumieren und für die »normale« Welt daher viel zu unverdaulich. – Es ist zu unkommerziell!

Die, die es dagegen verstehen, bereits verstanden haben, es sich leisten könn(t)en und die Zeit, Muße und die Kraft fänden, es mit sich herumzuschleppen, werden es nicht lesen, weil die Sprache nicht zu ***I***hnen*(?)* und ihrer Welt passt und es auch sonst und insgesamt zu unkonventionell geschrieben ist! Ein Dilemma – *mein* Dilemma!

Unter Umständen gibt es aber auch Menschen, die mit mir auf der Suche sind nach dem Guten, Wahren und Schönen, nach dem, was unser Zusammenleben heller, wärmer und glücklicher macht. Menschen, für die der Mammon nicht das Wichtigste und denen es ein ***echtes*** Bedürfnis ist, in Frieden mit sich, der Welt und ihren Mitmenschen zu leben!?

Vielleicht stimmt es wirklich, vielleicht ist es in der Tat besser für uns, wenn nicht jeder alles versteht. Aber es wird eine Zeit kommen, in der wir alle (uns selbst) begreifen – weil wir es müssen!

Da die Dunkelheit den Menschen dennoch immer mehr kontrollieren wird als das Licht und wir keine Zeit mehr haben, gemeinsam beizeiten »hell« zu werden, bleibt es bis zuletzt eine Hoffnung von mir, dass die Finsternis einen großen, meisterhaften Plan enthält, der uns allen (jedem Einzelnen von uns) hilft zu (über)leben…

…Wollen wir hoffen, dass es (für den Menschen) tatsächlich nicht schon zu spät ist, sich selbst zu finden. Lassen Sie uns hoffen, dass es für uns nicht schon zu spät ist, uns selbst zu erkennen, … uns selbst zu lieben, zu heilen, ...
… zu retten!

Martin Rüdele
»Troja« im Februar 2010

»*Es gibt kein richtiges Leben im Falschen.*« (2)
– Theodor W. Adorno
(Minima Moralia)

Teil I

Ein zu langes Exposé[7]!?

Beim Lesen des Buchtitels fragt sich manch einer vielleicht, wie man Augen weit schließen kann!? Das ist kein Wunder, denn Sie machen es bereits! Sie machen es, wenn Sie aus dem Fenster sehen, zur Arbeit fahren, wählen gehen, die Klimaanlage einschalten, miteinander reden, in der Kirche sitzen, die Zeitung oder das hier lesen. Sie machen es, wenn Sie Musik oder Radio hören, arbeiten, einkaufen, streiten, fern- oder na(c)hsehen, konsumieren, (aus)atmen, reden, Schlange stehen, einen Film anschauen, sich sportlich betätigen, Nachrichten verfolgen, (im Internet) surfen, es mit sich oder anderen treiben, sich etwas Gutes tun oder einfach nur etwas essen oder trinken (gehen). Verdammt, Sie und ich tun es in diesem und in fast jedem anderen Augenblick unseres Lebens. – Wir haben die Augen, die Ohren und sämtliche unserer gottgegebenen Sinne bewusst und sperrangelweit aufgerissen und sind dennoch blind wie Maulwürfe! Und so sehen wir nicht die Welt hinter der Welt, sondern nur das, was wir sehen können und wollen!...

Na ja, eigentlich sehen wir nicht das, was wir sehen *wollen*, sondern nur das, was wir sehen *sollen*, was im Endeffekt keine Rolle spielt, da beides mittlerweile sowieso beinahe dasselbe bedeutet!

Wie einige von Ihnen ganz richtig bemerkt haben, entspricht der Titel dieses Buches dem Titel des Stanley Kubrick-Filmes *Eyes Wide Shut*, zu Deutsch also *Augen weit geschlossen*. Dies wiederum ist ein sog. »**Oxymoron**« und bedeutet allgemein einen »*Widerspruch in sich*«! Dieser Widerspruch ist aber kein wirklicher Widerspruch, besteht die Welt doch insgesamt aus *Dualität*, aus *Zweiheit*, mit der wir es andauernd und überall zu tun haben. Der »Heilige Krieg«, die »virtuelle Realität« (Virtual Reality) oder die bekannte »Hassliebe« sind nur wenige Beispiele dafür, dass die Welt aus Gegensätzlichkeit besteht, und es ist ein »offenes Geheimnis« – übrigens auch ein »Qxymoron« –, dass das so ist!

ES(!?) stellt sich die Frage, welche der beiden Seiten in einem ***dualistischen*** »*System*«, in dem es angeblich »gut« und »böse« gibt, die Oberhand behält, und ich greife den Dingen jetzt vor, wenn ich sage, dass alles nur von unserer eigenen **Wahrnehmung** abhängt!

---

[7] »***Ex|po|see***, *auch:* ***Exposé*** *das; -s, -s <lat.-fr.>:*

a) *Denkschrift, Bericht, Darlegung, zusammenfassende Übersicht;*

b) *Entwurf, Plan, Handlungsskizze (bes. für ein Filmdrehbuch)*«

Letztlich befindet sich aber alles in einer Art Gleichgewicht, das der sog. »**Homöostase**« unseres eigenen Körpers gleichkommt und das wir selbst herbeiführen und auf einem gesunden Maß halten könn(t)en, wenn, tja, wenn wir nur woll(t)en. Aber darauf kommen wir (viel) später noch zurück!

Bis dahin mache ich keinen Hehl daraus, den Titel des Buches sowie sämtliche zugrunde liegenden Informationen irgendwo quasi »abgeschrieben« zu haben!

Das ist unter anderem übrigens auch der Grund, weshalb das Teil so ein dicker Wälzer (in zwei Bänden) geworden ist. – Weil nämlich andere Menschen bereits so viel recherchiert, nachgedacht, veröffentlicht und über uns und die Welt in Erfahrung gebracht haben, dass selbst ein Bruchteil dieser Erkenntnisse wohl kaum in einem Taschenbuch oder gar in einem kleinen Yps-Heftchen[8] mit obligatorisch beigelegtem »Gimmick« – wie beispielsweise den weltberühmten *Urzeitkrebsen*[9] – Platz gehabt hätte!

Wie unschwer zu erkennen ist, stehle also auch ich mich nur allzu gerne aus (m)einer erwachsenen Eigenverantwortung, indem ich stets anderen die Schuld für eigene Unzulänglichkeiten gebe. Aber neben der Einsicht, dass wir praktisch für alles, was uns betrifft, selbst bzw. ganz alleine verantwortlich sind und jedes der von mir angerissenen Themen ohne zu übertreiben jeweils genug Stoff für eine ganze Reihe von Büchern hergeben würde, kommen Sie um etwas sehr Wichtiges beim Lesen dieses kleinen Schmökers nicht umhin: ums Nachdenken!

Denn alles, was nötig wäre, um der gesamten Menschheit den faulen Hintern zu retten, ist schon da, oder wie der alte Herr von Goethe es einmal sagte:

»*Alles Gescheite ist schon gedacht worden,*
man muß nur versuchen, es noch einmal zu denken.« (3)
- Johann Wolfgang von Goethe
(Wilhelm Meisters Wanderjahre)

Zweifelsohne hatte er absolut Recht damit, und wir sind in Zukunft mehr als gut beraten, über das, was wir tun und als Menschheit bereits schon getan haben, nachzudenken, denn…

»*Alles, was du im Leben tust, jede Entscheidung, die du triffst,*
hat Konsequenzen. Wenn du etwas tust, ohne nachzudenken,
dann entscheidest nicht mehr du, sondern andere für dich!« (4)
- Ghostrider
(USA / Australien 2007)

---

[8] »*Yps ist ein Comic-Heft, das von 1975 bis 2000 erschien. Besondere Beliebtheit erreichte das Heft aufgrund des jedem Heft beigelegten Gimmicks, oft ein Spielzeug. 2005 wurde Yps wieder auf den Markt gebracht und es erschien eine Testausgabe, der 2006 bisher drei weitere Testausgaben folgten.*« (385)

[9] URL: http://www.ypsfanpage.de/gimmicks/krebse.php

Wer diese »anderen« sind, ob es »sie« überhaupt gibt und ob diese »Dämonen« bereits schon jetzt für und über uns entscheiden, bleibt – wie alles andere – natürlich Ihrer eigenen Fantasie überlassen!(?) Der Satz von den »*Konsequenzen*«, und »*dass wir alle nachdenken müssen, um selbst bzw. ganz alleine zu entscheiden*«, stammt – sie haben es gelesen – nicht von mir oder von Goethe, sondern aus der unfreiwillig komischen Comicverfilmung *Ghostrider* mit Nicolas Cage!

Keine Sorge, ich werde noch mehr von solchen und anderen versteckten und teilweise ziemlich abstrusen Filmweisheiten aus der bunten Welt des Schauspiels folgen lassen. Es wird uns zeigen, dass wirklich alles in allem – und sei es in dummen Hollywoodstreifen – und jeder in jedem schon vorhanden ist, alles schon gedacht wurde und wir es nur erkennen müssen, um es dann (notfalls) nochmals zu denken und in Zukunft vielleicht besser zu machen als zuvor!

Wie Sie bereits schon jetzt erkennen können, werde ich des Öfteren ziemlich »(alt)klug« – um nicht zu sagen, wie ein »Klugscheißer« – daherpredigen und Sie werden bemerken, dass ich leider viel zu oft den strengen moralischen Zeigefinger erhebe. Selbst wenn die »Moral«, oder sagen wir besser die »Ethik«[10], nebst der »Gerechtigkeit« *im Kleinen wie im Großen* (m)ein Thema ist und mir dieses, wie Sie noch sehen werden, ziemlich unter den Nägeln brennt, erscheint es didaktisch nicht gerade sinnvoll, Sie als Leser ständig auf besserwisserische, ja oberlehrerhafte Art und Weise zu berichtigen. Der kleine große Mensch will ja bekanntlich nicht (ständig) belehrt werden. – Vielmehr will er selbst zu eigenen Erkenntnissen gelangen, will etwas am eigenen Leib erfahren, für sich entscheiden und letztlich allein bestimmen, was richtig oder falsch (für ihn) ist!

Jedenfalls brauchen wir das Gefühl, etwas alleine geschafft zu haben. Das gehört wohl zum »er-wach(s)en« dazu und da bleibt es nicht aus, dass wir **eigene** Fehler und Erfahrungen machen, also **selbst** auf die »Schnauze« fallen, um im Grunde das zu (er)leben und zu kapieren, was andere schon längst vor uns wissen. Ein zu großes »Eltern-Ich« meinerseits wird bei Ihnen also wohl kaum auf offene Augen und Ohren treffen und könnte Sie im dümmsten Fall sogar in Ihrer Entwicklung behindern! Lassen Sie mich das, *was* und, vor allem, ***wie*** ich es Ihnen sagen werde, also besser mit den Worten aus meiner Lieblings-Ärzte-Serie *Scrubs – Die Anfänger* erklären und dabei die dort verwendete Anrede *Du* durch ein simples *Sie* ersetzen…

---

[10] »***Ethik*** *die;* -, -en <*gr.-lat.*>:
1. a) (Philos.) Lehre vom sittlichen Wollen u. Handeln des Menschen in verschiedenen Lebenssituationen;
b) die Ethik (1 a) darstellendes Werk.
2. (ohne Plural) [allgemein gültige] Normen u. Maximen der Lebensführung, die sich aus der Verantwortung gegenüber anderen herleiten.«

»Ich mache das« [alles] *»nicht, um Sie runter zu machen, sondern weil ich finde, dass Sie durchaus das Potenzial haben, aus Ihrem Leben zu machen, was Sie wollen. Aber Sie müssen auch schon mal'n Versuch wagen*!« (5)

»Fordern« heißt »Fördern!«, und ich hoffe, Sie fühlen sich jetzt – und im Verlauf der »wenigen« Seiten, die (noch) vor uns liegen – ein bisschen von mir herausgef*ö*rdert!?

Da ich selbst aber (noch) nicht so weit bin, selbst (noch) nicht aus meiner rechthaberischen bzw. kindlichen Haut heraus kann, alles in allem und besonders vor dem Versuch, aus meinem eigenen Leben etwas zu machen, ziemlich viel »Schiss« habe und beim Leser trotz allem leicht ein etwas falscher Eindruck entstehen könnte, möchte ich des Weiteren Folgendes gleich *hier & jetzt*, ein für alle Mal und unmissverständlich klarstellen:

»Allwissend bin ich nicht, doch viel ist mir bewusst.«
– Johann W. von Goethe
(Faust I)

Mit anderen Worten bin ich nicht besser, klüger, weiter oder stärker, als Sie es sind! Wie jeder andere bin auch ich nur selten ich selbst, sondern spiele viel lieber und je nachdem nur (m)eine Rolle(n), für die ich zum Teil sogar bezahlt werde!

Es versteht sich außerdem von selbst, dass ich die – in diesem Buch und von mir persönlich dargestellte – Weisheit bestimmt nicht mit Löffeln gefressen habe. Vielmehr und blöderweise habe ich dazu die Gabel benutzt und bin, sieht »man« von ein paar Ausnahmen ab, ein ganz normaler »Mensch«, d.h. ein »Otto Normalschaf«! Ich bin also nicht(s) ander(e)s als Sie *ES* sind, also im besten Fall »nur« ein *»benoni«* (6), einer der vielen sog. »**Durchschnittsmenschen**«, deren »Schicksal« – sofern es so etwas gibt – in den eigenen und nicht, wie fälschlicherweise oft angenommen, in den Händen anderer liegt!

Genau wie Sie bin auch ich stets meiner (mit)menschlichen Vernunft und meinen animalischen Trieben ausgesetzt, bin mir diesen zum Teil bewusst und kann und muss alleine deshalb stets zwischen *»Gut«* und *»Böse«* wählen! Sie können getrost davon ausgehen, dass mir das nicht immer leicht fällt und dass ich mich täglich dabei ertappe, wie ich trotz besseren Wissens und Gewissens noch immer dieselben dummen, unreifen, unüberlegten, ja menschlich primitiven[11]

[11] »***pri|mi|tiv*** *<lat.-fr.>:*
1. *auf einer einfachen Kultur-, Entwicklungsstufe stehend; urzuständlich, urtümlich.*
2. *(abwertend) von geringem geistig-kulturellem Niveau.*
3. *einfach; dürftig, behelfsmäßig;*

»Leichtsinnsfehler« wie alle anderen begehe! Ich bin und verhalte mich in vielerlei Hinsicht leider immer noch viel zu egoistisch, rechthaberisch, intolerant, verletzend, rücksichtslos, das heißt unachtsam, heuchlerisch, aufbrausend, eitel, überheblich, misstrauisch, nachtragend, engstirnig, pedantisch[12], **gierig**, unzufrieden, ängstlich, eifersüchtig, unbewusst, zornig, wollüstig, verwöhnt, ungeduldig, gefräßig, geizig, träge, einfach, opportunistisch[13], urtümlich, von geringem geistig-kulturellem Niveau und insgesamt überaus **süchtig** bzw. **abhängig**!

Bis auf die Sache mit dem »verwöhnt« (es sind verständlicherweise weitaus mehr Menschen arm als reich!) bin ich im Grunde genommen also vermutlich genauso unfrei, unreif, »(ein)gebildet« und überaus dämlich wie schätzungsweise 95 Prozent der (Welt)Bevölkerung. Eine Tatsache, die mich doch irgendwie sympathisch macht – meinen Sie nicht!?

Ich bin also mehr oder weniger ein *Element dieser (gesellschaftlichen) Gruppe*, ein »Normalo«, wenn »man« so will, und als dieser verfüge ich über genau die gleichen miesen, oder sagen wir besser »skurrilen«[14] Charaktereigenschaften wie Sie! Falls Sie sich das eine oder andere Mal aber dennoch fragen sollten, was und ob ich etwas »besser« mache oder sich darüber hinaus wundern, wie jemand wie ich an all die Informationen gelangt ist und woher jemand wie »der« das alles überhaupt weiß oder wissen will, dann denken Sie wieder und stets daran, dass ich nur der Typ von nebenan bin: ein Schaf von vielen, das sich den Wolfspelz übergestreift hat und sich insgesamt und wie mir scheint, nur etwas mehr als gemeinhin üblich Gedanken und Mühe gemacht hat!...

Ich verfüge über ähnliche Fähig- bzw. Möglichkeiten wie Sie und dass ich – gleichsam wie manch ein Politiker – heute beispielsweise kaum noch etwas von dem weiß, was ich gestern gesagt, getan oder insbesondere selbst geschrieben und/oder erlebt habe, liegt neben dem mangelnden Gehirntraining und dem regelmäßigen »Flashen[15]« des Steuergeräts mitunter daran, dass ich, wie Sie bereits wissen, vieles »bloß« abgeschrieben habe. Man könnte auch sagen, ich

---

primitives Symbol: *Zeichen der mathematischen Logik, dessen Bedeutung als bekannt vorausgesetzt wird.«*

[12] »***pe|dan|tisch***: *übertrieben genau, ordnungsliebend, gewissenhaft.«*

[13] »***Op|por|tu|nịs|mus*** *der; - <lat.-fr.>:*

1. *allzu bereitwillige Anpassung an die jeweilige Lage (um persönlicher Vorteile willen).*

2. *(im marxistischen Sprachgebrauch) bürgerliche ideologische Strömung, die dazu benutzt wird, die Arbeiterbewegung zu spalten u. Teile der Arbeiterklasse an das kapitalistische System zu binden.«*

[14] »***skur|ril*** *<etrusk.-lat.>: (in Aussehen u. Wesen) sonderbar, auf lächerliche oder befremdende Weise eigenwillig.«*

[15] »***fla|shen*** *<engl.>:* ***1.*** *(ugs.) begeistern.* ***2.*** *(EDV) ROM-gespeicherte Software überschreiben.«*

habe die meisten Informationen und Quellen des Buches im »Copy & Paste«, im »Abschreiben- und Einfüge-Verfahren« leider viel zu häufig (u.a. aus dem Internet) übernommen! Deshalb entspricht dieses »Wissen« *im Detail* leider nicht annähernd meinem »Wissen«, weshalb ich – ohne einen Spickzettel zu benutzen – wohl kaum den hiermit mehr oder weniger »unangesagten« Kurztest(!) bestehen würde.

Aber gerade weil ich keinen Deut besser, stärker oder klüger bin als Sie, ein Schaf (und übrigens auch ein Wolf in einem) bin und – so wie jeder andere auf diesem Planeten – »prinzipiell« ähnlichen Einflüssen ausgesetzt bin und werde, tut das eigentlich sehr viel zur Sache – denn was **ich** kann, das können **Sie** (im »***Prinzip***«) auch!

Selbst wenn mir bisher das Gefühl der Dringlichkeit zur letztlich vollständigen Überwindung einiger meiner durchaus negativen Verhaltensweisen fehlt, habe ich mir vorgenommen – und da bin ich bestimmt nicht der Einzige – mich wirklich zu (ver)ändern! Zu diesem Zweck habe ich mich, so gut es mir eben möglich war, über allerhand Nützliches und *scheinbar* Unnützes informiert. Man könnte fast sagen, ich habe gelernt und mir währenddessen einfach mal die »Zeit« genommen, bestimmte, der Menschheit bereits schon (seit einiger Zeit) bekannte Erkenntnisse zu sammeln, um diese daraufhin dann auf meine eigene Art miteinander in Verbindung zu bringen. Das ist (m)eine Leistung!(?)

Basierend auf d(ies)en menschlichen »Ein- und Ansichten«, bzw. d(ies)en »Erfahrungen«, die die Menschheit seit Jahrtausenden teilweise (r)echt schmerzhaft gemacht hat, habe ich mir mehr oder weniger »freiwillig« Gedanken über mich, über Sie, über die Welt und sogar ein bisschen darüber hinaus gemacht und diesen Prozess meiner mentalen Arbeit samt den Schlüssen, die ich für Sie und mich daraus ziehe, daraufhin dann »literarisch« verfasst...

Fragen Sie mich bitte nicht, warum ich das getan habe oder was zum »Teufel« mich geritten hat, (m)ein Buch zu schreiben! Um ehrlich zu sein, weiß ich es selbst nicht genau. – Vermutlich ist es sowohl die Therapie als auch das Resultat meiner eigenen Psychoanalyse!?

Auch daran sollten Sie beim Lesen immer denken, und selbst wenn der deutsche Philosoph Arthur Schopenhauer einmal behauptet hat, »*Lesen heißt, mit einem fremden Kopf statt mit dem eigenen zu denken*«, dürfen Sie das, was Menschen wie er oder ich behaupt(et)en, nicht allzu wörtlich zu nehmen! Natürlich soll(t)en Sie sich unbedingt und möglichst jederzeit in einen anderen Menschen, seine Gefühle und seine Sichtweise hineinversetzen können – das alleine könnte schon den Untergang der Menschheit verhindern –, aber dennoch müssen Sie dabei stets und überall Ihre **eigenen** Augen, Ohren, Sinne und insbesondere Ihr **eigenes** Denkorgan benutzen. Deshalb hat die Evolution Sie überhaupt erst mit diesem fantastischen »Equipment«[16] ausgestattet und nur so können Sie möglichst »frei«, das heißt »(selbst)bewusst« und »(selbst)ständig«, über sich, die Welt, ein bisschen darüber hinaus und speziell über das, was Sie sehen, hören, machen, fühlen und – im Einzelnen auch von mir – lesen werden, nachdenken!

Sofern Sie das überhaupt wollen, können Sie sich dann zu alldem »möglichst« unvoreingenommen und gleichermaßen unbeeinflusst Ihr **eigenes** Urteil bilden!

Ich sag(t)e »möglichst«, denn ich gebe zu, dass wir, solange wir (nach)denken und dieses von Vergangenheit geprägte Denken nicht reflektieren und letztlich überwinden, das heißt nicht begreifen, dass der Beobachter konditioniert und damit voreingenommen ist, wohl nie ein **eigenes** Urteil bilden werden. Schon das »Urteil« und der Ausdruck an sich entspringt dem (dualistischen) Denken, ist nicht eins, sondern fragmentiert und somit keinesfalls »objektiv« oder »ganzheitlich«! Erst wenn der Beobachter *wirklich* zum Beobachteten wird – »*ER*«, »*SIE*« oder »*ES*« ein und dasselbe sind – haben wir vielleicht eine Chance uns und die Welt so zu sehen wie sie ist! Dieses Thema können wir freilich nicht zu Ende führen und ich gebe jedem Wissbegierigen den Rat diesbezüglich mal in Jiddu Krishnamurtis Buch *Vollkommene Freiheit* Einblick zu nehmen…

Ob »man« nun nachdenken muss, um zu dem Schluss zu kommen, *ES* besser zu lassen oder klugerweise von Anfang an gleich darauf verzichtet, kann ich Ihnen nicht sagen. Ich weiß nur eines: Sie könn(t)en sich zumindest in all *Ihre* Gedanken und Gefühle *bewusst(er)* hineinbegeben und daraufhin entsprechend handeln! Sie haben die Wahl, doch »denken« Sie daran, dass das möglichst klare Sehen und selbstständige, freie Denken und Fühlen für den Fortbestand unserer »menschlichen« Spezies in jeglicher Hinsicht und aller Voraussicht nach (lebens)wichtiger sein könnte, als *man* in der Regel meint bzw. »glaubt«!?...

Es kann nämlich gut sein – und die Geschichte zeigt es nur zu gut – dass ich und andere mit dem, was wir tun, sagen und uns überlegt haben, falsch liegen!

Es wäre ja nicht das erste Mal, dass jemand von etwas bemächtigt wurde, dieser jemand dann nach bestem Wissen und Gewissen handelt und trotz (aller) »guter« Vorsätze ganz bewusst oder ungewollt Menschen einfach nur zu seinem Vorteil manipuliert, massenweise verheizt und daraufhin – kollektiv, wie eine Herde Lemminge – ins Verderben führt. Es wäre nicht das erste Mal, dass einer den anderen unter Vortäuschung falscher Tatsachen vorsätzlich oder auch nur aus Versehen – möglicherweise auch nur so zum Spaß – ausnutzt und gegen dessen freien Willen solange aussaugt, bis irgendwann nichts mehr von ihm übrig ist als eine leere Hülle seiner Selbst. Es kann also gut sein, dass das, wovon ich Sie letztlich überzeugen will, nicht gründlich von mir zu Ende gedacht wurde oder nichts als breitgetretener, egoistischer Blöd- oder Wahnsinn ist! Im besten Falle bin ich also einfach nur verrückt, was bedeuten würde, dass Sie sich

---

[16] »***Equip|ment*** *das; -s, -s <fr.-engl.>: technische Ausrüstung*«

keine Sorgen machen müssen, da nichts von dem, was ich sehe, fühle und (er)lebe oder mir in meinem wirren Kopf zusammengesponnen habe, eintreten wird. Aber wer will oder kann das schon sagen?

Trotz allen Wahnsinns (oder gerade deshalb) habe ich persönlich versucht, meiner Vorstellung von der Welt und der Art, wie sie meiner Meinung nach funktioniert, Ausdruck und Struktur zu verleihen! Diese Struktur ist allerdings kein festes Gefüge, wie »man« es kennt, sondern vielmehr ein fließender Aufbau, welcher sich im synergetischen Verständnis vom Mikro- und Makrokosmos verhält. Das heißt, dass eine einzelne Gegebenheit in dieser (schizophrenen) Welt, genauso wie in (m)einem vermutlich schizophrenen Kopf, auf andere übertragen werden kann, mit diesen durch Wechselwirkung etwas Unvorhergesehenes bildet und dabei zehn oder mehr andere Dinge bedingt, die für und durch sich dann wieder mindestens genauso viele andere beeinflussen und zur Folge haben! Sie werden deshalb bemerken, dass sich ab einem gewissen Punkt, der wahrscheinlich sehr viel schneller kommt, als es Ihnen und mir lieb ist, die Dinge – nicht nur in meinem Buch – wiederholen und Sie werden möglicherweise den Eindruck bekommen, vieles schon selbst erlebt oder von einigem früher schon mal gehört zu haben!

Das ist auch kein Wunder, denn wir alle sind und bilden seit Anbeginn der Zeit ähnliche, sich selbstständig reproduzierende Gebilde – oder sagen wir besser »*Systeme*«, die sich mit der Zeit verändern, hoffentlich verbessern und aufeinander aufbauen. Außerdem sind, formen und leben wir gemeinsam ein »*System*«, in dem eines das andere ergibt und alles von allem abhängt. Und da ist es verständlicherweise relativ schwierig, etwas komplett Neues zu bringen und beinahe unmöglich, sich (selbst) nicht zu wiederholen, geschweige denn, sich nicht zu verzetteln oder gar alte, lieb gewonnene Kamellen wieder aufzuwärmen!

Das macht aber nichts, denn die Evolution bringt ja auch nichts wirklich Neues, sondern fügt lediglich die bereits vorhandenen Elemente eines »*Systems*« in anderer Form und auf bisher unbekannte Weise wieder zusammen!...

Sie werden also sehen, dass sich in und mit uns alles mehrmals wiederholt, werden zudem erkennen, dass alles in ständiger Bewegung, im sog. »**Fluss**« ist, und alles, im Kleinen wie im Großen, dabei gewissen Gesetzmäßigkeiten folgt!

Diese Gesetzmäßigkeiten entsprechen im Grunde genommen nichts weiter als »Spielregeln« bzw. »***Prinzipien***« von »*Systemen*«, und ich hege die Hoffnung, dass Sie diese Muster erkennen und im Endeffekt begreifen, dass es eigentlich vollkommen egal ist, um welche »*Systeme*« es sich dabei handelt! Es ist egal, ob wir dabei uns selbst (*Körper*, *Geist* und/oder *Seele*) oder die Familie, in der wir leben, als ein »*System*« betrachten. Es ist egal, ob es der Betrieb ist, in dem wir uns abrackern, oder es gar mit globaler Politik zu tun haben. Es ist auch egal, ob wir über den Weltraum und Planeten sprechen oder uns Gedanken über Atome machen, denn die sogenannten »**Axiome**«, worauf diese »*Systeme*« basieren und es letztendlich ankommt, sind stets ähnliche, wenn nicht sogar dieselben, die uns in unserer kleinen großen Welt beschäftigen! Ich habe (für mich) dabei erkannt, dass der Wille, dem wir bisher entweder zu wenig oder zu viel Bedeutung zugemessen haben, ebenso wenig frei ist wie die Entscheidungen, die wir jeden Augenblick (un(ter))bewusst treffen. Er ist ebenso wenig frei wie das Leben, das wir anscheinend »bewusst« führen. Jede Entwicklung ist lediglich ein Produkt äußerer wie innerer Einflüsse und die Zeit trägt ihr Übriges dazu bei, dass wir heute das sind, was wir sind. Und dass wir so sind, wie wir sind oder bald sein werden, kommt auch nicht von ungefähr! Womöglich ist »eines« tatsächlich »alles« und womöglich sind Sie, so wie ich, dieses »Eine«, das (irgendwann) einmal »Alles« bedeutet. Irgendwie gruslig, nicht wahr?

An dieser Stelle möchte ich noch einmal kurz auf etwas Wichtiges zurückkommen. Wenn ich im Verlauf des Buches immer wieder mit recht ausführlichen Stellen aus Filmen, Texten aus Liedern, Geschichten, Anekdoten, Statistiken oder gar ganzen Quellen, die ich recht dreist und hoffentlich in nicht unerlaubter Weise 1:1 übernommen habe, daherkomme, dann hat das mehrere Gründe, von denen ich jetzt aber nicht jeden einzelnen nennen kann. Ich kann nur sagen, dass ich größtenteils einfach nur zu faul und irgendwie auch zu blöd bin bzw. war, mir sämtliche Dinge, Erfahrungen und Erkenntnisse, für die mancher Mensch ein ganzes Leben und die Menschheit zum Teil Jahrtausende gebraucht hat, selbst auszudenken. Darüber hinaus sehe ich es nicht ein, bereits bestehende Quellen so umzuformulieren, dass der Eindruck entsteht, als wäre alles auf meinem eigenen Mist gewachsen. Das könnte sich zwar als ungemein profitabel erweisen, und, wie mir scheint, ist es eine gängige Praxis in unserer Gesellschaft, aber eine derartige Vorgehensweise ist sozusagen nicht mein »Style«[17] und verändert, wenn auch nur gering (man denke nur an die Bibel), den jeweiligen Kern einer zugrundeliegenden Aussage! Um beim ambitionierten Leser ein gewisses aufgeklärtes Bewusstsein hervorzurufen und möglichst über dasselbe zu diskutieren, ist eine originalgetreue Darstellung von Quellen leider nötig. Nur so können spätere Missverständnisse und Fehldeutungen weitestgehend vermieden werden. Die möglichst objektive Darstellung ist nötig, um jemanden möglichst selbst(kritisch) nachvollziehen zu lassen, was in (m)einer Birne und Welt so vor sich geht. Sobald ich aber etwas in eigenen Worten wiedergebe, ist es von mir und durch mich gefärbt worden – nicht wahr!? Sie wollen und soll(t)en sich aber am besten <u>selbst</u> ein Bild von mir, sich und der Welt machen und wer weiß, vielleicht kommen wir ja – von uns aus – zu demselben Resultat?

Bei meinen bisherigen *Berechnungen* und meinen Versuchen, jemandem mein persönliches »<u>(End)Ergebnis</u>«, meine persönliche Wahrheit und Welt (hinter der

---

[17] zu deutsch: nicht mein Stil bzw. nicht meine Lebenseinstellung. »*Des Öfteren bezeichnet Style auch unkonventionelle, meist spektakulärere Problemlösungen. Diese Lösungen haben in dem Fall "Style".*« (386)

Welt) näher zu bringen, hatte ich bisher dummerweise vergessen, zuvor gleiche Voraussetzungen zu schaffen. Zudem hatte ich den (Leichtsinns)Fehler begangen, bei meinem Gegenüber den Eindruck zu erwecken, ihm etwas aufzwingen zu wollen. Natürlich bin ich ungeduldig und besessen von der Vorstellung, dass alles »gut« wird, wenn wir nur »gut« genug überlegen, und natürlich möchte ich denen, die das meiner Meinung nach nicht tun, am liebsten mit Gewalt die Augen aufreißen, sie mit der Nase hineinstoßen und zum Nachdenken zwingen! Am liebsten möchte ich sie, **S**ie, mich und den Rest der Welt mit Hilfe eines Eimers kalten Wassers oder dergleichen aus dem vermeintlichen Schlaf eines Betrunkenen reißen! Dass das (so) nicht, kaum oder – wenn überhaupt – nur für eine sehr kurze Zeit funktioniert, kann *man* sich wahrlich denken und an unserer Geschichte deutlich erkennen!!!

Trotz dieser mehr als offensichtlichen Tatsache war ich nach dem einen oder anderen »Gespräch« mit meinen Mitmenschen, sagen wir mal, etwas »überrascht«, bestürzt, geradezu fassungslos, verärgert, beleidigt und auch ziemlich (u.a. von mir selbst) enttäuscht, dass *man* mich nicht verstand, mich müde belächelte und sich von mir – teils aggressiv und stets verteidigend – distanzierte…

Kopfschüttelnd gelangt(e) *man* offenbar zu gegenteiligen Überzeugungen bzw. Resultaten und das nur, weil *man* von etwas anderem ausging, d.h. das »Fundament« ein (ganz) anderes war, ich ein paar absolut notwendige Grundlagen, Zwischen- bzw. Gedankenschritte vergaß oder fälschlicherweise ((m)eine »objektive« Sicht) als selbstverständlich oder gegeben voraussetzte und das vermeintliche »Endergebnis« der *(Kopf)Rechnung* infolgedessen von meinen, zugegebenermaßen zum Teil (r)echt radikal erscheinenden Ansichten und ewigen Lamentationen[18] abzuweichen schien!...

Heute weiß ich, dass es »Zeit« braucht und kein Mensch, Buch, Lied oder Film und auch keine (einzelne) Aktion der Welt dazu in der Lage ist, ein und dieselbe(n) Voraussetzung(en) zu schaffen, um beim Gegenüber, dem Kind, Leser, Zuhörer oder Zuschauer ein und dieselbe »**Wirklichkeit**«, d.h. ein und dieselbe(n) **Empfindung(en)**, Schlussfolgerung(en), Vorstellung(en), Emotion(en), Handlungsweise(n) oder sonstige Reaktion(en) hervorzurufen! Dazu sind wir einfach zu verschieden, als »*System*« zu komplex, und bewerten beispielsweise ein und dieselbe Gegebenheit aufgrund unserer unterschiedlichen Struktur, Gemütslage(n), Fähigkeit(en), Erfahrung(en), Wahrnehmung(en) und individuellen Vorkenntnis(sen) immer *anders*!…

---

[18] »***La|men|ta|ti|on*** *die; -, -en:*
1. *Gejammer, weinerliches, jammerndes Klagen.*
2. *(nur Plural)*
a) *Klagelieder Jeremias im Alten Testament;*
b) *bei den katholischen Stundengebeten der Karwoche aus den Klageliedern Jeremias verlesene Abschnitte.*«

Mehr noch, alle paar (Nano)Sekunden wechselt das »Bild«, das wir uns von uns, d.h. der Welt oder von sonst wem oder was machen! Nie »sehen« wir uns, etwas oder jemanden vollkommen (gleich)! Das geht mir sogar so, wenn ich nach einiger Zeit meine eigenen Zeilen lese, was unter anderem auch der Grund dafür ist, dass bei mir so viel in (Klammern), *Kursiv* – Gedankenstrichen – und/oder »Anführungszeichen« steht.[19] *Man* mag dies (durchaus) als schlechten (Schreib)Stil werten und beim Lesen bzw. Lernen etwas hinderlich, anstrengend bzw. (über(aus))fordernd, ungewohnt und demotivierend empfinden. Aber ein und denselben Satz oder Menschen, ein und dieselbe Aussage, eine und dieselbe Gegebenheit oder Information(seinheit) kann *man*, je nachdem, nun mal so oder so, allgemein und/oder ganz speziell verstehen, sachlich (objektiv) und/oder persönlich (subjektiv) aufnehmen und – im Kant'schen Sinne – gegebenenfalls sogar auf die ganze Menschheit übertragen!!!

Etwas Ähnliches hat sich der Autor Robert M. Pirsig vermutlich auch gedacht, als er in seinem Buch *ZEN und die Kunst ein Motorrad zu warten* über die Wirkung von »Aufsätzen« bzw. Vorträgen oder Abhandlungen, »*die eine literarische oder wissenschaftliche Frage in knapper und anspruchsvoller Form behandeln*«, schrieb:

┌

> »*Das Dumme ist, daß Essays*[20] *sich immer so anhören müssen, als spräche Gott für die Ewigkeit, obwohl es nie so ist. Die Leute müssen begreifen, daß es nie etwas anderes ist als ein bestimmter Mensch, der von einem bestimmten zeitlichen und räumlichen Standort aus spricht, aus bestimmten Verhältnissen heraus. Nie, niemals ist es etwas anderes, aber man kann das in einem Essay nicht zum Ausdruck bringen.*« (7)

┘

---

[19] **So ergeben meine Sätze, nur um ein Beispiel zu nennen, ohne das, was in Klammern steht, mal den einen oder (zum Teil sogar völlig) anderen Sinn. – Probieren Sie's aus!(?) Sie können aber auch einfach über die Klammern, Anführungszeichen etc. hinweglesen – das ist viel( )leicht(er,) motivierender und durch die auftretende und ebenso auffallende Redundanz fürs allgemeine Verständnis gleichermaßen sinn- bzw. wirkungsvoll und möglich! *ES* ist alleine Ihre Entscheidung!(?)**

[20] »*Ein **Essay** (Plural: Essays), seltener: Essai (der, selten: das; über französisch essai von mittellateinisch exagium, „Probe", „Versuch"), ist eine geistreiche Abhandlung, in der wissenschaftliche, kulturelle oder gesellschaftliche Phänomene betrachtet werden. Im Mittelpunkt steht die persönliche Auseinandersetzung des Autors mit seinem jeweiligen Thema. Die Kriterien streng wissenschaftlicher Methodik können dabei vernachlässigt werden.*
Essays zählen auch zu den journalistischen Darstellungsformen. Ähnliche Textarten, teilweise auch synonym verwendet, sind Causerie, Glosse, Kolumne, Traktat, Aufsatz und der journalistische Kommentar sowie der Leitartikel.
Der Übergang zwischen Essay und Aphorismus ist fließend: 'Der Essay ist der große Bruder des Aphorismus'.« (477)

Mit **(m)einer** speziellen, unkonventionellen Art zu schreiben und dem Hinweis darauf, dass sie – wie *man* an der wechselnden Qualität vermutlich bemerken wird – stets (m)einen unterschiedlichen Entwicklungs- bzw. Wissens(»zu«)stand widerspiegelt, hab auch ***ich*** es wenigstens versucht und – um an meine Worte von eben anzuschließen – möchte keinesfalls behaupten, dass eine andere Schlussfolgerung, Realität oder ein anderes »Ich« oder Bewusstsein nicht auch richtig ist oder es zumindest sein kann!...

Ganz im Gegenteil! Doch der Fehler, stets von ähnlichen Voraussetzungen auszugehen bzw. manche Ausgangspunkte einfach so vorauszusetzen, passiert mir jetzt nicht mehr (so häufig) und ich hoffe, dass diejenigen von Ihnen, deren geistigen Eigentums ich mich bemächtigt und zur Grundlage (m)eines eigenen, teils bewussten, teils un(ter)bewussten individuellen »Seins« gemacht habe, verstehen, um was es mir im Großen und Ganzen eigentlich geht. Allen anderen sei gesagt, dass von einem fakultativ[21] Bekloppten eh nicht viel zu holen ist und *Sie*(!?) davor, dass ich *Ihnen*(!?) etwas wegnehmen oder mich gar auf *Ihre*(!?) Kosten bereichern will, (wirklich) keine Angst haben müssen!

Des Weiteren hoffe ich inständig, dass die von mir gewonnenen Erkenntnisse irgendwie schlüssig dargelegt und wissenschaftlich untermauert werden, und möchte mich im Vorfeld bei Ihnen für meine teilweise recht derbe, umgangssprachliche und leider oft auch ordinäre Ausdrucksform entschuldigen. Doch die globalen, lokalen und individuellen Probleme, mit denen wir uns augenblicklich und in (naher) Zukunft konfrontiert sehen, sind von genereller Natur und nicht (mehr) nur Angelegenheit der geistigen Elite dieses Landes und dieses Planeten!

Grundsätzliche Probleme, mit denen die Menschheit seit Anbeginn ihrer Zeit zu kämpfen hat, können und werden nicht über Nacht und schon gar nicht nur lokal oder von außen gelöst werden! Deshalb erwarte ich ehrlich gesagt auch nicht, dass sich gleich morgen (oder übermorgen) alles ändert, und habe bei meinen Ausführungen mal mehr, mal weniger die Umgangssprache mit all ihren Kraftausdrücken und verbalen Entgleisungen – gemäß meiner sozialen Herkunft – gewählt, damit das, wovon Sie auf den kommenden Seiten lesen werden, möglichst für jedermann, ja wenn man so will, sogar für jeden **motivierten** »Proll«[22], zu verstehen ist! Die »Gossensprache« gehört nun mal ebenso zu mir

---

[21] »***fa|kul|ta|tiv*** <*lat.-nlat.*>: *freigestellt, wahlfrei, dem eigenen Ermessen, Belieben überlassen*«

[22] »*(ugs. Abwertend) roher, ungehobelter, ungebildeter Mensch.*«

»*Der Begriff **Proll** bezeichnet weiterhin umgangssprachlich-verächtlich seit den 1980er Jahren einen **Proleten**.*« (387)

»***Prolet** ist die umgangssprachliche Verkürzung des Begriffs »**Proletarier**« und bezeichnete seit dem 19. Jhd. abwertend Menschen der städtischen und industriellen Unterschicht, seit Aufkommen des Marxismus aber auch positiv Arbeiter im Kontext des Klassenkampfes.*« (388)

und zu (m)einer Welt, wie das, was Sie soeben lesen, und ich hoffe inständig, dass alles, was ich sage und tue, nicht nur für einige wenige von uns – die sich gewählt auszudrücken vermögen, vieles von dem, was sie lesen und sehen, eigentlich schon längst wissen und daher selbst in die Tat umgesetzt haben sollten – verständlich ist. Nur unter der Voraussetzung, dass es möglichst viele, ja unter Umständen sogar alle kapieren und – gegebenenfalls durch mehrmaliges Lesen bzw. Kopfzerbrechen – die Verbindung zu ihrem **eigenen** Leben erkennen, haben wir in Zukunft (gem)einsam und kollektiv die Chance, allgemeine Probleme, die letztlich jeden Einzelnen von uns betreffen, zu begreifen und (deshalb) zusammen in den Griff zu bekommen!

Vermutlich bleibt dies, wie so vieles andere, wohl leider eine reine Utopie[23] von mir, denn auch mein »Essay« ist zum Schluss um einiges komplizierter, umfangreicher, unverständlicher und nicht zuletzt umständlicher geworden, als ich es mir ursprünglich einmal gewünscht und vorgenommen hatte. Außerdem ist davon auszugehen, dass es unmöglich ist, die »Prolls« nachhaltig zu aktivieren, da nur die Wenigsten (von uns) augenblicklich die Kraft und die Muse für eine positive Veränderung der eigenen Lebensweise aufbringen können oder es wollen. Frei nach dem Motto: »*Lieber schlecht fahren als gut laufen*« heißt es demnach »*Wer nicht lesen will, muß fernsehen.*« (8) und ich bin der Letzte, der es Ihnen verdenken kann, sich genau so und nicht anders zu verhalten!

Nichtsdestotrotz und aus eigener Erfahrung und Überzeugung möchte ich Sie nochmals bitten, ab und an den »Arsch« hochzukriegen und immer **selbst** und vor allem **kritisch** über das, was Sie von mir hören werden, nachzudenken!...

Versuchen Sie die Informationen gegebenenfalls zu verifizieren[24], denn die Quellen – auch bzw. gerade die aus dem Fernsehen! – können und werden sogar durchaus falsch und/oder verwaschen sein, weshalb Ihnen beim Lesen auch viele »Möglicherweises«, »Vielleichts«, »Eventuells«, »Anscheinends«, »Womöglichs«, »Scheinbars« usw. über den Weg laufen werden. Ich erhebe daher keinen Anspruch auf Korrektheit, Originalität oder Vollständigkeit in meinem Buch! Die Themen, die ich anschneide und von vielen Philosophen bereits viel ausführlicher und genauer beschrieben, durchdacht und auf den Punkt gebracht wurden, werden von mir wirklich nur an der Oberfläche angekratzt (wie die, die sich auskennen, sicherlich bemerken werden)!

So wie jedes Wissen, ist demnach auch meines, wenn überhaupt, nur ein »Halb(es)wissen«! Aber glauben Sie mir, ich bin schon froh, wenn Sie zumin-

---

[23]»**Uto|pie** *die; -, ...ien <gr.-fr.-nlat.>: als unausführbar geltender Plan; Wunschbild; Idee, Vorstellung ohne reale Grundlage.*«

[24] »***ve|ri|fi|zie|ren*** *<lat.-mlat.>:*

1. *durch Überprüfen die Richtigkeit von etwas bestätigen; Ggs. falsifizieren.*

2. *Beglaubigen.*«

dest das Grobe, oder sagen wir besser das »*Wesentliche*« von dem verstehen, was ich sagen will, und mir im Anschluss daran hoffentlich das Gegenteil von dem beweisen können, was ich behaupte. Wie ich schon angedeutet habe, würde nämlich alles auf der Welt einmal anders werden, als ich es mir denke, und das wäre in der Tat gar nicht mal so schlecht, oder haben Sie, nur um ein Beispiel zu nennen, etwa schon wieder Lust auf eine faschistische Diktatur, mit der wir es hierzulande und auf der ganzen Welt im »***Prinzip***« aber schon längst zu tun haben und welche wir abermals nicht wahrnehmen wollen? Eben! Aber die Informationen, die mich zu meinen, zugegebenermaßen teilweise recht ketzerischen Schlussfolgerungen und zu meiner generellen, aber leider immer noch zu einseitigen Ansicht bringen, kommen nun mal aus dem »*System*«, in dem wir **alle** leben! Sie sind da und warten – wie ein Heilmittel im Regenwald – nur darauf, von uns genutzt und sowohl als Hinweis, wie auch als Warnung gesehen zu werden. Wir müssen unsere Gegenwart und weitere Zukunft bewusst(er) gestalten und erleben, als wir es bisher tun!

Ach ja, da fällt mir noch was ein: Tun Sie mir einen Gefallen und sagen Sie später nicht (nur), dass Ihnen das Buch gefallen hat oder nicht, es gut oder schlecht geschrieben war, Ihnen der Einband ge- oder missfällt oder das Zitat auf Seite so-und-so, welches sowieso nicht aufs »**,**« genau wiedergegeben wurde, in Wirklichkeit von jemandem anderen stammt. – Gehen Sie einen Schritt weiter! Gehen Sie von der oberflächlichen in die tiefe(re), in jeglicher Beziehung weitreichende(re) Sicht der Dinge über; vom zweidimensionalen, platten Sehen, hin zu einer räumlichen drei- und mehrdimensionale Wahrnehmung mit **all** Ihren Sinnen!…

Im Endeffekt und ohne pathetisch[25] klingen zu wollen, fordere ich Sie folglich auf, die Dinge **ganzheitlich** zu betrachten! Das liegt zur Zeit voll im Trend und damit Sie verstehen, was ich mit »**ganzheitlich**« meine, habe ich folgenden Text für Sie aus *Wikipedia* kopiert:

> *»Ganzheitliche Medizin oder Ganzheitsmedizin bezeichnet Konzepte und Methoden im Bereich der Medizin, die die Natur und den kranken Menschen in umfassenden Zusammenhängen betrachten und behandeln. Hinter dem Begriff »ganzheitlich« stehen unterschiedliche naturphilosophische, religiöse, mystische, esoterische, systemtheoretische, psychosoziale, ökologische oder politische Ideen.*

---

[25] »***pa|the|tisch*** <*gr.-lat.*>:
1. ausdrucksvoll, feierlich.
2. (abwertend) übertrieben gefühlvoll, empfindungsvoll, salbungsvoll, affektiert.«

Die neueren Konzepte sehen (etwas verallgemeinert) den Menschen als ein strukturiertes, nach außen offenes System, dessen Teile in wechselseitiger Beziehung zueinander, zur Gesamtheit und zur Außenwelt stehen. Faktoren, die hier einwirken, seien die eigene Person (verstanden als Einheit von Körper, Seele und Geist), die soziale Umwelt (Mitmenschen, Gesellschaft), die natürliche Umwelt (Wasser, Boden, Luft, Klima), die künstliche Umwelt (Technik und Wissenschaften) und Übersinnliches (Religion, Glaube).« (9)

Wie gesagt, gehen Sie einen Schritt weiter, denn wer Krebs langfristig heilen will, kann und darf ihn nicht nur lokal oder rein palliativ[26] behandeln! Um ihn zu heilen, müssen wir ihn bei der Wurzel packen und kurzfristig (leider) etwas leiden, ohne dabei den gesamten Organismus aus den Augen zu verlieren. Denn den gilt es doch eigentlich zu kurieren – oder nicht!?

Also werden Sie sich bewusst(er), und egal, von wem nun die Informationen stammen, egal, ob die Quellen Ihnen nun lächerlich erscheinen oder nicht, denken Sie bitte, wie ich nun schon zum dritten Mal erwähne, über die Dinge nach, die Sie lesen – denn: »*Die Bildung kommt nicht vom Lesen, sondern vom Nachdenken über das Gelesene*«! (10) Diese Worte stammen von Carl Hilty, und fragen Sie jetzt nicht, wer dieser Mensch war. Im Grund ist das – wie Sie eben gelernt haben sollten – nämlich egal! Lassen Sie nur das Gelesene wirken und verinnerlichen Sie es! Tun Sie es, selbst wenn ich persönlich dadurch Gefahr laufe, dafür (etwas) gehasst zu werden!? Aldous Huxley, der Autor des Romans *Schöne neue Welt*, hat nämlich einmal gesagt:

»*Wer so tut, als bringe er die Menschen zum Nachdenken, den lieben sie.*
Wer sie wirklich zum Nachdenken bringt, den hassen sie.«
- A. Huxley

Wer sich auskennt, bemerkt, dass dieser (Aus)Spruch gut zu ***Platons Höhlengleichnis*** passt. Es gilt als eines der bekanntesten Gleichnisse der antiken Philosophie und »*dient, wie auch die anderen Lehrbeispiele Platons, bis heute als Standardlehrbeispiel zur Einführung in die Philosophie*« (11). Vor einiger Zeit hat es übrigens im Film *Matrix* Ausdruck gefunden, und weil es von immenser Bedeutung für unsere Betrachtungsweise ist, komme ich nicht umhin, Ihnen davon auf dieselbe Art erzählen zu lassen, wie ich es bereits bei der Ganzheitlichen Medizin getan habe…

[26] »***pal|li|a|tiv*** *<lat.-nlat.>: (Med.) die Beschwerden einer Krankheit lindernd, aber nicht die Ursachen bekämpfend; schmerzlindernd.*«

»Platon beschreibt einige Menschen, die in einer unterirdischen Höhle von Kindheit an so festgebunden sind, dass sie weder ihre Köpfe noch ihre Körper bewegen und deshalb immer nur auf die ihnen gegenüber liegende Höhlenwand blicken können. Licht haben sie von einem Feuer, das hinter ihnen brennt. Zwischen dem Feuer und ihren Rücken befindet sich eine Mauer. Hinter dieser Mauer werden Bilder und Gegenstände vorbeigetragen, die Schatten an die Wand werfen. Die ›Gefangenen‹ können nur diese Schatten der Gegenstände wahrnehmen. Wenn die Träger der Gegenstände sprechen, hallt es von der Wand so zurück, als ob die Schatten selber sprächen. Da sich die Welt der Gefangenen ausschließlich um diese Schatten dreht, deuten und benennen sie diese, als handelte es sich bei ihnen um die wahre Welt.

Platon (bzw. Sokrates) fragt nun, was passieren würde, wenn man einen Gefangenen befreien und ihn dann zwingen würde, sich umzudrehen. Zunächst würden seine Augen wohl schmerzlich vom Feuer geblendet werden, und die Figuren würden zunächst weniger real erscheinen als zuvor die Schatten an der Wand. Der Gefangene würde wieder zurück an seinen angestammten Platz wollen, an dem er deutlicher sehen kann.

Weiter fragt Platon, was geschehen würde, wenn man den Befreiten nun mit Gewalt, die man jetzt wohl anwenden müsste, an das Sonnenlicht brächte. Er würde auch hier zuerst von der Sonne geblendet werden und könnte im ersten Moment nichts erkennen. Während sich seine Augen aber langsam an das Sonnenlicht gewöhnten, würden zuerst dunkle Formen wie Schatten und nach und nach auch hellere Objekte bis hin zur Sonne selbst erkennbar werden. Der Mensch würde letztlich auch erkennen, dass Schatten durch die Sonne geworfen werden.

Erleuchtet würde er zu den anderen zurückkehren wollen, um über seine Erkenntnisse zu berichten. Da sich seine Augen nun umgekehrt erst wieder an die Dunkelheit gewöhnen müssten, könnte er (zumindest anfangs) die Schattenbilder nicht erkennen und gemeinsam mit den anderen deuten. Aber nachdem er die Wahrheit erkannt habe, würde er das auch nicht mehr wollen. Seine Mitgefangenen würden ihn als Geblendeten wahrnehmen und ihm keinen Glauben schenken: Man würde ihn auslachen und ›von ihm sagen, er sei mit verdorbenen Augen von oben zurückgekommen‹. Damit ihnen nicht dasselbe Schicksal zukäme, würden sie von nun an jeden umbringen, der sie ›lösen und hinaufbringen‹ wollte.« (12)

Von Jan Saenredam (1565–1607) angefertigter Stich nach einem Ölgemälde von C. van Haarlem (1562-1638)

Selbstverständlich geht es Philosophen und mir nicht darum, jemand anderen hinters Licht zu führen, obwohl es im wörtlichen bzw. eigentlichen Sinne und im Hinblick auf ***Platons Höhlengleichnis*** zugegebenermaßen genau das ist!(?)
Es geht Weisheitslehrern, Wissenschaftlern und forschenden Denkern also nicht darum, etwas vorzutäuschen, was gar nicht so ist. Es geht nicht darum, jemanden aus purem Egoismus über den (Laden)Tisch zu ziehen und daher auch niemals nur ums Detail, sondern immer um das »***Prinzip***«[27], ja um die fundamentale(n) Gesetzmäßigkeit(en) dahinter! Was Menschen (wie mich) beschäftigt, ist folglich »***die Idee, die einer Sache zugrunde liegt***« und nicht der daraus resultierende Profit für einen alleine! (Das sollte Ihnen jetzt auch die etwaige Frage beantworten, wie *man* jemand anderen umbringen kann, obwohl oder gerade weil *man* doch felsenfest gebunden bzw. überzeugt ist!)
Aber falls Verhöhnung, Hass, (un)berechtigter Zweifel und (m)ein gesellschaftlicher Ausschluss als »Geblendeter« tatsächlich der Preis dafür sein sollte, Ihnen

---

[27] »***Prin|zip*** *das; -s, -ien (seltener, im naturwissenschaftlichen Bereich meist: -e) <lat.>:*
a) *Regel, Richtschnur;*
b) *Grundlage, Grundsatz;*
c) *Gesetzmäßigkeit, Idee, die einer Sache zugrunde liegt, nach der etwas wirkt; Schema, nach dem etwas aufgebaut ist.*«

die Augen für (m)eine andere Wirklichkeit und Wahrheit zu öffnen, wenn das tatsächlich der Preis dafür ist, dass Sie und andere nicht mehr nur die »Dinge«, sondern das »***Wesen***« der Dinge und sich selbst – als Mensch – erkennen, dann bin ich bereit und es mittlerweile schon (fast) gewohnt, dieses Opfer zu bringen.
Doch sparen Sie sich den vermutlich ohnehin nicht ganz ernst gemeinten Anflug von Mitgefühl. – Ich bin nämlich ganz gewiss kein Heiliger, Held, Märtyrer oder sonst irgendetwas in der Art! Falls ich es wäre, hätte ich doch bestimmt ein positiveres Buch als das hier geschrieben und meine mich und die Welt betreffenden Erkenntnisse konsequent(er als bisher) in die Tat umgesetzt!?
Im Grunde hätte ich mich selbst viel besser im Griff, doch verdammt noch mal, das habe ich nicht! Das mag Sie als Leser vielleicht demotivieren, aber erklärt (m)eine bisweilen etwas, sagen wir mal, »prosaische«[28] und zum Teil recht negative und ablehnende Haltung mir (selbst und der Welt) gegenüber. Schließlich bin ich mit meinen 33 Jahren nur ein böser – um nicht zu sagen, verbitterter, da von sich selbst enttäuschter – alter Mann, der letztlich nur so tut, als wäre er jung und alles in bester Ordnung!

Dass ich kein Heiliger, Held und auch kein Märtyrer oder etwas dergleichen bin, steht fest und ist, was mich betrifft, vielleicht auch ganz gut so. Sie wissen ja selbst: Für gewöhnlich haben Heilige, Helden und ganz besonders die Märtyrer (in) einer Gesellschaft die (r)echt dumme Angewohnheit, in Ausübung ihrer selbstlosen Pflicht beherzt in die ewigen Jagdgründe einzugehen. So steht es jedenfalls in der (bisherigen) »Jobbeschreibung«, und wenn Sie ehrlich sind, dann hätten *Sie* doch auch keinen Bock drauf … sich selbst los zu sein, oder?

»*Und ich hatte auf einen taktischen Plan gehofft,*
in dem Märtyrertod nicht vorgesehen ist.« (13)
– Avatar - Aufbruch nach Pandora
(USA / UK 2009)

Hermann Stöhr, den heute leider kein »Schwein« (der *Animal Farm*) mehr kennt, war dagegen ein echter Held (wie er im Buche steht oder es zumindest müsste), denn…

»*1939 widersetzte er sich seiner Einberufung zum Kriegsdienst und wurde aus diesem Grund als einziger evangelischer Kriegsdienstverweigerer 1940 durch das Reichskriegsgericht zum Tode verurteilt. Stöhrs pazifistische Grundhaltung war Folge seiner Erfahrungen auf den Schlachtfeldern im Ersten Weltkrieg, für den er sich als Freiwilliger gemeldet hatte.*« (14)

---

[28] »***pro|sa|isch***:
1. *in Prosa (1) [abgefasst].*
2. *sachlich-nüchtern, trocken, ohne Fantasie.*«

So stand es jedenfalls im Internet, kurz nachdem ich am 1.September 2007 – dem Jahrestag des Ausbruchs des 2. Weltkrieges – durch das Radio von Hermann Stöhr erfahren hatte. Alleine die Vorstellung, dass ein Mensch lieber freiwillig sein **eigenes** Leben gab, als noch einmal im Leben ein anderes nehmen zu müssen, hat mich zutiefst beeindruckt, ja geradezu »bewegt«!...

Verständlicherweise tut sie es heute immer noch, und ich bin mir ehrlich gesagt nicht sicher, wie ich an seiner Stelle reagiert hätte!? »*Ich will einfach niemanden mehr umbringen müssen*«, so ungefähr muss er es sich gedacht haben und wurde von uns letzten Endes dafür geköpft. Auch heute erfordert es eine Menge heldenhaften Mutes und menschlichen Wissens um Zusammenhänge, um sich den unmoralischen, unethischen und oft auch unlogischen, dafür aber betriebswirtschaftlich erscheinenden Anweisungen einer profitorientierten, entemotionalisierten und automatisierten Obrigkeit **gewaltlos** erwehren zu können. Leider werden es immer weniger, die genau dies noch schaffen – die es, ohne dabei den Kopf zu verlieren, schaffen zu widerstehen. Es gibt immer mehr »Leute«, aber immer weniger »Menschen« und gerade deshalb müssen wir uns (zur Not gegen uns selbst) wehren. Nur so kann *man* das bleiben, was *man* ist – ***ein*** **Mensch**!

Mit den Worten »*Mir, wie meinem Volk sagt Christus: 'Wer das Schwert nimmt, soll durch das Schwert umkommen.' (Matt. 26,53) So halte ich die Waffenrüstung meines Volkes nicht für einen Schutz, sondern für eine Gefahr ...*« (15) verweigerte Hermann Stöhr am 2.3.1939 anlässlich einer Wehrübung den Kriegsdienst. Wenn ich bedenke, wie viele Menschen sich heute Christ oder sonst was schimpfen und sich gleichwohl gegenseitig belügen, betrügen und gewohnheitsmäßig über den Tisch ziehen, frage ich mich, ob wir überhaupt noch dazu in der Lage sind zu begreifen, was es heißt, Opfer zu bringen und zu verstehen, dass wir, wenn wir nicht verarscht werden wollen, wenigstens selbst niemanden verarschen sollten! Doch woher wollen wir wissen, dass wir nicht doch belogen und betrogen werden (wollen)? Woher wollen wir wissen, wen oder was wir wollen? Wir wissen es (noch) nicht, doch um uns dessen, uns selbst und anderen »Dingen« bewusst zu werden, mache ich so manche »Turnübung« mit Ihnen und möchte Sie bitten, allen gegenteiligen Gewohnheiten zum Trotz, tatsächlich mitzumachen. Huxley hat neben vielem anderen nämlich noch etwas sehr Interessantes und absolut Zutreffendes gesagt. Er sagte:

> »*Es ist durchaus nicht dasselbe, die Wahrheit über sich zu wissen oder sie von anderen hören zu müssen.*«
>
> - A.Huxley

Haben Sie jetzt aber keine Angst, von mir irgendwie umgedreht zu werden – obwohl ich das natürlich am liebsten tun würde – oder Mitglied irgendeiner Kirche, Sekte, Religion oder Anhänger einer spirituellen Vereinigung, Ideologie oder eines »-ismus« zu werden. Ohne es zu ahnen, sind Sie das nämlich schon längst (denken Sie nur mal an den Kapital*ismus*)!...

Sie müssen sich des Weiteren auch nicht davor fürchten, nach dem Lesen dieses Buches eine Heizdecke gekauft zu haben, denn auch das haben Sie ja ebenfalls schon getan!? Ob Sie's nun glauben oder nicht, ich bin kein Veranstalter irgendeiner dämlichen Kaffeefahrt und werde mich mit (m)einem Buch nicht materiell bereichern! Ich gehöre weder einer religiösen, spirituellen oder gar politischen Gruppierung an, bin also selbst in keiner Kirche oder Partei (außer in meiner eigenen bzw. der von uns allen), glaube nur so viel wie nötig an den uns bekannten »lieben Gott« und befolge, wenn's hochkommt, gerade mal die Hälfte der Tipps, die ich Ihnen geben werde!

Klar macht mich das etwas unglaubwürdig, aber nur weil ich selbst meine Ratschläge (noch) nicht hundertprozentig beherzige, heißt das nicht, dass das »***Prinzip***« oder (m)eine Aussage *an sich*(!) falsch ist! Ein Arzt, der selbst leidenschaftlich raucht wie ein Schlot, hat doch auch Recht, wenn er sagt: »**Rauchen gefährdet Ihre Gesundheit**«, oder etwa nicht!?...

Und genau darum geht es! – Es geht um die »Gesundheit«, ums »***Prinzip***«, die »Wahrscheinlichkeit«, mit der etwas (Un)Vorhergesehenes eintritt und darum, was wir aus einer gewonnenen (Er)Kenntnis machen! Es geht also nicht (nur) um *mich* oder den Arzt und darum, ob je*man*d nun Recht behält oder nicht. Schließlich geht es um *uns* und somit um ***Sie***!(?)

Na ja, wenn man es genau nimmt, geht es im Endeffekt doch um mich – denn ich bin ein Egoist und als ein solcher möchte ich unbedingt (weiter) l(i)eben!

Ohne *Ihre* Hilfe und die aller anderen kann und wird das allerdings nicht funktionieren – denn wer, wenn nicht Sie, würde mir denn Nahrung oder zu denken geben? Wer würde mir Kleidung, einen Computer, Arbeit, Informationen oder ein Dach über dem Kopf nebst sauberen Straßen und dergleichen zur Verfügung stellen? Wer würde mir ein offenes Herz oder Ohr schenken, mich einmal pflegen und dafür sorgen, dass ich telefonieren, (warm) duschen, ruhig schlafen, ausgehen, (m)ein Geschäft verrichten, lesen, spielen, Musik hören, Post verschicken, heilen oder sonst irgendwas (»*tun & lassen*«) kann?...

Es hilft nicht(s), alles und jeder steht in einer ständigen, mehr oder weniger direkten »***Beziehung***« zueinander! Mehr noch, wir sind und bleiben ein Leben lang »***abhängig***« (voneinander), weswegen *man* auch nur langfristig (über)leben kann, wenn möglichst **alle** Menschen auf und mit diesem Planeten (über)leben – ja wenn mit mir, dem Egoist, die **ganze** Menschheit einmal l(i)ebt!

So paradox es in Ihren Ohren im Moment und eventuell auch klingen mag, aber um im selbst*süchtigen* Sinne zu (über)leben, zu »lieben« und seinem **eigenen**

Egoismus zu frönen, kann und muss das »Du« zwangsläufig vor dem »Ich« kommen! Das ist zwar simpel, aber gar nicht so einfach zu begreifen, und falls Sie es nicht schon längst getan haben, werden Sie – auf die eine oder andere Art – noch früh genug »erfahren«, dass meine Annahme, ich könne mir meinen **eigenen** Hintern retten, indem ich ihn zuerst jemand anderem, ja der **ganzen** »verdammten« Menschheit rette, gar nicht so abwegig ist, wie sie im ersten Moment vielleicht klingt!...

Sich selbst und die ganze Menschheit zu retten, gestaltet sich zugegebenermaßen schwieriger, als es der Talmud-Spruch[29] »*Wer eine Seele rettet, rettet die ganze Welt!*« im ersten Moment vielleicht vermuten lässt. Einerseits müsste **man (engl. *man*)**, falls »**man**« zum Schluss selbst diese *eine Seele*, dieser *eine unvollkommene*[30] *Mensch* ist, den es zu »befreien« bzw. zu »erlösen« gilt, sich selbst bewusst(er) werden – ein schier »unmenschliches« Unterfangen –, anderseits bin ich mir nicht sicher, ob ich (und/oder die Menschheit – die »blöde Kuh«) überhaupt gerettet werden will! Ich hoffe, Sie können mir folgen!?

Außerdem: Wer sagt denn eigentlich, dass wir es überhaupt verdient haben oder dazu in der Lage sind, gerettet, erlöst bzw. (uns) selbst bewusst(er) zu werden? Kurz:

Kann und/oder will ich bzw. die Menschheit »gerettet« werden?

»Der Junge ist definitiv bekloppt und hat sich, wenn er, abgesehen von sich selbst, tatsächlich die **ganze** Menschheit retten will, ziemlich was vorgenommen«, wird sich manch einer jetzt zu Recht denken und ungläubig den behäbigen Kopf schütteln. Durchaus verständlich, ist es doch prinzipiell dasselbe, als wolle eine einzelne unvollkommene Zelle (m)eines Körpers im vermeintlichen Größenwahn durch die bewusste Veränderung seiner selbst den **ganzen** Rest des (augenscheinlich besinnungslosen) Organismus verändern!...

Aber wie heißt es so schön: »*Man(n)* wächst mit seinen Aufgaben«, und im Moment fühle ich mich, so kindisch und dämlich ich auch bin und allen anderen offensichtlichen Unzulänglichkeiten zum Trotz, ziemlich groß und erwachsen!

Im Gegensatz zu denen, die – häufig im feinen Anzug und Krawatte – letztlich nur so tun, als seien sie erwachsen und/oder sich aufgrund ihrer Position, ihres biologischen Alters oder als Vater oder Mutter von vermeintlich schwer erziehbaren Kindern einbilden, »höher entwickelt« als diese zu sein, weiß ich aber,

---

[29] »*Der Talmud (heb.: תלמוד, talmūd "Belehrung, Studium") ist nach dem Tanach – der jüdischen Bibel – das bedeutendste Schriftwerk des Judentums. Er ist sehr viel umfangreicher als die Bibel; vollständige Ausgaben kommen auf fast 10.000 Seiten in einem Dutzend Bänden. Es gibt verschiedene Traditionen des Talmud.*« (389)

[30] Anm.: Bis auf den **Menschen** ist jedes Geschöpf, dank seiner Natur und seines Instinktes, vollkommen und bereit für die Welt! Aufgrund des – mehr oder weniger – »freien« Willens obliegt es dem unvollkommen geborenen Menschen, ***selbst*** vollkommen zu werden. »Man« ist für seine Entwicklung und Vervollkommnung letztlich ***selbst*** verantwortlich!!!

dass ich im Grunde genommen (auch) nur ein (Menschen)Kind bin und dies vermutlich bis ans Ende meiner Tage bleiben werde! Dies ist eine Erkenntnis, die mich, so wie ich die **ganze** Sache sehe, paradoxerweise und trotz (m)eines kindlichen Gemüts irgendwann erwach(*s*)en (*sein*) lässt. Jedenfalls erwachsener als meine Eltern, (m)einen sogenannten »**Chef**«, die Politiker oder den Staat!!!

Ursprünglich wollte ich (in meinem imaginären Superheldenkostüm, ein Handtuch hinten im Kragen ist bzw. war mein »Cape«[31]) übrigens einmal die **ganze** »Welt« retten, bis mir eines schönen Tages, oder vielleicht war es auch nachts, ein Lichtlein aufgegangen ist: Die »Welt« muss »man« gar nicht retten, denn im Gegensatz zu uns ist die bereits *erwachsen* genug und macht das schon von ganz alleine! Wenn Sie genau darüber nachdenken oder besser noch, sich in die »Welt« hinein fühlen, werden Sie vielleicht erkennen, dass ich Recht habe und unser Planet, also Mutter »Gaia«, wenn man so will, »just en ce moment« dabei ist, sich selbst zu reinigen!? Das Problem ist nur, dass wir *ES* sind, von dem sich die Erdgöttin befreien will und, falls wir nicht demnächst etwas unternehmen, es aller Voraussicht nach auch schaffen wird!

Wie lange *ES* noch dauert und ob wir die Abnabelung überleben, steht – wie so vieles – jedoch in den Sternen. Aber eines kann ich Ihnen schon jetzt verraten:

Im nächsten Jahr, der nächsten Dekade bzw. den nächsten Jahrzehnten, aber auf jeden Fall noch in diesem Jahrhundert, wird sich herausstellen, was für eine Art Mensch wir im Laufe unserer evolutionären Entwicklung geworden sind! Es wird sich herausstellen, ob wir es wert sind, zu überleben, und ich komme nicht umhin, noch einmal meinen »Kumpel« Huxley zu zitieren, der auf der Rückseite (m)einer inzwischen etwas zerknitterten Ausgabe (s)eines Romans sagt(e):

> *»Alles in allem sieht es ganz so aus, als wäre uns Utopia viel näher, als irgend jemand es sich vor nur fünfzehn Jahren hätte vorstellen können. Damals verlegte ich diese Utopie sechshundert Jahre in die Zukunft. Heute scheint es durchaus möglich, daß uns dieser Schrecken binnen eines einzigen Jahrhunderts auf den Hals kommt; das heißt, wenn wir in der Zwischenzeit davon absehen, einander zu Staub zu zersprengen.«* (16)

Die *Schöne neue Welt* wurde nun vor mehr als einem dreiviertel Jahrhundert geschrieben und Sie haben Recht: Viel Zeit bleibt uns nicht mehr, um uns (und) »etwas« zu ändern! Oder was meinen Sie, wie lange wird es noch dauern, bis der letzte Tropfen das Fass zum Überlaufen bringt, die Oberflächenspannung bricht und alle, die Politiker, die Aktionäre, die Spekulanten, die Arbeitgeber, die Arbeitnehmer, die Eltern, die Kinder, die Reichen, die Armen, die Betrüger, die Betrogenen, die Schönen, die Hässlichen, die Klugen, die Dummen, die

[31] *»Ärmelloser Umhang [mit Kapuze]«*

Dicken, die Dünnen, die Wölfe, die Schafe, die Gesunden, die Kranken, die Profiteure und oft sogar manch klassische(r) Akademiker endlich das erkennen, was jeder von uns schon längst erahnt und in der Tiefe seiner selbst erfühlt hat, nämlich:

»Dass – falls wir so weitermachen wie bisher – letztendlich kein ›Mensch‹ gewinnt, geschweige denn einen Vorteil hat oder ihn (tatsächlich) genießen kann!«?[32]

Falls Sie jetzt glauben, ich sei ein hoffnungslos trübsinniger *Pessimist*, dann irren Sie sich gewaltig!!! Ich persönlich bezeichne mich eher als *Rationalist* und *Humanist* mit einer daraus logischerweise resultierenden Tendenz zum *Sozialist*; das heißt, ich glaube an den Menschen und daran, dass er – unter gewissen Voraussetzungen – sowohl zum »Guten« als auch zum »Bösen« fähig ist, und wenn er will, ganz gut und friedlich mit sich, der Natur und allen anderen Menschen auskommen und – *ohne* sich gegenseitig zu übervorteilen – sogar im Einklang leben kann!

Man könnte auch sagen, ich sei ein ***Kapitalsozialist bzw. Sozialkapitalist***, die gesunde Mischung aus *Kapitalist* und *Sozialist*, der den Profit nicht in der Ausbeutung, sondern im Konsens mit sich und der Umwelt sucht. Ich bin also jemand, der sich den »***autonomen*** **Sozialismus**«[33] (»Nach den Gesetzen und Geboten der menschlichen Ethik und Moral[34] lebend, alle Produktionsmittel und

[32] Anm.: *ES* ist schon »verrückt« – wenn *man* genau darüber nach- bzw. *ES* zu Ende denkt, in sich geht und wirklich ehrlich zu sich (selbst) ist, erkennt *man* schon jetzt, dass bei dem derzeitigen globalen »Spiel« weder der Arbeitgeber noch Arbeitnehmer, nicht der Kunde und auch nicht das Produkt (langfristig und im *menschlichen* Sinne *qualitativ*) profitiert. Dennoch spielt *man* dieses unmenschliche Spiel ohne Rücksicht (auf eigene Verluste) weiter!

[33] Anm.: Der »***autonome Sozialismus***« – ein Ausdruck, der, falls es ihn nicht schon gibt, nun von mir geprägt wird – entspricht, so wie ***ich*** es verstehe, einem aus dem *autonomen* Gewissen des Menschen hervorgehenden Sozialismus.

Ein ***autonomes*** **Gewissen** beschreibt – in Anlehnung an Erich Fromm – ein Gewissen, das sich, im Gegensatz zum ***autoritären*** **Gewissen, nicht** nach Vorgaben einer etwaigen äußerlich aufgezwungenen (elterlichen) Obrigkeit richtet, sondern eigene, aus einem selbst erwach(s)ende und somit möglichst bewusst gewordene, (mit)menschliche Parameter zur Grundlage eines Verhaltens macht.

Das *autonome Gewissen* und somit der *autonome Sozialismus* geht schließlich aus dem bewusst gewordenen, authentischen, l(i)ebenden und freien Menschen selbst hervor. Möglicherweise ist es auch umgekehrt!

[34] »***Mo|ral*** *die; -, -en (Plural selten) <lat.-fr.>:*

1. *Gesamtheit von ethisch-sittlichen Normen, Grundsätzen, Werten, die das zwischenmenschliche Verhalten in einer Gesellschaft regulieren, die von ihr als verbindlich akzeptiert werden.*

2. *(ohne Plural) Stimmung, Kampfgeist.*

3. *philosophische Lehre von der Sittlichkeit.*

alles Kapital an alle?!«) auf die Fahnen geschrieben hat! Nicht der Staat, sondern der zur *Freiheit*, *Gerechtigkeit*, *(Mit)Menschlichkeit*, *Selbstbeherrschung*, *Toleranz* und *Vernunft* erzogene, befähigte und sich (selbst) möglichst bewusst gewordene, *l(i)ebende* »Mensch« soll dabei entscheiden, mit wem oder was er letzten Endes zufrieden ist bzw. zufrieden zu sein hat!...

Ich halte eine dementsprechende »Erziehung« daher für essenziell und das wirtschaftliche Gewinnstreben zu seinen »eigenen« Gunsten für durchaus gerechtfertigt, sofern es gewisse Voraussetzungen berücksichtigt, wie zum Beispiel niemandem etwas wegzunehmen, sondern es »möglichst« selbst bzw. (gem)einsam zu erarbeiten!?

Kurz: Der ***Kapitalsozialist*** ist jemand, der nach dem Grundsatz »*Alle sind gleich (viel wert), und so soll es allen gleich gut gehen*« lebt, aber dennoch Kapital nicht verachtet und es für sich und andere(!) anhäuft.[35]

Klar ist er damit so etwas wie ein »*Sozialmarktwirtschaftler*«, doch mein Denken geht noch einen Schritt weiter und schließt das »Immaterielle« und insbesondere den Planeten, auf dem es sich als Mensch so vortrefflich l(i)eben lässt, ins soziale Gefüge mit ein! Auch wenn man (engl. *man*) es öfters mal vergisst, aber der Planet Erde ist Teil unseres sozialen »*Systems*« und wenn »man« der Evolution ein Schnippchen schlagen will, darf er – alleine schon aus (öko)logischen Überlegungen heraus – ebenso wenig einseitig ausgebeutet werden wie der Körper, der Geist, die Seele oder sonst irgendwer oder irgendwas!

Eine solche Vorstellung lässt den *Idealisten* und folglich auch den *Utopisten* in mir durchscheinen. Wie Sie gleich sehen werden, stellt das aber keinen Widerspruch zum *Realisten* dar! Ich zitiere aus Jean Zieglers ergreifendem Buch *Das Imperium der Schande – Der Kampf gegen Armut und Unterdrückung*:

> »*Henri Lefebvre hat sein berühmtes Buch* Hegel, Marx, Nietzsche ou le royaume de l'ombre *Mitte der siebziger Jahre des letzten Jahrhunderts veröffentlicht.*[36] *Ein Journalist von Radio France stellte ihm die Frage: »Ich möchte Sie ja nicht kränken... aber es heißt, Sie seien ein Utopist... « Worauf Lefebvre erwiderte: »Ganz im Gegenteil... Sie erweisen mir eine Ehre... Ich bekenne mich dazu... Diejenigen, die ihren Blick nur bis zum Horizont schweifen lassen und sich darauf beschränken, das zu betrachten, was man sieht, diejenigen, die sich zum Pragmatismus bekennen und nur mit dem auszukommen trachten, was da ist, haben keinerlei Chance, die Welt zu verändern... Nur diejenigen, die auf das blicken, was man noch nicht sieht, dieje-*

4. *das sittliche Verhalten eines Einzelnen od. einer Gruppe.*

5. *(ohne Plural) lehrreiche Nutzanwendung.*«

[35] Ich danke **Waltraud Buchmüller-Gauggel**, die mir insgesamt so viel geholfen hat, insbesondere für diese Definition.

[36] Henri Lefebvre: *Hegel, Marx, Nietzsche ou le royaume de l'ombre*, Paris 1975.

nigen, die über den Horizont hinausblicken, sind realistisch. Die haben eine Chance, die Welt zu verändern... Die Utopie ist das, was hinter dem Horizont liegt... Unsere analytische Vernunft weiß ganz genau, was wir nicht wollen, was man absolut ändern muss... Aber das, was kommen soll, was wir wollen, die ganz andere, neue Welt, kann uns nur unser inneres Auge, nur die Utopie in uns zeigen.[37]« (17)

˩

Albert Einstein hätte dem noch hinzugefügt: »*Der Horizont vieler Menschen ist ein Kreis mit dem Radius Null – und das nennen sie ihren Standpunkt.*«...

Wenn Sie mich fragen, dann hat(ten) Henri Lefebvre und Einstein Recht, dann hält sich die Utopie in mir und somit in gewisser Weise auch die in Ihnen und allen anderen Menschen hoffentlich und hauptsächlich an die ethisch-moralischen Erkenntnisse und Schlussfolgerungen, die der (XIV.) Dalai Lama in (s)einem *Buch der Menschlichkeit*[38] treffend festgehalten hat!

Wie Wilhelm Weischedels Buch *Die philosophische Hintertreppe*, in dem die großen Philosophen in Denken, Wirken und Handeln beschrieben werden, habe ich sowohl *Das Buch der Menschlichkeit* als auch Krishnamurtis *Vollkommene Freiheit* erst im Nachhinein in die Finger bekommen. Ich sage bewusst »erst im Nachhinein«, da ansonsten leicht der Eindruck entstehen könnte, ich hätte wirklich nur abgeschrieben und nicht selber gedacht! Dass dem aber nicht so ist bzw. war, können Sie mir nur glauben, und ich selbst finde es überaus faszinierend zu sehen, wie meine eigenen Gedanken bereits schon vor Jahren – von anderen Menschen (zu Ende) – gedacht wurden. Außerdem zeigt es mir, dass jeder von uns unter gewissen Voraussetzungen letztlich zu ziemlich denselben Ein- und Ansichten sowie Handlungsweisen gelangen kann. Natürlich müssen wir *ES* selbst wollen und den Luxus der Zeit zum (r)echten Nachdenken und Wahrnehmen haben! Zumindest sollten wir uns diesen Luxus ein- bis zweimal am Tag gönnen – denn nur wenn wir es **selbst** wollen und zur Ruhe kommen, können wir uns voll und ganz auf einen/unseren Kern oder gar das dazwischenliegende Fruchtfleisch konzentrieren und gewissen systemischen Zusammenhängen bewusst(er) werden. Ohne ein Gefühl der Dringlichkeit wird es allerdings nicht so weit kommen, denn, wie der Dalai Lama richtig bemerkt hat, ist dies der Schlüsselfaktor einer jeglichen Veränderung![39] ...

---

[37] In einem Interview, das am Freitag , dem 21.Mai 2004, in Radio France Culture neu ausgestrahlt wurde.

[38] In seinem Buch *Das Buch der Menschlichkeit – Eine neue Ethik für unsere Zeit* (ISBN: 3-404-60514-4) war der Dalai Lama dazu in der Lage, weitaus kürzer, präziser und prägnanter als ich es jemals sein werde, die positiven menschlichen Eigenschaften und Werte zu beschreiben, die zu einer neuen Ethik unseres Handelns führen und uns in Zukunft vermutlich allen den Hintern retten (könnten).

[39] Vgl. Dalai Lama / Howard C. Cutler: *Die Regeln des Glücks.* 12.Auflage. Bergisch Gladbach 2006, S. 223. ISBN: 978-3-404-70170-4

Selbstverständlich bin ich persönlich alles andere als ein Dalai Lama, was übersetzt übrigens so viel bedeutet wie »Ozean der Weisheit«...
Ich bin auch kein Erich Fromm, der vieles von dem, was ich selbst geschrieben habe, ebenfalls schon viel früher erkannt und in viel klarere und zum Teil sogar einfachere Worte gefasst hat. Erich Fromm ist Ihnen möglicherweise ein Begriff, hat er doch Bücher wie *Die Kunst des Liebens* und *Haben oder Sein* geschrieben – beides Werke, die ihren Autor weltbekannt machten und aufgrund ihrer grundlegenden Bedeutung für unser weiteres (Über)Leben zur Pflichtlektüre des reifen Mensch gehören sollten!
Bei meiner Betrachtung des Menschen und der Welt versuche ich mich – so gut es mir eben möglich ist – also an die mir bekannten Schriften und Einsichten von **Erich Fromm** zu halten! Als brillanter Psychoanalytiker, Philosoph und Sozialpsychologe hat der 1900 in Frankfurt am Main geborene und 1980 in Locarno verstorbene Fromm erkannt, dass wesentliche gesellschaftliche Veränderungen nötig sind, um dem Menschen ein erfülltes Leben zu ermöglichen. Vermutlich brachten ihn seine fundamentalen Erkenntnisse bezüglich der Existenzweisen des ***Habens*** und des ***Seins*** – zwei grundliegenden Charakterorientierungen des Menschen – zu dieser Überzeugung. Zum besseren Verständnis zitiere ich aus dem Klappentext zum Buch *Haben oder Sein*:

»Die Begriffe ›Haben‹ und ›Sein‹ stehen dabei für zwei Existenzweisen, die Fromm empirisch, psychologisch und gesellschaftlich analysiert. Mit der Existenzweise des Seins verbindet er ein Leben, in dem der aktive Mensch nichts zu haben begehrt, sondern seine Fähigkeiten produktiv nutzt und eins ist mit der Welt. Im Gegensatz dazu ist das auf der Existenzweise des Habens basierende Leben dominiert durch das Streben nach materiellen Gütern, Geld, Ruhm, Macht, Wissen etc.« (18)

Die Erkenntnis, ***Haben*** und ***Sein*** als zwei Teile eines **Ganzen** in sich selbst und der Welt zu vereinigen, empfinde ich persönlich als absolute Offenbarung. Es erklärt, wie wir ticken und warum die »Welt« so is(s)t, wie sie is(s)t!
Falls Sie allerdings nicht daran glauben, also nicht an den Menschen, seine Fähigkeiten und verschiedenen Existenzweisen glauben, dann tut es mir ehrlich gesagt leid. Dann glauben Sie nämlich nur an das »***Haben***« und nicht an sich selbst; dann glauben Sie nicht an das »***Sein***«, nicht an eine eventuell bessere und menschliche(re) Alternative und folglich auch nicht daran, (selbst) etwas ändern zu können. Dann sind Sie, mit Verlaub gesagt, der deprimierende und niedergeschmetterte *Pessimist*, ja der *Fatalist*, *»der sich dem Schicksal ohnmächtig ausgeliefert fühlt«* (vgl. Fremdwörterbuch)!
Zugegebenen, ganz so Unrecht haben Sie damit nicht, doch wie bei allem anderen auf der Welt gibt es nun mal grundsätzlich zwei bzw. drei mögliche Richtungen. Da ich mich im Allgemeinen nicht oder nur schlecht entscheiden kann,

weder ***Haben*** noch ***Sein*** komplett voneinander trennen will und Extreme insgesamt verhindern möchte, suche ich für mich grundsätzlich den Weg der **Mitte** – die **Balance**! Das ist, zumindest für mich, rational gesehen die beste Entscheidung, ja die beste Alternative, die »man« fürs Leben und somit für die ganze Welt treffen kann. Und wenn mir die Welt derzeit so erscheint, als bekäme das »Böse« mal wieder Oberwasser und würde uns alle entzweien, dann ist das nicht schwarzseherisch von mir, sondern in *meinen* Augen nur realistisch!...

Die »Realität« bzw. die »Wirklichkeit« kann eben auch anders sein, als uns die Medien und unsere Eltern – zur Ablenkung von der schmerzenden Wunde, mit einem Eis in der einen und dem neuen Spielzeug in der anderen Hand – weismachen wollen. Kurz gesagt, ich mache mir nun mal Sorgen um uns (bzw. um mich) und darum, wie's mit uns in Zukunft weitergeht! Das ist doch kein Fehler und bringt mich zu dem Zusatz im Titel – den *Kassandrarufen*.

Einige von Ihnen werden sich noch daran erinnern, dass Biene Majas Lehrerin in der Bienenschule auch Kassandra hieß. Doch selbst wenn Folgendes auch auf sie zutrifft, ist diese flotte Biene hier nicht gemeint. Kassandrarufe bedeuten, dass jemand, sagen wir einer wie ich, zutreffend, aber vergebens vor einer drohenden Gefahr warnt, aber kein »Schwein« (und schon gar kein Schaf oder Wolf) ihm glaubt! Es gibt sogar ein sog. »**Kassandrasyndrom**«, das jedem, der den Film *Twelve Monkeys* gesehen hat, bekannt sein dürfte. Folgender Artikel ist in der freien Onlineenzyklopädie *Wikipedia* zu finden:

»Kassandra-Syndrom

aus Wikipedia, der freien Enzyklopädie

Der Begriff Kassandra-Syndrom (auch Kassandrarufe genannt) definiert schlechte bzw. unvorteilhafte Vorhersagen über die fremde oder eigene Zukunft, das Schicksal betreffend, welche anfänglich ignoriert, jedoch später (meist schmerzlich) als wahr angenommen werden müssen.

Die Person, welche die Vorhersage trifft, kann mit sich selbst in seelischen Konflikt geraten, weil sie einerseits die Möglichkeit verneint andererseits das Ergebnis eines wirklichen Eintreffens fürchtet. Sie kann auch in diesen Konflikt geraten, wenn sie nicht fähig ist, das Problem mit anderen als den eigenen Kräften zu lösen.

Ursprünglich geht der Terminus auf die griechische Seherin Kassandra zurück, Tochter des trojanischen Königs Priamus. Der Sage nach wurde Kassandra von Apollo die Hellsehergabe gegeben, jedoch verwandelte sich die Gabe in einen Fluch, als sie den Gott zurückwies. Sie war auf ewig verdammt, vorauszusehen und die Ereignisse nicht beeinflussen zu können, da ihr auch niemand Glauben schenken würde. Kassandra sagte Unheil für den Raub Helenas von Paris voraus, und sie rannte durch die Straßen, als sie vor dem trojanischen Pferd zu warnen suchte, jedoch wurde die Stadt über-

rannt und die Seherin verschleppt, wonach sie schließlich als Sklavin den Tod fand, da sie das schreckliche Schicksal ihres Herren Agamemnon gesehen hatte.« (19)

Noch Fragen? Ich hoffe doch, denn ungefähr so wie Kassandra fühle ich mich im Moment, und ich muss Ihnen sagen, es ist absolut kein Spaß!...

Das ist jetzt vielleicht ein konstruierter und nicht sonderlich realistischer Vergleich, aber stellen Sie sich vor, Sie befinden sich mit Freunden auf einem Fluss, genauer gesagt auf einem ziemlich großen Schiff, welches stetig flussabwärts treibt, und veranstalten dabei – der modern(st)en Technik sei Dank – eine sogenannte »**LAN-*Party***«[40]; das heißt, Sie haben auf der Reise Ihre kleinen tragbaren Computer dabei und irgendwie zusammengestöpselt und spielen (gem)einsam irgendein packendes »Game«…

Obwohl es in Wirklichkeit ganz andere, schönere und natürlichere Dinge auf und mit dem Boot zu tun, zu erfahren und zu erleben gäbe, macht das »(Computer)Spiel« allen mittlerweile geistig abwesenden Kindern irrsinnig viel mehr Spaß, und um ein Haar vergisst *man* »Raum« und »Zeit«…

Ich sag(t)e »um ein Haar«, denn Sie bemerken plötzlich, wie Sie sich auf einen furchtbar tiefen Wasserfall zubewegen! Die anderen bemerken es zwar auch, doch irgendwie scheinen Sie mitunter der einzige »Mensch« zu sein, der eins und eins zusammenzählt und dem dabei etwas mulmig wird. Sie hören das entfernte Rauschen des Wassers immer deutlicher, spüren, wie das Boot schwankt und stetig an Geschwindigkeit zunimmt…

Doch Ihre Freunde »daddeln«[41] fröhlich weiter vor sich hin und tun so, als wäre nichts gewesen. Sie tun so, als könnten sie nicht bis drei zählen, als hätten sie nichts gespürt – ja als hätten sie, bis es zu spät ist und die Natur ihnen den Garaus macht, noch ewig viel »Zeit« und, außer dem »Spiel«, nichts zu verlieren!

Wenn sich aber nicht bald etwas tut, da sind Sie sich sicher, wird jeder von ihnen (inklusive Ihnen selbst) über die »Klippe« springen!

Theoretisch wäre es natürlich ein Leichtes und geradezu simpel kurzerhand aufzustehen und (über Bord) zu gehen. In »Wirklichkeit« ist es aber gar nicht so einfach, wie es sich im ersten Moment anhört – insbesondere für Nichtschwimmer! »Man« ist im und mit dem »(Computer)Spiel« verbunden, ist regelrecht **abhängig** davon und will seine Boots-Kollegen natürlich nicht im Stich lassen!

---

[40] »***LAN*** *das; -[s], -s <Kurzw. für engl. Local Area Network>: (EDV) Computernetzwerk innerhalb eines räumlich begrenzten Bereichs*;
LAN-Par|ty *die; -, -s: Veranstaltung, bei der die Teilnehmenden mithilfe eines LANs gemeinsam Computerspiele machen.*«

[41] »***dad|deln*** *(ugs. für am Spielautomaten spielen); ich dadd[e]le*«

Nur weil »man« aus Versehen zur Besinnung gekommen ist, nachgedacht und möglicherweise begriffen hat, will »man« durch (s)ein unerwartet vernünftiges Verhalten sicherlich nicht der einzige Verlierer (s)einer Gruppe oder etwa der des **ganzen** »*Systems*« sein!...

Da »man« dem globalen Spiel einer direkt vernetzten »Welt« aller Voraussicht nach also nicht (mehr) entkommt, sich nicht einfach so, wie »man« will, ausklinken und mit guten Vorsätzen, einem (un)bestimmten Gefühl und/oder Schwimmflügeln bewaffnet davonstehlen kann, sondern (gem)einsam in einem Boot (fest)sitzt, kann man sich selbst nunmehr nur dadurch vor dem sicheren Untergang bewahren, indem man sich und alle anderen davon überzeugt, mit dem, was »man« gerade (gerne) tut, zumindest für eine absehbare Zeit aufzuhören. Mit anderen Worten muss *man* das Ruder rumreißen – (s)ein »*System*« bzw. das **ganze** »Spiel« versuchen zu ändern!

Die meisten von uns denken irgendwie, sie könnten das tun, indem sie Befehlen gehorchen und/oder auf dem »Boot« nach vorne oder hinten, nach links oder rechts, nach oben oder unter Deck gehen. Die (selbst)bewussteren Passagiere, Matrosen, Steuermänner oder Kapitäne meinen hingegen, es reicht zum (Über)Leben, das »Schiff« gekonnt auf dem »Fluss« nach links oder rechts – durch etwaige Stromschnellen hindurch und an Felsen oder anderen Hindernissen vorbei – zu dirigieren und/oder gegebenenfalls den Rückwärtsgang einzulegen. Doch das ist nicht genug – die Strömung ist zu stark (geworden)!

Was bleibt, ist (sich) zu bremsen, mit dem »Spiel(en)« aufzuhören und das »Boot« mit vereinten Kräften ans Ufer zu lenken, um **(gem)einsam** und möglichst **gleichzeitig** auszusteigen und von nun an besser zu Fuß zu gehen. Entgegen der allgemeinen Überzeugung darf »man« sich also nicht mehr gehen, nicht mehr treiben lassen. »Man« muss komplett neue Wege (der Befriedigung) beschreiten und (endlich) **selbst** etwas *tun* (...oder *lassen*?)!

Dass man bei seinen verwöhnten virtuellen Freunden und Feinden, die sich an das bisherige (Gesellschafts)Spiel und virtuelle Treiben auf der »Yacht« bereits gewöhnt haben und es verständlicherweise genießen, damit natürlich nicht punkten kann, sondern vielmehr als miesepeteriger Spielverderber, ja als Ketzer, Spießer oder gar als evolutionäre Spaßbremse dasteht und unter Umständen gewaltsam und mit Blei beschwert aus dem scheinbar **funktionierenden** »*System*« entfernt wird, muss an dieser Stelle nicht extra noch erwähnt werden. Sie, als mehr oder weniger Außenstehender – Sie, als Erwachsener, sehen dagegen die Gefahr! Sie sehen, dass uns allen nicht mehr viel Zeit bleibt und es nur durch das Öffnen der viel zu lange schon auf den Bildschirm fixierten Kinderaugen möglich ist, sich selbst und alle anderen vor einer drohenden Katastrophe zu bewahren. Nur wenn wir zusammen aufwach(s)en, uns allesamt selbst und der überaus prekären Situation bewusst(er) werden, **freiwillig** die Regeln des Spiels ändern und jeder auf seinem Posten ist und tut, was in seiner Macht steht, können wir uns noch beizeiten retten. Tut mir echt leid, aber anders geht es nicht!

Im übertragenen Sinn geht es letztlich also »nur« darum, etwas mehr »*Herr im eigenen Haus*« zu sein, das heißt, wie ein Erwachsener, vernünftig zu sein, zu »handeln« und sich selbst und allen anderen Jugendlichen so etwas wie das (langfristig) schädliche Rauchen, das bis zum heutigen Tag aller Wahrscheinlichkeit nach mehr Todesopfer als sämtliche Kriege der Welt fordert(e) – laut WHO (2007) sind es rund 5,4 Millionen Tote pro Jahr –, abzugewöhnen!

Jeder von Ihnen, der Kinder hat, selbst mal eines war oder sich in den Bann von Nikotin, Alkohol, Computern oder ähnlich geartetem »Spielzeug« begab, wird wissen, wie schwer, obgleich nicht gänzlich unmöglich, es ist, sich der schönen imaginären Welt von heute auf morgen zu entziehen. Obwohl man ganz genau weiß, dass es für einen selbst und alle eigentlich besser und vor allem viel gesünder wäre, endlich mit dem Rauchen, Zocken, dem sinnlosen Konsumieren oder Profitieren aufzuhören, »spielt« man unbeirrt weiter und immer weiter!

»Man« spielt (s)eine Rolle in einer imaginären, künstlichen Welt und vergisst dabei »Raum«, »Zeit« und – vor allem und jedem anderen – »**sich (selbst?)**«!...

Was wir durchmachen, was uns an- und von uns wegtreibt, uns konstant schlafend hält und – im übertragenen Sinn – einfach nicht wach werden lassen will, bezeichnet man gemeinhin als »Craving«, über das Folgendes geschrieben steht: (Sie sollten es sich unbedingt merken!)

»*Craving*

aus Wikipedia, der freien Enzyklopädie

Der Anglizismus Craving (engl. Begierde, Verlangen) ist ein in das Deutsche übernommener medizinischer Begriff und eine wissenschaftliche Bezeichnung aus dem Bereich der Suchtforschung. „Craving" oder „constant craving" umschreibt das kontinuierliche und nahezu unbezwingbare Verlangen eines Suchtkranken, sein Suchtmittel (Alkohol, Nikotin, sonstige Drogen) zu bekommen/zu erwerben. Unterschieden wird „craving" in der Suchtforschung zwischen stofflicher Sucht (also chemischen Substanzen) und nichtstofflicher Sucht (Spielsucht, Internetsucht u. a.). Das Craving ist das zentrale Moment der Abhängigkeitsdynamik.« (20)

Im Verlauf dieses Buches möchte ich Ihnen zeigen, dass wir alle **süchtig** nach irgendetwas sind! Alleine die Tatsache, dass Sie und ich unsere Sucht noch immer ignorieren und negieren und viel lieber schlaftrunken in unseren Bettchen liegen bleiben wollen, ja so ziemlich alles daran setzen, nicht aufstehen, wach und aktiv werden zu müssen (Welches Kind steht schon freiwillig gerne auf oder

geht in derselben Weise in die Schule?), zeigt mir, dass wir noch einen langen Weg vor uns haben. Auf Entzug reagieren wir immer ähnlich, wenn nicht sogar gleich, und jeder, der schon mal mit rauchen aufgehört, eine Diät gemacht hat oder »freiwillig« morgens wachgeworden oder aufgestanden ist und (s)ein »*System*« hochgefahren hat, weiß, dass es – am Anfang und obwohl man ja (angeblich) jederzeit mit schlafen oder konsumieren (einer Droge) aufhören könne – nicht eben leicht war. Zur Pathophysiologie liest man in einem entsprechenden Artikel der *Wikipedia*-DVD 2006/2007 ganz trocken »*Einer der Hauptursachen für Entzugserscheinungen bei Drogen ist die Verringerung des Niveaus des Botenstoffes Dopamin im Körper, der durch die Endorphin-ähnliche Wirkung vieler Drogen wie Nikotin oder Kokain hervorgerufen wird.*« (21) …
Doch was heißt das genau?

Das frage ich Sie! Was glauben Sie, würde mit uns passieren, wenn man uns von heute auf morgen all unseres lieb gewonnen Wohlstands und Besitzes berauben würde; wenn wir nicht mehr in den Urlaub fliegen könnten, nicht mehr einkaufen, Sport treiben, Computer spielen, arbeiten, (Flatrate)saufen oder Fernsehschauen könnten oder es, weil es »Gott« oder sonst wer von uns verlangt, einfach nicht mehr dürften? Was wäre, wenn wir uns all die schönen »Dinge«, die unser Leben so bequem gestalten und mittlerweile ausmachen, nicht mehr leisten könnten? Ich verrat's Ihnen: Von den *körperlichen* Entzugserscheinungen ganz abgesehen sind es hauptsächlich die *psychischen* Erscheinungen, die uns zu schaffen machen! Zu diesen zählen unter anderem aggressives Verhalten (z.B. beißen, kratzen, sich gegenseitig vermöbeln oder – dem Kollegen am Arbeitslatz, dem Nachbarn oder seinem Partner – ein Messer in den Rücken rammen), innere Unruhe (Nervosität), Schlafstörungen oder Depressionen. Alles »Dinge«, die jeder von uns kennt und die in unserer Geschichte schon häufig aufgetreten sind – man denke nur an die Ursachen und den Verlauf des 2. Weltkrieges – und in unserer derzeitigen Welt wieder massiv zuzunehmen scheinen!

Dabei sollte uns noch was zu denken geben: Die »*physische und psychische Verhaltensweisen des Körpers, die auftreten, wenn der Körper bestimmte chemische Botenstoffe, von denen er abhängig ist, nicht (mehr) erhält bzw. selbst produziert*«, (22) machen es Menschen wie Kassandra nicht unbedingt leichter, uns zu warnen. Genau darum geht es aber, uns von unserer Sucht zu befreien, sie zu (er)kennen, zu kontrollieren und im Zweifelsfalle das Leben und die Liebe der Droge vorzuziehen! Doch wie heißt es so schön: »Stell dich zwischen einen Menschen und seine Droge und du wirst mit (an Sicherheit grenzender **Wahrscheinlichkeit**) verlieren.« Deshalb hören wir auch nicht auf, das zu tun, was wir tun, stellen uns nicht dazwischen bzw. zwischen uns und belächeln Kassandra, die wie bescheuert abermals lauthals krakeelend durch die Gassen rennt. Und dabei versucht sie doch nur, uns vor uns selbst zu warnen!...

Heute, wie zu jener Zeit, macht der Großteil der Menschen aber genüsslich solange weiter, bis es zu spät ist und »Troja« erneut untergeht. Doch vor was genau, wenn nicht vor unserer zunehmenden (Drogen)Sucht – die wie die damaligen griechischen Soldaten im Trojanischen Pferd bereits in uns sitzt und sich unseren (freien) Willens bemächtigt – könnte Kassandra die Menschen heute sonst noch warnen wollen? Sind es die *Sieben Todsünden*, Dämonen übler Charaktereigenschaften, die nichts Gutes im Schilde führen, oder ist ***ES***, um konkreter zu werden, der unmenschlich gewordene *Kapitalismus*, dem als globale Ideologie nichts mehr entgegensteht; die bevorstehende *Klimakatastrophe*, die uns täglich bewusster wird; eine neuerliche *Weltwirtschaftskrise*, die längst überfällig war und bereits im Gange ist; der technische *Fortschritt*, der uns zunehmend verblöden lässt; die betriebswirtschaftlich notwendig erscheinende *Entmenschlichung*, die uns zu »Replika(n)ten« macht; das *Geld*, das per se nur Glaubenssache ist; das angesprochene *Wirtschaftssystem*, welches auf nicht einhaltbaren Versprechungen aufbaut; die *Situation am Arbeitsplatz*, die der zur Zeiten der Industrialisierung prinzipiell in nichts mehr nachsteht; der *Terrorismus*, der selbst provoziert wurde; das *Es*, das Besitz von uns ergriffen hat; die *Mutter* oder der *Vater*, die beide nicht *erwachsener* sind als ihre **Kinder**; die dunkle Seite der *Macht*, die unendliche *Gier*, der blinde *Glaube* oder ist es gar die *Welt* oder tatsächlich der *Mensch* an sich, vor dem uns Kassandra warnen würde?

95% der Deutschen sind grundlegend einer Meinung, wenn es um ihr Leben, die Liebe und das gegenseitige Miteinander geht! *Sie*(!?) wollen alle glücklich und zufrieden sein, den Partner fürs Leben finden, nicht belogen und betrogen werden und so, wie sich's gehört, respektvoll behandelt werden. Deshalb prangern *Sie*(!?) auch all das an, was dem zuwider läuft, ja geben häufig sogar vor, diese »Dinge« zu verabscheuen!...

Und es stimmt auch, wir lehnen all diese Dinge tatsächlich ab, solange wir **alleine** (mit unseren Gedanken) sind oder mit wenigen (anderen) darüber reden!

Sobald wir aber nicht mehr nur unter bzw. bei uns sind, sondern uns in der freien Wildbahn der Öffentlichkeit wiederfinden und dabei mit Menschen – die entweder vorgeben, welche zu sein oder werden zu wollen – zusammentreffen, sieht die Sache ganz anders aus. Dann wird genau das Gegenteil von dem getan, was »man« eigentlich ursprünglich mal gelernt, gesagt und vor allem anderen auch gespürt und gedacht hat! Dann wird eben alles gemacht, um unglücklich und unzufrieden zu sein; dann wird der Partner fürs Leben für einen anderen, vermeintlich (noch) tolleren verlassen, Fahrrad gefahren, d.h., nach oben gebuckelt und nach unten getreten, nach allen Regeln der Kunst belogen, betrogen und auch sonst egoistisch und rücksichtslos vorgegangen. Das alles ist in gewisser Weise sogar (bio)logisch, denn das Zusammenleben setzt Menschen miteinander in »Konkurrenz«.[42] Ein Um-, bzw. Zustand, den man(n) aus der Tierwelt kennt und den der Mensch, indem er völlig Mensch werden würde, endlich und eigentlich überwinden könnte... Doch dazu ist er einfach zu faul!?

Dennoch und gerade deswegen wissen 95% der Deutschen ziemlich genau, wie der Hase läuft und *ES* in Zukunft mit uns weitergeht. *Sie*(!?) sind sich dessen bewusst, verdrängen aber die Tatsache(n) und wissen nicht, dass jeder von uns im Grunde das gleiche verspürt und letztlich auch nur das gleiche will. *Sie*(!?) wollen nicht erkennen und schon gar nicht begreifen, dass alles viel simpler, schöner und im **(End)Effekt** sogar einfacher wäre, wenn »**man**« *ES* **wirklich** wollte... Wenn, ja wenn »**wir**« *ES* nur wollten!

Kurzfristig, und das weiß ein jedes Kind, ist die(se) Selbsterkenntnis und -beherrschung aber überaus anstrengend, also alles andere als leicht bzw. einfach in die Tat umzusetzen. Und so werden Sie von mir des Öfteren noch hören: »*ES ist simpel, aber nicht einfach!*« Glauben Sie mir, nichts trifft *ES* besser als das, denn theoretisch ist (all)*ES* wirklich offensichtlich und gar nicht so kompliziert, wie *ES* auf den ersten Blick aussieht, aber praktisch, ... oh je, praktisch sind wir nicht gerade! Wir stehen uns bei dem, was wir tun und **wirklich** und **wahrhaftig** wollen, meistens selbst im Weg und benutzen zwar andere Worte in unseren Reden, beschreiben andere Orte und wählen andere Personen und Zeiten für unsere Geschichten, aber drücken damit prinzipiell stets das Gleiche, wenn nicht sogar dasselbe aus wie alle anderen. Im **Endeffekt** sind wir doch alle »nur« Menschen und vielleicht auch nichts weiter als höher entwickelte Tiere, die von ihrer Bau- und Funktionsweise zwar alle gleich, in der Ausführung aber oft sehr unterschiedlich sind! Auch wenn Sie es nicht glauben oder gar verstehen (wollen): Trotz (aller) geistiger, körperlicher und sozialer Unterschiede spüren wir alle das Gleiche. Wir lachen, wir weinen, uns verletzen die gleichen Dinge, und wir wünschen uns das Gleiche für die weitere Zukunft – denn...

»Wir sind alle eine große Familie und teilen alle ein und dasselbe Bewusstsein, ein und dieselbe, individuell unterschiedlich erscheinende Realität!«

Woher ich das weiß? Ich weiß es nicht, ich vermute es, denn in meiner Rolle als Physiotherapeut habe ich es im 25 Minutentakt mit Menschen sämtlichen Alters, Geschlechts, Gewichts, Geschmacks, Aussehens, sexueller Vorlieben, Intellekts,

---

[42] »***Kon|kur|renz*** *die; -, -en <lat.-mlat.>:*
1. *(ohne Plural) das Konkurrieren, bes. im wirtschaftlichen Bereich.*
2. *auf einem bestimmten Gebiet, bes. in einer sportlichen Disziplin, stattfindender Wettkampf, Wettbewerb.*«

politischer Ansicht und natürlich mit Typen aus sämtlichen sozialen Schichten zu tun. Wie es die Berufsbezeichnung schon sagt, behandle ich als »Körpertherapeut« bzw. »Krankengymnast« hauptsächlich den Körper kranker Menschen. Seele und Geist spielen bei (m)einer Therapie aber ebenfalls eine nicht zu vernachlässigende – ja mittlerweile sogar oftmals eine tragende(re) Rolle, weshalb ich nicht umhin komme, mich auch damit zu befassen! Ich sehe mich bei meiner Arbeit also im stetigen Rhythmus mit *körperlichem*, *geistigem* und *seelischem* Leid und Beschwerden von verschiedenen Menschen konfrontiert, die ich gerne behandeln möchte. Und wie sie auch kommen, alle sind im Grunde (m)einer Meinung!? Mag sein, dass *Sie*(!?) mir, so wie es heutzutage üblich ist, nach dem Maul reden. Mag sein, dass ich nur mich selbst hören, sehen und therapieren will. Mag sein, dass ich, so wie die meisten anderen Menschen auch, nur (m)eine eigene Welt wahrnehmen will...

Rede ich aber im Einzelgespräch und in einer Kabine, abgeschottet von der störende Außenwelt, ***ehrlich*** mit meinen »Kunden«, dann haben beinahe alle dieselbe Meinung und prangern dieselben Dinge an wie alle anderen auch! So meinen etliche, dass die derzeitige Politik von der Wirtschaft und den Banken kontrolliert wird, die Regierung eigentlich aus den grauen Männern in Berlin besteht und man über unsere Köpfe hinweg entscheidet. »Diese Sesselfurzer haben doch keine Ahnung von der Basis und verdienen sich eine goldene Nase, indem sie das Gegenteil von dem tun, was sie vom Volk, also von uns, verlangen«, ist der einhellige Tenor. Nebenbei glauben viele auch, dass unser »(Sozial)*System*« langsam, aber sicher den Bach runter geht, die Schere zwischen Arm und Reich sich immer weiter öffnet und die Kameradschaft, der allgemeine Zusammenhalt in der Bevölkerung und die Zustände am Arbeitsplatz früher mal besser waren. Sie meinen, dass alles und jeder sehr oberflächlich (geworden) ist und man kaum oder keine ***echte(n)*** Freu(n)de (mehr) hat.

Dass die ((mit)menschlichen) Werte verfallen und man im Irak damals nur wegen des Öls einmarschiert ist, steht für die meisten von uns auch fest! Genauso fest steht, dass der Mensch so gebaut ist, dass er andere ausnutzt; »Gott« einem alten Mann mit langem Bart ähnlich sieht oder es ihn gar nicht gibt; es aber sowieso keine Rolle spielt, ob *man* an »Gott« glaubt oder nicht; dass uns das (un)menschliche oder ökologische Klima der Welt über kurz oder lang den Garaus macht; die »Abwrackprämie«, die unter den gegebenen Voraussetzungen vielleicht auch bald für Menschen Verwendung findet, ein Fehler war und wir sowohl mit den Maßnahmen der lokalen als auch globalen Politik – die darauf baut, dass *man* spart, indem *man* mehr (Geld) ausgibt, als *man* hat und jemals wieder zurückgeben kann – den falschen Weg aus der Krise beschreiten.[43]

---

[43] Es ist liegt wohl in der Natur des Menschen, dass wir unsere langfristigen und im Grunde vernünftigen Ziele nur allzu gerne der unmittelbaren Befriedigung opfern und das Unausweichliche durch ein »Auf-die-lange-Bank-Schieben« letztlich nur verschlimmern. Mit ande-

Darüber hinaus steht fest, dass »man« früher mehr Zeit als heute hatte und das Leben gegenwärtig verrast und an einem – ohne zu grüßen – einfach vorbeigeht; jeder nur nach sich selbst schaut; kaum einer mehr **richtig** zuhört oder sich **ehrlich** interessiert; Religion überflüssig und nur »*Opium fürs Volk*« ist; man eigentlich viel mehr machen und leisten könnte, wenn der Chef einen nur lassen und ehrlich anerkennen würde; George W. Bush ein Trottel ist bzw. war und den Trotteln aus unserer Geschichte gefährlich nahe kommt; Geld die Welt regiert und diese bald nur noch aus Aktionären besteht; Marx jemand war, dessen Theorien – wie man am Fall der DDR gesehen hat – nicht funktioniert haben; Geiz irgendwie doch geil ist; alle anderen Schuld an der ganzen Misere und eigenen Wampe haben und man, als Einzelner, – so alleine wie man is(s)t und sich fühlt – alles in allem doch eh nichts ändern kann.

So in etwa sieht's (in uns) aus, und dass man – in einer stillschweigenden Menschenmenge bzw. Schafherde sitzend – manchmal am liebsten aufstehen und lauthals schreien möchte, kennen Sie doch auch, oder nicht!?

Tja, was sagen Sie nun? Habe ich nun Recht oder habe ich Recht damit, dass wir alle (m)einer Meinung sind? Was übrigens die verschiedenen Religionen angeht, so habe ich bestimmt nicht alle, aber doch einige diesbezüglich unterschiedliche Anschauungen bei mir auf der »Bank« liegen, und ich muss Ihnen sagen, auch diese Patienten reden über die gleichen Dinge mit mir! Auch sonst haben sie ähnliche Probleme und Ansichten bezüglich Papst, Wirtschaft, Politik, Gott und Soziales. Egal, welche Hautfarbe *Sie*(!?) auch haben oder welchen Gott *Sie*(!?) auch anbeten – alle berichten (im »***Prinzip***«!) andauernd das Gleiche aus ihrer Familie, ihrer Beziehung, von ihrem Arbeitsplatz und natürlich von sich selbst und dem, was sie sich »eigentlich« und gemeinhin wünschen!

Sieht man von der körperlichen Zuwendung und Aufmerksamkeit (s)einer Person gegenüber ab – beides sind im Übrigen Dinge, die in unserer Gesellschaft immer mehr abhanden zu kommen scheinen –, so kommt es mir vor, als wollten alle (von mir) nur das eine: »Hören, was man (engl. *man*), wenn man ehrlich zu sich ist, eigentlich schon längst weiß!«

Natürlich wäre es viel leichter und angenehmer, darin bestätigt zu werden, dass alle anderen schuld an der eigenen, durchaus prekären Lage sind, und man selbst wieder mal nichts dafür kann. Doch sie (und Sie) wissen selbst, dass es ihre (und Ihre) gesamte Einstellung und Haltung ist, die sie (und Sie) samt dem Rücken und allem, was da noch so dran hängt, auf die Dauer kaputt macht!

---

ren Worten machen wir nicht das, was gut für uns ist, packen das **eigentliche** Problem nicht bei der Wurzel, sondern – nur um ein Beispiel zu nennen – verschieben die Diät auf morgen!

Manche Kritiker werden jetzt bestimmt sagen, dass ich längst nicht **alle** Menschen befragt habe, wir **alle** unterschiedlich sind und ich deshalb nicht **jeden** über einen Kamm scheren darf. *Sie*(!?) werden auch behaupten, dass die meisten, mit denen ich es zu tun habe, an einer Krankheit leiden oder Schmerzen haben und daher wohl kaum den Durchschnitt der Bevölkerung repräsentieren!...

Das mag schon sein, aber ein Fernseher bleibt (im »***Prinzip***«!) immer ein Fernseher, auch wenn er kaputt ist! Ein Mensch bleibt auch immer ein Mensch, egal, wie er aussieht, was er anhat oder was er tut! Und was die Sache mit der Krankheit angeht: Wollen Sie etwa allen Ernstes behaupten, Sie seien gesund? Wollen Sie etwa behaupten, Sie hätten noch alle Tassen im Schrank? Denken Sie daran: Gesundheit ist – abgesehen von einem tief empfundenen, bewusst gewordenen Gefühl für das *Wohl-* bzw. *Einssein*, das den meisten von uns jedoch fehlt, nicht erlaubt oder über die Jahre abhanden gekommen ist – nur eine Frage der Diagnostik! *Es* ist schließlich wie bei (m)einem Computer, der mir erst dann als krank, leistungsschwach, infiziert oder sonst irgendwie mangelhaft erscheint, wenn wir das dementsprechende Programm zur Erkennung eines »Trojaners« oder dergleichen darüber laufen lassen. Nur weil (noch) niemand sagt oder – meist durch technisches Gerät – feststellen kann, dass wir nicht mehr alle Kekse in der Dose oder beispielsweise so etwas wie Krebs haben, heißt das also noch lange nicht, dass es nicht so ist! Und nur weil wir genauso bekloppt bzw. krank wie alle anderen sind, dürfen wir uns auch nicht einbilden, mit dem, was wir denken, tun und fühlen, vollkommen richtig zu liegen!...

Bezogen auf die »anderen« sind »wir« allenfalls »normal«, aber nicht unbedingt gesund! Wir sind alle sowohl krank als auch gesund und dürfen uns alleine deshalb schon getrost zum »Durchschnitt« dazurechnen. Dabei sind wir aber nicht nur ein Teil der *Rechnung*, sondern auch das »Ergebnis« derselben, sind, wie Erich Fromm es in einem seiner Bücher beschreibt, zwar alle eins, aber jeder für sich »*ist zugleich ein einzigartiges Wesen, ein Kosmos für sich.*« (23)...

Nicht mehr, aber auch nicht weniger!(?)

Es klingt jetzt etwas überheblich, das zu sagen, aber ich beobachte die Welt und speziell die darauf und in ihr lebenden Menschen schon seit geraumer Zeit. Wie lange genau, vermag ich nicht zu sagen, ich weiß nur, dass ich irgendwann damit begonnen habe, nicht einfach nur den *Körper*, die *Seele* oder den *Geist* vor mir zu sehen, sondern vielmehr den **ganzen** Menschen erfassen zu wollen und mit ihm bzw. durch ihn die ganze Menschheit!

Dieser Mensch bin im Grunde natürlich ich selbst und ich hoffe, Sie verzeihen mir, wenn ich sowohl bei (m)einer Betrachtung der bzw. des Menschen, als auch der Dinge und Ereignisse nie hundertprozentig »objektiv« sein werde. Das kann ich nicht, denn so wie Sie bin auch ich ständig äußeren und inneren Einflüssen ausgesetzt, die sich mir und (m)einem Bewusstsein größtenteils entziehen. Ständig werden wir beeinflusst, manipuliert, ändern andauert und meist unbemerkt unsere Wahrnehmung und sind alleine deshalb schon nicht in der Lage oder gar dazu prädestiniert, etwas oder jemanden **vollkommen** (sachlich und insgesamt unvoreingenommen) zu betrachten. Es ist daher gut möglich, dass ich mich, während ich dieses Buch schreibe, bereits selbst verändert habe und deshalb augenblicklich die Dinge anders sehe als in Zukunft oder noch vor einigen Jahren. Aber gerade was sich in den letzten Jahren insgesamt (in mir) getan und verändert hat, oder, sagen wir besser das, was sich **nicht** verändert hat, gibt mir zu denken und lässt mich fürchten!

Warum, das werden Sie sehen und womöglich fragen sich jetzt manche immer noch, wie ich das mache: Wie ich die ganze Welt und mit ihr die gesamte Menschheit beobachte? Ich hab's eigentlich schon erwähnt, aber sage es gerne nochmal: Ich beobachte mich selbst, stelle mich neben, hinter und/oder über mich und mache dabei nicht nur die Augen, sondern auch all die anderen Sinne auf! Was ich dann fühle, versuche ich möglichst **nicht** zu bewerten!...

Das gestaltet sich zwar (r)echt schwierig, und wie bereits erwähnt, ist das (fast) nicht möglich, dennoch ist es der einzige Weg, mehr als (m)eine Realität zu erfassen! Das gleiche könn(t)en Sie doch auch, meinen Sie nicht? Oder hatten Sie etwa noch nie das Gefühl, gänzlich neben sich zu stehen, in sich gefangen zu sein und/oder über sich zu schweben? Hatten Sie noch nie das Gefühl, sich bei dem, was Sie gerade tun oder wie Sie sich verhalten, irgendwie selbst zu beobachten?...

Ich komme gleich wieder darauf zurück, aber zur Erklärung, was das alles mit »Ihnen«, der »Welt« oder der »Menschheit« zu tun hat, ist es mir abermals wichtig zu erwähnen, dass jeder von uns ein *Mensch* ist! Jeder von uns verfügt über annähernd dieselben Fähigkeiten und trägt als *Kosmos für sich* die **ganze** »Menschheit« und »Welt« samt ihrer positiven und negativen Aspekte, welche sich im Laufe der Geschichte schon mehrmals deutlich gezeigt haben, in jeweils unterschiedlicher Konzentration bereits in sich. Ich greife den Dingen nun weiter vor, aber in diesem Verständnis ist es nachvollziehbar, dass der *kleinste gemeinsame Nenner*, der uns alle verbindet, uns die Augen öffnet und zu einer möglichst kompatiblen Sicht- und Handlungsweise führt, in uns selbst und unserer Bewusst*werdung* liegt!(?)...

Sie werden vielleicht noch verstehen, wie ich das meine, werden erkennen, dass es nichts mit faschistoider Gleich*förmigkeit*, uniformem Denken oder Fühlen, sondern vielmehr etwas mit Gleich*wertigkeit* und elementarer, menschlicher **Freiheit** zu tun hat! Wenn Sie sich und die Welt so be(tr)achten, werden Sie womöglich feststellen, dass man die Firma, in der Sie arbeiten, die Familie, in der Sie leben und aufgewachsen sind oder die Schulklasse, in die Du gerade gehst oder gegangen bist, genau wie einen einzelnen Mensch oder ein ganzes Volk jeweils auch als *Mikrokosmos* mit annähernd denselben Gesetzmäßigkeiten be(tr)achten kann. Ein *Mikrokosmos* ist nicht umsonst ein *kleines »System«*, welches die Gesetzmäßigkeiten von einem *großen* in sich trägt und dem wir allein schon aus praktischen Gründen mehr Be(tr)achtung schenken sollten – denn um das *große* zu begreifen und zu verändern, müssen wir erst ein *kleines »System«* – wie uns selbst – sehen, verstehen und kontrollieren lernen!

Da Sie selbst sowohl *Makrokosmos* als auch *Mikrokosmos* sind und mit sich je nachdem einen (anderen) *Mikrokosmos* und/oder *Makrokosmos* verändern, sollten Sie, um von sich selbst zu lernen, ab und an aus sich herausgehen, sich selbst von *innen* und/oder von *außen* be(ob)achten und sich von nun an *wertfrei* als ihr eigenes Experiment betrachten. Ohne zu lachen wird das bestimmt nicht gehen!

Wem das aber noch zu wenig ist, der darf außerdem noch andere »*Systeme*«, beispielsweise den Nachbarn, den Betrieb oder die eigene Familie, als eine Art Laborexperiment be(tr)achten. Wir selbst sind dabei im optimalen Fall nur Beobachter und tun nichts anderes als zu beobachten! Dabei ist es ganz ratsam, die im Experiment befindlichen Menschen **liebevoll** als »Labormäuse« anzusehen – denn so blöd es klingt, aber das bereits beschriebene Herausnehmen aus einer Situation kann ab und zu ganz gesund und lustig sein und Ihnen darüber hinaus helfen, den (über)lebensnotwendigen Abstand zu den »Dingen«, aber nicht zu den *(Mit)Menschen*, zu gewinnen.

Die Be(tr)achtung allein verändert das »Ergebnis« und nur so ist es möglich, gewisse Zusammenhänge und *System*abläufe, wie sie in der Geschichte der Welt stets und überall zu finden sind, möglichst klar und objektiv zu erkennen und zu beeinflussen! Dadurch, dass wir quasi von oben drauf sehen, anstatt selbst und un(ter)bewusst involviert zu sein, haben wir die Chance, alles so gut als irgendwie möglich unbeeinflusst zu überblicken, möglichst objektiv zu begreifen und gegebenenfalls später auch im (mit)menschlichen Sinne zu lenken.

Manch ein Quantenphysiker wird nun womöglich anführen, dass – vereinfacht ausgedrückt – der »Zustand« von »*Systemen*« trotz allem von dem »(Eigen)Zustand« des »Beobachters« abhängt und es sich erst im Augenblick der *Messung* entscheidet, welchen der »(Eigen)Zustände« das »*System*« annimmt. Aber an dieser Stelle schon mit Schrödingers Katze[44], ein »*vom österreichischen Physiker Erwin Schrödinger (1887–1961) vorgeschlagenes Gedanken-*

---

[44] »*Das Gedankenexperiment besagt: In einem geschlossenen Raum befindet sich ein instabiler Atomkern, der innerhalb einer bestimmten Zeitspanne mit einer gewissen Wahrscheinlichkeit zerfällt. Der Zerfall des Atomkerns werde von einem Geigerzähler detektiert. Im Falle einer Detektierung werde Giftgas freigesetzt (oder eine Pistole abgefeuert), was eine im Raum befindliche Katze tötet. Gemäß der Quantenmechanik befindet sich der Atomkern nach Ablauf der Zeitspanne im Zustand der Überlagerung (noch nicht zerfallen und zerfallen). Demnach sollte sich, wenn die Quantenphysik auch auf makroskopische Systeme anwendbar wäre, auch die Katze im Zustand der Überlagerung (lebendig und tot) befinden.[..] Erst bei der Messung durch einen bewussten Beobachter entscheidet sich also, ob die Katze tot oder lebendig ist.*« (390)

experiment, das dazu dienen soll, die Unvollständigkeit der Quantenmechanik zu demonstrieren, wenn man vom Verhalten subatomarer Systeme auf das makroskopischer Systeme schließen will« (24), anzufangen und ferner noch zu behaupten, wir alle befänden uns, so wie die Katze aus dem Experiment, ohne einen »Betrachter« in einem un(ter)bewussten »Zustand« der *Überlagerung* und wären damit gleichermaßen tot wie lebendig, würde im Augenblick aber zu weit führen, überfordern oder den ohnehin schon leicht verstörten Rahmen des »Lesers« sprengen. Also lassen wir das! Hauptsache, wir begreifen, dass alles, aber auch absolut alles eine Frage der **Be(tr)achtung(sweise)** ist und demzufolge ein »Zustand« bzw. eine »Gegebenheit« mitunter nur vom jeweiligen »Betrachter« und dessen »Standpunkt« abhängig zu machen ist! Für ein glückliches Leben reicht es aber auch schon aus, uns und gewisse andere »*Systeme*« im Groben zu verstehen. Und wenn wir schon keines von denen hundertprozentig genau lenken können, dann können wir im Zweifelsfall wenigstens über sie lachen. Keine »(Labor)Ratte« weiß das übrigens besser als ich!?

Da fällt mir noch etwas anderes, im Hinblick auf »*Systeme*« aller Art überaus Wichtiges ein: »*Komplexe Systeme – unser Gehirn ist hier nur ein Beispiel – bestehen aus vielen einzelnen Teilen, Elementen, oder Untersystemen, die sich oft gegenseitig in einer komplizierten Weise beeinflussen*«. (25) Einige interessiert es vielleicht, dass manch kluger Kopf solchen Zusammenhängen und den objektiven Abläufen in »*Systemen*« seit einiger Zeit auf der Spur ist. Man nennt diesen relativ jungen Wissenschaftszweig »Synergetik«! Wie viele andere zeigt auch er, dass nicht alles so unerklärbar ist, wie wir meinen.

» *Synergetik*

aus Wikipedia, der freien Enzyklopädie

Die Synergetik ist die Lehre vom Zusammenwirken von Elementen gleich welcher Art, die innerhalb eines komplexen dynamischen Systems miteinander in Wechselwirkung treten (bspw. Moleküle, Zellen oder Menschen). Sie erforscht allgemeingültige Prinzipien und Gesetzmäßigkeiten des Zusammenwirkens, die universell in Physik, Chemie, Biologie und Soziologie vorkommen, auch Synergie genannt, und liefert eine einheitliche mathematische Beschreibung dieser Phänomene. Die spontane Bildung von synergetischen Strukturen wird als Selbstorganisation bezeichnet.« (26)

So viel dazu!

Stellen Sie sich nun bitte vor, Sie wären Kassandra, oder sagen wir jemand wie ich, und würden all die Dinge bzw. Synergien sehen, die Kassandra sieht! Was würden Sie tun? Zum Psychodoktor rennen, sich einen Johanniskrauteinlauf verpassen lassen und bis zum Stillstand der Augen Medikamente schlucken, um dann letztendlich nur so zu tun, als wäre alles in (bester) Ordnung? Oder würden Sie versuchen, die Krebszellen davor zu warnen, so weiterzumachen wie bisher?

Ich weiß, es ist beinahe so verrückt, wie es klingt, aber ich habe mich für Letzteres entschieden! Ich will die Menschen warnen, will ihnen die Augen öffnen und von einer annehmbare Alternative zum altbekannten »*Survival of the fittest – dem Überleben der Stärksten*« überzeugen…

Viel »Zeit« habe ich nicht, das weiß ich, und das haben bereits ganz andere versucht, das ist mir schon klar; und mir ist ebenso bewusst, dass sich das Muster unseres Verhaltens seit der Stein-, Schul- oder unserer Kinderzeit, wie es scheint, nur unwesentlich verändert hat. Aber wenn wir erst einmal so weit sind und begriffen haben, dass es auch anders und im Hinblick auf den Menschen und seine wahren Bedürfnisse eventuell sogar besser geht, halte ich es durchaus für möglich, dass wir uns in Zukunft doch nicht selbst zerstören (müssen). Ich halte es für möglich, dass wir **alle** l(i)eben können! Zuvor müssen wir allerdings begreifen, wie wir und die Welt in uns und um uns herum funktionieren. Wir müssen die kausale Kette, die zu den Umständen in unserem Leben führt, zumindest im groben Ansatz verstehen und sie möglichst bis zum Schluss zurückverfolgen. An dieser Stelle müssen wir dann ansetzen, um insgesamt etwas zum (mit)menschlich Positiven zu verändern!(?)

Wie Sie sicherlich schon ahnen, wird am Ende leider jeder von uns selbst den »Schwarzen Peter« ziehen und keinen anderen mehr für seine Fehler und Verquerungen verantwortlich machen können. Das Buch, welches Sie soeben in Ihren Händen halten, soll demzufolge nur unser etwaiges individuelles und kollektives Fehlverhalten aufzeigen. Es soll eine mögliche Hilfe zur Selbsthilfe sein und lediglich als eine solche verstanden werden! Es ist nicht der Weisheit letzter Schluss und wird, ähnlich wie in der Entwicklungshilfe, natürlich nur etwas bewegen, wenn Sie selbst etwas tun (wollen). Es wird sich nur etwas tun, wenn Sie die möglichen Fehler im »*System*« und in Ihrem Verhalten **selbst** (er)kennen und sich **freiwillig** anstrengen und ändern (wollen)! Wie jeder andere (Drogenabhängige) haben Sie dabei natürlich stets die Wahl, das Richtige zu tun…

Um einer möglichst großen Anzahl von Menschen zu »helfen«, geht der eine freilich auf eine Bühne oder macht Quatsch im Fernsehen, ein anderer stellt sich mit Plakat und Megaphon bewaffnet auf den Marktplatz, stellt sich ganz alleine vor einen Panzer oder geht zum Demonstrieren raus auf die Straße. Wieder ein anderer zündet sich an, fliegt mit einem Flugzeug in ein Hochhaus, geht den Weg der Politik, schreibt Gedichte oder komponiert Lieder. Wie bereits erwähnt, weiß ich nicht genau, warum, aber ich für meinen Teil beherzige dafür das vermutlich aus England stammende, und mir aus dem Film *Indiana Jones – Der letzte Kreuzzug* bekannte Sprichwort: »*Die Feder ist mächtiger als das Schwert.*« Und so habe ich wohl eine Art »Schulbuch für Erwachsene« geschrieben, das aufgebaut ist wie eine Reise durch die Onlineenzyklopädie (m)eines Bewusstseins! Wenn Sie wollen, nehme ich Sie gerne und weiter mit *in die tiefsten Tiefen des Kaninchenbaus.* Einfach(er) wird es aber nicht werden, soviel steht fest, denn auf der Suche nach mir selbst, der Wahrheit und danach, wirklich über mich Bescheid zu wissen, mache ich mich nicht zum *Affen*, sondern – und Sokrates würde mir jetzt sicherlich beipflichten – zum *Menschen*!

Selbst wenn ich mir schon viel früher und mehr oder weniger aus **eigenem** Antrieb heraus Gedanken gemacht habe, bin ich ehrlich gesagt aber erst seit etwa drei bis vier Jahren daran, mir **ernsthaft** bewusst(er) zu werden. Was das anbelangt, bin ich also noch ziemlich grün hinter den Ohren und sozusagen neu im »Geschäft«! Interessant ist es für mich nun zu erleben, wie ich auf einmal »freiwillig« Bücher lese – und Sie können mir glauben, dass ich mich damit selbst mehr als überrascht habe! Ich weiß weder, wie noch warum, aber auf einmal hat es in mir einen Schalter umgelegt. Davor hatte ich wahrlich kein Interesse am Lesen, habe Bücher (vor allem die gelben Dinger aus dem Deutschunterricht) und die damit verbundene Auseinandersetzung sogar gehasst.

Lesen war mir schlichtweg zuwider! Vermutlich bin ich nicht zuletzt deshalb der deutschen Sprache in rechter Schrift (ebenso wie dem damit verbundenen Denken) bis zum heutigen Tag, sagen wir mal, nicht unbedingt hundertprozentig mächtig. Aber mal ehrlich, wer ist das schon!?[45] Also entschuldigen Sie die – insbesondere für ein *käuflich* zu erwerbendes Druckerzeugnis – unter Umständen ungewöhnlich hohe Zahl an Rechtschreib-, Ausdrucks-, Satzbau-, Form-, Tipp-, Denk- und Zeichensetzungsfehlern in (m)einem sicherlich nicht (ganz) perfekten Buch! Sehen Sie großzügig darüber hinweg – vergleichen Sie's am besten mit einer gekauften Banane oder mit einem von Bill Gates' Microsoft Produkten, die bekanntermaßen erst beim Kunden richtig reifen – und betrachten und erkennen Sie dafür lieber das **Wesentliche**(!), … beispielsweise, dass jeder von uns (aus **eigenem** Antrieb heraus) etwas tun und sich mit der Zeit gegebenenfalls (grundlegend) verändern kann! Und dabei ist es wirklich scheißegal, wie blöd jemand auch sein oder sich, von *außen* bzw. »*oben*« betrachtet, anstellen mag! Sobald es die »Situation« oder, besser gesagt, eine gewisse »Dringlichkeit« verlangt, verändern wir uns alle – zum »Guten« wie zum »Schlechten«. – Und mit uns wächst und verändert sich die **ganze** Welt!!!

Ich weiß nicht, ob sich damals auch Karl Marx (1818-1883) verändert hat!? Er war jedenfalls ein deutscher Philosoph und politischer Journalist, dessen Kritik des *Kapitalismus* und Theorie des *Kommunismus* bis zum heutigen Tag kontrovers diskutiert wird. Jedenfalls hat er sich ernsthafte Gedanken gemacht und vermutlich wollte auch er – wie so viele anderen schon vor und nach ihm – et-

[45] Anm.: Gmäeß eneir Sutide eneir elgnihcesn Uvinisterät ist es ohenihn nchit witihcg in wlecehr Rneflogheie die Bstachuebn in eneim Wrot snid, das ezniige was wcthiig ist, dsas der estre und der leztte Bstabchue an der rithihcegn Pstoiion ist.

was (am »*System*«) ändern. Meiner Meinung nach lag er mit seinen Theorien gar nicht so daneben – wie viele, die im Moment Marx, Lenin, Stalin, Erich Honecker (»*Vorwärts immer, rückwärts nimmer.*« – ja genau) und die ehemalige (Plattenbau)Zone in einen Topf werfen – vielleicht glauben!...

Manche behaupten sogar, dass Marx mit dem, was er wollte, missverstanden wurde und seine »eigentliche« Lehre – und ich möchte hinzufügen, genauso wie die des Christentums oder einer anderen Religion – durch menschliches Zutun verfälscht wurde! Ein gutes Beispiel ist der Opium-Satz, welcher aus dem Kontext gerissen vollkommen verdreht wurde. Laut Fromm hatte Marx »*in Wirklichkeit ein großes empathisches Verständnis für das Wesen der Religion, eine Einstellung, die vom Vulgärmarxismus völlig entstellt wurde.*« Religion ist das »*Opium des Volkes*«, hat Marx gesagt. Marx spricht hier aber davon »*..., daß der Mensch in einer herzlosen Welt leidet und daß die Religion ihn tröstet, so wie das Opium jemanden tröstet, der unter schweren Schmerzen leidet. Die Religion ist aber nur der notwendige und beste Trost für des Menschen Leiden, solange der Mensch noch nicht zu sich selbst gekommen ist und er also in einer Welt lebt, die der Illusion bedarf, um es darin auszuhalten.*« (27) Wie Sie sehen, ist alles nur einer Frage der **Sichtweise** und der Informationen, die uns zu der einen oder anderen Annahme führen und uns insgesamt zu denken geben sollte!

Bevor ich nun mit (m)einer ungewohnt langen, aber leider notwendigen »*Denkschrift*« – der Handlungsskizze für das Filmdrehbuch (m)eines momentanen Bewusstseins, das den Augenblick genießt, aber dennoch die Sorge um das Morgen kennt – schließe und Ihnen zum vierten, aber bestimmt nicht zum letzten Mal damit auf die Nerven gehe, über das Gelesene unbedingt »nachzuhirnen«, sich ständig »rückzuversichern« und dabei stets in sich selbst »hineinzuhören«, möchte ich anmerken, dass ich mich, so gut es mir eben möglich war, auf wissenschaftliche Erkenntnisse und vermeintliche Fakten, die (m)eine Meinung untermauern sollen und diese im besten Falle plausibel erklären, stütze. Auch möchte ich Sie nochmals daran erinnern, dass trotz allem die **eigenen** Erfahrungen stets (m)eine Rolle spielen, das »Bild« (m)einer angeblich »objektiven« Wahrnehmung verändern und mit in das einfließen, was ich sehe, fühle und Sie nun lesen werden! Was folgt, sind deshalb Behauptungen, die ich aufstelle und die von Ihnen nicht als starr bzw. gegeben angesehen werden sollen. Der gesamte Inhalt des Buches soll vielmehr als wandlungsfähige Theorie, als eine neue, doch bereits schon längst bekannte Sichtweise aufgefasst werden!

ES(?) ist wie ein neuer, vielleicht in Vergessenheit geratener Standpunkt, der ein bisschen unseren Horizont erweitert und es ermöglicht, über uns und gewisse »Dinge« im Leben zu lachen und zu weinen, sich etwas mehr als sonst zu begreifen, herzuleiten und gegebenenfalls zu ändern, anstatt alles – wie gewohnt – immer wieder und eventuell sogar schlimmer als vorher passieren zu lassen!

Man (engl. *man*) könnte sogar sagen, es handle sich bei dem, was Sie hier lesen, um »*forschendes Fragen u. Streben nach Erkenntnis des letzten Sinnes, der Ursprünge des Denkens u. Seins, der Stellung des Menschen im Universum, des Zusammenhanges der Dinge in der Welt.*« Kurz gesagt handelt es sich lediglich um (laienhafte) »Philosophie«, die nicht anders als eben beschrieben im Fremdwörterbuch definiert wird und einen deshalb aber nicht gleich zum ultimativen Denker macht! Meine Sicht entspricht nur einer Weltanschauung von vielen, die uns letztlich jedoch daran hindern soll, *passiv* zu sein. Sie soll uns daran hindern, tatenlos zuzusehen und uns bis in alle Ewigkeiten über die Gegebenheiten unseres irdischen Daseins aufzuregen. Im Endeffekt soll sie sogar das genaue Gegenteil bewirken und uns eventuell sogar davor bewahren, einen solch ignoranten, überflüssigen und kollektiven Selbstmord zu begehen, wie ich ihn nur von lächerlichen Lemmingen kenne! Denn solange wir uns nicht ändern und der in uns wachsenden *passiven* Depression mit (mit)menschlich produktiver *Aktivität* entgegenwirken, wird die (all)gemeine Widerstandslosigkeit einmal den l(i)ebenden und gleichzeitig dazu klar denkenden und fühlenden Menschen (von nebenan), auf die eine oder andere Art, aber auf jeden Fall ein für alle Mal aus dem »*System*« löschen! Und das wäre doch irgendwie schade, um nicht zu sagen: »unschön«, nicht wahr!?...

Soweit *ES* mir möglich ist, will ich uns aus diesem Grund helfen, uns selbst und der Welt bewusst(er) zu werden, uns dazu motivieren, sich dem »(**Gesamt**)*System*« anzunähern, anstatt uns immer weiter von ihm zu entfernen, um daraufhin die eventuell bessere Alternative zum schlichten, maschinenhaften Geldverdienen, nämlich die der *aktiven* (Mit)Menschlichkeit und das L(i)eben zu wählen!...

Ach ja, vor lauter Nachdenken über die Alternative(n) hätte ich es beinahe vergessen: Das Buch gliedert sich – von den zwei Bänden abgesehen – grob in zwei Teile, von denen der erste Teil, der etwas größere, sich hauptsächlich mit Grundlagen, Gesetzmäßigkeiten und lästigen Definitionen herumschlägt, die dann im darauffolgenden zweiten Teil aber weitestgehend vorausgesetzt werden, um die lokalen und globalen Abläufe, die ich dort weiter ausführe, besser verstehen und nachvollziehen zu können. Wer weiß, vielleicht wird sich dann ja eine Lösung für uns alle finden? Und falls nicht, dann hab ich's, so ähnlich wie Kassandra, wenigstens versucht. Ich kann mir nichts vorwerfen!?

Aber jetzt mal ran an die Arbeit, und ich nenne es bewusst »Arbeit«, denn damit sich tatsächlich etwas (ver)ändert, wird und muss es (leider) in Arbeit ausarten. Obwohl ich mir wirklich alle Mühe gegeben habe, wird der vor uns liegende Weg nicht ausschließlich »Spaß« machen. Ganz im Gegenteil, sich wahrlich mit sich selbst, anderen und den Dingen hinter den Dingen zu beschäftigen ist überaus anstrengend und für viele ungewohnt! Es tut weh, erscheint sinnlos, und wie Sie bestimmt schon bemerkt haben, wird das, was Sie von mir hören werden, für den einen oder anderen von Ihnen oftmals überaus kompliziert, ermüdend, insgesamt langwierig, beschwerlich, auf den ersten Blick scheinbar überflüssig und anfangs nicht nur im Detail recht schwer zu verstehen und zu akzeptieren sein. *ES* ist also (k)ein Spaziergang, falls Sie das vielleicht meinen, und selbst hartgesottenen Wandersleuten, die beschwerliche Reisen auf unebenem Terrain gewohnt sind, wird das Folgen nicht immer leicht fallen! Die schiere Masse an Seiten und die unsichere Aussicht auf »Erfolg« kann einen ja schon erdrücken, zumal manches von dem Gehirnmüll, mit dem Sie konfrontiert werden, am Anfang überhaupt keinen (r)echten Sinn zu ergeben scheint. Wie im »wahren« Leben, beim Malen eines Bildes oder beim Erklimmen eines Berges erschließt sich einem das »große Ganze« erst nach und nach und ganz zum Schluss!...

Also nicht (gleich) den Mut verlieren, nur weil Sie im Moment vielleicht den (roten) Faden verloren haben oder nicht ganz so schnell vorankommen, wie Sie dachten! Schmeißen Sie nicht alles hin, nur weil Ihnen Ihr Rücken oder der Kopf etwas wehtut, die »Muskeln« schmerzen, *man* zu allem Überfluss noch den langen, steilen Weg vor sich liegen sieht und in dieser »Zeit« eigentlich ganz andere, vermeintlich schönere, befriedigendere, bequemere, (be)lohnendere und insgesamt verheißungs- bzw. wirkungsvollere Dinge tun wollte! Erwarten Sie nicht zu viel von mir, sich und der Welt! Blicken Sie einmal nicht nach vorne oder zurück – nicht dahin, wo *man* kein »Land« sieht! Lesen und machen Sie nur eine »Sache« nach der anderen – langsam und stetig –, so wie Beppo Straßenkehrer, aus Michael Endes Buch *Momo*! »*Bei jedem Schritt einen Atemzug und bei jedem Atemzug einen Besenstrich.*« (28) Auch Beppo blieb zwischendurch »*manchmal ein Weilchen stehen und blickte nachdenklich vor sich hin. Und dann ging es wieder weiter – Schritt – Atemzug – Besenstrich – – –.*«

Natürlich will man (engl. *man*) sich aus (einfacherer) Bequemlichkeit viel lieber angenehm(er)en, d.h. *effizient(er)* und *effektiv(er)* erscheinenden »Dingen«, wie beispielsweise dem Fernsehen, Sport, Sex oder Alkohol zuwenden und ist – zumindest gedanklich – bei einer Wanderung meistens schon am vermeintlichen Ziel! Mir fällt es ja selbst überaus schwer, mich – auf mehr als drei Atemzüge – zu konzentrieren. Auch schaffe ich es (bisweilen) nicht, auf die feinen Ablenkungen des Komfort und des Luxus, an die ich mich mittlerweile nur allzu sehr gewöhnt habe, bewusst zu verzichten. Doch das müssen wir! Wir müssen – um zu (über)leben – **selbst** und ganz **alleine** den nächsten Schritt in die entscheidende Richtung machen (wollen)!

Dass unsere angeborene Faulheit und das fälschliche Wohlwollen unserer »Eltern« unserer eigentlichen Entwicklung und Bestimmung im Weg steht und uns schwach macht(e), ist so klar, wie sich gegenwärtig **alles** auf dieser Welt ins Gegenteil zu verkehren scheint. Die Welt hinter der Welt scheint sich rückwärts zu bewegen!? Sie wird überholt, da wir permanent versuchen, die Natur (in uns selbst) auf den Kopf zu stellen. Trotz anders propagierten Mottos kommt aber nun mal »erst die Arbeit und dann das Vergnügen«! Ich finde den Spruch auch etwas altbacken und blöd, was aber nichts daran ändert, dass er eine ähnlich unbestreitbare Tatsache beschreibt wie das überkluge Sprichwort »Ohne Fleiß kein Preis« – und der ist bzw. war bis vor Kurzem zumindest noch heiß!?...

Tun Sie mir und möglicherweise auch sich selbst also den klitzekleinen Gefallen und beißen sich durch. Strengen Sie sich an, werden Sie von mir aus »heiß«, aber legen dann, wenn es doch zu anstrengend werden sollte und ihr Prozessor allmählich zu überhitzen droht, dennoch und beizeiten eine (für Sie) »lohnende« Pause ein! Die zum Abkühlen benötigte »Ruhe« haben Sie sich dann übrigens redlich verdient, und sie ist zu einem solchen Zeitpunkt auch mehr als dringend nötig – denn ganz egal, wie diese Pause nach einer Belastung auch aussehen mag, egal, ob es sich um Sie oder das »(Wirtschafts)*System*« im (globalen) **Ganzen** handelt, die Pause ist als lohnende Form der Entspannung für unsere weitere Entwicklung absolut unerlässlich. Nur wer sich nach einer geleisteten Arbeit, die definitions- und erfahrungsgemäß immer beschwerlich ist und je nachdem zu geistiger bzw. körperlicher Müdigkeit und Erschöpfung führt, ausreichend regeneriert, und das auch kann bzw. darf, wird dazu in der Lage sein, besser, klüger, wacher und bestimmt auch stärker weiterzumachen als zuvor!...

Sicherlich hört sich das jetzt etwas komisch und abgehoben an; es mag im Augenblick alles ziemlich illusorisch und fast wie ein irrer Traum klingen, aber auf die von mir beschriebenen Art und Weise, die absolut keine neue ist, werden Sie sich ganz bestimmt einmal *erwachsen(er)* und *frei(er)* fühlen. Sie werden erkennen, dass Sie irgendwann in der Lage sind, mittels einer kleinen Geste oder alleine durch die Kraft Ihrer Gedanken und Gefühle für sich, für mich und insbesondere für uns alle eine **ganze** Welt zu retten! Das ist kein esoterisch-spiritueller Humbug, falls Sie das meinen, sondern eine ganz realistische und überaus durchdachte Vorstellung bzw. Schlussfolgerung von mir. Und falls alles eben doch nur ein »verrückter«, d.h. »(phasen)verschobener« Traum sein sollte, so muss dieser, wie jemand ganz richtig festgestellt hat, aber nicht zwangsläufig ein Traum bleiben!

»Wenn einer alleine träumt,
ist es ein Traum.
Wenn viele gemeinsam träumen,
ist es der Anfang
einer neuen Wirklichkeit.«[46]

[46] Anm.: Unbestätigten Quellen zufolge stammt dieses Zitat vom österreichischen Künstler, Maler und Architekt, Friedensreich Hundertwasser (1928-2000). Unter Umständen kann es auch Dom Hélder Pessoa Câmara, dem ehemaligen Erzbischof von Olinda und Recife zugeschrieben werden!

Das Fundament

»Es ist nichts furchtbarer anzuschauen als grenzenlose Tätigkeit ohne Fundament.«
- Johann Wolfgang von Goethe

So wie jedes Haus braucht auch jeder Mensch auf diesem Planeten ein sog. »**Fundament«**, d.h., eine feste Bodenplatte, auf der er steht und die zweifelsohne nötig ist, um der darauf gebauten »Behausung« eine gewisse Festigkeit zu verleihen! Anderenfalls kann es bei mangelnder Tragfähigkeit des Bodens (siehe *Turm v. Pisa*) unter Umständen dazu kommen, dass unser Domizil zu kippen beginnt, Risse bekommt oder aber wie ein Kartenhaus in sich zusammenfällt...

Für die Festigkeit unserer Behausung ist es daher vollkommen irrelevant, ob der Bauherr an die Notwendigkeit eines Fundaments glaubt oder nicht, da alleine das wacklige Ergebnis ihn im wahrsten Sinne des Wortes zur »fundierten« Überzeugung bringt, das nächste Mal besser nicht (nur) auf seinen Glauben bzw. auf Sand zu bauen. Es spielt also keine Rolle, ob »*Bob der Baumeister*« vorgibt Jude, Christ, Moslem, Scientologe, Sonnentempler, Kapitalist oder »tief gläubiger« bzw. überzeugter Atheist[47] oder gar Nihilist[48] zu sein, denn alle Häuser und Menschen unterliegen in letzter Konsequenz den »göttlichen« *Gesetzen der Natur* – oder auch den »*Naturgesetzen*«, ganz wie »man« will!

Wie bitte, Sie »glauben« nicht, dass Ihr Leben von *Naturgesetzen* abhängt, sondern dass Ihr »Glauben« eine tragende(re) Rolle spielt? Dann versuchen Sie doch mal im Treibsand ein Zelt zu bauen oder allein durch die Macht Ihres »Glaubens« die Schwerkraft außer Kraft zu setzen! Aha – war wohl nichts, das Zelt ist weg und beim Versuch, selbstständig zu fliegen sind Sie doch wieder auf dem »Arsch« gelandet, was!? Man muss folglich kein Prophet sein, um zu erkennen, dass mit 99,9%iger Sicherheit sowohl die Sache mit dem Zelt als auch das Fliegen mittels der reinen Kraft des »Glaubens« oder der »Gedanken« nicht (r)echt funktioniert. (Das Ganze setzt natürlich voraus, dass Sie nicht David Copperfield heißen oder nahe verwandt sind mit einem Comic-Helden, weshalb ich von den 100 auch 0.1 % Messungenauigkeit abgezogen habe!)...

»*Quod erat demonstrandum*« oder auf Deutsch: »*Was zu beweisen war*« ...

---

[47] »***Athe|is|mus*** *der; – <gr.-nlat.>: Gottesleugnung, Verneinung der Existenz Gottes oder seiner Erkennbarkeit.*«

[48] »***Ni|hi|lis|mus*** *der; – <lat.-nlat.>:*

a) *[philosophische] Anschauung, Überzeugung von der Nichtigkeit alles Bestehenden, Seienden;*

b) *weltanschauliche Haltung, die alle positiven Zielsetzungen, Ideale, Werte ablehnt; völlige Verneinung aller Normen, Werte, Ziele.*«

Der Glaube hat nichts mit Naturgesetzen zu tun und spielt in der Naturwissenschaft nur so lange eine Rolle, solange die wissenschaftlichen Theorien nicht verifiziert, d.h., noch nicht bewiesen wurden!

Der »Glaube«, der unserem »Gebäude« so dienlich ist wie der Leim, der Mörtel und die Nägel, die *ES* zusammen( )halten und für uns als **Bindemittel** daher zweifellos unabdingbar ist, heißt »nicht Wissen«! Er ist, trotz seiner offensichtlichen Notwendigkeit, demnach nur die (gem)einsame »Annahme« über einen Sachverhalt...

Deshalb lässt sich über den »Glauben« *für sich*(!?) auch so gut streiten wie über den (guten) »Geschmack«!? Beides, ein fester »Glaube« wie ein guter »Geschmack«, macht unter Umständen ziemlich einsam! Da ich aber alles andere als streiten oder einsam sein will, möchte ich Ihnen eine S(ch)icht vorstellen, die ein festeres Fundament als das bisherige bietet – eine Basis, mit der Sie eventuell etwas anfangen können und die etwas Licht in das scheinbare Chaos dieser Welt bringt. Dabei handelt es sich um ein Licht, das zwar auch mit »Glauben«, aber vielmehr etwas mit »(Er)Kenntnissen« zu tun hat, die ihrerseits bestimmt nicht auf meinem Mist gewachsen sind, sondern von mir aus verschieden(st)en Quellen gesammelt wurden und so gut es mir eben möglich war überprüft wurden!...

Genau wie Sie muss ich mich aber auch (oft) auf das verlassen, was so manche »klugen« Köpfe über die Jahre (zum Teil schmerzlich) herausgefunden haben, und hoffe daher auf deren Integrität und die Korrektheit *Ihrer*(!?) Aussagen!

Größtenteils beziehe ich mich bei meinen Recherchen allerdings auf Informationen aus dem Internet, denen – ich weiß – »man« keinen »Glauben« schenken darf, die jedoch, sofern sie nicht mit irgendwelchen Pornoseiten und dergleichen verlinkt sind, einen überraschend fundierten Eindruck machen. Gut, das machen »Phishing[49]-Mails« auch, aber die lege ich ja auch nicht zugrunde!...

Meistens handelt es sich bei mir um Informationen aus der mehrsprachig verfassten, freien Online-Enzyklopädie *Wikipedia*, deren deutschsprachige Ausführung annähernd eine Million Artikel beinhaltet. »*Jeder kann mit seinem Wissen beitragen. Seit Mai 2001 sind so 912.531 Artikel in deutscher Sprache entstanden.*« (29) heißt es auf der Hauptseite von *Wikipedia* am 1. Juni 2009...

---

[49] »*Phishing [...] werden Versuche genannt, über gefälschte WWW-Adressen Daten eines Internet-Benutzers zu erlangen. Der Begriff ist ein englisches Wortspiel, das sich an fishing (»Angeln«, »Fischen«), evtl. in Anlehnung an Phreaking auch password fishing, bildlich das »Angeln nach Passwörtern mit Ködern«, anlehnt. Häufig wird das h in dem Begriff mit harvesting erklärt, so daß der Begriff Phishing dann Password harvesting fishing lautet.*« (391)

Täglich werden es mehr Artikel, die für jedermann zugänglich und damit auch für jeden Wissbegierigen (mit Computerkenntnissen und Internetzugang) einsehbar sind. *Wikipedia* ist eine »Non-Profit-Organisation«, d.h. eine gemeinnützige Gesellschaft, die sich vollständig durch Spenden trägt! Deshalb wartet man hier auch vergeblich auf lästige Werbe-Pop-Ups und kann – mit etwas Geduld – selbst mit (m)einem erbärmlich langsamen 56k-Modem an der großen weiten Welt des Wissens teilnehmen.

Bevor mein *Wikipedia*-Werbeblock nun zu Ende geht, will ich noch eines loswerden: »*Wikipedia ist ein Wiki, das heißt eine Website, bei der jeder Benutzer ohne Anmeldung Autor werden, Beiträge schreiben und bestehende Texte ändern kann. Eine Redaktion im engeren Sinne gibt es nicht, das Prinzip basiert vielmehr auf der Annahme, dass sich die Benutzer gegenseitig kontrollieren und korrigieren.*« (30) Was Sie also auf *Wikipedia* lesen und von mir bisweilen zu hören bekommen, ist zum größten Teil ***Internet-*** und somit im wahrsten Sinne des Wortes »***Allgemein-Wissen***«[50]. Den Zusammenhang zwischen ***Internet-*** und sog. »***Allgemeinwissen***« an dieser Stelle genauer auszuführen, würde jetzt zu weit gehen, aber bei vielen Experten gilt das **Internet** als »*eine der größten Veränderungen des Informationswesens seit der Erfindung des Buchdruckes mit großen Auswirkungen auf diverse Bereiche des alltäglichen Lebens.*« (31)

Wie bei jeder anderen wissenschaftlichen Entdeckung bringt eine technische Entwicklung bzw. Neuerung selbstverständlich sowohl Gefahren als auch Chancen für die Menschheit mit sich, weshalb man (engl. *man*) dieses Wissen, dieses kybernetische Bewusstsein (gebildet) aus dem Internet stets kritisch betrachten und auf gar keinen Fall als einzige, absolute Wahrheit ansehen darf!...

Noch ist es zwar nicht so weit, aber in nicht allzu ferner Zukunft wird sich das **Internet** *(»wörtlich etwa »Zwischennetz« oder »Verbundnetz«, von engl. interconnected: »miteinander verbunden« und networks: »Netzwerke««* (31)) aller Voraussicht nach an Stelle der derzeitigen Medien (wie z.B. Fernsehen, Zeitungen und Radio) stellen, Bücher überflüssig machen und eventuell unsere Freu(n)de, Eltern, Lehrer und sogar unseren Lebensraum ersetzen. Dann spielt es eines »schönen« Tages wirklich keine Rolle mehr, was wir (**selbst**) glauben, denken oder fühlen, denn sowohl ***Internet-*** als auch »***Allgemein-Wissen***« werden *in* und insbesondere *mit* unserer Wahrnehmung weiterhin verschmelzen, bis sie letzten Endes womöglich ein und dasselbe sind!?

---

[50] »*Der Begriff der Allgemeinbildung bzw. -wissen stammt aus einer Zeit, in der es den Menschen bewusst wurde, dass das gesamte Menschheitswissen nicht in einigen wenigen Büchern zusammengefasst werden konnte. Dazu kam die Einsicht, dass die Wissensquantität relativ unabhängig ist von der Qualität: Es gibt eine Unmenge für den Einzelmenschen sinnlosen und wertlosen Wissens (Spezialkenntnisse), aber nur einen begrenzten Grundbestand an Erfahrungen, Einsichten, Werthaltungen, die für die Persönlichkeitsbildung wichtig sind und erst den sinnvollen Umgang mit Spezialwissen ermöglichen.*« (392)

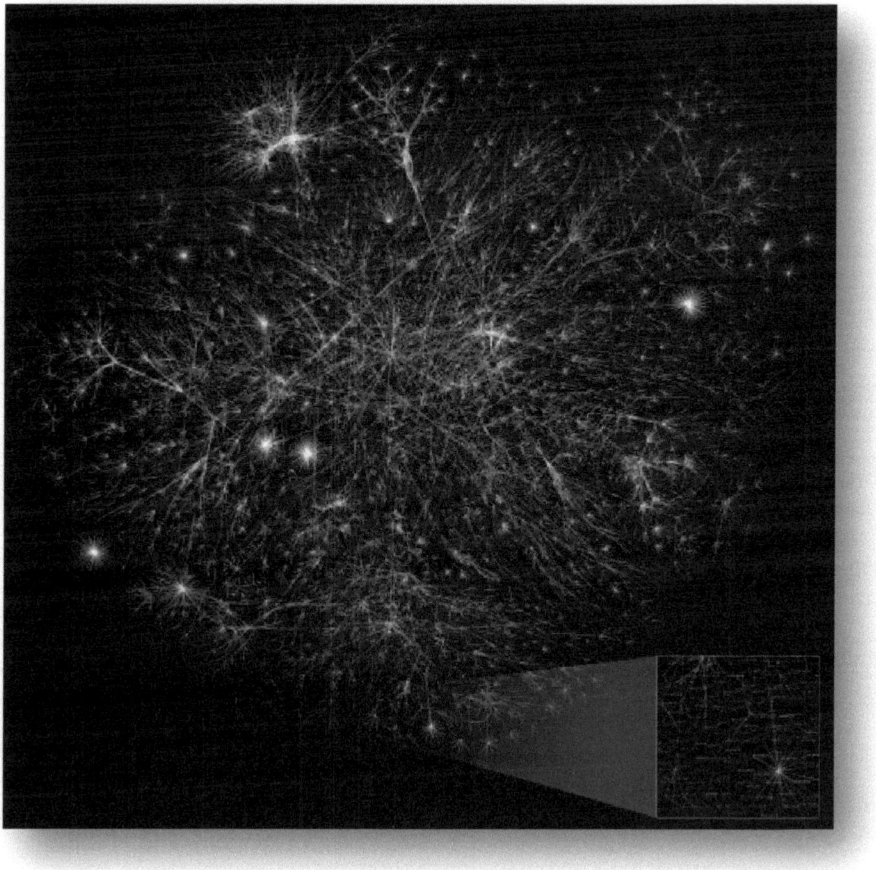

Be(tr)achtet *man* die »*Visualisierung der verschiedenen Routen durch Teile des Internets*« – so wie sie im Bild[51] oben dargestellt wird –, wird *man* bestimmt nicht umsonst an den Aufbau neurologischer Strukturen (also Nerven) erinnert!

Aber auch Assoziationen mit dem Weltraum, fremden Galaxien oder Sternen, die mehr oder weniger bzw. mal mehr mal weniger geradlinig ihr Licht aussenden, sind nicht von der Hand zu weisen!...

Ob ich mir das nur einbilde, **all*ES*** nur (purer) Zufall ist oder *ES* vielleicht doch etwas zu bedeuten hat, bleibt natürlich Ihnen überlassen! Es gibt allerdings keine »echten« **Zufälle**, sondern nur **Gesetzmäßigkeiten**, **Wiederholungen** und »***Systeme***«, die sich (im Kleinen wie im Großen) merkwürdigerweise sehr ähnlich sind und sich stets gegenseitig beeinflussen!

---

[51] *Wikipedia*: Internet (URL: http://de.*Wikipedia*.org/wiki/Internet [Stand: 30.10.2009])

Ich weiß, nur ein winzig kleiner Teil einer gigantischen Apparatur zu sein, den (»freien«) Willen als »unfrei« zu (er)kennen und uns und unsere jeweilige **Abhängigkeit** als ein sowohl irrelevantes als auch überaus bedeutendes »Rädchen« im »*System*« zu begreifen, entzieht sich der (Vorstellungs)Kraft der meisten Menschen(kinder), weshalb sich viele verständlicherweise gegen (m)eine unorthodoxe Auffassung und deren Grundlage(n) wehren werden…!?

Das ist in gewisser Weise sogar gut so, denn (m)ein **(all)gemeines Wissen** (sozusagen (m)ein »***All-gemein-wissen***«) muss nun mal nicht zwangsläufig richtig oder mit Ihrem identisch sein, kann aber helfen, einen besseren, sinnvolleren und harmonischeren Weg als den bisherigen zu gehen. Ich will das »**Allgemeinwissen**« also nicht durch meines ersetzen, sondern es nur um den *Flügelschlag eines Schmetterlings* erweitern und ihm so eine neue, dem einem oder anderen bisher unbekannte Sichtweise hinzufügen. Die ist meiner Meinung nach nämlich absolut nötig, damit es insgesamt und auf Dauer besser »flutscht«!

Dazu ein kurzes Beispiel: Wenn ich Sie fragen würde, welches Ende eines Zäpfchens – es verfügt bekanntlich über ein plattes und ein spitzes Ende – Sie sich zuerst einführen würden, was würden Sie spontan antworten?...

Genau, Sie würden sich den Torpedo natürlich mit der *spitzen* Seite voran in den Popo stecken (… lassen)! Das ist angenehmer als andersherum und demnach völlig logisch – das weiß doch jedes Kind! Wenn das Zäpfchen aber *längerfristig* wirken und nicht zurück- bzw. rausrutschen soll, müssen Sie sich die Mühe machen und sich die Form des Zäpfchens vergegenwärtigen. Sie müssen *ES* sich bewusst machen, »***Prinzipien***« (er)kennen und sich daraufhin (selbst) bewusst(er) werden...

Während die einen noch verzweifelt die Hinterbacken zusammenkneifen, nach Leibeskräften das »*Powerhouse*« inkl. Beckenboden anspannen und schließlich nach ihrer Mami rufen, werden die anderen, die angestrengt nachdenken, (aus)atmen und sich (fast) schon selbst als »Zäpfchen« sehen, daraufhin bemerken, dass es – entgegen der gängigen Meinung und somit gegen die Theorie des üblichen bequemen »**Allgemeinwissens**« – irgendwie doch besser ist, den Spieß einfach umzudrehen! Beim Einführen des Zäpfchen mit der stumpfen Seite zuerst voran kommt es aufgrund der Form nämlich zu einem Vortrieb und unter anderem »*zu einem natürlichen Reflex des Schließmuskels, der verhindert, dass das Zäpfchen wieder aus dem After herausrutscht.*« (32)

Tja, wer hätte das gedacht? Diese Information war zwar definitiv für'n »Arsch«, aber wie Sie sehen, gibt es bei allem mehrere Möglichkeiten und Wege, etwas zu tun, zu spüren oder zu sehen! Das komische Beispiel mit dem Zäpfchen war natürlich als Witz gedacht und soll(te) zeigen, dass etwas, das gemeinhin als »angenehm« empfunden wird und uns (Kindern) daher »logisch« erscheint, nicht zwangsläufig richtig oder (*langfristig*) besser sein muss!!! Und was lernen wir daraus?...

Jede »Ansicht« hat – nach reiflicher Überlegung – ihre Vor- und Nachteile und jetzt, nachdem Sie wissen, wie *ES* im »***Prinzip***« funktioniert, liegt die Wahl bei Ihnen! Spitze oder platte Seite voran, kurzfristig angenehm oder langfristig sinnvoll – wie werden Sie sich beim nächsten Mal entscheiden?

Was Sie auch tun, seien Sie vorsichtig und vertrauen Sie (mir) nicht zu schnell! Bei der Masse der uns täglich gebotenen Sichtweisen und vermeintlichen Tatsachen, die prinzipiell aber weniger vielfältig und fundiert sind, als wir »glauben«, ist *Vertrauen* nämlich gut, *Kontrolle* aber meistens besser. Ich hoffe jedoch inständig, dass sich das demnächst ändern wird und wir Lenin – von dem dieses Zitat mutmaßlich stammt – in absehbarer Zeit Lügen strafen und eines Besseren belehren werden!

Ich hoffe und vertraue übrigens auch darauf, dass die Menschen, deren geistige Ergüsse ich augenscheinlich raube, den aufklärerischen und rechtschaffenen Sinn hinter all dem begreifen! Falls nicht, sind wir wirklich nicht (mehr) zu retten, denn wie soll man *sich*, die *Welt* und das »*System*« ändern oder gar zu einer kollektiven, d.h., (gem)einsamen Überzeugung, ja zu einem allgemein aufgeklärten Bewusstsein und einer klaren Lösung unserer lokalen und globalen Probleme gelangen, wenn jeder einzelne von uns sein Wissen als »Privateigentum« erachtet, es vor dem anderen ständig versteckt und damit geizt, um es vornehmlich egoistisch und diesbezüglich zur rechten Zeit materiell gewinnbringend einzusetzen und dementsprechend zu vermarkten?

Die **Bahá'í**, eine Religion, auf die ich später noch zurückkommen werde, betrachten Meinungsbeiträge in Beratungen beispielsweise <u>nicht</u> als persönliches »Eigentum«. Beiträge werden in dem Moment, »*in welchem sie in die Diskussion eingebracht werden, zum Gemeingut, über das alle gemeinsam befinden.*« (33) Ich bin zwar kein Bahá'í, aber bin mit ihnen – und vielleicht auch Ihnen – nicht nur in diesem Punkt einer Meinung!

Übrigens, für den Fall, dass Sie zu denjenigen gehören, die gar nichts von dem »glauben«, was sie lesen, dann seien Sie doch so »gut« und halten es mit (m)einem Buch zumindest so wie mit einem von Dan Browns Büchern, die zwar für den einen oder anderen von Ihnen sicherlich ganz interessant, unterhaltend und spannend zu lesen waren und sich darüber hinaus – vor allem als illustrierte Ausgabe – jetzt ganz besonders gut im Bücherregal machen, ansonsten aber kaum was am Leben der Leser geändert haben. Es wäre allerdings schade, denn dann könnten Sie nicht an (m)einem (hi)**sto**(r)**ischen** Experiment teilnehmen, das die Welt durch den *Flügelschlag eines Schmetterlings* aus den Angeln hebt, sie positiv verändert und samt den Menschen, die auf ihr leben, zukünftig zu einem etwas besseren Ort werden lässt! (Natürlich nicht zu vergessen, dass Cicero einst eventuell Recht damit hatte, als er sagte, ein Raum ohne Bücher sei wie ein Körper ohne Seele!) Na, schon gespannt? Ich bin's jedenfalls!

Doch kommen wir noch mal zurück zum »**Fundament**«...

Im Maschinenbau wird ein **Fundament** als Befestigungsstelle für Geräte, Maschinen und Funktionsgruppen, welche die Sicherheit gegen Grundumbruch gewährleisten muss und als Befestigungsstelle für leichtere und empfindlichere Strukturen dient, beschrieben (34). Was dient denn nun Ihrer Meinung nach der empfindlichen Struktur unseres Lebens als verlässliche Befestigungsstelle?

Tja, religiöse Menschen werden diese Frage jetzt sicherlich mit irgendeiner transzendenten[52] »Macht« erklären, d.h., einer »Macht«, die sich außerhalb unseres Sicht- und Einflussbereiches befindet und unser erlebtes Bewusstsein überschreitet, wohingegen Anhänger der Naturwissenschaften statt zu »glauben« lieber auf »(Er)Kenntnisse« zurückgreifen, die durch Daten und Fakten (*scheinbar*(!?)) belegbar sind und so eine – ihrer Meinung nach – für jedermann nachvollziehbare Grundlage des Lebens bieten. Das eine schließt das andere nicht unbedingt aus, denn nur weil man (engl. *man*) den »Glauben« ***an und/oder für sich bzw. uns***(!?)[53] naturwissenschaftlich zu (er)klären und zu (be)greifen versucht, heißt das noch lange nicht, dass *man* ihn auch widerlegen will und kann!

Im Gegenteil, viele Naturwissenschaftler finden gerade über die »Wissenschaft« zum »Glauben« und vielleicht schafft es die Forschung sogar irgendwann, dem »Glauben« eine gewisse Grundfestigkeit zu verleihen, deren Nachvollziehbarkeit und Beweisfähigkeit sich auch Menschen anschließen können, die schon längst mit »Gott« oder der »Religion« *für sich*(!?) gebrochen haben!?

Statt ständig zu versuchen sich gegenseitig zu widerlegen, sollten »Religion« und »Wissenschaft« – die im Grunde doch gar nicht (so) verschieden sind – im **gegenseitigen** Nutzen aufeinander zugehen, um dem modernen Menschen(kind) ein naturwissenschaftliches **Fundament** zu bieten, welches den »Menschen« und den »Glauben« nicht aus-, sondern einschließt!

»Wissenschaft ohne Religion ist lahm,
Religion ohne Wissenschaft ist blind.«
- Albert Einstein

[52] »***tran|s|zen|dent*** *<lat.>:*
1. *(Philos.) die Grenzen der Erfahrung u. der sinnlich erkennbaren Welt überschreitend; übersinnlich, übernatürlich; Ggs. immanent (2).*
2. *(Math.) nicht algebraisch; über das Algebraische hinausgehend.*«

[53] Anm.: »***An sich und für uns (für sich)*** *sind Begriffe der philosophischen Fachsprache. Mit „an sich" bezeichnet man Gegenstände und Tatsachen, insofern sie unabhängig vom Bewusstsein einer Person sind. Den Gegensatz hierzu bilden Gegenstände, insofern sie „für uns" sind, also uns in einer bestimmten Weise subjektiv erscheinen.*« (*Wikipedia*: An sich. [Stand: 5.6.2010])

Doch noch denken viele beim Wort »**Glaube(n)**« beinahe automatisch an die Institution der »Kirche« und verwechseln so den »**Glaube(n)**« mit »**Religion**«, welche ihrerseits eine von **Menschen** erbaute »Behausung« darstellt!...

ES(!?) ist ein Haus, welches durch die Vielzahl der zur Verfügung stehenden Materialien und die verschiedenen Ansichten und Fähigkeiten der Architekten und Handwerker zwar im »Ergebnis« jeweils unterschiedlich aussieht, jedoch »***prinzipiell***« die gleiche **Funktion** hat! Egal, ob diese Häuser nun groß oder klein, hübsch oder hässlich, modern oder alt, robust oder baufällig sind, basieren doch alle auf den »(Er)Kenntnissen« der *Statik* und der *Dynamik* und sollen vom »(Grund)***Prinzip***« her nur eines: den Bewohnern ein angenehmes Zuhause bieten, in dem man (engl. *man*) sicher, glücklich und zufrieden l(i)eben kann!

Ich überlasse es Ihnen zu entscheiden, welches »Haus« für Sie nun in Frage kommt und ob ein Hausherr, der über mehr ***technisches*** »Know-how« verfügt als der andere, auch die besseren »Gebäude« baut. Letzten Endes ist es eh nicht wichtig, wie ein »Haus« aussieht, sondern dass *ES* (s)eine Funktion erfüllt! Wie gut *Es* oder eine Bleibe das tut, liegt – wie übrigens fast alles, worüber wir reden – letztlich im Auge des »Be(tr)achters«!

Mit diesem Wort zum Sonntag folgen Sie nun bitte der asiatisch klingenden, aber traditionellen spanischen Einladung, »*Mi casa es su casa – Mein Haus ist dein Haus*«, und besuchen Sie **mein** Haus! Betrachten Sie es ruhig kritisch, und ich hoffe, es stört Sie nicht, dass ich vorher etwas »aufgeräumt« habe und Ihnen jetzt – wie jeder andere stolze Hausherr auch – vom eigentlichen Sinn, den Grundlagen und den Vor- und Nachteilen (m)einer beschaulichen Hütte erzähle.

All die »Dinge«, die Sie sehen und von denen Sie hören werden, sind ganz bestimmt nicht neu, aber wer weiß, vielleicht können Sie ja das eine oder andere für sich selbst und Ihr »Domizil« übernehmen!?

»*Jeder Geist baut sich selbst ein Haus; und jenseits seines Hauses eine Welt; und jenseits seiner Welt einen Himmel.*« (35)

- Ralph Waldo Emerson

(Essays and Poems)

Ursache, Wirkung und Gerechtigkeit

»Die moderne Physik schreitet also auf denselben geistigen Wegen voran, auf denen schon die Pythagoreer und Plato gewandelt sind, und es sieht so aus, als werde am Ende dieses Weges eine sehr einfache Formulierung der Naturgesetze stehen, so einfach, wie auch Plato sie sich erhofft hat.«

- Werner Heisenberg
(Physik und Philosophie)

Eins vorneweg: Damit mir nicht das Gleiche passiert wie denen, die ihr »Haus« auf Treibsand bauen oder alleine mit der Kraft des »Glaubens« zu fliegen versuchen, habe ich mir gedacht, ich stelle (m)ein persönliches »Domizil« besser auf physikalische bzw. naturwissenschaftliche Beine. Dies sind Pfeiler, welche mittlerweile von niemandem, der in der »Architektur« ansatzweise ernst genommen werden will, wegdiskutiert werden können!...

Was die Physik anbelangt, so fühlen sich nun viele sicherlich mit (Un)Behagen an den entsprechenden Unterricht in der Schule erinnert, den man mit durchaus wechselndem Erfolg irgendwie hinter sich gebracht hat. Doch auch wenn der Erfolg ausgeblieben ist, so wissen viele noch, dass es da jemanden gab, der Newton hieß. Sir **Isaac Newton** (1643-1727) war ein englischer Physiker, Mathematiker, Astronom, Alchimist, Philosoph und Theologe und gilt *»aufgrund seiner Leistungen, vor allem auf den Gebieten der Physik und Mathematik,[...] als einer der größten Wissenschaftler aller Zeiten. Die Principia Mathematica werden als eines der wichtigsten wissenschaftlichen Werke eingestuft.«* (36) Sie sind das Hauptwerk von Newton und der lateinische Titel bedeutet übersetzt »Mathematische Prinzipien der Naturphilosophie«...

»In diesem Werk vereinte er die Forschungen Galileo Galileis zur Beschleunigung und Johannes Keplers zu den Planetenbewegungen zu einer einheitlichen Theorie der Gravitation und legte die Grundsteine der klassischen Mechanik, indem er die drei Grundgesetze der Bewegung formulierte.« (37)

Diese drei »**Grundgesetze**«, man nennt sie auch »**Axiome**«, kennen Sie vielleicht noch – sie sind sowohl bei der Berechnung von *Planetenbewegungen* wie auch auf *atomarer Ebene* von eklatanter Bedeutung und sollten uns vom »***Prinzip***« her alleine deshalb schon geläufig sein, weil sie uns **alle** betreffen!

1. ***Trägheitsgesetz***

Jeder Körper beharrt in seinem Zustand der Ruhe oder der gleichförmigen, geradlinigen Bewegung, wenn er nicht durch einwirkende Kräfte gezwungen wird, seinen Zustand zu verändern.

2. ***Grundgesetz der Dynamik – Impulserhaltung***

Die Änderung der Bewegung ist der Einwirkung der bewegenden Kraft proportional und geschieht nach der Richtung derjenigen geraden Linie, nach welcher jene Kraft wirkt.

(Formel : $\vec{F} = m \cdot \vec{a}$)

3. ***Satz von Actio und Reactio – Wechselwirkung***

Die Wirkung ist stets der Gegenwirkung gleich, oder die Wirkungen zweier Körper aufeinander sind stets gleich und von entgegengesetzter Richtung.

Hört(e) sich an, als wäre es Stoff für einen unangesagten Kurztest!?...
Keine Angst, sowohl für diese »Arbeit« – Sie finden den Test übrigens auf Seite 607 – als auch für Ihr weiteres Leben reicht es völlig aus, wenn Sie sich die Begriffe: »**Trägheit**«, »**Impulserhaltung**« und »**Wechselwirkung**« einprägen und den Rest dann herleiten. Das mache ich nämlich auch nicht anders!

»Die Natur hat Vollkommenheiten, um zu zeigen, daß sie das Abbild Gottes ist, und Mängel, um zu zeigen, daß sie nur das Abbild ist.«

- Blaise Pascal
(Gedanken)

Newton I & II

Die *Newton'schen Axiome*, welche uns schon vor Newtons Beschreibung un(ter)bewusst beeinflusst haben und existent waren, hören sich im ersten Moment vielleicht etwas kompliziert an. Doch das sind *Sie*(!?) nicht!...

Newton sagt mit den **ersten zwei** *Axiomen* nämlich prinzipiell nichts anderes, als dass ein »Stein«, der beispielsweise im Weltraum von uns geworfen wird, (s)einen (Bewegungs)Zustand beibehält und ewig weiterfliegt, solange er nicht durch »Reibung« oder eine andere »Kraft« abgebremst oder auch sonst irgendwie daran gehindert wird!

Natürlich ist dies eine Vorstellung der Physik(er), welche mit der wahren Welt, in der wir leben, schlecht vereinbart werden kann, da ständig irgendwelche Einflüsse und Widerstände, Ablenkungen da sind, die uns in unserem »Flug« behindern (z.B. Luftwiderstand, Erdanziehung, Schuh- oder Elektronikgeschäfte).

Selbstverständlich sind **Sie** auch kein ordinärer »Stein«, sondern eher mit einem »Schaf« zu vergleichen und kein »normaler« Mensch würde im Leben darauf kommen, ein »Schaf« im Weltraum zu sein oder eines dort (hin) zu werfen!?...

Aber solange wir nicht durch einwirkende »Kräfte« dazu **gezwungen** werden, d(ies)en »Zustand« zu verändern, verharren wir tatsächlich in »Ruhe« oder einer **gleichförmigen, geradlinigen** »Bewegung«!(vgl. *Trägheitsgesetz*)...

Wirkt allerdings eine »Kraft« auf uns, wovon man ausgehen kann, dann ändern wir unsere »Bewegung« proportional in die »Richtung«, nach welcher die »Kraft« wirkt! (vgl. *2. Grundgesetz der Dynamik – Impulserhaltung*)

Dies alles klingt sicherlich etwas ko(s)misch und nicht sonderlich »weltbewegend«, wobei es im Wesentlichen aber genau das ist! Es handelt sich bei den *Newton'schen (Er)Kenntnissen* nämlich um nichts anderes als das *»Ei des Kolumbus«*. Sie fragen sich jetzt vielleicht, warum…

Kolumbus selbst war einst vorgehalten worden, dass die Entdeckung Amerikas eigentlich nichts Besonderes gewesen sei und schließlich jeder andere das Gleiche hätte vollbringen können. Wie jeder weiß, hatte Kolumbus daraufhin die Anwesenden aufgefordert, ein Ei auf dessen Spitze aufzustellen. Da diese Aufgabe von keinem der anwesenden Klugscheißer gelöst werden konnte, nahm Kolumbus das Ei und schlug es mit der Spitze leicht auf den Tisch, sodass es stand – »et voilà« – Problem gelöst![54]

So lautet eine der möglichen Anekdoten, die zu dieser Redensart geführt haben soll und uns zeigt, dass im »***Prinzip***« jeder zu gewissen »Dingen« fähig ist! Ich glaube sogar, dass Newton mit seinen Axiomen uns und der Welt wirklich gezeigt hat, *wie* sie funktioniert und uns klar machen wollte, zu *was* wir und die

---

[54] Vgl. *Wikipedia*: Ei des Kolumbus. (URL: http://de.*Wikipedia*.org/wiki/Ei_des_Kolumbus)

Welt fähig sind. Zwar hat Newton uns nicht erklärt, *warum* die Welt (oder beispielsweise die Schwerkraft) funktioniert, aber auf seine eigene Art hat er beschrieben, *wie* sich (et)was in einem »*System*« verhält und uns damit vermutlich denselben (mit)menschlichen Weg gezeigt, den uns Buddha, Jesus und viele griechische Gelehrte schon zuvor offenbart hatten.

Doch selbst wenn uns jemand erklärt, *wie* (et)was funktioniert, und uns (s)einen Weg zeigt, müssen wir ihn trotz allem **alleine** gehen, **eigene** Erfahrungen machen und werden auf dem teils sehr steinigen Pfad, den wir beschreiten, irgendwann erkennen, dass wir gar nicht so **alleine** sind, wie wir **alle** ursprünglich einmal dachten – denn ausnahmslos jeder von uns geht, ob wir nun wollen oder nicht, den Weg alles Irdischen! (Gem)einsam beschreiten wir dabei nichts anderes als den »Pfad« der Physik, den uns Newton – wie der Rest der Wissenschaft – im »***Prinzip***« nur zu beschreiben versucht und anhand von allerlei »Formeln« und »Gleichnissen« erklärt, *was* wir täglich erleben, *worüber* wir uns bisher aber keine großartigen Gedanken gemacht haben.

Nichts anderes mach(t)en die »Religionen« auf ihre Weise auch und ich möchte Ihnen an dieser Stelle zeigen, dass »man« die Feststellungen, mit denen »man« Planetenbewegungen nicht nur beschreibt, sondern auch begründet, im Groben genauso auf die fühlbare bzw. emotionale Welt und das Verhalten von uns Menschen übertragen kann wie auch auf die Atome, aus denen wir bestehen – denn wir behalten unsere Einstellung(en), Meinung(en), unsere Gefühle und letztlich unser (Konsum)Verhalten und (damit) unseren »(Bewegungs)Zustand« so lange bei, wie k(l)eine »Kräfte« – von *außen* und/oder *innen* – auf uns wirken!(?)

Wie, Sie glauben nicht, dass das *Trägheits-* und das *Aktionsprinzip* ausschlaggebend für Ihr Leben sind und die Grundlage Ihrer persönlichen Einstellung und Ihrer Emotion darstellen? Sie glauben nicht, dass Sie in dem, was Sie tun und fühlen, ständig und überall beeinflusst werden? Wie erklären Sie sich dann den stetigen Wandel, dem die andauernd wiederkehrende Mode, der Glauben, die Politik und die Wirtschaft unterworfen sind? Wie, wenn nicht durch Einflussnahme, kann man sonst unter anderem die Laune und die Ansichten eines **ganzen** Volkes verändern? Warum haben Sie früher Klamotten getragen, für die Sie sich heutzutage schämen und die Sie allenfalls noch zu Karneval aus dem Schrank holen? Warum glauben Sie heute nicht mehr an »Gott«, wenn Sie es damals getan haben? Warum stimmen Sie jetzt für, wenn Sie früher gegen eine politische Auffassung waren? Warum konsumieren Sie denn heute das, was Sie gestern noch nicht ge- bzw. verbraucht haben, und warum sind viele von uns eigentlich so unzufrieden mit »sich« und/oder der »Welt«, wenn sie doch vor einiger Zeit, als sie weniger als heute (bes)aßen, noch »zufrieden(er)« waren?...

Hm, Fragen über Fragen, die doch nur eine Lösung zulassen: Wir werden kontrolliert und gelenkt! Doch von wem? Von »Gott«, den Regierenden dieser

Welt, von *Dolce&Gabbana*, von unserem Kopf, unseren Geschlechtsteilen, unserem Herzen, dem Geld, der Natur und/oder von allem ein bisschen?

Und nun noch »eine« Frage: Kommen diese »spontanen« (Sinnes)Wandlungen primär aus uns (selbst) heraus oder setzt man (engl. *man*) unserer **gleichförmigen, geradlinigen** »Bewegung« nur eine »Kraft« entgegen, die uns plötzlich »glauben« lässt, dass *ES* unserer »eigenen« Überzeugung entspricht, als Mann unvorteilhafte Karottenschnitthosen oder feminines Schweinchenrosa zu tragen?

Ist *ES* unser »eigener« Wille, der uns öffentlich als androgyner Lila-Launebär – violett war für beide Geschlechter wohl *die* Trendfarbe 2009! – auftreten lässt, jemanden dazu bringt sich den Kopf zu rasieren und Springerstiefel überzuziehen oder ein Volk plötzlich geschlossen in den (Wirtschafts)Krieg ziehen lässt?

Wollen wir – aus »eigenem« Antrieb – denn **wirklich** heiraten, Kinder kriegen oder ein Haus bauen? Ist *Wohlstand* oder *Wohlsein* das, was wir wollen, und finden wir den Kabarettist möglicherweise nur witzig, weil ihn jeder andere auch witzig findet? Wer sagt uns, dass billiges Bier wirklich schlechter schmeckt als teur(er)es und wir einen bestimmten Menschen tatsächlich hassen, wenn wir ihn vor ein paar (tausend) Jahren doch noch geliebt haben!?

Sie sehen schon, solange uns keine »Kraft« entgegengesetzt wird, behalten wir alle unsere »Meinung« zu gewissen Themen und möglicherweise auch unsere »Einstellung« zu sämtlichen Belangen unseres Lebens bei! Wie jedes andere *kleine* oder *große »System«* rollen wir, ähnlich wie eine tonnenschwere Steinkugel (nehmen Sie beispielsweise die aus dem ersten *Indiana Jones*-Abenteuer), teils recht vernichtend in eine Richtung…

Erst wenn uns eine stärkere »Ansicht«, welche (auch) aus vielen kleinen »Ansichten« und »Kräften« bestehen kann, entgegengesetzt wird, bremsen wir ab, lassen uns überzeugen und ändern unseren »Weg«! Im Fall der rollenden Steinkugel aus *Indiana Jones* käme die *große* »Kraft« wohl am ehesten den Höhlenwänden gleich. Die vielen *kleinen* »Kräfte« müssen wir uns vorstellen wie einen immensen Hagel aus lauter *kleinen* auf uns einprasselnden Kieselsteinchen.

Erst durch diese auf uns (ein)wirkenden »Kräfte« (Impulse) ändern wir je nachdem unsere »Richtung(en)«, »Meinung(en)«, »Handlungsweise(n)« und unsere »Sicht« der »Dinge« und rollen schließlich donnernd gen (Platons) »Höhlenausgang«...

Dem kleinen Kieselstein – der selbst so etwas wie eine kleine (Stein)Kugel ist und den es so im *Indiana Jones*-Film natürlich nicht gab – ist (s)eine einzelne *kleine* Wirkung auf die »Realität«, die an der Oberfläche der *riesigen* (Stein)Kugel wirkungslos zu verpuffen scheint, zwar nicht bewusst[55], und er

---

[55] Anm.: Unsere Wirkung, die (systemische) Reaktion, auf die wir im dritten *Newton'schen Axiom* noch anderweitig zu sprechen kommen, entzieht sich größtenteils der räumlich und zeitlich begrenzten Wahrnehmung des Menschen!

wird in der Regel glauben, nichts, aber auch gar nichts am Lauf der *übergroßen* (Welt)Kugel geändert zu haben, aber alleine und zusammen mit vielen anderen Steinchen, Menschen und »*Systemen*« hat er – in der Tiefe und wie *man* (als Betrachter) weiß – d(enn)och etwas bewirkt! »Objektiv« betrachtet hat er ganz **alleine** die *riesige* (Stein)Kugel – um den *Flügelschlag eines Schmetterlings* – aus der Bahn geworfen!

All das geschah und geschieht gemäß einer Kraftrichtung, die auf uns und die Welt gewirkt hat – also denken Sie immer daran: »***Steter Tropfen höhlt den Stein!***« –, und das geschieht selbst dann, wenn weder der Tropfen noch der Stein sich ihrer »Wirkung« und »(Antriebs)Kraft« bewusst sind!!!...

Doch was wäre, wenn sie sich selbst, ihrer »Reaktion« und »Wirkung« bewusst(er) wären? Was wäre, wenn *Sie*(!?) sich selbst, *Ihrer*(!?) »Reaktion« und »Wirkung« bewusst(er) wären und Sie wüssten, dass *Sie*(!?) sowohl der Tropfen als auch der (heiße) Stein sind???

Natürlich ist bzw. war dies eine sehr, sehr einfache Sicht der »Dinge« und später werden wir noch sehen, dass wiederkehrende *Muster*, *Schwingungen* und kompliziertere *Wechselwirkungen* auch ihren Teil zu unserer Entwicklung beitragen.

Aber warum sollen wir denn gleich wieder alles verkomplizieren... Es reicht doch zu erkennen, dass wir unter Umständen nur ein Spielball der Natur sind, die mit uns und unseren Emotionen macht, was sie will. Erst wenn **wir** dies einmal erkannt, verinnerlicht und schließlich begriffen haben, könn(t)en **wir** auch loslassen und etwas verändern – vorher (leider) nicht!

Da wir nun aber wissen, wie *ES* läuft, könn(t)en wir – zumindest in der Theorie – anhand einfachster Gesetzmäßigkeiten lenkend eingreifen und wären so in der Lage, ein »**(Gesamt)***System*« wie die »Welt« wieder zu einer gewissen Balance zurückzuführen. Dies ist eine verlockende Aussicht, beweist sie doch nichts anderes, als dass ein jeder wirklich seines »*Glückes Schmied*« wäre, somit jeder sich selbst aus dem dunklen Loch einer etwaigen Depression befreien kann und in letzter Konsequenz sogar die **ganze** »Welt« – zum »Guten« hin – verändert!

Und da wäre noch was: Wie die »Welt«, die uns umgibt, sind auch wir samt unseren Körpern vergleichbar mit kleinen »*Systemen*«. Es gibt gewisse *Wechselwirkungen* zwischen »*Systemen*«, das heißt das *Kleine* bedingt das *Große* und/oder umgekehrt.!

Jeder von uns, auch wenn er es nicht weiß und auch noch so *klein* ist, verfügt deshalb über eine »Kraft«, um etwas und jemanden zu verändern! Diese »Kraft« muss aber nicht unbedingt körperlich sichtbar sein oder in direktem zeitlichem oder räumlichem Zusammenhang mit uns stehen – denn alleine durch die »Kraft« unserer *Gedanken* und *Emotionen* können wir, auf Umwegen und ohne dass wir uns dessen bewusst sind, »Dinge« bewegen und in unserem Sinne verändern!?...

Es verhält sich fast so wie mit der »Macht«, über die die *Jedi-Ritter* in der *Star Wars*[56]-Saga verfüg(t)en und derer sie sich – im Gegensatz zu uns – sehr wohl bewusst sind!...

Dass sich eine Veränderung – zeitlich gesehen – natürlich in der Zukunft manifestiert, erscheint überaus logisch und bedarf keiner weiteren Erklärung!(?)...

Jedoch muss klar sein, dass manches – um sich zu entwickeln – (r)echt viel Zeit braucht und nicht sofort vonstatten geht. (All)*ES* ist wie immer eine Frage der Betrachtungsweise und so verfügt jeder einzelne von uns tatsächlich über die (absolute) »Macht« der Veränderung und man (engl. *man*) könnte fast sagen, *ES* ist eine Art der »indirekten Psychokinese«[57], mit der es sogar ein »hilfloser« Säugling schafft, trotz seiner körperlichen und geistigen Unzulänglichkeit(en), alleine durch (s)einen Blick oder (s)einen bestimmten Gesichtsausdruck, (s)eine Mutter (»Gaia«) und somit seine »(Um)Welt« zu kontrollieren – ...faszinierend, nicht wahr!?

»*Über den Ausdruck seiner Emotionen informiert und dirigiert der Winzling diejenigen, die für ihn sorgen*« (38), heißt es in einer Ausgabe des *GEO*-Magazins. Das ist auch absolut nötig, um so an das »(Spiel)Zeug« zu gelangen oder gar etwas hinter die Kiemen zu bekommen! Der intuitive Nutzen dieser in uns (**allen**) liegenden »Macht« ist folglich nötig, um zu (über)leben!

Wer weiß, vielleicht rettet alleine **Ihr** ernst gemeintes und (auf)richtig empfundenes »soziales« Lächeln und die damit transportierte »positive« *Energie* nicht nur Ihnen, sondern uns allen einmal den Hintern und/oder sogar das Leben!?

Denken Sie also immer an das »*Ei des Kolumbus*«: Was **einer** kann, das können **alle**, vorausgesetzt, ***Sie***(!?) wissen wie und vielleicht auch warum...!

»*Auf der Welt gibt es nichts, was sich nicht verändert,*
nichts bleibt ewig so, wie es einst war.«
- Dschuang Dsi

---

[56] »*Star Wars (dt. Krieg der Sterne, wörtlich: Sternkriege) ist eine vom Drehbuchautor, Produzent und Regisseur George Lucas erdachte Science-Fiction-Saga. Sie begann mit dem Film Krieg der Sterne (Neuer, eigentlicher Titel seit 1997: Eine neue Hoffnung – in Deutschland manifestierte sich die Übersetzung von "Star Wars" [Krieg der Sterne] als Titel), der am 25. Mai 1977 in den amerikanischen und am 2. Februar 1978 in den westdeutschen Kinos anlief. Der Film entwickelte sich zu einem Phänomen der heutigen Popkultur.*« (393)

[57] Psychokinese, laut Fremdwörterbuch »*die physikalisch nicht erklärbare, unmittelbare Einwirkung eines Menschen auf die Körperwelt (z.B. das Bewegen eines Gegenstandes, ohne ihn zu berühren).*«

Newton III

»Wenngleich vieles kostenlos ist,
so ist doch nichts (und Nichts) umsonst.«

Kommen wir nun auf das Wechselwirkungsgesetz, sprich: das **dritte** *Newton'sche Axiom* zu sprechen. Es hat universelle Bedeutung und kann in einem Satz ausgedrückt werden:

»Wie *man* in den Wald hineinruft, so schallt es heraus!«

Sie kennen dieses Sprichwort und man nennt das dritte Grundgesetz der Bewegung bzw. Dynamik nicht umsonst auch das »*Reaktionsprinzip*«! Grob gesagt drückt Newton damit nur aus, dass eine Kraft (*Actio*) nie alleine auftreten kann, sondern immer eine Gegenkraft (*Reactio*) erfährt, die an einem anderen Körper angreift und der *Actio* entgegengesetzt ist.

Mit anderen Worten: Wenn ich Ihnen eine Ohrfeige verpasse, in einem fremden Land einmarschiere, meinen Partner betrüge oder meinen Arbeitgeber/-nehmer schlecht behandle, dann muss ich mit einer entsprechenden *Reaktio*n rechnen!

So einfach ist Physik und ich denke, dass die (Er)Kenntnisse von Newton, der im »***Prinzip***« nur das in Worte gefasst hat, was jeder von uns schon aus eigener Erfahrung kennt, alleine deshalb auch auf unsere »Gefühlswelt« übertragen werden können, weil der beschriebene Schlag ins Gesicht nicht nur **meine** Hand, sondern auch das Gesicht des **anderen** schmerzen lässt.

Doch ein etwaiges Veilchen ist nur die offensichtlichste aller Reaktionen! Bedenkt man nämlich, wie sehr man unter Umständen die Gefühle dessen verletzt hat, den man ungerechtfertigterweise schlug, und zieht man weiter in Betracht, wie sehr einem selbst, ob man es nun zu verdrängen vermag oder nicht, diese *Aktio*n nahe ging und wie diese Handlung dadurch wiederum formend auf das **eigene** und das weitere Leben des **anderen** wirkt, wird uns plötzlich klar, dass eine *kleine* – physikalische – Ursache oft *größere*, weiter reichende »Wirkung« zeigt, als wir es uns im Augenblick unserer *Aktio*n vielleicht denken.

Bisher erklären wir mit Hilfe von physikalischen Gesetzen hauptsächlich Gegebenheiten der gegenständlichen Natur. Weniger beweiskräftig, jedoch genauso existent sind die des Geistes und unserer damit verbundenen Emotionen und Verhaltensweisen. Doch selbst unser Bewusstsein, wie auch die gesamte Evolution, ist eventuell nichts anderes als das Ergebnis von *Aktio*n und *Reaktio*n!?

Nach der Evolutionstheorie von Jean-Baptiste de Lamarck (1744-1829) bekommt zum Beispiel ein Schmied durch seine Arbeit stärkere Arme! »*Dies – so meinte Lamarck – vererbt er an seine Söhne. Nach dieser Theorie können sich individuell erworbene Eigenschaften der Organismen auf ganze (neue) Gattungen vererben.«* (39) Ein weiteres Beispiel für Lamarcks Theorie ist der Giraffenhals, der sich, laut seiner These, nur ausgebildet hat, da die Giraffen ihren Hals strecken *mussten*, um in Dürrezeiten an die Nahrung zu gelangen. Dieser längere Hals werde an die Nachkommen vererbt…

»Seine Theorie beruhte auf zwei »Beobachtungen«, die von vielen Wissenschaftlern seiner Zeit akzeptiert wurden:

1. *Gebrauch und Nichtgebrauch von Organen – Lebewesen verlieren Merkmale, die sie nicht benötigen, und entwickeln (infolge der Stärkung des betreffenden Organs durch konstanten Gebrauch) Merkmale, die sie benötigen.*
2. *Vererbung erworbener Eigenschaften – Lebewesen vererben ihre durch Gebrauch erworbenen Eigenschaften an ihre Nachkommen (siehe auch Degeneration).*

Schema:
Umweltveränderung -> Bedürfnis -> Übung/Nicht-Gebrauch -> Vervollkommnung/Verkümmerung -> Weitergabe der erworbenen Eigenschaft an die Nachkommen, wenn beide Elternteile das Merkmal aufzeigen -> Bedürfnis -> Übung/Nicht-Gebrauch ... [...]
Durch die Entdeckung der Vererbungsgesetze und Darwins Evolutionstheorie galten Lamarcks Thesen jedoch bereits in der 1. Hälfte des 20. Jahrhunderts als überholt.
Trotz erheblicher Mängel, insbesondere unbewiesener Behauptungen, war seine Theorie ein bedeutender Durchbruch des Evolutionismus. Heute wird sie vermehrt wieder aufgegriffen und es wird darin nach möglichen Mechanismen zur Vererbung erworbener Eigenschaften gesucht.« (39)

Vielleicht sind unsere »Gefühle« und unsere »Emotionen« sowie unser daran gekoppeltes »Verhalten« demnach nichts anderes als das »Resultat« einer Verkettung von *äußeren* und *inneren* Umständen und vielleicht verlernen wir auch durch den mangelnden Gebrauch unserer (mit)menschlichen emotionalen Fähigkeiten – zu dem uns unsere Umwelt zunehmend veranlasst – mit der Zeit das Menschsein? Unsere Umgebung zwingt uns immer mehr dazu, uns als Wolf, als Schaf oder als gefühlloser Konsumroboter zu entwickeln, und das wird vermutlich auch so bleiben, denn wir tun uns schwer, diese Verkettung, die *Actio* und *Reactio*, die zu den heutigen *inneren* und *äußeren* »Resultaten« geführt hat, im Augenblick führt und auch in Zukunft führen wird, zu erkennen, zu akzeptieren und zu durchbrechen. Zumal diese Vorgänge oft tief in uns drinnen stattfinden und sich unserem Bewusstsein erfolgreich zu entziehen versuchen!

Wir wissen aus der Physik, dass die Füße eines Sprinters auf den Startblock die Kraft F_{spr} nach hinten ausüben (*Actio*) und die *Reactio* des Startblocks F_{stbl} den Läufer in Bewegung setzt, haben aber Probleme, die Ursache eines Streites klar zu erkennen, um ihn friedlich beizulegen. Wir wissen, dass Ruderblätter eine Kraft auf das Wasser nach hinten ausüben (*Actio*) und sich somit das Boot durch die *Reactio* des Wassers nach vorne bewegt, aber verstehen nicht, weshalb wir unglücklich sind *in* dem, was wir tun, und auch unglücklich sind *mit* dem, was wir tun. Mit anderen Worten mögen wir also nicht, *was* wir tun und *wie* wir es tun! Weiter wissen wir, dass ein Propeller eine Kraft auf die Luft ausübt (*Actio*), die ihrerseits dann als *Reactio* das Flugzeug vorantreibt, doch verzweifeln gerne an den »Dingen«, die uns selbst vorantreiben. Sogar im Weltraum können wir uns mittlerweile fortbewegen, trotzdem schaffen wir es anscheinend immer noch nicht, aus uns selbst auszubrechen – denn das Universum in uns ist uns fremder als das (da) draußen!

Dabei liegt (all)*ES* auf der Hand. Wir müssen uns nur die Mühe machen, *ES* zu (er)kennen und zu verstehen! Um allerdings zu lernen und zu verstehen, bedienen wir uns noch immer des alten »Versuch und Fehler« (engl. *Try and Error*) Verfahrens. »Prinzipiell« ist diese Methode, nach der wir etwas falsch machen und daraus dann ab und an sogar tatsächlich etwas lernen, gar nicht so blöd. Es ist nur dumm, dass wir als Menschheit immer wieder dieselben Fehler begehen und somit immer an denselben – langweiligen – Experimenten scheitern!

Wenn »man« *ES* insgesamt betrachtet, dann wissen Sie, haben wir bisher nur wenig aus unserer Geschichte gelernt. Leonardo da Vinci hat gesagt:

»Keine Wirkung in der Natur ist ohne Vernunftgrund.
Erkenne den Vernunftgrund und du bedarfst nicht des Experiments.«
- Leonardo da Vinci

Möglicherweise wollte er uns so durch die Blume zu verstehen geben, dass wir nicht alles im Leben ausprobieren müssen, um aus uns und unserer Umwelt zu lernen!? Manche »Dinge« bedürfen wahrlich nicht des Experiments und doch treiben wir uns stets gefährlich nahe am Abgrund herum bzw. verbrennen uns die Hand, obwohl uns unsere Mutter eindringlich vor der heißen Herdplatte gewarnt hatte. Solange wir also nicht aus unserer Geschichte lernen und uns auch nicht die »Vernunft« der Natur vergegenwärtigen, werden wir immer wieder aufs Neue Experimente in unserem Leben machen, um selbst und am eigenen Leib das zu erfahren, was die Menschheit eigentlich längst schon kapiert haben sollte…!?

»Der Mensch hat dreierlei Wege, klug zu handeln:
erstens durch Nachdenken, das ist der edelste,
zweitens durch Nachahmen, das ist der leichteste,
und drittens durch Erfahrung, das ist der bitterste.«
- Konfuzius

Nur durch das mangelnde »Vertrauen« in unsere Eltern, welches oft durch fehlende, gegenseitige Liebe zustande kommt und den Drang danach, Dinge – wie die heiße Herdplatte – am **eigenen** Körper zu erfahren, kann ich es mir erklären, dass wir lügen, betrügen, uns gegenseitig hintergehen und auch sonst alles tun, wovor uns »Gott« gewarnt hat. Nur durch **eigene** Fehler erfahren wir offenbar wirklich das, was wir bereits wissen oder auch nur erahnen – dass nämlich all das sog. »sündhafte« Verhalten zu nichts Gutem auf dieser Welt führt und »Papa« mit dem, was er einst zu uns sagte, im Endeffekt doch Recht gehabt hat!

Wie kleine Kinder vergessen wir also nur allzu gerne und allzu oft die tief verwurzelte Gerechtigkeit in einem »*System*«, welches auf Wechselwirkung basiert, weder »Gut« noch »Böse« kennt, sondern ganz *simpel* und *einfach* auf jede *Aktio*n eine *Reaktio*n erfolgen lässt! Wenn ich Ihnen eine Ohrfeige verpasse, dann denken Sie doch auch, dass ich im Gegenzug dafür eine Backpfeife von Ihnen verdient hätte. Es entspricht nämlich dem alten »***Prinzip***« von »Auge um Auge, Zahn um Zahn«, als Ausdruck für eine **direkte** *Aktio*n und *Reaktio*n und folglich auch der einfachsten Form der Gerechtigkeit, die ich kenne und die bis heute bei Kindern, bis zu einem gewissen Alter, immer noch Bestand hat!

Maximilien de Robespierre soll am 5. Februar 1794 vor dem Konvent gesagt haben: »*Terror ist nichts anderes als sofortige, unnachsichtige und unbeugsame Gerechtigkeit*«, womit auch der Terror, damals wie heute, gleichbedeutend ist mit dem traurigen Ergebnis von *Aktio*n und *Reaktio*n – einem »Ergebnis«, bei dem es kein »Gut« und kein »Böse« gibt, da dies und alles andere nur eine Frage der Sichtweise ist!...

Denkt »man« genau darüber nach, so ist »Terror« nichts weiter als ein infantiler Versuch, *Gleiches mit Gleichem* zu vergelten, und muss – trotz allen menschlichen Leides, das daraus entsteht – auch so gewertet werden! Es stimmt schon, man kann sehr wohl *Feuer mit Feuer* und *Böses mit Bösem* bekämpfen – doch das geht eben nur bis zu einem gewissen Punkt, an welchem beide Flammen im Kampfe alles verbrennen, um letztlich dann selbst zu erlöschen. Aber nur durch *Wasser*, welches als Element dem *Feuer* entgegensteht wie die *Liebe* der *Gewalt*, entsteht aus verbrannter Erde wieder neues Leben. Erwachsene sollten das eigentlich wissen – von Kinder erwartet »man« das nicht!

Gerechtigkeit

»Wenn die Gerechtigkeit untergeht, so hat es keinen Wert mehr, dass Menschen leben auf Erden.«
- Immanuel Kant
(Metaphysik der Sitten)

»Gerechtigkeit« ist laut Brockhaus die *»Tugend, die das Recht eines jeden achtet und jedem das Seine gewährt.«* (40) Sie ist eine Tugend, die die uns umgebende Welt mit ihren *Naturgesetzen* – speziell dem *»Reaktionsprinzip«* (vgl. *Newton III*) – beherzigt wie niemand sonst und woraus ganz klar hervorgeht, dass **jeder** von uns von Geburt an die gleichen Chancen geschenkt bekommen hat und demnach die gleichen Rechte besitzt wie **alle** anderen Lebewesen auf diesem Planeten auch – denn ob arm oder reich, gesund oder krank, dick oder dünn, Moslem oder Christ, wir **alle** unterliegen den *Naturgesetzen*, welche die Physik auf ihre Weise zum Ausdruck gebracht hat und die in anderen »Sprachen« schon in der Bibel und allen andern »heiligen« Schriften zu finden sind!

Blicken wir allerdings heute in die Welt, so erscheint sie uns mehr denn je als »un(ger)echter« Ort, an dem die Starken gewinnen und die Schwachen verlieren! Doch ist das wirklich so? Ist die »Welt« tatsächlich so »un(ger)echt«, wie wir meinen?...

Die Antwort lautet weder »ja« noch »nein«, sondern: »Es kommt drauf an!«…
Es kommt darauf an, welche **Parameter** wir zur *Messung* der (ausgleichenden) »Gerechtigkeit« und des »Gleichgewichts« hinzuziehen!

Ein zugegebenermaßen leicht an den Haaren herbeigezogenes, aber einfaches Beispiel soll uns dies verdeutlichen:

Wenn *man* dazu bestimmt ist, irgendwann einem Raubtier zum Opfer zu fallen, ist es sicherlich ungerecht und blöd, als Antilope geboren zu werden. Doch *man* darf nicht vergessen, dass Impalaantilopen von Haus aus (r)echt schlank sind und bis zu neun Meter weite und drei Meter hohe Sprünge machen können!...

Antilopen müssen zudem sportlich sein und auch die Fähigkeit zum Springen besitzen, um dadurch Gefahrensituationen ausweichen zu können. Ein durchschnittlicher Löwe kann dies aber nicht! Er kann nicht so hoch hüpfen und braucht dies in seinem Alltag auch nicht. – Ist das vielleicht gerecht?...

Ist es denn gerecht, dass Löwen nicht genauso weit springen können wie Antilopen? Und ist es zudem gerecht, dass ein Löwe, nur weil die Antilopen zu schnell für ihn sind, eventuell keine Beute macht und somit sein tapsigknuddeliger Nachwuchs elendig verhungern muss?

Sie sehen, alles in allem ist *ES* gar nicht so einfach, wie *man* am Anfang vielleicht dachte! Und da ist noch etwas, das wir uns fragen sollten: Wer von beiden lebt denn nun glücklicher – der Löwe, der die Antilope reißt, oder die Antilope, die in der Gegend herumhüpft?

Solange Sie noch darüber nachdenken, welches »Tier« Sie nun sein möchten, sich fragen, ob *ES* »Spaß« machen kann, eine »Gazelle« zu reißen, oder *ES* doch besser ist, rank und schlank in der Gegend herumzuhüpfen, liefere ich Ihnen die Antwort, welches von beiden denn das glücklichere Tier ist: keines von beiden!

Weder der Jäger noch die Beute lebt glücklicher, denn insgesamt gesehen halten sich die Vor- und die Nachteile der jeweiligen Lebensart die Waage!...

Erst wenn wir gewisse **Parameter** (z.B. Geld, Macht, Erfolg, Aussehen, Anerkennung, Gesundheit etc.) hinzuziehen, ist es uns möglich, ein Ungleichgewicht zu erkennen und infolgedessen deprimiert zu sein. Aus genügend großer Entfernung und rein physikalisch gesehen ist in einem ***abgeschlossenen*** *»System«* – zu dem wir später noch kommen werden – aber alles im Lot und ziemlich gleich verteilt. Denn gemäß dem **dritten** *Newton'schen Axiom* gibt es für jede *Aktio*n eine *Reaktio*n und somit für jeden *Vorteil* einen *Nachteil*, der aber zeitlich, räumlich oder qualitativ von sehr unterschiedlicher Natur sein kann.

Nach dieser Sichtweise, die vornehmlich rationaler Natur ist und nicht von (un)menschlicher Ungerechtigkeit ablenken soll, gibt es im Endeffekt also kein »besser« oder »schlechter«, sondern nur ein »anders«! So haben beispielsweise die Ärmeren dieser Welt nicht so viele »Dinge« und »Möglichkeiten« zur Verfügung wie die Reichen. Dafür ist es ihnen möglich, mit wenigem zufrieden zu sein und auf anderen Ebenen zu trumpfen! Nein, sie können nicht irre hoch hüpfen oder so, aber Zufriedenheit, ein familiärer Zusammenhalt, ein »langsam(er)es«, unter Umständen bewusst(er)es Leben und Freu(n)de sind »Dinge«, die sich reiche Menschen hart erarbeiten müssen und dennoch nur schwer oder sogar nie bekommen. Doch das alles zählt wenig in einer Welt der Zahlen und Fakten und so rennen wir stets dem »Besten« hinterher, ohne dabei zu erkennen, dass wir es unter Umständen schon längst erreicht haben.

Eines möchte ich an dieser Stelle noch kurz loswerden: Wenn *ES* immer nur um die »Befriedigung« *an sich* geht, ist *ES* im *»**Prinzip**«* vollkommen egal, wie und auf welcher (gesellschaftlichen oder materiellen) Ebene wir uns diese verschaffen!!!...Um nämlich »berauscht« oder beispielsweise »satt« zu sein, können wir uns zwar statt einer leckeren Currywurst und massig Dosenbier, Kaviar und Champagner einverleiben und dabei so tun, als wären wir etwas »Besseres«...

Wenn wir aber erst einmal »betrunken« oder »satt« sind, spielt *ES* keine Rolle mehr, wie wir das gemacht haben! Es spielt keine Rolle, wie viel Geld wir ausgegeben haben oder ob wir irgendeinen (bescheuerten) Titel im Namen tragen, denn uns ist, sobald wir's übertreiben, gleichermaßen schwindlig und schlecht...

Wir wollen dann nur noch schlafen bzw. in Extremsituationen einfach nur sterben! Ein pochender Schädel und der Kater – bzw. die Katze, der/die unter Umständen am nächsten Morgen neben uns erwacht und gar nicht mehr so aussieht wie am Abend zuvor – erinnert uns später daran, dass *weniger* oft *mehr* is(s)t und man mit *wenigem* ebenso gut »berauscht« und »(un)glücklich« sein kann wie mit *viel*! Und noch etwas:

Wenn es zukünftig um »Gerechtigkeit« und die damit zusammenhängende Verteilung von Gütern auf dieser Welt geht, sollten wir uns ein Zitat von Gustav Stresemann[58], dem legendären Politiker aus der Zeit der Weimarer Republik, zu Herzen nehmen:

»Es gibt ein unfehlbares Rezept,
eine Sache gerecht unter zwei Menschen aufzuteilen:
Einer von ihnen darf die Portionen bestimmen, und der andere hat die Wahl.«
- Gustav Stresemann

Wenn **alle** nach diesem Rezept kochen würden, dann gäbe es sicherlich weniger Ungerechtigkeit auf dieser Welt! Aber so ist es leider nicht – denn jeder Koch kocht sein **eigenes** Süppchen und versucht für sich die »besten« Zutaten zu ergattern. Deshalb erscheint uns die »Welt« auch als »un(ger)echt«.

Betrachtet man allerdings die Gefühlsebene, die sich von der materiellen Ebene ab einem gewissen Punkt teilt, sieht die Sache etwas anders aus – denn augenscheinlich ist es doch so, dass sich der Reichtum ab einem gewissen Grad antiproportional zu unserem Glücksgefühl entwickelt. Reichtum ist nämlich wie ein Fluch, der es uns, je mehr wir *haben*, immer weniger möglich macht, zufrieden und glücklich zu *sein*! *ES* ist ein Fluch, der es uns unmöglich macht, das zu spüren, was ein Kind in der *Dritten Welt* fühlt, wenn es einen Fußball oder einfach nur ein paar Buntstifte geschenkt bekommt!

Der »untote« Captain Barbossa sprach im Film *Fluch der Karibik* von einem ähnlichen Fluch – einem Fluch, welcher auf einem Aztekenschatz lag, der aus 882 identischen Medaillons bestand und an Cortez selbst bezahlt wurde, um dem Abschlachten durch seine Armeen ein Ende zu bereiten. Doch die »**Gier«** des Cortez war unersättlich! So sollte der Fluch jeden treffen, der auch nur ein einziges Stück aus der steinernen Truhe entfernte. Barbossa war einer der Diebe und er sagte über den Schatz:

»Je mehr wir davon weggaben, umso mehr wurde uns am Ende klar, dass die Trinkerei nicht befriedigend ist, dass in unseren Mündern sich das Essen zu Asche verwandelt und dass unsere Begierde von keiner amüsanten Gesellschaft der Welt gestillt werden kann. Wir sind verflucht, Miss Turner. Getrieben waren wir von Gier, aber jetzt werden wir von Gier aufgefressen!« (41)
- Fluch der Karibik
(USA 2003)

---

[58] Anm.: G. Stresemann war Reichskanzler und Außenminister in der Zeit der Weimarer Republik und unter anderem Friedensnobelpreisträger (1926). (394)

Was Captain Barbossa mit »*Wir sind verflucht*« gemeint hat und welche Rolle die »**Gier**« dabei spielt, wissen Sie vielleicht selbst oder haben es am eigenen Leibe schon erfahren!? Aber gerade der Fluch, der mit der »**Gier**« und dem »**Geld**« einhergeht, kann als Ironie des Schicksals bezeichnet werden und ist offensichtlicher Ausdruck der grundlegendsten Gerechtigkeit, die diese Welt zu bieten hat. Man kann es in einem Satz sagen:

»**Die Reichen sind am Ende doch nicht reicher als die Armen!**«

Und das stimmt, sieht »man« von den »Ums-nackte-Überleben-Kämpfenden« nämlich ab, so sind die Ärmeren nicht »weniger« glücklich als die Reichen. Sie sind eben nur »anders« glücklich! Das darf jetzt aber auf gar keinen Fall als Rechtfertigung für arm und reich missverstanden werden – doch »man« kann nun mal nicht »nördlicher« als am Nordpol und »zufriedener« als »zufrieden« *sein*! Außerdem kann man schlecht »glücklicher« als »glücklich«, »befriedigter« als »befriedigt« und – ab einem gewissen Punkt – auch nicht »besoffener« als »besoffen« *sein*, ohne dass sich (all)*ES* ins Gegenteil umkehrt!

Was die **Parameter** unserer gegenwärtigen Gerechtigkeitsempfindung betrifft, so kann eine schwere Krankheit oder ein Schicksalsschlag unser (Welt)Bild und somit all das, was wir bisher als erstrebenswert erachtet haben, schneller, als *ES* uns lieb ist, ins Wanken bringen und all die »Dinge«, für die wir gelebt haben, plötzlich sinnlos erscheinen lassen…

Doch auch in einer solchen Situation gibt es ein gewisses Gleichgewicht und eine Art von »Gerechtigkeit« im »*System*« – denn wie, wenn nicht durch einen Schicksalsschlag, ist der luxusgeplagte Mensch von heute noch in der Lage, auch durch die *kleine* »Dinge« des Lebens ein *großes* »Glück« zu erfahren?

Menschen, die an den Rollstuhl gefesselt sind, das Augenlicht verloren haben oder ähnliches Leid erfahren mussten, haben dadurch die Möglichkeit, »Dinge« zu erleben und zu sehen, die den »gesunden«, aber »kranken« Menschen ein Leben lang verwehrt bleiben! Das ist ihr »Vorteil«, der daraus erwächst!?

Verstehen Sie mich jetzt bloß nicht falsch – denn das soll(te) nicht bedeuten, dass ich mit einem Kranken tauschen möchte und dieser doch bitte für seine Krankheit dankbar sein sollte! Nein, ganz bestimmt nicht!!! Jedoch soll(te) es den Kranken wie den Gesunden, den Armen wie den Reichen und **allen** anderen Menschen zeigen, dass *Sie*(!?) durch die Justierung gewisser Lebens**parameter** – auf die wir allzu oft leider keinen Einfluss haben, die aber dennoch von uns *aktiv* unterstützt werden können – tatsächlich und allen anders lautenden Nachrichten zum Trotz in der Lage sind, »glücklich« und »zufrieden« zu leben!...

Ich sehe hier natürlich von ein paar extremen Ausnahmefällen ab, das ist klar, aber die »Schöpfung«, oder besser gesagt das *physikalische* »*System*«, in dem wir leben, sieht es vor, dass jeder auf seine Weise (s)ein »persönliches« Ziel erreichen kann – wenn er will! Dies ist aber kein »objektiv« *messbares* Ziel, welches wir anhand von Statussymbolen oder Vergleichen jeglicher Art *messen* können und das uns Menschen voneinander unterscheidet. Nein, es ist dasselbe Ziel, das es schon immer gab und das in **jedem** Menschen zu finden ist! Es ist ein »Ziel«, das eigentlich gar nicht so »persönlich« ist und uns Menschen deshalb auch alle vereint!?...

Ich greife den Dingen vor: Das »Ziel« jedes Menschen ist es, (»glücklich« und »zufrieden«) zu leben – und je früher je***man***d das kann, ohne dabei ständig jemand anderen ausnutzen zu müssen, desto besser ist *ES* für ihn und (s)eine (Um)Welt!

Ich fasse kurz zusammen:

Jede *Aktio*n führt in einem »*System*« zu einer *Reaktio*n, die zeitlich, räumlich, quantitativ und/oder qualitativ von unterschiedlicher Natur sein kann. Dies ist die elementare »Gerechtigkeit« aller »Dinge«! Letztlich führt das »***Prinzip***« von *Actio(n)* und *Reactio(n)* immer zu einer Art von *systemischem* »Gleichgewicht«!

Die Erkenntnis, dass die Welt da draußen mit der Welt in uns drinnen enger verbunden ist, als wir es vielleicht ahnen, wir für alles, was wir tun, belohnt wie bestraft werden und im Grunde genommen in einem Punkt übereinstimmen (jeder will leben), kann helfen, das »Ziel« der »Gerechtigkeit« und der damit verbundenen »Zufriedenheit« (gem)einsam und auf <u>friedliche</u> Art und Weise zu erreichen.

»*Raffiniert ist der Herr Gott,*
aber boshaft ist er nicht.«
- Albert Einstein

Systeme

Um die »Dinge«, die uns bewegen, zu (be)greifen, und da wir auch in Zukunft oft über »*Systeme*« sprechen werden, erscheint es mir zunächst ganz ratsam, ein »*System*« für Sie, den Leser, zu definieren. Das mach' in Wirklichkeit natürlich nicht ich, sondern *Wiki*, wie ich die Enzyklopädie ab und zu nenne und die während des Schreibens dieses Buches mehr als offensichtlich zu meiner omnipotenten Muse avanciert ist. Dort steht:

»System

aus Wikipedia, der freien Enzyklopädie

System (v. griech. σύστημα, systema, »das Gebilde, Zusammengestellte, Verbundene«; Pl. Systeme) bezeichnet ein Gebilde, dessen wesentliche Elemente (Teile) so aufeinander bezogen sind und in einer Weise wechselwirken, dass sie (aus einer übergeordneten Sicht heraus) als aufgaben-, sinn- oder zweckgebundene Einheit (d.h. als Ganzes) angesehen werden (können) und sich in dieser Hinsicht gegenüber der sie umgebenden Umwelt auch abgrenzen.
Systeme organisieren und erhalten sich durch Strukturen. Struktur bezeichnet das Muster (Form) der Systemelemente und ihrer Beziehungsgeflechte, durch die ein System funktioniert (entsteht und sich erhält). Dahingegen wird eine strukturlose Zusammenstellung mehrerer Elemente auch als Aggregat bezeichnet.« (42)

Während Sie sich vielleicht gerade überlegen, welche Strukturen in **Ihrem** Leben wichtig sind, sollten wir uns im Klaren darüber sein, dass es eine ganze Menge von »*Systemen*« gibt! So gibt es beispielweise (bio)logische *Systeme* wie das Immun- oder das Öko*system*; mathematisch-technische und Informations*systeme* (z.B. Computer-, Kommunikations*systeme*) oder Sozial- und Wirtschafts*systeme* (inkl. der Menschen als agierender Systemelemente).
Zu Letzteren gehören unter anderem das Gesundheits-, Finanz-, Banken-, Rechts-, Renten- und Schul*system*, aber auch das politische *System*…
Auch die Kultur eines Landes, Ihre eigene Familie oder Sie selbst können getrost als »*System*« betrachtet werden – und das sind bei Weitem nicht alle *Systeme*, die es gibt! Wir betrachten die ganze Sache mit den »*Systemen*« deshalb sehr oberflächlich und am besten physikalisch – denn in der Physik unterscheidet man lediglich **offene**, **geschlossene** und **abgeschlossene** (oder **isolierte**) »*Systeme*«, welche wie folgt unterschieden werden können…

»***Geschlossenes System***

Als geschlossen (nicht abgeschlossen!) ist ein System definiert, das zwar Energie, aber keine Materie (bzw. Teilchen) mit seiner Umgebung austauschen kann.
Ein Beispiel für ein geschlossenes thermodynamisches System ist ein Druckkochtopf, der zwar Energie in Form von Wärme aufnimmt und abstrahlt, jedoch keinen Wasserdampf abgeben kann.« (43)

»***Offenes System***

Als offen ist ein System definiert, das sowohl Energie als auch Materie (bzw. Teilchen) mit seiner Umgebung austauschen kann.
Ein Beispiel für ein offenes thermodynamisches System ist ein offener Kochtopf, der sowohl Energie in Form von Wärme als auch Materie in Form von Wasserdampf mit seiner Umgebung austauscht. Die Berechnung offener Systeme ist demnach nicht möglich, sondern nur durch Modelle approximierbar.« (44)

»***Abgeschlossenes System***

Als abgeschlossenes System bezeichnet man ein System ohne Wechselwirkung mit seiner Umgebung.
Als abgeschlossen oder isoliert ist ein System definiert, das keine Energie, unabhängig von der Erscheinungsform (z.B. Strahlung, Materie, Wärme, mechanische Arbeit), mit seiner Umgebung austauschen kann. Ein abgeschlossenes System ist somit auch adiabatisch, seine Gesamt-Energie konstant.
Da in der Wirklichkeit keine vollständige Isolation bekannt ist, handelt es sich bei einem abgeschlossenen System um ein idealisiertes System. Dennoch ist der Begriff in der Thermodynamik nützlich, etwa um Wärmekraftmaschinen zu beschreiben. Mit einem abgeschlossenen System kann beispielsweise keine Wärme ausgetauscht werden und keine Volumenarbeit verrichtet werden. Insofern kann es nicht für eine Wärmekraftmaschine genutzt werden. In der Technik spricht man von einem geschlossenen System, wenn die von außen einwirkenden Kräfte gegenüber den Kräften im System vernachlässigbar gering sind.« (43)

Wofür soll man (engl. *man*) das mit den ko(s)mischen Dampfmaschinen und dem Kochtopf wissen müssen und *was* hat *ES* mit Ihnen zu tun?...

Na einfach alles – denn abgesehen davon, dass man(n) in einem **geschlossenen** »*System*« viel schneller und günstiger Kartoffeln kochen kann, ist es doch durchaus interessant zu erfahren, *warum* und *weshalb* uns in Zukunft vielleicht das Klima der Erde die Birne weich kocht, es zu einer (Weltwirtschafts)Krise oder zum Krieg kommen kann oder Sie sich in Ihrer Haut nicht sonderlich wohl fühlen!

Um Vorgänge innerhalb eines »*Systems*« zu betrachten, diese überhaupt (er)kennen, beschreiben, berechnen und verstehen zu können, tun wir gut daran, uns (diesen Makrokosmos) als größtenteils **abgeschlossenes** bzw. **isoliertes** »*System*« vorzustellen! Keine *Energie*, keine *Materie* kommt da raus oder rein!

Dabei ist es irrelevant, ob wir *große* »*Systeme*« wie die Erde oder das **gesamte** Universum betrachten oder *kleine* »*Systeme*« wie Ihren eigenen Körper oder ein Molekül als Grundlage unserer Beobachtung(en) nehmen!

Natürlich dient (m)ein **idealisiertes** »*System*« nur der besseren Vorstellung, aber genau darum geht es doch, um eine »Vorstellung«, das heißt ein »Bild« der »Realität«, die bzw. das wir – sofern wir es möchten – (er)kennen, (be)greifen und unter Umständen ändern und sogar (er)schaffen könn(t)en!

Betrachtet man übrigens die gesamte Erde als ein **abgeschlossenes** »*System*«, so geht nach dem *Energieerhaltungssatz*[59] keine *Energie* verloren. Genauso verhält es sich mit der *Materie*! Wenn wir also einmal in die ewigen Jagdgründe eingehen, so gehen wir als *Energie* und *Materie* wieder ins (Gesamt)*System* der Erde über und man kann Teile von uns später im Himmel, der Erde, einem Gänseblümchen, der Raufasertapete an der Wand, in Ihrem Müsli, (m)einer Empfindung, Wärme, Licht oder Radiowellen und dergleichen wieder finden…

Nach dieser Vorstellung tragen wir die Teile der unbelebten und belebten Vergangenheit in uns, genau wie wir einmal Teil der belebten und unbelebten Zu-

---

[59] »***Energieerhaltungssatz***

Der Energieerhaltungssatz sagt aus, dass die Gesamtenergie eines abgeschlossenen Systems sich nicht mit der Zeit ändert. Zwar kann Energie zwischen verschiedenen Energieformen umgewandelt werden, beispielsweise von Bewegungsenergie in Wärme. Es ist jedoch nicht möglich, innerhalb eines abgeschlossenen Systems Energie zu erzeugen oder zu vernichten: Die Energie ist eine Erhaltungsgröße.

Energieerhaltung gilt als wichtiges Prinzip aller Naturwissenschaften, das besagt:

Die Gesamtenergie in einem abgeschlossenen System bleibt konstant.

Unter einem abgeschlossenen System versteht man ein System ohne Energie-, Informations- oder Stoffaustausch und ohne Wechselwirkung mit der Umgebung.« (468)

kunft werden! »*Aus der Erde sind wir genommen, zur Erde sollen wir wieder werden, Erde zu Erde, Asche zu Asche, Staub zu Staub*«, sagt der Pfarrer daher am Grab und wirft dabei eine Schaufel Erde – man könnte auch sagen »Dreck« – in die frisch ausgehobene Grube. Damit soll zum Ausdruck gebracht werden, dass *man* beim Tod wieder dorthin zurückkehrt, woher *man* gekommen ist!

Das Grab wird damit zum Ort der Rückverwandlung allen Lebens. Die Annahme, wir würden so, wie wir sind, als *körperlich*, *geistig* oder *seelisches* »Ganzes« irgendwo und -wann anders wiedergeboren werden, halte ich jedoch für ziemlich arrogant. Bei aller Liebe, aber so toll sind wir nun auch wieder nicht, oder glauben Sie etwa, dass ein Tropfen Wasser, den *man* in den Ozean kippt, genau so, wie er ist bzw. war, wieder als Regentropfen zurück auf die Erde fällt?

Wem die Vorstellung – in den Himmel zu kommen oder (so wie er ist) als neuer Mensch oder neues Tier wiedergeboren zu werden – allerdings hilft, die »Angst« vor dem Ableben zu überwinden, der soll ruhig weiter dran glauben, denn ein Fehler ist es dann ganz bestimmt nicht!

»*Ich versuche diese tiefe Verbindung zu verstehen, die dieses Volk mit dem Wald hat. Sie spricht von einem Netzwerk von Energie, die durch alles fließt, was lebt. Sie sagt, alle Energie ist nur geborgt, und eines Tages müssen wir sie zurückgeben.*« (13)

- Avatar – Aufbruch nach Pandora

(USA / UK 2009)

Betrachten wir einzelne »*Systeme*«, so gehen wir davon aus, dass diese **abgeschlossen** sind, das habe ich zumindest behauptet...

Reden wir aber von mehreren »*Systemen*«, die miteinander interagieren, und wollen wir sehen, was mit ihnen bzw. Ihnen geschieht, so stellen wir sie bzw. Sie uns besser als **geschlossene** »*Systeme*« vor! Beispielsweise bezieht die Erde ihre *Energie* von der Sonne, ohne diese wellenförmige Strahlung wäre ein Leben auf der Erde unmöglich. Doch als Zeichen einer gesunden Wechselbeziehung gibt die Erde auch wieder *Energie* ab! Würde sie das nicht tun, wäre sie vergleichbar mit einem Ballon, der von außen durch Rotlicht erhitzt wird. Der Druck innerhalb des Ballons würde zunehmen, bis er platzt!...

Dies ist bzw. wäre das »ungesunde« Resultat der Wechselbeziehung zwischen Sonne und Erde, an welchem wir im Übrigen nicht ganz unbeteiligt sind. Sie können dieses krank machende Ungleichgewicht des *System*austauschs am eigenen Leib in Form des Treibhauseffektes erfahren, aber auch im übertragenen Sinn spüren – denn wenn Ihr Chef oder sonst wer oder was Sie aufregt, Ihnen also auf bisher ungeklärte Weise *Energie* zuführt und Sie merken, dass der Druck in Ihnen wächst, ohne dass Sie ihn gleichzeitig irgendwie ablassen können, dann passiert mit Ihnen genau das Gleiche wie mit dem Ballon – Sie werden krank und platzen irgendwann (vor Wut)! Wollen wir hoffen, dass die

»Sauerei« dann nicht zu groß wird. Also überlegen Sie sich gut, was Sie (in sich hineinfr)essen, und denken Sie dabei an die Physik!

In (unserer) »Wirklichkeit« geht es aber hauptsächlich um Sex, darum, aus Zweiheit eine – binnen kürzester Zeit wieder dualistisch erscheinende – Einheit zu bilden. Das treibt uns an – ist unser »Ziel«!?...

In »echt« sind wir und die Welt also **offene** »*Systeme*«, die andauernd sowohl *Energie* als auch *Materie* (bzw. *Teilchen*) miteinander austauschen und eins werden wollen. Mit solchen »*Systemen*« haben wir es immer und überall zu tun!

Da alles und jeder die ganze Zeit – wenn auch nur gedanklich oder im übertragenen Sinne – am »Poppen« bzw. am »Verkehren« ist, es beim hemmungslosen Tauschen von *Materie* und *Energie* meistens drunter und drüber geht und nach einiger Zeit keiner mehr weiß, wo ihm der Kopf steht, geschweige denn eine genaue Ahnung davon hat, wer nun wem wie (viel) wann was wo und warum genommen und gegeben hat, ist die genaue Berechnung **offener** »*Systeme*« kaum oder gar nicht möglich!

Um (den)noch eine gewisse Ordnung ins **chaotische** »*System*« (m)einer Welt zu bringen, müssen »Modelle« her – »Blaupausen«, die uns diese »Dinge« und unser Verhalten begreiflich machen, ungefähr aufzeigen, erklären und gegebenenfalls in die andere, vielleicht richtige(re), um nicht zu sagen »(mit)menschliche(re)« und insgesamt »ausgeglichene(re)« Richtung lenken lassen!

Ich habe schon am Anfang meines Buches gesagt, dass **alles,** aber auch absolut **alles,** eine Frage der **Betrachtungsweise** ist! Demnach ist **alles**, was Sie sehen, von mir lesen und auch sonst noch so und irgendwie erfahren, meist nichts anderes als eine »modellhafte« **Vorstellung**, die der »echten« **Wirklichkeit**, bei und in der es sich prinzipiell um ein **offenes** »*System*« handelt, hoffentlich sehr nahe kommt...

»*Unsere Bedürfnisse sind es, die die Welt auslegen; unsere Triebe und deren Für und Wider. Jeder Trieb ist eine Art Herrschsucht, jeder hat seine Perspektive, welche er als Norm allen übrigen Trieben aufzwingen möchte.*« (45)

- Friedrich Nietzsche

(Werke IV - Aus dem Nachlaß der Achtzigerjahre)

Vom Pantoffeltier, Gaia und dem Universum – ein Organismus im Organismus, im Organismus (usw.)

»Sagen wir mal, unsere Welt wär ein winziges Staubkorn – woher wüssten wir das?«

»Na ja, wir hätten unerklärliche Beben, dramatische Klimaveränderungen und wenn wir keine Stabilität erreichen, dann steuert unsere Welt auf eine Katastrophe zu.«

...

»Wir sind verloren!« (46)

– Horton hört ein Hu!
(USA 2008)

Kennen Sie den Ausspruch »*mens sana in corpore sano*«, ein gesunder Verstand in einem gesunden Körper? Wahrscheinlich schon, doch haben Sie sich schon mal Gedanken darüber gemacht, was er bedeutet?

Wenngleich dieses Zitat von Iuvenal[60] (Satiren X 356) allem Anschein nach missverstanden wurde, sprich: ein gesunder Körper **nicht** *automatisch* einen gesunden Verstand bedingt bzw. dieser nicht zwangsläufig nur in einem gesunden Körper möglich ist, geht man davon aus, dass unser eigener Körper und unser Verstand jeweils ein »*System*« darstellen, bei dem unser Körper auf unseren Verstand einwirken kann und umgekehrt, das heißt, unser Verstand hat Einfluss auf unseren Körper! Doch wenn nun die Welt auf unseren Körper und unser Körper auf unseren Verstand wirkt, könnte auch unser Verstand über unseren Körper auf die Welt wirken und sie verändern. Es gibt also eine Wechselwirkung zwischen qualitativ verschiedenen »*Systemen*«, die sich jedoch gegenseitig bedingen. Wir sprechen hier von nichts anderem als von **kleinen** »*Systemen*«, die ihrerseits ein **großes** bilden, welches dann im Verbund und in

[60] *»Die Satire handelt von der Torheit und Verderblichkeit der Gebete und Wünsche, die die Menschen an die Götter zu richten pflegen; nach zahlreichen Beispielen törichter Wünsche schließt sie mit der Mahnung: man überlasse den Göttern selbst, uns das wahrhaft Ersprießliche zu gewähren, und bitte sie nur um körperliche Gesundheit und gesunden Menschenverstand. (orandum est, ut sit mens sana in corpore sano).*
Daß nur in einem gesunden Körper ein gesunder Verstand möglich sei, hat Iuvenal nie gesagt und noch weniger, man brauche sich nur einen gesunden Körper zu verschaffen, der gesunde Verstand stelle sich dann von selbst ein.
Quelle: Wörterbuch der Antike, Stuttgart 1976.« (395)

der Wirkung mit ähnlich **großen** »*Systemen*« ein noch viel **mächtigeres** bildet und dafür wieder auf die **kleinen** zurückwirkt!

Die einzelnen Teile eines solchen »*Systems*« stehen untereinander in bestimmten Wechselbeziehungen. Wer sagt denn, dass wir Menschen nicht ein kleiner Teil eines so großen Körpers sind, dass wir dessen Ausmaße einfach nicht erfassen können und deshalb öfters davon ausgehen, ganz allein auf der Erde oder im Universum zu sein? Und wer sagt denn, dass wir Menschen nicht selbst so einen riesig **großen** »*Körper*« darstellen?

Laut der Gaia-Hypothese, welche von der Mikrobiologin Lynn Margulis und dem Chemiker, Biophysiker und Mediziner James Lovelock Mitte der 1960er Jahre entwickelt wurde, ist der Planet Erde in gewisser Weise tatsächlich als **lebender** »*Organismus*«, also als **großer** »*Körper*« zu betrachten. *Wiki* schreibt:

»*Dabei wird angenommen, dass die Gesamtheit aller lebenden Organismen die Bedingungen schafft und erhält, die dieses Leben überhaupt ermöglichen. Die Lebewesen bilden somit zusammen mit den nichtlebendigen Teilen der Erde ein dynamisches System, welches die gesamte Biosphäre durch Rückkopplung stabil hält. Ob die Erde als Lebewesen angesehen wird oder nicht, ist nach der Argumentation der Gaia-Befürworter eine Definitionsfrage des Begriffes ›Lebewesen‹. Die Ausmalung des Sinnbildes ›Lebewesen‹ wird unterschiedlich weit genutzt. Verschiedentlich gehört ebenso zur Gaia-Hypothese, dass ein Planet durch kooperative Effekte zur Selbstregulation befähigt sei. Aus der Gaia-Hypothese ist die Physiologie der Erde (Geophysiologie) entstanden. [..] Der Name leitet sich von Gaia, der Erdgöttin und großen Mutter aus der griechischen Mythologie, ab.[...]*

Beispiel Sauerstoff

Molekularer Sauerstoff ist eine hoch-reaktive Substanz, die in kurzer Zeit Verbindungen mit anderen Elementen eingeht und so verschwindet. Eisen rostet, Holz verbrennt. Das Erstaunliche ist nun aber, dass der Sauerstoffgehalt der Atmosphäre konstant ist: Egal, wie viel Eisen rostet und wie viel Holz verbrennt, der globale Sauerstoffgehalt bleibt unverändert. Besonders spannend wird dies, wenn man berücksichtigt, dass ›fossile Luft‹ aus Eisbohrkernen oder Bernstein eine sehr ähnliche, oft die gleiche Zusammensetzung aufweist wie die heutige. Offensichtlich hat sich, seit das Leben auf dem Land aktiv ist, der Sauerstoffgehalt der Luft nur unwesentlich verändert. Die Gaia-These sagt, dass das System ›Leben‹ selbst den Prozentsatz stabil hält. (Eine Konsequenz dieser Überlegung ist, dass ein anderer Planet mit einer Sauerstoffatmosphäre Leben beherbergen muss – bislang ist keiner entdeckt.)« (47)

Gehen wir nun noch einen Schritt weiter: Irgendwer hat es mal so ausgedrückt: »*Das Universum gleicht einem lebendigen Organismus, in dem wir quasi nichts anderes als die Zellen dieses riesigen ›Körpers‹ darstellen.*« Als Zellen des Universums oder aber der Welt wissen wir (immer noch) nicht, dass wir zu ein und demselben Körper gehören, und haben deshalb auch die Illusion, einfach tun und lassen zu können, was wir wollen. Dabei sind wir, wenn *man* genau darüber nachdenkt, tatsächlich *Teil eines Ganzen* und arbeiten im Verbund mit anderen und letztlich auch dem Körper selbst, zu dessen und unserem Besten!(?)

Es sei denn, es handelt sich bei uns um Krebszellen, dann sieht die »Sache« ein bisschen anders aus. Dann haben wir nämlich »Spaß« daran, uns selbst und unseren Wirt zu zerstören!...

Aber nehmen wir mal an, dass wir **keine** Krebszellen sind. Nehmen wir an, dass wir ganz normale, friedliche und rechtschaffene Zellen sind. Dann ist doch der Körper, der aus uns und anderen Zellen besteht, prinzipiell bestrebt, diejenigen von uns, die »gut« für ihn sind, zu versorgen und, so lange es geht, zu erhalten!

Betrachten wir unsere »Welt« von oben, dann gleicht unser Straßennetz auffälligerweise dem Blutgefäß*system* unseres Körpers. Dafür hat das elektrische *System* dieser Erde mit seinen Leitungen, Kraftwerken und kommunikativen *Systemen* verblüffende Ähnlichkeit mit der Funktion und dem Aufbau unseres Nerven*systems*, und welche Rolle dagegen die Abwasser- und Müllwirtschaft in einem »Körper« wie dem unsrigen spielt, können Sie sich bestimmt denken oder es sich zumindest während einer »großen Hafenrundfahrt« einmal zeigen lassen! All diese eben genannten Dinge und Gegebenheiten entsprechen ähnlichen »*Systemen*«, wie man sie auch in »mi casa« oder »tu casa«, (m)einem Haus oder (d)einer Wohnung findet. Wie bei einem Körper oder der Welt gibt es auch hier, in der menschlichen Behausung, Strom- und (Ab)Wasserleitungen, die Mauern und das Fundament geben dem ganzen Halt und Struktur, während die Heizung ein Klima erzeugt, das dem denkenden und liebenden Menschen einen Raum gewährt, in dem er und seine Familie eigentlich ganz gut leben können. All diese **kleinen** *Systeme* finden wir in unserem Körper wieder und sie sind dort jeweils statt aus Mörtel, Draht und Rohren aus Zellen aufgebaut! Sie dienen dem Erhalt und der Versorgung von weiteren Zellen und letztlich auch dem des **ganzen** *Systems*. Und wie ein Körper wachsen die Zellen, vermehren sich und gehen zugrunde. Zellen werden sogar fett, wenn sie essen, und nehmen ab, wenn sie »Diät« machen. Zellen platzen auch, wenn sie zu viel »essen«!

Abgesehen davon machen Zellen das, was die DNA ihnen sagt, und ziehen sich abends, nach getaner Arbeit, gerne ihre Hausschuhe an, weshalb manche von ihnen dann auch liebevoll »**Pantoffeltierchen**« genannt werden!? Keine Angst, wir sind keine Zellen, aber wir sind (vielleicht) *wie* Zellen und somit **kleine** Teile eines **großen** *Systems*, die ohne einander nicht bestehen können und in diesem Wissen auch nie wirklich alleine und einsam sind oder sein können!

Unsere Welt besteht also im übertragenen Sinne aus Organen und Zellen, genauso wie unser eigener Körper aus Organen und Zellen aufgebaut wird. Jede Zelle enthält aber auch für sich selbst wieder so etwas Ähnliches wie Organe – man nennt diese dann »Organellen« – und *Systeme* (z.B. sind Mitochondrien die Kraftwerke und zuständig für die Energiegewinnung). Die Zelle bildet dadurch einen Körper für diese in ihr enthaltenen Bestandteile. Diese Zusammenhänge sind vermutlich beliebig nach »oben« ins **Große** und nach »unten« ins **Kleine** fortführbar!...

Gehen wir nun aber weg von diesem immer noch relativ großen Bild der Zelle, ihren *Systemen* und ihren Organellen, dann besteht so ziemlich alles auf der Welt aus ***Teilchen.*** Gemeint sind damit nicht süße Gebäckstücke aus einem lockeren Teig, sondern die ***Elementarteilchen,*** als die kleinsten bekannten Bausteine der Materie! Bis zum Ende des 19. Jahrhunderts ging »man« davon aus, Elementarteilchen seien unteilbar, was aus der Sicht des Atomzeitalters heraus gesehen natürlich völliger Blödsinn ist. Atome sind wie die

süßen Stückchen sehr wohl teilbar und liefern uns dabei jede Menge Energie. Doch damit nicht genug, mittlerweile weiß »man« sogar, dass der Kern von Atomen aus *Protonen* und *Neutronen*, welche positiv oder – im Falle der Neutronen – überhaupt nicht geladen sind, bestehen. Diese Bausteine bilden also den Atomkern, und dass sich zu allem Überfluss dann noch negativ geladene *Elektronen* in begrenzten Gebieten drum herum aufhalten, ist auch nichts Neues. Wir kennen dies auch als *Bohr'sches Atommodell*, das

zwar eine überholte Theorie darstellt, aber uns dennoch zu denken geben sollte. Denn auffällig ist, dass vereinfachte Illustrationen von Atommodellen eine ziemliche Ähnlichkeit mit Planeten und ihren Bahnen aufweisen und dass um diese Planeten herum wiederum »Dinge« kreisen wie um einen Atomkern. Aus noch größerer Entfernung betrachtet, bewegen sich dann die Planeten selbst – ähnlich wie Elektronen – um einen (Atom)Kern, wie die Sonne ihn zum Beispiel darstellen könnte, usw.[61] Ich habe keine Ahnung, ob sich auch Sonnen*systeme*, ja ganze Galaxien bewegen und um etwas kreisen. Aber vorstellbar wäre es schon – denn möglicherweise ist wirklich alles eine Art **riesiger** »*Organismus*«, in welchem sich alles im **Großen** wie im **Kleinen** wiederholt, ständig in Bewegung ist, sich um irgendetwas dreht und in dem wir als Menschen nicht mehr als eine »Messungenauigkeit« darstellen!?

Gleichzeitig dazu kann man wiederum jeden Menschen selbst als (s)ein **riesiges** »*Universum*« betrachten, welches aus unzählig vielen **kleineren** »*Universen*« (z.B. Zellen oder Atomen) aufgebaut ist…

Die **einzelnen** »*Universen*« sind, ähnlich wie Menschen, aber keine in sich **geschlossenen** »*Systeme*«, sondern interagieren und vereinigen sich – im Falle von Menschen meist erst nach einer gewissen Zeit des Kennenlernens – durchaus gerne. Mikroskopische und makroskopische »*Systeme*« sind also ganz gut miteinander zu vergleichen und in Verbindung zu bringen!

Die derzeit kleinsten bekannten Teilchen sind meines Wissens die *Quarks*, von denen drei jeweils ein *Neutron* bzw. *Proton* bilden (48). Irgendwann wird »man« sicherlich einmal feststellen, dass auch die kleinsten Bestandteile von Protonen und Neutronen weiter teilbar und damit nicht mehr ganz so »elementar« sind, wie »man« es sich ursprünglich einmal dachte. Daraufhin werden wir dann zu der Erkenntnis gelangen, dass es auch damit noch längst nicht genug ist. Denn im Universum des Menschen ist alles unendlich – nicht nur unsere Dummheit!

»***Prinzipien***« sind das, ***was die Welt (im Innersten) zusammenhält!*** Sie zeigen:

Alles ist sowohl nach »oben« als auch nach »unten« unendlich weit fortführbar, und es ist schon eine gespenstische Vorstellung, anzunehmen, dass man bei genügend großer Vergrößerung möglicherweise irgendwann einmal jemanden dabei beobachten kann, wie er auf bzw. in (s)einem *Quark* oder etwa einem *galaktischen Staubkorn* sitzt und sich dabei genüsslich in der Nase bohrt…

»*Nein, wirklich, denk doch mal nach! Was ist wenn's jemanden gibt, der von ganz weit da draußen auf unsere Welt hinunterschaut, und wir für ihn das*

[61] Anm.: Das »Bild« eines Atoms, das fast jeder von uns im Kopf hat und in dem ein oder zwei Elektronen um den Atomkern kreisen wie Planeten um die Sonne, schuf der japanische Physiker **Hantaro Nagaoka** im Jahre 1904. Wie »man« heute weiß, ist es völlig falsch, denn Nagaoka stützte sich eigentlich nur auf kluge Vermutungen!

Doch so wie Generationen von Autoren vor mir inspirierte es auch mich, von der Welt in der Welt und einem Sonnen*system* und Universum, das sich nur als winziger Baustein von etwas viel Größerem erweist, zu »träumen«… (Vgl. Bill Bryson: *Eine kurze Geschichte von fast allem*, Wilhelm Goldmann Verlag, München 2004, S.184)

Staubkorn wären? Und dann würde vielleicht ein anderer vorbeikommen und sagen: »Nö, so kleine Menschen gibt's überhaupt nicht!« Und der Erste würde sagen: »Behauptest du, ich lüge?« Und der Zweite würde sagen: »Es kann nicht sein, was nicht sein kann!« Und jetzt fliegen die Fäuste und der Erste nimmt einen Stein ...« (49)

- Horton hört ein Huh!
(USA 2008)

Die letzten Zeilen stammen aus dem Animationsfilm *Horton hört ein Hu!*. Schauen Sie sich den Film an, dann verstehen Sie vielleicht, was ich meine!?...

Nicht nur, dass der Film die simple, ganz und gar nicht einfache, aber dafür universelle Botschaft enthält, *dass ein Mensch ein Mensch ist, wie klein er auch sei* – nein, hier lebt eine ganze Zivilisation auf einem einzigen Staubkorn! Mal ehrlich, »erkennen« wir eigentlich, wie klein unsere Welt ist?

Mit genügend Abstand zu den »Dingen« und entsprechend großer Vergrößerung erkennen wir unter Umständen sogar wirklich (mal) jemanden, der auf einem unbedeutenden Staubkorn sitzt und – so wie Sie im Augenblick gerade – (m)ein Buch liest. Während er sich ab und an fragt, was das alles überhaupt soll, und dabei vollkommen vergisst, wo seine verdammten Hausschuhe (bzw. Pantoffeln!) wieder abgeblieben sind, fängt dieser jemand dann ganz langsam an, den Kopf zu heben. – Er schaut nachdenklich in den Himmel oder an die Decke und schließt daraufhin die Augen, auf dass wir endlich (s)ein Gesicht sehen können. Und es kommt uns bekannt vor, denn es ist ... unser eigenes!

Höchstwahrscheinlich wäre es für uns besser, öfter mal nach oben zu schauen, nachzudenken, *bewusst(er)* die Augen zu schließen und fröhlich in den Himmel zu winken, anstatt immer nur das zu tun, was jemand von uns will, und (daraufhin) depressiv den Kopf hängen zu lassen. Vielleicht haben wir ja Glück und es schaut gerade tatsächlich irgendwer durchs Mikroskop – und welchen Eindruck hätte der, die oder das denn dann von uns!?...

Doch selbst wenn es nur George W. Bush oder ein anderer »Agent« ist, dem wir ein liebliches Lächeln über den Äther[62] schicken, kann uns die Kraft dieses Lächelns alleine unter Umständen schon das Leben retten. Es sei denn, man trägt einen Turban, dann hat man trotz des Lächelns – jedenfalls beim lieben Bush und ähnlichen Schurken – Pech gehabt und ziemlich schlechte Karten!

---

[62] *»**Äther** der; -s <gr.-lat.>:*

***1. a)** Himmelsluft, wolkenlose Weite des Himmels;*

***b)** (Phys.) nach einer heute aufgegebenen Annahme das nicht näher bestimmbare Medium, in dem sich die elektrischen Wellen im Weltraum ausbreiten.*

***2.** (chem. fachspr.)*

***a)** das Oxid eines Kohlenwasserstoffs;*

***b)** Äthyläther (Narkosemittel).*

***3.** (griech. Philos.) Urstoff allen Lebens, Weltseele.«*

Zum besseren Verständnis der beschriebenen Zusammenhänge kann ich an dieser Stelle noch einen weiteren Film, nämlich *Men in Black (MIB)*, wärmstens empfehlen! Abgesehen vom Unterhaltungswert und diversen durchaus tiefgründigen Ansichten bezüglich der Menschheit und Außerirdischen bin ich fest davon überzeugt, dass manche extraterrestrischen Lebensformen (ETs) aus dem Film bereits zu mir in die Therapie kommen. Darüber hinaus enthält *MIB* aber überaus durchdachte Aussagen über unsere Spezies. So habe ich nur ein Beispiel aus dem Film herausgefischt, welches gar nicht so dumm ist, wie es sich im ersten Moment vielleicht anhört! So sagt Agent Kay, gespielt von Tommy Lee Jones, im Gespräch mit Jay (Will Smith) auf einer Parkbank sitzend Folgendes:

»Die Menschen wissen größtenteils nichts davon. Sie wollen es nicht und sie brauchen es auch nicht. Sie sind glücklich und zufrieden – und bilden sich ein, sie hätten alles im Griff.«

»Aber warum so ein Geheimnis? Menschen sind intelligent, die verkraften so was.«

*»**Ein** Mensch ist intelligent. Aber ein Haufen Menschen sind dumme, hysterische, gefährliche Tiere – das wissen Sie! Vor 1500 Jahren hat jeder Mensch gewusst, dass die Erde der Mittelpunkt des Universums ist. Vor 500 Jahren hat jeder Mensch gewusst, dass die Erde flach ist und vor 15 Minuten ...«* (50)

... ja vor 15 Minuten haben Sie(!?) vielleicht noch gewusst, dass Sie als großer kleiner Mensch ganz alleine sind, und dachten deshalb, dass das, was Sie tun, für die **ganze** Welt keine Rolle spielt. Doch jetzt wissen Sie, dass das nicht so ist! Doch lassen Sie sich das nicht allzu sehr zu Kopf steigen, denn wie im Film geht es trotz allem insgesamt weder nur um Sie noch um George Walker Bush noch um einen seiner Nachfolger oder sonst irgendeinen »Agenten«, der sich für »Gott« hält, sondern um uns **alle** und ein Universum, welches gerade mal so groß ist wie der Anhänger einer 08/15-Halskette! Kurz vor dem Abspann wird im Film wie vielleicht auch im echten Leben rausgezoomt und rausgezoomt und rausgezoomt, bis selbst unser eigenes Universum nicht mehr viel größer ist als eine Murmel und wir alle *ES* sehen!?

Von Quanten und »Ihrer« Mechanik

»Diejenigen, die nicht schockiert sind,
wenn sie zum ersten Mal mit Quantenmechanik zu tun haben,
haben sie nicht verstanden.«
- Niels Bohr

Vieles, wenn nicht sogar alles auf unserer Welt, basiert auf reiner Physik, welche *für sich* nur eine andere Art der Betrachtungsweise darstellt, eine eigene Nomenklatur verwendet, aber ansonsten bereits längst verspürte und erkannte Phänomene der menschlichen Kultur, Religion und Entwicklung beschreibt!...
Insbesondere die Metaphysik[63] als Grunddisziplin der Philosophie, wie auch die Quantenmechanik, mit letzterer wir uns nun etwas beschäftigen werden, hat es mir angetan, und ich möchte Ihnen natürlich auch sagen, warum: Ich glaube, dass auch wir nichts weiter als *Elementarteilchen* und, wenn man so will, »*Quanten*« in (m)einem »*System*« sind!
Ähnlich wie ein Quant vereinigen wir in uns die Summe aller Möglichkeiten, wenngleich uns immer nur **eine** dieser unendlich vielen Möglichkeiten *bewusst* wird. Bei unserem Bewusstsein und der daraus resultierenden Realität handelt es sich aber nur um **einen** Zustand von unendlich vielen, welcher *an und für sich* nur einer Anhäufung von Wahrscheinlichkeiten entspricht...
Mehr noch, er entspricht dem »oberen« oder »unteren« Punkt einer Welle aus Wahrscheinlichkeiten, aus Addition und Subtraktion, und ist somit stets das »Ergebnis«, aber nie die zugrundeliegende *Rechnung*! (vgl. Band 2, S. 355ff) Selbst wenn wir uns *bewusst* immer nur in **einem einzigen** »wirklichen« Zustand befinden, sind wir stets mehr als das!

»Jeder ist die ganze Welt und die ganze Welt ist jeder!«

---

[63] *»Die Metaphysik (lat. metaphysica, von altgr. μετά metá = »danach, hinter, jenseits« und φύσις phýsis = »Natur, natürliche Beschaffenheit«) ist eine Grunddisziplin der Philosophie. Metaphysische Systementwürfe behandeln in ihren klassischen Formen die zentralen Probleme der theoretischen Philosophie: die Beschreibung der Fundamente, Voraussetzungen, Ursachen oder »ersten Gründe«, der allgemeinsten Strukturen, Gesetzlichkeiten und Prinzipien sowie von Sinn und Zweck der gesamten Wirklichkeit bzw. allen Seins.*
Konkret bedeutet dies, dass die klassische Metaphysik »letzte Fragen« verhandelt, beispielsweise: Gibt es einen letzten Sinn, warum die Welt überhaupt existiert? Und dafür, dass sie gerade so eingerichtet ist, wie sie es ist? Gibt es einen Gott und wenn ja, was können wir über ihn wissen? Was macht das Wesen des Menschen aus? Gibt es so etwas wie "Geistiges", insbesondere einen grundlegenden Unterschied zwischen Geist und Materie? Besitzt der Mensch eine unsterbliche Seele, verfügt er über einen freien Willen? Verändert sich alles oder gibt es auch Dinge und Zusammenhänge, die bei allem Wechsel der Erscheinungen immer gleich bleiben?« (396)

Das scheint alles etwas verwirrend und nur für jemanden verständlich zu sein, der sich schon mal mit der Quantentheorie beschäftigt hat. Doch so kompliziert, wie es im ersten Moment klingt, ist es gar nicht! Ein »*Quant*« ist laut Fremdwörterbuch ein »*nicht weiter teilbares Energieteilchen, das*« – und das ist sehr wichtig – »*verschieden groß sein kann.*« Natürlich ist in unserer erlebbaren Wirklichkeit jeder von uns teilbar und man muss nicht unbedingt seinen Finger in eine Brotschneidemaschine stecken, um das zu verstehen. Auch »*Quanten*«, die in der Physik ferner als »*kleinste Energiemenge*« beschrieben sind, sind meiner Meinung nach teilbar – man erinnere sich nur an die Elementarteilchen, von denen man bis vor »Kurzem« ebenfalls behauptet hat, man könne sie nicht weiter teilen! Dennoch hilft die Vorstellung, (wie) ein »*Quant*« zu sein, die Welt hinter der Welt und uns selbst etwas besser als bisher zu begreifen…

Als ein Quant bzw. Elementarteilchen sind wir beispielsweise Teil eines riesig großen Makrokosmos, den wir zusammen mit anderen Quanten bzw. Teilchen bilden. Nichtsdestotrotz ist jeder einzelne Mensch (und vermutlich auch jedes Quant) selbst so etwas wie ein Makrokosmos, denn wir bestehen aus einer ganzen Menge von Teilchen und Quanten! Für jedes einzelne von ihnen bedeuten wir womöglich die Welt. Also stimmt der romantische Spruch tatsächlich: »*Für die Welt bist du jemand, aber für jemanden bist du die Welt.*« Diesen Aphorismus[64] und die Liebe, die zweifelsohne in ihm steckt, schenkte mir meine Freundin anlässlich meines 33. Geburtstages. Diese Grundwahrheit stand einfach so auf (m)einer Karte und ließ Hermann Hesses Gedicht *Im Nebel*, welches meinen damaligen Gemütszustand leider nur zu gut zu beschreiben schien, ziemlich alt aussehen. (Das Gedicht ist übrigens in Band 2 auf S. 115 nachzulesen!)

Doch kommen wir zurück zur der Quantentheorie, die sich als Modell hervorragend dafür eignet, alles zu erklären und letztendlich doch nichts zu verstehen!

»*Durch die Entwicklung der Quantenmechanik hat sich unser Verständnis von der Struktur der Materie und ihren Wechselwirkungen revolutionär verändert. Mit ihrer Hilfe konnten zahlreiche Phänomene erklärt und neue vorhergesagt werden, die sich der anschaulichen Vorstellung entziehen. Die betreffenden Phänomene lassen sich jedoch mathematisch präzise beschreiben und konnten experimentell sehr genau bestätigt werden. Mit Ausnahme der Gravitation, die durch die allgemeine Relativitätstheorie beschrieben wird, konnten bisher alle bekannten fundamentalen Wechselwirkungen der Materie durch quantenphysikalische Theorien beschrieben werden. Eine Vereinigung der allgemeinen Relativitätstheorie mit der Quantenmechanik (zur sog. Quantengravitation) ist bis heute nicht gelungen.*« (51)

---

64 »***Apho|ris|mus***: *prägnant-geistreich in Prosa formulierter Gedanke, der eine Erfahrung, Erkenntnis od. Lebensweisheit enthält.*«

In der Quantenmechanik, welche »*das Verhalten der Materie im atomaren und subatomaren Bereich beschreibt*«, verfügt »Materie« sowohl über **Teilchen-** als auch **Welleneigenschaften**. Das ist nicht weiter verwunderlich, besteht doch alles sowohl bewusst als auch un(ter)bewusst Wahrnehmbare in uns und um uns herum aus **Dualität** und, wie ich meine, aus etwas dazwischen! Darauf kommen wir aber nachher noch zu sprechen. An dieser Stelle wichtig sind zwei Dinge:

- **Das Leben *an sich* entspricht, so wie ich es sehe, einer Welle, d.h., alles im Leben bzw. alles Lebendige geht – grob gesagt – in regelmäßigen Abständen hoch und runter. Man kann dem »Leben« folglich einen »*Wellencharakter*« zusprechen.**
- **Das andere wären unsere Körper, die wir in der gegenständlichen Welt beheimatet sehen, und, wie alle »Dinge«, eher als eine Art »totes« Teilchen anschauen werden. Betrachten wir Körper, so verfügen sie über »*Teilchencharakter*«.**

Da wir meist **lebendige** »*Körper*« sind, trifft stets beides, der Wellencharakter als auch der Teilchencharakter, auf uns zu. Man kann deshalb die »tote« und die »lebendige« Welt nicht voneinander trennen. Wie Energie und Materie fließen diese und andere Welten ineinander und wirken aufeinander. Teilchen ohne Wellen sind wie Körper ohne Leben, und Leben ohne einen Körper ist – im übertragenen Sinne – nur »unfassbare[65]« Energie!

Mit anderen Worten existiert das *eine* nicht ohne das *andere* – ohne Leben gibt es keinen Tod! Doch der dualistische Geist ist nicht in der Lage, beide Charaktere »*gleichzeitig*« zu sehen. Wie ein Computer sieht oder macht er entweder nur das *eine* oder das *andere* – das »*Dazwischen*«, dass ein Mensch beispielsweise zugleich lebendig wie tot, Frau wie Mann, gut wie böse ist, »sieht« unser Geist nicht! Beim Thema *Multitasking* (vgl. Band 2, S. 352ff) komme ich darauf zurück…

Es ist natürlich anzumerken, dass die These des Wellen- und Teilchencharakters bezogen auf den Menschen von mir unter Umständen quantenphysikalisch nicht komplett und im Detail richtig dargestellt wurde und dies wahrscheinlich auch nie wird. Das »***Prinzip***« dient letztendlich nur der besseren Vorstellung unseres Daseins und ich möchte diese Chance nutzen, um mit manch liebgewonnenem Irrglauben aufzuräumen. So ist ein »Quantensprung«, selbst wenn es uns mancher Politiker oder schlauer Mensch anders weismachen will, kein epochaler

[65] Anm.: Man bemerke die Doppeldeutigkeit von »unfassbar«: nicht greifbar, aber auch im Sinne von unendlich!

Schritt nach vorne. Er ist »nur« ein hypothetisch sprunghafter Übergang eines »*Systems*« aus einem Quantenzustand in einen anderen![66]...

Klar kann man (engl. *man*) sagen, man habe eine neue »Ebene«, einen neuen »Zustand« erreicht, aber mal ehrlich, bei einem Quantensprung handelt es sich doch um einen angenommenen Vorgang im **Mikro**kosmos und daher nur um einen energetisch **minimalen**, keinen maximalen Vorgang! In den meisten Fällen ist ein Quantensprung daher nicht mit einer *qualitativen* Veränderung des **gesamten** (**Makro**)»*Systems*« verbunden! Ebenso wenig ist solch ein Sprung, wenn er überhaupt bemerkt wird, durch seine Einzigartigkeit gekennzeichnet, aber das nur so nebenbei.

Die Sache mit der *qualitativen* Veränderung eines »*Systems*« ändert sich natürlich, wenn die Mehrzahl aller Quanten des »*Systems*« ein und denselben Sprung mehr oder weniger »*gleichzeitig*« vollzieht oder wir das einzelne Quant selbst wieder als ein (**makro**skopisches) »*System*« betrachten würden! Aber wer (außer mir) glaubt oder tut das schon? Auf einen echten Quantensprung, einen »echten« *qualitativen* (»*System*«)Wechsel im obigen Sinn warte ich deshalb schon seit einiger Zeit. Und selbst wenn Menschen wie der Biophysiker Dr. Dieter Broers[67], der in *Wiki der irrationalen Überzeugungssysteme* (Eso-Watch.com.) als Autor von esoterischen und pseudowissenschaftlichen Werken angeführt wird (52), einen solchen Bewusstseinssprung für 2012 vorhersagen und sich dabei unter anderem auf den Maya-Kalender, neueste Erkenntnisse aus der Astrophysik und Aussagen aus der Bibel zu berufen scheinen, haben Sie als Leser vermutlich Recht – da kann ich wohl noch lange warten! Aber lassen Sie mich an dieser Stelle noch etwas zu den Atomen sagen:

Die »Halbwertszeit«, das heißt die Zeit, in der die »Hälfte« der radioaktiven Atome eines Stoffes zerfallen sein werden, sagt insofern etwas über die Gesundheitsschädlichkeit des Stoffes aus, als eine **geringe** und keine große Halbwertszeit nachteiliger für unser **aller** Wohlbefinden ist! Wenn ein Atom nämlich schneller zerfällt, ist es zwar schneller verschwunden, dafür aber auch radioaktiver! Folglich sollte uns eine atomare Halbwertszeit von einem Tag im wahrsten Sinne mehr »jucken« als eine von fünfhunderttausend Jahren. Doch die Medien lassen uns, wie so oft, genau das Gegenteil annehmen und man (engl. *man*) fragt sich jetzt natürlich, wie es um die Halbwertszeit der **ganzen** Menschheit bestellt

---

[66] Vgl. *Wikipedia*: Quantensprung. (URL: http://de.*Wikipedia*.org/wiki/Quantensprung [Stand:21.2.2009])

[67] »*Dr. Dieter Broers forschte bis 1992 an TU und FU Berlin als Biophysiker auf dem Gebiet der Frequenz- und Regulationstherapie. Seine Arbeiten führten zu internationalen Patenten. Seit dieser Zeit erweitert er seine Studien von Athen aus. Seit 1997 arbeitet er als Direktor für Biophysik am International Council for Scientific Development (ICSD), wirkt im Committee for International Research Centres.*

Sein Dokumentarfilm "(R)Evolution 2012?" wird im Februar 2009 ins Kino kommen.« (397)

ist und was das alles für den Planeten oder das »*System*«, in dem wir l(i)eben, zu bedeuten hat? Kommen wir aber lieber wieder zurück zu der Annahme, dass wir uns und der Welt sowohl einen Teilchen-, als auch einen Wellencharakter zusprechen können…

In der gegenständlichen bzw. »fassbaren« Welt der Teilchen herrschen demzufolge physikalische Gesetzmäßigkeiten, die vornehmlich auf denen von Newton basieren und am besten an Gegenständen demonstriert werden können. Mit anderen Worten könnte man sagen, dass, solange wir also alles um und in uns als Teilchen bzw. als Körper betrachten und uns darauf konzentrieren, weitestgehend die *Newton'schen Gesetzmäßigkeiten* gelten.

Was die Wellen angeht, so reicht es vorerst aus, zu wissen, dass all*ES* in uns und um uns herum stetig und zyklisch, aber in unterschiedlichen Zeitabständen, mit unterschiedlicher Geschwindigkeit und unterschiedlichem Ausmaß wiederkehrt und es dabei andauernd hoch- und runtergeht. Doch wir treffen stets beides an!

So ist zum Beispiel das Licht – je nachdem, unter welchen Bedingungen man es betrachtet – **Welle** oder **Teilchen**. Die Anwesenheit zweier gegensätzlicher Eigenschaften in **ein** und **demselben** »*Körper*«, die vielleicht zeigt, dass der Mensch sehr wohl »*gleichzeitig*« Sünder und Heiliger sein kann und die ganze gewachsene Welt mit all ihren positiven und negativen Eigenschaften in sich trägt, ist in der Physik, laut *GEO*-Zeitschrift (11/2007), als »*Komplementaritätsprinzip*« bekannt. Dieses »***Prinzip***«, welches grundsätzlich besagt, dass eine »*gleichzeitige*« Bestimmung von **Wellen-** und **Teilchencharakter** nicht möglich ist, geht demnach auf den dänischen Physiker Niels Bohr zurück. »Komplementarität« *an sich* ist unter *Wiki* aber wie folgt beschrieben:

»*Komplementarität (Physik)*
aus Wikipedia, der freien Enzyklopädie

Mit Komplementarität bezeichnet man im Allgemeinen die Zusammengehörigkeit (scheinbar) widersprüchlicher, sich aber ergänzender Eigenschaften (Merkmale) eines einzigen Objekts. Komplementäre Eigenschaften gehören zusammen, sofern sie dasselbe Objekt betreffen. Sie schließen sich einander insofern aus, als sie nicht räumlich oder zeitlich zusammentreffen können. In der Regel handelt es sich um zwei verschiedene Eigenschaften, die sich nicht kausal aufeinander beziehen, aber gemeinsam einen Sinn ergeben.

Komplementarität ist der Versuch, ein Phänomen mit mindestens zwei Modellen zu erklären, die sich möglicherweise widersprechen bzw. ausschließen. (53)

Und nun für Quantenfreaks oder die, die es werden wollen:

> »*Unter der Komplementarität zweier Observablen versteht man in der Quantenmechanik die Eigenschaft, dass bei vollständiger Bekanntheit der ersten Größe über das Ergebnis einer Messung der zweiten Größe überhaupt nichts ausgesagt werden kann (alle möglichen Ergebnisse sind gleich wahrscheinlich).*
> *Auch wenn über eine Observable nur Teilwissen vorhanden ist (z. B. »Messwert 1 hat doppelt so hohe Wahrscheinlichkeit.» oder »Der Wert liegt ziemlich sicher in diesem Intervall.»), ist das mögliche Wissen über die komplementäre Größe beschränkt. Diese Beschränkung wird durch die heisenbergsche Unschärferelation beschrieben.*« (54)

Die unlösbare Verbundenheit von Gegensätzen zu einer Ganzheit finden wir in der Philosophie im Sinne von **Yin** und **Yang**, doch die Konzepte von Komplementarität finden sich ebenso in der Wirtschaft (Zusammenwirken zweier Währungen in lokalen Wirtschaftskreisläufen), in der Psychosomatik zur Erklärung pathogener Prozesse aufgrund »rein psychischer« und »rein körperlicher« Faktoren sowie in der Biologie beim Verhältnis sich ergänzender räumlicher molekularer Strukturen, deren Zusammenwirken nach dem »Schlüssel-Schloss-***Prinzip***« Voraussetzung für die Erfüllung einer bestimmten Funktion ist.[68]

Das Konzept der Zusammengehörigkeit (scheinbar) widersprüchlicher, sich aber ergänzender Eigenschaften (Merkmale) eines einzigen Objekts finden wir noch in vielen anderen Bereichen unseres Lebens und kurz gesagt ist alles (wieder) eine Frage der Betrachtungsweise und letztlich abhängig von den Bedingungen, unter welchen gewisse »Ansichten« entstehen! Dennoch möchte ich behaupten, dass ein *Berg* ein *Berg* bleibt. Ob man ihn, eine *Religion*, eine *Ideologie* oder den *Menschen* per se nun von »unten«, von »oben« oder von der »Seite« her betrachtet, ist egal. Auch die Gefühle und Erfahrungen, die dieser »Be(tr)achtung« vorausgehen, sollten zumindest letztlich keine Rolle spielen – denn der *Berg*, die *Religion*, die *Ideologie* oder der *Mensch* bleibt im »***Prinzip***« was er/sie/es ist:

»Alles in Einem und **Eines in Allem.«**

---

[68] Vgl. *Wikipedia*: Komplementarität. URL: http://de.*Wikipedia*.org/wiki/Komplementarität [Stand: 10.9.2009]

Auch Martin Luther hatte bereits erkannt und behauptet, »*dass ein getaufter Mensch ›simul iustus et peccator‹ sei, Gerechter und Sünder zugleich, verdammt und gesegnet.*« (55) Ein überaus interessanter Artikel der *GEO*, auf den ich aus »Platzmangel« nicht näher eingehe, zeigt, dass Luther »Dinge« der modernen Wissenschaft schon früh erkannte, eventuell sogar deren Wegbereiter war und meine These untermauert, dass *Religion* und *Wissenschaft* zwei unterschiedliche Sprachen sind, die im Grunde nur dasselbe beschreiben und zum Ausdruck bringen woll(t)en. **Alles in der Welt ist eine Frage der Perspektive!**

Damit aber bei dem ganzen physikalisch determinierten Gerede von wegen, alles sei nach *Newton* oder sonst wem vorherbestimmt und auf *physikalische Gesetzmäßigkeiten* zurückzuführen, jetzt nicht der falsche Eindruck entsteht, möchte ich an dieser Stelle noch etwas außerordentlich Wichtiges anmerken:
»*Wenn manche Physiker den Nichtphysiker glauben machen wollen, dass die Physik die Eigenschaften der uns umgebenden Materie schnurstracks aus den Eigenschaften der Atome und einigen wenigen Grundgesetzen herleiten kann, so stimmt dies einfach nicht. Es gibt nämlich Eigenschaften in der Materie, die erst durch das gemeinsame Verhalten vieler Atome entstehen, man spricht hier auch von kollektivem Verhalten. Hierbei treten Eigenschaften der Materie in Erscheinung, die nicht einem einzelnen Atom zugeschrieben werden können.*« (56)
Das Buch *Gehirn und Verhalten*, aus dem diese Zeilen stammen und welches sich hauptsächlich mit der Synergetik (vgl. S. 49) beschäftigt, nennt dazu folgendes Beispiel:

»*Ein einzelnes Atom, das wir als nicht weiter zerlegbares Gebilde auffassen, besitzt keine Temperatur. Erst durch die völlig ungeordnete Bewegung vieler Atome kommt die Temperatur zustande.*« (57)

Kollektives Verhalten ist (in) der Welt daher weitaus wichtiger, als Sie vielleicht denken, und wird, davon bin ich überzeugt, über die Zukunft der Menschheit entscheiden! Dies werde ich Ihnen an diversen Stellen dieses Buches noch zeigen und beweisen, dass Änderungen – vor allem die zum (mit)menschlich Guten – wenn, dann nur (gem)einsam, d.h. **kollektiv** als möglichst große Einheit vonstatten gehen können.
Doch wo es um das Verhalten eines **ganzen** »*Systems*« geht, tut es ganz gut, zuvor die sogenannte »**Mikroebene**« zu beschreiben. Es geht also zunächst darum zu verstehen, wie sich zum Beispiel ein Molekül in einer Flüssigkeit oder Sie sich in einer Gruppe verhalten. Auf alles kann und werde ich bestimmt nicht eingehen. Aber Sie sehen schon, wie wichtig es für die weitere (mit)menschliche Entwicklung sein wird, sich selbst und (s)einer eigenen Funktionsweise bewusst(er) zu werden…

Zurück zu der Annahme, dass wir alle Kräften ausgesetzt sind und den *Gesetzen Newtons* zufolge (re)(a)gieren! In der Welt gibt es freilich Faktoren, die ausschlaggebender für unsere Entwicklung sind als andere; die global gesehen (scheinbar) mehr bewegen und beeinflussen, als uns lieb ist, denen wir uns zu lange schon gedanken- und gefühllos hingegeben haben und denen wir uns leider bestimmt auch in Zukunft noch weiter hingeben werden. Doch auch kleine Kräfte ergeben gebündelt eine (große) Wirkung, die nicht zu übersehen ist! Dies kann jedoch nur geschehen, wenn wir anfangen, über uns und die Welt nachzudenken....

»*Eine neue Art von Denken ist notwendig,*
wenn die Menschheit weiterleben will«
– Albert Einstein

Je mehr Sie von sich (selbst), anderen und von mir erfahren, desto mehr werden Sie sehen, dass die »*System*« beeinflussenden Faktoren bereits in jedem Menschen vorhanden sind, und dass der Mensch aus diesem Grunde zwar Kontrolle über sein Leben will, doch auch in gleichem Maße kontrolliert wird und kontrolliert sein muss, um glücklich und zufrieden zu sein.

Wir sind alle Teil eines **dynamischen** »*Systems*«, in welchem all*ES* in ständiger Bewegung is(s)t und in welchem der Einfluss von Kräften die Bewegungsvorgänge der Körper genauso verändert, wie die Körper vielleicht die Kräfte verändern, die auf *Sie*(!?) wirken. Doch um zu verstehen, wie ein »*System*« funktioniert, müssen wir – ähnlich wie in einer mathematischen Gleichung – die Unbekannten minimieren, d.h., wir müssen uns über »Dinge« im Klaren sein, die unser Leben (im *Augenblick*) eben mehr beeinflussen als andere!

Alleine die Tatsache, dass Sie jetzt noch lesen zeigt mir, dass Sie – so wie ich und trotz der Anstrengung – die Gleichung lösen wollen. Also halten Sie durch, damit wir die (gem)einsamen Grundlagen, die uns verbinden und letztlich ausmachen, so schnell es geht abhandeln und (gem)einsam nutzen können!

»*Am Anfang gehören alle Gedanken der Liebe.*
Später gehört dann alle Liebe den Gedanken.«
- Albert Einstein

Chaostheorie

»Nichts ist so beständig wie der Wandel.«
- Heraklit von Ephesus
(etwa 540 – 480 v. Chr.)

Die Welt befindet sich im »Chaos«, was in etwa bedeutet, dass alles ständig in »Bewegung« is(s)t, und es auf unserer Erde so in etwa aussieht wie damals in Ihrem Kinderzimmer oder alternativ dazu in der jetzigen Wohnhöhle Ihrer eigenen Nachkömmlinge. Dabei hat das »Chaos«, in d(ies)er Theorie, nur insoweit etwas mit »Unordnung« zu tun, dass man versucht, in völlig unregelmäßig erscheinenden Mustern doch (noch) etwas »Gesetzmäßiges« zu entdecken!

»Man« versucht sich in der Chaostheorie also nicht darüber aufzuregen, dass die Klamotten der kleinen Terrorgnome überall herumliegen, ein Apfel unterm Bett seit Tagen vor sich hingammelt oder die Zeitschriften kreuz und quer im Raum verstreut sind und liegen. Man befasst sich auch nicht mit der Frage, »*wieso, weshalb & warum*« etwas so is(s)t, wie *ES* is(s)t[69], sondern nimmt die Erkenntnisse der Physik als Grundlage, um in **verschiedenen** »*Systemen*« Voraussagen darüber treffen zu können, mit welcher **Wahrscheinlichkeit** etwas passiert bzw. ein gewisses Ereignis eintreffen kann!

Das alles tut »man« natürlich nicht ganz uneigennützig, sondern nur, um dadurch eher in der Lage zu sein, in die Zukunft blicken zu können!? Man könnte es fast mit einer Art wissenschaftlicher »Wahrsagerei« vergleichen, denn etwas mit großer Wahrscheinlichkeit vorhersagen zu können ist nichts anderes, als etwas zu prophezeien und folglich »hellzusehen«! Dass sich Kassandra sicherlich auch für die Chaostheorie interessiert hätte und auf diesem Gebiet wahrscheinlich sogar eine führende Wissenschaftlerin gewesen wäre, steht jedenfalls für mich außer Frage. Deshalb gebe ich dem Leser eines zu bedenken:

Auch wenn wir heute Wahrsager, Kartenleger, Handleser, Astrologen, Traumdeuter und andere Menschen, die uns eventuell vor zukünftigen Ereignissen warnen wollen, belächeln und der Lüge bezichtigen, sollte uns klar sein, dass wir von prinzipiell ähnlichen »Scharlatanen« Voraussagungen über die finanzielle, wirtschaftliche und soziale Entwicklung eingeholt haben und – selbst wenn es meistens nur darum geht, wie das Wetter (über)morgen wird – dabei täglich den Prophezeiungen im Radio und Fernsehen »Glauben« geschenkt ha-

---

[69] Beispielsweise weiß »man« inzwischen, dass es die sog. »Gravitation« ist, die uns und die anderen »Dinge« am Boden hält, und dass sich somit die elterliche Frage erübrigt, warum zum »Teufel« schon wieder die ganzen »Sachen« herum(f)liegen. … »*Schwerkraft, Mutter, Schwerkraft!*«, ließ Jürgen von der Lippe den kleinen Jungen in (s)einem Witz antworten!

ben und immer noch schenken! Vielleicht haben Sie sich ja noch keine Gedanken darüber gemacht, aber auch das »Wetter« und (s)eine **relativ** zutreffende Vorhersage hat etwas mit »Chaos« und der Fähigkeit zu tun, in vermeintlich unregelmäßigen Wechselwirkungen gewisse Regelmäßigkeiten zu entdecken, um diese, im Ergebnis, dann später einer breiten »Masse« zu offenbaren…

Der Meteorologe Edward Lorenz machte 1963 jedenfalls die Entdeckung, dass sein Computer, den er mehrfach mit **denselben** Daten zur Erstellung einer Wettervorhersage gefüttert hatte, zu **unterschiedlichen** Ergebnissen gelangte. Dies wäre nicht weiter verwunderlich gewesen, wenn der Computer nicht einwandfrei funktioniert hätte! Da Lorenz sich sicher war, stets **dieselben** Daten eingegeben zu haben, konnte es also nur daran liegen, dass der »Jobkiller« mit mehr Stellen hinter dem Komma rechnete, als eingegeben wurden, und sich so das Endergebnis d(ies)er Wettervorhersage durch die(se) »kleine« Ungenauigkeit – die wohl der eines kleinen Windhauches gleich zu kommen schien – um einiges geändert hatte! Die Erkenntnis, dass ein *Flügelschlag eines Schmetterlings* einen Orkan auslösen könne, prägte so den Begriff des »*Schmetterlingseffekts*«, der in der Folgezeit auch in anderen Teilen der Wissenschaft und der Natur beobachtet wurde!

Ein einfaches Beispiel für das Verhalten solcher sog. **chaotischer** »*Systeme*« ist das Verhalten (m)eines Wasserhahnes der, ganz leicht geöffnet, **relativ** regelmäßig und vorhersagbar tropft! Beim weiteren Öffnen wird es allerdings für uns immer schwieriger zu sagen, wann die Tropfen fallen – denn »*in der chaotischen Situation durchdringen sie sich, fallen ineinander, behindern sich gegenseitig*«, heißt es auf einer Internetseite der *WDR*-Sendung *Quarks & Co*, aus der ich meine Informationen bezüglich der Chaostheorie stibitzt habe. (58)

Auch Wirtschaftskreisläufe (Börse!), neuronale Netze (unser Gehirn!), Poolbillard, Straßenverkehr und unsere Herzen, welche selbst bei völlig gleichbleibenden Bedingungen nie mit der absolut gleichbleibenden Frequenz schlagen und deshalb Ausdruck des lebendigen »Chaos« sind, beschreiben **nichtlineare dynamische** »*Systeme*«, die aufgrund ihrer Komplexität nicht oder nur im begrenzten Maße vorhersagbar sind!

Fazit:

In uns und um uns herum ist (all)*ES* im ständigen Chaos und da (all)*ES* vom Betrachter abhängt, liegt es schließlich an uns – den **dynamischen** »*Systemen*« selbst – die(se) Ordung zu (er)kennen und ggf. herzustellen und zu (er)halten!

»*Im Chaos ist ((all)*ES *in) Ordnung –*
*in der Ordnung ist ((all)*ES *im) Chaos!?*«

Zufall oder Vor(her)sehung, Gott und der Glaube

»Das Universum in uns, ist (im Prinzip) dasselbe wie draußen. Der einzige Unterschied ist der, dass es draußen etwas größer ist als drinnen – oder war es umgekehrt?«

Am 4. Dezember 1926 schrieb Albert Einstein in einem Brief an den deutschen Mathematiker und Physiker Max Born: »*Jedenfalls bin ich überzeugt, dass der Alte nicht würfelt.*« Die Nachwelt machte aus dem vermeintlichen Einstein-Zitat über die Quantenmechanik »*Gott würfelt nicht*«, und so wurde dieser Satz, der über Einsteins etwaige Religiosität spekulieren lässt, für alle diejenigen zum allgemeinen Gut, die an »Gott« glauben und dem »Alten« darüber hinaus so etwas wie einen eigenen, freien Willen zugestehen. Davon abgesehen weiß bis zum heutigen Tage aber keiner, ob Einstein Recht hatte oder ob Gott, falls es ihn tatsächlich gibt, doch ein »Zocker« ist, der es ab und an einfach mal drauf ankommen lässt. Es stellt sich also noch immer die Frage, ob alles, was uns widerfährt, rein zufällig passiert, ob irgendwer etwas mit uns vorhat oder wir zu dem jeweiligen Zeitpunkt einfach nur zu wenige Informationen zur Verfügung haben, um selbst eine exakte Vorhersage von Ereignissen treffen zu können. Einstein hat gesagt: »*Das, wobei unsere Berechnungen versagen, nennen wir Zufall.*«

Was meinen Sie, gibt es Zufälle oder ist alles Vorsehung bzw. Schicksal und somit von wem auch immer vorherbestimmt? Tja, vieles spricht für das eine, einiges auch für das andere! Doch für alle diejenigen, die jetzt liebend gerne »Gott« den schwarzen Peter der Verantwortung unterjubeln wollen, hab ich hier einen kleinen Wortwechsel aus dem Film *Constantine*, mit Keanu Reeves:

> »*Ich denke, Gott hat für jeden von uns etwas vorgesehen*«, sagt Angela Dodson völlig überzeugt, woraufhin John Constantine mit schroffer Resignation antwortete:
>
> »*Gott ist ein Kind mit einem Ameisenhaufen. Er plant gar nichts!!!*« (59)

Ich persönlich halte mich da an Constantine, wobei ich eher der Meinung bin, dass »Gott« selbst der Ameisenhaufen ist oder zumindest als »***Prinzip***« aus ihm hervorgeht. Sie werden schon noch sehen, wie ich das meine. Bis dahin müssen Sie allerdings mit (m)einem mehr oder weniger deistischen Weltbild, wonach »Gott« oder irgendetwas in dieser Art zwar Schöpfer der Welt ist, aber seit der Schöpfung nicht mehr in das Geschehen der Welt eingreift und sich auch nicht mehr offenbart, vorlieb nehmen.

Dass der liebe Gott aber aussieht wie ein alter Mann mit langem Bart und uns wie Schachfiguren auf einem Brett hin- und herschiebt, sich also für jeden von uns extra Zeit nimmt und sich etwas ganz Spezielles ausgedacht hat, kann meiner Meinung nach nur der unendlichen Arroganz der vornehmlich männlichen Mitglieder unserer Gesellschaft entspringen. Als hätte der Herrgott nichts Besseres zu tun, als sich über jeden Einzelnen von uns den Kopf zu zerbrechen!?

Der Einfachheit halber können Sie aber dieses Bild der transzendenten Kraft, welche offensichtliche Ähnlichkeit zum Göttervater Zeus aufzeigt, ruhig weiterhin zu Hilfe nehmen, um sich die ganze »Gott-Sache« besser vorstellen zu können. Deshalb spreche ich ja auch von »*ihm*«, wenn es um »Gott« geht und mache das, obwohl »*er*« im »***Prinzip***« gar keinen Namen hat und ihn auch nicht haben kann. Genauso gut könnte ich zu »Gott« also auch »*sie*« (die Feministinnen würden sich freuen) oder »*ES*« (die Tiere und Maschinen würden jubeln) sagen und würde dennoch stets **dasselbe** meinen! Ein Anrufbeantworter behält doch auch (s)eine »***Funktion***« bzw. (s)ein »***Prinzip***« bei, selbst wenn man ihn Anrufbeantworter*in* nennt oder mit einem anderen Artikel als dem gewöhnlichen versieht!? Und so ist es im »***Prinzip***« auch mit »Gott« und dem Rest der »Welt«...

Doch wir waren ja eigentlich bei der Frage, ob alles auf der Welt nur »Zufall« ist oder einem, wenn man so will, »gottgewollten Meisterplan« folgt. Ich kann Ihnen dazu nur eines sagen: Abgesehen von dem, was ich denke, oder was Sie möglicherweise glauben, gibt es nach dem heutigen Wissensstand den reinen »Zufall« zum Glück nur in der Quantenphysik! So weiß man zum Beispiel, dass bei der Halbwertszeit von radioaktiven Stoffen nach einer bestimmten Zeit »... *die Hälfte der radioaktiven Atome zerfallen sein wird – welche Atome zerfallen werden, lässt sich momentan aber unmöglich vorhersagen.*« (60) Ob dies nun daran liegt, dass wir einfach noch nicht die (wissenschaftlichen) Möglichkeiten haben, um die genauen zugrunde liegenden Gesetzmäßigkeiten des radioaktiven Zerfalls zu erkennen oder alles wirklich reiner, echter »Zufall« ist, werden wir irgendwann bestimmt noch sehen. Bis dahin gehen wir einfach mal davon aus, dass es wirklich **keine** »Zufälle« gibt und alles demnach wirklich gesteuert wird und determiniert ist,... dann bleibt doch die Frage: von wem!?

Wenn Sie sich am Kopf oder sonst wo kratzen, weil es eben am Kopf oder sonst wo juckt, wer steuert das? Wenn Sie auf die Fernbedienung drücken, um das Programm zu wechseln, oder eine Seite in diesem Buch umblättern, ist es dann das »Schicksal« des Fernsehers, bedient zu werden oder aber das »Schicksal« des Buches, dass *man* es umblättert? Oder sagen wir mal, Sie stehen mitten in einem Gewitter auf freiem Feld, tragen dabei einen Stahlhelm auf dem Kopf und halten zwei lange Zeltstangen in den Händen. Ist es dann »Schicksal«, »Zufall« oder aus heutiger Sicht einfach nur unglaubliche »Blödheit«, wenn Sie vom Blitz getroffen werden? Die Macher von *Jack Ass* würden das ganze Experiment wahrscheinlich sogar aus Spaß durchführen und sich dabei dumm und dusslig verdienen. Warum »Spaß« aber tatsächlich etwas mit »Dummheit« zu tun hat, erfahren Sie erst später – denn je mehr wir alle über gewisse Zusammenhänge wissen, »*... je mehr Ordnung* ***und Regelmäßigkeit*** *man in einem System erkennt, desto weniger Zufall verbleibt darin*« (60) und desto weniger »göttliche Vorsehung« bleibt zurück!

Der Blitzschlag, der vor ein paar hundert Jahren wohl noch einer überirdischen Macht Gottes zugesprochen wurde, kann von uns heute nicht nur prognostiziert und provoziert, sondern sogar generiert werden. Und wenn *man* schon keinen Generator zur Verfügung hat, dann kann *man* auf Basis des heutigen Wissensstandes zumindest die **Wahrscheinlichkeit** eines Blitzschlages nach Belieben reduzieren oder erhöhen! Auch hier könn(t)en wir unser sog. »**Schicksal**« erheblich beeinflussen, indem wir zum Beispiel ganz brav im tiefer gelegten *Faradayschen Käfig* des eigenen Wagens das Gewitter abwarten oder aber wie bekloppt mit einer 10 Meter langen Antenne, die man sich auf die Rübe gesetzt hat, nackt über den Supermarktparkplatz hüpfend fröhlich *Blitz-Bingo* spielen und dabei auf »göttliche Eingebungen« warten… Ihre Entscheidung, aber ist das »Ergebnis« unseres *Handelns* in diesem Falle dann »Schicksal«, oder hätte ein *erwachsener(er)* **Mensch** es womöglich vorhersehen können? Und wie sieht es aus, wenn wir trotz des *Faradayschen Käfigs*, in den wir uns geflüchtet haben, das Zeitliche segnen, da durch den Sturm des Gewitters ein Baum auf unser Autodach fällt und uns, samt Limousinendach, platt macht? Das ist dann »Pech«, oder böses »Karma«, wie der Buddhist sagen würde. Wobei *man* auch dieses Ereignis hätte erahnen können, wenn *man* nur genug gewusst und darüber nachgedacht hätte. Denn dann hätte man wahrscheinlich nicht unter dem Baum geparkt, sondern den Wagen gleich in die Garage gefahren oder wäre bei so einem schlechten Wetter einfach von vornherein zu Hause (bei Mutti) geblieben!

Wem die göttliche Fähigkeit der Blitzvorhersage als Beweis für unsere »übermenschlichen« Fähigkeiten, die (je)doch nur **technischer** »*Natur*« sind, dagegen nicht genug ist, der darf gerne ganz selbstverständlich via Fernbedienung (s)ein Fernsehprogramm umschalten, tausende von Kilometern durch die Luft fliegen, (kabellos) im Internet surfen, per Kernspin und CT einen Blick ins Innere des menschlichen Körpers wagen oder kann zu jeder Zeit und zu fast jedem Preis mit Menschen auf der **ganzen** Welt sprechen. Und ein Ende der technischen Möglichkeiten, welche noch vor hundertfünfzig/zweihundert Jahren undenkbar, ja geradezu »göttlich« gewesen wären, ist noch lange nicht in Sicht!...

Dennoch hat der Mensch sich seit damals nur unwesentlich verändert und schreibt nicht zuletzt deshalb nach wie vor all die »Dinge«, die man (engl. *man*) sich bis dato nicht erklären kann, einer wie auch immer gearteten, übersinnlichen »Macht« zu – einer »Macht«, die alleine auf der Tatsache basiert, dass wir einfach (noch) nicht wissen, wie ein (Zauber)Trick funktioniert und wir somit unterschiedliche und zum Teil ganz schön abenteuerliche Methoden entwickeln, um die(se) »Macht« zu beeinflussen. Doch wenn bzw. sobald wir die Funktionsweise(n) durchschaut haben, erlischt die Magie und die nüchterne Wahrheit über die Naivität unseres Handelns kommt ans Tageslicht! Sie kennen das aus dem Fernsehen, wenn ein bestimmter »Magier« die »einfachen« Tricks verrät und *man* danach ziemlich enttäuscht is(s)t. Jetzt is(s)t *man* klüger, allerdings war das Gefühl, als wir noch nichts davon wussten, irgendwie aufregender, meinen Sie nicht auch?

Ganz egal, was auch passieren wird, wir werden die heute noch gültigen Annahmen aus zukünftiger Sicht sicherlich anders bewerten. – Nüchterner!?...

Vielleicht hat »man« in hundert Jahren dann auch herausgefunden, wie unser Bewusstsein funktioniert oder unsere Seele aufgebaut ist? Keine Ahnung, aber möglich ist (all)*ES*! Indem der Mensch von jeher von seiner Fähigkeit Gebrauch macht, die »Dinge« in seinem (Einfluss)Bereich zu verändern, macht er in gleichem Maße Gebrauch von dem, was ich als »göttliche Macht« ansehe und was wahrscheinlich am ehesten mit der »Menschwerdung Gottes« verglichen werden kann. »*Gott schuf nun mal Himmel und Erde...*« und bis jetzt weiß kein »Mensch«, wie zum »Teufel« er das (genau) gemacht hat!...

Eine Tatsache, die mitunter auch der Grund dafür ist, warum er, der »Schöpfer«, von vielen immer noch als »Gott« verehrt wird. Keine Angst, ich fange jetzt nicht an zu behaupten, dass Gott tot ist und all so'n Scheiß, denn das ist – im wahrsten Sinne – **Schwachsinn**! Gott l(i)ebt, so wie (auch) wir l(i)eben, und im »***Prinzip***« besitzen wir doch alle die »göttliche Kraft« – sehen Sie's ruhig physikalisch – »Dinge« zu bewegen, zu (ver)ändern und in **unserem** Sinne zu beeinflussen. Ganz so, wie der »Herr« es auch gemacht hat!?...

Holla, wird da manch einer nun denken, doch indem wir uns immer mehr Wissen über die Zusammenhänge in und sogar zwischen den »*Systemen*« aneignen, umso mehr glauben wir, »Gott« erklären und demzufolge auch ähnlich handeln zu können. Mit Recht, wie ich behaupten will! Doch darf *man* diese Annahme nicht damit verwechseln, dass *man* sich als Individuum einfach so diesen Job unter den Nagel reißen kann. Vielmehr erbringt *man* durch fortschreitende Erkenntnisse den Beweis für die Existenz der »göttlichen Kraft«, welcher *man* dann einfach einen anderen »Namen« als den bisherigen gibt!

Um genauer zu verstehen und zu begreifen, dass die Wissenschaft mit all ihren *Gleichungen*, *Formeln*, *Symbolen* und *Ausdrücken* letztlich dasselbe zu beschreiben versucht wie die Religion – welche sich bekanntlich auch *Gleichnissen* bedient, die ihrerseits nichts anderes sind als *Gleichungen* in einer anderen Sprache – muss man sich verdeutlichen, dass die »Sprache« *an und für sich*(!?) nur verwendet wird, um gewisse *Dinge*, *Wahrnehmungen* und *Gegebenheiten*, ja letztlich eine gewisse »R**ea**li*tät*« darzustellen und zu **materialisieren**!?...

Welt, *Wirklichkeit* und *Wahrheit* zu beschreiben, um diese dann (im Kopf eines anderen) entstehen zu lassen, ist quasi der »Sinn« von Sprache! Das Wort »Auto« oder »Baum« steht beispielsweise symbolisch für das, was wir uns jeweils und erfahrungsgemäß darunter vorstellen. Vom dahinter liegenden »***Prinzip***«

mal abgesehen, ist es aufgrund der unterschiedlichen *Wahrnehmung* und *Erfahrung* einer Person aber nie hundertprozentig dasselbe, was wir uns unter diesem Begriff vorstellen – und jemand, der noch nie ein Auto oder gar einen Baum gesehen hat, wird mit d(ies)em Begriff sicherlich nichts anfangen können!...

Sprache, *Formeln* und *Symbole* sind folglich nur ein **(Ab)Bild** einer möglichen »***R***eA*l*iTä**t**« und je nachdem, wie »man« sich ihrer bedient, kommt zum Schluss dann dasselbe, nur das gleiche oder (so)gar nichts heraus! Deshalb bin ich auch bemüht mich so auszudrücken, dass »man« mich versteht, was sicherlich nicht (immer) funktioniert. Doch kommen wir zurück zu der These, dass *Wissenschaft* und *Religion* unter Umständen dasselbe nur anders beschreiben!...

Sie sind »*zwei Sprachen, die dieselbe Geschichte erzählen*« (61), sagt Robert Langdon (alias Tom Hanks) im Film *Illuminati* (USA 2009) und gibt – dem Streifen zufolge – damit die Ansicht Galileo Galileis wieder. Es ist auch meine Ansicht, an die ich glaube und von der ich überzeugt bin! Und so ist verständlich, dass es für mich keine Rolle spielt, ob man eine »resultierende Kraft« nun »Manitu«, »Gott«, »Allah« oder »Jehovah« nennt, oder diese Kraft in verschiedene Vektoren aufspaltet, um ihr – der polytheistischen und eventuell physikalischen Sichtweise folgend – einfach verschiedene Namen für verschiedene Wirkungen zu geben. Denn wie so oft handelt es sich hierbei nur um »*Nomenklatur*« d.h. »*...ein System der Namen u. Fachbezeichnungen, die für ein bestimmtes Fachgebiet, einen bestimmten Wissenschaftszweig o.Ä. [allgemeine] Gültigkeit haben*« und nicht um die »***Angelegenheit***«, die tatsächlich dahinter steckt!

Da es sich auch sonst (meist) nur um »*Terminologie*« handelt und es sich sowieso bei allem, was uns umgibt und erfüllt, um einen synergetischen Aufbau handelt, ist es in meinen Augen vollkommen unnötig, darüber zu diskutieren, ob wir uns nun in *Körper*, *Geist* und *Seele* aufdröseln, dazu *Es*, *Ich* oder *Über-Ich* sagen; den *Vater*, den *Sohn* oder den *Heiligen Geist* anbeten oder gar die Dreifaltigkeit den indischen Gottheiten *Brahma*, *Vishnu* oder *Shiva* zuordnen. (62) Nach Robert M. Pirsig könn(t)en wir uns die Welt auch aus *Geist*, *Materie* und *Qualität* zusammensetzen bzw. die Elemente dieser metaphysischen Dreieinigkeit als *Subjekt*, *Objekt* und *Qualität* bezeichnen. (63) Mir persönlich ist es aber egal, wie »man« etwas nennt. Hauptsache, es hilft zu begreifen und zu erkennen, dass »man« zuletzt zum gleichen Ergebnis kommt!

Verstehen Sie mich aber nicht falsch, auch wenn es so klingt, sind der *Vater*, der *Sohn* und der *Heilige Geist* nicht dasselbe wie *Ich, Es* und *Über-Ich* oder *Qualität, Materie* und *Geist*. Dasselbe ist das dahinter steckende »***Prinzip***«, und es spricht meiner Meinung nach nichts dagegen, ein »***Prinzip***« bzw. ein »*System*« in seine Bestand- bzw. Einzelteile zu zerlegen, um das *große Ganze* dadurch etwas besser zu begreifen. Dieselbe Vorgehensweise wird sich auch bei einer Reparatur durchaus nützlich und sinnvoll erweisen. Doch die meisten »*Systeme*« entsprechen in ihrer Funktion nun mal weit mehr als der *Summe ihrer*

Teile, denen wir Menschen jedoch nur zum besseren Verständnis stets unterschiedliche Namen geben und Aufgaben zusprechen. Deshalb dürfen wir das *große Ganze* aber nicht außer Acht lassen – denn im *großen Ganzen* sind bzw. funktionieren wir, trotz aller Unterschiede, auf die gleiche Weise!...

Dies ist äußerst wichtig zu verstehen, denn nur wenn wir die in uns existierende *Verschiedenheit* (er)kennen und uns der darin enthaltenen, prinzipiellen *Gleichheit* bewusst(er) sind und/oder werden, können wir uns in einer allgemeingültigen *Normalität* und *(Gem)Einsamkeit* so vereinen, dass wir in unserem eigenen Interesse ein Gleichgewicht sämtlicher ***innerer*** und ***äußerer*** »*Mächte*« erzielen!

Sie werden sehen, dass wir genau dieses ***innere*** und ***äußere*** »*Gleichgewicht*« suchen und in d(ies)er »*Balance*« die Antwort auf alle unsere Fragen liegt. Auch die Trias aus ***Vernunft (Gerechtigkeit), Wahrheit und Liebe***, der ich mich aber erst ganz zum Schluss (vgl. Band 2, S. 600ff) widmen werde, kann ebenfalls mit der Dreifaltigkeit in Zusammenhang gebracht werden und stellt für mich so etwas wie den Schlüssel zum *kleinsten gemeinsamen Nenner* der **gesamten** Menschheit dar.

Anstatt sich aber ehrlich, »zufrieden« – im Sinne von anspruchslos, genügsam, bescheiden – und einsichtig wie Erwachsene über eine Sache per se zu unterhalten und zügig einen Nagel an bestimmte Probleme zu machen, hält »man« sich bei der Definition von »Gott« – genau wie in der Politik, der Wirtschaft, der Wissenschaft und den Religionen – ganz allgemein seit Urzeiten leider mit der »*Namensgebung*«, ja dem **äußeren** (Erscheinungs)**Bild** einer »Sache« auf!...

Es geht, wie bei allem, leider nur um das sog. »**Image**«, das »**Layout**«, um das Ausdifferenzieren eines **eigenen** Vokabulars, darum, dass etwas im *Block*satz, der richtigen Schrift*größe* und dem richtigen Zeilen*abstand* (da)steht, aber nicht um die **eigentliche** Aussage – der Amerikaner würde sagen »Message« – und somit um den **eigentlichen** »Sinn«, der in (m)einem Schriftstück steckt und der weit über die Aufbewahrung von puren Informationen hinausgeht. Und weil das so ist, geht es auch darum, den Schuldigen und somit den schon aus der Bibel bekannten **Sündenbock**[70] für etwas zu finden! Es geht darum, immer Recht zu haben und zu behalten, nicht darum, eine Angelegenheit zu analysieren, um danach dann etwas so zu (ver)ändern, dass das Problem nicht wieder von Neuem auftritt! Deshalb geht es bei uns Menschen schon seit Äonen um die gleichen »Dinge«, ohne dass man (engl. *man*) bisher die Lösung, welche die Grundlage, ja den Ursprung jeglicher (humanistischer) Religion bildet und als Fundament in jedem Einzelnen von uns zu finden ist, dafür akzeptiert hat. Kurzum…

---

[70] »*Der Begriff bezieht sich auf eine Darstellung in der Bibel (Levitikus,16,21 f). Am Jom Kippur, dem Tag der Sündenvergebung im jüdischen Glauben, wurden die Sünden des Volkes Israel durch den Hohepriester bekannt gemacht und durch Handauflegen symbolisch auf einen Ziegenbock übertragen. Mit dem Vertreiben des Bocks in die Wüste wurden diese Sünden mitverjagt.*« (398)

»Bei (fast) allem, was wir tun, geht es um die Schale und nicht um den Kern.«

Und für diese Schale ist man (engl. *man*) sogar bereit, sich auf der ganzen Welt die menschlichen Affenköpfe einzuschlagen, und praktiziert dies zuweilen auf allen erdenklichen Ebenen in beeindruckend infantiler und durchaus *effektiver* und ebenso *effizienter* Weise. Dabei ist es letztlich der Kern, aus dem neues Leben hervorgeht, und nicht die Schale! Tja, was soll man da sagen?... »Glückwunsch, Menschheit! Dumm geboren, ›dackelhaft‹ aufgezogen und noch immer nichts dazugelernt«, trifft's vielleicht ganz gut!?

Abgesehen davon und von der Vorstellung, dass wir wie Elektronen ständig um den Kern des Atoms kreisen, wird es aller **Wahrscheinlichkeit** nach natürlich immer jemanden geben, der sich nicht erklären kann, wie etwas funktioniert oder wie ein anderer etwas Bestimmtes bewerkstelligen kann. Für denjenigen sind die nicht erklärbaren Umstände dann, wie es so schön heißt, »reine Glaubenssache«. Wohingegen diejenigen – die ich hier gerne mit den Eltern eines Kindes vergleichen will – die etwas Unerklärbares und für das Kind sogar Unmögliches bewerkstelligen, dann für diesen kleinen Menschen eine Art »Gottheit« darstellen. Das bleiben die »Eltern« im Übrigen auch solange, bis sich das Kind selbst einen Reim auf gewisse Dinge machen kann und irgendwann dann selbstständig wird. Das Kind wird die elterliche Obrigkeit schließlich in Frage stellen, sich dafür etwas Neues, Unerklärbares suchen und es irgendwo, irgendwann auch in irgendetwas finden. In etwas, das den neuen Ansprüchen entspricht und einem zu diesem Zeitpunkt dann genügt…

An dieser Stelle ist es mir wichtig klarzustellen, dass der »Glaube« *an und für sich*(!?) kein Ausdruck geistiger Minderbemittelung darstellt, sonder eher das »Nichtglauben« als dumm und nicht minder unreif angesehen werden kann. Denn jeder von uns glaubt an irgendetwas und es liegt alleine an den Umständen und Sachlagen, die einem bisher den fragwürdigen Luxus ermöglicht haben, dies (scheinbar) nicht zu tun! Ich zitiere aus Huxley's *Schöner neuen Welt*:

»»[...] >Man kann von Gott nur unabhängig sein, solange man sich der Jugend und des Wohlergehens erfreut; Unabhängigkeit geleitet den Menschen nicht heil bis ans Ende.< Nun, und jetzt haben wir Jugend und Wohlergehen bis zum allerletzten Augenblick. Was folgt daraus? Offenbar, daß wir von Gott unabhängig sein können. >Das religiöse Gefühl entschädigt uns für alle Verluste.< Wir aber erleiden keine Verluste, für die wir entschädigt werden müssten; demnach ist das religiöse Gefühl überflüssig. Und wozu sollten wir einem Ersatz für jugendliche Triebe nachjagen, wenn der jugendliche Trieb nimmer aufhört? Einem Ersatz für Zerstreuung, wenn wir uns bis ganz zuletzt an den alten Narreteien erfreuen? Wozu brauchen wir Ruhe, wenn uns

unser Geist und Körper weiter in Tatkraft schwelgen? Wozu Trost, wenn wir Soma haben? Wozu etwas Bleibendes, wenn es die Gesellschaftsordnung gibt?«[...]
»Nennen Sie es die Schuld der Zivilisation. Gott ist unvereinbar mit Maschinen, medizinischer Wissenschaft und allgemeinem Glück. Man muß wählen. Unsere Zivilisation hat Maschinen, Medizin und Glück gewählt.[...]«« (64)
┘

Kurz zusammengefasst kann man also sagen: »**Wer nicht glaubt, war einfach noch nie in einer Situation, in der ›man‹ dies gemusst hätte!**«
Mir kommt dazu noch der Ausspruch: »**In Schützengräben gibt es keine Atheisten!**« in den Sinn. Den kenn' ich zum einen aus dem Film *An jedem verdammten Sonntag* – in dem es komischerweise nicht um die Kirche, sondern um amerikanischen Profi-Football geht –, zum anderen hat der Spruch mit den Schützengräben – der übrigens kein Argument gegen Atheisten, sondern gegen Schützengräben darstellen soll – auch in der Welt des Computerspiels Einzug gehalten! Was soll ich sagen, ausgerechnet nach meinem virtuellen Ende in einem meiner bekloppten Ego-Shooter war er mir, in leicht abgewandelter Form, auf dem Ladeschirm erschienen. Da das Ziel von Ballerspielen freilich nicht im echten *Nachdenken* oder *produktiv Sein* besteht und der lockere Zeitvertreib des wirklichkeitsgetreu nachgeahmten Tötens ehrlich gesagt auch auf mich eine gewisse abhängig machende Faszination ausübt und dabei (r)echt erfolgreich von anderen (künstlichen) Realitäten ablenkt, ist allerdings anzunehmen, dass sich ein etwas jüngerer »Spieler« nicht nur in Momenten (s)eines virtuellen[71] Todes keine ernsthaften Gedanken über sich, (s)ein Leben und philosophische Sprüche macht. Man (engl. *man*) bringt einfach andere um und hat – warum auch immer – »Spaß« dabei!? Indem ich allerdings behaupte, dass längst nicht jeder Spieler, der bei halbwegs klarem Verstand ist, losgeht und andere Menschen abknallt und Computerspiele in Kombination mit abgedrehter »Schwermetall«-Musik zwar mit ein Auslöser, aber niemals die **alleinige** Ursache dafür sein kann, dass ein Mitglied unserer Gesellschaft irgendwann Amok läuft, möchte ich jetzt natürlich eine Lanze für meine Zockerkollegen brechen!...
Selbst wenn wir es der Einfachheit halber gerne so hätten, Gründe für ein etwaiges (mit)menschliches Fehlverhalten in und von unserer Gesellschaft gibt es genug und die Ursache ist nie monokausal bei den Eltern, den Medien oder der

---

[71] »***vir|tu|ell*** *<lat.-mlat.-fr.>:*
a) *entsprechend seiner Anlage als Möglichkeit vorhanden, die Möglichkeit zu etwas in sich begreifend;*
b) *nicht echt, nicht in Wirklichkeit vorhanden, aber echt erscheinend, dem Auge, den Sinnen vortäuschend;*
virtuelle Realität: *vom Computer simulierte Wirklichkeit, künstliche Welt, in die man sich mithilfe der entsprechenden technischen Ausrüstung scheinbar hineinversetzen kann.*«

Politik zu suchen, sondern immer als systemisches »Paket« zu sehen. Es gibt nie eine **einzige** Ursache, nie eine **einzige** Wirkung. All*ES* ist synergistisch, synergetisch, nicht und niemals auszuschließen, sondern allerhöchstens und nach den gegebenen Voraussetzungen (nur) wahrscheinlich. Demnach geht wirklich kein Mensch, wie krank er auch sei, nur weil er gerne Computerspiele spielt oder ihm gerade der Sinn danach steht, einfach so los und erschießt wahllos Leute!...

Es wäre daher endlich einmal an der Zeit darüber nachzudenken, ob »man« lieber die Zünder einer Bombe entschärft oder doch besser von vornherein erst gar keinen Sprengstoff (ent)stehen lässt! Dann wäre die Zahl und die Größe der Zünder nämlich völlig egal, da trotz einem oder mehrerer Auslöser verständlicherweise gar nichts da wäre, das explodieren oder anderweitig zur Gefahr werden könnte. Ich denke, Sie verstehen, worauf ich hinaus will.

Aber in der Tat, eine immer wirklichkeitsgetreuere Grafik nebst realistisch agierender künstlicher Intelligenz der Computergegner lassen manche Spiele – welche teilweise für die beeindruckende und ebenso moralisch bedenkliche Atmosphäre gelobt wie auch kritisiert werden – bald vielleicht so realistisch wirken, dass von uns (Kindern) kein Unterschied zur »wahren Welt« mehr wahrgenommen wird. Welchen letztendlichen Effekt Computerspiele auf mich und den Rest (m)einer Welt haben, vermag ich nicht zu sagen, zumal die von uns empfundene »Wirklichkeit« auch nur eine von vielen **S(t)imulationen** zu sein scheint!?...

Sicher ist aber, dass Computerspiele – wie alle anderen Medien auch – nicht spurlos an uns und unserem Gehirn vorübergehen und es durch die ständig steigende Reizüberflutung von **außen** zu einer Veränderung unseres Gehirns und einer allmählichen Abstumpfung gegenüber manchen Einflüssen kommt! Dabei befindet sich eine naturgetreuere, (mit)menschlichere und bei Weitem ausgeglichenere Wahrheit – die den süchtig machenden Spielen und (Wirtschafts)**S(t)imulationen** der Matrix nur zum Teil (nämlich im tierischen *Es*) zugrunde liegt – doch größtenteils direkt in uns, vor uns und unseren weit geschlossenen Augen. Wir müss(t)en uns nur etwas anstrengen und uns trauen, sie zu sehen! Aber kommen wir zurück zu »Gott« und unserer (Glaubens)Praxis…

Was das anbelangt, so hat der große Philosoph und Denker Homer Simpson unlängst eine interessante Frage dazu formuliert: »*Wieso kann ich Gott nicht auf meine Weise anbeten und mir das Gejammer fürs Sterbebett aufheben?*« (65) hatte er seine Frau Marge gefragt, als sie sich beide mal wieder auf dem, für Homer mehr als leidigen Weg zur Kirche befanden. Eigentlich ist das eine gute Frage. »*Wieso kann ich Gott nicht auf meine Weise anbeten und mir das Gejammer fürs Sterbebett aufheben?*« Dem möchte ich hinzufügen, dass es im und dem »***Prinzip***« vollkommen egal ist, ob oder wie wir an ihn, sie oder an etwas glauben. Denn jeder glaubt (an) irgendwas, und das ist auch ganz logisch, denn…

»Nicht(s) glauben ist so schwer und – *für einen Menschen* – so unmöglich wie nicht(s) denken!«

Und so denken bzw. glauben viele in der Regel nicht und tun es doch! Wir »glauben« beispielsweise, (un)normal zu sein, an die Macht des Geldes, die (Un)Endlichkeit der Seele und des Universums, das Gute oder Schlechte im Menschen oder an das, was man (engl. *man*) uns sonst noch so sagt…

Dabei meinen wir dann auch noch allen Ernstes und zu allem Überfluss erwachsen, authentisch, selbstbestimmt und überaus selbstständig zu sein. Doch das sind wir nicht und sollten uns schon alleine deshalb nicht mehr länger über die **äußeren** beispielsweise christlichen, islami(sti)schen oder jüdischen »Formalitäten« unseres Glaubens streiten. Die Hauptsache ist doch, dass wir alle an irgendwen oder irgendwas glauben und gerade dann, wenn wir vorgeben, nicht zu glauben, genau dies tun! Und selbst wenn wir, wie ein Nihilist, alle positiven Zielsetzungen ablehnen, sämtliche Normen, Werte und Ideale völlig verneinen und von der Nichtigkeit alles Bestehenden bzw. Seienden überzeugt sind und darüber hinaus nicht einmal ans »Glauben« selbst glauben, glauben wir doch zumindest daran, nicht bzw. an(s) »Nichts« zu glauben!!

Ein solcher »Glaube(n)«, wenn man überhaupt davon sprechen mag, entspricht übrigens dem unreifen »Glaube(n)« eines Menschen, nichts und vor allem niemanden außer sich selbst auf der Welt zu benötigen! Er entspricht dem egozentrischen[72] Glauben eines kleinen Kindes, das, solange es seine Bedürfnisse befriedigen, spielen und vor allem **konsumieren** kann, meint, dass es außer ihm niemanden gibt, nichts und niemand *ES* steuert oder so etwas wie »Macht« über die eigene Person hat. So was in der Art reden wir uns zumindest ab und zu ein und tun im Endeffekt dann so, als glauben bzw. vertrauen wir nur uns selbst, unserer Kraft und unserer Fähigkeit, auf irgendetwas oder irgendwen Einfluss zu nehmen und (selbst) »Macht« ausüben zu können. Wie Sie sich sicherlich denken können, ist auch dies eine Art von »(Irr)Glaube(n)«, welcher sich gar nicht so sehr vom Glauben und der Welt anderer Menschen(kinder) – die natürlich ebenfalls und auf ihre Art Einfluss nehmen (wollen) – unterscheidet!

Natürlich beschränkt sich unsere eigene universal anmutende »Macht«, an die wir glauben, hauptsächlich auf »Dinge« – und zwar auf die, die sich in unserem **direkten** Einflussbereich befinden! Nichtsdestotrotz versuchen wir aber seit es uns gibt, diesen Bereich zu erweitern. Wir versuchen uns ständig mehr »Dinge« (und Menschen?) zugänglich und untertan zu machen. Mit ansehnlichem Erfolg, wie ich meinen darf. Und trotzdem reicht unsere Macht anscheinend immer noch nicht aus, um uns und die Welt zu verändern!?...

---

[72] *»**ego|zen|t|risch**: ichbezogen; die eigene Person als Zentrum allen Geschehens betrachtend, alles in Bezug auf die eigene Person beurteilend.«*

»Was will man (da) schon machen?«, höre ich die Menschen andauernd sagen und das erinnert mich an etwas, das (m)einer ***erlernten Hilflosigkeit*** ziemlich gleichkommt. Zur Erklärung: Der amerikanische Psychologie-Professor Barry Schwartz beschreibt in seinem Buch *Anleitung zur Unzufriedenheit – Warum weniger glücklicher macht* ein in den sechziger Jahren durchgeführtes Experiment. Nicht näher beschriebenen (Versuchs)Tieren wurden dabei elektrische Schläge verabreicht, die sie durch ein bestimmtes Verhalten vermeiden konnten. Sie konnten also *lernen*, dass sie **selbst** etwas an ihrer Situation ändern konnten!

Eine andere Gruppe von Versuchstieren hatte keine Chance, auch nur irgendwie dem Schock zu entkommen und hatte folglich gelernt, hilf- bzw. machtlos zu sein. Kurze Frage: Was glauben Sie, wie diese Tiere nach einiger Zeit reagiert haben? Oder fragen wir anders: Wie würden Sie denn an ihrer Stelle reagieren, oder besser noch, was machen Sie denn tagtäglich in Anbetracht der Ihnen eingetrichterten Tatsache, sowieso nichts an Ihrer aussichtslos erscheinenden Situation ändern zu können? Das Resultat in dem oben beschriebenen Experiment war jedenfalls, dass sich die Versuchstiere nach einiger Zeit vollkommen ***passiv*** verhielten, sich hinlegten und die Schläge so lange über sich ergehen ließen ...»... *bis die Forscher ein Einsehen hatten und das Experiment beendeten.*« (66)

Im »***Prinzip***« ist das also tatsächlich nichts anderes als das, was die meisten von uns im Hinblick auf ihre Situation am Arbeitsplatz, in der Familie oder der **ganzen** Welt so machen. In Duldung erstarrt nimmt »man« nur noch hin, denn »man« kann ja eh nichts ändern – also was soll's!

»*Wie Hunderte von Studien zweifelsfrei zeigten, können wir lernen, dass wir keinen Einfluss auf unsere Situation haben. Das hat unter Umständen schlimme Folgen. Erlernte Hilflosigkeit kann die künftige Motivation beeinträchtigen, überhaupt einen Versuch zur Veränderung zu machen. Sie kann uns daran hindern, in künftigen Situationen zu entdecken, dass wir Einfluss nehmen können. Sie kann das Immunsystem unseres Körpers schwächen und damit den hilflosen Organismus einer Vielzahl von Krankheiten ausliefern. Und sie kann unter entsprechenden Voraussetzungen zu einer schweren, klinischen Depression führen. Daher lässt sich ohne Übertreibung sagen, dass unser Wohlbefinden in ganz grundsätzlichem Sinne von unserer Fähigkeit abhängt, unsere Umgebung zu kontrollieren und schließlich zu erkennen, dass wir es tun.*« (66)

Sie sehen schon, wie wichtig es ist, die ***erlernte Hilflosigkeit*** (wieder) zu verlernen und körperlich, geistig und seelisch ***aktiv*** zu sein. Andernfalls schwächen wir nämlich den Gesamtorganismus – sei es nun Ihren eigenen, den, der **gesamten** Menschheit oder der **ganzen** Erde – und liefern ihn hilflos den Krankheiten aus, die letztlich den Tod des **ganzen** Gefüges nach sich ziehen könn(t)en. Na ja, jedenfalls ist das »Verlernen und Ablegen der Hilflosigkeit« etwas, was die Welt positiv verändern und die Menschheit aus ihrer zunehmenden Lethargie[73] und Depression befreien kann. Leider sieht es aber so aus, dass den meisten von uns, wenn überhaupt, nur die **direkteste** Wirkung ihres Handelns annähernd bewusst ist bzw. wird, während die Nebenwirkungen ihrer Taten fast völlig vernachlässigt werden und oft genug unbe(tr)achtet bleiben. Doch warum sind die Nebenwirkungen denn so wichtig?

Was, wenn alles, was sich außerhalb Ihres **direkten** Einflussbereiches befindet, beeinflussbar ist, und Sie *ES* darüber hinaus auch schon längst beeinflussen? Nun fragen Sie sich sicherlich, wie? Erinnern Sie sich noch an meine Annahme, dass es Wechselwirkungen nicht nur innerhalb, sondern auch zwischen »*Systemen*« gibt; dass **kleine** »*Systeme*« ein **großes** bilden und dies wiederum im Verbund mit ähnlich **großen** ein noch **größeres** »*System*« erschafft usw. und man diese Vorstellung vielleicht auch ins **Kleine** umkehren kann? Wenn meine Annahme stimmt und Sie als »*Körper*« Einfluss auf das umgebende »*System*« nehmen (können), dann heißt das nichts anderes, als dass Sie durch Ihre **direkten** Handlungen **indirekte** Wirkungen im nächst **größeren** »*System*« erzielen!...

Indem jeder für sich (s)eine **kleine** (göttliche) Fähigkeit der »Kraftauswirkung« nutzt, generieren wir uns im **Großen** ein »*System*«, welches meines Erachtens gut mit dem vergleichbar ist, was hinlänglich als »Gott und dessen Wirkung« bezeichnet wird und uns allgegenwärtig umgibt. Ein »*System*«, welches sich aus einer Vielzahl von **direkten** Kräften zusammensetzt und aus Gründen der vielfältigen Wechselwirkungen – die kein Mensch mehr durchschaut – nur und scheinbar **unspezifisch** und **indirekt** auf uns zurückwirkt!

Mit anderen Worten hat eine **direkte** Kraft neben einer **direkten** Gegenkraft – im Sinne von *Newton III* – auch eine **indirekte** Resonanz zur Folge, die demzufolge leider nicht immer so aussieht, wie wir *Sie*(!?) erwarten, uns wünschen oder *Sie*(!?) uns vielleicht auch erhoffen!

Wir wünschen uns einen (ger)echten »Gott« – einen Gott, der die bestraft, die »böse« sind und die belohnt, die »Gutes« (für ihn?) tun. Einen »Gott«, der Kriege verhindert, Naturkatastrophen abwendet und den Hunger in der Welt beendet. Die Realität macht uns aber oft das Gegenteil glauben. Die »Bösen« werden für ihr Handeln belohnt während jemand, der »Gutes« tut, oft genug als »Loser« (Verlierer bzw. Versager) die Bühne verlässt!

---

[73] »*Als Lethargie (gr. ληθαργία lethargía) wird in der medizinischen Fachsprache eine Form der Bewusstseinsstörung bezeichnet, die mit Schläfrigkeit und einer Erhöhung der Reizschwelle einhergeht.*
Die Lethargie ist das Kernsymptom einer Encephalitis lethargica, kommt aber auch bei anderen Ursachen eines gesteigerten Hirndrucks vor. Der Begriff wird oft auch im übertragenen Sinne verwendet, um eine durch unangenehme oder tragische Ereignisse erzeugte Teilnahmslosigkeit und Unwilligkeit bzw. Unfähigkeit zu Veränderungen auszudrücken.« (399)

»Tue zehn Jahre lang Gutes, und niemand wird es bemerken. Eine Stunde lang Böses getan, und der Ruhm ist dir gewiss«.
– Samurai Weisheit

Dies ist eine Sichtweise, die am Sinn und der Wirkung unseres Handelns zweifeln lässt und in tiefer Frustration derer endet, die für ihre **direkte** »gute« Handlung insgeheim auch eine mehr oder weniger **direkte** Antwort erwartet haben!
*INRI*s bekannter Ausspruch[74]: »*Mein Gott, mein Gott, warum hast Du mich verlassen?*« (Markus 15, 34) (67) zeugt für mich von dem, was ich als *zentrale menschliche Desillusionierung* ansehen würde und wahrscheinlich das Resultat einer ähnlich tiefen Enttäuschung darstellen soll. Enttäuscht von einem »Gott«, einem »Vater«, der offenbar wahllos bestraft, die im Stich lässt, die ihm dienen und die belohnt, die doch gar nichts geleistet, geschweige denn verdient haben!
»Womit habe ich das verdient? Warum hast du mich verlassen? Ich fühl mich so alleine.« Das hat sich bestimmt jeder von uns schon mal gefragt bzw. gedacht! Aber »schuld« ist in gewisser Weise **niemand** und **alle**, denn, grob gesagt, ist »Gott« nach meiner Theorie nichts anderes als das, was man in der Physik wohl als »**resultierende Kraft**« bezeichnen würde. Eine Kraft, die sich aus den Vektoren **aller** in einem »*System*« wirkenden und ansetzenden Kräfte zusammensetzt und in Richtung und Stärke dem »Ergebnis« der sich aufhebenden und verstärkenden Kräfte entspricht. Bei dem eben Gesagten handelt es sich natürlich nur um eine weitere Ausdrucksmöglichkeit dessen, was jeder von uns täglich erfährt und was schon oft genug so oder ähnlich beschrieben wurde!
Im Physikunterricht haben Sie vielleicht schon einmal die »**resultierende Kraft**« mittels eines Kräfteparallelogramms dargestellt, um *Ihre*(!?) Richtung und Größe zu bestimmen. Zeigt eine Kraft nach *oben* und eine zweite nach *rechts*, so geht die »**resultierende Kraft**« demzufolge nach *oben-rechts*!
Was bei zwei Kräften im zweidimensionalen Raum des Papiers relativ einfach und einleuchtend erscheint, ist bei unendlich vielen Kräften eines »*Systems*« mit vier Dimensionen (die drei des Raumes plus die Zeit) schwer vorstellbar. Klar, dass es hier beinahe unmöglich ist, die **»Resultierende«** genau vorherzubestimmen bzw. zu beeinflussen. Aber genau das tun wir nun mal. Wir beeinflussen und versuchen vorherzubestimmen!
Das okkult-beliebte »Gläserrücken«, bei welchem man versucht, Kontakt zu Elvis oder Oppa Heinz aufzunehmen, funktioniert höchstwahrscheinlich nach dem gleichen »***Prinzip***«! Dabei wird ein umgedrehtes Glas von den Teilnehmern jeweils mit einem Finger berührt und wandert wie durch Geisterhand auf einzelnen Buchstaben zu, welche sich im Kreis um das Glas befinden und die zusammengesetzt dann die Antworten auf Fragen an die Verstorbenen ergeben. Man

[74] Anm.: **I**esus **N**azarenus **R**ex **I**udaeorum – »Jesus von Nazareth, König der Juden« zitiert hier einen Psalm aus dem Alten Testament.

sollte nur aufpassen, dass sich kein »Lehgatseniker« unter den übersinnlichen Senfglasschiebern befindet, da sonst das Ergebnis – welches auf der Verstärkung von un(ter)bewussten Muskelkontraktionen durch emotionale Erlebnisse basiert – leicht zu Missverständnissen führen könnte!

Der englische Naturwissenschaftler William Benjamin Carpenter (1813-1885) beschrieb schon damals das Phänomen, dass alleine das Denken an eine Bewegung zu einer tendenziellen Ausführung der gleichen führt. Eine Annahme, die in der Folgezeit durch elektrophysiologische Methoden bestätigt wurde!...

Aufgrund dieses sog. »***Carpenter-Effekts***« verkrampft sich beim alleinigen Gedanken an Ihren Chef oder eine andere unangenehme Person womöglich auch Ihre Schulter-Nackenregion bzw. Ihre Faust, wohingegen der tief empfundene Gedanke an einen netten, geliebten Menschen bzw. an etwas Gutes dazu führt, dass Sie sich locker und entspannt fühlen. Davon abgesehen sollten Sie, statt irgendeiner spirituellen Sitzung beizuwohnen, sowieso lieber aufs Telefon zurückgreifen. Denn falls Ihr Oppa Heinz noch lebt, könn(t)en Sie auch von dem – zwischen den Zeilen – erfahren, was damals im Physikunterricht (oder in der Schule ganz allgemein) irgendwie an Ihnen vorbei gegangen ist!

Wenn »Gott« also die »**resultierende Kraft**« aus **all** unseren Emotionen und den davon abhängigen Handlungen darstellt, dann könn(t)en wir durch unser fälschlicherweise für nicht ausschlaggebend gehaltenes Verhalten »Gott« in (s)einer Wirkung tatsächlich beeinflussen. Das soll jetzt nicht heißen, dass Sie für eine »gute« Tat auch sofort in der Weise belohnt werden, die **Sie** sich vorstellen – aber ähnlich wie beim Gläserrücken könn(t)en **Sie** der **ganzen** »Sache« wenigstens eine gewisse Tendenz verleihen! Denken Sie nur an den Blitzschlag, bei dem wir sehr wohl durch unser **eigenes** Verhalten die **<u>Wahrscheinlichkeit</u>** beeinflussen können, getroffen zu werden! Dies ist nämlich ein gutes Beispiel dafür, dass uns eher »Gutes« widerfährt, wenn wir clever sind und »Gutes« tun, und dass uns eher »Schlechtes« widerfährt, wenn wir bei einem Gewitter auf freiem Feld die »Dinge« tun, die man (engl. *man*) bei Leibe nicht tun sollte...

Denken Sie also daran: Auch wenn in **großen**, **makroskopischen** »*Systemen*« das chaotische Verhalten von **mikroskopisch kleinen** »*Teilchen*« vernachlässigbar gering erscheint, so wächst diese scheinbar unbedeutende Messungenauigkeit – u.a. durch die Wechselwirkung mit anderen »*Teilchen*« – mit der Zeit exponentiell auf **makroskopische** Ausmaße an und wirkt sich so irgendwann auf ein (noch) **größeres** »*System*« aus. So bewirkt ein winzig kleiner Windhauch einen Sturm – der »*Schmetterlingseffekt*«!

Kleinste Ursachen können demnach größte, höchst unterschiedliche Wirkungen haben. Dementsprechend wirken auch die winzig(st)en Moleküle und Atome in ihrem anscheinend unvorhersagbaren Verhalten auf uns, so wie wir mit unserem anscheinend unvorhersehbaren Verhalten auf unseren Planeten wirken und dieser möglicherweise dann auf das Sonnen*system* und somit auf das Universum Einfluss nimmt. Gut, das ginge jetzt bestimmt zu weit und kaum ein *Quark* ist sich selbst und seiner (systemischen) Wirkung voll und ganz bewusst, aber dass unser Verhalten und die daraus »**resultierende Wirkung**« meistens alles andere als unvorhersagbar ist, wird sich im Laufe dieses Buches noch zeigen! Unser Wille ist, solange er **un(ter)bewussten** Einflüssen ausgesetzt wird, nun mal nicht ganz so frei, wie wir *ES* wahrscheinlich gerne hätten – obwohl natürlich jeder von uns stets die Möglichkeit hat, sich (selbst) zu erkennen, Einflüsse zu hinterfragen und deren Wirkung zu verstehen, um dann wiederum eine bewusste(re) und dementsprechend »reife(re)« Aktion bzw. Entscheidung folgen zu lassen, die das **gesamte** »*System*« infolgedessen nachhaltig verändert!

Wir können durch unser ***aktives*** Eingreifen die **Wahrscheinlichkeit** erhöhen, reich zu werden, lange zu l(i)eben und glücklich zu sterben. Die **Wahrscheinlichkeit** ist dabei nichts Absolutes, sondern nur eine Aussage über den Grad der Gewissheit! Nicht jeder Raucher bekommt Krebs. Jedoch bestreitet bestimmt keiner, dass das Rauchen das **Risiko**, d.h. die **Wahrscheinlichkeit**, erhöht, an Krebs und anderen, eher unangenehmen »Dingen«, zu erkranken. Dagegen ist jemand, der nicht raucht, nicht davor gefeit, auch an Krebs zu erkranken. Doch er minimiert die **Wahrscheinlichkeit**, dass es so kommt, beträchtlich!

Im übertragenen Sinn bedeutet dies, dass jemand, der »Gutes« tut und sich an Recht und Gesetz hält, nicht selbstverständlicherweise – so wie wir es bisher verstanden haben – vom Leben »belohnt« wird. Auch er kann krank werden, seinen Besitz und die Menschen, die er liebt, verlieren. Jedoch erhöht (s)ein, wenn man so will, »frommes« Leben – abgesehen von materiellen Maßstäben – sicherlich das **Risiko**, glücklich und zufrieden zu leben! Doch wie gesagt, durch die Verkettung widriger Umstände ist es nicht ausgeschlossen, dass selbst der friedlichste und anständigste Mensch vom allergrößten Pech verfolgt wird!...

In der Bibel finden wir diese himmelschreiende Ungerechtigkeit, an der viele, insbesondere »gute« Menschen verständlicherweise zu knabbern haben, wohl am ehesten in der Geschichte von Hiob (auch »Job« oder »Ijob«) wieder…

Hiob wird im Alten Testament »*als frommer Mann geschildert, dessen Gottestreue – mit Erlaubnis Gottes – vom Satan, dem Teufel, schwer geprüft wird. Der nichtsahnende Ijob verliert daraufhin auf Veranlassung des Satans zuerst seinen ganzen Besitz, dann alle seine Kinder – seine sieben Söhne und drei Töchter kommen durch einen Hauseinsturz ums Leben (Ijob 1,18f) und zuletzt sogar seine Gesundheit, indem eine schlimme, äußerst schmerzhafte Krankheit mit Geschwüren am ganzen Körper von Ijob Besitz ergreift.*

Die Nachrichten von den Katastrophen, die Ijob in kurzer Folge ereilen, werden ihm jeweils von einem seiner Knechte, dem einzigen Überlebenden der jeweiligen Katastrophe, überbracht. In Anlehnung an diese Ereignisse bezeichnen im heutigen Sprachgebrauch die Begriffe Hiobsnachricht oder Hiobsbotschaft eine

schlimme Unglücksnachricht, wie den plötzlichen Tod eines Angehörigen oder engen Freundes.
Während Ijobs Freunde Sünde als Grund für seine vermeintliche Bestrafung vermuten, beteuert Ijob seine Unschuld und seine Treue zu Gott. Weil Ijob, der nicht wusste, dass eigentlich der Satan hinter all den Anschlägen steckte, in all seinem Leid, seiner Armut und seiner Trauer seinem Gott dennoch die Treue hielt und ihn nicht verfluchte, wie seine Ehefrau es ihm nahegelegt hatte, und da er später auf die Belehrungen Gottes mit großer Demut reagierte, erlöste Gott Ijob schließlich von der Krankheit, mit der Satan ihn geschlagen hatte, und segnete sein weiteres langes Leben damit, dass er das Doppelte seines früheren Besitzes erwerben konnte. Auch bekam er wieder sieben neue Söhne und drei Töchter wie vor seinen Unglücksschlägen.« (68)

Bibelgeschichten wie diese zeigen, dass *man* sich schon vor längerer Zeit gewisser systemischer Verhältnismäßigkeiten bewusst war und versucht hat, diese Erkenntnisse als Gleichnis oder Geschichte verpackt an den Mann zu bringen!

Wir fassen kurz zusammen:

So wie ein »guter« Mensch ungerechtfertigterweise (vermeintlich) »Böses« erfahren kann, kann ein »böser« Mensch in derselben ungerechtfertigten Weise (vermeintlich) »Gutes« erfahren. Jedoch ist jeder von uns in der Lage, zumindest die **Wahrscheinlichkeit**, dass ihm »Gutes« oder »Schlechtes« widerfährt, zu beeinflussen!...

Das geschieht durch unser ***aktives*** Zutun, unser Verhalten und unsere **gesamte** »Einstellung«. Alleine durch unsere geistige Fähigkeit, stets die Perspektive ändern zu können, ein Glas halb voll oder halb leer zu sehen bzw. das Positive an einer schrecklichen Erfahrung zu (er)kennen und dieses in den Vordergrund zu stellen, hilft uns – unter anderem durch Wechselwirkung mit anderen Menschen, aber auch durch uns selbst – eine andere, »bessere« Realität zu erfahren.

So sind wir dazu in der Lage, aus einer *objektiven* Niederlage stets einen *subjektiven* Gewinn zu machen. Aber tun Sie mir (dabei) bitte einen Gefallen – hören Sie auf, bei allem »Schlimmen« von einer Prüfung »Gottes« zu sprechen und alles »Gute« der alleinigen Herrlichkeit Ihres vermeintlich tolle(re)n Götzen zuzusprechen! »Gott« ist weder gut noch böse, sondern leider nur das, was **wir** aus ihm machen! Oder wie Shakespeare es einmal gesagt hat:

»Denn an sich ist nichts weder gut noch schlimm;
das Denken macht es erst dazu.«[75]
- William Shakespeare
(1564 – 1616)

[75] Original engl. *»For there is nothing either good or bad, but thinking makes it so.«* (Hamlet, 2. Akt, 2.Szene)

Auch wenn Sie es (vielleicht) nicht hören wollen: wir sind nicht (vollends) ausgeliefert, denn wir können – so gut es geht – entscheiden, *was* wir *wie* und *wann* tun! Wir verfügen über einen – mehr oder weniger – freien Willen, wodurch wir in der Lage sind, gemäß unserer menschlichen Überzeugung(en) zu handeln!...

Doch wie bereits angedeutet, unterliegen auch diese Überzeugungen wiederum gewissen Gesetzmäßigkeiten, die unsere Entscheidungsfindung beeinflussen und so unseren freien Willen nicht ganz so frei und von uns selbst determiniert erscheinen lassen, wie wir denken. Um allerdings zu erkennen, *was* uns *wie* beeinflusst, und um zu verstehen, *wie* wir funktionieren, bedarf es einiger Aufklärungsarbeit, die ich hoffentlich wenigstens ein bisschen leisten kann!?...

Wenn wir es schaffen, Gesetzmäßigkeiten zu (er)kennen, den Einfluss, welche unsere Natur auf uns hat, zu akzeptieren, zu bewerten und uns dadurch und darüber hinaus unsere Handlungen bewusst(er) machen, dann meine ich, dass wir alle letzten Endes zur freien Überzeugung gelangen werden, dass es im Grunde besser für uns ist, »gut« zu sein, als ständig dem Gegenteil davon nachzugeben.

Dass dem so ist, sprich, wir uns öfters mal »knuddeln« sollten anstatt uns zu verhauen, soll nicht das Ergebnis meines Gehirnmülls oder die alleinige Erkenntnis irgendeines religiösen oder weltlichen Gurus sein, sondern soll aus einer auf Fakten basierenden Überzeugung hervorgehen, zu der Sie anhand der aufgeführten Grundlagen selbst gelangen könn(t)en. Denn nur dann, wenn **jeder** von uns **selbst** zu einer bewusst(er)en Erkenntnis gelangt, wird aus einer *subjektiven* Ahnung das *objektive* Wissen, welches uns einmal zu einem kollektiv(er)en Bewusstsein bringt!...

Sie soll(t)en also nicht(s) einfach unüberlegt glauben, nur weil ein Klugscheißer (wie ich) etwas im Brustton der Überzeugung behauptet, sondern sollten begreifen, dass die logische, nüchterne(re) Konsequenz des »*Systems*« uns zu dem führt, was Sie im tiefsten Innern eigentlich schon längst wissen und spüren!

Die allgegenwärtige »Macht« der Entscheidungsfähigkeit bringt es mit sich, dass wir selbst entscheiden, was für ein **kleiner** »*Gott*« wir sein und mit was für einem **großen** »*Gott*« wir uns (**alle**) auseinandersetzen wollen. Diese (Er)Kenntnis bringt *ES* mit sich, dass wir uns unserer Verantwortung uns und **allen** anderen gegenüber über kurz oder lang stellen müssen, anstatt sie – wie üblich – abzugeben und zu hoffen, dass es die anderen schon richten werden. **Sie** sind die »anderen«, **Sie** sind *wie(!)* »Gott«, könn(t)en etwas ändern und tun es auch, ob Sie nun wollen oder nicht. Immer und überall!!!

Erich Fromm zitiert *zur Charakterisierung des Geistes, der in Blüte- und Spätrenaissance herrschte,* aus einer Zusammenfassung von Frederick B.Artz (1959, S.455): »*In bezug auf die Gesellschaft vertraten die großen Denker des Mittelalters die Ansicht, daß vor Gottes Angesicht alle Menschen gleich seien und selbst der geringste unendlich wertvoll sei.*« (69)...

Und heute gilt in der digitalen Welt allgemein, »*dass es keine »unwichtigen« Bits gibt.*« So wird beispielsweise »*eine ausführbare Datei meist unbrauchbar, wenn auch nur ein Bit »kippt«, wenn also aus einer 0 fälschlich eine 1 wird oder umgekehrt. Nur ein einziger Fehler in der Bitfolge eines 2048 Bit langen Schlüssels zu einem verschlüsselten Text führt unweigerlich dazu, dass sich der Text nicht mehr entschlüsseln lässt. Bitfehler auf Audio-CDs können toleriert werden und führen maximal zu Geräuschfehlern; auf Daten-CDs sind sie fatal, weshalb diese zusätzliche Fehler-Korrektur-Codes enthalten. So gesehen kann es geschehen, dass ein einziges Bit entscheidend ist für Annahme oder Ablehnung, Erfolg oder Misserfolg, in sicherheitsrelevanten Systemen wie etwa in der Raumfahrt sogar für Leben oder Tod.*« (70) Nicht nur in dieser Welt scheint es eine Tatsache zu sein, »*dass nur ein falsches Bit ausreicht, um unerwartete Ergebnisse zu produzieren.*« (70)

Ein »Bit« stellt die **kleinste** Informationseinheit dar und entspricht als Datenmenge der Information, »*welche von zwei möglichen Begebenheiten zutrifft. Folgende beispielhafte Sachverhalte können also eine Datenmenge von einem Bit speichern: Die Stellung eines Schalters mit zwei Zuständen, zum Beispiel eines Lichtschalters mit den Stellungen Ein oder Aus.[...] Eine Variable, welche einen von zwei Werten, zum Beispiel 0 oder 1, die logischen Wahrheitswerte Wahr oder Falsch, high oder low, H oder L enthalten kann. [...] Der Wert eines oder mehrerer Bits wird in der Informatik allgemein als Zustand bezeichnet...[...] Werden mehrere Elemente zu einer Einheit zusammengesetzt, hängt der Gesamtzustand dieser Einheit vom Zustand jedes einzelnen Elements ab, und es ergeben sich wiederum mehrere verschiedene Zustände dieser Einheit.*« (70)

Ich habe schon vorhin darauf hingewiesen, dass unter Umständen wir diese Bits, diese Zellen eines »*Systems*« darstellen könnten. Demnach sind wir vielleicht wirklich nur Variablen, deren dualistischer Zustand, Null oder Eins, in Verbindung mit anderen Bits den Gesamtzustand einer Einheit, eines »*Systems*« bedingt. In der Welt der Wirtschaft sind wir jedenfalls nichts anders als veränderliche Größen und schon 1982 wurden im Film *Tron* ganze Computerprogramme als Menschen dargestellt!

Im Wissen um die Wechselwirkungen in (m)einem »*System*«; im Wissen, dass es keine unwichtigen Bits gibt, selbst der Geringste unendlich wertvoll ist und es auf **jede** Zelle ankommt, kann uns unsere Handlung nicht egal sein. Es sei denn, wir sind uns selbst egal – doch davon gehe ich nicht aus, denn sonst wären Sie und ich schon längst nicht mehr am Leben!...?

Attraktoren und Dualität (Gut und Böse), Buddhismus

Unsere Realität ist weder rein zufälliger Natur noch die Folge einer bloßen Verkettung von Ereignissen mit demnach kausal eindeutig vorherbestimmtem Ergebnis. Sie ist vielmehr eine »... *Mischung von Zufälligem und Nichtzufälligem.*« (71) Dabei scheint es in **chaotischen** »*Systemen*« gewisse Anziehungsgebiete, sog. »**Attraktoren**«, zu geben, die das Verhalten (m)eines »*Systems*« in die eine oder andere Richtung **wahrscheinlich** machen. Diese Gebiete können Fixpunkte sein – so wie etwa im Falle eines Pendels, welches durch die Reibung den Ruhezustand anstrebt – jedoch können sie auch einen Kreis beschreiben oder andere, kompliziertere Erscheinungsformen haben.

Dessen ungeachtet gibt es alles in allem auf dieser unserer Erde sowieso nur **zwei** bzw. **drei** »Attraktoren«, nach denen sich **all*ES*** zu richten scheint und um die es sich auch immer irgendwie dreht. Hierbei handelt es sich eher um Tendenzen bzw. Richtungen, die alle lebendigen Körper auf ihrem Weg einzuschlagen scheinen, und nicht um greifbare Fixpunkte, also eine Art vorbestimmtes Ende! Ich will damit sagen, dass, soweit *man* weiß, nicht alles vorherbestimmt, also determiniert ist, auch wenn gewisse Gesetzmäßigkeiten der Natur die allgemeine *Entwicklung* – man könnte auch *Evolution* sagen – in eine bestimmte Richtung **möglicher** und somit vorhersagbarer machen als in eine andere.

Ist Ihnen schon mal aufgefallen, dass **all*ES*** auf der Welt **zwei** Seiten hat – Sie einen Weg *links* oder *rechts* herum gehen können, Sie jemanden *anschnauzen* oder *loben* können und Sie in **allen** Bereichen Ihres Lebens stets entscheiden (können), welche Richtung Sie einschlagen? Was wäre, wenn diese Richtungen gar nicht so unendlich wären, wie Sie denken? Was, wenn nicht das *Ziel* für Sie bedeutsam wäre, sondern der *beschrittene Weg an sich*!?...

Ähnlich wie bei einer Münze, die *Kopf* und *Zahl* hat und nach einem Wurf auf einer der **beiden** Seite liegen bleibt, gibt es auf der Welt *gut* und *böse*, *arm* und *reich*, *dick* und *dünn*, *außen* und *innen*, *Glück* und *Pech*, *Feuer* und *Wasser*, *Frau* und *Mann*, *null* und *eins*, *nah* und *fern*, *Yin* und *Yang*, *dunkel* und *hell*, *Trieb* und *Vernunft*, *Kapitalismus* und *Sozialismus*, *kalt* und *warm*, *Körper* und *Geist*, *Teilchen* und *Wellen*, *Tod* und *Leben*, *Haben* und *Sein*, *passiv* und *aktiv* und all die anderen Gegensätze wie z.B. *oben* und *unten*, *hinten* und *vorn* sowie *laut* und *leise*, die zu meiner Zeit nicht selten Thema in der Sesamstraße waren.

»Zweiheit« gibt es sogar in noch viel kleinerem Maßstab. In Dan Browns Buch *Illuminati* bezeichnet Vittoria die »Dualität« bei der Frage nach der Existenz von Antimaterie sogar als: »*Ein Fakt der Natur. Alles hat ein Gegenstück. Protonen haben Elektronen, Up-Quarks haben Down-Quarks. Es gibt eine funda-*

mentale kosmische Symmetrie auf subatomarer Ebene. Antimaterie ist das Yin vom Yang der Materie. Sie balanciert die physikalische Gleichung aus.« (72)

Ist das alles mal wieder reiner Zufall? Man kann ja von Dan Browns Büchern halten, was man will – die korrekten Antiteilchen der Elektronen sind übrigens die **Positronen** (Kunstwort, gebildet aus **posi**tiv und Elek**tron**) und das Antimaterie-Teilchen (Antiteilchen) zum Proton ist das **Antiproton** –, jedoch ist die Sache mit der »Dualität« etwas, was uns immer und überall begegnet. Sie erinnern sich: ohne *Actio(n)* keine *Reactio(n)*, ohne *Gott* kein *Teufel* und ohne *Sünde* keine *Reue*! Da also alles **zwei** Seiten zu haben scheint, geht es doch alleine schon aus diesem Grunde bei **all** unseren Entscheidungen nur darum herauszufinden, ob wir nun *rechts* oder *links* herum gehen soll(t)en und welche Richtung für uns und unser weiteres (Über)Leben nun die bessere ist.

Viel wichtiger als die Frage »Von wo kommen wir her?« ist also die Frage »Wo zum ›Teufel‹ gehen wir überhaupt hin?«!...

Das mit dem »Teufel« war natürlich nur 'ne Redewendung und soll hier (noch) nicht als Richtungsangabe missgedeutet werden! Um jedoch herauszufinden, wohin wir gehen, bedarf es der (Er)Kenntnis unseres momentanen Standortes – der Ausgangssituation. Kein Navigationsgerät dieser Welt kann Ihnen den besten Weg berechnen, wenn nicht vorher der Startpunkt samt den der Berechnung zugrunde liegenden Parametern einprogrammiert wurde. Indem wir erkennen, *was* und *wer* wir sind, indem wir die Gesetzmäßigkeiten unseres Handelns verstehen und begreifen, *warum* wir so sind, *wie* wir sind, könn(t)en wir uns diesen Ausgangspunkt vergegenwärtigen! Wenn wir diesen **(gem)einsamen** Startpunkt, der uns **allen** inhärent ist, definiert haben, könn(t)en wir uns auch **(gem)einsam** folgende, über das bisherige Ziel hinausgehende Frage stellen:

»Ist das, was du hier im Augenblick machst,
der Weg, den du als nächsten gehst, gut für dich?«

Die Frage nach dem (r)echten Weg ist bei Weitem leichter gestellt als beantwortet, wenn *man* bedenkt, dass heute kaum noch jemand weiß, was eigentlich »**gut ist**«. Was wir dagegen kennen, wissen und lieb gewonnen haben, ist das, was uns »**gut tut**« – ein kleiner, aber feiner Unterschied! Die leckere Schoki, die wir essen, tut uns sicherlich gut. Jedoch ist sie – vor allem, wenn man sie über die Maßen hinaus genießt und wir sie im Unverstand in uns hineinstopfen – nicht gut für uns und insbesondere nicht gut für unsere Hüften. Dass das so ist, wissen wir nicht erst seit Shakiras Hit *Hips Don't Lie – Hüften lügen nicht*, denn auch unser Spieglein (an der Wand) spricht nach einiger Zeit deutliche Worte!...

Wer allerdings nicht auf Schokolade steht, der darf an ihrer Stelle all die anderen »Dinge« einsetzen, die uns in Versuchung führen, aber letztendlich nicht gut für uns sind! Ein Seitensprung zum Beispiel tut im ersten Moment bestimmt ganz gut, doch ist er definitiv nicht gut für uns, und ein dummer Spruch von einer Karte besagt, »*Alles schöne im Leben hat einen Haken. Es ist unmoralisch, illegal oder es macht dick.*« Falls Sie aber nicht auf Postkarten(sprüche) stehen, habe ich hier einen Spruch von einem Meister:

»*Was man besonders gerne tut,*
ist selten ganz besonders gut.«
– Wilhelm Busch

Die Kirche hat schon vor langer Zeit erkannt, dass der Mensch – und insbesondere das Tier in ihm – nur schwer einer etwaigen Versuchung widerstehen kann. Sie hat ebenfalls bemerkt, dass es *langfristig* nicht gut für uns ist, jedweder Versuchung gedankenlos nachzugeben. Folglich hat sie **alles**, was mit Versuchung zu tun hat, dem »Bösen« zugeschrieben, während sie »Gott« eher mit der Kontrolle unserer tierischen Gier in Verbindung brachte! Sie erinnern sich: »*Führe uns nicht in Versuchung, sondern erlöse uns von dem Bösen*« heißt es im Vaterunser und ich finde es mal wieder interessant zu sehen, wie sich kirchliche Ein- und Ansichten mit fernöstlicher Weisheit und der trockenen Wissenschaft (in diesem Fall dem *Freudschen Strukturmodell der Psyche* – auch *Drei-Instanzen-Modell*) in Deckung bringen lassen. Allerdings (r)echt beängstigend ist es in diesem Zusammenhang, dass von uns ***heute*** allgemein alles als »gut« bezeichnet wird, was der Erfüllung unserer Wünsche, ja unserer »Bedürfnisse« dient, wohingegen das Gegenteil von dem, was unsere triebhaften (Sehn)**Süchte** wahr machen könnte, dem »Bösen« bzw. dem »Schlechten« zugeschrieben wird.

Um zu erfahren, was wirklich »**gut** (für uns) **ist**«, stellt sich also die Frage, was wir eigentlich wirklich wollen, uns bei aller Triebhaftigkeit wünschen und erhoffen. Es stellt sich die Frage nach dem Sinn, dem Antrieb unserer Handlungen, die derzeit immer mehr in Frage gestellt werden!

Mal ehrlich, wissen Sie, was Sie antreibt und **eigentlich** woll(t)en? Klar, hätte *man* drei Wünsche frei, so käme einem sicherlich das eine oder andere in den Sinn! Doch handelt es sich hierbei hauptsächlich um materielle Dinge und selten um etwas anderes: ein tolles Auto, Geld und schöne Frauen bzw. Männer. So sieht der Traum aus, den *man* uns vorlebt. Dabei ist es damit nicht getan. Nein, wir dürfen nie damit zufrieden sein, dass etwas einfach nur »toll« ist! Es muss »besser« sein!! Besser als alles je Dagewesene!!! Und so müssen wir selbst besser sein, als **alle** anderen es jemals waren. Hierin liegt das nie zu erreichende Ziel eines »*Systems*«, welches auf Unendlichkeit getrimmt und auf nicht enden wollenden Konsum und Wohlstand ausgelegt ist. Dass aber ***Wohlstand*** so wenig mit ***Wohlsein*** zu tun hat wie ***Befriedigung*** mit ***Zufriedenheit***, wird dabei vergessen und selbst auf höchster, kapitalistischer Ebene vertuscht – denn nur eine Bedarfsweckungsgesellschaft, in der *man* ständig unzufrieden is(s)t, schafft es, den stetig steigenden Konsum und somit sich selbst am Leben zu halten! Dass das »Geld« dabei eine entscheidende Rolle spielt, kann *man* sich denken.

Spricht man in materiell orientierten Gesellschaften von »beneidenswerten« Menschen, dann sind es Menschen, die alles haben, alles besitzen, sich alles leisten können. Angeblich wissen diese »Gewinner« genau, was sie wollen und was sie tun müssen, um sich ihre Wünsche zu erfüllen. Sie fällen immer und überall knallharte Entscheidungen und können sich dadurch zum Schluss sämtliche materiellen Wünsche erfüllen, die man sich nur vorstellen kann. Da man sich mit Geld – so die gängige Annahme – das *Maximale* an »Gutem« tun kann, muss es diesen Menschen auch *maximal* gut gehen. Diese Annahme ist falsch. Denn selbst wenn wir alles haben, uns alles und jeden leisten können, werden wir immer noch, ja vielleicht sogar noch mehr von Unannehmlichkeiten geplagt, mit denen auch ärmere Menschen zu tun haben. Ehebruch, Lüge, Alter, Eifersucht, Einsamkeit, Tod, Abhängigkeit und Krankheit sind nur einige »Dinge«, die jeden von uns – egal, ob arm oder reich – treffen können!

Sieht man von den weltlichen Belangen und Wünschen einmal ab, dann haben die meisten von uns keinen blassen Schimmer davon, was sie denn nun wirklich wollen und was wir darüber hinaus tun müssen, um das zu erreichen, von dem wir nur eine vage Vorstellung haben. So gut wir wissen, was wir tun müssen, um uns materiellen Reichtum anzueignen, so wenig ist uns bewusst, was zu tun ist, ja welche Entscheidungen zu treffen sind, um dauerhaft und vollkommen glücklich zu sein. Da es sehr viel einfacher ist, das zu tun, was uns »**gut tut**«, als das zu tun, was »**gut** (für uns) **ist**«, begehen wir nicht selten den Fehler uns eher auf körperliche Bedürfnisse zu konzentrieren, statt auf unser Herz und unseren Verstand zu hören. Mit fatalen Folgen für Leib und Leben, wie Ihnen sicherlich jeder Ernährungsberater bestätigen wird! Selbst wenn es uns schwer fällt, lohnt es sich aber – nicht nur im Hinblick auf unser Gewicht – unter Umständen ab und an **bewusst** zu verzichten und (etwas) zu »leiden«...

Die buddhistische Lehre behauptet nicht umsonst in der ersten der ***Vier Edlen Wahrheiten***, dass das (unerleuchtete) Leben in seinem Daseinskreislauf leidvoll ist. **Leben bedeutet Leiden!** »*Geburt ist Leiden, Altern ist Leiden, Tod ist Leiden; Kummer, Lamentieren, Schmerz und Verzweiflung sind Leiden. Gesellschaft mit dem Ungeliebten ist Leiden, das Gewünschte nicht zu bekommen ist Leiden. Kurz, die fünf Aneignungen*[76] *(skandha, khandhah) sind Leiden.*«

---

[76] »*Die Fünf Skandhas (Sanskrit: pañca upādānaskandhāḥ, Pāli: khandha), sind ein Begriff des Buddhismus. Die Skandhas sind im Einzelnen die Empfindungen des materiellen Körpers mit seinen Sinnesorganen, die Gefühle, die Wahrnehmung, die Geistesformationen, und schließlich das Bewusstsein.*« (400)

Dualistisch dem »Leiden« gegenüber steht die »Lust«, welche der sog. »**Hedonismus**« wiederum als höchstes Gut und Bedingung für Glückseligkeit und ein gutes Leben ansieht. Epikur (341-270 v.Chr), griechischer Philosoph und Begründer der hedonistischen Lehre, sieht dabei die »Lust« als das »Freisein von Unlust« an, welches, wie fälschlicherweise oft angenommen, allerdings **nicht** durch den übermäßigen Genuss weltlicher Güter erreicht wird, sondern durch die Konzentration auf die wirklich notwendigen Bedürfnisse, zu denen er im Übrigen auch die Freundschaft zählt!

Zu den ***Grundbedürfnissen***, die laut Epikur ganz natürlich und notwendig sind, zählt das Essen, das Trinken und der Kälteschutz. Das Fernsehen wird hier erstaunlicherweise gar nicht erwähnt, was sicherlich damit zu tun hat, dass es bis dato noch gar nicht erfunden war. Damit aber jeder Schwachkopf sich nach Belieben das Hirn braten lassen kann, zählt – soweit ich weiß – die Flimmerkiste heutzutage zu den ***Grundbedürfnissen*** und somit zu den Dingen, die selbst dann nicht gepfändet werden dürfen, wenn sogar die Omma schon in der Vitrine des Pfandleihhauses liegt und vergebens darauf wartet, von den Lieben endlich wieder abgeholt zu werden. Allerdings ermöglicht das nichtpfändbare Fernsehgerät den offenen Strafvollzug ganzer Bevölkerungsgruppen, die statt durch Fußfesseln durch die Errungenschaften der modernen Gehirnwäsche wie durch Zauberhand im heimischen Wohnzimmer gehalten werden!

Gehen Sie mal (abends) durch die Straßen und Sie werden sehen, wie menschenleer diese doch sind. Vor einiger Zeit war das allenfalls bei sogenannten »**Straßenfegern**« (speziellen Medienereignissen, die die Straßen leeren) der Fall. Heute findet man die »Blockbuster« – was wörtlich übersetzt so viel wie »Wohnblock-Knacker« bedeutet und als Ausdruck für im Zweiten Weltkrieg vornehmlich gegen »ungepanzerte Flächenziele« abgeworfene Luftminen Verwendung findet – allabendlich!

Die »Blockbuster« haben ihre vernichtende (psychologische) Wirkung offenbart, denn es zeigt sich: Je mehr Fernsehen und anderweitige mediale Ablenkung *man* sich leisten kann, desto weniger zwischenmenschliche Kommunikation – und somit Leben – findet auf der Straße oder sonst wo statt.

Dabei wäre es doch ein echter (mit)menschlicher Anreiz, den Fernseher zu konfiszieren um manche Leute zum Reden, Teilnehmen oder gar zum Arbeiten zu bewegen. Jedenfalls besser, als *Ihnen*(!?) das Taschengeld zu kürzen und *Sie*(!?) dennoch mit allem erdenklichen Elektronik-Schnick-Schnack zu versorgen! Alleine die Androhung eines Fernsehverbotes – welches das Fernsehen *an und für sich* allerdings nur noch wichtiger erscheinen lässt – wirkt bei Kindern oft wahre Wunder. Warum soll es dann bei Erwachsenen anders sein? Ehrlich gesagt sind Eltern aber oft auch ganz froh, dass die Quälgeister ruhiggestellt sind und man selbst seine wohlverdiente Ruhe hat, anstatt sich mit den wachsenden kommunikativen Fähigkeiten seiner Kinder direkt auseinanderzusetzen.

Die Ablenkung durch moderne Medien ist eine hinlänglich anerkannte Technik der elterlichen Konfliktlösung, welche sich auch unsere Bundesregierung wohl zu Eigen gemacht hat. Solange das Volk nämlich auf die eine oder andere Art beschäftigt ist, kommt es nicht auf dumme Gedanken, entwickelt keinen Eigensinn, und man selbst kann tun und lassen, was man will. Doch dazu später mehr und zurück zu Epikur…

Bei der zweiten Kategorie von Epikur handelt es sich um ***Bedürfnisse***, die zwar ***natürlich***, aber ***nicht zwingend notwendig*** sind. Dazu zählt übrigens auch Sex, d.h., Geschlechtsverkehr, auf den man im Zweifel auch verzichten könnte, wenn man müsste. Eine ruhige Nummer zu schieben ist verständlicherweise nun mal nicht unbedingt das erste, was einem im Kampf ums nackte Überleben in den Sinn kommt!

Das weder Natürliche noch Notwendige sind schließlich die ***Luxusbedürfnisse***, die die letzte Kategorie Epikurs darstellen und für uns, da sie unter Umständen abhängig machen, sogar schädlich sein können.

»Luxus« wird laut Brockhaus definiert als die »*Üppigkeit*« und das »*Wohlleben*« sowie als »*... Aufwand, der die als normal empfundene Lebenshaltung weit überschreitet.*« (40) Er ist somit von der Gesellschaft abhängig, welche einen gewissen »Standard« definiert und diesen als Ausgangspunkt zur Definition von »Luxus« ansieht! So ist je nach Betrachter ein freistehender Whirlpool im Penthouse per Definition ein ähnlich großer »Luxus« wie die Tatsache, über fließendes (warmes und/oder kaltes) Wasser zu verfügen. Spätestens wenn Sie auf das eine oder andere lieb Gewonnene und für selbstverständlich Erachtete verzichten müssen, werden Sie mir da beipflichten, was uns wieder zu Buddha und Epikur zurückführt!...

Beide, sowohl Buddha als auch Epikur, haben wohl die relative Dämlichkeit in dem Versuch erkannt, das (all)gegenwärtige »Leid« durch zunehmende »Lust« zu besiegen bzw. zu überlagern. Sie mach(t)en sich auf – statt die Nacht immer öfters zu Füßen der Porzellangötter *Villeroy & Boch* zu verbringen – das **eigentliche** Problem bei der Wurzel zu packen! Epikur hat dabei eine sensationelle Entdeckung gemacht: In Anbetracht der Tatsache, dass »mehr« nicht wirklich so viel bringt, wie man am Anfang vielleicht denkt, kann man sich gut vorstellen, dass »weniger« nicht ganz so schlecht sein kann! Er hat erkannt, was wir alle schon längst am eigenen Körper einmal gespürt haben: Ein einziger Schluck Wasser kann nach langer Durststrecke mehr Lust bewirken als das letzte von unzähligen Bieren, welches bekanntermaßen sowieso immer schlecht ist! Und bei entsprechendem Hunger schmeckt auch die noch so dünne Brühe mit einem Stück Brot besser als so manches Fünf-Sterne-Menü, dessen einzelne Gänge man auf der Speisekarte selbst mit einem Fremdwörterlexikon bewaffnet nur schwer menschlicher Nahrung zuordnen kann...

Und noch etwas fällt auf: Sobald wir uns ans »Wenige« statt an das »Immer-Mehr« gewöhnen, machen wir uns nicht nur weniger Sorgen um andere »Dinge« (denn wir haben ja alles, was wir brauchen), sondern stärken uns mehr als sonst an vereinzelten »Orgien«! Außerdem haben wir weniger Angst vor unserem Schicksal!! Kurzum: **Weniger ist einfach mehr!!!**

Nun ist es wichtig, dass auch dies im Hinblick auf ein glückliches Leben nicht digital gesehen werden kann und soll, wir also nicht von einem Extrem ins andere wechseln soll(t)en, wie es manch einer von uns jetzt vielleicht denkt und/oder verlangt. Denn alles hat seine Grenzen, die *man* nicht überschreiten sollte. Extreme aller Art sollten insgesamt, also auch hier, vermieden werden, und fanatische Askese sowieso. Denn auch diese ist ein Extrem und nicht wirklich gesund!

Was die Ursache(n) des »Leidens« angeht, so hat Siddhartha Gautama – der spätere Buddha, der so Pi mal Daumen 560 Jahre **vor** Christus in Nordindien gelebt haben soll – die *Gier*, den *Hass* und die *Verblendung* als Grund angesehen. (73) Der über zweihundert Jahre **später** geborene Epikur drückt es (nur) anders aus. Er meint, dass die *Begierden*, die *Furcht* und der *Schmerz* die Hauptprobleme seien, die der dauerhaften Lebenslust und Seelenruhe im Wege stehen. Für beide steht jedoch fest: »Erlöschen die Ursachen (der genannten Gründe), so erlischt das Leiden.« Dies wiederum führt dazu, **dauerhaft** »Lust« zu empfinden!

Sie fragen sich vielleicht, wie das gehen soll!? Buddha zeigt mit dem ***Edlen Achtfachen Pfad***, welcher der vierten der ***Vier Edlen Wahrheiten*** entspricht, einen Weg zur Aufhebung des Leidens. Dies ist **ein** Weg, wie *man* das Leid und die Unvollkommenheit überwinden kann, um durch Erleuchtung den Zustand des Nirwanas zu erreichen. Der buddhistischen Lehre zufolge kann **jeder** zu d(ies)er Erleuchtung kommen, indem er die wahre Natur (s)eines Geistes erkennt. Einfache praktische Mittel helfen, das Nirwana noch zu Lebzeiten zu erreichen. *Man* muss also nicht unbedingt den (silbernen) Löffel abgeben[77], um in diesen »Genuss« zu kommen, sondern soll durch die (Er)Kenntnis seiner selbst und eines daraus hervorgehenden grundlegend ethischen Verhaltens die Möglichkeit erhalten, sich vom ewigen Kreislauf des Leidens zu befreien!

Es ist dabei wichtig zu begreifen, dass es sich beim »Nirwana« **nicht** um eine Art von »Paradies« im Sinne anderer Religionen handelt, wo wir alle neu beginnen, fröhlich Hand in Hand über die grüne(n) Auenlandschaft(en) hüpfen und den lieben langen Tag wie ein *Münchner im Himmel* frohlocken und »Hosianna« singen. Das »Nirwana« soll(te) nicht als »Neuanfang«, sondern vielmehr als

---

[77] Wobei es, was den *silbernen* Löffel anbelangt, sicherlich nicht schadet!

»Absch(l)uss« gewertet werden, der einen den Zwängen der Wechselwirkung entzieht, wodurch ein »... *Zustand der Zustandslosigkeit*« (74) erreicht wird! Nachdem Buddha das »Nirwana« erreicht hatte, l(i)ebte und unterrichtete er noch 45 Jahre. Er wurde 80 Jahre alt. Nicht schlecht für einen, der gar nicht so fett und golden war, wie man (engl. *man*) immer glaubt!?

Die ganze Sache mit der Erleuchtung und der (Er)Kenntnis seiner selbst finden wir in vielen anderen (aufklärerischen) Schriften und Überlieferungen späterer Epochen wieder. Auch ich glaube daran und weiß aus eigener Erfahrung zu berichten, dass das Wissen um die Ursachen und das Verständnis für den Mechanismus – der hinter der *Gier*, dem *Hass*, der *Angst*, dem *Schmerz* und der *Verblendung* steckt – zumindest teilweise hilft, die Herrschaft über sich selbst zu erhalten. Denn sobald ich weiß, weshalb ich das »Gefühl« *habe*, unbedingt den neuen Fernseher oder irgendetwas oder irgendwen *besitzen* zu müssen; weiß, weshalb ich den »Drang« *habe*, neue (sexuelle) Erfahrungen zu *machen*, **all*ES*** ständig und überall steigern will und nicht zuletzt meine Abhängigkeit (er)kenne, fällt es mir leicht(er), mich zu kontrollieren! So kann ich das tun, was *langfristig* »**gut** (für mich) **ist**«, statt ständig und ausschließlich dem nachzujagen, was mir momentan und (vielleicht) nur für eine kurze Zeit »**gut tut**«.

Es ist nicht weiter verwunderlich, dass der zentrale Begriff des »Karmas« im Buddhismus nicht »Schicksal« bedeutet, sondern das »***Prinzip***« von Ursache und Wirkung bezeichnet, welches wie gesagt auch die Grundlage der althergebrachten Physik und der westlichen Naturwissenschaften darstellt. Das Karma bezieht sich »*...auf alles Tun und Handeln sowie die nichtmateriellen Ebenen des Denkens und Fühlens. All das erzeugt entweder gutes oder schlechtes Karma oder kann karmisch gesehen neutral sein.*« (74)...

Das Karma deckt sich also mit dem, was ich über die Wechselwirkung(en) in und zwischen verschiedenen **berechenbaren** und **transzendenten** »*Systemen*« bereits angenommen habe. Alles ist also eine Folge von allem und **jeder** ist demnach für sein **eigenes** Leben verantwortlich. Jeder kann dem »*System*« und sich selbst positive oder negative Impulse geben und kann zudem entscheiden, wie er selbst das Leben, das er führt, empfindet! Was den Grund für unsere Handlungen betrifft, so glauben die Buddhisten, »*dass alle Menschen ständig aus dem Streben nach Glück heraus handeln. Der Grund für leidbringende Handlungen wie Töten, Diebstahl, sexueller Missbrauch oder Betrug liegt darum nicht in etwaiger »Bosheit«, sondern darin, dass sich die Handelnden der Gesetzmäßigkeit von Ursache und Wirkung nicht bewusst sind*«. (75)

Dabei ist »Unwissenheit« im »***Prinzip***« nichts weiter als »Fahrlässigkeit« und sicherlich nicht als Entschuldigung oder gar als Rechtfertigung für ein leidbringendes Verhalten zu sehen, sondern wird vielmehr als wertneutrale Erklärung für diese Handlung(en) angeführt!...

Auch ich bin der Meinung, dass die meisten Menschen sich der weitreichenden Konsequenzen ihrer Taten nicht bewusst sind bzw. sich dieser nicht bewusst werden (wollen). Denn zumindest Letzteres würde die Sinnlosigkeit und (selbst)zerstörerische Intention *Ihres*(!?) Handelns demaskieren!

Keiner von uns ist nur »böse« oder »gut«. In **jedem** von uns steckt das **ganze** Spektrum des (Mensch)Seins mit **allen** erdenklichen Facetten der *körperlichen* sowie *geistigen* und *emotionalen* Krankheiten, die man (engl. *man*) sich nur vorstellen kann. Es ist einzig und alleine die jeweilige individuelle Gewichtung, die uns im Einzelnen unterscheidet und im Extremfall dann krank erscheinen lässt! Fromm schreibt: »*Ich bin der Kriminelle und ich bin der Heilige. Ich bin das Kind und ich bin der Erwachsene. Ich bin der Mensch, der vor hunderttausend Jahren schon gelebt hat, und ich bin der Mensch, der noch hunderttausend Jahre leben wird, vorausgesetzt, wir zerstören die menschliche Rasse nicht*« (76)

Die **Dualität** in uns selbst und darin, wie wir der Welt und unseren Mitmenschen begegnen, hat zum Teil auch Meredith Brooks in ihrem Lied *Bitch* zum Ausdruck gebracht. Von mir recht frei ins Deutsche übersetzt lauten Teile vom Text...

Ich bin ’ne Hure, bin ein »Liebender« (Lover)
Ich bin ein Kind, bin eine Mutter.
Ich bin ein Sünder und ein Heiliger,
eine Gottheit auf den Knien.

Ich bin deine Hölle, ich bin dein Traum
und bin »nichts« im Zwischenraum.

Die Natur vereinigt in uns *Körper* und *Geist*. Wir sind *all*ES und *nichts*, quasi ein **dualistisches** »*System*«, welches dem unersättlichen *Genuss* die Kontrolle durch den *Geist* entgegengesetzt hat. Die(se) **Balance** bzw. **Herrschaft** der **gegensätzlichen** »*Mächte*« in uns und um uns herum ist nötig – denn nur durch den bewusst(er)en Verzicht bleibt *man* möglichst lange am Leben, und nur durch den bewusst(er)en Genuss wollen wir das auch! Davon gehe ich jedenfalls aus!...

Der allerorts festzustellende Mangel an Disziplin, welcher schließlich zu (über- bzw. saumäßiger) Verschuldung, Verfettung, zu Ehebruch, Alkohol und gesteigertem (Drogen)Konsum führt, zeigt mir jedoch die zunehmende Geistlosigkeit einer immer bewusstloser werdenden Gesellschaft, in welcher der *Körper*, und somit das *Tier*, die »*Macht*« über den *Geist* erlangt und dadurch das **Gleichgewicht**, ja die **Homöostase** empfindlich (ge)stört (hat)!...

Ohne Kontrolle gibt es aber keinen Genuss und ohne Genuss auch keine Kontrolle! Denn wenn wir alles haben und erfahren könn(t)en, was bleibt uns denn dann noch zum Genießen? Und wenn wir nicht mehr genießen können, welchen Sinn macht dann noch unser Leben?

Wir, die Menschen der Konsumgesellschaft, befinden uns deshalb in einer absoluten Zwickmühle, denn wir wollen/sollen immer mehr, am besten **alles** *haben* – was aufgrund der begrenzten Körperlichkeit[78] aber unmöglich ist – und erkennen nicht, dass wir (uns) dadurch als »Mensch« insgesamt immer weniger (bewusst) *sind* bzw. *werden.*

Wer auf zwei oder mehr Hochzeiten gleichzeitig tanzen soll bzw. will, hat ständig das Gefühl, etwas zu verpassen und ist andauernd damit beschäftigt, über das »was wäre, wenn« nachzudenken, anstatt glücklich mit dem zu sein, was er *hat* und *is(s)t*! Auf jeden Fall ist es stressiger, sich zu zerreißen, als ab und zu **bewusst** auf gewisse »Dinge« zu verzichten und einfach zu akzeptieren, dass *man* im Leben eben nicht **alles** *haben*, *erleben* oder *machen* kann. Das eine schließt das das andere eben aus! Es ist ein »Ding« der Unmöglichkeit, Treue zu erfahren, wenn wir selbst untreu sind, (ger)echt behandelt zu werden, wenn wir un(r)echt handeln, geliebt zu werden, wenn wir (uns) selbst nicht lieben, und glücklich zu sein, wenn wir nie mit dem zufrieden sind, was wir *sind* und was wir *haben.* Unser Leben besteht nun mal in **all** seinen Aspekten aus **Dualität**. Um von beidem das Meiste zu bekommen, bleibt uns (wohl) nur die »Mitte«!(?)

Nochmals ein kurzes Wort zur **Dualität** zwischen *Körper* und *Geist* und deren Einfluss aufeinander: Der französische Philosoph, Mathematiker und Naturwissenschaftler René Descartes, von dem auch der Ausspruch »*cogito ergo sum*« (»*ich denke, also bin ich*«) stammt und der die sog. »**analytische Geometrie**« – die die Algebra und die Geometrie verbindet – einführte, vertrat viele Ansichten des »**Dualismus**«. (77) Er reduzierte den Menschen – ähnlich, wie ich es mache – auf dessen »Mechanik« und sah den *Körper* **getrennt** vom *Geist*, wobei jedoch beide miteinander in einer **dualistischen** Weise interagieren würden!...

Wenn Sie gekitzelt werden, dann nimmt Ihr Körper einen mechanischen, materiellen Reiz auf, welcher an Ihr (ganz bestimmt vorhandenes) *Gehirn* weitergeleitet wird, um dann irgendwo auf Ihren (ganz bestimmt vorhandenen) *Geist* einzuwirken und ein nicht-materielles »Kitzelerlebnis« auszulösen. Sie beginnen wie bekloppt zu strampeln und zu kichern und machen sich dabei schier in die Hose! Dies lässt wiederum den Rückschluss zu, dass *geistige* Zustände, etwa Gedanken oder Emotionen, *körperliche* Prozesse auslösen. Ein Beispiel: Alleine die Vorstellung, dass ich ihre Beine festhalte und sie bis zur Besinnungslosigkeit kitzle, versetzt meine Freundin in Angst und Schrecken, und sie äußert spontan *körperliche* (Re)Aktionen! Unglaublich, was für eine Kraft das Mädel dabei entwickelt, wenn ich tatsächlich ihre Beine festhalten will, was mich jedoch nicht davon abhält, andauernd mit dieser Vorstellung zu spielen. Ein bisschen »Spaß« wird doch wohl noch erlaubt sein!?

---

[78] z.B. haben wir nur einen Magen, um etwas zu essen oder zwei Augen, um etwas zu sehen.

Ich möchte erwähnen, dass – soweit ich weiß – Descartes jedoch nicht in Erwägung gezogen hat, dass *Emotionen* unseren *Geist* in (s)einer Funktion formen. *Gefühle* sind nach ihm nur als Gegenspieler des *Intellekts* zu werten und folglich wohl nichts anderes als das Benzin für das Auto, welches dadurch zwar funktioniert, während sich aber an der »Mechanik« prinzipiell nichts verändert.

Dass dem glücklicherweise nicht so ist, hat gegen Ende des 20. Jahrhunderts der US-Neurologe Antonio Damasio »*in seinen Abhandlungen Descartes' Irrtum (im Original: Descartes' Error: Emotion, Reason, and the Human Brain), Ich fühle, also bin ich (The Feeling of What Happens: Body and Emotion in the Making of Consciousness) und Der Spinoza-Effekt (Looking for Spinoza) untersucht.*« (78) Diese Erkenntnis ist im Hinblick auf unsere Vernunft von grundlegender Bedeutung und ich werde an anderer Stelle darauf zurückkommen...

Dass der *Geist* un(ter)bewusst (re)agiert und unsere(n) *Körper* kontrolliert, wissen wir spätestens seit unserer Pubertät! Allein der ständige Gedanke an den (scheinbar) einzig geliebten Menschen auf dieser Welt lässt/ließ uns oft nicht schlafen, essen oder ihm gegenüber ganze zusammenhängende Sätze konstruieren. Wir werden rot, fühlen die Hitze in uns aufsteigen, machen fahrige Bewegungen und stammeln etwas heraus, wofür wir uns Jahre später noch schämen…

Körper und *Geist* sind **zwei** »*Systeme*«, die – so wie alle anderen »Dinge« – miteinander in Wechselwirkung stehen und sich gegenseitig beeinflussen! Die Welt besteht aber nicht nur aus *schwarz* und *weiß*, sondern aus einer ganzen Palette von Nuancen, die stets **beides** in sich tragen und stets miteinander konkurrieren. Deshalb glaube ich nicht einmal, dass es das wirklich **reine** *Schwarz* und *Weiß*, *Hell* und *Dunkel* gibt!...

Alles auf d(ies)er Welt hat, wenn auch in unterschiedlichem Maße, sein *Gutes* und sein *Schlechtes*, und selbst an Orten, die für uns *dunkel* erscheinen, gibt es noch genügend Lebensformen, die mit dem Rest an Licht gelernt haben auszukommen! Und wir – wir würden es auch, wenn wir es müssten!?

»*Hinter dem Kampf der Gegensätze steckt nach Ziel und Maßen*
ein verborgener Einklang, eine Harmonie, die Welt selbst.«
- Heraklit

Genauso wie es **zwei** Seiten einer Münze gibt, gibt es auch die »**Mitte**« zwischen **beiden**! Die Tatsache, dass wir, solange die Münze am Rollen ist, von **beiden** Seiten – wenn auch durch die Bewegung verwaschen – am meisten sehen, zeigt den Zustand, den es zu erreichen gilt!...

In einem **dynamischen** »*System*«, welches stets in Bewegung is(s)t, sprich die »Münze« sich selbst und/oder einem Betrachter nicht völlig bewusst (geworden), also noch nicht zur »Ruhe« gekommen ist und immer weiter rollt, vermag man (engl. *man*) nur schwer zu sagen, welche Seite zum Schluss nun nach oben zeigt. Die vermeintliche »Ruhe« *an sich* ist dabei aber auch »nur« ein kurzer »Moment«, da es in der Natur immer irgendetwas oder irgendjemanden geben wird, der die Münze, kaum dass sie umgefallen ist, auf die eine oder andere Art wieder erneut aufstellt und ins Rollen bringt!?...

Ich vermute deshalb in **dynamischen** »*Systemen*« einen **dritten** »Attraktor«, welcher noch viel stärker ist als die Extreme von *links* und *rechts*. Da er so offensichtlich ist, bleibt er aber leider viel zu oft unbe(tr)achtet. Ich habe es schon erwähnt: *ES*[79] ist die **»Mitte«** oder, besser gesagt**,** die »**Harmonie**« zwischen allen »Dingen«, welche der Welt ein wie auch immer geartetes »**(Gleich)Gewicht**« beschert!...

Es geht also nicht »nur**«** um die *Schale* und nicht »nur**«** um den *Kern*, sondern um das dazwischen liegende »**Fruchtfleisch**«, welches bekanntlich das Beste ist, aber trotz allem viel zu oft vergessen wird!

»*Das höchste Gut ist die Harmonie der Seele mit sich selbst.*« (79)
- Seneca
(Der Schlüssel zur Gelassenheit)

[79] Anm. für die, die schon jetzt einen Schritt weiter gehen bzw. denken (können/wollen):
ES, d.h. unser **(An)*Trieb*** muss nach meinem Dafürhalten nicht unbedingt rein *körperlicher* Natur und (von vornherein) schlecht sein! Darüber hinaus ist (s)eine »Mitte« **immer** abhängig vom Betrachter und (s)einer entsprechenden Perspektive!!!

Die Balance – die Harmonie von und hinter allem

»***Har|mo|nie*** *die; -, ...ien <gr.-lat.; »**Fügung**«>:*

1. *(Mus.) wohltönender Zusammenklang mehrerer Töne od. Akkorde; schöner, angenehmer Klang.*

2. *(Archit., bild. Kunst) ausgewogenes, ausgeglichenes, gesetzmäßiges Verhältnis der Teile zueinander; Ebenmaß.*

3. *innere u. äußere Übereinstimmung; Einklang; Eintracht.*«

Nun darf man sich die »Mitte« nicht wirklich nur als »Mitte« zwischen **zwei** »Dingen« vorstellen. Sie stellt vielmehr die »***Balance***«, das »***Gleichgewicht***« eines »*Systems*« *an sich* dar!...
In d(ies)em Gleichgewicht werden **alle** Aspekte der realen und transzendenten Welt gleichermaßen berücksichtigt; *ES* entspricht tatsächlich (m)einer »*inneren u. äußeren Übereinstimmung*« (s.o.), sodass *ES* – systemisch gesehen – im Sinne höchster *Effizienz*[80] und *Effektivität*[81] den niedrigsten Reibungsverlust gibt!
Auch wenn ich im Folgenden immer wieder von *Balance bzw. Gleichgewicht* spreche, so handelt es sich dabei im »***Prinzip***« doch um die »***Harmonie***« **aller** »Dinge«, was, trotz obiger Definition, nicht darüber hinwegtäuschen darf, dass es auch in einer *Harmonie* durchaus starke und gegensätzliche Kräfte gibt und – um das *(Gleich)Gewicht* zu halten – manchmal leider auch geben muss!...
Jedoch hängt meines Erachtens das menschliche Überleben (Menschlichkeit und alles, was zum »Mensch-sein« noch so dazugehört) vom Beherrschen und Eindämmen solcher Extreme ab. So gesehen befindet sich nämlich auch der Mars in einem **harmonischen** »*Gleichgewicht*«. Nur können auf dem Mars – bis jetzt jedenfalls und wie uns der Schwarzenegger Film *Total Recall* gelehrt hat – keine Menschen ohne Schutz und ohne, dass einem die Augen gleich rausfallen, länger als ein paar Sekunden überleben!...
Anhand verschiedenster Beispiele und Sichtweisen versuche ich zu zeigen, wie das mit der »*Harmonie*« bzw. der **systemischen** »*Balance*« gemeint ist und dass wir tatsächlich dazu in der Lage sind, eine **prinzipielle** »*Harmonie*« herbeizuführen, die einerseits jedem einzelnen Menschen von uns gerecht wird und andererseits die **gesamte** »*Menschheit*« weiterhin im **globalen** »*System*« dieses Planeten existieren lässt.

---

[80]= Leistungsfähigkeit (im Sinne von Wirtschaftlichkeit)
[81] = Wirksamkeit

Doch nehmen wir vorerst einfach mal unseren **Körper** – ein Abbild universeller Zusammenhänge! Er befindet sich in sog. »**Homöostase**«[82], d.h., einem »*Zustand der Konstanz (dynamisches Gleichgewicht) des sog. inneren Milieus des Organismus, der mit Hilfe von Regelkreisen [...] aufrecht erhalten wird; elementare Regelprozesse steuern z.B. den Blutkreislauf, die Körpertemperatur, den Säure-Base-Haushalt, den Wasser- u. Elektrolythaushalt.*« (80)...

Gerät unser **Körper**, aus welchem Grund auch immer, aus dem **Gleichgewicht**, dann wird er fast unweigerlich krank und zwar so lange, bis er die **Harmonie** wieder hergestellt hat! Schafft er das nicht, dann ist *ES* vorbei und die Münze bleibt (für einen Außenstehenden bzw. Betrachter) irgendwann endgültig liegen.

Die »*Balance bezeichnet einen Zustand der Ausgewogenheit oder eines annähernden Gleichgewichts von entgegenwirkenden Kräften oder Aspekten, vor allem* [..] *im mechanischen Sinn: »im Kräftegleichgewicht, im Lot sein*«« (81), kann man auf *Wiki* lesen und es ist klar, dass die **Balance** im Allgemeinen wohl gut vergleichbar ist mit einer gewöhnlichen Waage, die sich im **Gleichgewicht** hält. In **dynamischen** »*Systemen*«, wie z.B. dem Radfahren, bezeichnet die **Balance** das »Halten« des **Gleichgewichtes**, welches uns vor dem Umfallen und peinlichen Erklärungsversuchen bewahrt! Doch auch im politischen, persönlichen, psychischen, künstlerischen, (öko)logischen und (zwischen)menschlichen Sinn kommen wir am Streben nach einer gewissen **Ausgewogenheit** nicht vorbei. Umwelt- und sozialpolitische Aspekte stehen wirtschaftlichen Zielen entgegen, Wünsche wollen erreicht, Grundbedürfnisse befriedigt sein; Freundschaften basieren auf dem »***Prinzip***« des gegenseitigen *Gebens* und *Nehmens*, ja selbst unsere Seele schreit nach (innerer) **Ausgeglichenheit**!

Gut zu vergleichen sind all diese Zusammenhänge mit dem Drahtseilakt eines Seiltänzers! Auch wenn es keine angeborene Fähigkeit zu sein scheint, sich *längere* Zeit auf einem dünnen Seil zu halten, so verfügt der Mensch doch von jeher über Anlagen, die es ihm ermöglichen, das (Gleich)Gewicht zu halten, nicht bei jedem Schritt gleich umzufallen oder beim Drehen des Kopfes vom Stuhl zu kippen. Wie wichtig diese Funktion ist, wissen Sie spätestens dann, wenn nach reichlich Alkoholgenuss der Gehsteig nicht breit genug sein kann oder Sie infolge einer neurologischen Erkrankung mit Schwindelgefühlen zu kämpfen haben! Mit jedem Tag, den wir auf dieser Welt verbringen, lernt unser

[82] »*Selbstregulation*
Der Begriff Selbstregulation oder Homöostase (griechisch ὁμοιοστάση – Gleich-Stand) hat in verschiedenen theoretischen und praktischen Zusammenhängen eine unterschiedliche Bedeutung. In der Systemtheorie und Kybernetik bezeichnet Selbstregulation die Fähigkeit eines Systems, sich durch Rückkopplung selbst innerhalb gewisser Grenzen in einem stabilen Zustand zu halten. Der Begriff Homöostase wurde 1929 von dem Physiologen Walter Cannon eingeführt.« (401)

Körper mehr und mehr, eine gewisse **Balance** zu halten, indem er sich selbst in seiner (Um)Welt kontrolliert und koordiniert...

Was kurze Zeit nach unserer Geburt noch strampelnd beginnt, steigert sich, bis wir uns im Alter von ungefähr 6 Monaten langsam und koordiniert von der Rücken- in die Bauchlage drehen können und wir gegen Ende unseres ersten Lebensjahres sogar mit freiem Laufen beginnen. Aber alleine schon der aufrechte Stand ist das Ergebnis von ständigen Muskelkontraktionen, die den Körper nur scheinbar in Ruhe halten. In Wirklichkeit schwanken wir unmerklich geringfügig hin und her, was nicht nur im Falle eines Seiltänzers dazu führen kann, dass sich diese anfänglich kleinen »Dysbalancen« aufschaukeln und zum eventuellen Absturz des **ganzen** »*Systems*« führen!

Dabei ist es reine Übungssache, das (Gleich)Gewicht zu halten und praktisch von jedem erlernbar, der den Mut, die Zeit und die Kraft bzw. den Willen dazu aufbringt, sich selbst zu kontrollieren! Vergleichen Sie *ES* ruhig mit Radfahren, bei dem *man* als Kind gerne mal das »Gemächt« an der Fahrradstange hängen lässt oder öfters mal einen Abflug in die Botanik macht. Das geht solange, bis *man* irgendwann – wie durch ein Wunder und ohne darüber nachzudenken – auf (s)einem Drahtesel stolz wie Bolle in den Sonnenuntergang reitet...

So etwas wie rennen, auf Bäume klettern, von Bäumen herunterfallen, Rad fahren usw. ist gerade in jungen Jahren von immenser Bedeutung für die geistige und körperliche Entwicklung kleiner Menschen! Es ist deshalb auch schwer, der »Herr seiner **Gefühle**« zu sein, wenn man nicht einmal seinen **Körper** soweit beherrscht, dass *man* ohne Probleme rückwärtsgehen kann. Schon jetzt können es viele (Schul)Kinder nicht mehr und wer weiß, vielleicht werden es in Zukunft noch mehr!? Die Kontrolle unserer voneinander abhängenden *körperlichen, geistigen* und *emotionalen* Fähigkeiten ist ein ständiger, täglicher Lernprozess, der es uns zum Schluss ermöglichen soll, auf einem dünnen Seil zu balancieren, ohne herunter zu fallen. Doch trotz aller Übung und Routine kann und wird es immer mal wieder passieren, dass wir uns konzentrieren müssen, um gewisse Situationen gefahrlos zu meistern, Schicksalsschlägen zu begegnen und den andauernden Versuchungen – die uns aus dem Tritt bringen (wollen) – zu widerstehen!

Die zunehmende **Geschwindigkeit** und **Amplitude** der wachsenden *globalen* und *lokalen* **(Re)Aktionen** als Folge der ungleichen Verteilung auf allen mess- und fühlbaren Ebenen zeigt leider, dass wir längst das **Gleichgewicht** verloren haben! Es handelt sich nicht mehr nur um »kleine« Korrekturbewegungen, sondern wir halten uns gerade noch so und mit Ach und Krach, d.h. mit viel Mühe und Not auf dem Seil. Wir straucheln wie ein angeschlagener Boxer, aber wollen es nicht wahr haben. Man (engl. *man*) muss weder ein Hell- noch ein Schwarzseher sein, um zu begreifen, dass wir, falls wir es nicht schaffen sollten, die ständig größer werdenden Unterschiede auszugleichen, über kurz oder lang abstürzen werden!

Auf die eine oder andere Art wird sich demnächst etwas tun – das **bestehende** »*System*« wird sich wieder neu nivellieren, so wie es schon immer der Fall war! In der Bibel waren es die Geschichten über die Sintflut oder der Untergang von Sodom und Gomorrha, welche uns das Ergebnis überzogener Handlungen zeigen sollten. Schon immer wurden all die »Dinge«, die über ein gewisses Maß hinaus aus dem Ruder gelaufen waren, zwangsläufig und auf ganz natürliche Art und Weise wieder auf einen Nenner gebracht. Seit Anbeginn der Zeit haben sich viele Systemneustarts ereignet und falls in unserer »Geschichte« nichts geschieht, dann passiert das gleiche wieder: *ES* kommt zu einem »**Reset**«!!?

Sie kennen das vielleicht von Ihrem Computer. Nach einer gewissen Zeit der Benutzung funktioniert das Ding einfach nicht mehr. Schuld daran hat – von ein paar vernachlässigbaren Ausnahmen abgesehen – allerdings meistens der Benutzer selbst! Durch ständiges Installieren und Deinstallieren wurde in dem »*System*« so viel Müll angesammelt, dass irgendwann eine winzige Kleinigkeit ausreicht, um als Resultat der unendlichen Wechselwirkungen den Computer (mit dem *Flügelschlag eines Schmetterlings*) zum Absturz zu bringen. Selbst so unkonventionelle Versuche wie die schlichte Anrufung »Gottes« oder die allseits beliebte »Hau-drauf-und-weg-Methode« ändern nichts an der Tatsache: Das Ding muss komplett gelöscht und im Zweifelsfalle sogar erneuert werden, da *man* mittlerweile nämlich gar nicht mehr checkt, welche Datei nun mit was auch immer warum nicht wie und überhaupt funktioniert!...

Also formatiere ich fröhlich die Festplatte, um nach einiger Zeit dieselben Fehler erneut zu begehen! Bis zum wiederholten Mal alles dahingeht, vergeht zwar einige »Zeit«, doch das Resultat ist immer das gleiche:

»Reset« bzw. »(***System***)**Neustart**«!

Wie viel »Zeit« wirklich ins Land geht, bis wir abermals an dem Punkt angelangt sind, an dem die »Dinge« einfach zu weit aus dem Lot geraten sind, hängt von unserer Fähigkeit als »User« (Benutzer) ab, aus unseren Fehlern zu lernen und uns in Zukunft mehr als bisher am Riemen zu reißen! Ob und wie sehr wir dazu in der Lage sind, bleibt anhand der derzeitigen Situation und des allgemeinen Entwicklungsstands der Weltbevölkerung allerdings abzuwarten!(?)...

Ein **globales »Reset«** in Form eines *Krieges (der Kulturen)*, eines *Zusammenbruchs der Weltwirtschaft*, eines *(öko)logischen Kollapses* oder einfach nur in Form einer *kleinen feinen Pandemie*, d.h., der Ausbreitung einer Infektionskrankheit über Länder und Kontinente hinweg, sind nur wenige der Schreckensszenarien, die uns über kurz oder lang bevorstehen werden, falls wir es nicht schaffen, uns zusammenzutun, um »Gott« bzw. uns selbst eine andere Richtung zu geben! Doch um den Vektor der »**resultierenden Kraft**« zu ändern, müssen wir in unserem eigenen Interesse lernen, endlich an einem Strang zu ziehen, um das Unmögliche möglich zu machen. Dadurch, dass die Fische in *Findet Nemo* alle in **eine** Richtung – in diesem Fall war es nach »unten« – schwammen, haben sie es geschafft, sich aus dem (Fischer)Netz zu befreien!...

Selbst wenn dies nur eine Szene aus einem Zeichentrickfilm ist, so ist das »***Prinzip***« (doch) nicht falsch und es ist durchaus denkbar, dass die gebündelte und zielgerichtete Kraft vieler Menschen ausreicht, damit **alle** (über)leben können. Doch wie ein kleines Kind be(tr)achtet die Menschheit lediglich bzw. vornehmlich die *äußere* Schale der Welt, missachtet die Zeichen und wartet mit großen Kulleraugen ganz unschuldig und dämlich auf den sicheren Knall, ohne auch nur im Geringsten etwas an ihrer Verhaltens- und/oder Denkweise zu ändern. Einer Denkweise, die alles andere als vernünftig und erwachsen erscheint!

Wir kennen *ES* von unseren Kindern, die ständig und überall Grenzen ausloten müssen, un(ter)bewusst aber wissen und einfach nur darauf warten, dass *ES* endlich einmal kracht. Dies markiert dann die Grenze des Machbaren, die Grenze des »*Systems*«, welche bereits nach kurzer Zeit wieder erneut angegangen wird! Mit großem Geschrei und Tränen wird dann abermals das quittiert, was man (engl. *man*) im Grunde eigentlich erwarten konnte und auch so erwartet hat – denn die Warnungen sind und waren ja da, »man« hat sie nur nicht ernst genommen! Nun hoffen wir doch insgeheim, dass die globale Abreibung ausbleibt und Mutter Natur uns tröstend in ihre Arme schließt, anstatt uns mit dem Kochlöffel auf die Finger zu klopfen und im schlimmsten Fall sogar zu verstoßen.

Von einer ähnlich absurden Annahme, die analog zu einem, im eigentlichen Sinne **kindlichen** Verhalten steht, gehen oft genug die Raucher aus, die nach jahrelangem Nikotinabusus trotz aller wissenschaftlicher Erkenntnisse und Warnungen felsenfest davon überzeugt sind, dass sie ja als einziger mit einem blauen Auge davonkommen, während alle anderen um sie herum krepieren. »Man« redet sich ein, dass ja auch andere Leute krank werden und macht die teuflisch ungesunde Margarine für die Arteriosklerose und das damit in enger Beziehung stehende schwarz gewordene Bein verantwortlich[83], anstatt die »Dinge« so zu sehen, wie sie nun mal (geworden) sind!

Selbst ein diagnostizierter Speiseröhrenkrebs wie der, an dem mein eigener Großvater letzten Endes unschön verstorben ist, lässt Menschen wie ihn selbst im Angesicht des Sensenmannes nicht erkennen, welchen »Bockmist« sie gebaut haben! Wie gesagt: »Andere Leute bekommen ja auch Krebs!«, heißt es dann…

Oh, wie ich diesen verdammten Satz nicht mehr hören kann! Dabei habe ich gar kein Problem damit, wenn jemand – wie der unlängst verstorbene Rudi Carrell – die Folgen (s)eines ungesunden Handelns akzeptiert, anstatt die Schuld von sich zu weisen und die (Tabak)Industrie für die **eigene** Blödheit zu verklagen…

[83] Anm.: Mein eigener Großvater hatte das allen Ernstes behauptet! Dass aber mehrere Packungen Zigaretten am Tag ihr Übriges taten, konnte bzw. wollte er sich **nicht** vorstellen.

Was ich aber in keiner Weise billige, ist, wenn viele von uns für das dumme, eigennützige bzw. (eigen)**süchtige** Verhalten weniger Menschen geradestehen müssen!...

Doch genau das müssen wir in Zukunft tun, ob wir wollen oder nicht. Denn ganz egal, was passiert, sind wir doch alle Teil eines **komplexen**, **globalen** und vielleicht auch **universellen** »*Systems*« und werden deshalb auch zum Schluss **kollektiv** zur Kasse gebeten! … Schönen Dank auch!

»*Was hat er denn jetzt gesagt?*«
»*Dass großer Sturm werden kommen.*«
Sarah atmet aus und murmelt besorgt: »*Ich weiß!*« (82)

Dieses kurze Zitat, am Ende von *Terminator*, stimmt den Zuschauer auf einen bevorstehenden Atomkrieg ein – nach dem es dann zum Kampf zwischen Mensch und Maschinen kommt! Keine Angst, die Sache mit der weltweiten thermonuklearen Zerstörung scheint ja seit Ende des Kalten Krieges mehr oder weniger passé zu sein, wobei bei der derzeitigen Situation dennoch ein ungutes Gefühl in der Magengegend bleibt. *Man* kann an fünf Fingern abzählen, wie lange es dauert, bis es wieder so weit ist und sich die Menschen abermals in den Himmel hochrüsten. Doch davon mal abgesehen, basiert gute Science Fiction, ganz so, wie es Dan Brown sagt, auf guter Science – guter Wissenschaft – und soll deshalb nicht darüber hinwegtäuschen, dass uns die Natur (des Geistes) schon lange einen Ausweg aus der uns offenbar erwartenden Misere zeigt.

»*Solange wir die Wahrheit nicht entdecken, gibt es keinen Ausweg aus unseren Problemen und unserem Leiden. Die Lösung ist die direkte Erfahrung der Wahrheit in der Stille des Geistes, in der Ruhe vollkommener Aufmerksamkeit, in der Offenheit äußerster Empfindsamkeit.*« (83)
- Jiddu Krishnamurti
(Freiheit und wahres Glück)

Der *Goldene Schnitt*

Der ***Goldene Schnitt*** (lat. *sectio aurea*) oder auch die ***göttliche Teilung*** (lat. *proportio divina*) bezeichnet die »*Teilung einer Strecke in 2 Abschnitte, deren kleinerer sich zum größeren verhält wie dieser zur ganzen Strecke.*« (84)

(b verhält sich zu a wie a zu a+b)

Die Kunst und Architektur sieht dieses Verhältnis von etwa **1:1,618** als Inbegriff von Harmonie und Ästhetik an, es zeigt sich zudem auch im Erscheinungsbild vieler Teile der Natur. So findet man (engl. *man*) in der Botanik, Astronomie, Physik, Musik, Kunst und Biologie Hinweise und Gesetzmäßigkeiten, die in Zusammenhang mit dem ***Goldenen Schnitt*** stehen!...

Die Blätter bzw. Blütenstände verschiedener Pflanzen, wie z.B. die der Sonnenblume, verschiedener Kohlarten, Kiefernnadeln an jungen Ästen, Zapfen, Agaven, viele Palmen- und Yuccaarten und die Blütenblätter der Rose, welche hinlänglich als schön empfunden wird, stehen auffallend oft im ***Goldenen Winkel*** von etwa 137,5°. Angenommener Vorteil: Das Sonnenlicht, welches nichts anderes ist als Energie, wird optimal genutzt!

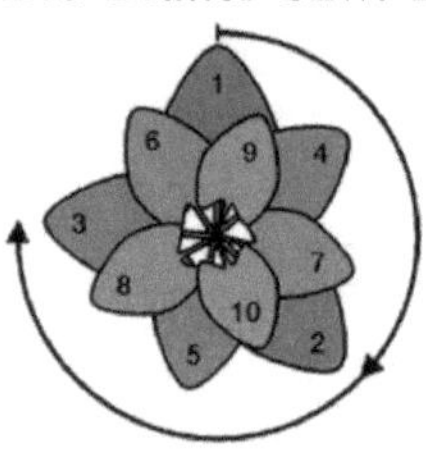

Blattstand einer Pflanze mit einem Blattabstand nach dem Goldenen Winkel (Erstellt von Wolfgang Beyer 2.7.2004)

Aber auch Umlaufzeiten mancher Planeten, die Struktur von Quasikristallen, die »Schönheit« mancher Bilder und Erkenntnisse im Instrumentenbau weisen Verbindungen zum ***Goldenen Schnitt*** auf. »*So wird auch behauptet, dass der berühmte Geigenbauer Stradivari den Goldenen Schnitt verwendete, um die klanglich optimale Position der F-Löcher für seine Violinen zu berechnen.*« (85) Auch die Natur- und Landschaftsdarstellungen von Caspar David Friedrich (* 5. September 1774 in Greifswald; † 7. Mai 1840 in Dresden), einem der bedeutendsten Maler der deutschen Romantik, verdanken ihren oft metaphysisch-transzendenten Charakter dem ***Goldenen Schnitt***. Man kann seine faszinierenden Bilder heutzutage bequem auf *Wikipedia* betrachten und liest dort über die Symbolik mancher seiner Werke…

*»Der Lebensweg eines Menschen wird zum Beispiel in »Mondaufgang am Meer« durch Schiffe dargestellt, die sich zwar noch auf dem Meer befinden, aber irgendwann den Hafen anlaufen werden, was mit dem Ziel oder Tod gleichzusetzen ist.[.] Das **Fundament**, auf dem sich die Personen befinden, ist häufig ein gewaltiger Stein oder Fels. Nach Friedrichs Ansicht stellt der Glaube – genauso unerschütterlich wie ein Findling – das geistige **Fundament** eines Menschen dar. Die Menschen stehen meist gefestigt, beeindruckt und in guter Kleidung.«* (86)

Kommen wir – hinsichtlich des ***Goldenen Schnittes*** – nun aber kurz zu uns bzw. etwas auf den menschlichen Körper zu sprechen! Bekanntlich stehen die Quadratseiten in Leonardo da Vincis berühmter Darstellung des menschlichen Körpers und seiner Proportionen nämlich zum Kreisradius (mit einer Abweichung von 1,7%) im Verhältnis der »***göttlichen Teilung***«, und dass der Nabel den Menschenkörper anscheinend auf der Basis des ***Goldenen Schnitts*** in zwei Teile teilt, weiß doch jeder. (»Kleiner Scherz!«) (87)

Die Zahl *Phi* (nicht zu verwechseln mit der Kreiszahl *Pi*), welche sich als transzendente (nicht algebraische) reelle Zahl mit dem Wert 1.6180339... unendlich hinter dem Komma fortsetzt und der mathematischen Formel des ***Goldenen***

Schnitts entspricht (Phi (Φ) $= \frac{1+\sqrt{5}}{2}$), findet man einigen Quellen zufolge auch noch in anderen Proportionen des menschlichen Körpers. Adolf Zeising (1810-1876), ein deutscher Philosoph, hat dies bereits vor mehr als hundertfünfzig Jahren erkannt und in seinem Buch *Neue Lehre von den Proportionen des menschlichen Körpers* (1854) genauer beschrieben. Wenngleich manche der von Zeising angeführten Definitionen und Längenangaben offenbar eine gewisse Portion Willkür enthalten und einer exakten Überprüfung nicht standhalten, hat er damit die Vorstellung und Theorien zum ***Goldenen Schnitt*** entscheidend beeinflusst. Bis heute kann oder will *man* seine Theorie – die Vorstellung, der ***Goldene Schnitt*** sei eine bevorzugte Proportion – jedenfalls weder entkräften noch hundertprozentig bestätigen. Nichtsdestotrotz: In der naturwissenschaftlich-philosophischen Abhandlung über das *Mysterium der Schönheit* von Dr. Ruben Stelzner, die ich jedem Wissbegierigen nur empfehlen kann und welche im Internet abrufbar ist, liest man unter anderem:

> »*Zeising hat die Proportionen des goldenen Schnittes bis ins kleinste Detail am menschlichen Körper aufgezeigt. Die anatomische Genauigkeit dieses Verhältnisses bei der Gliederung des Menschen ist dabei äußerst beeindruckend. Heutzutage ist das Wissen darum insbesondere bei der Wiederherstellung bestimmter Körperteile sehr nützlich geworden. Praktische Relevanz finden die Proportionen des goldenen Schnittes vor allem in der modernen Schönheitschirurgie (Marquardt 2002) und in der Zahnmedizin bei der Herstellung harmonisch wirkender Zahnformen (Levin 1978, Javaheri & Shahnavaz 2002). So ist beispielweise bekannt, dass die Breiten der ersten beiden oberen Schneidezähne im Verhältnis 1 : 1,618 stehen.*
> *An dieser Stelle soll daran erinnert werden, dass auch beim Menschen die Proportionen des goldenen Schnittes immer mit dem Prinzip der Symmetrie auftreten: Während beim Aufbau des menschlichen Körpers die vertikale Gliederung vornehmlich nach den Proportionen des goldenen Schnittes erscheint, so zeigt sich in der horizontalen vor allem das Prinzip der Seitengleichheit, der Symmetrie. Das Zusammenspiel von Symmetrie in der horizontalen und Asymmetrie in der vertikalen Ebene lässt sich gut am Beispiel der Zähne nachvollziehen. Wie der goldene Schnitt an sich, ist auch der Mensch Ausdruck von Symmetrie und Asymmetrie.*« (88)

Gehen wir nun aber mal weg vom menschlichen Körper und seiner schönen (A)Symmetrie und beschäftigen uns dafür lieber ein wenig mit Mathematik und Geometrie. (Wirklich nur ein ganz klein wenig, versprochen!)…

Die aus dem Buch und Film *Sakrileg* bzw. *Da Vinci Code* bekannten und nach Leonardo da Pisa (»figlio di Bonacci«, Sohn des Bonacci) benannten *Fibonacci-Zahlen* 0, 1, 1, 2, 3, 5, 8, 13, 21, 34, 55, 89, 144, 233, ..., bei denen die jeweils nächste Zahl aus der Summe der beiden vorhergehenden besteht, streben in ihrem Verhältnis, bei dem man jeweils zwei aufeinander folgende Zahlen miteinander teilt, nämlich ebenfalls dem ***Goldenen Schnitt*** entgegen; und selbst das Pentagramm als eines der ältesten magischen Symbole der Kulturgeschichte steht mit seinen Strecken und Teilstrecken in engem Bezug zu den genannten »goldenen« Feststellungen.[84] Auf einer Seite im Internet kann man des Weiteren lesen:

> *»Die empirische Entdeckung des goldenen Schnittes führt uns »zu den ersten Zeiten unserer Geschichte in die Urzeiten zurück«. Es kann schon sein, dass unsere Vorväter sehr bald gelernt haben, Kreise aufzuzeichnen und zu teilen... lieber durch zehn oder fünf... wegen der Finger der Hand! Wie Sie es selber merken können, wird hier von »selbstverständlichen« aber auch natürlichen Zahlen der optischen Schönheit gesprochen!*
> *Zuerst waren es die Griechen, besonders Euklid, die eine Theorie für diese Zahlen schufen. Aber auch Pythagoras, oder besser gesagt seine Jünger, haben versucht dieses Geheimnis der göttlichen Proportion zu enthüllen. In seiner absolut geheimen Sekte war der goldene Schnitt eine heilige Zahl, die mit dem fünfspitzigen Stern verbunden war, dem Symbol für Leben, Schönheit und Liebe. Das Pentakel*[85] *wurde also als Symbol der Pythagoreischen bekannt. Später wurde es als allgemeines Symbol der guten Gesundheit verwendet: deshalb befindet es sich auf einigen alten Münzen und auf zahlreichen gotischen Kathedralen und Kirchen. Auch Plato verwendete den goldenen Schnitt, um das Universum zu erklären.«* (89)

Ob all diese (Er)Kenntnisse für Sie den rein informativen Charakter übersteigen, wage ich an dieser Stelle noch zu bezweifeln. Ich selbst habe – was (weitere) Einzelheiten zu *Phi*, der Kreiszahl *Pi (π)* und der ***E**uler'schen Zahl*, die ebenfalls in enger Verbindung zum ***Goldenen Schnitt*** steht und aus der sich die in der Schule so viel gehassten ***E**-Funktionen* ableiten lassen, angeht – von »Mathe« und »Geo« wahrscheinlich weniger Ahnung als ein heute handelsüblicher Fünftklässler. Ich mache Ihnen deshalb also bestimmt keinen Vorwurf!...

Außerdem möchte ich darauf hinweisen, dass die Sache mit dem »***göttlichen Verhältnis***« – falls von mir nicht absolut exakt recherchiert oder falsch darge-

[84] Laut *PM Magazin* steht das Pentagramm im Christentum für die fünf Wunden Christi und schützt im Volksglauben vor Dämonen. Auf den Kopf gestellt (wie in der Tarotkarte des »Teufels«) heißt es allerdings *Drudenfuß* und ist ein Zeichen Satans (382)

[85] Ein von einem Kreis umschlossenes Pentagramm wird *Pentakel* genannt.

stellt – auch nur als schöne Vorstellung einer allgemeinen Gegebenheit fungieren soll, und nicht die Zahl an sich, sondern das dahinter steckende »***Prinzip***« die **eigentliche** Rolle spielt! Im Grunde geht es (mir) also gar nicht um das rechnerisch genaue Verhältnis, sondern um die Tatsache, dass es überhaupt eine »**Balance**« gibt. Punkt![86]

Ob sich die **Dualität** zwischen dem, was wir gemeinhin als »gut« und »böse« er- bzw. be(tr)achten, also tatsächlich und genau an den ***Goldenen Schnitt*** hält und somit »gut« zu »böse« mathematisch im Verhältnis **1:1,618** oder aber **1,618:1** steht, entzieht sich demnach (nicht nur) meiner Kenntnis! Wenn es aber tatsächlich ein grundlegendes Verhältnis zwischen den (Haupt)Richtungen »gut« und »böse« gibt, dann scheint es fast so, als wäre letzteres der Fall – als gäbe es vom »Guten« zwar *quantitativ* mehr, jedoch falle das wenige sogenannte »**Böse**« dagegen einfach mehr ins Gewicht (Verhältnis **1,618:1**). Das »Böse« ist quasi »schwerer« und wiegt daher mehr als das »Gute«! Was heißt das jetzt genau?...

Nun ja, es ist relativ logisch, dass wir dem »Bösen« dieser Welt mehr Gewicht beimessen und ihm mehr Be(tr)achtung schenken als dem »Guten«, und es ist jedem bekannt, dass wir uns später überwiegend an die schlechten Erfahrungen erinnern und über diese reden!...?..

Gut, Sie haben Recht, so ganz stimmt das nicht. Wenn wir uns an etwas erinnern d.h., zurückdenken und uns einer »Sache«, die allerdings *längere* Zeit zurück liegt, bewusst werden, so empfinden wir größtenteils selbst schrecklichste Ereignisse als nicht mehr ganz so schlimm wie zum damaligen Zeitpunkt!...

Aktiv denken wir an das »Gute« und erinnern uns meist an schöne Momente (unseres Lebens oder beispielsweise einer Beziehung) zurück, das mag schon sein, doch möchte ich behaupten, dass *un(ter)bewusst*, *kurzfristig* und ***passiv*** eher das »Schlechte« als das »Gute« uns in unserem Verhalten beeinflusst und prägt. Das mag mitunter daran liegen, dass das »Böse« – wie auch immer *ES* im jeweiligen Fall erscheinen mag – etwaige Gefahren in sich birgt, welche für unser *direktes* Überleben als Tier in der Wildnis eher nachteilig wären! Also erscheint es uns *un(ter)bewusst* und logischerweise **wichtiger**, dass ein Feind uns unter Umständen missbrauchen, berauben und töten kann, als dass ein Freund uns öfters mal hilft, nett zu uns ist und uns einen »uneigennützigen« Gefallen tut! Wir empfinden das »Böse«, wenn *man* so will, in unserem überwiegend *un(ter)bewussten* Leben somit *bewusster* – *ES* »wiegt« demnach mehr, als es das zahlen- und mengenmäßig klar überlegene »Gute« tut!

---

[86] Anm.: Selbstverständlich ist (auch) geistigen bzw. emotionalen Zusammenhängen und Zuständen ein »physikalischer« *Charakter* zuzuschreiben, dessen »**Balance**« der Natur zufolge womöglich im ***Goldenen Schnitt*** oder in etwas Ähnlichem zu finden ist – ein *Charakter*, der mit sich und (s)einer Umgebung ein **instinktives**, **harmonisches** »*Gleichgewicht*« sucht und es irgendwann (hoffentlich) auch findet!

Der Umstand, dass das »Gute« weniger wiegt als das »Schlechte«, hat nicht zuletzt damit zu tun, dass es, im Gegensatz zum »Bösen«, viel eher *indirekt* als *direkt* auf uns zurückwirkt und das »Gute« von uns deshalb gerne vernachlässigt oder nicht einmal als solches bemerkt wird!

Stellen Sie sich Folgendes vor: Angenommen, wir schenken einer Person aus heiterem Himmel 100 €, so passiert im Anschluss an diese »selbstlose« Tat offenbar weniger, als wenn man derselben Person einfach mal so 100 € wegnimmt. Obwohl man im gleichen Wert von 100 € der gleichen Person jeweils etwas »Gutes« oder etwas »Böses« angetan hat, wird man selbst, die Gesellschaft und die Versuchsperson sich an Letzteres wohl eher erinnern – denn der **Schmerz** des Verlustes wiegt mehr als die **Freude** an dem Gewinn!...

Deshalb ändern wir durch das »Böse«, das uns widerfährt, unser jeweiliges Verhalten in Zukunft eher, als wenn uns in gleichem Maße etwas »Gutes« widerfährt! Jeder, der schon mal »schlecht« behandelt, beraubt, betrogen oder, zum Beispiel, belogen wurde, wird mir beipflichten, wenn ich sage, dass im Gegenzug dazu schon sehr viel »Gutes« passieren muss, damit wir unsere gestörte Sicht der »Dinge« wieder verlieren. Die Tatsache, dass wir also viel mehr »Gutes« tun müss(t)en (**1.618** mal mehr), um annähernd die gleiche Resonanz zu erhalten, als wenn wir etwas »Böses« tun, zeigt mir, dass meine Theorie stimmt. Das »Böse« wiegt einfach mehr, weshalb ich mich in der Praxis auch unverhältnismäßig mehr über den einen, sich unmöglich aufführenden Patienten aufrege, als mich über die fünfzehn bis zwanzig netten und dankbaren Kunden am Tag zu freuen! Physikalisch gesehen hat das »Gute« also eine geringere *Dichte* – eine geringere *molare Masse* – weshalb wir für eine, mit der gleichen Menge an »Bösem« vergleichbare Wirkung mehr vom »guten« Stoff benötigen!

In der Betriebswirtschaft ist dieses »***Prinzip***« längst bekannt, denn ein zufriedener Kunde, dem man viel »Gutes« tut, bringt vielleicht einen neuen Kunden, wohingegen ein unzufriedener Kunde ganz bestimmt zehn andere vergrault.

Aber haben Sie jetzt keine Angst, obwohl das »Böse« schwerer ist und angeblich überall versteckt auf uns lauert, ist es trotz allem immer noch in der Unterzahl! Denn (noch) gibt es vom »Guten« auf der Welt mehr, als wir glauben bzw. wahrnehmen. Die Welt ist nämlich gar nicht so schlecht, wie wir meinen! Täglich werden mehr »gute« als »schlechte« Taten vollbracht, mehr Menschen freundlich behandelt als unfreundlich, und es gibt mehr Menschen, die sich im Straßenverkehr rücksichtvoll verhalten als welche, die einem die Vorfahrt oder den Parkplatz (weg)nehmen!...

Dadurch, dass wir uns an das täglich erlebte »Gute« genauso gewöhnen wie an unseren Kühlschrank oder an unseren Partner, verliert es aber an Bedeutung für uns und entzieht sich ganz allmählich unserem Bewusstsein. Das wird einem erst dann wieder klar, wenn es nicht mehr so ist, wenn wir z.B. Kopfschmerzen haben und alles auf der Welt darum geben würden, wieder schmerzfrei zu sein!

Es ist verrückt, wir sind in unserem Leben mehr gesund als krank, haben länger keine (Kopf)Schmerzen, als wir welche haben, und gehen sicherlich öfters unbeschadet über die Straße, als wir vom LKW plattgemacht werden. Dennoch sind wir nicht dankbar, sondern es kommt mir so vor, als wäre genau das Gegenteil der Fall. Als wären die meisten Menschen umso depressiver, gelangweilter und unzufriedener, je besser es ihnen geht!? Dabei ist *Glück* und *Zufriedenheit* – wie Sie später noch sehen werden (vgl. Band 2, S. 7ff) – tatsächlich nichts weiter als Einstellungs- bzw. Ansichtssache und das Ergebnis eines **Vergleiches**.

Doch anstatt eine andere, bessere Wahrheit zu erkennen – indem wir die Verhältnismäßigkeit neu definieren und die *Qualität* unseres Lebens an anderen »Dingen« messen als an unendlichem *Wohlstand* und maximaler *Befriedigung* – versuchen wir uns ständig unserem *Glück* zu entziehen, indem wir uns der Zerstreuung, Unterhaltung, Freizeit und der übermäßigen Anhäufung materieller Güter widmen. Ein Paradoxon, welches übrigens von **jedem** durchbrochen werden kann, der den Mut aufbringt, auch nur einen Fuß in eine Klinik (für krebserkrankte Kinder) zu setzen! Aus dieser Erkenntnis wird auch der **eigentliche** Sinn von (Danksagungs)Gebeten klar. Nicht die Unterwerfung unter eine höhere Macht steckt hier dahinter, sondern es ist die Bewusstwerdung bzw. ständig wiederkehrende Bewusstmachung der **eigenen** »*Situation*« – die, im **Vergleich(!)**, meist gar nicht so schlecht ist, wie wir meinen!

Spinnt man unsere mentale Fähigkeit alleine durch einen gedanklichen, aber durchaus realen Vergleich, aus Schrott quasi Gold bzw. aus Wasser Wein zu machen, weiter, dann ist es der **gesamten** Menschheit vielleicht möglich, *objektive* bzw. für *objektiv* gehaltenen Niederlagen jederzeit in *subjektive* Siege zu verwandeln. Dann ist es uns unter gewissen Voraussetzungen eventuell tatsächlich möglich, glücklich und in Frieden (zusammen) zu leben und mit dem zufrieden zu ***sein***, was wir ***haben***. Ich glaube daran!... Tun Sie's?

In **jedem** Menschen gibt es ein »**Gleichgewicht**« zwischen dem ***Haben*** und dem ***Sein***, zwischen dem *Tier* und dem *Menschen*, dem *Wolf* und dem *Schaf* und womöglich auch zwischen *Böse* und *Gut*. Es liegt allein in unserer **eigenen** »*Macht*«, dieses Verhältnis im Lot zu halten und folglich die Welt zu zerstören oder sie zu einem Platz im Universum zu machen, an dem alle **(gem)einsam** leben und lieben können!...

Dabei ist es in meinen Augen aber töricht anzunehmen, wir würden uns alle einmal zu vollkommenen Menschen des ***Seins*** entwickeln. Das wäre in keiner Weise natürlich und entspräche auch nicht der Vorstellung vom ***Goldenen Schnitt***! Aber um die »**Balance**« zu erreichen, täten wir gut daran, den extremen Tendenzen in unserem Leben Einhalt zu gebieten – die aus dem Lot geratende Welt wieder zu beruhigen, indem wir uns den *Wölfen* dieser Erde bewusst(er) entgegenstellen und ihnen die Grundlage ihrer »*Macht*« entziehen, indem wir in unserem **eigenen**, **egoistischen** Interesse zuerst an **andere** denken!...

Um mit Shakespeare zu sprechen: »*Denn an sich ist nichts weder gut noch schlimm; das Denken macht es erst dazu.*« Also hören Sie auf, sich als moralischer Sieger zu fühlen und sich dabei andauernd und immer mehr die Butter vom Brot nehmen zu lassen – aber vermeiden Sie es auf der **anderen** Seite, als Stärkerer die Schwächeren zu missbrauchen! Das ist so ein alter Hut und sollte den Menschen von morgen und übermorgen doch nicht mehr belasten, als es bisher sowieso schon der Fall war!...

Und noch was: Wenn wir nicht wollen, dass die *Dunkelheit* sich weiter ausbreitet und das »**Gleichgewicht**« weiterhin empfindlich gestört wird, müssen wir lernen, das *Gute* in uns und in der Welt zu sehen! Wir müssen lernen, es zu (er)kennen, es zu nähren und zu beschützen!

Doch die *Finsternis* vernebelt uns zunehmend den Blick fürs **Wesentliche**, und es scheint nur eine Frage der Zeit zu sein, bis abermals das *objektive* »**Gleichgewicht«** so weit gestört ist, dass keine *Subjektivität* der Welt dieser *Objektivität* mehr entgegenstehen kann. Nach einer Zeit der *Finsternis* wird es dann wieder eine Weile dauern, bis sich ein »**Gleichgewicht«** einstellt, und es, wie schon oft zuvor, aufs Neue wieder *hell(er)* wird!...

Welche der **beiden** Seiten – die »*gute*« oder die »*böse*« – ist denn nun die stärkere? Genauso gut könnte man (engl. *man*) auch fragen, ob der »*Tag*« oder die »*Nacht*« stärker is(s)t! Die Antwort hängt (wohl) nur davon ab, zu welchem Zeitpunkt die Frage gestellt wird und wo wir – als Betrachter – stehen!?

»*Schon merkwürdig, dass Sonnenaufgang und Sonnenuntergang als kitschig gelten. Denn schwärmen nicht alle, die sie jemals bewusst erlebt haben, gerade von diesen Zaubermomenten des Tages?*«, so stand es kurioserweise einmal in der Werbung für den *GEO* Panorama-Kalender geschrieben. Dies war zwar nur ein Spruch, der weiter nichts als ein Stück Papier – mit wunderschönen (zweidimensionalen) Bildern – bewirbt. Doch wie so vieles macht er uns bewusst, was jeder von uns im Grunde seines Herzens weiß, selbst wenn er nie bewusst einen Sonnenaufgang oder Sonnenuntergang erlebt hat:

»*Es* ist die Magie der Balance!«

Die Grundlagen von Schwingungen, Wellen und Kreisläufen, die eigentlich gar keine sind…

»Die Meister sehen die Dinge, wie sie sind,
versuchen jedoch nicht, sie zu kontrollieren.
Sie lassen sie ihren eigenen Weg gehen
und wohnen im Mittelpunkt des Kreises.«
- Laotse

Das Leben ist ein ständiges *Auf* und *Ab*, und meistens dreht ES sich auch irgendwie im **Kreis**! Bei der Quantenmechanik habe ich behauptet, das Leben *an sich* würde einer »**Welle**« entsprechen, und um lebendige **Vorgänge** und **Kreisläufe** in und von »*Systemen*« noch etwas besser als bisher zu verstehen, halte ich es an dieser Stelle für notwendig, etwas genauer auf **Wellen** bzw. **Schwingungen** und **Kreisläufe** einzugehen. Von **Wellen** bzw. **Schwingungen** und **Kreisläufen** (des Lebens) handelt dieses Kapitel.

Bevor wir aber zu konkreten Beispielen kommen, wäre es ganz gut, sich das Verhalten und ein paar der physikalischen Eigenschaften von **Wellen** und **Schwingungen** genauer zu vergegenwärtigen. Wir machen uns dazu ein »Bild« von einer **Welle**, d.h., wir nehmen einen Stift in die Hand und bewegen ihn auf einem Papier *gleichmäßig* wie ein Pendel *hoch* und *runter*. Gleichzeitig ziehen wir mit der anderen Hand das Papier unter dem Stift bzw. Pendel *gleichmäßig* in eine Richtung weg. Mit ein bisschen Übung zeichnen wir dadurch eine »**Welle**« und zwar ungefähr auf die Art, wie es ein alter Mess- bzw. Linienschreiber (z.B. ein Seismograf) zu tun pflegt! Zugegeben, für einen Menschen ist das eine etwas umständliche Art, eine »**Welle«** zu »machen«, aber diese Vorgehensweise ermöglicht es, zu demonstrieren, wie **lebend(ig)e** »*Systeme*« funktionieren, welchen Gesetzen *Sie*(!?) folgen und wie wir auf unser Leben und diese »*Systeme*« *effektiven* Einfluss nehmen können…

In meiner bzw. unserer Vorstellung entspricht der »***Punkt*«**, an dem der Stift auf dem Papier auftrifft und dort seine Spuren hinterlässt, nämlich unserem **augenblicklichen** »***Standpunkt***« – unserem »***Leben***«**!** Interessanterweise steht dieser »***Punkt***«, während einer einen »Augenblick« dauernden Messung, für uns praktisch still – doch im zeitlichen Verlauf bewegt er sich wie ein Pendel *hoch* und *runter* und würde sich das Papier unter dem Stift nicht bewegen, würden wir, anstatt uns *kontinuierlich* weiterzuentwickeln, quasi ständig auf der Stelle treten bzw. schwingen!

Jeder von uns hat die Chance, den »Augenblick« (der Messung) bewusst(er) zu (er)leben! Außerdem kann **jeder** von uns – vermutlich mehr un(ter)bewusst als bewusst – Einfluss auf den **Ausschlag** und die **Geschwindigkeit**, mit der sich der Stift bzw. das Pendel bewegt, nehmen! Auf das Papier, welches wir mit der anderen Hand *kontinuierlich* unter dem Stift wegziehen, haben wir allerdings **keinen** Einfluss, da es die im Leben stets *verstreichende* **Zeit** darstellen soll!

Da ein Tag immer ein Tag und eine Minute auch immer eine Minute bleibt, können wir diese *objektive* **Zeit** also nicht beeinflussen. Wohl aber können wir die *subjektive* **Zeit**, das ***Zeitempfinden***, über die **Geschwindigkeit** unseres Stiftes beeinflussen. Denn je *mehr* »**Wellen**« wir in einer *bestimmten* **Zeit** machen, desto *höher* ist die sogenannte »**Frequenz**« und somit auch die **Geschwindigkeit** unseres *subjektiv* empfundenen Lebens! Wir können uns also entscheiden, ob wir es (im Leben) mit einer *steilen*, *schnellen*, *hohen*, *zackigen* und eher *un(ter)bewusst* ablaufenden **Welle** – oder mit einer *niedrigen*, *gemächlich(er) ansteigenden*, *langsamen*, *harmonischen* und *bewusst(er)en* **Schwingung** zu tun haben (wollen). Beides hat seine Vor- und Nachteile und es liegt auf der Hand, dass ich Sie in Anbetracht unserer zunehmend *beschleunigenden* und damit immer *un(ter)bewussteren*, *automatischeren*, *gedankenloseren* und letztlich *unmenschlicheren* und *ungesünder* ablaufenden Lebensweise davon überzeugen will, in Zukunft nicht mehr so viele »**Wellen**« zu machen wie bisher. Wir müssen abbremsen, falls wir (über)leben wollen, und werden daraufhin erkennen, dass eine vormals *unbedeutend* erscheinende »**Welle**« zur *Größten* für uns wird!

Die Spielerei mit dem Bleistift und dem Blatt Papier ist natürlich nur ein einfaches Modell, welches nicht berücksichtigt, dass wir uns nicht nur in eine Richtung, sondern auch stets seitwärts (im Raum) bewegen und entwickeln. Es berücksichtigt nicht, dass wir – meist un(ter)bewusst – driften! Außerdem sollten wir daran denken, dass stets mehrere verschieden große **Wellen** *gleichzeitig* ablaufen, sich überlagern, gegenseitig beeinflussen und in ihrem **Tempo** jeweils unterschiedlich *hoch* sind. Aber das soll uns an dieser Stelle (noch) nicht stören!

Ziehen wir auf dem Papier nun lieber eine gerade Linie zwischen dem *oberen* und *unteren* Ausschlag unseres eben noch pendelnden Stiftes! Diese Linie stellt – zum besseren Verständnis – von nun ab die Zeitachse (t) dar. Sie teilt den **Ausschlag** unseres Lebens, den man in der Physik auch als **»Amplitude«** bezeichnet, gleichmäßig in eine *obere* und *untere* Hälfte. Die **Zeit**, die der Stift benötigt, um von dieser Achse eine Bewegung nach *oben*, dann nach *unten* an der Achse vorbei und wieder nach *oben* zurück zur Achse zu vollziehen, nennt man »**Wellen*länge***«. Man kann die **Wellen*länge*** aber auch von **Wellen*berg*** zu **Wellen*berg*** oder von **Wellen*tal*** zu **Wellen*tal*** messen! Wie es der Name schon sagt, beschreibt die **Wellen*länge*** im »***Prinzip***« nämlich nur die *zeitliche* und *räumliche* ***Länge*** einer (*einzigen*) **Welle** bzw. **Schwingung**. Anzumerken ist jedoch, dass *die **Länge** einer **Welle** in enger Beziehung zur **Frequenz** liegt* – denn je *länger* die **Welle**, desto *niedriger* die **Frequenz** und umgekehrt!!!

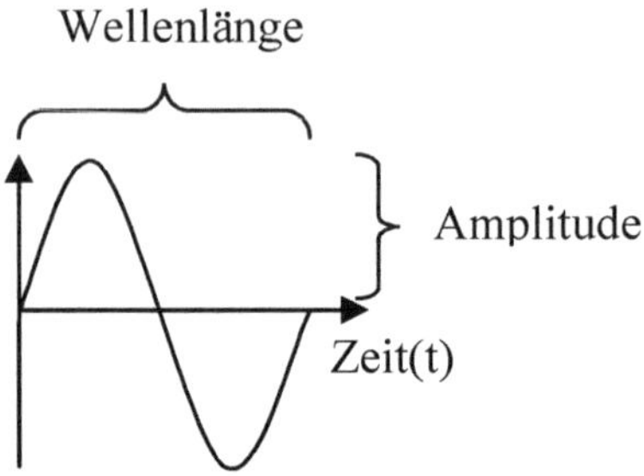

Doch was bedeutet »**Frequenz**« eigentlich genau? Zum einen bezeichnet sie die *Anzahl der Schwingungen in einer Sekunde*. Ihre Einheit in der Physik ist bezeichnenderweise das *Hertz* (1935 benannt nach dem deutschen Physiker *Heinrich Rudolf Hertz*). Ich sage bezeichnenderweise, denn befolgt man die Rechtschreibregel[87] und lässt das t vor dem z weg, so ist ersichtlich, dass in der Medizin die *Anzahl der Atemzüge* oder die *der Herz- bzw. Pulsschläge in der Minute* gemeint ist. Doch das nur so nebenbei!?...

Im Endeffekt bezeichnet die »**Frequenz**« (lat. frequentia) nämlich nichts weiter als die ***Anzahl***, das heißt die ***Häufigkeit*** *von* ***Ereignissen*** *innerhalb eines* ***bestimmten Zeitraums***!

Über die **Anzahl** und **Wirkung** der *positiven* und *negativen*, teils willkürlich, teils unwillkürlich ablaufenden **Ausschläge** (»**Kicks**«), mit denen wir es während unserer beschränkten Lebenszeit zu tun haben, nehmen wir demnach Einfluss auf die **Frequenz** und somit die **Geschwindigkeit** unseres Lebens! Ich möchte Sie bitten, sich das unbedingt zu merken, denn wir können bei unserem »Zeichenversuch«, der den groben Verlauf unseres **(selbst)süchtigen** »*Lebens*« und den von anderen **lebenden** »*Systemen*« darstellt, **zwei** »*Dinge*« (mental) beeinflussen: Es ist zum einen die **Höhe** und zum anderen die **Geschwindigkeit**, mit der wir den Stift übers (Mess)Papier führen! Somit haben **wir** die »Macht«:

Wir könn(t)en entscheiden, ob unser Leben im Stil von »Malen nach Zahlen« im *steilen*, ungleichmäßig und *chaotisch* wirkenden Zickzack verläuft – oder ob *ES* uns, abseits unserer begrenzten *Objektivität*, *sanft* und im (mit)menschlichen Sinne *harmonisch* und *gesund* nach *oben* und *unten* trägt! Wollen wir *gestresst* und *hektisch* – oder insgesamt *glücklich und zufrieden* ***sein***? Wir haben die Wahl, oder wie es ein Zitat aus dem Film *Hancock* besagt:

»Das Schicksal entscheidet nicht alles,
der Mensch trifft Entscheidungen.« (90)
- Hancock
(USA 2008)

---

[87] Anm.: »Nach l, n, r, das merke dir ja, kommt nie tz und nie ck!«

Die Möglichkeit, selbst wenn diese auch nur ganz tief in unserem Unterbewusstsein schlummert, tatsächlich eine Entscheidung treffen zu können und beispielsweise ein »**Ereignis**« wahrzunehmen oder nicht, lässt uns im Übrigen unser Leben und folglich das »Programm« der uns umgebenden und aus- bzw. erfüllenden »**Matrix**«[88] akzeptieren. Die **(Wahl)Möglichkeit** und die darauffolgende **Entscheidung** bestimmt unser **aller** Leben und letztlich ist es die auf einer gewissen **(Wahl)Möglichkeit** basierende **(Entscheidungs)Freiheit**, die unser Leben lebenswert erscheinen und es uns annehmen lässt! Das ist jedenfalls das, was ich aus *Matrix Reloaded* – dem zweiten Teil der *Matrix* Filmtrilogie – gelernt habe. Doch ich schweife wieder (mal) ab. Kommen wir besser zurück zu unserer gezeichneten **Welle**!

Selbst wenn wir das Gefühl haben, dass die **Zeit** einmal *schnell* und einmal *langsam* verläuft, bleibt die *objektive* **Geschwindigkeit** – mit der das Papier unter dem Stift weggezogen wird – dennoch stets dieselbe! Dass wir durch die **Zahl** und die **Ausschläge** der **Ereignisse**, das heißt der »**Kicks**« aber tatsächlich *effektiven* Einfluss auf unser alltägliches Leben, unsere Zufriedenheit, Befriedigung und die bewusst wahrgenommene (Lebens)**Zeit** haben und uns diese Fähigkeit ***aktiv*** zu Nutze machen können, ja sie uns sogar zu Nutze machen **müssen**, um als »Mensch« zu (über)leben, davon bin ich überzeugt!...
Vielleicht nehmen Sie sich (**jetzt**) also wirklich mal ein Blatt Papier und einen Stift zur Hand und malen eine **Welle** bzw. eine mehr oder weniger *harmonische* **Schwingung** auf (...die von mir beschriebene Art!)?... Bis gleich!?...

Na, wie sieht's aus – haben Sie nun endlich 'ne »**Welle**« gemacht? Falls ja, dann wissen Sie jetzt, dass es gar nicht so leicht ist, eine schön *gleichmäßige* **Welle** zu zeichnen! Es braucht etwas Übung, und wenn Sie wollen, dann bewegen Sie jetzt den Stift mal *höher* und mal *niedriger*, mal *schneller* und mal *langsamer*. Ich denke jetzt wird vieles klar(er)!(?)...

---

[88] »***Ma|t|rix*** *die; -, Matrizes, auch: Matrices [...ts̱:e:s] u. Matrizen <lat.; ›Muttertier; Gebärmutter; Quelle, Ursache‹>:*
1.a) *(Biol.) Keimschicht aus der etwas (z. B. das Nagelbett) entsteht;*
b) *(Biol.) Hülle der Chromosomen.*
2.a) *(Math.) rechteckiges Schema von Zahlen, für das bestimmte Rechenregeln gelten;*
b) *(EDV) System, das zusammengehörende Einzelfaktoren darstellt.*
3. *(Mineral.) das natürliche Material (Gestein), in dem Mineralien eingebettet sind.*«

Übrigens, hätten wir in der »Mitte« unseres Zeichenversuchs, in der »Mitte« einer (*einzelnen*) **Welle** – anders, als ich es von Ihnen verlangt habe – die *gleichmäßige* Bewegung des Papiers in die **Gegenrichtung** gewechselt, dann wären wir mit unserem Stift nach kurzer Zeit wieder dort ankommen, wo wir mit zeichnen angefangen haben. Anfang und Ende wären identisch und wir hätten mit unserem Stift einen »*echten*« **Kreis(lauf)** geschaffen!...

Ob der gezeichnete **Kreis** dabei nun prinzipiell wie ein Ei aussieht, die gezeichnete **Kreisbahn** also so elliptisch verläuft wie beispielsweise die Flugbahn von Planeten oder sie doch eher kugelrund verläuft, spielt bei meiner weiteren Betrachtung von **lebenden** »*Systemen*« eine eher untergeordnete Rolle. Wobei auch diese Überlegung sicherlich interessant wäre, da ja auch der ***Goldene Schnitt*** nicht absolut in der »Mitte« verläuft. Aber machen wir es nicht komplizierter, als es ohnehin schon ist!...

Viel wichtiger ist es (für mich) zu erkennen, dass **all*ES*** in unserem menschlichen Universum dem Faktor »**Zeit**« unterworfen ist und man sich aufgrund der zeitlichen Veränderung leicht vorstellen kann, dass es so etwas wie »*echte*« **Kreisläufe** in der Natur gar nicht gibt. Nichts kommt hundertprozentig genauso wieder, wie es ursprünglich einmal war. *Anfang* und *Endpunk*t eines **Kreislaufes** ist, auch wenn wir es oft nicht wahrnehmen, nie vollständig identisch, sondern wird – mit bzw. durch die ständig *fortschreitende* **Zeit** – in (leicht) veränderter Form wieder auftauchen! Mit der »**Zeit**« ändert sich **all*ES***, **all*ES*** ist im Fluss und was uns der Einfachheit halber jetzt vielleicht als **Kreis(lauf)** erscheint, ist in Wirklichkeit vielmehr eine **Schwingung** bzw. **Welle** mit einem nicht hundertprozentig genau vorhersagbaren Ausgang!

Trotz allem ist es gut zu wissen, dass sich **alles**, sowohl das »Schlechte« wie das »Gute«, auf dieser Welt wiederholt. So kann man (engl. *man*) sich zumindest auf manches vorbereiten und den ***automatisch*** bzw. ***passiv*** ablaufenden Entwicklungen mit einer ***aktiven*** Kraft entgegenwirken!

Nun aber zu den Beispielen von **Zyklen** und **Kreisläufen**, die uns mal mehr, mal weniger im Leben begegnen. Wie Sie eben gehört haben, sind es aber eigentlich **Schwingungen** bzw. **Wellen**, die das stets veränderliche Verhalten von und in **lebend(ig)en** »*Systemen*« beschreiben und es so interessant, lebens- und liebenswert machen.

»Demgemäß wird die möglichste Einfachheit unserer Verhältnisse und sogar die Einförmigkeit der Lebensweise, so lange sie nicht Langeweile erzeugt, beglücken; weil sie das Leben selbst, folglich auch die ihm wesentliche Last, am wenigsten spüren läßt: es fließt dahin, wie ein Bach, ohne Wellen und Strudel.«

- Arthur Schopenhauer
(Aphorismen zur Lebensweisheit)

Zyklen

»Des Liebenden Herz
ist angefüllt mit einem Ozean.
In seinen rollenden Wogen
wiegt sanft sich das All.« (91)
- Rumi
(Das Lied der Liebe)

Alles L(i)ebende auf der Welt verläuft in *periodischen* **Zyklen**, in **Wellen**, und wiederholt sich dementsprechend! Auf jedes *Hoch* folgt ein *Tief* und der Nacht folgt beispielsweise der Morgen, welchem sich der Mittag, der Nachmittag, der Abend und, wieder aufs Neue, die Nacht anbindet, um so den **Kreis(lauf)** *regelmäßig* wieder zu schließen.

In diesem Sinne werden wir geboren, wach(s)en auf und schlafen am Ende unseres Lebens wieder ein, um – wer vermag das schon mit Bestimmtheit zu falsifizieren?[89] – erneut aufzuwach(s)en. Das soll jetzt nicht heißen, dass wir wiedergeboren werden, aber wer weiß, vielleicht ist das Leben, das wir l(i)eben, auch nur ein (luzider) Traum aus dem wir, wenn wir sterben, eines schönen Tages erwachen!? Es kann tatsächlich sein, dass wir **alle** in »Wirklichkeit« schlafen und uns unser Leben nur einbilden, um am Ende desselben dann im nächsten »Traum« – dafür aber etwas wacher als zuvor – erneut die Augen aufzuschlagen!..

Wahrhaftige Wachheit, wahrhaftige Aufgewecktheit wäre demzufolge das Ende unserer turbulenten (Traum)Reise durch die Zeit, und stellen wir uns die Menschheit einmal als einen **einzelnen** Menschen vor, so wird sie, kurz nachdem sie (r)echt erwacht ist und nach einem evolutionären Wimpernschlag von wenigen hunderttausend Jahren tatsächlich (wieder) gelernt hat, mit sich und der Welt eine **friedliche** »*Harmonie*« einzugehen, als nunmehr *erwachsenes* **Kind** wieder einschlafen und von der Bildfläche verschwinden. Doch ich schweife ab – schon wieder!...

Zyklen, d.h., **Kreisläufe**, *regelmäßig wiederkehrende(r)* »**Dinge**« oder »**Ereignisse**« sind das Thema unseres Lebens, weshalb wir täglich und wöchentlich in schöner *Regelmäßigkeit* unsere »**Routinen**« absolvieren. Gemäß dieser »**Gewohnheiten**« gehen wir meist zur gleichen Zeit einkaufen oder arbeiten, absolvieren immer zu denselben Terminen der Woche das Fitnessprogramm, schauen wöchentliche oder tägliche Fernsehserien, putzen die Wohnung nicht unbedingt immer dann, wenn sie es nötig hat, sondern wenn es mal wieder »Zeit dafür« ist, bringen die Kinder zur gleichen Zeit ins Bett oder schlafen mit unserem Partner

---

[89] *»**fal|si|fi|zie|ren**: eine Hypothese durch empirische Beobachtungen widerlegen.«*

(ein)! Auch wenn es den Anschein macht, möchte ich hier nicht lang darüber philosophieren, ob »**Routinen**« nun gut für uns sind, da sie »*durch längere Erfahrungen erworbene Fähigkeiten*« darstellen, um so »*eine bestimmte Tätigkeit sehr sicher, schnell und überlegt auszuführen*«, oder ob sie schlecht sind, da sie auch die »*[technisch perfekte] Ausführung einer Tätigkeit, die zur Gewohnheit geworden ist*« bezeichnet »*und jedes Engagement vermissen lässt.*« Denn auch das entfernt uns im Augenblick zu weit vom Thema!

Kommen wir also zurück zum »**Zyklus**«, bei dem mir, wenn ich an meine Freundin denke, unweigerlich die **Hormone** einfallen! Doch keine Angst, auch (wir) Männer werden »*regel-mäßig*« von unseren **Hormonen** gesteuert! So produziert die Zirbeldrüse (Epiphyse) im Gehirn beispielsweise das Schlafhormon Melatonin immer dann, wenn es dunkel ist. Bei heller Lichteinstrahlung wird diese Produktion zugunsten des Adrenalins gestoppt, was dann die Körperfunktionen aktiviert!...

Da folglich auch unser Hormonhaushalt vom *Tag-Nacht-Rhythmus* abhängt und wir Menschen nun mal auf der Erde leben, unterliegen wir ebenfalls einem *prinzipiell ähnlichen* **Rhythmus** wie der *Tag* und die *Nacht*, der Mond oder die Jahreszeiten! Wir reden von Frühlingsgefühlen und Herbstdepressionen, davon, dass uns die Sonne gut tut, wir bei Vollmond nicht oder nur schlecht schlafen können und die tristen Monate uns (allen) die Laune verderben. Trotzdem wollen viele Menschen noch immer nicht glauben, dass die **Hormone** uns auch sonst ziemlich im Griff haben und wir zum Teil nicht freier funktionieren als (m)ein Computer, dem man je nachdem unterschiedliche (hormonelle) Software aufs »(Betriebs)*System*« lädt!

Gerade an den Jahreszeiten – von denen wir bald jeden Tag eine andere haben – kann *man* zurzeit übrigens am deutlichsten erkennen, dass etwas im **globalen** und **lokalen** »*System*« aus dem Ruder zu laufen droht. Denn klar voneinander abgrenzbar sind *Frühjahr*, *Sommer*, *Herbst* und *Winter* schon längst nicht mehr, oder sie sind so kurz und im ungeordneten Wechsel aufeinander folgend, dass sie als »Jahreszeiten« für uns bald ebenso wenig zu erkennen und zu gebrauchen sind wie wirtschaftliche Entwicklungen und Tendenzen der Börse!...

Auch die Konjunktur (m)eines Landes und die der Welt verläuft bekanntermaßen in »**Wellen**«, geht ständig *hoch* und *runter* und scheint sich **insgesamt** so wechselhaft zu verhalten wie das Wetter und unsere Laune(n). Dass unsere Psyche – welche zum Großteil Ausdruck einer hormonellen Situation ist – ständig auf einer eventuell wirtschaftlich beeinflussten »**Welle**« reitet und wir, je nachdem, wie gerade der »Mond« steht, auf dieselben Reize unterschiedlich reagieren, habe ich bereits angedeutet und es ist durchaus anzunehmen, dass unsere partnerschaftlichen Bindungen ebenfalls eine Art von »**Zyklus**« durchlaufen!...

Oder ist Ihnen etwa noch nie aufgefallen, dass sich, gerade in Punkto zwischenmenschlicher Beziehungen, gewisse *zyklische* (**Regel)Kreisläufe** erkennen lassen? Dass Ihr bester Freund oder Ihre Freundin, nachdem er/sie mit ihrem Partner, der Ihrer Meinung nach überhaupt nicht zu ihm/ihr gepasst hat, Schluss gemacht hat, erneut an genau den gleichen Typ Mensch gerät? Wenn auch nicht in derselben, so wählt er/sie doch das gleiche »Produkt« in einer anderen, häufig aber relativ ähnlichen »Verpackung«! »*Zurück zu Los!*«, nach diesem Motto scheinen sich unsere Beziehungen alle paar Jahre zu wandeln, zu erneuern, um uns dann doch wieder – vorausgesetzt, wir haben uns in unserem Sein nicht verändert – das gleiche durchmachen zu lassen wie zuvor! Was teilweise **vier** bis **sieben** Jahre dauern kann, erstreckt sich unter Umständen auch über ein **ganzes** Leben, und ich bin immer mehr der Meinung, dass die »*Wellentheorie*« nicht nur auf **einzelne lebendige** »*Individuen*« oder »*Paare*«, sondern in gleicher Weise auf **ganze** »*Gesellschaften*«, »*Generationen*« und »*Völker*« zutrifft!

Apropos »*Generationen*«, wenn ich da an meinen Vater und mich denke, fällt mir auf, dass sich gewisse Verhaltens- und Denkweisen in unserer Familie ständig wiederholen und ein Menschenleben allein oft nicht ausreicht, diesen langsam ins Bewusstsein tretenden **Zyklus** absichtlich zu durchbrechen! Als Kind übernehmen wir beinahe zwangsläufig Eigenheiten und Verhaltensweisen unserer Eltern und der eine oder andere von uns wird sich im Laufe (s)eines Lebens dessen sch(m)erzhaft bewusst, da er in manchen Situationen genauso (re)(a)giert wie damals die eigene Mutter oder der Vater. Obwohl *man* selbst nie so sein und (**all)***ES* anders bzw. besser machen wollte, wiederholen sich gewisse Dinge, Verhaltensweisen und Vorkommnisse in Familien immer und immer wieder!...

Wer sich genau beobachtet, der entdeckt an und in sich *(s)einen* **Vater**, *(s)eine* **Mutter** und *seine* **(Ur)Großeltern** und hört sich verrückterweise irgendwann einmal genau die Dinge sagen, die *man* so – jedoch aus einem ganz anderen Blickwinkel – schon mal gehört hat. Obwohl wir »wissen«, dass wir uns in ähnlicher Weise entwickelt haben wie unsere Eltern und uns genau daran erinnern könn(t)en, was wir uns als Kind in dem Moment dachten, als unsere Eltern uns so oder anders behandelt haben, machen wir als *erwachsene* **Kinder** die gleichen Fehler wieder (..und immer wieder)!

Doch wir verdrängen die(se) Tatsache(n) und leben daher in prinzipiell derselben Art und Weise, wie es unsere Eltern und die Generationen zuvor schon getan haben. »Wenn ich mal so werde – wie mein Vater oder meine Mutter –, dann sagt es mir, bitte!«, heißt es dann aus unserem Munde. Dabei vergessen wir aber, dass es, wenn *man* uns daran erinnern muss, allerhöchstwahrscheinlich schon zu spät ist. Wir vergessen, dass wir uns zu diesem Zeitpunkt dann schon so weit verändert und einer automatischen Entwicklung unterworfen haben, dass diese uns als solche gar nicht mehr auffällt. Wir haben uns und unsere Wahrnehmung (und mit ihr unsere individuelle Wahrheit) soweit justiert, dass wir eine andere »Realität« gar nicht mehr gelten lassen (…können oder wollen)!

Die(se) Unfähigkeit, sich in einer (solchen) Situation nicht selbst **reflektieren** zu können, um daraufhin **bewusst** auszubrechen und etwas zu (ver)ändern, macht mir, ehrlich gesagt, Angst. Denn genauso wie **jeder einzelne** »*Mensch*« tendieren wir auch als »*Gesellschaft*« immer wieder zu Verhaltensweisen, die in ernstzunehmend ähnlicher Art in unserer Geschichte schon einmal vorkamen!

So ist es unter den gegebenen Voraussetzungen auch kein Wunder, dass wir uns als **globale** »*Gesellschaft*« wieder in Richtung **Faschismus** entwickeln oder viele ältere Menschen bei uns oft der Meinung sind, die heutige bzw. kommende Generation unserer Gesellschaft werfe das Geld mit beiden Händen zum Fenster raus. Wer damals den Krieg (mit)erlebt hat, hat durch die (äußeren) Umstände seiner Zeit das Sparen »gelernt« und hat »gelernt«, nichts von dem, was sich einmal in (s)einem Besitz befindet, »unnötig« auszugeben!..

Ich dagegen habe in meiner Zeit und durch meine Erfahrungen bzw. Erziehung »gelernt«, ohne Probleme oder gar ein schlechtes Gewissen das Geld, das ich allerdings »**selbst**« verdient habe, unter die Leute zu bringen!...

Bei der derzeitig heranwachsenden Generation bzw. Gesellschaft, die ihrerseits auch nur ein *Produkt ihrer Zeit* darstellt, drängt sich einem nun der Verdacht auf, dass sie quasi dazu »erzogen« wird bzw. wurde, das Geld, das *man* nicht hat und zukünftig vermutlich auch nicht erwirtschaften kann, solange es irgendwie geht, auszugeben. Mit möglichst *geringem* **(Arbeits)Aufwand** das *Maximale* an **Befriedigung** zu erreichen, lautet somit das Credo dieser Generation, **unserer** Zeit und **unserer** Gesellschaft!!!

Aus der Generation »Trümmerfrau« wurde irgendwann die Generation »X«, dann (m)eine Generation »Golf« und nun ist es wohl die Generation »Pleite«, deren Credo noch solange Bestand hat, wie man (engl. *man*) aufgrund des zuvor angefressenen (Fett)Polsters weiterhin sorglos ausgeben bzw. konsumieren kann oder zumindest der Illusion erliegt, ohne »**eigenes**« Zutun auch in Zukunft **all*ES*** »*haben*«, aber nicht(s) »*sein*« zu können! Erst wenn der »Speck« (der einstigen Generationen) einmal restlos aufgebraucht ist, wird sich – nach einer Phase der Depression, die »***prinzipiell***« der eines (Drogen)Entzugs sehr nahe kommt – an unserem Verhalten wieder etwas ändern! Wir fangen erneut von Anfang an und tun das gleiche wie schon einmal: Wir sparen, um dann die gleichen Fehler erneut zu begehen!?....

Wie oft und inwieweit eine gesellschaftlich *periodische* bzw. *zyklische* **Wiederholung** in der Vergangenheit tatsächlich schon stattgefunden hat, vermag ich nicht zu sagen, aber der Wirtschaftsprofessor Max Otte schreibt in einem seiner nachdenklich stimmenden Bücher…

»Der in Indien geborene US-Ökonom Ravi Batra stellte Ende der achtziger Jahre eine einfache Zyklentheorie vor. Nach dieser gibt es vier Klassen: die Krieger, die Priester, die Kaufleute und die Arbeiter. Jede Klasse prägt das Zeitalter, in dem sie vorherrscht. In der Ära der Krieger herrschen Disziplin und Ordnung. Heldentum ist wichtiger als Wohlstand. Irgendwann »erschlafft« diese Klasse aber und kann sich nur noch mit Hilfe der Priester (oder Intellektuellen) an der Macht halten. Wenn diese dann in die Hände der Intellektuellen übergegangen ist, werden geistige Errungenschaften besonders wichtig. Junge Menschen wollen nun Priester, Wissenschaftler oder Professoren werden. Aber auch die Ära geht vorbei. Im darauf folgenden Zeitalter der Kaufleute ist materieller Wohlstand das Ziel, an dem sich die Gesellschaft orientiert. Gegen Ende geht die Ära der Kaufleute in ein Anarchisches Zeitalter, das Zeitalter der Arbeiter, über. Das Überleben wird zum höchsten Ziel erklärt, alles ist käuflich. Recht und Gesetz verfallen, bis wieder eine Kaste von Kriegern die Macht übernimmt.« (92)

Sie können sich selbst überlegen, inwieweit die Vorstellung des Ravi Batra mit der allgemeinen und speziellen Geschichte übereinstimmt. Betrachtet man nur die Zeit seit dem letzten Weltkrieg, die »kriegerischen« Elemente und die »priesterlichen« Elemente der deutschen Wissenschaft zum damaligen Zeitpunkt, und betrachtet man weiter die gesellschaftliche und wirtschaftliche Entwicklung bis zum heutigen Tag, an dem *materieller* Wohlstand weltweit das oberste Ziel zu sein scheint und **all*ES*** käuflich (zu erwerben) ist, so kann man sich zurecht fragen, wie lange es dauert, bis das reine Überleben sich bei uns wieder an die oberste Stelle schiebt, Recht und Gesetz verfällt und die Krieger wieder die Macht übernehmen! Wenn Otte in seinem Buch dann noch erwähnt, dass viele Investmentbanker den skrupellosen Spekulant und Gambler im Großmaßstab, Gordon Gekko, aus dem Film *Wall Street* (gespielt von Micheal Douglas) zum Vorbild haben und er dies *»ein bisschen besorgniserregend«* findet, da doch Gekko der eigentliche Bösewicht des Filmes sei, so rollen sich mir dabei die Fußnägel hoch. *»Greed is good« (»Gier ist gut.«)* wurde laut Otte von *»vielen Amerikanern der Yuppie-Generation als Wahlspruch adoptiert«* und wer weiß, ob Gordon Gekko, von dem dieser Ausspruch stammt, später nicht auch *»Geiz ist geil«* in die Runde geworfen hätte!?

Dass die Ansicht, die *»**Gier**«* sei gut, im absoluten Gegensatz zur buddhistischen Lehrmeinung steht, ist hier so offensichtlich, dass es einer Erwähnung wohl kaum bedarf. Unsere *»gierige«* Kultur, die Kultur der Wirtschaft unterliegt daher starken (konjunkturellen) Schwankungen und unterwirft sich einer *zyklisch stetigen* **Wiederkehr**. *ES* ist ein end- und zielloses Phänomen, welches *man(n)* auch an der Länge der Damenröcke erkennen kann und dessen *man(n)* seit Anbeginn der Zeit – was die Röcke angeht »zum Glück!« – nicht »Herr« geworden ist!

Womöglich bekommen wir es auch niemals in den Griff und in gewisser Weise ist das sogar gut so, denn »**Schwingung**« bedeutet »**Bewegung«**, und wir leben nun mal in einem **dynamischen** »*System*«, welches auf »**Bewegung**« basiert! Es gibt sogar Menschen, die behaupten, dass jede einzelne Zelle unseres Körpers schwingt, wir also ähnlich wie die Teilchen, aus denen wir bestehen, ständig in Bewegung sind und nicht zur Ruhe kommen...

Das ist auch nicht weiter verwunderlich, wenn man bedenkt, dass wir (alle) tatsächlich aus Molekülen aufgebaut sind. Unsere Moleküle bzw. Zellen »schwingen« bekanntlich die **ganze** Zeit und werden krank, sobald sie zu sehr aus ihrer »gewohnten« **Schwingung** geraten. Das behauptet jedenfalls so mancher Heilpraktiker! Natürlich kann man davon halten, was man will und **(all)*ES*** als Blödsinn abtun. Ich selbst glaube ja nicht, dass wir eine wirksame Medizin unbedingt zum Rhythmus des Herzschlages (des Mixers!) zusammenmixen müssen oder sich die Kräuter – zur Herstellung von Tinkturen – partout vom Licht der Sonne verabschieden wollen oder dies entsprechend müssen. Was aber die Vorstellung von »aus dem ›Takt‹ geratenen Zellen« angeht und was diese, falls sie stimmen sollte, wiederum für die Welt, in der wir leben, bedeuten würde, könn(t)en Sie sich denken!? Doch zurück zur Wissenschaft:

»*Eine Schwingung (auch Oszillation) bezeichnet den Verlauf einer Zustandsänderung, wenn ein System auf Grund einer Störung aus dem Gleichgewicht gebracht und durch eine rücktreibende Kraft (Rückstellkraft) wieder in Richtung des Ausgangszustandes gezwungen wird. Grundsätzlich basiert das Schwingen eines Systems auf der Energieumwandlung zwischen zwei Energieformen.*

Eine Zustandsänderung kann periodisch verlaufen; dabei durchläuft das System wiederholt nach einem festen Zeitintervall den Ausgangszustand. Man kann es auch noch allgemeiner formulieren: Eine Schwingung ist eine Funktion, die eine physikalische Zustandsgröße in Abhängigkeit von der Zeit definiert. In diesem Zusammenhang können mechanische, elektrische, thermische oder auch hydraulische Zustandsgrößen betrachtet werden.« (93)

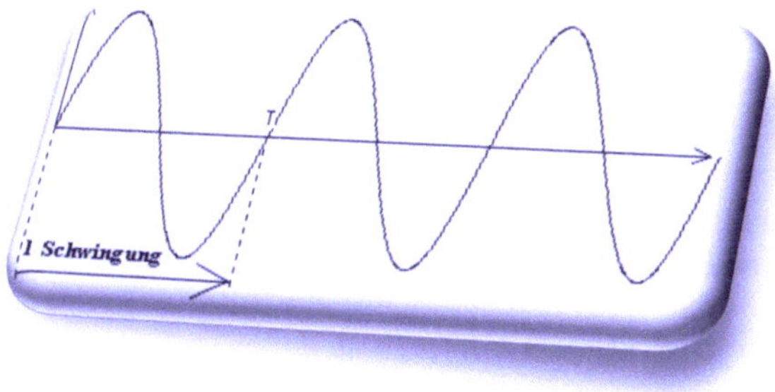

Das Licht der Sonne (oder der Erkenntnis), der Strom aus der Steckdose, die ((zwischen)menschliche) Wärme, der Schall (der Worte aus unserem Mund) oder der Druck, den wir aufeinander ausüben, all das und noch viel mehr ändert wellenförmig das **Gleichgewicht** und den **Zustand** von »*Systemen*«, die durch eine *rücktreibende Kraft (Rückstellkraft) wieder in Richtung des Ausgangszustandes gezwungen werden*. Der Ausgangszustand ist für mich die *natürliche* **Balance**, das **Gleichgewicht** zwischen der **Dualität**, ***Haben*** und ***Sein***, zwischen ***Einem*** und ***Allem***, ***Es*** und ***Über-Ich***, ***Tod*** und ***Leben***! So wie in bzw. bei jeder anderen »kinetischen Energieform«, ruft die Rückstellkraft, die uns dort hinführen will, eine Art von Wellencharakter in »*Systemen*« hervor. Dabei ist »*die **kinetische Energie** (aus gr. kinetikos = die Bewegung betreffend) oder auch **Bewegungsenergie**,[.] die Energie, die in der bewegten Masse eines Körpers enthalten ist. Sie hängt von der Masse m und von der Geschwindigkeit v des bewegten Körpers ab.*« (94)

Da aufgrund der kontinuierlich verstreichenden Zeit **all*ES*** in stetiger Bewegung is(s)t und es so etwas wie »absolute Ruhe« gar nicht gibt, verfügt sämtliche Materie und Antimaterie, **all*ES*** und **jeder**, über *kinetische* **Energie**!..

Auch *potenzielle* **Energie** (oder Lageenergie) ist eine Form von **Energie**, welche allerdings zu einem Bezugspunkt (z.B. der Erdoberfläche) gemessen wird, in Bezug auf andere »*Systeme*« (z.B. andere Planeten) demnach aber auch als *kinetische* **Energie** betrachtet werden kann. So liegt ein Apfel zwar ruhig in der Schale auf dem Tisch neben uns, aber rast gleichzeitig abartig schnell durch den Weltraum! Die **gesamte Energie** von »*Systemen*« ist dabei eine (Erhaltungs)Größe, die sich erst bei einem (Energie)Fluss über die (System)Grenzen hinweg ändert!

Fasst *man* **(all)*ES*** zusammen und geht *man* davon aus, dass **alles** über mal mehr und mal weniger Anteil einer gewissen (Energie)Form verfügt und »**Energie**« die erhaltende, lebendige »**Kraft**«, ja das »**Leben**« *an sich* ist, so ist nichts, was wir kennen, wirklich hundertprozentig *tot* oder *lebendig*. Wie in einer »**Welle**« schwimmt **all*ES*** mal *mehr*, mal *weniger (lebendig) oben* und/oder *unten*! *ES* kommt (mal wieder und wie immer) nur darauf an, wie *man ES* sieht!?...

Wellen sind **Schwingungen**, die, wie alle *periodisch* ablaufenden **Vorgänge**, anhand einer **Sinus**- bzw. **Kosinusschwingung**, bildhaft dargestellt werden können. Sie selbst haben vor Kurzem versucht, eine »**Welle**« zu machen bzw. zu zeichnen, und wissen jetzt, dass Leben Bewegung bedeutet! *ES* ist nichts anderes, als zu schwingen!...

Leben ist demnach gleich einer (Wellen)Bewegung und Körper sind Teilchen, weshalb man Ihnen, als Ausdruck eines halbwegs lebendigen Menschen, genauso wie einem (Elementar)Teilchen, sowohl einen Teilchen- als auch Wellencharakter zusprechen kann! Man wird es übrigens auch dann noch tun, wenn Sie im herkömmlichen Sinn – aber nicht aus meiner persönlichen metaphysikalischen Sicht heraus – mausetot sind!

Selbst wenn sie, wie man es so schön sagt, schon gegangen sind, sind unsere Verflossenen, oder besser gesagt, die »**Schwingungen**« unserer Vorfahren und Verflossenen, immer noch da und wirken in uns und somit im **gesamten ((mit)menschlichen**) »*System*« solange nach, wie es uns (als Menschheit) gibt und wir bewusst oder un(ter)bewusst an sie denken. Das ist das, was ich persönlich als »Himmel« oder von mir aus auch als »Hölle« bezeichnen würde!

Durch Erzählungen und am besten durch mündliche Überlieferungen derer, die die Verstorbenen als (Mit)Mensch tatsächlich kannten, halten diese *positiven* wie *negativen* **Schwingungen** über Generationen an, bis auch sie irgendwann vergehen und sich in etwas anderes, eine andere »(Energie)Form«, weiterverwandeln...

Schwingung gibt es nicht nur *in*, sondern auch *zwischen* Menschen und es kommt nicht von ungefähr, wenn man sagt: »Der liegt genau auf meiner Wellenlänge!« und damit meint, dass man jemanden versteht, ihm zum Teil ähnlich ist und ihn deshalb auch gut leiden kann. Er schwingt mit der gleichen »Frequenz« wie wir, spielt »unisono«[90] und wird so für uns zum annehmbaren Partner, mit dem wir ein **soziales**, **lebend(ig)es** »*System*« und Bindungen aufbauen können.

Jeder andere, der sich die Mühe macht, sich und sein implantiertes, inneres Radio auf die gleiche »Frequenz« zu eichen, kann dasselbe empfangen, dazustoßen und/oder zumindest verstehen, was in der Gruppe geredet wird. Dies wird noch von essenzieller Bedeutung sein, wenn es darum geht, einen einheitlichen Code für eine gemeinsame Kommunikation und eine annehmbare Wahrheit für alle Menschen zu finden!

---

[90] »*Der musikalische Begriff unisono (italienisch* »*Einklang*«*) bezeichnet das Verfahren, alle Beteiligten eines Klangkörpers gemeinsam dieselbe Melodie singen bzw. spielen, auch in verschiedenen Oktaven. Der erzielte Effekt besteht in starker Durchschlagskraft bei gleichzeitig großer Klangentfaltung.[..] Zudem ist* »*unisono*« *eine Spielanweisung für Orchestermusiker, die ein vorangegangenes divisi, also eine Teilung der Gruppe in zwei oder mehr Untergruppen, aufhebt.*« (403)

Fazit:

Es scheint keinen Zweifel daran zu geben, dass (all)*ES* sich wiederholt und von der Wiederholung lebt. Was sich jeweils unterscheidet, ist die **Zeit**, die benötigt wird, bis sich der jeweilige **(Regel)Kreislauf** erneuert! Diese **Wellen*länge***, welche sich in erschreckend vielen Bereichen unseres Lebens ständig zu verkürzen scheint, setzt die allgemeine **Geschwindigkeit** immer mehr nach *oben*. Das Leben wird somit hochfrequenter und läuft fühlbar schneller, dafür aber umso unbewusster für uns ab!!!

Die *Gesetze der Natur* sind weder zu biegen noch zu brechen – soviel steht fest!

Man kann sie aber (er)kennen und für sich nutzbar machen! Bezogen auf **Kreisläufe** und **Schwingungen** unseres Lebens bedeutet das, dass wir sie uns bewusst(er) machen, vergegenwärtigen soll(t)en! Es gilt **Kreisläufe**, **Schwingungen** und insbesondere die *extremen* **Ausschläge** – die ihrerseits wieder aus **Ausschlägen** und **Schwingungen** bestehen – zu entdecken, zu relativieren und ggf. zu kontrollieren, *bevor* sie überhandnehmen und wir nichts mehr dagegen tun können. Schließlich geht es darum, uns um die »Mitte« der *negativen* und *positiven* (menschlichen) **Amplitude** zu bewegen und allzu ausufernden **Ausschlägen**, die die (mit)menschliche **(Toleranz)Schwelle** überschreiten und nicht wieder gutzumachenden Schaden hinterlassen, rechtzeitig einen ***aktiven*** Gegenpol entgegenzusetzen!

Auf die dauernd wiederkehrende Frage, ob auf der Erde und/oder in uns nun das »*Gute*« oder das »*Böse*« überwiegt, scheint es in einem sich **ständig wiederholenden** »*System*«, in dem mehrere Vorgänge auf verschiedenen Ebenen parallel und unterschiedlich schnell ablaufen, nach dem, was Sie bis hierhin gehört haben, verständlicherweise keine (r)echte Antwort zu geben. Insgesamt gesehen hält sich **all*ES*** wohl immer in der Waage – **all*ES*** im Lot! Nur eines scheint sicher zu sein:

»*Zorn, Furcht, Aggressivität, die dunklen Seiten der Macht sind sie. Besitz ergreifen sie leicht von dir [...]*«

»*Ist die dunkle Seite stärker?*«, fragt Luke neugierig und vom Training etwas außer Atem.

»*Nein, nein,... nein* «, antwortet sein Lehrer, »*schneller, leichter verführerischer.*«

»*Aber wie kann ich die gute Seite von der schlechten unterscheiden?*«

»*Erkennen wirst du es, wenn du Ruhe bewahrst, Frieden, passiv. Ein Jedi benutzt die Macht für das Wissen, zur Verteidigung. Niemals zum Angriff!*« (95)

- Star Wars V – Das Imperium schlägt zurück
(USA 1980)

Also wenn Sie mal über 900 Jahre alt sind, dürfen Sie – zwischen zwei Saltos – auch mit solchen Weisheiten um sich werfen. Bis es aber so weit ist, sollten wir uns überlegen, was wir mit der »Macht«, die uns umgibt und augenscheinlich gegeben ist, denn nun anfangen. *ES* ist eine »Macht«, die uns die »Dinge« im **eigenen** Sinne verändern lässt, zum »*Guten*« wie zum »*Bösen*«!?...

Der *Star Wars*-Macher George Lucas beschrieb das **Gleichgewicht** zwischen der *dunklen* und *hellen* Seite der »Macht« übrigens folgendermaßen:

> »*Wenn Gut und Böse vermischt werden, verschwimmen die Dinge – es gibt nichts zwischen Gut und Böse, alles ist grau. In jedem von uns herrscht ein Gleichgewicht dieser Gefühle, und in Star Wars ist das Gleichgewicht zwischen allem der wichtigste Faktor. Es ist gefährlich, wenn dieses Gleichgewicht verloren geht.*« (96)

Sieht man von den Weissagungen der modernen Filmindustrie, die uns zwischen all der Effekthascherei vermutlich mehr un(ter)bewusst als beabsichtigt durchaus deutliche Hinweise für unser weiteres Leben zu geben versucht, einmal ab, dann zeigt uns die Natur schon längst den richtigen Weg – ganz so, wie sie es schon immer getan hat! Es kann natürlich Zufall sein, dass Gesichter, deren jeweilige Seiten in Symmetrie stehen und die gemäß dem ***Goldenen Schnitt*** proportioniert sind, schön und attraktiv erscheinen und Männlein wie Weiblein instinktiv auf gewisse, zueinander in einem bestimmten Verhältnis stehende Körperproportionen schielen. Es kann aber auch ein Sinn darin liegen – es kann sein, dass uns Mutter Natur, indem sie einen »Attraktor« anbietet, dem sich kein Mensch(enkind) auf dieser Welt entziehen kann, bewusst den Weg zeigt:

»Die Schönheit!«

»*Das Schöne fesselt uns,*
aber das Schönste befreit uns von uns selbst.« (97)
- Khalil Gibran
(Sämtliche Werke)

Schönheit

»An dem Tag ist mir klar geworden, dass hinter allen Dingen Leben steckt,... und diese unglaublich gütige Kraft, die mich wissen lassen wollte, dass es keinen Grund gibt, Angst zu haben,... nie wieder! Ein Video ist ein armseliger Ersatz, ich weiß. Aber es hilft mir mich zu erinnern ... und ich muss mich erinnern. Es gibt manchmal so viel Schönheit auf der Welt, dass ich sie fast nicht ertragen kann. Und mein Herz droht dann daran zu zerbrechen.« (98)
- American Beauty
(USA 1999)

Was ist »**Schönheit**«? Zum einen liegt die »**Schönheit**« – wie man(n) so schön sagt – im Auges des **Betrachters**, d.h., sie ist primär *subjektiver* Natur, selbst wenn sie für andere nach gewissen *objektiven* Maßstäben (90-60-90) messbar und einzuordnen ist. »**Schönheit**« beschreibt also stets die »*subjektive* **Empfindung** des **Betrachters**«, weshalb es im wahrsten Sinne des Wortes ganz »schön« ist, wenn *man* überhaupt eine hat bzw. (noch) etwas spürt!

Ich möchte gar nicht weiter auf die *innere* und *äußere* »**Schönheit**« der Welt oder die von Personen eingehen oder mit Ihnen darüber debattieren, ob nun der eine oder der andere Schauspieler »schön« ist oder nicht. Wir sprechen diesbezüglich heute sowieso hauptsächlich von »*sexueller* **Attraktivität**«, von einer »*sexuellen* (**Anziehungs)Kraft**«, welche zwar einen Großteil unseres Lebens ausmacht und bestimmt, aber eben nicht alles ist, wonach wir streben!

Nietzsche sagt: »*Der Laie glaubt, schön sei, was ihm gefällt.*« und so fallen wir regelmäßig auf Äußerlichkeiten herein, bis wir eines Tages hinter die Fassade sehen und das wahre(re) Gesicht der Welt, mancher Menschen und Dinge erkennen! Bestimmt nicht umsonst pflegte mein Opa im Scherz zu sagen: »*Weißt du, Junge, die Schönheit vergeht, aber die Blödheit bleibt!*« Dennoch muss es einen Grund geben, dass – zumindest, was die »*sexuelle* **Attraktivität**« angeht – relative Einigkeit unter den Menschen herrscht. Der US-amerikanische Psychologe Devendra Singh[91] stellte die Theorie auf, »*dass in allen Kulturen Frauen mit einem Taille-zu-Hüfteverhältnis von ungefähr 75% als schön gelten würden*« (99), und manche Wissenschaftler meinen, dass unser Streben nach einem gewissen Verhältnis (wie z.B. dem ***Goldenen Schnitt***) und Symmetrie darauf zurückzuführen ist, dass dies ein Ausdruck für körperliche Gesundheit darstellt und es demzufolge biologische Vorteile bringt, sich mit einer »**Schönheit**« zu paaren...

---

[91] »*Devendra Singh (* 12. Januar 1938 in Indien) ist ein US-amerikanischer Psychologe an der University of Texas at Austin, der 1993 mit seinen Untersuchungen über das Taille-Hüft-Verhältnis als Maßstab für weibliche Attraktivität Aufmerksamkeit erregte.*« (404)

Um dem Begriff »**Schönheit**« aber eine allgemeine, zeitübergreifende Bedeutung zu geben verbreitete sich insbesondere im Gefolge Platons die Ansicht, »*schön sei, was ›gut‹ ist. ›Gut‹ ist dabei weniger im Sinne eines moralischen Urteils zu verstehen, sondern als Maß dafür, inwieweit ein Objekt mit seiner* ***Idee*** *übereinstimmt. So ist ein Tisch dann schön, wenn er ein besonders guter Tisch ist, also besonders geeignet dafür, ihn als Tisch zu verwenden. In diesem Sinne können auch Dinge ›schön‹ sein, deren Auswirkungen aus menschlicher Sicht alles andere als gut sind, z.B. Wirbelstürme.*« (99)

Eine Frage, sind Sie ein »**schöner**« Mensch? Stimmen Sie mit der »**Idee«** des Menschen überein? Eine legitime Frage!(?)...

Ich weiß nicht, woran es liegt, aber ist Ihnen schon mal aufgefallen, dass sich viele Menschen – so wie sie sind – nicht wirklich mögen oder gar (im Spiegel) be(tr)achten (können)? Ich beobachte das immer wieder bei meinen Patienten, die sich bei gewissen physiotherapeutischen Übungen nicht länger als ein paar Sekunden (im Spiegel) begutachten können und/oder wollen. *Sie*(!?) schauen weg, als würden sie sich vor irgendetwas ekeln oder fürchten; als könnten sie das, was sie dort sehen, nicht leiden oder gar ertragen. Warum ist das so?

Wie ist das denn bei Ihnen, schauen Sie auch weg, wenn Sie sich sehen? Oder mal eine andere Frage, haben Sie sich denn schon mal *wirklich* **selbst** gesehen, sich **selbst** – im Spiegel – in die Augen geschaut und gefragt, wer, wie oder was Sie eigentlich sind?...

Ich hoffe doch und ich hoffe auch, dass Sie sich **selbst** – so wie Sie sind – mögen und im (all)gemeinen Sinn »schön« finden! Falls das nicht der Fall ist, dann sollten Sie endlich etwas tun! Und zwar von *innen* und von *außen*! Denn wer soll Sie denn mögen, wenn Sie sich selbst nicht mögen? Dabei ist doch jeder Mensch in der Lage, »schön« zu sein – und das nicht (nur) von *außen*!...

Ich gehe sogar noch einen Schritt weiter und behaupte, das **ganze** »*Leben*« ist »schön« und alleine aus diesem Grunde nicht sinnlos – auch wenn viele da sicherlich anderer Meinung sind und jetzt am liebsten aus dem Fenster springen würden…

»*Schönheit ist der Sinn der Welt.*
Schönheit genießen heißt:
die Welt verstehen.«
- Otto Julius Bierbaum

Doch das brauchen Sie nicht – Sie müss(t)en sich nicht aus dem Fenster werfen oder vor einen Zug legen! Denn dadurch, dass uns die Natur das fühl- und sichtbare »**Schöne**« erreichen lassen will, zeigt sie uns den Weg aus dem *Dunkel* hin zu einem ausgeglichenen und somit möglichst langen, »**schönen**« Leben!

Thomas von Aquin hat gesagt: »*Der Urgrund des Schönen besteht in einem gewissen Zusammenklang der Gegensätze.*« (99) Vielleicht ist es tatsächlich die *Balance der dualistischen Gegensätze*, welche uns – als »**Schönheit**« offenbart – den simplen, aber nicht einfachen Weg markiert. »**Schönheit**« bezieht sich dabei nicht nur auf »Dinge«, die wir mit unseren Augen sehen, mit unseren Händen fühlen und greifen (können) oder mit anderen Sinnen wahrnehmen, sondern auf das, was wir in und mit unseren Herzen spüren. Und Sie wissen:

»*Man sieht nur mit dem Herzen gut.*
Das Wesentliche ist für die Augen unsichtbar.«
- Antoine de Saint-Exupery

Die *wesentliche* »**Schönheit**«, die wir mit dem Herzen »sehen«, zeigt den wahr(er)en Weg des geringsten Widerstandes. Dies ist der Weg, den wir gehen müss(t)en, um möglichst viel von allem in uns zu vereinigen! *Äußere* und *innere* »**Schönheit**«, welche nichts mit arischem Firlefanz und Modellmaßen zu tun hat, sondern es im »***Prinzip***« **jedem** Menschen ermöglicht, gemäß seiner (mit)menschlichen Fähigkeiten und seiner *äußeren* Erscheinung glücklich zu werden, ist das Ziel des Bewusstseins dieser Welt und somit der Sinn dessen, was wir als »Gott« erachten!

»Schönheit ist Balance«

Alexithymie

»... die Menschen urteilen insgesamt mehr nach den Augen als nach dem Gefühl, denn sehen können alle, fühlen aber wenige. Jeder sieht, was du scheinst, wenige fühlen, was du bist, und diese wagen es nicht, der Meinung der Menge zu widersprechen, welche die Majestät des Staates zu ihrem Schutze hat.« (100)

- Niccolò Machiavelli

(...über den Schein von Tugend, den ein »Fürst« an den Tag legen sollte.)

Es ist nicht nur für die Wechselwirkung zwischen unserer *Psyche* (Geist und Seele) und unseres *Körpers* (Soma) sehr wichtig, unsere **Gefühle** so genau wie möglich benennen zu können und ihnen so Ausdruck zu verleihen, sondern es ist auch für das **Gleichgewicht** der Welt von entscheidender Bedeutung. Hat jemand nämlich keinen Zugang mehr zu komplexeren *seelischen* **Empfindungen**, so kann er trotz (s)eines guten Aussehens schlecht zu einer **eigenen** **Balance** finden und somit kaum **positiv** auf **größere** »*Systeme*« wirken. Umgekehrt gilt das Gleiche. So einfach ist das!

Immer mehr Leute können heutzutage z.B. seelischen Schmerz, Hilflosigkeit, Ohnmacht und Verlust oft nicht mehr benennen, sondern nehmen diese »Dinge« nur noch als den damit verbundenen Zustand wahr. Wir sind »schlecht drauf«, oder sind einfach nur »aufgeregt«, ohne genau zu wissen, warum. Geht man sogar dazu über, seine *seelischen* und *geistigen* **Empfindungen** anders zu deuten oder sie ganz in eine andere Erlebnisebene, z.B. ins *körperliche* **Empfinden** – oft in Form von Schmerz –, zu verlagern, so spricht man laut Barbara Rose Legeler (Chefärztin Abt. für Psychotherapeutische Medizin mit Psychotraumatologie der Klinik am Osterbach), in der Psychotherapie vom Symptom der sog. »**Alexithymie**«. (101) Im klinischen Wörterbuch Pschyrembel wird dieses Phänomen wie folgt beschrieben:

»... Unvermögen, Gefühle hinreichend wahrzunehmen u. zu beschreiben; wichtig für das Verständnis psychosomatischer Störungen« (102)

Gab es in der Vergangenheit also eher *anatomische* und *mechanische* Ursachen von Rückenbeschwerden oder inneren Leiden, so sind es meiner Meinung nach derzeit immer mehr *psychische* Probleme, die *körperliche* Beschwerden verursachen! Männer scheinen dabei ihre *psychischen* Probleme eher in den unteren Rücken zu produzieren, während die holde Damenwelt gerne die bekannten »Schulter-Nackenprobleme« als Ausdruck einer (inneren) Anspannung wählt.

Achten Sie mal darauf, wie viel Last mancher auf seinem Rücken mit sich herumschleppt, und Sie werden sehen, dass dies keine Einzelfälle sind!

Natürlich gibt es (noch) Patienten, die aufgrund degenerativer Veränderungen, sprich, dem *mechanischen* Verschleiß des Bewegungsapparates, Beschwerden haben, jedoch spielt die zu hohe, *körperliche* Belastung bei den heutigen Bürojobs bestimmt eine geringer werdende Rolle! Doch da erzähle ich Ihnen sicherlich nichts Neues, antworten doch viele meiner Patienten auf die Frage, womit ihre Rückenbeschwerden zusammenhängen, größtenteils mit: »Stress«, »zu wenig Bewegung« oder mit »immer, wenn ich ›schlecht‹ drauf bin«! Genauer können es die meisten schon gar nicht mehr beschreiben und haben damit meistens schon die Antwort auf ihr(e) Problem(e) geliefert!

Vom modernen Menschen wird – gleich einer Maschine – erwartet, emotionslos zu agieren, zu funktionieren und *monoton* zu handeln. Sieht *man* mal davon ab, dass der Mensch alles andere als auf »**Monotonie**« ausgelegt ist, dann verhalten wir uns unserem **opportunistischen** »*Programm*« entsprechend sowohl im beruflichen als auch im persönlichen Umfeld letzten Endes nur noch *strategisch*, also möglichst *angepasst*. Das tun wir, um nur nicht »negativ« aufzufallen und so möglichst »maximalen« **Nutzen** aus einer jeweiligen Situation ziehen zu können – einer Situation, die wir *dem Anschein nach* nicht verändern können!...

Gefühle – wie Ihnen jeder angeblich ach so erfolgreiche Chef glaubhaft darstellt – bringen einen auf der Karriereleiter nicht wirklich weiter, weshalb *man* Ihnen auch tunlichst anrät, weder zu denken noch zu fühlen, sondern einfach nur zu machen. Wie gesagt, Sie sollen einfach nur funktionieren – mehr nicht!

Doch genau hier liegt der Fehler im »*System*« des Bauernhofes!!! Denn *glückliche* und damit auch *gesunde* »Kühe« geben zwar nicht unbedingt **mehr** Milch als andere, wohl aber über einen **längeren** Zeitraum die **bessere**! Und noch eines darf man nicht außer Acht lassen: Je *gesünder* die »Kuh«, desto *glücklicher* und somit *gesünder* ist schließlich der »Bauer« und nicht zuletzt die Natur, womit dann wieder allen gedient wäre!?...

Auf das **Gefühl** der »Kuh« wird aber bekanntlich genauso wenig Rücksicht genommen wie auf das des »Bauern«, der Natur *an sich* oder auf das Ihre. Es sei denn, es handelt sich bei Ihnen um ein sog. »***Kobe***-**Rind**«, dann sähe die Sache nämlich ganz anders aus! Man würde Sie täglich bis zu 3 Stunden massieren, dabei mit Sake (japanischem Reiswein) besprühen und Ihnen neben einem speziellen Kraftfutter auch regelmäßig leckeres Bier zu trinken geben. Das Bier soll dabei, ähnlich wie bei uns Menschen, den Appetit anregen und so die Viecher auch an schwülen Tagen zu reichlichem Fressen bewegen. (103) Ein »***Prinzip***«, welches in unseren Biergärten bekanntermaßen schon lange Tradition hat!(?)...

Doch selbst die fetteste *Kobe*-Kuh wäre nicht so fett, wenn sie gar keine **Gefühle** hätte. Dann wäre ihr nämlich von Anfang an so ziemlich alles scheißegal und sie würde selbst das Fressen verweigern, was der »Sache« *an sich* nicht unbedingt dienlich wäre! Damit aber genau das nicht passiert, hat die Natur vorgesorgt, indem sie uns »**Gefühle**« mit auf den Weg gegeben hat. »**Gefühle**«, zu denen ich im weitesten Sinne auch den »**Hunger**« und »**Durst**« zählen will! Gut, sie entsprechen vielleicht eher *niederen* »**Bedürfnissen**«, doch sind sie nötig, um den Körper mit seinen (Grund)Funktionen am Leben zu halten. Und wer weiß, vielleicht brauchen wir ja **mehr Gefühle**, als wir denken, um über diese »(Grund)Funktionen« hinaus längerfristig bestehen zu können!?

Wer weiß, vielleicht ist ja das **abnehmende** (Körper)**Gefühl** und die damit verbundene »(Gefühls)**Kälte**« mit ein Grund dafür, dass Kinder Amok laufen, die **langfristige** Produktivität unserer Wirtschaft sinkt, die Milch sauer wird, die Anzahl der Selbstmörder steigt, Menschen dazu neigen, sich gegenseitig zu quälen und wir uns (selbst im familiären Bereich) immer häufiger Gewalt antun? Doch was ist »Körperwahrnehmung« denn überhaupt?...

Laut Diana Ellermann aus der Abteilung der psychotherapeutischen Medizin der Klinik am Osterbach ist »*Die Körperwahrnehmung[...] eine achtsame Arbeit mit dem Körper, bei der es vor allem ums Spüren geht, zum Beispiel von Verspannungen, Schon- und Körperhaltungen, Schmerzen, bestimmten Bewegungsmustern und dem Kontakt zum Boden*«...den wir leider (schon) verloren haben! (104) Indem wir (wieder) lernen, den Kontakt zum »Boden« zu finden und ihn zu halten, lernen wir in gleichem Maße auch mit *uns* und unserem *Körper* **achtsam** umzugehen – der richtige Weg, um auf *uns* und diese *Welt* in *gesunder* Weise Einfluss zu nehmen!(?)

Wie lernt es aber der mehr oder weniger *normale* Mensch von heute, ohne die Zuhilfenahme von Apparaturen, die Aufmerksamkeit auf *sich* und (s)einen *Körper* zu richten? Ganz einfach: …

»**Er atmet!**«(?)

Tja, Buddha hat es wohl alleine durch die Konzentration auf seine Atmung geschafft, ins sog. »**Nirwana**« einzutreten[92]. »*Gut und günstig*«, will ich meinen!

Buddha heißt wörtlich übersetzt übrigens »Erwachter«, auch »Erleuchteter«, und laut ihm führt jeder die Fähigkeit zur »Erleuchtung« in sich. Ferner darf sich jeder »Buddha« nennen, der aus **eigener** »Kraft«, **ohne** die Anleitung eines anderen »Buddhas«, das Erwachen erlangt hat (105). Und atmen kann, mal abgesehen von Darth Vader, doch jeder auf die eine oder andere Art – nicht wahr?

Jedoch sollten Sie jetzt, nur weil Sie über die *körperlichen* Voraussetzungen eines »Buddhas« verfügen, nicht gleich anfangen, wie ein nervöser Yorkscher Terrier loszuhecheln – denn ein gewisses Kribbeln in den Lippen, dem Gesicht,

---

[92] Vgl. Giulio Cesare Giacobbe: *Wie Sie Ihre Hirnwichserei abstellen und stattdessen das Leben genießen.* 3.Auflage. München 2005. ISBN: 978-3-442-21716-8

in Händen und Füßen bis hin zur »Pfötchenstellung« (in der Medizin bekannt als *Trousseau-Zeichen*) führt einen zwar auch in eine Art »Nirwana«, aber anders!

Die »Pfötchenstellung«, das heißt, das »krampfartige Zusammenziehen der Finger, bis man sie gar nicht mehr bewegen kann«, ist – als Folge einer »Hyperventilation«[93]–, also nicht mit dem **eigentlichen** Sinn und Zweck der »Atemwahrnehmung« zu verwechseln, und sollte Sie, falls sie einmal auftritt, tunlichst dazu bringen, *in* und vor allem ***aus*** einer Tüte zu atmen!...

Allen anderen sei gesagt, dass es sich bei der »Konzentration auf die **eigene** Atmung« nicht um das Erreichen irgendeiner Art von abgedrehter Trance handelt, sondern vielmehr zur *geistigen* Präsenz in der Realität führen soll – also im Grunde genau das Gegenteil von Trance bedeutet. Nicht ausklinken, sondern einklinken ist angesagt! Sie werden sehen, dass es gar nicht so leicht ist, sich eine Zeit lang auf die **eigene** Puste zu konzentrieren, ohne dabei einzuschlafen, daran zu denken, was Sie als nächstes tun könn(t)en oder ob die Herdplatte – wie das Licht vom Auto – auch *wirklich* aus ist oder nicht…

Warum versuchen Sie es denn nicht einmal – atmen Sie und konzentrieren Sie sich nur darauf! Wie gerade erwähnt, vergewissern Sie sich aber am besten **vorher**, ob die Kaffeemaschine aus, der Herd abgedreht, der Computer heruntergefahren, das Auto abgeschlossen und/oder das Bügeleisen ausgesteckt ist. Schließen Sie jetzt für einen kurzen Moment die Augen und atmen Sie! Konzentrieren Sie sich am Anfang einfach nur auf zwei bis drei Atemzüge! Ein- und Ausatmung. ..Ein- und Ausatmung … Ein- und Ausatmung. Na, tut das nicht »gut«?

Wenn ich Giulio Cesare Giacobbe – der therapeutische Techniken Asiens an der Uni von Genua unterrichtet – richtig verstanden habe, dann kann jeder, der eine halbe Stunde lang, ohne dass er an etwas denkt oder seine Aufmerksamkeit auf etwas anderes richtet als seinen Atem, einen flüchtigen Blick ins Nirwana erhaschen. (106) Hätte Darth Vader – der Lord der dunklen Seite der Macht aus *Star Wars* – seine **Gefühle** erforscht, wie es seine Lehrmeister von ihm mehr als einmal verlangt hatten, dann hätte er sich und anderen viel Leid ersparen können und sein zukünftiges Leben nicht in der Abhängigkeit von Maschinen fristen müssen. Er hatte sich aber leider von *Wut*, *Angst* und (seelischem) *Schmerz* solange blenden lassen, bis für all die anderen »**Gefühle**« kein Platz mehr war! Da wundert es einen nicht, wenn einer wie er (schwarzgekleidet) rumläuft und allen, die ihm gegen den Strich gehen, kurzerhand und im wahrsten Sinne des Wortes, Kraft seiner Gedanken, die Gurgel abdreht. Tja, hätte er (so wie Sie) besser mal geatmet…!(?)

---

[93] *»**Hy|per|ven|ti|la|ti|on** die; - <gr.; lat.>: (Med.) übermäßige Steigerung der Atmung, zu starke Beatmung der Lunge«*

Wer von Ihnen nun Geschmack am »Atmen« gefunden hat, kann sich währenddessen nach und nach auf verschiedene Körperteile konzentrieren! Wie fühlt sich dabei der *Rücken* an, die *Nasenspitze*, die *Schultern* usw.? Das sind alles »Dinge«, die wir uns schon lange nicht mehr gefragt haben und die uns in der Regel (leider) erst bewusst(er) werden, wenn etwas weh tut!...

Was geht in meinem Bauch ab, wie schnell schlägt mein Herz, bin ich nun Links- oder Rechtsträger? Egal, was Sie auch tun, Sie werden sich bei der »Wahrnehmung Ihres Körpers« ganz automatisch beruhigen. Geniale Sache, wenn *man* bedenkt, dass *man* für einen ähnlichen, aber nicht denselben Effekt, in manchen Wellness-Tempeln oder Apotheken einen Haufen Kohle hinblättern muss. Sie sehen schon: **Echte** Entspannung muss meiner Meinung nach quasi durch uns **selbst** von *innen* heraus kommen! Sie kommt durch eine **Bewusst*werdung*** zustande und kann nicht (nur) von *außen* durch Chemie, einen anderen Menschen oder, noch schlimmer, durch eine seelenlose Maschine künstlich und kostenpflichtig hervorgerufen werden!

Versuchen Sie die preiswerteste aller Entspannungsmethoden, die außerdem zu den *effektivsten* der Welt gehört, doch auch mal im Alltag! Wenn der Vordermann Sie schneidet, **all*ES*** über Ihnen zusammenbrechen will oder Sie sonst irgendetwas »tierisch« nervt, dann atmen Sie einfach *ein* und ***aus***! Und wenn ich noch (mal) einen Tipp geben darf: Richten Sie Ihre Aufmerksamkeit dabei vor allem auf das ***Aus*atmen**, welches langsam und vollständig den angestauten Stress aus Ihrem Körper entweichen lassen soll! Wichtig: Lassen Sie nach Möglichkeit dabei die Augen *offen*, da dies gerade im innerörtlichen Straßenverkehr – bei einer Richtgeschwindigkeit von 85 km/h – oft von entscheidender Wichtigkeit für Ihr und das (Über)Leben anderer sein kann! Ansonsten dürfen Sie sie natürlich schließen – und so tun als würden Sie schlafen. Na dann mal los:

»Atmen Sie (gefälligst)… aus!«

Wie wichtig das »**Fühlen**« insgesamt für uns und unseren Weg ist, zeigt folgendes Zitat:

»Die Vernunft formt den Menschen, das Gefühl leitet ihn.«
- Jean-Jacques Rousseau

Wenn also das »**Gefühl**« nicht mehr richtig funktioniert, werden wir unweigerlich fehlgeleitet und fahren trotz emotionaler Beschilderung statt nach Süden in den kalten Norden – was dann weder unserer Erwartung entspricht, noch dem Inhalt unseres sorgfältig gepackten Reisekoffers!

Es ist aber zugegebenermaßen auch durchaus schwierig, etwas »richtig«, d.h., (wie) uns selbst zu spüren bzw. zu fühlen. Ständig und überall sind wir nämlich

neuen Sinneswahrnehmungen und somit immer **neuen** Eindrücken ausgesetzt! Aber wer hat denn behauptet, dass es leicht wird?

Soweit ich weiß, ist sich die Wissenschaft noch nicht genau im Klaren darüber, welche (*körperlichen*) Prozesse zur Bildung von Hornhaut führen, aber eines ist gewiss: Es geschieht immer dort, wo wir **erhöhten** (*körperlichen*) **Belastungen** ausgesetzt sind! Warum soll das Gleiche dann nicht auch für unsere **Gefühle** und somit auch für unsere **Seele** gelten? Warum kann eine »**Alexithymie**« nicht die Folge einer ***ständig*** *andauernden* **Reizüberflutung** sein, infolge derer sich (m)ein »Organismus«[94] schlicht und einfach nur zu schützen versucht? Kann *man* es ihm denn verdenken, wenn er eine (Schutz)Schicht bildet, um nicht erneut verletzt und den neuen Anforderungen gerecht(er) zu werden? Mit dem leidigen (Neben)Effekt, dass wir mit der »Zeit« unweigerlich unempfindlicher gegenüber den erhöhten (Umwelt)Einflüssen werden, uns zunehmend entfremden und zum Schluss fast gar nichts mehr fühlen… als den Sch(m)erz *an und für sich*! Kein Streicheln, keine sanfte Berührung vermag es, diese »Hornhaut« zu durchdringen. Nicht einmal das allabendliche Leid dieser Welt!!!

Wie, Sie glauben das nicht? Sie glauben nicht, dass Ihre **Sinne** und **Gefühle** immer mehr verkümmern?...

Dann schauen Sie sich doch mal um! Stört Sie irgendwas? Fühlen Sie (denn) irgendwas? Wahrscheinlich nicht, wobei es doch **eigentlich** so sein sollte!? Ich meine, täglich sehen wir Mord und Totschlag im Fernsehen, lesen von Ungerechtigkeiten, Schicksalsschlägen und hören in den Nachrichten, wie schlecht und grausam die Menschheit ist. Spüren tun wir aber rein gar nichts!!?...

In Palästina wird ein Taxifahrer vor unseren Augen von israelischen Soldaten abgeknallt, in Afrika, Irak oder sonst wo verrecken zur besten »Sendezeit« die Menschen beinahe in »Echtzeit« und keine »Sau« interessiert *ES* (**wirklich**)! Zu Kriegszeiten werden Leichen gezeigt, tote Körper von Kindern und Frauen. Bilder, die einst nur hartgesottenen Soldaten vorbehalten waren und vor nicht allzu langer Zeit der Zensur unterlagen, werden heute durch unsere mediale Welt jedem, der *ES* will oder auch nicht, beinahe unweigerlich als Untermalung (s)eines Abendessens angeboten. Und wir – … wir **konsumieren**! Wir **konsumieren**, **verbrauchen**, **verzehren**,… **»nehmen auf**« und **fühlen** bei den Bildern und Nachrichten aus aller Welt nicht einmal den Ansatz eines aufsteigenden Brechreizes in uns hochkommen. Prost Mahlzeit!!!...

»Das stimmt (alles) nicht!«, sagen Sie? Tja, dann haben Sie in letzter Zeit nicht wirklich aufmerksam die Medien »**verzehrt**« oder sich auch nur annähernd

---

[94] *»**Or|ga|nis|mus**« der; -, …men:*
1. a) *gesamtes System der Organe (5);*
b) *(meist Plural) (Biol.) [meist tierisches od. pflanzliches] Lebewesen.*
2. *(Plural selten) größeres Ganzes, Gebilde, dessen Teile, Kräfte o. Ä. zusammenpassen, zusammenwirken«*

darüber Gedanken gemacht, ob das Gezeigte nun »Wirklichkeit« oder »Fiktion« ist! Denn wenn es so wäre, müssten **Sie(!)** etwas tun – und sei es nur sich zu übergeben! Es müsste etwas geschehen, um dem ein Ende zu bereiten…

Doch es passiert nichts, rein gar nichts! Im Gegenteil, es wird – je nachdem, ob Krieg herrscht oder nicht – noch schlimmer kommen! Schon jetzt fragt sich niemand mehr, warum uns **eine** (Kinder)Leiche in den Nachrichten genauso wenig berührt wie das Schicksal einer **ganzen** (Bevölkerungs)Gruppe oder der (Gesundheits)Zustand unseres Nachbarn, den wir komischerweise schon seit geraumer Zeit nicht mehr zu Gesicht bekommen haben. Wir (be)**merken** es nicht, wenn ganz allmählich die Weichzeichneroptik um die *Gesichter (des Todes)* dem hochdefinierten Bild einer kranken Welt weicht, um uns trotz allem weiter im »Glauben« zu lassen, dass in »Wirklichkeit« **all*ES*** vollkommen in Ordnung, **(all)*ES*** völlig »normal« und »okay« is(s)t.

»Ist ja (alles) nur Fernsehen!«, mag sich manch einer (nun) denken und vergisst dabei, dass wir in einer »Realität«, in der es immer schwieriger wird, zwischen »Fakt« und »Fiktion« zu unterscheiden, vielleicht bald nicht mehr wissen, was denn nun »echte« und was – zu einem bestimmten Zweck – »provozierte« **Gefühle** sind…

Anstatt wahrhaftig ***eigene*** **Gefühle** zu entwickeln – **Gefühle**, die so *tief* gehen und uns im *Innersten* so stark berühren würden, dass wir gar nicht anders könnten als **uns(!)** zu (ver)ändern und zu (be)handeln – täuschen wir uns viel lieber gegenseitig Interesse, (Mit)**Gefühl** oder Ähnliches vor! Schließlich machen wir (damit) nur das, was *man* von uns gerade verlangt bzw. erwartet! Doch hier ein kleiner Tipp am Rande: Es ist nicht immer (nur) die »***Matrix***«, die wir auf der Oberfläche der Mattscheibe sehen und (mit)erleben, sondern die erschreckende »Realität« – eine **mehrdimensionale** »*Wirklichkeit*«, welche in Bild, Ton und Inhalt zwar im Sinne eines (Gedanken-)kontrollierenden Mediums für uns (konsumger)echt und leicht bekömmlich verpackt wurde, jedoch hinter alledem eindrücklich genug zeigt, wie *ES* da »draußen« (vielleicht) *wirklich* is(s)t!

Mal ehrlich, irgendetwas kann mit uns doch nicht stimmen, wenn die meisten von uns nur noch lachen oder weinen, sich freuen, gespannt oder traurig sind, sofern Hollywood es will oder unsere (Fußball)Mannschaft gewinnt oder verliert. Es kann doch nicht sein, dass wir nicht mit der Wimper zucken, während man uns das ***wirkliche*** Leiden der Welt präsentiert, wir aber im nächsten Moment und mit einem Klick bei *Nur die Liebe zählt* landen und wieder den altbekannten (synthetischen) Kloß im Hals ver**spüren**. Und Sie fragen sich noch, warum Sie Ihren eigenen Partner genauso wenig ***wirklich*** **fühlen** wie sich selbst!?...

Doch leider ist ja **alles** in Ordnung – **(all)*ES*** scheint im Lot zu sein. Der Mensch macht nämlich nichts anderes als das, was er schon seit Millionen von Jahren macht und was ihn schließlich ans Ende der (Nahrungs)Kette brachte: Er passt sich an die gegebenen Umstände an! So haben wir, um in d(ies)er Welt der schier unbegrenzten Reizüberflutung und Bedürfnis**befriedigung** zu (über)leben, allmählich unser ***echtes*** (Mit)**Gefühl** für uns und andere(s) verkümmern und die »Hornhaut« dafür wachsen lassen. *ES* ist nichts anderes als ein allmählich gewachsener, unästhetischer Schutz, den wir einerseits brauchen, genießen und dem wir vertrauen – der nach einer gewissen Zeit aber empfindungslos und hässlich macht und daher teils mit roher Gewalt, unter Zuhilfenahme eines Werkzeuges oder mit Mittelchen und Salben – von uns oder jemand anderem – **regelmäßig** entfernt wird!

Das neu gewonnene, inzwischen aber ungewohnt gewordene **Gefühl** für uns und die Natur macht uns allerdings erneut verletz- und angreifbar für Einflüsse. Wir sind *empfindlich(er)*, um nicht zu sagen *empfindsam(er)* geworden – ein **persönliches** Risiko, welches viele von uns aus reinem (Selbsterhaltungs)Trieb nicht (mehr) bereit sind einzuge(ste)hen! Besser, man »igelt« sich ein und vertraut bzw. verlässt sich in so einer Situation auf das, was einem die Medien, der »große Bruder« oder sonst wer vorkaut!?...

Auch wenn Sie es nicht wahrhaben bzw. -nehmen (wollen) und meinen (sich) selbst zu spüren und **(all)*ES*** unter Kontrolle zu haben, sagt *man* uns aber nach wie vor und dennoch, wie wir uns fühlen, was wir mögen oder nicht mögen, wen oder was wir wählen (sollen) und wie wir etwas zu finden haben. Das Eis schmeckt nach »*Sommer*«, die Wäsche ist »*weißer als weiß*«, die SPD (oder eine andere Partei) ist »*schuld*«, Geiz ist »*geil*«, der Iran (oder ein anderes Volk bzw. Land) ist »*gefährlich*«, die Wirtschaft »*boomt*«, ein toter Moslem ist »*egal*«, ein toter Ami (oder Deutscher) **nicht!** – Und überhaupt i(s)st **(all)*ES*** gar nicht so schlimm, wie *man* es befürchtet hatte, aber schlimmer, als *man* bisher dachte!?

Sie sehen, **(all)*ES*** ist eben eine Frage der Darstellung und der geschickten **Suggestion**! Dank richtiger »Vermarktung« trinken viele im Moment sogar nach »Kotze« riechende Säfte wie *Noni*, finden *Kombucha* lecker und würden – bei entsprechender Darreichung – mit hoher Wahrscheinlichkeit sogar Bier mit Vogelbeeren–Bärlaucharscharoma versuchen, wenn es das nur schon gäbe!...

Wie gesagt, keine Frage des **Geschmackes**, sondern nur der gewieften **Suggestion**, die uns heute und morgen dazu bringt, »Dinge« zu tun, wofür wir uns vor nicht allzu langer Zeit noch geschämt hätten! Und damit meine ich nicht (nur) den **Konsum** des einstigen Altherrengetränks *Jägermeister*, der – ähnlich wie der Magenbitter *Underberg* – früher meist nur mit »Pennern« und professionellen Alkoholikern in Verbindung gebracht wurde, aber heute dafür eisgekühlt umso besser schmeckt und dank des »Marketings« sogar noch »trendy« ist – nein, auch was den Mode-**Geschmack** angeht, möchte man heute fast im Boden versinken, wenn man bedenkt, was man vor Kurzem noch als »*toll*« empfand und stolz zur Schau getragen hat...!

Wie wenig »**Geschmack**« wir noch haben, das heißt, wie wenig wir *tatsächlich* **schmecken** – und vermutlich von der *natürlich(er)en* Welt **wahrnehmen** – sieht *man* heute im Übrigen daran, dass immer mehr Lebensmitteln entsprechende **Verstärker** zugesetzt werden. Diese Stoffe – von denen ich hier rede und welche praktischerweise den Appetit anregen, anstatt ihn zu befriedigen – haben mittlerweile sogar eine ***eigene*** Geschmacksrichtung bekommen! So, wie es bekanntlich *bitter*, *süß*, *salzig* und *sauer* gibt, so gibt es jetzt auch »***umami***«, ein aus Japan stammender Begriff für *fleischig* und *herzhaft* (*wohlschmeckend*)!...

Nein, es heißt nicht »›**oh Mami**‹ – ist das lecker«, sondern »**umami**«, ein **Geschmack**, der durch die Aminosäure Glutaminsäure verursacht wird und »*besonders reichlich in vollreifen Tomaten, Fleisch, Sojasauce, Käse sowie in der menschlichen Muttermilch vorhanden ist.*« (107) Ich habe mir aber auch sagen lassen, dass man den **Geschmack** von **Geschmacksverstärkern** gut mit dem altbekannten Gusto eines Würzmittels, welches meistens ziemlich viel **Umami**, äh.., **Geschmacksverstärker** enthält, vergleichen könne. Der **Geschmacksverstärker** ***Glutamat*** bzw. ***Hefeextrakt*** – was im »***Prinzip***« das Gleiche ist, da es sehr viel Glutamat enthält, aber praktischerweise nicht so genannt werden muss (ein Vorteil bei der Auszeichnung von Nahrungsmitteln!) – ist aber auch in Kartoffelchips enthalten! Das erklärt, warum die Dinger so verdammt »*lecker*« sind und *man* sie solange (fr)isst, bis die Tüte leer ist! Selbstverständlich sind die dickmachenden **Geschmacksverstärker** – die, wenn einem die Gesundheit der Bevölkerung tatsächlich und buchstäblich am Herzen liegen würde, schon längst **verboten** wären – außerdem noch in vielen »*leckeren*« Fertigsuppen, fertigen Salatgewürzen, Soßen oder sonstigen Dosen- oder Sofort-Mahlzeiten drin. Von denen wird *man* merkwürdigerweise ebenfalls nie *wirklich* satt, was nichts daran ändert, dass ich Depp sie mir kaufe und nicht genug davon bekommen kann!

Wie bitte, Sie wissen immer noch nicht, wie »**umami**« schmeckt? Dann sollten Sie gleich mal in die Küche wackeln und kurz am Gewürzfläschchen – das höchstwahrscheinlich einen ähnlichen Namen trägt wie das jüngste Mitglied der *Simpson* Familie – nuckeln! Hm, das schmeckt vielleicht »**umami«**, was!?

Gut, nachdem wir nun wissen, dass Würze ohne Suppe, sagen wir mal, sehr »*würzig*« schmeckt und zudem ziemlich durstig macht, sollten wir uns im Klaren darüber sein, dass, je **öfter** wir einem bestimmten (Wahrnehmungs)Reiz ausgesetzt sind, unsere (Reaktions)Bereitschaft diesem Stoff gegenüber proportional dazu **sinkt** und wir unweigerlich **unsensibler** bezüglich diesem (Sinnes)Eindruck werden! Mit anderen Worten: »**Wir stumpfen ab!**«, und dabei ist es interessanterweise vollkommen egal, ob es sich bei dem »Stoff«, der uns bzw. unsere Wahrnehmung »reizt«, um *Essen*, *Alkohol*, *Sex*, *Brutalität* oder, ganz (all)gemein, um ***Wohlstand*** handelt!!!

Unter diesem Gesichtspunkt, der für uns und unsere **Zufriedenheit** ein sehr wichtiger zu sein scheint, ist es nicht weiter verwunderlich, dass Horrorfilme – die in ihrer Darstellung von Gewalt vor einiger Zeit noch fast undenkbar gewesen wären – heute im Fernsehen, schon beinahe im Vorabendprogramm zu finden und jedem Kind geläufig sind! Seit einiger Zeit sehen wir uns gar mit einer »**Welle**« jüngerer Kinowerke konfrontiert, die das fantasievolle Quälen, Foltern und Töten von Menschen in den Mittelpunkt des Geschehens rücken. Zu diesem Thema las ich sowohl überraschender- als auch paradoxerweise in einer Fernsehzeitschrift einen tollen Text, den ich in Auszügen hier gerne widergeben will:

»*Torture Porn, Folter-Porno, wird dieser Trend der letzten Jahre genannt. Alleine die Beschreibung einiger Szenen überstiege an dieser Stelle die Toleranz vieler Leser. Die Bilder erreichen in ihrer sadistischen Brutalität das erträgliche Maß und sind selbst im Kontext des von Natur aus nicht gerade zimperlichen Genres herausragend. In Erklärungsnot gebracht, warum gerade jetzt Quälgeister im Kino (und auch TV, man denke nur an die fünfte »24«-Staffel) Konjunktur haben, verweisen Soziologen und Feuilletonisten gerne auf die tabubrechenden Schockfotos aus dem irakischen Folterknast in Abu Ghraib. Zusätzlich verroht der Bildermüll auf YouTube und Veoh – wo es dumpfe Schlägereien und Selbstmordvideos auf einen Klick gibt. Der Zeitgeist ist auf Krawall gebürstet.*« (108)

Horrorfilme hatten bislang immer ein Spezialpublikum im Visier, doch gewisse Filmreihen, von denen ich jetzt – im Gegensatz zum Fernsehzeitschriftjournalisten Heiko Schneider – bestimmt keine nennen werde, erreichen heute dagegen ein Millionenpublikum! »*Das Grauen ist im Multiplex-Kino angekommen und nun auch im Free-TV*«, schreibt er folgerichtig und verweist gegen Ende seines Textes natürlich auf die – neben der geschnittenen Fassung – ausgestrahlte, **ungeschnittene** Version eines Horrorfilms, die – wie könnte es auch anders sein – von findigen Programmplanern ausgerechnet am Pfingstmontag[95] 2008 gesendet wurde. So wie es aussieht, wird der Heilige (Zeit)Geist auch in Zukunft auf Krawall aus sein, denn ohne dass sich daran *wirklich* jemand **stört** oder *ES* der breiten Masse **auffällt**, kommt beispielsweise an jedem verdammten (Sonn)Tag, insbesondere an Weihnachten oder an sonstigen besinnlich-religiösen Feiertagen, häufig solch ein brutaler »Bockmist« bzw. ein »in bewegte Bilder umge-

[95] »***Pfingsten*** *(von griech. πεντηκοστή [ἡμέρα], pentekostē [hēmera], »der fünfzigste Tag«) ist das christliche Fest der Entsendung des Heiligen Geistes an die Apostel. Es geht auf das jüdische Wochenfest Schawuot zurück und wird wie dieses am fünfzigsten Tag nach Ostern bzw. Pessach gefeiert. Im Neuen Testament wird in der Apostelgeschichte erzählt, dass der Heilige Geist auf die Apostel und Jünger herabkam, als sie zum Pfingstfest (Schawuot) in Jerusalem versammelt waren (Apg 2,1-41 EU). Dieses Datum wird in der christlichen Tradition auch als* ***Gründung der Kirche*** *verstanden. Als christliches Fest wird Pfingsten erstmals im Jahr 130 erwähnt.*« (405)

setzter ›Wahnsinn‹« im Fernsehen, dass man am liebsten, wenn *man* nur könnte, Hals über Kopf davonlaufen würde. (Man erinnere sich nur an Mel Gibsons blutrünstigen Film »*über die Passion des Jesus von Nazareth vom Ölberg über die Verurteilung und Kreuzigung durch die Römer bis zur leiblichen Auferstehung*« (109), der an **Geschmacklosigkeit**(!) und brutaler Perversion kaum etwas zu wünschen übrig lässt.)

Wohlgemerkt sagt(e) das gerade jemand, der es wissen muss, da er vom Fernsehen quasi adoptiert wurde und wie verrückt genau die hirnverbrannten, aber verflucht **süchtig** machenden Computerspiele spielt, in denen nach allen Regeln der Kunst immer schlimmer und realistischer gemordet und sich (gegenseitig) über den Haufen geballert wird! So vergeude ich also (m)eine wertvolle (Lebens)Zeit! Doch wenn mir eine 12- und eine 19-jährige Patient***in*** unabhängig voneinander erzählen, sie würden als »Hobby« in ihrer Freizeit gerne Horrorfilme anschauen, bei denen es sogar **mir** den Magen umdreht und die ich nicht nur deshalb mehr als gerne dankend ablehne, dann kann da wohl etwas nicht mehr ganz stimmen! Wie gesagt, es sind mittlerweile »junge Mädels«, mit anderen Worten »Kinder«, die sich – nach eigenen Aussagen – bei Horrorfilmen langweilen und ***nichts*** **empfinden**, wenn sie etwas sehen, bei dem ausgewachsenen Pathologen mal kurz die rosa Farbe aus dem Gesicht weichen würde!

Das lässt nur (m)einen Schluss zu: Bei diesen »Damen«, unseren »Kindern«, vor allem bei mir und bei fast allen anderen von uns, hat sich das sog. »**Schwellenpotenzial**«[96] nicht nur gegenüber *Gewalt*, sondern auch gegenüber manchen anderen »Reizen« extrem und beinahe völlig unbemerkt nach ***oben*** verlagert. Aus diesem Grunde wird es mittlerweile für die auf Krawall gebürstete Gesellschaft von morgen immer schwieriger, so etwas wie *Ekel*, *Mitleid*, *Freude*, *Zufriedenheit*, *Überraschung* oder *Befriedigung* zu **(emp)finden**!...

Und was noch viel schlimmer ist: Es wird mit der »Zeit« immer noch schwieriger, so etwas wie »**Gefühle**« bzw. »**Empfindungen**« in uns hervorzurufen! Es sei denn, wir ***steigern*** jedes Mal die Dosis! Das ist bestimmt nichts Neues und war schon immer so – aber warum?

»*Unter jeder Wahrnehmung ist Musik, Gedicht, Gefühl. Aber es ist gefesselt, unveränderlich gemacht, ausgeschaltet, weil wir die Dinge wahr-, das heißt ohne Gefühl nehmen wollen, um uns nach ihnen zu richten, statt sie nach uns.*« (110)

- Robert Musil

(Der Mann ohne Eigenschaften - II. Aus dem Nachlaß)

---

[96] »*Als **Schwellenpotenzial** bezeichnet man im Zusammenhang mit dem Signaltransport z. B. in Nerven und Muskelfasern den Wert des Membranpotenzials, bei dem ein Aktionspotenzial entsteht. Potenziale unterhalb des Schwellenpotenzials nennt man »unterschwellig«, solche darüber »überschwellig«*« (406)

Am Nullpunkt des Gefühls

»Genieße, was dir Gott beschieden,
entbehre gern, was du nicht hast!
Ein jeder Stand hat seinen Frieden,
ein jeder Stand auch seine Last.«
- Christian Fürchtegott Gellert

Seit geraumer Zeit kennt und untersucht die Wissenschaft die Reaktion von Mensch und Tier auf *akustische*, *visuelle*, *olfaktorische*, *mechanische*, *chemische* oder andere (Wahrnehmungs)Reize und hat dabei etwas (Welt)Bewegendes herausgefunden:

»Wie an das eigene Parfum *gewöhnen* wir uns an (fast[97]) all*ES*!«

Was wir schon lange vermutet haben, ist nun also amtlich: »*Der* ***Mensch*** *ist ein* ***Gewohnheitstier****!*« Das hat sicherlich nicht nur evolutionäre, sondern auch praktische Vor-, aber auch Nachteile! Zum einen ist es doch ganz »schön«, nach ungefähr dreißig Jahren nichts mehr von der sechsspurigen Autobahn – die quasi direkt durch den eigenen Vorgarten bzw. Frontallappen geht – mitzubekommen; den anfangs stark wahrnehmbaren (Körper)Duft des Herrn, unter dessen feuchter Achsel Sie in der überfüllten Straßenbahn dummerweise Platz genommen haben, nach ungefähr 5-6 Haltestationen und mindestens ebenso vielen Brechreizattacken aus dem immer bewusstloser werdenden Geist verdrängen zu können und zudem seelenruhig daneben zu sitzen, während draußen die Welt untergeht. Denn das ist sie ja schon immer!? Also **gewöhnen** wir uns (auch) daran!?

Der Nachteil der »**Gewohnheit**« ist neben einer gewissen »**langen Weile**« und dem möglichen Verlust unseres Lebensraumes der, dass wir uns nicht nur an die *negativen* »Dinge« des Lebens gewöhnen, sondern uns auch an *positive* »Erlebnisse« und »Zustände«, die unsere L(i)eben prägen, anpassen! Wir alle verfügen laut Professor Schwartz über eine Art »*inneres Thermometer*« zur Messung von Sinnesreizen, welches vom »*negativen Extrem (Unlust) über den neutralen Bereich bis zum positiven Extrem*« (111) der Lust reicht und ansteigt, wenn wir

---

[97] Anm.: Soweit ich weiß, sind **Schmerzen** wohl das Einzige, woran wir uns **nicht** (hundertprozentig) gewöhnen! Da sich – sobald uns etwas weh tut – aus diesem Grund **all***ES* nur noch um die **Betäubung** (der **Schmerzen)** dreht, wird folglich unsere Wahrnehmung und damit unser »Bewusstsein« (für uns und die Welt) im empfindlichen Maße eingeschränkt!...

Wenn ein Süchtiger (s)eine Droge(n) absetzt, empfindet er übrigens auch so etwas wie »**Schmerzen«** – er *leidet* und richtet **alles** Handeln auf die **Betäubung** (dieses »**Gefühls**«) aus! (S)Ein Blickwinkel verengt sich bis nichts anderes mehr zählt als das!!!

etwas Angenehmes erleben und sinngemäß sinkt, wenn uns etwas Unangenehmes widerfährt…

So weit, so gut, gäbe es da nicht die beschriebene ***Wahrnehmungsanpassung,*** die blöderweise dazu führt, dass wir uns an eine (Sinnes)Erfahrung gewöhnen und sich somit auch unser »Lust-Thermometer« den neuen Gegebenheiten entsprechend anpasst. Schwartz bezeichnet dies als ***hedonistische Anpassung,*** d.h., **wir gewöhnen uns nach einer gewissen *Zeit* an unseren *(Zu)Stand* und schaffen uns dadurch einen neuen *(Bezugs)Punkt*, von dem aus nachfolgende *(Sinnes)Reize* beurteilt werden!** *Dieselben* »Dinge«, die unsere Quecksilbersäule zuvor noch um 20 Grad in die Höhe schnellen ließen, führen bereits beim nächsten Mal zu einem *geringeren* Ausschlag, bis sich am Ende unter Umständen gar nichts mehr tut. Obwohl es sich wohlgemerkt um den *gleichen*, ja eventuell sogar *denselben* »Reiz« gehandelt hat, macht er uns lange nicht mehr so viel »Freude« wie beim allerersten Mal! Dieser Effekt ist wissenschaftlich bewiesen und für jeden nachvollziehbar, der im Freibad schon mal vom Dreimeterbrett gesprungen ist!...?

Bereits der zweite Sprung »kickt« nicht mehr so sehr wie der erste, was unweigerlich dazu führt, solange gewagtere Sprünge folgen zu lassen, bis es die *horizontal-rittlings-eingedrehte-achtfach-Arschbombe* dann auch nicht *mehr* bringt und wir uns auf dem Fünfmeterturm erneut *vor* dem Sprung die Badehosen nass machen. Das geht dann (wieder) solange (gut), bis die ***hedonistische Anpassung*** wiederholt einsetzt und das *gleiche* »Spiel« auf *höherer* Ebene von neuem beginnt und vermutlich mit einem schmerzhaften Bauchplatscher endet!

Evolutionär gesehen ist dieser Ablauf absolut notwendig, denn nur so war es Mutter Natur möglich, dass sich die Geschöpfe weiterentwickelt haben! *Sie*(!?) haben sich ständig neuen Herausforderungen gestellt, anstatt mit dem Sprung vom 1-Meter-Startblock oder einer warmen »Höhle« zufrieden zu sein! Wenn dies nicht so wäre, wir nicht immer *höher*, *weiter*, *schneller* und wahrscheinlich auch immer *mehr* **wollen** würden, würden wir wahrscheinlich noch heute in Höhlen leben und uns stets aufs Neue und in *gleichem* Maße über das (selbst)gemachte Feuer freuen. Der Witz ist dabei der, dass die jeweils empfundene »Freude« über das, was der Mensch erneut erreicht hat, die *gleiche* ist, wie sie es vor Tausenden von Jahren war! Demnach hat sich nur der *Ausgangspunkt*, der ***hedonistische Nullpunkt,*** wie Schwartz ihn nennt, nach oben verschoben – das »***Prinzip***« ist aber das *gleiche* geblieben wie bei den Höhlenmenschen!

Es gibt noch einen sehr interessanten Zusammenhang, den uns der Professor bei der Erforschung unseres Glücksgefühls zu bedenken gibt: und zwar den Zusammenhang zwischen *objektivem* **Gewinn** (z.B. einer bestimmten Menge Geld) und der *subjektiven* **Befriedigung** (d.h. dem Grad des »Jippie«-**Gefühls**)!...

Beides verläuft nämlich nicht – wie zu erwarten wäre – eins zu eins, sondern mit zunehmendem *objektivem* **Gewinn** verringert sich der Grad der *subjektiven* **Befriedigung**! Er schreibt: *»Ein objektiver Gewinn von, sagen wir, 100 Dollar gibt Ihnen vielleicht zehn Einheiten an subjektiver Befriedigung, doch ein Gewinn von 200 Dollar verschafft Ihnen keine Befriedigung von 20 Einheiten. Er reicht nur noch für, sagen wir, 18 Einheiten.«* (112)
Fazit:

»In dem Maße, wie die Reichen reicher werden, verschafft ihnen der Erwerb zusätzlicher Wohlstandseinheiten weniger Befriedigung.« (112)

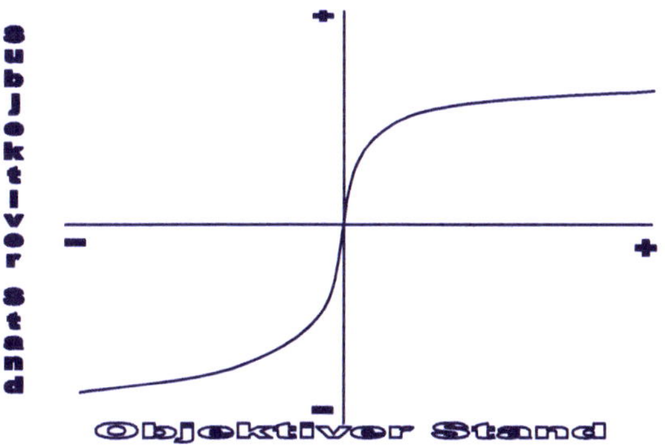

Das nebenstehende Diagramm habe ich aus der *Anleitung zur Unzufriedenheit,* von Barry Schwartz »abgepaust«.[98] Es zeigt den eben genannten Zusammenhang – wie ich meine – sehr gut und vor allem (r)echt einfach! Nach *rechts* und *links* zeigen die mehr oder weniger »messbaren« **Gewinne** und **Verluste** in den verschiedenen Lebensbereichen. (Nehmen Sie der Einfachheit halber in Ihrer Vorstellung am besten »Geld«, das Sie **gewinnen** oder **verlieren**; es kann aber auch der Berufsstatus oder Ähnliches sein!)
Hoch und *runter* stellt dagegen *»die subjektiven oder psychischen Reaktionen auf Veränderungen im Stand der Dinge«* dar. (112)

Wenn *man* sich das Diagramm so anschaut, könnte *man* fast meinen, dass sehr viele von uns schon zu weit *rechts* angelangt sind und sich deshalb nicht mehr richtig freuen können. Vielleicht haben ja zu viele Menschen in der westlichen (Wohlstands)Welt für sich gesehen längst den individuell *höchsten* Sprungturm erreicht und können sich deshalb kaum *mehr* über die »Dinge« freuen, für die andere Menschen an anderen Plätzen der Welt einen (Luft)Sprung machen würden? Und zwar einen (Luft)Sprung, der selbst Hans Rosenthal zur Ehre gereicht hätte! Wenn wir wohl erst einmal im *Penthouse unserer Befriedigung* angelangt

---

[98] Vgl: Barry Schwartz: *Anleitung zur Unzufriedenheit – Warum weniger glücklicher macht.* 1.Auflage. Berlin 2006, S. 78. ISBN: 978-3-548-36867-2

sind, dann genießen wir nach einiger Zeit nicht *mehr* die Aussicht (nach unten) – sondern wir *haben* sie eben! Wir *besitzen* diese Aussicht also genau so, wie wir meinen, unsere Gesundheit, unser Alter, unseren gesellschaftlichen (Zu)Stand, unsere partnerschaftliche Beziehung, unseren (all)gemeinen Wohlstand und unseren kleinen Zeh zu *haben* und somit unser Eigen zu nennen. Doch der »*Besitz*«, d.h., das »*Haben*« ist vergänglich und so ist es »*die Kunst, aus Gewohnheit Vergnügen zu machen*«, wie es die »Geisha« aus dem gleichnamigen Film uns eindrücklich lehrt (113).

Ich denke, es ist von immenser Bedeutung für uns zu begreifen, dass wir, indem wir ständig ohne Unterlass unseren ***hedonistischen Nullpunkt*** nach *oben* verschieben, maßgeblich für unsere **eigene** Unzufriedenheit und/oder Gefühllosigkeit verantwortlich sind und uns ganz allmählich die Möglichkeit verbauen, *Glück*, *Befriedigung* und *Zufriedenheit* zu erfahren! Denn je *höher* wir nach *oben* steigen, desto *mehr* »Dinge« wird es geben, die *unter* unserem gewohnten Niveau liegen und demzufolge unser »Lust-Thermometer« nach *unten* ausschlagen lassen. In der Steigerung maßzuhalten und sich stets die **eigene** *Absprunghöhe* als *Ausgangspunkt* unserer **Gefühle** bewusst zu machen, ohne sich jedoch ständig an anderen, *höher* positionierten Springern zu messen, scheint mir eine adäquate Handlungsweise zu sein, um für sich **selbst** das **Gefühl** der *Zufriedenheit* wieder zu erlangen. Und dazu muss *man* ***äußerlich*** kaum etwas (ver)ändern – aber ***innerlich***! Die Kraft dazu liegt in uns **allen**, wir müss(t)en sie nur nutzen!

Wie geht es Ihnen im Moment eigentlich? Gesundheitlich alles o.k.? Wie fühlt sich denn Ihr *Nacken* an, Ihre *Schläfen*, die *Beine*? Schon irre, wie *man* sich an sein *körperliches* (Wohl)Befinden und Gesundheit im Allgemeinen gewöhnen kann und sich erst im Moment einer Krankheit nichts sehnlicher wünscht, als diesen **Zustand** zurück zu erlangen!...

Diesen »**(Zu)Stand**« erachten die meisten von uns als so *selbstverständlich*, dass *Sie*(!?) nicht einmal den Hauch eines Gedankens daran verschwenden, dass es einmal – unter Umständen sogar ganz schnell – anders sein könnte. »Gesundheit« ist für uns so *selbstverständlich* wie fließend (warmes und kaltes) Wasser, Onlinebanking, Farbfernsehen, die Demokratie mit der Möglichkeit der (freien) Meinungsäußerung, das Einkaufen (in Supermärkten), die (freie) Ausübung der Religion, die Geschirrspülmaschine, Urlaub (in fremden Ländern), ein sonniger Tag, eine Tasse Kaffee, Kündigungsschutz, eine (funktionierende) Partnerschaft, ein (voller) Kühlschrank, nette Nachbarn, zwei- oder sechstausender DSL, Krankenversicherung, gesunde Eltern, ein »Handy«, Schokolade, Benzin usw. ... All das und noch viel *mehr* ist so *selbstverständlich* wie das alltägliche bzw. »**gewöhnliche**« Leben, das wir führen!

Doch soll ich Ihnen etwas sagen? Das alles kann derzeit allenfalls für **uns**(!) noch als »*normal*« bezeichnet werden, es ist aber bestimmt alles andere als

»*selbstverständlich*«! Eine Tatsache, die **uns** leider erst bewusst(er) wird, wenn wir **alle** diese »Dinge« irgendwann einmal nicht mehr *haben* und wir uns wehmütig an die »›*gute(n)‹ alte(n) Zeit(en)*« erinnern werden. Doch dann wird es zu spät sein, soviel ist sicher! Der bevorstehende Crash – den viele von uns schon im Anflug spüren – wird definitiv kommen, ob wir wollen oder nicht!...

Es wäre überaus dumm von mir zu behaupten, ich wüsste, *wann* genau das **alles** eintritt. Es wäre dumm zu behaupten, *wann* ein Raucher, Säufer oder der globale »Konsument« mit dem Schlimmsten zu rechnen hat, zumal es an allen Ecken und Enden ständig kracht und hämmert. Darum begehe ich nicht den gleichen Fehler wie viele Ärzte und mache Prognosen, die dann zu diesem Zeitpunkt eh nicht in Erfüllung gehen und einen selbst unglaubwürdig erscheinen lassen! Ich gehe schlichtweg davon aus, dass das **Ganze** innerhalb der nächsten ein bis zwei Generationen über die Bühne gehen wird! Das ist eine lange Zeit, ich weiß, aber vielleicht passiert es auch schon sehr viel früher, als wir denken!?...

Albert Einstein soll einmal gesagt haben:

> »*Wenn die Biene einmal von der Erde verschwindet, hat der Mensch nur noch vier Jahre zu leben. Keine Bienen mehr, keine Bestäubung mehr, keine Pflanzen mehr, keine Tiere mehr, kein Mensch mehr.*«
>
> - Albert Einstein(?)

Es ist nicht sicher, ob dieses Zitat tatsächlich von Einstein stammt, dennoch lohnt es sich, über diese Worte (einmal) nachzudenken! Vielleicht haben Sie es ja nicht mitbekommen, aber:

> »*An der amerikanischen Westküste sind fast 60 Prozent der Bienenvölker kollabiert, an der Ostküste und in Texas sind es mehr als 70 Prozent. Mehr als die Hälfte aller Bundesstaaten ist betroffen und Teile Kanadas. Dasselbe passiert auch in Spanien und in Polen. Aus der Schweiz gibt es die ersten Berichte und auch aus Deutschland – nur hat das Bienensterben bisher nirgendwo solche Ausmaße wie in den USA.*« (114)

So stand es jedenfalls am 12.3.2007 in einem Bericht, den Petra Steinberger für die *Süddeutsche Zeitung* geschrieben hat. Die amerikanische Wissenschaft spricht von »disorder«, »Störung«, oder genauer gesagt von »Colony Collapse Disorder«, d.h., einer »Störung«, die aus bisher unbekanntem Grund seit Ende 2006 spurlos ganze Bienenvölker verschwinden lässt. Milben sind es diesmal anscheinend nicht! »*Manche Imker verlieren urplötzlich vollständige Kolonien, auf einen Schlag lösen sich jeweils bis zu 60.000 Insekten in Luft auf.* »*Üblicherweise bleiben nur eine Königin und eine kleine Anzahl Arbeiterinnen zurück*«, *beschreibt Caird Rexroad, Bienenexperte des US-*

Landwirtschaftsministeriums, das Phänomen. Aber warum verlassen die Tiere ihren Stock? Wieso kehren sie nicht zurück? Und: Wo bleiben sie? Die Experten sind ratlos, es gibt nicht den geringsten brauchbaren Anhaltspunkt. Die Tiere verschwinden scheinbar ohne Grund, und in der Regel werden noch nicht einmal die toten Bienen entdeckt.« (115), heißt es weiter auf einer Seite der *ZEIT-Online*. Und wieder im Artikel der *Süddeutschen* kann man lesen: »*Eine Katastrophe auch für den Menschen. »Früher«, sagt May Berenbaum, Leiterin des Instituts für Entomologie an der Universität Illinois, »waren es die Kanarienvögel in den Minen. Wenn sie starben, dann wussten die Bergarbeiter, dass etwas passieren würde. Manche von uns glauben, dass die Bienen heute diese Funktion haben.« Die Aufmerksamkeit, die die Medien ihr und anderen Bienenforschern in den vergangenen Wochen entgegengebracht haben, verunsichert May Berenbaum. Vorsichtig sagt sie: »Das Bienensterben könnte eine Warnung an uns sein, dass etwas sehr aus dem Gleichgewicht geraten ist.«* (114)

Wenn Sie mich fragen, dann ist diese »Störung«, diese »disorder«, hauptsächlich darauf zurückzuführen, dass die Welt – ähnlich wie wir – die »**Balance**« verliert. Kurz gesagt: Wir verlieren das (*homöostatische*) **Gleichgewicht** – uns haut's gepflegt und bald aufs Maul!...

»Es geht nicht nur um die Bedrohung einer Tierart, auch nicht um das Bienensummen im Frühling oder den Honig, der uns fehlen wird – zumindest ökonomisch gesehen ist er ein angenehmes, aber eher unwichtiges Nebenprodukt. Die Menschen brauchen die Bienen dringend, denn etwa ein Drittel der menschlichen Nahrung ist direkt oder indirekt von ihnen abhängig: Äpfel, Birnen, Pflaumen, ein Großteil des Obstes werden zwischen 80 und 90 Prozent von Zuchtbienen bestäubt, ebenso Mandelbäume, Melonen, Paprika, Kürbisse, Himbeeren und etwa 90 andere Obst- und Gemüsearten – aber auch Viehfutter wie Klee oder das in den USA verbreitete Alfalfa.
»Wenn Sie einen Hamburger essen«, sagt Berenbaum, »dann verdanken Sie das indirekt den Bienen.« Manche Farmer versuchen, die Bäume mit Hilfe riesiger Ventilatoren zu bestäuben, oder sie experimentieren mit Hummeln und anderen Insekten. Aber wirkliche Alternativen zur Bestäubung durch Bienen gibt es nicht, Wildvölker existieren kaum noch, schon gar nicht in den riesigen Monokulturen, und andere Insekten würden diese Mengen nicht schaffen.« (114)

Wie Sie sehen, wird *ES* in nächster Zeit (vielleicht) noch richtig interessant!?...
Aber jetzt bloß keine Panik, meine Damen und Herren, schön **aus**atmen(!) – denn es handelt sich bei den von mit angeführten Informationen, wie bei allem anderen sonst auch, nur um einen kleinen, temporären Ausschnitt dessen, was *wirklich* wahr ist und eventuell passieren *könnte*! *ES* ist **alles** eine Frage der

Wahrscheinlichkeit(en) und am Ende sind wir dann alle »schlauer«, wie es so schön heißt. Dennoch sollte uns die Tatsache, dass uns die Medien ganz leicht durch die geschickte Nutzung und Weitergabe von – wie Sie am Beispiel der Bienen sehen, meist nicht immer einwandfreien – Informationen ebenso in unserem *persönlichen* wie auch *kollektiven* **Denken**, **Handeln** und **Fühlen** beeinflussen können, nicht von der (all)gemeinen Entwicklung der (globalen) Gesellschaft ablenken! Vielmehr sollte *ES* uns wach und hellhörig werden lassen!!!...

Bei aller Veränderung, die sich derzeit immer schneller vollzieht, könnten wir nämlich unter Umständen irgendwann einmal (ganz unbewusst, infantil (neu)*gierig* und dämlich, wie wir nun mal sind) an einem winzig kleinen und unwichtig erscheinenden (Zahn)Rädchen drehen, das uns **allen** im Endeffekt einmal die »Luft« abdreht!

Die(se) »Möglichkeit« besteht allemal, denn kein Zahnrad, und mag es auch noch so klein und unscheinbar sein, ist ohne Wirkung, ohne Sinn! **Alles** hat (s)eine Funktion, (s)eine Bedeutung im »*System*« und ist somit von Wert, selbst wenn dies für die Begrenztheit eines unreifen und verspielten Laien im Augenblick (s)einer Entscheidung unwichtig oder gar überflüssig erscheinen mag!

Erinnern Sie sich noch, was ich über die »*Chaostheorie*« und den »*Schmetterlingseffekt*« gesagt habe? »*Auch wenn in großen, makroskopischen Systemen das chaotische Verhalten von einzelnen, mikroskopisch kleinen Teilchen vernachlässigbar gering erscheint, so wächst diese scheinbar unbedeutende Messungenauigkeit – durch die Wechselwirkung mit anderen Teilchen – mit der Zeit exponentiell auf makroskopische Ausmaße an und wirkt sich so irgendwann auf ein (noch) größeres System aus.*« Für das »*System*« in seinen **makroskopischen** Ausmaßen wird *ES* **insgesamt** gesehen nicht besser und nicht schlechter werden, denn die Energie bleibt – gemäß des Energieerhaltungssatzes – gleich!...

Es ist jedoch anzunehmen, dass *ES* – durch das Streben nach **Balance** – auf d(ies)er Welt etwas ander(e)s werden wird! Und Sie, Sie werden sich, ob Sie nun **gewinnen** oder **verlieren**, zwangsläufig daran gewöhnen (müssen) – ganz so, wie Sie es schon immer getan haben!(?)

Es wird Ihnen vielleicht nicht gefallen, aber nach dem nächsten **globalen »Reset«** werden sich *objektive* und *subjektive* Maßstäbe neu anordnen. Die Frage ist nur, ob der **Verlust** des *objektiv* Messbaren friedlich, langsam und einheitlich vonstatten geht, oder ob es unter Umständen einen globalen aggressiven Knall der Skrupellosigkeit und Einseitigkeit geben wird. Einen Knall, aus dem vielleicht nach einiger Zeit wieder eine neue Art der *subjektiven* **Befriedigung** hervorgehen kann, und es dann vielleicht sogar eine *(weltum)spannende(re)* **Zufriedenheit** gibt!?...

Wie dem auch sei, wir werden – falls **(all)*ES*** so weitergeht wie bisher – von einem *neuen*, *tieferen* ***hedonistischen Nullpunkt*** ausgehen, der es uns (verdammt nochmal) endlich wieder möglich macht, Gefallen an dem zu finden, was wir *sind* und was wir *haben*!

Leider ist der heutige Mensch nur zum Teil wie ein haarloser Affe, denn sonst könnten wir wie die Bonobos – deren Erbgut mit dem unsrigen zu mindestens 98% übereinstimmt – den Stress und die anstehenden (a)sozialen Spannungen, allen moralischen Bedenken und Werten zum Trotz, einfach »wegpoppen«, das heißt, durch guten alten Sex jegliche Art von Druck und Spannung abbauen![99]...

Einfach mal'ne Nummer schieben und **(all)*ES*** wäre gut – (m)ein Traum!? Doch selbst in der *Kommune 1*[100] musste *man(n)* irgendwann einsehen, dass *ES* ganz so einfach dann doch nicht funktioniert. Bedauerlicher-, aber auch glücklicherweise sind wir nämlich mehr als das, was wir »wollen«, sind mehr als das, was wir »begehren«. Wie viel »mehr«, bleibt allerdings noch abzuwarten...!

[99] Vgl: *Focus* Nr. 43 (1997). SEX FÜR DEN FRIEDEN Bonobo-Affen lösen Konfikte mit Erotik. URL: http://www.focus.de/wissen/wissenschaft/forschung-und-technik-sex-fuer-den-frieden_aid_168490.html [Stand: 30.10.2009]

[100] »*Die Kommune 1 oder K1 war die erste politisch motivierte Wohngemeinschaft in der Bundesrepublik Deutschland. Sie wurde am 1. Januar 1967 in Berlin gegründet und löste sich im November 1969 endgültig auf. Die Kommune 1 entstand als Gegenreaktion auf den Zeitgeist der deutschen 60er-Jahre, in welchen bezüglich der Geschlechterrolle sowie der Sexualmoral sehr konservative Moralvorstellungen herrschten.*« (407)

»Der Mensch ...

... hat mehr von einem Affen als so mancher Affe«
– Friedrich Nietzsche

101

Vor Kurzem berichtete mir einer meiner Patienten – ein absoluter Fachmann auf diesem Gebiet – von relativ neuen Erkenntnissen aus der Neurophysiologie. *Man* habe herausgefunden, dass sich das menschliche Gehirn im Laufe der Jahrtausende anscheinend *nicht* fundamental weiterentwickelt hat. Das allerdings war mir nicht neu, hatte ich doch kurz zuvor noch versucht, (m)eine Chefin von einer »Lohnangleichung« zu überzeugen – ohne Erfolg!

Nach Ausbildung des sog. »**präfrontalen Kortex**«[102], der direkt hinter der Stirn sitzt, hat sich in unserem Oberstübchen also nicht wirklich viel getan! Genauer gesagt geht *man* davon aus, dass dies seit der Steinzeit so der Fall sein muss, denn die zu dieser Annahme notwendigen Überlieferungen und Aufzeichnungen reichen, soweit ich weiß, nicht weiter zurück. Jeder von Ihnen, der schon mal zufällig oder ganz bewusst ins Talkshow-Nachmittagsprogramm gezappt, den Ablauf und die Ergebnisse von *G8*[103]-Treffen genauer hinterfragt oder die (globale) Politik als **Ganzes** verfolgt hat oder alternativ dazu einer Stadtrats-

---

[101] Anm.: Die Karikatur, veröffentlicht 1871 im Magazin *The Hornet*, zeigt den »unlängst« verstorbenen Charles Darwin(1809–1882) mit einem Affenkörper.

[102] Anm.: Laut *Geo* ist dieser Teil »*während der evolutionären Durchquerung des Tier-Mensch-Übergangfeldes mit am stärksten gewachsen*« und zudem »*an den höchsten Planungs- und Steuerfunktionen beteilig, was deren Bedeutung für die menschliche Emotionalität illustriert.*« (408)

[103] Anm.: »*Die Gruppe der Acht (G8) bezeichnet sich selbst als ein »Abstimmungsforum«, das konstruktiv Fragen bezüglich der Weltpolitik in gemeinsamer Verantwortung und im Konsens bearbeitet. Ihr gehören neben Deutschland, den Vereinigten Staaten von Amerika, Japan, Großbritannien, Kanada, Frankreich und Italien (G7) auch Russland an. Sie ist aus der Gruppe der Sieben hervorgegangen, der Russland noch nicht angehörte. Daneben ist in dem Gremium auch die Europäische Kommission mit einem Beobachterstatus vertreten.*« (409)

bzw. Betriebsratssitzung, einem Fußballspiel oder Ähnlichem beiwohnen durfte, weiß, dass die Annahme, unser Gehirn wäre evolutionär noch immer auf dem Stand eines Höhlenmenschen, nicht unbedingt an den Haaren herbeigezogen ist! Sie ist längst schmerzliche Realität unseres Alltags geworden, und es bleibt abzuwarten, ob unsere Hirn- und **insgesamt** gesehene Weiterentwicklung noch rechtzeitig vor (Laden)Schluss einen (r)evolutionären, ja epochalen Sprung nach vorne macht!...?

So wie *ES* leider aussieht, wird sich in naher Zukunft wohl eher nichts ändern, denn genau das Gegenteil einer »*stammesgeschichtlichen Entwicklung von niederen zu höheren Formen*«[104] ist – zumindest was den »modernen« Mensch angeht – zu beobachten. Wir *degenerieren*[105] bzw. *verblöden* zusehends!

Sieht man vom *körperlichen* Zerfall aufgrund zunehmend mangelnder Bewegung ab, so sprechen Wissenschaftler in Bezug auf unsere *geistige* und vielleicht auch *emotionale* Mobilität[106] schon heute von »***digitaler Demenz***« oder »***digitalem Alzheimer***«! Ein überaus besorgniserregender Umstand der dadurch ausgelöst wird, dass unser Gehirn nicht mehr in entsprechendem Maße gefordert wird! *ES* muss (**selbst**) nichts mehr tun, sich (**selbst**) nichts mehr merken, da ihm sämtliche ((selbst)befriedigende, informationsspeichernde und verarbeitende) Arbeit technisch abgenommen wird!...

Mal ehrlich, wir müssen tatsächlich kaum mehr etwas speichern, (ver)arbeiten, rechnen, (kritisch) hinterfragen, fühlen oder denken! Wir werden nicht *wirklich* gefordert und auch die Fähigkeit, sich **selbst** im Raum zu orientieren, wird im Zeitalter der immer kleiner und »günstiger« werdenden Navigations*systeme* ebenfalls bald der Vergangenheit angehören!...

Für (beinahe) **alles**, was wir **selbst** tun und (als *erwachsener* **Mensch**) können müssten, haben wir Maschinen. Statt die Daten und Fakten (einer Realität) **selbst** zu speichern und diese miteinander in Verbindung zu bringen, beschränkt sich unsere **eigene** (Gehirn)Funktion nur noch auf das *Suchen*, *Anwenden* und *Abspielen* von – meist vorgekauten – Informationen (wie diesen)! Auf mehr nicht – oder könn(t)en Sie mir etwa aus dem Stegreif sagen, was genau Sie letz-

---

[104] »***Evo|lu|ti|on*** *die; -, -en:*
a) *allmählich fortschreitende Entwicklung; Fortentwicklung im Geschichtsablauf;*
b) *stammesgeschichtliche Entwicklung der Lebewesen von niederen zu höheren Formen.*«

[105] »***de|ge|ne|rie|ren*** *<lat.>:*
1. *(Biol., Med.) verfallen, verkümmern.*
2. *vom Üblichen abweichend sich negativ entwickeln, entarten; körperlich od. geistig verfallen.*«

[106] »***Mo|bi|li|tät*** *die; – <lat.>:*
1. *(geistige) Beweglichkeit.*
2. *Beweglichkeit von Individuen od. Gruppen innerhalb der Gesellschaft.*
3. *(Bevölkerungsstatistik) die Häufigkeit des Wohnsitzwechsels einer Person.*«

tes Wochenende getan oder gefühlt haben? Könn(t)en Sie mir sagen, was für ein Wetter vorgestern war oder – falls Sie nicht zur älteren Generation gehören – auswendig irgendein Gedicht rezitieren und mir **Ihre (eigene)** Meinung dazu sagen? Wissen Sie, wie sich eine Farbe, ein Geräusch, die Liebe[107] (nicht zu verwechseln mit »Verliebtheit«), das »*beste*« Leben oder Ihr Partner *richtig* anfühlt? Sind Sie sich **selbst** und Ihren Verbindungen mit der Welt bewusst???

Dass wir **insgesamt** *verblöden*, ist nicht weiter verwunderlich, denn im Grunde genommen richtet sich unser Gehirn, so wie **alles** in und an unserem Körper, hauptsächlich nach ***äußeren*** Einflüssen und Gegebenheiten, mit denen sich der jeweilige Mensch auseinanderzusetzen hat. Unser Denkorgan bildet demzufolge neurologische Verknüpfungen, die den glücklichen Träger dieses Cerebrums in letzter Konsequenz zum einen oder anderen befähigen ... oder eben nicht!
Wie gesagt: Die **Fähigkeit** bzw. das »**Potenzial**«[108], Verbindungen zu bauen, also grob gesagt, zu lernen und (Zusammenhänge) zu begreifen, hat sich seit der Steinzeit nicht wesentlich weiterentwickelt! Mit anderen Worten ist die Entwicklung unseres Gehirns abhängig davon, ***wie*** und vor allem, ***ob*** wir es benutzen!!! Das gilt für unsere kognitiven Fähigkeiten in gleichem Maße wie für unsere Emotionen und vermutlich auch den Sinn für Moral – richtig und falsch!...So hat *man*, wie Sie vielleicht wissen, in der Vergangenheit schon versucht, Kinder ohne jegliche *emotionale* Zuwendung aufzuziehen, was, wie *man* glaubt, dazu führte, dass die Säuglinge mangels dieser (mit)menschlichen »Unterstützung« frühzeitig ablebten! Laut *Wiki* war es *Friedrich II* und der *Pharao Psammetich* in Ägypten, welche diesen sogenannten »***Kaspar-Hauser-Versuch***« – benannt nach einem 16-jährigen Jungen, welcher 1828 in Nürnberg verwahrlost und kaum fähig zu sprechen auftauchte und vermutlich lange Zeit in einem Verlies gefangen gehalten wurde – durchführten, um herauszufinden, wie sich ein »Tier« »*in völliger Isolation, ohne jeglichen Kontakt zu Artgenossen oder zu anderen Tieren*« entwickelt oder welche Sprache(n) es spricht. (116)

Die Einsicht, dass (soziale) Isolation nicht wirklich gesund für einen Menschen ist – sie erscheint einem beinahe logisch – wird für uns einmal von extremer Bedeutung sein. Denn man (engl. *man*) kann sich gut vorstellen, zu welch einer Gesellschaft wir uns in Zukunft hin entwickeln, deren Kindern in größerem Maße durch die kalte, entmenschlichende Technik geprägt wurden als durch den l(i)ebenden Menschen *an sich*! Wenn beispielsweise in nächster Zukunft die Anzahl der altersbedingten **neurologischen** Krankheitsbilder – ich spreche von *Demenz*, *Alzheimer* und *Parkinson* – zunimmt (und das wird sie, da jeder von

[107] Für alle die, die nicht wissen wie sich die Liebe anfühlt, hilft möglicherweise ein kleiner Hinweis von Nena: »*Liebe fühlt sich, an wie du bist.*« (469)

[108] »***Po|ten|zi|al, Po|ten|ti|al****, das; -s, -e (Leistungsfähigkeit; Physik Maß für die Stärke eines Kraftfeldes)*«

uns, solange er nur alt genug wird, einmal etwas in dieser Art entwickelt), kann *man* sich an einer Hand abzählen, was mit d(ies)en »Kostenverursachern« (die Pflege dieser Patienten ist bekanntlich sehr kostenintensiv!) geschehen könnte. *ES* wäre eine *Ironie des Schicksals*, welche uns innerhalb einer oder zwei Generationen die **eigene**, verabreichte Medizin ganz derb schmecken lassen würde!..?

Das Verhalten des Menschen in der Wirtschaft, am Arbeitsplatz, in der Familie, der Gruppe, der Politik, ja (s)ein **(a)soziales** Verhalten hängt maßgeblich davon ab, wie die Gesellschaft, aus der er hervorgeht, einst erzogen wurde und welche (Umwelt)Faktoren währenddessen auf ihn wirk(t)en! Der deutsche Autor und Verfasser des Antikriegsromans *Im Westen nichts Neues*, Erich Maria Remarque (1898-1970), hat einmal gesagt: »*Erst wenn man genau weiß, wie die Enkel ausgefallen sind, kann man beurteilen, ob man seine Kinder gut erzogen hat.*«

Behalten wir diese Worte im Hinterkopf, so ist es bestimmt kein Zufall, dass heute – ungefähr dreißig bis vierzig Jahre nach Blütezeit der *Laissez-faire*-Erziehung – **(all)*ES*** so is(s)t, wie *ES* ist! Es ist kein Zufall, dass wir, obwohl wir **materiell** gesehen mehr *haben* als die Generation(en) vor uns, nicht wirklich glücklicher und zufriedener *sind*. Es ist kein Zufall, dass die »68er«-Generation von damals, die zu dieser Zeit noch gegen das Establishment und Ähnliches gewettert hat, ja sogar vehement dagegen vorging, heute oftmals in der Chefetage und der Politik sitzt, kosmokratisch etabliert ist und sich – jedenfalls ***äußerlich*** – seitdem um fast 180 Grad gedreht hat! Doch der Mensch an sich ist ***innerlich*** der Gleiche geblieben – er ist noch immer darauf konditioniert, sich **Befriedigung** zu verschaffen, und wird letztlich **alles** tun, um **sein** Ziel zu erreichen!...

Er tut das, was ihm »**gut tut**«, und weigert sich, das zu akzeptieren, was »**gut** (für ihn) **wäre**« – nämlich maßzuhalten, kürzer zu treten und durch- bzw. auszuatmen! Leider bietet unser derzeitiges (Wirtschafts)*System* – das sich auf der **ganzen** Welt durchgesetzt hat – nicht die Möglichkeit dazu an. Ganz im Gegenteil, wir sollen keine Zeit versch(w)enden, sondern der **eigenen Befriedigung** möglichst ohne zu überzulegen nachgehen – denn darauf kommt *ES* an! Nicht nachdenken, »Spaß« haben, lautet die *Devise*[109]! Dass das bisher auch hervorragend funktioniert hat, ist aber kein Grund, es ohne Weiteres so fortzuführen!!!

Kommen wir nun aber zu etwas Grundsätzlichem! Vorausgesetzt, wir sind gesund, so verfügen wir **alle** über die gleiche *Hardware* im Kopf, die im Einzelfall zwar leistungsspezifische Unterschiede zeigt, aber prinzipiell die gleiche Funktionsweise und Zielsetzung offenbart. Zwar wird uns im Laufe unseres Lebens unterschiedliche »*Software*« aufgespielt, welche im Gegensatz zur »harten Wa-

---

[109] »***De|vi|se*** *die; -, -n <lat.-vulgärlat.-fr.>:*
1. *Wahl-, Leitspruch.*
2. *(meist Plural)* ***a)*** *im Ausland zahlbare Zahlungsanweisung in fremder Währung;*
b) *ausländisches Zahlungsmittel*«

re« die nichtphysischen Bestandteile eines Computers beschreibt, dennoch bleiben wir das, was wir sind! Ein Computer bleibt doch auch ein Computer, egal, mit welcher *Software* »man« ihn füttert oder welches Betriebs*system* »man« verwendet!(?) Was die Unterschiede und Gemeinsamkeiten zwischen verschiedenen Völkern, Religionen und Kulturen angeht, so sind sie – ähnlich wie die zwischen Mann und Frau – schon zur Genüge erfasst und wiedergegeben worden, was wiederum nicht darüber hinwegtäuschen darf, dass wir **alle** der gleichen Gattung angehören. Wie wir gleich noch sehen werden, sind wir deshalb **alle** ab Werk »vorformatiert«, d.h., der Mensch ist kein unbeschriebenes Blatt Papier, sondern besitzt gewisse inhärente Fähigkeiten – wie zum Beispiel ein moralisches Grundverständnis für *gut* und *böse* – welche in **allen** Menschen, ob Männlein oder Weiblein, arm oder reich in ähnlicher Weise auf der Festplatte des Betriebs*systems* vorab zu finden sind! Es ist anzumerken, dass diese *moralisch-ethische* Vorformatierung durch die ständigen Aktualisierungen (»Updates« genannt), welche das eine oder andere Betriebs*system* auf den neuesten Stand bringen und mit der Zeit angeblich *effektiver* gestalten, zwar überlagert wird, aber es den Computer, dessen »*Hardware*« nicht mit der technischen Evolution mithalten konnte, allmählich an den Rand seiner Leistungsfähigkeit bringt und nach einiger Zeit *instabiler* in seiner **gesamten** Funktion werden lässt!

Aber kommen wir zurück zu der Annahme, dass die menschliche *Hardware* – unser Gehirn – noch dasselbe ist wie vor 50.000 Jahren: Würde *man* der Annahme (und Aussage meines Patienten) zufolge, dass sich das menschliche Gehirn seit Langem nicht *wirklich* weiterentwickelt hat, ein Kind der Gegenwart per Zeitmaschine in die Steinzeit zurückversetzen, würde es sich mit größter Wahrscheinlichkeit wie ein ganz »normales« Steinzeitkind entwickeln!...

Umgekehrt bedeutet dies, dass ein Steinzeitkind in die heutige Zeit versetzt höchstwahrscheinlich auch Hosen tragen würde, deren Schritt sich auf Kniehöhe befindet! Ab dem 12. Lebensjahr, oder früher, würde es sich vermutlich den ersten *Alkopop-Vollrausch* einbauen und könnte bereits noch viel früher – wie es so »schön« heißt – *intuitiv* Maschinen bedienen. Gut und gerne könnte das (Steinzeit)Kind dann 10 Stunden oder mehr am Stück mit diesen Maschinen »spielen«, ohne dabei auch nur den Hauch eines (Zeit)**Gefühls** zu entwickeln…!

Ich denke, ich muss nicht noch mehr Beispiele bringen, damit Sie's (ein)sehen: Wir (Kinder) sind nichts anderes und nicht *wirklich* viel besser als ein durchschnittlich begabter Neandertaler, der, warum auch immer, das Glück (oder das Pech) hatte, ein bisschen mehr an »*Input*« während (s)einer Entwicklung zu bekommen. Das ist **all*ES***! Erich Kästner[110] hat zu diesem Thema geschrieben…

---

110 »*Emil Erich Kästner (* 23. Februar 1899 in Dresden; † 29. Juli 1974 in München) war ein deutscher Schriftsteller, Drehbuchautor und Kabarettist, der breiten Kreisen der deutschen Bevölkerung vor allem wegen seiner humorvollen, scharfsinnigen Kinderbücher und seiner humoristischen bis zeitkritischen Gedichte bekannt ist.*« (464)

Die Entwicklung der Menschheit

Einst haben die Kerls auf den Bäumen gehockt,
behaart und mit böser Visage.
Dann hat man sie aus dem Urwald gelockt
und die Welt asphaltiert und aufgestockt,
bis zur dreißigsten Etage.

Da saßen sie nun, den Flöhen entflohn,
in zentralgeheizten Räumen.
Da sitzen sie nun am Telefon.
Und es herrscht noch genau derselbe Ton
wie seinerzeit auf den Bäumen.

Sie hören weit. Sie sehen fern.
Sie sind mit dem Weltall in Fühlung.
Sie putzen die Zähne. Sie atmen modern.
Die Erde ist ein gebildeter Stern
mit sehr viel Wasserspülung.

Sie schießen die Briefschaften durch ein Rohr.
Sie jagen und züchten Mikroben.
Sie versehn die Natur mit allem Komfort.
Sie fliegen steil in den Himmel empor
und bleiben zwei Wochen oben.

Was ihre Verdauung übrig läßt,
das verarbeiten sie zu Watte.
Sie spalten Atome. Sie heilen Inzest.
Und sie stellen durch Stiluntersuchungen fest,
daß Cäsar Plattfüße hatte.

So haben sie mit dem Kopf und dem Mund
Den Fortschritt der Menschheit geschaffen.
Doch davon mal abgesehen und
bei Lichte betrachtet sind sie im Grund
noch immer die alten Affen.

Wir sind alle nur Produkte (unserer Umwelt)! Auch wenn wir uns einbilden, das Gegenteil wäre der Fall, wird keiner von uns als Christ, Moslem, Amerikaner, Jude, Armer, Reicher, Europäer, Chinese, Chef, Sklave, Depp oder als sonst irgendetwas geboren, sondern wird vielmehr nur zu dem gemacht, was er heute is(s)t und in gewisser Weise auch sein will!...

Gut, vielleicht gibt es grundsätzliche, genetisch prädisponierte und sozialtypische Tendenzen zu gewissen *psychischen* und *physischen* Verhaltensmustern mancher Leute, jedoch sind diese bestimmt nicht **ganzen** Volksgruppen zuzuordnen, sondern von eher, sagen wir mal, »individuellem« Charakter. Oder glauben Sie allen Ernstes, dass jeder Moslem von vorneherein ein Terrorist ist, jeder Schwarze »Korbball« spielen kann (bzw. will) und jeder Deutsche »mustergültig« is(s)t, dabei leidenschaftlich gerne Lederhosen trägt, Bier säuft und alles in allem keinen (tieferen) Sinn für Humor entwickelt? Entschuldigen Sie, aber wenn Sie das *wirklich* glauben, dann sind Sie leider nicht besser als die meisten anderen, die, ohne darüber nachzudenken, (menschliche) »Normalität« mit »Konformität«[111] verwechseln und/oder gleichsetzen, diese »Normalität« anhand von bewusstseinsbeeinträchtigenden (Massen)Medien täglich bestimmen (lassen) und daraufhin als die einzig **wahre** und **richtige** Realität auf »Gottes« weiter Erde (an)sehen!...

Doch ob Sie's nun glauben oder nicht, auch die sogenannten »**Terroristen**« haben Familien, Freu(n)de, hegen Gefühle und Erwartungen an sich und an ihr Leben. Sie haben Angst, machen sich Sorgen, lachen, hassen, bluten und lieben genau wie die *roten*, die *schwarzen*, die *gelben*, die *karierten* und alle andersfarbigen und je nachdem »*besseren*« oder »*schlechteren*« Menschen auch!...

Dabei sind wir doch alle »farbig« (auch »weiß« ist eine Farbe!) und sind ganz grundsätzlich und in erster Linie (»nur«) Menschen! Und selbst wenn Sie es vielleicht nicht hören oder wahrhaben wollen, aber als **Menschen** sind wir – gemäß unserer evolutionsbiologischen Herkunft – nichts weiter als höher *entwickelte* **Tiere!**... Laut der aristotelischen Philosophie sind wir sogar von der »Vernunft« bestimmte Tiere (*animal rationale*), welchen *man* dieser Tage außerdem noch eine gewisse Moralbegabung (*animal morale*) nachsagt. (117)

Wie für **alle** anderen Lebewesen sind es auch für uns die ***äußeren*** Einflüsse, die uns im Laufe der Evolution vornehmlich geformt haben und auch heute noch – teilweise sogar pränatal d.h., sogar vor der Geburt – auf uns einwirken. So wurden wir also zu **Menschen** bzw. zu **Tieren** mit einem mehr oder weniger **»freien« Willen** und somit der Fähigkeit zum »*Guten*« wie zum »*Schlechten*«!

---

[111] »***Kon|for|mi|tät*** *die; – <lat.-mlat.>:*

1. a) *Übereinstimmung mit der Einstellung anderer; Ggs. Nonkonformität;*

b) *(Soziol.) das Gleichgerichtetsein des Verhaltens einer Person mit dem einer Gruppe als Ergebnis der Sozialisation.*

2. *(Math.) Winkel- u. Maßstabtreue einer Abbildung.*«

Freier Wille...!?

»Der freie Wille:
Vor der Vernunft ist er nicht zu erweisen, aber doch muss man ihn fordern,
sonst hört alle Selbstverantwortung auf.« (118)
- Wilhelm Busch
(Spruchweisheiten & Gedichte)

Da es der **»freie« Wille** ist, der uns unter anderem vom gemeinen Tier unterscheidet und über unsere weitere Zukunft entscheidet, erscheint es mir sinnvoll, in diesem Kapitel noch genauer auf ihn einzugehen!...

Schon seit geraumer Zeit versuchen Biologen, Hirnforscher, Geistes- und Sozialwissenschaftler, Psychologen und speziell Beamte mit unterschiedlichem Erfolg der Frage nach dem **»freien Willen«** auf den Grund zu gehen. Besonders bei der Frage, inwieweit ein Mensch für seine Handlungen verantwortlich ist und für sie zur Rechenschaft gezogen werden kann, scheiden sich immer mehr die Geister. Während die einen der Meinung sind, ein Mensch wäre sehr wohl dazu in der Lage, zwischen »*Gut*« und »*Böse*« zu unter- und entscheiden und somit verantwortlich für das, was er tut, behaupten die anderen, vornehmlich manche Neurowissenschaftler: »*Kein Mensch habe überhaupt eine Wahl, moralisch gut oder böse zu agieren. Denn der freie Wille sei bloße Illusion, das Böse im Kopf ein biologisches Phänomen.*« (119)

So steht es jedenfalls in einem *Spiegel*-Bericht, der sich mit der Biologie von Moral und Unmoral beschäftigt und auf den ich mich im Verlauf dieses Buches des Öfteren noch beziehen werde! Der letzten, wie gesagt, vornehmlich *neurowissenschaftlichen* Ansicht zufolge ist unser **gesamtes** Handeln, biologisch wie sozial, durch Verschaltungen in unserem Gehirn determiniert und somit mehr oder weniger vorherbestimmt! Dies setzt natürlich ein (Menschen)Bild voraus, bei dem wir **alle** lediglich wie Automaten funktionieren und wie ferngesteuerte Marionetten durch die Gegend marschieren. Eine Vorstellung, welche vor allem bei denjenigen auf Ablehnung stößt, die von sich selbst immer noch annehmen, so etwas wie einen **»freien« Willen** zu besitzen, stets »**selbst**« zu entscheiden und vollkommen (**selbst**)bestimmt, ja beinah autark ihr Leben zu meistern!...

Doch je mehr diese Menschen von der Vorstellung überzeugt sind, (**selbst**)bestimmt und gänzlich unabhängig zu sein, desto weniger sind *Sie*(!?) es im Grunde doch wirklich. Denn erst die Erkenntnis, dass wir größtenteils *nicht* Herr unserer »**Selbst**« sind, sondern im »***Prinzip***« nur funktionieren, erlaubt uns, etwas dagegen zu unternehmen. Oder um es anders auszudrücken:

In dem Maße, wie *man* sich selbst und (s)einer (Um)Welt bewusst ist bzw. wird, weiß *man*, dass *man* von ihr abhängt und folglich in (s)einem Denken und Handeln determiniert ist!

Unser **Wille** ist also nur so »**frei**«, wie unser **Bewusstsein** reicht! Es ist zwar etwas kompliziert und wenn man genauer darüber nachdenkt, dreht man sich im Kreis, aber nur wenn *man* sich möglichst vieler der beeinflussenden Faktoren bewusst ist, kann *man* sich selbstständiger, ja »*erwachsener*« als vorher entscheiden, kann seine Handlungsweise(n) beabsichtigt und teilweise auch gegen das »**eigene**« Gefühl und den Trieb (**selbst**)bestimmt verändern und später – und das ist für viele von uns das entscheidende Problem – aber auch für seine Handlung(en) verantwortlich gemacht werden!

Ein bewusst gewordener Mensch ist allem Anschein nach frei(er) in seinem Denken, aber begrenzt(er) in seiner Handlung, denn er wählt für sich **selbst** seine Grenzen, die im Endeffekt und im optimalen Falle dort beginnen, wo sie einen **anderen** in (s)einer Freiheit einschränken!!! Ein unbewusster(er) Mensch ist natürlich auch »frei«, nur eben in einem sehr viel engeren, egoistischeren und kürzer gefassten, ja geradezu »*kindlich(er)en*« Rahmen!

Für mich persönlich stellt sich demnach nicht die Frage, ob wir einen **»freien« Willen** »haben«, ihn also »besitzen« oder nicht, denn den »haben« wir allemal – sondern wie »**frei**« unser **Wille** sein muss, damit wir **alle** (über)leben!...?

Wir werden es nicht erfahren. Eines ist jedoch sicher: Die *infantile* Ausrede »Ich bin eben so!« bzw. »Der Mensch ist halt so!«, welche dem *egoistischen* **Kapitalismus** als Grundlage dient, ihm zu seinem albernen Recht verhilft und in der Geschichte auch schon dem Faschismus verdammt gute Dienste geleistet hat, zieht bei einem ausreichend »**freien**« **Geist** und **Willen** nicht mehr! Denn selbst wenn Sie den Drang in sich spüren, jemanden übers Ohr zu hauen, umzubringen, zu vergewaltigen, Macht auszuüben oder ganz allgemein jemanden zu »missbrauchen«, wissen Sie als *erwachsener* **Mensch** einfach nur zu gut, dass das falsch ist und Ihnen Ihr **eigenes** Verhalten (*langfristig*) selbst schaden wird!...?

Der *erwachsene* **Mensch** weiß, dass ein solches Verhalten zwar (*kurzfristig*) billig, aber nicht recht bzw. Recht ist und *ES* auf keinen Fall »gut« sein kann, (s)einem **Gefühl** jederzeit nachzugeben. Und wenn Sie sich schon nicht in einen anderen Menschen hineinversetzen können, das *Leid* und den *Schmerz*, den Ihre kleinen oder großen Gewalttaten verursachen, nicht nachvollziehen können – weil Sie entweder keine dazu nötige ventromediale Region des Stirnlappens zur Verfügung haben, nie eine ähnliche Erfahrung machen mussten oder Ihre *Spiegelneuronen*[112] gerade mit sich selbst beschäftigt sind – so wissen Sie doch wenigstens, dass das, was Sie tun, gegen das Gesetz verstößt! Selbstredend ist dieses »Gesetz« im besten Falle ein *humanistisches* und somit im weiteren Sinne ein »*göttliches*« (…nämlich möglichst »*bewusst*(geworden)*es*«)!

---

[112] »*Spiegelneurone (auch: Spiegelneuronen) sind Nervenzellen, die im Gehirn während der Betrachtung eines Vorgangs die gleichen Potenziale auslösen, wie sie entstünden, wenn dieser Vorgang nicht bloß (passiv) betrachtet, sondern (aktiv) gestaltet würde.*« (410)

Kurz zusammengefasst bedeutet das **alles**:

Je »freier« bzw. »erwachsener« ein Wille ist, desto verantwortlicher bzw. (verantwortungs)bewusster und somit »göttlicher« ist er auch!

Um eines aber vorwegzunehmen: Es ist für einen Menschen praktisch unmöglich **alle** *Determinanten*, d.h., **alle** ihn bestimmenden *Faktoren* zu (er)kennen und bei einer Entscheidung zu berücksichtigen. Es wird **immer** etwas geben, was uns das eine oder andere un(ter)bewusst attraktiver erscheinen lässt und wofür wir uns dann entscheiden!...

Es wird also **immer** etwas geben, wofür *man* sich für uns entschieden hat, noch bevor *wir* uns dafür entschieden haben! Aus diesem Grund würde es mir persönlich schon reichen, die zum *(mit)menschlichen* (Über)Leben wichtig(st)en *Determinanten* zu (er)kennen, diese zu verbreiten und die Menschheit so auf einen anderen, »*erwachseneren*« Weg als den momentanen zu bringen. Erich Fromm schreibt dazu:

> »*Die Gesellschaft und die Familie als deren psychosoziale ›Agentur‹ haben ein schwieriges Problem zu lösen: Wie breche ich den Willen eines Menschen, ohne dass dieser es merkt? Durch einen komplizierten Prozeß der Indoktrination, durch ein System von Belohnungen, Strafen und entsprechender Ideologie wird diese Aufgabe im großen und ganzen jedoch so gut gelöst, daß die meisten Menschen glauben, ihrem eigenen Willen zu folgen, ohne sich bewusst zu sein, daß dieser konditioniert und manipuliert wurde.*« (120)

Bevor wir allerdings zu lange darüber nachdenken, *warum* wir et*was wie* tun und daraufhin eventuell richtig falsche Schlüsse ziehen, will ich darauf hinweisen, dass Immanuel Kant (1724 bis 1804) zur Lösung des Problems, welcher Weg der Richtige ist, einst vorschlug:

> ***»Handle stets so, daß die Maxime deines Willens jederzeit zugleich als Prinzip einer allgemeinen Gesetzgebung gelten könne.«***
> § 7 Grundgesetz der reinen praktischen Vernunft [113]

[113] KdpV, S. 54, Seitenangabe der Erstausgabe Riga 1788; hier entnommen aus: Immanuel Kant: *Kritik der praktischen Vernunft.* Hrsg. von Horst D. Brandt und Heiner F. Klemme, Meiner, Hamburg 2003, ISBN 3-7873-1700-7, S. 41. Vgl. *Wikipedia*: Kategorischer Imperativ. URL: http://de.*Wikipedia*.org/wiki/Kategorischer_Imperativ [Stand: 5.8.2008]

Wie kaum eine andere enthält die Formel des ***kategorischen Imperativs*** das Endergebnis des *(mit)menschlich* **»freie(ste)n« Willens**!!!...

Diese ***grundsätzliche Aufforderung*** des *(mit)menschlichsten* **aller** *»Systeme«* sollte uns deshalb stets als legitimier Wegweiser dienen. Er sollte uns im Augenblick einer *vermeintlich* noch so unbedeutend erscheinenden Entscheidung helfen, jeweils die (gesamt*systemisch*) korrekte Wahl zu treffen! Das ist vor allem dann nötig, wenn wir uns, wie so oft, **allein** an der Weggabelung befinden – (**selbst**) nicht entscheiden können, nicht im Griff haben und, nur weil *ES* uns einfacher, bequemer, verdammt viel schneller und verführerischer erscheint, dazu tendieren, jemanden zu übervorteilen. Er ist nötig, damit wir uns nicht (**selbst**) vernichten!!!

Doch kommen wir zurück zu der Annahme, dass wir **alle** weiter nichts als *äußerst talentierte* **Tiere** sind und unser Verhalten durch die (Um)Welt *biologisch* bzw. *physiologisch* vorherbestimmt wird!...

Was meinen Sie: Hat die Welt (oder von mir aus »Gott«) etwas mit uns vor? Hat **all*ES*** einen Sinn oder entspricht es nur dem Zufall, dass wir uns heute entscheiden können, ob wir in Zukunft *links* oder *rechtsherum* gehen, *leben* oder *sterben* werden? Ich denke, **all*ES*** hat (s)einen Sinn und selbst wenn sich die Menschheit irgendwann einmal so weit ins Abseits manövriert hat, dass es für diese unbedeutende Spezies keinen Weg mehr zurück gibt, dann hat **all** das eben für das Gesamt*system* »Erde« einen Sinn! Vermutlich kann sie nur auf diese Art weiter existieren – weiter leben!? **All*ES*** scheint darauf hinzuweisen, dass der »Sinn«, der »(An)Trieb« von **allem**, das Leben selbst is(s)t und die Natur, wenn man (engl. *man*) so will, stets bestrebt ist, die bereits besprochene **Balance** (des Lebens) zu erhalten. Koste es, was oder wen *ES* wolle!...?

Ein vielleicht etwas weit hergeholtes Beispiel dafür, dass die Natur versucht, das **(Gleich)Gewicht** zu halten, mag – neben der globalen Erwärmung – eventuell die Tatsache sein, dass es immer noch *homosexuelle* **Menschen** (und auch **Tiere**!) auf dieser Welt gibt. Wie ich das meine, fragen Sie? Nun, laut dem überaus aufschlussreichen Buch *Warum Männer nicht zuhören und Frauen schlecht einparken* (von Allan & Barbara Pease) sind offenbar pränatale Umweltfaktoren maßgeblich an der Entwicklung unserer *sexuellen* Neigungen beteiligt. Demzufolge haben » *... die Untersuchungen von Professor Lee Ellis von der Studienabteilung Soziologie der Minot State University in North Dakota [...] ergeben, dass stressbelastete Schwangerschaften in aller Regel zu homosexuellen Babys führen*« (121)

Leider ist es heute immer noch so, dass wir den Eltern gerne die Schuld daran geben, *homosexuelle* **Kinder** in die Welt zu setzen und man sich diese »Schuld« als Elternteil auch oft in die Schuhe schieben lässt. Doch die Eltern von *homosexuellen* **Kindern** haben nichts »falsch« gemacht! Die *sexuelle* Entwicklung hängt von den Geschlechtshormonen ab, mit denen ein Embryonengehirn während der frühen Phasen der Schwangerschaft überflutet wird und nicht etwa von einer **willentlichen** Entscheidung der Eltern!!!

Ob sich nun ein chromosomaler Mann (XY) oder eine chromosomal angelegte Frau (XX) eher männlich oder eher weiblich in der Denk- und Verhaltensweise entwickelt, ist also von der Natur oder von sonst wem *vorherbestimmt*. Es handelt sich dabei um nichts weiter als die Reaktion auf gewisse *äußere* und *innere* Gegebenheiten, welche eine Variation der *(mit)menschlichen* Art zu l(i)eben hervorgebracht hat, die, wenn sie keinen Zweck erfüllen würde, durch die Jahrmillionen andauernde Evolution bestimmt einmal aus der Gleichung herausgekürzt worden wäre. Das wurde bzw. ist sie aber nicht!!!

Wer weiß, vielleicht ist **Homosexualität** ja eine evolutionäre Reaktion auf eine weltweite Überbevölkerung oder auf zunehmende kriegerische Handlungen (vgl. Stress der Mutter), welche, wie mir scheint, letztendlich meist *heterosexuelle* Ursachen haben. Im »Krieg«, d.h. in der Auseinandersetzung geht es im »***Prinzip***« doch nur darum, zu **über**leben, das heißt, die **eigene** »Art« zu sichern. *ES* geht um das Fortbestehen der **eigenen** Gene! **Homosexuelle** wollen zwar auch gewinnen, auch **über**leben und **ihre** Gene erhalten, sind – zumindest so, wie ich sie erlebt habe – in ihrer diesbezüglichen Vorgehensweise **insgesamt** aber eher friedlicher und möglicherweise auch sozialer eingestellt als *heterosexuelle* **Menschen**. Davon kann sich jeder, der den Mut aufbringt, um mit *homosexuellen* **Menschen** ins Gespräch zu kommen – keine Angst, die beißen nicht (allzu sehr) – oder es sogar schafft, deren Veranstaltungen zu besuchen, selbst überzeugen!

Ist es nach dem, was Sie eben gehört haben, also ein »Fehler« oder ist es vielleicht »krank«, *homosexuell* zu sein? Oder erfüllt *ES* nur einen ganz bestimmten *systemischen* Zweck, der uns bislang nur noch nicht bewusst geworden ist? Wie gesagt, es ist womöglich ein weit hergeholtes Beispiel, aber es könnte eine Möglichkeit sein, wie die Natur versucht, Einfluss zu nehmen!?

Wie Sie sehen, zeigt dieses und andere vergleichbare Beispiele der evolutionären Entwicklung die Komplexität der **ganzen** *system*bezogenen Thematik des »**freien« Willens**, die, wie mir scheint, immer auf **zwei** (Entwicklungs)Möglichkeiten hinausläuft: *Leben* oder *Tod!...*

Wollen wir also als Menschheit (*langfristig*) gesehen **(über)**leben oder nicht? Nehmen wir mal an, wir wollen **(über)**leben, kann *man* dann etwa behaupten, dass die Evolution uns absichtlich und aus »gutem« Grund mit einem Bewusstsein, Emotionen und dem ganzen anderen Zeug ausgestattet hat? Will sie uns vielleicht so beim (**Über**)Leben behilflich sein? Die aus unserer Bauart hervorgehende Fähigkeit, uns zu einer sozialen Gruppe – deren Mitglieder sich übrigens auch gegenseitig helfen können, anstatt sich ständig zu bekriegen – zusammenzuschließen, um auf diese Art **besser** »Krisen« bewältigen zu können, scheint unserer Aufmachung doch einen gewissen Sinn zu geben. Für mich klingt das ganz logisch – und für Sie?

Wie mir scheint, ist die Welt nun mal nichts weiter als ein überdimensionaler Tierpark. Eine Art Streichelzoo, in dem sich jedes **Tier** – und den **Menschen** zählen wir ab jetzt einfach auch dazu – seinen *Instinkten* und *Trieben* zufolge verhält und gemäß seinen speziellen Fähigkeiten gelernt hat, als Teil des **Ganzen** in seiner (Um)Welt zu (**über**)leben! Sich zu Gruppen zusammenzuschließen und (gem)einsam tätig zu sein, scheint dabei zwar nicht ausschließlich eine menschliche Eigenschaft zu sein, aber der **Mensch** hat sie zumindest perfektioniert. Die menschliche Rasse hat das darin liegende Potenzial entdeckt und es sich zu Eigen gemacht, um sich so an die Spitze der Nahrungskette zu katapultieren. Einer alleine hätte das wohl kaum geschafft!!?
Die Welt ist ein Zoo, in welchem wir nur **eine** lebendige Attraktion von vielen darstellen! Falls Sie nicht (m)einer Meinung sind, dann sollten Sie einmal eine Schule, einen Betrieb, einen Parteitag oder einfach ein Fitnessstudio oder Freibad – eine Fußgängerzone tut's im Übrigen auch – »besuchen« und beobachten, nach welchen Gesetzen sich die (kleinen) **Menschen** dort – in diesen exemplarischen Mikrokosmen der **tierischen** Verhaltensweisen – benehmen! Genauere Beschreibungen spare ich mir, aber lassen Sie sich eines gesagt sein: es sind (auch) die *Triebe*, die **uns** steuern, soviel steht fest! Laut *GEO*-Magazin (11/2007) war dies bereits Martin Luther ein Begriff. Ich zitiere:

> *»Und lange vor Freud nimmt er dem Menschen – gegen die Lehre seiner Kirche – die Illusion der Willensfreiheit, der freien Verfügungsgewalt über die eigene Persönlichkeit. Zwar können wir manchmal tun, was wir wollen – niemals aber können wir wollen, was wir wollen: Der Ursprung unserer Wünsche ist uns unzugänglich. Ein Wille aber, der uns nicht gehört, kann nur unfrei sein.*
> *Der Mensch wird, so stellt schon Luther fest, beherrscht und angetrieben von der Libido: »Denn ohne Fleisch wären wir nicht und könnten nicht wirken, noch könnten wir ohne die Fleischeskraft dasein und wirken.««* (122)

Kennern der Materie ist sicherlich bewusst, dass die *Triebtheorie* eine Reihe von Theorien aus Ethologie, Psychologie und Psychoanalyse umfasst und man heute davon ausgeht, dass der **Mensch** im Wesentlichen von einer mehr oder weniger großen Anzahl endogener Grundbedürfnisse gesteuert wird. Die bekannteste Triebtheorie wurde, wie im *GEO*-Artikel schon angedeutet, von Sigmund Freud entwickelt…

»Nach Freud entstammt der Mensch dem Reich der Primaten, und hinter den Trieben oder Instinktäußerungen stehen angeborene Bedürfnisse aus dem Körperinneren, die der Lebens-, Art- und Selbsterhaltung dienen. Dies erfolgt z. B. über die Nahrungsaufnahme, Aktivitäten, über die die »erogenen Zonen« stimuliert werden oder auch das instinktive Neugierverhalten gegenüber unbekannten Dingen oder Situationen, wobei auch andere Formen der lustvollen Grundbedürfnisbefriedigung denkbar sind. Die Triebproduktion, welche vom ES ausgeht, erfolgt stetig neu (auch nach erfolgter Befriedigung wieder) und vom Willen des Ich/Bewusstseins unabhängig; dies vermag jedoch die Verwirklichung der Wünsche umweltangemessen zu lenken und sogar in Richtung der Quelle zurückzudrängen. Die Triebenergie selbst hat Freud als Libido bezeichnet, ihre Gesetzmäßigkeit als Lustprinzip.« (123)

Freud lag damit sicherlich nicht **ganz** falsch, und ich möchte hier auch gar nicht genauer auf das *Lustprinzip* eingehen, denn jeder weiß eigentlich, was gemeint ist – sondern eher auf die Tatsache hinweisen, dass wir **Menschen**, im Gegensatz zu den **Tieren**, in der Lage sind, unsere *Triebe* zu **reflektieren** und diese im Sinne eines halbwegs geordneten Zusammenlebens durch unseren **»freien« Willen** bewusst(er) unterdrücken könn(t)en. **Diese** »Fähigkeit« ist mitunter das Wichtigste, das uns noch vom **Tier** unterscheidet – nicht die Fähigkeit, eine Konservendose zu öffnen oder zum Mond zu fliegen!...

Wie gesagt, ein stinknormales **Tier**, das (s)ein ***Es*** nicht zu kontrollieren vermag, folgt einzig und alleine (s)einem *Instinkt*, welcher durch die **natürlichen** *Triebe* bereitgestellt wurde. Und was ist unsere »**Natur**«? Lassen Sie mich dazu eine Geschichte erzählen!... Der eine oder andere wird sie kennen:

Es ist die Geschichte vom Skorpion und dem Frosch, der sich bereit erklärt hat, den Skorpion auf seinem Rücken über einen Fluss zu tragen. Obwohl der Skorpion hoch und heilig versichert hatte, den Frosch nicht zu stechen, da ansonsten ja beide sterben würden, spürte der Frosch – ungefähr in der Mitte des Flusses angekommen – einen stechenden Schmerz im Rücken, so wie er ihn noch nie zuvor in seinem Leben gefühlt hatte. Der Skorpion hatte ihn aller Versprechungen zum Trotz doch gestochen. »Warum hast du mich gestochen? Jetzt müssen wir beide sterben!«, fragte der Frosch mit letzter Kraft. Worauf der Skorpion antwortete:

»Weil ES meine Natur ist.«

Ich denke, die Zukunft wird entscheiden, was für ein »**Tier**« wir (*wirklich*) sind und es wird sich (bald) zeigen, ob wir es schaffen, über unsere *menschlich-destruktive* **Natur** hinauszuwachsen oder nicht. Doch wenn wir diesen Schritt nicht schaffen, es nicht schaffen uns gegenseitig zu (ver)trauen und das Vertrauen –, wider unserer »**Natur**«, – nicht zu missbrauchen, so wage ich die Behauptung, werden wir mit an Sicherheit grenzender Wahrscheinlichkeit untergehen! Aber kommen wir darauf zurück, dass wir alle *(fern)gesteuerte* **Tiere** sind…

Triebhafte, *instinktive* Handlungen laufen bei den meisten **Tieren** ohne eine **reflektierte** Kontrolle ab und entziehen sich so *Ihrem*(!?) **Bewusstsein!**...

Neuroanatomisch gesehen ist für das **gesamte** *Trieb-* und vielleicht auch *Instinktverhalten* des Menschen das sog. »**limbische** *›System‹*« verantwortlich. Es ist, laut dem neuroanatomischen Lehrbuch von Martin Trepel, darüber hinaus als »*... zerebraler Manifestations- bzw. Entstehungsort von Gefühlen, Trieben und zahlreichen intellektuellen Leistungen anzusehen.*« (124) Dabei handelt es sich »*bei der Definition des* ***limbischen Systems*** *weniger um die Beschreibung topographisch eng in Beziehung stehender Gehirnareale [...] sondern um eine Zusammenfassung funktionell eng miteinander in Verbindung stehender zentralnervösen Regionen*«, welche letzten Endes unser **Affektverhalten**, unsere **Sexualfunktionen** sowie unsere **Orientierung**, **Motivation** und unser **Bewusstsein** beeinflussen. Ein Großteil dessen, was wir tun, entspricht mehr oder weniger *Instinktbewegungen* die, wenn man den Erkenntnissen der sogenannten »**klassischen vergleichenden Verhaltensforschung**« Glauben schenken darf, normalerweise durch einen *akustischen*, *visuellen*, *taktilen* oder – wie bei Pheromonen – *chemischen* **Schlüsselreiz** ausgelöst werden!

Wie Sie wissen, sind Pheromone *(altgriechisch: pherein »überbringen, übermitteln, erregen« und hormon »bewegen«)* nichts weiter als Duftstoffe, die als Botenstoffe der biochemischen **Kommunikation** zwischen Lebewesen einer Spezies dienen. (125) Auch dass die bewusst kaum wahrnehmbaren Gerüche Einfluss auf unser *Sozial-* und *Sexualverhalten* haben, ist hinlänglich bekannt und es bedarf mittlerweile hoffentlich keiner weiteren Erklärung, dass wir auch hier, in unserem *Sozial-* und *Sexualverhalten* nicht unbedingt immer so (**selbst**)bestimmt und frei (re)agieren, wie wir es gerne hätten. »*Babys riechen ja soooo gut!*«, »*Der, die oder das stinkt mir gewaltig!*« oder »*Die können sich gut riechen*« sind an dieser Stelle nur ein paar Beispiele dafür, wie sich diese (Er)Kenntnis schon in unseren Sprachgebrauch geschlichen hat.

»*Liebe geht durch die Nase, heißt es im Volksmund*« und in einem Artikel der *Welt Online*. »*Und tatsächlich spielt bei der Wahl des Partners der Körpergeruch eine entscheidende Rolle: Mit traumwandlerischer Sicherheit erkennen Menschen am Geruch, ob das Erbgut des Gegenübers zum eigenen passt und wie stark dessen Abwehrkräfte sind. Jeder Mensch und wahrscheinlich auch jedes Wirbeltier besitzt ein »feines Näschen« für das Immunsystem eines potenziellen Geschlechtspartners. Das hat vor allem einen Grund. Am Körpergeruch wird beim Gegenüber unbewusst geprüft, ob es sich um einen hinsichtlich der immungenetischen Ausstattung geeigneten oder eher ungeeigneten Partner handelt. Schließlich soll der mögliche Nachwuchs die optimale genetische Ausstattung erhalten. Für die Abwehr von Krankheiten und damit auch für den Erhalt der Art.«* (126)...

Für weitere Fragen bezüglich der uns beeinflussenden »Düfte« empfiehlt sich im Übrigen der Film oder das Buch *Das Parfum*, in dem so einige Wahrheiten über uns und unser alleinig vom »Duft« abhängendes Verhalten gezeigt werden!

Doch auch sonst werden wir von unseren *Instinkten* geleitet und Sie würden sich wundern, wie wir auf andere **Schlüsselreize** reagieren. ***Instinkte*** und **Schlüsselreize** sind der Grund, weshalb wir beispielsweise relativ ungern ein Geschäft mit einem dunkeln, uneinsichtigen (Höhlen)Eingang betreten, mit Unbehagen in einem Restaurant essen, in dem außer uns niemand is(s)t, oder als Männchen in der Öffentlichkeit doch ganz gerne mit »dem Rücken zur Wand« sitzen. Was speziell die *visuellen* **Schlüsselreize** angeht, so ist beispielsweise bekannt, dass Männer sich (selbst) gerne im Ausschnitt der Damenwelt verlieren! Kann *man(n)* es ihnen verdenken? *Man* kann, sofern *man(n)* davon ausgeht, dass der **Mensch** mehr ist als ein **Tier**!

Dass die Männer aber gar nicht anders können, sondern »schönen« Anblicken ihre ungeteilte Aufmerksamkeit quasi schenken **müssen**(!), wurde unlängst von der amerikanischen Neurologin Benjamin Hayden bestätigt. Ich zitiere wieder aus einem *Welt Online* Bericht:

> *»Mit einem bildgebenden Verfahren untersuchte die Neurologin die männliche Hirnaktivität in dem Moment, wenn er sich einer attraktiven Frau zuwendet. Das Ergebnis: Bei den untersuchten Hirnen wurden vor allem die Regionen aktiv, die für die körpereigene Belohnung zuständig sind. Mutter Natur lässt es Endorphine regnen, bis er grinst. Die Erkenntnis: Männer sind so und reagieren auf weibliche Schlüsselreize hilflos ehrlich. Aber Mann kann sich glücklicherweise beherrschen.«* (127)

Die Aussicht auf ein *attraktives* Weibchen aktiviert bei uns Männern also das **Belohnungszentrum** und lässt uns un(ter)bewusst »Dinge« tun, für die man(n) sich eigentlich schämen müsste! »Natürlich« schauen Frauen den Männern *mehr* ins Gesicht und in die Augen, denn die sind ja bekanntermaßen das *»Tor zur Seele«* eines Menschen. Im Grunde sind sich die verschieden Quellen aber nicht einig, auf was wir beim anderen Geschlecht denn nun wirklich zuerst achten (Gesicht, Kleidung, Hände, Po, Frisur, Gang, Busen/Oberkörper, Beine, Mund, Geldbeutel, Autoschlüssel etc.). Wie ich gehört habe, solle es mittlerweile aber auch die eine oder andere Frau geben, die den Männern ab und an doch auf den Hintern oder den Oberkörper starrt bzw. »giert«!...

Das ist im Übrigen gar nicht so schlimm, wie sonst soll »Frau« denn herausfinden, ob es sich bei ihrem Gegenüber nun um einen guten **Läufer** und **Jäger** handelt, der später genügend Nahrung in die Höhle bringt und/oder die Familie gegen Angreifer zu schützen weiß? Natürlich machen die Frauen das vollkommen **selbst**bestimmt! So **selbst**bestimmt, wie *Sie*(!?) ihre Garderobe wählen!?...

Wussten Sie eigentlich, dass sich Frauen während ihrer *fruchtbaren* Tage un(ter)bewusst etwas *gewagter* anziehen als sonst? Das will man an der *Universtity of California* in L.A herausgefunden haben (128), und dass wir Männer uns bei so einem *(ver)lockenden* Anblick dann ebenfalls ferngesteuert leiten lassen, wurde eben schon erwähnt! Doch was sehen wir Männer genau, wenn wir uns(er Selbst) im Ausschnitt einer Frau verlieren? Ist es die *mütterliche* **Brust**, die Nahrung, Gesundheit und Geborgenheit vermittelt oder ist es eher ein **Hintern**, der, wie bei Primaten so üblich, zu ganz anderen »Dingen« einlädt?

Mal ehrlich, ist Ihnen noch nie aufgefallen, dass das weibliche Dekolleté frappierende Ähnlichkeit mit dem oberen Teil eines menschlichen, zum Teil recht nett verzierten **Hinterteils** hat und dass *hervorstehende* **Brüste** ansonsten relativ unpraktisch in der täglichen Handhabung sind? Alleine in Punkto Schwerkraft scheint es sich bei der *weiblichen* **Brust** – trotz der Erfindung von so tollen Dingen wie Sport- oder Hoch-Drück-BHs – nicht unbedingt um einen evolutionären Geniestreich zu handeln. Auch ist eine Frau in der Regel (sowieso) nicht ihr Leben lang schwanger, bräuchte die plumpen Dinger also nicht die **ganze** Zeit mit sich herumschleppen –... zumal die weibliche Brust nur zum geringen Teil aus Milchdrüsen und zum überwiegenden Teil aus **Fett** besteht! Welchen Sinn haben *exponierte* **Brüste** denn dann?...

Die Lösung liegt förmlich auf der Hand: Da der Mensch und mit ihm blöderweise auch der Mann mit der Zeit dann doch das *aufrechte* **Gehen** gelernt hat, entzog sich das *weibliche* **Hinterteil** immer mehr seinem *direkten* **Blickfeld**! Wie sonst im Reich der »Säuger« üblich, konnte die Vagina nicht mehr so eindrucksvoll zur Schau gestellt werden. Mutter (Natur) war – wollte sie nicht, dass das Augentier **Mensch** aufgrund (s)einer neu erlernten Fähigkeiten ausstirbt – zur definitiven Handlung gezwungen! Ganz klar, ein Ersatz musste her, und so kommt es, dass die Frauen heute einen *visuellen* Notbehelf für ihr **Hinterteil** – für jeder*mann* schön sichtbar in der Auslage – vor sich her tragen. Tja, die Evolution ist schon gerissen, wenn es um die *Kunst der Verführung* und die der *instinktiven* Arterhaltung geht!

Alleine daran, dass wir unser *(fern)gesteuertes* Verhalten meistens nicht (er)kennen, uns je nachdem (*aufreizend*) anziehen und vor lauter Gaffen gegen die Straßenlaterne oder sonst wen oder was donnern, ist zu sehen, dass wir uns, von ein paar wenigen Ausnahmen abgesehen, leider alles andere als **kontrolliert** verhalten. Wir sind zum großen Teil nur **fremd**bestimmte Zwei-, Drei-, oder Vierfüßler, die durch die Lande streifen und lediglich so tun, als wären sie was Besseres!...

Dennoch dürfen wir Mutter Natur nicht als Entschuldigung, sondern lediglich als Erklärungsversuch für unsere tierisch basierten Verhaltensweisen anführen! Unsere »**Natur**« ist kein Freibrief dafür, einfach tun und lassen zu können, was wir wollen! Der *erwachsene* **Mensch** ist und kann nämlich *mehr* als (s)ein Tier! Er hat, im Gegensatz zum *unreifen* **Menschen**, gelernt sich zu beherrschen!!....?

Da es auf der Welt, wie es scheint, aber immer mehr **Kinder** und nur ganz wenige **Erwachsene** gibt, wird sich in und an unserer Zukunft vorerst nicht viel ändern! Und so verhalten wir uns weiterhin wie **Rinder** und bleiben beispielsweise solange grasend und ruhig (stehen), oder beginnen einfach nur kopflos zu rennen, wie die Herde um uns herum ebenfalls ruhig (stehen) bleibt oder aber plötzlich – aus für uns nicht klar erkennbarem Grund – zu galoppieren beginnt!..

Sie glauben das nicht? Na dann haben Sie wohl noch nie einen Winterschlussverkauf oder etwas Ähnliches erlebt!? Ob wir bei dieser oder der nächsten »(Weltwirtschafts)Krise« **alle** zur gleichen Zeit die **Panik** bekommen oder wie gehabt fröhlich weiter (fr)essen, hat also nichts mit der *erwachsenen* **Vernunft** des **Einzelnen** zu tun, sondern hängt maßgeblich davon ab, wie *man* uns als **Herde** im Griff hat und zu manipulieren vermag!

Um eine **Panik** zu verhindern – die unter Umständen unschuldigen Lämmern das Leben kosten würde – kann es also durchaus von Nutzen sein, die **Kinder**, .. äh ... **Rinder** möglichst dumm und – wie ein Cowboy es bekanntlich zu tun pflegt – in *kontrollierbarer Abhängigkeit* zu halten! Doch wenn die »**Herde«** erst mal rennt, was aufgrund einer (durch einen etwaigen Börsencrash ausgelösten) Konsumknappheit durchaus einmal passieren könnte, dann rennt sie – ohne **Sinn** und auch ohne **Verstand**!...

»Muhen« Sie ruhig, wenn es Ihnen nicht passt und dann besser geht, aber sagen Sie jetzt nicht, Sie hätten nicht gewusst, dass unsere (Finanz)Welt sich wie die »**Matrix**« aus dem gleichnamigen Film der Wachowski-Brüder schon seit einiger Zeit von der »realen« Welt und ihrer (mit)menschlichen Wirtschaft abgekoppelt hat! Was wir als **(Konsum)Tiere** und **Kinder** (er)leben, ist nicht (r)echt und schon gar nicht (mit)menschlich! Was wir spüren, ist eine S(t)imulation, hervorgerufen durch die Manipulation unserer Wahrnehmung – unserer Gefühle und Empfindungen!...?

Ich gehe an anderer Stelle noch mal genauer auf die *Matrix* ein und werde zur geeigneten Zeit das eine oder andere Mal aus dem Film zitieren. So viel sei bis hierher aber schon verraten: Die »**Matrix**«, so wie wir (**Kinder**) sie heute erleben, wird auf die eine oder andere, *kurzfristige* oder *längerfristige*, merklich spürbare oder un(ter)bewusste Art und Weise in sich zusammenbrechen – um Platz für eine weitere, eine »neue« zu machen!?....

Wie diese dann aussieht, oder ob diese, statt auf den **Trieben**, auf der **Vernunft** oder sogar auf **beidem** basiert, vermag ich im Augenblick nicht zu sagen. Aber sagen Sie später nicht, ich hätte Sie nicht vor Ihrem ach so **»freien« Willen** gewarnt! Sagen Sie nicht, Sie hätten nicht gewusst, dass man (engl. *man*) nicht **immer** nur nehmen kann, wie *man* will, sondern, um *langfristig* zu **(über)leben**, im selben Maße dafür etwas geben muss!...

Denn das, mit Verlaub gesagt, **glaube ich Ihnen nicht!!!**

Als **Menschen** könn(t)en wir uns unseren **Trieben** *aktiv* erwehren und müssen es unter Umständen sogar, um (als solche) zu (über)leben!...

Dass dazu eine – aus kapitalistischer Sicht – fast übermenschliche Anstrengung von Nöten ist und es **insgesamt** nur funktionieren kann, solange Sie und Ihr »**freier Wille**« *ES* **wollen**, ist hoffentlich klar!?

In keinem anderen Bereich wie der *Sexualität*, die uns doch **alle** verbindet wie die *Liebe*, zeigt sich im Übrigen deutlicher die Diskrepanz zwischen dem, was wir mittlerweile wissen (sollten) und dem, wie wir uns verhalten! Was wurden nicht schon alles für Bücher verfasst, Dokumentationen gezeigt und Experimente gemacht, um herauszufinden, was mit den verschiedenen Geschlechtern nicht stimmt, warum *Sie*(!?) sich nicht vertragen und doch – zumindest in der Mitte – so gut zusammenpassen. *Man* hat sich sogar schon (im Kernspintomografen) »begattet«, nur um dem »großen Rätsel« zwischen Mann und Frau auf die Schliche zu kommen. Ein Geheimnis, welches man (engl. *man*), um zu (über)leben, bisher nicht unbedingt lüften musste, den »modernen« **Menschen** aber mehr denn je interessiert! Doch keine Sorge, auch bei gleichgeschlechtlichen Beziehungen kann es unter gewissen Umständen dazu kommen, dass *man* sich zeitweilig nicht versteht und am liebsten an die Gurgel geht!

Also, wenn *ES* am Geschlecht nicht liegt, woran liegt es dann, dass wir oft nur funktionieren, ohne *wirklich* nachzudenken? Woran liegt es, dass wir im Akutfall die seit Langem gesammelten Informationen, die derzeit unser Leben bürokratisch bestimmen und wissenschaftlich erklären, einfach nicht abrufen können? Warum verhalten wir uns (global) heute noch immer so hirn- und planlos wie die (Höhlen)**Menschen** damals?...

Es scheint beinahe so, als liefe im Hintergrund ein von der Natur bereits im Vorfeld festgelegter »Masterplan« ab, nach dessen Spielregeln sich **alle Menschen** ganz selbstverständlich und trotz besseren Wissens zu verhalten haben. Ein Plan, der uns insgeheim leitet, sich (meistens) unserem **Bewusstsein** entzieht und weitab der *(über)lebenswichtigen (mit)menschlichen* **Vernunft** vonstatten geht!? Ein Beispiel: Obwohl ich – zumindest theoretisch – weiß, wie meine Lebensgefährtin »funktioniert« und sie ihrerseits nach nunmehr über 15

Jahren der gemeinschaftlichen Partnerschaft mittlerweile wissen sollte, *warum* und *weshalb* ich in manchen Situationen auf *was wie* reagiere, kommt es selbst zwischen uns von Zeit zu Zeit und insbesondere im »Eifer des (hormonellen) Gefechts« immer wieder zu gewissen, sagen wir mal, (nicht ganz) unvorhergesehenen »Differenzen«. *Kindisch, gemein, überflüssig, selbstzerstörerisch, ohnmächtig, bewusst-los,* sind nur wenige Adjektive, die unser Verhalten während dieser überwiegend unproduktiven und bereits oft schon wiederholten Auseinandersetzung mehr als gut beschreiben würden! Es sind Eigenschaftsworte, für die ich mich bzw. uns (**alle**) ehrlich gesagt nicht leiden mag, denn *theoretisch* müsste dieser »**Streit**« zwischen zwei (**vernünftigen**) »Erwachsenen« – die nicht allzu blöd in der Birne sind und sich im Grunde doch *lieben* – ebenso wenig sein wie ein »**Krieg**« zwischen zwei Nationen. Theoretisch könn(t)en wir *glücklich* sein, denn uns fehlt nichts, wofür es sich zu streiten lohnt!!!

Wir könnten daher die Meinungsverschiedenheiten, welche im Nachhinein, aus der Entfernung betrachtet und unter der Zuhilfenahme meines jetzt nicht mehr (hormonell) vernebelten **Verstandes**, im besten aller Fälle als *beschämend, töricht, irrational* bzw. *emotional* und *lächerlich*, aber bei genauerer Betrachtungsweise als durchaus erklärbar anzusehen sind, friedlich(er) regeln. Doch im »Akutfall« tun wir das nicht! Wir können nicht aus unserer (aggressiven) Haut, sondern würden den anderen am liebsten auf den Mond schießen oder alternativ dazu in der Luft zerreißen. Und genau das lässt mich – überträgt man unser vorübergehend hilfloses, oder sagen wir besser »ohnmächtiges« Verhalten auf **ganze** Nationen oder gleich auf die **ganze** Menschheit – verständlicherweise nicht ganz ohne Grund regelmäßig zusammenfahren und in Zukunft das Schlimmste erwarten!

Der »zivilisierte« **Mensch** dieser Zeit gibt sich indes über jeden Zweifel erhaben, ist überzeugt davon, (**selbst**)bestimmt durchs Leben zu stolpern, kontrolliert zu handeln, rational zu denken und **alles** Mögliche und Unmögliche im Griff zu haben. Er meint sogar, sich **selbst** »neu« erfinden zu können! Er führt aber noch immer sinnlose Kriege, streitet ohne Kopf und **Verstand**, unterdrückt Minderheiten, zerstört den Planeten – ja den »Frosch«, auf dem er lebt und macht auch sonst, *objektiv* betrachtet, genau das Gegenteil von dem, was ihm sein Herz und Hirn – worauf er die Krone der »Schöpfung« vergeblich zu tragen versucht – *eigentlich* sagen (woll(t)en)!...

Mal ehrlich, haben Sie sich noch nie gefragt, wie lächerlich mancher Streit mit Ihrem Partner (oder Arbeitgeber oder -nehmer) war, um was es sich bei Ihren Nachbarschaftszwistigkeiten denn nun *wirklich* dreht oder warum sich **ganze** Länder oder religiöse Gruppen noch immer bekriegen? Im Grunde sollte uns der **gesunde Menschenverstand** doch unmissverständlich klar machen, dass auf **diese** Art **niemandem** geholfen ist. Denn die eingebrachte Energie bzw. das Geld, welche(s) ein Streit bzw. Streik das **(Gesamt)***System* kostet und welche(s) im Nirwana der kindlichen Rechthaberei verpufft, überschreitet meist den *eigentlichen* Streitwert um ein *(kleinstes gemeinsames)* ***Vielfaches***!!!...

Dennoch geschieht *ES* **jeden** Tag wieder aufs Neue – denn als (Raub)**Tier** denken wir nicht nach und nur in zweiter Linie ans oder als »**Kollektiv**«, sondern **jeder** nur an sich **selbst** und (s)einen *kurzfristigen* Vorteil, den man (engl. *man*) dann *langfristig*, aber anderweitig und um das bereits beschriebene *(kleinste gemeinsame)* ***Vielfache*** (wieder) einbüßt!...

Es ist fast so, als könnten wir das »***Prinzip***« der Wiederholung, welches überall in der **Natur** zu finden ist, nicht durch- oder unterbrechen; als könnten wir dem, was wir schon immer waren, nicht entfliehen und uns samt **allem** anderen nicht zum Besseren verändern. Deshalb gab und gibt es weithin Kriege und soziale Ungerechtigkeit! Weil wir nun mal noch immer dumme, kleine **Menschentiere** sind!? Ist es tatsächlich so, dass der **Mensch** ein **Tier** is(s)t, welches intuitiv die **Balance** zwischen *Körper* und *Geist* sucht und sich dabei meist von der un(ter)bewusst auf ihn einwirkenden **Natur** leiten, ja sogar kontrollieren lässt? Ist es so wie *Mouse* im *Matrix*-Film sagt, dass »*derjenige, der seinen Trieb verleugnet, genau das verleugnet, was ihn zum Menschen macht*«? (129)

Ich denke ja, denn verleugnen wir das **Tier** bzw. den **Trieb** als Teil der »**Natur**« in uns, dann verleugnen wir mitunter das, was uns genauso zum **Menschen** macht wie die **Vernunft** und der **Intellekt!** Also ärgern Sie sich nicht, wenn jemand mit (s)einem dicken Auto protzt, die Damenwelt durch »Push-up«-BHs die Möpse gegen die Schwerkraft schützend zur Schau stellt oder der ***Marketing*-Mensch**[114] *an sich* stets und über alle Maßen versucht, sich zu verkaufen, gut anzukommen und sich (**selbst**) zu bereichern! Schmunzeln Sie (viel) *mehr*, denn **jedes** menschliche Verhalten werden Sie auch irgendwo anders in der **Natur** oder an sich **selbst** wiederfinden – da bin ich mir sicher! *Man* muss nicht mal lange suchen, um zu erkennen, dass wir mit unseren menschlichen Mitteln und vermeintlich unbegrenzten Fähigkeiten nichts anderes machen, als dem **Tier** in uns nachzugeben und somit dem »**Affen**« in uns zu (s)einem **animalischen** Recht zu verhelfen!... Hab ich nicht Recht?

---

[114] »***Marketing-Charakter***
Der Marketing-Charakter ist ein von Erich Fromm beschriebener Typus des Sozialcharakters in der zweiten Hälfte des 20. Jahrhunderts, der in die Konformität der öffentlichen Meinung oder aktueller Moden flieht und seinen Selbstwert dadurch definiert, dass er in den Augen der anderen als etwas gilt.
Sein Selbsterleben ist davon abhängig, dass er sich auf dem Personalmarkt wie eine Ware anbietet und Nachfrage erzielt. Eingeschränkte Bindungsfähigkeit und Flexibilität bis hin zur Gleichgültigkeit und Beliebigkeit sind Charakterzüge eines Menschen, der dieser Marketing-Struktur entspricht. Als Weiterentwicklungen dieses Charaktertyps gelten der postmoderne Charakter und der histrionische Charakter.« (478)

Sieht *man* aber mal vom »**Affen**(artigen)« in uns ab, dann tummeln sich in der Spezies **Mensch** noch andere **Tiere**, deren Charaktereigenschaften *man* ohne Weiteres verschiedenen **Menschen** und insbesondere sich **selbst** zuordnen kann!

Löwen, Schlangen, Gazellen, Schweine, Ochsen, Pfauen, Hyänen, Skorpione, Brauereigäule, Ratten, Hasen, Strauße, Chamäleons (für die ich hoffentlich die adäquate Pluralform verwendet habe), Nilpferde, Geier, Faultiere usw. sind nur wenige der **Tiere**, die mir dazu spontan einfallen und zum Teil mit den (chinesischen) Stern-, bzw. Tierkreiszeichen übereinstimmen. All diese »Viecher« teilen sich in und mit uns einen (Lebens)Raum, einen »Kosmos«, um darin für sich und miteinander, so gut es geht, zu (über)leben! Dabei spielt es im Übrigen keine Rolle, ob *man* nun an Sternzeichen glaubt oder nicht, denn mit etwas Fantasie gibt es bestimmt kaum einen **Menschen**, dessen Charaktereigenschaften nebst äußerem Erscheinungsbild nicht augenblicklich (irgend)einem **Tier** zuordenbar wären!?...

Nehmen Sie zum Beispiel mich: Ich sehe aus wie ein Vogel, genauer gesagt wie ein Kanarienvogel – sagt zumindest meine (Lebens)Gefährtin! Ob ich mich auch so (flatterhaft) verhalte, weiß ich nicht, aber (m)eine Sprechstundenhilfe, von der ich über die Jahre so einiges lernen durfte (nicht so, wie sie es sich jetzt vielleicht denken), setzt da sogar noch einen drauf, indem sie behauptet, ich hätte Ähnlichkeit mit *Woodstock* – nicht dem Musik-Festival, sondern dem kleinen gelbzerzausten Vogelvieh der Peanuts[115], welcher in meinem Fall zugegebenermaßen schon etwas »Federn« lassen musste!... Wenngleich *Woodstocks* Gedanken und Äußerungen im Comic nur durch Striche dargestellt werden, kann ich, so wie er, mittlerweile aber tatsächlich (etwas) Maschineschreiben und verfüge gleichermaßen über solch mangelhafte Flugkünste, dass man mich hin und wieder mal aus einem Wassernapf – der bei mir in der Regel bis zum Rand voll mit Fett gefüllt ist – retten muss. Soviel zu mir – dem komischen Kauz!?...

Und was ist mit Ihnen? Mit was für einem **Tier** könnte *man* Sie vergleichen? Einem Tiger vielleicht, einem stolzen Adler oder Silberrücken? Möglicherweise sind Sie aber auch ein gemeiner (innerer) Schweinehund, die viel gerühmte eierlegende Wollmilchsau, ein kleines niedliches Kätzchen oder etwa doch eine Kreuzung aus einer depressiven Seegurke und 'ner Kellerassel!? Sie können bloß froh sein, dass Sie keinem *Nacktmull* ähnlich sehen. Der bzw. das ist – *man* kann kaum glauben, dass es das »possierliche« Tierchen überhaupt gibt – nämlich so ziemlich das hässlichste Vie(c)h auf Gottes weiter Erde und sieht aus wie – die Ausdrücke habe ich jetzt aus dem Netz – ein »*Säbelzahnwürstchen*« oder,

---

[115] »*Die Peanuts ist der Titel einer der weltweit erfolgreichsten Comicserien. Der deutschstämmige Autor und Zeichner Charles M. Schulz (1922–2000) schilderte in seinen über Jahrzehnte hin täglich erscheinenden Strips die Widersprüchlichkeiten menschlichen Lebens anhand einer Gruppe von US-amerikanischen Vorstadtkindern. Erwachsene treten als handelnde Personen nicht auf.*« (411)

alternativ dazu, wie ein »*Penis auf Beinen*«, wie ihn *Die Welt* vor Jahren beschrieb. (130) Bevor ich mir jetzt aber Gedanken darüber mache, wie **wir** wohl für *(Nack)Mulle* aussehen (müssen), kommen wir besser zurück (zu **uns**)!...

Ganz egal, *wer* oder *was* **Sie** sind, es ist wichtig zu erkennen, dass wir die **ganze** Welt in uns tragen und in uns **sämtliche** *tierischen* und *(mit)menschlichen* **Bedürfnisse** und **Verhaltensmuster** ver(unr)einigen! Es ist wichtig zu erkennen, dass das **Tier** in uns ständig versucht, die Kontrolle zu erlangen und dies leider und zum Schaden des **(Mit)Menschen** viel zu oft auch schafft!...

Um *ES* (in Zukunft) zu kontrollieren, müssen wir *ES* allerdings zuerst (er)kennen. Um *ES* zu erkennen, müssen wir *ES* beobachten. Um *ES* zu beobachten, müssen wir die Augen öffnen (wollen) und um die Augen zu öffnen, müssen *wir* uns **anstrengen**! Doch kann ein **Wolf** – trotz Anstrengung – aufhören, ein **Wolf**, und ein **Schaf** aufhören, ein **Schaf** zu sein?...

Vielleicht ist das tatsächlich möglich, wenn *man ES Ihnen*(!?) nur richtig erklärt und *Sie*(!?) richtig erzieht!? Klar bleiben *Sie*(!?) immer noch das, was *Sie*(!?) sind, aber so könnte *man* wenigstens zum **gegenseitigen** Nutzen auf **einer** Erde, in **einem** Organismus und unter **einem** Himmel existieren – das Paradies!(?)

Angenommen, *man* müsste das (mit)menschliche Verhalten wirklich auf **zwei** Tierarten beschränken, so wären die **Wölfe** und die **Schafe** – abgesehen von den »Knüllern« und den »Faltern«, die ihrerseits aber keine Schmetterlings- oder Tierarten, sondern den menschlichen Gebrauch von Toilettenpapier beschreiben – sicherlich die adäquatesten von **allen.** Denn kaum eine andere Tierart zeigt deutlicher die verschiedenen menschlichen Überlebensstrategien als diese **zwei** Spezies! Natürlich darf *man* das mit den **Schafen** und **Wölfen** – den »Knüllern« und den »Faltern« – nicht zu eng sehen, und ich hoffe, Sie verzeihen mir, wenn ich aus Gründen der Verständlichkeit ab und an auch **Kühe** oder **Hunde** zum Vergleich heranziehe. Den Viechern ist es jedenfalls egal – und Ihnen?

»*Gott hat den einfachen Menschen offenbar geliebt, denn er hat so viele von ihnen gemacht*«, hat Abraham Lincoln einst gesagt, und dass wir **Menschen** zum Großteil (wie) **Schafe** sind, weiß die Kirche schon längst! In der (Luther) Bibel steht nicht umsonst: »*Der Herr ist mein Hirte, mir wird nichts mangeln. Er weidet mich auf einer grünen Aue und führet mich zum frischen Wasser. Er erquicket meine Seele und führet mich auf rechter Straße um seines Namens willen. Und ob ich schon wanderte im finsteren Tal, fürchte ich kein Unglück; denn Du bist bei mir, dein Stecken und Stab trösten mich.*« Den Rest vom ***Psalm 23*** spare ich mir – Sie können sich jetzt ja selbst einen Reim darauf machen!(?)

Denkt *man* heute an **Schafe** und **Rinder** – **Kühe** sind übrigens nicht lila und mancherorts heilig –, so sind sie in unseren Augen doch größtenteils nichts weiter als Nutztiere, die mehr oder weniger friedlich in **Herden** zusammenleben und neben all dem Muhen, Meckern, Blöken, sich gegenseitig Begatten und ständigem Wiederkäuen unentwegt das fressen, was *man* ihnen gerade so vor die Nase setzt bzw. hält. Nach dem heutigen Wissensstand der **Menschen** zu urteilen, denken **Schafe** und **Kühe** nicht sonderlich viel, und außerordentlich kritisch scheinen *Sie*(!?) auch nicht gerade zu sein!

Was ihre (Fr)Essgewohnheiten angeht, sind **Kühe** bzw. **Schafe** von »**Natur**« aus Vegetarier, das heißt, sie fressen sich *nicht* gegenseitig, es sei denn, der **Mensch** ist so »schlau« und mischt Ihresgleichen (zu Tiermehl[116] verarbeitet) ins Futter! Ein (Lebensmittel)Skandal in gewaltigen Dimensionen, der in der BSE[117]-Krise von 2001 seinen traurigen Höhepunkt fand. Doch kommen wir zurück zum Wesen der **Rinder**….

Solange sie leben und fressen bzw. konsumieren (dürfen), geben sie brav und ebenso unentwegt Milch (im Falle der **Schafe** auch ihr letztes Hemd aus Wolle) und machen prinzipiell das, was *man* (zu) ihnen sagt oder von ihnen verlangt. Erst wenn das Futter knapp wird, setzt sich die Masse in Bewegung, wehrt sich, geht mehr nach *rechts* als nach *links*, aber grundsätzlich in Richtung des Bauern mit den dicksten Kartoffeln bzw. Versprechungen! Das alles geht verständlicherweise solange »gut«, wie die Zusicherungen des vermeintlich »besseren« Bauern auch eintreffen oder aber der Bauer clever genug war und eines »schönen« Tages der Bolzenschussapparat dem betriebswirtschaftlich regelmäßigen Treiben der **Schafe** und **Kühe** ein jähes Ende setzt. Das Fleisch und so ziemlich all die anderen (Bestand)Teile der ausgenutzten und ausrangierten[118] Viecher wandert auf dem einen oder anderen Weg dann in die meisten der menschlichen Münder und verenden sodann in den Mägen derjenigen, die sich als vergleichsweise »zivilisierte(re)«, ja höher entwickelte Spezies erachten!...

Alldem möchte ich noch eines hinzufügen: **Schafe** und **Kühe** sind – soweit der »**Mensch**« *ES* überhaupt beurteilen kann – nicht nur dämlich und im Grunde *masochistisch* veranlagt, sondern zudem und im überwiegenden Maße auch noch *ängstlich*. Und genau dieser Umstand verhindert, dass sich die mengenmäßig weit überlegenen Herden**tiere (gem)einsam** gegen den oder die zahlenmäßig unterlegenen Bauern oder Schäfer**hund(e)** stellen – diese(n) niedertrampeln oder aufgrund ihrer sowohl kollektiven als auch individuellen »Masse« einfach ignorieren oder an die (Stall)Wand drängen! George Orwell schreibt über seinen Roman *Farm der Tiere*…

---

116 »*Unter Tiermehl versteht man ein Futtermittel für Nutztiere, das entweder bei der Verarbeitung von Fleisch anfällt, oder der Verwertung von verendeten und erkrankten Tieren dient. Das Tiermehl wird hierbei in einer Tierkörperbeseitigungsanlage hergestellt.*« (412)

117 »*Bovine spongiforme Enzephalopathie (BSE), zu deutsch etwa »die schwammartige Gehirnkrankheit der Rinder« oder umgangssprachlich auch Rinderwahn genannt.*« (413)

118 »***aus|ran|gie|ren*** *<dt.; germ.-fr.>: unbrauchbar Gewordenes aussondern, wegwerfen.*«

»Die Details der Geschichte wollten mir ziemlich lange nicht in den Sinn kommen; bis ich eines Tages einen kleinen Jungen sah, vielleicht zehn Jahre alt, der ein riesiges Zugpferd einen schmalen Pfad entlang lenkte und es, jedesmal wenn es sich abzuwenden versuchte, peitschte. Es kam mir zum Bewußtsein, daß, wenn solche Tiere sich ihrer Kraft bewußt würden, wir keine Macht über sie hätten und daß die Menschen die Tiere in ziemlich derselben Weise ausbeuten wie die Reichen das Proletariat.« (131)

Kommen wir nun zu den **Wölfen**: *Sie*(!?) sind nicht (ganz) so dumm wie die **Schafe** – zeigen eine andere Art der (mit)menschlichen Verhaltensweise und Überlebensstrategie! Zwar sind auch sie in **Rudeln** organisiert, doch spricht *man* dem **Wolf** im Allgemeinen eine *aktivere* Bestimmung des **eigenen**, im Vergleich zu den **Schafen** eher sadistisch ausgelegten Lebens zu, was nicht darüber hinwegtäuschen darf, dass er sich und seine Welt dennoch einem vergleichsweise strenge(re)m hierarchischen »***Prinzip***« – ähnlich dem einer militärischen Kommandokette – unterwirft! Der *Kampf* sowie die *Dominanz*, also eher die *Aggression* und der *Individualegoismus* scheint das Überleben des **Einzelnen**, und somit auch das der, im Verhältnis zu den **Schafen** eher kleineren »**Herde**«, zu sichern!

Im Gegensatz zu den **Kühen** sind **Wölfe** bekanntlich **Raubtiere** und somit eher Fleisch- bzw. Aasfresser. *»Die Bezeichnung »Aasfresser« ist allerdings vielfach äußerst unglücklich gewählt, spricht sie doch dem jeweiligen Tier eine nur auf das Suchen von Kadavern ausgerichtete Lebensweise zu. Tatsächlich gibt es ausschließliche Aasfresser, aber zumindest unter den Wirbeltieren praktisch gar nicht.[..]Von den Landraubtieren sind mit wenigen Ausnahmen, wie etwa Geparden, alle Fleischfresser opportunistische Aasfresser, die bei jeder Gelegenheit frisches Aas fressen oder einen kleineren bzw. zahlenmäßig unterlegenen anderen Räuber von dessen Beute vertreiben. Auch im Allgemeinen als so typische Jäger angesehene Arten wie Löwen fressen gefundenes oder abgejagtes Aas, wenn sich die Möglichkeit bietet, und das sogar relativ häufig«*, meint zumindest die clevere *Wiki.* (132)

Als Verwandte des **Menschen** besten Freundes spielen **Wölfe** bzw. **Raubtiere** auf **unserer** (abendländischen) Speisekarte grundsätzlich eine eher untergeordnete, ja geradezu seltene Rolle, weshalb sie normalerweise auch nicht, wie die **Kühe**, maschinell durch den »**Wolf**« gedreht und am Fließband getötet werden!

Dem ungeachtet findet das Fell von **Raubtieren** als eine Art standesbildende Trophäe[119] aber sicherlich auch den einen oder anderen (artverwandten) menschlichen Abnehmer!...

---

[119] »***Tro|phäe*** *die; -, -n <gr.-lat.-fr.>:*

Überträgt *man* die hier kurz umrissenen Verhaltensweisen von **Schafen** bzw. **Kühen** und **Wölfen** auf uns **Menschen**, so kann *man* also ganz grob sagen, dass es im Grunde **zwei** unterschiedliche Arten von **uns** gibt! Auch wenn wir *ES* nicht wahrhaben und nichts davon wissen wollen, ist dennoch in **jedem** von uns – ähnlich wie bei der geschlechtlichen bzw. sexuellen Ausrichtung eines **jeden** Menschen – stets beides vertreten! Diese »**Dualität**« zwischen den **zwei** (Lebens)Arten scheint uns **Menschen** inhärent, d.h., uns innewohnend zu sein. Was uns und unser Verhalten letzten Endes bestimmt, ist dabei nur eine Frage der *Dominanz* der einen oder anderen Seite, was im Falle der **Schafe** wie auch der **Wölfe** wiederum bedeutet, dass wir, je nachdem, in welcher Situation und Verfassung wir uns gerade befinden, einmal wie ein **Wolf** und einmal wie ein **Schaf** (re)(a)*gieren*!...?

Sie kennen das: Am Arbeitsplatz, beim Sport oder beim (Kuchen- oder Fleischfr)essen ein **Wolf** und zu Hause ein **Schaf** – oder umgekehrt! Auf jeden Fall sind wir aber immer und überall **beides (in einem)**! Bitte merken!!!

Neben der Tatsache, dass *man* unser jeweiliges Verhalten dem von Paarhufern (im Einzelfall auch Schwielensohlern) und/oder hundeähnlichen **Tieren** zuordnen kann, fällt zudem auf, dass *man* alles in allem – und obwohl oder gerade weil wir uns so »erwachsen« geben – das Verhalten der Menschheit auf diesem Planeten *an und für sich* auch gut mit dem eines **(kleinen) Kindes**, maximal aber mit dem eines **(pubertierenden) Jugendlichen** vergleichen kann! Lassen Sie mich das erklären…

Solange wir unsere **Bedürfnisse** befriedigen, spielen und vor allem **konsumieren** können, sind wir uns selbst – wie ein **(kleines) Kind** von schätzungsweise **drei** Jahren – durchaus genug! Es reicht uns, zu tun, was wir tun, und von der Mutter, nur dafür, dass wir da sind, geliebt zu werden.[120] Als **Jugendlicher** meinen wir zudem, **alles** zu wissen, **alles** zu können und irgendwie auch **alles** zu dürfen! Wir strotzen geradezu vor Selbstbewusstsein, doch »sind« es nicht. Wir sind uns nicht – **selbst** und den **Konsequenzen unseres** Handelns – bewusst. Wir meinen es nur, sind nicht **eins**, sondern **allein**, spielen »erwachsen« und reden uns ein – mit der Zigarette in der einen und dem Handy in der anderen Hand – **uns**, **(all)*ES*** und **jeden** anderen im Griff zu haben. Eine Illusion!...(?)

Sigmund Marx aus der *Schönen neuen Welt* würde wohl sagen: Wir sind »*Erwachsene, was Verstand und Leistung angeht [...] Aber Kinder, was Gefühl und*

***1.** erbeutete Fahne, Waffe o. Ä. als Zeichen des Sieges über den Feind.*

***2.** aus einem bestimmten Gegenstand (z. B. Pokal) bestehender Preis für den Sieger in einem [sportlichen] Wettbewerb.*

***3.** Teil eines erlegten Tiers als Zeichen erfolgreicher Jagd; Jagdtrophäe.*«

[120] Vgl. Erich Fromm / Rainer Funk: *Die Kunst des Liebens.* Sonderausgabe. München 2006, u.a. S. 124. ISBN: 978-3-421-04239-2

Triebe betrifft.« (133) Wie Sie sehen, haben schon viel klügere Menschen vor mir unsere kindliche Naivität bemerkt, und warum man die Figur, die diesen Zusammenhang in der *Schönen neuen Welt* (er)kannte, zumindest in der deutschen Ausgabe des Huxley Romans *»Sigmund Marx«* nannte, liegt förmlich auf der Hand!...*?*[121]...

Freilich sind die cleveren Namensvettern bereits schon vor Jahren zu dem Schluss gekommen, dass es für die Menschheit endlich an der Zeit wäre, erwachsen zu werden. Doch bisher hat sich nicht viel (in **uns**) getan und nur wenige glauben ernsthaft, dass *man* dazu in der Lage ist, über seinen **eigenen** Schatten zu springen. Zumindest in der Theorie könnten wir es aber schaffen, denn nach ungefähr 2.5 Millionen Jahren als *Homo* (lat. für Mensch) und nach rund 160 - 200 Tausend Jahren als *Homo sapiens* (lat. für »der weise, kluge, vernunftbegabte Mensch«) verfügt der nunmehr ziemlich haarlose Affe mittlerweile nicht nur über ein ausreichend großes Hirn (*»Innerhalb von weniger als 2 Millionen Jahren hat sich das Gehirnvolumen etwa verdreifacht!«*) und ein Wissen, das im Grunde seinesgleichen sucht, sondern er hat sich gegenüber der Welt auch einen Wohlstand ergaunert, mit dem **jeder Mensch** auf diesem Planeten locker und leicht, ja sogar »gut« bis an das Ende seiner Tage l(i)eben könnte!

Klar, denken muss *man* trotz (aller) technischer und materieller Errungenschaften immer noch **selbst**, und einige von uns machen das sogar (**»frei«willig**)!...

Dass wir die *objektiven* Tatsachen aber immer noch nicht im (mit)menschlichen Sinne nutzen und es in der relativ kurzen Zeit unseres Daseins geschafft haben, das Gleichgewicht der Natur empfindlich zu gefährden und weiterhin so verfahren, zeigt jedoch, dass wir als **Ganzes** noch nicht erwach(s)en, sondern immer noch (wie) *kleine* **Kinder** sind! Anderenfalls müssten wir nicht (schon) wieder lernen, dass es (für uns **Menschen**) besser ist, zu teilen, und dass *man*, wenn *man* etwas nimmt, auch wieder etwas (zurück)geben muss!

Doch wie Sie wissen, hapert es alleine daran nur allzu oft schon im Kleinen! Statt nämlich miteinander brüderlich zu teilen, versuchen wir uns gegenseitig – auch und schon im familiären Bereich – immer öfters über den Esstisch zu ziehen, in die Suppe zu spucken, den anderen auszunutzen und zu übervorteilen, um **selbst** als Sieger in einem (Glücks)Spiel hervorzugehen, welches unter diesen Regeln, Voraussetzungen und unter menschlichen Brüdern und Schwestern zum Schluss – außer der Bank(!), – bekanntlich nur Verlierer kennt!

»Roulettespieler sind in zwei Kategorien einzuteilen.
Die einen spielen zum Vergnügen, die anderen, weil sie das Geld brauchen.
Zwangsläufig geht irgendwann die erste Kategorie
in die zweite Kategorie über.«
- Alfred Polgar

---

[121] ***Sigmund*** Freud und Karl ***Marx*** – ist der Groschen nun gefallen?

Das Gewissen

»Daher beschweren, bei gesundem Gemüt,
nun Taten das Gewissen, nicht Wünsche und Gedanken.
Denn nur unsere Taten halten uns den Spiegel unseres Willens vor.« (134)
- Arthur Schopenhauer
(Die Welt als Wille und Vorstellung)

Wie *man* weiß, gibt es **zwei** Sorten von **Menschen**: es gibt die, die ihre (Geschäfts)Partner unsauber übervorteilen, Unrecht tun und trotzdem oder gerade deshalb abends, mit stolzgeschwellter Brust (unter dem Hemd und der Krawatte) toll essen gehen und ausgelassen ihren Triumph feiern – und die, die nach einem ähnlichen »Geschäft«, bei dem es aber oft um weniger (Geld) geht, vor lauter Übelkeit kaum Luft, »mords« schlechte Laune und Brechdurchfall bekommen!
Herzbeschwerden, Hautprobleme (Allergien), Kopfweh und Rückenschmerzen sind – neben vielem anderen und selbstverständlich je nachdem – ebenfalls gern gesehene (psychosomatische) Folgen einer unlauteren Handlung und *man* könnte fast meinen, es ginge hier um *starke* und *schwache*, *gesunde* und *kranke* **Menschen** – aber dem ist nicht so! Es geht (mir) »lediglich« um **Menschen**, die mit so etwas wie einem »**Gewissen**« gesegnet sind, und welche, die *man* eigentlich nicht so nennen sollte, da ihnen das **Gewissen** (samt Herz, Rückgrat und weitreichendem Verstand) scheinbar operativ entfernt wurde oder anderweitig abhanden gekommen ist. Kurzum: Es gibt **Menschen** mit einem (gewissen) **Gewissen** und **(Un)Menschen**, denen ein solches zu fehlen scheint![122]
Zu welcher Gruppe Sie gehören, finden wir leicht heraus, indem wir uns folgendes, simples Szenario vorstellen: Angenommen, Sie stehen an der Kasse vom Supermarkt XY und bemerken, wie Ihnen die freundliche gestresste Dame versehentlich zu viel Geld heraus gibt. Wie verhalten Sie sich?

A) Sie behalten das Geld und freuen sich über die offensichtliche Blödheit der Kassiererin, die es nicht besser verdient hat, oder
B) Sie geben ihr das Geld zurück, da die Angestellten eventuell für den Schaden aufkommen müssen und es zudem einfach bescheuert und unrecht wäre, das Geld zu behalten?

[122] Anm.: Was genau einen »**Menschen**« zum »**Menschen**« macht, darüber dürfen und sollten Sie sich selbst einmal Gedanken machen!

Klar, dass die Antwort für uns alle B) bedeutet. Wenn wir aber ehrlich sind, dann überwiegt doch in der echten, d.h., in der »Real World« öfters mal A) statt B)! Doch warum ist das so? Sind die Menschen, die bewusst auf A) tippen, wirklich von der Richtigkeit ihrer Tat überzeugt oder handeln sie einfach wider besseren **Wissens** und **Gewissens** und verdrängen in Anbetracht der Tatsache, *kurzfristig* einen Gewinn gemacht zu haben, den winzig kleinen Rest in ihrem Inneren, der uns **allen** dabei **ständig** sagt: »Es ist nicht recht, was du da tust, also lass es sein«?... Gewöhnen wir uns denn wirklich ans Lügen und Betrügen, so wie an **alles** andere auch?

Das glaube ich nicht, denn ein Rest »schlechten« **Gewissens** bleibt bei jedem von uns un(ter)bewusst zurück, und wenn Sie mich fragen, dann nagt es an uns und unserer Seele, wie der Rost an (m)einer alten Karre! Was anfänglich so klein und harmlos beginnt, schlägt Blasen und breitet sich mit der Zeit immer weiter aus, bis irgendwann dann tragende(re) Teile in Mitleidenschaft gezogen werden. Im Endeffekt ziehen wir uns **selbst**, als Mensch(heit), dadurch allmählich und auf ganz natürliche Weise aus dem (evolutionären) Verkehr. Doch das begreifen die meisten von uns erst dann, wenn es zu spät ist, und leider nicht oder nur selten, wenn wir gerade an der Kasse oder sonstwo stehen und gerade direkt und unvermittelt dabei sind, Scheiße zu bauen!

Jeder von uns steht **ständig** und **unmittelbar** vor Entscheidungen und Situationen, die uns zwingen, abzuwägen! Gehen **wir** nun *links* oder *rechts* herum, sind **wir** *gut* oder *böse*, machen **wir** nun *dieses* oder *jenes*? **Jede** Entscheidung, die **wir** treffen, **jede** Alternative, die wir wählen, beeinflusst und bestimmt dabei unser weiteres Leben, stellt im mehr oder weniger begrenzten Maße die Weichen für unsere Zukunft!...

Handelt es sich um *weitreichende* Entscheidungen (z.B. zu heiraten, fremdzugehen oder ein Kind in die Welt zu setzen), so fällt uns dies auf. *ES* ist uns in solchen Situationen – wenigstens zum Teil – bewusst, dass das **Entweder-Oder** unseren weiteren Weg bestimmt und wir nun **selbst** verantwortlich dafür sind, was passiert! Doch auch sonst (z.B. in Alltagssituationen) sehen wir uns häufig un(ter)bewussten Weggabelungen gegenüber, ohne Navi, ohne Plan, und ich möchte einfach mal behaupten, dass **niemand stets** und **überall** nach »bestem« **Wissen** und **Gewissen** handelt, **all*ES*** bis aufs Kleinste durchdenkt, sondern es auch hier gewisse, sagen wir »Nuancen« der (Gewissens)Entscheidung gibt, bei denen mal die eine, mal die andere Seite in uns zu überwiegen scheint!...

Einmal sagt uns eben das *Teufelchen* wo's langgeht, ein anderes Mal determiniert das *Engelchen* auf der Schulter unseren Weg. Unser Kopf liegt – zumindest anatomisch gesehen – meist dazwischen, und ich brauche nicht zu erwähnen, dass wir in entscheidenden Situationen und um gesund zu bleiben, wohl besser dem *Engel(chen)* zuhören und folgen sollten, anstatt den (süßen) Verlockungen des *Teufel(chen)s* nachzugeben!

Was das **Gewissen** aber *an sich* angeht, so gibt es unterschiedliche Ansichten, Meinungen oder gar Theorien dazu und selbstverständlich haben sich in der Vergangenheit schon einige Philosophen (z.B. Nietzsche, Kant usw.) und andere (Geistes)Wissenschaftler ausgiebig damit befasst. Es liegt daher nicht in meiner Absicht, mich mit ihnen zu messen und auf das (menschliche) **Gewissen** mit **all** seinen Facetten, Nuancen, notwendigen Voraussetzungen usw. einzugehen, übersteigt meine Möglichkeiten bei Weitem! Für mich war es vorerst nur interessant zu erfahren, dass das deutsche Wort »**Gewissen**« wohl »*eine Übersetzung des Lateinischen »conscientia«.*« ist. »»*Conscientia« kann gleichermaßen mit »Bewusstsein« wie mit »Gewissen« übersetzt werden; eine neutrale Übersetzung wäre »Mitwissen«.*« (135)

Unter diesem Gesichtspunkt, also der Annahme, dass das »**Gewissen**« auch »**Bewusstsein**« bedeuten kann und »**Gewissen**« vielleicht auch etwas mit »**Wissen**« zu tun hat, scheint es demnach so etwas wie eine Verbindung zwischen **(Ge)Wissen** und unserem **»freien« Willen** zu geben. Beides, unser **(Ge)Wissen** und unser »**freier**« **Wille**, muss sich stets für **eine** Seite entscheiden, was mitunter vom **Bewusstseinsgrad** der jeweiligen Person abhängt!

Je größer dieses **Bewusstsein** und somit dieses **(Mit)Wissen** um die Wirkungsweise(n), ja die Konsequenz(en) eigener und anderer Handlung(sweis)en nämlich ist, desto »**freier**«, im Sinne von »**erwachsener**« ist unser **Wille**, welcher dadurch paradoxerweise wieder in größerem, dafür aber in anderem Maße determiniert wird, als es vorher der Fall war. Denn je *mehr* wir wissen, je klüger, beherrschter bzw. erwachsener wir sind, desto weniger kann es uns möglich sein, den **egoistischen Trieben** in uns nachzugeben! Ich behaupte sogar, dass wir, je *mehr* wir wissen, desto eher dazu angehalten sind, **uneigennützig**, d.h., **altruistisch** – und damit auch wieder »**erwachsen**« – im Leben vorzugehen!...

Menschen, die sich (**selbst**) und ihrer (Um)Welt bewusst sind, die wissen, wohin ihre und die Handlungen anderer führen können, haben nämlich kaum eine andere Wahl. *Sie*(!?) müssen – in *Ihrem*(!?) **eigenen** Interesse und gemäß *Ihrem*(!?) *längerfristigen* (Über)Lebenswillen – »gut« sein und sich anständig verhalten! Spinnt *man* diese Annahme weiter, dann kommt *man* glatt zu der Ansicht, dass die Menschheit und somit die Welt immer »besser« wird, je »bewusster« sie sich ist bzw. wird! Und in der Tat ist es so. Im *Spiegel* liest man:

> »*Tatsächlich hat das Ausmaß der Gewalt – bezogen auf die Zahl der Erdenbürger – in den vergangenen Jahrhunderten stetig abgenommen. Die Sklaverei etwa galt einst allerorten als gutes Recht, heute ist sie fast überall geächtet. Öffentliche Hinrichtungen waren bis vor vergleichsweise kurzer Zeit noch öffentliche Belustigungen, doch ist die Todesstrafe inzwischen überall auf dem Rückzug: Alleine in den letzten 20 Jahren haben sich die Hälfte aller Staaten, in denen sie noch Alltag war, von ihr distanziert.*« (136)

Laut *GEO* gab im Sommer 2005 das *Human Security Centre* im kanadischen Vancouver sogar »*einen Bericht heraus, wonach die Zahl der Kriege und der Völkermorde seit 1992 dramatisch gesunken ist. Die bewaffneten Konflikte mit mehr als 1000 unmittelbaren Opfern pro Jahr – erst dann sprechen Wissenschaftler von Krieg – hätten sich um 80 Prozent verringert, ebenso die Fälle von Massenmord.*« (137)

Die Welt ist also gar nicht so »schlecht«, wie es uns die (Geschäfts)Leute einträglich und andauernd glauben machen möchten. Sie könnte aber noch bei Weitem friedlicher sein, gäbe es tatsächlich so etwas wie eine *internationale* **Gemeinschaft** mit *gemeinschaftlichen* **Idealen**, **Werten** und *wohltätigen* **Zielen**, die im Grunde denen eines *globalen, menschenwürdigen* **Gewissens** entsprechen! Aus **egoistischem** Kalkül verhindern aber beispielsweise die USA, China und Russland mit ihrem Veto im *UNO-Sicherheitsrat* noch immer Friedensmissionen, und solange der sog. »**Krieg gegen den Terror**« weiterhin als Rechtfertigung gesehen wird, um **Menschen** einfach so »verschwinden« zu lassen, sie ohne ordentliches Verfahren zu inhaftieren, zu misshandeln und zu foltern, darf *man* sich zurecht auch hierzulande fragen, ob die *internationale* **Gemeinschaft** nicht nur ein Euphemismus (beschönigender Ausdruck) für die Interessenvertretung der Staaten des Westens ist. Laut der Zeitschrift *GEO*, welche sich auf Berechnungen des *Human Security Centre's* stützt, ist der UNO-Etat für »peacemaking« (engl. für *Frieden machen*) »*zurzeit geringer als ein Prozent dessen, was sämtliche Staaten der Welt in ihre Armeen investieren – oder die USA innerhalb eines Monats in ihrem Krieg im Irak. Für die 61 Friedensmissionen seit 1948 standen der UNO 42 Milliarden Dollar zur Verfügung – weniger Geld, als die Bundesregierung zwischen 1990 und 1993 an die neuen Bundesländer überwiesen hat.*« (138)

Damit sich (daran) endlich etwas ändert und das Ausmaß der Gewalt **insgesamt** gesehen weiterhin abnimmt, anstatt sich abermals ins menschen***un***würdige Gegenteil umzukehren, müssen wir **alle** etwas tun!

»*Der Preis der Freiheit ist stetige Wachsamkeit*« (139), ist beispielsweise ein Satz, der uns diesbezüglich zu denken geben sollte! Er stammt wohl ursprünglich vom Verfasser der amerikanischen Unabhängigkeitserklärung, Thomas Jefferson (1743-1826), und ich kenne ihn bezeichnenderweise aus einem etwas älteren Computerspiel, in dem es prinzipiell darum ging, als Weltraumpilot die Machenschaften eines *neo-faschistischen, intergalaktischen* **Regimes** aufzudecken und dessen Aufbau zu verhindern…

Ähnlich wie im richtigen Leben handelt es sich bei *Wing Commander IV* um einen »Spiel-Film«, das heißt eine Art interaktiven Videofilm bei dem die jeweiligen Entscheidungen des »Spielers« über den weiteren Verlauf der »Geschichte« entscheiden. Das Spiel selbst ist bzw. war daher nicht mit einem klassischen

Action-Spiel zu vergleichen und es ist (vielleicht) auch nicht das Leben, trotzdem erinnert es mich immer wieder daran, wie schnell es uns durch geschicktes Re(a)*gieren*, Taktieren, Intrigieren[123], Diskreditieren[124], Agitieren[125] und Denunzieren[126], das heißt, sich ausgefuchst verhalten, gegenseitig ausspielen, ungerechtfertigterweise etwas in die Schuhe schieben, (politisch) »aufklären« und jemanden für dumm und schuldig verkaufen, passieren kann, dass **all*ES*** plötzlich (wieder) anders is(s)t!...

Um den Militärs die Macht in die Hände zu spielen, wurden in der (Computerspiel)Geschichte unter falscher Flagge hinterrücks Frachter und Krankentransporte überfallen, Terroranschläge verübt und an Zivilisten neue Waffen getestet. **Ziel** war es, den Konföderiertenrat davon zu überzeugen, einen **scheinbar** stattfindenden Aufstand der »bösen« Grenzwelten mit (Waffen)Gewalt niederzuschlagen. Doch weder den Aufstand noch die Bedrohung durch die »Grenzwelten« hat es (im Spiel) je gegeben!

Blickt *man* heute in die »wahre« Welt, so ist der Realitätsbezug mehr als offensichtlich und – nicht nur im Hinblick auf jüngste Ereignisse – sicherlich gegeben, weshalb die (Spiel)Erfahrung, so lächerlich *ES* klingen mag, mich stets ermahnt, keinen Überwachungsstaat aufkommen zu lassen, aber wachsam bzw. **achtsam** zu bleiben, uns **selbst** in unserem Handeln stets zu überprüfen und nicht zuzulassen, dass unser **Bewusstsein**, ja unser **moralischer Standard**, den die Menschheit sich so mühsam und mit unvorstellbaren Schmerzen über all die Jahre mühevoll erarbeitet hat, unterminiert wird und aus falschen ökonomischen (wirtschaftlichen) Gründen innerhalb kürzester Zeit wieder durch andere, **unmenschliche(re)** und **gewissenlose(re) Maßstäbe** ersetzt wird.

Doch wir sprachen eigentlich über das (**Ge)Wissen**, und da viele so tun, als hätten sie (k)eines, ist es sicherlich interessant zu erfahren, dass Wissenschaftler mittlerweile weltweit davon ausgehen, dass der **Mensch** mit einer Art »**moralischem Kompass«** auf die Welt kommt – einem angeborenen Sinn für »*Gut*« und »*Böse*«, der sich aber nur unter den richtigen Bedingungen einwandfrei entwickelt! Auch wenn d(ies)er **Moralsinn** eine **angeborene** Struktur ist, mache

---

[123] »***in|t|ri|gie|ren****: Ränke schmieden, hinterlistig Verwicklungen inszenieren, einen gegen den anderen ausspielen.*«

[124] »***dis|kre|di|tie|ren****: dem Ruf, Ansehen einer Person od. Sache schaden, abträglich sein*«, in Verruf bringen.

[125] »***agi|tie|ren*** *<lat.-engl.>:*

a) *(abwertend) in aggressiver Weise [für politische Ziele] tätig sein, hetzen;*

b) *politisch aufklären, werben.*«

[126] »***de|nun|zie|ren*** *<lat.-engl.>:*

a) *(abwertend) [aus persönlichen, niedrigen Beweggründen] anzeigen;*

b) *als negativ hinstellen, brandmarken, öffentlich verurteilen.*«

er einen keineswegs zum *guten* **Menschen**! »*Zwar weiß demnach jeder Mensch (sofern sein Gehirn intakt ist) in seinem Innern, was richtig ist und was falsch. Aber es gibt viele psychologische Mechanismen und Umwelteinflüsse, die den Moralsinn überlagern können – anders wären Mord und Totschlag gar nicht zu erklären*« (140), heißt es in dem bereits an anderen Stellen angeführten *Spiegel*-Artikel über die Biologie von Moral und Unmoral …

Die These vom **allgemeinen Moralsinn** untermauern die Forscher (darin) mit drei Kernargumenten, von denen ich nur eines nennen will: »*Überall auf dem Erdenrund wohnt Menschen offenbar das gleiche Gespür für Fairness, Verantwortung oder Dankbarkeit inne. Jemanden mit Absicht zu verletzen wird in allen Kulturen für schlimmer erachtet, als wenn dies ohne Vorsatz geschieht. Schon Kleinkinder verfügen über diese moralischen Grundurteile.*« (140) Weiter ist zu lesen: »*Schon Erstklässler sind dazu in der Lage, die goldene Regel »Was du nicht willst was man dir tu, das füg auch keinem anderen zu« als Urgesetz menschlichen Miteinanders zu sehen: »Du machst das jetzt nicht mehr, du findest es nämlich auch nicht schön, wenn dein Auto kaputt ist*«« (140), sagte ein Sechsjähriger, von dem manch ein »Erwachsener« definitiv noch was lernen könnte, bei (s)einer Befragung.

Von »Auge um Auge«, was *kleinere* **Kinder** als legitim empfinden, bis hin zur Ablehnung von Vergeltung, was für **Teenies** logisch erscheint, durchlaufen **Kinder** in Zeitraffer die Geschichte (der Rechtsgebung). Diese hat sich im Laufe der Jahrtausende dauernden menschlichen Zivilisation gebildet, und wenn Sie mich fragen, müssen wir höllisch aufpassen, dass diese Rechtsgebung sich nicht wieder zurückentwickelt!...

Langfristig gesehen bringt es beispielsweise nichts, »Feuer mit Feuer« zu bekämpfen. Da wir es aber dennoch tun und wir uns – selbst wenn wir dabei draufgehen – nur allzu gerne gegenseitig zerfleischen und (vor Gericht) die letzten Haare ausreißen, ist meine Annahme, man könne die **Menschheit** mit einem *unreifen*, ja *unvernünftigen* **Kind** vergleichen, nur allzu gut nachzuvollziehen!...

Dabei müsste man die **Menschheit**, damit Sie später mehr »*Gutes*« als »*Schlechtes*« tut, wahrscheinlich nur liebevoll(er) bzw. anständig(er) erziehen – meinen Sie nicht? Na ja, jedenfalls sieht der Bielefelder Strafrechtler Ernst-Joachim Lampe – er hatte in einer Pilotstudie 78 **Kinder** zwischen 3 und 13 Jahren anhand von Szenarien und konkreten Nachfragen nach ihrem Rechtsbewusstsein befragt – die Parallele zwischen *historischer* und *kindlicher* Entwicklung des Rechtsbewusstseins als »*starkes Indiz dafür, dass menschliche Rechtsordnungen auf universell angeborenen vorrechtlichen Überzeugungen aufbauen.*« (141) Wer weiß, vielleicht wird die **Menschheit** ja doch noch irgendwann erwach(s)en und – gemäß ihren angeborenen Überzeugungen – **vernünftig** werden und das dann auch für eine *längere* Zeit sein bzw. bleiben!?...

Zuzutrauen wär's der Menschheit schon, denn: »*Ähnliche soziale und kulturelle Bedingungen führen überall zu ähnlichen Erkenntnissen über rechtliches Sollen und Dürfen*«, erklärt Lampe weiter im *Spiegel*-Artikel. *Man* darf also noch hoffen. Aber bitte nicht zu viel, sonst wird *man* nur enttäuscht!

Unser **Gewissen** – das Gefühl für *richtig* und *falsch* – bezeichnet also eine Art von übergeordneter, spezieller Instanz des (mit)menschlichen **Bewusstseins**, »*die einen dazu drängen, wenn nicht sogar zwingen soll, aus ethischen bzw. moralischen Gründen bestimmte Handlungen auszuführen oder zu unterlassen. Entscheidungen können dabei als unausweichlich empfunden werden oder mehr oder weniger bewusst, also im Wissen um ihre Voraussetzungen und denkbaren Folgen, vorgenommen werden (Verantwortung). Handelt ein Mensch entsprechend seinem Gewissen, ist er oder fühlt er sich gut und zufrieden und gibt üblicherweise an, ein gutes oder reines Gewissen zu haben oder zu besitzen; handelt er indessen entgegen seinem Wissen und Gewissen, so fühlt er sich von dieser vermeintlichen Bewusstseinsinstanz vielleicht angeklagt oder gar verfolgt oder unter Druck gesetzt. Andere verspüren eher ein nagendes Gewissen, und wieder andere fühlen sich von Gewissensbissen geplagt oder geradezu gepeinigt.*« (142)

Nach Freud ist es zudem das ***Über-Ich***, welches nach seinem ***Drei-Instanzen-Modell*** der menschlichen Psyche das un(ter)bewusst-triebhafte ***Es*** in seinen Äußerungen hemmend kontrolliert und als Sitz des **Gewissens** ansieht!

Sigmund Freud (1856-1939) – der Typ, der die Sache mit der Couch entwickelt hat – unterteilte die menschliche Seele nach **drei** Funktionen bzw. in **drei** Instanzen, das ***Es***, ***Ich*** und das ***Über-Ich***, über welche wir aus Verständnisgründen vielleicht kurz reden sollten!?...

Während das ***Es*** eher **tierische** Aspekte unserer Psyche beinhaltet, sprich, sich aus den **Trieben** (z. B. Nahrungstrieb, Sexualtrieb, Todestrieb), **Bedürfnissen** (z. B. Geltungsbedürfnis, Angenommenseinsbedürfnis) und **Affekten** (Neid, Hass, Vertrauen, Liebe) begründet, bezeichnet das ***Über-Ich*** jene Struktur »*in der soziale Normen, Werte, Moral und das Gewissen angesiedelt sind*« und vor allem durch Erziehung erworben wurden. (143)

»*Das **Es** agiert nach dem Lustprinzip, das heißt es strebt nach unmittelbarer Befriedigung seines Strebens. Die Triebregungen des **Es** prägen und strukturieren das menschliche Handeln unbewusst, das heißt sie wirken, ohne dass dem Handelnden diese Wirkung immer explizit bewusst ist.*« sagt *Wiki*, wohingegen der Mensch durch das ***Über-Ich*** die Fähigkeit erwirbt »*sich sozialgerecht zu verhalten und seine ursprünglichen Triebregungen eigenständig zu kontrollieren.[...]*

*Der Begriff des »**Ich**« bezeichnet in Freuds Modell jene Instanz, die dem bewussten Denken des Alltags, dem Selbstbewusstsein entspricht. Das **Ich** vermittelt »zwischen den Ansprüchen des **Es**, des **Über-Ich** und der sozialen Umwelt* *mit dem Ziel, psychische und soziale Konflikte konstruktiv aufzulösen.« (Rupert Lay: Vom Sinn des Lebens, S. 212). Der reife und psychisch gesunde Mensch setzt so an die Stelle des triebhaften Lustprinzips das Realitätsprinzip.«* (143)

Folgende Darstellung, die ich eben von *Wiki* bekommen habe, soll diese Zusammenhänge verdeutlichen:

Tiere haben es also leicht, denn soweit ich weiß, verfügen sie über kein **Gewissen**, kein lästiges ***Über-Ich***, welches diesbezüglich über sie wacht – wobei ein »**Hund**«, der unerlaubt eine Wurst vom Tisch seines Herrchens stibitzt hat und dummerweise dabei erwischt wurde, genauso schuldbewusst unter der Bank verschwindet, wie wir es an seiner Stelle gerne tun würden!...

Ob *man* daraus nun für den **Hund** einen *tierischen* **Moralinstinkt** ableiten kann, der mit *menschlicher* **Moral** vergleichbar wäre, dürfen Sie sich an dieser Stelle selbst einmal überlegen! Nebenher stellen Sie sich dann bitte noch die Frage, warum ich *ES* manchmal (im Text und wie gerade eben) so komisch schreibe und wie weit **Sie** – als »**Wolf**« oder »**Schaf**« – gehen würden, wenn es keine Gesetze auf der Welt und in unserem Staat keine Regeln oder Strafe gäbe! Ab wann würde Ihrer Meinung nach Ihr Gewissen regelnd und schützend eingreifen, um Schlimmeres bzw. Schlimmstes zu verhindern? Und was ist mit dem **Gewissen der Menschheit**, … (dem) der »**Welt**«?...

»›Emotionen übertrumpfen Regeln‹, sagt der Primatenforscher Frans de Waal. ›Sie sind unser Kompass.‹ Bloß: Der uralte Mechanismus dieses Richtungszeigers arbeitet vor allem im direkten Umfeld. Auf Distanz und bezogen auf Menschen, die man gar nicht kennt, verliert die altruistische Ader an Kraft. […] ›Unsere sozialen Instinkte wurden nicht für die moderne Welt entworfen.‹«, (144) meint der junge Philosoph Joshua Green, der laut *Spiegel* vor fünf Jahren als erster auf die Idee kam, »*gesunde Testpersonen über moralische Dilemmata brüten zu lassen – und mit der Kernspintomografie zu verfolgen, was derweil in ihrem Gehirn geschieht. Was er fand war ein Ringkampf zwischen Verstand und Gefühl.*« Soll *man* im Kriegsfall das **eigene** Kind, ein Säugling, welcher zu plärren beginnt und so das Versteck an feindliche Soldaten verrät, ersticken, oder nicht? Dies war **eine** der Fragen, die den Probanden in etwa gestellt wurden! Die Kernspintomografie zeigte daraufhin etwas, das wir **alle** schon längst wissen, aber mal wieder schwarz auf weiß bewiesen haben wollen: Unsere **Emotionen** – die laut Green ein Erbe der Evolution darstellen – raten uns, es *nicht* zu tun, während die **Ratio**, die **Vernunft**, der **Verstand** dem Töten des Kindes aber einen gewissen »Sinn« zuspricht. Wie würden **Sie** sich in solch einem Fall verhalten?… Sie haben Recht, lieber *nicht* nachdenken, sondern die Glotze anmachen! Wollen wir doch mal gucken, was da kommt...

»*Kyle Fisher feiert mit seinen Freunden Charles, Robert, Michael und Adam in einem Hotelzimmer in Las Vegas seinen Junggesellenabschied mit lauter Musik, Drogen und einer Prostituierten. Als sich Michael mit der Prostituierten ins Badezimmer zurückzieht, kommt es dort zu einem folgenschweren Unfall, bei dem er ihren Kopf an einem Handtuchhalter aufspießt. Robert, der in der einsetzenden Panik als einziger einen ruhigen Kopf behält, überzeugt den Rest der Gruppe, die Polizei nicht zu rufen und die Leiche einfach in der Wüste zu vergraben.*« (145) Er sagt »*Realistisch gesehen, wenn du die Tragik des Todes verdrängst, den Schrecken der Situation ignorierst, den ganzen Haufen ethisch-moralischer Scheiße nicht beachtest, der dir ins Hirn geschmiert worden ist, seit du denken kannst, was bleibt noch übrig? Was?*«…

Ein kurzer und überheblicher Lacher verlässt seinen Mund, bevor er fortfährt: »*Ein Problem von hundertundfünf Pfund. Nur hundertundfünf Pfund, die bewegt werden müssen, von Punkt A nach Punkt B!*« (146) Was daraufhin passiert, erspare ich Ihnen im Detail, aber es hat ziemlich viel mit dem zu tun, wonach der Film, aus dem diese Szene stammt, benannt ist. *Very Bad Things*, sehr üble »Dinge« spielen sich danach ab, die *man* **alle** samt hätte verhindern können, wenn *man* nur auf sein **Gewissen** gehört hätte und nicht die **Vernunft** unter Ausschluss **sämtlicher** *menschlicher* **Emotionen** zur Grundlage **eigener** Handlungen erklärt hätte! Zum Schluss bekommt jedenfalls **jeder** das, was er verdient! Und dass es kein Happy End ist, können Sie sich denken!(?)

»*ES*« und die Affenfalle

»Alles, was du besitzt, besitzt irgendwann dich.« (147)
- Fight Club (freie Übersetzung)
(USA / Deutschland 1999)

Wie Sie sich sicherlich denken können, ist ein funktionierendes **Gewissen** eine ganz hilfreiche Sache – vor allem dann, wenn's ums *langfristige* glückliche (Über)Leben eines **Menschen** geht! Das **Gewissen** ist dabei nicht nur eine reine Frage des *rationalen* **Verstandes**, sondern auch des **Herzens**, unserer *(mit)menschlichen* **Emotionen** und zum Teil gewiss auch eine Frage unserer **Triebe**! Wenn Sie mich fragen, dann ist das **Gewissen** eine gleichmäßige Mixtur aus ***Es*** und ***Über-Ich***, für die es kein klares Rezept zu geben scheint, aber im Grunde dennoch dem einheitlich funktionierenden »**moralischen Kompass**« gleicht, von dem wir bereits gehört haben!...

Der Mensch kommt (»zufällig«) mit diesem **geeichten Kompass** auf die Welt, einem angeborenen Sinn für *gut* und *böse*, und es scheint nur verständlich, dass dieser **Kompass** im Laufe unseres Lebens manipuliert und überlagert wird und sich schließlich in die Richtung dreht, in die sich das Gewicht zwischen ***Es*** und ***Über-Ich*** verlagert. Ob wir es nun wollen oder nicht, angepeilt ist wie immer und trotz allem die »**Mitte**«, das *persönliche* **Gleichgewicht** – die **Balance**, welche einem *reinen* bzw. *ruhigen* **Gewissen** entspricht!

Was dem zuwider handelt, ist (*langfristig*) ungesund, verbraucht unnötig(e) Energie! Es ist daher sicherlich *kein* Zufall, dass wir uns gut fühlen, wenn man (engl. *man*) nach seinem Gewissen handelt, und es ist weiterhin *kein* Zufall, dass wir, wenn wir von einem »*reinen*« (*menschlichen*) Gewissen sprechen, wohl **alle** ein und derselben Meinung sind! Es ist ein *(mit)menschliches*, kein *tierisches* oder *kybernetisches* **Gewissen**. Es ist ein »gutes«, ein *reines* **Gewissen**, welches zu **uns** passt und nicht in irgendeiner Form an uns nagt oder beißt!

Obwohl **Vernunft** und **Trieb** in **jedem** Einzelnen von uns unterschiedlich stark verteilt sind, wissen Sie doch alle, wovon ich rede! Sie spüren diese spezielle Instanz in Ihrem *menschlichen* **Bewusstsein**, die Ihnen sagt, wie Sie Ihr **eigenes** Handeln beurteilen sollen. Es drängt Sie –, den bewusst gewordenen **Menschen**, – aus *ethischen* bzw. *moralischen* Gründen bestimmte Handlungen auszuführen oder zu unterlassen und die Folgen für **eigene** oder **fremde** Handlungen zu (er)tragen!...

Somit bildet Ihr **Gewissen** die Grundlage für **Verantwortung**! Diese wiederum stellt das menschliche Handeln in kausale Zusammenhänge, lässt Sie die Konsequenzen Ihrer Handlungen erkennen – lässt Sie, als »Ursache«, die »Wirkung« begreifen und hilft Ihnen schließlich dabei, die (Re)Aktion des »*Systems*« (besser) auszuhalten, sie (besser) zu (er)tragen, … sie mit erhobenem Kopf auf sich zu nehmen und durchzustehen!...?

»*Wer Verantwortung hat, soll sich dessen bewusst sein, da andere Menschen davon positiv und negativ beeinflusst werden. Wer dagegen verantwortungslos handelt, schadet seiner Umgebung, Gemeinschaft, Umwelt oder Zukunft bzw. bringt diese in Gefahr.*« (148) lese ich soeben in *Wikipedia*. **Verantwortung** hat somit auch etwas mit **Bewusstsein** zu tun, ist mit dem »**freien« Willen** verknüpft und ähnlich wie dieser zwar vorhanden, aber bei **jedem** unterschiedlich stark ausgeprägt! Wie ich bereits angedeutet habe, gehe ich sogar noch einen Schritt weiter und behaupte, dass *unverantwortliches* Handeln primär *egoistischer* **Natur** ist, also dem ***Es*** entspricht, *un(ter)bewusst* erfolgt und daher dem *gedankenlosen* **Kapitalismus** – mit dem wir es derzeit zu tun haben – entspringt! *Verantwortungsvolles*, *bewusstes* Handeln erwächst dagegen eher dem *idealistischen*, *altruistischen* (selbstlosen), *autonom-sozialistischen* ***Über-Ich***!

Da wir uns augenblicklich nun mal in einem **globalen** »*System*« befinden, in dem der **Kapitalismus** immer mehr das Sagen hat, wundert es nicht, dass wir uns ganz allmählich und geradezu zwangsläufig immer *gewissenloser*, *egoistischer*, *un(ter)bewusster*, *gedanken-* und *verantwortungsloser* verhalten!...

Wie gesagt, ich behaupte nicht, dass der *reine* **Sozialismus** – der **Mensch**, der nur ***über*** dem ***Ich*** existiert – besser funktioniert als ein anderer. Aber genauso wenig, wie der **Mensch** eine **Maschine** sein darf, sollte er wenigstens nicht *nur* **Tier** sein oder zumindest nicht (schon wieder) eines werden – meinen Sie nicht? **Tiere** denken nämlich nicht wie wir – sie handeln! Ohne Mitgefühl verfolgen sie gnadenlos ihr Ziel, welches die **Natur**, das ***Es***, ihnen vorzugeben scheint!

Wie nahe aber auch wir dem **Tier** sind, oft *gnaden-, hirn-, gefühl-* und *gewissenlos* unser »Ziel« verfolgen, muss ich Ihnen bestimmt nicht sagen. Dass wir – aus argloser Bequemlichkeit, versteht sich – unseren *animalischen* **Trieben** gerne mal nachgeben würden und dabei am liebsten das *(mit)menschliche* **Gewissen** *außen* vor (der Tür) lassen, verdrängen bzw. überspielen die meisten von uns sehr gut,… und, entschuldigen Sie, wenn ich das sagen muss, aber da hilft es auch nicht, ständig (nur) so zu tun, als wären **wir** was »Besseres«, etwas »Gescheiteres«! Denn sobald wir durch Alkohol oder ähnliche Drogen (z.B. Konsum, Macht) enthemmt sind, leben wir unsere *tierisch(st)en* **Bedürfnisse** aus und zeigen damit unser »wahr(er)es« Gesicht!...

»*In vino veritas*«, sagten die alten Römer – *im Wein ist die Wahrheit*. Doch der Wein, bzw. der Alkohol, verändert genauso wenig den sog. »**Charakter**« eines **Menschen** wie das Geld. Beides zeigt ihn und/oder unser »***Es***« nur deutlicher!!!

Sein ***Es*** auszuleben, ohne dass das ***Über-Ich*** seinen besserwisserischen Senf dazu gibt und **(all)*ES*** madig macht – darin liegt meiner Meinung nach der Reiz und die Verführung des Alkohols oder ähnlicher Drogen (wie Geld oder Macht), denen wir nur allzu leicht verfallen! Die Verlockung liegt dabei erfahrungsgemäß im »Rausch«, durch den *man* sich nämlich – teilweise sogar in gesellschaftlich anerkanntem Rahmen, aber dafür meist nur für kurze Zeit – den aufoktroyierten Werten von **Sitte** und **Moral** entziehen kann. *Man* hat das **Gefühl** durchzuatmen und kann im wahrsten Sinne einfach mal die »Sau« rauslassen!...

Das **tut** zwar (*vorübergehend*) **gut**, aber **ist** (im Extrem und auf *lange* Sicht gesehen) sicherlich nicht **gut** für uns!..

Solange *man* gewisse moralische Grundregeln beherzigt, sich im »Rausch« nicht völlig gehen lässt und (aus den »Augen«) verliert – mit anderen Worten nicht völlig zum »**Tier«** wird und sich (s)einem ***Es*** nicht völlig unterwirft, sehe ich persönlich aber kein Problem darin, sich ab und an eins gepflegt hinter die Binde zu kippen. Das ***Es*** ist nämlich ein Teil von uns und will gleichermaßen und in ähnlicher Weise gepflegt sein wie der Rest! Es **tut** und **ist** daher von Zeit zu Zeit sicherlich ganz **gut**, aus (s)einer (sozialen) Rolle auszubrechen. Es **tut** und **ist gut**, mal »auszutieren« und sich ab und an authentisch(er) zu geben, als man (engl. *man*) *ES* von uns gemeinhin erwartet – nicht wahr!?...

Doch seien Sie (dabei) vorsichtig! Werden Sie (bloß) nicht zu sehr **abhängig** vom ***Es*** und bedenken Sie eines: Die Grenze bei **allem**, was wir tun, bei **allem**, was wir genießen, ist so fließend wie die **Dosis** unserer **Droge**, zu der ich persönlich auch das **(Ge)Wissen** zählen möchte! Aufgrund des Gewöhnungseffekts und unser Eigenart, nach irgendetwas **süchtig** zu sein, müssen wir die **Dosis** unserer **Droge** – meist *un(ter)bewusst* – erhöhen, um zum Schluss **denselben** Effekt zu erreichen!...

Keine Angst, auf den genau(er)en Sachverhalt der **Sucht** und *Ihrer*(!?) Entstehung gehe ich später noch ein! Bis dato reicht es zu wissen, dass die Grenze zwischen *gut* und *böse* fließend is(s)t!? Wenn wir nicht aufpassen, überschreiten wir sie, ohne *ES* zu bemerken! Wenn das geschieht, werden wir vermutlich zu einem *»bösen« hirnlos-irrationalen* **Tier** mutieren oder uns in eine *»böse« gefühllos-rationale* **Maschine** verwandeln. Dann wird es schwer(er), wieder ein *»guter«* **Mensch** mit einem *guten*, *reinen* und *ruhigen* **Gewissen** zu sein!

»Weißt du, was mir am meisten Angst macht? Wenn ich nicht mehr dagegen ankämpfen kann und total die Kontrolle verliere, ... dann genieße ich das!«, hatte Bruce Banner in der Comicverfilmung *Hulk* zu seiner Freundin gesagt. (149) Denjenigen von Ihnen, die weder das gleichnamige Marvel Comic gelesen haben noch sich an den Film erinnern können, sei hiermit verraten, dass sich Bruce Banner, sobald er so richtig sauer wird, in einen grünen muskelbepackten Hünen mit dem Verstand eines *kleinen* **Kindes** verwandelt!... Bei einem Laborunfall hatte der Wissenschaftler Bruce eines Tages nämlich ein bisschen zu viel Gammastrahlung abbekommen und wird – quasi als Nebenwirkung – seither immer dann zum *Hulk*, wenn er wütend wird. Jedes Mal, wenn er sich besonders ärgert oder sehr nervös wird, übernimmt der *Hulk*, also das *kleine böse* **Kind** in

ihm die Kontrolle, brüllt und hüpft herum und schlägt währenddessen **alles** und (beinahe) **jeden** kurz und klein. Erst wenn sich der *Hulk* wieder beruhigt, wenn er »nüchtern(er)« wird, verwandelt er sich in einen (*erwachsenen*) **Menschen** zurück!... Insbesondere die **Liebe** (zu seiner Freundin Betty), die es als **Einzige** schafft, das grüne Monster selbst im größten Wutanfall zu besänftigen, macht ihn (immer) wieder zu dem, was er einst und *eigentlich* schon immer war!!!...

Wut kann, wie so vieles andere auch, zu einer Art »Rausch« führen, der in diesem Falle aber alles andere als bewusstseinserweiternd ist! Doch wer von uns würde sich nicht manchmal wünschen, sich ab und zu in einen *Hulk* verwandeln zu dürfen, um (z.B. am Arbeitsplatz) seiner rasenden **Wut** endlich freien Lauf lassen zu können – ein Traum für einen professionellen Choleriker wie mich, das kann ich Ihnen sagen!...

Psychologisch wie *physiologisch* (sprich: *geistig* wie *körperlich*) wäre dies übrigens und sogar sehr sinnvoll, ja geradezu **gesund**, da das angestaute Adrenalin in einer dementsprechenden (Stress)Situation nicht den Magen oder die strukturelle Integrität des »*Systems*« angreift – wie es aufgrund unserer meist regungslos dasitzenden Duldungshaltung ansonsten der Fall ist – sondern auf **natürliche** Art und Weise in die Muskeln gelangt, um dort eine gesteigerte Leistung für den bevorstehenden (tierischen) **Kampf** oder die **Flucht** hervorzurufen!

Die **Leistung** bzw. der **Druck** könnte sich zugegebenermaßen frei(er) und natürlich(er) entfalten! Allerdings ist die **direkte** Auseinandersetzung mit (s)einem Chef, (Lebens)Partner oder (s)einem Problem, oder das **unvermittelte** (*körperliche*) Weglaufen vor demselben oder einer sonstigen, eventuell zu schwierigen Aufgabe humangesellschaftlich nicht besonders anerkannt, weshalb von uns auf der einen Seite mit Recht und zum Glück zwar **Kontrolle** und **Disziplin** (Contenance[127]) verlangt wird, welche jedoch auf der anderen Seite wieder anderweitig kompensiert werden muss!...

Selbstverständlich, und das möchte ich noch hinzufügen, gelingt die **Erkenntnis**, die **Kontrolle** und die (*gesunde*) **Kompensation** des *tierischen, un(ter)bewussten* und *triebhaften* (**Bewusst)Seins** – welches Freud, wie Sie bereits wissen, das »***Es***« nannte – und das Auseinandersetzen mit der Realität (selbst im »nüchternen« Zustand) dem einen augenscheinlich besser als dem anderen. Er oder sie ist deshalb jedoch nicht gleich ein »*besserer*« Mensch, aber zweifelsohne und zumindest ein *stärkerer*, *rücksichtvollerer*, d.h. *sozialerer*, *reiferer* und damit *freierer* Artgenosse – ein *erwachsen(er)es* **Individuum** unserer Spezies, ... einer *(mit)menschlich(er)en* »**Gemeinschaft**«. Da sind wir uns doch einig!...?

---

[127] »***Con|te|nan|ce*** *die; - <lat.-vulgärlat.-fr.>: (veraltend) Fassung, Haltung (in schwieriger Lage), Gelassenheit.*«

Dessen gänzlich ungeachtet wundert es in einer *un(ter)bewusst-triebhaften* **Gesellschaft**, die nach und nach sowieso auf sittliche **Normen** und **Werte** einer *(mit)menschlichen* **Erziehung** zu verzichten scheint, die die *persönliche* **Befriedigung** als Maß **aller** »Dinge« ansieht und die *erwachsenen*, *elterlichen* und *gesellschaftlichen* (sozialen) »**Autoritäten**« dahinter anstellt, schon längst nicht mehr, wenn eine(r) fremdgeht oder sich ein anderes Mitglied der *tierischen* **Gemeinschaft** dadurch *persönlich* »verwirklicht«, dass *ES* **Nutzen** aus dem **Leid** eines anderen zieht!...

Wie gesagt, ein **Tier** (wie der *Hulk*) denkt (auch) nicht nach! *Es* (bzw. er) hat den Verstand und den Horizont eines **Kindes**, lässt den Zweck die Mittel heiligen und kennt keine Rücksicht, keine Gnade, sondern handelt einfach im Fokus des **eigenen** (*kurzfristigen*) Vorteils und aufgestauten **Gefühls** bzw. **Bedürfnisses**! Eine solche »**Gesellschaft**«, eine solche »**Gemeinschaft**« ist zwar *körperlich* stark bzw. reich, aber *geistig* schwach bzw. arm, und fühlt sich offensichtlich »gut« dabei! Sie genießt *ES* förmlich – sie genießt es, immer *mehr* die **Kontrolle** zu verlieren, *nicht mehr* dagegen ankämpfen zu müssen,... (wie) ein »**Tier«** zu *sein*!...

Doch was für ein »**Tier«** ist der »**Mensch«** überhaupt? Hm, schwere Frage, jedenfalls ist der **Mensch** ein **Säugetier** – jeder saugt den anderen aus, hat Gerhard Uhlenbruck einmal behauptet! Um genau zu sein, sind wir **Menschen** aber wahrscheinlich nicht einmal das, nämlich nicht einmal richtige **Säugetiere**...

Klar saugen wir gerne an allerlei »Dingen«, ja selbst am Internet herum, keine Frage, aber im Film *Matrix*, auf den ich schon diverse Male verwiesen habe und in welchem die »Realität«, wie **wir** sie kennen, nur eine computergenerierte Scheinwelt ist und die **Menschen** in Wahrheit längst von einer unheimlichen virtuellen »Macht«, der *Matrix*, beherrscht werden, macht Agent Smith, ein übler Vertreter dieser »Macht« und Widersacher der letzten »**freien« Menschen**, beim Versuch unsere Spezies zu klassifizieren, eine, wie ich finde, äußerst interessante Entdeckung!...

> »*Ihr seid im eigentlichen Sinne keine richtigen Säugetiere«,* sagt er. »*Jedwede Art von Säugern auf diesem Planeten entwickelt instinktiv ein natürliches Gleichgewicht mit ihrer Umgebung. Ihr Menschen aber tut dies nicht. Ihr zieht in ein bestimmtes Gebiet und vermehrt euch und vermehrt euch, bis alle natürlichen Ressourcen erschöpft sind. Und der einzige Weg zu überleben ist die Ausbreitung auf ein anderes Gebiet.*
>
> *Es gibt noch einen Organismus auf diesem Planeten, der genauso verfährt. Wissen Sie welcher? Das Virus! Der Mensch ist eine Krankheit, das Geschwür dieses Planeten. Ihr seid wie die Pest, und wir sind die Heilung.*« (150)

- Matrix
(USA / Australien 1999)

Wenn wir uns also vom »**Tier**« bzw. vom »**Virus«** und dem »(**Krebs)Geschwür**« d(ies)es Planeten unterscheiden möchten, dann müssen uns zwangsläufig die **Konsequenzen** unserer (*tierischen*) Handlungsweise(n) wenigstens genauso wichtig und bewusst werden wie die **Handlung(en)** ***an sich***!...

Wenn wir uns nicht demnächst bewusst(er) werden, haben wir wohl wirklich bald ein Problem, denn der *gewissen-, hirn-, bewusst-,* und *verantwortungslose* **Virus** tötet – vermutlich aus reiner **Gier** – irgendwann (s)einen Wirt und geht dadurch zwangsläufig **selbst** zu Grunde! Wenn wir nicht verrecken wollen, müssen **wir** also wieder anfangen zu denken oder zumindest versuchen, in *gesundem* Maße auf **unsere** Stimme(n) aus dem »***Über-Ich***« zu hören!

»*Nicht jeder Mensch kann alles zu Ende tun;*
aber zu Ende denken kann jeder.«
- Werner Bergengruen

Das passt jetzt vielleicht nicht unbedingt hierher, aber die gängige Mentalität und die Fähigkeit eines Erwachsenen, *weitreichend* zu denken und sich – zum **eigenen** Vorteil! – in diesem Sinne (sozial)verträglich zu verhalten und im Griff zu haben, liest *man* hierzulande am besten am Zustand der öffentlichen Toiletten ab! Ich erspare Ihnen eine allzu bildhafte Darstellung der stillen Örtchen, wie man(n) sie beispielsweise an (s)einem Arbeitsplatz findet, kann man doch davon ausgehen, dass **jeder** mittlerweile seine diesbezüglichen Erfahrungen gemacht hat!... Mich interessiert dabei nur eines: »Was bitte geht im Kopf eines **»(Mit)Menschen«** vor, der eine Toilette auf eine Art hinterlässt die – vorsichtig ausgedrückt – so ›vollgeschissen‹ nicht unbedingt ins 21. Jahrhundert passt?«

ES kann nicht viel *sein*, wenn *man* bedenkt, dass die Toilette – zumindest vom **ersten** »**Benutzer**«, um nicht zu sagen, vom **ersten »Menschen«** – ganz bestimmt nicht so vorgefunden wurde! Dass ein solches (asoziales) Verhalten nicht unbedingt toll ist, ist jedem (Hosenscheißer) hoffentlich klar, und es ist interessant zu sehen, wie lange doch Toiletten sauber bleiben, solange *man* sie sauber antrifft oder jemand danach schaut. Doch sobald *Sie*(!?) auch nur ein wenig verdreckt sind oder so wirken – was, wenn *man(n)* nicht aufpasst, leicht passiert – kann *man* zusehen, mit welch **exponentiell** steigender Geschwindigkeit sich der Zustand eines »Klosetts« rapide verschlechtert, bis bald gar nichts mehr geht!...

Dass wir **uns** (selbst) und insbesondere die »**Welt**«, in der wir leben, auch wie ein öffentliches »**Scheißhaus**« (ge)brauchen, muss ich nicht sagen!(?)...

Wem das (Bei)Spiel aber zu vulgär oder zu heftig ist, der stelle sich einfach einen schön gedeckten Tisch vor, an dem sich die »**Kinder**« solange relativ gesittet verhalten, wie die Tischdecke sauber und mindestens *ein* Erziehungsbefähigter anwesend ist! Wenn aber *kein* (*erwachsener*) **Mensch** mehr aufpasst und der erste Fleck ohne *spürbare* **Konsequenz(en)** erst mal gemacht ist, lassen wir (**Kinder**) unserer unkontrollierten und gedankenlosen **Gier** freien Lauf...

...– »**Kinder(geburts)tag**«!(?)

Wahrscheinlich denken wir wirklich an nichts (Böses), sondern handeln lediglich *faul, un(ter)bewusst, (langfristig) dämlich* und *verantwortungslos*! Wenn dagegen **jeder** von uns sich den **Konsequenzen** (s)einer Handlung bewusst(er) wäre – voll und ganz ist das natürlich nicht möglich, sonst würde *man* wahrscheinlich verrückt werden – und sich nur etwas *mehr* anstrengen und sich zumindest um seinen **eigenen** Dreck kümmern würde, anstatt ihn einem anderen oder der nächsten Generation zu überlassen, würde die »**Welt**« ganz sicher anders, »besser« aussehen – meinen Sie nicht (auch)!?

Ein *soziales*, *weitreichendes* und *autonomes* (**Ge)Wissen** (dieser Art) kann *man*, wie mir scheint, jedoch genauso suchen wie eine saubere Klobrille in einer Bedürfnisanstalt, die offenbar **jeder** so benutzen soll und darf, wie **er** will!...

Ein *gemeinschaftliches* **Bewusstsein** unserem immer verdreckteren Planeten und den kommenden Generationen gegenüber fehlt also ebenso wie die Rolle Klopapier, die doch irgendein hirnloser **Egoist** – *ohne* für Nachschub zu sorgen – mal eben (noch) leer gemacht hat. Trotz allem ist das nötige **(Ge)Wissen** zwar da – wie die Rolle Klopapier ja auch irgendwo da ist bzw. war – aber es wird mit der Zeit immer schwieriger, es bzw. sie (noch) zu finden!...

Wenn die **ganze** Welt aber eines schönen Tages einmal bis Oberkante Unterlippe zugekotet sein wird und kein »Pümpel« oder Papier auf Gottes weiter Erde mehr ausreicht – oder, um den Schaden zu beheben, gar nicht mehr vorhanden ist –, ist das kindliche Geschrei bekanntlich groß! Wer jemals mit einem verstopften Klo oder (s)einer vollen Hose zu kämpfen hatte, weiß, dass das Wort »Apokalypse« das **ganze** Ausmaß der kindlich (**selbst**) verursachten Misere wohl *mehr* als »gut« umschreibt...

In Anbetracht dieses Beispiels, welches die Sorg- und Gewissenlosigkeit einiger (weniger?) von uns beschreibt, ist es nur umso verwunderlicher, dass *soziale* **Kompetenz** und dementsprechendes *gemeinnütziges* **Verhalten** zwar oft ausdrücklich erwünscht ist, jedoch als solches *nicht* dementsprechend honoriert wird! Dass dagegen hierzulande Menschen, die sich *nicht* mit dem Ballast eines *sozialen* bzw. *autonomen* **Gewissens** herumschlagen müssen und sich im Zweifelsfall *unsozial* und *an und für sich*(!?) (r)echt *unüberlegt* verhalten, im rein **kapitalistischen** »(Wirtschafts)*System*« (materiell) immer besser da stehen als andere, im Grunde »bessere« Menschen, muss ich *Ihnen* bestimmt nicht beweisen! *Sie* haben *ES* bereits erkannt, und ich kann mir vorstellen, dass manch einer sogar tatsächlich noch der Meinung ist, dass ein (menschlich gutes) **Gewissen** – welches *man* unverständlicherweise (und) ausschließlich nach der Ratio[128] be-

---

[128] »***Ra|tio***, *die; - <lat.> (Vernunft; logischer Verstand).*«

triebswirtschaftlicher und profitorientierter Maßstäben zu messen versucht – sich (angeblich) nicht zu rentieren scheint! Warum sollte *man* sich denn dann noch mit so etwas Unprofitablem wie einem »**Gewissen**« rumärgern? Ab in die Klinik und raus mit dem Zeug! Und wenn wir schon dabei sind, dann lassen wir uns am besten auch gleich noch die Nase richten, den Hintern »pimpen« und den letzten Rest der grauen Substanz nebst *(mit)menschlicher* **Emotionen** absaugen – das macht einen (gewissen Exbundeskanzler) dann auch nicht mehr fett!?

Aber wer weiß, vielleicht kann man (engl. *man*) ja demnächst wirklich unser **Verhalten** und unsere **Gefühle** operativ behandeln? Und das soll sogar funktionieren, ohne dass man dabei den Schädel öffnen muss, wie ein *Spiegel Online* Bericht vom 06.10.2006 darlegt! Demnach glaubt ein Team von schweizer Neuro-Ökonomen der Züricher Universität mit Hilfe der sogenannten »**transkraniellen Magnetstimulation (TMS)**« die elektrischen Ströme im Gehirn beeinflussen zu können, um so bestimmte Hirnregionen räumlich sehr gezielt lahmzulegen. Laut dem Bericht kann man mit einem gezielten Magnetschock an der Schläfe zumindest für kurze Zeit beispielsweise die Fairness-Funktion im Gehirn ausschalten, um so Skrupeln und moralischen Bedenken *kurzeitig* ein Ende zu bereiten. (Das macht ein Vollrausch manchmal auch, aber das nur so nebenbei!)…

Sieht man mal von der offensichtlichen Langeweile der schweizer Forscher ab, dann haben sie doch gezeigt, wie leicht sich von *außen* im weitesten Sinne **moralische** Aspekte unseres Verhaltens **technisch** beeinflussen lassen! (151) Gut möglich, dass diese (Behandlungs)Methode bald zum Standardrepertoire kommender Managerandroiden wird – denn nur so kann es möglich sein, ohne mit der Wimper zu zucken, mir nichts dir nichts die Hälfte der Belegschaft zu entlassen, um sich im Anschluss daran (**selbst**) auf die Schulter zu klopfen bzw. klopfen zu lassen und daraufhin die (selbstge)fälligen 30-50% mehr Gehalt zu genehmigen. Ein Dilemma der mittlerweile leider gängig gewordenen Umverteilungspraxis, welches im Fall von *Siemens* (September 2006) (152) und ähnlichen Firmen auf der **ganzen** Welt vom »***Prinzip***« her längst traurige Wahrheit geworden ist und heute aufgrund des Gewöhnungseffekts bzw. der (all)gemeinen Abstumpfung schon kaum mehr jemanden juckt!...(?)

Nun ja, »offiziell« verfügen wir jedenfalls noch nicht über die **technischen** Möglichkeiten zur Moraljustierung, weshalb *man* heute, ähnlich wie damals, versucht, wenigstens durch ***materiellen*** Gewinn und anderweitige Gedankenmanipulation die **Menschen** vom Verlust des »**eigenen« (Ge)Wissens** abzulenken!

Und das mit Erfolg, wie ich feststellen muss! Warum sonst gibt es noch immer Polit-Talkshows, in denen *man* allen Ernstes darüber debattieren muss, ob ein Managerverhalten, wie oben genannt, nun eigentlich legitim ist oder nicht? Eine ganze Stunde redet *man* um etwas herum, was *eigentlich* **jedem Kind** von vorne herein klar sein sollte und im »***Prinzip***« keiner weiteren Diskussion bedarf. Aber diese Tatsache scheint niemanden zu stören – Hauptsache, man (engl. *man*) hat mal darüber geredet! Ändern tut sich deshalb aber noch (lange) nichts!

Wenn uns Timm Thaler[129] aber eines gelehrt hat, dann ist es doch, dass der allzu leichtfertige Verkauf von *(mit)menschlichen* Fähigkeiten – in seinem Fall war es das Lachen – uns zum Schluss doch erkennen lässt, wie dumm wir eigentlich waren! Obwohl Timms Verhalten – und das vieler anderer **Menschen** – uns eine Lehre sein sollte, gönnt sich das moderne **Tier Mensch** zum »günstigen« Preis eines **(Ge)Wissens** heute dagegen **allen** erdenklichen Luxus aus der grundlegenden Überzeugung heraus, diesen »Luxus« der Bequemlichkeit zu brauchen und ihn zudem auch noch absolut und **selbst** »verdient« zu haben!...

Das geht vermutlich solange (»gut«), bis am Ende dann irgendwann nichts mehr von unserer (Mit)Menschlichkeit vorhanden ist und ich im Spiegel tatsächlich nur noch einen (haarlosen) Affen mit goldener Uhr an der Hand und elektrischer Zahnbürste im Maul vor mir (»stehen«) sehe!

Das »Problem«, sich ständig ***materiell*** »upgraden« zu müssen, stellt sich *Dritte-Welt*-Bürgern dagegen eher weniger! Ein Eingeborener eines Urwaldstammes, der vermutlich schlechte(re) Zähne hat, einen Knochen durch die Nase trägt, den ganzen lieben langen Tag nur faul in der Hängematte liegt und dabei bestenfalls nachdenklich und etwas verträumt, aber – nach westlichen Maßstäben – letztlich **unproduktiv** in den Wald glotzt, wird bestimmt nicht jeden Morgen von seinem Radiowecker zu einer mehr als unchristlichen Zeit geweckt, um seinen Kadaver kurz darauf zu einer Arbeit zu schleppen, die ihm **erstens** keinen Spaß macht und für die er **zweitens** auch noch zu wenig Geld bekommt! **Er** wird auch ganz bestimmt nicht gemobbt oder von seinem Chef oder der Kundschaft so dermaßen unter Druck gesetzt, dass er teilweise nicht mal mehr richtig schlafen kann!

Ein ausbleibendes Weihnachts- oder Urlaubsgeld nebst der Streichung des dreizehnten und vierzehnten Monatsgehaltes tangiert den »edlen Wilden«[130] zudem so peripher wie die Angst, über kurz oder lang wegrationalisiert zu werden und sich so die Miete samt Raten für das Urwaldhäuschen oder den tiefer gelegten Bambussportwagen mit Leopardenfellsitzheizung nicht mehr leisten zu können.

Auch kennt **er** sicherlich keine Überstunden, die mit dem von »Mephisto« persönlich abgemachten Arbeitsvertrag bereits abgegolten sind, noch hat er Probleme mit (s)einem High-End-Rechner, den *man*, wie **alles** andere, einst billig zum scheinbaren Nulltarif natürlich nur finanzierte, weil der All-incl.-Urlaub in Dubai mit der blonden Hupenmaus letztlich doch etwas teurer war als ursprüng-

---

[129] »*Timm Thaler oder Das verkaufte Lachen ist ein 1962 erschiener Roman des deutschen Autors James Krüss.*« (414)

[130] »*Der edle Wilde ist ein Idealbild des von der Zivilisation unverdorbenen Naturmenschen. Das Konzept drückt die Vorstellung aus, dass der Mensch ohne Bande der Zivilisation von Natur aus gut sei.*« (415)

lich gedacht! Von drei Jahre überfälligen Alimenten an seine Exfrau(en), die demnächst schon wieder (über)fällig sind, hat der Glückliche nie etwas gehört, und *Burn Out*, *Bandscheibenvorfälle*, *Magengeschwüre*, *Maus-Arm-Syndrome* gibt es in **seiner** Welt nicht, weshalb **er** sich auch nicht mit dem Arzt und der Krankenkasse um ein Rezept über 6mal Massage streiten muss! Selbst seine Kinder sind wahrscheinlich besser zu handhaben, muss **er** ihnen doch nicht die teuersten Klamotten der angesagtesten Marken, das neuste Handy oder sonst etwas Vergleichbares bieten, nur um die kleinen Dschungelracker sozial integriert zu sehen und sich im Gegenzug dafür von ihnen beschimpfen und die Welt (von morgen) erklären zu lassen! Kein Ärger mit der Telekom, keine (zufällig) erhöhten Spritpreise, keine Abzocke am oder unter dem Ladentisch und, wie gesagt, keine Computerprobleme stören (s)ein einfaches Leben! **Er** braucht nur etwas zu(m) Essen, ein Dach über dem Kopf, (*(mit)menschliche*) Wärme, das heißt unter anderem ein funktionierendes soziales Gefüge, wie das (s)einer Familie, was für ihn dann – abgesehen von (s)einem Knochen durch die Nase – auch das Wichtigste und Selbstverständlichste (auf) der **ganzen** Welt ist!

Wenn er also keine Probleme hat, über was beklagt sich denn dann bitte dieser wohl glücklichste aller glücklichen Halbwilden?...

Wenn *man ES* genau nimmt, eigentlich über nichts – denn »**Klagen**« ist offenbar ein **Privileg**, das sich der Indio *nicht* leisten kann! Er muss sich Gedanken über das **Über**leben machen und hat weder Zeit noch Geld (vor Gericht zu ziehen und) darüber nachzugrübeln, wie er sein Leben noch *mehr* und *toller* ausfüllen kann! Dieses »Recht« obliegt viel eher **uns** – denjenigen, die das Glück oder das Pech hatten, in der westlichen »zivilisierten« Welt aufgewachsen zu sein und somit jede Annehmlichkeit besitzen, die *man* sich nur vorstellen kann. Und dazu gehört wohl auch das »**Jammern**« (auf hohem Niveau)!?

Durch »**unsere**« harte Arbeit steigern »**wir«** den Profit ins Unendliche, sind auf dem neuesten Stand der Technik, erkunden den Weltraum, fliegen mit mehrfacher Schallgeschwindigkeit um die Erde, kurieren schwere Krankheiten und machen uns sämtliche (Natur)Gesetze zu Nutze und sogar Untertan, um irgendwann dann hoffentlich doch auf den Trichter zu kommen, alleine dadurch (*langfristig*) dann doch nicht das zu finden, was wir (**alle**) suchen!

Daten sind unser Leben, sie erfassen uns und bestimmen, wie wir immer *schneller*, *präziser, effektiver* und schlussendlich *produktiver* zu funktionieren haben! Rationell und rational denkt der moderne **Mensch**, der bald weniger **Mensch** als **Maschine** ist. Teile werden uns implantiert, erneuert, verbessert und in uns und mit uns ausgetauscht. Ständig erfinden wir uns neu, verbessern unseren *Effektivitäts-Koeffizienten*, um dennoch nicht zu der schlichten (Er)Kenntnis zu gelangen, dass **wir** das **einzige** sind, was dabei auf der Strecke bleiben wird!

Und das haben **wir** uns dann **wirklich** »verdient«, denn nach wie vor sind **wir** uns nicht einmal unserer **eigenen** Verantwortung (uns **selbst** und **allem** anderen gegenüber) bewusst, sondern pochen auf ein Recht, welches wir uns nur **selbst** gewähren könn(t)en, indem wir der Welt genauso viel **geben** wie **nehmen**!...

Wenn Sie das **(all)*ES*** »wirklich« nicht begreifen, dann kapiere ich nicht, warum Sie so verächtlich die Stirn runzeln und dabei gleichzeitig den Kopf schütteln, wenn der Manager von morgen sein **durchschnittliches** Gehalt von 5 Mio € pro Jahr ebenso als gerechtfertigt betrachtet wie Sie das Ihre!?...

Sie haben (vielleicht) Recht, es gibt nun mal **Wölfe** und es gibt **Schafe**, und dass **Sie** letzen Endes jeweils ein Leben führen, *wie* **Sie** es führen, hängt damit zusammen, dass die Masse an **Schafen** es einfach nicht gebacken bekommt, den Aufstand zu proben! Wie auch, *Sie*(!?) sind ja (auch) nur ein **Schaf** von vielen und als solches, wie es scheint, zum Meckern verdammt, um nach mehrmaligem Scheren und Milchgeben dann geschlachtet zu werden. Genau das haben **Schafe** und **Kühe** doch verdient, oder nicht!?...

Dies zu (er)kennen um daraus eine befreiende Handlung folgen zu lassen fällt den meisten **Menschen** und **Kühen** aber durchaus schwer, weshalb sich auch in Zukunft nur etwas ändern wird, wenn wir endlich erkennen, *was*, *wer* und *wie* (viele) **wir** *sind*! Nur dann, wird sich (vielleicht) etwas ändern – »Mmmmäh«!

Ich weiß, das **(all)*ES*** klang jetzt ein wenig nach *gewaltsamer* **Revolution**, aber mit **Gewalt** darf *ES* **nicht(s)** zu tun haben – mehr mit *friedlicher, innerer* **Wandlung**! Wenn ich mich aber umsehe, dann sind es leider nicht die (Er)Kenntnisse über unsere Existenz, sondern meistens die **Triebe**, die den modernen **Menschen** mehr steuern als den **Indio** oder das **Tier** *an sich*! **Triebe** sind es, die sich mittlerweile durch Erforschung manipulieren, nutzen und dazu gebrauchen lassen, den **Menschen** so zu formen, zu (be)handeln und zu kontrollieren, wie die Wirtschaft *ES* will!... Sie tut das mit dem Argument, dadurch das jeweilige Rad am Laufen zu halten! Irgendwann werden wir aber verstehen, dass man (engl. *man*) die *Gesetze der Natur* nicht brechen kann, ohne sich **selbst** und **alles** andere zu zerstören! Die **Indianer** haben das wohl schon vor einiger Zeit begriffen und versucht, im **Einklang** mit **sich** und der **Natur** zu (über)leben. Sie wollten das **Gleichgewicht** erhalten! Was (dieses) *ES Ihnen*(!?) gebracht hat, ist hinlänglich bekannt und sollte uns mehr denn je zu denken geben und, falls vorhanden, ein überaus *schlechtes* **Gewissen** bereiten!!!

Spreche ich im Folgenden also vom »**Menschen**« (engl. *man*), dann meine ich den »zivilisierten« Erdenbürger, der sich vom Indianer und anderen, uns »unterzivilisiert« erscheinenden Gattungen anscheinend dadurch abhebt, dass er dank *BBC*-Dokumentationen und Ähnlichem zwar **weiß**, dass er ein **Affe** ist, aber dennoch vorgibt, etwas »Besseres«, also (doch) ein »**Mensch**« zu sein! Das ist verwirrend aber (auch) der Grund, weshalb wir noch immer lauthals jammernd mit einer Hand in der **(Affen)Falle** stecken und trotz unseres gewaltigen Wissens unfähig sind, den Leckerbissen im Innern der Kiste loszulassen!...? ...

Für all diejenigen von Ihnen, die (immer noch) nicht wissen, wovon ich rede oder was eine »**Affenfalle**« ist und dennoch tapfer genug waren, zumindest bis hierher das Buch zu lesen, sei gesagt, dass besagte »**Falle**« 'ne ziemlich fiese Angelegenheit ist! Sie besteht nämlich aus einer an einem Pfahl angebunden Kokosnuss, die *man* mit Reis oder sonstigen Leckereien – denen die **Affen** natürlich nicht widerstehen können – füllt! In diese Kokosnuss bohrt *man* nun ein Loch, durch welches der **Affe** wohl seine Hand hineinstecken kann, das aber zu klein ist um die geballte Faust mit dem leckeren Reis darin wieder herauszuziehen. Und schon hat *man* den **Aff'** an seiner empfindlichsten Stelle gepackt!

Das – von Robert M. Pirsig in seinem Buch *Zen und die Kunst ein Motorrad zu warten* beschriebene – »***Prinzip***« der **Wertstarrheit** (153) des **Affen** verhindert wohl, dass er – selbst in Anbetracht der Gefahr, gefangen genommen zu werden und dadurch nachhaltig seine Freiheit zu verlieren – dennoch nicht loslassen kann,... selbst wenn er wollte! Das **Bedürfnis**, die **Gier** bzw. das **Verlangen** besiegt den **Verstand** und somit die **Vernunft**, weshalb auch der germanische Jammerprimat lauthals flennend an hauptsächlich ***materiellen*** **Werten** festhält, anstatt in Anbetracht einer drohenden Gefahr einfach mal loszulassen, um im Tausch dafür mehr *geistige*, *emotionale* und *körperliche* **Freiheit** zu genießen!

Statt unsere Fähigkeit auf Selbstbestimmung unseren **Trieben** zu opfern und uns so permanent unserer *tierischen* **Natur** und dem Lauf der Welt zu unterwerfen, sollten wir endlich be*greifen*, dass *ES* nicht das *Greifen* ist, sondern vielmehr das *Wiederloslassenkönnen*, das Öffnen der *kindlichen* Hand, das uns vom (all)gemeinen **Tier** unterscheidet und uns auf der evolutionären Leiter endlich den entscheidenden Schritt nach oben – in Richtung **Freiheit** – bringt! Ähnlich wie ein Raucher reden wir Mitglieder einer vermeintlich hochzivilisierten Konsumgesellschaft uns aber nach wie vor und lediglich ein, jederzeit mit dem aufhören zu können, was uns im Innersten kontrolliert – im *Griff* hat, und es scheint in (unserer) **Gesellschaft** tatsächlich nur den wenigsten (**Affen**?) vergönnt zu sein, wahrhaftig **frei** und **lebendig** zu *werden*, es zu *sein* und auch zu *bleiben*!

Bleibt also abzuwarten, ob wir (**alle**) es in Zukunft schaffen, vom uns überholenden *technischen* Fortschritt, dem (vermeintlichen) Wissen, dem Geld und den schier unendlich erscheinenden Möglichkeiten der **Befriedigung** *loszulassen*, um so (noch) rechtzeitig »*Herr über das Tier*« in uns (**selbst**) zu werden!

Doch müssen wir aufpassen, dass sich nicht **all*ES*** ins Gegenteil verkehrt! Wir dürfen nicht **alleine** auf die bloße **Vernunft** (der Rationalität) bauen, welche die *(mit)menschlichen* **Emotionen** *außen* vor (der Tür) lässt! Die **Balance**, das **»*Ich*«** – welches das (selbst)bewusste **Gleichgewicht** aus ***Es*** und ***Über-Ich*** darstellt – muss **unser** »Ziel« sein! Nicht mehr, aber auch nicht weniger!(?)

»*Wir leben in einem gefährlichen Zeitalter. Der Mensch beherrscht die Natur, bevor er gelernt hat sich selbst zu beherrschen.*«
- Albert Schweizer

Die Sache mit dem Glücksgefühl

Zufriedenheit vs. Befriedigung

Der **Mensch** ist zurzeit mehr denn je auf der Suche nach etwas, das die meisten von uns nicht einmal richtig beschreiben können. Es ist dieses **Gefühl**, dass etwas Entscheidendes im Leben fehlt. Ob nun beruflich oder im Privaten, *ES* ist einfach ein **Gefühl** der tief empfundenen Leere, die immer mehr Leute auf seltsame Art zu übermannen scheint und uns leider nur allzu oft in den dunklen Mantel einer allmählich um sich greifenden Depression hüllt! Paradoxerweise empfinden viele diese Depression dann beinahe schon als Glück, wie folgender Dialog aus dem Film *Hautnah – Closer* beweist:

> »*Jeder will glücklich sein.*«
> »*Depressive nicht! Die wollen betrübt sein, um die Depression zu bestätigen. Wären sie glücklich, könnten sie nicht mehr depressiv sein. Sie müssten aus ihrem Loch kriechen und leben – was einen deprimieren kann.*« (154)
>
> - Hautnah
> (USA 2004)

Wir sind **alle** auf der Suche nach dem »Sinn« (des Lebens), der spürbar nicht im Erfüllen irgendwelcher Produktionszahlen liegt, nicht gleichzusetzen ist mit ***materiellem*** Wohlstand und auch ganz bestimmt nicht darin besteht, auf »Teufel« komm raus der Beste oder gar der oder das Wichtigste zu sein!

Seit geraumer Zeit versucht *man*, dem »Sinn« (des Lebens) auf religiösem, philosophischem oder gar (natur)wissenschaftlichem Weg auf die Schliche zu kommen, mit teilweise ähnlichem, teilweise aber auch (r)echt unterschiedlichem Ergebnis! Dabei ist die Antwort auf die große Frage nach dem Leben und dem Universum, ja eigentlich nach **allem**, ganz einfach: Nämlich »**42**«!...

So hat es jedenfalls der extra dafür gebaute Supercomputer »Deep Thought« nach genau 7 ½ Mio Jahren errechnet. »*Einer Rasse hyperintelligenter, pandimensionaler Wesen hing es vor vielen Millionen Jahren dermaßen zum Halse raus sich ewig über den Sinn des Lebens rumzuzanken, dass sie beschlossen, zwei ihrer besten Programmierer damit zu beauftragen einen Supercomputer zu bauen, der die Antwort auf die große Frage nach dem Leben, dem Universum und allem errechnen sollte.*« (155) Wie erwähnt kommt dieser zynische Rechner bzw. Denker (im Film *Per Anhalter durch die Galaxis*, nach dem Roman von Douglas Adams) auf: »**42**«!...

Sie empfinden »42« als »Sinn« (des Lebens) und Antwort auf die große(n) Frage(n) sicherlich als Quatsch. Jeden Morgen zu einer fest vorgeschriebenen Zeit aufzustehen, routinemäßig in die Arbeit zu gehen, um dort wie das Batterie betriebene Häschen[131] aus der antiken Werbung zu trommeln und, während man sich dabei gleichzeitig und ohne Unterlass über den Stress beklagt, allenfalls als ein austauschbares Zahnrädchen zu funktionieren und dann, wenn der Akku endlich leer ist, viel zu früh in die Kiste zu grätschen und sich dabei stets zu fragen, ob *ES* das etwa schon war, ist dagegen ja schon viel sinniger, nicht wahr? Also wenn Sie **mich** fragen, dann nehm' ich die »42« – und wenn's geht mit Anchovis!...

Das war natürlich auch Quatsch, denn ich mag, soweit ich weiß, gar keine Anchovis[132]. Ich kenn die Dinger nicht einmal (persönlich)! Aber jeder von uns, der sich (**selbst**) zu kennen meint und sich dabei schon mal die Frage nach dem Sinn (s)eines kostbaren Lebens gestellt hat, muss sich (ohne Quatsch) eingestehen, dass dieser »Sinn« offenbar verloren gegangen sein muss. Anderenfalls würde (*man*) sich die Frage doch gar nicht stellen! Sie würde sich erübrigen und wir könnten all die Zeit und die Arbeit, die wir zur Lösung des angeblichen »Problems« benötigen, anderweitig ver(sch)wenden – wenn mir (doch) nur einfallen würde wofür!?...

Eins sollte uns bei alledem jedoch bewusst sein:

> »*Die Frage nach dem Sinn des Lebens stellen und beantworten zu können, ist eine Fähigkeit, die offenbar nur der Mensch besitzt. Schon in der antiken Philosophie hatte man festgestellt, dass er offenbar das einzig bekannte sprachbegabte Vernunft- und Verstandeswesen (zoon logon echon) ist, das die Voraussetzungen für eine selbstbezügliche Sinnreflexion vorweisen kann.*
>
> *Vielen Menschen stellt sich die Frage nach dem Sinn des Lebens im Alltag in der Regel nicht, solange die eigene Lebensführung nicht zweifelhaft oder fragwürdig wird. Häufig kommt es zu einer existenziellen Sinnkrise, wenn Ereignisse nicht mehr in das vorhandene Sinnkonzept integriert werden können: z.B. durch Enttäuschungen, Unglücke oder die Anforderungen eines neuen Lebensabschnitts. Die Folge ist oftmals der Beginn oder die Wiederaufnahme der Reflexion über den Lebenssinn, zu denen dann auch Fragen wie die nach dem Glück oder gar dem Sinn des Leidens gehören.*« (156)

Diese Zeilen – die ich alleine deshalb mal wieder zitiert habe, weil ich es unmöglich besser hätte selbst ausdrücken können – entstammen einem nicht allzu

---

131 Frage: Kennen Sie den (Marken)Namen der Batterie, für die das Häschen einst geworben hat?

132 »***An|scho|vis, An|cho|vis*** *die; -, – <griech.> ([gesalzene] kleine Sardelle).*«

langen, lesenswerten Artikel über den *Sinn des Lebens*, den Sie bei etwaigen Fragen gerne in der Online-Enzyklopädie meiner Wahl nachlesen können! Er beschreibt auf knapp 10 Seiten kurz und prägnant sowohl die Problematik der Fragestellung als auch die von mir zitierten Gründe für die Sinnfrage und beschreibt weiter die unterschiedlichen theologischen, philosophischen und teils auch (natur)wissenschaftlichen Antwortmöglichkeiten auf eine Frage, deren Klärung wir trotz allem, wie es scheint, noch bedürfen.

Sieht man mal vom *Sinn des Lebens* ab, welcher oberflächlich betrachtet so unterschiedlich erscheint wie die **Menschen**, die darüber nachdenken, suchen wir doch alle einen gewissen **Zustand der Glückseligkeit** – der vergleichbar ist mit **vollkommener *Zufriedenheit*.** Es ist ein Zustand, der meines Erachtens so schwer zu halten ist wie das **Gleichgewicht** beim besagten Drahtseilakt!

Doch was ist »***Zufriedenheit***« überhaupt?

»Zufriedenheit

aus Wikipedia, der freien Enzyklpädie

Zufriedenheit ist ein emotionaler Zustand des Menschen, in dem seine Bedürfnisse von ihm als befriedigt angesehen werden. Das Bedeutungswörterbuch des Dudens definiert ebenso trefflich wie kurz und bündig:

zufrieden

a) innerlich ausgeglichen und nichts anderes verlangend als man hat;
b) mit den gegebenen Verhältnissen, Leistungen o.ä. einverstanden, nichts auszusetzen habend.

»Zufriedenheit« als Vorsatz wird auch mit Genügsamkeit bezeichnet – als Weltanschauung ist sie oft religiös abgestützt.« (157)

Wenn »***Zufriedenheit***« also gleichzusetzen ist mit *»nichts auszusetzen habend«*, muss wohl nahezu jeder Deutsche *unzufrieden* sein, denn wir nörgeln und jammern mittlerweile so (un(ter))bewusst an **allem** und **jedem** herum, dass *man* uns fast schon Vorsatz unterstellen könnte! Doch wir tun (damit) tatsächlich nur das, was der **(Kapital)Ismus**[133], oder besser gesagt, die **(Konsum)Gesellschaft** von uns verlangt!!!...

Wären wir nämlich *wirklich* und *dauerhaft »innerlich ausgeglichen und nichts anderes verlangend als man hat«*, würden wir nicht (immer) »mehr« konsumieren und das »*System*«, wie wir es kennen, würde in sich zusammenbrechen!!!

[133] »***Is|mus*** *der; -, Ismen: abwertende Bez. für eine bloße Theorie, eine von den vielen auf ...ismus endenden Richtungen in Wissenschaft, Kunst o. Ä., von Lehrmeinungen u. Systemen«*

»Stell dir vor ES *ist Winterschlussverkauf und keiner geht hin!«*

Jetzt keine »Angst«, so schnell kann, darf und wird das nicht geschehen – so schnell und lange sind wir nicht *zufrieden* (zu stellen), denn die **Natur** hat uns mit einem (Regel)Kreislauf ausgestattet, der quasi verhindert, dass wir *dauerhaft* »glücklich« und – sowohl im eigentlichen als auch im übertragenen Sinn – *längere* Zeit »satt« bleiben! Um nämlich immer weiter zu machen, als Organismus und als Art am Leben zu bleiben und immer (noch) höhere »Berge« zu bezwingen, muss *man* dauernd »hungrig« sein bzw. bleiben (engl. *stay hungry*)!
Mit anderen Worten muss *man* **sich**, das heißt seine **Bedürfnisse**, *ständig* befriedigen (wollen)! So will es jedenfalls die »**Natur**« und mit ihr »Ford« – der »Gott« der **(Konsum)Gesellschaft**!...(?)

»*Ein Bedürfnis ist das Verlangen oder der Wunsch, einem empfundenen und/oder tatsächlichen Mangel Abhilfe zu schaffen*«, (158) und genau hier liegt die sogenannte »**Krux**« an der Sache:...
Die wenigsten Menschen der westlichen Industrienationen haben nämlich einen **tatsächlichen** »Mangel« zu beklagen, sondern leben dagegen im Überfluss!
Ich weiß, das woll(t)en wir eigentlich nicht hören, aber der »Mangel«, den wir »haben«, ist ein rein empfundener, kein tatsächlicher! Um aber die schlimmste aller vorhersehbaren, weltweiten (Konsum)Katastrophen abzuwenden, werden wir angehalten, andauernd und überall, zumindest aber nach einer bestimmten Zeit, *unzufrieden* zu sein! Wir sind *unzufrieden* mit unserer Arbeit, *unzufrieden* mit unserem Partner, *unzufrieden* mit unserem Auto, unserem **politischen** und **sozialen** »*System*«, der medizinischen Versorgung, der Qualität der Produkte, die wir kaufen, der allgemeinen Hygiene, der Freundlichkeit der Mitmenschen, mit unserem Aussehen und letztendlich mit uns **selbst**!...
Sicherlich sagen Sie jetzt, dass das nicht stimmt und Sie mit vielen der genannten Dinge »*zufrieden*« und »*glücklich*« sind! Aber *sind* Sie es wirklich oder verwechseln Sie dabei nur die ***Zufriedenheit*** mit der ***Befriedigung*** – das ***Sein*** mit dem ***Haben***?

Der Unterscheid zwischen ***»Zufriedenheit«*** und ***»Befriedigung«*** ist jedenfalls ein kleiner aber nicht zu vernachlässigender – genauso wie der zwischen dem, was »**gut** (für uns) **ist**« und dem, was uns »**gut tut**«!...
Beide Ausdrücke haben wohl etwas mit »**Frieden**« zu tun, jedoch beschreibt das eine (die *Zu**frieden**heit*) wohl eher einen *länger* anhaltenden **Zustand**, wohingegen das andere (die *Be**friedig**ung*) weitaus *kürzer* anhält und mehr mit der **Handlung** zum letztendlichen Erreichen des (fried)fertigen »**Zustandes**« in Verbindung gebracht werden kann!

Darüber hinaus kommt die ***Zufriedenheit*** tendenziell von *innen* heraus, wohingegen die ***Befriedigung*** mehr als Reaktion auf *äußere*, s(t)imulierende Einflüsse gewertet werden kann! Und dann gibt es schließlich noch einen Unterschied:
Wohingegen das eine als *abschließend* und somit als *endlich* be(tr)achtet werden kann, ist das andere, die ***Befriedigung***, *an und für sich*(!?) ein ständig wiederkehrender, sich bis ins *unendliche* steigernder Prozess, der uns immer weiter (an)treibt und dabei hauptsächlich durch *äußere*, *extrinsische* Faktoren bzw. Stimuli begrenzt zu sein scheint!...
Zufriedenheit hingegen treibt uns nicht an – jedenfalls nicht so, wie die ***Befriedigung***, denn wer *zufrieden* is(s)t, braucht nichts mehr weiter zu tun, als (s)einen (Bewegungs)**Zustand** zu (er)halten!

Das all*ES* klang jetzt vielleicht (r)echt banal und einfach, ist *ES* aber nicht! In einem **dynamischen** »*System*«, welches auf **Bewegung** und, wie das kapitalistische, vornehmlich auf ***(exponentiell)*** steigende **Beschleunigung** ausgelegt ist, ist ein absoluter **Stillstand** so ziemlich das Schwierigste, Unmöglichste und geradezu »Göttlichste«, was man (engl. *man*) sich nur vorstellen kann!...
Um das annähernd zu verstehen, möchte ich Ihnen einen Absatz aus dem Buch *Wer bin ich und wenn ja, wie viele?,* von Richard David Precht, vorlesen. Precht beschreibt den *kausalen* (Ursache und Wirkung) Gottesbeweis des Thomas von Aquin und schreibt: »*Da es die Welt gibt, muss sie irgendwann einmal entstanden sein, denn aus Nichts kommt nichts. Irgendeine erste Wirkungsursache muss alles geschaffen oder in Bewegung gesetzt haben. Und das, was ganz am Anfang von allem steht, ist selbst unbewegt – sonst stünde es ja nicht am Anfang, sondern hätte seinerseits eine Wirkungsursache. Am Anfang von allem steht demnach ein »unbewegter Beweger«, ein Begriff, den Thomas von Aquin vom griechischen Philosophen Aristoteles übernahm.*« (159)

Befriedigung ist, so wie ich es sehe, daher nichts »Göttliches«, sondern hat eine (Wirkungs)Ursache und ist vergleichbar mit dem Handlungsprozess, der uns in einen vorübergehenden Zustand der »göttlichen« ***Zufriedenheit*** versetzt, aber uns **Menschen** nicht und niemals dort verweilen lässt! *ES* ist ungefähr so wie mit dem **Gefühl** der ***Verliebtheit***, welche(s) uns den vermeintlichen Weg ins Nirwana der ***Liebe*** offenbaren will, aber, wenn überhaupt, nur den **Ausblick auf das Ziel** dieser Wanderung gewährt! ***Befriedigung*** will uns auf dem Weg dorthin bei der »Stange«, bei Laune bzw. in (*ständiger*) **Bewegung** halten!
Dass ***Verliebtheit*** gleichzusetzen ist mit ***Liebe***, ist folglich ein Trugschluss, wie jetzt sicherlich viele von Ihnen – *innerlich* stark seufzend und *äußerlich* schwach kopfnickend – bestätigen werden! Wie wenig nämlich ***Verliebtheit*** mit ***Liebe*** und wie wenig ***Befriedigung*** mit (lang) anhaltender ***Zufriedenheit*** zu tun hat, bemerkt man meistens erst nach geraumer Zeit, wenn der *rauschartige* »Zu-

stand« weitgehend verflogen ist, die Schmetterlinge im Bauch verdaut wurden, die rosarote Elton John-Brille gegen 'ne richtig fiese eingetauscht wurde und wir die sch(m)erzhafte Erfahrung machen, dass der potenzielle (Traum)Partner von damals eben doch auch ab und zu mal aufs Klo gehen muss. Dass er sich dort mit allem anderen als der Aufzucht von Veilchen beschäftigt, ist schließlich jedem klar, der weiß, dass Blumen nicht nach »Puh-Puh« riechen!...

Ich glaube, es war der Kabarettist und Arzt Dr. med. Eckart von Hirschhausen, der einmal folgende Frage in den Raum stellte: »*Wenn Liebe*« – in meinen Augen müsste es ***Verliebtheit*** heißen! – »*durch den Magen geht, was passiert mit ihr, wenn sie da durch ist?*« ... Jetzt wissen Sie's!(?)

Spaß beiseite, um den Vorgang der ***Verliebtheit*** und demzufolge auch den Vorgang der ***Befried(ig)ung*** zu verstehen, ist es wichtig, zu erkennen, dass durch den Rauschzustand, welcher das **Gefühl** der ***Verliebtheit*** hervorruft, in unserem Körper vermehrt körpereigene Opiate – sogenannte »**Endorphine**« – ausgeschüttet werden. Diese Endorphine geben uns ein euphorisches **Gefühl**, ein **Gefühl** des Wohlseins – sprich: Wir fühlen uns »*belohnt*« bzw. »*befriedigt*« und fühlen uns somit – für einen leider viel zu kurzen Zeitraum – *zufrieden* und »*nichts anderes verlangend*«! *Wiki* schreibt dazu:

»*Verliebt sich ein Mensch, so sorgen verschiedene Botenstoffe für Euphorie (Dopamin), Aufregung (Adrenalin), rauschartige Glücksgefühle und tiefes Wohlbefinden (Endorphin) (umgekehrt können Momente, in denen man nicht mit der geliebten Person zusammen ist, als schmerzhaft empfunden werden) und erhöhte sexuelle Lust (Testosteron). Auch Sexualduftstoffe (Pheromone) werden vermehrt abgegeben. Hingegen sinkt der Serotoninspiegel stark ab, wodurch der Zustand der Verliebtheit in diesem Punkt eine Ähnlichkeit mit vielen psychischen Krankheiten aufweist. Das trägt dazu bei, dass Verliebte sich zeitweise in einem Zustand der »Unzurechnungsfähigkeit« befinden können, sich dabei zu irrationalen Handlungen hinreißen lassen und Hemmschwellen abbauen. Nach einiger Zeit (wenige Monate) gewöhnt sich der Körper an diese Dosen und ganz allmählich **(laut WHO maximal nach 24-36 Monaten)** beendet das Gehirn diesen sensorischen »Rauschzustand«.*« (160)

Und dann sind wir eben an besagtem »Puh-Puh-Punkt« (wieder) angekommen!

Man könnte also sagen, dass wir uns spätestens nach ***zwei bis drei Jahren*** wieder »entliebt« haben, und Sie werden feststellen, dass in der Tat viele (unserer) Beziehungen nach ungefähr dieser Zeit zerbrechen oder zumindest (etwas) auf der Kippe stehen. Auch werden Sie feststellen, dass wir im Rausch(zustand) der ***Verliebtheit*** nicht wirklich *zufrieden*, sondern »nur« *befriedigt* sind – ein Umstand auf den ich noch in Band 2 (Kap. *Liebe*, S. 294ff) zu sprechen komme!...

Vorerst reicht es zu wissen, dass wir im weitesten Sinne nur getäuscht werden, aber diesem Zustand der (Sinnes)Täuschung – wie sich herausstellen wird – Zeit unseres Lebens immer wieder, aber auf verschiedenen Wegen, hinterherlaufen!

Bekanntlich gehen wir uns und diesem Traum (r)echt gerne auf den Leim, und *man* kann dieses Hinterherlaufen und Streben nach dem hormonellen Zustand der ***Befriedigung*** auch einfach nur »**Verlangen**« oder »**Begierde**« nennen – denn er ist nicht zuletzt mit unserem **Trieb** nach *körperlicher* Vereinigung vergleichbar! Unser Sexual**trieb** zeigt daher wohl besser als **alles** andere, wie wir allgemein – also auch abseits des altbekannten »*Rein-Raus-Spiels*«[134] – funktionieren und agieren. Auch anderswo investieren wir nämlich viel zu oft Zeit und Energie in eine »Sache«, die, im Vergleich zum Aufwand, nach zwei Sekunden erledigt ist und uns nach einer kurzen Erholungsphase den prinzipiell gleichen, geilen Blödsinn beinahe unendlich oft wiederholen lässt!...

Ich spreche hier natürlich vom sog. »**Orgasmus**«, von dem wir nicht (los)lassen können, der uns »tierisch« antreibt und den wir offenbar stetig steigern müssen, um prinzipiell *dasselbe* **Gefühl** wie beim allerersten Mal zu verspüren!...

Wie gesagt, außer durch Sex kann *man* sich diesen »(Höhe)Punkt des (Lust)Erlebens« auch anderweitig verschaffen – zum Beispiel durch exzessives (Fr)Essen, Trinken, Denken(!), Arbeiten, Einkaufen, Sporttreiben, (Computer)Spielen, (Bücher)Schreiben etc.! *Wiki* sagt:

»Gut vergleichen lässt sich der sexuelle Höhepunkt mit einem »neuronalen Feuerwerk«. Ausgelöst wird dieses »Feuerwerk« im Limbischen System, beteiligt sind vor allem bestimmte Regionen des Hypothalamus und die Amygdala. An der sexuellen Erregungssteigerung und der Auslösung des Orgasmus sind unterschiedliche Botenstoffe beteiligt, deren Zusammenspiel im Einzelnen noch wenig erforscht ist: die Neurotransmitter Dopamin, Noradrenalin und Serotonin und verschiedene Hormone, besonders Androgene, endogene Opioide, aber auch andere.

Es kann bei diesen Vorgängen manchmal zu einer Art Übersprungsreaktion zwischen benachbarten Hirnarealen kommen. Dadurch lassen sich vermeintlich paradoxe sexuelle Reaktionen erklären, die etwa bei Schmerz- oder Angsterlebnissen auftreten können. [...]

Ein Orgasmus kann mitunter fernab von sexuellen Gedanken oder einer entsprechender Betätigung in geistigen oder körperlichen Extremsituationen auftreten, verursacht etwa durch exzessives Beten oder Hungern, extreme körperliche Betätigung (vergl. Leistungssport), körperlichen Schmerz (auch

---

[134] Aus *Uhrwerk Orange*, auch bekannt als: *A Clockwork Orange* (1971); Regie: Stanley Kubrick.

außerhalb sexuell betonter S/M-Praktiken), eine massive Angst- oder Bedrohungssituation oder durch Gewalterlebnisse bei Opfern oder Tätern.« (161)

Es ist für jeden leicht nachvollziehbar, dass wir, würden wir ein Leben lang im »Zustand des Höhepunktes« verharren – mit anderen Worten ausgedrückt, also einen lebenslangen »Orgasmus« *haben* – sicherlich schon längst ausgestorben wären! Denn warum soll *man(n)* sich denn dann noch anstrengen?
So ist es also evolutionär nur sinnvoll, ein »(Belohnungs)*System*« zu entwickeln, welches uns immer wieder aufs Neue dazu veranlasst, den Arsch hochzubekommen und »Berge« zu besteigen, um dafür einen relativ kurzen Blick vom Gipfel herab zu genießen!

An dieser Stelle fasse ich kurz zusammen:
Der **Orgasmus** ist – so wie die ***Befriedigung*** *an sich* – ein eher *körperlich* empfundener und daher eher *kurz* anhaltender **Rausch**(zustand). Er ist vergleichbar mit einer **Steig(er)ung**, einem **Höhepunkt** (im Fachwortschatz auch: Klimax), der unser *Es* anspricht, vermutlich auch aus ihm heraus entsteht, und unseren **eigenen** Körper und somit das Individuum *kurzfristig* am L(i)eben hält!...
Befriedigung ist im weitesten Sinne ein **Gefühl**(szustand) – (m)eine **Emotion**!
...
Dagegen handelt es sich bei der ***Zufriedenheit*** um eine Sache des *Über-Ichs*, das heißt, eine *länger* währende »Wahrnehmung« – eine »Be(tr)achtung«, die mehr vom Kopf und somit vom **Verstand** aus gesteuert wird! Sie ist ein vergleichsweise eher nüchtern erscheinender (Gemüts)**Zustand**, welcher willentlich von **jedem** vernunftbegabten Wesen herbeigeführt werden kann und uns **alle** im und als Kollektiv über einen *längerfristigen* Zeitraum existieren lässt!...
Zufriedenheit entspricht einer *dauerhaft(er)en, inneren* **Ruhe**!
...
Beides, den »Rausch« auf der einen und die »Nüchternheit« auf der andere Seite absolut isoliert zu be(tr)achten und als jeweilige (einzig wahre) Realität bzw. Lebensphilosophie anzusehen, halte ich, in Anbetracht der Tatsache, dass wir sowohl *kurz-* als auch *langfristig* (über)leben wollen und es – je nachdem – möglicherweise sogar sollen, für keine gute Idee! Wie immer liegt der beste Weg also (wieder) in der »Mitte«!
Da wir ihn aber in letzter Zeit eher in Richtung des *Es* gehen, sehe ich es als meine »(Kassandra)Pflicht« an, Sie darüber zu informieren und davor zu warnen, ihn bis zum Ende fortzuführen. *Es* **tut** zwar **gut**, **ist** es aber **nicht**!

»*Es kann keine Verständigung von Hand und Hirn geben, wenn nicht das Herz als Vermittler handelt.*« (162)
- Metropolois
(Deutschland 1927)

Belohnungszentrum – *Animal addictum*

»Der Mensch, welcher nicht zur Masse gehören will, braucht nur aufzuhören, gegen sich bequem zu sein; er folge seinem Gewissen, welches ihm zuruft: "sei du selbst! Das bist du alles nicht, was du jetzt tust, meinst, begehrst."« (163)
- Friedrich Nietzsche
(Unzeitgemäße Betrachtungen)

Kommen wir nun zum sogenannten »**Belohnungszentrum bzw. *-system***«, welches uns da- und immerzu veranlasst, das zu tun, was uns **gut tut**, aber nicht zwangsläufig **gut** (für uns) **ist**!

Anatomisch betrachtet handelt es sich beim Belohnungszentrum primär um ein kleines Hirnareal, den sog. »***Nucleus Accumbens***«, dem die Evolution eine und vielleicht sogar *die* entscheidende Rolle zugeteilt hat, da sich in ihm alle Phasen der Sucht abspielen! Dieser kleine hundsgemeine Nervenknoten – der prinzipiell mit einem Einkaufs- bzw. Vergnügungszentrum zu vergleichen ist – lässt uns nämlich konsumieren, das heißt verbrauchen und verzehren. Lebenswichtige Vorgänge wie Essen, Trinken und die schönste »Nebensache« der Welt werden hier mit einem Lust- bzw. Glücksgefühl verbunden. *ES* ist wirklich lebenswichtig – ja entscheidend, denn gäbe es dieses »*System*« nicht, würden wir schlichtweg verhungern, antriebslos dahinvegetieren und/oder einfach nicht mehr die Genitalien ineinander stecken (wollen), was, wie »man« sich denken kann, für unser weiteres Fortbestehen irgendwie blöd wäre!

Damit dies eben nicht passiert, wir also nicht verhungern, stehen bleiben oder aussterben (wollen), sondern permanent weiter (fr)essen, unseren Körper »betanken« und fröhlich in der Gegend herumlaufen und -kopulieren, schütten unsere Nervenzellen bei bestimmten (Re)Aktionen und Konstellationen den Neurotransmitter *Dopamin* aus – einen (Boten)Stoff, aus dem zwar keine Träume sind (dafür ist wohl ein Hormon Namens *Vasotocin* verantwortlich), der aber dennoch wahre Wunder bewirkt!...

Obwohl die Botenstoffe für uns und unser Leben eine, wenn nicht sogar *die* entscheidende Rolle spielen, möchte ich Sie aber nicht weiter mit der genauen Wirkungsweise von Hormonen wie beispielsweise *Serotonin*, *Acetylcholin* oder *Noradrenalin* langweilen. Doch auf eines muss ich hinweisen: »Wir stehen echt auf ***Dopamin*!** Wir sind sogar ***süchtig*** danach!!!«

Eine Tatsache, die sich die Natur zu eigen gemacht hat, um die Erhaltung (m)einer Gattung zu gewährleisten! Der simple Trick dabei: »*Was sich gut anfühlt, wird jedes Lebewesen sicherlich wieder und wieder und immer wieder tun.*« Mit diesem Trick kontrolliert uns die Natur seit jeher, denn wir sind größtenteils nichts weiter als *süchtige* bzw. *sklavisch–abhängige* **Tiere**. Mit anderen

Worten ist jeder von uns ein *abhängiges* **Wesen** – sozusagen ein »**Sucht-Tier**«, das heißt ein »**animal addictum**«[135], wie ich *ES* nennen will!

So ein »Rindvie(c)h« sucht ganz selbstverständlich und stets den nächsten »Kick« oder besser gesagt einen ständig wiederkehrenden »Höhepunkt«, über den wir fälschlicherweise meinen, selbst, kontrolliert und irgendwie auch frei verfügen zu können. Doch Mutter Natur steuert uns, abseits unserer halbstarken Annahme, erwachsen und frei wie ein Vogel zu sein, noch immer! **Sie** dirigiert **uns** in unserer weiteren Entwicklung, selbst wenn wir meinen, Gaia weitgehend technisch abgelöst und größtenteils in den Griff bekommen zu haben!...

Sie wissen selbst, dass wir (noch) nicht so weit, das heißt »erwachsen« sind, und dass es völlig egal ist, ob wir nun akademische, religiöse, politische oder aristokratische[136] Titel tragen oder versuchen, uns im feinen Zwirn oder Laborkittel als Herrscher über die Welt und »unsere« Natur aufzuspielen! Es ist egal, ob wir nun Junkie oder Dealer, Schaf oder Wolf, Untergebener oder Gebieter, Wähler oder Politiker, Arbeitnehmer oder Arbeitgeber, Nutte oder Lude spielen – denn »***selbst wenn wir meinen, das Dopamin kontrollieren zu können, so kontrolliert* ES *letztlich immer (noch) den Menschen!***«

Freud nannte eine derartige Erkenntnis, »nicht Herr im eigenen Haus zu sein«, und bezeichnete es gar als eine von drei *Kränkungen der Menschheit*, auf die ich an anderer Stelle noch etwas genauer eingehen werde!...

Im »***Prinzip***« sind wir also alle »Abhängige« und versuchen als solche unserer Sucht nachzugehen und uns (selbst) zu befriedigen! Das **tut** (uns) **gut**, **ist** aber *längerfristig* nicht **gut** für uns und so versuchen die meisten »**Menschen**«, sich selbst von diesem Joch der Unterdrückung zu befreien, indem sie sich gegenseitig durch den Verkauf von Drogen aller Art kontrollieren, unterjochen und schließlich von **sich** (selbst) abhängig machen!...

Wir – und ich spreche jetzt wohl für die **ganze** Menschheit – wollen den Spieß quasi umdrehen, wollen diejenigen sein, von denen **all*ES*** und **jeder** andere abhängt bzw. abhängig is(s)t! Ähnlich wie Zuhälter wollen **wir** am Ende als »Macht-haber« dastehen. Doch wir werden auf diese Art bis auf ewig die Hure der **eigenen** »Natur« bleiben!...

Wahre Buddhisten und ähnlich erwachsene Personen haben das begriffen! Sie haben begriffen, dass der »Abschied« vom (eigenen) Begehren den Weg ins

---

135 Ich danke Torsten Lorenz und seinen (Lehrer-)Kollegen für die freundliche Unterstützung bei der Übersetzung (m)eines *sklavisch-ergebenen, abhängigen* »**Suchtiers**« ins Lateinische. (Ich hätt's ja selbst gemacht, hatte aber Französisch in der Schule und das auch nur mit allenfalls »ausreichendem« Erfolg – Pardon!)

136 »***Aris|to|kra|tie*** *die; -, ...ien <gr.-lat.>:*

1. *Staatsform, in der die Herrschaft im Besitz einer privilegierten sozialen Gruppe ist.*

2. *adlige Oberschicht mit besonderen Privilegien.*

3. *(ohne Plural) Würde, Vornehmheit.*«

Licht (der Freiheit) bedeutet! Ich persönlich spreche bei alledem aber lieber von der »gesunden Kontrolle« des Begehrens, welche nämlich, wie so vieles andere auch, zu unserem (mit)menschlichen L(i)eben einfach dazugehört! Auch Drogen gehören dazu – aber eben alles in Maßen, wie ich noch hinzufügen will!
»Doch was haben Drogen denn mit dem komischen *Dopamin* zu tun?«…

Die Antwort ist einfach: »**Alles!**«

Nochmal:

»Alle Phasen der Sucht spielen sich primär im gleichen kleinen Hirnareal ab: im Nucleus accumbens, dem so genannten "Belohnungssystem". Er verbindet lebenswichtige Vorgänge wie Essen, Trinken und Sex mit einem Lustgefühl. Dazu schütten die Nervenzellen Botenstoffe aus, vor allem Dopamin. Sämtliche Drogen jedoch stören den Mechanismus so, dass mehr freies Dopamin übrigbleibt:

- *Nikotin steigert die Ausschüttung*
- *Kokain blockiert die Wiederaufnahme;*
- *Opiate hemmen Nervenzellen, die die Dopaminmenge begrenzen;*
- *Cannabis benutzt einen anderen körpereigenen Steuerkreis, den es wie mit einem Nachschlüssel starten kann;*
- *Alkohol greift so umfassend in die Steuerung der Nervenzellen ein, dass ebenfalls mehr Dopamin ausgeschüttet wird.*
- *Koffein hemmt Adenosin, auch hierdurch wird mehr Dopamin (und Adrenalin) frei*
- *Kakao enthält Theobromin, einen präselektiven Noradrenalinwiederaufnahmehemmer. Ihm kommt die Hauptwirkung zu. Weiterhin sind die dopaminfreisetzenden Koffein und Phenethylamin in geringen Anteilen vorhanden. Außerdem können Polyphenole und Anamid enthalten sein, die stimulierend auf das zentrale Nervensystem wirken. Eine untergeordnete Rolle spielt die Serotoninvorstufe Tryptophan, womit Kakao auf vier Komponenten gleichzeitig wirkt. Deshalb greifen viele bei »Frustfressen» zu Schokolade.«* (164)

Nach dieser Aufzählung und der Erkenntnis, dass **Drogen** die ***Dopamin*konzentration** und folglich unser **Belohnungszentrum** beeinflussen, möchte ich erwähnen, dass unter den Begriff »**Droge**« weit mehr fällt als die allgemein bekannten Sucht- oder Rauschmittel! »*Als Droge gilt, nach Definition der Weltgesundheitsorganisation, jeder Wirkstoff, der in einem lebenden Organismus Funktionen zu verändern vermag.*«, (165) heißt es im Onlinelexikon, und Sie wissen selbst, dass uns auch Sport, Computer»spielen«, Bücherlesen, Fernseh-

oder Frauenschauen, Arbeiten, miteinander verschmelzen und einkaufen, genauso wie noch vieles andere mehr, als »**Droge**« dienen kann!...

Ich kann unmöglich **alles** aufzählen, aber mir gut vorstellen, dass bei **allem** was wir »**gerne tun**«, ja was uns »**gut tut**« und vielleicht auch »**gut steht**«, immer das *Dopamin* die Finger im Spiel hat. Welchen Einfluss der Kauf von Schuhen und ähnlichem »Accessoire« auf die weibliche *Dopamin*konzentration hat und inwiefern *Dopamin* für Männer, die den im Minirock und hochhackigen Pumps gekleideten Weibchen nachgieren, eine Rolle spielt, scheint offensichtlich und *ES* erübrigt sich jeder weitere Kommentar!

Dabei sorgt ein *Dopamin*schub bei uns Männern, ... äh ... »Menschen« im Grunde gar nicht für den eigentlichen »Kick«, sondern setzt einfach nur ein Ausrufezeichen hinter ein bestimmtes Erlebnis, welches dadurch für uns an Wichtigkeit gewinnt!...

»*Das, was du hier tust, ist wichtig!*«, sagt ***ES*** uns – und genau hier liegt das Problem, denn mit der Zeit wird der **»Konsum« der Droge(n) wichtiger als die Droge(n) selbst!**

Doch was, so frage ich, passiert, wenn der **Konsum** zu unserer *eigentlichen* **Droge** wird? Wenn also der **Konsum** des **Konsums** das **Wichtigste (für uns) ist**? Wichtiger noch als das, was wir *eigentlich* gekauft haben oder in was wir einst verliebt waren!? Bevor Sie sich jetzt aber einen Knoten ins Gehirn machen, möchte ich Ihnen zum besseren Verständnis folgendes Beispiel nennen:

Sicherlich haben Sie doch auch schon einmal etwas gekauft, von dem Sie überzeugt waren, *ES* einfach nur »besitzen« zu müssen. »*Mama, ich will haben!*«*...*

Wenn *man* das »Objekt« (der Begierde) dann aber erst einmal »hat« und »besitzt«, lässt dieses **Gefühl** schnell nach! Zuhause angekommen, kann es dann sogar passieren, dass wir die »Dinge«, denen wir im Laden noch so viel Bedeutung zugemessen haben, unter Umständen nicht einmal auspacken oder benutzen. Bei mir waren es vor einiger Zeit zwei, sagen wir »Designer« T-Shirts die, wie sich schnell herausstellen sollte, nicht umsonst sehr billig angeboten wurden! Im Nachhinein betrachtet, war *ES* vermutlich die Aussicht auf ach so tolle Markenware und das **Gefühl**, dabei ein Wahnsinns-Schnäppchen machen zu können, welches mich letztlich zu dem Kauf bewogen und dabei sämtliche rationalen Gedankengänge in mir blockiert hatte. *ES* muss definitiv eine *Dopamin*ausschüttung gewesen sein, die dies bei mir verursachte, denn abgesehen davon, dass ich dachte, ich könnte mit den T-Shirt-Dingern angeben, sehe ich in Wahrheit darin aus wie eine tuntige *Presswurst mit Gesicht*! Bevor Sie jetzt weiterlesen, möchte ich klarstellen, dass längst nicht **alle** der liebenswerten »Torfstecher« tuntig sind oder Kleidung wie Wurstpellen tragen! Aber ich bediene mich gerne dieser Klischees, denn noch heute liegen die Shirts in (m)einem Schrank und warten sehnsüchtig auf den Tag, an dem ich 10 Kilo abnehme und noch dazu schwul werde. *Sie*(!?) warten wahrscheinlich umsonst!

Aber lachen Sie nicht, denn auch Sie haben sich bestimmt schon das eine oder andere »Ding« geleistet und sich danach verzehrt, nur weil er, sie oder es *attraktiv(er)*[137], *billig(er)* oder *leicht(er)* zu »haben« war – und nicht etwa weil Sie das **Ganze** tatsächlich nötig oder gebraucht hätten! Das ist zwar blöd und irgendwie überflüssig, aber leider gängige Realität in unserer **(Konsum)Gesellschaft**!

Etwas zu *wollen* und *ES* sich (gegenseitig oder selbst) zu *besorgen*, obwohl »man« *ES* im Grunde gar nicht braucht oder sich leisten kann, ist die Grundlage des **Kapitalismus** – *ES* ist die Basis unserer derzeitigen Wirtschafts- und Gesellschaftsordnung, und so werden die meisten »Produkte« nur (hirn- und herzlos) gekauft, – wird das meiste nur noch gedacht, gespürt und getan, um uns bzw. sich *selbst* das **Gefühl** zu geben, *persönlich* etwas (gespart[138]) zu »haben«!... Doch je *mehr* man (engl. *man*) »hat«, desto *weniger* kann man (engl. *man*) »sein«! Wie lange das noch »gut« geht, werden wir (bald) sehen!(?)

Auch das »Sparen« *an sich* kann im Übrigen eine »**Droge**« darstellen und ist eine **Sucht**, wie das Horten von »Dingen« wohl seit jeher eine Manie[139] des Sammlers ist! Doch Vorsicht, im Extremfall kann *ES* dazu kommen, dass wir dazu neigen, »Sachen« zu sammeln bzw. zu horten, die *man* unter anderen Umständen, das heißt »objektiv(er)« betrachtet als (wertlosen) Müll ansehen und wegwerfen würde! Im Volksmund nennt man diese »armen« Menschen dann »*Messies*«, über die man in *Wikipedia* lesen kann:

»*Messies neigen zum Sammeln bzw. Horten von Sachen, die ihre Mitmenschen oft als wertlos ansehen und wegwerfen würden. Die Betroffenen sind meistens unfähig, den realen Wert dieser Gegenstände einzuschätzen, zwischen wichtig und unwichtig, brauchbar und unbrauchbar zu unterscheiden. Oft sehen sie die Irrationalität ihres Hortens zwar ein, sind aber nicht in der Lage, dieser Einsicht entsprechend zu handeln. Im Extremfall führt die Unordnung dazu, dass größere Bereiche der Wohnung nicht mehr betretbar sind. Manchmal verbleiben nur noch enge »Fußwege« zwischen großen Haufen, Kisten und Säcken. Schließlich kann es zur Unbewohnbarkeit der Woh-*

---

137 »***at|trak|tiv*** *<lat.-fr.>:*
1. *verlockend, begehrenswert, erstrebenswert.*
2. *anziehend aufgrund eines ansprechenden Äußeren, gut aussehend.*«

138 »***Homo oeconomicus*** *(„Wirtschaftsmensch") ist in der Wirtschaftswissenschaft das theoretische Modell eines* Nutzenmaximierers *zur Abstraktion und Erklärung elementarer wirtschaftlicher Zusammenhänge.*« (475)

139 »***Ma|nie*** *die; -, ...ien <gr.-lat.>:*
1. *krankhaft übersteigerte Leidenschaft.*
2. *(Psychol.) Phase der manisch-depressiven Psychose mit abnorm heiterem Gemütszustand, Enthemmung u. Triebsteigerung.*«

nung kommen.[...] Die Ursachen können im »Verlassen-Werden« von angenehmen Dingen liegen. Jemand, der sich etwas zulegt, einkauft oder von jemandem beschenkt wird, verbindet mit diesem erworbenen Besitz eine nicht zu unterschätzende angenehme Erinnerung. Für den Messie, welcher nie oder selten in seinem Leben Zuneigung oder Bestätigung bekam, ist diese Erinnerung des angenehmen gekauften Besitzes das einzige, woran er sich klammern kann; eine Erinnerung, die er nicht wieder verlieren will. So hortet der Messie diese Erinnerung. Er sammelt alles, was diese angenehme Erinnerung auslöste. Auf keinen Fall will er eine dieser Erinnerungen mit dem Hausmüll entsorgen, aus Angst, dieses einzig Angenehme in seinem Leben würde ihn verlassen.« (166)

┘

Damit Ihnen nicht das Gleiche passiert wie vielen Rentnern, die zu nachtschlafender Zeit pferdehufscharrend vor den Discountern der »Welt« stehen und sich – aus vordergründiger Angst, uns könnte es wieder so schlecht (er)gehen wie in der (Nach)Kriegszeit oder weil sie unter Umständen etwas verschenken wollen – in *mehrfacher* Ausführung DVD-Player, überdimensionale Reiskocher, (Werkzeug)Koffer, (Sport)Klamotten, Kameras, Buntstifte, Navis, Badvorleger uvm. kaufen, sich aber in Wirklichkeit nur **selbst** und **hormonell** »belohnen«, gebe ich Ihnen folgenden, leicht zu verstehenden Tipp (mit auf den Weg): Stellen Sie sich beim nächsten Mal, wenn Sie »was-auch-immer« kaufen möchten, folgende, durchaus erhellende und nicht minder (welt)bewegende Frage:

»Brauche ich *ES* wirklich, oder will ich *ES* einfach nur *haben*?«

Obwohl diese *simple* Frage, wie es scheint, ganz *einfach* zu begreifen ist, ist die naheliegende Antwort doch sehr *schwer* zu akzeptieren! *ES* ist, als würde *man(n)* sich fragen, ob *man(n)* nun (noch) ein Bier trinken will oder nicht! Nötig hat es bestimmt kein »Schwein«, aber »Spaß« macht *ES* eben doch!...

Und so machen wir in *regelmäßigem* Abstand die ernüchternde Feststellung, irgendwie nicht »Herr unserer Sinne« (gewesen) zu sein! Doch diese Erkenntnis stellt sich immer seltener ein, bis wir uns irgendwann einmal an einem Punkt befinden – für viele ist dieser Punkt längst erreicht –, an dem wir uns daran **gewöhnt** haben und uns schließlich unsere **Sucht** gar nicht mehr auffällt!

Ohne es zu wissen sind wir demnach alle latent[140] (**konsum-)süchtig**, wobei die Ausprägung dieser (un)heimlichen Abhängigkeit, vergleichbar mit dem Grad

[140]»***la|tent*** *<lat.(-fr.)>:*
1. *versteckt, verborgen; [der Möglichkeit nach] vorhanden, aber [noch] nicht in Erscheinung tretend, nicht offenkundig.*
2. *(Med.) ohne typische Merkmale vorhanden, nicht gleich erkennbar, kaum od. nicht in Erscheinung tretend (von Krankheiten od. Krankheitssymptomen).*

des Alkoholkonsums, individuell unterschiedlich sein kann! Ja, ja, ich weiß, nicht **jeder** von uns ist Alkoholiker, nur weil er ab und an ein Bierchen oder ein Viertelchen Wein trinkt oder es ihn danach gelüstet!...(?)

Dennoch gibt es – nach der letzten Repräsentativerhebung zum *Konsum von Alkohol* aus dem Jahre 2003 – etwa 1,7 Millionen behandlungsbedürftig alkoholkranke Menschen **allein in Deutschland**! Rund 74.000 sterben jährlich an dieser Sucht! (167) Allerdings variieren die Zahlen je nach Quelle erheblich (s.u.)! Wie dem auch sei, anlässlich der Suchtwoche (14-18. Juni 2007) fand ich folgende Information(en) im Internet:

Alkohol: Zahlen und Fakten

Konsum

• In Deutschland trinkt im Durchschnitt jeder Erwachsene täglich mehr als vier Gläser Alkohol.

• Deutschland liegt beim Verbrauch reinen Alkohols je Einwohner mit 10 Litern im Vergleich von 45 EU-Ländern an fünfter Stelle, hinter Luxemburg, Ungarn, Tschechien und Irland.

• Der Verbrauch an reinem Alkohol je Einwohner ist zwischen 2001 und 2005 leicht gesunken, von 10,4 Liter auf 10,0 Liter.

Damit setzt sich der nur geringfügig rückläufige Trend der letzten Jahre bei insgesamt sehr hohem Konsumniveau fort.

• Der größte Teil des Alkohols wird in Form von Bier konsumiert (55,3 %), gefolgt von Wein (21,8 %), Spirituosen (18,7 %) und Sekt (4,2%).

• In 2005 verringerte sich der Absatz der Alkopops um 50,5 % gegenüber dem Vorjahr. *Dieser massive Rückgang ist auf die Einführung einer Sondersteuer auf spirituosenhaltige Mischgetränke im Sommer 2004 zurückzuführen.*

Besteuerung und Preisentwicklung

• Spirituosen und Sekt werden mit 13,03 bzw. 13,60 Euro je Liter reinen Alkohols am höchsten besteuert.

• Die Biersteuer beläuft sich im Durchschnitt auf 1,97 Euro pro Liter Alkohol.

• Die Sondersteuer für branntweinhaltige Alkopops beträgt 55,50 Euro je Liter Alkohol zusätzlich zur Branntweinsteuer. Das bedeutet eine Verteuerung um 0,83 Euro für eine Flasche Alkopop (275 ml) mit 5,5 Vol. %.

• Auf Wein wird keine Steuer erhoben.

Damit liegt insgesamt die Besteuerung in der Bundesrepublik deutlich unter dem EU-Durchschnitt.

---

3. (Fotogr.) unsichtbar, unentwickelt.«

• Die Preise für alkoholische Getränke sind zwischen 2000 und 2005 nur um 5,3 % gestiegen, während sich die Lebenshaltung um 8,3 % verteuerte.
In Relation zu den Lebenshaltungskosten insgesamt sind alkoholhaltige Getränke somit billiger geworden. In nur wenigen Ländern der Welt ist Alkohol so erschwinglich wie in Deutschland.

Gesundheitliche Folgen des Alkoholkonsums
Wie viele Menschen sind gefährdet?
• 5,6 Mio. Menschen (11,7 %) konsumieren riskant Alkohol (das heißt, sie liegen über den Grenzwerten).
• 1,9 Mio. Menschen (3,9 %) trinken so viel Alkohol, dass sie körperliche Schäden davontragen oder soziale Probleme bekommen (schädlicher Konsum).
• 1,5 Mio. (3,1 %) Menschen gelten als alkoholabhängig.
(Die Zahlen beziehen sich auf die 18- bis 59-jährige Bevölkerung. Bezieht man Jugendliche und ältere Menschen mit ein, dürften sie jeweils höher liegen.)

Wie viele Menschen sind nicht gefährdet?
• 2,6 Mio. Menschen (5,5 %) leben alkoholabstinent.
• 37,5 Mio. Menschen (78,2 %) trinken so wenig Alkohol, dass ihr Konsum als risikoarm bezeichnet werden kann.

• Jährlich sterben ca. 42.000 Personen, deren Tod direkt (z.B. durch Alkoholmissbrauch) oder indirekt (z.B. durch einen alkoholisierten Unfallverursacher) in Verbindung mit Alkohol steht.
• Jede vierte Gewalttat und jeder dritte Verkehrsunfall geschieht unter Alkoholeinfluss.
• 20.000 Babys werden jedes Jahr mit körperlichen und seelischen Beeinträchtigungen geboren.
• Analysen zeigen, dass 10,7 % aller durch Behinderungen, Verletzungen oder Krankheiten verlorenen oder beeinträchtigten Lebensjahre durch den Konsum von Alkohol verursacht werden.
Damit ist der Alkoholkonsum nach dem Tabakrauchen und Bluthochdruck der bedeutendste gesundheitliche Risikofaktor.

Volkswirtschaftliche Kosten
• Die Kosten alkoholbezogener Krankheiten werden pro Jahr auf ca. 20,2 Mrd. Euro geschätzt, das entspricht etwa 1,1 % des Bruttosozialproduktes.

Quelle: Jahrbuch Sucht 2007. Herausgegeben von der Deutschen Hauptstelle für Suchtfragen (DHS) e.V. (168)

Selbst wenn Alkoholismus seit den 60er Jahren weltweit als »Krankheit« anerkannt ist, ist es schwer, eine einheitliche Beschreibung dafür zu finden. Die Weltgesundheitsorganisation (WHO) definierte den Begriff 1952 aber folgendermaßen:

> »*Alkoholiker sind exzessive Trinker, deren Abhängigkeit vom Alkohol einen solchen Grad erreicht hat, dass sie deutliche geistige Störungen oder Konflikte in ihrer körperlichen und geistigen Gesundheit, ihren mitmenschlichen Beziehungen, ihren sozialen und wirtschaftlichen Funktionen aufweisen; oder sie zeigen Vorzeichen einer solchen Entwicklung, daher brauchen sie Behandlung.*« (169)

Eine ältere aber noch immer akzeptierte Definition liefert darüber hinaus der US-amerikanischer Physiologe und Erforscher der Alkoholkrankheit E. M. Jellinek:

> »*Unter Alkoholismus versteht man jeglichen Gebrauch von alkoholischen Getränken, der einem Individuum oder der Gesellschaft oder beiden Schaden zufügt.*« (169)

Ich weiß, allein die *Dosis macht das Gift*, und wir sind **natürlich** alle keine Alkoholiker, sondern reine »Genusstrinker«, die, wenn sie woll(t)en, ja jederzeit damit aufhören könn(t)en. Wie kämen wir auch dazu!...?...

Aber mal ehrlich, wer (von uns) kann schon sagen, ab wann eine »**Droge**«, wie beispielsweise Alkohol, schädlich für uns ist? Ab wann sind wir »süchtig«, ab wann sind wir »krank«? Eine Frage, die *man* sich letztlich nur **selbst** beantworten kann!(?)

Elvin Morton Jellinek (1890-1963) hat die Trinker – also nicht uns, sondern die anderen! – jedenfalls in 5 Kategorien von ***Alpha*** bis ***Epsilon*** eingeteilt. »*Das Trinkverhalten sogenannter Alpha- und Beta-Trinker bezeichnete er als Vorstufe der Alkoholkrankheit, Gamma-, Delta- und Epsilon-Trinker bezeichnete er als alkoholkrank.*« (170) lese ich gerade in *Wiki* und präsentiere Ihnen nun – aus gegebenem Anlass – die verschiedenen »Typen« im Detail…

*»Der **Alpha-Typ (Erleichterungstrinker)** trinkt, um innere Spannungen und Konflikte (z. B. Verzweiflungen) zu beseitigen (»Kummertrinker«). Die Menge hängt ab von der jeweiligen Stress-Situation. Es besteht vor allem die Gefahr psychischer Abhängigkeit, da noch keine körperliche Abhängigkeit eingetreten ist. Alphatrinker sind nicht alkoholkrank, aber gefährdet.*

*Der **Beta-Typ (Gelegenheitstrinker)** trinkt bei sozialen Anlässen große Mengen, bleibt aber sozial und psychisch unauffällig. Betatrinker haben einen alkoholnahen Lebensstil. Gesundheitliche Folgen entstehen durch häufigen Alkoholkonsum. Sie sind weder körperlich noch psychisch abhängig, aber gefährdet.*

*Der **Gamma-Typ (Rauschtrinker, Alkoholiker)** hat längere abstinente Phasen, die sich mit Phasen starker Berauschung abwechseln. Typisch ist der Kontrollverlust: Er kann nicht aufhören zu trinken, auch wenn er bereits das Gefühl hat, genug zu haben. Auch wenn er sich wegen der Fähigkeit zu längeren Abstinenzphasen sicher fühlt, ist er alkoholkrank.*

*Der **Delta-Typ (Spiegeltrinker, Alkoholiker)**. Die Bezeichnung Spiegeltrinker bezieht sich bei dieser Alkoholismusform auf den Blutalkoholspiegel, also die Konzentration des Alkohols im Blut des Abhängigen; diese wird von ihm möglichst gleichbleibend im Tagesverlauf (und auch nachts) gehalten. Dabei kann es sich durchaus um vergleichbar geringe Konzentrationen handeln, die aber im Verlauf der fortschreitenden Erkrankung und der damit sich erhöhenden Alkoholtoleranz ansteigen. Der Abhängige bleibt lange Zeit sozial unauffällig (»funktionierender Alkoholiker«), weil er selten erkennbar betrunken ist. Dennoch besteht eine starke körperliche Abhängigkeit, so dass er ständig Alkohol trinken muss, um Entzugssymptome zu vermeiden. Durch das ständige Trinken entstehen körperliche Folgeschäden. Deltatrinker sind nicht abstinenzfähig und alkoholkrank.*

*Der **Epsilon-Typ (Quartalssäufer, Alkoholiker)** erlebt in unregelmäßigen Intervallen Phasen exzessiven Alkoholkonsums mit Kontrollverlust, die Tage oder Wochen dauern können. Dazwischen kann er monatelang abstinent bleiben. Epsilontrinker sind alkoholkrank.«* **(171)**

Von wenigen Ausnahmen abgesehen sind wir **alle** *keine* **Genuss**trinker, sondern können uns, wenn wir ehrlich sind und überhaupt Alkohol trinken, zumindest tendenziell zu einer dieser Gruppen dazuzählen! Wie es scheint, haben wir wohl **alle** ein »kleines Problemchen« – und das nicht nur beim Alkoholkonsum!...

Überträgt *man* die Verhaltensmuster der Alkoholkranken nämlich auf unser (Konsum)Verhalten, wird uns spätestens jetzt sch(m)erzhaft bewusst, in welcher Abhängigkeit wir uns bereits befinden!!!

Ich für meinen Teil erkenne mich – nicht nur beim Trinken – gut im ***Beta***-Alkoholismus, sehe aber auch teilweise den ***Gamma***-Typ(us) in mir, und das insbesondere dann, wenn ich in Fahrt bin und, obwohl ich genug »habe«, nicht mehr mit dem »***S***aufen« aufhören kann – oder will!...

Beim »(Ein)***K***aufen« zähle ich mich hingegen eher zu den ***Epsilon***-Konsumenten, was soviel bedeutet, als dass ich nach monatelanger Abstinenz in feiner Regelmäßigkeit die Kontrolle verliere! Meine Freundin wird es Ihnen bestätigen: Ich kann relativ lange Zeit ohne (beispielsweise Klamotten) zu ***k***aufen (über)leben. Bin ich aber erst einmal dabei und so richtig in der »Laune« drin, finde ich oft kein Ende und auch kein Halten mehr! Jedoch ging es bei mir nie bis zur völligen Bewusstlosigkeit, wobei ein »Knock-out« oder frühzeitiges Werfen des Handtuchs das eine oder andere Mal bestimmt besser für mich und meinen Geldbeutel gewesen wäre!...

Wie die meisten anderen Männer gehöre ich demnach wohl zur Gruppe der *Quartals**käufer***, die alle 3-4 Monate oder auch Jahre so richtig die (Konsum)»Sau«[141] raus lassen, und am nächsten Tag mit einem verdammt üblen **Gefühl** – sowohl im Kopf wie im Bauch und dafür aber einer gähnenden Leere (auf dem Konto) – aufwach(s)en!...

Dass wir, was den (all)gemeinen **Konsum** (d.h. **Verbrauch** bzw. **Verzehr**) angeht, uns wohl **alle** zu den ***Delta***-Typen, und somit zu den *Spiegeltrinkern* in Puncto **Wohlstand** und **Konsum** zählen dürfen, muss hier hoffentlich nicht extra noch erwähnt werden!? Und so stehe ich jetzt endlich auf und sage es laut und deutlich:

»Hallo, ich bin Martin – und ich bin abhängig.«

Und die Gruppe antwortet im Chor:

»Hallo Martin!«

[141] Anm.: Keine Sorge, wir kommen bei Orwells *Farm der Tiere* noch auf die »Schweine« zu sprechen!

Der Konsum als Droge Nr.1!

»Der Konsum ist die Droge,
die (in uns) die Illusion von Raum und Zeit erzeugt.«

Wie sehr wir **alle** mittlerweile **süchtig** sind und wie stark ein Gehirn nach (s)einer »**Droge**« schreien kann, sieht *man* an einem Experiment, das an der Universität Mainz von einem Professor – mit dem hoffentlich nicht bezeichnenden Namen M. Schreckenberger – durchgeführt wurde. »*Er erstellte eine sogenannte Positronen-Emissions-Tomographie (kurz: PET) bei Alkoholikern und bei Nichtalkoholikern. Vor der Aufnahme zeigte er den Testpersonen ein Bild von frisch gezapftem Bier. Das Ergebnis: Bei den süchtigen Personen leuchtete im Gehirn eine Region auf, die bei Nicht-Süchtigen inaktiv bleibt: das Belohnungszentrum. Allein der Anblick des Gegenstands, den der Süchtige mit seiner Sucht assoziiert, genügt also, um sein Belohnungszentrum zu aktivieren und damit die Sucht erneut auszulösen.*« (172)

Ersetzt *man* (im obigen Experiment) nun den »**Alkohol**« durch »**Konsum**«, so stellt sich (uns) folgende (blöde) Frage: »Versetzt uns alleine der ›**Gedanke**‹ an etwas ›**Schönes**‹, die ›**Aussicht**‹ auf etwas, das wir demnächst (ver)brauchen, ›k‹aufen und – wie einen Rausch – vermeintlich ›besitzen‹ bzw. ›haben‹ werden, in eine gewisse ›(Vor)Freude‹?«…

Eigentlich kenne ich niemanden, der auf diese Frage – sofern er sie begriffen hat – mit einem ernst gemeinten »Nein« geantwortet hat! Ergo sind wir (also) doch in gewissem Maße **süchtig nach Konsum, abhängig vom (Ver)Brauchen** – und wahrscheinlich auch nach allem anderen, was uns **mehr** (freies) *Dopamin* beschert! Als Konsequenz (aus dem Experiment) ist es mittlerweile also vollkommen egal, ***was*** wir kaufen. Hauptsache ist doch, ***dass*** wir »k«aufen, um uns(ere »Sucht«) zu *befriedigen*!(?)

Erschreckenderweise ist es mittlerweile fast schon »normal« und (gesellschaftlich) anerkannt, wenn wir nach, sagen wir mal, »*negativen* psychischen Erlebnissen« die allseits bekannten (Frust)Einkäufe tätigen oder einfach nur so zum »Spaß« Bummeln gehen. Es ist »normal«, dass wir einen Ausblick auf den nächsten etwaigen Kick »genießen« und so möglicherweise unser Belohnungszentrum (im Einkaufszentrum) aktivieren!

Genauso »gut« könn(t)en wir uns (bei »*negativem* Stress« und dergleichen) aber auch der Alkoholwerbung hingeben und uns daraufhin mehr oder weniger betrinken! Wir könn(t)en versuchen auf **andere** Art »glücklich« zu sein oder *ES* zumindest zu werden!*...?*

Es gibt in der Tat viele Möglichkeiten sich zu *befriedigen* und viele Möglichkeiten *zufrieden* zu sein. Da die einen, allgemein verträglichen, aber zu anstrengend sind und die anderen, wie man weiß, einen leicht entwurzelten »Touch« mit sich bringen und das konsequente und übermäßige »*S*«aufen überdies mit der Zeit zu dummem Geschwätz, 'ner hohlen Birne und unangenehmen Schwellungen im abdominalen Bereich führt, bleibt das Gros von uns doch lieber beim altbewährten **Konsum (von Konsum**)!... Wobei das eine ja das andere nicht ausschließt!

Fazit:

Sieht *man* von der Art der Droge ab, sind wir **alle** nichts weiter als »Konsumjunkies«! Unser Dealer ist der Staat und mit ihm die Wirtschaft, die uns mittels der Werbung und den Medien konstant an der Nadel bzw. bei der (Kleider)Stange halten! Ziel ist es, immer noch **mehr** (Geld) aus uns rauszudrücken!

Es ist »Geld«, die »Aussicht« auf (freies) *Dopamin*, das bzw. die wir (bald) nicht »**mehr**« haben (werden), weshalb wir uns (aber) tagtäglich prostituieren, entfremden oder welches wir uns auf anderem, teilweise sogar strafbarem und nicht selten unmenschlichem Wege beschaffen (müssen?)!

Falls wir in Zukunft mit d(ies)er Sucht – bevor sie uns weiter und endgültig entmenschlicht und kaputt macht – umgehen (lernen) wollen, muss der von mir als Tatsache angesehene Umstand, ständig vor uns »selbst« bzw. der »Realität« davonzulaufen und (deshalb) stets von irgendwas oder -wem »**abhängig«** zu sein, uns unbedingt klar sein! Denn erst wenn wir (dies) begriffen haben, werden wir erkennen, dass es letzen Endes an jedem **einzelnen** (**selbst**) liegt, der »Sucht« zu entsagen, ihr Einhalt zu gebieten oder sie jedenfalls so weit zu kontrollieren, um **insgesamt** zu einem, sagen wir, »gemäßigteren« Umgang zurückzufinden!

Mal ehrlich, haben Sie sich denn noch nie gefragt, warum Sie all die »Dinge« kaufen, die Sie bei genauerer Betrachtung *eigentlich* gar nicht brauchen? Warum gehen Sie bereits nach kurzer Zeit wieder los, um zu konsumieren? Damit es Ihnen für ähnlich kurze Zeit (wieder) »gut« geht? Könn(t)en Sie davon loslassen?

Die Antwort darauf, kann sich nur **jeder selbst** geben! Wie stark uns die »Sucht« jedoch beherrschen kann, zeigt folgendes Beispiel, das ich im *Ärztejournal* »online« entdeckt habe:

┌

»*Wenn Elektroschocks ihren Schrecken verlieren*

Montreal, 1954: An der MacGill University führt Professor James Olds ein spektakuläres Experiment durch: Er pflanzt einer Ratte eine Elektrode in eine bestimmte Region ihres Gehirns – in ihr Belohnungszentrum. Das Tier konnte so per Tastendruck sein Belohnungszentrum aktivieren. Das Ergebnis war erstaunlich: Die Ratte widmete sich ausschließlich dieser Taste. Nichts anderes schien sie mehr zu interessieren. Sie wurde regelrecht süchtig danach.

Die Wissenschaftler steigerten das Experiment noch: Um fortan die Taste drücken zu können, musste die Ratte ein Gitter überqueren, das unter Strom stand. Auch diesen elektrischen ›Schock‹ nahm das Tier in Kauf. Das Ergebnis erstaunte um so mehr, da in einem Kontrollexperiment ohne entsprechende Elektrode keine Ratte das Gitter für Futter überquerte, auch dann nicht, wenn sie der Hungertod traf.« (172)

Überträgt man nun dieses (tierische) Verhalten auf uns **Menschen**, dann wundert es (uns) nicht mehr, warum wir Zeit unseres Lebens all den Stress, all die Strapazen und teilweise sogar die Erniedrigungen hinnehmen, um uns im Gegenzug dazu den »Kick«[142] (des Konsums) leisten zu können. Und dennoch fragen sich immer mehr von uns, ob *ES* das **alles** wirklich wert ist. *Man* fragt sich (insgeheim), ob dieses *kurze* **Gefühl** der (ständig wiederkehrenden, endlosen) **Befriedigung** wirklich einen adäquaten Ersatz für die **Freiheit** darstellt!

Denken Sie mal in **Ruhe** darüber nach! Aber denken Sie schnell, denn leider sind die Werbepausen – oder besser gesagt, »die Pausen zwischen der Werbung« – in unserem Alltag normalerweise nicht lang genug, um dieser Frage bis zum Schluss nachzugehen…

»*Der Machtmensch geht an der Macht zugrunde, der Geldmensch am Geld, der Unterwürfige am Dienen, der Lustsucher an der Lust.*« (173)

- Hermann Hesse

(Der Steppenwolf, Gesammelte Werke Bd. 7)

[142] »***Kick*** *der; -[s], -s <engl.>:*
1. a) *(ugs.) Tritt, Stoß (beim Fußball);*
b) *[An]stoß.*
2. a) *Hochstimmung, Erregung, rauschhafter Zustand;*
b) *durch Drogen hervorgerufene Hochstimmung*«

Fatale Normalität und die (Neuro)Physiologie dazu!

Am *Nullpunkt des Gefühls* (vgl. S. 175ff) haben wir festgestellt, dass *man* sich an (fast) **all*ES***, (fast) jeden Zustand oder auch an (fast) alle (anderen) Menschen anpassen oder (zumindest) gewöhnen kann! Wenn dem so ist, vielleicht gewöhnt sich das *Gewohnheitstier* dann mitunter auch an *Glück* und *Zufriedenheit*, und zwar viel schneller, als wir »denken«!?...

Wen wundert es denn dann noch, dass wir, wie's so schön heißt, auf »hohem Niveau« jammern? **Materiell** gesehen geht es vielen von uns immer noch besser als vor 20, 25 Jahren, als meine Eltern gerade mal zu Geburts- oder anderen »Feier«tagen mit uns und sich selbst zum Essen gingen, ein Urlaub – wenn überhaupt – innerhalb Deutschlands stattfand, ein Auto oftmals mehr als 10 Jahre auf dem Buckel hatte und auch ein »Dachträger« nichts Besonderes war!

Kaum jemand konnte damals zwei (Neu)Wagen sein Eigen nennen oder jedes Zimmer in der Wohnung mit einem Fernsehapparat ausstatten. Telefoniert wurde üblicherweise im Flur, was auch die lästige Frage »Wo bist du?« überflüssig machte. Mit einem fünf bis zehn Meter langen Kabel kann und konnte man (engl. *man*) eben nur denkbar kleine Sprünge machen!...

Doch damals hat uns das, ein eingeschlafenes Bein oder mehr nicht davon abgehalten, stundenlang mit unserer Jugendliebe zu telefonieren, um so die Telefonrechnung (zusammen mit dem Blutdruck der Eltern) in schwindelerregende Höhen zu treiben. Im Fernsehen standen ja allenfalls (Samstag)abends **drei** (Wunsch)Filme zur Debatte, 007 lief natürlich schon außer Konkurrenz und PCs gab es (in der heutigen Form) genauso wenig wie elektrische Zahnbürsten und andere Gimmicks. Dabei hat es mir wahrlich an nichts **Materiellem** gefehlt!...

Wenn auch keine Markenklamotten, so hatten wir doch (mehr als) genügend anzuziehen, zu essen, zu trinken und zu spielen. Auch Fahrräder und Mopeds gab es damals schon. Doch dann ging **(all)*ES*** ganz schnell...

...

Heute gehe ich essen, wenn ich Bock habe bzw. selbiger beim Kochen nicht aufkommen will, mache (mindestens) einmal im Sommer und einmal im Winter Urlaub und reise (teilweise selbst innerhalb Deutschlands) mit dem Flugzeug. Auf dem Flug nach Mexiko bemerke ich eine Familie mit drei kleinen Kindern, und ich sehe neidisch, wie der Nachbarssohn einen Flachbildfernseher – vorbei an seinem neuen Golf – ins Haus tragen lässt!...

Tja, und beinahe **jeder** hat heute ein sogenanntes »**Handy**« und der Blutdruck der Eltern steigt bei den (Telefon)Rechnungen der Kinder – sofern man keine »Flatrate« hat – noch immer monatlich (an)! Fahrräder sind heute – wie *man* weiß – aus weltraumtechnik-erprobten Materialien gefertigte Hochleistungssportgeräte, aber »alte« Autos (mit Dachträgern) und Mopeds (Motor + Pedale) sehe ich dafür kaum mehr!... Was soll's, an Wochenenden bringt mich mittlerweile (m)ein (Taxi)Fahrer heim, denn die diversen leckeren Bierchen und »günstigen« Cocktails, die ich in der angesagt(est)en Disco mit dem kostspieligen Eintritt und dem »besten« Personal incl. toll(st)en Publikum »genossen« habe, **taten** (mir) wie immer ganz »**gut**«!... Doch noch kurz zum Fernsehen:

Sogenannte »***Blockbuster***« finden sich heute unendlich viele, täglich und alle naselang im Fernsehen und auch Kinobesuche sind inzwischen »natürlich«, d.h., selbstverständlich und schließlich optional, da ich mir den neusten Bond auch gerne über meine Heimkinoanlage reinziehe. Immer noch geil, auch wenn James jetzt blond ist und definitiv (m)einen Körper gestohlen hat!...

Ja und was die Computer angeht, so habe ich seit damals (m)einen dritten oder vierten PC und spiele (…u.a. mit dem Gedanken, einen Laptop »käuflich« zu erwerben)! Nur mein Auto, das ist mittlerweile 18 Jahre alt und somit statussymbolisch und sicherheitstechnisch nicht mehr auf dem neusten Stand (der Wissenschaft). Doch wer will schon ewig leben, sagt sich der *Highlander* und kauft sich deshalb ein Paar neue Sneakers für 110 €, die zwar modisch hip und modern, doch, wie sich bald herausstellen sollte, weder bequem noch praktisch sind und zum Rest meines »Outfits« sowieso nicht pass(t)en! Das wiederum bedeutet, sich neu einkleiden zu müssen … oder es zu dürfen(?)...

…»Hm, hmm, hm, die ›Freiheit‹ nehm' ich mir!«

»Also mal ehrlich, ich will nicht mehr arm sein – und Sie!?«

Sie finden es arrogant von mir, so etwas Dekadentes zu behaupten? Bringen Sie diesen Satz doch einmal spaßeshalber selbst irgendwo an und be(tr)achten Sie dabei die Gesichter der anderen (…oder auch Ihr eigenes im Spiegel)! Nach ungefähr 2 bis 20 Sekunden katatonischer Bedenkzeit werden sich die Mienen in 90 % der Fälle erhellen. Es wird allenfalls als guter Witz aufgefasst, wobei es nicht einmal gelogen ist bzw. einfach nur der Wahrheit entspricht!...

»**Ich will nicht ärmer *sein*, als ich es jetzt *bin* –**
und Sie (sicherlich auch nicht!)?«

Wenn ich aber meine Kontoauszüge be(tr)achte, habe ich immer öfter das (dumme) **Gefühl**, dass irgendjemand versehentlich zu viel abgebucht haben muss. Nach mehrmaligem Überprüfen, Gegenrechnen und Vergleichen bin ich *ES* zwar und überhaupt nicht aus Versehen selbst gewesen, doch verdammt, was gönne ich mir denn schon? Gut, ich gehe essen, wenn ich Bock habe bzw. selbigen zum Kochen nicht aufbringen kann, mache zweimal im Jahr Urlaub usw. usw. ... Aber das ist doch »normal«, oder nicht? Hm, obwohl sich an (m)einem Lebensstandard in letzter Zeit sowohl *schein-* als auch *offenbar*[143] nichts geändert hat, werde ich faktisch immer ärmer! Was zum »Teufel« ist da los?...

---

[143] »***schein|bar*** *(nur dem Scheine nach); er hörte scheinbar aufmerksam zu (in Wirklichkeit gar nicht), aber er hörte* ***anscheinend*** *(= augenscheinlich, offenbar) aufmerksam zu.*«

Zählt *man* noch die kontinuierlich steigende Summe der laufenden Kosten dazu, werde ich in Anbetracht der Tatsache, dass mein Gehalt in den letzten Jahren im Vergleich zu den Preisen nicht in gleichem Maße gestiegen und meine monatliche »Sparrate« dagegen sogar gefallen ist, **tatsächlich** und ganz allmählich immer **ärmer**! Jedoch spüre ich diese Armut (noch) nicht, da ich mir **(all)***ES* ja nach wie vor leisten kann und es auch soll, – selbst wenn und gerade weil *ES* von Geld is(s)t, welches ich schon längst nicht mehr habe! Es ist jedoch nur eine Frage der Zeit, bis das »(**Kredit**)*System*« – welches mir und (fast) allen anderen ein *objektives* und (mit)menschliches Verarmen im *subjektiven* bzw. *virtuellen* Reichtum ermöglicht – uns **allen** (weltweit) das Genick brechen wird!...

Klar, wenn *man* fragt, »fühlt« sich die Mehrzahl von uns arm, aber das doch nur aufgrund des ständigen Vergleichs nach *oben*! Leisten könn(t)en wir uns immer noch genug und tun es auch! Doch Sie wissen selbst, dass *ES* zu viel is(s)t!...

Diverse Quellen sprechen daher nicht umsonst von einem kurz bevorstehenden Kollaps der (Welt)Wirtschaft aufgrund von Überschuldung, einem Zusammenbruch des Dollars und des Immobilienmarktes in den USA sowie einer platzenden Globalisierungsblase. Der renommierte Wirtschaftsprofessor Prof. Max Otte – Börsenexperte und Autor von acht Büchern, zu denen u.a. auch der reißerisch klingende Bestseller *Der Crash kommt* gehört – meint sogar, dass dieser Kollaps bis spätestens 2010 eintreten müsste und macht dies anhand mehrerer Beispiele und Erkenntnisse aus der Geschichte plausibel, ja selbst für mich verständlich. Wie »immer« is(s)t **(all)***ES* aber ohne Gewähr!...

Dennoch, Otte hatte bereits vor Jahren das Platzen der amerikanischen Immobilienblase samt dem darauffolgenden Wertverlust des Dollars vorausgesehen und vieles von dem prophezeit, was heute zur (wirtschaftlichen) Realität geworden ist. Was jedenfalls die Gesamtsituation Anfang 2008 betrifft, so ließen sich in Davos – dem Austragungsort des jährlichen Weltwirtschaftsforums – bereits im Januar »*die Trümmer einer fröhlichen Wissenschaft besichtigen, die stets das Gute hofft.[...] Der New Yorker Wirtschaftsprofessor Nouriel Roubini war im vergangenen Jahr der Einzige in Davos, der eine Rezession in den USA voraussah – zum Spott vieler Kollegen.*

Jetzt lacht keiner mehr, als er einen langen, schweren Abstieg voraussagte.«, heißt es weiter in einem mehr als besorgniserregenden *Spiegel*-Bericht über das bedrohte Gefüge des weltweiten »(**Finanz**)*Systems*«. Der Artikel, der eine, von renditehungrigen Bankern ausgelöste – unter Umständen weltweite – Bankenkrise beschreibt, schließt mit den Roubinis Worten: »»*Die Frage ist nicht mehr, ob wir weich oder hart aufschlagen werden*«, *sagt er.* »*Die Frage ist nur noch, wie hart der harte Aufschlag wird*«.« (174)

Befragt *man* – mit diesen Worten im Hinterkopf – allerdings hierzulande einen x-beliebigen Vermögensberater[144] über die weitere Entwicklung der Wirtschaft und des Geldes, so wird anscheinend **all*ES*** auch weiterhin (wie) immer besser… … Wie soll *ES* auch anders sein!? Und was die weltweiten Machenschaften der (Groß)Finanz angeht, so sprechen viele – sobald *man* diese anprangert – sogar von einer »Verschwörungstheorie« oder betrachten die Fakten als »Antiamerikanismus« oder sogar als »Antisemitismus«. (Zur Erinnerung: 5 Rothschild-Brüder begründeten in Paris, London, Wien und Neapel Banken von Weltruf und durch die enge Zusammenarbeit schufen sie ein einzigartiges finanzielles und politisches Netzwerk in Europa!) Meine Argumente – die klar gegen das derzeitige »(**Finanz**)*System*« und die Regeln des (globalen) **Kapitalismus** und **Kreditwesen** sprechen – seien, genauso wie die der anderen kritischen Stimmen (z.B. die mancher etablierter Wirtschaftspropheten), des Weiteren (r)eine »Glaubenssache«, wie mir unlängst ein Geldberatermensch aus der eigenen Reihe bzw. Familie klarmachen wollte!...
Es sollten (Glaubens)Gründe sein, die ihn kaum ein Jahr später den »Job« kosten würden! Dennoch hatte er Recht: Das derzeitige »(**Wirtschafts**)*System*« basiert auf »Glauben«! Und da »glauben« ja bekanntlich nicht »wissen« heißt, stellte sich für mich also die Frage, warum ich nicht gleich meine sauer verdienten Penunzen zum örtlichen Pfarrer, Rabbi, Muezzin oder meinetwegen auch Schamanen[145] trage und die Kohle von denen dann irgendwo, wo sie es für richtig erachten, anlegen lasse. Denn in Glaubensfragen sind die doch dann wohl die besseren Experten!? Aber *man* muss die (Vermögens)Berater schon verstehen – würden *Sie*(!?) nicht diese vorgegaukelte und oft sogar tatsächlich empfundene (optimistische) Haltung gegenüber der wirtschaftlichen Zukunft an den Tag legen, würden *Sie*(!?) verständlicherweise weniger Umsatz machen, als wenn *Sie*(!?) sich ständig nur mit *Naturgesetzen* und Schadensbegrenzung beschäftigen würden! Letztlich hilft in finanziellen Fragen dann wohl doch nur beten!(?)

Mir persönlich ist sowieso noch nie klar gewesen, wie *man* Mathematik – vor allem die Rechnung mit **negativen** Werten – auf die Realität übertragen kann! Aus einem Klassenzimmer, in dem sich 10 Schüler aufhalten, können doch keine 12 rausgehen, oder? Und wenn es doch so wäre, dann müssten anschließend 2 wieder hineingehen, damit zum Schluss keiner mehr drin ist!... »Hä???«

---

[144] Anm.: Der Beruf des »Vermögensberaters« ist – ähnlich wie der des »Ernährungsberaters« – übrigens Ausdruck und bestes Beispiel unserer Wohlstandsgesellschaft! Er zeigt, dass wir mit der Masse an »Dingen«, die uns zur Verfügung steht und mit der wir es zu tun haben, überfordert sind wie kleine Kinder. Wir wissen weder, wohin mit unserem Geld noch wie *man* sich richtig ernährt – ein Armutszeugnis!?

[145] »***Scha|ma|ne*** *der; -n, -n <sanskr.-tungus.>: (bei bestimmten Naturvölkern) Zauberpriester, der mit Geistern u. den Seelen Verstorbener Verbindung aufnimmt.*«

Na ja, vielleicht ist (m)ein mangelndes Verständnis auch der Grund dafür, warum ich mich in »Wirklichkeit« bisher noch nicht verschuldet habe, finanziell niemals übermäßig reich werde, aber dafür versuche, die **Balance** eher im **positiven**, also im **Plus-** statt im **Minus**bereich zu halten. Wahrscheinlich bin ich aber einfach nur zu blöd zum Rechnen – das kann natürlich auch sein!(?)

Aber auch wenn die Wirtschaft viel mit Mathe zu tun hat, so ist sie doch – wie **alles** andere auch – **physikalischen** und **(physio)logischen** Gesetz(mäßigkeit)en unterworfen! Diese »***Prinzipien***« können zwar ihrerseits auch wieder mathematisch ausgedrückt werden, basieren in meinen Augen aber zum größten Teil eher auf dem Verständnis für (**natürliche**) Zusammenhänge als auf dem für Zahlen!

Wie ich vielleicht schon gesagt habe, entspricht die **gesamte** Wissenschaft mit ihren Formeln und Zahlen nur **einer** (bestimmten) Erklärungsweise gewisser »Umstände« bzw. »Zusammenhänge«, welche zwar in einer anderen »Sprache« ausgedrückt werden, aber stets **dieselben** Gegebenheiten beschreiben. Nicht mehr, aber auch nicht weniger!...

Wer also nicht lesen, schreiben oder rechnen kann, dafür aber instinktiv begreift, zu welchen Wirkungen seine Handlung(sweis)en führen, die Welt und ihre Natur(Gesetze) versteht und schon alleine deshalb *ethisch* und *moralisch* handelt, ist zumindest für meine Begriffe wenigstens genauso »clever«, wenn nicht sogar »klüger« als ein dekorierter Wissenschaftler oder ein hochrangiges Kirchenmitglied! Man (engl. *man*) ist jedenfalls gescheiter als ein »**Mensch**«, der auf dem Papier **all*ES*** zwar herleiten kann und vorgibt, **all*ES*** zu wissen, in Wirklichkeit, sprich in der »Praxis«, aber in realen (zwischen)menschlichen Belangen komplett versagt und nichts von dem theoretisch, theologisch oder wissenschaftlich Gelehrten und scheinbar Gelernten auf sich (**selbst**) und (s)eine (Um)Welt anwenden kann! Ich sage nur: »Zwei kommen wieder rein, damit keiner mehr drin ist!«...? Entschuldigung, aber weniger als »nichts« gibt es wohl nur in unseren Köpfen und den daraus entspringenden »(**Finanz-** und **Wirtschafts**)*Systemen*«, aber wohl kaum in der »**Natur**«! Aber kommen wir zurück zum Geld und unserem Wohlstand:

Wie gesagt: »**Ich will nicht ärmer *sein*, als ich es jetzt *bin*!**« Mit anderen Worten will ich nicht ärmer *werden*, und bin mit dieser Aussage derzeit schon fast alleine, ja beinahe ein (wirtschaftlicher) Ketzer, impliziert sie doch den simplen aber (in der kapitalistischen Welt) gar nicht einfach zu realisierenden[146] Umstand, dass ich auf meiner jetzigen »Stufe« – die (m)einen ***hedonistischen Nullpunkt*** (vgl. S. 176ff) markiert – stehen bleiben will!...

---

[146] *»**re|a|li|sie|ren** <lat.-mlat.-fr.>:*
***1.** verwirklichen, in die Tat umsetzen.*
***2.** in Geld umwandeln.*
***3.** <lat.-mlat.-fr.-engl.>: klar erkennen, einsehen, begreifen, indem man sich die betreffende Sache bewusst macht.«*

Nun ist es aber von immenser Bedeutung zu verstehen, dass die ***hedonistische Sprosse***, auf der ich mich momentan befinde, **nicht** als »statisch«, **nicht** als »fest« angesehen werden darf, sondern vielmehr mit der ***Stufe*** einer ***Rolltreppe*** zu vergleichen ist! Auch auf ihr kommt *man* nach »oben«, auch auf ihr kommt *man* »voran« – nur eben nicht ganz so rabiat, das heißt rücksichtslos und roh, und auch nicht ganz so schnell bzw. exponentiell wie *man* das von (s)einer Achterbahn gewohnt ist! Genauer werden wir diesen Zusammenhang später – wenn es um *Relativität*, *Geschwindigkeit*, *Beschleunigung* und darum, dass wir uns (zunehmend) selbst überholen, geht – noch besprechen! (vgl. S. 417ff)

Warum ich mich insgesamt nur *langsam* und *gleichmäßig* beschleunigen bzw. steigern will, habe ich bereits versucht, anhand des »Turmspringers« (vgl. S. 176) zu erklären und kann es im Folgenden sogar (neuro)physiologisch begründen!...
Zur Erinnerung: Ich habe behauptet, dass wir alle »süchtige« **Tiere** sind und wie »**Sucht-Tiere**« (***animal addictum***) solange nach dem nächsten »Kick« suchen, bis wir ihn endlich erreichen. Nach einer kurzen Zeit bzw. Phase der »Befriedigung« gehen wir dann abermals auf die Jagd, und das Spiel beginnt von Neuem! Währenddessen passiert aber Folgendes mit uns:

> »*Konsumieren wir eine Droge immer wieder, setzt in unserem Gehirn ein fataler Prozess ein: Das Belohnungszentrum gewöhnt sich an das künstliche Glücksgefühl. Die erhöhten Endorphin-Werte empfinden wir zunehmend als »normal». Aus dem künstlich erzeugten Glücksgefühl wird also ein* ***Normalgefühl****. Dagegen verwandelt sich das Gefühl, das wir bislang ohne Drogen fühlten, in ein Stimmungstief. Wir sind abhängig. Aus dem Genuss von einst ist pure Notwendigkeit geworden, um überhaupt über den Tag zu kommen. Fällt die Droge dann ganz weg, schlägt das Stimmungstief um so härter zu: Gehirn und Körper rebellieren: Wir sind auf Entzug.*« (172)

Das Streben nach »Glück« in Form eines ständig (exponentiell) steigenden (materiellen) Reichtums und Wohlstands ist, so wie *ES* aussieht, leider nur zu gut zu vergleichen mit dem Leben eines ganz »normalen« Süchtigen! Um das (Hoch)**Gefühl**, welches der Süchtige bei der ersten Einnahme (s)einer **Droge** hatte, erneut zu erlangen, muss er den ehemaligen (Rausch)**Zustand** wieder herstellen. Nur diesmal, und das ist die Crux, muss die Dosis – wenn auch nur minimal – **erhöht** sein, um den Süchtigen erneut auf die **gleiche** (Gefühls)**Ebene** zu »heben«!...
Zur selben Zeit wächst allerdings die anschließende **Ernüchterung** (Katerstimmung) in **gleichem** Maße! Der zeitliche Abstand des (Drogen)**Konsums** verkürzt sich nun zunehmend, um möglichst lange und oft den (Höhen)Flug zu genießen! Dass *man* nach einiger Zeit nicht mehr nur nach dem »guten«

(Hoch)**Gefühl** »giert«, sondern in zunehmendem Maße damit beschäftigt ist, das »schlechte« **Gefühl** zu betäuben, versteht sich von selbst!(?)…

(**All**)***Es*** kehrt sich um, sodass bald nur noch die *kurzfristige* **Befriedigung** zählt – und das nur, um sich (quasi) »normal« zu fühlen!

…

Langfristig ist di*ES* natürlich ziemlich blöd für den (Drogen)**Konsumenten**, da er sich in einer (depressiven) Abwärtsspirale befindet und sich mit der Zeit nur mit Mühe und unter Zuhilfenahme (s)einer Droge(n) auf einen »normalen« (Tages)**Level** hochpushen kann! Doch den Sinn für das »**Normalgefühl**«, oder sagen wir besser das »**Gefühl**« für's »**Normale**« und dessen »**Ebene**« hat er – genau wie wir – längst und ohne *ES* zu ahnen verloren!...

Der Dalai Lama bringt diese – auf den ersten Blick vielleicht etwas kompliziert anmutenden – Zusammenhänge übrigens mit dem Zitat eines frühen indischen Autors auf den Punkt. Er sagt:

»***Die Befriedigung der Sinne ist wie das Trinken von Salzwasser: Je mehr wir trinken, desto größer werden Bedürfnis und Durst.***« (175)

Tja, Buddha hätte nach dieser bedeutungsvollen Erkenntnis wahrscheinlich einfach mal (aus)geatmet. Und was tun wir? Anstatt zu atmen, gehen wir lieber weiter endlos shoppen, poppen uns hirnlos durch die Gegend und/oder steigern auf Kosten anderer, ohne zu verschnaufen, endlos unseren materiellen (Wohl)Stand! Dass es sich bei dem, was wir damit zu uns nehmen, um schädliches Salzwasser und nicht etwa um nachhaltig durstlöschendes Trinkwasser handelt, merken wir nicht – oder doch?

Ehrlich gesagt glaube ich nicht, dass damit – in allernächster Zukunft und möglicherweise sogar rechtzeitig – zu rechnen ist. Das folgende Schaubild (aus meinem ehemaligen Psychologieunterricht geklaut) soll Ihnen trotz allem die **Suchtentstehung** anschaulich darstellen. Vielleicht haben wir ja dann eine Chance … uns zu befreien!?

»*Der Mensch weiß nicht,*
auf welche Weise die Seele aus der Knechtschaft der Materie befreit wird
– außer nach ihrer Befreiung.« (176)
- Khalil Gibran
(Sämtliche Werke)

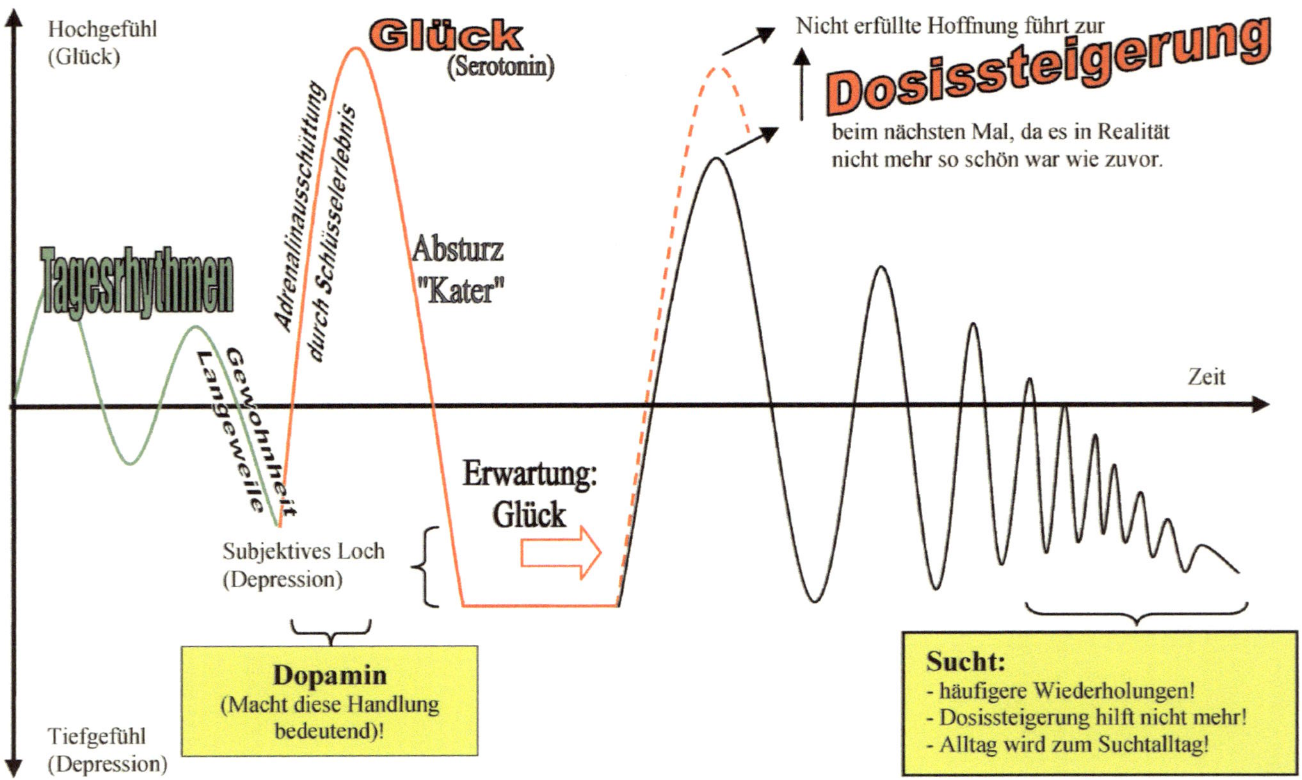
Hochgefühl
(Glück)
Tiefgefühl
(Depression)
Tagesrhythmen
Gewohnheit
Langeweile
Adrenalinausschüttung
durch Schlüsselerlebnis
Glück
(Serotonin)
Absturz
"Kater"
Subjektives Loch
(Depression)
Dopamin
(Macht diese Handlung
bedeutend)!
Erwartung:
Glück
Nicht erfüllte Hoffnung führt zur
Dosissteigerung
beim nächsten Mal, da es in Realität
nicht mehr so schön war wie zuvor.
Zeit
Sucht:
- häufigere Wiederholungen!
- Dosissteigerung hilft nicht mehr!
- Alltag wird zum Suchtalltag!

Wie *man* unschwer erkennen kann, ist der Süchtige dazu verdammt, **ständig** die (hormonelle) Dosis zu erhöhen! Er macht es nicht (nur) zum »Spaß«, sondern um wenigstens ein halbwegs »normales« Leben führen zu können! Von Bier auf Schnaps, von Kokain auf Heroin, von 4 auf 6 Zylinder, von Röhre auf Flachbild, von 60 auf 80 m², von Dolby Surround auf Dolby Digital, von 2D auf 3D und von B über C auf Doppel-D! Wir beginnen also zu maximieren und versuchen so, anstatt einfach mit der Größe des »Kicks« *zufrieden* zu sein, sogar den »Kick« *an sich* noch zu steigern!

Um wirklich *zufrieden* und *glücklich* zu werden, oder besser ausgedrückt, um wirklich *glücklich* und *zufrieden* zu **sein**, bedarf es jedoch keiner Gehaltserhöhung oder einer Steuersenkung, die uns vorübergehend mehr Geld zur Verfügung stellt. Binnen kürzester Zeit gewöhnen wir uns nämlich daran (vgl. ***hedonistische Anpassung***[147]), das heißt wir kommen trotz *objektiv* verbesserten Rahmenbedingungen, einem *objektiv* verbesserten Wohlstand – der, obwohl »spürbar« (existent), aufgrund des »(**Kredit**)*Sytems*« allerdings nur von virtueller Natur und daher von vorübergehender Dauer ist – nach einer bestimmten Zeit gefühlsmäßig (*subjektiv*) wieder genau an dem Punkt an, an dem wir zuvor schon waren – …dem (persönlichen) »***hedonistischen Nullpunkt***«!

... Oder sollte ich besser sagen, dem »***Boden (der Tatsachen)***«?

Fazit:

Trotz gesteigerter *äußerer* Reize, tritt man (engl. *man*) *innerlich* auf der Stelle! Man nennt diese »animalische« Mechanik, die uns unser »(über)menschliches« Ziel nie wirklich erreichen, sondern stets nach mehr *gieren* und gleichermaßen immer mehr *(ver)brauchen* lässt, die ***hedonistische Tretmühle!*** Sie bestimmt maßgeblich unser **aller** Leben und ist Ausdruck der inhärenten Ambivalenz[148] des reifenden Menschen!...

Im Kapitel *(Wirtschaftliche) Beschleunigung – eine Parabel* (S. 417ff) komme ich nochmal darauf zurück! Hier nur noch ein kleines Beispiel, um die Sache *an sich* weiter zu verdeutlichen:

Nehmen wir einfach einmal an, Sie bekämen ab jetzt 200 € mehr Gehalt! Würde es Ihnen *besser* gehen? Wären Sie dadurch *glücklich(er)*?

Die Antwort lautet definitiv: **JA!** Die Frage muss nämlich nicht lauten »**ob**«, sondern »**für wie lange**« Sie *glücklich(er)* bzw. *befriedigt(er)*, sind!...

Mit anderen Worten werden Sie mit an Sicherheit grenzender Wahrscheinlichkeit für die Zeit *glücklich(er)* sein, die es dauert, bis Ihre Ansprüche gestiegen sind und Sie sich an die zusätzlichen 200 € **gewöhnt** haben (***hedonistische An-***

---

[147] Vgl. Kap. *Am Nullpunkt des Gefühls*, S. 176ff

[148] »***Am|bi|va|lenz*** *die; -, -en: Zwiespältigkeit, Zerrissenheit [der Gefühle und Bestrebungen]*«

passung)! Trotz *objektiv* gesteigerter Dosis sind Sie *subjektiv* jetzt wieder an dem Punkt angelangt, von dem aus Sie ursprünglich einmal gestartet bzw. »gesprungen« sind – mit einem entscheidenden Unterschied: Die (Reiz)Schwelle wurde erhöht!

Um einen vergleichbaren »Kick« wie bei der ersten Gehaltserhöhung zu erreichen, brauchen Sie nun keine 200, sondern etwas mehr, sagen wir 300 € mehr Gehalt, usw., usw., usw! *Objektiver* **Gewinn** und *subjektive* **Befriedigung** verlaufen nicht parallel, sondern weichen ab einem bestimmten Punkt voneinander ab (vgl. Kap. *Am Nullpunkt des Gefühls*, S. 177)! Doch damit nicht genug:

Die Erfahrung, dass die **Einnahme** der Droge eine *beglückende* Tätigkeit ist, prägt sich tief in unser Unterbewusstsein ein, wodurch ein sogenanntes »**Suchtgedächtnis**« entstehen kann! Dieses »Gedächtnis« wird aktiv, wenn der Spiegel an wirksamen Substanzen im Belohnungszentrum nachlässt!...

Um das Verlangen nach einer neuen Dosis Nikotin anzuregen, reicht es bei einem Raucher beispielsweise schon aus, einem anderen Menschen beim Rauchen zuzusehen! Dass ein (Konsum)Süchtiger, der die Objekte der Begierde dank der allgegenwärtigen Werbung (Propaganda) stets und allerorts vor die Nase gehalten bekommt, es vergleichsweise schwer hat, von (s)einer Droge loszulassen, kann *man* sich jetzt sicherlich vorstellen. Auf die »Macht« der Werbung komme ich allerdings an anderer Stelle noch zu sprechen!

»Die Zivilisation, in der wir leben, ist das Produkt des kollektiven Willens, der vielen gewinnsüchtigen Wünsche, und deshalb haben wir eine Kultur, eine Zivilisation, die ebenfalls gewinnsüchtig ist.«
– Krishnamurti
(Vollkommene Freiheit)

Fasten

»*Wir sind Konsumenten. Wir sind Abfallprodukte der allgemeinen Lifestyle-Obsession. Mord, Elend, Verbrechen, solche Sachen interessieren mich nicht. Mich interessieren vielmehr all die Promi-Magazine und Fernsehen mit 500 Kanälen, ein Namensschild auf meinen Unterhosen, ... Aspartam*[149]*, Viagra, ..Olestra*[150]*...*«, antwortete Tyler Durden, alias Brad Pitt, im Film *Fight Club* (1999) auf die mehr oder weniger an sich selbst gestellte, rhetorische Frage hin, *was* wir eigentlich sind!...

Verschiedene Religionen haben sich bereits dasselbe gefragt und sind zu ziemlich demselben Schluss gekommen: Wir sind (konsum)süchtige Verbraucher (bzw. Schafe), die im »***Prinzip***« nur einen »Kick« brauchen, um weiterzumachen!...

Die Religionen und ihre Stifter waren sich allerdings auch den – im Missbrauch einer Droge liegenden – Gefahren für uns und unsere Gesundheit bewusst. Sie wussten, dass ein *übermäßiger* und *pausenloser* Genuss nicht **gut** (für uns) **ist**!...

Sie wussten, dass **Zufriedenheit** im Endeffekt unabhängig ist von *äußeren, materiellen* **Reizen**, und **Befriedigung** letztlich nur von der Sensibilität eines Lebewesens bestimmt wird. Je mehr wir etwas konsumieren, desto weniger Wirkung zeigt ein Reiz, eine Droge, ein Medikament! Je geringer die Wirkung, desto höher wird im Allgemeinen die Dosierung einer Droge, deren physische Menge **insgesamt** allerdings so begrenzt ist wie die Ressource[151] dieser Erde!

Vielleicht waren es ja grundlegend betriebswirtschaftliche Überlegungen, Gedanken über die möglichst *effektive* und *effiziente* Nutzung von begrenzt zu Verfügung stehenden Reizen, Boten- und Rohstoffen, die dazu führten, dass viele Religionen das »***Prinzip***« des Fastens, des (selbst)bewussten Verzichts bis hin

---

[149]» ***Aspartam*** *ist ein synthetisch hergestellter Süßstoff (Markennamen zum Beispiel NutraSweet, Canderel).[.] Aspartam ist ein weit verbreiteter Inhaltsstoff in Soft Drinks und Kaugummi.*« (416)

[150] » ***Olestra*** *ist ein synthetischer Fettersatzstoff, bestehend aus Estern von Fettsäuren und Saccharose. Es kann nicht von den körpereigenen Lipasen abgebaut werden. Zu den Nachteilen von Olestra gehört, dass die Aufnahme wichtiger Vitamine wie A, D, E, K oder einiger Arzneimittel eingeschränkt wird.*

Olestra wurde 1968 durch Forscher von ***Procter & Gamble*** *synthetisiert. Am 24. Januar 1996, nach jahrelangen Bemühungen der Firma, ließ die US-amerikanische Food and Drug Administration das Produkt erstmals zur Verwendung in Lebensmitteln zu, beschränkt auf bestimmte Snacks wie Kartoffelchips oder Tortilla-Chips. In Europa ist Olestra nicht zugelassen.*« (417)

[151] »***Res|sour|ce*** *die; -, -n (meist Plural) <lat.-fr.>:*

a) natürliches Produktionsmittel für die Wirtschaft;

b) Hilfsmittel; Hilfsquelle, Reserve; Geldmittel.«

zur (völligen) Enthaltung erkannt, eingeführt, propagiert und bis zum heutigen Tag praktiziert haben!?

Wenn es – um das **Gefühl** der Schwerelosigkeit zu erfahren – im Grunde nur darum geht, einen Sprung nach *vorne* zu machen, ist es, solange wir uns **alle** auf einer **Ebene** befinden, völlig egal, von wo *man* springt! Steht *man* allerdings am Fuße eines stetig steiler werdenden (Wellen)Berges, sieht die Sache anders aus!

Jeder weitere Schritt und Sprung nach *vorne* macht es uns schwerer und schwerer, in der Luft zu bleiben. Das *eigentliche* Ziel rutscht immer weiter in die Ferne, und wenn es Ihr erklärtes Ziel ist, am Gipfel anzukommen, sollte ich Sie darauf hinweisen, dass es dahinter steil bergab und nach unten geht! Wäre es da nicht besser, sich ein neues Ziel zu suchen, vor **jedem** Sprung nach *vorne* etwas zu warten, Kraft zu schöpfen und/oder davor einen (kleinen) Schritt *zurück* zu machen? Wäre es nicht besser, statt irgendwann und immer wieder abzustürzen, auf (s)einer **Ebene** ewig »Spaß« zu haben? Wer sagt uns denn, dass die **Ebene**, die wir im Einzelnen oder als Gruppe erreicht haben, nicht (schon) der Gipfel ist? Wer sagt denn, dass die **Zufriedenheit** nicht die *höchste* **Befriedigung** auf Erden ist und wir sie, als »**Mensch**«, durchaus erfahren können?

Das Wort »**Fasten**« kommt laut einem Artikel der freien Enzyklopädie *Wikipedia* vom gotischen fastan = **(fest)halten**, beobachten, bewachen; bzw. althochdt.: fasten = fest (an den Geboten der **Enthaltsamkeit** festhalten)! Doch was könnte – Ihrer Meinung nach – sonst noch **festgehalten** werden? Unsere »**Zufriedenheit**« vielleicht? Möglich wär's, denn durch den Gewöhnungseffekt und den dadurch stets schwindenden Kick werden wir aller Voraussicht nach immer mehr essen bzw. besitzen wollen, werden immer fetter und abhängiger werden ohne dabei je am Ziel (unserer Wünsche und Träume) anzukommen! Wir laufen Gefahr, uns allmählich zu überfressen und dadurch quasi auch unseren *Geist* und unsere *Seele* zu vergiften, weshalb die Entgiftung von *Körper* und *Geist* eine zentrale Rolle des Fastens einnimmt!...

Was allerdings unseren *Körper* angeht, so fallen laut Isabelle Keller, Sprecherin der *Deutschen Gesellschaft für Ernährung*, in ihm gar keine Schlackenstoffe an! Der Organismus sei imstande, *»›alle Endprodukte des Stoffwechsels über Niere, Darm, Lunge oder Haut auszuscheiden‹. Wasser, Kohlendioxid, Harnsäure und Ammoniak landen in der Atemluft oder der Toilette.«* (177) Und mit dieser Ansicht steht sie nicht alleine da! Auch Professor Hans-Joachim Zunft vom *Deutschen Institut für Ernährungsforschung* in Potsdam-Rehbrücke ist der Meinung, dass der gesunde Körper *»normalerweise alles, was er an Eiweißen, Kohlehydraten und Fetten aufnimmt«*, auch entsorgt. (177) Selbst viele fettlöslichen Schadstoffe scheide er aus oder baue sie mit der Zeit ab, weshalb er die Werbung mit »Entschlackungskuren« für unlauter hält. Selbst die *Stiftung Warentest* hat in einer Stellungnahme zum Thema mitgeteilt, dass die Schlacken *»nur in* *der Theorie*« existierten und sich »*weder im Mikroskop noch bei Laboruntersuchungen oder sonst wie auffinden lassen.*« (177) Es ist sogar so, dass laut den Studien des Münchner Internists Prof. Johannes Georg Wechsler, vermeintliche Schlacken sich erst durch die »Entschlackung« des sog. »**Heilfastens**« bilden! Das Heilfasten entzieht dem Körper seine letzten Reserven und er beginnt, eigenes Gewebe zu verbrennen. Dabei entstehen die Säuren, die eigentlich durch das Entschlacken ausgeschieden werden sollen! Die erhöhte Säureproduktion im Körper kann zu schweren Organschäden führen. Ein »Heilfasten« sollte deshalb unbedingt von einem Arzt betreut werden! (178)

Zusammengefasst und mit dem Hinweis versehen, dass es in der *Traditionellen Chinesischen Medizin (TCM)* die Schlacken sehr wohl gibt, bedeutet das **all*ES*** Folgendes: Indem sich viele von uns Kamillentee in den Hintern pumpen, versuchen *Sie*(!?) im Grunde nur, den *Geist* und die *Seele* zu dem zu befähigen, wozu unser *Körper* – wäre er nicht aus purer **Gier** und **Überfluss** so fett geworden – seit Langem schon in der Lage ist: Nämlich zur selbstständigen Reinigung – die Grundlage einer optimalen Funktion!

An dieser Stelle sei noch erwähnt, dass es wahrscheinlich nicht die Intention einer Religion war, dass sich deren Anhänger im Anschluss an eine teilweise 40-tägige Fastenzeit oder nach Einbruch der Dunkelheit dem *Jojo-Effekt* hingeben, sich voller fressen als zuvor und so ihren ***hedonistischen Nullpunkt*** immer noch weiter (den »Berg«) *hoch* treiben! Nein, sie woll(t)en ihre Anhänger wohl eher auf den ***Boden der Tatsachen*** zurückholen, *Ihnen*(!?) einen neuen Ausgangspunkt und eine »**Ebene**« präsentieren, die uns zeigt, dass *ES* auch anders geht!

Wer schon einmal gefastet oder lange Zeit enthaltsam gel(i)ebt hat, der weiß auf einmal »Dinge« zu schätzen, die wir sonst als selbstverständlich angesehen haben. Schokolade schmeckt (selbst in geringen Dosen) einfach besser, wenn *man* lange keine mehr gegessen hat oder sogar noch nie welche schmecken durfte!...

Und wer schon mal in der *Dritten Welt* zu Gast war, wird sicherlich die Annehmlichkeiten der »*Ersten Klasse*« wenigstens für eine gewisse Zeit – bis der Gewöhnungseffekt wieder eintritt – zu schätzen wissen!...

Indem wir aber nach langer Durststrecke über das Ziel hinausschießen, den »***Nullpunkt***« weiter und immer weiter nach *oben* schieben, entfernen wir uns nur noch mehr von dem, was wir als »Idealgewicht« oder gar als »Idealleben« anstreben! Denken Sie daran, falls Sie demnächst mal wieder eine Ihrer zahllosen Diäten beenden oder anderweitigen Verzicht üben und daraufhin einfach nicht verstehen (wollen), wie und warum der eventuell einsetzende *Jojo-Effekt* uns und **all*ES*** nur noch schlimmer macht als vorher!

»*Wer wenig bedarf, kommt nicht in die Lage,*
auf vieles verzichten zu müssen.«
- Plutarch

Maximize me!

Dem uns anhaftenden Drang, ständig etwas Besseres, ja das »Beste« überhaupt *haben* zu wollen, und den damit verbundenen Problemen versucht der bereits erwähnte amerikanische Psychologie-Professor Barry Schwartz auf die Schliche zu kommen. Er unterscheidet grundsätzlich zwischen **zwei** Typen von **Menschen**, welche er nicht **Schafe** und **Wölfe** nennt, sondern in die »***Genügsamen***« und die sog. »***Maximierer***« einteilt. Im Grunde genommen gehen aber beide Anschauungen in die ähnliche Richtung!...

In einem Interview – nachzulesen im *fluter* (179), einer Zeitschrift der *Bundeszentrale für politische Bildung* – äußert sich der Professor über die »Qual der Wahl«, d.h., das Problem einer gestiegenen Auswahl, hervorgerufen durch eine effizientere Produktion und Computerisierung sowie einen gesteigerten Reichtum, durch welchen wir zwar mehr (Geld) zur Verfügung haben, um etwas zu kaufen, dadurch aber Gefahr laufen, richtige Probleme zu bekommen – bis hin zur Depression! Demnach ist es wohl eher ein Problem der »privilegierteren« **Menschen**, sich zwischen verschiedenen **Möglichkeiten** entscheiden zu müssen! Die gesteigerte **(Auswahl)Möglichkeit** – ursprünglich einmal ein Kennzeichen von »Freiheit«(!) – scheint die **Menschen** ab einem gewissen Punkt eher zu lähmen als zufrieden zu stellen! Schwartz nennt dazu auch ein Beispiel:

> *»Es gibt eine noch nicht veröffentlichte Studie über die private Altersvorsorge in den USA. Arbeitgeber boten früher meist zwei oder drei unterschiedliche Investments an, unter denen man wählen konnte. In den letzten Jahren wurden daraus dreißig. Die Annahme lautet auch hier: Gibt man den Menschen mehr Möglichkeiten der privaten Vorsorge, verbessert man ihr Leben, weil jeder genau das Modell finden kann, das für ihn richtig ist.*
>
> *Und was ergibt die Studie dazu?*
>
> *Der Prozentsatz der Menschen, die sich nicht mehr um ihre private Altersvorsorge kümmern, nimmt zu. Es ist so schwierig herauszufinden, welches Vorsorgemodell das richtige ist, dass man sich sagt: »Darüber entscheide ich morgen.» Und natürlich entscheidet man nie. In den meisten Fällen tragen die Arbeitgeber einen Teil zu dieser Vorsorge bei. Indem sie sich nicht entscheiden, verbrennen die Arbeitnehmer buchstäblich Geld. Sie lehnen ein Geschenk ihres Arbeitgebers ab.«*[152]

---

[152] *Die Qual der Wahl. Prof. Barry Schwartz weiß: Mit der Auswahl kommen die Probleme.* Interview: Dirk Schönlebe, 29.6.2005.
(URL: http://www.fluter.de/de/freiheit/heft/4070/ [Stand: 19.9.2009])

Also, ich für meinen Teil kann das absolut verstehen. Wir »Privilegierten« müssen uns oft für etwas entscheiden, ohne überhaupt noch annähernd die **Möglichkeit**(!) zu *haben*, die »Dinge«, die wir wählen sollen, *objektiv* bewerten zu können! Logischerweise – und jetzt muss *man* etwas im Kreis herum denken – fühlen wir uns durch den durch *Überfluss* hervorgerufenen *Mangel* (an (Bewertungs)**Möglichkeit**) irgendwie unwohl, »unfrei« und nicht zuletzt gehemmt und gefangen! Angesichts der Fülle an Informationen, die zur (Entscheidungs)Bildung und letztendlichen (Entscheidungs)Freiheit notwendig wären, resignieren dann viele, inkl. mir selbst, und entscheiden sich aus **Angst** für die oft einzig »logisch« erscheinende Konsequenz der **Tatenlosigkeit**!...

Keine Entscheidung scheint oft besser zu sein als eine *falsche* Entscheidung – also kaufe ich lieber **nichts**! Aus diesem Grund gibt es zahllose Zeitschriften, die uns »informieren«, Internetanbieter, die uns den günstigsten Preis eines Produktes suchen, Versicherungsmakler, Finanzberater und Verkäufer, die nur das »Beste« für uns wollen und uns die häufig unbezwingbar erscheinende »Qual der Wahl« abnehmen! Die Frage ist jedoch, ob das »Beste« für den Verkäufer auch das »Beste« für mich ist – aber da es de facto auch kaum mehr möglich ist, den »besten« Mobilfunktarif, die »beste« Versicherung, den »besten« Fernseher oder Partner und überhaupt das »Beste« zu bekommen bzw. dahingehend richtig zu handeln, ist es eigentlich vollkommen wurscht und ganz egal, was *man* tut, solange wir nur (**selbst**) von uns und unserer (Ent)Scheidung überzeugt sind!(?)...

Prof. Schwartz vergleicht jedenfalls das »Beste« mit einem sehr abstrakten Kriterium, welches angesichts der Fülle von möglichen Entscheidungen prinzipiell fast unmöglich zu erreichen ist. *Man* kann sich leicht vorstellen, dass es immer *etwas* geben muss, was noch »besser« ist! Ich möchte hinzufügen, dass es auch **immer** *jemanden* geben wird, der noch »besser« ist, als wir es *sind*, und es auch **immer** *jemanden* geben wird, der noch »mehr« hat, als wir *haben*!...

»Es gibt immer einen noch größeren Fisch.« (180) sagte der Jedi Meister Qui-Gon Jinn in *Star Wars I – Die Dunkel Bedrohung,* und *man* kann sich denken, dass er Recht hat! Bei unserem andauernden Streben nach »Maximalem« sollten wir aber unbedingt noch etwas anderes berücksichtigen: Selbst wenn wir irgendwann einmal das »Beste« für uns erreicht hätten, würden wir es – laut Schwartz – wahrscheinlich gar nicht (be)merken! Und da hat er (auch) Recht, denn wir lernen bekanntermaßen die »Dinge« und »Menschen« erst dann richtig schätzen und lieben, wenn wir sie nicht mehr *haben*! Das ist mit unserem Partner – mit dem wir unter Umständen für uns das »größte« Los gezogen haben – nicht anders als mit unserem Arbeitsplatz, unseren Rechten und Freiheiten, genauso wie mit **allem** anderen, mit dem wir so selbstverständlich, unbedacht und sorg- bzw. lieblos umgehen! Und so haben wir, beispielsweise aus der Sicht eines *Dritte-Welt*-Bürgers oder eines sehr kranken Menschen, ohne *ES* bemerkt

zu haben, schon längst sechs Richtige mit Zusatzzahl gezogen. Jeder für sich hat bereits im Lotto gewonnen, doch von uns will das (fast) keiner sehen!

Das in (unserer) Gesellschaft so selbstverständlich praktizierte »Maximieren« kann, laut einem Artikel, den ich in irgendeiner Zeitschrift gelesen habe, sogar so weit gehen, dass manche sich beispielsweise beim Kauf von Schuhen zwei identische Paare in gleicher Größe und Farbe bringen lassen, um sich dann sogar noch zwischen diesen für das »Bessere« entscheiden zu können! Diejenigen von uns, die das tun, müssten theoretisch dann zwar die Leute sein, die »*objektiv*« gesehen den »besten« Schnitt machen, jedoch sind es in der Praxis meistens die, die trotz allem wohl die Unglücklichsten *sind*!... Also ich persönlich bewundere ja die Menschen, die zum Einkaufen in einen Laden rennen, sich nach kurzem Umsehen für etwas entscheiden, kaufen und wieder gehen. Ganz ehrlich: »Hut ab!« Im Gegensatz dazu stehe ich nämlich öfters mal wie (m)ein abgestürzter PC vor dem Regal mit verschiedenen Müslisorten und kann mich nicht entscheiden! – Soll ich jetzt das Sechskornkornmüsli mit ekligen Rosinen nehmen, doch eher das ungesunde mit Schoko, große oder kleine Packung oder doch das teure(re) in Augenhöhe? Eigentlich ist *ES* ganz egal, denn nach scheinbar erfolgreich getroffener Wahl und rund 20 Metern Weg drehe ich sowieso wieder auf der Stelle um und kaufe »geistesgegenwärtig« das billige(re) Müsli von unten!...
Das Schlimme ist – ich weiß es schon vorher! Na wie dem auch sei, lieber mache ich mich – beim Wiederzurückgehen – vor mir und den anderen Kunden lächerlich und riskiere beim Bücken nach den billigsten Packungen einen Bandscheibenvorfall, als auf die Psychotricks der Supermärkte reinzufallen, … denke ich noch so bei mir und bemerke gar (nicht), dass ich deshalb auch nicht *zufriedener* mit meiner (Aus)Wahl bin! Und das war dann längst nicht alles: …
10 verschiedene Espressosorten, 20 verschiedene Sorten Chips, Bio oder nicht Bio, mit Sitzheizung oder ohne, 20 Stück oder 50 Stück, 3- oder 4-lagig, blond oder braun, *Nutella* oder *Nutoka*, von hinten oder von vorn, oben oder unten, Mann oder Frau, die rote oder die blaue Kapsel? ... die Liste der von mir zu fällenden Entscheidungen ist gar unüberschaubar lang! Alleine der »simple« Versuch, in den Urlaub zu gehen, stellt für mich eine schier unmögliche Hürde an Entscheidungen dar und resultiert in einem Stress, der um ein Haar zur *System*überhitzung führt! Habe ich nämlich erstmal den Termin und will mich auf den Lorbeeren (m)einer (Entscheidungs)Freude ausruhen, heißt das noch lange nicht, dass ich weiß, wohin ich gehen will! Nach einiger Zeit und diversen Schweißausbrüchen – zwischen denen ich mir endlich über den Planeten, Kontinent und das Land klar geworden bin – muss ich mir noch Gedanken über den Ort und die dortige riesige Auswahl an Hotels machen!… Im Zentrum oder lieber außerhalb, 3 oder 4 Sterne, direkt am Strand oder nicht? …
Probleme, die *man* ohne Geld sicherlich nicht hätte – da haben Sie schon Recht! Aber tun Sie doch nicht so, als wäre Ihnen immer klar (gewesen), was Sie wol-

len! So gehören Sie bei genauerem Hinsehen doch bestimmt auch zu denen, die sich nach 3tägigem Studium der Speisekarte – statt der Nr.**42** – trotzdem wieder für die »Nr.19 – Pizza Hawaii« entscheiden und wie **immer** eine kleine Apfelsaftschorle oder alternativ dazu ein Bier(chen) trinken!?

Die Wenigsten von uns wissen nun mal *wirklich* genau, was sie (im Leben) woll(t)en! Dagegen scheinen weitaus mehr Menschen ziemlich genau zu wissen, was sie **nicht** woll(t)en! Wir wollen nicht enttäuscht werden, nicht den Kürzeren ziehen, nicht belogen, nicht betrogen und, im Extrem, schon gar nicht getötet werden. Wir wollen (über)leben, und so ist mitunter die **Angst** vor einer vermeintlichen Fehlentscheidung und den daraus resultierenden Nachteilen häufig der Grund, weshalb manche im Restaurant immer das Gleiche essen, ihr Leben lang an denselben Ferienort gehen, die gleiche(n) Kneipe(n) besuchen oder lange Zeit einer einzigen Marke (oder einem einzigen Partner) treu bleiben!

Auch hierbei arbeiten wir wieder »frei« nach dem (Sucht)»***Prinzip***«, bei welchem ein erlebter Reiz, ähnlich wie bei einem *Spiegeltrinker*, reproduziert werden soll und häufig nur dann als adäquater Reiz empfunden wird, wenn *man* die Dosis allmählich erhöht! Denn so gut wie beim allerersten Mal erleben wir einen »Kick« bekanntermaßen beim zweiten, dritten, vierten Mal leider nicht mehr!

Sicherlich tut *man* sich aber keinen Gefallen, wenn *man* aus lauter (Fress)Lust die Dosis der Lieblingsspeise(n) jeweils erhöht, sich immer voller stopft und sich, nachdem *man(n)* gerade noch so dem Bolustod[153] entronnen ist, ein bis viel zu viele Schnäpschen für den ohnehin schon strapazierten Magen gönnt! Und doch machen mehr als genug (»junge«) Menschen genau diesen Fehler, der dazu führt, dass – wie mir scheint –, vor allem Männer nach ausufernder Völlerei auf dem Sofa havarieren und sich, zur Handlungsunfähigkeit verdammt, den vollgestopften Bauch halten. Und selbst im Angesicht des vermeintlichen Todes, welcher jedem ordentlichen Hamster zur Ehre gereicht hätte, reut es einen zum Schluss irgendwie doch, nicht noch ein bisschen »**mehr**« gegessen zu haben!

---

[153] »*Bolustod*

Der Bolustod (im Volksmund auch Bockwurstbudentod oder Minutentod genannt) tritt nach einem plötzlichen reflektorischen Herz-Kreislauf-Stillstand (Kreislaufversagen) durch vagale Reizung der empfindlichen Kehlkopf-Nervengeflechte des Rachens oder des Kehlkopfes durch einen Fremdkörper ein, wenn sich beim Schlucken ein großer Bissen, der Bolus, im Kehlkopf so verklemmt, dass er auch durch starkes Husten nicht mehr herausbefördert werden kann (Verschlucken), die sogenannte Bolusobstruktion. Der Begriff Bolustod leitet sich vom griechischem Wort für Klumpen ab (Bolus). Der Bolustod erfolgt nicht durch Ersticken, sondern vagale Reflexe, Todesursache ist ein reflektorischer Herzstillstand. Neben verschlucktem Essen kommen auch andere verschluckte Gegenstände als Ursache des Bolustodes in Betracht, beispielsweise Zahnprothesen, kleineres Kinderspielzeug oder Münzen. Durch die verlegten Atemwege kann auch der Hustenreflex nicht richtig funktionieren. Normalerweise holt der Mensch reflektorisch Luft, um Fremdkörper auszuhusten. Aber dieser Weg ist ja gerade durch den Bolus versperrt.« (418)

Überraschung und Erwartung

»Das, worauf es im Leben am meisten ankommt, können wir nicht voraussehen.
Die schönste Freude erlebt man immer da,
wo man sie am wenigsten erwartet hat.« (181)
– Antoine de Saint-Exupéry
(Wind, Sand und Sterne)

Unser Gehirn liebt Überraschungen! Wissenschaftler der *Emory University* und des *Baylor College of Medicine* haben gemeinschaftlich herausgefunden, was wir schon lange vermutet haben:…

Die **überraschenden** (Glücks)Momente aktivieren unser Belohnungszentrum! Und was das bedeutet, wissen Sie ja mittlerweile (selbst) – …*ES* ist toll!

»*Wir fanden heraus, dass das so genannte Belohnungszentrum im Gehirn nicht ebenbürtig auf jede erfreuliche Substanz antwortet, sondern statt dessen viel stärker reagiert, wenn die Vergnügen unerwartet waren*«, sagte Berns. Gregory Berns und Read Montague hatten zuvor mit Hilfe der Magnetresonanz gezeigt, dass die Wirkung von **unerwarteten** Stimuli viel größer war als die von erwarteten. Zugrunde lag ein Versuch, bei denen Freiwillige teilweise nach vorheriger Ansage, teilweise auch ganz überraschend, ein Erfrischungsgetränk in den Mund gespritzt wurde und dabei, wie beschrieben, die Aktivität des Belohnungszentrums gemessen wurde. (182)

…

All das erklärt, weshalb »fremdes« Essen, welches wider Erwarten »gut« schmeckt, uns in diesem Moment **besonders** »gut« schmeckt! Sie kennen das: Irgendjemand isst vor Ihren Augen etwas, das laut Zutatenliste eher auf Brechreiz als auf Gaumenschmaus schließen lässt. Nun – nachdem Sie sich vom **überraschenden** Gegenteil überzeugt haben – hauen Sie sich das Zeug gleich palettenweise hinter die Kiemen – und zwar so lange, bis Sie *ES* irgendwann dann doch nicht mehr sehen, riechen oder, aufgrund des Gewöhnungseffekts, sonst irgendwie »schmecken« können! Bei mir war es damals das *Käsebrot mit Ketchup* oder zum Beispiel der *Brotaufstrich aus körnigem Weichkäse*, garniert mit *Honig und Bananen*. Nicht darüber nachdenken – ausprobieren, klar!

Machen Sie doch (auch) mal was gaaaaanz Verrücktes und lassen sich auf das »Spiel« (der Überraschung) ein, indem Sie beispielsweise das nächste Mal in Ihrem Lieblingsrestaurant verwegen etwas anderes bestellen als die gewöhnliche »19«! Erwarten Sie dabei nichts, höchstens, dass das Gericht grausam schmeckt!

Somit haben Sie eigentlich schon fast gewonnen, da Sie die Möglichkeit, »positiv« **überrascht** zu werden, unbedingt vergrößert haben. Im dümmsten Fall werden nämlich nur Ihre Erwartungen erfüllt, was sicherlich immer noch besser ist als enttäuscht, also in diesem Zusammenhang, »negativ« **überrascht** zu werden!(?) Eine Erfahrung wird's allemal! Und wenn's funktioniert, könn(t)en Sie diese Technik auch auf den Rest Ihres Lebens anwenden. Erwarten Sie nichts und Sie werden (»**überrascht«**) *sein*!

In der Komödie *Dodge Ball* (deutscher Titel *Voll auf die Nüsse*) entgegnet Vince Vaughn übrigens auf die Frage, ob er wirklich kein Ziel im Leben habe, mit folgendem Spruch:

> *»Ich weiß nur, wenn man ein Ziel hat, dann erreicht man es meistens nicht.*
> *Aber wenn man keins hat, dann ist man auch niemals enttäuscht –*
> *und ich kann Ihnen versichern, mir geht's einfach prächtig!«* (183)
> - Dodge Ball
> (USA 2004)

Das wollte ich an dieser Stelle nur erwähnt haben!...

Laut Psychologie-Professor Barry Schwartz bauen wir (all)gemein hohe Erwartungen an die Ergebnisse unserer Entscheidungen auf, wobei die Ergebnisse die Erwartungen gar nicht erfüllen können, weil die Erwartungen übertrieben hoch sind und wir deshalb zum Schluss trotz eines, sagen wir mal unter dem Strich »guten« und (*objektiv*) eigentlich zufriedenstellenden Ergebnisses doch wieder deprimiert sind. (179) **Diese Feststellung – gemeinsam mit dem wissenschaftlichen Beweis dafür, dass unser Gehirn Überraschendes (be)lohnenswerter findet als Erwartetes – ist meines Erachtens eine der bedeutendsten Entdeckungen der letzten Zeit!...** Selbst wenn dadurch einfach mal wieder ein bekanntes Phänomen wissenschaftlich erklärt werden kann, gibt es uns doch einen klaren Hinweis darauf, wie wir unsere Empfindung überlisten können, um so wieder ein vergessen geglaubtes (Glücks)Gefühl zu erlangen!

Indem wir (unsere) Erwartungen minimieren,
maximieren wir gleichzeitig die Chance, überrascht zu werden,
und steigern folglich das empfundene (Glücks)Gefühl!

Die(se) (Optimierungs)**Möglichkeit** eines (Glücks)Gefühls könn(t)en Sie, wie gesagt, leicht auf **sämtliche** Aspekte Ihres täglichen Lebens übertragen!...

Wenn Sie z.B. erwarten, dass Ihr Sohn eine 6 in Latein nach Hause bringt, werden Sie sich über eine 4-5 bestimmt freuen!(?) Oder nehmen wir doch einfach mal Ihren Geburtstag: Erwarten Sie nichts und niemanden, wird Sie **jeder** einzelne Gast, Anrufer oder Mensch, der an Sie denkt, sowie **jedes** noch so kleine Geschenk mehr freuen als ein geschenktes Auto, das nicht die erhoffte Farbe hat! Auch werden Sie sich über zwei bis drei (echte) Freunde **mehr** freuen als über eine Hundertschaft von geladenen Gästen, von denen die eine Hälfte sowieso kurzfristig absagt, während die andere Hälfte meist auch nur des »Caterings« wegen kommt. **Ungeplante** Partys sind und bleiben nun mal die besten!!!

Das besagte »Problem« mit den (Geburtstags)Partys kenne ich übrigens aus eigener Erfahrung: Man fängt an zu planen, lädt diverse Leute ein, malt sich während des Einkaufens aus, wie toll **(all)*ES*** werden könnte, um kurz vor dem Fest der Feste ein paar Absagen zu kassieren und auf einem Berg (von Essen und Enttäuschung) sitzen zu bleiben! Dabei war die »Party« *an sich*(!?) gar nicht (so) schlecht, waren doch die »eigentlich« wichtigen Leute gekommen, hatten wie blöd getrunken und gegessen, gelacht, sich unterhalten und auch sonst nicht gerade den Anschein erweckt, sich zu langweilen. Wir hatten einen Heidenspaß gehabt! Trotz **allem** war *ES* eben nicht ganz so wie in (m)einer Vorstellung; eben nicht (ganz) so schön, toll, groß und »perfekt«, wie *ES* hätte sein können!...

Aber wissen Sie was: seitdem ich **(all)*ES*** nicht mehr bis ins Detail plane, sondern gewissen »Dingen« einfach ihren Lauf und *Sie*(!?) auf mich zukommen lasse – statt, wie bisher, anders herum(!) – habe ich komischerweise selbst wieder »Spaß« an mir und meinen »(Geburtstags)Partys«! Und das obwohl oder gerade weil ich **weniger** (Erwartungen) *habe*, **weniger** (Leute) kommen und **(all)*ES*** nicht so vollkommen, fehlerfrei, (muster)gültig und korrekt *is(s)t*, wie *ES* (m)ein Ego gerne hätte. **»Perfektion« ist (nicht) erreichbar!!!...**

Ganz ehrlich, selbst die Schwierigkeiten zwischen Mann und Frau oder Partnern gleichgeschlechtlicher Beziehungen würden sich reduzieren, wenn *man* nicht ständig erwarten würde, eine »perfekte« Beziehung führen zu müssen! Denn genau das, diese (un)erreichbare (Erwartungs)Haltung macht (m)einen Strich durch die Rechnung der ansonsten *objektiv* intakten, trauten Zweisamkeit!... Sie sehen schon (richtig), ich weiß nicht, wie oft ich meine Freundin bereits enttäuscht habe und sie deshalb zutiefst traurig war, ohne dass es für mich einen triftigen Grund dafür zu geben schien! Jetzt wird mir allerdings einiges klar(er): In **ihrem** Kopf hat **sie** *sich*, die »*Party*« oder *mich* einfach anders vorgestellt, und sie (re)agiert zuweilen etwas, sagen wir mal, »ungehalten« auf (m)ein Verhalten, das nicht in diese vorgefertigte Vorstellung eines »perfekten« Tages, (Lebens)Abends oder sonst etwas passt! Die Enttäuschung und der damit verbundene Frust ist dabei klar nachzuvollziehen und auch durchaus existent!...

Warum ich allerdings nichts bemerkt habe – und meine Freundin mir meiner Meinung nach keine klar(er)en Hinweise darauf gegeben hat, was zu tun sei – entnehmen Sie bitte dem von mir bereits genannten Buch von Allan & Barbara Pease und ähnlichen Büchern, die sich genauer mit dem Thema *Mann und Frau* und warum *Sie*(!?) sich (gegenseitig) nicht (be)greifen können, befasst haben!

Viel wichtiger ist nämlich die Frage, was *ES* weltweit bedeuten würde, wenn wir unsere Erwartungen gegenüber anderen (Ländern, Völkern oder Religionen) herunterschrauben würden, um so endlich **insgesamt** wieder zu einem besseren Miteinander zu finden!? Vorerst bleibt dies allerdings Ihrer Fantasie überlassen, denn »herunterschrauben« ist momentan nicht unbedingt das, wonach der Menschheit der »Sinn« zu stehen scheint! ….(?)

Entgegen dem, was die Überschrift dieses Kapitels »eigentlich« ***erwarten*** lässt, kommen wir jetzt aber zurück und bleiben ***überraschenderweise***(!?) bei der »Qual der Wahl«, das heißt den tagtäglichen **Entscheidungen**! Denn während Sie im Augenblick (vielleicht) noch darüber nachdenken, wonach uns denn nun der »Sinn« zu stehen scheint und, wie ich, schließlich von einer »besseren« Welt träumen, sehen wir uns weiterhin dem Problem gegenübergestellt, sich (in einem ständig **beschleunigenden** »*System*«) richtig bzw. überhaupt zu entscheiden!...

Bereits im Alter von zwei bis drei Jahren werden wir **heute** vor Entscheidungen gestellt, denen wir (oft) nicht gewachsen sind und es – entsprechend unserer jeweiligen geistigen Reife – eigentlich auch nicht sein sollten. »Schatz, möchtest du Wasser oder Saft, Apfel oder O-Saft trinken? Im Becher oder schon aus dem Glas? Soll ich dir helfen oder schaffst du es alleine? Willst du noch **mehr** – von was auch immer – oder hast du (bereits) genug?«… – Sie kennen das!(?)

Anders als bei den ersten und von der Frage nach dem gewünschten »Zutun« abgesehen handelt es sich vor allem bei letzterer zwar um eine durchaus existenzielle Frage der Menschheit, die ein privilegiertes »**Kind**« in Anbetracht der Tatsache, dass *ES* sich bei gleicher Fragestellung auch um Schokolade, Chips, (Computer)Spielen, Geschlechtsverkehr, Wohlstand oder **Konsum** im Allgemeinen handeln kann, leider viel zu häufig mit »Ja!« bzw. »Nein!« beantwortet.. ..»Ja«, wir *wollen* immer **mehr** und »nein«, wir *haben* (noch lange) nicht genug!

Wenn dagegen vor vierzig, fünfzig Jahren eine Mutter von fünf oder mehr Kindern jedes einzelne davon gefragt hätte, was es denn anziehen, spielen oder zu Mittag essen wolle, hätte es sicherlich bis zum Abendessen gedauert, bis überhaupt annähernd ein für **alle** »Parteien« akzeptables Ergebnis zustande gekommen wäre. (Ähnlichkeiten zur Politik sind natürlich rein zufällig und gewollt!)…

Im Vergleich zu **heute** war die (Aus)Wahl einfach begrenzt(er) und so wundert es nicht, dass viele Mütter mit **einem** Kind und dementsprechend **mehr** ((Ent)Scheidungs)**Möglichkeiten** gestresster wirken als die, die so im Vorbeigehen mal kurz drei bis vier oder mehr Kinder »werfen« und diese intuitiv und aus *Mangel* (an Alternativen) dahingehend »managen«, dass sie erst dann eine »Wahl« bekommen, wenn sie[154] auch bereit bzw. reif genug dazu sind!...

Manche »Eltern« fragen sich jetzt vielleicht, ob das »besser« ist und woher *man* überhaupt wissen soll, wann *man* (**selbst**) und die kleinen Racker so weit ist bzw. sind. Zumindest die Antwort auf letztere Frage ist so einfach, dass sie im bereits (auf Seite 136) erwähnten Kinderfilm *Findet Nemo* enthalten ist:

»*Eigentlich weißt du es nie, aber wenn sie es wissen,*
weißt du es auch – weißt du?!« (184)
- Findet Nemo
(USA 2003)

[154] Anm.: Das gilt sowohl für die »Kinder« als auch für die »Mütter« bzw. »Eltern«!

Deshalb Folgendes: Um als »Kind« (vollends) aufwach(s)en zu können, müssen die »Eltern« zur rechten Zeit von ihren »Kindern« und ihrer **eigenen**, elterlichen **Funktion** loslassen (können)! ***Man* muss (sich) schließlich selbst-los sein (wollen)!** Dass das nicht gerade leicht ist, nicht immer gelingt und selbst unserer Politik zu schaffen macht, weiß ich aus eigener Erfahrung, und wir werden gegen Ende des Buches noch darauf zurückkommen!...

Wenn wir also ab und an das **Gefühl** haben, die »Kids« von heute seien verzogen, dann doch nur, weil wir nicht (von uns selbst) loslassen können und konnten! Folglich haben wir verzogene Kinder aus uns und ihnen bzw. ***I***hnen(!?) gemacht! Und dasselbe geschieht noch immer! Das heißt natürlich nicht, dass wir wieder zurück zur erzkonservativen (Prügelstrafen)Erziehung kehren soll(t)en, aber anspucken oder gar schlagen muss *man* sich von (s)einem Kind nun wirklich nicht lassen! Doch genau das passiert hierzulande öfters mal, denn »Kinder«, die ihre »Eltern« und die Gesellschaft wie Dreck behandeln, sind keine Seltenheit mehr! Also überlegen Sie sich (selbst), wer Schuld daran hat und wer dafür verantwortlich ist, wenn ein ehemals kleiner, süßer, lieber und im Grunde genommen doch »guter« Welpe irgendwann zu schnappen beginnt!

Um aber bei der »Sache« (mit der **Auswahl** bzw. dem **Entscheiden**) zu bleiben: Wie soll denn bitte schön ein dreijähriges Kind überhaupt wissen, was *ES* will, wenn nicht einmal die Eltern genau wissen, was sie wollen? Das einzige, was das Kind lernt und folglich über die Welt weiß, ist, dass *ES* eine »Wahl« und zu bestimmen hat und sich die Welt allem Anschein nach nur um einen selbst dreht! Ob ein solches Kind gewappnet(er) ist für den allgegenwärtigen Entscheidungsterror – einen Terror, dem derart viele kommerzielle pro/contra Abwägungen zugrunde liegen, dass *man* am liebsten abschalten möchte, überlasse ich Ihnen. Das Paradoxe daran ist allerdings, dass kommende Generationen von »**Menschen**« bis dahin zwar gelernt haben (sollten), mehr oder weniger »selbst« zu entscheiden, es zu »guter« Letzt aber gar nicht mehr nötig sein wird, dies zu tun!... Vielleicht werden wir ja **alle** in Zukunft gar nicht mehr genug (Geld)Mittel zur Verfügung haben, um uns Sorgen darüber zu machen, wohin wir in den Urlaub fliegen oder welche Jeans oder Müslisorte wir nun kaufen soll(t)en!? Vielleicht entwickeln sich unsere Kinder alleine aus der Tatsache heraus, (wieder) **weniger** (Auswahl) zu *haben*, dann zu etwas *glücklicheren* und *selbstloseren* **Menschen**, als wir es gemeinhin heute sind!?

»Es ist seltsam, wie wenig ein Mensch braucht, um glücklich zu sein –
und noch seltsamer, dass einem gerade das Wenige fehlt.«
- unbekannt

Falls Sie sich fragen sollten, wo um »Himmels« oder von mir aus auch »Gottes« willen die »glücklichsten« (schon wieder ein Superlativ!) **Menschen** wohnen, so lohnt es sich, in einem Artikel der *Deutschen Presse Agentur (DPA)* – unter anderem erschienen am 13.07.2006 in *Welt Online* (185) – hineinzuschauen!...

Besagter Artikel beruft sich auf die Ergebnisse einer britischen Studie, wonach die »glücklichsten« **Menschen** wider Erwarten nicht in Deutschland, sondern auf der Südseeinsel *Vanuatu* leben! »Klar!«, werden Sie jetzt denken, »wenn ich auf einer Südseeinsel leben würde, wäre ich auch scheißglücklich!« Doch die eigentliche Begründung dafür ist viel einfacher als ein Sonnenbrand und Sand in der Ritze. Die **Menschen** sind dort mit **wenig(er)** zufrieden!...

Noch relativ gut abgeschottet von *äußeren* Einflüssen, zählt in *Vanuatu* eben noch die Gemeinschaft viel **mehr** als das Erreichen irgendwelcher Statussymbole. Die Inselgruppe im Pazifik mit ihren etwas mehr als 200 000 Einwohnern ist nach Einschätzung der Stiftung *New Economics Foundation (NEF)* – welche in ihrer 59-seitigen Studie Daten zu Lebenserwartung, Lebenszufriedenheit und Umweltbelastung erstellt hat – der Ort, an dem es sich derzeit (Stand 2006) wohl am »besten« leben lässt! Noch vor Großbritannien und den USA, welche sich Platz 108 und 150 eingeheimst hatten, erreichte Deutschland von 178 Plätzen übrigens den 81. Rang!... Sie haben Recht, da haben wir's den Amis mit ihren *unbegrenzten* **Möglichkeiten** aber mal wieder gezeigt!(?)

Ganz am Ende des sog. »***Happy Planet Index***« –, einer Statistik, die wie jede andere natürlich mit der entsprechenden Vorsicht zu genießen ist,– landeten übrigens Länder wie Russland, die Ukraine, Burundi und Zimbabwe. Dies sind Länder, deren Bevölkerungen vielleicht nicht unbedingt die großartige »Wahl« haben und sich deshalb, wie *man* sarkastischerweise behaupten könnte, eigentlich »glücklich« schätzen dürften, dies aber aus offensichtlichen Gründen nicht tun und deshalb unzufrieden sind und das zweifelsohne auch sein dürfen!

Wie viel (Aus)Wahl **insgesamt** und **jeweils** nötig ist und wie viel schon wieder zu viel ist, um als »**Mensch**« *glücklich* und *zufrieden* zu sein, vermag auch Prof. Schwartz und der Rest der Wissenschaft bisher (leider) nicht zu sagen!...

Da (es) letztlich **jeder** für sich (**selbst**) entscheiden muss und dies dem Sinn des »***autonomen* Sozialismus**« (vgl. S. 33) entspricht, möchte auch ich mich hierzu nicht genauer festlegen, als ich es ohnehin schon getan habe!...

Wie Schwartz meiner Meinung nach jedoch richtig festgestellt hat, war *man* früher, als es zum Beispiel **weniger** Auswahl beim Hosenkauf gab, mit (s)einer Wahl und insbesondere dem Ergebnis (s)einer Entscheidung zufriedener, als *man* es heute gemeinhin ist bzw. sein kann oder darf. Denn im Vergleich zu damals müssen wir uns nicht mehr nur zwischen drei verschiedenen Paar Hosen (oder Parteien) entscheiden, können eine nehmen und gehen, nein, wir haben heute – etwas übertrieben ausgedrückt – dreißig verschiedene Paar Jeans zur Auswahl und setzen uns damit immer dem Risiko aus, doch nicht die »beste« (gekauft) zu haben!

Selbst wenn uns die gekauften Hosen heutzutage *objektiv* gesehen besser stehen, sie *qualitativ* besser und preiswerter sind als damals, so hat *man* in (der Überfluss)Gesellschaft der *unbegrenzten* **Möglichkeiten** trotz den anders lautenden Tatsachen dennoch stets das ungute (*subjektive*) **Gefühl**, unter Umständen doch nicht das »beste« Ergebnis erreicht zu haben. Aufgrund unserer unreifen (Sucht)Natur meinen wir un(ter)bewusst und trotz unseres *objektiv* gesehenen tollen Zustandes immer noch etwas **mehr** (Befriedigung) *haben* bzw. erreichen zu können und sind infolgedessen unzufriedener, als wir es eigentlich sein müssten!... »Ist bzw. war das wirklich **alles**? Ist das wirklich die **beste** Beziehung, der **beste** Freund, der **beste** Job, Sex, Fernseher, ... Dosenöffner ... wahrhaftig das **beste** Leben, das sich uns bietet? Gibt es da vorne an der Ecke nicht noch etwas **Besseres**, das ich *haben* könnte? Habe ich mich denn wirklich richtig entschieden?«, fragen wir uns. Was wir dabei aber völlig vergessen: Es ist ein unglaublicher Luxus, überhaupt dazu in der Lage zu sein, uns über so etwas (Dummes) Gedanken machen zu können!!!

Aber so ist der »**Mensch**« nun mal, werden Sie sagen und haben sicherlich bemerkt, wie bewusst und gerne ich uns »**Menschen**« mit »**Produkten**« und »**Dingen**«, ja **»(Konsum)Artikeln**« vergleiche. Zurecht, wie ich meinen will, denn einerseits gehen wir immer öfter miteinander um, als wären wir nichts anderes als das, und andererseits ist die Frage nach dem (materiell befriedigenden) »Besten**«**; die Frage, mit **was** und **wem** wir *zufrieden* sind, eine Frage, die uns **alle** schon viel zu lange quält und verfolgt! Solange dies so ist und bleibt, lässt diese Frage uns und den Rest der Menschheit nie wirklich *glücklich* und *zufrieden* werden bzw. sein! *ES* ist ein unendliches Streben ohne erreichbares Ziel, welches uns zwar antreiben mag, **gut tut**, aber *langfristig* absolut nicht **gut** (für uns) **ist**! Etwas **weniger** (Auswahl), als wir es gewohnt sind, ist bzw. bringt einem in (mit)menschlicher Hinsicht und auf *lange* Sicht gesehen dagegen **mehr!** Denn statt die Zeit damit zu vergeuden, stets das »beste« Schnäppchen zu machen und sich oftmals un(ter)bewusst Gedanken darüber zu machen, ob es auch tatsächlich das »Beste« ist, was wir *haben*, haben wir nun **mehr** Zeit für uns (und unsere Gedanken)! Die Sozialistische Republik Kuba, von Befürwortern des Kapitalismus aufgrund der ausgegebenen Essensmarken und dergleichen oft als abschreckendes Beispiel angeführt, steht im internationalen Ranking des *Happy Planet Index* (*HPI*, Stand 2006) jedenfalls an Platz Nummer 6!

Für mich ist das eine Tatsache, die zwar keinesfalls bedeuten soll, uns nach Castro zu richten, die aber die kommende weltweite Rezession und eine etwaige Verknappung der Mittel im Sozialismus in einem anderen, etwas »besseren« Licht erscheinen lässt! Dessen (un)geachtet dürfen wir nicht vergessen, dass der **Mensch** in der Tat eine gewisse freie und individuell sicherlich unterschiedlich große (Auswahl)**Möglichkeit** braucht, um sich *selbst*(( )*ständig)*, d.h., nicht »bevormundet« oder »entfremdet«, sondern (*stets*) *frei* und *glücklich* zu **fühlen**!

Diese (Er)Kenntnis und die Tatsache, dass zu viel Auswahl eine im Allgemeinen doch eher hemmende Wirkung besitzt, sei, wenn ich Professor Schwarz richtig verstanden habe, übrigens einer der Gründe für den wirtschaftlichen Erfolg von *Aldi* und ähnlichen Supermarktketten! Der Clou liegt darin, neben qualitativ hochwertigen sowie billigen Produkten nur eine begrenzte Auswahl anzubieten. Schwartz: »*In den USA gibt es eine Kette, Trader Joe's, die ist etwas teurer als Aldi, aber auch mit einer sehr begrenzten Auswahl – und das ist die am schnellsten wachsende Supermarktkette in den USA. Begrenzte Auswahl ist zu einer Attraktion geworden, nicht zu einem Nachteil. Dabei bin ich nicht mal sicher, dass die Leute das so ausdrücken und sagen könnten, es mache Spaß, in einem Geschäft einzukaufen, dass mir keine 100 Müslisorten anbietet. Sie wissen nur, dass sie aus dem Geschäft kommen und sich besser fühlen, als wenn sie aus einem Megastore kommen.*« (179)

Damit es den **Menschen** im Allgemeinen besser ginge, läge es folglich mitunter an der Politik, die richtigen Entscheidungen zu treffen, jedoch jedem weiterhin die **Möglichkeit** zu lassen, jederzeit »nein« zu sagen! Die richtige Entscheidung solle sich nach dem richten, was für die **Mehrzahl** der **Menschen** am besten ist, so Schwartz. Ich habe bei der derzeitigen Entwicklung jedoch eher das **Gefühl**, dass sich gewisse Entscheidungen nach dem Willen einer immer kleiner, dafür aber immer mächtiger werdenden Gruppe zu richten scheinen. Einer Gruppe, die nur so **nebenbei** das **(Gemein)Wohl** als Ziel hat! Eines darf man (engl. *man*) bei alledem nämlich nicht vergessen: Diejenigen, die in der Politik darüber entscheiden, was nun ***gut*** oder ***schlecht*** (für uns) **ist**, unterliegen genau den gleichen *Naturgesetzen* und (mit)menschlichen Schwächen, wie wir **alle** es tun! Was das allerdings für uns bedeutet, möchte ich an anderer Stelle erörtern!…

Vorerst sollten wir uns noch überlegen, was nun die »***Maximierer***« von den »***Genügsamen***« unterscheidet, d.h., weshalb die einen eher (*zufrieden*) sein können als die anderen! Schwartz beantwortet diese Frage mit dem Hinweis darauf, dass ein *genügsamer* **Mensch** in erster Linie dadurch gekennzeichnet ist, dass er gewisse **Standards** für sich (**selbst**) aufbaut, die *ES* zu erfüllen gilt!

Entspricht eine »**Sache**« diesen Ansprüchen, wird sich der ***Genügsame*** dafür entscheiden, ohne sich Sorgen darüber zu machen, ob es irgendwo noch etwas »Besseres« gibt! Er ist demnach *zufrieden*, d.h., er ist der Definition nach …

a) innerlich ausgeglichen und nichts anderes verlangend, als man hat;
b) mit den gegebenen Verhältnissen, Leistungen o.ä. einverstanden, nichts auszusetzen habend.

Und genau bei diesen »**Standards**« liegt unser Problem! Ersetzt *man* nämlich das Wort »**Standard**« durch den Ausdruck »**Wert**«, wissen Sie vermutlich gleich, wovon ich spreche!…?

Werte

»Eine Gesellschaft ist nur so gut,
wie die Menschen, aus der sie besteht.« (186)
- Deus Ex – Invisible War

Für all diejenigen von Ihnen, die, wie ich, damals im Religions- oder Ethikunterricht die meiste Zeit gepennt oder schlichtweg gefehlt haben, ist hier noch mal eine kleine Auffrischung aus dem Netz:

»Wertvorstellung

Wertvorstellungen oder kurz Werte sind Vorstellungen über Eigenschaften (Qualitäten), die Dingen, Ideen, Beziehungen u. a. m. von Einzelnen (sozialen Akteuren) oder von sozialen Gruppen von Menschen oder von einer Gesellschaft beigelegt werden, und die den Wertenden wichtig und wünschenswert sind. Zu unterscheiden ist zwischen Werten als Mittel (z. B. Geld, Werkzeug, Gesetze), die ihren Wert durch ihre Funktion erhalten ***(äußere Werte)*** *und Werten, die auf Werterfahrungen beruhen, die sich aufgrund von verarbeiteten Erlebnissen im Gefühl verankert haben* ***(innere Werte*** *wie z. B. Freundschaft, Liebe, Gerechtigkeit, Lust, Glück, Wohlbehagen, Schönheit, Harmonie).*

Man kann ferner zwischen ***materiellen Werten*** *und* ***immateriellen Werten*** *unterscheiden. Werte sind die konstitutiven Elemente der Kultur****, sie definieren Sinn und Bedeutung innerhalb eines Sozialsystems (Gruppe, Gesellschaft etc.)***

Werte können persönliche Werte (z.B. Taktgefühl, Vertrauenswürdigkeit, also was man an jemandem schätzt), materielle Werte (z.B. Geld, Macht, Eigentum), geistige Werte (Weisheit), religiöse Werte (Glaubensfestigkeit) oder sittliche Werte (Treue) sein.« (187)

Im Kapitel *Die Sache mit dem Glücksgefühl – Zufriedenheit vs. Befriedigung* (S. 231ff) hatte ich gesagt, dass (meinem Eindruck nach) die **Menschen** mehr denn je auf der Suche nach dem Sinn und Zweck der »Dinge« und des »Lebens« sind! Beim wiederholten Betrachten der obigen Definition von »*Werten*« ist mir dabei eines aufgefallen. Ich will es nochmals hervorheben!…

»*Werte sind die konstitutiven Elemente der Kultur, sie definieren* ***Sinn und Bedeutung*** *innerhalb eines Sozialsystems (Gruppe, Gesellschaft etc.)* «

Kann *ES* denn wirklich so einfach sein? Ist *ES* wirklich der Verlust von *Werten*, der **all*ES*** so sinnlos erscheinen lässt? Ich persönlich glaube ja! Und wenn Sie ehrlich sind, dann glauben Sie es auch!(?)…

Doch wie kommt das? Wie kommt es, dass wir bei all dem **materiellen** Reichtum doch **innerlich** arm, leer, struktur- und irgendwie auch (in)halt(s)los geworden sind? Verliert unser »*System*« selbst an **Struktur**?

> »*Systeme organisieren und erhalten sich durch Strukturen. Struktur bezeichnet das Muster (Form) der Systemelemente und ihrer Beziehungsgeflechte, durch die ein System funktioniert (entsteht und sich erhält). Dahingegen wird eine strukturlose Zusammenstellung mehrerer Elemente auch als Aggregat bezeichnet.*« (188)

Da wir alle »Produkte« (unserer Umwelt und unserer Vergangenheit) sind, lohnt es sich – um uns (**selbst**) und auch **alles** andere verstehen zu lernen – in der **Vergangenheit** zu stöbern!...

Wie weit wir allerdings zurückgehen müssen, hängt dabei von der Größe des betroffenen und be(tr)achteten »*Systems*« ab, welches auf uns wirkt! *Es* liegt in der **Natur** der »Sache«, dass ein großes »*System*« – wie die Erde – sagen wir, »träger« (re)agiert als ein kleines »*System*«, in welchem die Entscheidungen, die wir treffen, direktere und schneller erkennbare Auswirkungen haben, als es im großen (Wechsel)Spiel mit vielen anderen Kräften gemeinhin der Fall ist!...

Darum sei an dieser Stelle nur eines gesagt: Selbst wenn wir uns heute entschließen würden, »›gut‹ zu *sein*« und wir uns plötzlich **alle** lieb haben, werden sich die weltweiten, gesellschaftlichen Auswirkungen nicht unbedingt morgen, sondern erst in ein paar Jahren zeigen! **(Wahrscheinlich dauert *ES* sogar eher ein paar Jahrzehnte oder eine ganze Generation, was so ungefähr 20-30 Jahren entsprechen würde!)…**

Die(se) zeitliche Verzögerung der *systemischen* ***Reaktion*** auf unsere »gute« ***Aktion*** ist vergleichbar mit einem Raucher, der versucht, das Rauchen sein zu lassen. Wer sich heute nämlich entschließt, mit dem Rauchen aufzuhören und dafür sofort anfängt, Sport zu treiben, und plötzlich gesünder lebt, erkennt am nächsten Morgen noch keine (positive) Veränderungen an sich und an (s)einem Körper! Was er aber spürt, ist die beginnende Umgestaltung, die sich anhand eines deftigen und unangenehmen (Muskel)Katers samt teerartigem Auswurf bemerkbar macht!...

Offensichtlich reagiert (m)ein Körper nicht so schnell und direkt, wie *man* will, sondern es braucht (s)eine Zeit, bis sich das Ergebnis des Trainings (eine gewisse »gute« oder »schlechte« Lebensweise) **äußerlich** zeigt!
Es tut mir wirklich leid es zu sagen, aber wie der Raucher, der das Qualmen lässt, muss die **gesamte** Menschheit wohl erst durch ein Tal des Leidens, ja sogar durch den physischen, emotionalen und psychischen Entzug bzw. Schmerz (Stress) hindurch, um danach stärker, besser und insbesondere (sucht)freier l(i)eben zu können als vorher!...
Kurz gesagt ist das Verständnis von *Actio(n)* und *Reactio(n)*, das Wissen über die **räumlich** und **zeitlich** versetzte Wirkung und Nebenwirkung (inklusive einer gewissen Leidensfähigkeit) immens wichtig – insbesondere wenn es um die Frage geht, wohin sich die (globale) Gesellschaft einschließlich der von ihr abhängenden Atmosphäre auf diesem Planeten entwickelt.

»Holzhacken ist deshalb so beliebt,
weil man bei dieser Tätigkeit den Erfolg sofort sieht.«
- Albert Einstein

Bevor wir also daran denken, was in **Zukunft** sein wird, sollten wir zuerst noch einmal etwas in der Geschichte zurückgehen und über die Gründe nachdenken, warum wir momentan eventuell so sind, wie wir sind und warum die (Um)Welt unter Umständen heute so ist, wie sie ist!...
Ich glaube, es waren hauptsächlich die Sechziger- und Siebzigerjahre, welche am heutigen (Zu)Stand der Gesellschaft maßgeblich beteiligt waren und auf die wir uns aus diesem Grunde nochmals rückbesinnen sollten! Größtenteils war diese Zeit gekennzeichnet durch Blumen und lustig bemalte VW-Busse, an deren Steuern ebenso lustig zugequarzte Menschen in alternativen Batikklamotten (s)aßen und sich nebenbei so drollige Namen wie *Mondschein* und *Sonnentau* gaben. Um irgendwie gegen das Establishment zu protestieren, kopulierten sie fröhlich in der Gegend herum und auch sonst war es ein Anliegen dieser Zeit, gegen all das aufzubegehren, was einem bisher Vorschriften im Leben gemacht hatte. So oder so ähnlich ging es zu dieser Zeit – jedenfalls in meiner Vorstellung, denn ich war damals noch zu jung oder gar nicht auf der Welt – zu!(?)...
Freie Liebe, freie Triebe, Frieden auf Erden und weiß der »Herr«, was noch alles, schienen das Credo einer Zeit zu sein, mit der nicht nur die Discoära begann. Interessanterweise hat das (übertriebene) Verlangen nach weniger Kontrolle, freier(er) Entfaltung und allgemeiner (Gleich)Berechtigung, also das »*Laissez-faire*« der *68er Generation* nämlich genau das Gegenteil von dem bewirkt und schließlich ins Leben gerufen, was diese Zeit und Bewegung ursprünglich einmal wollte! *ES* hat nicht dem (autonomen) **Sozialismus**, sondern dem **Kapitalismus** mit (s)einem »freien«, angeblich »guten«, da (materiell er-

folg)reichen und scheinbar sich (**selbst**) regulierenden bzw. regierenden Markt zu seiner heutigen Macht verholfen! In echt (re)(a)giert und reguliert (uns) aber nicht der gute bzw. erwachsene und damit vernünftige(re) und freie(re) **Mensch** oder Markt, sondern das *Es* und somit der Trieb und die daraus hervorgehende »tierische« **Gier** (eines Kindes)!...

Das ist (k)ein Wunder, wurden doch die Ansichten der Kirche und Erziehung in jener Zeit genauso gesellschaftlich und kulturell in Frage gestellt und abgelehnt wie gewisse (Gesellschafts)Formen oder Entscheidungen politischer oder (klein)geistiger Führer!

Ein Grund für diesen zum Teil berechtigten Widerstand und Unmut der meist jungen Menschen gegenüber den bestehenden Strukturen war, wie mir unlängst mitgeteilt wurde, die Vorstellung, dass seit dem 2. Weltkrieg noch immer entscheidende Positionen der Gesellschaft von den »Veteranen« eines faschistischen Gedankenguts besetzt waren. Inwieweit dies richtig war und in welchem Umfang selbst die Kirche, die, wie Sie vielleicht wissen, damals zu Kriegszeiten teilweise ihre Finger mit im **bösen** Spiel (der Nazis) hatte, noch immer vom Faschismus infiziert war, weiß ich nicht! Es mögen aber mitunter diese und ähnliche Umstände gewesen sein, die die **Menschen** im Hinblick auf die Umsetzung einer eigen(er)en, frei(er)en und damit liberal(er)en Vorstellung des L(i)ebens dazu brachten, andere, **scheinbar** bessere Ideologien zu entwickeln, um sich so von den konservativen Strukturen einer Kirche und anderen althergebrachten Institutionen zu lösen!...

Diesem »Rundumschlag der Befreiung« fielen allerdings auch (Wert)Vorstellungen zum Opfer, die sich über immens lange Zeit entwickelt hatten und dem Menschen gewisse (Rahmen)Bedingungen boten, in denen er trotz (s)eines durchaus zweifelhaften Charakters Halt fand und ein Zusammenleben im kollektiven und vielleicht auch altruistischen, d.h., dem (Gemein)Wohl dienenden Sinne, führen konnte!... Dies wurde allerdings verkannt und so lag der darauf folgenden *Laissez-faire-Bewegung* der damaligen Zeit vermutlich die Vorstellung zugrunde, dass ein Individuum, welches sämtliche Freiheiten besitzt, sich ganz zwangsläufig zum »Guten« hin entwickeln muss. Inwieweit *ES* das aber getan hat, bleibt trotz allem auch hier mal wieder der Subjektivität des Betrachters überlassen!...

Aber mal ehrlich, glauben Sie wirklich, dass es, nach all dem, was Sie selbst (über den freien Markt oder sich) wissen und von mir bisher erfahren haben, klug ist, das »Sucht-Tier« Mensch (weiterhin) einfach sich selbst zu überlassen bzw. machen zu lassen, was *ES* will? Es ist zwar überaus löblich, anzunehmen, dass Kinder sich ohne die angeblich illegitime[155] Maßnahme der (aktiven elterli-

---

[155] »***i̱l|le|gi|tim*** *<lat.>:*
a) *unrechtmäßig, im Widerspruch zur Rechtsordnung [stehend], nicht im Rahmen bestehender Vorschriften [erfolgend];*

chen) Erziehung zum Besten hin entwickeln würden, aber angesichts (s)eines in Flammen stehenden Hauses relativiert sich die Annahme, dass ein Kind beim Spiel mit dem Feuer den Umgang mit dem selbigen erlernt, relativ schnell wieder. Denn nicht **alles**, was »Spaß« macht, ist leider auch in gleichem Sinne gut und gesund für uns! Und sich **selbst** Grenzen aufzuerlegen und aus sich **selbst** heraus zu erkennen, wer oder was »gut« und was »schlecht« is(s)t, gelingt leider nur den wenigsten unserer Art!

Doch aus der Sicht der Befürworter der *Laissez-faire-Erziehung*, welche nicht zuletzt auch unserem vorherrschenden Blickwinkel entspricht, ist die Frage, ob der **Kapitalismus** funktioniert, nur eine rein rhetorische. Denn soviel ist sicher – **er funktioniert!** Und das genauso – »gut«(?) – wie **Pornografie** funktioniert!...

Beide sprechen in auffällig ähnlicher Weise unsere innewohnende Triebhaftigkeit an, über welche *man* uns, ohne dass es uns auffällt oder gar stört, zu steuern und anzutreiben vermag! Doch ist ein »**Ismus«** wie der **Kapitalismus** deshalb »gut«, nur weil er uns – hauptsächlich durch **äußerlich** gegebene Einflüsse – (materiell) motiviert und befriedigt und für uns – im »menschlichen« Sinne – daher vordergründig funktioniert? Oder, um *ES* überspitzt auszudrücken, **ist** die **Pornografie** *an sich* **gut** (für uns), nur weil sie (uns) **gut tut** und unsere *zeitweiligen* (animalischen) Bedürfnisse befriedigt?

Wir mögen auch noch so intelligent und beherrscht erscheinen, mögen akademische Titel, militärische Ränge, politische Posten und religiöse Ordnungsstufen erreichen, dennoch bleiben wir den »tierischen« Einflüssen der Natur ausgesetzt und (re)(a)gieren dementsprechend! In meinen Augen ist es daher arrogant, ja geradezu verblendet anzunehmen, sich von seinen Trieben und der aus ihnen hervorgehenden »Motivation« vollkommen lossagen zu können, von Pornografie und Ähnlichem gänzlich unbeeindruckt zu bleiben und immer »Herr« (seiner bescheidenen Sinne) zu sein. Selbst die wenigen Ausnahmen, wie sie zum Beispiel in Buddha und Jesus eindrucksvoll zu finden sind, waren bis zuletzt diesen teilweise destruktiven, »extrinsischen« Mächten ausgesetzt. Doch sie haben sie erkannt, sie durchschaut und sie zum **eigenen** und zum Nutzen **aller** modifiziert und vielleicht auch zu kontrollieren gelernt!

Der **Kapitalismus** drückt allerdings bei uns –, den »**Menschen**«, die sich nie wirklich richtig zu kontrollieren gelernt haben, – zur rechten Zeit die richtigen K(n)öpfe! Be(tr)achtet man die Natur des Menschen, d.h., (s)ein »Wesen«, so ist eine »freie« (Markt)Wirtschaft nach rein kapitalistischen Maßstäben mit all ihren Vor- und Nachteilen sicherlich die logische, darwinistische Konsequenz einer *Laissez-faire-Methode*, die doch ursprünglich und eigentlich nur das »Beste« für den »**Menschen«** wollte, indem sie uns im »***Prinzip***« genau das *sein* lässt, was wir im Grunde sind und über das wir vielleicht gerade deshalb bisher

***b)** unehelich; außerehelich.*«

nicht hinausgekommen sind!? Möglicherweise sind wir ja aus diesem Grunde nichts weiter als kleine, (spaß)süchtige **Kinder** bzw. **Jugendliche**, die sich aufgrund ihrer intellektuellen Limitierung und hormonellen Situation zwar einbilden erwachsen zu sein und **(all)*ES*** im Griff zu haben, aber gleichwohl aus der Verantwortung für sich und andere stehlen (wollen)!?...

Anders als beim »echten« **Kind** oder **Halbstarken** ist die(se) Limitierung jedoch von uns **selbst** gewählt! Wir können, wenn wir wollen, der Begrenztheit begegnen. Wir können Energie aufwenden, können lernen, können Dinge und Umstände (be)greifen und uns demgemäß (ver)halten – wenn es sein »muss«!...

Doch damit es sein »muss« bedarf *ES* unter anderem einer elterlichen Führung, welche sich, so wie mir scheint, entsprechend dem *Laissez-faire* schon vor einiger Zeit verabschiedet hat! »**Kinder«** werden heute von »**Kindern**« oder bestenfalls von »**pubertierenden Teenagern**« regiert, die selbst kaum (noch) Grenzen kennen und felsenfest davon überzeugt sind, erwachsen, im Recht und schließlich selbst(bestimmt) zu sein!... Doch zu rauchen, sich zu schminken, bestimmte Klamotten zu tragen, Alkohol und andere Drogen zu konsumieren, »frei« zu entscheiden, Auto zu fahren, andere über's Ohr zu hauen und Sex zu haben – mit wem, wie und wann *man* will – bedeutet nicht, dass *man* erwachsen ist, verantwortungsvoll handelt, sich selbst zurücknimmt und kontrolliert! Es bedeutet nicht, dass *man* sich (**selbst**) und die »Sache(n)« durchschaut hat, dass *man* sich **selbst** in Frage stellt und auch über sich **selbst** (ein)mal lachen kann!...

Das soll nicht heißen, dass wir uns all die »Dinge«, die auch ein Jugendlicher gerne macht, nicht einfach (ein)mal gönnen sollten! Ganz im Gegenteil, wir sollten es tun! Wir sollten uns etwas gönnen, aber unter einer Voraussetzung: Dass wir *ES* (möglichst) **bewusst** machen, nichts und niemanden missbrauchen, *ES* nicht übertreiben – somit die Grenze(n) (er)kennen – und wissen, warum *ES* uns **gut tut** und teilweise sogar nötig ist!

Da wir aber nicht wissen, wo die Grenze ist – wir haben sie nie erfahren(!) –, wir *ES* gemäß des Suchtprinzips ständig und immer mehr (über)treiben, im Grunde nicht wissen, warum wir e(twa)s tun und es auch gar nicht wissen wollen bzw. sollen, gönnen wir uns diese überaus angenehmen »Dinge« einfach nur so zum »Spaß«!... »Es ist doch nichts (Schlimmes) dabei«, sagen wir uns und laufen dadurch immer mehr Gefahr – ohne weiter darüber nachzudenken und erwachsen zu werden – in unserer (mit)menschlichen Entwicklung stehen zu bleiben!...

Statt »analog«, das heißt stufenlos (mit)menschlich(er) zu *agieren*, *reagieren* bzw. *funktionieren* wir nach wie vor gemäß des hedonistisch-kapitalistischen Programms[156]! Gewissermaßen verhalten wir uns wie (mechanische)

---

[156] »***Pro|gramm*** *das; -s, -e <gr.-lat.; ›schriftliche Bekanntmachung; Tagesordnung‹>:*
1. a) *Gesamtheit der Veranstaltungen, Darbietungen eines Theaters, Kinos, des Fernsehens, Rundfunks o. Ä.;*

(Maul)**Tiere**, die den Karren einer immer digitaler und damit extremer und seelenloser werdenden Zivilisation[157], das »*System*«, ständig vorantreiben!

Was den Vergleich mit »Maultieren« angeht, so habe ich ihn von Robert M. Pirsig übernommen! Er schreibt in seinem Buch *ZEN und die Kunst ein Motorrad zu warten*:

»*Die kirchliche Einstellung besagt, daß der Zivilisation, »dem System«, der »Gesellschaft« oder wie immer man es nennen will, nicht mit Maultieren, sondern mit freien Menschen am besten gedient ist. Der Zweck der Abschaffung der Noten und Titel ist nicht, Maultiere zu bestrafen oder sie loszuwerden, sondern eine Umwelt zu schaffen, in der aus diesem Maultier ein freier Mensch werden kann.*« (189)

Mit »*kirchlicher Einstellung*« meint Pirsig, so wie ich ihn verstanden habe, aber nicht die Kirche, wie wir sie gemeinhin kennen! Also nicht das Haus mit Glockenturm, nicht die uniformierten Würdenträger oder die christliche Religion mit all ihren – teilweise überholten, starren, äußerlichen – Regeln. Mit »Kirche« meint er – vermutlich so wie ich – die Kirche (der Vernunft), die einen Schritt weiter geht, aus uns **selbst** heraus entsteht und in uns **selbst** zu finden ist!...
Diese »Kirchen« brauchen keine bzw. kaum **äußerliche** Anreize wie Geld, Titel, Noten, Strafen etc., um etwas zu tun oder zu lassen, sich zu befriedigen oder ordentlich zu verhalten! Ihr (An)Trieb, ihre Kraft kommt von **innen**, nicht von **außen**! Das (mit)menschliche Ziel wäre somit eine **innere**, keine **äußerlich** hervorgerufene »**(Selbst)Befriedigung**«, oder besser gesagt eine Art der »**(Selbst)Zufriedenheit**«, auf die ich aber an anderer Stelle (vgl. Band 2, S. 578) – wenn es schließlich um die »**Motivation**« geht – noch zurückkommen werde!...

---

b) *[vorgesehener] Ablauf [einer Reihe] von Darbietungen (bei einer Aufführung, einer Veranstaltung, einem Fest o. Ä.);*
c) *vorgesehener Ablauf, die nach einem Plan genau festgelegten Einzelheiten eines Vorhabens;*
d) *festzulegende Folge, programmierbarer Ablauf von Arbeitsgängen einer Maschine (z. B. einer Waschmaschine).*
2. *Blatt, Heft, das über eine Darbietung (z. B. Theateraufführung, Konzert) informiert.*
3. *Konzeptionen, Grundsätze, die zur Erreichung eines bestimmten Zieles dienen.*
4. *(EDV) Arbeitsanweisung od. Folge von Anweisungen für eine Anlage der elektronischen Datenverarbeitung zur Lösung einer bestimmten Aufgabe.*
5. *Sortiment eines bestimmten Artikels in verschiedenen Ausführungen.*«
[157] »***Zi|vi|li|sa|ti|on*** *die; -, -en <lat.-fr. u. engl.>:*
1. *Gesamtheit der durch den Fortschritt der Wissenschaft u. Technik geschaffenen [verbesserten] materiellen u. sozialen Lebensbedingungen.*
2. *(ohne Plural) Bildung, Gesittung.*«

Indem wir uns jedoch überwiegend **äußerlich** beeinflussen (lassen) und auf eine immer größere Befriedigung (unserer animalischen Triebe) hinarbeiten und diese – im wahrsten Sinne – zum »Maß« **aller** »Dinge« erheben, sind bzw. bleiben wir im Grunde nichts weiter als uns selbst überlassene Kinder ohne *weitreichende* **Vernunft**! Wir sind Kinder ohne einen *weitreichenden* **Verstand** oder ein *entsprechendes* **Ziel**! Und genau deshalb scheint es auch **global** gesehen nur eine Frage der »Zeit« zu sein, bis auch hier die Bude mal wieder lichterloh in Flammen steht – und *ES* später (mal wieder) keiner gewesen sein will!

Die neue **globale** Religion, die Ideologie (**Kapitalismus**), gibt uns eine Richtschnur vor, die sich hauptsächlich an materiellen, **äußeren** *Werten* orientiert und sich einen Dreck um **persönliche** *Belange* wie z. B Freundschaft, Liebe, Glück (im Sinne von Zufriedenheit), Wohlbehagen, Schönheit und Harmonie – welche eher den immateriellen, sprich ideellen, **inneren** *Werten* zuzuordnen sind – schert! Diese Art der **Gefühle** – allen voran die Befriedigung von generierten Bedürfnissen – dient dem (r)einen **Kapitalismus** nur als *Mittel zum Zweck*! Einem Zweck, der in der puren, unmenschlichen Profitmaximierung seinen Ausdruck findet! Die (all)gemeinen, politischen, militärischen, religiösen und wirtschaftlichen Ziele – welche längst nicht mehr getrennt (zu be(tr)achten) sind – sind schon seit einiger Zeit keine sozialen, gemeinnützigen Ziele mehr, die den Menschen in dem, **was** und **wie** er is(s)t, unterstützen und weiter bringen, sondern ihn in seiner (r)evolutionären Entwicklung hemmen! Was dann mit dem (einzelnen) Menschen und der Menschheit passiert, bleibt abzuwarten!...?

Gemäß den »Zyklen« (des Lebens), der »Wiederholung« (in der Natur) und der geschichtlichen Entwicklung (der Menschheit), reicht vielleicht aber ein Blick in die Vergangenheit, um unsere Zukunft zu sehen!? Dabei ist es wichtig zu erkennen, dass neben den **materiellen** »Dingen« auch die **immateriellen**, also die **ideellen**, **inneren** *Werte*, Standards bzw. Grenzen brauchen, die *man* sich als **Mensch** nun mal setzen muss, um so – im Sinne von Prof. Schwartz – *zufrieden* und *glücklich* sein zu können!

Da **materielle** *Werte* uns aber mittlerweile wichtiger sein sollen als **immaterielle** *Belange* und letztere augenscheinlich eher hinderlich als förderlich sind, um den Profit zu steigern und so die zahlenmäßig erfassbaren *Werte* der neuen Welt(religion) zu erreichen, sind Uneigennützigkeit, Vertrauen, Treue, Ehrlichkeit, Anständigkeit, (Mit)Gefühl, Hilfsbereitschaft und Rücksicht Worte, die wir wohl eher mit Naivität verbinden als mit wirtschaftlichem Erfolg. Die hehren Ziele von einst mussten der harten Realität von heute weichen – so ist *ES* eben!

»*Die Politik holt sich heute nicht die Ziele bei der Kultur,*
sondern bringt sie mit und teilt sie aus.« (190)
- Robert Musil
(Gesammelte Werke 8)

»*Ich schwöre, dass ich meine Kraft dem Wohle des deutschen Volkes widmen, seinen Nutzen mehren, Schaden von ihm wenden, das Grundgesetz und die Gesetze des Bundes wahren und verteidigen, meine Pflichten gewissenhaft erfüllen und Gerechtigkeit gegen jedermann üben werde. So wahr mir Gott helfe.*« (191)

Genau so lautet der verfassungsmäßige Eid nach Artikel 56 des *deutschen Grundgesetzes*, den der Bundespräsident, der Bundeskanzler und die Bundesminister bei ihrem Amtsantritt leisten und mit dem, laut *Wiki*, unser Land eine alte Tradition verbindet – eine Tradition, die anscheinend bis in die Aufklärungszeit zurückreicht! »*Schon der preußische König Friedrich der Große (1740-1786) definierte in seinem Staat das Wohl des Einzelnen als oberstes Prinzip im Land.*« (191), wirft *Wiki* abermals vorlaut ein, und verweist auf ein »***Prinzip***«, welches auch die *Weimarer Verfassung* widerspiegelt! Von Ehre, Moral und Ethik ist bei alledem – soweit ich jedenfalls weiß – keine Rede, und selbst wenn es so wäre, darf darauf genauso verzichtet werden wie auf den – ohnehin bloß dahergesagten – Satz: »*So wahr mir Gott helfe*« (Art. 56 Satz 2 GG)…

Aber was soll's, der Amtseid ist sowieso nur (r)eine Formsache und hat nach Aussage des Ex-Bundestagspräsidenten Wolfgang Thierse keinerlei rechtliche Bedeutung, denn » *... gegen Verletzungen des Amtseides kann nicht juristisch vorgegangen werden*«. (191) Die Frage nach dem Sinn und Unsinn des **Ganzen** erübrigt sich, sobald wir uns an die **eigene(n)** Nase(n) fassen und vorstellen, wie sehr wir uns **selbst** an die Gesetze und Pflichten halten, auf deren Verletzung keinerlei Bestrafung zu erwarten ist!

Und noch was: Wenn wir heute – in welchem Zusammenhang auch immer – vom *Wohle des deutschen Volkes* oder gar des »*Einzelnen*« sprechen, denken wir unweigerlich an dessen **materielles** Auskommen und an Komfort, mit welchem wir eine gewisse »Zufriedenheit« verbinden– was aber ein Irrglaube ist! Der Rest von dem, was unser Leben ausfüllen und lebenswert machen könnte, bleibt nämlich außen vor oder wird, wenn überhaupt, erst nach mehrmaligem Nachfragen genannt!(?)…

Und dass die verübte »*Gerechtigkeit gegen jedermann*« in **unserem** »*System*« eher als Gerechtigkeit gegen sich **selbst** gilt, ist klar!(?) Denn warum sonst wohl setzen sich Politiker die Diäten hoch und verlangen von »ihrem« (untergebenen) Volk zur gleichen Zeit auf immer mehr zu verzichten? Und damit meine ich nicht nur das Geld, sondern auch gewisse (Menschen)Rechte!

Das Verhalten vieler Staatsmänner und -frauen ähnelt demnach dem Verhalten, welches von vielen Managern großer Unternehmen oft in erschreckend gleicher Weise an den Tag gelegt wird! Doch auch diese Impresarios[158] kommen lang-

[158]»***Im|pre|sa|rio*** *der; -s, -s u. ...ri (auch: ...rien) <lat.-it.>: (veraltend) Theater-, Konzertagent, der für einen Künstler die Verträge abschließt u. die Geschäfte führt.*«

sam auf den Trichter, dass mehr **immaterielle** Energie in unseren (Geschäfts)Leben enthalten ist, als *man* in der Betriebswirtschaft gemeinhin berücksichtigen oder wahr haben will. Und so wird hölzern – ohne Herz und (fast schon) unter Zwang – die Mitarbeitermotivation mal wieder »ganz groß geschrieben«. Doch leider nur, um letztlich eines draus zu machen: »Gewinn!«

Doch ich behaupte, wir durchschauen dieses »Spiel«! Wir durchschauen die zwanghaft verkrampft »lächelnden« Gesichter der kapitalistischen (Profit)Sucht, deren Augen nicht mitlachen, sondern ganz klar im **eigenen**, primär materiell orientierten Sinne zu manipulieren versuchen. Doch obwohl wir (Schafe) *ES* (be)merken, verdrängen wir die (Er)Kenntnis und tun rein gar nichts, um die(se) Entwicklung aufzuhalten. Im Gegenteil, wir spielen sogar noch mit in einem **globalen** »Spiel«, welches schließlich unser **aller** Ende bedeuten könnte!

Dabei ist die Theorie, dass eines Tages aus den **immateriellen** *Werten* ein **finanzieller** *Gewinn* resultiert, gar nicht so abwegig und durchaus nachvollziehbar! Jedoch müssen, damit die Theorie in der Praxis funktioniert, die *Werte* **(r)echt** sein! Und da liegt das Problem!...?

Finden Sie in einer Welt der oberflächlichen Künstlichkeit doch mal etwas, das (r)**echt**, also mit anderen Worten **authentisch** ist! **Echte** Liebe, **echte** Freundschaft und **echte** Gerechtigkeit erfahren die meisten von uns, wenn überhaupt, nur in (Fernseh)Filmen, aber leider eher selten im wahren Leben, in welchem tatsächlich das **Äußere** wichtiger ist als das **Innere** und das ***Haben*** vor dem ***Sein*** kommt!

Inwieweit wir uns nach **äußeren** *Werten* richten – ich zähle hier das Aussehen einfach mal dazu – und uns allmählich von unserer Schale, statt von unserem Dotter, »abhängig(!)« machen und sogar darüber definieren, zeigt die zunehmende Zahl der Fitness-Studio-Besucher (im Verhältnis zur abnehmenden Zahl der Kirchengänger) recht deutlich! Nach einer Abschrift eines Vortrages von Dr. Manfred Lütz (Erstsendung: Sonntag 29. August 2004, 8.30 Uhr, SWR2) war die Mitgliederzahl der deutschen Fitness-Studios von etwa 100.000 im Jahr 1980 auf 4,59 Millionen im Jahr 2000 hochgeschnellt. Dabei sei laut Lütz – der diese Zahlen wahrscheinlich für sein Buch *Lebenslust* recherchiert hatte – im gleichen Jahr die Zahl der katholischen Sonntags-Gottesdienst-Besucher nach Angaben der deutschen Bischofskonferenz auf 4,42 Millionen zurückgegangen. »*Die Gesundheitsreligion hat zumindest die katholische Variante des Christentums bei uns überholt, wobei es natürlich große Schnittmengen gibt: Pfarrer in Fitness-Studio usw.*« (192)

Zum weiteren Vergleich: Im Jahr 2007 zählte der Fitnessmarkt, der im Vergleich zum Vorjahr um 1,68 Prozent gewachsen war, rund 5,131 Millionen Mitglieder. Laut des *Deloitte Kompetenz Center Health & Fitness* – es publiziert eine ausführliche jährliche Marktanalyse über den deutschen Fitness- und Wellnessmarkt – vermelden die Studios 2009 sogar an die 6 Millionen »Gläubige«.

(193) Was dagegen die »echte« Religionszugehörigkeit betrifft, so stellen Nicht-Kirchenmitglieder in Deutschland heute mittlerweile die größte Gruppe dar! Einem Artikel des *Humanistischen Pressedienstes* zufolge ist der Anteil der christlichen Bevölkerung in 18 ausgewählten deutschen Großstädten bereits 2003 unter 50 % gesunken. Im Internet kann *man* – sofern man(n) will und kann – dazu lesen:

> »*In Frankfurt betrug der Anteil der evangelischen und der katholischen Kirchenmitglieder im Jahr 1900 zusammen 92 % und verringerte sich bis 1970 kontinuierlich langsam auf 87 % der Bevölkerung. Danach sinken die Anteile rapide – von 1987 (66 %) über 1998 (54 %) bis 2003 (49 %). Inzwischen stellen in Frankfurt die Konfessionsfreien die größte Gruppe (30 %), vor den Katholiken (25 %) und den Evangelischen (24 %). Eine Verteilung, die in ihren Relationen den Gesamtverteilungen in Deutschland entspricht und nur für die einzelnen Gruppen geringer ausfällt, da der Anteil der als Muslime Gezählten (12 %) in Frankfurt größer ist als auf dem flachen Land [...]*
> *Insofern zeigt sich sehr deutlich, dass der sich seit 30 Jahren darstellende Trend die beiden großen Kirchen – in der Zahl der Kirchenmitglieder – in eine Minderheitsposition führen wird. Da kirchliche Privilegien auch immer wieder mit der großen Anzahl der Kirchenmitglieder begründet wird, könnte es grundsätzliche religionsverfassungsrechtliche Konsequenzen haben, wenn die Mehrheit der Bevölkerung in Deutschland nicht mehr Kirchenmitglied ist. So wurde beispielsweise der (fiktive) Kirchensteuerabzug bei allen Arbeitslosen – als üblicher Abzug, solange eine qualifizierte Mehrheit der Beschäftigten Kirchenmitglied sei – geräuschlos gestrichen, als die Zahl der Kirchenmitglieder unter den Beschäftigten sich der 50 %-Grenze näherte*«.
> (194)

Zu was diese Entwicklung führt, können Sie sich denken!? Während die Fitnessbranche weiter zunimmt, gehen immer weniger **Menschen** in die Kirche!...
Und so zeigt der anhaltende Trend der Kirchenaustritte eventuell eine Umverteilung der **Menschen** und ihrer *Werte* zugunsten einer faschistischen bzw. kapitalistischen, auf **Äußerlichkeiten** beruhenden Ideologie! Wer gegenwärtig keinen fitten Körper nebst strammem Hintern und Waschbrettbauch sein Eigen nennt und nicht mindestens einmal im Leben an einem (Halb)Marathon teilgenommen hat, zählt nicht mehr oder hat jedenfalls den Eindruck, weniger wert zu sein als einer, der all das eben hat; der ins Solarium rennt (auch wenn draußen die Sonne scheint), der durch Kosmetik und geeignete Accessoires seiner Karosserie den letzten Schliff verleiht und diese, wie es in der Popkultur heute so schön heißt, »pimpt«!

Der Unterschied zwischen den beiden Existenz(weis)en von ***Haben*** und ***Sein*** – den Erich Fromm bereits 1976 analysiert hat – wird auch im Hinblick auf das gesteigerte Körperbewusstsein, bei dem es meiner Meinung nach immer mehr um das Zeigen und Darstellen eines tollen Körpers als um das bewusste »gute« **innere Gefühl** geht, mehr als deutlich! Wir wollen einen gesunden, starken, attraktiven Körper haben – ihn quasi besitzen, aber im Grunde doch eigentlich nur lieben und geliebt werden! Deshalb wundert es einen auch nicht, wenn in Partnerschaftsannoncen zuerst eigene **Äußerlichkeiten** (1,75 m, 42 Jahre, 69 Kg, sportlich) angegeben werden, um in Wirklichkeit nach **inneren** *Werten* (... ehrlich, treu, zuverlässig, humorvoll) Ausschau zu halten!...

Natürlich ist der **Mensch** ein (Augen)**Tier**, und es wäre gelogen, wenn ich behaupten würde, dass **Äußerlichkeiten k**eine Rolle spielen; aber eben nicht nur!..

Doch genau darauf läuft *ES* hinaus, womit auch geklärt wäre, warum nach dieser »Rechnung« alte, kranke, arbeitslose und behinderte **Menschen** im (kapitalistischen) »***Prinzip***« keinen Anspruch auf ein »zufriedenes« Leben haben und demzufolge aus einer Gesellschaft – die mehr und mehr auf die Ausbeutung von schwächeren Minderheiten abzielt – ausgeschlossen werden! Alte, kranke und **scheinbar** kaputte Menschen werden weggesperrt und somit wie **alle** anderen »**Dinge**«, die keine gewinnbringende Funktion (mehr) erfüllen, über kurz oder lang entsorgt! Dabei frage ich mich manchmal, wer denn hier »krank« und wer »gesund« ist? So zeigen nach meinen eigenen Erfahrungen, die sich mit den auf *Wiki* beschriebenen decken, *»auffallend viele Menschen mit Down-Syndrom besondere Fähigkeiten im Bereich des Sozialverhaltens und der Emotionalität, die bereits im Kleinkindalter beobachtet werden können. So wurde in Studien festgestellt, dass »viele dieser Kinder deutliche Stärken im sozialen Funktionieren« zeigen und »öfter eine aufgeweckte Stimmungslage haben, mehr auf Musik ansprechen und weniger anstrengend sind als gleichaltrige andere Kinder«.«* (195)

Auch wenn diese Kinder nicht grundsätzlich lieb, anhänglich und musikalisch sind, sondern sich so individuell wie **jeder** andere **Mensch** verhalten, müssen wir, die wir nicht über ähnliche (soziale und emotionale) **Begabungen** verfügen, doch in den Augen dieser Menschen die eigentlichen »Behinderten« sein! Wir sind die »Mongos«, deren alleinige Überzahl uns von einer »Normalität« – so wie **wir** sie annehmen – ausgehen und auf **echte** Emotionalität verzichten lässt!..

Faschismus ist eine »Auslese der ›Besten‹« (**Sozialdarwinismus**) und propagiert die *»generelle Vorstellung von Überlegenheit von Menschen einer Gruppe, einer Nation, Kultur oder Rasse gegenüber einer anderen.«* (196)

Die Welt verändert sich – wie Sie längst schon wissen, aber nicht wahr haben wollen – gemäß des kapitalistischen »***Prinzips***« hin zu einer Oligarchie, d.h., der Herrschaft einer kleinen Gruppe von (»Ober«)**Menschen**, die über Wohl und Wehe der Unterschicht bestimmt! Das ist die Zukunft, auf die wir zusteuern, und wenn wir die weltweit hungernden Menschen und Kinder mit ihren ausgemergelten Körpern be(tr)achten, die auf *Ihrem*(!?) Kontinent gefangen sind, die »Untermenschen« der globalen Gesellschaft, dann tun sich erschreckende Ähnlichkeiten zu den Inhaftierten der Konzentrationslager auf!!! Doch das (alles) wollen wir nicht hören und schon gar nicht sehen!

»*Die Rettung der Menschheit besteht gerade darin, dass alles alle angeht.*«
- Alexander Solschenizyn[159]

Unsere Welt ist schön, bunt und durchtrainiert und solange es uns nicht **selbst** betrifft, ist es uns auch (scheiß)egal, was mit irgendjemandem, irgendwo, irgendwann einmal passiert! Auch wenn ich der grundsätzlichen Überzeugung bin, dass **jeder Mensch** seines Glückes **eigener** Schmied ist und sich **innerlich** wie **äußerlich** (ver)ändern kann, teile ich nicht die Meinung derjenigen, die den Armen dieser Welt **selbst** die »Schuld« an ihrer Situation geben und sich somit still und heimlich aus ihrer **eigenen** Verantwortung stehlen (wollen)!...

Mag sein, dass der »Penner« zum Teil **selbst** »Schuld« an (s)einer Situation hat und das Geld, welches er menschenunwürdig zu unseren Füßen in den Konsummeilen dieser Welt erbettelt, in Alkohol und dergleichen umwandelt. Doch können wir *ES* ihm verdenken oder gar verbieten? Können wir es ihm übel nehmen, das Gleiche zu tun und zu wollen wie wir selbst? Warum soll er denn nicht auch wenigstens ein bisschen Befriedigung in (s)einer Welt erfahren, die **selbst** aus Vergnügen gemacht ist und die ihm gänzlich die Chancen auf Aufstieg verwehrt? Nur so nebenbei: Wir zählen derzeit (2009) über **6.8 Milliarden** Menschen auf unserem Planten.[160] Wir könnten heute ohne weiteres **12 Milliarden** Menschen ernähren[161], doch wir tun es nicht! Wir lassen die Ärmsten dieser Welt rücksichtslos verhungern, sie verrecken und erlassen ihnen ihre Schulden nicht! Wir ermorden sie aufgrund von **äußeren** *Werten* (z.B. Geld, Prestige, etc.), die uns wichtiger sind als **alles** andere sonst!...

Doch wenn wir allesamt etwas weniger (Wohlstand) hätten bzw. etwas (von diesem) abgeben würden, ja wenn wir, wie es Jean Ziegler verlangt, den **Menschen** der *Dritten Welt* nicht unbedingt **mehr** geben, aber ihnen zumindest **weniger** stehlen würden, würde es diesen und **allen** anderen (»Unter«)**Menschen**

---

[159] Alexander Issajewitsch Solschenizyn: Russischer Schriftsteller, Dramatiker und Dissident in einer Rede zum Empfang des Nobelpreises für Literatur am 10. Dezember 1970.
(Vgl. Wikiquote: Zivilcourage.
URL: http://de.wikiquote.org/wiki/Zivilcourage [Stand: 19.9.2009])

[160] Vgl. *Wikipedia*: Weltbevölkerung.
(URL: http://de.*Wikipedia*.org/wiki/Weltbevölkerung [Stand: 19.9.2009].)

[161] Vgl. Jean Ziegler: *Das Imperium der Schande – Der Kampf gegen Armut und Unterdrückung*. 1.Auflage. München 2008, S. 264. ISBN: 978-3-442-15513-2

bestimmt etwas besser gehen, als es heute offensichtlich der Fall ist! Das ist Fakt!...

Tja, und während wir so reden, höre ich, dass der süße kleine Eisbär Knut[162] (von dem heute kaum eine Sau mehr spricht) offenbar Zahnweh hat!... Schlimm, schlimm!? Und weil es so ist und uns ein einziger kleiner weißer Eisbär nun mal mehr interessiert als das Wohlergehen (s)einer ganzen Rasse oder das tausender (zum Teil hungernder schwarzer) Menschen, wird sich auch an der **gesamten** (Ernährungs)Situation der Welt nichts ändern! Ich möchte natürlich nicht behaupten, dass Knut und der unglücklicherweise überraschend an einem Herzinfarkt verstorbene Tierpfleger Thomas Dörflein weniger »wert« sind als andere Tiere oder Menschen – denn das sind sie bestimmt **nicht** und was anderes zu behaupten käme selbst einer faschistischen (Grund)Einstellung gleich –, aber wie so oft scheint **all*ES*** eine Frage der **Relation** und der **Informationen** zu sein, die *man* uns auf eine gewisse Weise präsentiert und die wir dann un(ter)bewusst so gewichten, dass uns Knut und Dörflein aus dem Berliner Zoo **mehr** (Nachrichten) »wert« sind als die täglich verhungernden Menschen(kinder) aus Weiß-der-Herr-wo!... Und dass aufgrund der Klimaerwärmung täglich so viele Eisbären(babys) sterben, dass sie nach Einschätzung der Umweltorganisation *WWF* in freier Natur bis 2050 von der Erde verschwunden sein werden, muss ich wohl nicht erwähnen – oder doch?[163]

Wie Sie sehen, ist die **Verhältnismäßigkeit** und die **Gleichwertigkeit** unseres (Mit)**Gefühls** sowohl in den Medien wie im täglichen Miteinander nicht gegeben! Da uns die **immateriellen** (ideellen), **inneren** *Werte* wie Moral, Rücksicht und vor allem Mitgefühl und Mitleid gegenüber anderen Kontrahenten im täglichen Kampf um das **materielle** Nirwana aber angeblich schwach, angreifbar und zum »Verlierer« machen, verzichten wir viel zu leichtfertig auf das, worauf *man* als **Mensch** eigentlich nicht verzichten kann und schon gar nicht verzichten darf: Auf die (»göttliche«) Fähigkeit, Mitleid und Mitgefühl gleichermaßen für **alle Menschen** (und **Lebewesen**) zu empfinden!...

Klar empfinden Sie mehr für das Leid, das beispielsweise einem engen Mitglied Ihrer Familie geschieht als für das Ihres Feindes oder das der hungernden Bevölkerung auf der anderen Seite des Globus! Aber überlegen Sie mal, was passiert, wenn irgendwann einmal das letzte wahrhaft einfühlsame, freundliche, vertrauensvolle, treue, ehrliche, anständige, hilfsbereite und rücksichtsvolle

---

[162] Alternativ zu Knut gibt's bzw. gab es natürlich noch Flocke, Wilbär...und Elfriede(!?).

[163] »*In der Studie des US Geological Survey heißt es, das Abschmelzen des arktischen Eises als Folge der Erderwärmung führe zu einem dramatischen Rückgang der Eisbär-Population. (Für die Bären ist das Packeis lebenswichtig, weil sie dort auf Robbenjagd gehen.) In den kommenden 50 Jahren sei deshalb mit einer Dezimierung um zwei Drittel zu rechnen. Derzeit gebe es noch etwa 20 000 bis 25 000 Tiere.*« (419)

Schaf gerissen wurde und es keine »Einhörner« mehr gibt!? Was, wenn nur noch rücksichtslose **Wölfe** mit zunehmend auf sich (**selbst**) bezogenen **Gefühlen** die Welt bevölkern, weil wir uns nur noch für das interessieren, für das wir uns zu interessieren *haben*? Dann ist *ES* bei allem Reichtum, den wir besitzen, doch eine arme Welt, in der wir leben! Und da kommen wir aller Voraussicht nach hin, falls nichts ((welt)bewegendes (mit uns)) geschieht!

Es passt (hier und jetzt) vielleicht nicht ganz zum Thema, aber da ich gerade so schön in Fahrt bin, möchte ich gerne noch auf weitere auffällige Analogien zu unserem momentanen (gesellschaftlichen) Verhalten hinweisen!...

Man kann *ES* nämlich ganz gut an dem messen, was sich jeden Tag auf unseren Straßen ereignet: Menschen, die im Straßenverkehr Rücksicht üben, die die Geschwindigkeit und den vorgeschriebenen (Sicherheits)Abstand zum Vordermann einhalten und auch sonst **defensiv** fahren, werden nicht selten weggehupt, radikal überholt oder, wie es leider öfters der Fall ist, förmlich von der Straße gefegt! Jeder vermeintliche (Fahr)Fehler wird von den »**Wölfen**« zum **eigenen** Vorteil genutzt und (alte und kranke) **Menschen** haben mit allem, aber nicht mit verständnisvoller Rücksicht zu rechnen! Denken Sie doch mal dran, wenn Sie mal wieder Ihren (vollfinanzierten) Boliden auf dem Behindertenparkplatz parken oder den Opa vor sich am liebsten auf die Hörner(!?) nehmen (wollen)!?

Auch die deutsche Autobahn – die in der Form (wie wir sie besprechen werden) aus **drei** Fahrspuren besteht – kann als grundlegendes Synonym der deutschen (Kasten)Ordnung und als »***Prinzip***« für eine (gesellschaftliche) Einteilung der **Menschen** in *Ober-*, *Mittel-* und *Unterschicht* gewertet werden! Besonders in Abschnitten ohne Geschwindigkeitsbegrenzung offenbart unser Verhalten die Auswirkungen einer *Laissez-faire-Straßenverkehrsordnung* am deutlichsten!...?

In der *Oberschicht* jagen sich beispielsweise gerne die Manager in ihren Luxus-PS-Giganten gegenseitig im (Hoch)Geschwindigkeits**rausch** über den Asphalt, blinken ständig links oder beim hastigen Spurwechsel auch gerne mal gar nicht und verdrängen auch sonst rigoros **jeden**, der das übermenschliche Tempo nicht zu halten vermag. Und wollen Sie wissen, warum *Sie*(!?) das tun? Ich zitiere aus dem zugegebenermaßen etwas überdrehten Ballerstreifen *Shoot 'Em Up*:

> »*Weil diese reichen Wichser gefühlskalt und rücksichtslos sein müssen, um so viel Geld zu machen. Und auf der Straße tun sie das Gleiche wie immer – sie sind gefühlskalte und rücksichtslose Fahrer. Das liegt in ihrer Natur!*« (197)

- Shoot 'Em Up
(USA 2007)

Jetzt wissen Sie's!(?) Verständnis dafür, dass jemand (wie ich) trotz annäherndem Stoßstangenkontakt und Lichthupendauerfeuer aufgrund des erhöhten Verkehrsaufkommens oder der beschränkten Leistungsfähigkeit des (Fahr)Zeugs, selbst wenn er wollte, einfach nicht schneller fahren **kann** und der Vordermann in einer dichtgedrängten und nur langsam vorankommenden (Auto)Kolonne weder zu »platzen« noch sich sonst irgendwie in Luft aufzulösen vermag, darf *man* von dieser »S(ch)icht« und diesen »Leuten« leider nicht (mehr) erwarten!...

Von *Ihnen*(!?) werden selbst Familienkutschen mit *Baby an Bord*-Aufkleber unerbittlich genötigt und erbarmungslos auf die *Mittelschicht* oder gar die *Unterschicht* verwiesen! Wenn die Familien »oben« mithalten wollen, dann geht das (eben) nur noch im angemessenen, leistungsstarken »Pampers-Stealth-Bomber«, der mit allen Schikanen eines modernen Passagierflugzeugs ausgestattet ist, aber als **Ganzes** noch gar nicht (ab)bezahlt wurde!...

Das Leben auf der Mittelspur ist aber (auch) kein Zuckerschlecken, ist *man* doch mit knapp 130 und mehr Sachen zu schnell für die LKWs und Rostlauben der *Unterschicht*, aber zu langsam für die linke Spur der emotionalen Tiefflieger! Will *man* nicht ständig aufpassen und eine Karambolage mit unvermittelt vor einem eingrätschenden Mitgliedern der *Ober*- oder *Unterschicht* vermeiden, muss *man* sich also entscheiden! *Man* muss sich entscheiden, ob *man* abbremst, um langsam, geduldig aber dafür **sicher** ans vermeintliche Ziel zu kommen oder aus (Zeit)Ersparnisgründen doch lieber die Karre im roten Bereich der (mit)menschlichen und materiellen Belastbarkeit gefährlich auf die Überholspur jagt!... Und rechts fahren geht im Übrigen überhaupt nicht, denn wer will denn schon aus freien Stücken zugeben, zur *Unterschicht* zu gehören? Freiwillig keiner, weshalb selbst bei einer leeren rechten Spur konstant und boshaft vehement die Mittelspur gehalten wird! Ist *man* bekanntermaßen einmal rechts – also »unten« – angelangt, wird es schwer, wieder auf (s)eine ursprüngliche »Spur« zurückzukommen, nicht wahr!?

Doch abgesehen davon, dass es in Deutschland und der Welt bald sowieso keine »Mittelspur« mehr gibt, sich offenbar **alle** entweder »links« oder »rechts« drängen, wird nicht nur im Straßenverkehr, sondern überall da, wo »**Menschen**« aufeinandertreffen, gedrängelt, genötigt, eingeparkt, überholt, beschädigt, beschimpft, geleugnet, vertuscht, unterlassen, ausgebremst und sich so vehement auf die »gottgegebene« StVO oder von mir aus die Bibel berufen, dass der eigentliche »Sinn« (von A nach B zu kommen), schon längst der Demonstration und Erfahrung persönlicher Überlegenheit weichen musste! Gänzlich unabhängig von der gefahrenen Geschwindigkeit geht *ES* selbst beim simplen Überholvorgang nunmehr in erster Linie darum, »schneller«, »stärker« und schließlich »besser« zu sein als der Kontrahent und nur sekundär um ein möglichst rasches und sicheres Erreichen des (**eigenen**) Zielortes!...

Daran haben wir uns im Übrigen und mittlerweile **gewöhnt**, was auch erklärt, warum es kaum möglich und etwas unangenehm ist, ohne erkennbaren Grund mit (s)einem »Kontrahenten« auf annähernd gleicher Höhe zu fahren! Macht es Sie denn nicht auch nervös, wenn vor Ihnen die Straße frei ist und neben Ihnen die **ganze** Zeit ein und dasselbe Auto, quasi Kopf an Kopf, mit Ihnen Schritt hält? Also mich schon! Und deshalb geben wir (beide) un(ter)bewusst Gas, und zwar immer etwas **mehr** als der andere! Wir werden (dadurch) immer schneller und schneller, und dabei scheint es vollkommen egal zu sein, ob die Tachonadel bereits 220 km/h zeigt oder die innerörtlich erlaubten 50 km/h überschreitet! Hauptsache, *man(n)* zeigt dem anderen was 'ne Harke ist!...

»*Wer später bremst, fährt länger schnell*« ist demnach zwar ein saucooler Spruch, doch nimmt der Fahrer hier billigend in Kauf, sich eventuell zu verbremsen und andere durch seine Risikobereitschaft zu gefährden!...

Manche »Dinge« – das wissen Sie selbst – kann *man* mit Geld aber nicht wiedergutmachen! Auch wenn die materiellen *Werte* an Bedeutung konstant zunehmen, werden *Sie*(!?) niemals einen geliebten (Mit)**Menschen** oder unseren Planeten ersetzen können! Denken Sie daran, wenn Sie es das nächste Mal wieder eilig haben und uns und unsere Wirtschaft samt der damit verbundenen (un)menschlichen Entwicklung exponentiell vorantreiben (sollen)!

Die Tatsache, dass ein einheitlicherer (Verkehrs)Fluss das Staupotenzial nachhaltig reduziert, wird bei einer Denkweise, bei der das **Ich** vor dem **Wir** und das **Material** vor dem **Mensch** kommt, lieber ignoriert als propagiert – käme es doch der Automobilindustrie der immer leistungsstärkeren Boliden auch nicht besonders zu Gute, wenn alle mit gleicher Geschwindigkeit fahren würden!?...

So bremst hier, wie überall, der (Geschwindigkeits)Rausch weniger Extremkapitalisten das Vorankommen **aller** (Verkehrsteilnehmer) bis hin zum letalen Crash mit totalem Stillstand des **gesamten** »*Systems*«! Es ist müßig zu sagen, dass sich der (Unfall)Verursacher keiner Schuld bewusst sein wird!(?) Er wird den (Unfall)Gegnern auf gar keinen Fall die Chance geben, aus der Situation auf **seine** Kosten Kapital zu schlagen, sondern es im Gegenteil sogar durch teuren, juristischen Beistand noch schaffen, seine Pappe zu behalten, um künftig ohne Reue und ohne *e*(twa)*s* gelernt zu haben, rücksichtslos und frei von jeglichen moralischen *Werten* und Bedenken weiterhin rasen zu können. Wahrscheinlich in einer noch schnelleren und teureren Karre als zuvor!?...

Bei allem, was ich gerade über den ach so »bösen« Straßenverkehr gesagt habe, ist eines sehr auffällig und auch bei der Be(tr)achtung **globaler** Zusammenhänge und Gegebenheiten unbedingt zu berücksichtigen: Wenn wir den deutschen Straßenverkehr in seiner **Gesamtheit** »sehen«, dann ist er gar nicht so schlimm, wie *man* auf den ersten Blick glauben mag! Dann hält sich die **Mehrheit** nämlich an die Gesetze, ist mehr oder weniger rücksichtvoll im Umgang miteinander und versucht (jedenfalls) nicht vorsätzlich anderen Schaden zuzufügen!...

Es sind wie immer und überall nur **wenige** »*Wichser*«, die **alle** anderen anstecken, international den Ton angeben und (**all**)*ES* verderben! Wie gesagt, es gibt mehr **Schafe** als **Wölfe**! Denken Sie mal darüber nach, und wenn Sie schon dabei sind, dann machen Sie sich auch gleich noch Gedanken darüber, welchen gesamtsystemischen Schaden Sie durch Ihr **eigenes** – eventuell arschloch- bzw.

saumäßiges – Verhalten verursachen oder wie **Sie** gleichermaßen einem **dynamischen** »System« von (kollektivem) Nutzen sein könn(t)en! Denken Sie an den Einfluss, den Sie selbst als **dynamisches** »*System*«, als **Schaf** oder als **Wolf** auf den (Verkehrs)»Fluss« nehmen! Das tun Erwachsene nämlich – *Sie*(!?) sorgen sich um den »Verkehr« und sind sich bewusst, dass sie *e*(twa)*s* ändern können! Könn(t)en **Sie** *e*(twa)*s* (ver)ändern?

»Die kleinste Bewegung ist für die ganze Natur von Bedeutung;
das ganze Meer verändert sich, wenn ein Stein hineingeworfen wird.«
- Blaise Pascal
(Gedanken)

Religiöse Werte vs. materielle Werte (Gebote)

»Die Zehn Gebote sind deshalb so einfach und klar,
weil keine Expertenausschüsse mitgearbeitet haben.« (198)
- Charles de Gaulle

Als Moses einst vom Berg Sinai zurückkam, hatte er eine gute und eine schlechte Nachricht zu verkünden:...

Die gute: »Er hatte Gott auf **Zehn** Gebote runtergehandelt.«

Die Schlechte: »Die Sache mit dem Ehebruch war dabei!«

Frage ich heute die Leute nach den restlichen (neun) Geboten, bin ich nicht selten überrascht, wie wenige auf mehr als fünf kommen – wenn überhaupt!...

Wie viele bekommen **Sie** denn zusammen? Versuchen Sie's doch spaßeshalber einmal (wirklich),... nehmen wir uns einfach mal die »Zeit« – na los!

?

Auffällig viele »Christen« – von denen sich die meisten auch noch was auf ihren »Glauben« einbilden – müss(t)en alleine bei dieser Popelfrage schon telefonieren oder aber den Publikumsjoker verheizen. Dabei sollten *Sie*(!?) es doch sein, die es **eigentlich** wissen müss(t)en!? Na was soll's, (k)einer ist vollkommen und gerade ich sollte deshalb (besser) die Schn…. halten!

Auf wie viel haben Sie es denn nun gebracht? Drei, vier oder gar alle **zehne**? Keine Angst, mir selbst sind nur sechs eingefallen, und wenn Sie mich fragen, wie viel ich davon befolge, so müsste ich lügen – und hätte damit schon eines verzockt! Für all diejenigen, denen es entweder zu anstrengend war, über die »göttlichen« Ge- bzw. Verbote nachzudenken, oder bei denen die immense zerebrale (Mehr)Leistung zu einem vorübergehenden Systemabsturz geführt hat, möchte ich nun die Lösung präsentieren. Hier ist also das amtliche Ergebnis:

Die Zehn Gebote[164]

(nach Martin Luthers Kleinem Katechismus)

Das erste Gebot Ich bin der Herr, dein Gott. Du sollst keine anderen Götter haben neben mir.

Das zweite Gebot Du sollst den Namen des Herrn, deines Gottes, nicht missbrauchen.

Das dritte Gebot Du sollst den Feiertag heiligen.

Das vierte Gebot Du sollst deinen Vater und deine Mutter ehren.

Das fünfte Gebot Du sollst nicht töten.

[164] *»Bei der Zählung der Gebote gibt es im Judentum und in den christlichen Kirchen unterschiedliche Traditionen. Die hier wiedergegebene Fassung folgt der lutherischen und römisch-katholischen Tradition. Eine andere Zählung ergibt sich dort, wo das Bilderverbot - "Du sollst dir kein Bildnis machen" - als zweites Gebot aufgeführt wird, so in der anglikanischen, reformierten und orthodoxen Tradition. Dort werden dann "neuntes" und "zehntes" Gebot als ein Gebot verstanden..«* (420)

Das sechste Gebot
Du sollst nicht ehebrechen.

Das siebte Gebot
Du sollst nicht stehlen.

Das achte Gebot
Du sollst nicht falsch Zeugnis reden wider deinen Nächsten.

Das neunte Gebot
Du sollst nicht begehren deines Nächsten Haus.

Das zehnte Gebot
Du sollst nicht begehren deines Nächsten Weib, Knecht, Magd, Vieh noch alles, was dein Nächster hat.

Allgemeines:
Die ausführliche Fassung der Zehn Gebote steht in der Bibel an zwei Stellen: 2. Mose 20 und 5. Mose 5

Ich möchte an dieser Stelle kurz darauf hinweisen, dass der hebräische Text der Zehn Gebote sowohl als »*Du sollst…*« wie auch als »*Du wirst…*« übersetzt werden kann (J. Heer)! Es scheint so, als sei der *moralische Imperativ*, das heißt die Befehlsform der Gebote, nur **eine** Form der Deutung, welche sich möglicherweise durchgesetzt hat, da der Mensch lieber befiehlt und gehorcht, als dass er das »Gute« in sich (**selbst**), (s)einer Freiheit und in (s)einem Bewusstsein als gegeben und zudem noch als logische Konsequenz (s)einer allumfassenden (Er)Kenntnis voraussetzt! Diese Sicht wird später von grundlegender Bedeutung für das Verständnis für die Existenz »Gottes« sein, so wie **ich** »ihn« sehe!...
Wer weiß, vielleicht hat »Gott« ja gar nicht auf die Art und Weise zu Moses gesprochen, wie wir es uns denken oder aus Filmen kennen? Vielleicht war es Moses am Ende nur langweilig, und als er so (auf Gott?) gewartet, losgelassen und ihn nichts und niemand (mehr) abgelenkt hat, ist er womöglich und ganz von alleine in sich gegangen und sich (seiner) **selbst** bewusst(er) geworden? Vielleicht hat er in sich (**selbst**) dann »Gott« gefunden und hat zudem das angetroffen, was wir **alle** spüren, wenn wir uns (unserer) **selbst** bewusst(er) werden? Es ist auch gut möglich, dass Moses – aus Ermangelung eines Notizblocks – dann angefangen hat, die aus dem **Augenblick** resultierende (Er)Kenntnis in den »zufällig« herumliegenden Stein zu meißeln, um sie ja nicht zu vergessen! Wie will »**man**« das schon wissen?...

Dass es in der »**ersten**« Fassung dann, statt der Befehlsform, höchstwahrscheinlich tatsächlich einmal hieß: »*Du wirst...*« ist hoffentlich jedem klar, der hierin die logische Konsequenz aus (s)einem *(mit)menschlichen* Bewusstsein erkennt!? Das war jetzt sicherlich etwas kompliziert und komisch anzuhören, aber Sie werden später noch sehen, dass meine Ansicht eventuell gar nicht so abwegig ist, wie sie im ersten Moment klingen mag!

Kommen wir nun aber noch mal zurück zu den Zehn Geboten in der *Imperativform*, der zufolge wir – vermutlich aus mangelnder Zeit oder Geduld – einfach nur etwas Bestimmtes tun oder lassen sollen! Im Grunde heißt das aber nichts anderes, als dass wir »fremde« Befehle befolgen müssen, statt ganz **alleine** und (wie) von **selbst** einmal auf das zu kommen und schließlich das zu tun oder zu lassen, was letztlich **gut** (für uns (alle)) **ist**!...

Dass wir durchs Befolgen irgendwelcher »Befehle«, so gut sie auch gemeint sind, aber nicht(s) wirklich **selbst** erfahren und begreifen, sprich (auch) nicht auf die heiße Herdplatte patschen und danach eins sind mit der Situation und sodann nicht selbst und frei entscheiden und **eigene** Ge- und Verbote entwickeln können oder dürfen, sondern *man* uns – und sei es nur zum Schutz – quasi bevormundet, etwas vorenthält und letztlich vorschreibt, was wir zu tun und zu lassen »haben«, empfinden wir als ganz schön ungerecht, nicht wahr? Es ist blöd, blöd, blöd, … denn nach den Regeln der (t)ollen Bibel dürften wir nichts von dem tun, was wir eigentlich täglich und leider (oft) auch gerne tun (wollen)!...

> »Ach menno, ich meine, … Herr Gott Sakrament noch mal – darf *man* denn wirklich gar nichts mehr!? Erst gestern hat mich mein dämlicher Nachbar blöd angemacht, nur weil ich am Sonntag den dummen Rasen gemäht habe. Wenn der wüsste, dass ich seine »geile« Alte knalle, dann würde er sich bestimmt nicht so viel auf seinen dicken Schlitten und seine Bumsbude einbilden! Der Schwachkopf hat ja noch nicht mal gemerkt, dass ich ihm die geliehene DVD gar nicht mehr zurückgegeben habe, selbst schuld! Und jetzt rufen auch noch meinen bescheuerten Eltern an... »Hallo Mutter, einen Moment, ich muss gerade noch ne Fliege totschlagen ... so, ... nein, mir geht's gut! Gerade ist es leider schlecht, ich muss noch beruflich weg, aber ein anderes Mal hab ich bestimmt mehr Zeit für dich. Bin ein bisschen in Eile deswegen, also bis dann ... (tut, tut, tut)« So, jetzt ein Bierchen und dann endlich vor die Glotze, das hab ich mir verdient, ich maloche ja auch jeden Tag!«

So, und schon wären fast alle »**Zehne«** voll! Lässt *man* »fünfe grade sein« und geht davon aus, dass wir nur des Geldes wegen arbeiten und Mammon bzw. das Goldene Kalb als Sinnbild des Strebens nach Reichtum zunehmend an Einfluss gewinnt und verehrt wird, sind sogar alle dabei – »Strike«!...

Vergleichen wir nun den **Kapitalismus** mit, sagen wir **»religiösen« Werten**, so ist es auffällig, wie unterschiedlich, um nicht zu sagen gegensätzlich die Ansichten der kapitalistischen-materiellen Werte zu den religiösen sind! Nimmt *man* zum Beispiel die *Sieben Todsünden* zur Hand, könnte *man* fast meinen, *man* hätte es mit den *sieben »Tugenden«*, wenn nicht sogar *»Geboten« des Kapitalismus* zu tun, die, wenn *man* sie befolgt, ganz bestimmt und todsicher zum gewünschten Erfolg führen! Da Ihnen bestimmt nicht mehr jede der Sünden aus David Finchers Film *Sieben* geläufig ist, möchte ich uns unter Zuhilfenahme der derzeitigen technischen Möglichkeiten auf die Sprünge helfen:...

Im Internet steht also, dass »Sünden« der klassischen Theologie nach aus *sieben (schlechten) Charaktereigenschaften* – die zwar ihrerseits keine Sünden sind, wohl aber deren Ursache darstellen – entstehen. Diese Charaktereigenschaften lauten wie folgt:

Superbia:	**Hochmut** (Übermut, Hoffart, Eitelkeit, Stolz)
Avaritia:	**Geiz** (Habgier, Habsucht)
Invidia:	**Neid** (Missgunst, Eifersucht)
Ira:	**Zorn** (Wut, Vergeltung, Rachsucht)
Luxuria:	**Wollust** (Unkeuschheit)
Gula:	**Völlerei** (Gefräßigkeit, Unmäßigkeit, Maßlosigkeit)
Acedia:	**Trägheit** des Herzens / des Geistes (Überdruss)

Diesen sogenannten »**Hauptlastern**« hat *man* dann bestimmte »Dämonen« zugeordnet. Der wohl am weitesten verbreiteten Zuordnung des Peter Binsfeld aus dem 16. Jahrhundert zufolge steht (199)...

Luzifer demnach für den Hochmut,
Mammon für die Habsucht,
Leviathan ordnet man den Neid zu,
Satan den Zorn,
Asmodeus die Wollust,
Beelzebub die Völlerei und
Belphegor die Faulheit.

Folglich war *man* sich schon damals bestimmten »negativen« (mit)menschlichen Eigenschaften, die wohl auch heute noch in **jedem** von uns in mehr oder weniger starker Ausprägung zu finden sind, bewusst –,... was möglicherweise dazu geführt hat, diese uns anhängenden Charaktereigenschaften, welche augenscheinlich negative Auswirkungen auf ein friedliches und soziales Miteinander haben, als »Sünde« zu werten und als (mit)menschliches »Vergehen« sogar zu verurteilen!

Nachdem in der ach so »freien« Welt der moderne, aber noch immer unaufgeklärte »**Mensch**« sich bequem von den Ketten der ihm als Hokuspokus erscheinenden, und, wie immer, nur auf sein Geld schielenden (Welt)Religionen trennen kann und darüber hinaus auch noch meint, sehr gut ohne sie auszukommen, ist es doch vollkommen logisch, dass wir uns ohne eine Art des Sanktions*systems*, welches uns für ein mutmaßlich falsches Verhalten zu bestrafen versucht, allmählich in Richtung unserer individuellen (kindlichen) Bedürfnisse und Triebe hin entwickeln! *Eitelkeit, Stolz, Habgier, Missgunst, Eifersucht, Wut, Vergeltung, Rachsucht, Unkeuschheit, Gefräßigkeit, Unmäßigkeit, Maßlosigkeit* und *Überdruss* sind »Dinge«, mit denen wir es mittlerweile geradezu selbstverständlich zu tun haben und die sich sowohl im kleinen, täglichen Miteinander als auch in der (Welt)Politik widerspiegeln!

Ich möchte Sie nun einmal fragen, ob Sie (**selbst**) diese Entwicklung eher als evolutionären »Fortschritt« oder eher als »Rückschritt« empfinden!? Ist *ES* für die Menschheit ein »Fortschritt« oder ein »Rückschritt«, sich (sämtlichen) Trieben hingeben zu können bzw. sich ihnen hingeben zu dürfen und in gewissem, wirtschaftlichem Sinne es sogar zu *müssen*?... Ich persönlich empfinde die derzeitige Entwicklung jedenfalls als absoluten **Rückschritt**, habe ich doch schon mehrmals erwähnt, dass die Fähigkeit, uns **selbst** und unsere Triebe zu reflektieren und zu Gunsten eines halbwegs geordneten (Zusammen)Lebens sogar zu unterdrücken, uns meiner Meinung nach vom gemeinen »**Tier**« unterscheidet!

Doch die Fähigkeit, unsere Triebe – je nachdem, ob sie **gut** (für uns (alle)) **sind** – zuzulassen oder nicht, wird nicht (mehr) trainiert! Wie mir scheint, wollen die meisten von uns gar keinen »Schritt« weiter gehen und schon gar nicht (so weit) denken! Wir wollen uns nicht (**selbst**) beim Handel(n) über die Schulter(n) schauen und wollen uns nicht im rein egoistischen Hinblick auf das **eigene** (Fort)Bestehen stets (**selbst**) bewerten! Offenbar wollen wir uns wirklich nicht **selbst** kontrollieren, denn sonst würden wir in unserem **eigenen** Interesse etwas disziplinierter mit uns **selbst**, der Natur und **allem** anderen umgehen!

»**Disziplin**« ist also allem Anschein nach keine grundlegende, (mit)menschlich angeborene Eigenschaft, sondern vielmehr nur das, was an den »Menschen« – oder sollte ich besser sagen, an das »Kind«(?) – weitergegeben wird, um ***ES*** später vor sich (**selbst**) zu beschützen!...

Bei der Bedeutung der »**Disziplin**« möchte ich Jiddu Krishnamurti, einen indischen Brahmanen, Autor und spirituellen Lehrer, zitieren, der einmal gesagt hat:

> »*Das Wort* Disziplin *bedeutet lernen,*
> *nicht kontrollieren, unterwerfen, nachahmen und anpassen.*« (200)
> - Jiddu Krishnamurti

Gehen wir (kurz) darauf ein!(?)...

Disziplin

»Der undisziplinierte Geist ist wie ein Elefant.
Wenn man ihn unkontrolliert herumtollen lässt,
wird er Verwüstung anrichten.« (201)
- Tendzin Gyatsho
(XIV. Dalai Lama)

So wie ich sie verstehe und es im Fremdwörterbuch vermerkt ist, ist »**Disziplin**« ein »*auf Ordnung bedachtes Verhalten*«, welches in Form der **Selbstdisziplin** *körperliche* und *emotionale* **Bedürfnisse** unterdrückt, um *religiöse*, *ethische* oder gar *rationale* Richtlinien zu erfüllen! Für ein **soziales** Miteinander ist sie zwingend nötig und da ich einfach davon ausgehe, dass Sie sich der immensen *systemischen* Bedeutung d(ies)er **Disziplin**, die uns *ethische* und *moralische* (Spiel)Regeln einhalten lässt, bewusst sind, ist es überflüssig, sich an dieser Stelle weiter als nötig damit zu beschäftigen! Doch denken Sie daran:

»Wechselhaft und flüchtig ist der Geist, er folgt seinen Eingebungen,
ganz wie es ihm gefällt. Der Verständige übt ihn in Disziplin,
denn ein wohldisziplinierter Geist bereitet große Freude.« (202)
- Shantideva

Eines scheint daher sicher zu sein: Wenn wir es nicht schaffen, ein gewisses Maß an **(Selbst)Disziplin** an den Tag zu legen, es also nicht schaffen, uns bewusst(er) in ein (**globales**) »*System*« einzuordnen und (**selbst**) den Umständen entsprechend im Griff zu haben, werden wir es auch zukünftig nicht schaffen, eine **gemeinschaftliche** Basis, eine **gemeinschaftliche** Ordnung zu schaffen, die es **allen Menschen** ermöglicht, ein Leben in Glück, Freude und Zufriedenheit zu führen! Im falschen Streben nach primär materiellen »Dingen« und der Befriedigung durch **äußerliche** Reize werden wir uns gegenseitig bis zum Schluss weiter benutzen und zu guter Letzt auch nicht davor zurückschrecken, uns **selbst**, wie **alle(s)** andere(n), zu (zer)stören!

»Träume bringen uns nicht nach Damaskus, Sir. Disziplin schon.« (203)
- Lawrence von Arabien
(USA 1962)

Völlerei – Kein Mangel an Gelegenheit!

»Es sind nicht die wahrgenommenen Möglichkeiten,
die uns (etwas) ausmachen – es sind die, auf die wir verzichten.«

Wie schwer **Disziplin** und das damit verbundene »ordentliche« Verhalten ist, erkennen die meisten von uns, wenn *ES* ums Essen geht! Ich selbst tu mich (r)echt schwer damit, sämtlichen Verlockungen der essbaren bzw. konsumierbaren Welt zu widerstehen, zumal es einem heute auch wahrlich nicht leicht gemacht wird! An jeder Ecke können wir momentan etwas anderes zu essen kaufen, die Supermärkte quellen über, und was an Feiertagen oder bei (Familien)Besuchen so alles aufgefahren wird, ist auch nicht gerade von Pappe!...

Ständig müssen wir Versuchungen widerstehen, und ich glaube, es war Udo Jürgens, der vor länger Zeit einmal in einer *Wetten dass ...?* Sendung gesagt hat: »*Ein mancher die Moral beschrei*(b)*t aus Mangel an Gelegenheit.*« Udo Jürgens bezog diesen Satz natürlich auf das Treueverhalten eines Menschen, jedoch kann *man* ihn ohne Weiteres auch auf das Essen und **alles** andere, dem wir zu widerstehen versuchen, übertragen! **Je mehr Möglichkeiten sich einem bieten, desto größer wird das Verlangen und desto mehr Energie muss für ein »anständiges« Verhalten aufgewendet werden!** Es heißt auch nicht umsonst: »Gelegenheit macht Lie..., äh, ... Diebe«, und beim Thema *Verlangen* stellt sich (mir) im Augenblick folgende Frage:

»Kann *man* (nach) etwas verlangen, von dem *man* gar nicht weiß, dass *ES* überhaupt existiert?«

Ich möchte einfach mal behaupten, dass dem **nicht** so ist, denn solange wir nicht mit einem vermeintlich besseren und noch tolleren »***K***ick[165]« konfrontiert werden, entwickeln wir auch kein Verlangen danach, sondern sind *glücklich* und *zufrieden* mit dem (Wenigen?), was wir *haben* und vielleicht sogar *sind*!

Es versteht sich demnach von selbst: Ein **Kind**, welches noch nie etwas von Schokolade gehört, geschweige denn eine gekostet hat, wird kein Verlangen danach entwickeln und die »Schoki« ebenso wenig vermissen, wie ein – in Gefangenschaft aufgewachsenes – **Tier** (s)ein Leben in Freiheit vermisst!...

Krasser Übergang, ich weiß, aber **alles**, was über unsere bekannte Welt hinausgeht, entzieht sich dem (kindlichen) Verstand und somit dem (tierischen) Bewusstsein des **Menschen**! Eine größere Freiheit als die bisher erlebte wird von

[165] Achtung: Sprach***k***ehler! (Sorry, aber den konnt‘ ich mir nicht verkneifen!)

ihm vielleicht instinktiv vermutet, doch solange *ES* damit weder in Berührung kommt, noch deren Existenz beweisen kann und zumindest die **Grundbedürfnisse** befriedigt sind, verlangt *ES* nicht nach mehr! Man (engl. *man*) muss fast sagen »Zum Glück!«, denn geht *man* in der menschlichen Entwicklung einen Schritt weiter, so stellen sich zwangsläufig weitere Fragen:

»Handelt das ***Über-Ich*** denn wirklich soviel anders als das ***Es***? Wird ein Tier, das – durch fremdes oder eigenes Dazutun – in die freie Wildbahn entlassen wird und dessen Bewusstseinsgrenzen sich dementsprechend verschieben, nach einer kurzen (Eingewöhnungs)Zeit nicht erneut und eventuell sogar notwendigerweise das instinktive **Gefühl** haben, in einem Käfig gefangen zu sein – einem Käfig, der dem alten (bis auf die Größe) prinzipiell aber in nichts nachsteht?...
Und noch was: Will ein erwach(s)endes Tier bzw. Kind mit der Zeit immer noch wacher bzw. freier sein, ja immer noch höher hinaus (wollen)? Wo ist die Grenze ... des (guten) Geschmacks, … unseres (gierigen) Verstandes, … unseres (Bewusst)Seins, … **unserer »Welt«**???«

Die Antwort kann sich jeder nur **selbst** geben und es hilft vielleicht zu wissen, dass »Kinder« (wie) »***Maximierer***« und »Erwachsene« im »***Prinzip***« (wie) »***Genügsame***« sind! (vgl. Kap. *Maximize me!*, S. 266ff) Wir sind natürlich immer »**beides in einem«** und es wird wohl auch immer etwas geben, wonach wir ein Verlangen verspüren – immer etwas geben, das wir wollen und begehren!...
Doch Möglichkeiten sind wie Süßigkeiten: Zu viele sind nicht gut für uns, und deshalb ist es doch nur recht(,) billig und sinnvoll, dass sich **jeder selbst** sog. »***autonome*** **Restriktionen**« auferlegt! Es handelt sich dabei um ***selbstgewählte*** **Grenzen**, die aus dem bewusst gewordenen **Menschen** hervorgehen und ihm (s)eine Freiheit gewähren wie er bzw. *man* sie sich nur **selbst** gewähren kann!
Die Rede ist von einem »***autonomen*** **Gewissen«** und um die »Sache« mit den ***autonomen*** **Restriktionen** besser zu verstehen, halte ich es für sinnvoll, an dieser Stelle auf Erich Fromms Unterscheidung zwischen einem ***autoritären*** und einem ***autonomen*** **Gewissen** einzugehen. Fromm schreibt in seinem Buch *Ihr werdet sein wie Gott…*

»Ein autoritäres Gewissen (Freuds »Über-Ich«) ist die Stimme der internalisierten Autorität, wie etwa der Eltern, des Staates, der Religion. »Internalisiert« bedeutet, dass der Betreffende sich die Vorschriften und Verbote der Autorität so zu eigen gemacht hat und dass er ihnen so gehorcht, als ob er sich selbst gehorchte; er erlebt diese Stimme als die seines eigenen Gewissens. Diese Art von Gewissen, die man auch als heteronomes Gewissen bezeichnen kann, garantiert, dass man sich darauf verlassen kann, dass der Betreffende stets den Forderungen seines Gewissens entsprechend handeln wird; gefährlich wird das aber, wenn die Autoritäten böse Dinge verlangen. Ein Mensch mit einem »autoritären Gewissen« hält es für seine Pflicht, sich nach den Befehlen der Autoritäten zu richten, denen er sich unterwirft, ohne nach dem Inhalt dieser Befehle zu fragen; es gibt in der Tat kein Verbrechen, das nicht schon im Namen von Pflicht und Gewissen begangen worden wäre.
Etwas völlig anderes als das autoritäre (heteronome) Gewissen ist das »humanistische« (autonome) Gewissen. Es ist nicht die internalisierte Stimme einer Autorität, der wir gefallen oder der wir nicht missfallen möchten. Es ist die Stimme unserer totalen Persönlichkeit, in der die Forderungen des Lebens und des Wachstums zum Ausdruck kommen. Für das humanistische Gewissen ist alles »gut«, was dem Leben dient; »böse« ist alles, was das Leben hemmt und erstickt. Das humanistische Gewissen ist die Stimme unseres Selbst, die uns auf uns selbst zurückruft, damit wir das werden, *was wir potenziell sind.«* (204)

***Autonome* Restriktionen**, so wie ich es verstanden habe, gehen aus unserem **eigenen** (Selbst)Verständnis für uns als »**Mensch**« und für das »*System*«, in und mit dem wir existieren, hervor! Es sind Regeln und Grenzen, die uns einen Rahmen für ein Leben in Zufriedenheit geben. Wenn Fromm sagt: »*Das humanistische Gewissen ist die Stimme unseres Selbst, die uns auf uns selbst zurückruft, damit wir das* **werden**, *was wir potenziell sind.*« meint er natürlich »Gott«! Und er hat Recht, denn wir werden bzw. könn(t)en sein *wie* »Gott«. Wir haben zumindest das Potenzial dazu!!!

Nach alldem, was Sie bis hierher gehört haben, liegt die Annahme nahe, dass wir uns, je mehr wir uns *gönnen* und *haben*, immer mehr von dem entfernen, was wir eigentlich *sind* oder *suchen*. Es liegt demnach in unserer Macht, als »erwachsene« **Menschen** loszulassen und uns **selbst** die Grenze(n) unserer Zufriedenheit aufzuerlegen! Wir Menschen sind mit der *un*bequemen Fähigkeit der bewussten und gewollten Entsagung ausgestattet. Niemand außer mir **selbst** zwingt mich dazu, mehr zu essen, als **gut** (für mich) **ist**! Gut, die (Schwieger)Mutter, die uns mit geladener (Gulasch)Kanone bewaffnet und einer ansonsten zutiefst beleidigten Mine schließlich den dritten Teller vor die Nase stellt, vielleicht, aber sonst niemand!

Und jetzt drehen wir die »Sache« einmal um! Was glauben Sie wohl, was der Umkehrschluss der Aussage, »*Ein mancher die Moral beschreit aus Mangel an Gelegenheit*«, wohl besagt? Er besagt, dass »**Gelegenheit**«, von der es in einem **kapitalistisch-autoritären** »*System*« nun mal mehr als genug gibt, leicht zu einer unmoralischen Verhaltensweise führt und uns beinahe zwangsläufig fremdgehen, lügen, betrügen und unter Umständen auch ungewollt schwanger bzw. fett werden lässt! Also warum zum »Teufel« schränken wir diese **Gelegenheit(en)** nicht (etwas) ein? Warum gehen wir einer **Chance** nicht einfach aus dem Weg oder ziehen sie von vorne herein erst gar nicht als solche in Betracht?

Keine Sorge, ich erwarte jetzt nicht von Ihnen, mit überdimensionalen Scheuklappen durch die Welt zu rennen, Ihr ganzes Hab und Gut zu verhökern, keine Schokolade mehr zu essen und auf den Knien oder dem Bauch irgendeinen bekloppten Berg hinaufzurobben! Ich verlange nicht von Ihnen, den Rest Ihres Lebens im Kloster oder auf eben diesem Berg zu verbringen – obwohl es im übertragenen Sinne natürlich genau das ist! Aber ein bisschen mehr Kontrolle und **freiwilliger** Verzicht ist – von einem Erwachsenen – doch bestimmt nicht zu viel verlangt, oder? Verzichten Sie am Anfang doch am besten auf die allgegenwärtige Werbung und schlagen damit zwei Fliegen mit einer Klappe: Einerseits lernen Sie zu entsagen, und andererseits reduziert sich dadurch das Maß an (bewusster) **Gelegenheit**! Lösen Sie sich von der **Sucht**, indem Sie sie erkennen und entziehen Sie so den »Dealern« dieser Welt die Macht über sich!...

Wir werden dazu sehr viel Kraft benötigen, die die meisten von uns jedoch nicht gewillt sind aufzubringen, das ist (mir) klar! Aber *ES* lohnt sich, glauben Sie mir! Oder meinen Sie wirklich, dass wir in Zukunft besser dem Verlangen erliegen sollten? Dass *ES* besser ist, allmählich sämtliche Kontrolle und (**Selbst**)Beherrschung zu verlieren, um auf andere und (schließlich) die **eigenen** Kosten immer fetter zu werden? Falls ja, dann hoffe ich für Sie, dass Sie keine Kuh oder in diesem speziellen Fall kein kapital(istisch)es »Schwein« sind. Denn was mit denen dann passiert, das wissen Sie ja… »Quiiiek«!(?)

Wenn ich sage, wir werden »fetter«, dann meine ich nicht nur das äußerliche »Dicksein«, sondern auch das Verfetten von **innen** heraus. Nein, keine Arteriosklerose oder so etwas, sondern das, was man »Speck auf der Seele« nennen könnte!...

»*Du kennst mich nicht wirklich, Du hast Speck auf der Seele!*«, sagt Charlotte zu Dylan, als sie feststellen muss, dass all die Liebe, das Vertrauen und das Glück von einst, der Schein- und Warenwelt der New Economy weichen musste. In der Rezension zu Doris Dörries Film *Nackt*, aus dem das Zitat stammt, kann man lesen: »*Früher einmal waren Emilia (Heike Makatsch) und Felix (Benno Fürmann), Charlotte (Nina Hoss) und Dylan (Mehmet Kurtulus), Annet-*

te (Alexandra Maria Lara) und Boris (Jürgen Vogel) nicht nur die besten Freunde, sie waren auch glücklich. Davon ist nun kaum mehr etwas zu spüren. Dylan und Charlotte sind an der Börse zu Geld gekommen. Doch die materielle Sicherheit hat sie nicht näher zusammengebracht, sie haben sich vielmehr voneinander entfremdet. Zudem steht das Geld wie eine unüberwindliche Mauer zwischen ihnen und ihren nicht so erfolgreichen Freunden.« (205)

Eine »verfettete« **Seele** ist nicht sichtbar, weshalb diese auch nicht so ins Auge sticht wie der Speck, den wir so offensichtlich auf unseren Rippen mit uns herumschleppen und der somit deutlich und unmissverständlich unseren zunehmenden Mangel an Selbstbeherrschung offenbart! Das Ergeben in die **Sucht** können wir derzeit wirklich mehr als eindrucksvoll am Umfang unserer über den Gürtel hängenden Bäuche und der Zahl der schlecht sitzenden Hüfthosen messen. Alleine das sollte uns als warnendes – zugegebenermaßen rein äußerliches – Zeichen unserer ungezügelten (Fress)**Gier** schon ausreichen, um endlich etwas an unserem Lebensstil zu ändern! Doch **Gier** frisst nun mal **Gehirn**, welches – wie wir noch sehen werden – als Grundlage unseres **Verstandes** ganz gerne mal die **Vernunft** hervorbringt. Und **Vernunft** ist etwas, das uns nicht nur im Hinblick auf unser Essverhalten zu fehlen scheint!

An dieser Stelle möchte ich Sie erneut an das **Belohnungszentrum** und insbesondere den ***Nucleus Accumbens*** erinnern! Wie Sie bereits wissen, verbindet er erforderliche Vorgänge (z.B. das Essen) und für eine Gattung langfristig überlebenswichtige Abläufe (z.B. Sex) mit einem (Glücks)**Gefühl**! ***ES*** ist das (**Belohnungs)Zentrum**, welches uns am leckeren Buffet des Lebens immer wieder Nachschlag holen und manch überflüssige Affäre entstehen lässt. (Fr)Essen ist – genauso wie Sex – demzufolge eine Art von (Sucht)Befriedigung, die sich Mutter Natur clevererweise hat einfallen lassen, damit wir nicht vor vollen Tellern verhungern oder als Gattung irgendwann den evolutionären Löffel abgeben!...

Doch obwohl Mutter Gaia offensichtlich **will**, dass wir l(i)eben, hat sie dabei etwas wohl nicht ganz eingerechnet: Den durch Menschenhand möglich gemachten **Überfluss** und die Tatsache, dass die Menschen(kinder) über kurz oder lang versuchen und lernen werden, sich das befriedigende **Dopamin** auf *künstlichem* Wege zu beschaffen! Hätte die Natur gedacht, dass wir uns irgendwann von ihr lösen wollen, hätte sie uns wohl schon längst mit einer Art (Schutz)Mechanismus ausgestattet – einer Art (Notaus)Schalter, der uns vor Überfütterung schützt und uns auch sonst wissen bzw. spüren lässt, wenn *ES* genug is(s)t! Diese Art »Schalter« gibt es zwar tatsächlich (im »***Prinzip***« weiß **jeder**, dass der nächste Bissen einer zu viel sein wird), doch ist er, nennen wir diesen »Schalter« einfach mal »**Disziplin«** oder »**Gewissen«**, entweder über die Jahre aus der Mode gekommen, eingerostet oder aufgrund von Überlastung oder mangelndem Training praktisch wirkungslos geworden!...

Mit anderen Worten *wissen* wir eigentlich ganz genau, wann *ES* genug is(s)t! Nur sind wir einfach zu faul und irgendwie auch zu blöd und unfähig geworden, darauf adäquat zu reagieren! Das einzige, was uns **Menschen** vorm (tierischen) Überfressen oder einer anderen Art der übermäßigen (Drogen)Abhängigkeit bewahren kann, ist folglich die feuchte Denkmasse, die wir gemeinhin »Gehirn« nennen und aus der die *(mit)menschliche* **Vernunft** in der Regel hervorzugehen scheint. Doch die(se) **Vernunft** ist bzw. wurde von der *animalischen* **Gier** schon fast aufgefressen! Also stopfen wir – als wären wir nicht mehr ganz sauber oder bei uns – immer wieder aufs Neue viel zu viel von **allem** in uns rein!...

Der gemeine Hamster oder Hund (aha!) macht das im Übrigen genauso, und da wundert es keinen, wenn die mal »platzen« oder aber (taktisch) »kotzen«! Doch das tun wir nicht – wir »kotzen« uns zwar auf die eine oder andere Art und immer öfters mal aus, aber wir »platzen« nicht (wirklich)! Und das ist das Problem! Obwohl wir »**Menschen**« bei genauerer Betrachtungsweise eigentlich genug (von was auch immer) *haben* und im »***Prinzip***« *glücklich* und *zufrieden sein* könnten, hören wir nie auf mit dem, was wir **gerne** tun! Wir hören nicht auf mit dem, was (uns) anscheinend **gut tut** und steigern dabei, ohne dass wir uns dessen bewusst sind, die Dosis nach und nach in Bereiche, die *langfristig* alles andere als **gut** (für uns und unsere Umgebung) **sind**! Wir verhalten uns damit so, wie **jeder** andere anständige Drogenabhängige es auch tut und offenbaren damit eine *menschliche* **Schwäche**, die einmal unser aller Untergang bedeuten könnte!

Abgesehen von den **Tieren** mit einem »H« als Anfangsbuchstaben (Hamster, Hasen, Hunde, Hapitalisten) unterscheidet uns dieses Verhalten, soweit ich weiß, von den meisten anderen Tierarten! Anders als die **Menschen** verlangen die, wenn der Hunger gestillt ist, nicht ständig nach mehr, sondern geben von dem, was sie *haben,* auch mal was ab! Doch selbst wenn meine Annahme falsch ist, die **Tiere** sich, so wie wir, nicht kontrollieren und etwas abgeben können, sondern aufgrund der nicht enden wollenden (Selbst)**Sucht** ständig für kommende, schlechte Zeiten horten und sich gegenseitig bekriegen, zeigt *ES* doch umso mehr, wie schlecht wir mit ständigem Überfluss umgehen können und wie wenig der grenzenlos materielle Reichtum von der Natur einberechnet wurde!

Wir sind nun mal alle »**Sucht-Tiere**« (***animal addictum***), was unter anderem auch erklären mag, weshalb jemand, der beispielsweise mit dem Rauchen aufhört, eventuelle (Gewichts)Probleme bekommt. Durchs (Fr)Essen ersetzt er nämlich nur die eine Sucht mir einer anderen, holt sich das Dopamin woanders! Diese neue **Sucht** kann im Übrigen auch darin bestehen, übermäßig Sport oder dergleichen zu betreiben – aber das nur so zur Erinnerung! Doch auch eine Nulldiät, die von vielen nicht umsonst wie ein **((k)alter) »Entzug**« empfunden wird, spricht dafür, dass das Essen im Grunde genommen nichts anderes darstellt als eine Droge, die, wie **alles** andere auch, alleine in der Überdosierung ihre eher »schlechte«, ja fast sogar schon giftige Wirkung für uns entfaltet!

»Alle Ding' sind Gift und nichts ohn' Gift;
allein die Dosis macht, dass ein Ding kein Gift ist.«
... sagt zumindest Paracelsus,

und *man* liest diesen Spruch bestimmt nicht umsonst in *Wikipedia*, wenn es ums Thema *Quantität & Qualität* geht. (206)

»Allein die Dosis macht das Gift.« und so können grundsätzlich *»alle dem Organismus zugeführten Stoffe oberhalb einer gewissen Dosis Schaden anrichten. Dies gilt sogar für unverzichtbare Substanzen wie Vitamine*[166]*, Salz, Nährstoffe und Wasser.«* Dass wir – anders als es uns die Propaganda (Werbung) im Hinblick auf **sämtliche** Aspekte unseres Lebens einreden will – die Dosis des Gesunden und Ertragbaren (ohne *ES* zu bemerken) im Einzelnen und insgesamt größtenteils schon längst überschritten haben, steht für mich jedenfalls fest!

Einer Tabelle des *Statistischen Bundesamtes Deutschlands* zufolge (erschienen am 6. Juni 2006) (207) leiden im Jahr 2005 43,5 % der Männer und 28,7 % der Frauen an Übergewicht. Bei Adipositas (*BMI* 30 und mehr), welches im Pschyrembel als »Fett**sucht**« beschrieben ist, sind es immerhin 14,4 % der Männer und 12,8 % der Frauen. Insgesamt sind laut Tabelle **49,6 %** der Deutschen im Alter zwischen 18 und mehr als 75 Jahren zu fett. Das heißt jeder **zweite Deutsche**, überschreitet im Jahre 2005 den für ihn als Normalgewicht festgelegten *BMI*-Wert!...

Diese Werte wurden bereits im April 2007 nach oben korrigiert, als sich nämlich die Deutschen den zweifelhaften Rekord im Dicksein holten. *»Europameister – im Dicksein«* lautete die Überschrift eines Artikels der *Tagesschau* im Internet, wonach nun 52,9 % der Männer und 35,6 % der Damen übergewichtig sind. Fett**süchtig** (adipös) sind danach sogar 22,5 % der Männer und 23,3 % der Frauen. Die *Tagesschau* geht dabei von einem Bericht der *Süddeutschen Zeitung* aus. Sie schreibt…

---

[166] Übrigens: Jene Vitamine, die auch als so genannte Antioxidantien wirken (z.B. Vitamin C, Vitamin E oder Betacarotin), fördern bei Überdosierung Krebs – also Vorsicht mit hochangereicherten Kapseln, Pulvern oder Brausetabletten! Und dass die Einnahme von künstlichem Vitamin C gegen Erkältungen nachweislich nichts ausrichten kann und als Zusatz in Schmerztabletten schlichtweg wirkungslos ist, viele Menschen sich dadurch aber von Schnupfen und anderen »Dingen« kuriert und etwas besser fühlen, ist außerdem ein verdammt guter Beweis für die Wirkungsweise von (pharmazeutischen) Marketingstrategien, den Placeboeffekt und den freien Willen – den es (leider?!) nicht gibt!
(Vgl. Elke Bodderas: *Krebsmedizin - Die dunkle Seite des Vitamin C*, Quelle: *Welt Online*, 19.8.2009;
vgl. Beat Bächi / Ulrike Heitholt: *Das goldene Pulver - Wie das medizinisch nutzlose Vitamin C mit etwas Hokuspokus zum Mittel für und gegen (fast) alles wurde*, Quelle: *DIE ZEIT*, 14.05.2009 Nr. 21, URL: http://www.zeit.de/2009/21/A-Vitamin-C)

»Drei von vier Männern haben zu viel Speck am Bauch und auf den Hüften. Und mehr als die Hälfte der Frauen wiegt zu viel. Das berichtete die ›Süddeutsche Zeitung‹. Sie hat die Zahlen aus Studie der International Association for the Study of Obesity (IASO), die Forscher am Sonntag vorstellen wollen. Fast jeder vierte Deutsche sei sogar krankhaft fettleibig (adipös), schreibt die Zeitung.« (208)

Und noch was ist interessant: Nicht nur, dass wir mit den Gewichtsproblemen gleichauf mit den USA liegen, nein, den Angaben zufolge sind auch bei uns überdurchschnittlich viele Menschen aus niedrig(er)en Einkommens- und Bildungsklassen von Gewichtsproblemen betroffen! Der Prozentsatz von **Fettsüchtigen** war bei den **Erwerbslosen** aller Altersklassen (2005) ausnahmslos höher als bei den Erwerbstätigen, was meine Theorie bestätigt – denn solange sich die materiell Minderbemittelten nicht den (Dopamin)»Kick« über den Konsum (von Luxusgütern) leisten können, weichen sie eben auf die billig(er)en Alternativen, das heißt, Ersatzdrogen wie Essen, Sex und Alkohol aus! Ob *man* mit weniger Geld mehr Sex hat, kann ich nicht sagen, aber *man* frisst, säuft oder koitiert sich in der Regel das Leben schön, und so zeigt sich mal wieder:

»*ES* stellt sich nur die Frage, womit *man* (s)eine Sucht befriedigt!«

Dass *man*, mit welcher (Drogen)Sucht auch immer, in aller Regel versucht, etwas zu kompensieren, werden wir später noch sehen, wenn wir auf den »**Stress**« zu sprechen kommen. Falls es Sie bis dahin aber noch interessiert, wie viele unserer Kinder zu dick sind, dann machen Sie sich doch ganz einfach mal den »Spaß« und zählen die kleinen, rotbäckigen Wonnebrocken durch – am besten im Freibad! Für diejenigen unter Ihnen, die gerade keine Hand frei haben und (daher) nicht bis 5 zählen können, sei hier schon die Lösung verraten:

»Bei sieben- bis zehnjährigen Kindern sei jedes sechste Kind zu dick, bei den 11- bis 13-Jährigen schon jedes fünfte. ›Und bei den älteren Jugendlichen ist es dann schon ähnlich wie bei den Erwachsenen.‹ Dabei stammen viele dicke Kinder aus Familien, die wenig Geld haben«, sagte Bärbel Kurth vom *Robert Koch-Institut* in Berlin. (208)

Tja, anscheinend hat **Beelzebub** ganze Arbeit geleistet und züchtet sich bereits eine Armada von Fans heran! Dabei könnte man (engl. *man*) mit ein bisschen mehr **Disziplin** enormes Geld sparen! So gehen in Deutschland zwischen 10 und 20 Milliarden Euro und in der EU 6 % der Ausgaben der Gesundheits*systeme* auf Krankheiten zurück, die von Übergewicht verursacht worden sind. Geld, das andernorts dringend(er) gebraucht wird!(?)

»*100.000 Menschen sterben jeden Tag am Hunger oder seinen unmittelbaren Folgen. Alle fünf Sekunden verhungert ein Kind unter zehn Jahren. Alle vier Minuten verliert jemand das Augenlicht wegen Vitamin A-Mangel. Laut World-food-Report, dem Jahresbericht der Weltlandwirtschafts- und Ernährungsorganisation, FAO*[167]*, in Rom, die eine Spezialorganisation der Vereinten Nationen ist, sind im vergangen Jahr 842 Millionen Menschen schwerstens, permanent unterernährt gewesen. Haben kein sexuelles, kein Arbeits-, kein Familienleben, sind invalid geworden aufgrund von Hunger und im Vorjahr waren es noch 826 Millionen. Also die Zahl der Opfer steigt ständig. Derselbe Worldfood-Report der FAO sagt, die Weltlandwirtschaft, so wie sie heute ist, könnte ohne Probleme 12 Milliarden Menschen ernähren*[168]*. Das heißt, ein Kind, das heute an Hunger stirbt, wird ermordet*«, (209) sagt Jean Ziegler, UN-Sonderberichterstatter für das Menschenrecht auf Nahrung und Autor des Buches *Das Imperium der Schande – Der Kampf gegen Armut und Unterdrückung.*

Noch mal zur Erinnerung: Im Jahr **2004** waren rund **826 Millionen**, im Jahre **2005** dann **842 Millionen** und, wie man dem Buch von Jean Ziegler entnehmen kann, waren im Jahr **2007** bereits »***856 Millionen – jeder sechste auf unserem Planeten – schwer und dauerhaft unterernährt.***« (210)

»*Wir haben noch nie so gut gelebt, wir hatten noch nie so viel Geld, wir waren noch nie so gesund, wir haben noch nie so lange gelebt wie heute. Wir haben alles, was wir wollen*«, (211) sagt dagegen der Konzernchef von *Nestlé International*, Peter Brabeck, in einem Interview. *Nestlé* ist der größte Lebensmittelkonzern der Welt, mit einem Umsatz von ungefähr 90 Milliarden Schweizer Franken oder ungefähr 65 Milliarden Dollar!...

Die obigen Zitate sind – fast ausnahmslos – Aussagen, die im Film *WE FEED THE WORD – ESSEN GLOBAL* getätigt wurden. *WE FEED THE WORLD* ist ein Film über Ernährung und Globalisierung, ein Film über den Mangel im Überfluss, den ich jedem ans Herz lege, der gewillt ist, einen Schritt weiter zu »denken«!

»*Dies ist ein kleiner Schritt für einen Menschen,*
aber ein Riesenschritt für die Menschheit ...«
- Neil Armstrong[169]

[167] *Food and Agriculture Organization* (entspr. Nahrung und Landwirtschaftsorganisation)
[168] Anm.: **Das heißt mit 2700 Kalorien pro Tag und pro Erwachsenem!**
(Vgl. Jean Ziegler: *Das Imperium der Schande*, S.17-18)
[169] amerikan. Astronaut, betrat am 20.7.1969 (wohl) als erster Mensch den Mond!(?)

Im Fernsehen kommen (solche) Filme und Dokumentationen, die uns **tatsächlich** einmal nachdenken und einen Schritt weiter gehen lassen könn(t)en, entweder auf intellektuellen Kanälen wie *Arte* – die leider kein »normaler« Mensch glotzt –, oder werden komischerweise meist zu nachtschlafenden Zeiten von den öffentlich-rechtlichen Rundfunkanstalten ausgestrahlt! *WE FEED THE WORD – ESSEN GLOBAL* war beispielsweise am 5.August 2008 um 22 Uhr 45 im *ARD* zu sehen und *Why we fight – Amerikas Kriege*, eine Dokumentation, die sich mit dem amerikanischen (Wirtschafts)Interesse am Golfkrieg beschäftigt(e), wurde, soweit es mir bekannt ist, bisher nur in *Arte* und dem *WDR*-Fernsehen gezeigt!

Um die Masse der schlafenden »Schafe« wachzurütteln, müss(t)en solche Informationen meiner Meinung nach aber auch auf anderen Kanälen und zur »Prime Time« (Hauptsendezeit) zu sehen sein! Warum dies nicht oder nur im unzureichenden Ausmaß geschieht, kann sich vermutlich ein **jeder** denken, dem die wirtschaftlichen – und somit auch politischen – **Abhängigkeiten** unserer Medien nicht entgangen sind. Doch kommen wir zurück zum Hunger in der Welt und unseren (dicken) Bäuchen!...

Wer glaubt, »Hunger« sei ein Problem der Entwicklungsländer, der täuscht sich! Im zum Film *WE FEED THE WORD* mitgelieferten (Unterrichts)Material, welches auch kostenlos im Internet herunter geladen werden kann[170], liest man weiter:

> *»Hungernde Kinder gibt es auch in Deutschland. Anders als beispielsweise in der Dritten Welt ist Kinderarmut in Deutschland nicht auf den ersten Blick zu erkennen, weil die Kinder in der Regel ein Dach über dem Kopf haben. Dennoch haben Kinder aus einkommensschwachen Familien häufig kein Frühstück und Mittagessen. Laut Armutsbericht der Bundesregierung lebt jedes siebte Kind unter 18 Jahren in einer Familie, die mit weniger als der Hälfte des durchschnittlichen Monatseinkommens von 2200 EUR zurechtkommen muss. Das sind statistisch drei »arme« Schüler pro Klasse.«* (212)

Noch mal zum Mitschreiben:

Alle fünf Sekunden verhungert weltweit ein Kind! Wir könnten ohne weiteres 12 Milliarden Menschen ernähren, doch tun bzw. wollen es nicht! Wir sind zu fett! Gibt uns das nicht zu denken!? Offenbar nicht,… oder doch?

---

170 URL: http://www.essen-global.de/schule.html

»*Junge, mach nicht meine Fehler. Gehorche nicht dein ganzes Leben lang Befehlen. Denk für dich selbst!*« (213) gab die Ameise Barbatus der Ameise Z im Animationsfilm *Antz* (1998) als letzten, gut gemeinten Tipp mit auf den Weg, bevor sie stirbt. Also denken Sie – verdammt nochmal – für sich **selbst**!!!

Da Sie jetzt bestimmt wissen wollen, wie »speckig« Sie **selbst** sind, ist hier ein kleiner Exkurs in Sachen *BodyMassIndex (BMI)*. Der *BMI* berechnet sich aus dem ***Körpergewicht [kg] dividiert durch das Quadrat der Körpergröße [m²]***.

Die Formel lautet also:

BMI = Körpergewicht : (Körpergröße in m)^2.
(Die Einheit des BMI ist demnach kg/m^2.)

Der »wünschenswerte« *BMI* hängt vom Alter ab. Folgende Tabelle zeigt *BMI*-Werte für verschiedene Altersgruppen:

Alter	BMI
19-24 Jahre	19-24
25-34 Jahre	20-25
35-44 Jahre	21-26
45-54 Jahre	22-27
55-64 Jahre	23-28
> 64 Jahre	24-29

BMI-Klassifikation (nach DGE, Ernährungsbericht 1992):

Klassifikation	m	w
Untergewicht	< 20	< 19
Normalgewicht	20-25	19-24
Übergewicht	25-30	24-30
Adipositas	30-40	30-40
massive Adipositas	> 40	> 40

Quelle: Uni-Hohenheim: Interaktives BMI (body mass index). (URL: http://www.uni-hohenheim.de/wwwin140/info/interaktives/bmi.htm [Stand:24.9.2009])

Normalerweise bin ich kein Freund von Tabellen und Daten, die uns unser Leben vorschreiben, *ES* in Form pressen und uns sagen, *was wie wann wo* – und vielleicht sogar mit *wem* – zu tun oder zu lassen ist! Aber in diesem Fall ist es mal wieder ganz hilfreich, uns klarzumachen, an welchem Punkt wir im »Augenblick« stehen. Eins ist (nämlich) sicher, wir stehen in keinem guten Licht da!

Keine Sorge, ich werde Ihnen jetzt bestimmt keine Diät verkaufen, die dann eh nicht funktioniert, sondern bitte Sie nur darum, bei **allem**, was Sie künftig tun, nicht Ihr **Gehirn** von der **Gier** auffressen zu lassen! Denn Abnehmen fängt, wie **alles** andere auch, genau dort an – im Kopf! Bereits wenn wir im Laden stehen und einkaufen, wissen wir doch, *was* und *wie viel* wir (fr)essen werden! Wir wissen, dass das, was soeben den Weg in den (Einkaufs)Wagen gefunden hat, (oft) nicht **gut** (für uns) **ist** und – weil wir zu Hause der Versuchung nicht widerstehen können – ziemlich bald den Weg in unseren Mund und Magen finden wird!...

Außerdem wissen wir, dass manche Produkte zu diesem niedrigen Preis nicht in Deutschland hergestellt werden können, und wissen, dass etwas nicht mit rechten »Dingen« zugehen kann, wenn wir zu **jeder** Jahreszeit **jede** Art von Früchten, Obst und Gemüse kaufen könn(t)en! Wir wissen, dass diese »Produkte« besonders gut aussehen, nach wenig schmecken, dafür aber ewig haltbar und billig sind! Wir wissen, dass billiges Fleisch auch billig hergestellt werden muss, Geschmacksverstärker unseren Appetit anregen und wir weniger, langsamer und überlegter (fr)essen sollten! Doch wir tun so, als hätten wir davon noch nie etwas gehört, als wären wir dumm und so naiv, dass wir den Aussagen der Industrie, wonach genmanipulierte Nahrung beispielsweise vollkommen ohne Risiko zu konsumieren sei, (unseren) Glauben schenken! Dabei sind sich die »Götter« in Weiß – in diesem Fall die sog. »**Wissenschaftler**« – bislang gar nicht einig und können ein (Gesundheits)Risiko auf lange Sicht gesehen nicht ausschließen. – Bisher wurden bzw. werden nämlich keinerlei wissenschaftliche Langzeittests durchgeführt!!! (214)

Die Natur und die Menschheit, oder sollte ich besser sagen die »**Schafe**«, werden einem unfreiwilligen Großversuch unterzogen, dessen Ausgang ungewiss is(s)t! Laut WE FEED THE WORLD hat »*der Einsatz von Gentechnik in der Landwirtschaft bereits weitreichende und unwiderrufliche Auswirkungen auf das Ökosystem*«. Man muss nicht studiert haben, um zu begreifen, dass *man* die Verbreitung von Gen-Pflanzen nicht kontrollieren kann, die Pflanzenwelt Auswirkungen auf die Tierwelt hat und wir nun mal von **beidem** abhängen!...

Doch auch hier (verg)isst *man* den unabänderlichen Zusammenhang der »*Systeme*«, samt deren unberechenbaren *langfristigen* Auswirkungen! Dass die profitorientierte Wirtschaft gut daran tut, die Öffentlichkeit über ihre Machenschaften weitestgehend im Dunkeln zu lassen und mit den Wundern neuer (Befriedigungs)Technologien abzulenken, ist nur logisch und wird sich in einer Welt, die primär von **Gier** regiert wird, auch so schnell nicht ändern!

Tja, und dann kommen auch noch **Sie** mit Ihren Stoffwechsel- und Drüsenproblemen daher! Sie sind sich sicher: Genau die haben Sie – quasi über Nacht – träge und fett werden lassen. Fakt ist jedoch – und das wissen Sie genau – dass Sie den Fehler bereits gemacht haben, als Sie immer noch größere Hosen kauften, den Gürtel – statt enger – stets ein Loch weiter schnallten und – statt rechtzeitig in die Eisen – lieber zum Fernsehen auf die Couch gingen!...

Sie mach(t)en im selben Tempo einfach so weiter wie bisher, gaben – an der falschen Stelle – weiter Gas und wundern sich jetzt, dass *ES* kracht! Dabei sind Sie doch gar nicht (so) dumm und wissen **selbst**, dass Sie nur so viel Treibstoff in Ihr Auto tanken dürfen, wie Sie durchs Fahren verbrauchen. Andernfalls läuft der Tank unweigerlich über! Dennoch glaub(t)en Sie der marktschreierischen Propaganda und einer Politik, welche die (öko)logische Schuld von **Ihren** Schultern zu nehmen scheint und Ihnen darüber hinaus einredet –, um etwas zu ändern, – sich selbst nicht (ver)ändern zu müssen! Nur diese Pille – zum Selbstkostenpreis von zu viel Geld – einzuwerfen, nichts an (s)einem Leben(swandel) ändern und somit auch auf nichts verzichten zu müssen, aber dennoch **all*ES*** zu erreichen, klingt zu schön, um wahr zu sein. Und deshalb ist es auch eine **Lüge**!

Wem damit letztlich geholfen ist, ist eigentlich klar, und dass *man* mit Lügen bei uns (Schafen) offene Türen einrennt und ein Heidengeld damit zu verdienen ist, eigentlich auch!...

Wäre es denn nicht endlich an der Zeit, ehrlich zu **uns**, sich **selbst** und **allen** anderen zu sein? Wohl nicht, denn sonst würden wir uns nicht gegenseitig (ständig und überall) belügen und betrügen (lassen) und anderen die Schuld an dem geben, was wir doch eigentlich **selbst** »verzockt« haben! Wenn Sie richtig darüber nachdenken, dann wissen Sie genau, was ich meine, was **insgesamt** los ist, und erkennen auch, dass es im Grunde genommen doch vollkommen egal ist, welche Partei Sie wählen oder zu welcher Zeit am Tag Sie Ihr Auto tanken – oder verbraucht Ihr Auto bei Nacht vielleicht weniger Sprit als am Tag?...

Wichtig ist doch nur, *ob* **Sie** Ihr Leben ändern und *wie viel* **Sie** über den Tag verteilt fahren – denn dementsprechend *viel* könn(t)en **Sie** (sich) dann auch einfüllen! Wenn der Brennstoff jetzt noch ausgewogen und den Umständen entsprechend bewusst und angemessen gewählt wird, ist sozusagen alles in Ordnung und kein »Tank« quillt (seitlich) über!...

Tja, wie letztlich bei **allem** (auf dieser Welt) ist die Lösung auch hier wieder mal simpel, aber leider alles andere als einfach! Reagieren Sie jetzt aber bloß nicht wie ein (kleines) Kind, dem *man* (s)ein Eis geklaut hat oder *ES* wegnehmen will! Nochmal, ich verlange ja nicht von Ihnen, auf **all*ES*** zu verzichten!...

... Vielmehr ist »Maßhalten« und »Erwachsen-werden(-wollen)« die Devise, die uns **insgesamt** gesehen aus der Misere einer aus den Fugen geratenen »Welt«

befreien könnte! Und wenn Sie mit ein paar Pfunden mehr **wirklich** *glücklich* und *zufrieden*, ja geradezu *ausgeglichen* sind und Ihr Leben mit **Ihrem** (autonomen) **Gewissen tatsächlich** vereinbaren können, kann *ES* (mir) nur (r)echt und sogar billig sein! Denn auf die schlechte Laune der sportlich herunter gehungerten Bulimie-Barbie-Gesellschaft, hab ich nun echt keinen Bock! Dann doch lieber (etwas) übergewichtig, ausgeglichen und »Spaß« dabei! Also denken Sie dran: Zu viel von was-auch-immer ist nicht gut – aber zu wenig auch nicht! Die »**Balance**« macht's ..., oder war's vielleicht (doch) die Milch?!

…

So, nachdem Sie jetzt wieder mal wissen, was Sie **eigentlich** schon längst wussten oder zumindest (er)ahnten, ist es an der Zeit, einen weiteren »Dämon« unter die Lupe zu nehmen. Kommen wir nun also zu **Leviathan**, dem »Gott«, äh, ich meine dem »Dämon« des **Neides**, den **jeder** (bestimmt) gut kennt!

»*Vergleichen führt zu Enttäuschungen und ermutigt nur den Neid, den man als Wettbewerb bezeichnet.*« (215)
- Krishnamurti
(Vollkommene Freiheit)

Neid und ein (eventuell) besserer »Gottes«-dienst

»Dem Neid wirst du entgehen, wenn du verstehst,
dich im Stillen zu freuen.«
- Lucius Annaeus Seneca
(4 v. Chr – 65 n. Chr.)

»**Neid**«, den *an und für sich*(!?) **jedes** Kind kennt, ist wie **jedes** »**Gefühl**« nur schwer zu beschreiben. *Wiki* versucht es und nennt den »**Neid**« einen »*ethisch vorwerfbaren, gefühlsmäßigen (emotionalen) Ausdruck des Unbehagens über die Besserstellung anderer. Ähnlich aber ungebräuchlicher ist dafür auch der Begriff Missgunst. Fehlt es am ethischen Vorwurf, spricht man eher von Unbehagen gegenüber Überlegenheit. Will man ihn rechtfertigen, so ist eher von einem Streben nach Gleichheit die Rede. Wie andere Gefühle auch, hat der Neid Vorteile für den, der ihn hegt. Das Gegenteil des Neides ist die Gunst.*« (216)

Man mag's kaum glauben, aber »**Neid**« ist nicht ausschließlich schlecht, führt er letzten Endes doch dazu, dass sich die verschiedenen *Elemente einer Gruppe*[171] – wie die Bestandteile einer Lösung – mit der Zeit aus- bzw. angleichen!...
Zumindest hilft »**Neid**« bei der Homogenisierung[172], und dass **jeder** von uns schon mal auf irgendwen oder -was neidisch war, ist logisch, resultiert »**Neid**« doch aus den Vergleichen, die wir in der westlichen, *Haben*-orientierten Welt ständig anstellen, um unseren jeweils individuellen Grad an (Un)Zufriedenheit festzumachen!...
Zwar ist es auch möglich, statt auf das »*was* jemand *hat*«, auf das »*wie* jemand *ist*« neidisch zu sein, also das *Sein* eines Menschen zu begehren – doch geht *man* davon aus, dass »**Neid**« ursprünglich als mutmaßliche evolutionäre Notwendigkeit entwickelt wurde, um die Entwicklung des (Ehr)Geizes zu begünstigen und somit zu **eigener** (Mehr)Leistung anzutreiben, sieht *man* sich derzeit hauptsächlich mit dem offenkundigen »**Sozialneid**« konfrontiert, der **ganze** Gruppen auf die Privilegien und den vermeintlichen Besitz anderer, vornehmlich (materiell) höhergestellter Personen schielen lässt!...
Der *steigende* »**Sozialneid**«, welcher oft von wohlhabend(er)en Menschen als Grund für die allgemeine Unzufriedenheit angeführt wird, ist dabei eine gute Maßeinheit für die zunehmend empfundene, *subjektiv* wie *objektiv* nachvollziehbare **Ungleichheit** und **Ungerechtigkeit** in unserem »*System*«!...

---

[171] Vgl. Band 2, Kap. *Normalität – ein Schnitt durch die Menge*, S. 19

[172] »***Ho|mo|ge|ni|sie|rung*** *die; -, -en: Vermischung von prinzipiell verschiedenen Elementen oder Teilen.*«

»Neid ist das böse Wort, das die Besitzenden für den Gerechtigkeitssinn der Armen gefunden haben«.
- (unbekannt)

Der **Hinduismus**, der die (*empfundene* und *tatsächliche*) **Ungleichheit** und **Ungerechtigkeit** mehr oder weniger als gegeben ansieht, versucht der daraus entstehenden Spannung und »schlechten Laune« zu begegnen, indem er im Kastenwesen ein Konzept vorstellt, das es **jedem** Individuum erlaubt, auf (s)einer sozialen Stufe und folglich in und mit (s)einer spezifischen »Normalität« *glücklich* und *zufrieden* zu sein oder es zumindest zu werden! Da ein Erreichen der höheren Kaste, das heißt, des nächsthöheren »Sprungturmes« nur durch ein anständig(er)es Leben und die Wiedergeburt erfolgen kann, ist es vollkommen sinnlos, sich durch das vergleichsweise größere Auto des Nachbarn den Tag vermiesen zu lassen! Kurz gesagt heißt das: »Finde dich ab mit dem, was du bist, tust und hast! Sei einfach brav und du wirst (später) dafür belohnt werden!«

Abgesehen davon, dass ich mich entschieden **gegen** ein Kastenwesen ausspreche – *ES* ist weder (r)echt noch sonderlich motivierend – finde ich es mal wieder interessant zu sehen, wie eine Religion versucht, (betriebs)wirtschaftliche Gegebenheiten und die daraus resultierenden (gesellschaftlichen) Spannungen und Probleme in friedliche Bahnen zu lenken. …

Falls Sie jetzt aber glauben, andere »Religionen« würden sich nicht dem (Aber)Glauben an eine übersinnliche **Macht** bedienen, um eine hoffentlich dem Gemeinwohl dienende Ansicht durchzusetzen, möchte ich Sie gerne an das **neunte** und **zehnte Gebot**, die Sie ja jetzt wie aus dem Effeff kennen, erinnern! Wie war das noch gleich?...

> »Du sollst (bzw. wirst) nicht begehren deines Nächsten Haus und auch nicht begehren deines Nächsten Weib, Knecht, Magd, Vieh noch **alles**, was dein Nächster hat.«

Genau, wir sollen (bzw. werden) nicht **neidisch** sein – ungeachtet der Tatsache, dass wir es im Grunde aber doch **alle** sind und *ES* vermutlich auch immer bleiben! Der Grad des »**Neidempfindens**« und das, worauf *man* **neidisch** ist, ist dabei individuell verschieden, eventuell genetisch prädisponiert und bei einem Menschen meiner Erfahrung nach gut daran zu messen, wie »**futterneidisch**« er is(s)t!...?

Sie kennen das: Bei (kleinen) Kindern beobachtet man oft, wie sie sich gegenseitig das (beste) Essen streitig machen und in einer (gesellschaftlichen) Gruppe mehr in sich hineinstopfen, als **gut** (für sie) **ist**! *Man* is(s)t im Beisein anderer offenbar mehr und etwas anderes, als wenn *man* alleine is(s)t, weshalb manch ein tasmanisches »Teufelchen« im Kindergarten plötzlich auch Sachen isst, die zuvor nicht einmal unter Androhung von roher Gewalt vertilgt worden wären!...

Mehr noch, ein Bekannter hat mir unlängst erzählt, dass dessen Tochter aus (Futter)**Neid** einmal sogar einem anderen Kind das Eis aus der Hand gerissen und ohne Vorwarnung vom Apfel eines anderen Mädchens abgebissen hat. Was da auf dem Spielplatz – der für **Kinder** bekanntlich die Welt bedeutet – geboten war, kann *man* sich sicher denken!(?)

Falls Sie nun aber glauben, dieses Verhalten beschränke sich lediglich auf »Kinder«, also auf kleine bescheuerte Ausgaben von unfertigen Menschen, die es noch nicht »besser« wissen (können), täuschen Sie sich gewaltig! Wo und wann immer es etwas **umsonst** gibt, kann *man* leicht beobachten, wie wenig »**Mensch**« und wie viel »**Tier**« wir doch **alle** sind!...

Ein Beispiel: Wenn es in (m)einer Firma darum geht, etwas vom (Geburtstags)Kuchen – der erfahrungsgemäß vornehmlich von den unteren »Kasten« gestiftet wird – abzubekommen, ist im Hinblick auf die Ressource(n) dieser kleinen Welt – die einem (erwachsenen) **Menschen** bekanntlich wie ein Spielplatz erscheint – oft blanker Darwinismus, **Neid** und nicht zuletzt Eifer- bzw. Hab**sucht** zu beobachten! Mit anderen Worten: »Es ist Raubtierfütterung!«

Ich persönlich wundere mich dabei ja immer (wieder), wie viel in einen »Menschen« so hineinpasst! Sobald *E(*twa)*S* umsonst is(s)t oder es uns auch nur so erscheint, öffnen sich unsere (sieben) Mägen wie von selbst und **alles Mögliche** verschwindet darin. Koste *ES*, wen oder was *ES* wolle – meistens (fr)is(s)t *ES* die (Menschen)Würde –, es wird gehamstert, was das Zeug hält! Faszinierend und gleichermaßen erschreckend, mit welcher selbstverständlichen, in (fast) **allen** Schichten gesellschaftlich mittlerweile anerkannten Dreistigkeit *man*(n und Frau) dabei vorgeht. Wenn Sie mich fragen, dann verhindert nur der letzte Rest an Anstand und rudimentär vorhandener Kinderstube, dass die »Teilchen«, die man (gerade) selbst nicht (schnell genug fr)essen kann, so wie »früher« einfach abgeleckt werden!... Der »zivilisierte« und »erwachsene« Arbeitnehmer bzw. -geber verziert **(s)ein** (Kuchen)Stückchen natürlich nicht (mehr) mit Spucke, aber rechtzeitig mit Namensschildern, und bekanntlich sind es gerade die sowohl »leiblich« als auch »finanziell« besser situierten Menschen, die nicht zurückstecken können oder wollen! Gerade diejenigen von uns, die sich einen **Verzicht** locker und leicht leisten könn(t)en und es im Grunde auch sollten, sind es in der Regel, die den anderen –, die vielleicht etwas später dran sind und es unter Umständen nötiger und mehr verdient haben als man selbst, – nichts gönnen!

Darüber hinaus muss ich bestimmt nicht erwähnen, dass diese Art von »Mensch«, wenn überhaupt, nur selten auf die Idee kommt, (s)eine Kaffeetasse (**selbst**) abzuspülen oder auf **eigene** Kosten (s)einen Kuchen oder dergleichen zu spenden! Bei einer (eigen- und nicht minder hab)**süchtigen** Denkweise, bei der *man* am liebsten **all***ES* für sich (**selbst**) in Anspruch nehmen, ja am liebsten besitzen, verschlingen und nicht mehr hergeben will, ist dies auch nicht sonderlich überraschend!...

Erich Fromm hat's mal wieder gecheckt und bezeichnet *Essen* und *Trinken* daher als »*archaische*[173] *Form des Inbesitznehmens*«. Das »Einverleiben«, das »In-den-Mund-stecken« von etwas, das *man* als kleines Kind in seinen Besitz bringen, nicht wieder hergeben und entsprechend seiner gegenwärtigen Fähig- u. Unzulänglichkeiten unter Kontrolle halten will, ordnet er der menschlichen Existenzweise des *Habens* oder, wie ich meine, des *Habenwollens* zu!

> »*Der Konsumentenhaltung liegt der Wunsch zugrunde, die ganze Welt zu verschlingen, der Konsument ist der ewige Säugling, der nach der Flasche schreit. Das wird offenkundig bei pathologischen Phänomenen wie Alkoholismus und Drogensucht.[..]*
> *Konsumieren ist eine Form des Habens, vielleicht die wichtigste in den heutigen ›Überflußgesellschaften‹; Konsumieren ist etwas Zweideutiges. Es vermindert die Angst, weil mir das Konsumierte nicht weggenommen werden kann, aber es zwingt mich auch, immer mehr zu konsumieren, denn das einmal Konsumierte hört bald auf, mich zu befriedigen. Der moderne Konsument könnte sich mit der Formel identifizieren:* **Ich bin, was ich habe und was ich konsumiere.**« (217)

Man weiß: »Der Hund frisst, wenn es etwas gibt!«, und da ist die Verbindung zum **Wolf** in uns nicht allzu weit entfernt! Wir **alle** spüren in individuell unterschiedlichen Maßen diesen »**Wolf**« in uns (**selbst**), den es, sobald wir uns am Buffet unseres Wirkungsbereiches bewegen, mehr denn je zu kontrollieren gilt!

»**Neid**« ist der Ausdruck, das Eigentum eines anderen gewissermaßen besitzen und an sich reißen zu wollen, wohingegen »**Eifer*sucht***« die **Angst** bezeichnet, etwas oder jemanden zu verlieren, das oder den man vermeintlich besitzt oder braucht! Selbst wenn François Duc de la Rochefoucauld sagt, dass die »*Eifersucht in gewisser Hinsicht gerecht und vernünftig sei, da sie nur den Besitz bewahren will, der unser ist oder zu sein scheint*«, zeigt sich auch in diesem Fall, wie **Zufriedenheit** und das **Loslassenkönnen** uns von unserer ***Sucht*** und einer auf **Besitztumsdenken** und **Wertestarrheit** basierenden (Verlust)**Angst** befreit!

Wie Sie bereits wissen, ist **jede *Sucht*** dazu verdammt, sich zu steigern und das *langfristig* gesehene, (selbst)zerstörerische **Besitztumsdenken** trägt in **sämtlichen** Belangen dazu bei, die(se) ***Sucht*** *an und für sich*(!?) aufrecht zu erhalten!...

»Leben bedeutet (viel)leicht *Sucht*, aber *Sucht* ist nicht das Leben!«

---

[173] »***archaisch***:
1.a) der Vor-, Frühzeit angehörend od. aus ihr überkommen; vor-, frühzeitlich; b) (Psychol.) entwicklungsgeschichtlich älteren Schichten der Persönlichkeit angehörend.
2. altertümlich, veraltet.
3. der Frühstufe eines Stils (bes. der vorklassischen Epoche der griechischen Kunst) angehörend, entstammend.«

»Etwa 30 % aller Männer und Frauen bezeichnen sich als extrem eifersüchtig und für ca. 80 % aller Männer und Frauen gehören Liebe und Eifersucht zusammen. Frauen reagieren eher auf tatsächliche oder eingebildete emotionale Untreue mit Eifersucht, während Männer eher auf tatsächliche oder eingebildete sexuelle Untreue mit Eifersucht reagieren. Bei manchen Menschen fehlt andererseits die Eifersucht weitgehend.« (218)

Es ist vielleicht nur eine These, aber wenn wir es schaffen, unseren ***hedonistischen Nullpunkt*** festzuhalten, es schaffen, mit ihm solange es irgendwie geht *zufrieden* zu sein, – mit anderen Worten, also wirklich aufhören zu essen, wenn wir satt sind und keinen Anspruch auf mehr erheben als auf das, was wir sind –, dann werden wir es auch schaffen, die Bedürftigen dieser Welt **neidlos** und ohne **Angst** vor eigenem Besitz- und Werteverlust am Überfluss zu beteiligen.

»Der 2003 publizierte ›Bericht über die Nahrungsunsicherheit‹ der FAO weist, auf Zahlen gestützt, nach, dass die Weltlandwirtschaft beim derzeitigen Entwicklungsstand ihrer Produktivkräfte problemlos (und vor allem ohne GMOs) zwölf Milliarden Menschen ernähren könnte. ›Problemlos‹ bedeutet, dass jede erwachsene Person täglich eine Nahrungsration von 2700 Kalorien erhält.« (219)

Wir könn(t)en heute **ohne Probleme** 12 Milliarden Menschen ernähren, und obwohl wir kaum mehr als halb so viele sind, tun wir es nicht! Wir verfeuern lieber Weizen und Mais in Kraftwerken, vernichten täglich riesige Mengen an Brot und anderen (Nahrungs)Mitteln und beuten uns, obwohl wir eigentlich satt *sind* und genug *haben*, immer noch mehr gegenseitig aus. Warum?

»Weil wir ›**Menschen**‹ sind?«

Es muss so sein, denn »**Futterneid**«, d.h., der »**Neid**«, bei dem **bewusst** dem anderen ein Strich durch die Rechnung gemacht wird, ist bei Schimpansen nicht nachgewiesen! Nach einer Studie des *Max-Planck-Instituts für evolutionäre Anthropologie* hatten Schimpansen in Experimenten gezeigt, weder selbstlos noch boshaft zu handeln, und somit die Forscher zu dem Schluss gebracht, dass selbstloses und boshaftes Verhalten Eigenschaften seien, die sich im Laufe der letzten sechs Millionen Jahre herausgebildet haben und die stammesgeschichtlichen Wege von Mensch und Schimpanse getrennt hatten. Weiter steht in der Presseinformation der *Max-Planck-Gesellschaft* vom 18. Januar 2006 geschrieben…

»Menschen hingegen sind eindeutig altruistisch veranlagt. Sie spenden Blut, sie spenden Geld für wohltätige Zwecke und helfen Fremden. Diese Art von Altruismus wurde bisher bei keinem anderen Tier entdeckt und einige Forscher denken, dass die Selbstlosigkeit eine der Eigenschaften ist, die uns zum Menschen machen.«[174]

Unter Umständen ist der **Mensch** doch nicht so schlecht, wie *man* ihm nachsagt – ja vielleicht sind wir ja, ohne dass wir es wissen, besser als unser Ruf?

»Deutschland
In Deutschland werden etwa drei bis fünf Milliarden Euro pro Jahr gespendet (36 bis 60 Euro pro Kopf). Ein großer Teil davon kommt von Privatpersonen. Unter diesen wiederum von solchen, die regelmäßig spenden.
Nach einer Studie des Wissenschaftszentrums Berlin für Sozialforschung (WZB) spenden deutsche Bürger, die in Vereinen oder Verbänden engagiert sind, häufiger und mehr als andere. Dies stellt die zum Teil verbreitete Sichtweise in Frage, nach der Spenden als ›Ersatz‹ für fehlendes persönliches Ehrenamt wahrgenommen werden. Die Studie belegt, dass Personen mit einem höheren Einkommen deutlich häufiger als der Durchschnittsbürger spenden. Der Anteil der Spendensumme an ihrem Jahresnettoeinkommen liegt aber beträchtlich unter dem Durchschnitt.« (220)

Die Eigenschaft der intensiven Anteilnahme hat weltweit dazu geführt, dass nach der schrecklichen Tsunami-Katastrophe im Jahre 2004 – die leider bis zu 300 000 Tote gefordert hat (221) – (wild)fremden **Menschen** am anderen Ende der Welt geholfen wurde, und ich möchte (nicht) wissen, wie viele hierzulande täglich (**bewusst**) verzichten, um anderen zu helfen!...

Diese **Menschen** sind – im herkömmlichen Sinne – nicht »präsent«, zeigen sich bei dem, was sie tun, nicht in der Öffentlichkeit, sondern haben begriffen!

Selbstlosigkeit ist eine Eigenschaft, die uns zu **Menschen** macht, und Sie würden sich wundern, wie viele Erdenbürger tatsächlich hilfsbereit sind! Um das herauszufinden muss *man* sich allerdings trauen den Mund aufzumachen. Doch nur wenige von uns tun es, machen den ersten Schritt und geben zu, den anderen **tatsächlich** – und im Augenblick sogar noch mehr als sich **selbst** – zu brauchen!

---

[174] SJ/AT: *Unser böses Ich.* Presseinformation Max-Planck-Gesellschaft, 18.Januar 2006. URL:http://www.mpg.de/bilderBerichteDokumente/dokumentation/pressemitteilungen/2006/pressemitteilung20060117/index.html [Stand: 24.9.2009].
Originalveröffentlichung: Jensen, K., B. Hare, J. Call and M. Tomasello: *What's in it for me? Self-regard precludes altruism and spite in chimpanzees.* Proceedings of the Royal Society of London, Series B - Biological Sciences, January 2006)

Doch sobald wir uns (ver)trauen und anderen eingestehen, in einer Welt der Starken (sch)wach zu sein, passiert das Unvorstellbare: »Uns wird geholfen!«

Uns wird geholfen, wie **(je)dem** aufrichtig und ehrlich um Hilfe bittenden – behinderten, alten und kranken – **Menschen** geholfen wird! Dadurch, dass *man* die unsichtbare Barriere bricht, von sich (**selbst**) aus auf andere zugeht, ohne Hintergedanken um (Mit)Menschlichkeit bittet und sich (vertrauensvoll) in **fremde** Hände begibt, gibt man dem anderen das **Gefühl**, in (s)einer Welt wahrhaftig etwas (wert) zu *sein*! Gebraucht zu werden, nicht überflüssig zu sein, sondern etwas (ver)ändern zu können – im **Ganzen** einen »Sinn« zu *haben*, ist der Grund, **selbst** ein **Mensch** zu *sein,…* oder es zu *werden*!

Selbstlosigkeit – die im Übrigen dort aufhört, wo *man* (s)ein *Selbst* los ist –, ist aber keine Einbahnstraße, denn der selbstlos und (vordergründig) uneigennützig handelnde **Mensch** tut sich (**selbst**) dadurch etwas »Gutes«, dass er es für jemand anderen tut! Er handelt somit in gewisser Weise »**egoistisch**«!...

So ist das »**selbstlose**« Handeln primär **eigennütziger** Natur und steht somit – anders als viele vielleicht meinen – nicht im Gegensatz zum **Mensch** und (s)einer egoistischen (Lebens)Art! Diese Form der (Selbst)**Sucht** ist aber nicht zerstörerisch, ausbeutend, aufbrauchend oder tötend, sondern – im Gegensatz zur Rücksichtslosigkeit des *haben wollenden* »Menschen« des Kapitalismus – auf einer »höheren« Ebene selbsterhaltend!

Wer weiß, vielleicht zwingt Mutter Natur in Zukunft mehr **Menschen**, sich (**selbst**) zu erhalten, sich wieder gegenseitig zu helfen, zu begreifen und so in unserem **eigenen** Interesse den stärker werdenden »Dämonen« in uns die Stirn zu bieten!? Denn stärker werden die Jungs der bösen »Boygroup« allemal und das nicht zuletzt durch die Vielzahl an **Möglichkeiten**, die *Ihnen*(!?) das 21. Jahrhundert bietet!...

Luzifer zum Beispiel, der Vertreter des Hochmuts und der Eitelkeit (vgl. S. 299), kann sich mittlerweile einer ganzen Kosmetik- und Textilindustrie samt artverwandten Wirtschaftszweigen wie Schönheitschirurgie, Wellness etc. bedienen und sieht es bestimmt ganz gerne, wenn wir auf **innere** *Werte* verzichten, um mehr in die Fassade zu investieren! Und **Asmodeus**, der Hugh Hefner der bösen Jungs, muss sich anhand der unendlich erscheinenden Wollust keine Sorgen um s(t)inkende Absatzzahlen in der Porno- und artverwandten Industriezweigen machen – im Gegenteil! Aber auch **Mammon** – der Patron aller »Maximierer«, zu dem wir gleich (noch) kommen – darf sich über einen Mangel an geizigen und hab*süchtigen* Anhängern nicht beklagen, verfügt er doch zweifelsohne über eine fantastische, ja geradezu faschistisch anheimelnde Werbemaschinerie, die seiner *süchtigen* Anhängerschar stets eines eintrichtert: »**Mammon ist geil!**«...

Damit das auch in Zukunft so bleibt und keiner von uns auf falsche Gedanken kommt, heißt *ES* nun sogar: »**Mammon *bleibt* geil!**«

Dagegen hat der liebe »Gott« samt seiner Fans wohl die Zeichen der Zeit verkannt!? Er muss sich jetzt ganz schön ranhalten, um gegen die geballte Macht der Wirtschaft anzustinken und den Wettlauf um die Kunden nicht zu verlieren!
Natürlich ist es blöd, hier Feuer mit Feuer zu bekämpfen, aber warum eigentlich nicht? Warum nicht mit gleichen »Waffen« zurückschlagen?...
Wie das gehen könnte, zeigt uns die »Katholizismus-Wow-Kampagne« aus dem Film *Dogma* (1999)! Dort zeigt sich die Katholische Kirche angesichts der fallenden Mitgliederzahl samt finanzieller Einbußen nämlich in einem neuen, »poppigeren« Gewand und unterzieht sich deshalb einer gewissen Modellpflege, welcher als erstes einmal die Galionsfigur des am Kreuze hängenden Jesus Christus zum Opfer fällt! Er wird endlich aus (s)einer unbequemen Position befreit, bekommt ein Zahnpastalächeln verpasst und kneift, während er mit beiden Daumen nach oben zeigt, ein Auge zu, als wolle er den **Menschen** schließlich sagen: »Des baßt scho!« Natürlich darf *man* nie vergessen, dass Jesus am Kreuz für **unsere** Sünden gestorben ist, aber mal ehrlich, so wirklich aufbauend und einladend ist dieses mahnende Symbol doch nun wirklich nicht – oder? Und dass eine klassische Kirche im landläufigen Sinn kein Ort ist, an dem *man* sich heimisch und geborgen fühlt, finde ich schade, aber steht für mich jedenfalls genauso fest wie die Tatsache, dass der ursprüngliche »Sinn« des **Ganzen** mehr und mehr in Vergessenheit geraten ist!...
Falls die Kirche überhaupt eine Marketingabteilung beschäftigt, so ist es demnach an der Zeit, diese zu wechseln oder ihr endlich einmal in den Hintern zu treten! Denn beim heutigen Überangebot an Unterhaltung ist es schwer, die bis zum Stehkragen vollgestopften Leute hinter den elektronischen Öfen vor- und wieder in die Kirche(n) hineinzuholen! In einer »Realität«, in der den Kirchen die Mitglieder davonlaufen und die grundlegenden *Werte* sich gewandelt haben, ist es mehr als nötig, sich über neue Konzepte Gedanken zu machen, denn sonst seh' ich in Zukunft für uns **alle** »schwarz«!...
Darum möchte ich die Gunst d(ie)es Augenblickes nutzen, um die Religionen und deren verschiedene »Geschäftsführer« dazu aufzurufen, endlich aufzuwach(s)en, die Zeichen der Zeit zu (er)kennen und im Hinblick auf eine gewisse Konkurrenzfähigkeit endlich »**aktiv**« zu werden! Es ist (leider) an der Zeit, sich »**besser**« zu verkaufen, denn:

»*Man soll nie vergessen, dass die Gesellschaft lieber unterhalten als unterrichtet sein will*«
- Adolph Freiherr von Knigge

Außerdem haben (die) **Menschen** »*viele Bedürfnisse. Eines davon ist Recht und Ordnung. Ein anderes ist Entertainment!*« (222)...

Dieses Zitat stammt aus dem Schwarzenegger-Film *Red Heat* aus dem Jahre '88 und zeigt uns einmal mehr die Gleichzeitigkeit der verschiedenen »Realitäten« im bzw. des Kapitalismus auf! Es gibt uns einen guten Hinweis darauf, was heutzutage (**leider**) nötig ist, um (Menschen)Recht und Ordnung wieder adäquat an den Mann (engl. *man*) bzw. die Frau zu bringen! Der (r)eine »**Glaube**« *an sich* braucht natürlich kein perfektes »Marketing« und »Entertainment«!...?

Die Amerikaner – ihres Zeichens Marktführer in Sachen »Unterhaltung« –, haben indes aber schon längst erkannt und es sich zu Nutze gemacht, dass der unreife Mensch konsequent »bespaßt« werden und, von sich aus, nur wenig tun bzw. nachdenken will! Aus diesem »guten« Grund und aus der fälschlichen (elterlichen) Annahme heraus, dem »Kind« – nur um als Eltern(teil) letztlich **selbst** geliebt zu werden – **alles**, was *ES* will, geben und bieten zu müssen, betten die Amis sämtliche wirtschaftlichen, religiösen, politischen und anderweitigen ideologischen Ansichten in eine perfekt inszenierte und genau auf die Denkstrukturen der Zuschauer abgestimmte Show ein. **Alles** und **jeder** wird dadurch zu einer Art »Darbietung«, die uns (Kinder) manipuliert und zum Schluss nur noch die eine wichtige Frage offen lässt: »Auf welches Konto *darf* ich das Geld überweisen!?«

Es steht (nicht nur) deshalb außer Frage, dass der **Mensch** durch (s)eine Erziehung lernen sollte, sich **selbst** zu beschäftigen! Doch lassen wir das beiseite und den rein materiellen (An)Trieb einmal außer Acht, könn(t)en wir uns die amerikanischen (Er)Kenntnisse zu Nutze machen, um es möglicherweise tatsächlich zu schaffen, das »Gute« im **Menschen** besser als bisher zu »verkaufen«!? Und damit meine ich es jetzt nicht so, wie es beispielsweise bei den *Freien Christen* oder ähnlichen neuen Glaubensgemeinschaften derzeit der Fall zu sein scheint!

Ich meine *ES* nicht so, dass wir, abseits der ach so liberalen Oberflächlichkeit, die Bibel genauer auslegen, als es in den großen Kirchen der Fall ist und folglich – unter dem Deckmantel einer neu entdeckten »Freiheit« – letzten Endes päpstlicher als der Papst sind! Ich meine nicht, dass *man* sich die offenkundige Halt- und Führungslosigkeit der (Mit)Menschen zu Nutze macht, um – mit ein paar lockeren Worten und einem vordergründig legeren Verhalten – sich und der Gruppe wirtschaftlichen Profit und Macht zu verschaffen!...

Dennoch steht (für mich) fest: Mit einem losen Mundwerk, gratis Luftballons, für »umme« Pommes auf die Hand, Freibier für **alle** und einer Messwein »Happy Hour« zieht *man* mehr Leute ins Haus »Gottes« als mit dem irgendwie nach alter Pappe schmeckenden Leib Christi!...

Das **(all)*ES*** habe ich jetzt absichtlich sehr sarkastisch und etwas überzeichnet ausgedrückt, aber mal ehrlich, alleine schon der Wechsel zu einer zeitgemäß(er)en Aufklärung – quasi von Frontalunterricht hin zu einem »interaktiven« (»Gottes«-)Dienst, in welchem die vermeintlich »Gläubigen« endlich mal nach ihrer **eigenen** Meinung, Empfindung und Erfahrung gefragt und somit zur **aktiv(er)en** (Mit)Arbeit animiert werden – wäre doch schon mal ein Anfang!?...

Man muss nicht immer dieselbe Leier spielen und Altbekanntes vorkauen. Es reicht schon, die Vorteile (s)eines anständigen Lebens **glaubhaft** rüberzubringen und die Gebote »Gottes« richtig zu (er)klären bzw. sie **selbst** (er)arbeiten zu lassen, statt sie einfach nur (totalitär) vorzuschreiben! *Man* muss uns **Menschen** heute – wie damals – auf unsere (**eigene**) Weise begreiflich machen, warum wir nun mal **nicht** ehebrechen, stehlen, lügen und töten sollen; warum *ES* für **uns** »besser« ist, dies nicht zu tun, *ES* »heilsamer« ist, Mutter und Vater zu ehren, *ES* »profitabler« ist, am Sonntag nicht zu arbeiten und *ES* am Ende (doch) »gewinnbringender« ist, nicht **alles** zu begehren, was der Nächste hat! Es ist wichtig(er) im »Glauben« zu *sein*, als ihn – wie einen (Deck)Mantel – zu *haben*!...

Das **all*ES*** geht verständlicherweise nicht von heute auf morgen, und etwas in der Art wird auch schon versucht, doch eben nicht genug! (Dass ich mich mit der Kritik mitunter **selbst** gemeint habe, versteht sich hoffentlich von selbst!?) Mehr denn je ist man (engl. *man*) den Menschen(kindern) – im wahrsten Sinne des Wortes – eine **Er**- bzw. **Aufklärung** schuldig!...

Man müsste es also schaffen, dem, nennen wir ihn einfach, »Konsument«, die aus **(s)einem** anständigen Leben hervorgehenden Vorteile **glaubhaft** rüberzubringen, statt dogmatisch an alten Geschichten und längst überholten Traditionen festzuhalten! Die sind, nach heutigem Wissensstand, meist sowieso nur schwer nachvollziehbar, und die meisten wurden (glücklicherweise) von uns schon längst durchschaut! Der wissenschaftlich aufgeklärte Mensch von heute hat seit Langem schon begriffen, dass es weder einen Osterhasen, noch einen Weihnachtsmann oder sonst ein übernatürliches bzw. übersinnliches Wesen gibt, das einen durchdachten bzw. zielgerichteten Einfluss auf ihn (alleine) nimmt!...

Tja, (heutige) **Menschen** glauben – leider oder zum Glück – nicht mehr an Märchen! Jedenfalls denken *Sie*(!?) das, und haben schon längst keine Angst mehr vor einer möglichen Bestrafung durch irgendeine transzendente, übergeordnete Macht! Die(se) Angstmacherei im Sinne eines veralteten Mittelalterglaubens funktioniert allenfalls noch bei kleinen Kindern, die ums Verrecken nicht brav sein wollen, doch (leider) nicht mehr bei den größeren Kindern – den halbstarken Teenagern d(ies)er Erde! Die verlangen nach **Wissen** und **Wahrheit**, sehnen sich nach **Zuneigung**, **Anerkennung**, **Geborgenheit** und suchen – auf ihre pubertäre Art – bewusst oder un(ter)bewusst nach dem tiefer liegenden »Sinn« des **Ganzen**! Einem »Sinn«, den der Materialismus[175], im »*Streben nach*

---

[175] »***Ma|te|ri|a|lis|mus*** *der; - <lat.-fr.>:*

1. *philosophische Lehre, die die ganze Wirklichkeit (einschließlich Seele, Geist, Denken) auf Kräfte od. Bedingungen der Materie zurückführt; Ggs. Idealismus (1); vgl. dialektischer Materialismus.*

2. *Streben nach bloßem Lebensgenuss ohne ethische Ziele u. Ideale.*«

bloßem Lebensgenuss ohne ethische Ziele und Ideale« uns fälschlicherweise immer mehr zu geben scheint. Doch was der (r)eine Kapitalismus produziert, ist eine (Traum)Welt, die der eines Junkies ins nichts nachsteht und in welche wir uns in unserem jugendlichen Leichtsinn aus **Angst** und **Faulheit** zurückziehen!...

Doch wenn wir eines (»schönen«) Tages erwachen, dann ist da nichts – nur ein fader (Nach)Geschmack im Mund und mörderische (Kopf)Schmerzen, die uns leidig an den Rausch vergangener Zeiten erinnern!

Dabei brauchen wir eigentlich gar keinen »Gott« oder »Götter«, keine leuchtenden Ikonen, keine Götzen (der Wirtschaft und des materiellen Glücks), wie uns der Buddhismus, Jainismus und teilweise auch der Daoismus eindrücklich zeigen!(?) Der **bewusste** »Glaube« alleine ist *ES*, der Berge versetzt und uns im Streben nach *Glück* und *Zufriedenheit* durchaus gute Hilfe leistet!...

Doch an *was* oder an *wen* glauben wir **wirklich**?

→(!?)

Mammon

»Die Dinge, auf die es im Leben wirklich ankommt,
kann man nicht kaufen.«
- William Faulkner[176]
(1897-1962)

Laut Max Otte kann »*letztlich alles zu Geld werden, was drei ökonomische Funktionen erfüllt: **Tauschmittel**, **Bewertungsmaßstab** und **Wertaufbewahrungsmittel**. Fehlt eine dieser Funktionen, kann das entsprechende Medium nur ein unzureichender Geldersatz sein.*« (223) So dienten in unserer Geschichte Perlen, Kamele, Naturalien, Zigaretten und natürlich Gold und Silber als Zahlungsmittel. Doch eines war, ist und bleibt dabei wohl immer gleich:

»Geld ist (r)eine Glaubenssache!«

Denn sobald jemand nicht an den Wert des Zahlungsmittels glaubt, es als *Tauschmittel* nicht akzeptiert, verliert es folglich die Funktion und wird wertlos!
Ein Beispiel: Wenn Ihr Bäcker nicht glaubt, dass das Brot, welches Sie käuflich erwerben wollen, 2,60 € wert ist, sondern 5 € oder er stattdessen sogar zwei Stangen Zigaretten dafür haben will, wird Ihr Geld, welchem Sie (bisher) so viel Vertrauen entgegengebracht haben, wieder zu dem, was es **eigentlich** ist: Papier oder sonstige Materie, deren Wert alleine durch den individuellen und kollektiven »**Glauben**« daran bestimmt wird!
Wenn *ES* ganz dumm läuft, dann ist Ihr Geld nicht einmal das Material, also das Papier wert, auf dem *ES* gedruckt wurde. Unter (bestimmten) Umständen sind **alle** Ihre Ersparnisse nämlich nichts weiter als *Ja/Nein-Antworten*, das heißt, *Bits*[177] und *Bytes*, welche als (un)scheinbare Informationseinheiten in den endlosen Weiten der elektronischen Datenverarbeitung umherschwirren!...
Ihr sog. »**Geld**« besteht demnach nur aus bisweilen leicht zu manipulierenden Faktoren eines anderen Universums, quasi einer anderen »Dimension«, welche wir (immer noch) meinen, beherrschen und kontrollieren zu können bzw. zu müssen! Doch *wer* oder *was* hier wirklich *wen* beherrscht, ist fraglich und bleibt

---

[176] amerik. Romanschriftsteller, Essayist u. Lyriker, der am 25.09.1897 geboren wurde. Er »*erhielt 1950 - nachträglich für 1949 - den Nobelpreis für Literatur.*« (465)

[177] »*Ein Bit ist die kleinste Informationseinheit. Jede Information ist an einen Informationsträger gebunden. Die Datenmenge 1 Bit entspricht der Information, welche von zwei möglichen Begebenheiten zutrifft. Folgende beispielhafte Sachverhalte können also eine Datenmenge von einem Bit speichern: Die Stellung eines Schalters mit zwei Zuständen, zum Beispiel eines Lichtschalters mit den Stellungen Ein oder Aus.*« (421)

abzuwarten. Denn je mehr wir unser (zukünftiges) Leben auf die(se) elektronische Welt ausrichten, desto »**abhängiger**« werden wir von ihr!

Haben Sie sich schon einmal gefragt, wo Ihr Geld, welches Sie durch die schwarz auf weißen Zahlen Ihres (Online)Kontoauszuges als durchaus existent erachten und nach dem Sie größtenteils Ihr Leben ausrichten, *ES* darauf aufbauen und teilweise sogar darüber definieren, denn jetzt, in diesem **Augenblick** gerade ist? Und haben Sie sich des Weiteren mal Gedanken darüber gemacht, was mit Ihrem lieb gewonnenen und sicher geglaubten Gut*haben* passieren würde, wenn **alle** auf einmal ihr gesamtes Geld von der Bank einfordern würden und/oder das Universum der elektronischen Datenverarbeitung urplötzlich den Geist aufgibt?
Ich verrat's Ihnen: »Dann könnten Sie Ihr ›Geld‹ nicht einmal zum (Ver)Heizen verwenden, es also nicht einmal in die Hand nehmen und verbrennen! Sie hätten auf einen (An)Schlag so gut wie gar nichts mehr (… in der Hand)!«
ES ist schon verrückt, ich weiß, aber unser Gut*haben* an sogenanntem »**Geld**« ist im »***Prinzip***« nichts weiter als (r)eine Illusion – eine unwirkliche, *subjektive* Vorstellung ohne *objektiv* fassbaren (Hinter)Grund!...(?)
Wir leben demnach in einer materiellen (Schein)Welt, welche aufgrund der (Zins)Politik und dem Handel mit imaginären Werten und Gütern nicht (mehr) auf den *Gesetzen der Natur* basiert, sondern lediglich von – den Gesetzen – unserer Psyche und Vorstellungskraft getragen wird!

»*Wir schlafen, und dieses Leben ist ein Traum,*
nicht im metaphorischen oder poetischen,
sondern im tatsächlichen Sinn.« (224)
- Fernando Pessoa
(Das Buch der Unruhe)

Das muss *man* sich mal vorstellen(!): *Objektiv* gesehen leben wir einen Traum – und zwar einen, der solange »real« ist, wie **alle (gem)einsam dasselbe** »träumen« oder zumindest (an) **dasselbe** »glauben«!...
Doch irgendwann sind wir gezwungen, aufzuwach(s)en! Die Natur zwingt uns – mit ihren ureigensten Gesetzen – dazu!!... Unweigerlich!!!
Seitdem die Dollarnoten weder real durch Gold noch durch Staatshaftung gedeckt sind – 1971 kündigte US-Präsident Nixon die Einlösungspflicht des Dollars in Gold (Golddollarstandard) und zugleich die Haftung des Staates für den Dollar auf –, ist der Dollar und **alles andere (entsprechende) Geld der Welt** nicht mehr werthaltig! *ES* ist nur noch gedrucktes, legalisiertes Zahlungspapier, das durch die weiterhin ungebremste (Kredit)Verschuldung –, die schon längst kein **Mensch** mehr begreifen, begleichen, geschweige denn zurückzahlen kann, – nur noch mehr an Wert verliert!...

Ich kann nicht sagen, wie lange die (synthetische) Droge des Geldes und des damit verbundenen Konsums uns noch im (künstlichen) Koma zu halten vermag – das kann keiner! Doch der Gewöhnungseffekt und die Tatsache, dass (m)eine Droge – vor allem, wenn sie gestreckt wird und mit der Zeit an Substanz verliert –, trotz gesteigerter Dosis ihre Wirkung einbüßt, lässt mich »glauben«, dass wir demnächst aufwach(s)en und die »Matrix« (unsanft) verlassen werden!

Wenn dies eines Tages geschieht und unsere gigantische Einbildung irgendwann doch (noch) platzt wie eine (Seifen)Blase, wird die uralte Prophezeiung des kanadischen Stammes der Cree bzw. Kri tatsächlich wahr werden. …

»Erst wenn der letzte Baum gerodet,
der letzte Fluss vergiftet,
der letzte Fisch gefangen ist,
werden die Menschen feststellen,
dass man Geld nicht essen kann.«

- Prophezeiung des kanadischen Stammes der Cree[178]-

Damit *ES* (doch) nicht so weit kommt, lohnt es sich über folgende Aspekte nachzudenken:

»Wenn Geld ein von Menschen geschaffenes System ist, dann wird man es doch bestimmt an die Bedürfnisse der Menschen anpassen können. Die meisten Menschen glauben, um die Versorgung mit Geld kümmere sich die Regierung. Niemand hinterfragt das System! Würden alle auf einen Schlag versuchen, sich ihren Kontostand auszahlen zu lassen, würde der Schwindel auffliegen! Wenn ein einzelner Mensch viel mehr Geld besitzt, als er zu seinem Privatvergnügen jemals ausgeben kann, welchen besonderen Genuss kann er dann aus der Welt noch herausholen? Es ist einerlei, welche Partei regiert, denn Mammon beherrscht die Politik, ... die Finanzen, … das Lebensblut der Nation. Macht über die Massen ist das ultimative Spiel!«[179]

[178] Anm: Fälschlicherweise wird diese bekannte »Vorhersage« häufig dem Indianerhäuptling Seattle (1786-1866) zugeschrieben.

[179] Anm.: Ein von mir leicht veränderter Text aus dem Trailer zum Film ***Gib mir die Welt plus 5 Prozent – Die Geschichte vom Goldschmied Fabian***, produziert nach einer Geschichte von Larry Hannigan. Kostenlos im Internet unter URL: http://www.neueimpulse.org/.

Das **ganze** »Geld« und **alles** (andere), das wir *besitzen* oder meinen, *haben* zu müssen oder zu wollen, wird in letzter Instanz vermutlich alleine durch unsere »**persönliche**« **Einstellung**[180] zu diesem Objekt (der Begierde) definiert und sonst durch nichts!...

So stellt für meine Freundin (m)eine Heimkinoanlage beispielsweise nicht halb so viel an »Wert« dar wie für mich, wohingegen ich in der Regel weniger Verständnis für Klamotten aufzubringen pflege. Dieses Phänomen ist gut mit dem von Barry Schwartz beschriebenen *Besitztumseffekt*[181] in Einklang zu bringen, wonach – einfach ausgedrückt – **all*ES*** für uns an Wert zunimmt, sobald es sich in unserem **persönlichen** Besitz befindet!...

Selbst wenn Schwartz sich eher auf »Dinge«, also z.B. auf Kaffeebecher und Kugelschreiber bezieht, kann *man* (nach Erich Fromm) auch »Glauben« besitzen, also wie ein Objekt quasi »*haben*«! Und die Stereoanlage gehört, samt (m)einem »Glauben« daran, sie unbedingt *haben* zu müssen, nun mal mir, wohingegen sie meiner Freundin nicht so wichtig ist, weil sie diesen »Glauben« und somit auch das zugehörige Objekt eher weniger (nötig) *hat* bzw. nicht so sehr *besitzt* (wie ich)!...

Überträgt *man* dies nun auf **ganze** Völker oder Gesellschaften, so kann *man* sich leicht vorstellen, dass unser »Glaube« an das Geld, das (Wirtschafts)*System* oder an etwas anderes in einer Gemeinschaft, die nicht an das Gleiche glaubt, relativ wertlos wird! Wie **jede** andere Ideologie, **jede** andere »Religion« ist der Kapitalismus als (Wirtschafts- bzw. Gesellschafts)*System* demzufolge (nur) ein **imaginäres**, ein **gedankliches** Konstrukt, das im »***Prinzip***« funktioniert wie ein (Brett- bzw. Karten)**Spiel**!!!...?

Monopoly, Poker, Mau Mau oder Kuhhandel – **alle** teilnehmenden »Spieler« akzeptieren dabei **dieselben** Regeln und spielen sodann – (gem)einsam und/oder gegeneinander – nach diesen »Grundsätzen«! Nur unter der Voraussetzung, dass sich **alle** beteiligten »Spieler« daran halten, wird ein (solches) »**Spiel**« für (einen) **Menschen** zur (an)erkannten »Realität«, vorher nicht! …

Also nochmal:

»Wenn einer* alleine *glaubt bzw. spielt,
***dann ist* ES *nur* (m)ein *›Glaube‹* – (m)ein *›Spiel‹*.**
Wenn dagegen viele* (gem)einsam *(an) dasselbe glauben, dann handelt
ES *sich sowohl um den Beginn als auch um die Existenz einer neuen, anderen, entsprechend ›größeren‹ Wirklichkeit‹!«*

---

[180] Anm.: Es sei nur am Rande erwähnt, dass unsere »**persönliche**« **Einstellung**, ebenso wie unser **»freier« Wille**, gemäß der Ideologie des Kapitalismus kommerziell manipuliert wurde bzw. wird!

[181] Vgl. Barry Schwartz: *Anleitung zur Unzufriedenheit*, S.82ff

Das ursprüngliche Zitat, welches von mir hier »leicht« modifiziert wurde (Ich habe u.a. »träumen« durch »glauben« bzw. »spielen« ersetzt!), finden Sie auf Seite 55 und schließlich ganz am Ende meines Buches in Band 2 – und Sie werden später, wenn es um sog. »***luzides Träumen***«[182] und (mal wieder) um Quantenphysik[183] geht, noch sehen, dass das »Träumen« bzw. der »Glaube« und im übertragenen Sinne vielleicht auch das (**gem)einsame** »Spielen« und die entsprechende »Empfindung« *an und für sich*(!?) tatsächlich die »**echte**« Realität hervorbringt oder die(se) »Wirklichkeit« zumindest hervorbringen kann!...

»**Spielen**« ist jedenfalls ein untrügliches Zeichen von Intelligenz und Klaus Lage hat vor längerer Zeit (1984) einmal gesungen:

»Monopoly Monopoly
Wir sind nur die Randfigurn in einem schlechten Spiel
Monopoly Monopoly
Und die an der Schlossallee verlangen viel zu viel«

»*Geschrieben hatte den kapitalismuskritischen Text der Sozialromantiker Dieter Dehm, der heute für ›Die Linke‹ im Bundestag sitzt*«, (225) heißt es in der *Welt Online* vom 17.1.2007, und wie intelligent das einst besungene und mittlerweile global anerkannte (Gesellschafts)**Spiel** letztendlich **wirklich** ist, werden wir sehen! Spaß macht's allemal, doch dass *man* das (Spiel)Geld nicht nur im Brettspiel (Monopoly) einmal komplett durch Bankkarten ersetzt und *man* seine Gewinne und Ausgaben nur noch per elektronischem Kartenleser verbucht, hätte ich mir ehrlich gesagt nie träumen lassen!...

Bargeld gibt es zwar immer noch, aber wenn ich, wie viele andere, behaupte, dass irgendwann auch dieses überflüssig wird und die Karten durch einen (ggf. zwangsweise) implantierten Chip oder eine andere Form der verifizierbaren »Kundenidentifikation« ersetzt werden, ist das für viele von uns auch nur ein (Alp)Traum – der allerdings ziemlich bald Realität werden könnte!...

Zur Erinnerung: In der Vergangenheit haben sich Sterne und/oder tätowierte Nummern zur »Feststellung der Identität« ja (fast) mal bewährt, und wenn es nach den Banken geht, soll(te) niemand mehr ohne Kreditkarte oder das allgegenwärtige (Computer)»*System*« auskommen! Ohne einen Identitätsbeweis soll(te) keiner mehr etwas kaufen oder ver*s*aufen können und wenn die dafür notwendigen Computer ersteinmal vollständig vernetzt und auch alle sonstigen Informationen (m)einer Person im »*System*« erfasst sind, hat man die ultimative Kontrolle über **alle** Menschen (auf dem Planeten)!... – Absolute »**Macht**«!?...

---

[182] Vgl. Band 1, Kap. *Der Klartraum*, S. 516ff

[183] Vgl. Band 2, Kap. *Wie unser »Empfinden« die Welt verändert*, S. 355ff

… War *ES* nicht das, wonach manche »Menschen« (meist die, die sonst schon **alles** *haben* bzw. *hatten*) vor allem anderen streb(t)en!?

Damit *ES* zur **»absoluten« Macht** (über die Menschheit) kommt und sich in Zukunft auch nichts daran ändert, ist der **Kapitalismus** und mit ihm **Mammon** logischerweise dazu gezwungen, auch noch die letzten Ungläubigen zu bekehren und (an den Spieltisch) zu fesseln! (vgl. Höhlengleichnis, S. 26ff) Er ist gezwungen als einziger »Glaube«, als einziger »Wert«, als einzige »Wahrheit«, ja als **einziges** »Spiel« auf d(ies)er Welt zu gelten! Er muss (**selbst**) zur »Welt« werden und so ist der Kapitalismus in der Tat eine reine »(Glaubens)**Sache**«!...

Wie jeder »**–ismus**« ist der Kapitalismus ein imaginäres »Ding«, (m)eine »Projektion« und – wie mir es soeben mein Computer als Synonyme für »Spiel« angeboten hat – nichts weiter als »Unterhaltung« und »Zeitvertreib«!...

»*In God We Trust*« ist deshalb bestimmt nicht umsonst auf der amerikanischen Ein-Dollar-Note zu lesen! Dieser Spruch demonstriert nämlich den gängig(st)en »Glauben« einer Vorreiternation für Materialismus, deren »Gott« nichts mehr mit der althergebrachten Vorstellung zu tun hat, sondern sukzessive einem »Dämon« gewichen ist, der die **Menschen** zu Geiz und Hab*sucht* verführt und der dank (s)einer Offensichtlichkeit in Form von (Status)Symbolen, Kontoauszügen und (primär) **äußerlichen** *Werten* aller Art – im Gegensatz zum anderen »Gott« – greif-, mess- und schließlich berechenbar ist!

Im US-amerikanischen Mystery-Thriller *Constantine* stellt **Mammon** sogar den Sohn des »Teufels« dar, der nicht die Geduld hat, die Regentschaft des Vaters abzuwarten, sondern danach verlangt, (s)ein **eigenes** Königreich aus *Feuer und Blut* zu errichten! »*Mammon ist so ziemlich der letzte Dämon, den wir in unsere Dimension lassen dürfen!*«, sagt einer von Constantins Leuten und meint zu Constantin weiter am Telefon: » *[...] Hier steht, Mammon braucht zunächst mal ein sehr, sehr starkes Medium, das er nutzen kann. [...] Aber das reicht noch nicht. Um in unsere Welt zu gelangen, braucht Mammon göttliche Unterstützung, um herzukommen bräuchte Mammon die Hilfe von Gott!*« (59)

Natürlich handelt es sich (wieder) nur um einen Film, aber denken Sie mal darüber nach, wie viel *Blut* im Namen des »Glaubens« täglich vergossen und *Feuer* im wörtlichen und übertragenen Sinn dafür gelegt wird!?...

Mammon braucht, um in die(se) Welt zu gelangen, ein »Medium«, heißt es im Film. Ein »Medium«, welches durch die Person der Polizistin Angela Dodson (Rachel Weisz) dargestellt wird. Doch auch »Geld« kann, nach der Definition von Max Otte, in unserer Welt als »Medium« angesehen werden! Und dieses »Medium« benutzt **Mammon** nur zu gerne, um (s)ein Reich in unserer Dimension auszubauen!... Jedoch braucht er dazu die Hilfe von »Gott«! »**Gott**« ist nach meiner (bisherigen) Definition aber so etwas wie (m)ein »**Bewusstsein**« – die »***Resultierende Kraft***« aus **all** unseren sowohl *bewussten* als auch *un(ter)bewussten* Bemühungen!!! Und die richten sich, soweit ich *ES* beurteilen kann, wohl am ehesten und immer mehr nach dem Geld!... **Mammon** bekommt also wirklich die Hilfe von **uns**, von »**Gott**« oder besser gesagt: »**Mammon wird durch uns zu Gott**« – denn **wir** sind *ES*, die dem **Geld** und somit **Mammon** hinterherlaufen, *ES* – als Spiel(zeug) – (an)erkennen und ihm (so) zu (s)einer »Macht« verhelfen! Wir könn(t)en sie ihm aber auch genauso gut entziehen!!? Und dazu müssen wir nur eines tun: **Nicht mehr an ihn glauben!...**

Doch *ES* sieht leider so aus, als käme *ES* nicht dazu, als würde Mammon – durch uns und in uns – von Tag zu Tag stärker werden. Er wird uns letztlich *alle knechten, uns alle finden, ins Dunkel treiben und ewig binden*!...?

Diese Worte kommen dem einen oder anderen von Ihnen sicherlich bekannt vor, stammen sie doch aus John Ronald Reuel Tolkiens Roman *Der Herr der Ringe* der, wie ich meine, sehr große Analogien zur realen Welt zeigt und auf welchen ich deshalb an dieser Stelle kurz eingehen will. Da diese Allegorien, Analogien oder Assoziationen jedoch – einzeln aufgezeigt und für sich besprochen – sicherlich (m)ein ganzes Buch füllen würden, möchte ich mich im Folgenden nur auf wenige »Dinge« beschränken, die mehr oder weniger meiner **eigenen** Fantasie entsprungen sind und deshalb nicht unbedingt als wahr gelten soll(t)en! Einfachheitshalber bzw. aus Gründen der Nachvollziehbarkeit stütze ich mich bei meinen Ausführungen aber auf Peter Jacksons Verfilmung von *Herr der Ringe*, die viele sicherlich kennen!? Sie beginnt mit den folgenden, eindringlichen Worten:

> »*Die Welt ist im Wandel. Ich spüre es im Wasser. Ich spüre es in der Erde. Ich rieche es in der Luft. Vieles, was einst war, ist verloren, da niemand mehr lebt, der sich erinnert. Alles begann mit dem Schmieden der großen Ringe. Drei wurden den Elben gegeben, unsterblich und die weisesten und reinsten aller Lebewesen. Sieben den Zwergenherrschern, großen Bergleuten und geschickten Handwerkern in ihren Hallen aus Stein. Und neun, neun Ringe wurden den Menschen geschenkt, die vor allem anderen nach Macht streben. Denn diese Ringe bargen die Stärke und den Willen, jedes Volk zu leiten. Doch sie wurden alle betrogen, denn es wurde noch ein Ring gefertigt. Im Lande Mordor im Feuer des Schicksalsberges schmiedete der dunkle Herrscher Sauron heimlich einen Meisterring, um alle anderen zu beherrschen. In diesem Ring floss seine Grausamkeit, seine Bosheit und sein Wille, alles Leben zu unterdrücken. Ein Ring sie zu knechten!*« (1)
>
> - Der Herr der Ringe (Die Gefährten)
> (Neuseeland / USA 2001)

Dem modernen Zuschauer wird es sicherlich befremdlich sein, über die Spezialeffekte hinweg einen tieferen Sinn hinter (»Spiel«)Filmen zu suchen, doch genau das sollten wir meiner Ansicht nach tun! Denn, so paradox es klingt, nur so könn(t)en wir die Vorgänge der »realen« Welt wieder begreifen! (»Spiel«)Filme sind doch auch nur Geschichten und nichts weiter als moderne Märchen, die, wenn auch durch neue Medien kommerziell vermarktet, eine Botschaft an den Mann bringen wollen. Eine Botschaft, die leider nur allzu oft im Eifer der immer blutigeren Gefechte und effektvolleren Darstellungen unterzugehen droht!...

Dass der Zuschauer schließlich (**selbst**) für die zunehmende Gewalt, den Horror und die übermäßigen Effekte, die auf ihn einwirken, verantwortlich ist (er gewöhnt sich daran und verlangt nach einem immer größeren »Kick«, für den er (auf die eine oder andere Art) bezahlt) versteht sich fast von selbst und muss an dieser Stelle bestimmt nicht weiter erwähnt werden!(?)...

In diesem Verständnis beschreibt der *Herr der Ringe* neben dem ollen »Geschnetzel«, den tollen Landschaftsaufnahmen und Kostümen, doch auf eindrückliche Art und Weise die Bedrohung und Vernichtung der »freien« **Menschen**, ihres **Wesens** und der **Natur**! *ES* ist die Bedrohung durch eine aufkommende Industrialisierung – eine Entwicklung, die der englische Schriftsteller und Philologe J.R.R. Tolkien (1892-1973) damals am **eigenen** Leibe miterleben musste und ihm wahrscheinlich als Grundlage für sein Buch diente!?...

»*Was die ›tiefe Bedeutung‹ oder ›Botschaft‹ des Buches jedoch angeht, so hat es nach Absicht des Autoren keine.*« (226) kann man zwar auf *Wiki* nachlesen, doch wenn Sie mich fragen, dann sind die zwei Weltkriege an dem überzeugten römisch-katholischen Christen, der Tolkien allem Anschein nach war, bestimmt nicht spurlos vorbeigegangen! Und dass die wundervolle Natur des *Auenlandes* und der Rest der – bezeichnenderweise *Mittel*(!)*erde* genannten – Welt im klaren Gegensatz zur dunklen, kargen Landschaft *Mordors* steht, ist offensichtlich!

Die Abholzung der Wälder durch den (von den »*Orks*« zur Herstellung *Ihrer*(!?) Waffen betriebenen, industriell und maschinell durchgeführten) Tagebau führt dazu, dass die **Natur** (unter der Führung der *Ents* (Baumhirten)) einmal zurückschlagen und ihre »Feinde« vernichten wird!

»*Die Welt ist im Wandel. Ich spüre es im Wasser. Ich spüre es in der Erde. Ich rieche es in der Luft. Vieles, was einst war, ist verloren, da niemand mehr lebt, der sich erinnert*«, heißt es in *Herr der Ringe*. Und auch bei uns, in der »realen« Welt, spürt *man* mehr denn je die (Umwelt)Veränderungen! *Man* hört nicht mehr auf den mahnenden Tadel altehrwürdiger Generationen! *Man* verschließt sich den Worten derer, die nun allmählich in die »sozialverträglichen«, ewigen Jagdgründe eingehen und als funktionslos und überflüssig gewordene Teile von einer Gesellschaft – in der es offenbar keinen Platz für verbrauchte, abgewirtschaftete und erschöpfte (Lebe)Wesen zu geben scheint – in Alters-, bzw. Sterbeheimen zwischen- und schließlich endgelagert werden!...

So gibt es bald wirklich **niemanden** mehr, der sich noch erinnern kann oder wissen will, wie *ES* einst war! Es gibt irgendwann keinen mehr, der die (un)menschlich(st)en Fehler am **eigenen** Leib erfahren hat und weiß, was im

Nachhinein be(tr)achtet *wichtig* und *richtig*, ursprünglich einmal also »*richtig wichtig*« war! Es wird bald niemanden mehr geben, der uns vor einer Entwicklung, die uns täglich mehr zu Dienern ***Saurons*** macht, schützen und warnen könnte. Denn die Kette der Informationsweitergabe ist umgekehrt worden!...?

Haben vor einiger Zeit noch die Alten den Jungen dabei geholfen, die Welt und (damit) sich **selbst** zu begreifen, so sind es nun die Kinder oder gar die Enkel, die – kaum dass *Sie*(!?) sprechen, denken und/oder ohne Hilfe »laufen« können – ihren Eltern und Großeltern dabei helfen, sich in der (schönen neuen) Welt zurecht zu finden! Es sind die – teilweise schon sehr alten – »Kinder«, die nun bestimmen, wer oder was *richtig* oder *falsch*, *gut* oder *böse* is(s)t!

Es klingt paradox, aber so ist *ES* nun mal, oder wissen *Sie* (und damit meine ich jetzt die **Menschen** jenseits des sechzigsten Lebensjahres) etwa, wie man mit dem Handy ins Internet geht oder die Klingeltöne be- oder verstellt; einen Touchscreen, Festplatten- oder Videorekorder *einwandfrei* bedient, Onlinebanking *sicher* betreibt, sich *schnell* mal eine Fahrkarte der Bundesbahn zieht, das Navigationsgerät (de)installiert, es aktualisiert oder aber sonstige elektronischen Geräte, die unser Leben doch um so viel einfacher und bequemer gestalten, handhabt und – sich (**selbst**) – ständig auf dem neusten Stand hält?...

Was die alten und ganz alten **Menschen** wissen, am **eigenen** Leib erfahren und an die »*Next Generation*« – die nächste Generation weiterzugeben haben, ist dagegen kaum mehr interessant. Denn *Sie*(!?) sind nicht mehr auf der Höhe der Zeit, nicht mehr »Up-to-date« und folglich nicht mehr von Interesse für diejenigen von uns, die – ohne sich umzudrehen – nur (noch) nach vorne schauen!...

In (m)einer Welt, die sich schneller entwickelt als der **Mensch**, verliert die (Lebens)Erfahrung zunehmend an (Stellen)Wert! Kardinalfehler der Menschheit, wie wir sie in der Geschichte schon viel zu oft begangen haben, müssen dadurch immer wieder aufs Neue gemacht und von **jeder** Generation schmerzhaft durchlebt werden! Das, was *gut* oder *böse*, *richtig* oder *falsch* ist, erwächst nicht mehr aus den Leben **selbst**! Es ist nicht mehr die **natürliche** Erfahrung eines erwachsenen, gereiften und – sich und der Welt – (**selbst**) bewusst gewordenen **Menschen**, welche die kommende(n) Generation(en) prägt! *ES* ist nicht die Mama, nicht der Papa, nicht die Oma und auch nicht der Opa, *ES* ist der unreife »**Mensch**«, der sich über (s)ein *Es* **künstlich** (**selbst**) zu erziehen versucht!

Aller Voraussicht nach ist es daher weder das *Über-Ich*, noch das *Ich*, sondern das »Tier« in uns, das sich als nächstes (**selbst**) verwirklichen wird! Insofern handelt es sich dabei um keinen (mit)menschlich *positiven*, sondern um einen *negativen* Höhepunkt, nachdem sich **all*ES*** ins Gegenteil verkehrt! Das entspricht nun mal der Physiologie, Psychologie und Anatomie des **Menschen**; dem sinusförmigen Verlauf (s)eines Lebens und des Lernens, wenn *man* so will!...

Doch dieser **natürliche**(?) Prozess kostet – meiner Meinung nach – unnötig viel Zeit, Nerven, Energie und Menschenleben. *ES* is(s)t Zeit, die uns zum Ende hin fehlen wird und die wir uns, wie so vieles, sparen könnten, wenn wir uns (**selbst**) nur bewusst(er) werden wollten!

Die (Lebens)Erfahrung des **Menschen**, das heißt, die ***aktive*** Erfahrung seiner Selbst, ist prinzipiell das wichtigste Element der (mit)menschlichen Entwicklung! Sie wird als das »*erprobte und bewährte Wissen bezeichnet, das im Laufe eines Lebens gewonnen wurde*«. (227) Durch die **emotionale** Verbindung und Einfärbung (mit)menschlicher Erlebnisse, die (bisher) nur schwer durch Technik vermittelbar sind, sind (Lebens)Erfahrungen für uns und unser (Über)Leben unverzichtbar! Was die Generationen vor uns erlebt haben, kann *man* zwar nachlesen oder auf Doku-Kanälen teils sogar in Farbe betrachten, aber nur die **direkte** Auseinandersetzung mit **authentischen** Zeitzeugen bringt einem den **tatsächlichen** Schrecken, aber auch das tief empfundene Glück vergangener Tage und Erlebnisse nahe! Nur wer den Krieg erlebt, den Hunger gespürt, den Zusammenhalt gefühlt und etwaige Fehler **selbst** (durch)gemacht hat, weiß, wovon er spricht und kann die, die nach ihm kommen, gegebenenfalls davor bewahren, auf ihrem Weg Ähnliches durchmachen zu müssen. Doch (s)einen Weg gehen und entscheiden muss **jeder** (von uns) **alleine**!

Die Welt, in der wir leben, wird abseits der Werbeversprechen wieder zunehmend dunkler, öder und verschmutzter, und so wie ich *ES* sehe, bewegen wir uns wieder mal auf eine Zeit zu, die mit ihren gesellschaftlichen und sozialen Zuständen denen der Industrialisierung in der zweiten Hälfte des 18. Jahrhunderts in nichts nachsteht! Danach scheint es nur noch eine Frage der **Zeit** zu sein, bis das faschistische Regime des (r)einen Kapitalismus abermals Soldaten aufmarschieren lässt, um vorgeblich das zu schützen, was *man* uns einredet, unbedingt verteidigen zu müssen. Es ist sicherlich (r)eine Spekulation von mir, wenn ich behaupte, dass *Saurons* Namen möglicherweise aus einem anagrammierten[184] Brei aus *Satan*, also dem *Teufel*, *uns selbst* oder *Mammon* hervorgeht (»***Sa***tan – ***u*** (engl. *you*) – o***r*** – Mamm***on***« = ***Sa-u-r-on***) und *Sauron* in *Herr der Ringe* demnach diese ziemlich ungute Mischung aus alledem darstellt!...

Es tut mir leid, eine bessere Erklärung ist mir leider nicht eingefallen, und ich muss zugeben, dass mir die Vorstellung, Tolkien hätte sich bei der Namensgebung des Oberschurken ungefähr so etwas gedacht, durchaus gefällt. Es passt mir sogar ziemlich gut in den Kram und erklärt auch, warum *Sauron* von der Statur her menschlich aussieht, stets übel darauf ist und mit übermenschlicher

[184] »*Der Begriff Anagramm (von griechisch: anagraphein, deutsch: »umschreiben«) bezeichnet einen Satz, also eine Folge von Wörtern, der durch Umstellung (Permutation) der einzelnen Buchstaben aus einem anderen Satz gebildet wurde. Der Vorgang dieser Buchstabenumstellung wird als Anagrammieren bezeichnet. Verallgemeinert kann ein Anagramm auch dadurch gebildet werden, dass anstelle eines Satzes beispielsweise nur eine Silbe, ein Wort, eine oder mehrere Zeilen eines Gedichts oder ganz allgemein eine beliebige Textpassage durch Anagrammieren verändert werden.*« (422)

Kraft draufhaut! Es erklärt, warum er so viel »Macht« auf sich vereint, dass *man(n)* ihm kaum widerstehen kann. Denn *Sauron* trägt – jedenfalls bis zu seiner ungeplanten Fingeramputation – den Meisterring! Einen Ring, den er **selbst** erschaffen hat und der ihm durch dunkle Magie einen Großteil seiner irdischen »Macht« verleiht! In diesem Sinne ist es ebenfalls nur eine weitere Vermutung von mir, dass der **Meisterring** in *Der Herr der Ringe* nichts anderes als die ungeheurere »**Macht**« des »**Geldes**« symbolisieren soll!...

Der **Meisterring** steht für die »**Macht des Geldes**«, soviel steht für mich fest, denn wie kein zweites macht es dieses »Medium« *Sauron* möglich, **alle** anderen »Ringe« zu beherrschen, durch Grausamkeit und Bosheit, ja letzten Endes durch die *Sieben Todsünden* **alles** Leben nach (s)einem Willen zu unterdrücken und sich (**selbst**) als »Herr« über **all*ES*** und **jeden** zu (re)präsentieren!

»*Ein Ring sie zu knechten, sie alle zu finden, ins Dunkel zu treiben und ewig zu binden*«, heißt es doch! Und dieser »Ring« hat in der Tat eine Macht, die selbst die Weisesten von Mittelerde[185] vor ihm zurückschrecken lässt und die geistigen, geistlichen, gebildeten und (letzten) urteilsfähigen, »freien« **Menschen** unserer Welt in einer Weise beeinflusst, die *Ihnen*(!?) oft (**selbst**) kaum bewusst, aber dennoch unheimlich ist! Hat der »Ring«, so wie das »Geld«, erst einmal »Macht« über uns **Menschen** gewonnen, ist *ES* schwer, wenn nicht gar unmöglich, davon (wieder) loszukommen!...

Uns geht es dabei tatsächlich wie dem Affen, der mit der Hand in der Falle *ES* einfach nicht loslassen kann! Selbst Frodo, kein Mensch oder ein Affe, sondern ein ganz normaler Hobbit[186], der in *Herr der Ringe* dazu auserkoren wurde, den Ring zu tragen, um ihn im Feuer des Schicksalsberges zu zerstören, konnte es nicht! »*Vernichte ihn! Mach schon! Los doch! ... Wirf ihn ins Feuer!*«, flehte Sam, sein treuester und einzig verbliebener (Weg)Gefährte, ihn an. »*Worauf wartest du denn noch? Lass ihn einfach los!*« Doch Frodo, der eben noch am Rande des Schicksalsberges[187] stand und die Chance hatte, **all*ES*** zu (ver)ändern, dreht sich um, schaut Samweis Gamdschie (Sam) schreckensvoll an und sagt: »*Der Ring gehört mir!*« (228)

---

[185] Anm.: »Mittelerde« – vielleicht ein Hinweis auf Freuds *Drei-Instanzen-Modell*?

[186] »*Hobbits oder Halblinge sind fiktive, menschenähnliche Wesen in der von J. R. R. Tolkien geschaffenen Fantasy-Welt Mittelerde. Sie spielen in den Romanen Der kleine Hobbit und Der Herr der Ringe eine tragende Rolle. In den übrigen Veröffentlichungen Tolkiens werden sie kaum erwähnt.*« (423)

[187] »*Der Schicksalsberg, im Sindarin Amon Amarth oder Orodruin (wörtlich Feuerberg) genannt, ist ein Vulkan im Nordwesten von Mordor und der Ort, wo Sauron im Zweiten Zeitalter den Ring der Macht geschmiedet hatte, um alle Völker Mittelerdes kontrollieren zu können. In den Feuern des Schicksalsberges geschaffen, konnte der Eine Ring nur dort vernichtet werden.*« (424)

Der »Ring« hatte schließlich auch von ihm Macht ergriffen, und wer weiß, was passiert wäre, wenn nicht Gollum, der den beiden bis hierher gefolgt war, endlich (s)eine Chance ergriffen hätte, um Frodo den Ring im Kampf vom Finger zu beißen? Wie *Sauron* verlor auch Frodo (s)einen Finger und hing nun, nachdem Gollum von der Klippe in die Lava des Schicksalsberges gefallen und der Ring mit ihm verbrannt war, gefährlich über dem Abgrund. »*Nimm meine Hand! Wehe, wenn du loslässt! Lass ja nicht los. Bitte!*«, schrie Sam, während er ihm (s)eine rettende Hand reichte! …

Tja, **alles** was *man* tun muss, ist sic packen und nicht mehr loslassen! Nicht der Ring, sondern **wahre**, über die Macht des »Ringes« hinausgehende **Freundschaft** rettete Frodo Beutlin (und letztlich ganz Mittelerde) schließlich das Leben! Statt am Geld müss(t)en auch wir an der **Brüderlichkeit** festhalten, müss(t)en tief und fest an die Macht der (mit)menschlichen **Gemeinschaft** glauben, und ich komme nicht umhin zu erwähnen, dass für Epikur der Gewinn der **Freundschaft** das bei Weitem Wichtigste von **allem** war, um *glücklich* zu sein!

Doch gibt es in (m)einer Welt der Verführung und des persönlichen Vorteils überhaupt noch so etwas wie »wahre« **Freundschaft**? Gibt *ES* »**Freundschaft**«, ja eine »echte« **Verbundenheit**, die über das Geld und den **persönlichen** Vorteil hinausgeht? Eine Frage, die sich jetzt, in diesem Augenblick, nur **jeder** (von uns) **selbst** beantworten kann!...

In der hebräischen Bibel wird der »Teufel« übrigens als »Versucher der Menschen« dargestellt! Eine »Versuchung« ist laut *Wiki* »*der Anreiz oder die Verleitung zu einer Handlung, die reizvoll erscheint, jedoch verboten oder unzweckmäßig ist. Sie kann sich auf alle denkbaren Arten von Handlungen beziehen (z. B. Mißachtung von Diätvorschriften, Fremdgehen, Einkaufen von Gegenständen (ohne sich dies leisten zu können), das Aufschieben von Aufgaben, Gelegenheitsdiebstahl, Machtmissbrauch usw.).[...] In der Werbung ist Versuchung ein zentrales Thema für Marketing und Reklame, so sollen Verbraucher dazu bewegt werden, ein Angebot anzunehmen.*« (229) **Werbung** führt uns also in »Versuchung« und ist, streng religiös gesehen, nach obiger Überlegung übereinstimmend mit dem »Bösen« bzw. dem »Leibhaftigen« *an sich*!

In der Tat würde uns ohne die **Werbung** – im wahrsten Sinne des Wortes – »nichts« fehlen, denn wir hätten ja **alles**! Mit anderen Worten: *Wo Nichts ist, kann auch nichts fehlen*[188] und so wären wir *glücklich* und *zufrieden* mit dem, was wir *haben* und vielleicht sogar *sind*!... Warum? Nun, *man* kann nun mal schlecht ein Verlangen nach etwas entwickeln, von dem *man* gar nicht weiß, dass *ES* überhaupt existiert! Aus diesem Grunde die **Werbung** generell zu verbieten oder freiwillig auf sie zu verzichten, wäre im Hinblick auf unsere allge-

---

[188] Ramesh S. Balsekar: *Wo Nichts ist, kann auch nichts fehlen - Wozu die ganze Aufregung um Erleuchtung?* ISBN-13: 978-3778782057.
Anm.: Falls Sie es nicht bemerkt haben, auch das war eben eine »Reklame«!

meine Zufriedenheit zwar (r)echt sinnvoll, aber aus wirtschaftlichen Gründen und der Tatsache heraus, dass »**Werbung**« etwas (ganz) **Natürliches** ist – *man* denke nur an das Balzverhalten im Tierreich – selbstverständlich untragbar!

Auch bzw. selbst wenn die Vorstellung einer (werbe)freien Welt also durchaus interessant und erstrebenswert erscheint, möchte ich so weit keinesfalls gehen, sondern nur daran erinnern, dass »weniger« oft »mehr« bedeutet und in *Der Herr der Ringe* die Gefährten allein durch den **Meisterring**, und somit durch die »**Macht des Geldes**« manipuliert und in »Versuchung« geführt werden. Einer Macht, der wir (**Menschen**) nur allzu leicht erliegen, und es bedarf hier hoffentlich keiner weiteren Erklärung mehr, dass Sie und ich andauernd und beinahe an jeder Straßenecke in »Versuchung« geraten und uns den Verlockungen oft nur schwer oder gar nicht erwehren (können)!

> »*Satan wird christlich als Fürst der Welt bezeichnet, welcher die Menschen beeinflusst und unsichtbar lenkt. Der Teufel ist im Christentum der Gegenspieler Gottes und Versucher der Menschen, darüber hinaus auch das absolut Böse. Der Teufel gilt nach seiner Abkehr von Gott, als das genaue Gegenteil Gottes. Das Wesen des Teufels ist auf immerwährende Zerstörung jedes Lebens, welches die Schöpfung Gottes hervorbrachte, ausgerichtet.*« (230)

Man erkennt hier deutlich, wie die Religionen die un(ter)bewussten destruktiven Tendenzen der **Menschen** erkannt und mittels Bildern und Sanktionen versucht haben, die (Menschen)**Kinder** zu leiten und von *Ihrem*(!?) selbstzerstörerischen »Handeln« abzubringen! Tolkien hat es möglicherweise auf (s)eine eigene Weise versucht, indem er neun Ringe an die **Menschen** geben ließ – an »Wesen« *die vor allem anderen nach Macht streben!*(vgl. S. 333)...

Es würde jetzt zu weit führen, diese neun Ringe mit den weltweiten Religionen in Zusammenhang zu bringen, zumal der Soziologe Max Weber bereits 1915 nur fünf Weltreligionen definierte, nämlich die *hinduistische*, *buddhistische*, *konfuzianische*, *christliche* und *islamische* Ethik, und er, laut *Wiki*, auch das *Judentum*, welches »*für das Verständnis der beiden letzten Religionen wichtig sei*« gegebenenfalls als sechste Religion dazuzählt. (231) Will *man* aber dennoch auf alle Neune kommen, muss *man* nur noch den *Daoismus*, *Bahá'í* und die Naturreligionen als jeweils eine Gruppe hinzufügen und schon hat *man* es mal wieder geschafft,... sich etwas so hinzudrehen, dass *ES* passt!

Falls Sie noch nie etwas von den *Bahá'í* gehört haben, dann ist das auch kein Wunder. Mir selbst ging es so und es handelt sich hierbei um eine eher kleine »Religion« (ca. 7 bis 8 Mio. Anhänger), die aber, wie ich unter Vorbehalt meinen will, weltweite Beachtung finden sollte! Im Folgenden zitiere ich die Lehrmeinung und ethischen Grundsätze der *Bahá'í* aus einem bei *Wikipedia* in die Liste der lesenswerten Artikel aufgenommenen Text...

»Lehre

Die Baha'i besitzen in den zahlreichen Originalschriften ihres Religionsstifters Baha'u'llah eine eigene zentrale Offenbarungsquelle. Neben dem Heiligsten Buch (Kitab-i-Aqdas) und dem Buch der Gewissheit sind die mystischen Schriften (wie Die Sieben Täler und die Verborgenen Worte) für die Gläubigen von großer Bedeutung.

Das menschliche Leben wird in den Schriften Baha'u'llahs als ein mystischer Weg der Seele beschrieben, der mit der Zeugung im Mutterleib beginnt, jedoch mit dem körperlichen Tod noch lange nicht beendet ist. Der Mensch ist mit einem freien Willen ausgestattet, trägt die Verantwortung für sein Tun und hat die Konsequenzen selbst zu tragen. Er ist fähig zum Guten wie zum Bösen und bedarf der Erziehung, um die in ihm angelegten ›Gaben und Fähigkeiten‹ zu entwickeln.

Baha'u'llahs Gebote sollen die Grundlage für eine funktionierende Gesellschaft bilden und dazu führen, dass ›dem Körper dieser Welt eine lebendige Seele geschenkt wird und dieses zarte Kind, die Menschheit, zur Stufe der Reife gelangt‹.

Schöpferischer Antrieb und Ursache allen Seins ist die göttliche Liebe. Als ›erstes Gebot der Religion‹ bezeichnete Abdu'l Baha, der Sohn des Religionsstifters, die Nächstenliebe. Religion, die zu Zwietracht führt, verfehle ihren Zweck. In diesem Fall sei es besser ohne sie zu leben.

Eine der zentralen prophetischen Aussagen Baha'u'llahs lautet: ›Die Erde ist nur ein Land, und alle Menschen sind seine Bürger.‹

Der zentrale Gedanke der Einheit manifestiert sich auf drei Ebenen: in der Einheit Gottes, in der mystischen Einheit der Religionen und in der Einheit der Menschheit. Theologischer Angelpunkt der Baha'i-Lehre ist das neue heilsgeschichtliche Paradigma der ›fortschreitenden Gottesoffenbarung‹: Gott offenbart sich der Menschheit nicht einmalig, sondern progressiv, zyklisch wiederkehrend. Da die Menschheit sich ständig fortentwickelt und sich demnach zwangsläufig die Umstände und die Fassungskraft der Menschen ändern, muss die Religion eine Erneuerung erfahren, um der Situation entsprechend göttliche Führung leisten zu können. Dies geschieht, indem Gott der Menschheit in bestimmten Zeiträumen göttliche Erzieher schickt. Folglich sind die großen Religionen (wie Judentum, Christentum, Islam u.a.)

nicht bloße Wahrheitsteilhaben, sondern göttliche Stiftungen. Ihre heiligen Bücher sind Zeugnisse der Wahrheit und stammen aus derselben Quelle. Dem Glauben der Baha'i nach ist Baha'u'llah der jüngste dieser göttlichen Erzieher, aber nicht der letzte. Baha'u'llah stellt für die Gläubigen die Wiederkunft Christi dar, sowie den erwarteten Messias der Juden. Die Baha'i glauben, dass mit Baha'u'llah alle ersehnten Propheten ihr Wiederkommen wahrgemacht haben. Diese Wiederkehr ist jedoch keine körperliche, vielmehr verstehen die Baha'i unter Wiederkehr das erneute Erscheinen der gleichen göttlichen Eigenschaften dieser Erzieher.

Ethische Grundsätze

Im Jahr 1912 stellte Abdul Baha in seinen Ansprachen in Paris [...]zwölf ethische Grundsätze aus den Lehren Baha Ullahs besonders heraus. Diese zentralen Lehrsätze der Baha'i dominierten bis in die achtziger Jahre des zwanzigsten Jahrhunderts die Rezeption der Religion im Westen, die vor allem als humanitäre Friedensbewegung wahrgenommen wurde. Die spirituellen und philosophischen Lehren Baha Ullahs, wie zum Beispiel über das Wesen der menschlichen Seele oder das Leben nach dem Tod, erfuhren erst in den letzten Jahren ein größeres Interesse. Die sogenannten zwölf ethischen Grundsätze sind keine im Wortlaut festgeschriebenen Gebote und wurden von Abdul Baha zu unterschiedlichen Zeiten unterschiedlich formuliert. Folgende sinngemäße Aufzählung gibt die am häufigsten zitierte Einteilung mit einigen kurzen Erläuterungen wieder:

1. Die ganze Menschheit ist als Einheit zu betrachten. Einheit und Vielfalt stellt für die Baha'i dabei keinen Widerspruch dar. Kulturelle Vielfalt wird begrüßt und gefördert, die Menschheit zugleich als Einheit betrachtet, da alle Menschen (und Religionen) durch das Wirken derselben Gottheit erschaffen wurden.

2. Alle Menschen müssen die Wahrheit selbständig erforschen. Der Glaube eines Menschen hängt nur von ihm selbst ab. Es gibt daher keinen Klerus, der den Glauben vermittelt. Die Heiligen Schriften sollen von allen Gläubigen selbst gelesen und interpretiert werden. Das Menschenbild erzieht zu Mündigkeit und Selbstbestimmtheit. In den Gemeinden in Südamerika, Afrika und Indien wurden zahlreiche Alphabetisierungsprogramme insbesondere für junge Frauen gestartet.

3. Alle Religionen haben eine gemeinsame Grundlage. Die Baha'i lehren, dass sich derselbe Gott in allen Religionen offenbart. Jede Religion habe zeitbezogene und ewige Aspekte. Während sich soziale Gebote unterschieden, weil sie Zeit und Kulturkreis angepasst seien, sei der mystische Kern der Religionen immer derselbe, auch wenn er in unterschiedliche Worte gefasst werde.

4. Die Religion muss die Ursache der Einigkeit und Eintracht unter den Menschen sein. Religion, die zu Zwietracht oder gar Gewalt führe, gilt als Missbrauch der Religion. Wenn Religion zu Zwist und Uneinigkeit führe, so Abdul Baha, sei es besser, auf sie zu verzichten.

5. Die Religion muss mit Wissenschaft und Vernunft übereinstimmen. Nach dem Glauben der Baha'i erklärt die Religion Zusammenhänge, die jenseits des wissenschaftlich Erfahrbaren liegen. Wissenschaften und Religionen sollten sich daher ergänzen und nicht widersprechen. Religion ohne Wissenschaft führe zu Aberglaube. Wissenschaft ohne Religion zu Materialismus. Beides wird abgelehnt.

6. Mann und Frau haben gleiche Rechte. Die Baha'i sehen die Menschheit mit der Offenbarung Baha'u'llahs in ein neues Zeitalter eintreten, in welchem ›Gewalt ihr Gewicht verliert‹ und ›die männlichen und weiblichen Elemente der Kultur besser ausgeglichen sein werden‹. Das ›neue Zeitalter‹ werde weniger männlich und mehr von ›weiblichen Leitbildern‹ – wie zum Beispiel Intuition und Fürsorge – durchdrungen sein. Innerhalb der Gemeindeordnung hatten Frauen von Anfang an aktives und passives Wahlrecht. Heute bestehen die Institutionen in Deutschland ca. zur Hälfte aus Frauen. Das Berateramt wird in Deutschland von zwei Frauen geleitet: Saba Khabirpour und Uta von Both. Auf Unverständnis stößt in diesem Zusammenhang immer wieder, dass das international gewählte Haus der Gerechtigkeit nur aus männlichen Mitgliedern besteht.

7. Vorurteile jeglicher Art müssen abgelegt werden. Damit sind sowohl rassistische wie auch religiöse Vorurteile gemeint. So gibt es bei den Baha'i zum Beispiel keinen Erlösungsglauben, der die Menschen in ›Gläubige‹ und ›Ungläubige‹ einteilt.

8. Der Weltfriede muss verwirklicht werden. Weltfriede ist für die Baha'i keine rein eschatologische[189] *Erwartung, sondern bedarf des menschlichen Bemühens. Weltfriede impliziert Religionsfriede und die Anerkennung der*

---

[189] Eschatologie: »*Lehre von den letzten Dingen, d.h. vom Endschicksal des einzelnen Menschen u. der Welt.*«

Gleichwertigkeit aller Menschen, gleich welcher Rasse oder Klasse. Abrüstung und die Etablierung eines Völkerbundes sind die ersten Schritte auf diesem Weg.

9. Beide Geschlechter müssen die beste geistige und sittliche Bildung und Erziehung erfahren. Damit ist nicht nur die Erziehung in der Familie gemeint, sondern die allgemeine Schulpflicht. Reichen die Mittel nicht für alle Kinder aus, werden Mädchen als ›erste Erzieher der nächsten Generation‹ bevorzugt.

10. Die soziale Frage muss gelöst werden. Abdul Baha bezog sich mit dieser Aussage 1912 auf die sozialpolitischen Probleme des Industriezeitalters und die damit verbundenen gesellschaftlichen Spannungen. Die Baha'i engagieren sich in wirtschaftlicher wie gesellschaftlicher Hinsicht für Ausgleich und Gerechtigkeit im Globalisierungsprozess. Organisationen wie das European Baha'i Business Forum befassen sich damit inhaltlich.

11. Es muss eine Welthilfssprache und eine Einheitsschrift eingeführt werden. Schon Baha Ullah betonte die Notwendigkeit einer Sprache, die die Völker der Erde gemeinsam wählen sollten, um sich damit weltweit verständigen zu können. Diese soll neben der Muttersprache erlernt werden. Faktisch ist dies innerhalb der Baha'i-Gemeinde inzwischen Englisch, was nicht nur im Baha'i-Weltzentrum genutzt wird, sondern auch als Konferenzsprache bei internationalen Tagungen.

12. Es muss ein Weltschiedsgerichtshof eingesetzt werden. Trotz der zahlreichen Friedensprophezeiungen Baha Ullahs gehen die Baha'i nicht davon aus, dass sich alle lokalen und globalen Konflikte künftig von allein lösen werden. Zur Klärung solcher Konflikte bedarf es nach Auffassung der Baha'i nicht nur eines internationalen Gerichtshofes, sondern darüber hinaus einer international akzeptierten Polizei, die bei Bedarf berechtigt ist, auch in gewaltsame Konflikte friedensbewahrend einzuschreiten.
In den Heiligen Schriften Baha Ullahs heißt es:›...Die Zeit muss kommen, da die gebieterische Notwendigkeit für die Abhaltung einer ausgedehnten, allumfassenden Versammlung der Menschen weltweit erkannt wird. Die Herrscher und Könige der Erde müssen ihr unbedingt beiwohnen, an ihren Beratungen teilnehmen und solche Mittel und Wege erörtern, die den Grund zum Größten Weltfrieden unter den Menschen legen...‹« (232)

Da Weiteres sicherlich den Rahmen sprengen würde, möchte ich an dieser Stelle für alle (darüberhinausgehenden) Fragen über die *Bahá'í* auf das Internet[190], die Bibliothek oder sonstige Informationsquellen verweisen und hoffe, dass Sie die Mühe(n) auf sich nehmen. Ich kann Ihnen aber (auch) schon jetzt verraten, dass Sie über die insgesamt liberale und überaus vernünftige und durchdachte Sicht aller »religiösen« Aspekte der *Baha'i* verblüfft sein werden!

Es ist nämlich interessant zu sehen, dass es abseits der uns bekannten (»religiösen«) Ansichten und Auslegungen schon seit längerer Zeit (Denk)Modelle gibt, die kaum globaler und (frei)sinniger sein könnten, aber dennoch das »Wesen« des **Menschen** be(tr)achten, ohne ihn jedoch unangeleitet und strukturlos d(ies)em auszuliefern bzw. (sich **selbst**) zu überlassen. Es handelt sich um (sozial(istisch)e Denk)Modelle, die nur selten propagiert werden! Warum?

Man kann sich leicht vorstellen, dass »(Welt)Konzerne« wie das Christentum mit seinen ca. 2,1 Mrd. Anhängern ebenso wie der Islam (ca. 1,3 Mrd. Anhänger)[191] bei der Umsetzung dieser nachvollziehbaren Grundsätze noch gerne ein Wörtchen mitzureden haben, ginge es doch tatsächlich darum, die wie auch immer geartete »**Macht«**, die man sich über Jahrtausende hinweg aufgebaut und angeeignet hat, aufzugeben, um in etwas anderes, »Neues« überzugehen!...

Erich Fromm schreibt:

> *»Aber den meisten Menschen fällt es zu schwer, ihre Habenorientierung aufzugeben; jeder derartige Versuch erfüllt sie mit tiefer Angst; sie haben das Gefühl, auf jegliche Sicherheit zu verzichten, als würden sie ins Meer geworfen, ohne schwimmen zu können. Sie wissen nicht, daß sie erst dann beginnen können, ihre eigenen Fähigkeiten zu gebrauchen und aus eigener Kraft zu gehen, wenn sie die Krücken des Besitzes weggeworfen haben. Was sie zurückhält, ist die Illusion, daß sie nicht alleine gehen könnten und zusammenbrechen würden, wenn ihr Besitz sie nicht stützt.«* (233)

Da Religionen, genauso wie Regierungen, meist aus »**Menschen**« bestehen, die in dem »Glauben« aufgewachsen sind, nicht »schwimmen« zu können, wird sich aufgrund der Angst, die(se) »Sicherheit« zu verlieren, auch kaum etwas am politischen, religiösen und (all)gemeinen Verhalten dieser Gruppe(n) ändern!

Indem wir uns an das, was wir *haben*, *besitzen* und *berühren* können, dermaßen klammern und nichts anderes zulassen, helfen wir (allerdings) – un(ter)bewusst in unserer Funktion als »Gott« – den Dämonen **Mammon** und **Satan**, ihr Reich zu errichten!… Satan »*lehnte sich gegen Gott auf, wollte selbst Gott sein, Gott stürzen*« (234), meint *Wiki*, und da er es damals nicht geschafft hat, versucht er es nun vielleicht mit einer List und der Hilfe seines Sohnes – **Mammon**!?

---

[190] URL: http://de.Wikipedia.org/wiki/Bahai

[191] Vgl. *Wikipedia* (DVD 2006/2007): Weltreligion

Um weiter zu begreifen, warum wir (gerade) »**Mammon**« helfen, Macht über uns zu erlangen, lohnt es sich, *Wiki* weiter zuzuhören:

┌

»Ein Mammon (der M.) ist ursprünglich ein unredlich erworbener Gewinn oder unmoralisch eingesetzter Reichtum; heute wird mit dem Begriff abschätzig das Geld im Allgemeinen bezeichnet (schnöder Mammon). Die ursprüngliche Definition entspringt dem Verständnis des nachalttestamentarischen Judentums. [...]

Das Wort Mammon leitet sich ursprünglich vom aramäischen Wort aman ab und bedeutet das, ***worauf man vertraut****. Einer anderen Quelle zufolge stammt es von dem aramäischen Wort mamona (Vermögen, Besitz) ab. Das Wort gelangte über seine griechische Schreibweise in die Bibel, und in der Vulgata wird daraus lateinisch mam[m]ona. Martin Luther übersetzte das Wort nicht, und so gelangte es als Mammon ab dem 16. Jahrhundert ins Deutsche.«* (235)

┘

In (m)einer Welt, in der *man* außer auf sich **selbst** und auf das, was *man* greifen, messen und vergleichen kann, am besten auf niemanden mehr vertraut und sich auch sonst auf nichts anderes mehr verlassen kann, ist es also kein Wunder und nur verständlich, wenn wir zur Bewertung unseres Lebens und unseres Glückes aus dem reinen Sicherheitsgedanken heraus, statt auf fragliche »Dinge« – zu welchen auch unser **eigenes** »Gefühl« zu zählen scheint – doch lieber auf tote Materie wie Geld zurückgreifen. *ES* is(s)t Geld, welches, wie wir möglicherweise bald sehen werden, aufgrund (s)eines auf »Glauben« basierenden Wertes weit unsicherer ist, als wir heute (womöglich) annehmen!?

»Früher oder später werden sich die Worte von Lord Acton (englischer Historiker und Journalist, 1834 -1902) bewahrheiten, der sagte: »Der Hauptanklagepunkt, der über Jahrhunderte hinweg unter den Teppich gekehrt wurde, und der früher oder später zur Verhandlung kommen muss, heißt: DAS VOLK GEGEN DIE BANKEN.« Diese Schlacht rückt in allen Sprachgebieten täglich näher.« (236)
- Larry Hannigan

Schulden

*»Wenn du (einem aus) meinem Volke Geld leihst, einem Armen neben dir,
so handle an ihm nicht wie ein Wucherer;
ihr sollt ihm keinen Zins auflegen.«*
- Bibel
(2. Mose 22, 25; s. auch 3. Mose 25, 35-37 und 5. Mose 23, 19-20)

»Die Völker der armen Länder arbeiten sich zu Tode, um die Entwicklung der reichen zu finanzieren. Der Süden finanziert den Norden und insbesondere die herrschenden Klassen der nördlichen Länder. Das wirksamste Mittel des Nordens zur Herrschaft über den Süden ist heute der Schuldendienst. Der Kapitalstrom von Süden nach Norden ist überschüssig im Vergleich zum Kapitalfluss von Norden nach Süden. Die armen Länder zahlen den herrschenden Klassen der reichen Länder jährlich viel mehr Geld, als sie von ihnen in Gestalt von Investitionen, Kooperationskrediten, humanitärer Hilfe oder so genannter Entwicklungshilfe erhalten.
Im Jahr 2005 belief sich die öffentliche Entwicklungshilfe der Industrieländer des Nordens für die 122 Länder der Dritten Welt auf 58 Milliarden Dollar. Im selben Jahr haben diese Länder der Dritten Welt den Kosmokraten der Banken des Nordens 482 Milliarden Dollar als Schuldendienst überwiesen. [.] Die Regierungen der Dritten Welt müssen nämlich für ihre Anleihen Zinsen bezahlen, die fünf- bis siebenmal höher sind als diejenigen, die auf den Finanzmärken üblich sind.« (237)

Das schreibt Jean Ziegler in seinem Buch *Das Imperium der Schande – Der Kampf gegen Armut und Unterdrückung* und bezeichnet diese Verschuldung als *»die anschaulichste Illustration der strukturellen Gewalt, die in der heutigen Weltordnung am Werk ist.«* (237) ***Strukturelle Gewalt*** ist laut ihm keine permanente Gewalt, wie *man* sie von vorübergehenden Kriegen her kennt, sondern ist *»der ganz gewöhnliche – ideologische, militärische, ökonomische und politische – Ausdruck der kapitalistischen Feudalsysteme.«* (238)

So wie ich es verstehe, ist die ***strukturelle Gewalt*** demnach gleichzusetzen mit unermesslichem Leid, Ungerechtigkeit und einem weltweiten Regime, wie es nur durch allseits anerkannte – aber offensichtlich unmenschliche und un(ge)(r)echte – (Spiel)Regeln entstehen kann! Da die ***strukturelle Gewalt*** inzwischen zum festen Bestandteil des globalen und lokalen »Spiels«, also mittlerweile zu einem planetarisch gebräuchlichen »***Prinzip***« geworden ist, wird sie vom überwiegenden Teil der unreifen »Spieler« als selbstverständlich und – in diesem »*System*« – geradezu als unumstößlich erachtet! *Man* denkt, die ***strukturelle Gewalt*** des derzeitigen »(Finanz- und Wirtschafts)*Systems*« sei ein *Natur-*

gesetz und deshalb legitim, doch vergisst *man* dabei, dass (**all**)*ES* nichts weiter ist als ein (tödliches) Spiel, das wir ändern könn(t)en, wenn wir woll(t)en, und ändern müssen, um zu (über)leben! Um das Kommende ins (r)echte Licht zu setzen, wollte ich das zuvor nur erwähnt haben!

»*Hinter früheren Währungen standen Gold und Silber (oder zumindest das Versprechen), hinter modernen Währungen stehen buchstäblich nur Staatsschulden.*« (239) ver- und bemerkt Max Otte, der bis zum Jahr 2010 ein ökonomisches Erdbeben voraussagt. So weit kam es zwar (noch) nicht, doch selbst wirtschaftlichen Laien wie mir wird derzeit immer mehr bewusst, dass ein einzig und alleine auf **Schulden** basierender (Wohl)Stand nicht echt, also im eigentlichen Sinne nicht »real« oder gar »sicher« ist und er es (leider) auch nicht sein kann!

Das wird man (engl. *man*) spätestens dann (be)merken, wenn der »Gläubiger« – und sei es dabei Gaia selbst – den Anspruch auf Erbringung einer Gegenleistung geltend macht und sich das nimmt, was ihm nicht nur von Rechts wegen zusteht! Sieht *man* von der Verzinsung der **Schuld(en)** einmal ab, so bedarf es generell einer naturgesetzmäßigen **Gegenleistung**, um die **Balance** aus *Actio(n)* und *Reactio(n)* wieder herzustellen und die (Energie)Bilanz ins Lot zu bringen!...

Doch leider sind wir uns unserer **Schuld(en)** nicht bewusst, da wir ja trotz alledem noch immer im (materiellen) Wohlstand leben und uns weiterhin **alles** Erdenkliche leisten könn(t)en! Dass wir dies im Sinne des Konsums auch sollen, steht außer Frage; aber ihn bis ins Unendliche voranzutreiben, ist – gelinde gesagt – leicht über das Ziel hinausgeschossen und – was die Zufriedenheit des **Menschen** angeht – überaus fragwürdig und mehr als unnötig!

Da wir aber die »Befriedigung« der »Zufriedenheit« vorziehen, legen wir uns (wie) selbstverständlich eine Welt zurecht, die der der »Matrix« aus dem Film ganz verdächtig ähnlich sieht. Doch die(se) »Welt« ist nicht (r)echt! Selbst wenn wir das neue Auto greifen können, das Leder des Armaturenbretts riechen und die Beschleunigung spüren, so ist all dies solange nicht wirklich existent, wie wir *ES* uns nicht leisten können und unsere **Schuld(en)** gegenüber dem Gläubiger nicht bezahlt haben! In (m)einer anderen Wirklichkeit leben wir (daher) in einer (r)echt kargen Welt, einer von »Menschen« fast unbewohnbar gemachten Umgebung!...

Was wir dagegen **spüren** und daher als »real« erachten, ist eine von Maschinen geschaffenen (Schein)Welt ... »*ein virtueller Raum, geschaffen von vernetzten Computern*« (240) schreibt Precht in seinem Buch *Wer bin ich und wenn ja, wie viele?*. *ES* ist die »Matrix«, und obwohl sie funkelnd vor uns steht und scheinbar (**all**) unsere kindlichen Bedürfnisse befriedigt, gehört die(se) »Welt« nicht uns, sondern ist, wie ein auf Pump gekauftes Auto, nur *geliehen*, nur *geborgt*, und falls wir nicht in der Lage sind, den Kredit zurückzuzahlen, ist sogar **alles** nur *geklaut*!...

Die Prinzen – Alles nur geklaut

Denn das ist alles nur geklaut,
das ist alles gar nicht meine,
das ist alles nur geklaut,
doch das weiß ich nur ganz alleine,
das ist alles nur geklaut
und gestohlen,
nur gezogen
und geraubt.
Entschuldigung, das hab' ich mir erlaubt.

Ich bin tierisch reich,
ich fahre einen Benz, der in der Sonne glänzt.
Ich hab'n großen Teich,
und davor ein Schloß und ein weißes Roß,
ich bin ein großer Held,
und ich reise um die Welt,
ich werde immer schöner durch mein Geld.

Und das ist alles nur geklaut
das ist alles gar nicht deine,
das ist alles nur geklaut,
doch das weißt du nur ganz alleine,
das ist alles nur geklaut
und gestohlen
nur gezogen
und geraubt

Wer hat dir das erlaubt?
Wer hat dir das erlaubt?

Was glauben Sie, wie würde es wohl auf deutschen Straßen, in deutschen Supermärkten, Wohn-, Kinder-, Esszimmern oder sonst wo aussehen, wenn die Banken auf einen Schlag ihre Kredite zurückverlangen würden und **jeder** von uns seine Schuld(en) von jetzt auf nachher begleichen müsste? Unsere (schöne neue) »Welt«, so wie wir sie kennen und lieben gelernt haben, würde gleichwohl und mit einem Schlag in sich zusammenbrechen! Mit ihr würde all der (materielle) Luxus, den wir uns **auf Vorschuss** geleistet haben, aber leider nicht mehr zurückzahlen können, wie in einem (schwarzen) Loch verschwinden!...

Natürlich *»haben«* wir das, was wir spüren, in uns hineinstopfen und vor uns stehen, liegen und fahren sehen! Aber selbst wenn Sie es im Augenblick nicht wahr*haben* wollen, ist die(se) »Realität auf Vorschuss« nur ein auf **Glauben** und **Vertrauen** basierendes (Denk)Modell, versteht man doch unter »Schulden« lediglich *»die Verpflichtung zur Erbringung einer Leistung«* (241), was aber nichts darüber aussagt, ob der Schuldner überhaupt in der Lage bzw. willens ist, dieser Verpflichtung nachzukommen! Vielleicht hat der Schuldner ja unterdessen (s)einen Job verloren, vielleicht wurde er krank und konnte nicht mehr arbeiten? Vielleicht dachte der Schuldner auch, er könne das Objekt (z.B. ein Haus), wofür er zuvor einen »billigen« Kredit aufgenommen hatte, (wieder) gewinnbringend verkaufen – was sich später als Irrtum herausgestellt hat!? Oder vielleicht haben die steigenden Zinsen einen Strich durch die Rechnung des Schuldners gemacht? Aber vielleicht war es auch von vorneherein schon eine blöde Idee, (etwas mit) Geld, welches *man* **selbst** gar nicht hat bzw. einem **selbst** nicht gehört, zu (ver)kaufen???.... [192]

Wer sich auskennt, weiß, dass auf diese Art die Hypothekenkrise in den USA zustande gekommen ist und es so unter Umständen zur nächsten **echten** und (un)**fassbaren** (Weltwirtschafts)Krise kommen kann. Denn wenn unser Kapital und unser Wohlstand lediglich auf dem **Versprechen** von Schuldnern basiert, das Geld regelmäßig oder irgendwann einmal zurückzuzahlen und die »Dinge«, die bereits gekauft wurden, nicht mehr den Wert der Schulden decken, – weil diese »Dinge« (wie z.B. Häuser[193]) über die Jahre billiger geworden sind, an Wert verloren haben oder schon verkonsumiert wurden, – dann haben wir ein (ge)höriges Problem (an der Hacke)!...

Oder anders, aber nicht unbedingt einfacher ausgedrückt: Wenn aus dem bekannten Klassenzimmer, in dem 10 Kinder sitzen, tatsächlich einmal 12 Schüler rausgehen; und die 2, die eigentlich nötig wären, damit keiner mehr drinnen ist, es – obwohl sie es uns ganz fest **versprochen** haben – aus den genannten Grün-

---

[192] ...obwohl oder gerade weil Banken und die dort Beschäftigten genau das tun: *Sie*(!?) kaufen und verkaufen etwas, das *Ihnen*(!?) und unter Umständen sogar dem »Verkäufer« de facto nicht gehört, nämlich »Geld« (und schließlich ein »**Versprechen**«)!... *Sie*(!?) »spielen« damit!

[193] Anm.: Die Qualität und der Wert der amerikanischen Häuser ist dabei natürlich nicht zu verwechseln oder gar zu vergleichen mit dem hiesiger Gebäude!

den oder warum auch immer nicht wieder bewerkstelligen können zurück- und ins »*System*« reinzukommen; ja wenn auch nicht 4 oder mehr »Neger«[194] aus der *Dritten Welt Ihren*(!?) Platz einnehmen können, dann haben wir, und mit Verlaub gesagt, mit uns die **ganze** Welt, ein gar klitzekleines Problemchen – das sich mit der Zeit aber gigantisch ausdehnen wird!...

Wie Sie sich denken können ist dadurch, dass wir unserer »*Verpflichtung*« nicht nachgekommen sind und die **versprochene** »*Leistung*« nicht erbracht haben, im »*System*« ein Ungleichgewicht, ein Vakuum entstanden! Mit anderen Worten ein (schwarzes) Loch, welches durch die Verletzung des *Energieerhaltungssatzes* einmal **all*ES*** und **jeden** in sich hineinziehen und auffressen könnte!

Falls Sie sich immer noch fragen sollten, wie das (in der (Finanz)Welt der Menschen) möglich ist, möchte ich es Ihnen sagen: Durch (dumme) **Spekulation**!

> »*Spekulation bezeichnet in der Wirtschaftssprache kurzfristige Investitionen, die aufgrund höherer Risiken meist eine höhere Rendite haben (lat. speculor: ich erspähe). Die Spekulation ist dadurch abgrenzbar von der langfristigen, strategisch geplanten Investition.*« (242)

Mit anderen Worten handelt es sich bei der **Spekulation** um *kurzfristiges*, unüberlegtes und (r)ein profitorientiertes (egoistisches) Handeln mit – im Extremfall – **nicht existenter Ware!** So kauft *man* heute auf dem (Welt)Markt ein Produkt, beispielsweise Öl, und verkauft es noch in derselben Sekunde, derselben Minute, am selben Tag oder von mir aus auch im selben Monat an jemanden anderen auf der Welt zu einem möglichst höheren Preis als den, den man **selbst** dafür bezahlt hat!...

Das »Produkt«, mit dem *man* **eigentlich** handelt bzw. handeln sollte, ist unter Umständen aber noch nicht einmal hergestellt worden! Das Öl wurde noch nicht gefördert, – geschweige denn, dass es sich in unserem Tank befindet, – da haben wir es auch schon weiter verschachert und folglich mit einer Ware, die es unter Umständen nie wirklich gegeben hat und/oder wir nie richtig besessen haben, einträgliche Geschäfte gemacht!...

Heute ist das »normal« und so hält *man* es mittlerweile mit fast allem, was man auf »Kredit« und somit auf das **Versprechen** hin kauft, die Schuld(en) irgendwann einmal zu begleichen! Und so handelt es sich bei dem ver- oder gekauften »Produkt« dann unter Umständen sogar um einen »Kredit« *an sich*, was die **ganze(n)** »Sache(n)« nur noch unglaublicher und damit unwirklicher erscheinen bzw. werden lässt!...

---

[194] Anm.: In unserer »zivilisierten« Rechnung sind »die« ja, wenn überhaupt, nur halb soviel wert wie wir – oder nicht!?

Dabei vergessen wir völlig die Weisheit eines alten Sprichworts, dem zufolge wir das »Fell des Bären« doch erst teilen sollen, wenn er erlegt ist! Und in der Tat, solange das zu handelnde »Produkt« tatsächlich eines Tages einmal hergestellt und – im Fall des Bären – »erlegt« wird, könnte *man* es ja noch einigermaßen verstehen, dass wir darauf spekulieren! **(All)*ES*** wäre in Ordnung, da sich die Realwirtschaft mit der Finanzwirtschaft einigermaßen die Waage halten würde! Doch was, wenn der Spekulation einmal kein »realer« Wert mehr entgegensteht? Was, wenn die Spekulationen den Warenwert um ein Vielfaches übersteigen und *man* am Ende gar über etwas spekuliert hat, das nicht rechtzeitig oder in erforderlicher *Quantität* oder *Qualität* produziert oder am Ende abgenommen wird? Was, wenn das, mit dem *man* bereits gehandelt hat, überhaupt nicht mehr produziert oder abgenommen werden kann?...

Gründe gibt es dafür viele (z.B. Krieg, Naturkatastrophen, ausbleibende Rohstoffe, sinkende Nachfrage, mangelnde Kaufkraft aufgrund erhöhter Arbeitslosigkeit),... und was dann passiert, wissen Sie: Es entsteht ein Vakuum, ein (schwarzes) Loch, das **all*ES*** ((Mit)Menschliche) in sich hineinzieht!

Ergo darf bzw. dürfte *man* im »***Prinzip***« nur mit Waren handeln, die es bereits gibt, die sich in unserem Besitz befinden und die bisher keinem (anderen) versprochen wurden! Ansonsten entstehen unnatürliche, um nicht zu sagen, »unphysiologische« Schwankungen im »*System*«! Es sind die Art von »Schwankungen«, mit denen wir es derzeit und allerorts zu tun haben!!!

Die **Balance** ist im **ganzen** »*System*« bereits empfindlich gestört, und was das bedeutet, sehen wir zurzeit nicht nur am ökonomischen und ökologischen Klima dieses Planeten, sondern auch an der (mit)menschlichen Atmosphäre, welche mit (Blut)Hochdruck und Extrem(wetterlag)en re(a)giert!...

Schon jetzt, aber allerspätestens in ca. 50 bis 100 Jahren, werden wir die Folgen unserer globalen (falschen) Rechnung derart deutlich am **eigenen** Leib zu spüren bekommen, dass die systemische Reaktion für uns so greifbar und real sein wird, dass sie wirklich kein **Mensch** mehr (ver)leugnen kann! Wir haben uns in Bezug auf die Welt und viele andere »Dinge« einfach verkalkuliert, haben uns überschuldet, die Rechnung ohne den »Wirt« gemacht und wollen nicht wahr*haben*, dass die Quittung unserer Saufeskapaden auf jeden Fall kommt! Zeche prellen gibt es in einem mehr oder weniger **abgeschlossenen** »*System*« aber nicht!...

Uns zu überschulden heißt klipp und klar, dass unsere Schulden auf absehbare Zeit unser veräußerbares Vermögen bzw. pfändbares Einkommen, also **alles**, was wir *besitzen* und *haben*, übersteigen werden! Wir (**selbst**) sind dann leider nicht mehr in der Lage, ohne fremde Hilfe die **Balance** des »*Systems*« adäquat und rechtzeitig (vor Börsenschluss) wieder herzustellen. Wir berauben uns somit (**selbst**) unserer Lebensgrundlage und der **Möglichkeit**, das Ruder noch herumreißen zu können! Max Otte schreibt:...

»Die Welt sitzt im Jahr 2006 auf dem höchsten Schuldenstand aller Zeiten.[...] Dennoch werden anders als in den Achtzigern kaum Stimmen laut, die vor einem Zusammenbruch des Kartenhauses warnen. Es spricht einiges dafür, dass die Verantwortlichen die Realität verdrängen, weil sie ihr rat- und machtlos gegenüberstehen. Vielleicht sind sie auch davon geblendet, dass die wirtschaftliche Entwicklung im Großen und Ganzen seit fast fünfundzwanzig Jahren relativ ruhig verlief.[...] Am 6.September 1789 schrieb Thomas Jefferson an James Madison: ›Keine Generation darf mehr Schulden aufnehmen, als sie während der Zeit ihrer Existenz zurückzahlen kann.‹« (243)

Wir, die »Abhängigen« d(ies)er Welt, wissen also, dass wir die Zeche prellen werden, doch verdrängen die(se) Tatsache(n) weiterhin mit Alkohol und anderen Drogen! Die im wahrsten Sinne »erblichen« Schulden, die dabei entstehen, geben wir aus rein egoistischen Motiven und beinahe bewusstlos an die nächste(n) Generation(en) weiter. »Sollen die sich doch damit rumärgern!«, denken wir uns im Stillen, doch was die Welt und das ökologische Klima angeht, so sind wir heute erstmalig an dem Punkt angelangt, an dem wir allmählich begreifen, dass der »Wirt« eventuell noch zu unseren Lebzeiten mit uns **persönlich** abrechnen wird! Obwohl es natürlich immer noch (Mit)Menschen gibt, die das nicht glauben und diese Sichtweise als pessimistischen Firlefanz und Schwarzmalerei ansehen, wird auch mit denen über kurz oder lang Tabula rasa gemacht! Doch dann, wenn man (engl. *man*) endlich aufwacht, weil jemand an die Tür pocht, ist es wahrscheinlich zu spät, und Sie können sich vorstellen, was passiert, wenn ein Kredithai seine Kohle nicht bekommt!...

»Wenn du mit ihm zu tun hast, musst du immer aufpassen, dass du ihm am Ende keinen Gefallen schuldest, denn dann stehst du bei ihm in der Kreide, und er hat dich im Sack. Und wenn du da einmal drin bist, kommst du da nie wieder raus.« (244)
- Snatch – Schweine und Diamanten
(UK / USA 2000)

An diese Worte sollten Sie denken, wenn Sie das nächste Mal vorhaben, sich über die Maßen zu verschulden! Denn irgendwann wollen Sie doch wieder raus aus dem »Sack« – oder nicht? Aber apropos Kredithai:

»Kritiker meinen, das Nord-Süd-Wohlstandsgefälle sei zu einem bedeutenden Teil darin begründet, dass sich die ärmeren Staaten in einem Schuldverhältnis zu den reicheren befinden und trotz ständiger Leistungen (z.B. durch Lieferung von Agrarprodukten) der Schuldenfalle nicht entkommen können. So

müssten Entwicklungsländer fortwährend einen Großteil ihrer Wirtschaftsleistung für den Schuldendienst anstatt etwa für die Verbesserung von Ernährung, Bildung und Gesundheit aufwenden.« (241)

Indem wir – wie ein Kredithai – die Schuld(en) verzinsen und diese Zinsen so hoch sind, dass diese trotz aller Bemühungen und regelmäßiger Zahlungen der Schuldner nicht wesentlich abgebaut werden (können), halten wir die Länder der *Dritten Welt* in ständiger »Abhängigkeit« – zu **unserem** Vorteil und **unseren** Konditionen!...

Sie wissen **selbst**, dass der Großteil unseres (Lebens)Standards auf dieser Art der Ausbeutung basiert! Aus diesem Grund wehren wir uns auch dagegen, d(ies)en Ländern die Schuld(en) zu erlassen, obwohl **Menschen** wie Jean Ziegler (UN-Sonderberichterstatter für das Recht auf Nahrung) genau das fordern. »*Der Slogan unserer Zeit lautet ›Profit um jeden Preis‹. ›Raubtierkapitalismus‹, wie es Jean Ziegler nennt.*« (245) Jeder, der schon einmal einen Kredit aufgenommen hat, kennt diese Art von Ausbeutung, die man über sich ergehen lassen musste und nun, da man **selbst** am Drücker ist, in derselben unmenschlichen und unchristlichen[195] Art und Weise an anderen vollführt!...

Doch *ES* geht auch anders!!?

»*Wenn das* Geld *das Band ist, das mich an das* menschliche *Leben, das mir die Gesellschaft, das mich mit der Natur und den Menschen verbindet, ist das Geld nicht das Band aller* Bande*! Kann es nicht alle Bande lösen und binden! Ist es darum nicht auch das allgemeine Scheidungsmittel! Es ist die wahre* Scheidemünze*, wie das wahre* Bindungsmittel*, die galvano*chemische *Kraft der Gesellschaft...*« (246)
- Karl Marx

---

[195] Anm.: Übrigens gehört auch das Zinsverbot zu den »göttlichen« Gesetzen, die Mose nach dem Auszug aus Ägypten vom Berge Sinai dem Volk Israel verkündete. Darüber hinaus und in enger Verbindung mit der Idee, dass ein Acker nach **sieben Jahren** nicht bearbeitet werden soll (Sabbatjahr), wird »*in 5. Mose 15, 1-2 gefordert, dass jedes siebte Jahr in Israel ein sog. Schuldenerlass ausgerufen werde. Jeder Israelit soll die Darlehen, die er gegeben hat, »loslassen«.*« (425) Allerdings beschränkt Mose »*das Verbot auf das Zinsnehmen gegenüber dem eigenen Volke und erlaubt es gegenüber Ausländern (so ausdrücklich 5. Mose 23,20). Diese Unterscheidung treffen die Juden bis heute, was einen Teil ihrer tragischen Geschichte ausmacht.*« (426)
Anm.: Wer sich für die *Bibel, Kirchen und Zinswirtschaft* interessiert, dem empfehle ich die Überarbeitete Fassung eines gleichnamigen Vortrags von Prof Dr. Roland Geitmann auf einer Tagung der *Internationalen Vereinigung für Natürliche Wirtschaftsordnung* am 10. September 1989 in Wuppertal-Neviges. (Erstmals veröffentlicht in Zeitschrift für Sozialökonomie Heft 80/1989), im Internet nachzulesen URL: http://userpage.fu-berlin.de/roehrigw/geitmann/ [Stand: 1.11.2009])

NEO – die Natürliche Wirtschaftslehre

»Tut Gutes und leiht, wo ihr nichts dafür zu bekommen hofft. So wird euer Lohn groß sein und ihr werdet Kinder des Allerhöchsten sein.«
– Bibel
(Lukas 6.35)

Als ich mir wieder einmal über »Gott«, die »Welt« und die philosophischen Inhalte des Films *Matrix* Gedanken machte und diesbezüglich mit *Wiki* unterwegs war, stießen wir quasi durch »Zufall« auf die sogenannte »***Natürliche Wirtschaftsordnung***«, ein Begriff, von dem ich bis dato nie gehört hatte und welcher von nun an meine Aufmerksamkeit auf sich zog!...

Sie fragen sich jetzt vielleicht, was der Actionfilm *Matrix* mit Wirtschaft oder gar mit »Gott« zu tun hat? Na ganz einfach, neben unzähligen philosophischen Anhaltspunkten, Analogien zum Neuen und Alten Testament, Zen-Buddhismus[196] und dem in (m)*einem* (möglicherweise) *zu langen Exposé* auf Seite 26 bereits erwähnten ***Höhlengleichnis*** von ***Platon***, zeigt er durchaus interessante Namensgebungen (z.B. Trinity = Dreifaltigkeit, Morpheus = griechischer Gott des Traumes), die allesamt auf *Wiki* nachgelesen werden können und nicht nur für Fans sicherlich sehr aufschlussreich sein dürften. So nennt sich der Protagonist des Filmes bestimmt nicht umsonst *Neo*, was als Anagramm von *One*, der Eine, angesehen werden kann! Und tatsächlich ist *Neo* der einzige (**Mensch**), der mit bloßem Auge die »Matrix« als (s)ein **fließendes** »*System*« aus Zahlen, Buchstaben und Prinzipien erkennt!

Die Bezeichnung »***NEO***« kann aber genauso gut als Abkürzung für »*__N__atural __E__conomic __O__rder*«, die bereits angeführte »***Natürliche Wirtschaftsordnung***« gedeutet werden! (247) Die(se) **natürliche** (Wirtschafts)Ordnung, oder auch »***Freiwirtschaft***« genannt, ist im »***Prinzip***« »*eine Wirtschaftstheorie nach Silvio Gesell mit dem Ziel stabiler Wirtschaft und sozialer Gerechtigkeit. [...]*

Silvio Gesell entwickelte seine Theorie zu Beginn des 20. Jahrhunderts und veröffentlichte seine wichtigsten Thesen erstmals im Jahre 1916 in dem Buch ›Die natürliche Wirtschaftsordnung‹. Die Freiwirtschaftslehre distanziert sich dabei sowohl vom Kapitalismus als auch vom Sozialismus.« (248)

Über die Gesinnung, Einsichten und Folgerungen des Begründers Silvio Gesell (1862-1930), seines Zeichens Kaufmann, Finanztheoretiker und Sozialreformer, konnte ich lesen…

---

[196] »***Zen*** *das; -[s] <sanskr.-chin.-jap.; ›Meditation‹>: (Rel.) japanische Richtung des Buddhismus, die durch Meditation die Erfahrung der Einheit allen Seins u. damit tätige Lebenskraft u. größte Selbstbeherrschung zu erreichen sucht.*«

»Silvio Gesell war ethischer Vegetarier, der aus Achtung vor Tieren das Fleischessen ablehnte. Er vertrat eine weltbürgerliche Gesinnung. Nach seiner Überzeugung sollte die Erde allen Menschen gleichermaßen gehören, ohne Unterschied von Rasse, Geschlecht, Stand, Vermögen, Religion, Alter oder Leistungsfähigkeit. Landesgrenzen müssten überflüssig werden.
Gesell baute seine volkswirtschaftlichen Überlegungen auf den Eigennutz des Menschen als gesundem, natürlichem Antrieb, der es ihm erlaube, seine Bedürfnisse zu verfolgen und wirtschaftlich tätig zu sein. Dieser Gegebenheit müsse auch eine Wirtschaftsordnung gerecht werden, sonst sei sie zum Scheitern verurteilt. Deshalb nannte Gesell die von ihm entworfene Wirtschaftsordnung ›natürlich‹. Mit dieser Haltung stellte er sich bewusst in Gegensatz zu Karl Marx, der eine Änderung der gesellschaftlichen Verhältnisse forderte.
In Berücksichtigung des Eigennutzes trat Gesell ein für freien, fairen Wettbewerb mit gleichen Chancen für alle.[...]
Unter dem Einfluss der wirtschaftlichen Krisen Argentiniens auf die eigene Geschäftstätigkeit erfasste Gesell die hohe Bedeutung einer gleichmäßigen Umlaufgeschwindigkeit des Geldes für eine krisenfreie Wirtschaft. Gesell schlussfolgerte, dass Geld der Wirtschaft nur als Tauschmittel dienen, sie aber nicht als Hortungsmittel lähmen darf.
Alles in der Natur unterliegt – so wurde ihm klar – dem rhythmischen Wechsel von Werden und Vergehen, nur das Geld scheint der Vergänglichkeit alles Irdischen entzogen. Da das Geld im Gegensatz zu Waren und menschlicher Arbeitskraft weder ›rostet‹ noch ›verdirbt‹, kann ein Geldbesitzer sein Geld nach Gesells Auffassung ohne Nachteil zurückhalten, ›horten‹. Er kann warten, bis die Waren für ihn billig oder die Zinsen hoch genug sind. Mit dem Zuwarten stört er den Wirtschaftskreislauf.[...]
So werden nach Gesell ›leistungslos‹ Reichtümer dort angehäuft, wo sie nicht benötigt werden. Im Gegenzug dazu wird der arbeitenden Bevölkerung der ihr zustehende volle Arbeitsertrag vorenthalten. Durch die Marktüberlegenheit des Geldbesitzers sah Gesell das freie Kräftespiel zwischen Verkäufer und Käufer grundlegend gestört. Daraus zog er den Schluss, Geld solle in seinem Wesen der Natur entsprechen und natürlichen Dingen nachgebildet sein. Das Geld in der Hand eines Geldbesitzers müsse wie menschliche Arbeitskraft und Waren mit der Zeit an Wert einbüßen, dann habe er auf dem Markt keine Vormachtstellung mehr. Geld wäre einem ständigen Weitergabedruck unterstellt. Jeder Geldbesitzer würde sein Geld nicht zu lange zurückhalten, sondern damit Waren oder Dienstleistungen kaufen, laufende Rechnungen bezahlen oder es ohne Zinsforderung verleihen, um so der

Wertminderung zu entgehen. So wirke Geld als Diener des Menschen und nicht als dessen Herrscher.« (249)

Selbstverständlich steht Gesells ***Freiwirtschaftslehre***, wie alles andere auch, zur Diskussion, und die Neutralität dieses Artikels mag umstritten sein, jedoch können Sie sich denken, dass die Nutznießer einer (Zins)Politik, wie wir sie heute kennen, sprich, die Banken und **alles**, was direkt oder indirekt damit zu tun hat und in Verbindung steht, **alles** (un)menschlich Erdenkliche tun würden, damit ein **natürliches**, **humanes** »*System*« wie das der ***Freiwirtschaftslehre***, welches dem Geld und somit der (Groß)Finanz dieses Planeten die Macht entzieht und sie (schließlich) den **Menschen** überträgt, nicht umgesetzt wird!

Ich möchte Sie an dieser Stelle nicht mit Einzelheiten aus der ***Freiwirtschaft(slehre)*** langweilen! Sollten Sie sich im Angesicht einer neuerlichen (Welt)Wirtschaftskrise aber fragen, ob ein solches »*System*« überhaupt funktionieren kann, so verweise ich auf Folgendes: In der Tiroler Gemeinde Wörgl wurde 1932 aufgrund der Auswirkungen der damaligen Weltwirtschaftskrise anscheinend ein wirtschaftlicher Modellversuch mit *freiwirtschaftlichem* Ansatz durchgeführt, deren positive Auswirkungen dazu führten, dass »*der Modellversuch in der Presse als das ›Wunder von Wörgl‹ gepriesen wurde. Das Interesse daran stieg derart, dass über hundert weitere Gemeinden in Österreich dem Beispiel folgen wollten. Auch im Ausland und in Übersee fand die Aktion starke Beachtung und Nachahmer. Aus Frankreich reiste der Finanzminister und spätere Ministerpräsident Édouard Daladier nach Wörgl, und in den USA schlug der Wirtschaftswissenschaftler Irving Fisher der amerikanischen Regierung – wenn auch vergeblich – vor, ein wörgl-ähnliches Geld mit Namen Stamp Script zur Überwindung der Wirtschaftskrise einzuführen. Allerdings erhob die Österreichische Nationalbank gegen die Wörgler Freigeld-Aktion vor Gericht erfolgreich Widerspruch, weil allein ihr das Recht auf Ausgabe von Geld zustand. Das Experiment von Wörgl und alle weiteren Planungen wurden verboten. Unter Drohung von Armeeeinsatz beendete Wörgl das Experiment im September 1933.*« (248)

Auf einer weiteren Seite steht weiter zu lesen:

»*Da die Ausgabe von geldähnlichen Wertzeichen gesetzlich den Zentralbanken vorbehalten war, wurden die Aktionen verboten. Daraufhin verschlimmerte sich die wirtschaftliche Situation der Bevölkerung wieder beträchtlich. Zahlreiche Gemeinden in Österreich, Deutschland und der Schweiz – die Rede ist von über 200 – mussten die geplante Einführung von Freigeld abbrechen. Am Ende des Ersten Weltkriegs sagte Gesell aufgrund seiner Konjunkturtheorie innerhalb von 25 Jahren einen noch furchtbareren Krieg voraus für den Fall, dass die Zinswirtschaft beibehalten wird. Nur 20 Jahre später begann der Zweite Weltkrieg.*« (249)

Ich bin (natürlich) kein Ökonom, das gebe ich zu, und bin weit davon entfernt die meisten meiner Geldanlagen und erbärmlichen (Finanz)Geschäfte hundertprozentig zu durchschauen, geschweige denn, diese im Griff zu haben. Das soll nicht heißen, dass ich mich über die Maßen verschuldet oder verspekuliert habe und jetzt pleite bin, aber ich habe nun mal keinen Schimmer davon, wer mein Geld im »*Augenblick*« gerade hat! Ich weiß auch nicht, was mit meiner Kohle im »*Moment*« [197]gerade geschieht oder über wie viel (finanzielle) Mittel ich überhaupt konkret verfüge! Nach diesen materiellen Maßstäben gerechnet weiß ich also nicht, was ich eigentlich »wert« bin, denn ich spreche von dem Teil meines Geldes, der irgendwo, irgendwie, in irgendwas oder -wem angelegt ist, – mit dem, wie man mir gesagt hat, »gearbeitet« wird und von dem mir jährlich in schriftlich, (mir) meist ziemlich unverständlicher Form, berichtet wird.

Ich rede hier also **nicht** von dem Geld in (m)einer Brieftasche oder dem sauer Ersparten, das (hoffentlich) fein säuberlich verpackt auf (m)einem ganz einfachen Bankkonto (in der Schweiz) liegt und nur darauf wartet, von mir abgehoben und spaßeshalber ausgegeben zu werden! Doch selbst wenn mein Geld tatsächlich im Tresor der (Schweizer) Bank liegen würde, was es natürlich nicht tut, habe ich noch nie verstanden, wie ***ES*** dort, vor aller Augen geschützt, tatsächlich arbeiten oder sich, ohne mein Zutun, gar vermehren kann. Hat Geld etwa Arme, Beine oder ein Gehirn, um ***aktiv*** etwas zu machen, etwas zu fabrizieren, das es »wert« wäre, ihm (**selbst**) Geld dafür zu geben? Oder hat *ES* gar irgendwelche versteckten Fähigkeiten oder Geschlechtsteile, die *ES* freudig mit anderem Geld ineinander stecken kann, um sich (selbst) zu (re)produzieren und zu vermehren? Es muss so sein, denn ich kaufe heute eine Aktie oder zahle mein Geld auf das Konto ein, und wenn ich »Glück« habe, bin ich morgen Früh schon etwas reicher als heute Abend! Und das wohlgemerkt **ohne** dass ich inzwischen auch nur einen Finger dafür krumm gemacht habe! Mal ehrlich, da kann doch was nicht stimmen!?

Sie sehen schon, was die wirtschaftlichen Belange der materiellen und scheinbar zivilisierten Welt angeht, habe ich – nach der derzeit gängigen Meinung – von Tuten und Blasen keine Ahnung! Aber (m)ein *natürlicher Verstand*[198] und (m)ein dementsprechendes Bild von den »**Menschen**« und der »Welt« sagen mir, dass es – selbst wenn es ein **wirtschaftliches** »*System*« gäbe, welches der Natur und **allem** und **jedem** (anderen) gerecht werden würde und das auch **jeder** versteht – immer noch »Menschen« gäbe, die diesem zuwider handeln (würden)! Es gäbe (ahnungslose) »Menschen«, die *ES* zu Fall bringen würden, um sich **eigene**, eng gedachte und primär egoistische Vorteile auf Kosten anderer zu verschaffen! *Ihr*(!?) Argument wäre vermutlich der *Darwinismus* und der Hin-

---

[197] Vgl. Band 2, Kap. *Gibt es ein Leben vor dem Tod? Gegenwart – Vergangenheit – Zukunft*, S. 373ff

[198] Vgl. Band 2, Kap. *Vernunft & Verstand*, S.181

weis darauf, dass es in der »Natur« (des »Menschen«) doch ganz »normal« wäre, egoistisch zu denken und zu handeln!? Doch was, wenn die(se) egoistischen Vorteile des Einzelnen – anderes als bisher gedacht – sozialverträglich und primär altruistischer, also paradoxerweise uneigennütziger Natur wären?...
Was, wenn wir unseren (leiblichen) Egoismus befriedigen könn(t)en, indem wir dem »Du« den Vortritt vor dem »Ich« lassen? Kein unbedingtes Paradoxon, wie Sie noch sehen werden oder möglicherweise schon längst begriffen haben!...

Ein möglichst **freies**, **natürliches** »(Wirtschafts)*System*«, weder kapitalistisch noch (autoritär) sozialistisch, das den **Menschen** das Geld und nicht umgekehrt kontrollieren lässt und Kriege in Zukunft verhindert, kommt mir – wie Sie sich bestimmt schon gedacht haben – mehr als nur entgegen! *ES* trifft den Nagel auf den Kopf! Zumal sich die wirtschaftliche Schere immer weiter zu öffnen scheint und der Großteil der Bevölkerung (wie) immer unzufrieden(er) is(s)t und stetig weniger Penunzen in der Tasche und Grips im Kopf hat, wäre es vielleicht wirklich mal (wieder) an der Zeit, über eine neue (Wirtschafts)Ordnung, ja eine Alternative (zu unserem bisherigen Leben) nachzudenken!? (Und das möglichst bevor sich das *Glück* unserem *Verstand* angleicht!)
Doch egal, was passiert, uns muss bewusst sein, dass es auf keinen Fall einfach(er) wird! Wir werden uns **anstrengen** und **verzichten** müssen!!! Und selbst wenn wir *quantitativ* mehr Geld hätten (indem wir beispielsweise welches drucken), bringt das **insgesamt** und »***prinzipiell***« gesehen nicht viel, da das Geld dadurch an »Wert«, d.h., an *Qualität* verliert und dies am **eigentlichen** (Zu)Stand der Verschuldung doch nichts ändert. Es ist vollkommen irrelevant, ob wir versuchen, die Waage mit einem Kilo Gold oder einem Kilo Papier auszugleichen. Ein Kilo ist ein Kilo, daran ändert auch die Tatsache, dass Gold generell mehr wiegt als Papier, relativ wenig! Selbst wenn *man* versucht, sich durch unehrliche Machenschaften aus der verhängnisvollen Affäre zu ziehen, sich über eine Flucht durch Wandlung des wertlosen Geldes in Sachwerte entschulden und gar retten will, bleiben Schulden immer Schulden! Glauben Sie mir, »Gaia« lässt sich nicht hintergehen, sich nicht verarschen – **Menschen** dagegen schon! Auch wenn wir »wissen« oder zumindest »vermuten«, dass **(all)*ES*** nicht mit (r)echten »Dingen« zugeht und obwohl uns unser *natürlicher Verstand*, unser Herz und Instinkt doch **eigentlich** schon längst etwas anderes prophezeien und Alarm schlagen, »glauben« wir immer noch den Märchen, die *man* uns **jeden** Tag wieder aufs Neue auftischt! Doch diese »Märchen« werden ein absehbares Ende nehmen, und obwohl wir das bereits tief in uns drin spüren, lassen wir uns weiterhin verarschen ... und das auf **allen** (erdenklichen) Ebenen! Warum, das werden wir später noch sehen!...
Doch auch mit dem »Geld«, unserer »Währung«, werden wir hinters Licht geführt, denn obwohl diese schon längst nicht mehr durch Gold gedeckt ist, verlas-

sen wir uns blindlings auf sie – wie auf beinahe **alles**, was *man* uns (Schafen) vorsetzt – ohne auch nur annähernd auf den Gedanken zu kommen, auch hier endlich einmal die **richtigen** Fragen zu stellen und im Gegenzug die **richtigen** Antworten zuzulassen! Während meiner Recherchen zum Thema *Gelddeckung* fand ich im Internet eine Veröffentlichung von Prof. Dr. Eberhard Hamer, die ich Ihnen nicht vorenthalten will. Doch zuerst zu Hamer selbst:

Prof. Dr. Eberhard Hamer wurde 1932 in Mettmann im Neanderthal (witzig!) geboren. Er studierte »*Volkswirtschaft, Jura und Theologie und wurde zunächst Rechtsanwalt. Bis 1994 lehrte er als Professor für Wirtschafts- und Finanzpolitik an der Fachhochschule für Wirtschaft in Bielefeld. Die Bundesrepublik Deutschland verlieh ihm das Bundesverdienstkreuz (Entwicklung einer neuen Mittelstandsökonomie). Heute ist er Leiter des Mittelstandsinstituts Niedersachsen in Hannover, Buchautor und Referent.*« (250)...

Na, beeindruckt? Irgendwie muss man seinen gehamsterten Quellen doch Nachdruck verleihen, nicht wahr!? Hamer selbst scheint ein (r)echt angenehmer Zeitgenosse zu sein. Davon konnte ich mich in einem – leider nur kurzen – Telefongespräch, so gut es ging, überzeugen. So wie Max Otte hatte er bereits vor Jahren vor einem bevorstehenden Crash gewarnt. Sein Buch heißt: *Was passiert, wenn der Crash kommt? Wie sichere ich mein Vermögen oder Unternehmen?* (ISBN-13: 978-3789282065)

Keine Ahnung, wer denn nun von wem abgeschrieben hat – ist mir auch egal! Jedenfalls hoffe ich, dass Sie, Herr Hamer, es mir verzeihen, Ihren durchaus gut gemeinten Rat, das Folgende vielleicht besser in eigenen Worten wiederzugeben, nicht beherzigt zu haben. Wie Sie (**alle**) wissen, muss Wissen, um etwas zu (ver)ändern, **allgemeines** (Gedanken)**Gut** sein – und weshalb soll ich etwas Gutes in eigene, vergleichsweise dilettantische Worte schlecht verpacken, nur damit es *dann* **meines** ist?

Bei dem folgenden Text, der meiner Meinung nach **allgemeines Gut** sein sollte, handelt es sich um Auszüge aus einem am 2. Dezember 2004 veröffentlichten Artikel, der, sofern Interesse besteht, auf verschiedenen Seiten komplett im Internet nachzulesen ist! In ihm und in Hamers Buch *Der Welt-Geldbetrug*[199] erfahren wir – nun leider viel zu spät –, wie es um unser Geld **wirklich** bestellt ist!

Zudem wird Ihnen und mir darin kurz erklärt, warum die »Welt« sich zunehmend monopolisiert und nach und nach von einigen wenigen, nennen wir sie einfach mal »Menschen«, aufgekauft wird. Nehmen Sie sich bitte die Zeit (zum konzentrierten Lesen) – *ES* lohnt sich! ...

---

[199] Vgl. Eberhard Hamer: *Der Welt-Geldbetrug - Wie kann der Mittelstand die Globalisierung bestehen?*. Aton 2007. ISBN: 978-3980947831

»*Vom staatlichen zum privaten Geld*

[..]1971 kündigte US-Präsident Nixon die Einlösungspflicht des Dollars in Gold (Golddollarstandard) und zugleich die Haftung des Staates für den Dollar auf. Seitdem sind die Dollarnoten weder real durch Gold noch durch Staatshaftung gedeckt, also eine freie private Währung der Federal-Reserve-Bank (FED). Der Dollar und alles andere Geld der Welt sind seitdem nicht mehr werthaltig, sondern nur noch gedrucktes, legalisiertes Zahlungspapier. Eine durch nichts gedeckte Währung kann zwar durch Gesetz zum amtlichen Tauschmittel erzwungen werden, nicht jedoch zum Mittel der Wertaufbewahrung. Hierzu bedarf es des Vertrauens der Geldinhaber, dass sie ihr Geld langfristig wertgesichert sehen. Der langfristige Kurswert – das Vertrauen – einer freien Quantitätswährung hängt wiederum allein von der Knappheit des Geldes bzw. der Geldmenge ab. Das Problem: Während sich in den letzten 30 Jahren die Gütermenge der Welt nur vervierfachte, hat sich die Geldmenge vervierzigfacht.[...]

Noch wird die Illusion des Geldwertes trotz dramatischer Entwertung durch den Zwang eines gesetzlichen Zahlungsmittels künstlich aufrechterhalten. Nutzniesser dieses Systems sind nicht nur die US-Grossfinanz, welche durch ihre FED immer hemmungsloser Dollarmengen in die Welt jagt, sondern auch die dieses Spiel mitbetreibenden Zentralbanken, wie zum Beispiel die Eurobank, die Banque of Japan und andere. Die Vorstände dieser Banken wissen genau, wie wertlos der Dollar inzwischen ist, stützen aber immer noch die gesetzliche Illusion der Zahlungsmittelfunktion des Dollars, haben sogar aus politischen Gründen geschwiegen und die eigene Währung nahezu ausschliesslich mit wertlosen Dollars in ihrer Währungsreserve unterlegt, also ihre Währung praktisch ebenso wertlos gemacht. Würde eine Währungsreform kommen, stünde zum Beispiel die Eurobank ohne Werte da. Das Gold – auch das deutsche Gold – ist mutmasslich nur noch als blosser schuldrechtlicher Rückgabeanspruch vorhanden, nicht mehr aber als Realgold. Es ist zumeist angeblich naturaliter an die private Federal Reserve Bank und von dieser weiter verliehen, also im Zusammenbruch nicht mehr greifbar. Das System lebt davon, dass ein Missbrauch nicht diskutiert und nicht veröffentlicht wird.

Tatsache 1: Die wichtigsten Währungen der Welt sind so hemmungslos vermehrt worden und stehen auf so tönernen Füssen, dass ihre Währungen (Dollar, Euro, Yen und andere) keine echte Wertaufbewahrungsfunktion für die Bürger mehr haben.

Tatsache 2: Auch die Tauschfunktion der Währungen wird nur durch Manipulation und Täuschung über einen angeblichen – aber nicht vorhandenen – Kurswert künstlich aufrechterhalten und ist längst nicht mehr echt.

Tatsache 3: Das Privatgeld (Dollar) der US-Grossfinanz ist längst von allen Bindungen an Sachwerte (Gold) oder einer Geldmengenbindung befreit, hat also nicht nur seine Wertaufbewahrungsfunktion verloren, sondern täuscht auch die Welt nur noch durch weltweite Kursmanipulation über einen scheinbaren Tauschwert des durch hemmungslose Vermehrung entwerteten Privatgeldes. Nur durch diese Täuschung und die Macht der US-Grossfinanz wird noch künstlich ›Vertrauen‹ der Welt in den Dollar suggeriert. Wüssten die Marktteilnehmer dagegen, dass sie mit dem Nominalwert des Geldscheins nur ein wertloses Wertversprechen von Privatleuten in den Händen haben, denen längst nicht mehr zu trauen ist, die ständig ihre Macht, den Geldwert zu manipulieren, missbrauchen, so würde auch das Vertrauen in diese Privatwährung Dollar zusammenbrechen.

Mit dem Geld ist es so wie mit den Aktien. Auch die meisten Aktien sind keine Substanzwerte, sondern nur Hoffnungswerte. Wer in der grossen Aktienhausse glaubte, viel gewonnen zu haben, wurde beim Aktiencrash darüber belehrt, dass die Aktie ausser dem Papierwert nur noch Hoffnung trägt, diese aber leicht schwinden kann. Gewinn oder Verlust im Börsenspiel sind reine Hoffnungswerte, keine Sachwerte. Ebenso ist es mit dem Geld. Einziger Sachwert ist der Wert des Papiers. Alles andere ist Hoffnungswert im Vertrauen auf die korrupten, aber stärksten Finanzmächte der Welt.

Mit Scheingeld zu Sachwerten

Würden die Marktteilnehmer wissen, dass unser Geldsystem letztlich am Privatgeld Dollar und dieses Geld ohne jeden Wertbezug allein an den Manipulations- und Missbrauchswünschen der grossen Finanzoligarchie hängt, dann würden die Menschen ihr Währungsvertrauen verlieren, ihr Geld nicht mehr als Wertaufbewahrungsmittel betrachten, sondern der laufenden Geldentwertung durch Flucht in die Sachwerte zu entgehen versuchen.

Genau dies tun die hinter der FED stehenden Täter der grössten Geldvermehrung aller Zeiten: Sie kaufen mit dem immer wertloser werdenden Geld seit Jahrzehnten alle Sachwerte auf, die sie noch erwischen können: Rohstofflager, Industriekomplexe, Immobilien und jede einigermassen intakte ausländische Kapitalgesellschaft in freundlicher oder feindlicher Übernahme zu fast jedem Preis. Und nicht nur die US-Grossfinanz sammelt die Sachwerte der Welt ein, sondern auch der amerikanische Staat importiert für Fiat-Money (gedrucktes, eigentlich wertloses Geld) seit Jahren mehr Sachgüter aus der Welt, als er bezahlen kann, und verschuldet sich dafür hemmungslos im Ausland – solange die ausländischen Gläubiger noch an den Wert des Dollars glauben oder mit politischer Erpressung gezwungen werden können, die faulen Dollars in ihre Währungsreserven anzunehmen.

Mit Sachwerten zu Monopolen

Die hinter der FED stehende Grossfinanz hat auf diese Weise durch gezielte Sachwert-politik ganze Marktsegmente mit ihren faulen Dollars aufgekauft und zu Marktmonopolen bzw. -oligopolen entwickelt: Diamanten, Gold, Kupfer, Zink, Uran, Telekommunikation, Gasfaserleitungsnetze, Print- und Fernsehmedien, Nahrungsmittel (Nestlé, Coca-Cola), grosse Teile der Rüstungsindustrie und der Luftfahrt usw.

Zurzeit läuft ein Monopolisierungsversuch mit Hilfe der Gen-Manipulation. Genmanipulierte Tiere und Pflanzen sind selbst unfruchtbar. Wenn man also die Genmanipulation flächendeckend durchsetzen kann, müssen alle Bauern einer Firma mit einem Patentmonopol das Gen-Saatgut zu dem von ihr festgesetzten Monopolpreis abkaufen, können sie nicht mehr ihr selbst geerntetes Getreide zur Saat verwenden.[...]

Ein gleiches Spiel vollzieht sich auch auf dem Welt-Energiemarkt, in Deutschland offensichtlich mit EON und RWE, wobei die US-Grossfinanz bereits eigene Vertrauensleute in die für die Übernahmekandidaten entscheidenden Banken und Vorstände entsandt hat. In 20 Jahren will die US-Grossfinanz auch das Wasser der Welt – nach Aussage ihres Vertreters Brzezinski – monopolisiert haben.

Mit Sachwerten zur Währungsreform

Deutet man den Fahrplan der Welt-Grossfinanz richtig, so soll die Geldmenge so lange vermehrt und entwertet werden, bis damit alle wichtigen Sachwerte der Welt aufgekauft und monopolisiert worden sind. Die Grossfinanz ist klug genug zu wissen, dass ihre Geldmengenvermehrung nicht unerkannt bleibt und irgendwann das Vertrauen in den inflationierten Dollar schwindet. Ein Ausbruch der Vertrauenskrise wird die jetzt noch beherrschte, schleichende Inflation zur galoppierenden offenen Inflation machen, die zwangsläufig in eine Währungsreform einmünden muss.

Dies aber ist genau der Vorteil sowohl der Grossfinanz als auch der USA:

- Die Grossfinanz hat mit den faulen Dollars vorher ausreichend Sachwerte gekauft, wird also von der Währungsreform mit ihren Sachwerten nicht mehr betroffen, hat sich rechtzeitig aus dem faulen Geld in werthaltiges Vermögen verlagert. Da sie in vielen Bereichen inzwischen Weltmonopolstellungen erreicht hat, kann sie sogar die Welt jederzeit mit Monopolpreisen zu Sonderabgaben heranziehen. Nicht mehr Steuern sind dann das Einkommen der Welt-Herrscher, sondern Monopolerträge. Niemand kann die Grossfinanz hindern, die Preise für Gold, Diamanten, Kupfer, Zink, Eisenerz, Wasser, Saatgut oder Energie um 10, 20 oder 30% anzuheben und auf diese Weise die gesamte Weltbevölkerung zu Sonderabgaben heranzuziehen. Noch nie hat es eine solche Finanzmacht der Welt gegeben, noch nie war sie für die Gesamtbevölkerung der Welt so gefährlich.« *(251)*

– Prof. Dr. Eberhard Hamer: Der Welt-Geldbetrug.
(URL: http://www.kulturkritik.net/Quellen/gelddeckung.html [Stand: 24.9.2009], Veröffentlicht von Prof. Dr. Eberhard Hamer am 02.12.2004)

Tja, (auf) Geld re(a)giert die Welt, und dass obwohl, Sie haben es gelesen, **der Dollar und alles andere Geld der Welt seit 1971 nicht mehr durch Gold oder durch Staatshaftung gedeckt ist**! Im Klartext bedeutet es, dass das, was die Welt regiert, im »***Prinzip***« gar keinen »Wert« (mehr) hat. Es ist nichts weiter als gedrucktes, legalisiertes Zahlungspapier! Schon pervers, finden Sie nicht?
Ich erinnere: »*Eine durch nichts gedeckte Währung kann zwar durch Gesetz zum amtlichen Tauschmittel erzwungen werden, nicht jedoch zum Mittel der Wertaufbewahrung. Hierzu bedarf es des Vertrauens der Geldinhaber, dass sie ihr Geld langfristig wertgesichert sehen.*« Ich bin gespannt, wie lange Ihr Vertrauen noch anhält – vor allem wenn »*man*« weiß, dass der Fehler bereits im »*System*« liegt! Um genauer zu sein, liegt er im **Zins***system*!!!

Wer an dieser Stelle eine genaue Abhandlung verschiedener **Zins***systeme* erwartet, wird leider enttäuscht! Neben dem Hinweis darauf, dass laut Silvio Gesell »*der Goldstandard nicht nur unnötig, sondern sogar schädlich für ein gut funktionierendes Geldsystem auf der Basis von zinsfreiem Geld ist*« (252) und Sie beim Lesen mal eine kleine (lohnende) Pause einlegen sollten (Stellen Sie sich einfach vor, ich hätte hier ein neues Kapitel mit der Überschrift »**Zins***systeme*« eingefügt!), geht es mir lediglich darum erneut festzuhalten, dass das **Zins**nehmen (über eine etwaige Inflation hinaus) wider der **Natur** ist und mitunter zu den Problemen geführt hat, mit denen wir es heute und in Zukunft zu tun haben (werden)!...

Für jemanden, der schon als Kind gelernt hat, sein (Taschen)Geld auf die (Spiel)Bank zu tragen und dort »gewinnbringend« anzulegen, ist es (r)echt schwer, das zu begreifen! Aber wenn Sie die *Geschichte von Fabian dem Goldschmied* kennen, sie gelesen oder als kostenlosen Film[200] im Internet angeschaut haben, werden Sie mir beipflichten, dass **Zinsen** »bäh« sind! Besagte Geschichte basiert auf einer Erzählung des Australiers Larry Hannigan, der sie bereits 1971 verfasst hat: ***Gibt mir die Welt plus 5 %*** **(The Earth Plus 5%[201])** lautete der eigentliche Titel und Hannigan hatte sie geschrieben, um »*die einfache Mathematik der Realität und des Bankensystems zu erklären, die da lautet: 100 plus NICHTS entspricht niemals 105.*« In anderen Worten: »*Der Umstand, dass Zinsen auf etwas erhoben werden, das nicht existiert, verunmöglicht die Rückzahlung und verschafft jenen, die das Geld kreieren, große Macht über jedermann.*« (253)

Wie gesagt, wer sich für »Geld« interessiert, einen Internetzugang sein Eigen nennt und rund 50 Minuten (s)einer kostbaren Zeit opfert, kann sich den Film zu Gemüte führen und sich erklären lassen, was »Geld« **eigentlich** ist, wie Banknoten, Schecks usw. entstanden, warum überall Geld fehlt, die Bürokratie immer weiter ausufert, die Belastungen (für die Bürger) laufend anwachsen, das Bargeld schrittweise abgeschafft wird und es letzten Endes zu Kriegen kommt! Er zeigt das bisher unentdeckte Geheimnis des Banken- und Geldwesens und die Ursache(n) der Globalisierung auf!

Mit der Einführung des Geldes fing **(all)*ES*** an und das »(Finanz)*System*« hätte durchaus funktionieren können, wenn nicht der, der das Geld ursprünglich einmal verliehen hatte, dies als (s)eine »**(Dienst)Leistung**« angesehen und dafür ebenfalls Geld (in Form von Zinsen) verlangt hätte!...

Sie verstehen, sobald in oder von einem (»*System*«) mehr (Geld) zurückverlangt als rausgegeben wird, kann *ES* nicht klappen! **Arbeit** bzw. **Energie** und **Leistung** hängen in (m)einer auf naturwissenschaftlichen Gesetzmäßigkeiten basierenden Welt eng zusammen! Dabei ist die »**Leistung**« eine physikalische Größe, die – kurz gesagt – für »**Energie pro Zeit**« steht! Und so backt ein Bäcker in einer gewissen »**Zeit**« ein Brot, ein Masseur mass(akr)iert im 25 Minutenrhythmus die Leute, währenddessen ein Denker in derselben »**Zeit**« (nun) mal denkt! **Alles**, was wir **selbst** tun, erfordert **Energie** bzw. **Arbeit**, braucht (s)eine »**Zeit**« und kann (demnach) als **wertschöpfende** »**Leistung**« entlohnt werden!...

Auf das Geld anderer Leute aufzupassen, es, falls es beispielsweise »abgegriffen« ist, ggf. zu drucken und Zahlungsvorgänge und dergleichen durchzuführen ist **Arbeit** und muss dementsprechend entlohnt werden! Doch Geld – das einem

200 Abrufbar im Internet: URL: http://www.neueimpulse.org/ [Stand:1.11.2009]

201 Abrufbar im Internet: URL: http://www.larryhannigan.com/ [Stand:1.11.2009] (Deutsche Übersetzung: URL: http://www.relfe.com/plus_5_german.htm)

selbst nicht (einmal) gehört – zu verleihen erfordert keine(rlei) **Arbeit**, schöpft keinerlei »Wert« und dafür etwas zu verlangen, ist schlichtweg unmoralisch und verletzt aufgrund der fehlenden (Eigen)**Leistung** (des Gläubigers) nicht zuletzt den Energieerhaltungssatz! Ein Vakuum entsteht!!!

»Lebenskünstler leben von den Zinsen eines nicht vorhandenen Kapitals.«
- Stanislaw Jerzy Lec

In diesem Zusammenhang und in Bezug auf das, was unserer (un)fassbaren »Welt« noch bevorsteht, möchte ich das politische Urgestein, den Bundesminister (a. D.) Heiner Geißler[202] weniger als eine Minute zu Wort kommen lassen!
Doch zuvor etwas, dass ich in *Wiki* gefunden habe:

»Das gegenwärtige Wirtschaftssystem ist nicht konsensfähig und zutiefst undemokratisch, es muss ersetzt werden durch eine neue Wirtschaftsordnung.«[203]
- Heiner Geißler

In einem Interview mit dem Zuender in Kalenderwoche 21, 2007 bezeichnete Geißler ein Wirtschaftssystem, ›in dem Hedgefonds unkontrolliert arbeiten können, sogenannte Geier-Fonds riesige Gewinne auf Kosten hochverschuldeter afrikanischer Länder machen und in dem der Börsenwert eines Unternehmens umso höher steigt, je mehr Arbeitnehmer wegrationalisiert werden‹, zudem als ›krank, unsittlich und ökonomisch falsch‹. Der Kapitalismus sei, da er ›keine Werte jenseits von Angebot und Nachfrage‹ kenne, genauso falsch wie der Kommunismus. Ein Vorbild für einen zu findenden neuen Mittelweg könne zwar ›die alte deutsche soziale Marktwirtschaft‹ sein. Da die Märkte jedoch bereits globalisiert seien, könne der Nationalstaat als solcher hierfür keine Lösungen mehr bieten, vielmehr müsse sich im Gegenzug auch die Politik internationalisieren. Impulse dafür müssten allerdings - anstelle eines nationalstaatlichen Zentralismus - von regionalen, unterstaatlichen Ebenen ausgehen; denn: ›Nur sie können Heimat vermitteln, nur dort können sich Menschen wiederfinden.‹ Doch habe die EU als überstaatliche Organisation aufgrund ihrer übermäßigen Wirtschaftsorientierung bei der Bevölkerung an Vertrauen verloren.« (254)

---

[202] Anm.: Informationen über Dr. Heiner Geißler sind abrufbar im Internet:
URL: http://www.heiner-geissler.de/

[203] Vgl. *ZDF (Maybrit Illner)* am 31. Mai 2007: *Razzien und Randale – Wie weit dürfen Staat und Demonstranten gehen?*. Vgl. dazu *Spiegel Online*, 1.6.2007,
URL: http://www.spiegel.de/kultur/gesellschaft/0,1518,486040,00.html)

Kommen wir nun zurück zu Geißler selbst und (s)einer Minute!...
Am 13.10.2008, als die Blase bereits geplatzt war und **(all)*ES*** – obwohl nur Wenige von uns das heute wie zu jener Zeit auch **wirklich** so empfanden – förmlich auf der Kippe stand, war H. Geißler in der *ARD* Sendung *Beckmann* eingeladen und hatte über die »weite Entfernung der **realen** Ökonomie von der Finanzindustrie« Folgendes, überaus Wichtiges zu sagen:

»*Im Jahre 1980 war das gesamte Geldanlagevermögen 12 Billionen Dollar – und das Weltbruttoinlandsprodukt auch 12 Billionen [..] einigermaßen gleich. Heute haben wir 54 Billionen – Werte, die durch Produktion, Service der Welt erwirtschaftet werden. Aber die Finanzprodukte umfassen heute einen Wert von 140 Billionen. Das heißt, wir haben 90 Billionen Dollar, nicht wahr, die in der freien Luft schweben, denen keine reale ökonomische Wertschöpfung gegenüberstehen. Also man muss nicht Volkswirtschaft studiert haben, sondern da genügt der gesunde Menschverstand, um zu erkennen, dass das auf die Dauer nicht gut gehen kann. Das ist immer wieder gesagt worden und die Politik hat sich nicht getraut, darauf zu reagieren.*« (255)

Aus rechtlichen Gründen darf inzwischen nur noch die jeweils aktuelle *Beckmann*-Sendung für sieben Tage nach Ausstrahlung im *Ersten* als sogenanntes »***Video-on-Demand***« angeboten werden. Sonst hätten Sie sich (jetzt) **selbst** davon überzeugen können, dass Geißler für seine Worte tatsächlich nur **45 Sekunden** gebraucht hat! Da keiner der damals Anwesenden Gäste (u.a. Friedrich Merz von der CDU/CSU) etwas dagegen einzuwenden hatte, gehe ich davon aus, dass Geißler Recht hatte mit dem, was er sagte!...
Die »(Finanz)Welt« steht in Bezug zur **realen** Welt im Verhältnis von, … einen Moment, ich muss rechnen …(140 durch 54) … von **2,593 zu 1**! *Man* könnte auch sagen, die uns umgebende »Matrix« steht in Bezug zur Wirklichkeit im Verhältnis **2,593:1**!...
Können Sie sich noch an den ***Goldenen Schnitt*** (S. 138ff), den Inbegriff von Harmonie erinnern? Das Verhältnis war 1:1,618 bzw. **1,618:1**!...
Denken Sie mal darüber nach!(?) Doch ohne Ihnen nahe treten zu wollen: nicht einmal das Wissen, nach allen Regeln der Kunst verladen zu werden, wird – aller Erfahrung und Wahrscheinlichkeit nach – am paarhufigen Verhalten der überragenden Mehrheit der Gesellschaft etwas ändern! Seien Sie deshalb (nicht) böse, wenn ich es sage, aber (auch) **Sie** und **ich** werden, sobald wir dieses Buch zuschlagen, wieder die Scheuklappen aufziehen und unser Leben aus rein ökonomischen Gründen genau so weiterführen, wie wir *ES* gewohnt sind!...
Nichtsdestotrotz dürfen wir eins nicht vergessen: »*Systeme*« beeinflussen sich gegenseitig und *ES* ist nur eine Frage der »Zeit«, bis die(se) Veränderung(en) und die Fehler der »Matrix« auch in der **realen** Welt zu spüren sein werden!

Wie gesagt, das ist nicht böse oder gar schwarzseherisch von mir gemeint, sondern (nur) realistisch gedacht! Wer weiß, vielleicht denken **Sie** und **ich** ja von nun an aber auch etwas öfter (als sonst?) daran, dass Geld doch nichts Weiteres ist als »*ein Tauschmittel, welches sich von anderen Tauschmitteln dadurch unterscheidet, dass es nicht unmittelbar den Bedarf eines Tauschpartners befriedigt, sondern aufgrund allgemeiner Anerkennung zum weiteren Tausch eingesetzt werden kann..*«!? (256) ...[204]

Eventuell denken wir auch (noch) mal an die Binsenweisheit, »***dass* man *Geld nicht (fr)essen kann***«!? (vgl. S. 329) Doch komischerweise wollen wir immer (noch) mehr Geld »machen« und *haben* als wir letztendlich (aus)geben können und **gut** (für uns) **ist**, und noch immer kennen wir den Spruch:

»*Bei Geld hört die Freundschaft auf!*«

Dieser Spruch ist aber so – meiner Meinung nach – nicht ganz korrekt, denn »*bei*« Geld fängt normalerweise die **wahrhaftige** Freundschaft, familiäre Bindung und (Mit)Menschlichkeit an! Nur in **echten** Freundschaften, in **echten** Familien spielt (so etwas wie) Geld keine Rolle! Erst wenn das Gleichgewicht gestört ist, der eine den anderen ausnimmt, die **Gier** die Oberhand gewinnt und das tote »Material« plötzlich wichtiger wird als die l(i)ebenden »Wesen«, die uns umgeben, kommt das **ganze** »Spiel« bzw. »*System*« ins Wanken!

Das »*System*« (m)einer (mit)menschlichen Beziehung kommt durch **Gier** (nach Geld) ins Trudeln, bis es tatsächlich einmal »*mit*« Geld beendet wird! Wohlgemerkt, »*bei*« Geld fängt die **wahre**, menschliche Freundschaft an und »*mit*« Geld hört die freundschaftlich l(i)ebende (Mit)Menschlichkeit auf! Sobald wir also Geld von unseren Angehörigen und Freunden für »Dinge« verlangen, für die ein **echter**, fühlender (Mit)**Mensch** einfach (weil er ein solcher ist) kein Geld verlangen darf, sind wir keine **Menschen** mehr, sondern seelenlose (Kassen)Automaten! Wir sind Maschinen, die (wohl) nichts anderes verdienen...

...als »**Geld**«!(?)

Wie sehr wir uns immer noch vom **Geld** beeinflussen lassen, wie sehr wir uns von der **Gier** kontrollieren und unser (mit)menschliches »Wesen« tierisch manipulieren lassen, dabei auf familiäre Beziehungen pfeifen und versuchen, alte Rechnungen zu begleichen, um als (materieller) Gewinner aus der Situation hervorzugehen, beobachtet *man* leider immer wieder dann, wenn es bei uns um das Aufteilen von »Beute« geht! Insbesondere denke ich hierbei an Erbschafts-

---

[204] Anm.: »Geld« ist demzufolge nur ein Platzhalter, ein (Wert)Maßstab bzw. eine imaginäre (Rechen)Einheit, der bzw. die allenfalls die (Größe der) **Möglichkeit** beschreibt, unsere (tierischen) Bedürfnisse in einem entsprechenden »Spiel« bzw. »*System*« (im Bedarfsfall) *befriedigen* zu können. Die Menge an Geld sagt jedoch nichts oder zumindest nicht viel über den **tatsächlichen**, **gesamten** (Gefühls)Zustand, den Grad an *Zufriedenheit* oder gar die **gesamte Natur** (des **Menschen**) aus!

streitigkeiten, bei denen unser ach so »zivilisiertes« Verhalten sehr häufig dem von verlogenen Piraten gleicht bzw. weicht! *Man* kennt *ES* aus Filmen: Gemeinsam mit anderen »Piraten« hat *man* (s)ein Leben lang Seite an Seite gekämpft, geplündert, getrunken, gefeiert und gejagt. Man hat sich **gegenseitig** den Rücken freigehalten, hat sich vertraut, für andere (s)ein Leben gegeben, teilweise sogar geliebt und dabei stets nach einem (Ehren)Kodex gelebt, den es sonst so nirgends gab! Ziel war es stets, einen möglichst großen »Schatz« anzuhäufen, doch nun, da es so weit ist, ja in der Stunde der Wahrheit, in der es darum geht, die »Beute« aufzuteilen, kennen wir weder Freu(n)d noch Feind. Jetzt gibt es nur noch **Gier**, **Misstrauen**, **List** und **Hab*sucht***!... Scheiß auf die Ehre, Freundschaft und Familie! Scheiß auf die Jahre, die *man* (gem)einsam auf den auf- und niederfahrenden »Wellen« einer teils sehr stürmischen See verbracht hat! Scheiß auf die Abenteuer, die *man* zusammen (üb)erlebt hat! Scheiß auf uns (alle)!!... Was jetzt zählt, bin nur **ich** und mit mir der »Schatz« – sonst nichts!!!

Dass wir uns, sobald *ES* ans Teilen geht, auch heute noch – und immer mehr – so verhalten wie die ehemaligen Freibeuter der Meere, steht jedenfalls für mich außer Frage! Und dass sich (selbst) intelligente, wohlhabende »Menschen« – die *ES* eigentlich besser wissen müss(t)en und im »***Prinzip***« nicht auf das Geld angewiesen sind – *Ihrer*(!?) (Mit)Menschlichkeit in Anbetracht des Profits so leichtfertig und geradezu selbstverständlich entledigen, sich familiär bekriegen und sich *Ihrem*(!?) tierischen *Es* unterwerfen, stimmt mich mehr als traurig. Denn wie *man* – nicht nur aus Filmen – weiß, gibt *ES* bei diesem K(r)ampf keine (wirklichen) Gewinner, sondern immer nur **Verlierer**!

Auch wenn beispielsweise eine »erwachsene« Frau ihrer mittlerweile in die Jahre gekommenen Mutter die Zeche für Kaffee und Kuchen abknöpft oder Geld für das Essen, das die Mutter bei ihr zuhause eingenommen hat, verlangt, dann kann da wohl ewas nicht (ganz) stimmen! Dieses Szenario, welches glücklicherweise nicht in meiner eigenen Familie stattgefunden hat, habe ich mir übrigens nicht ausgedacht, sondern musste *ES* leider »Gottes« (live und in Farbe) miterleben! An solchen Tagen frage ich mich dann immer, was dazu geführt hat, dass anverwandte »Menschen« auf eine derart betriebswirtschaftliche Weise miteinander umgehen bzw. abrechnen. Hat die Tochter – ihres Zeichens möglicherweise selbst Mutter oder sogar Oma – das Geld tatsächlich so nötig, um derart unmenschlich zu verfahren? Oder rächt sie sich nur für etwas, das ihr in der Vergangenheit – unter Umständen von ihrer Mutter – angetan wurde? Warum wurde sie zu (so) einem gefühllosen (Kassen)Automaten und, was noch viel wichtiger ist, sind beide, Mutter und Tochter, *glücklich* mit dem, was sie sind, tun oder (für andere) im Moment gerade darstellen?

Zumindest die letzte Frage lässt sich leicht beantworten, oder meinen Sie etwa, dass es »normal« und menschlich recht und gesund ist, bei seinen eigenen Eltern bzw. Kindern für Kost und Logis bezahlen zu müssen, zumal meistens keine der

Parteien hierzulande auf das Geld des anderen angewiesen ist? Falls ja, dann tun Sie mir ehrlich gesagt leid, denn dann haben Sie nichts kapiert und sind vielleicht selbst schon zu (so) einem (rechenschiebenden) Androiden[205] geworden!?

Bei alldem dürfen wir jedoch nicht vergessen, dass niemand als Geizhals und/oder als unmenschlich-gefühllose Kreatur geboren wird! Für jegliches Verhalten, und mag *ES* auch noch so unrühmlich sein, gibt es leider eine – wenn *man* sie erst mal kennt – plausible Erklärung!... *ES* (er)gibt eine Ursache, die als *Actio(n)* (m)einer (zeitlich versetzten) *Reactio(n)* vorausgeht! Da der Bumerang auf die eine oder andere Art (also) zurückkommt, sollten Sie sich bei **allem**, was Sie tun, gut überlegen, wie Sie mit Ihren Familienmitgliedern – zu denen im Endeffekt **alle Menschen** auf diesem Planeten gehören – umgehen!...

»Geld alleine heilt keine Wunden«, und obwohl wir das **eigentlich** wissen, versuchen viele Paare am Ende einer freundschaftlich-liebenden Beziehung (un(ter)bewusst!) den Schmerz, die Verletzung(en) und die Enttäuschung(en), die sie erfahren haben, wettzumachen, indem sie miteinander – im wahrsten Sinne des Wortes –»abrechnen«! Doch merken Sie sich bitte eins:…

Wie viel (bedrucktes Papier) wir auch bekommen und wie sehr wir auch meinen, damit jemanden verletzen zu können – ohne eine **wirkliche** Einigung und Auseinandersetzung mit uns **selbst** und unserem Gegenüber bleiben auf jeden Fall (**eigene**) Narben zurück! Irgendwas bleibt so oder so (zurück), doch (er)gibt *ES* Narben, die wir im Laufe unseres Lebens vergessen, und Narben, die uns (als **einzelner Mensch** und als **gesamte Menschheit**) stets daran erinnern werden, dass nicht **alles** auf der Welt mit Geld zu bezahlen ist!

»*Wer glaubt, Geld sei das Wichtigste im Leben,*
war noch nie verliebt oder schwerkrank.«
- Gerhard Kocher

Wie wenig Geld **tatsächlich** bedeutet, sieht man im Umkehrschluss in intakten Beziehungen, Freundschaften und in Familien, in welchen Geld wirklich nur das ist, was es (nun mal) ist, und darüber hinaus – unabhängig, wie viel *man* (davon) hat – **echt** keine Rolle spielt! Doch auch im Angesicht des sicheren Todes verliert Mammon gänzlich seine Macht über uns, was ich durch meine Erfahrungen mit todkranken Patienten bestätigen kann! **Menschen**, die den Tod akzeptieren, dies gelernt und vom Besitz (des Lebens) schließlich losgelassen haben, werden ruhig, bescheiden, großzügig, »eins« und **frei** (vgl. Affenfalle)!... »**Demut**« ist ein Begriff, der mir dazu einfällt!

---

[205] »*Android (von gr. ἀνήρ – aner = „Mann“ und εἶδος – eidos = „Aussehen“ → „menschenförmig“) ist die Bezeichnung für einen Roboter, der einem Menschen täuschend ähnlich sieht und sich menschenähnlich verhält. Ein Android ist somit ein spezieller humanoider Roboter.*« (427)

Diejenigen allerdings, die mehr *haben* als sie *sind*, die armen Reichen von uns, die außer sich (selbst) nichts und niemanden gelten lassen, machen im Gegensatz dazu öfter und eher den Eindruck (trotz guter körperlicher Verfassung) deprimiert bzw. depressiv, unfrei, geteilt, verkrampft, krank und ra(s)tlos zu sein! Es sind die ((geld)gierigen) »Menschen« aus den höheren sozialen Schichten, die ständig nörgeln, nie zufrieden, sondern ängstlich, undankbar, unglücklich, neidisch und (unnötigerweise) geizig sind! Weitaus ärmere Zeitgenossen gehen dagegen oft fröhlich(er), ja geradezu unbeschwert(er) und zufrieden(er) mit sich (selbst) und dem (Trink)Geld um! Sie marschieren – von ein paar Ausnahmen abgesehen – auf ihre Weise aufrecht(er) durch die Weltgeschichte und lassen andere an sich und ihrem »wenigen« Besitz partizipieren[206]! Wie bei allem gibt es natürlich Ausnahmen, die, wie immer, die Regel bestätigen, doch nicht umsonst kommen »liebe« **Menschen** (materiell gesehen) zu nichts oder nicht viel und ebenso wenig umsonst heißt es, dass *man* von den Reichen das Sparen lernen kann! Was *man* von den (zu uns) vergleichsweise Armen und Ärmsten dieser Welt nun lernen kann, das liegt jetzt ganz alleine bei Ihnen!

Es ist bestimmt kein Zufall, dass von einem Mann wie Aristoteles Onassis – der sich mit anfänglichen 60 Dollar ein Imperium aufbaute und von dem wohl anzunehmen ist, dass er genau wusste, wovon er sprach – folgendes Zitat stammt:

»*Ein reicher Mann ist oft nur ein armer Mann mit sehr viel Geld.*«
- Aristoteles Onassis

Das gleiche gilt übrigens auch für uns und unsere Kinder, die wir doch auch in einem – mit anderen Ländern verglichenen – »hohen« Luxus bei gleichzeitig stärker werdender (emotionaler) Armut leben! Wir *haben* **all*ES*** und doch fehlt uns mitunter das, was wir brauchen! Ein Beispiel:
Immer öfter kommen unsere Kinder gefrustet von der Schule heim, und machen, obwohl sie ein neues Fahrrad ihr Eigen nennen, Markenklamotten tragen und sich an der Spielkonsole der neuesten Generation austoben (können), nicht gerade den Anschein, zufrieden bzw. ausgeglichen zu sein! Was sie – und eventuell auch Sie(!?) – jetzt **eigentlich** bräuchten, wäre ein offenes Ohr eines verständnisvollen Erwachsenen! Doch leider müssen die Eltern meistens **beide** arbeiten, um den selbst gewählten, sozialen Stand halten und ständig noch verbessern zu können. Es ist das un(ter)bewusst schlechte Gewissen, (s)einem Kind eben doch nicht **alles** bieten zu können, das die Eltern (oft) dazu veranlasst, diesen Mangel an echter (mit)menschlicher Wärme auf materiellem Wege ausgleichen zu wollen. So wachsen wir auf, in der Dysbalance gegenständlichen Reichtums und synchron empfundener, gefühlsmäßiger Armut!...

---

[206] »***par|ti|zi|pie|ren***: *von etwas, was ein anderer hat, etwas abbekommen; teilhaben.*«

Die(se) Fehleinschätzung und Überbewertung des Geldes hinsichtlich dem, was *man* dafür eintauschen, sich dafür »kaufen« kann, beschreibt für mich der norwegische Dichter und Schriftsteller Arne Garborg am treffendsten …

»Für Geld kriegt man alles. So sagt man – aber das ist nicht wahr. Man kann Essen kaufen, aber nicht Appetit. Arzneimittel, aber nicht Gesundheit. Wissen, aber nicht Klugheit. Glanz, aber nicht Schönheit, Spaß, aber nicht Freude. Bekannte, aber nicht Freunde. Diener, aber nicht Treue. Die Schale lässt sich kaufen, aber nicht der Kern.«

- Arne Garborg (1851–1924)

Und doch ist und sind uns »Menschen« ein flottes Auto, ein toller Urlaub, sündhaft teure Klamotten usw. wichtiger als alles andere auf d(ies)er Welt! Der Umstand, bei **keiner** Definition des »Geldes« etwas über ein *glückliches* und *zufriedenes* Leben lesen zu können, macht es deshalb nur noch paradoxer, dass die Ärmeren, die im Allgemeinen meist *glücklicher* sind als die Reich(er)en, stets versuchen, reich zu werden, während die vergleichsweise Reichen, die nachweislich nicht *zufriedener*, ja meist *unglücklicher* sind, **all*ES*** dran legen, nicht arm zu werden. *Sie*(!?) wollen *Ihren*(!?) Reichtum sogar weiter ausbauen!(?)… Eigentlich absurd, ja geradezu verrückt, aber so ist ***ES*** nun mal und passt gut zu der Ansicht, dass Geld nicht *glücklich* macht, man aber besser mit dem Unglück fertig wird, wenn man reich ist! Letztlich muss *man* sich also entscheiden – und zwar zwischen dem, was *man* ***haben***, und dem, was *man* ***sein*** will! Wobei dieses grundsätzliche Dilemma auch die liebe Bibel schon vor einiger Zeit erkannt hat:

»Niemand kann zwei Herren dienen: entweder er wird den einen hassen und den andern lieben, oder er wird an dem einen hängen und den andern verachten. Ihr könnt nicht Gott dienen und dem Mammon.«

- Matthäus 6,24

Der »Mensch«, in seiner kindlichen Maßlosigkeit, will aber (stets) **alles** *haben*, sämtliche Möglichkeiten ausschöpfen und »besitzen«, ohne zu begreifen, dass *man* dadurch nie etwas »Ganzes« bekommt! Ich persönlich wehre mich jedoch gegen eine Auffassung, bei der *man* sich ganz und gar einer Seite verschreiben muss, um (»*glücklich*«) zu *sein*! Vielmehr geht es doch um ein **Gleichgewicht** zwischen dem, was nötig ist, um ein halbwegs gesichertes Leben zu führen, und dem Verzicht, der ebenfalls nötig ist, um dieses Leben auch genießen zu können! Denn was bringt uns ein Porsche, wenn man keine Zeit hat, diesen auch so zu fahren, wie man will, und was bringt einem eine tolle (Lebens)Einstellung, wenn man nichts (mehr) zu beißen hat!?...

Doch obwohl die **Grundbedürfnisse** hierzulande gedeckt sind, scheint sich die Waage derzeit dennoch erschreckend deutlich in Richtung Mammon und somit in Richtung der **materiellen** *Werte* zu neigen, weshalb wir uns in gleicher Weise von unserer – eventuell in der **Balance** zu findenden – *Zufriedenheit* entfernen!

Frage ich Sie, was Sie in Ihrem Leben erreichen wollen, was Sie sich wünschen würden, wenn Sie einen Wunsch frei hätten, dann kommen Ihnen mit an Sicherheit grenzender Wahrscheinlichkeit zuerst »Dinge« (aus dem **materiellen** Bereich) in den Sinn! Erst jetzt, wenn ich Sie darauf hinweise, denken Sie (vielleicht) an **Liebe**, **Gesundheit**, **Gerechtigkeit**, an **Wahrheit** und **Harmonie**! Als wären wir amerikanische Schönheitsprinzessinnen, wünschen wir uns pro forma den »(Welt)Frieden«, um gleichzeitig dem wohl griffigeren und realistischeren Geld und der vergänglichen, **äußerlichen** Schönheit nachzurennen. Dabei sind *»die besten Dinge im Leben nicht die, die man für Geld bekommt«*, wie Einstein treffend bemerkt hat!...

Letztendlich liegt es wohl in **unserer** Hand und nicht in der des Mammons, die **innere** (ewige) Schönheit zu verwirklichen! Als kleinen Anhaltspunkt, wie das möglicherweise klappen könnte, lesen wir wieder in der Bibel!

»Ihr sollt euch nicht Schätze sammeln auf Erden, wo sie die Motten und der Rost fressen und wo die Diebe einbrechen und stehlen. Sammelt euch aber Schätze im Himmel, wo sie weder Motten noch Rost fressen und wo die Diebe nicht einbrechen und stehlen. Denn wo dein Schatz ist, da ist auch dein Herz.«

- Matthäus 6, 19-21

Anatomisch gesehen kennen die meisten von uns so Pi mal Daumen die Lage ihres Herzens, welches auch gern mal in die Hose zu rutschen vermag. Aber sonst sieht es bei der Frage nach dem werten Befinden, welches *man* in diesem Fall weder durch Stethoskop noch Elektrokardiogramm (EKG) messen kann, eher mau aus! Und da heute kaum noch einer weiß, wie er sich eigentlich **wirklich** (an)fühlt, tendiert der Einzelne gern dazu, sich an der Gruppe zu orientieren! Er tut einfach das, was auch alle anderen (in (s)einer Herde) machen! Er hortet stetig (s)einen **materiellen** Gewinn, frisst mehr (Gras) als die anderen und als **gut** (für ihn) **ist**, um in stiller Erwartung mit diesem **äußeren** Reiz ins scheinbare Nirwana der »eigenen«, ewigen *Zufriedenheit* einzugehen!...

Die(se) »*Zufriedenheit*«, die *man* sich so sehr erhofft (hat), bleibt aber aus – denn je mehr *man* ***hat***, desto mehr Sorgen und Verantwortung bringt dieser Umstand notwendigerweise mit sich! *ES* macht denjenigen schrittweise zum selbstverschuldeten Sklaven (s)eines Besitzes und somit zum unfreien Untertan des schnöden Mammons! Dies lässt meiner Meinung nach allmählich und ganz zwangsläufig am Sinn des ganzen Unterfangens, sprich, am Sinn über alle Maßen Material zu horten, zweifeln! Denn wir geben dadurch die Verantwortung für unser **eigenes** Empfinden in die Hand des Geldes, welches wie ein Götze uns von nun an vorschreibt, was *man* wann und wie und wo zu tun und zu lassen hat, um (»*glücklich*«) zu *sein*! Was wir (im Inneren) **wirklich** fühlen, zählt nicht mehr, denn das Geld (auf dem Konto) spricht nach **außen** hin deutlichere Worte, als unser Herz es gemeinhin zu tun pflegt!

Oft fragen mich meine Patienten, warum ich mich nicht selbstständig machen will. Man könne doch so viel mehr Geld verdienen und wäre schließlich (s)ein eigener Herr!?...

Mal abgesehen davon, dass beides nicht stimmt, ist meine Antwort stets die gleiche: »Ich habe diesen Beruf gewählt, weil ich unter anderem so wenig wie möglich mit Zahlen, Bürokratie und (betriebswirtschaftlichen) »Dingen« zu tun haben wollte. Ich will mich mit **Menschen** und nicht mit Maschinen auseinandersetzen, mir nicht den Kopf darüber zerbrechen müssen, ob ich irgendwann aus den Schulden (wieder) heraus komme, oder wie ich die Praxis (noch) kostengünstiger bzw. betriebswirtschaftlicher gestalten kann! (M)Ein Angestelltendasein ermöglicht es mir dagegen (m)eine Arbeit (noch) so zu machen, wie **ich** will, und trotz allen **äußeren** Reglementierungen meine Patienten (noch) als das zu sehen, was *Sie*(!?) sind – nämlich **Menschen**, die (m)eine Hilfe benötigen!...

Sie(!?) sind keine anonymen Rezepte auf zwei Beinen, welche mir als reines *Mittel zum Zweck* (des Geldverdienens) dienlich sind, und allein aus diesem Grund (gut) behandelt werden (»müssen«)! Und dennoch, wenn nach Dienstschluss hinter mir die Tür ins Schloss fällt, ist für mich Feierabend, Schluss mit lustig, und ich hab Zeit für das, was **ich** sonst noch will (z.B. sinnlos mit dem Computer zu spielen, Filme zu glotzen, ein Buch zu schreiben, nachzudenken etc.)! Einer von vielen luxuriösen Vorteilen, die sich anhand der derzeitigen Situation nicht (je)der Praxisinhaber leisten kann – wenngleich er *quantitativ* sicherlich mehr Geld zur Verfügung hat!?... Es tut mir wirklich leid, aber **ich** will nun mal keine sechzig oder siebzig Stunden in der Woche arbeiten und irgendwann **all*ES*** und **jeden** (nur noch) nach Kosten und Nutzen bewerten bzw. behandeln (»müssen«)!...

Würde ich die Seite(n) wechseln, sähe ich mich hingegen einer betriebswirtschaftlichen Situation, ja einem (»Teufels«)Kreislauf ausgesetzt, dem ich mich (noch) nicht erwehren kann und der mich ganz zwangsläufig und allmählich zu dem machen würde, was ich nie (im **Leben**) sein will und hoffentlich auch nie sein werde.«… Die meisten (meiner) »**Patienten**« verstehen das!

Was hatte Gandalf nochmal zu Frodo gesagt, als dieser ihm den »Ring« (der Macht) überlassen wollte? »*Versuche mich nicht, Frodo! Ich wage es nicht, nicht einmal ihn zu verwahren. Verstehst du, Frodo, ich würde den Ring aus dem Wunsch heraus, Gutes zu tun, einsetzen. Aber durch mich würde er eine zu große und entsetzliche Macht besitzen.*« (1) …

Ich bin natürlich nicht Gandalf, gleichwohl ich mir der beeindruckenden und beeinflussenden Macht des »Ringes« durchaus bewusst bin! Die Macht des »Ringes«, das zwangsläufige Streben nach Profit würde mich zweifelsohne dazu zwingen, zu sparen, noch böser zu werden (als ich es ohnehin schon bin), um so Druck auf meine Angestellten auszuüben. Angestellte, die **eigentlich gleichwertige** Kollegen und vielleicht sogar Freunde sein sollten, werden durch die **Macht** (des »Geldes«) zu Konkurrenten, zum *Mittel zum Zweck*, welches, selbst wenn *man* es sorgsam behandelt, stetig versucht, einen **eigenen**, persönlichen, besitzorientierten Vorteil zu erreichen! Deshalb würden aus einer rein materielldarwinistischen Entwicklung heraus wahrscheinlich auch beide Seiten nach und nach versuchen, sich gegenseitig so »gut« *ES* geht über den Tisch zu ziehen!? *Man* wäre gefangen in einer »**Rationalitätenfalle**«, auf die ich an anderer Stelle noch zu sprechen komme!...

Mit *Zufriedenheit* und *Glück* und dem, was *man* **eigentlich** sucht, hat das dann auf **beiden** Seiten bald nichts mehr zu tun, sondern nur noch mit Götzendienst, welcher einem das verwehrt, was *man* einst aufgegeben hat und nun wieder so dringend bräuchte und un(ter)bewusst sucht! Ich verzichte gerne darauf und schlafe dafür lieber ruhiger als manch ein Chef, der sich vielleicht in Seidenbettwäsche kuschelt und ein größeres Auto fährt, dafür aber (s)eine Seele verkauft und stets die unendliche(n) Sorge(n) der Betriebswirtschaftlichkeit und Profitmaximierung im Genick und unter dem Kissen liegen hat! Ich fühle mich so, wie ich *bin*, besser als mancher Boss, der sich – wenn er ehrlich zu sich **selbst** ist – für das, was er tun muss und zwangsläufig geworden ist, **selbst** nicht leiden kann! Trotz der spastisch kommerziellen Grinse-Visage will beim (Spiegel)Bild im Innern keine (r)echte Freude aufkommen. Trotz kostspieliger(er) und besserer (Befriedigungs)Technik und *scheinbar* lebensverlängernden, luxuriösen Karosseriearbeiten sind die untoten »Menschen«, die im herkömmlichen Sinne Karriere »machen«, zwar *körperlich* existent, jedoch sehr viel älter, ausgebrannter und (von sich **selbst**) weiter entfernt, als *man* ihnen **äußerlich** vielleicht ansehen mag. Es sind Vampire, Zombies, Manageragenten einer Welt, die nicht die (m)eine ist!!!...

Doch die Frage, ob diese »Welt«, diese »Matrix«, das ist, was *man* **wirklich** will, muss und darf sich **jeder (selbst)** stellen und schließlich beantworten! Was mich betrifft, ich will *ES* nicht – denn ich weiß**:**

»Je mehr *man* ***hat***, desto mehr **hat** *ES* einen!«

Es ist klar: Wer kein (zu) Haus hat, muss nicht den Rasen mähen, die Dachrinne reinigen, die Heizung erneuern, das Garagentor reparieren, das Dach versiegeln (lassen), die Platten auf der Terrasse neu verlegen (lassen), das Bad renovieren (lassen) und den Rest des Lebens für die Tilgung der Schuld(en) vergeuden! Allerdings hat der, der in Miete wohnt, wenn's dumm läuft, vielleicht (auch) mal kein Dach mehr über dem Kopf!

Man kann *ES* also drehen und wenden, wie *man* (*ES*) will, doch sollte uns dabei und bei **allem**, was wir tun, ein Lichtlein aufgehen!...

»*Wer alles bloß des Geldes wegen tut, wird bald des Geldes wegen alles tun.*«
- unbekannt

Ein simpler Satz, der sehr gut erkennen lässt, dass »Menschen«, die sich vollständig Mammon verschrieben haben und dafür fälschlicherweise oft beneidet werden, gleichzeitig *Ihre*(!?) Seele, *Ihr*(!?) Leben, den Willen und *Ihre*(!?) (Mit)Menschlichkeit verkaufen! Mephisto, der »freundliche« Herr aus Goethes Faust, freut sich bestimmt über diesen (Spiel)Einsatz, soviel steht fest! Ob die Seelen sich allerdings auch freuen, wage ich zu bezweifeln…

Keine Angst, ich bin realistisch genug, um einzusehen, dass unsere Volkswirtschaft nie und nimmer ohne Geld auskommt. Um das zu erreichen, müssten wir unsere Wirtschaftsform in eine als *Naturalwirtschaft* oder *Subsistenzwirtschaft* bekannte Form ändern, in der entweder »*eine Verteilwirtschaft (in Stammeskulturen wird die Ernte gemeinschaftlich eingebracht und nach bestimmten Regeln an die Stammesmitglieder verteilt)*« (257) herrscht, oder *man* wieder zu einer weitgehenden Selbstversorgung, bei welcher kaum Handel und wenn dann nur Tauschhandel getrieben wird, zurückgeht. Da ich mich rein garten- und kochtechnisch nicht einmal annähernd selbst versorgen kann und ich außerdem meine bisherig angehäuften Luxusartikel nur zu lieb gewonnen habe, sollten wir davon aber besser Abstand nehmen! Wir brauchen nun mal »Geld« und »*wenn es kein Geld gäbe, müsste es erfunden werden*« schreibt Max Otte (Der Crash kommt, S. 127)! Doch obwohl das so ist und wir aus offensichtlichen Gründen nicht oder nur schlecht auf ein Zahlungsmittel verzichten können, sollten wir es nicht zur »Gottheit«, ja nicht zum »Götzen« über uns erheben und uns somit dummerweise **selbst** entmachten!...

Wir sollten vielmehr darüber nachdenken, wie wir den allgegenwärtigen Kapitalismus ausbauen, ihn (mit)menschlich modifizieren und unsere tierischen Bedürfnisse beherrschen und in sozialverträglichere Bahnen lenken können! Denn wenn dies nicht geschieht, könnte Silvio Gesells Prophezeiung unter Umständen wieder einmal eintreten. »*Bereits 1918, also kurze Zeit nach dem ersten Weltkrieg, als jeder über Frieden sprach und viele internationale Organisationen zur Friedenssicherung gegründet wurden, schrieb Gesell den folgenden Brief an den Herausgeber der "Zeitung am Mittag" in Berlin:*« (252)…

»Trotz dem heiligen Versprechen der Völker, den Krieg für alle Zeiten zu ächten, trotz dem Ruf der Millionen: 'Nie wieder Krieg', entgegen all den Hoffnungen auf eine schönere Zukunft muß ich es sagen: Wenn das heutige Geldsystem die Zinswirtschaft beibehalten wird, so wage ich, heute schon zu behaupten, daß es keine 25 Jahre dauern wird, bis wir vor einem neuen, noch furchtbareren Krieg stehen werden. Ich sehe die kommende Entwicklung klar vor mir. Der heutige Stand der Technik läßt die Wirtschaft rasch zu einer Höchstleistung steigern. Die Kapitalbildung wird trotz der großen Kriegsverluste rasch erfolgen und durch ein Überangebot den Zins drücken. Das Geld wird dann gehamstert werden. Der Wirtschaftsraum wird einschrumpfen und große Heere von Arbeitslosen werden auf der Straße stehen.... In den unzufriedenen Massen werden wilde, revolutionäre Strömungen wach werden, und auch die Giftpflanze Übernationalismus wird wieder wuchern. Kein Land wird das andere mehr verstehen, und das Ende kann nur wieder Krieg sein.« (252)

- Silvio Gesell

(Offener Brief an die Berliner Zeitung am Mittag, 1918)

»Krieg« muss doch wirklich nicht (schon wieder) sein, oder!? Also messen Sie der Kohle (Kohle wurde nach dem 2. Weltkrieg als Zahlungsmittel verwendet), den Moneten (von Moneta; vgl. engl. *money*), den Penunzen (über polnisch pieniądze von lat. Pecunia), dem Zaster (stammt aus dem Rotwelschen und leitet sich von dem Wort »saster« für Eisen ab.), den Stutzen (schweizerisch für Franken), der Asche, dem Bimbes, dem Cash (vom Englischen: »cash« = Bargeld), dem Draht, den Eiern, den Euronen, dem Fett, Flocken, Holz, Krachern, Kies (geht auf das jiddische Wort kis (= Geldbeutel) zurück), Keulen, Kikerlingen, Klötzen, Knaster, Knete, Knöpfe, Knüppel, Koks, Krazacken, Kröten, Mäusen, Mücken, Moos, Ocken, Öcken, Piepen, Pimperlingen, der Pinke und der Pinkepinke, den Pinunzen, Pulver, Schabangas, Schleifen, Schnee, Schotter, Sickel, Steinen, Tacken, Talern, Diridari, Peanuts (256) und all den falschen Fünfzigern dieser Welt doch einfach mal etwas weniger Bedeutung bei, als Sie es bisher tun! *ES* ist nur Geld und somit für unser (seelisches) Wohl nicht zwangsläufig entscheidend! Oder wie es der Gouvernator so schön sagt:

»Geld ist nicht so wichtig. Darum ist es mir völlig egal, ob ich 70 oder 50 Millionen Dollar besitze.«
- Arnold Schwarzenegger [207]

---

[207] Vgl. *Zitate und Sprichwörter.* (Edition XXL GmbH) Reichelsheim 2003, S.66. ISBN 3-89736-900-1

Faulheit – das (un)menschliche Wesen

»Wenn wir wollen, dass alles so bleibt, wie es ist,
dann müssen wir alles ändern!«
- Giuseppe Tomasi di Lampedusa

Wenden wir uns nun **Belphegor**, dem Dämon unserer Faulheit zu (vgl. S. 299)!

Sie meinen vielleicht, dass es eher unnötig, ja geradezu überflüssig ist, über unsere »Müßigkeit« nachzudenken!? Sie glauben vielleicht, dass es sinn- und nutzlos ist, sich anzustrengen, dass es unrentabel ist, sich Gedanken über etwas zu machen, das sich doch sowieso nicht (ver)ändern lässt!?…

Tja, für den Fall, dass sich wirklich nichts (ver)ändert und Sie absolut hilflos Ihrer Situation ausgeliefert sind, haben Sie wahrscheinlich sogar Recht. Doch zum Glück ist es nicht so, denn wie Sie bereits wissen, leben wir in einem **dynamischen** »*System*«! *ES* ist dauernden Veränderungen ausgesetzt, und nur weil **Sie** vielleicht gelernt haben, hilflos zu sein, bedeutet das nicht, dass Sie durch Ihr falsch erlerntes Verhalten wirklich absolut nichts am (all)gemeinen Zustand verändern (könn(t)en)! Ob Sie nun etwas ***aktiv*** tun oder nur ***passiv*** hinnehmen, ändert übrigens nichts an der Tatsache, dass auch dies zu einer generellen, systemischen Veränderung führt! Nur ein Beispiel:

Wenn Sie bei einem (Verkehrs)Unfall keine Hilfe leisten, nur weil Sie vielleicht meinen, absolut nichts ausrichten zu können, dann verändern Sie sich und das »*System*« – und zwar zum Schlechten! Unter Umständen kommt durch Ihre ***Passivität*** nämlich jemand ernsthaft zu Schaden. Die Wahrscheinlichkeit, dass das passiert, ist sicherlich größer als der Schaden, den Sie durch die eine etwaige falsche Hilfeleistung hätten anrichten können, was Ihre diesbezügliche **Angst** absolut in Frage stellen sollte! Außerdem werden Sie im Nachhinein – bewusst oder un(ter)bewusst – mit größeren oder kleineren Gewissensbissen zu kämpfen haben, denn: »Wer weiß, vielleicht hätten **Sie** ja doch etwas tun können?«

Wie es scheint, fahren trotzdem mehr Menschen gaffend an einem Inferno vorbei und schauen hin und weg, wenn etwas auf dieser Welt augenscheinlich falsch läuft! Anstatt anderen und sich selbst zu helfen, tun wir lieber nichts und es ist häufig nur die (größere) **Angst** vor Strafe und nicht die Einsicht der Notwendigkeit, nicht die ethisch-moralische Pflicht und auch nicht die Vernunft oder gar die Überzeugung, das zu tun, was **gut** (für uns) **ist**, welche uns dann doch noch aus unserer lähmenden und – in dem Fall – geringeren **Angst** (***Passivität***) befreit und im (mit)menschlichen Sinne stark und ***aktiv*** werden lässt!...

»Wer bei Unglücksfällen oder gemeiner Gefahr oder Not nicht Hilfe leistet, obwohl dies erforderlich und ihm den Umständen nach zuzumuten, insbesondere ohne erhebliche eigene Gefahr und ohne Verletzung anderer wichtiger Pflichten möglich ist, wird mit Freiheitsstrafe bis zu einem Jahr oder Geldstrafe bestraft«,

heißt es im Paragraph 323c des *Strafgesetzbuches* und unterstreicht so die eigentliche Selbstverständlichkeit, dass in Not geratenen Menschen geholfen werden **muss**! (258) Was glauben Sie ist es, das uns häufig dennoch davon abhält selbst(verständlich) zu handeln, zu denken und zu fühlen? Was hält uns davon ab, das zu tun, was im Grunde getan werden **muss**? Was hemmt unsere Entwicklung und lässt uns ruhig dabei zuschauen, während andere verrecken? Ist es neben der **Angst** etwas zu verlieren oder (*objektiv*) falsch zu machen, wirklich die **Faulheit**, also die **Bequemlichkeit**, die in unserem ökonomischen Verhalten verankert ist und uns davon abhält, aus uns heraus zu gehen und etwas (Gutes) zu tun?

Sie sehen schon, wenn **ich** von »**Faulheit**« spreche, dann ist es nicht die Faulheit, so wie **Sie** sie vielleicht kennen! Dann ist es nicht nur die *körperliche* Faulheit, sondern auch die *geistige* und *seelische* bzw. *emotionale* »**Arbeitsscheu**«!

Folglich ist Faulheit nicht nur das, was uns von der *körperlichen* Anstrengung abhält, sondern eher mit dem zu vergleichen, was uns jeden Tag aufs Neue »Dinge« tun lässt, die eigentlich – sieht man mal vom geldwerten Vorteil ab – keinen **wirklichen** Sinn für uns ergeben! *ES* ist das, was (uns) **gut tut**, aber nicht **gut** (für uns) **ist**; was uns die »Dinge«, die *man* uns so schmackhaft und leicht verdaulich präsentiert, einfach gedankenlos konsumieren lässt! *ES* ist das, was uns zwar technische »Dinge« erfinden, aber von Erschaffern zu Anwendern werden lässt; was uns benutzen, nicht begreifen, uns verbrauchen, aber nicht bewahren lässt! *ES* ist das, was uns davon abhält, einen (entscheidenden) Schritt weiter zu gehen, das, was uns davon abhält nachzudenken, was uns ***passiv***, ignorant, egoistisch, schwach, stumpf und in derselben Weise leider auch dumm werden lässt! »**Faulheit**« ist das, was uns nicht (er)wachen, sondern schlafen, nicht (er)wachsen, sondern Kind bleiben lässt! *ES* ist das, warum wir an unserer »*R*e**A**li*t*ä**T**« festhalten, sie und alles andere (ge)brauchen und schließlich an die Irreführung glauben!

»Faulheit ist das (un)menschliche Wesen!«

Und warum? Weil *ES* schneller, bequemer, einfacher und, zum »Teufel« noch mal, viel verführerischer ist!

Es ist (mir) unmöglich auf alle Aspekte der Faulheit gleichermaßen einzugehen. Soweit nur soviel: Faulheit, insbesondere die – im (*mit*)*menschlichen* Sinn – unökonomische Form, ist die **wesentliche** »Charakterschwäche« des Menschen und wird auch heute noch als die sog. »**Trägheit des Herzens**« bei den *Sieben Todsünden* angeführt. Sie »*kann nach katholischer Lehre dazu führen, dass man tatenlos bleibt und dem Bedürftigen, Schwachen oder Kranken nicht hilft, selbst wenn man es könnte.*« (259)…

Frage:

Wann haben Sie denn das letzte Mal einem Bedürftigen, Schwachen oder Kranken geholfen oder sich **freiwillig** – für einen **anderen** und insbesondere auf **eigene** Kosten – richtig ins Zeug gelegt? Heute, gestern, vor einer Woche?...

Wenn man ehrlich ist, dann passiert es leider relativ selten, nicht wahr? Doch wir tun es. Wir helfen einander öfter als wir – im wahrsten Sinne des Wortes – »denken«! Na ja, jedenfalls helfen wir (fast) jeden Tag, indem wir beispielsweise einem »Bedürftigen« eine Zigarette anbieten, einem »Schwachen« etwas erklären oder einem »Kranken« unser Ohr samt Taschentuch leihen. Man(n) mag's kaum glauben, aber ich hab schon erlebt, wie jemand bremst und Vorfahrt gewährt (wo er es eigentlich gar nicht müsste), (Mit)Gefühl zeigt und zugunsten **anderer freiwillig** – auf (s)ein Stück vom Kuchen – verzichtet! Dass einem – von sich aus – die Tür aufgehalten und freundlich gegrüßt wird, konnte ich bisweilen auch schon beobachten!... Ich könnte gerade so weiter machen, aber ich denke, Sie wissen, worauf ich hinaus will: Bewusst oder un(ter)bewusst – *ES* sei jetzt mal dahingestellt – helfen wir einander, sind ***aktiv*** und ***lebendig*** und selbst wenn das, was *man* auch gut mit »Achtsamkeit« und »Manieren« beschreiben könnte, im täglichen Tumult leicht übersehen wird und unterzugehen scheint, zeigt es doch, dass wir uns **gerne** gegenseitig unterstützen und selbst für diejenigen in unserer Gesellschaft etwas (Energie) aufbringen, die wir eigentlich gar nicht kennen. »Chapeau – Hut ab!«

Nicht ganz uninteressant dürfte es hierbei sein, dass laut meinem Textprogramm als Synonyme für »*helfen*« folgende Worte in Frage kommen: *zusammentun, verbünden, verbinden, zusammenarbeiten, sich verbrüdern, einen Bund schließen*! Dies alles sind Verben, also »**Tun**-Wörter«, welche eine ***Aktivität*** beschreiben, nichts mit ***passiver*** Untätigkeit gemein haben und absolut unabdingbar sind, wenn es darum geht, eine Einheit zu bilden! Wenn wir es also schaffen (wollen), zusammenzustehen, eine Gesamtheit zu bilden – es schaffen (wollen), uns einig zu werden, dürfen wir nicht ***passiv***, nicht »faul« sein – denn dies würde bedeuten unbeteiligt, widerstandslos und unwirksam zu sein! Es würde bedeuten, sich (s)einem Schicksal (dem »*System*«) zu ergeben!...

Sie sind aber **nicht** unbeteiligt oder starr, auch wenn Sie es gerne wären! Sie gehören nun mal (zum »*Spiel*«) dazu, sind Teil eines großen **dynamischen** »*Ganzen*« und müssen sich alleine deshalb schon bewegen! Bedenken Sie: (Menschliche) Wärme und Leben entsteht nur durch **Bewegung**! Um zu (über)leben und die dafür notwendige Wärme zu erzeugen müssen Sie sich gegenseitig helfen, sich mitunter aneinander »reiben« und schließlich auch helfen lassen – und zwar ganz so, wie es sich der junge Trevor im Film *Das Glückprinzip* (Originaltitel: *Pay It Forward*) vorgestellt hat:...

»Pay It Forward ist ein vielschichtiges Marketing-Projekt des Herzens. Im Rahmen einer Schularbeit in der siebten Klasse, in der die Schüler eine Idee in

die Tat umsetzen sollen, die die Welt verändern könnte, denkt sich der junge Trevor McKinney (Haley Joel Osment) einen ungewöhnlichen Plan aus: Drei hilfsbedürftigen Menschen soll mit guten Taten geholfen werden, die dann im Gegenzug jeweils drei weiteren hilfebedürftigen Menschen einen guten Dienst erweisen sollen. Diese neun Menschen müssen dann ebenfalls die ihnen zuteil gewordene Nächstenliebe mit jeweils drei guten Taten "bezahlen", und so weiter, ad infinitum. Sollte der Plan funktionieren, dürfte irgendwann das daraus entstehende Netz von guten Samaritern den gesamten Globus umspannen.« (260)

Wieder nur Werbung für irgend so einen blöden Film, wird sich manch einer jetzt denken. Sicher hat er Recht, denkt *man* aber ungezwungen darüber nach, dann wäre es zumindest theoretisch möglich, nach diesem impulserhaltenden »Glücks-***Prinzip***[208]« die Welt zu verbessern!

Wir sind alle Quanten eines »*Systems*« – Kugeln eines Kugelstoßpendels, wenn man so will!...

Als »Kugel« geben wir Impulse (die schlecht(er)en meist un(ter)bewusst) an die nächste(n) weiter. Demnach ist nichts in dieser Welt umsonst und so muss auch jeder Gefallen, ja sogar das Glück auf der Welt sein zu dürfen, auf irgendeine Art weitergegeben, »weiterverkauft« und an den Mann oder die Frau gebracht werden!

Während »faule« Quanten wie ein Schwamm gerne Impulse in sich aufnehmen und sie nur unter (äußerem) Druck wieder hergeben, haben »***aktive***« Quanten begriffen, dass das Leben *an sich* kein bloßes Almosen ist, das keinerlei Gegenleistung verlangt. Um das Rad weiter am Laufen zu halten, die **Balance** zu wahren und lebendig zu bleiben, muss *man* ***aktiv*** etwas tun! *Man* muss mit anderen (Menschen) zusammenarbeiten, etwas von dem Glück, dass *man* erfahren hat zurück- und weitergeben! Natürlich schuldet der »Beschenkte« nicht zwangsläu-

[208] *»Der Impulserhaltungssatz ist einer der wichtigsten Erhaltungssätze der Physik und besagt, dass in einem abgeschlossenen System der Gesamtimpuls konstant bleibt. "Abgeschlossenes System" bedeutet in diesem Zusammenhang, dass keine Kräfte von außen wirken.[...] Die Impulserhaltung gilt sowohl in der klassischen Physik (bzw. klassischen Mechanik) wie auch in der Relativitätstheorie und der Quantenphysik.«* (428)

fig seinem »Wohltäter« diesen Gefallen, denn dadurch käme es wohl zu einer Form der zinsbringenden Abhängigkeit wie *man* sie von der Mafia oder dem Bankgewerbe her kennt! (Sie wissen schon, der Pate: »*Irgendwann, möglicherweise aber auch nie, werde ich dich bitten, mir eine kleine Gefälligkeit zu erweisen!*« (Der Pate, USA 1972))

Im größeren Rahmen be(tr)achtet, hieße die Weitergabe eines Gefallens bzw. Geschenks, dass *man* dem »*System*« auf andere oder ähnliche Weise entgegen kommt! Ein Beispiel: Bekomme ich für (m)eine Leistung ein Lob oder (Trink)Geld, dann ist es eigentlich selbstverständlich, dass ich jemand anderem dafür in gleichem Maße Ähnliches zukommen lasse (z.B. der Bedienung im Restaurant). Doch dies ist nicht selbstverständlich, leider, denn heute scheint es selbstverständlich geworden zu sein, gewisse »Leistungen« entgegenzunehmen, ohne selbst dafür etwas herzugeben! Wir sind es gewohnt, dass (etwas) für uns »getan« wird, und ich spreche jetzt nicht von Arbeitslosen, falls Sie das vielleicht meinen! Ich spreche von **uns allen**, die wir doch viel lieber nehmen als geben und dabei völlig vergessen, was *man* in der (Kinder)Kirche eigentlich gelernt hat: »*Geben ist seliger denn nehmen*«! (Apostelgeschichte 20, 35 Neuen Testament – Paulus zitiert Jesus)

Wie gesagt, ich persönlich wäre ja schon damit zufrieden, wenn man wenigstens das, was man bekommt bzw. bekommen hat, in gleicher oder ähnlicher Weise weitergeben würde! Es wäre schön, wenn ein (geschenktes) Lächeln erwidert und weiterverschenkt wird, wenn man Vorfahrt gewährt, weil sie einem selbst schon einmal gewährt wurde und man l(i)eben lässt, weil man selbst l(i)ebt!...

Sie haben Recht, im Großen und Ganzen ist das so, zum Glück, aber noch immer gibt es »Menschen«, die selbst so kleine »Dinge« wie ein Lächeln (eines Fremden) nicht erwidern, die Rücksicht anderer ausnutzen, sich eher lieben lassen, als **selbst** zu lieben und im schlimmsten Fall das Gefühl haben, nie (selbst) gelebt zu haben oder (**wirklich**) geliebt worden zu sein. Und diese »Menschen«, die **all*ES*** in sich aufsaugen und dann ihre Poren verschließen, werden meinem Gefühl nach immer mehr! Fehlt *ES* aber am Verständnis für diese kleinen »Dinge« (das tägliche Geben und Nehmen), scheinen die großen in kaum erreichbare Ferne zu schwinden!... Dabei funktioniert ein ernst gemeintes Lächeln, welches nichts mit dem – von windigen Verkäufern gern genutzten – kommerziellen »Zähneaufeinanderbeißen« zu tun hat, tadellos und zum **eigenen** Vorteil! Probieren Sie es einfach mal aus, denn auch wenn Sie eigentlich nichts zu lachen *haben* und vielleicht keiner da ist, dem Sie was schenken können, wird **Ihr** Lächeln mit der Zeit das **eigene** Gefühl verändern! Sie werden *glücklich(er) sein* – versprochen! Mittlerweile weiß *man* nämlich, dass wir unsere eigene Mimik verinnerlichen, das heißt, dass nicht nur unsere Gefühle unseren Gesichtsausdruck, sondern auch unser Gesichtsausdruck unser (Gefühls)Leben verändern kann! Die gesamte Körpersprache ist Ausdruck unserer Gefühle und kann reversibel genutzt werden: Hängende Schultern, Mundwinkel und ein gesenkter Blick drücken Sie weiter nieder, wohingegen der aufrechte Gang (des Homo sapiens[209]) und ein Blick über den (eigenen) Horizont hinaus einen selbstbewusst(er)en Eindruck vermitteln und zum Dank ein positiv(er)es Selbstwertgefühl hinterlassen! Depressive Menschen verfügen dagegen kaum über Gestik und Mimik – *Sie*(!?) »sparen« sich das!

Fazit: Lächeln wir das Leben und unsere Mitmenschen an, werden ***aktiv*** und »investieren« etwas von uns **selbst**, so lächelt die Welt zurück! Begegnen wir unseren Mitmenschen dagegen recht mürrisch, trotzig, ***passiv*** und sparsam, so wird auch die Resonanz nur unterkühlt sein. Das »***Prinzip***« von *Actio(n)* und *Reactio(n)* ist also auch hier ersichtlich und darf nicht vergessen werden!

Ursprünglich bezeichnet der Begriff »**Faulheit**« übrigens *»den Zustand schlecht gewordenen Obstes und anderer Pflanzen, auch verwesender Tiere (Kadaver), im Sinne von Fäulnis (von faul)«*, sagt *Wiki*. (259)... Es kann sich **jeder** (selbst) einen Reim darauf machen, ob diese Art der »**Faulheit**«, diese Art »**Fäulnis**« auch auf uns »Menschen« und unseren, vielleicht *»schlecht gewordenen«* (inneren) Zustand zutrifft! Unbestritten ist jedoch, dass der **Mensch** »Ruhe« braucht, um sich zu erholen! Wenn Sie mich (er)kennen würden, wüssten Sie, dass ich der letzte bin, der Ihnen **diese** »Erholung« absprechen möchte. Sie soll(t)en nicht bis zum Umfallen malochen und sich nichts gönnen, nur um ja nicht »faul« zu sein und auf dumme Gedanken zu kommen. Das ist in meinen Augen ausgemachter Blödsinn und hat nichts mit »**Ausgewogenheit**« zu tun!...

Allerdings warnten die Erfinder der *Sieben Hauptlaster »schon früh vor den Folgen der Faulheit: Träge Menschen seien besonders gefährdet, melancholisch und schwermütig zu werden – sie neigen zur ›Depression‹, wie wir heute sagen würden.[...] Interessant ist, dass die Faulheit im Christentum seit alters her zu den sieben Hauptlastern gehört: Acedia – so nannte man das betreffende Laster. Unter Acedia verstand man zugleich Trägheit des Herzens, Trübung des Willens, Verfinsterung des Gemüts und Verlust der Tatkraft«* (259)...

Ich weiß nicht, aber vielleicht haben Sie es ja selbst mal erlebt, dass Sie, sobald Sie eine gewisse Zeit nichts zu tun hatten, im kommerziellen Sinn also so richtig »faul« – ja geradezu »nutzlos« waren und sich regelrecht langweilten, plötzlich ***aktiv*** wurden!? Wie von selbst haben Sie nachgedacht und diese Gedanken waren nicht derartig, dass Sie sich überlegt haben, was man nun als nächstes tun soll, welchen Teil der »Hab-ich-noch-zu-tun Liste« man jetzt abhaken muss und

---

[209]»***Ho|mo sa|pi|ens*** *der; - - <lat.; ›vernunftbegabter Mensch‹>: wissenschaftl. Bez. des heutigen Menschen.*«

wo einen die größte *Befriedigung* erwartet. Ganz im Gegenteil: Sie kamen zur »Ruhe«, sahen plötzlich die »Dinge« annähernd so wie *Sie*(!?) sind, erkannten Ihre Unzufriedenheit, erkannten die Unmöglichkeit, sämtliche *Befriedigung* dieser Welt wahrnehmen zu können und begriffen, dass Ihr Leben eigentlich leer und unter Umständen das von jemandem (ganz) anderem ist. Sie wurden traurig und auf seltsame Weise wieder unruhig, denn Ihr Leben wirkt in solchen Momenten einsam, sinnlos, trostlos!... »Ist das das Leben?«, fragen Sie sich (dann)! »Bin ich das? Lohnt es sich, dafür arbeiten zu gehen, sich zu verbiegen und den Arsch aufreißen zu lassen? Ist das Geld und die damit verbundene ›*Befriedigung*‹ denn Ausgleich genug? Und warum habe ich jetzt, wo ich doch die Zeit (und das Geld) *habe*, keine Lust mehr, mich befriedigen zu lassen? Verpasse ich mich selbst und (m)ein Leben?«

Es scheint so, als könne der »modern(d)e« Mensch mit allzu viel freier Zeit nichts anfangen, als käme er tatsächlich auf »dumme« Gedanken, wenn er sich zu lange mit sich **selbst** und (s)einem Innersten beschäftigt. Kein Wunder, er hat nie gelernt, damit umzugehen! Sich wahrlich (mit sich) **selbst** zu beschäftigen und gegebenenfalls sogar konstruktiv (mit sich) **selbst** auseinanderzusetzen wurde nie (**wirklich**) von uns verlangt! Im Gegenteil: Immer soll(t)en wir etwas tun, uns unterhalten **lassen** – was erleben! Und so wundert es kaum, dass wir, sobald wir heutzutage nichts tun, nichts erleben und uns nicht unterhalten **lassen**, ein schlechtes (***autoritäres***) **Gewissen** haben (vgl. Fußnote S. 33). Denn offensichtlich machen wir absolut nichts von dem, was *man* von uns in so einer Situation eigentlich erwarten würde! Wir amüsieren[210] uns nicht, wie wir es soll(t)en, geben kein Geld aus oder (ver)brauchen etwas, um uns zu *befriedigen*!...

Während unser Leben nach **kommerziellen** Maßstäben also sinnlos verstreicht, machen wir **nichts**: wir (ge- und ver)brauchen **nichts** und **niemanden**, außer uns **selbst**! Eigentlich wollte bzw. sollte *man* sich doch jetzt belohnen, wollte in dem kurzen Leben doch noch so viel erleben, so viel sehen, spüren und in sich (**selbst**) aufnehmen. Und jetzt, da die Zeit vorhanden und gekommen ist, sich für all die Anstrengungen und Entbehrungen des Alltages den wohlverdienten Lohn abzugreifen, haben wir – wenn wir ehrlich sind – oft gar keine Kraft und auch keine Lust mehr dazu (…, noch eine weitere *Befriedigung* zu erfahren)!

Stattdessen strengen wir uns an, wir denken nach – und zwar richtig! Das erschreckt uns, denn auch wenn wir uns ablenken, uns sämtlichen **kommerziellen** Reizen des Hedonismus hingeben, merken wir doch immer mehr, dass wir

---

[210] »***amü|sie|ren*** *<vulgärlat.-fr.>:*
1. *jmdn. angenehm unterhalten; jmdn. erheitern, belustigen.*
2. *sich amüsieren:*
a) *sich vergnügen, sich angenehm die Zeit vertreiben, seinen Spaß haben;*
b) *sich über jmdn. od. etwas lustig machen.*«

eigentlich ausgebrannt und (gem)einsam und alleine in und mit unserer »Sucht« sind! Wir bemerken, dass wir auf **kommerzielle** Weise nur für kurze Zeit auftanken können und all unser bisheriges Handeln für uns **selbst** – wenn man genau darüber nachdenkt und ehrlich ist – doch keinen wirklichen, dauerhaften Sinn ergibt!

Eigentlich müssten wir (jetzt) ruhen, zu uns finden, uns erholen. Doch wir tun es nicht! Wir »**müssen**« uns *Befriedigung* verschaffen, »**müssen**« im ständig wachsenden Tempo vor uns her- und davonlaufen, um so die wahre(re) Welt ertragen zu können!!! Zu Fuß, auf Inline-Skates, mit dem (Motor)Rad, dem Auto, dem Computer oder der Bierflasche gehen wir uns immer wieder aufs Neue *körperlich, geistig* und *seelisch* (**selbst**) aus dem Weg! Anstatt Zeit und Augenblicke der Muße, schöpferische Momente des »*Hier & Jetzt*« zu genießen, gehen wir immer ausgefalleneren Freizeitaktivitäten nach, ja klagen mittlerweile sogar schon über »Freizeitstress«, welcher indirekt und un(ter)bewusst von **kommerziellen** (Fremd)Interessen und nicht von uns **selbst** bestimmt wird!

»*Müßiggang ist aller Laster Anfang*«, heißt es im Sprichwort und dieser »*geht z.B. mit geistigen Genüssen oder leichten vergnüglichen Tätigkeiten einher.*« (261) Mit anderen Worten ist es der **Hedonismus**, das pure Streben nach Sinneslust und Genuss, welchem wir uns in unserer Freizeit hingeben und vor dem uns mancher alte **Mensch** schon seit langem warnen will!...

Todsünden sind keine Sünden, sondern Charaktereigenschaften des »Menschen«, die ihrerseits zu Sünden und ihren negativen Auswirkungen führen können! War es das, wovor uns die kirchliche Lehre **ursprünglich** einmal warnen wollte, bevor sie die Sünde zum **eigenen**, (betriebs)wirtschaftlichen Zwecke benutzt hat, um so den damaligen **Menschen**, Bauern und Handwerker nicht auf falsche Gedanken kommen zu lassen? War es also die kirchliche Gewalt, die die **Menschen** davon abhalten sollte, nachzudenken und aufzubegehren? Hält uns die kommerziell durchstrukturierte und auf Profit orientierte Befriedigungsmaschinerie der globalen »Religion« ähnlich dumm? Ich meine ja, denn solange wir **alles** bekommen, was wir uns (zu) wünschen (haben), uns stets aufs Neue befriedigen (können) und dadurch imstande sind, die »Realität« – so wie jeder andere Abhängige es auch macht – einfach auszublenden, ist (**all)*ES*** in bester Ordnung! Doch ist *ES* das wirklich?

Damit Sie mich nicht falsch verstehen, möchte ich an dieser Stelle noch eines betonen: Ich finde es gut und durchaus auch notwendig, wenn wir uns einen Ausgleich schaffen, uns belohnen und (uns) etwas Gutes tun! Jedoch darf *ES* nicht zum »Muss«, nicht zur Obsession eines Alkoholikers werden, der sich in diesem Sinne nur von einem Wochenende zum nächsten, von Urlaub zu Urlaub, von Partner zu Partner und von einem Sinneslust-Event zum anderen schleppt, den Reiz stetig steigert und dort, in dieser Steigerung, (s)ein **eigentliches** Leben lebt! Denn die *Befriedigung* eines Abhängigen ist nichts Endliches, nichts, was mit *Zufriedenheit*, mit *Liebe* und dem *Leben* zu tun hat! Im Gegenteil, *ES* ist purer **Stress**!

Wäre *ES* da nicht besser, erst gar nicht so gestresst zu *werden* bzw. zu *sein* und auf solche übertriebenen *Befriedigungen* ebenso gut verzichten zu können? Wäre *ES* nicht schön(er) nicht ständig das Gefühl zu *haben*, *E*(twa)*S* zu verpassen und deshalb auch kein schlechtes Gefühl *haben* zu müssen?

Auch wenn Sie *ES* vielleicht nicht verstehen können oder wollen, aber Leben bedeutet auch **Arbeit**, bedeutet sinnvoll, kreativ und selbstmotivierend tätig zu sein und nicht einfach nur etwas zu machen, weil es jemand von einem verlangt!

Die meisten von uns haben aber schmerzlich gelernt, Beruf und Privatleben klar zu trennen! *Sie*(!?) leben zwei Leben, machen *Ihre*(!?) Arbeit nicht weil sie zu *Ihnen*(!?) passt, sondern hauptsächlich, um Geld zu verdienen, welches dann als Tauschmittel benutzt wird, um sich zum Ausgleich wieder Drogen und *Befriedigung* zu erkaufen! Wir prostituieren uns, machen »Dinge«, die nicht richtig, nicht toll und auch nicht **gut** (für uns) **sind**! Und alles nur, um immer wieder einen kurzen Blick in den Himmel zu ergattern! Tür auf, Tür zu, Tür auf, Tür zu – na bravo!(?)

Diejenigen von uns, die ihre Arbeit aber noch gerne machen, die nicht nur das Geld, nicht nur den Sinn im »Produkt«, sondern auch in der Tätigkeit *an sich* sehen und deshalb auch ihren Unmut äußern, wenn alles zunehmend an (mit)menschlicher *Qualität* und **eigentlichem** Sinn verliert, technisiert, rationalisiert und **insgesamt** entmenschlicht wird, werden aufgrund dessen und eines offensichtlichen (***autonomen***) **Gewissens** (vgl. Fußnote S. 33) unterdrückt, ausgenutzt, ausgesaugt und irgendwann so weit gebracht, dass sie in dieselbe Abhängigkeit gelangen wie alle anderen (Schafe) auch! Und wenn es dann tatsächlich einmal so weit ist, dann sind auch die letzten »Überlebenden« zu **faul** und zu **träge** (im Herzen) geworden, um (gegebenenfalls aus sich selbst) auszubrechen und wachzurütteln!

Beim Thema *Trägheit* fällt mir spontan wieder *Newtons I. Axiom* ein, welches besagt, dass Körper aufgrund ihrer Trägheit in ihrem (Bewegungs)Zustand verharren, solange keine äußere Kraft auf sie einwirkt (vgl. S. 65/66ff)!...

Übertragen bedeutet dies, dass sich Ihre Situation, der Zustand am Arbeitsplatz, (in) der Familie oder die globale kapitalistische Evolution samt der psychischen Einstellung ganzer Völker solange in eine durchaus absehbare Richtung weiterentwickelt, wie ihr keine verändernde Kraft entgegengesetzt wird! »Faule« Menschen wenden keine Kraft auf, um ***aktiv*** etwas zu ändern, das wissen Sie! Doch sei hier nochmals Folgendes gesagt: Selbst wenn Sie **äußere** Gegebenheiten tatsächlich nicht verändern können und gelernt haben, hilflos wie eine Maus im Experiment zu sein, bedeutet das nicht, dass Sie sich durch eine ***passive*** Haltung **innerlich** nicht weiter verändern! Auch **Sie** werden unter gewissen Umständen und Einflüssen vielleicht zu einer mechanischen »Depri-Maus« werden,

werden bedenkenlos(er) zuschauen, unmenschlich(er) in Ihren Taten und egoistisch(er) in Ihren Ansichten! Wäre es da nicht besser, solange es noch geht, E(twa)S zu ändern?

Jemand hat einmal gesagt:

»Wenn du die Situation nicht ändern kannst, dann ändere deine Einstellung!«

Das ist sicherlich richtig, und ich werde gegen Ende des Buches noch einmal auf diesen bedeutend(st)en Spruch zurückkommen, denn es ist an der Zeit, den Spieß umzudrehen, *Ursache* und *Wirkung* zu vertauschen und daher **nicht die *Situation* unsere *Einstellung*, sondern unsere *Einstellung* die *Situation* verändern zu lassen!** Und das möglichst noch **bevor** die seelische Depression wie eine Seuche weiter um sich greift und **alles** verschlingt!

Kurz gesagt, wir müssen etwas tun, wenn wir uns nicht irgendwann in einer Lage befinden wollen, in der sich die Arbeiter bereits zur Zeit der Industrialisierung befanden, das (zwischenmenschliche) Klima uns nach und nach die Luft abschnürt und wir auch sonst keinen Weg mehr aus dem Dunkel heraus finden! Deshalb ist es wichtig, über die *Ursachen*, *Sinn* und *Zweck* sowie die *Wirkungen* einer mehr oder weniger »faulen« Einstellung (der Gesellschaft) nachzudenken!

Ich kann Sie beruhigen, denn wenn Sie es bis hierher geschafft haben, dieses »leichte« Buch zu lesen, sind **Sie** alles andere als »faul«! Um dieses »simple« Buch zu lesen und zu verstehen, kann und darf *man* nicht »*schlecht*« sein!...

Die meisten Menschen haben meiner Erfahrung nach allerdings keinen Bock darauf, sich »**freiwillig**« Gedanken über sich **selbst**, »Gott« oder sonst irgendjemanden zu machen! Sie sind zu **faul**, um über Zusammenhänge nachzudenken und möchten beim Versuch, hinter sich (**selbst**) oder etwas zu blicken, nicht ihre **eigene** Energie versch(w)enden!...

Ich spreche hier von ***aktiver*** Reflexion[211] und *man* kann's *Ihnen*(!?) kaum verdenken, sich nicht im Spiegel (der Wahrheit) zu be(t)rachten! Zu heftig ist möglicherweise das, was wir dort sehen!? *ES* stellt uns **selbst** und **alles**, was wir bisher gewohnt waren, haben und meinen, besitzen zu müssen, in Frage! *ES* ist eine Perspektive, die uns unter Umständen nicht unbedingt in einem guten Licht erscheinen lässt, uns jedoch so beleuchtet, wie wir vielleicht auch und wirklich(er) sind und sein könn(t)en, wenn wir woll(t)en!...

---

[211] »***Re|fle|xi|on*** *die; -, -en <lat.(fr.)>:*
1. *das Zurückwerfen von Licht, elektromagnetischen Wellen, Schallwellen, Gaswellen und Verdichtungsstößen an Körperoberflächen.*
2. *das Nachdenken; Überlegung, Betrachtung, vergleichendes u. prüfendes Denken; Vertiefung in einen Gedankengang.*«

Dass diese Sicht ganz bestimmt nicht die einfachste und bequemste Art der Wahrnehmung darstellt, können Sie sich bestimmt denken. Vielleicht ist alleine das ja der Grund dafür, dass wir uns vor manchem verschließen und nur sehen, was wir sehen wollen!? Oder ist es mal wieder das, was wir sehen sollen?...

»Du fühlst dich im Moment sicher wie Alice im Wunderland, während sie in den Kaninchenbau stürzt, hm?«

»Ja, so ähnlich.«

»Ich kann es in deinen Augen lesen«, sagt Morpheus zu Neo, als er sich ihm nähert. *»Du siehst aus wie ein Mensch, der das, was er sieht, hinnimmt, weil er damit rechnet, dass er wieder aufwacht. Ironischerweise ist das nah an der Wahrheit. Glaubst du an das Schicksal, Neo?«*

»Nein.«

»Warum nicht?«

»Mir missfällt der Gedanke, mein Leben nicht unter Kontrolle zu haben.«

»Ich weiß ganz genau, was du meinst«, erwidert Morpheus wissend und nimmt in dem großen Ohrensessel gegenüber Neo Platz. *»Ich will dir sagen, wieso du hier bist. Du bist hier, weil du etwas weißt. Etwas, das du nicht erklären kannst. Aber du fühlst es. Du fühlst es schon dein ganzes Leben lang, dass mit der Welt etwas nicht stimmt. Du weißt nicht, was, aber es ist da. Wie ein Splitter in deinem Kopf, der dich verrückt macht. Dieses Gefühl hat dich zu mir geführt. Weißt du, von was ich spreche?«*

»Von der Matrix?«, antwortet Neo vorsichtig.

»Möchtest du wissen, was.. genau ... sie.... ist?« Neo nickt.

»Die Matrix ist allgegenwärtig. Sie umgibt uns. Selbst hier ist sie, in diesem Zimmer. Du siehst sie, wenn du aus dem Fenster guckst oder den Fernseher anmachst. Du kannst sie spüren, wenn du zur Arbeit gehst oder in die Kirche. Und wenn du deine Steuern zahlst. Es ist eine Scheinwelt, die man dir vorgaukelt, um dich von der Wahrheit abzulenken.«

»Welche Wahrheit?«, fragt Neo gespannt und beugt sich Morpheus herausfordernd in seinem Sitz entgegen.

»Dass du ein Sklave bist, Neo!«, antwortet dieser daraufhin klar und bestimmt. *»Du wurdest wie alle in die Sklaverei geboren und lebst in einem Gefängnis, das du weder anfassen noch riechen kannst. Ein Gefängnis für deinen Verstand!«* Morpheus lehnt sich wieder in den riesigen, alten Sessel, aus dem er sich Neo eben noch bedeutungsvoll entgegengelehnt hatte, zurück. *»Dummerweise ist es schwer, jemandem zu erklären, was die Matrix ist«*, fügt er mit gedämpfter, schicksalsschwangerer Stimme hinzu und öffnet dabei die metallische Schatulle, die er schon die ganze Zeit zwischen seinen Fingern hin und her gleiten ließ und in der sich zwei ominöse Kapseln befinden.

»Jeder muss sie ***selbst*** *erleben!«...*

Morpheus nimmt die zwei (un)gleichen Kapseln – eine in die linke, eine in die rechte Hand – beugt sich zu Neo hinüber und sagt: »*Dies ist deine letzte Chance, danach gibt es kein Zurück! Schluckst du die blaue Kapsel, ist alles aus. Du wachst in deinem Bett auf und glaubst an das, was du glauben willst. Schluckst du die rote Kapsel, bleibst du im Wunderland, und ich führe dich in die tiefsten Tiefen des Kaninchenbaus.*«

Neo überlegt, er zögert, und gerade, als er nach der roten Kapsel greifen will, warnt ihn Morpheus noch ein allerletztes Mal:

»*Bedenke, alles, was ich dir anbiete, ist die Wahrheit – nicht mehr! Hattest du schon mal einen Traum, Neo, der dir vollkommen real schien? Was wäre, wenn du aus diesem Traum nicht mehr aufwachst? Woher würdest du wissen, was Traum ist und was Realität?*«

Neo hatte inzwischen die rote Kapsel geschluckt – er hatte gewählt und war bereit, die »Matrix« zu verlassen. Bezeichnenderweise sah und berührte er nun (s)ein (**eigenes** Spiegel)Bild, welches jetzt wie eine zähe Flüssigkeit an seinen Fingern haften blieb und sich seiner bemächtigte. »*Das kann nicht sein*«, sagte er noch immer ungläubig.

»*Was, Realität?*« (129)

- Matrix
(USA / Australien 1999)

Das wäre jetzt eigentlich eine schöne Überleitung, um über die »Realität« bzw. den (Mikro- und/oder Makro)Kosmos[212], den ***man*** sich stets (**selbst**) generiert, und die »Wahrheit« *an sich* zu philosophieren!? Aber dafür hab ich mir – wie Sie bestimmt schon gesehen oder es sich gedacht haben – ein eigenes kleines Kapitelchen reserviert![213]

Vorerst geht es mir noch um die **Faulheit**, die **jeder** kennt und welche höchstwahrscheinlich als evolutionär notwendiges »***Prinzip***« der Natur gedeutet werden kann. Denn um in d(ies)er Welt (über)leben zu können, gilt es, mit minimalem Aufwand eine maximale Wirkung zu erreichen! Daher stellen sich Fische nicht quer zur Strömung, fliegen Enten in V-Formation und Schafe – wer hätt's gedacht(?) – stehen bei Sturm und Regen alle in einer Richtung: nämlich in der des Windes! Um *kurzfristig* Energie zu sparen geht auch das Tier Mensch den Weg des Wassers, sprich den des geringsten Widerstandes! Den **äußeren** Einflüssen möglichst wenig Angriffsfläche bietend drehen wir uns stetig und meist

---

[212] »***Mi|k|ro|kos|mos*** *u.* ***Mi|k|ro|kos|mus*** *der - <gr.-mlat.>:*
1. *(Biol.) die Welt der Kleinlebewesen.*
2. *die Welt des Menschen als verkleinertes Abbild des Universums*«
»***Ma|k|ro|kos|mos****: das Weltall*«

[213] Vgl. Band 2, Kap. *Wahrheit – Wahrnehmung – Wirklichkeit*, S. 262ff

un(ter)bewusst nach dem »Wind« und erfinden ohne Unterlass mehr und mehr Gerätschaften, die uns die *körperliche*, *geistige* und *seelische* Plackerei weitestgehend abnehmen und uns die nötige Zeit für ***passiven*** Müßiggang geben!...

Scheinbar sinn- und aussichtslosen Konflikten geht das neueste Modell der Homo-Sapiens-Reihe weitestgehend aus dem Weg. »Konformität« und »Harmonie um jeden Preis«, lautet sein Motto, denn was zählt, ist nicht der *langfristige* Fortschritt, sondern der wirtschaftliche Erfolg, der *kurzfristige* Gewinn!...

Alles andere wäre nach dem heutigen Kenntnisstand und der derzeitigen Zielsetzung pure Verschwendung und dumm! Doch ist *ES* das wirklich? Ist »Faulheit« wirtschaftlich?... Ist »Schlechtheit« clever?

»Faulheit und Feigheit sind die Ursachen, warum ein so großer Teil der Menschen, nachdem sie die Natur längst von fremder Leitung frei gesprochen (naturaliter maiorennes), dennoch gerne zeitlebens unmündig bleiben; und warum es anderen so leicht wird, sich zu deren Vormündern aufzuwerfen. Es ist so bequem, unmündig zu sein.« (262)

- Immanuel Kant

(Beantwortung der Frage: Was ist Aufklärung?)

Die Ökonomie (der Faulheit)

»Unser Zeitalter, so viel es von Ökonomie redet, ist ein Verschwender: es verschwendet das Kostbarste, den Geist.«
- Friedrich Nietzsche
(Morgenröte, Aph. 179)

Die Begrenztheit von Ressourcen machte es seit jeher in der Natur notwendig, mit dem, was *man* hat, zu »wirtschaften«, um dadurch den maximalen »Gewinn« zu erzielen! So versucht die Natur mit ihren Mitteln in diesem Sinne *effizient* und *effektiv* zu arbeiten. Dieses ***Ökonomische Prinzip*** (auch als *Input-Output-Relation* oder *Effizienzpostulat* bekannt) beschreibt laut *Wiki…*

»…den Koordinationsmechanismus, nach dem in der Volkswirtschaftslehre versucht wird, möglichst viele der ***unbegrenzten Bedürfnisse*** *trotz der begrenzten Mittel (knappe Güter) zu befriedigen. Das ökonomische Prinzip ist ein rein formaler Grundsatz, der lediglich die Art und Weise (›das Wie‹) des Wirtschaftens beschreibt. Das Prinzip macht keine Aussagen über Ziele oder Motive des Wirtschaftens (Gewinnmaximierung, Umsatzsteigerung, Vergrößerung der Marktanteile).*
Es gibt das Ökonomische Prinzip in zwei Ausprägungen:

Minimalprinzip
Beim Minimalprinzip (auch Minimumprinzip oder Sparprinzip ist das zu erreichende Ziel vorgegeben. Der Mitteleinsatz soll so gering wie möglich – minimal – bei einem bestimmten Ertrag sein. Beispiel: Mit möglichst wenig Benzin eine gegebene Anzahl von Kilometern fahren.
Unternehmen arbeiten mit diesem Prinzip.

Maximalprinzip
Beim Maximalprinzip (auch Maximumprinzip oder Haushaltsprinzip) ist der Mitteleinsatz vorgegeben. Es soll ein möglichst hohes (also maximales) Ziel erreicht werden. Beispiel: Mit einer gegebenen Benzinmenge möglichst viele Kilometer fahren. Kommunen (öffentliche Haushalte) sollten nach diesem Prinzip arbeiten.

Min-Max-Prinzip
Es ist ein weitverbreiteter Irrtum, dass es besonders sinnvoll sei zu versuchen, mit minimalem Mitteleinsatz (Minimalprinzip) ein maximales Ergebnis zu erzielen (Maximalprinzip). Dies sogenannte Minimalmaximal-Prinzip (auch Optimalprinzip) führt jedoch zu ungeplantem Handeln, da nach dem

Minimalprinzip keine klaren Vorgaben gemacht werden und nach dem Maximalprinzip kein klares Ziel verfolgt wird – außerdem hieße das, im Extremfall alles mit nichts erreichen zu wollen. Die Optimierung, z.B. beim Kaizen[214]*, kann daher nur schrittweise erfolgen und nach jedem Optimierungsschritt muss überprüft werden, ob beim Maximalprinzip alle notwendigen Parameter der Zielvorgabe (Qualität) vorhanden sind, bzw. ob beim Minimalprinzip alle notwendigen Bedingungen erfüllt sind, um das Ziel nachhaltig zu erreichen (z. B. Gesetze und Auflagen zum Arbeitsschutz).*

So würde ein Verzicht auf Arbeitssicherheitsmaßnahmen zwar die Kosten senken (Minimalprinzip), aber auch das Risiko erhöhen. Langfristig müsste mit negativen Folgen gerechnet werden, bis hin zum Verbot der Unternehmung und zu strafrechtlichen Konsequenzen.« (263)

┘

Schon immer wurde den Studenten der Volks- und Betriebswirtschaftslehre oder artverwandter Studiengänge dieses »***Prinzip***« eingebläut. *Sie*(!?) soll(t)en mit so wenig Aufwand wie möglich das Maximale an **materiellem** Gewinn herausholen! Wie weit *Sie*(!?) allerdings dabei gehen dürfen, welche Mittel und Wege legitim sind, um dieses Ziel zu erreichen, wurde und wird dabei nur ungenügend besprochen! Natürlich geht *man* in den Hochschulen Gesetzestexte durch und büffelt rechtliche Grundlagen, doch die ethischen und moralischen Bedenken sind später einmal – wenn diese Studenten teilweise sogar leitende Funktionen erfüllen – eher sekundärer Natur und für *Sie*(!?) genauso wenig bindend wie der Amtseid eines Politikers! Die eigentlichen Maximen für die Studenten lauten dagegen wie immer »**Profitsteigerung um jeden Preis**« und dass »**der Zweck die Mittel**« heilige!...

Dass der (arbeitende) **Mensch** – und dazu zählt paradoxerweise auch der dafür mehr oder weniger verantwortliche »Betriebswirtschaftsmensch« – auf lange Sicht gesehen zu kurz kommen wird, scheint dabei so selbstverständlich zu sein, dass es sich schon gar nicht mehr lohnt, über diese Form der Selbstzerstörung nachzudenken!? »*ES* is(s)t halt so, basta!« Doch bei allem, was wir tun, sollten wir uns immer fragen, ob *ES* **gut** (für uns) **ist**! Und deshalb sollten wir uns speziell hier fragen, ob *ES* **gut** (für uns) **ist**, die Wahrheit zu verdrängen und ein schlechtes Gewissen mit der Befriedigung durch Geld und Luxus zu betäuben!

Nach dem ***Wirtschaftlichen/Ökonomischen Prinzip*** handelt aber nicht nur die materielle Welt, sondern dieses »***Prinzip***« bestimmt außerdem – zumindest teilweise – unsere emotionale(n) Ebene(n)! Auch hier beobachtet *man* ein Streben

---

[214] »*Kaizen (Veränderung zum Besseren) ist ein von Taiichi Ohno erfundenes japanisches Management-Konzept.*« (429)

nach maximalem Gewinn, welcher durch die Investition eines möglichst minimalen Aufwandes erreicht werden soll! Wenn etwas keinen Ertrag erbringt, dann wird auch hier nicht investiert, sondern ignoriert. Dann wird nicht geweint, getrauert und nachgedacht, sondern einfach weitergeschaltet oder weggeschaut!

Anderenfalls würde *man* am Leid d(ies)er Welt zerbrechen, würde eine Realität an sich heranlassen, die alles andere als **angenehm** (für uns) **ist**! Für die meisten – so scheint es – ist diese Wirklichkeit leider zu ehrlich, um sie zu verkraften. Deshalb sehen wir nur das, was wir sehen wollen und blenden **alles** andere aus – solange es geht! Doch es ist trotzdem da und nagt an uns und unserer Seele, wie der Rost an (m)einer alten K(n)arre!!!

In der Natur gibt es keinen Genuss ohne Reue und keinen (inneren) Frieden ohne (bewussten) Verzicht! Je größer der Genuss, desto tiefer der Absturz danach! Fromm schreibt: »*Im Augenblick des Triumphs glaubt man, sein Ziel erreicht zu haben – aber auf den Triumph folgt tiefe Niedergeschlagenheit, weil man erkennen muss, dass sich im eigenen Innern nichts geändert hat*[215]*. Der alte Satz: Omne animal post coitum triste (Alle Lebewesen sind nach dem Koitus traurig) drückt das gleiche Phänomen in Bezug auf lieblosen Sex aus – ebenfalls ein mit starker Erregung verbundenes Gipfelerlebnis und daher enttäuschend, sobald es vorüber ist. Sexuelle Freude fühlt man nur, wenn psychische Intimität gleichzeitig die Intimität des Liebens ist*« (264)

Wer *Liebe* erwartet, muss wissen, dass er dazu bereit sein muss, entsprechende Opfer zu bringen – dass er bereit sein muss, auf gewisse »Dinge« und Erfahrungen zu verzichten, um seine innere Waage im (mit)menschlichen Gleichgewicht zu (er)halten! Doch das, was wir *wissen*, und das, was wir *wollen* und *tun*, sind zwei Paar Stiefel, von denen »man« – um zu l(i)eben und sich nicht im Kreis zu drehen – wohl jeweils einen »Schuh« tragen sollte!

Den Artikel über das ***Ökonomische Prinzip*** und den obigen, an dieser Stelle unter Umständen etwas deplatziert wirkenden Hinweis darauf, dass **nach jedem Aufstieg bzw. auf jedes (Gipfel)Erlebnis ein entsprechender Fall folgt** (vgl. *Schaubild der Suchtentstehung*, S.260), habe ich deshalb beinahe vollständig in mein Buch übernommen, weil beide wohl mehr als treffend den Denkfehler unseres aktuellen, vordergründig zivilisierten Handelns aufzeigen! Anstatt zur unbequemeren Einsicht zu gelangen, dass wir unsere **unbegrenzten** *Bedürfnisse* anhand der **begrenzt** zur Verfügung stehenden *Mittel* wenigstens ein wenig einschränken müssen, wollen wir nämlich tatsächlich **all*ES*** mit **nichts** erreichen!

---

[215] Anm.: Ähnliches hat man ab und an vielleicht selbst schon erlebt, wenn man z.B. eine schwere Prüfung geschafft oder sich ein neues Auto teuer geleistet hat. Ich sage nur: »Himmelhoch jauchzend – zu Tode betrübt!«

Außerdem wollen wir ums Verrecken nicht erkennen, dass es notwendig für uns ist, unsere Ziele in einem für uns realistisch erreichbaren Rahmen zu halten! Beinahe infantil wollen wir dagegen **all*ES*** und **jeden** *besitzen* und nichts dafür tun oder hergeben! Doch auf diese Art ist es nun mal nicht möglich, unser Ziel – welches wohl im *Glück* und der *Zufriedenheit* eines (erwachsenen) **Menschen** zu finden sein dürfte – zu erreichen!

Die Ziele oder Motive unseres (persönlichen) Wirtschaftens sind gemäß einer beinahe vollständig wirtschaftsorientierten, **materiellen** Welt heute faktisch die der *unendlichen Gewinnmaximierung*, *Umsatzsteigerung* und *stetigen Vergrößerung*! Für sich gesehen ist dies ja nicht einmal so schlimm. *ES* ist in gewisser Weise sogar natürlich, denn um zu wachsen und zu gedeihen, müssen wir uns verbessern! Was uns allerdings Sorge bereiten sollte, ist die stetige »Steigerung der Steigerung«, mit der wir dies tun. Denn es liegt sozusagen in der »Natur der Sache(n)«, dass sich ein so geartetes Ziel gar nicht verwirklichen lässt! Es handelt sich dabei nämlich nicht um einen **konstanten *Zustand*** (der linearen Entwicklung), sondern um eine ***Parabel***, die immer steiler nach oben geht!...

Keine Angst, auf diesen Zusammenhang werde ich später – im Kapitel über die »(wirtschaftliche) Beschleunigung« (vgl. S. 417ff) – nochmals zu sprechen kommen! Vorerst nur soviel:

Unsere derzeitige wirtschaftliche und technische Entwicklung ist vergleichbar mit dem Gaspedal an Ihrem Auto, welches immer noch schneller und noch mehr durchgedrückt wird, um den Wagen in immer noch kürzeren Zeitabständen auf eine immer noch höhere Geschwindigkeit zu beschleunigen! Und das tun wir, ohne zu bedenken, dass die Materialien des »Fahrzeugs« der höheren Belastung (noch) nicht standhalten, Bremsen und Fahrwerk unterdimensioniert sind und auch der Fahrer der konsequent steigenden Beanspruchung (noch) nicht gewachsen ist! Ohne *ES* zu bemerken, überholen wir uns – in unserer (mit)menschlichen Entwicklung – **selbst** und heizen währenddessen (im Rausch der Geschwindigkeit) über den Asphalt, bis es knallt!...

Die Technik suggeriert uns bis dahin, die *(Natur)Gesetze* überlisten zu können! Sie macht uns glauben, **alles** zu wissen, **alles** zu können und **alles** zu dürfen! Doch wir könn(t)en nicht (zum Mond) fliegen, unter Wasser atmen, tonnenschwere Gewichte heben oder mit 240 »Sachen« über den Asphalt jagen! Die **Technik** kann es – für uns – und redet dem unterdessen zum Säugling degenerierten »Menschen«[216] ein, ebenso (mächtig, schlau und schnell) wie sie zu *sein*!...

Unsere Abhängigkeit, Hilflosigkeit und grenzenlose Überheblichkeit wird uns – wenn überhaupt – erst dann bewusst, wenn in der »Matrix« etwas schiefgeht, die

---

[216] vgl. E. Fromm

allgegenwärtige Technologie ausfällt oder gegen die harte Realität nichts (mehr) ausrichten kann! Erst wenn man (engl. *man*) unvermittelt bremsen muss oder trotz anderslautenden Werbeversprechen und elektronischem Sicherheitsgedöns – wie beispielsweise ABS, ESP, ASR oder »PVC« und »PSA«[217], von denen, wie bei den meisten Abkürzungen, mit denen wir es zu tun haben, sowieso kaum (noch) jemand weiß, was sie eigentlich genau bedeuten – gar die Kontrolle (über sein »Fahrzeug«) verliert, werden die 240 km/h von uns als, sagen wir, »ein bisschen zu schnell« wahrgenommen! Vorher nicht, denn da ist ja **all*ES*** – genau wie jetzt im **Moment** – in bester Ordnung!?...
Erst beim Aufprall, im schmerzhaften »**Augenblick (der Wahrheit)**«, geht uns – neben dem Heckspoiler und diversen anderen Fahrzeugteilen – für den Bruchteil einer Sekunde durch den Kopf, wie wenig die Natur mit sich feilschen lässt und wie grausam und unnachgiebig sie mit Gesetzesbrechern und Temposündern wie uns doch umgehen kann!

Damit ich mich klar ausdrücke: Ich denke, dass die **konstante *Beschleunigung***, das **konstante *Wachstum*** in Form einer **gesunden evolutionären *Entwicklung*** ein **natürliches** Ziel für uns darstellt, aber alles, was darüber hinausgeht und die Beschleunigung ins Extreme beschleunigt, eher kontraproduktiv für uns und unsere Menschwerdung ist!...
Wir, die Menschenkinder dieser Welt, hinken – wie unsere eigenen Kinder – dem selbst gewählten Tempo unserer **äußeren** Entwicklung sowohl *geistig*, *seelisch* als auch *körperlich* hinterher! Wir sind *physisch* wie *psychisch*, *äußerlich* wie *innerlich* noch nicht so weit gereift und gefestigt, um mit einer derartigen Situation zurechtzukommen, wie man am Beispiel des Klimawandels wohl am deutlichsten aufzeigen kann!? Obwohl wir (be)merken, dass unser Körper nicht (mehr) die Zeit hat sich entsprechend einzustellen und daher auf die extremen Wetterwechsel, die nachweislich auf unser (aller) Verhalten zurückzuführen sind, negativ reagiert – Kreislaufprobleme, Abgeschlagenheit und Kopfschmerz sind dabei noch die harmlosesten Symptome –, gewöhnen wir uns zumindest *geistig* an diesen neuen Zustand des stetig steigenden Wandels und reden uns ein, dass (all)*ES* vollkommen »normal« sei und es solche Erscheinungen auch früher schon gab! Dass wir die Extreme nicht (er)kennen und uns nicht einmal des (Gewöhnungs)Effektes bewusst sind, zeigt, wie viel wir doch mit

---

[217] *»**P**robabilistische **S**icherheits**a**nalyse (engl. probabilistic safety analysis, eine Methode zur Sicherheitsanalsyse komplexer technischer Systeme, z. B. von **Kernkraftwerken**«*! (430)
Anm.: Man(n) kennt die Abkürzung *PSA* aber auch als wichtigen Tumormarker, der für die Diagnose des Prostatakarzinoms genutzt wird (**p**rostata**s**pezifische **A**ntigen). *PSA* steht außerdem noch als Abkürzung für **P**ersönliche-**S**chutz-**A**usrüstung, um Verletzungen bei gefährlichen Arbeiten und Tätigkeiten, die durch andere Maßnahmen nicht verhindert werden können, zu vermeiden oder zu minimieren. Suchen Sie sich was aus!

Jugendlichen oder Kindern gemein haben! Die zunehmende Gewalt und die Gefahren des übermäßigen (Drogen)Konsums sind diesen nämlich genauso wenig bewusst wie uns die Tatsache, dass wir, falls wir nichts an uns und unserem (**persönlichen**) Verhalten ändern, vielleicht ebenfalls keine Zukunft (mehr) haben! Wer weiß, vielleicht ist es ihnen bzw. Ihnen doch bewusst, aber, aus welchem Grund auch immer (z.B. weil sie bzw. Sie es nicht besser wissen und folglich keinen Sinn darin sehen), auch einfach nur scheißegal!?

Was die »Jugendlichen« betrifft, so bediene ich mich natürlich eines gängigen Klischees, aber würden Sie von einem Kind, das plötzlich sämtliche Möglichkeiten eines Erwachsenen zur Verfügung hat und keinerlei Grenzen in Form von Sanktionen kennt, erwarten, dass *ES* diese Möglichkeiten in erwachsener, vernünftiger Art und Weise nutzt, rücksichtsvoll mit allen »Dingen« umgeht, sich am Riemen reißt und sich schließlich selbstbeherrscht zurücknimmt? Nein, *man* würde erwarten, dass *ES* genau das tut, was wir tun!

Die Frage ist nun, ob wir rechtzeitig begreifen, dass ein »*Laissez-faire*« der Menschheit nicht funktioniert; dass es besser ist, zuerst erwachsen zu werden, bevor wir erwachsene »Dinge« tun und längst nicht alles dürfen, nur weil wir (meinen) alles (zu) können!? Ich hoffe, dass wir das tun, dass wir das begreifen, denn sonst bleiben wir vermutlich auf ewig die sowohl kindischen als auch kindlichen Erwachsenen, die sich selbst und mit aller Gewalt um die Möglichkeit bringen, einmal die erwachsenen Kinder dieser Welt zu sein....

»Die Natur will, dass Kinder Kinder sind,
bevor sie zum Erwachsenen werden.«
- Jean-Jacques Rousseau

Doch um wieder auf das ***Ökonomische Prinzip*** zu sprechen zu kommen:

Ich denke, es ist mitunter dieses Axiom, dieser rein formale Grundsatz, maximalen Erfolg mit minimalem Aufwand *haben* zu müssen, welches die Schafe davon abhält, gewisse »Dinge« zu (be)greifen, ja welches sie – oder womöglich auch »*Sie*« – davon abhält, sich zu ändern!? Denn solange jeder von uns das bekommt, was er will – oder zumindest das, was er zu wollen hat – muss er sich und seinen Schädel nicht unnötig anzustrengen. Soviel ist auch den Dümmsten klar! Mehr Gedanken führen nur zu sinnlosen (Kopf)Schmerzen! Und da wir ja aus der Werbung wissen, dass wir, solange wir nur weiter konsumieren, »nicht blöd sind«, gehen wir täglich wieder aufs Neue den Weg des Wassers d.h., den Weg des geringsten Widerstandes, fressen Gras, machen »Muh« oder »Mäh«, stellen uns stromlinienförmig in den Regen und handeln dabei im eigentlichen Sinne doch nur so, wie *man* es von uns erwartet – nämlich wirtschaftlich!...

Wir sparen dadurch Energie, die wir dann irgendwie und irgendwo anders wieder (meist kostenpflichtig) loswerden müssen! Blöd nur, dass wir diese Energie nur selten unserem Herz, unserem Hirn und dem Erkennen von größeren Zusammenhängen zuführen, sondern viel lieber – leider oft ausschließlich – in »Spaß« investieren und dort zum Preis eines kurzen Orgasmus verpuffen lassen!

Wir müssen nicht darüber diskutieren, ob der kurze Höhepunkt der Lust die Mühe wert ist, aber alles andere dafür aufs Spiel zu setzen, ja sogar die Vernunft über Bord zu werfen und alle Sicherheit (z.B. Kondome, die Schutzkleidung beim Motorradfahren oder die auf natürlichem Verstand basierenden wirtschaftlichen Regelungen) für einen noch größeren »Kick« – an den wir uns nach kurzer Zeit wieder gewöhnen – außer Acht zu lassen, ist jedenfalls in meinen Augen nicht sehr sinnvoll. Na ja, dem Bauern (bzw. Zuhälter/Dealer) ist das natürlich nur recht, denn so hat er die Kuh- bzw. Schafherde, die er melken will, besser im Griff, kann sie besser (be)nutzen und steuern, als wenn jedes Schaf für sich zur letztendlich kollektiven Einsicht gelangt, *langfristig* irgendwie (für blöd) verkauft zu werden!

Dass wir uns derzeit nicht sonderlich anstrengen, um uns und die Realität, in der wir leben, zu ändern, entbehrt nicht einer gewissen wirtschaftlichen bzw. ökonomischen Logik: Ähnlich wie die Bienen eines Bienenvolkes, werden wir nämlich träge, sobald wir genug Pollen gesammelt haben bzw. diese ohne großartige Anstrengung unsererseits frei Haus geliefert bekommen! Bei den Bienen geschieht das in Form von Zuckerwasser, welches der Imker ihnen gibt. Bei uns ist es die Möglichkeit der **materiellen** *Befriedigung* in Form des überall – zur Not auf Kredit – verfügbaren **Konsums**! Doch wenn wir satt bzw. »voll« sind – und das sind wir über das Maß (Bier) hinaus – werden wir ***passiv***, kümmern uns nicht darum, was morgen oder in fünfzig Jahren sein wird und können uns auch nicht vorstellen, dass die Vorräte einmal knapp werden könn(t)en! Solange – kaltes wie warmes – Wasser aus dem Hahn kommt, glaubt keiner daran, dass es einmal versiegen könnte und solange wir **glauben**, unseren Partner sicher zu *haben*, machen wir immer weniger, um ihn (uns) zu erhalten!...

Erst wenn es mit den Vorräten eng wird, *ES* uns – ähnlich wie den Bienen, die nichts mehr zu futtern haben – an den (eigenen) Kragen geht, werden wir ***aktiv***, schwören, uns zu ändern, machen eine Therapie und reißen uns – jedenfalls für eine gewisse Zeit – wieder am Riemen! Erst wenn **unsere (Toleranz)Schwelle** erreicht ist und wir einfach reagieren müssen – um nicht zu krepieren oder Gefahr zu laufen, etwas Wichtiges (wie den Partner) zu verlieren – wird sich an unserem Verhalten etwas ändern. Erst dann werden wir ***aktiv***, vorher leider nicht!!(?)

...

Tut mir leid, an dieser Stelle etwas ketzerisch zu werden, aber solange wir für ein ***passives***, unmoralisches Handeln, fürs Nicht(s)tun und Nicht(s)denken, mehr Geld und dadurch mehr *Befriedigung* bekommen als dafür, dass wir ***aktiv*** sind, arbeiten gehen, anständig sind und uns und die anderen »Dinge« kritisch hinterfragen, gebietet es doch nicht nur das ***Ökonomische Prinzip***, sondern auch das *Gesetz der Logik*[218] – ja der *»gesunde« Menschenverstand*, dass wir viel eher dazu neigen, klein, gemein und beschränkt zu sein! Ich meine, welches Kind will schon **freiwillig eigene** Energie versch(w)enden, um freundlich, rechtschaffen, erwachsen und frei zu sein!?

»*Penny-wise but pound-foolish*«, so ungefähr lautet ein englisches Sprichwort, wonach *man* sich, wenn es um kleine Cent-Beträge geht, zwar clever verhält und meint sparen zu können, jedoch bei Ausgaben im (mehrstelligen) Euro-Bereich komplett verkalkuliert. Dieses – für einen Erwachsenen – mehr als unlogische Verhalten kennen Sie von sich selbst oder aus dem eigenen Betrieb, in welchem im großen Rahmen *langfristig* unwirtschaftlich gehandelt wird, man dafür aber neuerdings am Kaffee für die »Belegschaft« spart! Als würde das tatsächlich etwas am Grundproblem ändern!?...

Wissen Sie noch, was Einstein über das Holzhacken gesagt hat? Dass es deshalb so beliebt sei, weil *man* bei dieser Tätigkeit den Erfolg **sofort** sieht? Wir handeln im kleinen, für uns überschaubaren und mit den (Kinder)Händen förmlich greifbaren Bereich bzw. (Bilder)Rahmen vielleicht schlau und meinen (z.B., wenn wir etwas gespart und erfolgreich Schnäppchen erlegt haben) die Klügsten und Wirtschaftlichsten überhaupt zu sein – doch sobald *ES* um größere Angelegenheiten, *längerfristige* und komplexere Zahlen und Zusammenhänge des »*Systems*« geht, versagt unsere Urteilskraft häufig komplett! Und da wir nun mal auf **sofortigen** »Erfolg« getrimmt sind, ihn **sofort** »*haben*« wollen, wird auch in der (weltweiten) Politik anstatt erwachsen und beherrscht zu handeln – um *langfristig* erfolgreich zu »*sein*« – viel lieber weiterhin Holz bzw. ins **eigene** Bein gehackt!

Es ist gut vorstellbar, dass auch viele unserer zwischenmenschlichen Beziehungen auf »Holzhacken« und reiner Wirtschaftlichkeit basieren und es mitunter unsere **eigene Faulheit** ist, weshalb menschliche Beziehungen einzuschlafen beginnen! Mit »Wirtschaftlichkeit« meine ich jetzt nicht, dass wir unsere Freunde dafür bezahlen, unsere Freunde zu sein, auch wenn dies sicherlich ab und an geschieht, sondern dass wir uns eher mit Menschen abgeben, die auf irgendeine Art von Vorteil für uns sind – die uns in unserer *seelischen*, *geistigen* und *körperlichen* Entwicklung unterstützen und/oder zum jeweiligen Zeitpunkt einfach nur gewisse Bedürfnisse befriedigen! Nicht umsonst heißt es doch, dass man seine wahren Freunde erst kennenlernt, wenn es einem wirklich schlecht geht – denn dann erfüllt man für einen anderen im *objektiv*-wirtschaftlichen Sinne keine Funktion mehr, ist nur noch eine nutzlosen Belastung, von der man sich ge-

---

[218] »*Lehre, Wissenschaft von der Struktur, den Formen und Gesetzen des Denkens; Lehre vom folgerichtigen Denken, vom richtigen Schließen aufgrund gegebener Aussagen.*«

nauso zu trennen hat wie von allen anderen »Dingen«, die für uns keinen ökonomischen Wert mehr haben!...

So scheuen wir uns in der Regel auch davor, die Kraft und Energie aufzuwenden, um alte, für uns nutzlos gewordene Bekannte anzurufen oder etwa einen »Fremden« kennenzulernen, von dem – auf den ersten Blick – kein klarer Profit für uns auszugehen scheint. Der »Gewinn« kann sexueller, emotionaler oder sonstiger Natur sein, ganz egal. Solange wir nicht profitieren, keine Aussicht auf »Erfolg« haben und irgendjemand für uns keine ersichtliche Funktion erfüllt, also laut Definition keinen »*Wert als Mittel*« darstellt, interessiert er uns auch nicht die Bohne! Darum sparen wir es uns, mit manch einem mehr als zwei Worte zu sprechen, ignorieren Menschen, die uns nicht »attraktiv« erscheinen oder wechseln gekonnt die Straßenseite, um dem Gespräch mit dem nervigen Nachbarn zu entgehen. Denn die »Zeit«, die uns verbleibt, die »Kraft«, die uns zur Verfügung steht, ist – wie all unsere Reserven – zu begrenzt, um sie an vermeintlich sinnlose »Dinge« zu verschwenden! Daher sprechen wir lieber mit »Menschen«, die uns einen erträglichen Vorteil verschaffen könn(t)en, die »anziehend« sind, wir ausziehen wollen, Geld haben und sich in einer Position befinden, die uns unter Umständen noch hilfreich sein könnte. Hilfreich, um eventuell eine noch größere *Befriedigung* in unserem Leben zu erfahren!

Dabei ist es doch eigentlich gar nicht so schlimm, mit Unbekannten zu sprechen, sich zu »fremden« Leuten an einen Tisch zu setzen oder sich um Menschen zu kümmern, die auf den ersten Blick nichts herzugeben scheinen!? Doch wir tun es nicht, sondern wechseln kein Wort im Aufzug – und jedem ist dies irgendwie unangenehm und bisweilen sogar peinlich. Als **negativ** geladenes Teilchen besetzen wir zudem lieber (gemäß dem *Pauli-Prinzip*[219]) zunächst alle freien Sitzplätze eines Zuges – oder die Tische eines Restaurants – einzeln und kümmern uns dabei meistens einen Dreck um die anderen oder den verreckenden Penner in der Gosse! Selbst wenn wir keine Angst vor Fremden haben, so ist es doch, wenn wir ganz ehrlich sind, nur unnötig anstrengend und primär unwirtschaftlich, uns mit wildfremden Menschen an einen Tisch bzw. auseinanderzusetzen und uns für die, die wir gar nicht kennen, ins Zeug zu legen. Der Ertrag ist schlecht, also sind wir ökonomisch-faul und lassen *ES* lieber! Außerdem finden wir die meisten anderen Menschen sowieso blöd, nicht wahr!?

In anderen Ländern, in denen die Gemeinschaft noch einen höheren (wirtschaftlichen) Stellenwert besitzt, *man* weniger (Ausweich)Möglichkeiten hat und noch nicht vollständig zur Bildung von »Ich-AGs« übergegangen ist, sieht die Sache mit der Geselligkeit dagegen ganz anders aus! Dort, wo die Technik noch nicht so weit Einzug gehalten hat, (materielle) Selbstbefriedigung und Ablenkung in

---

[219] Anm.: Bevor sich zwei oder mehr Elektronen denselben »Raum« (man spricht von Orbitalen) teilen, werden dem *Pauli-Prinzip* zufolge in einem Atommodell – grob gesagt – erst sämtliche »freien Plätze« von Elektronen belegt.

geringerem Maße möglich ist und die Gemeinschaft eine **Notwendigkeit**, statt eine **Möglichkeit** zum (Über)Leben darstellt, scheint es aus offensichtlichem Grund familiärer und (mit)menschlicher zuzugehen, als es in manch einer modernen Wohlstands-Sippe der Fall ist!...

Man mag natürlich anführen, dass es selbst den ärmsten Menschen in unserer (kapitalistischen) Gesellschaft und Geschichte noch immer besser (er)geht als den Menschen damals oder in der *Dritten Welt*, wir also **insgesamt** »sozialer« sind als die! Doch ist dies, wie man sich denken kann, nicht auf eine grundsätzlich »soziale(re)« Einstellung kapitalistisch geführter Nationen und die »asoziale(re)« Einstellung vergleichsweise weniger materiell orientierter Länder zurückzuführen, sondern wohl eher die Folge eines bestehenden oder mangelnden Sozial*systems*! Oder zahlen **Sie** etwa »**freiwillig**« Sozialabgaben?

...

Wie dem auch sei, das Wort »**asozial**« bzw. »**Asozialität**« wird von uns sowieso meist falsch verwendet und lediglich für die armen, am Rande der (Wohlstands)Gesellschaft lebenden Menschen gebraucht! Doch »asoziales« Verhalten und »Asozialität« ist im Allgemeinen vollkommen unabhängig vom Einkommen und beschreibt lediglich die »*Unfähigkeit zum Leben in der Gemeinschaft*«! Sie wissen selbst, es gibt genügend reiche(re) Menschen, die sehr viel »asozialer« sind als arme – sonst wären *Sie*(!?)[220] ja nicht so reich, nicht wahr!?

Als Synonyme für »asozial« hätten wir übrigens noch: »gesellschaftsunfähig«, »gesellschaftsfeindlich« und »ungesellig«, wobei mein Computer den Synonymen außerdem noch »entwurzelt«, »verbrecherisch« und »kriminell« hinzufügt. Das wundert nicht, denn ein wie auch immer geartetes unsoziales und zur Gemeinschaft unfähiges Verhalten schädigt **alle** und schadet somit dem **gesamten** »*Organismus*«, in dem wir leben! Deshalb gehört ein »entwurzeltes« Verhalten in einer Ordnung, die bestehen will und begriffen hat, verständlicherweise verboten! Haben wir auf **allen** erdenklichen Ebenen aber erst mal kapiert, dass »asoziales« Verhalten jedweder Art *langfristig* (selbst)zerstörerisch ist, wir beispielsweise nicht die Zeitungen vom *Lesezirkel* klauen, uns gegenseitig und selbst nicht belügen, betrügen oder auf »Behindi«-Parkplätzen parken sollten, und wir darüber hinaus alle **gleichermaßen** auf einen (Groß)Teil unseres Gehaltes oder Wohlstands verzichten müss(t)en, dann kommt der Rest des »***Systems***«, so (m)eine Annahme, vielleicht bald von **selbst** wieder ins Lot!...

Doch unsere beschleunigende und *kurzfristig* profitsteigernde Lebensweise zwingt uns immer weiter zu »asozialen« und nicht minder unüberlegten Handlungen. Sie zwingt uns dazu, die *(zehn) sozialen Gebote* gegen die *(sieben) asozialen* einzutauschen! Dies ist aber alles andere als (mit)menschlich und gesund

---

[220] Anm.: **Mal wieder kein persönlicher Angriff, nur eine Feststellung!**

– *ES* entfernt uns immer weiter von uns (**selbst**) und unserer Umwelt. Wir sind uns selbst nicht (mehr) geheuer – sind uns selbst nicht (mehr) bewusst!

Da ein »soziales« Verhalten uns trotz allem **gut tut** und auch **gut** (für uns und unsere (mit)menschliche Natur und Entwicklung) **ist**, suchen wir als Ausgleich zu unserem betriebswirtschaftlich-untoten Leben am Arbeitsplatz un(ter)-bewusst, aber verständlicherweise immer mehr die lebendige Zwischenmenschlichkeit, die wir im wahren Leben so sehr vermissen! Wir verlieren diese warme Selbstverständlichkeit immer mehr und meinen sie oft in anderen, südlicheren Ländern oder virtuell(er)en Welten zu finden. Hier wie anderenorts versucht *man* auch unter Zuhilfenahme enthemmender Rauschmittel der zunehmenden »Asozialität« für einen Moment zu entfliehen, denn wir merken, dass etwas nicht stimmt und uns unsere degenerierte Art **nicht gut tut** und auch **nicht gut** (für uns) **ist!** In uns steckt – mehr denn je – das Verlangen nach **echter** menschlicher Gesellschaft, menschlicher Wärme und einer menschlichen Gemeinschaft, der wir, sobald wir nüchtern(er) sind, paradoxerweise zuwider handeln! Wenn wir uns aber in »ungezwungener« Atmosphäre in Gruppen einfinden und zulöten, fangen wir an zu leben und miteinander zu »interagieren«. Schon verrückt!?

Welchen grundlegenden Charakter die(se) **Interaktion** und vor allem die **Kommunikation** hat, und warum ein einheitlicher »**Code**« als Voraussetzung für eine global zusammengehörige Menschheit angesehen werden kann, dazu kommen wir jetzt! Es wird wahrscheinlich etwas kompliziert werden, also machen Sie ruhig mal wieder'ne kurze Pause, trinken was oder telefonieren bzw. reden mit jemandem, mit dem Sie schon seit Längerem mal (wieder) sprechen wollten. Es lohnt sich – vielleicht!?

»*Keiner glaubt keinem, alle wissen Bescheid. Gelogen wird nur, um dem andern zu verstehen zu geben, daß einem nichts an ihm liegt, daß man seiner nicht bedarf, daß einem gleichgültig ist, was er über einen denkt.*« (265)
- Theodor W. Adorno
(Minima Moralia)

Interaktion/Kommunikation – ein soziales System!

»Interaktion bezeichnet das wechselseitige aufeinander Einwirken von Akteuren oder Systemen. Der Begriff ist eng verknüpft mit dem der Kommunikation, manchmal werden diese beiden Begriffe sogar synonym verwendet.« (266)

Im Grunde lieben wir es zu kommunizieren, aufeinander bezogen zu handeln und ***aktiv*** auf ein »*System*« einzuwirken – es zu verändern! Auch wenn wir durch die »tierischen« Anforderungen des kapitalistischen Alltages häufig einfach keine Energie mehr dafür aufbringen können und uns am Ende des Tages am liebsten ganz alleine im Mikrokosmos unserer Wohnung einigeln würden und es, wenn überhaupt, am ehesten zu Interaktionen mit Maschinen kommen lassen, ist es essenziell für unser (mit)menschliches, soziales Überleben, dass die lebendigen Elemente eines »*Systems*« kommunizieren und in wechselseitigem Austausch miteinander stehen!

Systemischer Zusammenhang

Abstrakter betrachtet bezeichnet der Begriff Kommunikation den Vorgang des Verbindens mindestens zweier Systeme insbesondere von komplexen Systemen. Im Bereich der zwischenmenschlichen Kommunikation, aber auch in einigen technischen und naturwissenschaftlichen Zusammenhängen kann der Interaktionscharakter von Kommunikation sehr einfach verdeutlicht werden: Um funktionieren zu können, sind kommunikativ interagierende Systeme (Personen, hoch entwickelte EDV, Körperzellen etc.) immer bemüht, Informationen in anderen Systemen entstehen zu lassen. Dazu nutzen sie verschiedene Medien und transportieren ihre Informationen auf unterschiedliche Weise, beispielsweise mittels Berührung, Elektromagnetischer Wellen (Funk, Licht- bzw. Farbwechsel, Wärmeausstrahlung), elektrischen Strömen, Schall beziehungsweise Sprache, Enzymaustausch etc. Wichtig für den Erfolg ist, dass diese Informationen korrekt decodiert werden. Verkürzt könnte man auch sagen:
Kommunikation ist ein wesentliches Element von Systemen. Ohne Kommunikation existiert kein System.« (267)

Sie haben es eben gelesen, ohne **Kommunikation**, das heißt, ohne **Verständigung** und **Verbindung** untereinander gibt es kein einheitlich geordnetes Ganzes – kein **menschlich-soziales** »*System*«, wie wir es uns für unsere globale Zukunft doch so sehr erhoffen!

Laut dem deutschen Soziologen Niklas Luhmann (1927 –1998) besteht ein **soziales, sich selbst erhaltendes, wandelndes** und **erneuerndes** »*System*« aber nicht, wie zu erwarten wäre, aus **Menschen** oder aus (ihren) Handlungen, sondern gar völlig aus **Kommunikation**!...

»Seine zentrale These lautet, dass soziale Systeme

- *ausschließlich aus Kommunikation bestehen (nicht aus Subjekten, Akteuren, Individuen o.ä.),*
- *sich in einem ständigen, nicht zielgerichteten autokatalytischen Prozess quasi aus sich selbst heraus erschaffen – daher bezeichnet Luhmann sie auch als autopoietische*[221] *Systeme.*

Luhmann beobachtete, dass Kommunikation in sozialen Systemen ähnlich abläuft wie die Selbstreproduktion lebender Organismen: Ähnlich wie diese nur Stoffe aus der Umwelt aufnehmen, die für ihre Selbstreproduktion relevant sind, nehmen auch Kommunikationssysteme in ihrer Umwelt nur das wahr, was zu ihrem ›Thema passt‹, was an den Sinn der bisherigen Kommunikation ›anschlussfähig‹ ist. ›Sinn‹ ist für Luhmann ein Mechanismus zur Reduktion von Komplexität: In der unendlich komplexen Umwelt wird nach bestimmten Kriterien nur ein kleiner Teil herausgefiltert; die Grenze eines sozialen Systems markiert somit eine Komplexitätsdifferenz von außen nach innen. Statt von einem ›autopoietischen System‹ mit einer ›Grenze‹ spricht Luhmann gelegentlich auch von einer ›Form‹ mit einer ›Innen-‹ und einer ›Außenseite‹, wobei er das sehr abstrakte ›Kalkül der Form‹ des Logikers George Spencer-Brown heranzieht.

Die Kommunikation bezieht sich nur scheinbar direkt auf die Umwelt. Tatsächlich bezieht sie sich nur auf die von ihr nach ihren eigenen Gesetzen wahrgenommene innere Abbildung der Umwelt, also letztlich auf sich selbst.[...]

Luhmann definiert soziale Systeme seit der Übertragung des Autopoiesis-Begriffs auf seine Theorie in den frühen 80er Jahren (in der Rezeption auch

---

[221] »***Au|to|poi|e|se*** *die; - <gr.>: Fähigkeit, sich selbst erhalten, wandeln, erneuern zu können.*«

als Luhmanns ›autopoietische Wende‹ betrachtet) nicht mehr als ›offen‹ (d.h. im direkten Austausch mit der Umwelt), sondern als ›autopoietisch geschlossen‹ oder ›operativ geschlossen‹. Die Wahrnehmung der Umwelt durch ein System ist daher laut Luhmann immer selektiv. Ein System kann seine spezifische Wahrnehmungsweise der Umwelt nicht ändern, ohne seine spezifische Identität zu verlieren.[..]
Typisch für jedes autopoietische System ist laut Luhmann, dass es sich selbst jeweils mithilfe eines zweiwertigen (binären) Codes von der Umwelt abgrenzt und so seine Identität im Prozess der Selbstreproduktion aufrechterhält. Als binäre Codes von einigen gesellschaftlichen Großsystemen schlägt Luhmann vor: Wirtschaft – zahlen/nicht-zahlen; Politik – Macht/Machtlosigkeit; Moral – Gut/Böse; Religion (von Moral zu unterscheiden!) – Immanenz/Transzendenz; u.a.
Da diese Systeme jeweils nach eigenen Gesetzmäßigkeiten arbeiten, hält Luhmann Eingriffs- bzw. Steuerungsversuche eines Systems in ein anderes grundsätzlich für problematisch: Die Wirtschaft kann etwa von der Politik nur sehr bedingt gesteuert werden; die Moral kann die Politik nur bedingt steuern usw. Das Gesetz der Autopoiesis setzt laut Luhmann den Bemühungen einer rationalen, ethischen, gerechten Gestaltung der gesellschaftlichen Verhältnisse enge Grenzen – daher gilt Luhmann etwa im Vergleich zu Jürgen Habermas oder Ulrich Beck als politisch konservativ.« (268)

┘

Ganz schön kompliziert, was!? So wie ich es verstehe, bedeutet es kurz gesagt, dass wir mit jemandem anderen nur über das reden und letztlich nur das wahrnehmen (können oder wollen), was uns – als Individuum – geradeso in den Kram passt! Das ist ein Problem, denn solange »*Systeme*« nicht synchronisiert, also nicht auf den gleichen »Kram« abgestimmt sind und somit nicht über den gleichen »Code« verfügen, können sie sich zumindest nicht bewusst und direkt beeinflussen und in der Folge keine soziale Einheit bilden!...

Diese Erkenntnis und die Annahme, dass (m)ein »*System*« seine spezifische Wahrnehmungsweise nicht ändern kann, ohne dabei seine spezifische Identität zu verlieren (Sie erinnern sich: »*Wenn du das ›System‹ nicht ändern kannst, dann ändere deine Einstellung*!«?) wird im Hinblick auf eine einheitliche, globale Normalität und Wandlung hin zu einer erwachsen(er)en Menschheit von gleicher, immenser Bedeutung sein, wie es die elementare zwischenmenschliche Kommunikation zwischen Ihnen, mir und weiß sonst wem ist. Denn nur unter der Voraussetzung, dass (sich) **kleine** »*Systeme*« verstehen, sich (füreinander) interessieren, wird auch das **große** »*System*« begreifen und tatsächlich einmal ein soziales und nicht minder menschlich-erwachsenes sein!

Einen **gemeinsamen** »Code« braucht *man*, um ein **soziales** »*System*« zu bilden, und es ist sicherlich kein Zufall, dass Paare, die sich getrennt haben, im Nachhinein behaupten, dass sie zum Schluss irgendwie nicht mehr miteinander reden konnten – oder wollten!? Sobald Paare nicht mehr miteinander auf einer Ebene kommunizieren (können oder wollen), sich im wahrsten Sinne nicht mehr verstehen, driften *Sie*(!?) allmählich auseinander und lösen das soziale Gefüge und somit das »*System*«, das *Sie*(!?) l(i)eb(t)en!... Und nicht nur im Falle von Ehepartnern führt das mitunter dann zum Krieg (der Welten). Auch ganze Völker funktionieren in ihrer Gesamtheit ähnlich, gehen sich an den Kragen, sobald die Diplomatie versagt und die Gegensätze die Gemeinsamkeiten überwiegen!...

In der Scheidungssache *Mensch contra Gaia* sieht das im Übrigen nicht anders aus! Dabei ist es leicht vorstellbar, dass wir eigentlich ganz gut miteinander auskommen würden, wenn nicht die, die vom Krieg profitieren, uns konsequent manipulieren und mit falschen oder unzureichenden Informationen füttern würden! Beispiele spare ich mir, denn die gibt es dazu en masse[222]! Doch falls wir es nicht schaffen die(se) Manipulation zu durchschauen, Gemeinsamkeiten zu entdecken und die Unterschiede zu vergessen, wird sich die Menschheit wohl nie im Sinne eines **sozialen** »*Systems*« verstehen, sich dementsprechend benehmen und mit der (Um)Welt ein **autopoietisches** »*Ganzes*« eingehen!

»*Au|to|poi|e|se*«, ein Wort, bei dem ich nur vermuten kann, wie man es ausspricht, entspricht der *»Fähigkeit, sich selbst erhalten, wandeln, erneuern zu können«. Autopoietisch* bildet demnach das entsprechende Adjektiv dazu, und dass wir Menschen uns vermutlich eher an den **binären** »Code« elektronischer, *autopoietischer*, (noch) nicht menschlicher Computer*systeme* anpassen als an den der Natur und Unseresgleichen, zeigt nur, wie wenig wir mit uns selbst und der Welt inzwischen anfangen können und insgesamt begriffen haben!...

Solange Sie und ich, Männer und Frauen, Eltern[223] und Kinder, Arbeitnehmer und Arbeitgeber, Kunde und Verkäufer, Homo- und Heterosexuelle, Christen und Moslems, Reiche und Arme und alle anderen »Individuen« nicht zu einer **einheitlichen** »**Sprache**«, einem einheitlichen Verständnis und Umgang miteinander finden, wird es immer Missverständnisse geben, die eine ganzheitliche, (mit)menschliche Lösung von Problemen verhindern wird! Deshalb versuche ich Ihnen die (Er)Kenntnis nahe zu bringen, dass wir im Grunde – und auf ein Mindestmaß reduziert – doch **alle gleich(wertig) sind**, das Gleiche wollen und zum Gleichen fähig sind, uns ansonsten aber recht verschieden und eigenwillig, aber dafür stets nachvollziehbar entwickelt haben!...

---

[222]*»**en masse** <fr.; »in Masse«>: (ugs. emotional) in großer Menge, Zahl [vorhanden, vorkommend]; überaus viel.«*

[223] Anm.: Aus eigener Erfahrung weiß ich gut, dass Mütter/Väter und – in meinem Fall – ihre Söhne, gerne ein Leben lang aneinander »vorbei« reden.

Dieses Mindestmaß, welches meines Erachtens im **binären** »Code« *Leben und Tod* zu finden ist, liefert letztlich die Grundlage jeglicher (menschlicher) Kommunikation, ohne die ein **lokales** oder **globales (soziales)** »*System*«, so wie ich es mir vorstelle, nicht existieren bzw. (lebendig) sein wird!...

Es wäre allerdings schon eine Art »Pfingstwunder«, wenn die babylonische Sprachverwirrung plötzlich aufgehoben würde und sich alle Menschen unabhängig von ihrer Nationalität, Bildung und ethnischen Herkunft gleichermaßen angesprochen fühlten. Da der *Heilige Geist* – zwar nicht im Augenblick, aber zumindest im Moment – anscheinend Besseres zu tun hat, als uns zu erleuchten, müssen wir wohl auch in Zukunft auf konventionelle Art versuchen, uns zu verständigen und uns weiterhin bemühen, (gem)einsam auf einen Nenner zu kommen! Dass **Vernunft (Gerechtigkeit)**, **Wahrheit** und **Liebe** (VWL) für diesen Zweck grundlegend und ebenso unabdingbar sind wie **Toleranz**, **Empathie** und ein **Wissen** (um Zusammenhänge), versteht sich dabei von selbst!?[224]

Aber wer weiß, womöglich will der »**Mensch**« das alles gar nicht – vielleicht will er sich nicht »synchronisieren« (lassen) und eingestehen, kein einmaliges »Individuum«, sondern lediglich ein kleiner Teil des Ganzen zu sein!? Wir wären nur eines von unzähligen Pantoffeltierchen, von denen **jedes** einzelne – nicht nur unter dem Mikroskop betrachtet – keinen wesentlichen Unterschied zu den anderen aufweist! Davor – und vor einer erneuten *Kränkung der Menschheit* – haben viele von uns verständlicherweise Schiss, würde es doch das (eigene) Bild, welches wir von uns als alleinige Krönung der Schöpfung gemacht haben, empfindlich in Frage stellen und zu allem Überfluss dem **Faschismus** abermals gefährlich nahe bringen!? **Faschismus** und **(autoritärer) Sozialismus** liegen gar nicht so weit auseinander, wie mancher vielleicht denkt. Wenn *man* nicht aufpasst, sind und werden sie sich sogar ziemlich ähnlich, wie der Ausdruck »***National-sozialismus***« deutlich zu erkennen gibt. Doch darum geht es nicht!!!...

Es geht nicht um »***autoritäre Gleichschaltung***«, sondern um **menschliche Autonomie** – um **Freiheit** und **Gleichheit aller Menschen!** Da die Mehrzahl unserer *geistigen*, *geistlichen* und *politischen* Führer (un(ter)bewusst) aber noch immer der Meinung ist, etwas »Besseres« als das Volk oder ihr Gegenüber zu sein, suchen sie nur vordergründig den Konsens, reden in Wirklichkeit aber konsequent an sich (**selbst**), der Menschheit und einander vorbei!

Zugegeben, *man* kann froh sein, dass sie überhaupt (miteinander) reden, und auch wir reden doch genug, wird manch ein, meist männlicher Leser jetzt sagen und dabei vielleicht auf die Frauen und die Errungenschaften der modernen (Flatrate[225])Technik verweisen. Errungenschaften, welche es uns möglich ma-

[224] Vgl. Band 2, Kap. *VWL: Vernunft (Gerechtigkeit), Wahrheit, Liebe*, S. 600ff

[225] »***Flat|rate***, *die; -, -s,* ***Flat Rate***, *die; - -, - -s <engl.> (monatl. Pauschalpreis für einen unbegrenzten Internetzugang)*«

chen, an so ziemlich jedem Ort (oder Örtchen) der Welt, mit so ziemlich jeder möglichen oder unmöglichen Person kostengünstig und beinah störungsfrei zu sprechen! Komischerweise schaffen es viele aber dennoch nicht, sich ihrem eigenen Partner, der sich kaum einen Meter von ihnen entfernt befindet, verständlich zu machen und sich mit ihm auf einer Ebene auszutauschen. Ein Jammer – wo doch jeder, wenn er nicht so faul und ausgebrannt wäre, der Welt so einiges (von sich) zu geben bzw. zu erzählen hätte!

Aber verstehen Sie mich nicht falsch, es geht hier nicht um *Quantität*, sondern eher um die *Qualität* der Gespräche – nicht darum, **dass** überhaupt was ge- oder besprochen wird, sondern **was** überhaupt besprochen wird! Ziel ist es natürlich wie immer, eine Ausgewogenheit herzustellen, aber im gleichen Maße wie *Quantität* und jeder von uns (s)eine Rolle im Leben spielt, bleibt ein Gespräch derzeit meist an der Oberfläche. *ES* geht nicht tiefer, als es unbedingt nötig und für sich und einen selbst zumutbar wäre! Wir reden daher viel lieber über **äußere** Einflüsse (Filme, Mode, Wetter, Fußball, Politik, etc.), aber nur selten über **innere** Ausflüsse – das, was uns im Grunde beschäftigt und unsere (kleine) Welt im Innersten zusammenhält!...

Kein Wunder, in der »Matrix« sind solche »Dinge« belangloser Quatsch – nichts, womit sich gewinnbringend arbeiten, etwas verdienen lässt! Informationen, die unser wirkliches (Gefühls)Leben betreffen, Aussagen, die zeigen, wie es uns **tatsächlich** geht und einem anderen das annähernd nahe bringen, was uns – statt von **außen** – von **innen** heraus bewegt, werden in einer Welt der immer materieller werdenden Zielsetzung mehr und mehr belanglos. Anstatt uns (selbst und andere) zu fühlen, müssen wir in der Hauptsache nur funktionieren, müssen unsere Quote(n) erfüllen, die Aufgaben (für Mammon) ökonomisch erledigen und ansonsten hübsch artig die Schnauze halten. Wen kümmert es bei allem Überfluss denn schon wirklich, wie es einem kleinen, unbedeutenden und stets austauschbaren Zahnrädchen wie Ihnen **wirklich** geht?

Ich sag's Ihnen: »**MICH!!!**« Daher nehme ich mir *hier & jetzt* die Zeit, trete einen kleinen Schritt näher, schaue Ihnen in die Augen und frage einfach mal: »Wie geht es Ihnen?« ... oder, um etwas konkreter bzw. (noch) persönlicher zu werden:

»Wie **fühlen** Sie sich???«

Ups, ich hoffe, ich bin Ihnen nicht zu nahe getreten!? Dabei kann ich mir vorstellen, dass der größte Teil von Ihnen – obwohl ich Ihnen zugegebenermaßen ganz schön auf die »Pelle« gerückt bin – jetzt nicht mal ansatzweise darüber nachgedacht hat. Anstatt für einen kurzen Augenblick rechts ranzufahren, anzuhalten und in sich zu gehen – zu atmen –, haben Sie mit an Sicherheit grenzender Wahrscheinlichkeit einfach weiter gelesen! Das ist leider »normal«, doch genau das »Ranfahren«, »Anhalten«, »In-sich-gehen« und (bewusste) Atmen wäre nötig (gewesen), um auf die gestellte Frage eine annähernd adäquate und (allseits) befriedigende Antwort geben zu können!

Da wir aber nun mal in ständig schneller werdender Bewegung sind, haben wir für solche Sperenzchen[226] keine Zeit. Wir haben keine Zeit für uns und unser (Mit)Gefühl und außerdem interessiert es doch sowieso keinen Friseur, was mit uns ist! Also antworten wir auf obige Frage meist mit einem, wie aus der Pistole geschossenen: »Gut!« und fragen beinahe reflexartig zurück: »Und selbst?«

Die Tatsache, dass Reflexe monosegmental auf Rückenmarksebene verschaltet werden und derartige Informationen aus diesem Grunde nicht in höhere Hirnregionen vordringen, soll nur verdeutlichen, welchen inhaltlichen Verlauf das Gespräch nun nehmen wird:... »Es muss!«, wäre demnach eine durchaus gebräuchliche, vornehmlich süddeutsche Antwort auf die Frage nach dem werten Befinden, welche als Auskunft (verhandlungs)taktisch gesehen clever ist, da sie die ursprüngliche, unter Umständen wertbezogene Frage in eine wertlose, wenn nicht sogar in erster Linie sinnlose Information umwandelt!...

Dabei haben wir immer und überall die Wahl! Wir »müssen« nicht l(i)eben und *ES* »muss« auch nicht gehen, sondern *ES* »darf« gehen, sofern **wir** *ES* wollen!!!

...

Für den Fall, dass Sie allerdings wirklich Ihres ohnehin nur vorübergehend geliehenen, sowohl großartigen als auch großzügigen »Geschenks« des Lebens überdrüssig sind, dann bitte, machen Sie sich bzw. ihm gleich auf der Stelle, *hier & jetzt* ein Ende! Solange Sie es so machen, dass Sie damit weder *körperlich*, *geistig* noch *seelisch* irgendeinem anderen (**Menschen**) Schaden zufügen, habe ich nichts dagegen – im Gegenteil! Da dies aber kaum möglich ist, Sie durch Ihren erzwungenen (»Frei«)Tod nur unnötig weiteres **Leid** verursachen – man denke nur an diejenigen, die die etwaige Sauerei später wegmachen müssen, von dem psychischen und emotionalen Schaden Ihrer Angehörigen ganz zu schweigen – und die anderen »Ameisen« Sie im (Un(ter))Bewusstsein um das große Ganze leider dringend brauchen, fällt diese überaus rücksichtslose, um nicht zu sagen »egoistische« Option – »Gott« sei Dank! – dann doch wieder flach!...

Mist, *ES* »muss« also doch – und das wissen Sie schon, bevor sie überhaupt den Mund aufmachen, um danach zu fragen! Da man sich selbst und, in diesem Fall, den anderen aber auch nicht unnötig mit seinen eigenen, meist ungenau definierbaren und dem (kapitalistischen) Anschein nach »unprofitablen« Gefühlsduseleien belasten will – *man*, statt sich selbst bewusst zu werden und den anderen daran teil*haben* bzw. -nehmen zu lassen, im Grunde viel lieber mit jemand oder

---

[226] *»**Spe|renz|chen** u. **Spe|ren|zi|en** die (Plural) <lat.-mlat.>: (ugs.)*
a) *Umschweife, Umstände; Schwierigkeiten, Ausflüchte;*
b) *kostspielige Vergnügungen od. Gegenstände.«*

etwas anderem und »natürlich« dann auch noch ganz woanders und zu einem völlig anderen Zeitpunkt (seine) kostbare Energie vergeuden und sich **selbst** »bespaßen« lassen will, weicht *man* – insbesondere bei anfänglichen und unter Umständen anstrengend werdenden Fragen und Gesprächen – in der Regel in angenehm(er)es und belanglos(er)es Geplänkel, Geplauder[227] und Geschwätz aus. Auf die Frage: »Wie geht's?« antworte ich daher gerne mit »Wie viel Zeit hast du?« und warte ab, was geschieht!

Wenn wir reden, dann reden wir meist über die Schale, nicht über den Kern! Wir reden im Grunde über nichts, das (**wirklich**) wehtut, uns anstrengt, das bestimmt an die **Substanz**[228] geht, sondern oberflächlich über uns, unseren Beruf, unsere Kollegen, unsere Kinder, unseren Partner, Nachbarn, Geld, Amüsement, Klamotten, die Politik, Medien und die (Um)Welt. Dabei haken wir solange und nach und nach alle für **uns** (wirtschaftlich) relevanten Themen ab, bis nichts mehr da ist, worüber *ES* sich zu reden lohnt. Allzu oft und viel zu gerne spielen wir in solchen unangenehmen Situationen dann das Spiel: »Ich sehe was, was du nicht siehst«, d.h., wir reden darüber, wie der Typ oder die Tussi am Nachbartisch aussieht, reden über die Frisur oder das (Liebes)Leben eines Prominenten oder das Design eines Handys oder Autos. Wir reden darüber, was etwas kann, was es (uns) kostet, was es (uns) bringt, … reden darüber, was wir erlebt und (uns) – schon wieder (nicht) – geleistet haben, wie etwas schmeckt, riecht, sich anfühlt, aber nicht darüber, was all die Sinneseindrücke in uns bewirken!...
Dass beispielsweise ein Duft, indem er uns an etwas oder jemanden erinnert, in uns ein vertrautes Wohlgefühl (z.B. Geborgenheit), Trauer oder Sehn*sucht* auslöst, hört man selten. Auch dass der Geschmack – wie der Besitz und die Gier – uns nur für kurze Zeit befriedigt, bewegt und antreibt, wir *ES* aber **insgesamt** viel mehr genießen und motivierend(er) finden, verstanden und geliebt zu werden, behalten wir für uns. Genauso die Tatsache alles in allem und ganz besonders am Ende nicht alleine sein zu wollen! Wir erzählen in der Regel nur selten, wie einsam wir uns (oft) fühlen, wie ungenügend wir uns vorkommen, dass wir (immer mehr) Angst haben und wie das allgemeine Desinteresse und die (parabelförmig) steigenden Anforderungen uns allmählich von innen heraus aushöh-

---

227 *»**Small|talk** ['smɔl'tɔ:k] der (auch: das); -[s], -s, auch: **Small Talk** der (auch: das); - -[s], - -s <engl.>: leichte, beiläufige Konversation; Geplauder.«*

228 *»**Sub|s|tanz** die; -, -en:*
***1.** Stoff, Materie.*
***2.** (Philos.)*
  ***a)** für sich Seiendes, unabhängig (von anderen) Seiendes;*
  ***b)** das eigentliche Wesen der Dinge.*
***3.** das den Wert Ausmachende, das Wesentliche, Wichtige.*
***4.** das als Grundstock Vorhandene; fester Bestand.«*

len und im Ganzen auf der Stelle treten lassen. Wir verstummen, wenn wir uns deshalb nicht wohl fühlen, in dem, was wir sind und tun, keinen (r)echten Sinn (mehr) sehen und das ungute Gefühl haben, dass mit der Welt etwas nicht stimmt.

Einige von Ihnen werden jetzt sicherlich erwidern, dass so etwas ja auch überaus »PRIVAT« sei und es wohl von der persönlichen Beziehung zu jemandem abhängt, wie weit man ihn an sich heran lässt und ihn am persönlichen Gefühl, an seinem **eigenen** Kern beteiligt! Sie haben sicherlich Recht damit, aber ist es nicht die allgegenwärtige Privatisierung des Allgemeinguts, das Zurückhalten l(i)ebenswerter Informationen, welche den Kapitalismus nährt und uns die (un)menschliche Misere beschert hat? Und da wäre noch eine Frage: Haben Sie, außer sich selbst, wirklich einen Partner, Freund oder ein Haustier, dem Sie ganz und gar Ihr Innerstes offenbaren, vor dem Sie sich komplett ausziehen, das heißt, nackig machen und dem Sie (sich an)vertrauen können? Falls ja, dann können Sie froh sein und sollten diesen Jemand seine immense (systemische) Bedeutung wissen lassen – ihn wertschätzen! Sie sollten ihm klar machen, dass er nicht entbehrlich ist, sondern wirklich etwas zählt – und das wenn möglich mit mehr als zwei Worten zwischen der Werbepause von *Bauer sucht Frau* oder *Wer wird Millionär?*![229]

Verstehen Sie mich nicht falsch, ich halte nichts von Gefühlsduseleien in Gesprächen, in denen der (Gesprächs)Partner zwecks **eigener** Entgiftung **einseitig** »zugemüllt« oder ausgesaugt wird. Aber es muss doch verdammt nochmal möglich sein, über mehr zu sprechen als über die Schale! Es muss doch möglich sein, nachdem alles gesagt wurde, weiter zu sprechen!? Sich abends (im Restaurant) nicht anzuschweigen oder sich nicht unterhalten zu lassen kann durchaus anstrengend sein und »Gott« und meine Freundin wissen, dass ich öfters einfach zu faul bin, mich in dieser Hinsicht »unnötig« zu verausgaben.

Doch es lohnt sich, denn der **Kern** und nicht die Schale macht uns (Zellen) aus!

Tut mir leid, wenn ich wieder auf das leidige Thema *Quantität* und *Qualität* zurückkommen muss, aber ist Ihnen nicht auch schon aufgefallen, wie die allgemeine Kommunikation selbst in den zwischenmenschlich(st)en Beziehungen auf ein möglichst *effizientes* Maß reduziert wird, Handygespräche mit der Frage beginnen »Wo bist du?« und außer der Übermittlung weiterer Daten zur terminlichen Abstimmung des optimal durchstrukturierten Alltages meist keine Zeit (mehr) bleibt? Vor allem bei der Informationsweitergabe via SMS (Short Message Service[230]) oder E-Mail bleiben die wesentlichen »Dinge« häufig ungesagt

[229] Anm.: »Wer wird Millionär?« ist übrigens eine Frage, die man im Grunde leicht und ohne einen Joker zu ziehen beantworten kann: »Günther Jauch und die Macher der Show!«
[230] engl. für »Kurznachrichtendienst«.

oder gehen verloren. Bisweilen müsste man(n) schon zwischen den Zeilen lesen können, um den wahren Charakter einer Nachricht zu entschlüsseln – falls es da überhaupt einen gibt!? Kein Wunder, dass es bei der elektronischen Kommunikation zu manch einem ungewollten Missverständnis kommen kann, wenngleich die gesteigerte *Effektivität* im Sinne einer möglichst schnellen und spontanen Informationsweitergabe und der (wirtschaftliche) Nutzen, der daraus entsteht, natürlich nicht vergessen werden darf!...

Was aber einst entwickelt wurde, um in der Geschäftswelt reine Daten und Fakten *effizienter* zu übertragen, ist heute zum Inbegriff einer ökonomischen, zwischenmenschlichen Kommunikation geworden! Durch die leichtgemachte Unpersönlichkeit sind wir mittlerweile nicht mehr gezwungen, uns mit so lästigen »Dingen« wie Gefühlen herumzuärgern, sondern haben die angenehme Möglichkeit, gewollt Informationen vorzuenthalten, uns blöd zu stellen, die Interaktion auf ein zeitliches Maß zu begrenzen und im Fall der Fälle gewissen, sagen wir, »anstrengenden Unannehmlichkeiten« aus dem Weg zu gehen. (Ich sage nur: »Rufnummernanzeige«!)...

»*Kommunikation unter Menschen kann stattfinden über Worte, Stimme, Berührung, Gefühle, Gedanken. Gefühle, Emotionen, Stimmungen und Affekte sind ein Teil zwischenmenschlicher Kommunikation. In Kommunikation werden Beziehungen aufgebaut, stabilisiert und beendet.*« (267) sagt *Wiki*, und die Tatsache, dass manche Beziehung heute, statt persönlich, lediglich über den Kurznachrichtendienst mittels einer bereits vorgefertigten SM geführt oder beendet wird, sollte uns zu denken geben! Doch das tut es nicht und so ist es mittlerweile (fast) völlig »normal«, dass in Firmen und Betrieben vornehmlich schriftlich kommuniziert wird und zwischenmenschliche Interaktionen, die häufig zu persönlicher Verbundenheit und spontanen Gefühlsausbrüchen wie Lachen oder Weinen und zu guter oder schlechter Laune führen, aus vorgeblich wirtschaftlichen Gründen zu unterlassen sind und von der bürokratischen Obrigkeit gegebenenfalls sogar unterbunden werden.

Es passt im Augenblick vielleicht nicht ganz zum Thema, aber Fromm sieht es als Wesensmerkmal einer neuen Gesellschaft an, dass »*das bürokratische durch ein humanistisches Management ersetzt wird.*

Die meisten Leute glauben immer noch, jeder große Verwaltungsapparat müsse zwangsläufig ›bürokratisch‹, das heißt eine entfremdete Form der Verwaltung sein. Es ist ihnen gar nicht mehr bewußt, wie tödlich der bürokratische Geist ist, selbst dort, wo es nicht auf der Hand liegt, wie in der Beziehung zwischen Arzt

---

Übrigens, korrekterweise müsste es statt: »Ich schreibe bzw. empfange eine SMS«, heißen: »Ich schreibe bzw. empfange eine SM« eine Short Message, also eine Kurznachricht! Oder schreiben Sie Ihren Freunden etwa einen Kurznachrichten*dienst*? Genauso heißt es auch HI-Virus, statt HIV Virus – aber das nur, zum Klugscheißen, nebenbei!

und Patient oder zwischen Mann und Frau. Bürokratismus kann man als Methode definieren, bei der a) Menschen wie Dinge verwaltet werden und b) Dinge nach quantitativen statt qualitativen Gesichtspunkten behandelt werden, um die Quantifizierung und Kontrolle zu erleichtern und zu verbilligen. Das bürokratische Verfahren wird von statistischen Daten gesteuert. Bürokraten handeln aufgrund starrer Regeln, die auf statistischen Daten basieren, nicht in ***spontaner Reaktion auf die vor ihnen stehenden Personen****. Sie entscheiden Sachfragen anhand der Fälle, die statistisch am häufigsten vorkommen, und nehmen dabei in Kauf, daß Minderheiten von fünf oder zehn Prozent Schaden erleiden. Der Bürokrat fürchtet persönliche Verantwortung und sucht hinter seinen Vorschriften Zuflucht. Was ihm Sicherheit und Stolz gibt, ist seine Loyalität gegenüber den Gesetzen, nicht seine Loyalität gegenüber den Geboten der Menschlichkeit.*« (269)

Fromm führt daraufhin das extreme Beispiel des Otto Adolf Eichmann an, der als »*Leiter des für die Organisation der Vertreibung und Deportation der Juden zuständigen Referats des Reichssicherheitshauptamtes (RSHA) zentral mitverantwortlich für die Ermordung von schätzungsweise sechs Millionen Menschen*« war. (270) Als der *NS*-Schreibtischtäter später der Justiz überführt wurde, beharrte er »*von Beginn des Prozesses bis zum Schluss darauf, dass er im juristischen Sinne unschuldig sei und berief sich darauf, nur auf Befehl von Vorgesetzten gehandelt zu haben*« (270)

Sie haben sich doch bestimmt auch schon einmal dabei ertappt, wie Sie vorgaben, »einfach nur Befehle auszuführen«!? In einem **kapitalistischen** Regime ist dies leider der einfachste und faulste Weg. Denn wer Dienst nach Vorschrift macht, handelt dabei im **eigenen**, primär egoistisch-ökonomischen Sinn und hat sogar noch eine Ausrede parat, die ihn von sämtlicher Verantwortung befreit! Dass das so nicht stimmt, wissen Sie selbst, und dass der einfache Weg nicht immer der richtige ist, auch!(?)

All die »Dinge«, die im **eigentlichen** Sinne »sozial« wären, also all das, was definitionsgemäß »*die menschliche Gesellschaft, Gemeinschaft betrifft*«, ist im **materiellen** Sinne heute offenbar nicht mehr wirtschaftlich und überflüssig, weshalb *man* sich auch nicht wundern sollte, dass soziale Berufe vergleichsweise schlecht bezahlt werden, *man* Kaffee- und Pinkelpausen allgemein verkürzt und ein wirtschaftlich unproduktiv erscheinendes, dafür aber (mit)menschliches Verhalten und »Geschwätz« in der Arbeitswelt weitgehend zu unterlassen ist!

Auch wenn wir es nicht hören, sehen oder anderweitig wahrnehmen wollen, aber in **allen** Bereichen – selbst und insbesondere in den scheinbar »sozialen« – setzt sich die profitorientierte Unmenschlichkeit, der *Qualität* tötende (Leistungs)Druck und die Bürokratie nebst engstirnigem Behördenapparat in erschreckendem Maße immer weiter durch. Die »Agenten« (des Kapitalismus) haben Einzug gehalten – das ist in Krankenhäusern nicht anders als in kirchlich getragenen (Hilfs)Organisationen, in Schulen nicht anders als in Kindergärten! Wenn ich Ihnen jetzt noch sage, dass beispielsweise Krankengymnastikrezepte seit einiger Zeit nicht mehr nach den **tatsächlichen** Beschwerden der jeweiligen Patienten verschrieben werden, sondern lediglich einem festen Regelwerk entsprechen, welches bloß eine grobe Diagnose nebst einer dementsprechend nichtssagenden Leitsymptomatik vorschreibt, so ist dies, selbst wenn Sie es im Augenblick nicht ganz verstehen, für mich nur die Spitze des entmenschlichenden Eisberges! (Wissen Sie noch, was Fromm gesagt hat: »Menschen werden wie ›Dinge‹ verwaltet und ›Dinge‹ nach *quantitativen* statt *qualitativen* Gesichtspunkten behandelt!«)

ES ist ein riesiger (Eis)Berg aus Bürokratie, der einen echten **Menschen** zur winzig kleinen Nummer werden lässt und den wir schon längst – und ohne dass wir uns dessen und der Folge(n) richtig bewusst sind – in **allen** Bereichen gerammt haben!... Politiker, Krankenkassen, Ärzte, Therapeuten und andere »soziale« Dienstleister arbeiten – ähnlich wie sämtliche anderen Firmen, Versicherungen und Angestellte – heute schon längst nicht mehr im Sinne der (Mit)Menschlichkeit und somit für das Volk oder den Hilfsbedürftigen, sondern in erster Linie nur für sich **selbst**! Sie versuchen (hauptsächlich aus falschem Eigeninteresse) so viel wie möglich (an **eigener** Energie) zu sparen! Und so geht es längst nicht mehr um den Patienten oder den (Mit)Menschen *an sich*, sondern darum, wie viel er bringt! Es geht längst nicht mehr um die Arbeit, sondern das »Produkt«, längst nicht mehr um das Volk, sondern darum, wie man *ES* (lukrativ) unter Kontrolle und sich **selbst** an der Macht hält! Damit sich ein (mit)menschliches »Problem« beispielsweise (kosten)günstig von alleine löst, wird – insbesondere, was sog. »**Versicherungen**« angeht – gerne auf Zeit gespielt und sich solange blöd oder tot gestellt, bis das Opfer entnervt aufgibt oder – ebenso tot oder blöd – zusammenbricht!...

Was indessen die Politik und andere »soziale« Einrichtungen betrifft, so überlasse ich es dem Leser, sich (s)ein **eigenes** Bild zu machen. Wer allerdings glaubt, dass ***ES*** sich durch kommende Reformen ändern wird, der täuscht sich gewaltig, denn so wie es (derzeit) aussieht, ist das Gegenteil der Fall! Heute wie vor rund siebzig Jahren handeln die allerorts eingesetzten Bürokraten – von denen wir **alle** einen gewissen Teil in uns tragen – möglichst frei von (Mit)Gefühl und Mitleid. *Sie*(!?) entscheiden am Schreibtisch über Wohl und Weh, teilweise sogar über Leben und Tod des ihnen anvertrauten Teils der Bevölkerung! Dass das **(Ge)Wissen** des Bürokraten dabei identisch ist mit **Pflichterfüllung**, macht ihn oder sie für uns nur noch gefährlicher und sowohl für den **Kapitalismus** als auch für den (darauffolgenden) **Faschismus** umso *effektiver*!

Wir hören Fromm: »*Obzwar die Bürokraten weniger Abscheu erregen als reine Sadisten, sind sie gefährlicher als diese, da sie nicht einmal einen Konflikt zwischen Gewissen und Pflicht auszutragen haben: Ihr Gewissen ist identisch mit*

Pflichterfüllung. Mit Menschen Mitgefühl und Mitleid zu haben, gibt es für sie nicht.« (271)

Je inhumaner, mechanischer und emotionsloser heute (m)eine Arbeit verrichtet oder delegiert wird, desto mehr gewinnt sie an Wert und materieller Entlohnung – was wiederum einer zunehmenden Herzlosigkeit der Geschäftswelt zugutekommt! Die Megamaschine der globalen und lokalen Wirtschaft entfremdet sich so immer mehr. Sie wird immer brutaler, herzloser und unmenschlicher! Doch weil Zombies nicht l(i)eben, nicht reden, nicht denken und nicht (mit)fühlen, vermissen sie auch nichts! Jedenfalls nicht, solange sie (oder vielleicht auch Sie?) bekommen, was sie (oder vielleicht auch Sie?) brauchen!?..

Und damit **(all)*ES*** so bleibt, wie *ES* ist, opfern wir der *kurzfristig* gedachten, **materiell** ausgerichteten Betriebswirtschaftlichkeit nach und nach unser Leben und das **soziale** »*System*« der mitfühlenden Menschlichkeit – ohne dabei zu bedenken, was das für unsere weitere Entwicklung als »Homo Sapiens« auf diesem Planeten im Endeffekt (vielleicht) bedeutet!

»*Wenn eine Maschine, ein Terminator, den Wert menschlichen Lebens schätzen lernen kann, vielleicht können wir es dann auch.*« (272)
- Terminator 2 – Tag der Abrechnung
(USA 1991)

Dabei könn(t)en wir uns ein funktionierendes **soziales** »System« – nebst zugehörigem Lächeln – absolut leisten! Jedoch müssten wir im Gegenzug auf so manche lieb gewonnene (Konsum)Spielerei verzichten! Wir müssten etwas vom freien Dopamin dafür opfern! Doch der Affe macht die Hand ums Verrecken nicht auf, sondern hält konsequent an dem fest, was er sehen und – vor allem anderen – greifen kann!

Wenn ich mich selbst und die Menschen so be(tr)achte, dann fällt mir auf, dass schon jetzt viel zu viele von uns nicht mehr in der Lage sind, miteinander in (mit)menschlicher Art und Weise umzugehen – geschweige denn zu kommunizieren! Beispielsweise kennen wir die Mehrzahl unserer Nachbarn – die häufig nebenan wohnen(!) –, wenn überhaupt, dann nur noch vom Klingelschild her oder reden aufgrund von kindischen Privatfehden – deren **eigentliche** Ursache sowieso keiner (mehr) kennt – nur noch über den kostspieligen Anwalt miteinander. Auch sonst beobachte ich viele Leute dabei, wie sie sich trotz vieler Worte eigentlich nichts mehr zu sagen haben und/oder das Handy stets griffbereit und beinahe schützend auf den Tisch zwischen sich legen. Natürlich werden wir es leugnen, aber mancher Vertreter der Spezies Mensch verfügt schon jetzt über den sozialen Quotienten eines *Terminators* der *T 800er*-Serie, der folglich nur auf den Input (beispielsweise eines Tötungsbefehls) wartet und frei von jeglicher menschlicher Regung sein tägliches (Dopamin)Programm abspult!...

Da stört es auch nicht, dass wir unsere Kollegen, Freu(n)de oder Angestellten aus egoistischen und nicht minder (betriebs)wirtschaftlichen Gründen förmlich und bisweilen sogar regelmäßig über die Klinge springen lassen! Es stört auch nicht, dass wir – ohne uns persönlich bzw. emotional **direkt** miteinander in Verbindung oder auseinanderzusetzen – unsere »Freu(n)de« in Internetportalen wie *Facebook*, *StayFriends*, *studiVZ,* und wie sie nicht alle heißen, (wieder)finden und dort – im »Sozialen Netzwerk[231]« – (gem)einsam dem künstlichen Gefühl wahrhaftiger Intimität[232] erliegen. Ohne großartige Bedenken machen wir uns im Internet immer sorgloser nackig, zeigen private(ste) Bilder von uns oder geben »Dinge« preis, die eigentlich niemanden – außer uns **selbst** und unsere **wahren** Freunde – etwas angehen!

---

[231] »***Soziales Netzwerk (Internet)***
Soziale Netzwerke im Sinne der Informatik sind Netzgemeinschaften bzw. Webdienste, die Netzgemeinschaften beherbergen. Handelt es sich um Netzwerke, bei denen die Benutzer gemeinsam eigene Inhalte erstellen (User Generated Content), bezeichnet man diese auch als soziale Medien.« (467)
»***Soziales Netzwerk (Systemtheorie)***
Ein Soziales Netzwerk wird in der Systemtheorie oft als System verstanden.
Die Wahrnehmung der Lebenswelt als der eines Netzwerks, das Denken in Netzwerken, ist auch ein Aspekt des Systemdenkens, das sich in den letzten Jahrzehnten in allen Bereichen als ein vorrangiges Paradigma modernen Denkens hervorgearbeitet hat. Stand hier zunächst die Komposition des Systems aus seinen Teilen, und die Feststellung der Eigenschaften der Systemteile und des Gesamtsystems im Vordergrund des Interesses, so traten doch bald die Beziehungen der Systemteile zueinander als eigenständige Dimension hervor.
Es stellte sich aber heraus, dass die Summe der Eigenschaften der Teile (die Summe der Netzwerke der Einzelakteure) nicht die Eigenschaften des Ganzen (eines Systems „Gesellschaft") ergibt. Denn die systemischen Eigenschaften sind nicht bei einem einzelnen Systemteil vorhanden, sondern ergeben sich durch die prozesshaften Beziehungen der Teile. In der Technik vermag dies sogar eine neuartige Klasse von „Fehlern" (von der Ingenieurwissenschaft her gesehen: von „systemischen Fehlern") vor Augen rücken, die im Extremfall sogar das System (z. B. eine Fabrikanlage) katastrophal gefährden können (Systemzerstörung).
Inzwischen entfernt sich der systemtheoretische „Netzwerk"-Begriff von der Soziologie und nähert sich der Betriebswirtschaftslehre an. Bei näherer Betrachtung lösen sich diese Teile dann wiederum in kleinere netzwerkartig organisierte „Systeme" auf, so dass schließlich die Zusammenhänge, Beziehungen und Prozesse als eigenständige Ebene primär in den Blick geraten.« (466)

[232] »***In|ti|mi|tät*** *die; -, -en <lat.-nlat.>:*
1. *(ohne Plural)*
- ***a)*** *vertrautes, intimes Verhältnis; Vertrautheit;*
- ***b)*** *Vertraulichkeit; vertrauliche Angelegenheit.*

2. *(meist Plural) sexuelle, erotische Handlung, Berührung, Äußerung.*
3. *(ohne Plural) gemütliche, intime Atmosphäre.*
4. *(ohne Plural) Intimsphäre.*«

Wenn Sie mich fragen, sind wir dabei etwas zu naiv im Umgang mit dem »Netz« und vergessen die ungeheure Macht derer, die damit umzugehen gelernt haben! Doch sich (selbst) und (s)einen (Lebensabschnitts)Partner im Netz kennenzulernen ist mittlerweile »normal« und den (all)gemeinen Umständen entsprechend leider durchaus nachvollziehbar. Deshalb kann ich jedem, der sich einsam und alleine fühlt und seiner Meinung nach schon alles (Menschen)Mögliche versucht hat, um dies zu ändern, bei aller gebotenen Vorsicht dennoch empfehlen, es mal im »›sozialen‹ (Zwischen)Netz« zu probieren!...

Unsere Zeit bringt es offenbar mit sich, dass *man* den ersten Schritt aufeinander zu und das beiderseitige »Beschnüffeln« ganz alleine, im Schutze der eigenen vier Wände und unter Zuhilfenahme der sterilen und »sicheren« Technik vollziehen muss. Die berechtigte Angst – aufgrund eines Mangels an gegenseitigem Respekt und Vertrauen – verletzt, krank oder ungewollt schwanger zu werden, gepaart mit der eigenen Bequemlichkeit und Unfähigkeit zu tieferen menschlichen Bindungen und Gefühlen, zwingt uns förmlich dazu und lässt uns nicht bemerken, wie wir dadurch fundamentale Fähigkeiten des menschlich-sozialen Umgangs immer mehr verlernen und das kennenlernende Mit- und Füreinander, das ein **soziales** »*System*« bzw. (Lebe)Wesen auszeichnet, dankbar an den »großen Bruder«, die Technik, abgeben.

Allgemein gewinnen so die Mensch-Maschine-Interaktionen zunehmend an Bedeutung, das heißt, es wird überlegt, wie *man* die Benutzerschnittstelle zu elektronischen Programmen und Hardware verbessern kann. Weniger wichtig ist dagegen, wie *man* die echte(n) Beziehung(en) der **Menschen** zueinander aufrecht erhält und unsere diesbezüglichen Fähigkeiten trainiert und weiter ausbaut!

Die moderne Technik ermöglicht es uns heute beispielsweise Gesprächspartner vorab zu identifizieren und per Knopfdruck zu entscheiden, ob und mit wem wir wann reden wollen. Sieht man mal von beruflichen und anderen materiellen Zwängen ab, dann kann *man* es sich also förmlich »leisten« zu bestimmen, mit wem wir es im Augenblick zu tun haben wollen und mit wem nicht! Zugegeben, diese Art der Kommunikation ist sehr bequem, ja geradezu angenehm und für mich – als Anwender – einfach und sicher, doch ob es meine Fähigkeit(en) schult, mich mit anderen Menschen in gesunder bzw. natürlicher Art und Weise **spontan** und **direkt** auseinanderzusetzen, ist fraglich!

Zusammenfassend möchte ich behaupten, dass uns die moderne Technik – gepaart mit einer persönlichen, materiellen Unabhängigkeit – in zunehmendem Maß den adäquaten (Trainings)Reiz nimmt, um soziale Fähigkeiten zu erlernen! So machen wir Onlinebanking, gehen virtuell einkaufen, generieren uns ein zweites Leben, sprich ein »*Second Life*«[233] in Computer(spiele)n und lesen unverständliche Gebrauchsanweisungen (wie diese), anstatt die Zeit besser in die Bildung **persönlicher** Beziehungen zu investieren....

Diese »Beziehungen« können im Übrigen auch darin bestehen, einfach nur ein Pläuschchen mit dem Bankangestellten oder der Kassiererin zu halten. Vielleicht würde uns dann auffallen, dass auch er bzw. sie »nur« ein **Mensch** ist und er ähnliche Sorgen und Probleme hat wie wir!? Je weniger wir aber mit uns (selbst) auf (mit)menschliche Art und Weise umgehen können, je weniger wir uns gegenseitig brauchen und wertschätzen, desto eher sind wir wirklich der Meinung, auf alle anderen **Menschen**, aber dafür auf immer weniger »Dinge« verzichten zu können! Und wer weiß, vielleicht kommt es dann wirklich (wieder) so weit, dass wir selbst keine **Menschen**, sondern (so etwas wie) »Dinge« sind!?

[233] »***Second Life*** *(von Teilnehmern kurz »SL« genannt) ist eine Internet-3D-Infrastruktur für von Benutzern gestaltete virtuelle Welten, in der Menschen interagieren, spielen, Handel betreiben und anderweitig kommunizieren können. Das seit 2003 online verfügbare System hat inzwischen mehr als neun Millionen registrierte Nutzer, von denen rund um die Uhr durchschnittlich zwischen 15.000 und 50.000 das System aktiv nutzen.*« (431)

(Wirtschaftliche) Beschleunigung – eine Parabel

»Was uns auf dem Weg ins Zeitalter des Superindustrialismus widerfährt, können wir nur verstehen, wenn wir die Beschleunigungsprozesse kennen und den Begriff der Vergänglichkeit erfassen.« (273)
- Alvin Toffler
(Der Zukunftsschock)

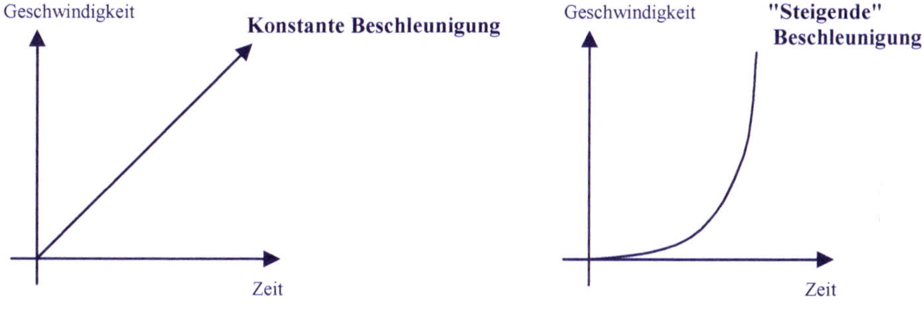

Bevor wir mit diesem Kapitel beginnen, sollte uns Folgendes bewusst sein:
Geschwindigkeit beschreibt einen (Bewegungs)**Zustand** von (**dynamischen**) »*Systemen*«, wohingegen **Wachstum** einer **Veränderung**, **Beschleunigung**, einer **Zunahme** bzw. **Steig(er)ung** entspricht. (Nicht verwechseln!)
Wie Sie an den Schaubildern[234] nun unschwer erkennen können, geht eine »steigende« Beschleunigung, das heißt ein zunehmendes Wachstum, so wie wir es derzeit erleben, im Gegensatz zur konstanten Steig(er)ung, immer steiler bergauf. Unser derzeitiges Wachstum beschreibt damit eine wahnsinnige Parabel und die entscheidende Frage, die *man* sich dabei stellen sollte, ist die, ob und wie (lange) wir und der Rest der Welt da mithalten können und wie lange es wohl (noch) dauert, bis es zum Wendepunkt – in unserer (Kurven)Diskussion – kommt. Denn »*mathematisch unbestreitbar ist, daß innerhalb eines begrenzten Systems kein unbegrenztes Wachstum stattfinden kann. Umstritten ist in seriösen*

---

[234]Anm.: Bei **beiden** Schaubildern handelt es sich nur um Ausschnitte einer *Welle* – in diesem Fall, den ansteigenden Teil! Was sich unterscheidet ist lediglich die Größe des Ausschnitts, das heißt, bei genügender Vergrößerung scheint die Steigung einer *Welle* annähernd konstant zu sein, wohingegen die(selbe) *Welle* von weiter weg betrachtet immer parabelförmig verläuft! Unser (Er)Leben, das, was wir als Mensch »sehen«, ist immer nur ein kleiner/großer Ausschnitt, wobei eine konstante Beschleunigung natürlich eher zu einer langen *Welle*, einer niedrig(er)en *Frequenz* und somit zu einem – sowohl für einen einzelnen Menschen als auch für die gesamte Menschheit – langem Leben führt bzw. passt. Eine Frage der Perspektive!?

Fachkreisen lediglich der Zeitpunkt, an dem die Wachstumsgrenzen erreicht sind.« (274)

Der *Club of Rome*, auf den ich im zweiten Band noch zurückkommen werde, widersprach schon vor einiger Zeit der Möglichkeit eines ewigen Wirtschaftswachstums aufgrund einer Annahme, die selbst einem (Kindergarten)Kind klar sein sollte: Die Rohstoffe und natürlichen Ressourcen wie saubere Luft und sauberes Wasser, die für ein unbegrenztes Wachstum irgendwie sinnvoll und nötig sind, sind einfach **begrenzt**! Oder, um in kleinkind-verständlichen Dimensionen zu sprechen: Die Größe einer Sandburg ist von der Menge des Sandes bzw. der Größe des Sandkastens abhängig!... Apropos Kleinkind, Michael Ende, der Autor der erfolgreichen Bücher *Momo* und *Die unendliche Geschichte* hat in ein paar Zeilen das gesagt, wozu ich mit (m)einem ganzen Buch nicht fähig bin:

»*Der Grund für dieses verzweifelte Sichblindstellen liegt in einem Wirtschafts- und Finanzsystem, das inzwischen alle Merkmale einer veritablen Karzinombildung angenommen hat: Es muß ständig wachsen , um zu existieren. Dieses Prinzip gilt für den ehemaligen Staatskapitalismus ebenso wie für den noch existierenden Privatkapitalismus.(...) es hat keinen Zweck, an den erschreckenden Folgesymtomen herumzuflicken: Das ganze Wirtschaftssystem muß eben geändert werden. Aber das kann man nicht, oder man will es auch gar nicht.*

Ich bin überzeugt, daß die großen Wirtschaftsleute und die verantwortlichen Politiker aller Lager dieses Problem längst sehen – aber sie schweigen. Sie wagen nicht darüber öffentlich zu sprechen. Denn eine Partei, die ernsthaft eine Alternative, das heißt nichtkapitalistische Wirtschaftsform auf ihr Programm setzen würde, wäre aus mancherlei Gründen sehr schnell weg vom Fenster. Sie würde wohl nicht einmal Wähler finden. Also werden es, wie ich fürchte, die Ereignisse sein, die uns belehren.

Auf einem Dampfer, der in die falsche Richtung fährt, kann man nicht sehr weit in die richtige Richtung gehen.« (275)

- Michael Ende (1994)

Um aber wieder auf unsere »Sandburg« (zu sprechen) zu kommen: die Vermutung, dass der Sandkasten **begrenzt** ist und nur langsam mit neuem Sand gefüllt wird, bringt uns Kinder mit der Zeit zwangsläufig zu folgender Erkenntnis:

Nicht die ständig steigende Beschleunigung, sondern der Genuss einer ebenso langsam wie vernünftig und sicher steigenden Geschwindigkeit, welche mit unserer (mit)menschlichen Entwicklung Schritt hält, mit dem Gefühl einer konstanten Beschleunigung bzw. einem gesunden Wachstum einhergeht und als solche(s) für uns schon kaum mehr wahrgenommen wird, muss das Ziel des Menschen und (s)einer Wirtschaft sein!

»*Konstante Beschleunigung in (/entgegen der) Richtung der Geschwindigkeit (sowohl Richtung als auch Betrag sind konstant) führt zu geradliniger Bewegung mit linear wachsender (/abnehmender) Geschwindigkeit (laut Isaac Newton; laut Albert Einstein aber gilt dies nur für nichtrelativistische Geschwindigkeiten)*« (276)

Solange wir uns aber in einer ***hedonistischen Tretmühle***[235] befinden, d.h., sich unsere *subjektiven* Erfahrungen immer wieder an neue Erfahrungen anpassen, wir meinen, unser »Glück« in gleichem Maße wie unseren »Besitz« maximieren zu können und es – wie ein Drogenabhängiger – sogar müssen, solange wird es niemals einen *Stillstand* im Sinne einer *Konstanz* (der Beschleunigung) geben!... Da wir den neuen Couchtisch gar nicht mehr so gut finden wie noch vor einem Jahr, wir statt alle fünf Jahre, alle drei und dann alle zwei Jahre oder in noch kürzerer Zeit neue Möbel oder einen neuen Partner »brauchen«, können wir uns zu keiner Zeit auf dem Geleisteten ausruhen!... Sie sehen: solange die **äußere** Beschleunigung nicht linear, gleichmäßig und, vor allem, **parallel** zur **inneren** Entwicklung verläuft, sondern die **äußere** Geschwindigkeit wie eine Parabel ungesund und steil nach oben steigt, während die **innere** Entwicklung in Relation dazu auf der Stelle stehen bleibt, können wir nicht verschnaufen und nie wirklich (*glücklich*, *erwachsen* und *zufrieden*) *sein*! Alles, was wir können, ist die sporadische Befriedigung eines Süchtigen erlangen, der sich, vorausgesetzt, er erkennt seine Besessenheit nicht, ganz in (s)einer kindlichen Abhängigkeit verloren hat! Je mehr wir mit den Mitteln und Wegen eines Süchtigen versuchen, »glücklich zu *werden*«, desto weiter entfernen wir uns vom »Glücklich-*sein*« – dem **konstanten** Zustand der (Herzens)*Ruhe*!

Zusammenfassend gesagt ist es also eine Sache, sich allmählich zu steigern und sich gesund zu entwickeln, eine andere aber, den Akkord kaputt zu machen, um

[235] Anm.: Dadurch, dass wir uns an einen Reiz gewöhnen, etwas oder jemand – obwohl er/sie/es sich *objektiv* nicht verändert hat – uns nicht mehr so sehr »reizt« wie am Anfang oder beim aller ersten Mal und irgendwann sogar zum un(ter)bewussten »Zustand« für uns wird, müssen wir die Dosis steigern. An *subjektiven* Erfahrungen gemessen landen wir aber immer wieder dort, wo wir begonnen haben! Wie ein Hamster im Rad treten wir ewig auf der Stelle (unserem individuellen *hedonistischen Nullpunkt*) und tun das, obwohl die *objektive* Welt sich stets und immer mehr beschleunigt (z.B. immer höherer Lebensstandard, mehr Konsumgüter, etc.) Der Begriff der *hedonistischen Tretmühle* stammt aus P.Brickman und D.Campbell, *Hedonic Relativism and Planning the Good Society*, von Prof. Barry Schwartz beschrieben in *Anleitung zur Unzufriedenheit* (S.192-193). Er erklärt, weshalb sich der Mensch, trotz äußerlich-technischen Fortschritts, bisher nur unwesentlich verändert hat!

so die *Steigerung noch zu steigern*, krank zu werden und irgendwann auf ewig dem (Menschen)Fleisch bzw. dem Blut des Lebendigen hinterherzurennen.[236]

Da die Mittel dieser Welt begrenzt sind und ähnlich wie die unseres eigenen Körpers mit der Zeit immer weniger werden, erscheint es doch mehr als unsinnig, die zu erreichenden Ziele unendlich werden zu lassen. Doch genau das tun wir, Tag für Tag für Tag und fressen, ohne, dass wir uns dessen bewusst werden, uns und unsere eigene Existenzgrundlage auf! Dasselbe machen Krebszellen auch. *Sie*(!?) töten ihren Wirt und damit sich selbst!

»*Wachstum um des Wachstums willen ist die Ideologie der Krebszelle.*«
- Edward Abbey

Ist das vielleicht clever? Ist das wirtschaftlich?...

Nein, das bisherige Streben nach *Glück* und *Zufriedenheit*, so wie wir es in den westlichen Industrienationen kennengelernt haben und derzeit am Beispiel Chinas deutlich sehen können, ist im Hinblick auf das wahre **Wohlsein** des **Menschen** alles andere als ökonomisch! Es ist weder *effizient* noch *effektiv*, weder besonders *wirtschaftlich* noch *wirkungsvoll*, da *man* im fortwährenden Streben nach Größerem einerseits – auf Kosten der Natur, eines anderen oder von sich **selbst** – einen ständig steigenden Mehraufwand betreiben muss und anderseits dadurch das Ziel niemals vollständig erreichen kann!

Viel *effizienter* und *effektiver* bei der Entwicklung des menschlichen Wohlseins sind dagegen Lehrmeinungen wie beispielsweise der Buddhismus! Die dahinterstehende Philosophie ist, genauso wie die Basis aller anderen »Weltreligionen«, im Hinblick auf das menschliche *Glück* und die *Zufriedenheit* im Grunde nicht zu toppen, denn hier erreicht *man* tatsächlich **alles** mit **nichts**, spart materielle Ressourcen und ermöglicht es beinahe jeder Ameise des Haufens, ans Ziel zu kommen! Nach Peter Drucker – einem im Jahre 2005 verstorbenen US-amerikanischer Ökonom österreichischer Herkunft – könnte man auch sagen, dass wir auf diese spirituelle[237] Art im ökonomischen Sinn absolut »das Richtige tun und es sogar noch richtig tun!« Auf Druckers Buch *The Effective Executive* ist nämlich eine insbesondere in der englischsprachigen betriebswirtschaftlichen Literatur häufige Unterscheidung zwischen ***Effectivity*** **(Effektivität = Wirksamkeit)** und ***Efficiency*** **(Effizienz = Leistungsfähigkeit)** zurückzuführen, welche ins Deutsche oft wie folgt übersetzt wird…

---

[236] Zur Erklärung: Um ihren »untoten« Zustand ewig zu (er)halten (ver)brauchen Zombies Menschenfleisch, Gehirne und – im Fall der Vampire – reichlich Blut!

[237] »***Spiritualität*** *(v. lat.: spiritus = Geist, Hauch) bedeutet im weitesten Sinne eine Form von Geistigkeit, in der alles Wirkliche Geist oder Erscheinungsform des Geistes ist. Spiritualität steht für die Verbindung zum Transzendenten oder der Unendlichkeit. Religiöse Spiritualität ist auch eine Art Lebenspraxis.*« (432)

- **Effektivität:** »Die richtigen Dinge tun«
- **Effizienz:** »Die Dinge richtig tun«. (277)

Aber täuschen Sie sich nicht, denn gerade wenn wir das »Richtige richtig tun« (wollen), müssen wir investieren und müssen dabei sogar noch auf vieles verzichten. Denn nichts auf der Welt ist für »umme«, alles hat seinen Preis! Sogar der Tod kostet einen – wie Sie wissen – das Leben! Doch bis wir diesen Preis zahlen, sollten wir **lernen** – wir sollten lernen auf einer anderen Ebene als der bisherigen Energie aufzuwenden! Denn so, wie es scheint, werden sich Investitionen, die sich auf das tatsächliche menschliche **Wohlsein** konzentrieren, im Gegensatz zu manchen materiellen Ausgaben *langfristig* für **jeden** bezahlt machen und sich nicht nur *kurzfristig* für wenige Schweine (vgl. Farm der Tiere!) lohnen. Das »*System*« bleibt dadurch im Gleichgewicht – in der **Balance**!

Wirklich klug wäre es demzufolge, das Minimalprinzip, d.h., mit wenigen Mitteln ein bestimmtes, »festes« Ziel zu erreichen, auf den heutigen, westlich industriellen Menschen mit **all** seinen Facetten abzustimmen! Kurz gesagt wäre es also notwendig, endlich herauszufinden, wo und wann genau der optimale Punkt erreicht ist, an dem sich der *objektive Besitz* mit der *subjektiven Zufriedenheit* schneidet und so die Waage hält! Dieser Punkt mag individuell und nach **außen** hin verschieden (hoch) sein, das Ergebnis ist aber prinzipiell gleich wie die Tatsache, dass die Waage, die links und rechts 2 Kilogramm oder aber 2 Tonnen trägt, sich jeweils im Lot befindet. Mit dem Unterschied, dass sich mit 2 Tonnen 1000 andere Waagen im Lot halten lassen, umgekehrt aber nicht!

Wie gesagt, das Gewicht ist begrenzt und daraus leitet sich der Zwang oder die Notwendigkeit zum Wirtschaften ab! Dieser ergibt sich »*aus dem Umstand, dass nahezu alle Güter (und Dienstleistungen) durch Knappheit gekennzeichnet sind und somit einen Wert haben. Anders als im Schlaraffenland, in welchem sprichwörtlich ›Milch und Honig‹ unbegrenzt zur Verfügung standen, zwingt die Wirklichkeit zum sparsamen Umgang mit den teils kostbaren Ressourcen. Der Wert einer Ressource lässt die Wirtschaftssubjekte danach streben, möglichst wenig dafür aufwenden zu wollen. Andererseits liegt es in der Natur des wirtschaftlich handelnden Menschen, für sein eigenes Tauschobjekt (Geld) möglichst viel an Gegenwert (Ware) zu erhalten (und umgekehrt).*« (278)

Auch dieser *Wiki*-Artikel mit der irreführenden Überschrift »*Wirtschaften*« bezweifelt, dass es möglich ist, mit minimalem Einsatz (an Mitteln) ein möglichst maximales Ziel zu erreichen, und nennt folgende Frage als leicht zu verstehendes Beispiel: »*›Kann man mit nur einem einzigen Cent in der Tasche einen Rolls Royce kaufen?‹ Anhand derartiger Beispiele wird sehr rasch deutlich, dass eine zeitgleiche Kombination aus Minimal- und Maximalprinzip nach dem Motto ›Ein maximaler Erfolg mit dem minimalen Aufwand‹ faktisch nicht möglich ist.*« (278)

Es ist also etwas – sagen wir – »unüberlegt« anzunehmen, schön, klug, (wirtschaftlich) erfolgreich und *langfristig* (zufrieden) sein zu können, ohne etwas dafür zu tun, ohne sowohl etwas »Materielles« als auch etwas »Immaterielles« dafür opfern zu müssen! Es ist **Ihre** Sache, wo und wie hoch Sie Ihre persönliche **Balance** ansetzen, doch denken Sie daran, dass Ihre (persönliche) Freiheit logischerweise dort endet, wo sie die Freiheit eines anderen einschränkt! Und das bezieht sich nicht nur auf das tägliche Miteinander, sondern auch auf den Umgang mit den Ressourcen dieser Welt, die den kommenden Generationen nicht mehr zur Verfügung stehen!

Um das zu begreifen, bedarf es allerdings einer gewissen Einsicht und des Wissens um Zusammenhänge! Dieses Wissen kann aber nur zustande kommen, wenn wir aufhören, faul sein zu wollen. Wenn wir aufhören, aus reiner, fetter ökonomischer Bequemlichkeit zunehmend geistes- und gefühlsarm zu werden! Wir müssen zu der Einsicht gelangen, dass *ES* **gut ist**, uns in unserem **eigenen** Interesse anzustrengen und uns (selbst) zu helfen. Nicht, weil wir es müssen und Klugscheißer wie ich es Ihnen sagen oder gar befehlen, sondern weil **Sie** es wollen und einsehen, dass **Sie** (dieses) *ES* brauchen!

Es versteht sich von selbst, »Menschen« hören nun mal nicht auf zu kaufen, zu saufen, zu rauchen oder zu (fr)essen, solange die (*subjektiven*) Vorteile die (*objektiven*) Nachteile überwiegen und ihr Körper noch funktioniert und *man* (von (s)einem Verhalten oder (s)einer Sache) vermeintlich profitiert. Nur weil jemand anderer es will, entsagen wir nicht unserer Droge, dem kurzen Blick in den Himmel – dem »Traum«, der vergleichbar ist mit nicht enden wollender, stets wiederholter und zunehmender Masturbation! Nur wenn wir wissen, warum wir wollen (sollen) und erkennen, dass es **gut** (für uns) **ist** und zudem eine gewisse **Dringlichkeit** verspüren, ändern wir womöglich etwas an uns und unserer Umgebung und sehen den Sinn und die Notwendigkeit darin, uns etwas mehr im Griff zu haben! Um uns von den Tieren wenigstens ein bisschen abzuheben – und um unsere Selbstbefriedigung nicht außer Kontrolle geraten zu lassen – müssen **wir** unsere *Befriedigung* bestimmen und nicht unsere *Befriedigung* über **uns** bestimmen lassen! Um uns **selbst** und unsere (Mit)Menschlichkeit (wieder) einzuholen, müssen wir lernen, unser Vergnügen, unser Verlangen und unsere Lust produktiv und nicht destruktiv einzusetzen, also nicht immer nur »Maximaleres« mit »Minimalerem« erreichen zu wollen, sondern auch hier die gesunde, wirtschaftliche **Balance** zu finden.

»*Die Eile ist das Gegenteil der Geduld:*
Ungeduldig sucht sie zu beschleunigen,
was eigentlich seine Zeit braucht.« (279)
- Jürgen Dahl
(Vom Geschmack der Lilienblüten)

Vom Mensch über die Maschine zu Gott und unserem Bewusstsein.

»Ein Mensch fühlt oft sich wie verwandelt,
sobald man menschlich ihn behandelt.« (198)
- Eugen Roth

Es ist mehr als bezeichnend für unser fehlgeleitetes (Wirtschafts)Leben, dass die humane Art des Umgangs miteinander alleine deshalb wieder zunehmend an Bedeutung gewinnt, weil sie nachweislich höhere Produktivität verspricht, und nicht etwa, weil es für uns als **Menschen** einfach besser, gesünder und irgendwie auch »normaler« wäre, menschlich miteinander umzugehen!...

Wie es scheint, ist die **Humanität** für den modernen »Menschen« längst keine Selbstverständlichkeit mehr, sondern stellt für ihn nur eine mögliche Variante dar, wie *man* sich selbst und der Wirtschaft dienlich sein kann. Auch wenn es nur die reinen Zahlen sind, die uns langsam wieder das Resultat alter Werte schwarz auf weiß erkennen lassen, und *man* alleine aus diesem Grunde wieder vermehrt versucht, etwas künstlich am Leben zu halten, für dessen Aussterben *man* maßgeblich **selbst** verantwortlich zu machen ist, so beweisen diese Daten doch die *langfristige* Ökonomie einer menschenfreundlichen Wirtschaft. Denn für wen, wenn nicht für die **Menschen**, ist denn die Wirtschaft – und damit meine ich nicht (nur) die »versiffte« Pilsbar am Eck – überhaupt da!?...

Die Tatsache, dass die *soziale Kompetenz* (im Wirtschaftsleben auch *»soft skills«* genannt) auf dem Arbeitsmarkt häufig sogar als Schlüsselqualifikation fürs mittlere Management gilt, aber alleine deshalb erlernt und benutzt wird, um die Produktivität weiter voran zu treiben, zeigt jedoch die eigentliche Perversion des Ganzen. Das gesamte Unterfangen einer neuerlichen Menschwerdung bzw. Menschlichkeit wird dadurch ad absurdum geführt! Denn welchen Sinn macht es, immer mehr zu produzieren, wenn bald niemand mehr da und in der Lage ist, das alles noch zu konsumieren? Und warum versucht *man* überhaupt mit künstlich aufgesetzter Menschlichkeit, etwas Unmenschliches erreichen zu wollen? Weil wir selbst bald keine »**Menschen**« mehr sind?

Eigentlich sollten *soziale Kompetenzen*, sprich, die Fähigkeiten, die nötig sind und dazu beitragen, sich in einer Gruppe einzugliedern und zurechtzufinden, im Elternhaus erlernt und vermutlich von Generation zu Generation weitergetragen werden. Ich habe aber bereits angeführt, dass die Kette der Informationsweitergabe unterbrochen wurde, nicht Eltern oder Großeltern den Kindern, sondern die Kinder den Eltern und Großeltern nun sagen, wie die Welt oder der DVD-Spieler funktioniert bzw. zu funktionieren hat! Den Eltern zu sagen, was »Sache« bzw. »Phase«[238] ist, das haben die Kinder sicherlich schon immer versucht, doch erst seitdem sie die sich rasant entwickelnde Technik besser beherrschen, als es ihre Eltern tun, kommen **wir** uns nicht nur mächtiger vor, nein, wir sind es zum Teil tatsächlich! Intuitiv und selbstverständlich gehen heutige »Kinder« mit neuer Technik um und tun das, wozu ein Erwachsener oft selbst nach stundenlangem Studieren der Betriebsanleitung nicht fähig ist! *Sie*(!?) beherrschen die Technik und somit die Grundlage dessen, was dem modernen »Menschen« erlaubt, sich in der »Matrix« ((s)einer »Natur«) zurechtzufinden!...

Erstmalig in der Geschichte sind »die Eier nun tatsächlich gescheiter als die Hennen« geworden, da *Sie*(!?), die Eier, nun besseres Wissen im Umgang mit den Maschinen besitzen! Ein gefährliches Spiel, da zum einen die, die wissen, welche Gefahren auftreten könn(t)en, nicht mehr ernst genommen werden und gegebenenfalls Einhalt gebieten können, und zum anderen die, die imstande sind, alles auf der Welt zu bedienen, nicht über die nötige Erfahrung verfügen, um weitreichende Probleme abschätzen zu können! Vielleicht war es ja die Umkehr der Informationsweitergabe und die daraus folgenden Gefahren für die Menschheit, wovor uns das vierte Gebot (»*Du sollst deinen Vater und deine Mutter ehren*«) zu schützen versucht hat!?

Dadurch, dass (unsere) Kinder heute vermehrt prägende Informationen (Wertvorstellungen und dergleichen) aus der elektronischen Welt beziehen und von der »Matrix« dahingehend erzogen werden, auch demgemäß zu (re)(a)gieren, könnte *man* fast zu dem Schluss kommen, dass wir, sofern wir nicht aufpassen, in Zukunft bald wirklich von einer Generation aus Androiden, also von menschenähnlichen Maschinen regiert und terrorisiert werden:

»*Als ich John mit der Maschine sah, war es auf einmal ganz klar. Der Terminator würde niemals aufhören, er würde ihn niemals verlassen. Und er würde ihm niemals weh tun, ihn niemals anbrüllen oder sich betrinken und ihn schlagen oder behaupten, er wäre zu beschäftigt und hätte keine Zeit für ihn. Er würde immer für ihn da sein, und er würde sterben, um ihn zu be-*

---

[238] »*Pha|se die; -, -n <gr.-fr.>:*

1. *Abschnitt einer [stetigen] Entwicklung; Zustandsform, Stufe.*

2. *(Astron.)*

a) *bei nicht selbst leuchtenden Monden od. Planeten die Zeit, in der die Himmelskörper nur z. T. erleuchtet sind;*

b) *die daraus resultierende jeweilige Erscheinungsform der Himmelskörper.*

3. *(Chem.) Aggregatzustand eines chemischen Stoffes (z. B. feste, flüssige Phase).*

4. *(Phys.) Größe, die den Schwingungszustand einer Welle an einer bestimmten Stelle, bezogen auf den Anfangszustand, charakterisiert.*

5. a) *(Elektrot.) Schwingungszustand beim Wechselstrom;*

b) *(nur Plural) die drei Wechselströme des Drehstromes;*

c) *(nur Plural) die drei Leitungen des Drehstromnetzes*«

schützen. Von all den möglichen Vätern, die während all der Jahre gekommen und gegangen waren, war diese Maschine, dieses Ding, der einzige, der den Ansprüchen gewachsen war. In einer wahnsinnig gewordenen Welt, war er ... die vernünftigste Alternative.« (272)

- Sarah Connor (alias Linda Hamilton) in *Terminator 2 – Tag der Abrechnung* (USA 1991)

Die künstlichen »Menschen« der allseits bestimmenden Geschäftswelt haben schon jetzt gelernt, uns (und vermutlich auch sich selbst) perfekt zu imitieren!...

Sie wissen ganz genau, wie wir funktionieren, und manipulieren uns deshalb in ihrem Sinne so, dass wir *ES* nicht einmal bemerken! Wir werden von ihnen gespiegelt, (fern)gesteuert und zum Kauf, einem Krieg, einem Geschmack, einer Meinung oder Unterschrift animiert und schreiben dabei alle unsere Entscheidungen, Handlungen und Gefühle uns **selbst** und unserem **eigenen**, scheinbar ach so **»freien« Willen** zu! Doch *ES* ist ein Wille, der schon im Vorfeld determiniert wurde und (mit)menschliche Authentizität und Ursprünglichkeit immer mehr vermissen lässt. Wer weiß, vielleicht ist es schon der Fall, vielleicht wird die ganze Welt schon längst von Maschinenmenschen, ja von »Agenten«, wie sie in marxistischen Theorien und interessanterweise auch im *Matrix*-Film auftauchen und in diesem auch nicht umsonst so genannt werden, regiert!? Die »Agenten«, die die freien **Menschen** verfolgen, »*entpuppen sich als Schutzprogramme der Matrix, die eine Flucht aus der Matrix verhindern sollen.*« (280) Neos Hauptgegner im Film ist Agent Smith, ein Stellvertreter für all die führenden Kapitalisten und Kosmokraten dieser, »unserer« Welt!

Ob die »Agenten« wissen, welchen immensen Schaden sie auf d(ies)er Welt anrichten und ob *Sie*(!?) überhaupt eine Ahnung davon haben, dass *Sie*(!?) »Agent(en)« sind, wage ich zu bezweifeln! Diese »Wesen« sind nämlich nichts weiter als Roboter, seelenlosen Apparate einer *schönen neuen Welt*, welche die Menschlichkeit aus profitorientierter Zweckmäßigkeit zwar erlernt und kopiert hat, sie aber nicht wirklich begreifen, l(i)eben und verinnerlichen kann. Jede x-beliebige Person, die der »*Matrix*« angehört, kann sich im Handumdrehen in einen »Agenten« verwandeln und so kann **jeder** von uns, ohne *ES* zu bemerken, **selbst** zu (s)einem »Agenten« werden! Womöglich sind Sie ja schon einer von denen!? Vielleicht hat der Kapitalist in Ihnen schon längst die Überhand gewonnen und erfolgreich den Idealist aus dem *Oval Office*[239] Ihres Oberstübchens verdrängt. Gehöre ich auch (schon) dazu? Bin ich (inzwischen) einer von denen?

---

[239] »*Das Oval Office ist das Büro des Präsidenten der Vereinigten Staaten von Amerika. Es befindet sich im westlichen Flügel des Weißen Hauses und hat seinen Namen von der ovalen Form des Raumes. Durch die ovale Form kann man bei Besprechungen allen Beteiligten in die Augen schauen und erhält sich trotzdem ein Kopfende, an dem der Präsident sitzen kann.*« (433)

Dem aufmerksamen Leser und Kinobesucher fallen bei der Vorstellung, dass es künstliche »Menschen« gibt, die ihrerseits gar nicht wissen, dass sie »Maschinen« sind, sondern fest daran glauben, echte **Menschen** zu sein, Parallelen zum Film *Blade Runner* aus dem Jahr 1982 auf. Sogenannte »***Blade Runner***« machen dort Jagd auf »*Replikanten*«, synthetisch hergestellte »Menschen«, welche nur daran zu erkennen sind, »*dass sie nicht das menschliche Vermögen der Empathie besitzen. Sie werden mit einem Gerät getestet, das emotionale Reaktionen überprüft. Die Brauchbarkeit dieses Unterscheidungskriteriums wird im Laufe des Films aber in Frage gestellt. Es sind die Menschen, die isoliert und gefühllos wirken, während die Replikanten Emotionen – Furcht, Zuneigung, Hass, Trauer – zeigen..*[...] *Da diese von der mächtigen Tyrell-Corporation hergestellten Androiden von Menschen äußerlich nicht mehr zu unterscheiden sind, jedoch über weit größere Kräfte verfügen als normale Menschen und im Laufe der Zeit eigene Gefühle und Ambitionen entwickeln, hat man ihnen eine Beschränkung der Lebensdauer auf vier Jahre eingebaut. Erinnerungen an eine real nicht existierende eigene Vergangenheit werden den Replikanten künstlich ›einprogrammiert‹, wodurch ihre geistige Gesundheit sichergestellt werden soll.*« (281)

Sie sollten sich später, insbesondere dann, wenn wir noch eingehender auf die **Vernunft** und den **Verstand** (vgl. Band 2, Kap. *Vernunft & Verstand*, S. 189/190) zu sprechen kommen, an den Film und die **vier Jahre Lebensdauer** der **Replikanten** erinnern! Denjenigen von Ihnen, die den Film nicht gesehen haben, sei nur gesagt, dass bis zum Schluss nicht ganz klar ist, ob der *Blade Runner* (Harrison Ford) selbst nicht auch ein Replika(n)t ist und so die Grenze zwischen »Mensch« und »Maschine« im Laufe der Zeit verwischt wurde!...

Neben den vielen biblischen Bezügen und Analogien zum Kapitalismus, der damit einhergehenden Paranoia, dem Misstrauen, der Kontrolle, der Macht und der ökologischen Veränderung wird im Film – der auf die literarische Vorlage des Romans *Träumen Androiden von elektrischen Schafen?* von Philip K. Dick aufbaut – unter anderem die (bio)ethische Frage aufgeworfen, ab wann *man* eine Existenz achten muss!? Schon heute wird an der »Schnittstelle« zwischen »Mensch« und »Maschine« herumgedoktert; es wird überlegt und ausprobiert, wie *man* den »Menschen« mit Hilfe von implantierten Geräten *effektiver* machen kann und wie diese »Maschinen« ganz natürlich vom menschlichen Gehirn und Rückenmark gesteuert werden können. Sie können sich sicherlich denken, dass Ethik für Studenten der Biotechnologie und ähnlichen Studienlehrgängen im besten Falle ein Wahlfach darstellt, und eben diese »Ethik« zum größten Teil eine reine Formalität derer darstellt, die sich zukünftig an der weiteren, künstlich herbeigeführten Evolution des »Menschen« beteiligen!...

Sollten wir es in naher Zukunft schaffen, die Grenze(n) zwischen »Mensch« und »Maschine« tatsächlich (weiter) zu verwischen, wird sich zeigen, wer in diesem Fall dann wen irgendwann einmal beherrscht! Der »Mensch« die »Maschine(n)« oder die »Maschine(n)« den – eventuell neue erfundenen[240] – »Menschen«? Denn bei allen Vorteilen, die die entsprechende Technik vielleicht mit sich bringt, gebe ich eines zu bedenken:

Ein Verfahren, welches uns biologischen Zugriff auf die technische Welt der Maschinen nehmen lässt, ist höchstwahrscheinlich **reversibel** d.h., **umkehrbar** – womit zum Beispiel durch einen technischen, biologischen und chemischen Vorgang zumindest ein »Auslesen« unserer Gefühle und Gedanken »maschinell« stattfinden könnte! In diesem Falle wäre uns die *Matrix* näher, als wir es je für möglich gehalten hätten. Wir würden uns mehr oder weniger »bewusst« einstöpseln und wären in Nullkommanichts in einer künstlichen Wirklichkeit, die uns realer erscheint als alles andere! Darüber hinaus würde uns diese synthetische Realität wahrscheinlich nach kurzer Zeit in dem Maße beeinflussen, dass nicht wir sie, sondern sie uns steuert! Auch wenn dies, wie ich meine, in gewisser Weise schon heute der Fall ist – denn nicht wir steuern die Technik, die Medien, die Wirtschaft oder den gesamten Fortschritt, sondern *ES* steuert uns – so ist die Vorstellung einer künstlichen Realität, die für uns wirklicher ist als die Wirklichkeit, in den Augen der meisten Menschen (noch) reine Utopie und – wenn überhaupt – in weit, weit entfernter Zukunft!...

Aber gerade was unsere Augen angeht, können wir diesen nicht (mehr) trauen! Nicht nur, dass die Medien uns nach allen Regeln der Kunst manipulieren, auch ist die Technik mittlerweile in der Lage, eine Verbindung zwischen realer und virtueller Welt herzustellen, wodurch sie für uns nur noch schwerer voneinander zu unterscheiden sind bzw. sein werden. Die Rede ist von sogenannten »***Augmented-Reality*-Techniken**«[241], durch die beispielsweise Computerbilder direkt auf unsere Netzhaut projiziert werden und diese künstliche Realität für uns so »wirklich« erscheinen lässt, als würden wir sie mit unseren **eigene** Augen sehen! »*Schon heute gibt es ›Retina-Display‹-Brillen, die Bilder mit einem Laserstrahl auf die Netzhaut zeichnen und passgenau über die Realität legen.*«, (282) heißt es in einem *GEO*-Artikel zum Thema *Internet-Rollenspiele* – wie *Second Life* eines ist! Dieses »Zweite Leben« ist im eigentlichen Sinn kein (Computer)Spiel, da es weder Gegner noch Punktestände oder ein vorgegebenes Ziel zu erfüllen gibt.

---

[240] Zur Erklärung: Der Mensch kann, entgegen unserer Vorstellung, vielleicht schon jetzt als Maschine, und die Maschine als Mensch gelten.

[241]»*Erweiterte Realität*

aus Wikipedia, der freien Enzyklopädie

Unter Erweiterter Realität (von engl. Augmented Reality, AR) versteht man die computergestützte Erweiterung der Realitätswahrnehmung. Diese Information kann alle menschlichen Sinnesmodalitäten ansprechen, häufig wird jedoch unter erweiterter Realität nur die visuelle Darstellung von Informationen verstanden. Es ist die Ergänzung von Bildern oder Videos mit computergenerierten Zusatzinformationen oder virtuellen Objekten mittels Einblendung/Überlagerung.« (471)

Jeder macht einfach nur das, was er will! Gegen eine monatliche Nutzungsgebühr wählt man sich einfach einen *Avatar*[242], d.h. eine beliebige virtuelle (Spiel)Figur aus, mit der sich's in der künstlichen Welt im wahrsten Sinne des Wortes »leben« lässt! Wie gesagt, dort, in der künstlichen Welt, is(s)t und tut »man« das, was »man« vielleicht schon immer mal sein und tun wollte – und da wir gerade von »Avatar« sprechen, komme ich natürlich nicht umhin auf den gleichnamigen Film *Avatar – Aufbruch nach Pandora* und seine hinter all den dreidimensionalen Spezialeffekten letztlich verborgene (öko)logisch-ethische(n) Botschaft(en) hinzuweisen. Wer den Film – so wie ich(!) – gesehen hat, sich an die Gaia-Hypothese von Lynn Margulis und James Lovelock erinnert (vgl. S. 86) und sich unser vergangenes und gegenwärtiges Verhalten bewusst macht; wer daran denkt, wie (blind) wir mit »*Eywa*« und unseresgleichen umspringen und uns dennoch (in) eine perfekte Harmonie wünschen, weiß (hoffentlich), wie ich das meine. Doch ich schweife mal wieder ab!?

»*Alles ist verkehrt 'rum. Da draußen ist die wirkliche Welt – und das hier drinnen ist der Traum.*« (13)
- Avatar – Aufbruch nach Pandora
(USA / UK 2009)

Das Geld, sogenannte »***Linden-Dollars***«, das »man« in der synthetischen Realität von *Second Life* verdient, kann mittlerweile in »reales« Geld getauscht werden, was, wenn man (engl. *man*) den gedanklichen Faden weiter spinnt, auch in Punkto Finanz- und Wirtschafts*system* die Grenze zwischen Traum und elektronischer Wirklichkeit zunehmend verwischen könnte. Noch steckt die Technik von *Second Life* und ähnlichen virtuellen Welten zwar in den Kinderschuhen, doch die Grundsteine für ein *Metaversum*, »*eine virtuelle Stadt von der Größe eines Planeten, bewohnt von 120 Millionen Avataren, auf der Suche nach Unterhaltung, Kontakten, Geschäften*« (283) wie es der amerikanische Science-Fiction-Autor Neal Stephenson bereits beschrieben hat, scheinen zumindest gelegt zu sein. Übrigens: Angewendet werden die *Retina-Display-Brillen* derzeit – teilweise experimentell – im medizinischen Bereich. Aber auch Automechaniker erproben diese Technik, die ihre Arbeit darin unterstützt, dass wichtige Informationen (z.B. Skizzen, Baupläne, Röntgenbilder) quasi direkt eingeblendet werden und man zur Informationssuche nicht mehr auf einen Monitor schauen muss. (284) Dass sich das Militär für diese doch überaus »*coole*« Technik interessiert, muss nicht extra erwähnt werden und dass solch ein Verfahren in Ver-

---

[242] »*Ein Avatar ist eine künstliche Person oder ein grafischer Stellvertreter einer echten Person in der virtuellen Welt, beispielsweise in einem Computerspiel.*
Das Wort leitet sich aus dem Sanskrit ab. Dort bedeutet Avatāra "Abstieg", was sich auf das Herabsteigen einer Gottheit in irdische Sphären bezieht. Der Begriff wird im Hinduismus hauptsächlich für Inkarnationen Vishnus verwendet.« (470)

bindung mit virtuellen Welten, wie sie bereits jetzt schon in immer realistischer werdenden Computerspielen zu finden sind, uns einmal die Welt des Cyberspace durch eine neuronale Schnittstelle wirklicher als die Realität erscheinen lässt, steht jedenfalls für mich außer Frage!

Sie werden vielleicht sagen, dass wir niemals einen derart realistischen »kybernetischen Raum« erschaffen werden und die Technik niemals den **Menschen** vollständig ersetzen oder gar kontrollieren wird!? Sie werden sagen, dass ein Computer niemals an den menschlichen Geist heranreichen, ihn ersetzen oder gar ein **Bewusstsein** hervorbringen kann!? In einem Auszug aus Gerhard Vollmers Buch *Auf der Suche nach der Ordnung*, kann man dazu allerdings lesen:

> »*Maschinenmodelle des Geistes hat es natürlich auch schon früher gegeben. Neu und kränkend ist vor allem die Tatsache, daß Maschinen nun wirklich Leistungen erbringen, die man früher als typisch menschliche, als geistige Leistungen angesehen hat und einer Maschine unter gar keinen Umständen zugetraut hätte.*« (285)

Das Computermodell des Geistes stellt nach Vollmer, seinen Quellen und Recherchen bereits die *siebte Kränkung der Menschheit* dar. Leider kann ich nicht auf jede seiner (an)erkannten *Kränkungen (der Menschheit)* eingehen, das werden Sie verstehen, doch wenn ich dieser Tage von der geplanten Entwicklung von sogenannten »**Quantencomputern**« höre, wird mir ehrlich gesagt etwas mulmig! Ich meine, ist unser Gehirn im »***Prinzip***« nicht ebenfalls so etwas wie ein »Quantencomputer«?[243] Na wie dem auch sei, nach der *achten*, der ***ökologischen*** *Kränkung*, welche in der Einsicht besteht, »*daß auch wir – die Menschen – in zahlreiche komplizierte Ökosysteme und damit letztlich in die gesamte Biosphäre eingebunden sind, daß wir von dieser Biosphäre entscheidend abhängen und daß wir doch zugleich unfähig sind, diese Systeme zu durchschauen, daß wir diese Systeme zwar beeinflussen können, aber weit davon entfernt sind, sie zu beherrschen.*«, (285) folgt die *neunte* und vermutlich letzte *Beleidigung*, die wir uns wie immer **selbst** zufügen werden: die ***neurobiologische***!

Ihr zufolge wird die Wissenschaft dazu in der Lage sein, Gehirne zu manipulieren! »*Der dualistisch verstandene ›Geist‹ oder die unsterbliche ›Seele‹ werden dabei noch mehr in Wohnungsnot geraten; vor allem aber könnte sich die Willensfreiheit, auf die wir uns so viel einbilden, als Illusion erweisen.*« (285)

Auch das ist eine ziemlich gruselige Vorstellung, meinen Sie nicht auch!? Aber zum Fürchten ist es schon zu spät, denn man könnte uns schon heute, wenn man

---

[243] »*Ein Quantencomputer bzw. Quantenrechner ist ein Computer, dessen Funktion auf den besonderen Gesetzen der Quantenmechanik beruht. Im Unterschied zum Digitalrechner arbeitet er auf der Basis quantenmechanischer Zustände, und die Verarbeitung dieser Zustände erfolgt nach quantenmechanischen Prinzipien.*« (434)

wollte, einfach so per Knopfdruck steuern! Sie fragen, wie? Na indem man auf das **Belohnungszentrum**, welches ich für das mächtigste Hirnareal des »Menschen« halte, **direkt** Einfluss nimmt!

»Glücksgefühl auf Knopfdruck
New Orleans, ebenfalls während der 50er Jahre: An der Tulane University Medical School führt der Wissenschaftler Dr. Robert Heath ein ähnliches Experiment durch: Er pflanzte 26 Patienten ebenfalls eine Elektrode in die betreffende Hirnregion. Sein Ziel: eine Heilung für schwerst depressive Patienten zu finden. Das Ergebnis: Aktivierte man die Elektrode, löste dies bei den Patienten spontanes Lachen aus. Sie empfanden ein Glücksgefühl, manche fühlten sich gar sexuell stimuliert. Das entdeckte Zentrum war das ›Belohnungszentrum‹« (286)

Glücklicherweise geht *man* bei »gesunden« Menschen (noch) nicht diesen technisch-direkten Weg, sondern versucht den Dopaminausstoß anderweitig auszulösen und kommerziell nutzbar zu machen. Hätte jeder »Mensch« allerdings wirklich so eine Taste implantiert, mit der er **selbst** das Belohnungszentrum aktivieren könnte, würde es uns sicherlich nicht anders ergehen als den Ratten, an denen man 1954 genau dies ausprobiert hatte! Das entsprechende Experiment habe ich bereits im Kapitel *Der Konsum als Droge Nr.1* (vgl. S. 251-252) beschrieben und möchte an dieser Stelle nur nochmals betonen, dass auch wir uns ausschließlich dieser Taste widmen würden! **Alles** und **jeder** andere würde für uns dadurch uninteressant werden. (Es ist unnötig, nochmals zu erwähnen, dass wir diese Taste im übertragenen Sinne bereits auf andere Weise drücken, wir uns und alles andere vergessen und dafür sogar gesundheitliche Schäden – bis hin zum Tod – in Kauf nehmen!)

Abgesehen davon, auch in Zukunft werden geschäftliche und wissenschaftliche Motive mit ethischen und religiösen Bedenken über die Richtigkeit menschlichen Eingreifens in die Natur kollidieren, und solange noch immer Mammon und nicht der gesunde, *natürliche* (Menschen)*Verstand* die entscheidenden K(n)öpfe wissenschaftlicher, politischer und religiöser Genies und Führer dieser Welt drückt, scheint der weitere Weg klar vorgegeben zu sein!? Wie Sie wissen, sind beispielsweise gentechnisch veränderte Organismen schon heute Realität und nicht nur im Bereich der Lebensmittel auf dem Vormarsch. Andernorts sind sie erschreckenderweise (fast) »normal«, und dass das Klonen von Lebewesen ähnliche physische Probleme hervorbringt, wie sie im *Blade Runner* Film zum Beispiel durch die geringe Lebenserwartung dargestellt wurden, zeigte spätestens 1996 das Klonschaf Dolly!...

Klar hat *man*(!?) ethisch und moralisch darüber diskutiert und überlegt, ob und wie es mit dem Klonen weiter gehen soll(te). Aber mal ehrlich, sobald etwas

Gras über die »Sache(n)« gewachsen ist, geht *man* doch wieder zum Alltag über, und wer weiß, was seither für schräge Experimente in so manchen unbekannten Laboratorien – hauptsächlich fürs Militär – gemacht werden!?...

Im Action-Spektakel *Die Insel* (USA 2005) werden menschliche Klone jedenfalls als l(i)ebende Ersatzteillager für Organverpflanzungen gezüchtet und wie Ware behandelt und in *Gattaca* (USA 1997) beherrschen in nicht allzu ferner Zukunft genmanipulierte, im Labor gezeugte »Menschen« die Welt, während die natürlich Geborenen keine Chance zum gesellschaftlichen und beruflichen Aufstieg haben. Dies sind vielleicht nur ein paar Science-Fiction-Filmchen, welche die Brisanz der Thematik teilweise verschleiern (sollen), aber nicht von der Realität, in der wir schon jetzt auf ähnliche, wenn nicht sogar gleiche Probleme und Entwicklungen stoßen, ablenken dürfen! Solange die tote Materie des Geldes und nicht die lebendige (Mit)Menschlichkeit die Welt regiert, wird sich die Kluft zwischen *kommerziellen* und *nicht-kommerziellen* Interessen weiter vergrößern! Deshalb wird »man« es auch in Zukunft zu verhindern wissen, solche Probleme und Fragen in breiter Öffentlichkeit zu diskutieren!

»*Jim, es passiert genau jetzt vor unseren Augen und wir sehen es nicht. Wir nehmen Maschinen und stopfen sie mit Informationen voll, bis sie smarter sind als wir. Nimm das Auto. Die meisten Männer schenken ihrem Auto in einer Woche mehr Liebe und Zeit und Geld, als sie ihrer Frau und ihren Kindern in einem Jahr zukommen lassen. Und was passiert bald darauf? Die Maschine fängt an zu glauben, sie sei jemand.*« (287)
- Ein toller Käfer
(USA 1969)

Möglicherweise wird es dem modernen »Menschen« aus reiner Macht- und Profitgier und dem daraus resultierenden Machbarkeitswahn – der dem der Erbauer des Turmes von Babel verdächtig nahe kommt – irgendwann einmal wirklich (wieder) gelingen diesen Turm zu Ende zu bauen!? Vielleicht schafft er es, indem er (diesmal) zum Schluss (s)ein **eigenes** Bewusstsein **künstlich** herstellt!?

Es ist anzunehmen, dass dies nicht wirklich gewollt sein kann und wird, sondern irgendwann als eher »zufälliges« Ergebnis immenser Wechselwirkungen zustande kommt. Im Film *Nummer 5 lebt!* aus dem Jahre'86 war es ein Blitz, der einen Roboter zum L(i)eben erweckt hat, und wer von uns kann denn schon mit Sicherheit ausschließen, dass wir, wenn wir alle unsere eigenen Bestandteile bis ins Kleinste künstlich nachgestellt haben, sie in einen Topf werfen, ein paar Mal umrühren und dabei denselben Wechselwirkungen aussetzen, denen wir ausgesetzt sind und waren, nach dreimaligen in die Hände klatschen und um die eigene Achse drehen nicht doch – durch »Zufall«? – uns selbst erschaffen,... und uns darüber hinaus vielleicht sogar noch verbessern!?

Bevor wir nun weiter fortfahren, möchte ich gewisse »Dinge«, die mir persönlich absolut notwendig erscheinen, um das Kommende zu begreifen, nochmals klarstellen bzw. zusammenfassen:

1. »**Gott**« entspricht meiner Auffassung nach nur **einem** »Ausdruck« für ein »*System*«, welches vergleichbar ist mit einem **Bewusstsein**! Um genauer zu sein, entspricht der Ausdruck »Gott« – oder von mir aus Allah, Manitu oder die entsprechende Bezeichnung in einer anderen Lehrmeinung oder Religion – »*einer unpersönlichen, außerordentlich wirksamen Kraft, die in allen Wesen, Dingen, Tätigkeiten und Erscheinungen enthalten ist, das heißt eine allen belebten und unbelebten ›Wesen‹ innewohnende, durchströmende, wenn man so will ›Zauberkraft‹!*«
   Anders, als *man* es (als Kind in der Regel) gewohnt ist zu glauben, ist »Gott« also nicht getrennt, nicht (nur) außerhalb von uns! »Gott« ist beispielsweise keine (**andere**) Person oder etwas in der Art. Vielmehr ist »Gott« in uns, durch uns – geht aus uns hervor und ist insofern sogar »nur« und gleichzeitig auch das »***Prinzip***«, d.h. die wesentliche Funktionsweise **(m)eines** und **Ihres** Bewusstseins, falls Sie verstehen!?
   Sie und ich sind (wie) »Gott« –
denn »Gott« und die »Welt« ist (wie) »wir«!
2. »Gott«, Allah und insbesondere Manitu ist – im Sinne der Cree Indianer – weder als positiv noch als negativ zu erachten. »Er« kann uns in ähnlicher Weise in Träumen erscheinen, wie es unser Unterbewusstsein (als Teil unseres Bewusstseins) zu tun pflegt:
   »Gott« ist (m)ein (luzider) »Traum«!
3. Ein »*Bewusstsein*« ist ein **offenes** »*System*« (von Wechselwirkungen), d.h., es tauscht sowohl Energie als auch Materie (bzw. Teilchen) mit (s)einer Umgebung aus, ist von innen wie von außen teils bewusst, teils un(ter)bewusst durch andere »*Systeme*« beeinflussbar, geht aus ihnen hervor und ist aufgrund eben dieser komplexen Charakteristik nicht **vollständig** greif-, darstell-, wahrnehm- oder berechenbar, sondern nur durch Modelle »approximierbar«, d.h., für uns »Menschen«, die – (insbesondere in ihrer Wahrnehmung) nun mal beschränkt sind – nur annähernd vorstellbar! »G…« ist daher weder mit Namen benennbar noch durch Zahlen, Formeln, Gesten oder Worte voll und ganz zu beschreiben oder anderweitig auszudrücken:
   »G…« ist (m)ein (un)bestimmtes Gefühl!
4. Unser »Bewusstsein«, »Gott« und das, was wir gemeinhin als »Seele« bezeichnen ist prinzipiell, d.h., vom wirkenden »***Prinzip***« her ein und dasselbe! *Sie*(!?) sind eine universelle Einheit und im Endeffekt ebenso wenig voneinander zu trennen, wie »*Es – Ich – Über-Ich*« oder die »*Heilige Dreifaltigkeit*«:
   »Gott« ist eines, allES und sogar noch etwas mehr bzw. weniger!

»Denn nicht Gott schuf den Menschen nach seinem Bilde, wie es in der Bibel steht, sondern der Mensch schuf, wie ich im ›Wesen des Christentums‹ zeigte, Gott nach seinem Bilde.«

- Ludwig Feuerbach

Gott ist **unser** Bewusstsein – das heißt sowohl das Bewusstsein von jedem einzelnen von uns als auch das von uns allen zusammen!...

Also ist Gott (m)**ein** Bewusstsein!!!

Ich weiß nicht, ob es nur für unsere Sprache gilt und manch einer wird sagen, dass es (k)ein »Zufall« ist, aber ist Ihnen schon mal aufgefallen, dass es im Deutschen keine Pluralform, keine Mehrzahl von »Bewusstsein« gibt!? Es gibt nur **ein** Bewusstsein! Wie alles andere existiert das große »Ganze«, das »eine« Bewusstsein oder wie immer *man* es nennen will, gleichwohl nicht ohne all die anderen, klein(er)en, ganzen und/oder fragmentiert(er)en »Götter«, mit denen es direkt und/oder indirekt, bewusst und/oder un(ter)bewusst in Verbindung steht.[244] Er, sie oder es, … das, was keinen Namen hat und nie einen haben kann, alles und nichts, überall und nirgends ist, ist (im »***Prinzip***«) schließlich das, was wir – *jeder einzelne und alle zusammen* – daraus mach(t)en und machen werden!

Gott ist unser Bewusstsein, und wer immer noch nicht an die Existenz Gottes glaubt und die obigen Punkte als zu verwirrend oder abgedreht empfand, beantwortet sich und mir bitte folgende Frage(n):

»*Haben* Sie ein Bewusstsein?«

Falls ja, »glauben« Sie, dass Sie eines *haben* oder »wissen« Sie, dass es so ist? Können Sie es mir denn beweisen, indem Sie beispielsweise ein Bild von Ihrem Bewusstsein malen? Können Sie Ihr Bewusstsein etwas **Direktes** tun lassen, was mich davon überzeugt, dass es existiert?

Wie man sieht, ist es völlig wurscht, ob Sie daran »glauben« oder nicht. Es ist egal, ob Sie »wissen«, dass es **Sie** gibt und Sie ein Bewusstsein *haben* oder nicht. Das Bewusst(e)*Sein* ist trotzdem da, selbst wenn *man* es nicht be- oder nachweisen kann und *ES* jeweils unterschiedlich stark ausgeprägt ist! Dennoch lohnt es sich, wie ich meine, darüber zu reden, zu diskutieren, es wachsen zu lassen und sich (weitere) Fragen zu stellen:

»Wo kommt Ihr Bewusstsein her, wo geht es hin, woraus besteht es, was macht es und (wie) funktioniert *ES* überhaupt? Ist Ihr Bewusstsein ›gut‹ oder ›böse‹? Was will es, Ihrer Meinung nach, von Ihnen? Will *ES*, wie Sie,

[244] Anm.: Umgekehrt gilt das natürlich genauso!

(über)leben und folglich *glücklich* und *zufrieden* sein? Können Sie denn wirklich (*glücklich* und *zufrieden*) *sein*, wenn Sie »böse« sind? Ja, und was ich fast vergessen habe, haben wir unser Bewusstsein eigentlich lieb, hassen wir es oder haben wir es etwa verdient – hat Ihr Bewusstsein **Sie** verdient, hat *ES* Sie lieb oder hasst *ES* Sie vielleicht?«

Ich kann mich nur wiederholen: (sich) fragen lohnt sich durchaus, wenngleich es natürlich anstrengend ist und es im Endeffekt, insgesamt, nichtsdestotrotz und wenn überhaupt immer nur vage, auf **menschlichen** Vermutungen, Ansichten, Meinungen, (un)bestimmten Gefühlen, … ja »Wahrscheinlichkeiten« beruhende Antworten zu geben scheint!...

Wenn es um uns, das heißt unser Bewusstsein geht, so ist offensichtlich nichts hundertprozentig, nichts absolut! **Alles ist relativ (wahrscheinlich)** und sowohl beim **Beweis** der **Existenz** als auch der **Motivation** unseres »Bewusstseins« und unserer »Seele« erkennen wir stets dieselben blöden Schwierigkeiten, die es beim **Beweis** der **Existenz** und der Summe der **Beweggründe** »Gottes« gibt!

Kein Wunder, all diese »Dinge« sind, wenn auch in unterschiedlich großen »*Systemen*«, vom grundlegenden »***Prinzip***« her ein und dasselbe und für uns »Menschen« größtenteils ziemlich undurchschaubar – und das insbesondere weil diese Gesetzmäßigkeiten mit unserem begrenzten Verstand aufgrund unserer begrenzten Wahrnehmungen nun mal schlecht zu (be)greifen sind! Als »Mensch« kann *man* sie sich, wenn überhaupt, nur annähernd vorstellen, ein Modell davon machen und sich nach reiflicher Überlegung gegenseitig beraten – wobei dann noch nicht einmal gesagt ist, dass alles auch genauso stimmt, wie wir es uns gedacht haben!

Gehen wir davon aus, dass Sie und ich ein »Bewusstsein« *haben* – anderenfalls könnten wir im Augenblick gar nicht darüber reden oder philosophieren – dann *besitzen* wir auch eine »Seele« (oder zumindest etwas in der Art) und wissen jetzt auch, dass es »Gott« gibt!!!

»*Cogito ergo sum*« – ich denke, also bin ich! Ansonsten gäbe es uns in der Form, in der wir existieren, also mit mehr oder weniger funktionierendem Bewusstsein und allem, was sonst noch so dranhängt und dazugehört, doch gar nicht!? Daraus lässt sich ableiten, dass wir, je mehr wir uns im Laufe unseres Lebens bewusst sind bzw. werden, je mehr wir begreifen, spüren und verinnerlichen, je mehr wir lernen, uns (selbst) also bewusst *sind* und »eins« mit unserem Bewusst*sein* werden, desto mehr eins werden mit »Gott« und dem »*System*«!

Bewusst sein heißt (wie) Gott sein!

Keine Angst, voll und ganz werden wir (uns) nie bewusst, nie »Gott« sein! Es wird und muss in der Unendlichkeit unseres eigenen (Bewusst)Seins immer etwas Un(ter)bewusstes geben, das das »*System*« (er)hält! Aber *man* kann es (bis zu einem bestimmten Grad) zumindest versuchen und hoffen, dass es einem irgendetwas bringt – zum Beispiel den entscheidenden Schritt (nach vorne)!

Unser Bewusstsein, das uns ab einem gewissen Zeitpunkt unserer Menschwerdung vermittelt, eine Person zu sein[245], entwickelt sich mit zunehmendem Alter weiter. Legt man bei der instinktiven Suche nach Gott also die anfängliche Beschränktheit eines Kindes zugrunde, so ist es kein Wunder, dass man (engl. *man*) sich Gott lange Zeit als Person, ja sogar als alten Mann mit Bart vorgestellt hat und dies nun, da wir erwachsen(er) geworden sind und uns scheinbar (weiter)entwickelt haben, nicht mehr (so häufig) tut bzw. tun!

Aus der Sicht eines kleinen Kindes ist wohl kein **Mensch** besser geeignet uns Ratschläge zu erteilen als unser eigener Großvater. Er ist jemand, der schon alleine durch sein biologisches Alter die meisten Erfahrungen gesammelt hat und folglich wissen sollte, wovon er spricht! Er hat(te) genügend Zeit über sich und die Welt nachzudenken und nicht umsonst werden in Naturvölkern heute noch die Ältesten als die Weisesten ihres Stammes angesehen!...

In dieser Tradition verfügt wohl auch in unserer »zivilisierten« Vorstellung der Großvater – und in einer nicht ganz so patriarchalischen Gesellschaft die Großmutter – über das differenzierteste Bewusstsein einer Sippe. Da die Alten und Ältesten bei uns gegenwärtig aber zunehmend an Bedeutung verlieren, kaum mehr etwas zu sagen oder zu bestimmen haben, sondern so gut es geht vom gesellschaftlichen Leben ausgesperrt werden, sieht die Sache heute und in Zukunft etwas anders aus! Es kommt sicherlich nicht von ungefähr, dass ich persönlich »Gott« – zumindest teilweise – physikalisch zu erklären versuche, anstatt ihm in meiner Vorstellung das Aussehen (m)eines Opas zu verleihen. Denn die Wissenschaft und Technik spielt in den Industrienationen – was den formenden Einfluss auf die Gesellschaft angeht – längst eine tragendere Rolle, als wir es wahrhaben wollen! Sie, die Technik, hat die Ältesten und Weisesten (m)eines Stammes in ihrer erziehenden Funktion für den Nachwuchs größtenteils ersetzt und uns, die (Ur)Enkel, von sich abhängig gemacht!

An dieser Stelle möchte ich kurz noch einmal darauf zurückkommen, dass »**Gott**«, wenn überhaupt, von uns wahrscheinlich viel eher als **Frau** denn als Mann, viel eher als (Groß)**Mutter** denn als (Groß)Vater angesehen werden sollte! Alleine die patriarchalische d.h., die »*als Mann seine Autorität (bes. im familiären Bereich) geltend machende Ausrichtung*« der christlichen Religion(en) hat wohl zu dem uns bekannten Bild geführt und darüber hinaus – wie es in der

[245] Anm.: Das *Ich-Bewusstsein* entwickelt sich ungefähr um das zweite Lebensjahr herum, wenn das Kind sich selbst im »Spiegel« erkennt! (Vgl. *Spiegel* 20/20007, S.46)

Bibel sogar heißt – die Frau dem Manne untertan machen wollen. Dabei ist es, wie immer, ratsam, jemanden ausreden zu lassen, bzw. ein Buch bis zum Ende zu lesen! Ich zitiere Martin Wagner, der ins Internet geschrieben hat: »*Oft wird behauptet, der Gott der Bibel sei Frauen gegenüber intolerant und würde sie unterdrücken. Dabei wird in der Regel der Satz ›Das Weib sei dem Manne untertan‹ (z.B. Epheser 5, 22) zitiert. Wer hier aber stehen bleibt, der liest nur die halbe Wahrheit. Paulus sagt in Epheser 5,25: ›Ihr Männer, liebet eure Frauen, gleichwie auch Christus geliebt hat die Gemeinde und hat sich selbst für sie gegeben...‹ Und Vers 28: ›So sollen auch die Männer ihre Frauen lieben wie ihren eigenen Leib‹.*« (288)

Was die Rolle der Frau in der Bibel angeht, so haben Sie sicherlich bemerkt, dass auch ich Dan Browns Buch *Sakrileg* gelesen und den dazugehörigen Film gesehen habe, was aber nicht davon ablenken sollte, dass wir uns gemäß der Bibel (Ex 20, 4-5) eigentlich kein Bild und auch kein Gleichnis von »G…« machen sollen! In den *Zehn Geboten*, so wie sie offenbar von »Gott« an Moses am Berg Sinai übergeben wurden, steht geschrieben: »*Du sollst dir kein Gottesbild machen und keine Darstellung von irgendetwas am Himmel droben, auf der Erde unten, im Wasser unter der Erde. Du sollst dich nicht vor ihnen niederwerfen ...*« (Ex 20, 4-5). Laut Fromm hat das unter anderem damit zu tun, dass Gott kein Götze ist, dem wir uns bedingungslos unterwerfen soll(t)en! Und da Gott kein Götze ist und es das Wesen eines Götzen nun mal unter anderem ausmacht, einen Namen zu haben, hat Gott gemäß seinem Wesen eigentlich nicht einmal einen Namen: »*Nur Götzen haben Namen, weil sie Dinge sind.*« (289) Gott ist aber kein »Ding«, das zeitlich und räumlich in sich (ab)geschlossen ist – darin sind wir uns doch hoffentlich einig!(?) Gott ist (wie) unser Bewusstsein bzw. unser Bewusstsein ist (wie) Gott, also nicht etwas, das seine endgültige Form bereits erreicht hat!

»Gott« ist (m)ein lebend(ig)er Prozess,
ein in jeglicher Hinsicht offenes »*System*«!

Da es aber relativ schwierig ist, (gem)einsam über oder von etwas zu sprechen, das gar keinen Namen hat, und »G…« sich darüber hinaus größtenteils unserer **bewussten** Wahrnehmung entzieht, entschuldigen Sie bitte (m)eine enorme Blasphemie! Um Ihnen und mir (m)eine Welt etwas näher zu bringen, habe ich das Ungeheure dennoch versucht und mir verbotenerweise doch ein Bildnis oder zumindest eine grobe Vorstellung von »G…« gemacht!...

Selbstverständlich handelt es sich hierbei, das heißt bei **meinem** »Götzen«, (auch) nur um ein unzureichendes Modell bzw. ein Gleichnis, und so wie jeder andere werde auch ich es deshalb nicht schaffen, Gott bzw. (m)ein Bewusstsein (vollständig) zu beschreiben! Dafür reichen unsere Worte – die im »***Prinzip***« doch auch nur (materielle) »Dinge« beschreiben – einfach nicht aus! Oder haben

Sie (sich) jetzt, nachdem Sie Zeit hatten und etwas darüber nachgedacht haben, etwa wirklich ein Bild von einem bzw. Ihrem Bewusstsein »gemalt«, es in Worte gefasst oder zumindest ein Bild von »Gott« oder einem dementsprechenden »Bewusstsein« in der guten alten Glotze oder sonst irgendwo gesehen? Ich jedenfalls nicht!...

Das ist kaum verwunderlich, denn wie Sie wissen, gehe ich sogar noch einen Schritt weiter und behaupte, dass »Gott« nicht nur (m)ein »Bewusstsein« ist, sondern dessen »***Prinzip***«! »Gott« ist also **wie** unser »Bewusstsein«, das heißt, »***Gott***« ist das übergeordnete »***Prinzip***« unseres Bewusstseins und bezieht unser Un(ter)bewusstsein – also all jenes, was wir nicht einmal in unseren wildesten Träumen oder sonst wie oder wo un(ter)bewusst wahrnehmen und infolgedessen (für uns) gar nicht wirklich existiert – mit ein!!!

Da der »Mensch« sich aufgrund seiner psychischen, emotionalen und physischen Begrenztheit »Gott« nicht vorstellen kann (Wie soll *man* sich denn auch etwas Un(ter)bewusstes vorstellen, ohne dass es einem bewusst wird!?) und das zugrunde liegende »***Prinzip***« unseres Bewusstseins somit sogar noch schlechter verständlich, geschweige denn dar- oder vorstellbar ist, kann man im Johannes Evangelium (Kapitel 1) womöglich auch lesen: »*Im Anfang war das Wort, und das Wort war bei Gott, und Gott war das Wort.*«…

Diese zugegebenermaßen etwas verwirrende Aussage, gepaart mit Luhmanns These, dass »*soziale Systeme ausschließlich aus Kommunikation bestehen (nicht aus Subjekten, Akteuren, Individuen o.ä.)*« (vgl. S. 402) unterstreicht insgesamt den sich natürlich entwickelnden Wechselwirkungscharakter eines (sozialen) Bewusstseins, wie dem unsrigen! Denn unser wachsendes Bewusstsein entspricht im Grunde einem inneren Gespräch, einem inneren Monolog, mit welchem im Übrigen unser Gehirn größtenteils und un(ter)bewusst beschäftigt ist!

Unser (Bewusst)Sein, welches u.a. aus unseren Körperzellen hervorgeht und vielleicht jede einzelne von ihnen, ohne dass wir davon etwas bewusst mitbekommen, zu Wort kommen lässt, redet die ganze Zeit mit keinem anderen als mit sich **selbst**! Da einem dabei aber nur selten jemand widerspricht und das auf die Dauer ganz schön langweilig wird, redet es – indem es uns »bewusst« wird – auch ab und zu mit uns und der uns umgebenden Welt, mit der es dann ein **soziales** »*System*« (vgl. Luhmann) bildet bzw. dieses zumindest versucht!...

Tja, ich hoffe, Sie konnten mir bei alldem (halbwegs) folgen, denn für mich fügt sich alles zusammen und passt wie die Faust aufs Auge! Und wenn es nicht passt, dann – na, Sie wissen es schon – wird's eben passend gemacht! In diesem – an das bewusste gewordene Sein des Menschen – angepassten Sinne verstehen sich im Übrigen auch die **ursprünglichen** *Zehn Gebote:*…

Sie erinnern sich, im hebräischen Text heißt es offenbar »Du **wirst** (nicht)….« statt wie heute gelehrt »Du **sollst** (nicht)…!«. Angefangen werden die Gebote in der Bibel, oder genauer gesagt im Zweiten Buch Moses (Exodus), des Weiteren mit den Worten »*Ich bin der HERR, dein Gott, der ich dich aus Ägyptenland, aus der Knechtschaft, geführt habe* …usw. ... bla, bla.«…

Nehmen wir das Ganze einmal nicht so wörtlich, dann bedeutet das doch, dass Gott uns aus einer Knechtschaft befreit hat, wie im Grunde genommen unser wachsendes Bewusstsein es versucht. Es befreit uns zunehmend von den einfachen Bedürfnissen, Grenzen und Fähigkeiten eines Säuglings. Erst nachdem wir die Zwänge unserer kindlichen Abhängigkeit abgelegt haben, sind wir frei, können entscheiden und sind in der Lage – sofern wir wollen und die Kraft dazu aufbringen –, unsere Triebe größtenteils zu kontrollieren! Denn wir haben diese Triebe und uns selbst erkannt! Wir »**wissen**«, dass wir keine Säuglinge mehr sind, sondern zu »mehr« wurden!...

Gehen wir nun noch davon aus, dass Gott in Form unseres Bewusstseins uns alle im simpelsten Fall einfach nur solange wie möglich am Leben halten will, dies mit anderen Worten dem »Sinn« (s)einer Existenz entspricht und Gott uns ein Mindestmaß an bewusster **Vernunft** und entsprechendem **Verstand** zuspricht, so ist es nur verständlich, dass es heißt: »Du **wirst** nicht töten, lügen, stehlen, begehren, etc …«. Denn nachdem wir uns selbst erkannt haben und verstehen, dass alles in einem »*System*« aufeinander angewiesen ist und voneinander abhängt, können wir unmöglich so bescheuert sein und gegen die *Zehn Gebote* verstoßen!?

»Du *wirst* (nicht) …« setzt, im Gegensatz zur Befehlsform »Du *sollst* (nicht) …«, einen Entwicklungsstand mit einem (Ge)Wissen voraus, das verhindert, das wir uns **bewusst** selbst eine rein hauen, zum Spaß gar ins eigene Fleisch schneiden oder wissentlich selbst den Ast absägen, auf dem wir gerade sitzen! Ob wir diesen Entwicklungszustand bereits erreicht haben, überlasse ich Ihnen, aber es ist der humanistische Glaube an den **Menschen** und dessen Fähigkeit, dass er, nach einer gewissen Form der reifenden Bewusstwerdung, statt den schlechten viel eher den guten, wenn auch beschwerlicheren Weg für sich erkennt und wählt! Und das lässt die (bl)öden *Zehn Gebote* in ihrer sprachlichen Befehlsform (»Du sollst nicht ...!«) überflüssig erscheinen. Denn jeder von uns »glaubt« letztlich nicht, sondern **weiß** tief in sich drin schon längst, was *langfristig* »**gut**« (für ihn) **ist**! Unser Bewusstsein zeigt dem **erwachsenen Menschen** einen Weg, um **friedlich** und zum **eigenen** Vorteil – durch den Vorteil aller – leben zu können! Doch wie erwachsen ist *man* im Augenblick wirklich?

Dazu ein kleines Gedankenexperiment:

Denken Sie nach! Würden Sie jemanden umbringen, nur weil Sie vom *fünften Gebot* noch nie etwas gehört hätten? Würden Sie, von sich (**selbst**) aus, lügen, stehlen und betrügen? Oder könnten Sie, aus Ihrem **eigenen** Verständnis für sich heraus, einfach aufhören zu begehren? Ohne Ihnen nahe treten zu wollen, aber lässt man unsere Erziehung und Repressalien – die wir in Form von Strafe für ein falsches Verhalten zu fürchten haben – außen vor, dann würden unter anarchischen Bedingungen höchstwahrscheinlich nur sehr wenige von uns aus **eigener** Kraft, also aus sich (**selbst**) heraus, zu der Erleuchtung gelangen, die »**eigenen**« Gebote zu befolgen! Wir würden töten, lügen, stehlen und die tierische Sau rauslassen – denn von Haus aus sind wir eben (noch) nicht Herr im selben und solange wir das nicht (freiwillig) sind oder werden, brauchen wir mahnende Gesetze und Gebote! Ohne die und ohne entsprechende Strafe(n) würde der weit größere Teil von uns, mit uns und in uns tun, was *ES* will!

Die derzeitigen gesellschaftlichen Zustände – meiner Meinung nach sind diese maßgeblich auf eine *laissez-faire*[246] Erziehungsbewegung zurückzuführen – und die unendlichen Grausamkeiten, welche in einem Krieg auf **jeder** Seite begangen werden, zeigen eindrucksvoll, wie wenig wir »Menschen« doch begriffen haben. Es zeigt, wie sehr wir immer noch entmenschlichte Tiere sind und wie wir, ohne eine Art der richtungweisenden Führung, mit offenen Augen weiterhin im Dunkeln (auf der Stelle) tappen!...

Solange der Entwicklungsstand des Menschen, unabhängig vom physiologischen bzw. biologischen Alter, über das geistige und emotionale Bewusstseinspotenzial eines pubertierenden Jugendlichen oder dem eines Kleinkindes nicht hinausgeht, ist es leider kaum zu erwarten, dass er das, was »**gut**« (für ihn) **ist** und über die bloße Bedürfnisbefriedigung hinausgeht, selbstständig und ohne Hilfe erkennt. Der un(ter)bewusste »Mensch« braucht Grenzen und Regeln, welche das verdeckte »Gute«, das in ihm steckt, legitimiert und im Vergleich zum verführerischen »Bösen« als besser und, im optimalen Fall, als *langfristig* lukrativer erscheinen lässt!

Das Kind liebevoll vor sich selbst zu beschützen, ja, sich (selbst)bewusst vor sich selbst zu beschützen ist ein guter Weg aus (s)einem kindlichen Zustand auszubrechen. Es ist der Weg, um (mit)menschlicher – um erwachsen(er) zu werden! Wie gesagt, nur wenigen »Menschen« ist es vergönnt, quasi aus sich selbst heraus zu dieser Erleuchtung zu gelangen. Doch wir alle haben das Potenzial dazu – wir alle können (uns) bewusst(er) werden! Der Weg ist das Ziel, welches wir nur erreichen, wenn wir ihn – ab einem gewissen Zeitpunkt unserer Entwicklung – **alleine** gehen! Dass wir unter straffreien Bedingungen und in (vermeintlich) unbeobachteten Momenten allerdings und bekanntermaßen »Dinge« tun, die alles andere als ethisch, moralisch und im echten Sinne menschlich

---

[246] »***lais|sez faire***, *laissez aller, auch: lais|sez pas|ser:*

1. *Schlagwort des wirtschaftlichen Liberalismus (bes. des 19. Jh.s), nach dem sich die von staatlichen Eingriffen freie Wirtschaft am besten entwickelt.*

2. *Schlagwort für das Gewährenlassen (z. B. in der Kindererziehung).*«

(korrekt) wären, zeigt nur zu gut, wie sehr wir doch noch immer vom bewussten Sein und der vorausgehenden Bewusstwerdung entfernt sind. Es zeigt, wie sehr wir noch immer einer Institution, Person oder sonst irgendetwas bedürfen, die uns – ohne zu übertreiben und ihre Macht zu missbrauchen – auf der Suche nach dem »(r)echten«[247] Weg unterstützt!

Wenn wir allerdings erkennen und spüren, dass es einen **guten** »Gott« geben muss, einen »Gott«, der will, dass wir alle zusammen möglichst lange auf diesem Planeten leben und uns diesem »Bewusstsein« sowohl individuell als auch kollektiv »gewahr« werden, so bräuchten wir in der Tat keine Gesetze, Personen oder Institutionen mehr! Wir würden tatsächlich erkennen, dass extreme Handlungen auf Kosten anderer in einem **wechselwirkenden** »*System*« – in welchem eines von allem und alles von einem (Einzelnen) abhängt – selbstzerstörerisch und somit für unser **eigenes** (Über)Leben ziemlich dumm wären!

Unter diesem Aspekt verstehen Sie jetzt vielleicht, warum Humanisten wie Erich Fromm oder Buddha so viel Wert auf die **Selbsterfahrung** legen. Denn je mehr wir es schaffen, uns selbst bewusst bzw. gewahr zu werden, es schaffen, uns zu konzentrieren und **selbst** zu erfahren, desto eher werden wir eins sein mit »Gott«! Wir werden sein **wie** Gott!

»Wie wird *man* (sich) (selbst) bewusst(er)? Wie wird *man* (wie) Gott?«, könnten Sie sich nun fragen!? Nun ja, bewusstes Atmen scheint dazu schon mal ein guter Anfang zu sein. Es gibt aber sicherlich noch viele andere, weitreichendere Arten der Bewusstseinsfindung, welche von besagtem »Luft holen« über tiefergehende Meditation bis hin zur Psychoanalyse reichen. Ich persönlich praktiziere außer einer vorübergehenden Bewusstmachung meiner In- und Exspiration aber keine davon, bin also noch ziemlich weit entfernt von dem, was man »Nirwana« nennt! Dennoch stelle ich mir in letzter Zeit öfters die Frage, warum ich das eine oder andere mache, lasse, (scheinbar) brauche, denke und fühle. Ich versuche mir die Welt und mich **selbst** zu erklären, zu verstehen und zu begreifen, warum wir »Menschen« so handeln, wie wir handeln und so sind, wie wir eben sind!...

Vom echtem »Gewahrwerden« bzw. »zu sich (**selbst**) kommen« ist – zumindest bei mir – aber noch lange nicht zu sprechen und da jeder von sich (selbst) ausgeht, bezweifle ich, dass die **gesamte** Menschheit jemals zu einem vollen Bewusstsein gelangen wird! Wahrscheinlich braucht es dies aber auch gar nicht. Wahrscheinlich reicht es aus, auch hier die »***goldene Balance***« zwischen dem bewussten und dem un(ter)bewussten Sein zu finden!

Um diesen Ausgleich zu erreichen, sollten wir uns – nur um ein Beispiel zu nennen – die *Zehn Gebote* wieder regelmäßig(er) bewusst machen. Wir sollten sie uns ins Gedächtnis rufen, denn alleine das Rekapitulieren dieser »Aufforde-

[247] Anm.: Nicht politisch gemeint!!!

rungen« bzw. das Denken und Erinnern an eine **moralische** Instanz fördert nachweislich unser **ethisches** Verhalten![248] Von nun an dürfen wir die »göttlichen« Weisungen aber nicht mehr als dogmatische Gesetze betrachten. Sie sind keine Regeln, die für uns keinen (r)echten Sinn ergeben, die wir aber dennoch zu befolgen haben, nur weil uns irgendein stärkerer, **scheinbar** Erwachsener(er) dazu zwingt! Sehen Sie sie im Ganzen vielmehr als einen einzigen *kategorischen Imperativ* an, d.h., ein *»unbedingt ethisches gültiges Gesetz, ein Pflichtgebot«,* welches aus unserem ursprünglich(st)en Bewusstsein und dem ureigen(st)en, bei jedem Lebewesen vorhandenen, aber meist un(ter)bewussten Wissen um die Funktionsweise(n) der Erde entspringt. Es sind die bereits angeschnittenen ***autonomen*** **Restriktionen** (vgl. S. 303/304), von uns **selbst** (und keinem sonst) auferlegte Regeln, welche wir als besten Weg erkannt haben, um als Einzelnes im Ganzen und durch das Ganze als **Menschen** überleben zu können! Die *Zehn Gebote* wären demnach nichts weiter als bewusst gewordene und verinnerlichte *Naturgesetze*, deren jeweilige Formel zwar etwas komplizierter anmutet als $F = m \cdot a$, die aber ansonsten viel einfacher zu begreifen sind!

Die Antworten auf alle unsere Fragen sind – wie ich meine – schon längst da. Wir müss(t)en uns nur die Mühe machen, sie zu erkennen; müss(t)en es schaffen, die ***weit geschlossenen Augen*** zu öffnen und uns trauen – aus der Höhle zu kommen um das Licht d(ies)er Welt zu sehen! Bevor ich nun aber mit einem zu erwartenden »Amen« schließe, möchte ich an dieser Stelle noch einen kurzen Absatz aus Hermann Hesses Buch *Eigensinn macht Spaß* zitieren! Vieles von dem, was Sie von mir hören oder bereits gehört haben, werden Sie – das musste ich teils mit Entzücken, teils mit Erschrecken feststellen – bei Hesse in »ähnlicher« Weise (wieder)finden. Ich muss zugeben, ich habe noch nicht viel von Hermann Hesse gelesen und manches davon ist mir schlichtweg zu hoch. Dennoch fühle ich mich ihm auf eine eigenartige Weise verbunden und so ergibt es – eventuell nicht nur – für mich einen Sinn, wenn er schreibt:

> *»Jeder von uns muß für sich selber finden, was erlaubt und was verboten – ihm verboten ist. Man kann niemals etwas Verbotnes tun und kann ein großer Schuft dabei sein. Und ebenso umgekehrt. – Eigentlich ist es bloß eine Frage der Bequemlichkeit! Wer zu bequem ist, um selber zu denken und selber sein Richter zu sein, der fügt sich eben in die Verbote, wie sie nun einmal sind. Er hat es leicht. Andere spüren selber Gebote in sich, ihnen sind Dinge verboten, die jeder Ehrenmann täglich tut, und es sind ihnen andere Dinge erlaubt, die sonst verpönt sind. Jeder muß für sich selber stehen.«* (290)

- Hermann Hesse

»Amen«

---

[248] Vgl. Dan Ariely: *Denken hilft zwar, nützt aber nichts.* München 2008. ISBN: 978-3-426-27429-3

Gott 3.0

»Der Mensch, der versucht, wie Gott zu sein, ist ein offenes System; er nähert sich Gott an; der Mensch, der sich Götzen unterwirft, ist ein geschlossenes System und wird selbst zu einem Ding.« (291)
- Erich Fromm

Der Mensch ist bestimmt kein Gott, aber er ist **wie** Gott – das wissen Sie jetzt!(?) Er, der **Mensch**, trägt den »lebend(ig)en« bzw. »lieben(den)« Gott und seine Prinzipien und Axiome in sich, so wie er die Welt und die **gesamte** Menschheit mit all ihren Unzulänglichkeiten und Fähigkeiten in sich trägt! Selbst wenn der Mensch noch immer den Fehler macht und dazu tendiert, sich den von ihm selbst produzierten Götzen (z.B. Geld, Statussymbole, Konsum, Ruhm, Macht; aus Dreck, Holz, Gold, Eisen oder Metall gefertigten Idolen und/oder Maschinen usw.) zu unterwerfen und diese in der Regel auf die eine oder andere Art »anbetet«, so ist die Menschheit und mit ihr jeder einzelne »kleine« Mensch aus dem simplen Grunde, dass er »Gott« in sich trägt, d(enn)och fähig (zumindest) potenziell »Gott« zu werden!...

Sollte der »**Mensch**« aber tatsächlich einmal den entscheidenden Schritt nach vorne machen und wirklich »**Gott**« werden bzw. sein, und sollte er weiter dazu in der Lage sein, sich außerhalb der Natur bzw. der natürlichen Fortpflanzung komplett (also mit funktionierendem Bewusstsein und allem, was dazugehört) reproduzieren zu können und darüber hinaus fähig sein, (s)ein Leben auf über 120 Jahre verlängern zu können, dann gibt es den **erwachsenen Menschen**, so wie wir ihn kennen, vermutlich nicht mehr! Wie es aussieht, ist es dann nämlich nicht der l(i)ebende und sich **selbst** bewusst gewordene **Mensch**, sondern die **Technik**, die es uns ermöglichen wird, all das Menschenunmögliche zu erreichen! Nicht wir selbst, sondern die Technik lässt uns demnach glauben, (wie) »Gott« sein zu können!...

Aber das ist ein Irrtum, und zwar ein gewaltiger, denn kein (mit)menschlicher, kein lebend(ig)er bzw. lieb(end)er Gott ist es, den wir *er*schaffen und für uns *ge*schaffen haben. *ES* ist nicht das Spiel des Lebendigen, sondern das des *langfristigen* Todes, das wir im Augenblick auf dieser Welt gerade »spielen«. *ES* ist ein »Ding«, eine seelenlose »Sache«; *ES* ist die Liebe zum Toten und nicht die zum Lebendigen, die uns derzeit antreibt und es uns durch die unendliche Erleichterung des Alltages zunehmend schwerer macht, (mehr) zu *sein*!...

Wir können nur *sein*, was wir aus **eigener** und nicht aus fremder Kraft (geschafft) *haben*! Aber wie wollen oder sollen wir denn die Welt beherrschen, wenn wir es bis jetzt nicht einmal geschafft haben, uns (selbst) zu beherrschen?... Gar nicht! Und so wird, ohne es zu bemerken, der **Mensch** durch den von ihm künstlich geschaffenen »Gott« der nicht enden wollenden *Befriedigung* einmal vollständig entmenschlicht und letztlich durch diesen dämlichen Götzen ersetzt werden!...

Kurzum:

Weil er es nicht (mehr) muss, verliert der **Mensch** durch die ihn überholenden (technischen) **Möglichkeiten** (s)eine ihn ausmachende und innewohnende Fähigkeit, (s)ein zum (Über)Leben ausreichend selbstbestimmtes, (mit)fühlendes **Wesen** zu sein! *Man* will schließlich **all***ES* und noch viel mehr und richtet sich dadurch zu Grunde, dass *man* aufgrund der zunehmend (lebens)wichtiger erscheinenden Jagd nach *Befriedigung* – die kein festes Ziel, sondern nur die **eigene** stetige Steigerung kennt – sich selbst und seinen »Begabungen« immer fremder, d.h. unbewusster wird! Man (engl. *man*) wird und ist sich im Endeffekt selbst immer weniger bewusst und (a)giert[249] danach und dementsprechend!....

Tja, und ohne (s)ein Bewusstsein verliert der **Mensch** womöglich einmal das Potenzial, so **wie** Gott zu sein!? Auf die etwaige Frage, warum dies so ist und warum die Technik die Menschheit in Zukunft auf der Stelle treten und möglicherweise sogar degenerieren lässt, habe ich unter anderem im Kapitel *(Wirtschaftliche) Beschleunigung – eine Parabel* ansatzweise geantwortet. Ich komme aber später nochmals darauf zurück! Bis hierhin nur so viel:

Auch Marx wollte den Menschen nicht zu (einem künstlichen) Gott machen und Fromm macht die moderne Industrialisierung dafür verantwortlich, dass genau dies geschieht:

> *»Seit der Mensch die Geheimnisse der Natur kennt, fühlt er, allwissend zu werden; und mit der Beherrschung der Natur will er allmächtig werden. Der Erschaffung der Natur durch Gott folgt eine Erschaffung der* ***zweiten*** *Natur durch den Menschen. Die Ablehnung Gottes hat die Erhöhung des Menschen zur Folge, mit der er die Rolle Gottes übernimmt. Dieser Vorgang ist als solcher nicht bewußt.«* (292)

Der Beweis für (m)eine These, dass »Gott« einem Bewusstsein entspricht usw., wird möglicherweise in nicht allzu ferner Zukunft tatsächlich erbracht werden. Denn falls es uns wider Erwarten, also quasi aus Versehen, einmal gelingen sollte, ein Bewusstsein »künstlich« zu (er)schaffen, dann hätte sich unser **eigenes** Bewusstsein im synthetisch hergestellten »Menschen« einmal mehr selbst erhalten, erneuert und versucht, sich zu verbessern! Auf perverse, unnatürliche – denn auf eine von der Natur abgekoppelte – Art hätte unser Bewusstsein somit gezeigt, dass es lebt!...

---

[249] »***agie|ren*** *<lat.>:*
a) *handeln, tun, wirken, tätig sein;*
b) *[als Schauspieler] auftreten, eine Rolle spielen«*

Das tut *ES*, d.h. unser Bewusstsein im Übrigen sowieso! Nein, ich meine jetzt nicht unbedingt leben oder lieben, sondern sich »(ver)bessern«! Indem wir uns nämlich auf **natürliche** Art biologisch fortpflanzen, versuchen wir, unsere Erbanlagen zu erhalten, uns neu zu (er)finden und inklusive dem Bewusstsein als »*Gesamtsystem*« zu (ver)bessern. Falls wir es aber schaffen, uns ohne einander zu brauchen, tatsächlich fortzupflanzen, neu zu erfinden und zu (ver)bessern, würde eine jungfräuliche, noch nie da gewesene neue Ära anbrechen! Durch diese quasi »jungfräuliche Geburt« – sie ist ein Mythos in verschiedenen Religionen – hätten wir uns tatsächlich von dem »*System*« der Natur und somit von dem »*System*«, in dem wir leben, entkoppelt!...

Ganz ist das zwar nicht möglich, aber nehmen wir mal an, wir hätten unser **eigenes** Bewusstsein un(ter)bewusst überlistet und durch die Verbindung mit der Technik das geschafft, was »Gott« (d.h. das kollektive, große Bewusstsein dieser Erde) bisher zu verhindern wusste (vgl. *Turmbau zu Babel*), wäre es dann nicht nur eine Frage der Zeit, bis dieses **neue**, wenn man will »synthetische« Bewusstsein das alte verdrängen würde? Den »Menschen«, den »Gott«, den wir derzeit zusammen mit allen anderen – zu einem funktionierenden Bewusstsein – notwendigen Faktoren darstellen, würde, nachdem der *Turm zu Babel* endlich (wieder) stehen würde, somit das gleiche Schicksal ereilen wie den einstigen Schöpfer der Welt, oder, um genauer zu sein, den Verursacher des Urknalls, der aus unüberlegtem Machbarkeitswahn dreimal in die Hände geklatscht, sich um die eigene Achse gedreht hat und, nach dem *deistischen Weltbild* zufolge, in das neu entstandene (**soziale**) »*System*« nicht mehr eingreift. Er kann es gar nicht mehr, denn für das, was er nämlich (aus Versehen) *er*- und *ge*schaffen hat, hat er keinen »Code«. Er – nicht der »Code«, sondern der »Schöpfer« – ist schließlich überflüssig (geworden)!

»*Und Gott schuf den Menschen zu seinem Bilde ...*« (1. Mose Kap. 1, Vers 27) heißt es im ersten Buch Moses, der Schöpfungsgeschichte. Und das war oder wird vielleicht (s)ein Untergang!? Vielleicht ist dies (s)ein Schicksal, das auch uns einmal ereilt!? Fromm: »*Der Mensch ist in der Tat auf dem Weg, Gott zu werden. Dies ist seine Antwort auf die religiöse Tradition und die Grundlage für die vollständige Aufhebung der Ethik. Allerdings muß der Mensch, um Gott werden zu können, un-menschlich werden. Auf lange Sicht muß sich der Mensch deshalb selbst zerstören, indem er sich auf dem Altar des wahren Gottes, auf den der Mensch-Gott schließlich verzichten muß, der* Technik *nämlich, opfern.*« (293) Doch solange das »künstliche« Bewusstsein (noch) auf sich warten lässt, ist von alle dem nichts bewiesen!

Aber soll(t)en wir aus dieser Überlegung nicht lernen? Wollen wir uns (selbst) den Ast absägen, auf dem wir sitzen und so den (»Teufels«)Kreislauf weiter fortführen? Denken Sie daran: **Gesetzmäßigkeiten im Kleinen sind (ähnlich) wie die im Großen und alles in der Natur wiederholt sich!** Und so würden wir, kurz nachdem wir »Gott« (mit technischer Hilfe) vom Thron gestoßen haben, uns – genau wie (der) »Gott«, der den Urknall damals provoziert hat – gewissermaßen selbstverschuldet die **eigene** Daseinsberechtigung entziehen! Wir hätten aus Versehen oder, was fast noch schlimmer ist, ganz bewusst eine brandneue überarbeitete Version unseres Bewusstseins ins Leben gerufen: Die Version **»Gott 3.0**«, wenn *man* so will!

Selbst wenn es aus uns hervorgeht bzw. von uns hervorgerufen wird, würde dieses »moderne« Bewusstsein – ähnlich wie ein neues Computer*system*[250], das das alte verdrängt – uns womöglich ganz schnell überflüssig *sein* lassen! Vielleicht war der sogenannte »**Urknall**« selbst ja eine ungewollte bzw. zufällige Wechselwirkung, ausgelöst durch die Urversion von »Gott«!? Das wäre, um in der Sprache der Computerzeitalters zu sprechen, demnach dann die unbedarfte »**Gott vers.1.0**« gewesen, welche uns – und damit meine ich das Bewusstsein der ganzen lebenden und toten Welt – als »**Gott vers. 2.0**« (der auch der Typ mit dem langem Bart angehört) hervorgebracht hat!

Diese Vorstellung –, nach welcher »Gott« oder irgendetwas in der Art zwar in die Hände geklatscht und mit diesem »Knall« *die Welt geschaffen hat, aber seit der Schöpfung nicht mehr in das Geschehen der Welt eingreift und sich auch nicht mehr offenbart,* – hat also wirklich etwas *Deistisches*!...

Was wir täglich sehen und erleben ist daher nicht »**Gott 1.0**«, der uns geschaffen hat, sondern *ES* sind wir **selbst** als Teil einer globalen offen-systemischen »**Gottesversion 2.0«.!!!**

Junge, Junge, jetzt brummt mir aber der Schädel! Höchstwahrscheinlich hat sich mein Gehirn – ohne *ES* (sich) zu merken – mal wieder um sich selbst gewickelt!

Bevor ich durch diese »Verwicklung« allerdings Gefahr laufe, vollends ins Land der *Spiritualität*, sprich, der *Geistigkeit* abzudriften und einen noch größeren (Realitäts)Verlust als sonst erleide, sollten wir an dieser Stelle wohl besser Schluss und (mal wieder) eine lohnende Pause machen! Trotzdem dürfen wir nicht aufhören, auf der Basis unserer **eigenen**, echten, d.h., (selbst( ))bewusst gemachten Empfindung, welche uns **alle** – das behaupte ich einfach mal – vor der kommenden Entwicklung warnen will und uns deshalb ein ungutes Gefühl in der Magengegend beschert, nachzudenken!

»*Immer, wenn* man *meint,*
dass man *unmöglich klüger oder (noch) dümmer werden könnte,*
wird man *– nicht zuletzt von oder durch sich selbst – eines ›Besseren‹ belehrt.*«

---

[250] Anm.: Gut zu vergleichen wären die verschiedenen »**Versionen Gottes**« demzufolge auch mit den sich gegenseitig nacheinander ablösenden Windowsbetriebs*systemen* (Windows 98→ME→XP→Vista→Windows7→ ?), die sich zwar (noch) nicht selbst erschaffen, aber aufeinander aufbauen um später das alte zu verdrängen.

1984 – Brave New World – Planet der Affen – (nochmal) Blade Runner

»Alles, was ein Mensch sich vorstellen kann,
werden andere Menschen verwirklichen können.«
- Jules Verne

Wer (s)einem **eigenen** Gefühl bezüglich dem, was auf uns zukommt, nicht traut, dem lege ich an dieser Stelle nahe, seiner Vorstellungskraft durch die Hilfe von *»abenteuerlich-fantastischer Literatur«* und Filmen *»utopischen Inhalts auf naturwissenschaftlich-technischer Grundlage«* über die kommende Zukunft und die derzeitige Realität (hinter der Realität) auf die Sprünge zu helfen!...
Die Rede ist von ***»Science-Fiction«*** und wie Sie bereits bemerkt haben, mache ich nichts anderes und möchte Ihnen anhand der folgenden Beispiele vergegenwärtigen, wie wenig »Fiktion« und »Wirklichkeit« noch voneinander zu trennen sind und von welcher Bedeutung es für unsere weitere Entwicklung ist, dies zu erkennen. Ich beziehe mich dabei vornehmlich auf Quellen aus diesem und dem letzten Jahrhundert. Also seien Sie bitte nicht enttäuscht, wenn Nostradamus und Ähnliche außen vor bleiben müssen, obwohl sie bestimmt auch schon damals die eine oder andere Entwicklung er- und gekannt haben!

Schon immer war die mögliche Zukunft Stoff von *Science-Fiction*-Romanen und Filmen, doch nur die Wenigsten von uns messen diesen Utopien einen Wahrheitsgehalt zu, der auf unser »reales« Leben zu übertragen ist. Wenn man heute von *»Big Brother«* redet, dann kennt zwar beinahe jeder – und wenn auch nur vom Hören-Sagen – die Fernsehshow, in der eine Gruppe von Menschen komplett videoüberwacht und abgeschnitten von der Außenwelt lebt, und die meisten haben auch schon mal etwas von *»Big Brother is watching you«* gehört. Doch was *ES* einst damit auf sich hatte und was *ES* für uns heute bedeutet, wissen nur wenige.

»Der Große Bruder (engl. Big Brother) ist in dem Roman 1984 von George Orwell der angebliche Diktator eines fiktiven, totalitären Staates Ozeanien, der die Kontrolle und Unterdrückung seiner Bürger zur Perfektion getrieben hat.
In der Gesellschaft, die Orwell beschreibt, befindet sich jeder unter der vollständigen Überwachung durch die Behörden. Der Große Bruder ist allgegenwärtig und verfolgt einen bis in die intimsten Bereiche des Lebens. Selbst vor der Sexualität macht die ständige Kontrolle des Großen Bruders nicht halt. Die Bevölkerung wird durch die ständige Erwähnung des Propa-

ganda-Slogans ›Der Große Bruder sieht dich‹ (engl. ›Big Brother is watching you‹) an diese Tatsache erinnert.
In Anlehnung an Orwells Roman wird der Begriff ›Großer Bruder‹ heutzutage auch für einen Überwachungsapparat (sei es von staatlicher oder privater Stelle) gebraucht, dem man machtlos gegenüber steht. Da die verschiedenen persönlichen Daten selten an einer einzigen Stelle zusammenlaufen, sondern die Vernetzung oft als problematisch gesehen wird, erscheint das Bild eines großen Bruders nicht immer als adäquat, obwohl auch im Roman der Große Bruder nur eine beispielhafte Ikone der staatlichen Kontrolle darstellt, dessen tatsächliche Existenz nicht geklärt wird.« (294)

┘

»*Big brother is watching you*« ist ein Synonym für den perfekten Überwachungsstaat, auf den wir uns unter Umständen zubewegen. Es ist ein sinnverwandter Begriff für das Ende jeder Individualität und (Mit)Menschlichkeit durch das Eindringen einer übergeordneten Macht in die Intimsphäre und sogar in die Gedanken des Einzelnen! In dem bereits 1949 erschienenen Roman *1984* werden die Menschen durch sogenannte »***Teleschirme***« (engl. *telescreens*, in älteren Versionen als *Televisoren* übersetzt) andauernd und überall überwacht!...

Wir finden die Annahme, dass Kameras in den Bildschirmen unser(e) Leben beobachten, heute sicherlich lächerlich. Doch woher, wenn nicht aus dem allgegenwärtigen Fernsehen oder dem Internet – Orwell schrieb seinen Roman übrigens lange bevor klar war, dass einmal in fast jedem Raum ein Fernsehapparat oder Bildschirm stehen, liegen oder hängen würde – bekommt der Großteil der modernen Bevölkerung hauptsächlich die Informationen, die das Leben, die Sexualität, das Gefühl für »*Gut*« und »*Böse*«, die politische Einstellung, das Konsumverhalten und die persönliche Haltung und Meinung gegenüber den Vorgängen auf dieser Welt beeinflussen!?...

»Real« ist für uns das, was im Fernsehen kommt und nicht das, was wir tief in uns fühlen und als Ergebnis unseres **eigenen** gewahr gewordenen Bewusstseins erachten! Gehirnwäsche und die Kontrolle der Gedanken sind daher nicht umsonst bereits bei Orwell ein Thema, denn wenn *man* in Amerika bereits Terror***verdächtige*** ohne zwingenden Grund festhalten und »verhören« darf, diese danach keinen Rechtsanspruch geltend machen können und es in Deutschland zu Zeiten des 33. *G8-Gipfels* in Heiligendamm (2007) zu unbegründeten und unrechtmäßigen Hausdurchsuchungen kam, so ist *man* doch sehr an die Vorgehensweise(n) einer Gedankenpolizei erinnert, welche als Geheimpolizei nicht umsonst Parallelen zur Gestapo (»**Ge**heime **Sta**ats**po**lizei») aufweist und alleine schon den staatsfeindlichen Gedanken rigoros ahndet!...

»*Im Jahre 1984 werden kritische Gedanken, so genannte Gedankenverbrechen, die die Doktrin des fiktiven Staates Ozeanien in Frage stellen, als Staatsverbrechen behandelt. Das erklärte Ziel der herrschenden totalitären Partei ist, durch die Einführung einer neuen Sprache (Neusprech genannt), durch ständige Verfälschung der Geschichte und durch totale Kontrolle und Bedrohung den Bürgern die Möglichkeiten zu entziehen, Gedankenverbrechen zu begehen.[...]Ein elementares Konzept der Partei zur Kontrolle der Gedanken ist die Kontrolle der Vergangenheit. Deshalb wird im Ministerium für Wahrheit ein gigantischer Aufwand betrieben, alle existierenden Dokumente der gegenwärtigen Parteilinie anzupassen. Niemand soll in der Lage sein, aufgrund von Dokumenten Aussagen der Partei zu widerlegen. Dazu wird die Parteizeitung, die Times regelmäßig bis in alle historischen Ausgaben laufend angepasst und alte Ausgaben neu nachgedruckt. Die nicht mehr in die Parteilinie passenden alten Exemplare werden aus den Archiven genommen und vernichtet. Auch dafür gibt es ein berühmtes historisches Vorbild, das Orwell möglicherweise kannte, eine Photographie von Lenin. In der Originalversion stehen Trotzki und Kamenjew neben ihm. In der zweiten Version ist Trotzki wegretuschiert, aber Kamenjew steht noch da. In der dritten Version ist auch Kamenjew verschwunden.*« (295)

Ich persönlich habe das Bild nicht gesehen und kann also nicht mit Sicherheit sagen, ob es stimmt, oder ob es nun Lenin oder Stalin war, der nachträglich Fotografien verändert hat um gewisse Personen aus dem kollektiven Gedächtnis zu löschen. Wahrscheinlich waren es beide, doch das tut hier nichts zur Sache, denn prinzipieller Sinn und Zweck war es wohl von der Antike bis zur Neuzeit, durch eine derartige Vorgehensweise das Andenken an »etwas« – insbesondere an Personen – völlig auszulöschen!...

In Ägypten waren beispielsweise die Pharaonin Hatschepsut und der Pharao Echnaton von dieser Art der Rache betroffen. »*Von ihnen sind daher nur wenige Abbildungen und keine Mumien erhalten.*«, heißt es in *Wiki* (296) und in »*Griechenland versuchte Herostratos seinen Namen unsterblich werden zu lassen, indem er eines der Sieben Weltwunder, den Tempel der Artemis anzündete und damit völlig zerstörte. Als Vergeltung wurde ihm vor seiner Hinrichtung gesagt, dass sein Name für alle Zeit nie mehr ausgesprochen werden würde und damit seine Tat sinnlos gewesen sei. In Ephesos, der Heimatstadt des Tempels, war es von fortan bei Todesstrafe verboten, den Namen auszusprechen. Nur durch die Erwähnung des Historikers Theopompos blieb sein Name der Nachwelt erhalten. Der römische Senat ließ auf diese Weise die tyrannischen Kaiser Caligula, Nero, Domitian, Commodus, Caracalla sowie dessen Mitregenten Geta bestrafen. Ihre Bildnisse (Statuen, Büsten, Hermen, Münzen etc.) wurden eingezogen und in Bildnisse anderer Persönlichkeiten umgearbeitet. Spuren von den Umarbeitungen lassen sich noch heute an den Statuen finden. Auffälliges Merkmal für eine solche Umarbeitung ist z. B. ein proportional zu kleiner Kopf für den Körper, mit auffallend großen oder abstehenden Ohren. An den Bildnissen des Kaisers Nero sind im Nacken der umgearbeiteten Porträts noch Spuren der Locken zu sehen, da sich Nero selbst als großen Künstler sah und sich dementsprechend mit langem Haar in der Tracht der Künstler abbilden ließ.*« (296)

Dies alles fällt unter den Begriff »***Damnatio memoriae***« (lat. »Verdammung des Andenkens an ...«), bei dem es sich, laut *Wiki*, um keinen antiken Ausspruch, sondern um eine moderne Neuschöpfung handelt und grundsätzlich Folgendes besagt: »*Die Namen besonders verachteter und verhasster Personen wurden aus sämtlichen Annalen getilgt, sämtliche erreichbaren Bildnisse und Inschriften wurden zerstört, und in der Zukunft wurde es tunlichst vermieden, den Verurteilten betreffende Details auch nur zu streifen. Diese Maßnahmen sollten zu einem weitgehenden Vergessen des Betreffenden führen und haben – für Historiker bedauerlich – oft auch diesen Erfolg gehabt.*« (296)

Auch wenn wir meinen, dass die »***damnatio memoriae***« in der heutigen Zeit kaum mehr möglich ist, so täuschen wir uns gewaltig! Gerade das digitale Medienzeitalter mit all seinen Möglichkeiten der Manipulation und der beinahe uneingeschränkte Glaube an die Richtigkeit der dargestellten Fakten machen es heute leichter denn je, eine kollektive Meinung – auch und insbesondere im Nachhinein(!) – profitabel zu verändern! Dass beispielsweise in den täglichen Nachrichten die Gegenwart und in Hollywoodfilmen die Historie regelmäßig beschönigt und zu **eigenen** (westlichen) Gunsten verändert wird und künftige Generationen an diese »Wahrheit« glauben, stört heute schon niemanden mehr, und ich will nicht wissen, was bereits schon jetzt oder in Zukunft in Geschichtsbüchern über die Ursache(n) der Irak- und Afghanistankriege stehen wird!? »Die waren böse und deshalb hatten sie es verdient!« – so etwas in der Art vielleicht?

»*So läuft das doch ständig. Wenn irgendwer auf irgendeiner Scheiße sitzt,*
die du haben willst – mach ihn zum Feind.
Und das rechtfertigt dann, dass du es dir nimmst.« (13)
- Avatar – Aufbruch nach Pandora
(USA / UK 2009)

Selbst wenn sich in letzter Zeit offensichtlich vermehrt kritische Stimmen in und gegen Amerika melden, so war es (nicht nur) dort noch vor Kurzem relativ ungesund, sich öffentlich(-rechtlich) gegen die Machenschaften eines Landes zu stellen, welches als Vorreiter für den Kapitalismus angesehen wird und trotz Meinungsfreiheit zur »Not« – man könnte aber auch sagen nach »Belieben« –

jeden wegsperren, verleumden und sich zum Feind machen darf, der im Verdacht steht, irgendwie doch anderer Meinung zu sein als die regierende Oberschicht d(ies)es Landes!... Ob das dann tatsächlich so ist und jemand beispielsweise **wirklich** »(gemein)gefährlich« oder »(psychisch) gestört« ist, wie es die Medien häufig behaupten, oder – da dieser jemand tatsächlich etwas Wichtiges (über die Regierung) zu sagen oder herausgefunden hat – nur als unzurechnungsfähig, bedrohlich und unglaubwürdig dargestellt werden soll, vermag heutzutage kein **Mensch** mehr zu sagen!...

Dank »*Neusprech*« – der (Amts)Sprache von der wir auch in Deutschland andauernd durch sämtliche Medien manipuliert werden – wird es sich aber so anhören, als sei alles legitim, zum Wohle des Volkes und der demokratischen Freiheit, dass *terror**verdächtige*** Personen (passen Sie mal auf, wie oft in den Nachrichten von Terror- oder Tat***verdächtigen*** und nicht von Terroristen oder Tätern gesprochen wird!) verschwinden und auch andere, aus **unserer** Sicht ganz offensichtlich bekloppte und fehlgeleitete »Menschen«, auf die eine oder andere Art zum Schweigen gebracht bzw. weggesperrt werden. Doch kommen wir zurück zu Orwells Roman:

Bei ihm verbleiben weltweit drei Supermächte, *Ozeanien*, *Eurasien* und *Ostasien* an der Macht, die in ständigem Clinch miteinander leben, sich jedoch nicht gegenseitig auslöschen, da sie – oh Wunder – erkannt hatten, dass dies durch das annähernde Gleichgewicht der Kräfte allemal einem Selbstmord gleich käme!...

Machen Sie sich selbst ein Bild, welche Bündnispartner heutzutage den drei Supermächten gleichkommen oder sich dazu entwickeln!? In Orwells Roman beschließen die drei Großmächte jedenfalls anstatt den Krieg zu beenden »*zunächst um die Vormachtstellung in Afrika zu kämpfen und anschließend, durch Ausbeutung der Rohstoffe und Menschen Afrikas, auch ihre Gegner besiegen zu können. Obwohl allen drei Seiten bewusst ist, dass dieser Plan niemals aufgehen kann, da, sobald eine Macht so etwas wie eine Vorherrschaft zu erringen droht, sich die anderen zwei Seiten gegen sie verbünden würden, halten sich alle Seiten an dieses Abkommen. Denn inzwischen haben sie erkannt, dass der ständige Krieg es ihnen erlaubt, die Bevölkerung in einem Zustand der ständigen Angst und Arbeitshetze zu halten, ohne je den Lebensstandard in ihren Ländern heben zu müssen, da die schwer erarbeiteten Güter immer wieder an der Front vernichtet werden könnten. Die Partei*« – als Ausdruck eines totalitären Überwachungs- und Präventionsstaates – »*glaubt, dass eine Bevölkerung, die ständig damit beschäftigt ist, sich um die notwendigsten Dinge zum Leben zu sorgen, keine Zeit für kritische Gedanken hat und damit leicht zu kontrollieren und zu manipulieren ist.*

Die drei Großmächte kämpfen selten auf ihrem Territorium, nur die einschlagenden Raketenbomben (die vielleicht aber auch nur von der Partei selbst gezündet werden) terrorisieren die Bevölkerung.« (295)...

Dass wir heute Afrika und den Rest der (Dritten) Welt ausbeuten, ist jedem von uns (un(ter))bewusst! Ist Ihnen dabei aber nicht auch schon mal in den Sinn gekommen, dass mancher Terroranschlag, wenn auch nicht selbst inszeniert, dann zumindest von uns und/oder unserer oder einer anderen Regierung selbst provoziert wurde und manche Länder sich vielleicht nur wehren?...

Möglicherweise sind sie aber auch gar nicht so bewaffnet und gefährlich, wie man uns glauben machen will!? Es ist zwar eine logische (physikalische) Konsequenz, dass (m)eine Kraft immer eine Gegenkraft erfährt bzw. diese hervorruft, aber, nur um ein Beispiel zu nennen, vielleicht wollen die »Verrückten« da unten im Iran oder sonst wo gar keine Atombombe(n) bauen und uns damit in die Luft jagen, sondern mit Hilfe der Kernenergie in den (technischen) Fortschritt und einen besseren Lebensstandard investieren!?...

Klar, *man* darf nicht jedem (ver)trauen und Atomstrom ist »bäh«, aber wäre es ein (verbündeter) Staat im Westen, würden wir eine solche Vorgehensweise unter Umständen begrüßen und zum Teil sogar unterstützen![251] Und überhaupt, könn(t)en bzw. woll(t)en **Sie** vielleicht ohne Strom und Wohlstand leben? Eben! Vermutlich wollen andere Länder ja einfach nur mithalten, unabhängig sein und nur deshalb eine Atombombe oder andere Massenvernichtungswaffen bauen, weil sie durch das herbeigeführte Gleichgewicht der Macht in Zukunft nicht mehr der Willkür westlicher Staaten ausgesetzt wären!? Vielleicht sagt man uns auch wiedermal nur, dass die »Bösen« eine Atombombe haben!?... Ganz egal, sie wären damit ein gleichwertiger Partner! Würden wir das wollen? Und was würden wir wollen, wenn wir an deren Stelle wären?

»*Toleranz bedeutet nicht Beliebigkeit. Null Toleranz muss es für die geben, die die unveräußerlichen Rechte des Menschen missachten und sie mit Füßen treten. Null Toleranz muss es auch geben, wenn Massenvernichtungswaffen zum Beispiel in den Händen des Iran unsere Sicherheit bedrohen könnten. Der Iran muss das wissen. Der Iran kennt unser Angebot. Doch der Iran kennt auch die Grenze: Eine Atombombe in der Hand des iranischen Präsidenten, der den Holocaust leugnet, Israel droht und das Existenzrecht abspricht, darf es nicht geben.*« (297)

- aus der Rede der Bundeskanzlerin Angela Merkel vor dem Kongress der Vereinigten Staaten von Amerika
(Di, 03.11.2009 in Washington)

---

[251] Anm.: Die Bundesrepublik unterhält derzeit 17 Atomkraftwerke und nachdem die Union und FDP nach der Wahl 2009 längere Laufzeiten für die deutschen Atomkraftwerke im Grundsatz beschlossen haben, wird das vorerst wohl auch so bleiben.

Da hat(te) sie natürlich Recht, die Frau Merkel, doch wer weiß, vielleicht war das auch nur ein Hinweis darauf, was uns und den Iranern noch bevorsteht!? Ganz egal, ob sie, wir oder andere nun Massenvernichtungswaffen besitzen oder nicht; ganz egal, was sie, wir oder andere auch im Schilde führen – was wahr ist, was wahr war oder sein wird, werden wir vermutlich nie erfahren. Die Geschichte wiederholt sich …

… und zwar solange, bis wir alle zu uns kommen!

Was die Angst vor einer atomaren Bedrohung bzw. einem Atomkrieg angeht, so gehe ich persönlich jedenfalls davon aus, dass mittlerweile selbst der dümmste »Mensch« im (Affen)Rudel so viel Gehirnschmalz hat um zu erkennen, dass ein atomarer Schlag gegen irgendein Land dieser Erde gleichzeitig und ad hoc[252] die **eigene** Auslöschung nach sich ziehen würde! Das schließt die unangenehme Sache mit dem Atomblitz und einen Suizid prinzipiell nicht aus – zumal Affen, die gereizt und in die Enge getrieben werden, ganz gerne »irrational«, um nicht zu sagen »emotional« (re)(a)gieren und entsprechend unüberlegt um sich schlagen –, aber es relativiert zumindest die Wahrscheinlichkeit und Angst davor, in die Luft gejagt zu werden!...

Und falls es doch einmal zu einem nuklearen Holocaust kommt, nur weil irgendein Vollbekloppter meint, er müsse das Undenkbare tun und aufs Knöpfchen drücken, dann haben wir es wohl nicht besser verdient: Ich meine, warum geben wir auch einem Affen eine Waffe oder einen Knopf in die Hand!?

Dass Sie nun denken, ich hätte mich mit dieser Aussage selbst matt gesetzt, da *man* ja (aus westlicher Sicht) genau dies zu verhindern versucht, zeigt nur, wie selbstverliebt, überheblich und eingebildet wir sind und erzogen werden! Ganz ehrlich: »Affen« gibt's in der Regel überall und normalerweise scheren die sich einen Dreck um Geld oder um Nationalitäten! Aber zum Thema *Macht* kommen wir später noch!

Die Länder haben erkannt, »*dass der ständige Krieg es ihnen erlaubt, die Bevölkerung in einem Zustand der ständigen Angst und Arbeitshetze zu halten, ohne je den Lebensstandard in ihren Ländern heben zu müssen, da die schwer erarbeiteten Güter immer wieder an der Front vernichtet werden könnten*«, hieß es im vorigen *Wiki*-Text zu *1984* und manch einer wird nun sagen, dass unser Lebensstandard doch ganz ordentlich ist. Er hat auch Recht, nur ist die »Front«, die die Güter vernichtet, heute eine **wirtschaftliche** Front und die »Güter«, die vernichtet werden, sind primär **menschliche** und keine **materiellen**!...

---

[252] »***ad hoc*** *<lat.>:*
1. *[eigens] zu diesem Zweck [gebildet, gemacht]*
2. *aus dem Augenblick heraus [entstanden]*«

Der (mit)**menschliche** (Lebens-)Standard, die Fähigkeit, *glücklich* und *zufrieden* zu sein, nimmt ab, wohingegen der **materielle** Wohlstand zunimmt!...

Man ging – im Gegensatz zu Orwells Roman – also bisher gerade in die entgegengesetzte Richtung! Nicht mit der Sorge um die notwendigsten »Dinge« hält *man* uns von kritischen Gedanken ab – wobei uns der Wohlstand, wenn *man* sich erst mal daran gewöhnt hat, durchaus notwendig erscheint –, sondern durch den Ausblick auf noch maximaleren Wohlstand! Damit wir ganz sicher nicht auf dumme Gedanken kommen und unangenehme Fragen stellen, tut der andauernde Konsum von bewusstseinsbetäubenden Drogen – zu denen auch der Konsum *an sich* zählt – (s)ein Übriges dazu. Doch die neuerliche Entwicklung einer auseinanderdriftenden Gesellschaft, welche »*arm*« und »*reich*« immer mehr trennt und den kontrollierenden Einfluss der »Konsum«-Droge hemmt und im bisherigen Maße vielleicht bald nicht mehr möglich macht, lässt Übles erahnen!

> »*In Orwells Welt führen die drei Supermächte nur noch begrenzte Kriege an der Peripherie. Dies genügt ihnen, die Bevölkerung unter Druck zu halten, Armut zu erhalten und so ihre Herrschaft zu sichern. Da dies im Interesse aller drei Regierungen liegt, verhindert es den großen Krieg zwischen ihnen. Dass sie ständig ihre Bündnispartner wechseln, ändert daran nichts (vgl. Balance of Power). Allerdings kommt dem Leser irgendwann die Frage auf, ob die Regierung von Ozeanien die Bomben nicht selbst abwirft, um Unruhen oder gar Demonstrationen zu vermeiden, weil gilt: Solange Krieg ist, und die Menschen das zu spüren bekommen, ist Frieden. Auch Julia und Winston*«, die tragischen Hauptpersonen des Romans, »*vermuten dies irgendwann, da diese Bombenangriffe immer nur auf die Gebiete der Proles gerichtet sind und nicht auf die Wohngebiete der Parteimitglieder.*« (295)

Es gibt noch weitere Analogien zur Gegenwart, die ich im Einzelnen leider nicht alle besprechen kann. Daher verweise ich auch hier abermals auf *Wikipedia* oder besser gleich auf Orwells Buch, welches schon 1949 als *Science-Fiction*-Roman Prophezeiungen enthielt, die sich in unserer Gegenwart bereits erfüllt haben und teilweise sogar schon überholt sind!...

Orwell war aber längst nicht der einzige, der die bevorstehende Entwicklung erkannte hatte. Mehr als zehn Jahr zuvor, im Jahre 1932, erschien Aldous Leonard Huxleys Roman *Schöne neue Welt* (engl. *Brave New World*), welcher ebenfalls vor den möglichen, negativen Entwicklungen unserer Gesellschaft warnte, und aus dem ich bereits einiges zitiert habe:

> »*Es handelt sich bei ›Schöne neue Welt‹ um Huxleys wohl bekanntesten Roman. In dieser Dystopie beschreibt er eine Gesellschaft, in der ›Stabilität, Frieden und Freiheit‹ durch Konditionierung des Einzelnen, das Fehlen von*

tieferen Gefühlen und die Beschränkung von Religion und Kultur gewährleistet werden soll. Mittels physischer Manipulationen des Fötus und anschließender Konditionierung werden alle Menschen auf eine festgelegte Rolle in der Gesellschaft genormt. Durch permanente Beschäftigung mit Sex, Konsum und der nebenwirkungsfreien Droge ›Soma‹[253] *zufriedengestellt, verlieren die Menschen das Bedürfnis zum kritischen Denken und Hinterfragen der Weltordnung. Eine reibungslose Regierung der Welt wird für eine Handvoll wohlwollender Kontrolleure möglich.*« (298)

┘

Bedenkt man heute, wie viele der 1932 und davor für beinahe unmöglich gehaltenen Errungenschaften der Technik gegenwärtig für jedes Kind zur Selbstverständlichkeit geworden sind und zu welchen tatsächlichen Analogien es nicht nur in unserer Gesellschaft, sondern auch in vielen kapitalistisch-materiell orientierten Förderband-Unternehmen gekommen ist, muss *man* sich doch mehr denn je besorgt fragen, wohin das alles noch führen soll und wie viel Wahrheit in den **aktuellen** Zukunftsvisionen steckt! Werden wir **Menschen** einmal so, wie es einst Huxley von uns erwartet hat? Werden wir – genauso wie die »Menschen« über die Replikanten in *Blade Runner* – einmal die Macht über uns verlieren, da unsere Geschöpfe ihren Schöpfern schließlich in allen Belangen überlegen sind?

Oder wird zukünftig der »Affe« (wieder) über den **Menschen** regieren, während zeitgleich ein anderes Volk die heilige Atombombe anbetet? Wird (damit) einmal die Welt zerstört, so wie man es vom *Planet der Affen* – samt den vier Fortsetzungen (das Remake nicht hinzugezählt) – her kennt?

Ich gebe Ihnen bestimmt keine verbindliche Antwort darauf, zumal ich wetten könnte, dass Sie die Wahrheit über die Zukunft in sich und in anderen schon längst spüren, aber einfach noch nicht (wahr)haben wollen! Ich hoffe jedenfalls, dass Sie es spüren, denn nur die Replikanten verfügen über keinerlei *Empathie*, das heißt, sie verfügen nicht über die »*Bereitschaft und Fähigkeit, sich in die Einstellung anderer Menschen einzufühlen.*«…

Sind Sie denn ein *Replika(n)t*? Verstehen Sie, was in einem anderen (Replikanten) vorgeht? Haben Sie noch die Kraft, sich auf einen (anderen) **Menschen** einzustellen, sich in seine Lage zu versetzen, ihm nachzufühlen, …sich auf ihn einzulassen? Wer weiß, vielleicht sind wir (wieder) einfach nur zu faul dazu und sehen nicht die »wirtschaftliche« und menschlich überlebenswichtige Notwendigkeit darin, andere **Menschen** verstehen zu wollen!? Dies mag auch erklären mit welcher unmenschlichen Härte sich die Geschäftswelt lokal und global weiterentwickelt und wie bürokratische Manager-Maschinen-»Menschen« (MMM) weiterhin Tausende von Arbeitern entlassen, unterdrücken, benutzen und dabei

---

[253] **Soma: (griech.) der Körper**

ganz nebenbei, aber völlig offensichtlich, in irgendwelchen »G-Gipfeln« die Welt unter sich aufteilen!?...

Ohne jegliche (mit)menschliche Gefühlsregung, vom *natürlichen Verstand* ganz zu schweigen, lassen wir die einen verhungern, während die anderen (in dem Fall sind das leider auch wir selbst) immer fetter gemästet werden! Während die Maschinenmenschen die Welt regieren, spüren sie, obwohl sie sich dabei augenscheinlich **selbst** näher stehen als sonst irgendwem, nichts weiter als die Kälte des **eigenen** Spiegelbildes. Ein Bild von sich, das man hat und auch berührt, aber längst nicht mehr fühlt! »Schöne neue Welt!?«

Vielleicht sind wir selbst, ohne es zu wissen, schon längst zu Replikanten geworden und tun nur so als wären wir wirklich (mit)fühlende **Menschen**!? Falls Sie über keinen *Voight-Kampff-Test* oder ein ähnliches Gerät verfügen, welches anhand Ihrer Augen-Reaktionen, Herzfrequenz, Atmung oder sonst irgendwie Rückschlüsse auf Ihr tatsächliches Sein zulässt, sollten Sie hier wenigstens (noch) mal nachlesen, was man gemeinhin unter »**Sozialer Kompetenz**« versteht. Denn auch wenn Sie (k)eine Maschine sind, heißt das noch lange nicht, dass Sie sich per se unsozial verhalten müssen! Haken Sie also von mir aus die Punkte ab, die auf Sie zutreffen, und denken Sie daran:

»***Zumindest ausreichende soziale Kompetenzen der Bevölkerung sind [..] Voraussetzung für das Funktionieren jeder nicht-autoritären, gesunden Gesellschaft.***«*!*

»Soziale Kompetenz bezeichnet den Komplex all der persönlichen Fähigkeiten und Einstellungen, die dazu beitragen, das eigene Verhalten von einer individuellen auf eine gemeinschaftliche Handlungsorientierung hin auszurichten. ›Sozial kompetentes‹ Verhalten verknüpft die individuellen Handlungsziele von Personen mit den Einstellungen und Werten einer Gruppe. Zumindest ausreichende soziale Kompetenzen der Bevölkerung sind damit Voraussetzung für das Funktionieren jeder nicht-autoritären, gesunden Gesellschaft.

Im Arbeitsleben versteht man darunter unter anderem die Fähigkeit, positiv das Verhalten und die Einstellungen von Mitarbeitern zu beeinflussen (Stichwort Teamfähigkeit).

Der Begriff ›sozial‹ kann hierbei sozialpsychologisch als ›zwischenmenschlich‹, soziologisch-wertneutral als ›gesellschaftlich‹ oder wirtschaftsethisch als moralisch verstanden werden.

In der Psychologie bezeichnet ›Soziale Kompetenz‹ die Gesamtheit der Fertigkeiten, die für die soziale Interaktion nützlich oder notwendig sind.

Allgemein zählen zur Sozialen Kompetenz folgende Kenntnisse und Fähigkeiten:

Im Umgang mit anderen:
Empathie (Mitgefühl bzw. Einfühlungsvermögen)
Menschenkenntnis
Kritikfähigkeit
Wahrnehmung
Selbstdisziplin
Toleranz
Sprachkompetenz
Interkulturelle Kompetenz

Im Bezug auf Zusammenarbeit:
Teamfähigkeit
Kooperation
Konfliktfähigkeit
Kommunikationsfähigkeit

Führungsqualitäten:
Verantwortung
Flexibilität
Konsequenz
Vorbildfunktion

Im Allgemeinen:
Emotionale Intelligenz
Engagement« (299)

┘

»*Nur wenn Mitgefühl da ist, existiert jene Intelligenz, die der Menschheit Sicherheit und Stabilität, ein ungeheures Gefühl der Stärke gibt.*«
- Krishnamurti
(Das Licht in dir)

Von der Faulheit zur Technik und warum beides irgendwie doof macht.

»Weil Denken die schwerste Arbeit ist, die es gibt, beschäftigen sich auch nur wenige damit.«
- Henry Ford

»Wenn ich von Faulheit spreche, dann ist es das, was uns von Erschaffern zu Anwendern werden lässt, was uns benutzen, nicht begreifen und uns verbrauchen, aber nicht bewahren lässt. Dann ist Faulheit das, was uns davon abhält, einen Schritt weiter zu gehen und nachzudenken, das, was uns passiv, ignorant, egoistisch, schwach, stumpf und leider auch etwas dumm werden lässt. Faulheit ist das, was uns nicht erwachen, sondern halb schlafen, nicht erwachsen, sondern Kind bleiben lässt. Faulheit ist das (un)menschliche Wesen!«

Mit ungefähr diesen Worten habe ich (auf Seite 378) selbst die **Faulheit** beschrieben und möchte Ihnen nun zeigen, wie wir durch die(se) **Faulheit** zur **Technik** gelangen! Außerdem möchte ich aufzeigen, weshalb **zu viel** Technik nicht **gut** (für uns und unsere weitere (mit)menschliche Entwicklung) **ist**, und greife nun vor, wenn ich sage, dass uns die – buchstäblich über den Kopf – wachsende Technologie zunehmend vor den Reizen und natürlichen Einflüssen bewahrt, die für uns nötig wären, um (weiterhin) ein halbwegs gesunder, natürlicher, (mit)fühlender, ausgeglichener, freier und fähiger **Mensch** zu sein!

Wenn ich im Folgenden behaupte, die Technik würde der (mit)menschlichen Evolution schaden oder ihr im Weg stehen; wenn ich behaupte, der technologische Fortschritt würde die (mit)menschliche Entwicklung stagnieren und den Menschen zunehmend schwächer, ohnmächtiger und dümmer werden lassen, dann meine ich damit aber nicht unsere Fähigkeit, als reiner Anwender Maschinen zu bedienen oder weiterzuentwickeln! Ich meine nicht die Fähigkeit, mit der Technik **umzugehen**, das heißt, zu wissen, wie man ein Auto lenkt, eine Waffe abfeuert oder wie *man* eine komplexe Maschine produktiv nutzt und profitabel einsetzt – denn dieses »Wissen« nimmt tatsächlich zu! Ich meine damit viel eher *körperliche*, *geistige* und *emotionale* Fähigkeiten und Eigenschaften, die den **Menschen**, so wie ich es sehe, zum (erwachsenen) **Menschen** machen!...

Ich meine Funktionen und Begabungen, über die der **Mensch** von Natur aus verfügt und die – wie unsere Muskeln – schwächer werden, sobald *man* sie nicht mehr (be)nutzt! Ich will also nicht sagen, dass jedwede Technik grundsätzlich schlecht für uns ist, denn *an sich* ist sie das nicht, sondern dass es der unüberlegte, übermäßige und einzig und alleine auf Bequemlichkeit und nicht enden wollenden Profit ausgelegte **Umgang** mit der Technik ist, der uns in unserer **gesamten** Entwicklung hin zum erwachsenen **Menschen** bremst und im Weg steht!...

Technischer Fortschritt ist demnach nicht gleichzusetzen mit (mit)menschlicher Evolution! Beides muss simultan, das heißt, parallel und gleichzeitig ablaufen – doch das tut *ES* nicht! Die Technik hat uns bereits überholt! Wir »Menschen«, die wir erst vor Kurzem von den Bäumen gestiegen und aus den Höhlen gekrochen sind, bleiben nun stehen bzw. entwickeln uns – im relativen Vergleich zur Technik gesehen – rückwärts! Um das (all)*ES* zu verstehen, befassen wir uns vorerst aber mit etwas Grundsätzlichem:

Um als Organismus in der Natur zu wachsen und zu gedeihen, braucht es im Allgemeinen immer einen gewissen »Reiz«. *ES* bedarf einer *Ursache*, um eine *Wirkung* hervorzurufen! Um allerdings wirksam zu sein, muss dieser Reiz, diese Ursache bzw. der Grund für eine Veränderung ein bestimmtes Maß übersteigen!

Diesem »überschwelligen« Reiz folgt optimalerweise eine Phase der Ruhe, in der sich der Organismus erholen und über das ursprüngliche Maß hinaus regenerieren kann. Durch diese sogenannte »**Superkompensation**« wird der Organismus (leistungs)stärker als zuvor und der nächste Reiz kann kommen! Bleibt der Reiz aus oder bleibt er »unterschwellig«, geht »evolutionär«, soweit ich weiß, nichts voran! Frei nach dem alten evolutionären Motto »Use it or loose it«[254] kommt es je nach Gebrauch also entweder zum Fortschritt oder zum Stillstand einer jeweiligen Entwicklung und eventuell folgt – aufgrund des Verlusts (über)lebensnotwendiger Fähigkeiten – über die Jahre sogar ein gewisser evolutionärer Rückschritt mit darauffolgendem Ausschluss aus einem »*System*«. Denn was *man* nicht gebraucht, wird (scheinbar) nicht gebraucht!

Übrigens, wenn der Organismus keine Chance zur Regeneration bekommt – weil beispielsweise die Reize in zu rascher Folge auf ihn einwirken – hat das negative Folgen für ihn und (s)eine Entwicklung. Man spricht dann vom sogenannten »**Übertraining**«, auf das ich an anderer Stelle noch zurückkommen werde! Jedenfalls ist für uns und unsere Entwicklung das richtige Gleichgewicht zwischen Belastung bzw. »Training« und Ruhe enorm wichtig, denn wir sind im Grunde genommen alle nur Produkte unserer Umwelt, der wir uns aussetzen, die wir zum Teil selbst gestalten und an welche wir uns dementsprechend anpassen!

Vergleichen Sie diesen Zusammenhang ruhig mit einem kleinen Kind oder besser noch einem süßen Baby, welches sich ausschließlich durch die Auseinandersetzung mit der Umwelt gesund und stetig weiterentwickelt und infolgedessen manche (über)lebenswichtige Fähigkeit – teils schmerzhaft – erlernen bzw. erfahren muss! Man kann sich leicht vorstellen, dass ein anderes Kind, welches vor sämtlichen Umwelteinflüssen und Erfahrungen geschützt wird, dem letztlich also **alles** abgenommen und in den Hintern geblasen wird, dagegen kaum von selbst lernt, sich zu verteidigen, die Schuhe zuzubinden, den Hintern abzuwi-

---

[254] Frei übersetzt: »Wer rastet, der rostet.«

schen oder gar damit beginnt, (kritisch) zu denken oder (mit) zu fühlen. Solange es dazu nie eine Veranlassung, einen »Reiz« gab, wird sich das Kind diese vermeintlich überflüssige Arbeit sparen, denn es hat ja »Spaß« und somit allem Anschein nach **alles**, was *ES* will und zum L(i)eben braucht!?...

ES sieht also bei Leibe keinen Sinn darin, etwas an diesem geradezu »paradiesischen« Zustand zu ändern! Diese »Schufterei«, diese ätzende Auseinandersetzung mit sich (selbst) und der (Um)Welt und die folgende Anpassung an diese ist aber unbedingt nötig – denn irgendwann sind unsere Eltern eben nicht mehr da, um auf uns aufzupassen oder den Po abzuwischen! Wir müss(t)en folglich auf **eigenen** Bein(ch)en stehen, und dass dies leider nicht ohne eine gewisse Art der Kraftaufwendung vonstatten geht, versteht sich (hoffentlich) von selbst!?...

Sartre sagt, »*To do is to be*« – »*Etwas zu tun, bedeutet – zu sein.*«[255] Wir sind also das, was wir tun, und etwas zu tun, bedeutet **Anstrengung**, welche bekanntlich einer bestimmten Form der **Arbeit** entspricht! Die(se) »**Arbeit**« wiederum ist aber nicht einfach nur *Kraft mal Weg*, also nicht einfach nur $W = F \cdot s$ und – nur weil sie uns »unnötig« anstrengt, wir nicht **augenblicklich** unser Ziel erreichen und folglich beim kläglichen Versuch, auf eigenen Beinen zu stehen, anfangs ab und zu auf die Fresse fallen – von vorneherein mit etwas »Schlechtem« gleichzusetzen. Nein, die »**Arbeit**«, die nötig ist, um auf **eigenen**, anfangs wacklig menschlichen Beinchen zu stehen, entspricht *an sich*(!) einer **guten**, evolutionären Notwendigkeit! Sie macht(e) uns zu dem, *was* und *wie* und *wer* wir ***sind***!

Kommen Sie mir jetzt aber bloß nicht mit der Parole »Arbeit macht frei« oder so 'nem Scheiß – denn das kann ja wohl nicht Ihr Ernst sein! Aber sieht *man* von der in höchstem Maße menschenverachtenden Verwendung dieses »Slogans«[256] während der Zeit des Nationalsozialismus ab (in den Konzentrationslagern war die Tor-Aufschrift seinerzeit eine zynische Umschreibung für den angeblichen »Erziehungszweck« der Lager), dann war es schon immer so, dass alleine die **Arbeit** – egal, ob nun *körperlich, geistig* oder *emotional* – unsere(n) *Körper* samt dem *Geist* und der zugehörigen *Seele* formte! Die **Arbeit**, so leid es mir tut, das zu sagen, war und ist wohl der **adäquate »Reiz«,** der nötig ist, damit wir uns (in eine bestimmte Richtung) entwickeln, schneller laufen, weiter denken oder auf **menschliche** Art und Weise (z.B. Mitgefühl) empfinden können!...

Sie ist die *Ursache*, die uns über die Jahre hinweg zu manchen fragwürdigen »Dingen« befähigte und den »Menschen« dank seiner berühmt berüchtigten Anpassungsfähigkeit so ganz nebenbei an das Ende der planetarischen Nahrungskette katapultierte!

---

[255] Vgl. Richard David Precht: *Wer bin ich und wenn ja, wie viele?* 16.Auflage. München 2007, S. 314. ISBN: 978-3-442-31143-9

[256] »***Slo|gan*** *der; -s, -s <gäl.-engl.>: Werbeschlagwort od. -zeile, einprägsame, wirkungsvoll formulierte Redewendung.*«

Obwohl **Arbeit** also **gut** (für uns und unsere Weiterentwicklung) **ist** und unsere (derzeitige) »Form« sich maßgeblich aus unserer systemischen »Funktion« zu ergeben scheint[257], waren wir paradoxerweise aber auch schon immer bemüht, dem ***Ökonomischen Prinzip*** Folge zu leisten, das heißt, wir waren schon immer (r)echt faul und wollten mit so wenig Aufwand wie möglich das Maximale erreichen! Der nachvollziehbare Vorteil daran ist der, dass *man* durch Einsparung persönlicher Ressourcen länger und (zumindest im materiellen Sinn) »besser« lebt. Besser jedenfalls, als wenn man (engl. *man*) die **eigene** Energie mit vermeintlich unnützer Arbeit verschwendet! Auf alle Fälle hat *man* auf diese Weise (scheinbar) mehr »Spaß«, sprich, mehr **Dopamin** zur Verfügung als jemand, der Tag ein Tag aus weit weniger ertragreich schuftet oder für uns die – zu unserem **persönlichen** Glück – notwendige (Drecks)Arbeit erledigt!...

»*In grauer Vorzeit ohne Strom, Wärme, Wohnlichkeit und Schutz vor den Unbilden der Natur musste die Lebensfreude und das Lebensglück*« aber »***von innen heraus** kommen, um überhaupt Optimismus zum Weiterleben zu bewahren. In erster Linie aus dem Wechselspiel zwischen Gehirn und beanspruchter Skelettmuskulatur schöpfte der Steinzeitmensch sein ganz persönliches Glücksgefühl und seinen Lebensmut.*«, sagt zumindest der Mediziner Dr. med. R. Ziegler und führt weiter an, dass unser Genom, also die Gesamtheit unserer rund 25 000 Gene, »***seit rund 40 000 Jahren unverändert existiert.***« (300)

Sie sehen schon, wohin *ES* führt: *Körperliche*, *geistige* und *seelische* bzw. *emotionale* »Bewegung« **ist** prinzipiell **gut** (für uns), und vermutlich haben wir aus ökonomisch(er) erscheinender (Profit)Sucht und entsprechend stinkender Faulheit damit angefangen, unsere **Mitmenschen** (*man* nennt sie dann i. d. Regel »Sklaven«, »Diener« und zum Teil auch »Angestellte« oder »Kollegen«) samt der Natur, in der wir leben, auszubeuten! Schon immer haben wir andere die »Dinge« tun lassen, zu denen wir **selbst** überhaupt keine Lust hatten!...

Und das ist heute nicht anders als damals und vor Tausenden von Jahren und schon zu dieser Zeit war *ES* uns nicht genug, jemand anderen auszunutzen, zumal dieser – wenn er clever und stark genug war – irgendwann die Schnauze voll hatte und sich infolgedessen zur Wehr setzte! Wir woll(t)en immer mehr und da manchmal einfach keiner da war oder ist, der für uns das Feld bestellt, einen (Apfel vom Baum) runterholt, für uns nachdenkt oder sonst irgendwie den Allerwertesten hinstreckt oder nachträgt, und zu allem Überfluss die Zahl der

---

[257] »*Der Begriff* »*form follows function*« *(auch Form folgt Funktion oder FFF, wörtl. (Die) Form folgt (aus der) Funktion ist ein Gestaltungsleitsatz aus Design und Architektur. Die Form, die Gestaltung von Dingen soll sich dabei aus ihrer Funktion, ihrem Nutzungszweck ableiten. Umgekehrt kann man danach aus der Form auch eine Funktion ableiten. Der Begriff ist Teil eines berühmten Ausspruchs des amerikanischen Architekten und Hauptvertreters der Chicago School, Louis Sullivan, einem der ersten großen Hochhausarchitekten.*« (435)

»Sklaven« begrenzt ist und oft nicht ausreicht, um unsere unbegrenzten Wünsche zu erfüllen, sind und waren wir gezwungen, uns **selbst** etwas zu überlegen! Anderenfalls hätten wir es schon **selbst** tun müssen, und da wir das, wie schon gesagt, nicht unbedingt woll(t)en, fangen wir paradoxerweise aus (r)einer »Faulheit« damit an, zu überlegen, wie etwas einfacher und profitabler von der Hand gehen könnte! Diese anfängliche Faulheit, die uns in der Folge zu einer **eigenen**, primären Anstrengung zwingt und im weiteren Verlauf technologisches Wissen (z.B. Maschinen) entstehen lässt, ist somit nicht völlig schlecht! Schlecht ist nur der darauffolgende, sorglose und unüberlegte Umgang mit diesem »Wissen«!

Bisweilen übersteigt der zum Erreichen eines Ziels notwendige Arbeitsaufwand aber auch einfach nur die zur Verfügung stehende (menschliche) Arbeitskraft und Leistungsfähigkeit, was es für den »Menschen«, der nicht darauf verzichten kann, in den Weltraum zu fliegen oder Pyramiden zu bauen, auch heute und in Zukunft nötig macht, andere Mittel und Weg zu finden, um an sein **Dopamin** zu gelangen! Wie Sie wissen, hat Hunger bzw. das Essen auch etwas mit **Dopamin** zu tun, und das macht offenbar nicht nur Kapuzineräffchen erfinderisch:

Kapuzineräffchen *»benutzen Steine als Schaufeln, um in harten Zeiten nach Futter zu buddeln.«* (301), heißt es auf *Spiegel Online Wissenschaft*, doch das ist wohl kein Vergleich zu dem, was sich »Menschen« so alles einfallen lassen, um satt und immer noch satter zu werden! Andere »Menschen« (so)wie Werkzeuge und Tiere zu (be)handeln bzw. zu (be)nutzen, Maschinen zu bauen, um das Maximale aus etwas herauszuholen, das zeichnet das Wesen des »Menschen« aus! Wo *ES* sinnvoll(er), leicht(er) und profitabel erscheint, nutzt *ES* technische Gerätschaften und benutzt andere »(Lebe)Wesen« möglichst so, wie es ihm passt!...

Dabei versuchen wir allerdings nicht nur dem schlechten »Stress«, also der *körperlich*, *geistig* und *emotional* nicht zu bewältigenden Arbeit aus dem Weg zu gehen, nein, wir versuchen grundsätzlich, **jegliche** Art von Anstrengung zu unterbinden und **jegliche** Form der Arbeit, wo es nur geht, an andere abzugeben! Ich rede hier also auch von der Arbeit und dem damit verbundenen »Stress«, der *physisch, psychisch* und *gefühlsmäßig* von uns durchaus zu bewältigen wäre! Ich rede von (m)einem »Reiz«, auf den sich der Organismus nach einer gewissen Zeit der Ruhe und Erholung einstellen kann und den **Menschen** positiv formt! Also verwechseln sie ihn nicht mit einem Reiz, dem pausenlos und ständig ein neuer Reiz »aufgesetzt« wird und den menschlichen Organismus allmählich ins Übertraining – mit all seinen negativen Folgen – führt!...

»Das Kind soll spielen, es soll Erholungsstunden haben, aber es muss auch arbeiten lernen.«, hat Immanuel Kant einmal gesagt, doch da wir das **Arbeiten** nicht mehr lernen, es aufgrund unseres zunehmend technisierten Wohlstandsdaseins nicht mehr nötig haben und es auch nicht gewohnt sind, uns über das Maß hinaus anzustrengen, bleiben wir in unserer Entwicklung stehen und werden von den Maschinen buchstäblich überholt! Natürlich bedeutet unser tägliches Leben

»Arbeit«, ist *körperlich, geistig* und *emotional* fordernd, durchaus belastend und **insgesamt** nicht zu verachten und ich überlasse es freilich dem Leser zu entscheiden, ob er tatsächlich (*an sich* und an dem, was ihn zum **Menschen** macht) arbeitet oder was für ihn nun »guter« oder »schlechter« Stress bedeutet!...

Ich gebe dabei allerdings zu bedenken, dass die wenigsten Kinder **freiwillig** ihre (Haus)Aufgaben erledigen und dafür ihren ((Computer)Spiel)Konsum einschränken! Die meisten hassen es, sich »unnötig« anzustrengen, wollen lieber den leicht(er)en »Spaß« haben, ihrer Sucht erliegen und müssen förmlich dazu gezwungen werden, etwas anderes zu tun, als nur vor der Glotze zu sitzen. Falls *Sie*(!?) es nicht anders gelernt haben, wollen und können *Sie*(!?) sich nicht mit sich **selbst** beschäftigen und werden aufgrund *Ihrer*(!?) niedrigen Toleranzschwelle bezüglich (m)eines *körperlichen, geistigen* oder *emotional* fordernden Reizes teilweise sogar aggressiv, blockieren total oder reagieren beleidigt wie eine Leberwurst! *Sie*(!?) »bocken rum«, wie ein kleines Kind eben, obwohl ich bei Erwachsenen, die sich mit sich **selbst**, ihrem (scheinbar verpfuschten) Leben und den Motiven ihrer nicht immer so einwandfreien Handlungsweise auseinandersetzen müssen und keine Möglichkeit zur Flucht haben, bisweilen Ähnliches bemerkt habe! Die »Wahrheit«, und mag sie auch **jedem** von uns in der Tiefe seiner selbst bewusst und bekannt sein, ist nun mal nur schwer zu akzeptieren und ich selbst reagiere bisweilen (r)echt ungehalten, wenn *man* mich mit der unbequem(er)en Realität und meinen nicht immer ganz so tollen Motiven konfrontiert! Es erfordert enorm viel **Kraft** und **Arbeit**, uns mit der »Wirklichkeit« auseinanderzusetzen! Doch wir sind bekanntlich nicht gewillt, diese »Kraft« aufzuwenden, und sind es aufgrund der technischen Möglichkeiten und trotz der eigentlich zur Verfügung stehenden Ressourcen auch nicht gewöhnt, die »Dinge« beim Namen zu nennen, um infolgedessen an ihnen zu arbeiten!...

Das mag auch der Grund sein, weshalb Gespräche zwischen Erwachsenen meist an der (infantilen) Oberfläche treiben, auf keinen Fall tiefer als unbedingt nötig gehen oder sonst irgendwie überflüssig anstrengend sein dürfen!? Die **wahren** Aufgaben des Lebens, die, die unter der schönen (technologischen) Fassade auf uns warten und von uns gelöst werden wollen, bleiben außen vor! Sowohl bei den Hausaufgaben der Kinder wie auch bei den Aufgaben, die das Leben für die Eltern und den Rest der Menschheit bereitgestellt hat, kommen aufgrund unserer relativen Unfähigkeit, (mit)menschliche Probleme zu lösen, immer mehr Maschinen zum Einsatz – Maschinen, die uns einen immer größer werdenden Teil des Denkens, Fühlens und Handelns abnehmen. Doch was ist eine »Maschine« überhaupt?...

»*Eine Maschine ist ein Gerät mit beweglichen Teilen, das Arbeitsvorgänge selbstständig verrichtet u. damit menschliche od. tierische Arbeitskraft einspart.*« heißt es im Fremdwörterlexikon. Der Ausdruck kann aber auch als umgangssprachliche sch(m)erzhafte Bezeichnung für eine »*große, dicke [weibliche] Person*« gelten, von der wir hier aber ausnahmsweise nicht sprechen!...

Maschinen sind (bislang) nämlich nichts weiter als leb-, hirn- und gefühllose Sklaven, welche uns widerspruchslos zu Diensten sein müssen, damit wir uns um **scheinbar** wichtigere »Dinge« kümmern können. Solange diese »wichtigeren« Sachen Angelegenheiten sind, die den **Menschen** wirklich in (s)einem evolutionären Werdegang zu einem »besseren« **(Mit)Menschen** unterstützen, ihn sich *körperlich*, *geistig* und *emotional* gesund und im (mit)menschlichen Sinne (weiter)entwickeln lassen, ist dagegen auch schlecht etwas einzuwenden! Aber geht es uns wirklich um solche Motive oder eher darum, mehr Zeit für den Genuss des »*Somas*« … äh, ich meine natürlich des **Dopamins** zu haben?

Seitdem wir immer mehr und oft sogar einzig und alleine des Geldes wegen arbeiten und – gemäß der hedonistischen Lebensauffassung – der (unmittelbaren) *Befriedigung unserer Bedürfnisse* den größten Stellenwert eingeräumt haben, befindet sich der **Mensch** wieder in einer evolutionären Abwärtsbewegung! Meiner Meinung nach handelt *ES* sich um eine regel(ge)rechte »**Devolution**«, in welcher der **Mensch** degeneriert!...

Ich gehe gleich noch näher darauf ein, doch zuvor möchte ich nochmals auf Silvio Gesells ***Freiwirtschaftslehre*** zurückkommen. Denn die »*Freiwirtschaftslehre erkennt nur die menschliche Arbeit als Produktionsfaktor an. Die beiden anderen in der offiziellen Wirtschaftwissenschaft anerkannten Produktionsfaktoren Boden und Kapital sieht sie lediglich als Hilfsfaktoren zur Unterstützung der Arbeit und zur Steigerung ihrer Produktivität. Beide allein können nur unter Einsatz menschlicher Arbeit einen Ertrag abwerfen. Daher sind aus freiwirtschaftlicher Sicht nur der Arbeitslohn, nicht aber Bodenrente und Geldzins in privater Hand gerechtfertigt.*« *(302)*

Keine Angst, ich will Ihnen jetzt nicht Ihr sauer Erspartes streitig machen oder Ihren Bauplatz nebst Gemüsebeet absprechen. Das wäre in einer vornehmlich am *Haben* orientierten Gesellschaft genauso dämlich wie einem Hund – noch während er frisst – seinen Napf oder Knochen wegzunehmen! Ich möchte auch nicht behaupten, dass die »Menschen« in einer ärmeren Gesellschaft wie der unsrigen grundsätzlich besser miteinander umgehen und bessere »Menschen« sind als wir! Worum es mir geht, ist die eigentlich logische Erkenntnis, dass alleine die **(mit)menschliche Arbeit** (*körperlich* wie *geistig* bzw. *geistlich* und *emotional*) gleichermaßen Ertrag abwerfen darf, möglichst ausgeglichene Reize eine möglichst ausgeglichene, fähige Menschheit hervorbringen und Geld sich (ohne eigenes Zutun seines Besitzers) darüber hinaus nicht »selbstständig« vermehren sollte, da sonst unweigerlich ein systemisches Ungleichgewicht entsteht!

Mit einem ständig wiederkehrenden und sich stets erneuernden (Ungleich)Gewicht haben wir schon immer zu kämpfen und auch jetzt haben wir es aufgrund der derzeit vorherrschenden wirtschaftlichen (Spiel)Regeln und technischen Möglichkeiten, die dem ***Haben*** mehr Gewicht verleihen als dem ***Sein***, wieder mit einer bedrohlich zunehmenden Dysbalance zu tun!...

Die (Spiel)Regeln, die dazu geführt haben, spiegeln meiner Meinung nach kaum die **natürliche** Realität wieder, sondern führen zu einer Verzerrung, ja sogar einer Umkehr von **natürlichen** Tatsachen! Fromm zitiert in diesem Zusammenhang Marx:

»*Was durch das* **Geld** *für mich ist, was ich zahlen, das heißt, was das Geld kaufen kann, das* **bin ich**, *der Besitzer des Geldes selbst. So groß die Kraft des Geldes, so groß ist meine Kraft. Die Eigenschaften des Geldes sind meine – seines Besitzers – Eigenschaften und Wesenskräfte. Das, was ich* **bin** *und* **vermag**, *ist also keineswegs durch meine Individualität bestimmt. Ich bin häßlich, aber ich kann mir die* **schönste** *Frau kaufen. Also bin ich nicht* **häßlich**, *denn die Wirkung der* **Häßlichkeit**, *ihre abschreckende Kraft ist durch das Geld vernichtet. Ich – meiner Individualität nach – bin* **lahm**, *aber das Geld verschafft mir 24 Füße; ich bin also nicht lahm; ich bin ein schlechter, unehrlicher, gewissenloser, geistloser Mensch, aber das Geld ist geehrt, also auch sein Besitzer. Das Geld ist das höchste Gut, also ist sein Besitzer gut, das Geld überhebt mich überdem der Mühe, unehrlich zu sein; ich werde also als ehrlich präsumiert*[258]*; ich bin* **geistlos**, *aber das Geld ist der* **wirkliche Geist** *aller Dinge, wie sollte sein Besitzer geistlos sein? Zudem kann er sich die geistreichen Leute kaufen, und wer die Macht über die Geistreichen ist, ist der nicht geistreicher als der Geistreiche? Ich, der durch das Geld* **alles**, *wonach ein menschliches Herz sich sehnt, vermag, besitze ich nicht alle menschlichen Vermögen! Verwandelt also mein Geld nicht alle meine Unvermögen in ihr Gegenteil? [...]*

Da das Geld als der existierende und sich betätigende Begriff des Wertes alle Dinge verwechselt, vertauscht, so ist es die allgemeine **Verwechslung** *und* **Vertauschung** *aller Dinge, also die verkehrte Welt, die Verwechslung und Vertauschung aller natürlichen und menschlichen Qualitäten.*

Wer die Tapferkeit kaufen kann, der ist tapfer, wenn er auch feig ist. Da das Geld nicht gegen eine bestimmte Qualität, gegen ein bestimmtes Ding, menschliche Wesenskräfte, sondern gegen die ganze menschliche und natürliche gegenständliche Welt sich austauscht, so tauscht es also – vom Standpunkt seines Besitzers gesehen – jede Eigenschaft gegen jede – auch ihr widersprechende Eigenschaft und Gegenstand – aus; es ist die Verbrüderung der Unmöglichkeiten, es zwingt das sich widersprechende zum Kuß.

---

[258] »***prä|su|mie|ren*** *<lat.>:*

1. *(Philos.; Rechtsw.) voraussetzen, annehmen, vermuten.*

2. *(landsch.) argwöhnen.*«

> *Setze den* **Menschen** *als* **Menschen** *und sein Verhältnis zur Welt als ein menschliches voraus, so kannst du Liebe nur gegen Liebe austauschen, Vertrauen nur gegen Vertrauen etc. Wenn du die Kunst genießen willst, mußt du ein künstlerisch-gebildeter Mensch sein; wenn du Einfluß auf andre Menschen ausüben willst, mußt du ein wirklich anregend und fördernd auf andre Menschen wirkender Mensch sein. Jedes deiner Verhältnisse zum Menschen – und zu der Natur – muß eine* **bestimmte**, *dem Gegenstand deines Willens entsprechende Äußerung deines* **wirklichen individuellen** *Lebens sein. Wenn du liebst, ohne Gegenliebe hervorzurufen, das heißt, wenn deine Lieben als Lieben nicht die Gegenliebe produziert, wenn du durch eine* **Lebensäußerung** *als liebender Mensch dich nicht zum* **geliebten Menschen** *machst, so ist deine Liebe ohnmächtig, ein Unglück«* (246)

Diese Erkenntnis, zu welcher jeder (natürlich denkende) **Mensch** im Grunde genommen schon längst gekommen sein dürfte, stammt nunmehr aus dem 19. Jahrhundert. Doch geändert hat sich, trotz Aufklärung, seither nicht viel, und dass wir wieder auf ähnliche Verhältnisse zusteuern, wie sie damals vorherrschend waren, habe ich bestimmt schon oft genug erwähnt und werde es aus purer Verzweiflung und zwecks der Redundanz auch weiterhin tun!...

Wie Marx uns eben durch die Blume sagen wollte, entfernt uns das Geld von der Natur, macht uns zum besitzenden, zum *habenden* Menschen und gaukelt uns eine »Matrix« vor, die so ziemlich das Gegenteil von dem ist, wie *ES* und *man* **eigentlich** *sein* sollte! Anstatt in gesundem Maße *körperlich, geistig* und *emotional* »***fit***« zu sein, werden die, die das Geld (dazu) haben, *körperlich, geistig* und/oder *seelisch* fett, phlegmatisch, teilnahmslos, stumpfsinnig, lethargisch, gleichgültig und insgesamt ***passiv***! Ob das (bequeme) Leben, welches das Geld uns beschert, »gesund« ist, wage ich also zu bezweifeln. Denn obwohl wir *körperlich* gesünder leben als damals, gäbe es die meisten der sogenannten »**Zivilisationskrankheiten**« nicht, wenn wir nicht ganz so »zivilisiert« (unterwegs) wären! Es besteht kein Zweifel, wenn wir uns nur genug und ohne zu übertreiben gleichermaßen *körperlich, geistig* und *emotional* »anstrengen« würden, wären wir sicherlich in **jeglicher** Hinsicht gesünder und ausgeglichener!...

Dennoch machen wir viel zu oft genau das Gegenteil von dem, was **gut** (für uns) **wäre**! Eher machen wir das, was uns – auf kurze Sicht gesehen – **gut tut** und hoffen, dass *ES* uns über die sieben (oder weniger) Jahre hinweg hilft!

Beim gegenwärtigen Verhalten des westlich industrialisierten und zivilisierten »Menschen« fällt mir immer wieder das Bild eines römischen Machthabers ein!?

Ich meine aber nicht den, der in seinem Harnisch hoch zu Ross die Legionen an vorderster Front in den Krieg führt und aufgrund seiner Fähigkeiten diese leitende Position inne hat und wirklich Chef ***ist***, sondern den, der dick und fett zu

Hause in Rom herumliegt, nie einen Finger krumm machen musste und sich den Krieg frei Haus berichten lässt. Ich meine den, der den ganzen Tag nur isst, trinkt, ab und an eine Pfauenfeder benutzt und sich von vorne und hinten (unter anderem sexuell) bedienen lässt! Er ist ein **Hedonist** par excellence! Dabei is(s)t er wie ein Kind. – Er ist *körperlich* und, was einfach(st)e »Dinge« angeht, auch *geistig* und *emotional* zurückgeblieben, ausgeliefert und – *objektiv* betrachtet – seinen »Dienern« klar unterlegen! Doch die Verdrehung der **natürlichen** Tatsachen macht es d(ies)em »Kind« möglich, in d(ies)er Welt stets den Ton anzugeben. Obwohl der zivilisiert anmutende »Mensch« in (der) **Wirklichkeit** von nichts eine Ahnung hat und ohne seine (technischen und menschlichen) Helfer im Grunde genommen unfähig ist, bestimmt er, das Kind, wo's langzugehen hat!

Ähnlichkeiten zu den Verhältnissen zwischen Arbeitgebern und Arbeiternehmern, zwischen Kindern und ihren Eltern und zwischen Machthabern und ihren Völkern sind dabei auffällig und nicht ohne Weiteres von der Hand zu weisen!

Ohne die Unterstützung von Gerätschaften und der Hilfe seiner Bediensteten wäre solch ein »Mensch«, der Befehlshaber über die ganze Welt, gar nicht lebensfähig. Wie auch, denn einerseits wüsste er sich gar nicht mehr **alleine** zu helfen (er könnte sich nicht einmal die Schuhe ordentlich zubinden) und wäre andererseits *körperlich* längst nicht mehr in der Lage dazu, sich (**selbst**) zu versorgen! So ist der zivilisierteste »Mensch«, so widersinnig es auch klingen mag, seiner technischen Errungenschaften entledigt, eigentlich die unterentwickeltste, da von der Natur am weitesten entfernte Spezies dieses Planeten!

Nicht der »Herr«, sondern sein treuer »Diener« – der nach und nach technisch ersetzt wurde und es auch weiterhin wird – ist derjenige, der im Zweifelsfall **alleine** in und mit der Natur (über)leben würde!...

Nun haben wir natürlich(?) und zum Glück andere Zeiten und keiner von uns möchte wieder in Höhlen wohnen, auf die Bäume zurück(klettern) oder auf die Annehmlichkeiten des modernen Lebens verzichten!(?) Doch je mehr wir uns als »Herr« über Leben, Tod und den Rest der Welt aufspielen, desto mehr müssen wir doch erkennen, wie »**abhängig**« wir von unseren lebend(ig)en und »unlebendigen« Untertanen geworden sind!...

Alleine im Hinblick auf Nahrungsmittel oder Kleidung wäre ein reiches Land wie Deutschland ohne die Hilfe von immer größer und perfekter werdenden Maschinen und ohne die »Unterstützung«[259] anderer (Niedriglohn-)Länder nicht mehr (über)lebensfähig! Ganz auf uns (alleine) gestellt würden wir wahrscheinlich in kürzester Zeit die Biege machen, oder ist Ihnen etwa noch nie aufgefallen, wie viele der hierzulande verwendeten Produkte beispielsweise aus China stammen oder wie schwer es ist, auf Nahrungsmittel, Kleidung oder (Dienst)Leistungen aus dem Ausland zu verzichten?

---

[259]Anm.: In Wirklichkeit beuten wir diese Länder natürlich aus!!!

Jeder einzelne »Mensch« dieses Planeten steht in **direkter** oder **indirekter** Verbindung mit anderen »Menschen« und »Maschinen« und kann heute – mehr als jemals zuvor – nicht mehr ohne die(se) anderen existieren. Umso paradoxer ist die Entwicklung hin zu der Vorstellung, wir seien heute autarker als jemals zuvor, wenn doch genau das Gegenteil davon der Fall ist!...

Schließen Sie nun für einen Moment die Augen, atmen Sie aus und stellen sich vor, zu was Sie **selbst**, ohne die Hilfe von technischen Gerätschaften, (noch) fähig wären! Stellen Sie sich vor, was Sie ohne die Mithilfe anderer Menschen oder technischer Gerätschaften in diesem Moment **tatsächlich** (noch) besitzen würden oder was Sie **selbst** mit den **eigenen** Händen oder (der) Kraft Ihres **eigenen** Verstandes noch herstellen bzw. leisten könnten! Sie besäßen wahrscheinlich nicht mehr Fähigkeiten als ein Baby und könnten auch nicht mehr tun als schreien, atmen, in die Hose machen, etc. – Habe ich nicht Recht!?

Jetzt, da Sie Ihre **Hilflosigkeit** zumindest zum Teil erkannt haben, verstehen Sie vielleicht, wie wichtig die Gemeinschaft in und mit der Welt ist und wie unsinnig und arrogant die Behauptung anmutet, auf nichts und niemanden angewiesen zu sein!? Lassen wir kurz unsere Mitmenschen außer Acht und konzentrieren uns nur auf die allgegenwärtige Technik, so verstehen Sie jetzt hoffentlich auch, warum viele von uns oft schon Angst haben, ohne Handy in der Tasche das Haus zu verlassen. Ohne (Mobil)Telefon, Navi oder dergleichen fühlen Sie(!?) sich nackt und hilflos, denn wie bei einem Cyborg[260] ist die Technik mittlerweile ein Teil unserer Selbst geworden. Sie ist der Teil, der in Zukunft immer größer wird und uns selbst immer kleiner ***sein*** lässt! Schon jetzt fühlen sich viele von uns ohne ihr Mobiltelefon vom »Kollektiv« getrennt, sind ohne den »*Big Brother*« der Technik alleine unter (fremden) **Menschen** – und auf weiter Flur.

Inwieweit wir uns mittlerweile tatsächlich mit einem technisch möglich gemachten, kollektiven Bewusstsein verbunden fühlen und uns davon »**abhängig**« gemacht haben, beobachte ich immer wieder auf – ökologisch zugegebenermaßen nicht sehr sinnvollen – Inlandsflügen: Kaum sicher gelandet sind in Berlin die Anschnallzeichen noch nicht erloschen, kann man einen Großteil der Passagiere dabei beobachten, wie sie fast panisch versuchen, ihr Handy wieder einzuschalten, um sich (selbst) einzustöpseln und »online« zu bringen!...

Aus Sicherheitsgründen wurden die »Drohnen« zeitweise vom »*Hive*« getrennt. Trotz der Anweisungen des Kabinenpersonals, die »implantierten neuralen Transceiver« vorerst ausgeschaltet zu lassen und erst im Terminal wieder einzuschalten, können *Sie*(!?) es nun kaum erwarten, sich wieder einzuloggen, weshalb mein Nebenmann auch schon den Hörer am Ohr hält und freudig verkündet: »Ja,

---

[260] »***Cy|b|org*** *der; -s, -s <Kunstw. aus engl. cybernetic organism>: [geplante] Integrierung technischer Geräte in den Menschen als Ersatz od. zur Unterstützung nicht ausreichend leistungsfähiger Organe (z. B. bei langen Raumflügen).*«

wir sind gerade gelandet.« Geduldige, erwachsene (Selbst)Sicherheit sucht *man* hier vergebens. Selbstverständliche Unbeherrschtheit und im weitesten Sinne freiwillige Unterwerfung unter das technisch Mögliche ist dagegen Programm!
In Momenten wie diesen fühle ich mich immer an die *Borggesellschaft* aus der *Science-Fiction*-Fernsehserie *STAR TREK* erinnert! Leider ist nicht genug Platz, um auf alle Parallelen zu unserer Gesellschaft einzugehen, deshalb nur so viel:

> »*Die Borggesellschaft ist in Anlehnung an die Struktur eines Insektenvolkes mit einer Königin an der Spitze dargestellt. Ihr Konzept ist die permanente Anpassung ihrer Körper an veränderte Umweltbedingungen und die rücksichtslose Expansion im Universum.*
> *Die Borg entwickeln sich weiter, indem sie andere Rassen und ihre Techniken ›assimilieren‹, das heißt, deren Wissen und Erfahrungen in ihrer Gesamtheit in sich aufnehmen, um durch ein kollektives Bewusstsein die neuen Eigenschaften der Gemeinschaft hinzuzufügen. Individuen und individuelles Bewusstsein gibt es unter den Borg nicht. Assimilierte Individuen werden zu Drohnen gemacht, deren Körper mit mechanischen Implantaten und Nanotechnologie ausgestattet sind. Dies stellt sich als paradiesischer Zustand für die Borg dar, weil das kollektive Bewusstsein (›Hive-Bewusstsein‹) der assimilierten Spezies quasi unsterblich geworden ist.*« (303)

Auf *Memory Alpha*, einem freien und gemeinschaftlichen Projekt zur Erstellung einer umfangreichen Enzyklopädie rund um *STAR TREK*, bei dem jeder nach dem »*Wiki*-Konzept« mitarbeiten kann, lesen wir weiter:

> »*Das Hive (engl: Schwarm oder auch Bienenstock) ist das kollektive Bewusstsein, das alle Mitglieder des Borg-Kollektivs miteinander verbindet – unabhängig davon, wo in der Galaxie sich einzelne Drohnen befinden.*
> *Das Bewusstsein der Borg ist in kleinere Untergruppen aufgeteilt, und das Wissen wird je nach Aufgabe (Verteidigung, Assimilation, usw.) weitergegeben. Dies macht es für die Borg einfach, Informationen schnell zu übertragen und zu verarbeiten. Dies ist allerdings auch eine ihrer größten Schwächen, da es Lieutenant Commander Data beim ersten Angriff der Borg gelingt, über eine Verbindung zu Locutus*[261] *in eine Kommandostruktur niederer Priorität – dem Bereich für die Regeneration der Borg – ein Schlafkommando einzugeben und so den angreifenden Kubus praktisch auszuschalten. (TNG*[262]*: ›Angriffsziel Erde‹)*« (304)

---

[261] »*Locutus von Borg ist die Borgbezeichnung von Captain Jean-Luc Picard, nachdem er im Jahre 2366 assimiliert wird. Die Borg wollen Picard als Informant und Sprachrohr für die Menschen benutzen, um es ihnen zu erleichtern, die Erde zu assimilieren.*« (436)
[262] Abk. *STAR TREK: **T**he **N**ext **G**eneration*

Der Astrophysiker und *STAR TREK*-Fan Stephen W. Hawking hat einmal gesagt: »*Das Science Fiction von heute ist das Science Fact von morgen.*« und wie Sie sicherlich bemerkt haben, ist unser globales Informationsnetz ähnlich wie das der *Borg* aufgebaut! Wir werden täglich auf ähnliche Art und Weise mit Informationen versorgt und durch sie gesteuert, und auch bei uns wäre es absolut denkbar, durch ein – an der richtigen Stelle eingesetztes – bestimmtes »Kommando« ein ganzes Volk zu lenken, es einzuschläfern oder es in seiner kollektiven Entscheidung und Denkweise zu beeinflussen.

In Wirklichkeit passiert es schon jetzt, denn wie man sich leicht vorstellen kann, ist es ab einem gewissen Punkt nicht mehr möglich, die tagtäglichen Informationen zu verifizieren oder eine anderslautende Gegendarstellung oder Sichtweise zuzulassen. Wir glauben folglich, was *man* uns sagt, und handeln dementsprechend kollektiv! Das ist in begrenztem Maße sogar gut so, denn anderenfalls würde über kurz oder lang vermutlich ein unkontrollierbares Chaos entstehen. Aber kommen wir zurück zu den *Borg*:

> »*Jede Borg-Drohne verfügt über einen implantierten neuralen Transceiver mit dessen Hilfe ein ständiger Datenaustausch stattfindet. Spezielle Knotenpunkte, die auf Borg-Schiffen verteilt sind, unterstützen die Kommunikation zwischen den einzelnen Drohnen. Umgekehrt kann man diese aber auch als weiteren Schwachpunkt der Borg bezeichnen, denn wenn Eindringlinge diese Knoten zerstören, dann wird die Kommunikation unter den Borg gestört und sie handeln weniger organisiert. (TNG : ›Angriff der Borg, Teil I‹)*
> *Innerhalb des Hive-Bewusstseins besitzen einzelne Drohnen kein eigenes Bewusstsein. Sie funktionieren ausschließlich um dem Gesamten, dem Hive-Bewusstsein, zu dienen. (VOY: ›Unimatrix Zero, Teil I‹, ›Unimatrix Zero, Teil II‹)*
> *Für die Borg bedeutet das Hive-Bewusstsein, ständig mit allen anderen Borg verbunden zu sein, ihre Stimmen zu hören. Werden Sie durch eine Fehlfunktion vom Hive-Bewusstsein getrennt, ist es nach anfänglicher Annahme von Lieutenant Commander Data und Doktor Beverly Crusher für sie unmöglich, weiterhin zu existieren. In der Praxis wird diese Annahme mehrfach widerlegt: So erlangen vom Hive-Bewusstsein abgetrennte Drohnen wieder ihren Sinn für Individualität wieder. (TNG : ›Angriffsziel Erde‹, ›Ich bin Hugh‹; VOY: ›Die Gabe‹).«* (304)

Erst nach einer Phase der Abnabelung, die mit einer gewissen kindlichen Angst und Furcht einhergeht, entwickeln die *Borg* (wieder) (mit)menschliche Gefühle, Kreativität, d.h. eine schöpferische Kraft und Fähigkeiten, die *Sie*(!?) – ohne Navigationsgerät und die Mami an der Hand – mutig und eigenmächtig den Weg zum scheinbar weit entfernten Klo antreten lassen! Ich kann mich noch gut an die *STAR TREK*-Folge erinnern, in der ein *Borg*, seine Name war Hugh (*Borg*-bezeichnung *Dritter von Fünf*), schwer verletzt aus einem verunglückten *Borg*-Schiff gerettet und als Gefangener an Bord der Enterprise gebracht wurde:

Da vom »*Hive*« getrennt, durchläuft er daraufhin die eben genannte Entwicklung bis hin zum »eigensinnigen« Individuum! Er wird wieder zum **Mensch**, lernt, dass Widerstand – anders als es das *Borg*-Motto verlauten lässt – eben **nicht** zwecklos ist und (mit)menschliche Werte mehr zählen als alles andere!!!

Hugh wurde, so wie er (geworden) war, später wieder vom Kollektiv der *Borg* reassimiliert, das heißt, in deren Kollektiv reintegriert und somit in das übergeordnete Ganze wieder eingefügt. Der Fairness halber muss an dieser Stelle aber eines erwähnt werden: Der Sinn für Individualität, der ins Kollektiv des *Borg*-schiffes aufgenommen wurde und die restlichen *Borg*-Drohnen infizierte, hatte schreckliche Folgen! Da die *Borg* nicht mehr wie gewohnt »funktionieren« konnten, brach Chaos aus. *ES* brachte den ganzen *Borg*-Kubus[263] zum Erliegen. Erst unter der Führung von Lore, einem hoch entwickelten menschlichen Androiden, der sogar Emotionen empfinden konnte, war es den individualisierten *Borg* möglich, als »Gesellschaft« weiter zu existieren!

Die Geschichte der *Borg*, die sich leicht auf unsere (derzeitige) Realität übertragen lässt (auch wir sind Teil eines »Schwarms« und die meisten unserer Anführer sind nichts weiter als ferngesteuerte Maschinen, deren implantierter Emotionschip allenfalls zum Zweck der stetigen Profitmaximierung eingesetzt wird), offenbart unsere generelle Anfälligkeit gegenüber **diktatorischen** Regimen[264] bzw. »*Systemen*« aller Art – und das insbesondere dann, wenn wir meinen einen **»freien« Willen** zu besitzen und ein **selbstständiges** Individuum zu sein!

Solange *man* uns das Gefühl gibt, etwas **selbst** und aus **eigenem** Antrieb, d.h. »**freiwillig**« zu tun, sind wir zu (fast) allem fähig! Wir tun »Dinge«, die wir sonst nicht und manchmal sogar niemals tun würden und dabei ist es vollkommen egal, ob es sich beim »Führer« einer jeweiligen Herde nun um Hitler oder – wie es heute weltweit üblich ist – Mammon handelt. Denn das dahinterliegende »***Prinzip***« ist stets dasselbe, wie wir beim Thema *Faschismus* sehen werden!

Natürlich brauchen wir die Technik, und Sie und ich sind (noch) keine *Borg* und immer noch in der Lage, **selbst** zu entscheiden! Aber denken Sie nur an die kommenden Generationen, an die, die unter Umständen nie echten Eigensinn

---

[263] Anm.: Der Kubus (lat. für Würfel) ist ein Schiffstyp der Borg.

[264] »***Re|gime***, *auch: -s <lat.-fr.>:*

1. *einem bestimmten politischen System entsprechende, von ihm geprägte [volksfeindliche] Regierung, Regierungs-, Herrschaftsform.*

2. *(selten)*

a) *System, Schema, Ordnung;*

b) *Lebensweise, -ordnung, Diätvorschrift (z. B.: der Patient musste sich einem strengen Regime unterziehen).*«

lernen werden, nie lernen werden, mit weniger Technik und dafür mehr **Menschlichkeit** auszukommen! Was werden die tun, wenn *man* sich die selbstverständlich gewordenen technischen Helfer aus Kostengründen womöglich irgendwann einmal nicht mehr leisten kann? Wieder schreibt Fromm:

> »*Die Herrschaft des Menschen über die Natur ist fast völlig entfremdet. Sie ist nicht das Ergebnis seiner wirklichen menschlichen Kräfte, sondern einer ›Megamaschine‹ (L. Mumford, 1967), die den Menschen dazu befähigt, viel zu bewirken, ohne viel zu tun und viel zu sein. Vom modernen Menschen kann man sagen, daß er in einer symbiotischen Beziehung zur Welt der Maschinen lebt. Insofern er sich als Teil von ihnen erlebt, ist er oder erscheint er als mächtig. Wenn er ohne sie dasteht und auf sich selbst und seine Eigenkräfte angewiesen ist, ist er so ohnmächtig wie ein kleines Kind. Er betet seine Maschinen an, sie leihen ihm ihre Stärke, sie erzeugen die Illusion, daß er ein Riese ist, doch ohne sie ist er ein Krüppel.*« (305)

Kaum zu glauben, vor nicht allzu langer Zeit (und damit meine ich nicht hundert, sondern gerade mal zwanzig Jahre) sind die Menschen ohne Smartphone, Quad-Core-CPU[265] bestückten Computer, ferngesteuerte Zentralverriegelung, batteriebetriebenen Dildo, beheizbaren Klositz und elektrischen Dosenöffner zurechtgekommen. Aus heutiger Sicht eine schier unglaubliche Leistung, vor allem, wenn *man* bedenkt, dass der damalige »Mensch« damit genauso, wenn nicht sogar glücklicher war als der, den wir heute im Spiegel sehen!

Davon abgesehen konnte der »Urzeitmensch« ganz alleine und ohne technische Unterstützung Paarbindungen eingehen und diese auf **menschliche** Art lösen! Er konnte verbindliche Verabredungen treffen und diese sogar pünktlich einhalten; wusste, wie das Gemüse aussieht, aus dem die Pommes hergestellt werden, und war dazu noch in der Lage, einzig und alleine mit einer Nylonstrumpfhose bewaffnet ein ganzes Auto zu reparieren. Letzteres war natürlich nur eine Metapher und wird wohl als Mythos in die Annalen der Menschheit eingehen, wobei ein damaliger »Mensch« sicherlich mehr »Dinge« und Zusammenhänge durchschauen und diese infolgedessen auch »reparieren« konnte als wir heute! Dieser fähige(re) »Mensch«, der aufgrund (s)eines Wissens und seiner angeborenen Fähigkeiten etwas »in Ordnung« bringen konnte, war aber nicht *MacGyver*[266], sondern nannte sich ganz einfach nur Egon Maier oder Lieschen Müller!...

---

[265] Vier-Kern-Prozessoren

[266] »*MacGyver ist eine 1985 gestartete US-amerikanische Fernsehserie*«. Angus MacGyvers auffälligste Fähigkeit ist »*seine praktische Anwendung der Naturwissenschaften und die damit verbundene erfinderische Nutzung alltäglicher Gegenstände[.]. Sein Schweizer Messer und Klebeband dürfen nie fehlen, die Nutzung von Handfeuerwaffen lehnt er ab. Dies zusammen erlaubt ihm eine Vielzahl unorthodoxer Lösungen für seine Aufgaben zu finden, zum*

Gut, die *Sendung mit der Maus* erklärt uns auch heute noch leicht verständlich, wie die Welt um uns herum so funktioniert, und handwerklich begabt sind zum Glück immer noch etliche von uns. Doch alleine schon der Hinweis am Ende der Kindersendung *Löwenzahn*, den Fernseher jetzt endlich mal auszuschalten und nach draußen zu gehen, geht heute, wenn überhaupt noch vorhanden, in der multimedialen Übersättigung und der Überflutung an (technologischen) Möglichkeiten verloren! *ES* ist ein »Overkill«[267] der Medien und der Technik, der ein Raus- bzw. Ausgehen und Auseinandersetzen mit der (Um)Welt gar nicht mehr so einfach macht, wie manche vielleicht denken. Denn ohne technisches Gerät, ohne Handy, Navigationsgerät, EC-, Kredit-, Sim-, Autoclub-, Krankenkassen-, oder »Rückzahl«karte in den Urwald der Großstadt abzutauchen, um gänzlich auf sich (und seine Fähigkeiten) allein gestellt zu sein, ist nach gegenwärtigem Ermessen fast fordernder, als eklig fetten Maden im TV-*Dschungelcamp* den Kopf abzubeißen und zum Nachtisch rohe Tierhoden zu (fr)essen!...

Ach so, nicht, dass ich es noch vergesse: Die Rechte für ein derartiges Überlebenstraining nebst obligatorischem Unterhaltungsprogramm, welches etwaige Kandidaten aus der vermeintlichen Oberschicht beim auf sich **selbst** gestellten Leben im Großstadtdickicht begleitet, bleiben natürlich mir vorbehalten![268] Das war natürlich ein Scherz, aber wie *man* sich denken kann, führt ein zunehmender Wohlstand in der Regel dazu, dass ureigene **(mit)menschliche** Fähigkeiten, zu denen ich auch das – nicht wörtlich gemeinte – »Kopfzerbrechen« dazuzählen möchte, wie ungenutzte Muskeln (ver)schwinden. Kausales, das heißt, ursächliches Denken wird, wie vieles andere, das nötig ist, um sich als **Mensch** (natürlich) zu entwickeln, vom Anwender nicht mehr verlangt und somit nicht mehr geübt! Anstatt **selbst** und auf **eigenen** Füßen zu stehen und das »**Menschsein**« mit **all seinen Facetten** zu trainieren, bedienen wir uns lieber einer technischen Krücke, welche, wie bei den *Borg*, dann irgendwann zu dem wird, was wir *sind*!

Die von Fromm angeführte Metapher mit der Krücke, die der »Krüppel« zum (aufrechten) Gang braucht, zeigt sehr gut, wie unselbstständig, wenig eigenverantwortlich, unfähig und ohnmächtig in Wirklichkeit der Großteil derer geworden ist, die sich heutzutage als »Krone der Schöpfung« sehen. Aber dadurch,

---

Beispiel die Flucht aus einer Gefangennahme oder vor einer anderen Bedrohung. Besonders aufgrund dieser Kreativität hat die Serie Kultstatus erreicht und wird bis heute auf verschiedenen Sendern weltweit wiederholt.« (437)

[267] »***Over|kill*** *das, auch: der; -s* <*engl.;* »*Übertöten*«>*:*

1. *Situation, in der gegnerische Staaten mehr Waffen, bes. Atomwaffen, besitzen, als nötig sind, um den Gegner zu vernichten.*

2. *(ugs.) Übersättigung, Überflutung.*«

[268] Anm.: Darüberhinaus hätte ich noch Parkhaustickets und Hostien mit *Umami*-Geschmack sowie mannshohe Wunderbäume für Diskotheken, in denen man das durchweg vernünftige Nichtraucherschutzgesetzt einhält, im kreativen Angebot!

dass uns die moderne Technik – welche ständig weiterentwickelt wird, um uns fortwährend weniger tun und *sein*, aber mehr (Befriedigung) erreichen zu lassen – das (Selbst)Verständnis für gewisse Zusammenhänge abnimmt und vorgibt, werden wir mehr und mehr wieder zum Kind! Obwohl wir sie uns von Haus aus eigentlich nicht leisten können, bekommen wir zwar sämtliche (Spiel)Sachen, die wir wollen, aber entwickeln kein Verständnis oder gar ein »(Mit)Gefühl« für darüberhinausgehende »Dinge« und Zusammenhänge.

Und so kommt es, dass, solange das Fahrrad, das Auto, der Ehepartner oder die (Um)Welt funktioniert, *man* sich keine Gedanken darüber macht, wie oder warum *ES* so is(s)t! Man denkt nicht darüber nach, wie und warum *man* es, ihn oder sie pflegen muss oder wie man die herunter gesprungene Kette im Zweifelsfall wieder (**selbst**) drauf bekommt. Dabei gibt es kaum noch einen, der etwas »flicken« kann! Aber das ist (k)ein Problem: *Man* kauft sich einfach ein neues Rad, Auto oder gleich einen ganz neuen Menschen oder Planeten und wirft den alten weg – nicht wahr? Das ist viel einfacher und billiger – aber ist es auch »besser«?

Ich spreche beim gegenwärtigen Unvermögen des **Menschen** jetzt nicht von den Erfindern und Entwicklern der Technik, deren schöpferisches »Wissen-Wie« uns allerlei Annehmlichkeiten, die wohl keiner von uns mehr missen will, beschert haben. Ich spreche von der breiten Masse von Ameisen, der auch ich angehöre! Ich spreche von den »Menschen«, die diese Erfindungen einfach nur benutzen, sie konsumieren und nicht erkennen, was das für die **eigene** Entwicklung bedeutet! Weil wir *ES* nicht mehr nötig haben, uns (**selbst**) anzustrengen, fehlt uns der (lebens)wichtige (Trainings)Reiz, der unseren *Körper*, den *Geist* und die *Seele* dazu bringt, erwachsen zu werden. Schon jetzt sind wir kaum mehr in der Lage, die Grundlagen unserer (Um)Welt zu begreifen, um dementsprechend darauf aufzubauen! Wir werden – und das muss uns klar sein – durch die Technik nach und nach entmündigt und sind auch noch irre stolz drauf, uns aufgrund unseres Wohlstandes all die »Dinge« vorenthalten zu können, die für die **gesunde** Entwicklung eines Kindes sinnvoll und nötig wären. Sinnvoll und nötig, um uns gesund und zu einem (eigenständigen, starken, verantwortungsvollen und selbst-denkenden) **Menschen** zu entwickeln!...

Ohne auch nur ansatzweise die Hintergründe dessen zu durchschauen, was mit uns und der (Um)Welt als (Makro)Kosmos passiert, arbeiten wir aus reiner Bequemlichkeit nur noch mit »<u>Ergebnissen</u>« und legen diese dann aus, wie *ES* **uns** passt! So können Kinder, Schüler und manche Erwachsene heute zwar fantastisch mit Taschenrechner, Laptop und dergleichen umgehen oder komplexe Rechnungen und Anwendungen (nach)vollziehen, haben aber Schwierigkeiten mit dem kleinen 1 mal 1! An der Kasse mal eben schnell 1,74 € und 2,67 € im Kopf zu addieren wird zum unüberwindlichen Hindernis und einen Beziehungsstreit **gemeinschaftlich** durchzustehen und **einvernehmlich** zu beenden um daraus zu wachsen, erscheint für etliche viel zu anstrengend. Der eine oder andere von Ihnen brütet jetzt vielleicht gerade über dem Ergebnis d(ies)er Rechnung

– es sind, glaub ich, 4,41 € – oder macht sich Gedanken darüber, worum es beim gestrigen Streit (mit wem auch immer) denn **tatsächlich** ging. Die meisten anderen von Ihnen haben es dagegen bestimmt nicht einmal ansatzweise in Erwägung gezogen, sich (**selbst**) anzustrengen! Aber grämen Sie sich nicht, ich selbst spare mir oft die **Arbeit** und habe außerdem Buchhalter erlebt, die nicht wussten, wie viele Millionen eine Milliarde sind – kein Witz! Nur zur Erinnerung:

Tausend Millionen sind eine Milliarde – und tausend Milliarden sind eine Billion! Aber Vorsicht, im amerikanisch-englischen Sprachgebrauch ist eine *Billion* nicht gleichbedeutend mit »unseren« tausend Milliarden, sondern sie entspricht ebenfalls nur **einer** Milliarde (bei uns)! Ein häufig begangener Übersetzungsfehler, wie *man* ihn in manch einer Tageszeitung des Öfteren mal antrifft! Gerade erwähnte Buchhalter haben damit also nicht etwa ihre Blödheit offenbart, sondern vielmehr den gängigen Verlust grundlegender (rechnerischer) Fähigkeiten in unserer Gesellschaft gezeigt. Aber lachen Sie nicht, um zu (er)klären, ob auch Sie zu d(ies)en »denkfaulen Fachidioten« gehören, möchte ich nun folgendes Experiment mit Ihnen wagen: Und zwar behaupte ich zu wissen, was Sie denken – ja, ich behaupte sogar, dass ich weiß, was in Ihrem Kopf so vor sich geht!!!

Um das zu beweisen, fordere ich Sie lediglich dazu auf, an eine Zahl **zwischen eins** und **zehn** zu denken und mir zu folgen! Tun Sie's (zur Abwechslung!?) bitte wirklich – versuchen Sie sich eine kurze Zeit lang zu konzentrieren:

Denken Sie also an irgendeine Zahl **zwischen** 1 und 10 – ganz egal!

Gut, vorausgesetzt Sie konnten sich für eine entscheiden, nehmen Sie diese Zahl mal 9!

Aus dem Ergebnis berechnen Sie nun die Quersumme, das heißt, Sie addieren beide Ziffern, aus der das Ergebnis besteht, miteinander! (Bei der Zahl 25 käme als Quersumme beispielsweise 7 heraus, älteren Semestern muss man das nicht erzählen!)

So, von dieser Quersumme ziehen Sie nun 5 ab!

Merken Sie sich bitte die Zahl, die übrig bleibt, denn wir stellen uns nun vor, dass jeder Buchstabe des Alphabets eine fortlaufende Nummer hat, das heißt A ist 1, B ist 2, C ist 3, usw..

Ich bitte Sie nun den Buchstaben herauszufinden, der zu Ihrem übrig gebliebenen Ergebnis (Quersumme minus 5!) passt!

O.k., gut, Sie haben einen Buchstaben! Nun denken Sie bitte an ein **europäisches** Land oder einen **europäischen** Staat, der mit **demselben** Anfangsbuchstaben wie dem, den Sie im Kopf haben, beginnt, aber nicht, ich wiederhole, **nicht** an die Schweiz grenzt! (Hoffentlich fällt Ihnen (ohne Internet) einer ein!?)

Falls Sie noch immer »online« sind, denken Sie zum Schluss jetzt noch an eine Frucht, ein Obst oder von mir aus auch an ein Gemüse, welches mit **demselben** Buchstaben beginnt!

Haben Sie (all)es? Wirklich???

Falls ja, dann frage ich sie jetzt:

Was hat Dänemark mit Datteln zu tun?

Ein witziger »Gag«[269], der auf keiner Party fehlen darf und, wie ich herausgefunden habe, meist nur mit **(Mit)Menschen** funktioniert, die über einen Rest an dem, was ich – in Anlehnung an Schopenhauer – den »***natürlichen Verstand***« bezeichnen würde, verfügen!...

Erfahrungsgemäß denken Finanzmenschen, Kaufmänner, Kauffrauen und insbesondere »Akademiker« für dieses Experiment meist zu »hoch«, d.h. zu kompliziert und kommen in der Quersumme nicht selten auf Ergebnisse wie »minus fünf«!? Die »Nicht-Akademiker« schaffen es hingegen oft nicht, sich diese kurze Zeit zu konzentrieren, weshalb nicht wenige schon beim Multiplizieren der Zahl mit 9 (ohne Taschenrechner) sicherheitshalber und klammheimlich ihren **eigenen** »Computer« runterfahren, freundlich lächeln und nur so tun, als wären sie noch dabei. (Übrigens, wie ich unlängst erfahren musste, schreibt man »Zwetschge« nicht mit einem »D« am Anfang und Dörrpflaumen gelten in unserem Spiel auch nicht!) Doch all diejenigen, die nicht zu kompliziert denken, auch nicht »gespickt« oder abgeschaltet, sondern sich zusammengerissen und angestrengt haben, waren vom Ergebnis verblüfft – oder nicht?

Meiner Erfahrung nach sind das ganz gewöhnliche Leute wie du und ich, die oft gar nicht so viel verdienen, aber durch die Schule des Lebens das Wesentliche gelernt haben und dadurch auf dem Boden der Tatsachen geblieben sind. Doch von denen gibt es bald immer weniger, denn vermutlich sind wir alle schon längst zu Spezialisten auf unseren eigenen Gebieten geworden und verfügen über spezielle Kenntnisse und (verfahrens)technische Fähigkeiten, die jedoch auf keiner ganzheitlichen, (mit)menschlichen Basis aufbauen! Mit anderen Worten sind wir wohl alle zu »(Fach)Idioten« – der Technik – geworden, und dass wir uns nicht anstrengen und die Grundlage unseres Wissens verloren haben, ist kein Vorwurf, sondern nur eine Feststellung! Ich selbst musste mich ja dazu überwinden und hab'ne ganze Weile gebraucht, bis ich das Ergebnis von 1,74 € plus 2,67 € herausgefunden hatte. Sicherheitshalber habe auch ich es natürlich nochmal mit dem Taschenrechner nachgerechnet, denn man weiß ja nie!?...

Doch die(se) **Anstrengung**, die mich das Rechnen im Kopf »gekostet« hat, war nicht umsonst, da mein Gehirn – oder das, was davon noch übrig ist – sich endlich mal **richtig** anstrengen musste! Selbst wenn *ES* zu keinem »Ergebnis« gekommen wäre, musste *ES* arbeiten und wer weiß, vielleicht fällt es mir beim nächsten Mal schon ein ganz klein wenig leichter, meine Birne zu benutzen…

---

[269] »***Gag*** *der; -s, -s <engl.>:*

1. *(im Theater, Film, Kabarett) [durch technische Tricks herbeigeführte] komische Situation, witziger Einfall.*

2. *etwas, was als eine überraschende Besonderheit angesehen wird.*«

… was heißt da »vielleicht«? Ich bin sicher, dass es so ist, denn:

»Für uns, das heißt unseren *Geist*, die *Seele* und die Entwicklung unseres *Körpers* zählt der **Versuch** viel mehr als das ›Ergebnis‹!«

Wie schon erwähnt stellt *man* den Verlust grundlegend (mit)menschlicher Fähigkeiten, welche wir aber zum (Über)Leben dringend brauchen, nicht nur bei Kindern, sondern mittlerweile auch bei erwachsenen Menschen fest!...
Sie erinnern sich (vielleicht(?)), relativ am Anfang des Buches (vgl. S. 184) hatte ich kurz den ***digitalen Alzheimer*** bzw. die ***digitale Demenz*** erwähnt, welche(r) eine Vergesslichkeit beschreibt, die durch ein Auslagern des menschlichen Gedächtnisses in immer billiger und kleiner, aber von der Kapazität her größer werdende digitale Speichermedien hervorgerufen wird!? Durch die allerorts verfügbaren Informationen – über Notebooks, PDAs[270] und Handys kann *man* heute bequem auf Speicherkarten und/oder das Internet zurückgreifen – sparen wir uns das Speichern, Denken und kritische Hinterfragen, sondern übernehmen – für den »Moment« – lediglich das, was *man* uns mundgerecht bietet!...
Man spricht in diesem Zusammenhang sogar schon von einem »***Copy&Paste-Syndrom***«, wonach »Menschen« oft nicht mehr zwischen **eigenem** und **ausgelagertem** Gedächtnis unterscheiden können. Das sogenannte »***Data Mining***«, welches andauernd verbessert und erweitert wird, hilft dabei schneller und besser, gespeicherte Daten zu finden, zu verknüpfen und auszuwerten. Den entsprechenden Artikel, aus dem ich diese Informationen paradoxerweise selbst übernommen, also *kopiert & eingefügt* habe, finden Sie natürlich im Internet![271]

Das, was ich eben über die »Technik« gesagt habe, dürfen Sie bitte nicht falsch verstehen oder gar »digital« be(tr)achten. Technik ist nicht (nur) schlecht!...
Schlecht ist allerdings, dass wir durch sie immer weniger gezwungen sind, uns **selbst** anzustrengen! Doch um uns (weiter) zu entwickeln, um unseren menschlichen *Körper*, den *Geist* und die *Seele* zu entfalten, müssen wir uns nun mal anstrengen. Um später etwas zu *sein*, müssen wir jetzt etwas *tun* – etwas (ver)suchen! Da beißt die Maus keinen Faden ab! Klar kann und wird *man* sagen, dass die Technik dabei hilft, kognitive[272] Kapazitäten freizusetzen, wir also

[270] »*Personal Digital Assistant, ein kleiner tragbarer Computer (früher mit und heute ohne Tastatur)*« (438)

[271] Vgl. Florian Rötzer: *Droht uns die "digitale Demenz"?. Heise Online* 11.6.2007. URL: http://www.heise.de/tp/r4/artikel/25/25483/1.html.

[272] »***ko|g|ni|tiv*** *<lat.-nlat.>: die Erkenntnis betreffend; erkenntnismäßig;*

mehr Zeit *haben*, um uns mit (menschlich) Wichtigerem, um nicht zu sagen »menschlich Höherem« zu beschäftigen! Die Technik gibt uns in der Tat die **Möglichkeit**, (mit)menschlich weiter-zu-wachsen, doch solange wir uns den im Oberstübchen freigemachten (Arbeits(!))Speicher lieber ***passiv*** mit oberdämlichen »Richtershows« und dergleichen zumüllen (lassen), anstatt **selbst *aktiv*** etwas mit den neu gewonnenen Ressourcen zu unternehmen, sieht's für unsere weitere evolutionäre Entwicklung doch (r)echt finster aus!...

Der durchschlagende Erfolg von Sendungen wie beispielsweise *Deutschland sucht den Superstar* oder von mir aus auch das nächste *Top-Model* zeigt mir, wie ***passiv***, einfach und oberflächlich der Großteil unserer Gesellschaft leider schon geworden ist: Dass es beim sogenannten »**Modeln**« in erster Linie nicht um die Klamotten, sondern um die *Körper* der jungen Mädchen und ums »**Walken**« geht, der aufrechte Gang aber letztlich nichts Neues ist, sondern schon seit Langem zum Standardrepertoire eines gesunden Homo Sapiens gehört, *ES* aber dennoch die Masse(n) begeistert, spricht für mich jedenfalls Bände. Und wenn ich dann noch sehe, wie die Jungs und Mädels bei d(ies)en »Castingshows« (engl. für *Talentschau*) regelrecht verheizt und uns (Wölfen) zum Fraß vorgeworfen werden, wird mir schlecht! Wer weiß, eventuell verlernen die »Menschen« des digitalen Zeitalters vielleicht tatsächlich einmal gewisse grundlegende Gehirn- und Körperfunktionen!? Vielleicht sind dies aber genau die *körperlichen*, *geistigen* und *emotionalen* Fähigkeiten, die unter Umständen entscheidend für unser weiteres Bestehen auf diesem Planeten sein könnten?

Mal ehrlich, falls es bald wirklich nur noch ums korrekte »**Walken**« geht, wir nur noch wissen müssen, wo wir etwas finden und/oder abrufen können und uns **selbst**, den **(Mit)Menschen** (seinen Körper samt dem Verstand und den phänomenalen emotionalen Fähigkeiten) als reinen Anwender zunehmend außen vor lassen, dann haben wir es verdient, selbst zur ferngesteuerten Maschine zu werden! Schon jetzt haben wir (über)lebenswichtige Funktionen wie beispielsweise die Kritik-, Widerstand-, Aufnahme- und Erinnerungsfähigkeit(en) verloren und werden auch in Zukunft aller Voraussicht nach noch anfälliger für weitreichende und nicht minder tiefgreifende Manipulationen werden. Wie *man* es aus der Vergangenheit kennt und auch heute noch sieht, muss man (dann) nur noch die meinungsbildenden Informationen dementsprechend beeinflussen – und schon hat man eine ganze Armee von blind-hörigen »Menschen« bzw. *Borg* auf (s)einer Seite! In Amerika ist das längst gang und gäbe, und was das Verhalten der Weltbevölkerung im Hinblick auf den Irakkrieg und Ähnliches betrifft, könn(t)en Sie sich Ihre **eigenen** Gedanken machen oder haben dies hoffentlich schon längst getan!?...

---

kognitive Entwicklung: *(Päd., Psychol.) Entwicklung all der Funktionen beim Kind, die zum Wahrnehmen eines Gegenstandes od. zum Wissen über ihn beitragen.*«

Die digitale Amnesie, die sich einem langsam, aber sicher bemächtigt, bemerken wir beispielsweise, »*wenn man sich bei wichtigen Gelegenheiten nicht an Namen, Telefonnummern etc. erinnern kann, wenn einem die eigene Telefonnummer, die Kontonummer oder Kennworte nicht einfallen, oder wenn man schon vergessen hat, was man mittags gegessen hat.*« (306) So heißt es im genannten Internetartikel und auch ich habe mich (selbst) schon dabei ertappt, wie ich bei »wichtigen« Gelegenheiten mein aktuelles Alter, meine EC-Kartennummer, Postleitzahl oder gar meine eigene Telefonnummer vergessen habe! »Man ruft sich selbst so selten an«, lautet meine kleinlaute Entschuldigung, die kaum über diesen peinlichen Moment hinwegtäuschen kann!...

Aber lachen Sie jetzt nicht, oder könn(t)en Sie etwa aus dem Stegreif sagen, wie alt Sie sind oder was Sie letztes Wochenende oder vor zwei Tagen genau gemacht haben!? Und was war in der Woche oder am Wochenende davor? Wie heißen Ihre Nachbarn, wann haben Ihre (Groß)Eltern oder Freunde Geburtstag und wie alt sind die eigentlich? Denken Sie mal nach!(?)...

Aber auch die Orientierung im Raum fällt der zunehmenden Technisierung zum Opfer: Demnach kann man heute zwar ein Navigationsgerät bedienen und ist stolz wie Harry, doch weiß man dadurch irgendwann nicht mehr, wo man eigentlich ist! Sich in einer fremden Umgebung zurechtzufinden wird so für viele von uns zur unüberwindbaren Hürde! Ohne »Navi« verläuft man sich bisweilen dann gerne mal in der eigenen Wohnung, fährt mit (s)einem Auto kilometerweit in die falsche Richtung oder in einen Fluss, nur weil das – unter Umständen doch falsch programmierte oder defekte – Gerät es einem so gesagt hat. Oder man macht sich schier in die Hose, sobald man sich ohne die Begleitung (s)eines technischen »*Big Brothers*« in einer fremden Stadt oder beispielweise einem fremden Land bewegt. Spätestens, wenn die elektronischen Krücken den Geist aufgeben, bemerkt *man* die eigene Hilflosigkeit! Das räumliche Denken und unsere Orientierung im Raum – beides vermittelt uns, wo wir uns befinden und was, wo in unserer näheren Umgebung zu suchen und zu finden ist – scheint, wie vieles andere dann auch, über die Jahre irgendwie verloren gegangen zu sein. »Dinge« und Fähigkeiten, die, seit es die **Menschen** gibt, als selbstverständlich und inhärent erachtet wurden, verlieren durch die technischen Helfer sukzessive genauso an Bedeutung wie die schon angeführte Tatsache, dass wir ohne Technik nicht mehr überleben und ohne die Stützen, wie sie Fromm beschrieben hat, nicht mal mehr (alleine) stehen könn(t)en!

Ähnlich verhält es sich selbstverständlich auch mit jeglicher (anderen) Form der »*körperlichen* Belastung«, denn je mehr wir unseren *Körper* belasten, desto leistungsfähiger wird er in der Regel! Im Editorial der 11. Jahrgangsausgabe (2008) von *Puls aktiv* – einer kommerziellen »Informationsbroschüre« aus (m)einem Fitnessstudio – hören wir vom Chefredakteur und Sportmediziner Dr. med. Rudolf Ziegler, den ich bereits einige Seiten zuvor zitiert habe…

»*Weißt Du noch . . .*

. . . als Bewegung sprichwörtlich unseren Alltag bestimmte? So legte ***vor ca. 100 Jahren*** *hierzulande* ***jeder Erwachsene*** *mangels Motorisierung und Automatisierung im Durchschnitt* ***pro Tag*** *sage und schreibe* ***20 km zu Fuß*** *zurück. 1950 waren es immerhin noch täglich 10 km, 1985 kamen im Durchschnitt 1,7 km zusammen und 1995 1,3 km. Heutzutage bleiben als* ***tägliches Bewegungsprogramm*** *unter Alltagsbedingungen gerade einmal* ***500 bis 700 Meter*** *übrig. Entschieden zu wenig, um unsere Skelettmuskulatur als gewichtsmäßig größtes Organ bei Laune zu halten. Darüber sind sich sämtliche Sport- und Präventivmediziner längst einig. Tickt doch unser Erbgut nach wie vor auf Steinzeit-Niveau.*

Logische Konsequenz: *Ausschließlich die Funktion bestimmt die Qualität der Struktur. Entsprechend* ***warten*** *Herz-Kreislauf-System, Energie- und Baustoffwechsel, Immunsystem und nicht zuletzt unsere Hirnzellen aktuell* ***vergeblich*** *auf den gesund erhaltenden Bewegungskick. Keine Frage:* ***Chronischer Bewegungsmangel*** *stellt damit ein* ***größeres Krankheitsrisiko****(!) dar als Rauchen oder hoher Blutdruck.*« (307)

Ich für meinen Teil möchte Ihnen kein vielversprechendes Pülverchen, teure(s) Sälbchen oder gar Käpselchen verkaufen. Ich möchte Ihnen auch keine Pulsuhr andrehen, die Ihnen zeigt, wie viel bzw. wenig Sie sich pro Tag bewegen. Das wäre nämlich genau das Gegenteil von dem, was **ich** erreichen möchte!...

So 'ne Pulsuhr ist zwar eine feine Sache und solange sie nur den Puls und die Zeit angibt, spricht nichts dagegen – sie hilft sogar, sich beim Sport nicht zu unter- oder überfordern! Sie hilft uns dabei, die Balance zu finden und sie zu (er)halten! Mein Ziel ist es aber viel mehr, dass Sie sich (selbst) bewusst(er) werden und infolgedessen für sich **selbst** Verantwortung übernehmen!...

Ich möchte, dass Sie selbst Ihr (Gleich)Gewicht finden, es halten und schließlich **unabhängig** werden! Ich will, dass Sie sich **ohne** technischen Firlefanz, **ohne** Medikamente und Nahrungsergänzungsmittel zu nehmen, *geistig*, *körperlich* und *emotional* weiterentwickeln und wohlfühlen. Ich will, dass Sie sich von **sich** aus bewegen, denn **dynamische** »*Systeme*«, wie Sie zweifelsohne eines sind, brauchen nun mal Auslauf, etwas **Bewegung**, um gesund und am Leben zu bleiben! Und Sie wären überrascht wie viel bzw. wenig davon schon ausreicht, um einen positiven Effekt zu erreichen!

Überhaupt kann *man* auch ohne Sport vollkommen gesund leben, denn – und jetzt zitiere ich aus einem *ZEIT-Wissen* Artikel – »*es ist nicht wichtig, wie man sich betätigt – Hauptsache, die Bewegung beschleunigt den Puls, vertieft den Atem und verbrennt zusätzliche Energie im Körper. Das ist aber auch bereits mit ein paar Minuten Tütenschleppen oder Treppensteigen erledigt.*« (308)...

Diese Aussage basiert auf Erkenntnissen des amerikanischen Epidemiologen[273] Ralph Paffenbarger, der durch eine Langzeitstudie herausfinden wollte, »*welchen Einfluss Leibesertüchtigungen auf das Risiko für Herz-Kreislauf-Erkrankungen und auf die Lebenserwartung hat.*« Die zwischen 1962 und 1978 erhobenen Datenmassen seien aber so gewaltig, dass eine Auswertung bis heute andauert! Die Studie zeigte aber erstmals, »*dass körperlich aktive Männer länger leben als bewegungsfaule. Die Biomaschine rostet offenbar vorzeitig ein, wenn sie ausschließlich im Ruhemodus oder Sparbetrieb läuft. Sie sollte also regelmäßig auf Touren gebracht werden*«, lautet die Quintessenz (308)...

Doch auch der Umkehrschluss, Sport = Gesundheit, viel Sport = viel Gesundheit ist ein Trugschluss! »*Im Gegenteil, Körper und Seele können sogar krank werden. ›Für Bewegung gilt wie für jedes Medikament: Die Dosis macht das Gift‹, sagt der Sportmediziner Klaus-Michael Braumann vom Hamburger Universitätsklinikum.*« (308)

Wie immer scheint *ES* die allgegenwärtige Frage nach der »**Balance**« zu sein, die sich **jeder** von uns, bei **allem** (was er tut), **selbst** stellen muss!…

Doch anstatt die blöde(n) Treppe(n) zu benutzen, fahren wir (lieber) Aufzug und anstelle ***aktiv*** Hand anzulegen und ein (**eigenes**) Gefühl für die Dimensionen, das Verhalten und die Grundfunktionen eines Fahrzeugs (oder Menschen) zu bekommen, nutzen wir (lieber) die Servolenkung und Einparkhilfe(n)!...

Tja, und im Ausgleich für die(se) dankbar angenommene (technische) Unterstützung und (Dienst)Leistung quälen wir uns dann auf Treppensteiggeräten oder (über)treiben anderweitig und solange zum Beispiel Sport oder Ähnliches, bis die Aorta platzt und die Augen stillstehen! Dabei ist unsere (mit)menschliche Entwicklung – auch ohne sie zu übertreiben – nichts weiter als eine Frage der Übung! Sie ist eine Frage des »Trainings«, das bei zunehmender Technisierung irgendwann aber ausbleibt oder einfach anders wird als bisher! Und so degenerieren wir trotz besseren Wissens weiter, bis etwas an uns oder unserer oberflächlichen (Um)Welt kaputt geht und nichts mehr so funktioniert, wie wir *ES* gewohnt sind oder gerne hätten.

Da durch die zunehmende Komplexität der Welt aber nur noch wenige wissen, wie etwas zusammenhängt, wird lieber ausgetauscht statt repariert, beschuldigt statt bereut, bekämpft statt kooperiert und lieber gejammert statt wirklich und wahrhaftig »gearbeitet«. Und das betrifft die kommenden Generationen mehr als die, die es schon anders erlebt haben!...

---

[273] »*Die Epidemiologie (von griech. epi ›auf, über‹, demos ›Volk‹, logos ›Lehre‹) ist jene wissenschaftliche Disziplin, die sich mit den Ursachen und Folgen sowie der Verbreitung von gesundheitsbezogenen Zuständen und Ereignissen in Populationen beschäftigt. Die Epidemiologie untersucht somit jene Faktoren, die zu Gesundheit und Krankheit von Individuen und Populationen beitragen und ist deshalb die Basis aller Maßnahmen, die im Interesse der Volksgesundheit unternommen werden.*« (439)

In diesem Zusammenhang berichtete mir unlängst eine Patientin von einem Stromausfall im Supermarkt: Während die jüngeren Angestellten des Ladens entweder in apokalyptische Panik verfielen oder nach dem Ausfall sämtlicher technischer Gerätschaften in eine Art katatonische Duldungsstarre[274] verfielen, nahmen die älteren Kassiererinnen ruhig und gelassen Block und Bleistift zur Hand und begannen das zu tun, was sie schon früher getan und einstmalig auch gelernt hatten: Sie begannen (im Kopf) zu rechnen bzw. (hand)schriftlich zu addieren. – Verrückt!?

Nicht in Panik zu verfallen, wenn die »Schwimmflügel« Luft verlieren, geht also (nur), wenn wir einmal gelernt haben, dass es auch ohne *Sie*(!?) geht! Doch wenn wir erst einmal die Angst vorm kalten Wasser und dem Ertrinken überwunden und hinter uns gelassen haben, werden auch wir – die Kinder der modernen Welt – bemerken, dass wir im Grunde genommen **selbst** und ohne fremde Hilfe schwimmen könn(t)en, wenn wir es woll(t)en!...

Nichtsdestotrotz lernen wir (das) nicht oder aus Faulheit gerade nur so viel wie nötig. »Freiwillig« begeben wir uns so in die Abhängigkeit von der Technik und meinen, trotz unserer offensichtlichen Inkompetenz, die Bosse der Welt zu sein! Wir glauben, **alles** zu wissen, **alles** zu können und zu dürfen, jedoch könn(t)en wir uns im Zweifelsfalle nicht einmal mehr (**selbst**) die Zähne putzen!?...

Ich weiß, Sie können sich jetzt nicht vorstellen, beispielsweise das Zähneputzen von Hand oder Ähnliches zu verlernen. Aber denken Sie auch hier wieder einmal an die kommende(n) Generation(en), die eventuell nichts anderes mehr kennen als die elektrische Zahnbürste und sich folglich nicht mehr manuell und **selbst** adäquat die Fresse polieren (können)!

Praktisch **alles** läuft heutzutage mit Strom und wir bemerken dies und unsere Schwäche(n) erst, wenn es zu spät ist, der Strom samt Spucke wegbleibt und es dunkel wird in **Platons** schicker »Höhle«, die wir mit dem teuren Geld anderer Leute bezahlt haben und dennoch **unser** »Eigen(tum)« nennen! Kein Telefon, keine Zahnbürste, kein Fernseher, keine Datenbank, kein Licht, kein Computer, keine (Stereo)Anlage, keine Heizung, kein Kühlschrank, Herd oder sonst irgendein elektrisch betriebenes »Ding« würde ohne Strom mehr funktionieren!

Oder denken Sie an Ihr Auto, in dem Sie ohne Elektrizität nicht einmal mehr das Fenster oder Schiebedach aufmachen könn(t)en! Wohl dem, der sich noch einen Rest Selbstständigkeit und (mit)menschlichem Verhalten bewahrt hat und

---

[274] »*Die Duldungsstarre bezeichnet einen Zustand vor allem weiblicher Säugetiere (zum Beispiel Schweinen) während der Begattung durch das Männchen. Dabei verharrt das Weibchen in einer für die Penetration günstigen Stellung, bis der Geschlechtsakt vollzogen ist. Beim Schwein wird die völlige Apathie durch ein Duftdrüsen-Sekret des Ebers ausgelöst. Im übertragenen Sinne wird der Begriff der Duldungsstarre häufig als eine Metapher für ein menschliches Verhalten verwendet, bei dem in einer unangenehmen Situation passiv auf Veränderungen gewartet wird.*« (440)

öfters mal per Hand kurbeln muss(te); ohne Hilfe **selbst** bemerkt, dass er (viel) zu fett geworden ist (mittlerweile sagen es einem ja elektronische Waagen mit eingebautem Fettmesser) oder sich ab und an noch »**selbst**« die Zähnchen putzt!

Doch diese **Menschen** werden im Zuge des menschlich rückwärts verlaufenden Fortschritts immer weniger werden. Auch die Fähigkeit zur sozialen Interaktion bleibt durch die zunehmende Technisierung auf der Strecke. Denn eines fällt auf: geselliger und emotional verbundener werden die Leute durch die Technik sicherlich nicht! Sobald allerdings der Strom wegbleibt, geschieht etwas Spannendes: Plötzlich gehen längst verschlossene Türen wieder auf! **Menschen**, die seit ewigen Zeiten nebeneinander vor sich hin- und hervege**tier**(t)en, reden auf einmal miteinander, brauchen einander! **Echte** (Inter)Aktion und Kommunikation kommt zustande! Kein Fernsehen, kein AB, keine Rufnummernanzeige und auch kein Internet schützen uns mehr davor, uns auch mit unliebsamen Mitbürgern **spontan** und **direkt** auseinanderzusetzen! Niemand hält uns davon ab, die kommunikativen Fähigkeiten, die über Worte und Stimme hinausgehen und uns helfen, ein **soziales** »*System*« zu bilden, zu trainieren und anzuwenden!...

Es scheint demnach fast so, als mache die Technik soziale Kompetenzen und (mit)menschliche Solidarität überflüssig – als ließe sie uns unsere (Mit)Menschlichkeit verlernen! Denn sobald das Licht wieder angeht und der Computer hochfährt, zieht sich jeder erneut in (s)eine »Höhle« zurück, checkt E-Mails, glotzt weiter fern und beschäftigt sich, als wäre nichts gewesen, wie gewohnt mit den Maschinen und nur scheinbar mit sich (**selbst**)! Sehr wahrscheinlich macht die Technik irgendwann einmal sogar selbstloses, altruistisches Handeln komplett überflüssig!? Irgendein »Ding« wird sich schon um den anderen kümmern, denkt *man* sich dann! Dass aber die **Selbstlosigkeit** eine der Eigenschaften ist, die **uns** und nicht die Maschinen zum **Menschen** macht, wird dabei vergessen. Dies zeigt, wie nahe wir trotz (aller) technischer Errungenschaften zu diesem Zeitpunkt wieder dem **Tier** wären. Doch diese Erkenntnis, ja diese Erleuchtung bleibt aus, da wir einfach zu faul sind, das »Licht« **selbst** zu machen!

Zusammenfassend kann man bis hierher sagen, dass das Streben nach unendlicher, materieller Steig(er)ung und der damit verbundenen zunehmenden technischen Bevormundung des **Menschen** ein **echtes** (soziales) Miteinander *objektiv* vielleicht unwirtschaftlich erscheinen lässt, im Umkehrschluss aber (Mit)Menschlichkeit entsteht, wenn wir weniger Möglichkeiten zur elektronischen bzw. technischen Ablenkung haben und den »Dingen« weniger Bedeutung zumessen als den bzw. dem **Menschen**! Die »Zeit«, die *man* übrig hätte, wenn *man* beispielsweise nur auf (s)eine allabendliche (Lieblings)Serie verzichten würde, würde dem **Menschen** und (s)einem sozialen Wohlgefühl entgegenkommen, was wiederum *emotional* und auch *wirtschaftlich* notwendig wäre, um in Zukunft **(gem)einsam** statt *für sich* zu leben. Doch solange wir uns ein individuelles Leben im Kreise der Maschinen leisten können und uns überall und andauernd Arbeit sparen, werden wir kaum etwas ändern oder den evolutionären Rückfall des (süchtigen) **Menschen** in (s)eine steigende Abhängigkeit bremsen!

Für die Entwicklung unseres *Körpers*, *Geists* und der *Seele* ist aber **Arbeit** = **Arbeit**! Im »***Prinzip***« ist sie immer gleich und zum Erhalt der Funktion(en) notwendig! Die **Funktion** wiederum bestimmt die ***Qualität*** der »**Struktur**« und ein Muskel hat keine Augen und wächst nicht nur aus dem Grunde, weil er »sieht«, dass fünf Kilo mehr auf der (Hantel)Bank liegen. Nein, er spürt förmlich die **Belastung** und stellt sich entsprechend darauf ein! Beim Hirn ist das ganz ähnlich und was Ihre *Gefühle* und *Emotionen* angeht, so werden auch diese nur wachsen, wenn sie in entsprechender Weise benutzt bzw. belastet werden!...

Doch solange wir uns im Fitness-Studio bis zum Platzen der Schlagader auf dem Laufband quälen, uns aber aufregen, wenn der Parkplatz direkt vor der Wohnung, dem Supermarkt oder Schnellrestaurant besetzt ist; wir das Denken verweigern oder Zusammenhänge (er)kennen, ohne daraus Konsequenzen zu ziehen, nur im Kino flennen und uns das Leiden des Partners oder Nachbarn in unserer (direkten) Umgebung unberührt lässt, ja sogar unangenehm ist, haben wir *ES* nicht begriffen! Denken Sie (deshalb) dran:

»Jeder Gang macht schlank, jeder Gedanke lässt zwei neue entstehen und jede Emotion ist Ausdruck Ihrer lebend(ig)en (Mit)Menschlichkeit!«

Solange Sie aber Kilometer für Kilometer auf dem Laufband hinter sich bringen, die 200 m zum Studio jedoch mit einem umweltfressenden Hubraummonster zurücklegen; nur spenden oder heiraten, um sie und sich selbst steuerlich absetzen zu können, sich andauernd ins (**eigene**) Fleisch schneiden, um überhaupt irgendwas zu spüren, Kreuzworträtsel lösen, um Ihr Gehirn am Laufen zu halten, aber nebenher Richter- und Talkshows glotzen, nicht (r)ausgehen um sich ***aktiv*** mit jemandem auseinanderzusetzen, sondern über die Maßen Alkohol oder sonst was oder wen konsumieren, haben Sie, zumindest was grundlegende, weitreichende und systemübergreifende Zusammenhänge und (Wechsel)Wirkungen betrifft, wie gesagt, *ES* nicht kapiert! Sie haben dann leider nicht mehr begriffen und Verstand(en) als jemand, der im Wald so lange Holz hackt, bis irgendwann kein Baum mehr da steht oder ist! (Sie erinnern sich: »*Holzhacken ist deshalb so beliebt, weil man bei dieser Tätigkeit den Erfolg sofort sieht*«!?) (vgl. S. 280)

Und so gibt es in unserer Gesellschaft immer noch »Menschen«, die aus »gesundheitlichen« Gründen freiwillig und eisern auf das Stück Zucker in ihren drei Litern Billigkaffee pro Tag verzichten, dafür aber Unmengen an (möglicherweise krebserregendem und dickmachendem) Süßstoff hinein kippen und ganz nebenbei 'ne Schwarzwälder Kirschtorte unter der Nase verschwinden lassen. Die uns angeborene, **wesenhafte** Faulheit führt offensichtlich zu einer bestimmten Art von Dummheit, die uns unaufmerksam werden und wirkliche Gefahren erst erkennen lässt, wenn es zu spät ist! Dabei sollten wir doch mittlerweile gelernt haben, dass es bei den zunehmenden »klimatischen« Bedingungen – *langfristig* gesehen – absurd und sinnlos ist, **insgesamt** so weiter zu machen wie bisher!?

Wir sollten auch wissen, dass, solange wir das **eigentliche** Problem – in der Regel sind wir *ES* **selbst** – nicht kausal bei der Wurzel packen, es im »***Prinzip***« überhaupt keinen Zweck hat, beispielsweise unsere Deiche höher und unsere Häuser immer noch robuster zu bauen!? Es hat keinen Zweck, den Gefahren einer weiterhin zunehmenden Geschwindigkeit alleine durch ***passive*** Sicherheitstechnologie der Marke »Die-Technik-wird's-schon-richten« Herr werden zu wollen. Vernünftigerweise sollten wir *ES* von vornherein erst gar nicht zu einem Problem oder einer Gefahr für die Menschheit kommen lassen! Wir sollten uns von vorneherein und von uns aus etwas »vor-sichtiger« und somit etwas vorausschauender »bewegen« und verhindern, dass eine Geschwindigkeit ein für uns kontrollierbares Maß *längerfristig* übersteigt! Oder anders ausgedrückt:

Während die ***aktive*** Sicherheit dem **Menschen** hilft, Unfälle zu vermeiden, verringert die ***passive*** Sicherheit der Technik lediglich die Folgen einer vermeidbaren Raserei! Die Umsicht durch eine etwas erwachsenere Einsicht ist somit das Einzige, was uns tatsächlich und am besten vor einem etwaigen Crash schützt und ein (Sturz)Risiko mit oft tödlichem Ausgang auf ein Minimum reduziert**!** Doch anstatt uns umzusehen, langsamer und ruhiger zu treten und das »*System*« kontrolliert abzubremsen, werden wir, nicht nur im Sinne mathematischer *Ableitungen*, tatsächlich immer schneller (schneller) und meinen, zum Beispiel durch Ski- oder Fahrradhelme[275] und Protektoren aller Art (wie z.B. »Vollkörper-Airbag«, Schleudersitz, Suspensorium, Knieschoner, perlgenoppte Kondome, etc.) auf alle Eventualitäten und insbesondere einen globalen »Crash« bestens vorbereitet zu sein!

Bis auf die Kondome – die vermutlich mehr Menschenleben retten als alle Airbags und Gebete dieser Welt – ist es allerdings ein Trugschluss anzunehmen, wir seien durch steigende technische Sicherheitsmaßnahmen auf **all*ES*** vorbereitet und würden einen Crash aus großer Höhe und Geschwindigkeit so ohne Weiteres überstehen. Wir werden es nicht, doch statt auf diese Einsicht hin adäquat mit Umsicht zu agieren, reagieren wir lediglich und hinken somit der allgemeinen Entwicklung immer einen entscheidenden Schritt hinterher! Deshalb behandeln wir in den meisten Fällen und Situationen statt der **Ursache** nur die **Symptome** und nutzen, wo es geht, »Ergebnisse« – wie zum Beispiel die der Bibel und anderer heiliger Schriften – statt die *Rechnung* von Grund auf zu verstehen!

Auf diese Weise, so scheint es, werden wir uns und unsere Entwicklung aber nie einholen, nie erwachsen werden und – auch wenn wir uns Gegenteiliges

---

[275] Anm.: Wie *man* weiß, sind die Geschwindigkeiten auch und gerade in »sportlichen« Bereichen über die Jahre hinweg deutlich gestiegen!

gerne einbilden – nie wirklich selbstbestimmt sein. Statt der *Actio(n)* bleiben wir stets die »arme« *Reactio(n)* des »*Systems*«, die im Zweifelsfall das – nicht nur zeitliche – Nachsehen hat!

Das alles tun und akzeptieren wir, weil *ES* für uns den leichteren, verführerischeren, bequemeren, ökonomischeren, angenehmeren und, um ehrlich zu sein, auch fauleren und (*kurzfristig*) befriedigenderen Weg darstellt. Dabei ist die **Ursache** von fast allem mittlerweile genauso bekannt wie deren **Wirkung**!...

Doch wir verdrängen das. Andernfalls müssten wir aus der bequemen Gewohnheit eines kleinen Kindes ausbrechen und etwas Grundlegendes verändern! Anstelle der »Dringlichkeit« würde die »Vernunft« unser weiteres Verhalten bestimmen. Für eine positive Veränderung aber etwaige Nachteile in Kauf zu nehmen und auf einen Teil unseres Vergnügens zu verzichten ist zuerst einmal unangenehm, anstrengend und irgendwie lästig – ja geradezu unnormal und nach westlichen Maßstäben sogar unlogisch! Wir soll(t)en nicht denken, sondern handeln, und so ist der »Mensch« – selbst im Anbetracht (s)einer nahenden Katastrophe – offenbar nicht gewillt, die zum (Über)Leben notwendigen Opfer zu bringen. Darin sieht Fromm sogar eine Ursache für das Absterben unseres Selbsterhaltungstriebes und nennt dazu folgendes Beispiel:

> »*Arthur Koestler hat uns ein bezeichnendes Beispiel dafür in der Schilderung eines Erlebnisses im Spanischen Bürgerkrieg gegeben. Er hielt sich gerade in der komfortablen Villa eines Freundes auf, als der Vormarsch der Franco-Truppen gemeldet wurde. Es stand außer Zweifel, daß sie im Laufe der Nacht das Haus erreichen würden; er musste damit rechnen, erschossen zu werden; durch Flucht konnte er sein Leben retten. Aber die Nacht war kalt und regnerisch, das Haus warm und behaglich. Also blieb er und ließ sich gefangennehmen. Sein Leben wurde erst Wochen später fast wie durch ein Wunder dank der Bemühungen befreundeter Journalisten gerettet. Das gleiche Verhalten findet man bei Menschen, die lieber ihr Leben riskieren, als sich einer ärztlichen Untersuchung zu unterziehen, die die Diagnose einer ernsten Erkrankung und die Notwendigkeit einer schweren Operation ergeben könnte.*« (309)

Mit anderen Worten wissen bzw. spüren wir eigentlich nur zu gut, was gespielt wird und was auf uns (alle) zukommt, doch wenn es nicht unbedingt sein muss vermeiden wir die *kurzfristige* Unannehmlichkeit einer *vorübergehenden* »Anstrengung« auf Kosten *langfristig* nicht mehr zu verändernder Tatsachen – unserem Schicksal! Klar, keiner kann mit Sicherheit sagen, was, wie, wann und wo genau kommen wird, aber eins und eins zusammenrechnen und Wahrscheinlichkeiten gegeneinander abwägen, kann eigentlich jedes Kind! Trotzdem: »*Wenn wir heute zwischen zwei Übeln zu wählen haben, neigen wir gewöhnlich dazu, das kleinere Übel zu wählen und vergessen meistens, daß wir mit der Wahl des kleineren Übels nur die Zeit hinausschieben, bis das größere Übel schließlich mit umso größerer Sicherheit eintritt.*« (310)…

Mit der Disziplin und der Umsetzung einer (Er)Kenntnis bzw. eines Wissens hapert es bei uns also immer noch, zumal viele »Kinder« (bislang) nie die Konsequenzen ihrer **eigenen** Vernunft, Erkenntnis, Einsicht … ja letztlich ihres **eigenen** Bewusstseins am **eigenen** Leib spüren mussten. Und so vermeiden bzw. verdrängen wir solange es geht die unbequeme Gewissheit, wollen sie einfach nicht wahrhaben – selbst wenn sie zum Greifen nahe vor uns steht!

Christof, der Erfinder der *Truman Show*, hatte auf die Frage, warum es *Truman Burbank* nie gelungen ist, die wahre Beschaffenheit der Welt, in der er lebt, zu entdecken, folgende Antwort gegeben: »*Wir akzeptieren die Realität der Welt, die uns dargeboten wird. So einfach ist das.*« (311) Zur Erklärung:

Bei der *Truman Show* handelt es sich »*um eine Satire auf die von Medien geprägte Welt und welchen zerstörerischen Einfluss die Medien auf einen Einzelnen haben können. […] Die zentrale Figur des Films ist der Versicherungsvertreter Truman Burbank, der – ohne davon zu wissen – der Hauptdarsteller einer Fernsehserie ist, die sich zum Ziel gesetzt hat, das Leben eines Menschen von Geburt an zu dokumentieren und live im Fernsehen zu präsentieren. Zu diesem Zweck hat der Produzent der Serie, Christof, Truman als Baby von seiner Firma adoptieren lassen und eigens eine von Wasser umgebene Küstenstadt, Seahaven, unter einer riesigen Kuppel – dem OmniCam-Ecosphere-Gebäude – bauen lassen, unter der Truman, umgeben von Schauspielern aufwächst, täglich beobachtet von über 5000 Kameras. Finanziert wird die Truman Show, die 24 Stunden täglich live übertragen wird, hauptsächlich durch sogenanntes Product Placement. Erst nach über 30 Jahren (an Tag 10.909) wird Truman langsam misstrauisch, als versehentlich ein Scheinwerfer, der einen Stern darstellen sollte, direkt vor seiner Nase zu Boden fällt. In der Folge erwecken verschiedene andere Missgeschicke zusätzlich sein Misstrauen, worauf er sich aus Sicht der Produzenten irregulär verhält. […] Truman versucht, da er sich nun zunehmend verfolgt fühlt, aus dieser Welt, deren künstlichen Charakter er mehr und mehr erkennt, auszubrechen. Schließlich flieht Truman aus der eigens für ihn gebauten Stadt, indem er ein Segelboot entwendet. Christof, der in einem Studio am Himmel über der Stadt über alle Kamerabewegungen und -einstellungen wacht, erscheint vor allem gegen Ende des Films wie eine götterähnliche Figur, die über das Schicksal von Truman wacht, ihn beobachtet, kontrolliert und manipuliert.*

[…]Der Name ›Truman‹ besteht aus zwei Wörtern: ›True‹ (dt: real) und ›Man‹ (dt: Mann). Dies soll an die Tatsache erinnern, dass Truman die einzige reale Person im Film ist, und jeder andere ein Schauspieler. Darüber hinaus bezieht

sich der Name ›Burbank‹ auf Burbank, Kalifornien, wo sich viele Fernseh- und Filmstudios befinden. In einem früheren Entwurf des Drehbuches wird ein anderer Vorname, als Akronym, vorgeschlagen: ›Uman‹ von ›human‹ (dt: Mensch).« (312)

Christof dagegen ist der »Schöpfer« von Trumans Universum. Sein Name ist eine Anspielung auf *Christus* und in der Tat überwacht Christof das Universum vom Himmel aus – nämlich von (s)einem Studio, das sich im »falschen« Mond befindet! Als Truman gegen Ende des Films aus diesem Studio bzw. dem Käfig (s)einer künstlich angelegten Realität ausbrechen will und sich mit aller Gewalt gegen seine(n) »Schöpfer« auflehnt, geht Christof sogar fast zu weit: Er will Truman, der sich mittlerweile mutterseelenalleine auf einem kleinen Segelboot befindet und mit diesem das Ende der »Welt« erreichen will, umbringen!...

Doch Christof tut es nicht! Truman erlebt zwar einen tosenden Sturm und Wellen, die das Boot samt ihm kentern lassen, überlebt aber wie durch ein Wunder und erreicht nach (s)einem Kampf ums nackte Überleben sogar die Grenze (s)eines künstlich angelegten Mikrokosmos. Er durchstößt mit der Bugspitze (s)eines kleinen Segelschiffes das Ende (s)einer Welt – die Außenhaut des *OmniCam-Ecosphere-Gebäudes* – und steht nun vor der offenen Türe und der alles entscheidenden Frage, ob er die(se) synthetische Welt, die solange schon (s)ein zu Hause war, tatsächlich verlassen will oder nicht! In diesem ehrfürchtigen Moment meldet sich zum ersten Mal Christof – als Sonnenstrahl durch die Wolken und über die Lautsprecher des Himmels – zu Wort. Er spricht:

»*Truman ...*«, Truman erschrickt, dreht sich um und schaut gespannt nach oben, »*... du kannst sprechen. Ich kann dich hören.*«

»*Wer sind Sie?*«, fragt Truman bestimmt und mittlerweile annähernd furchtlos.

»*Ich bin der Schöpfer der Fernsehsendung, die millionen Menschen Hoffnung und Freude bereitet und sie inspiriert.*«

»*Und wer bin ich?*«

»*Du bist der Star*«, antwortet Christof so stolz, wie es nur ein Vater auf seinen Sohn sein kann.

»*War gar nichts echt?*«, fragt dieser.

»***Du** ... warst echt! Deshalb hat man dir so gern zugesehen.*«... An und auf der Stelle dreht sich Truman um und will gerade (nach »draußen«) gehen, als er noch einmal Christofs tiefe, ruhige, eindringliche Stimme zu sich sprechen hört: »*... Hör mir zu, Truman! Da draußen findest du nicht mehr Wahrheit als in der Welt, die ich für dich geschaffen habe. Dieselben Lügen. Derselbe Betrug. ... Aber in meiner Welt hast du nichts zu befürchten. Ich kenne dich besser als du selbst..*«

»*Sie hatten nie eine Kamera in meinem Kopf!*«, antwortet Truman schroff. ...

Mit einer ausladenden Handbewegung fällt er seinem »Vater«, dem er bereits den Rücken gekehrt hat, damit wütend ins Wort! Doch dieser antwortet selbstsicher, etwas überheblich und vermutlich aus diesem Grund weiterhin völlig ruhig: »*Du hast Angst. Deshalb kannst du nicht weggehen.*« Christof streicht zärtlich mit seinen Fingern über den Überwachungsbildschirm. Er streicht über Trumans Kopf, als er sagt: »*Das macht nichts, Truman. Ich versteh' das. Ich beobachte dich schon dein ganzes Leben lang. Ich habe gesehen, wie du geboren wurdest; ich habe gesehen, wie du deine ersten Schritte gemacht hast; ich habe dich an deinem ersten Schultag gesehen ... hm, hmm, hm, hm.*«, er lacht in sich hinein, »*... und die Folge, als du deinen ersten Zahn verloren hast...hm ...hm. Du kannst nicht weggehen, Truman. ... Du gehörst hier her!*«

Doch Truman schweigt, sagt weiter nichts – und so fordert Christof ihn voller Ungeduld und mit erhobener Stimme schließlich auf: »*Nun sag schon was ... verdammt, du bist im Fernsehen!! Die ganze Welt ist live dabei.*«

Aber Truman hat es satt und sich schon längst entschieden. Er dreht sich zu Christof – (s)einem »Vater« – um und sagt die Worte, die er jeden synthetischen Morgen zu seinen Nachbar(komparse)n sagte:

»*Und falls wir uns nicht mehr sehen sollten ...*
...Guten Tag, guten Abend und gute Nacht ... « (311)

- Die Truman Show
(USA 1998)

Der »Mensch« verbeugt sich demnach ein letztes Mal, fasst sich ein Herz, lässt los und geht. Er macht einen triumphalen Schritt – durch die Tür – nach vorne und stellt sich so den Herausforderungen der wahr(er)en, erwachsen(er)en Welt!

Solange es irgendwie geht, gehen wir, die »True-Mans« dieser Welt, d(ies)er Wahrheit allerdings aus dem Weg. Denn wir sind noch nicht so weit und werden wohl immer einen »Gott«, »großen Bruder« oder sonst was in der Art brauchen!

Als kleiner, ängstlicher und auch ein bisschen stinkend fauler **Mensch** verdrängen wir die unangenehmen und **scheinbar** unerträglichen Tatsachen und Fakten unseres »echten« Lebens – zugunsten eines »falschen« – so gut und lange wie möglich. Die(se) **Verdrängung** einer größeren, eventuell wahrscheinlich(er)en, ehrlich(er)en, natürlich(er)en und allgemein gerecht(er)en Realität, die uns jenseits der Oberfläche aber **alle** umgibt, erfüllt und irgendwann einholen wird, strengt uns unnötig an. Das macht uns – trotz des tollen und bewegenden Films, den wir zeitweise (er)leben – auf Dauer müde und krank! Warum das so und das »Glückliche Ende« im »Film« u.U. kein echtes ist, dazu kommen wir jetzt!

»*Da die Menschen kein Heilmittel gegen den Tod, das Elend, die Unwissenheit finden konnten, sind sie, um sich glücklich zu machen, darauf verfallen, nicht daran zu denken.*« (313)

- Blaise Pascal
(Gedanken)

Verdrängungsverhalten

»Die Natur hat uns zu Verdrängungskünstlern erzogen, was im Verlauf der Menschheitsgeschichte entscheidende Überlebensvorteile mit sich brachte; allerdings ist es heute unentschuldbar, sich auf seine genetische Disposition zurückzuziehen.« (314)
- Frank Schätzing

Beim Thema *Verdrängung* denken Hobbyphysiker wahrscheinlich unweigerlich an das *Archimedische Prinzip*. Es wurde »*vor über 2000 Jahren vom altgriechischen Gelehrten Archimedes entdeckt*« und lautet:

> »*Die Auftriebskraft eines Körpers in einem Medium ist genau so groß wie die Gewichtskraft des vom Körper verdrängten Mediums.*« (315)

Je mehr also (m)ein »Körper« verdrängt, desto größer ist sein Auftrieb, desto eher schwimmt er oben und desto geringer ist sein Tiefgang! Mag sein, dass dies auch psychisch auf uns zutrifft: Je mehr wir die Wahrheit und unsere Probleme verdrängen, desto eher und mehr »schwimmen wir oben«!? Dadurch bekommt die Beziehung zu uns, jemand anderem und der Welt, die uns umgibt, allerdings weniger Tiefgang. Wir sind oben auf und haben von dem, was unter der Oberfläche abgeht, keine Ahnung (mehr)!
Oben zu schwimmen ist allerdings anstrengender, als man vielleicht annimmt, denn es wird sogenannte »**Verdrängungsarbeit**« benötigt, welche in der klassischen Psychoanalyse den »*psychischen Aufwand bezeichnet, der bei der Verdrängung von Repräsentanzen ins Unbewusste erbracht werden muss. Sie wird solange aufgewendet, wie die Vorstellung verdrängt bleibt. Dies kann lebenslang sein. Der psychoanalystischen Sichtweise gemäß ist die Verdrängung ein aktiver Prozess. Anders als beim Vergessen verblassen verdrängte Repräsentanzen nicht, sondern bleiben in ihrer ursprünglichen Form und vor allem auch mit ihrem ursprünglichen Affektbetrag erhalten. Sie werden durch den postulierten Mechanismus der Verdrängung nur nicht mehr bewusst.*« (316)

Wenn ich es richtig verstanden habe, dann handelt es sich bei dem Begriff »*Repräsentanz*« – so wie er vor allem in der Psychoanalyse Verwendung findet – um die verinnerlichte Form der Wahrnehmung einer Person. Anders ausgedrückt ist es eine *subjektive* **Vorstellung** bzw. **Empfindung**! Es geht darum, wie wir persönlich die Welt samt den Menschen und Gegebenheiten, mit denen wir es zu tun haben, sehen und empfinden und diese folglich in uns selbst *subjektiv* »repräsentieren«. …

Verdrängung ist also **kein** Vergessen (von gewissen Vorstellungen), kein inaktiver Prozess[276], sondern fordert von uns eine gewisse (Mehr)Leistung, welche sogar die Aufnahmebereitschaft für neue Vorstellungs- und Bewusstseinsinhalte hemmt, verfälscht und so die Lernfähigkeit ganz allgemein behindert. Kurzum:
Je mehr wir verdrängen, je weniger wir eine andere »Wahrheit« an uns heranlassen als die, die uns angenehm ist, desto anstrengender und schwerer wird es, uns (selbst) bewusst(er) zu werden, dazuzulernen und zu begreifen! Doch solange wir nicht begreifen und uns (selbst) nicht bewusst(er) werden, werden wir uns nicht selbstbestimmt verändern, und dann ist **alles**, was ich mit mir, Ihnen und dem uns umgebenden »*System*« im Sinn hatte, für die Katz. Dann entscheiden nicht (mehr) wir, sondern andere bzw. etwas anderes (z.B. das *Es*) für uns!...
Dabei ist es doch viel einfacher, einen (Druck)Ausgleich mit der Umgebung zu suchen und folglich zu schweben, statt ständig zu steigen und sich über den »Dingen« zu bewegen!? Taucher lieben dieses Gefühl und auch alle anderen Menschen genießen es, schwerelos zu sein. Ist dieses unbeschwerte und schöne (Wohl)Gefühl, welches wir dabei empfinden, einfach nur »Zufall« oder will uns Mutter Natur damit etwas sagen?

> »*Ursache für die Auftriebskraft ist der Druckunterschied zwischen der Ober- und der Unterseite eines eingetauchten Körpers. Die Kräfte, die auf die Seitenflächen einwirken, spielen keine Rolle, da sie sich gegenseitig stets aufheben. Das heißt, es wirkt auf die unteren Teile der Oberfläche eines eingetauchten Körpers eine größere Kraft als auf die oberen Teile der Oberfläche. Es herrscht folglich ein Druckunterschied. Da jedes physikalische System stets bestrebt ist, einen Druckausgleich zu erzielen, wird sich der Körper so lange aufwärts bewegen, bis sich alle auf ihn einwirkenden Kräfte ausgleichen.*« (315)

Übertragen auf unsere Gesellschaft bedeutet dies, dass wir uns solange weiter nach »oben« bewegen wie der Druck auf die Unterseite – und somit auf die sog. »**Unterschicht**« – aufrechterhalten wird!...
Global gesehen bedeutet dies ganz klar und für **jeden** von uns leicht nachvollziehbar, dass weiterhin die Ärmsten der Armen zwecks **unseres** Aufstieges unterdrückt und ausgebeutet werden! Auf Kosten der arbeitenden »Unterschicht«, auf die *man* den Druck erhöht, werden aber auch in den einzelnen, teilweise recht reichen Ländern dieser Erde weiterhin wenige Teile einer Gesellschaft schneller und höher aufsteigen, während die anderen, wie gesagt, parallel

---

[276] Anm.: Den »inaktiven« Charakter des Vergessens erkennt man wohl am besten daran, dass man »absichtlich« nichts vergessen kann – denn wir konzentrieren uns ja darauf! Oder haben Sie es schon mal geschafft, jemanden oder etwas bewusst, also »aktiv« zu vergessen? Und, hat's geklappt?

dazu absacken oder im Vergleich zur jeweiligen »Oberschicht« stehen bleiben!...
»Kräfte«, die seitlich auf eine Ebene einwirken, sind dagegen relativ irrelevant für den Auf- oder Abschwung. Denn entweder heben *Sie*(!?) sich auf oder drücken (gem)einsam in eine unbedeutende Richtung!

In meinen Augen ist die Entwicklung der **globalen** »*Gesellschaft*« – genauso wie **(all)*ES*** auf diesem Planeten – also kein Zufall, sondern nichts weiter als (r)eine Physik und somit auch mit dieser oder einer anderen Form von »Sprache« (er)klärbar! Doch genauso wie wir und die meisten von uns nicht über den nötigen Tiefgang verfügen, um zu erkennen, dass *ES* so auf der Welt nicht weitergehen kann, brauchen wir auch nicht darauf zu hoffen, dass die »Oberschichtler« unseres Landes und der Welt einsichtig für die Belange des »kleinen Mannes« werden. Solange sie, so wie wir, Druck ausüben können, werden *Sie*(!?) es auch tun!... **Wir** tun es schließlich, um weiterhin die Probleme zu verdrängen, die primär höchst bedrohlich und unangenehm für uns **alle** sind!
Und solange wir weiterhin keinen Widerstand erfahren und die Zahlen, wenn auch beschönigt, uns etwas anderes suggerieren, bleibt **(all)*ES*** auch in Zukunft und wie immer beim Alten! Vielleicht sind wir ja doch »Schafe« im Weltraum (vgl. *Trägheitsgesetz*, S. 65/66)!? Oder waren es »Schweine«?

Die *Verdrängung* bezeichnet in der Psychoanalyse einen Abwehrmechanismus, »*in dem tabuierte und bedrohliche Bewusstseinsinhalte, die nach Sigmund Freud aus dem Es stammen, mittels des wertenden und verdrängenden Überichs vom Bewusstsein des Menschen ausgeschlossen werden, deren psychische Energie aber erhalten bleibt. Dieser Vorgang ist gewöhnlich und kommt bei jedem Menschen vor.*« (317) Es ist also nichts Neues und manches Mal bestimmt auch ganz gut, dass Ihnen und mir manche Probleme nicht bewusst sind. Jedoch sollten wir auch hier wieder die **Balance** in und mit unserer Umgebung suchen, um (in ihr) wie ein Taucher zu schweben!...
Am Anfang ist das »Schweben« sicherlich das Schwierigste »auf« der Welt, doch hat *man* erst einmal den Bogen raus und kann das (Gleich)Gewicht, ähnlich wie ein (Seil)Tänzer, halten, muss *man* – sieht man von der dazu notwendigen Konzentration und Disziplin einmal ab – kaum noch Energie aufwenden!...
Man ist in der Lage, diesen Zustand zu genießen. Ökonomischer geht's eigentlich nicht! Dennoch versuchen wir stattdessen stetig und allerorts schneller (als andere) aufzusteigen. Die Tatsache, dass wir dabei ständig Kraft aufwenden müssen und – um unser schlechtes Gewissen unter Verschluss zu halten – dabei wie ein Taucher, der zu schnell aufsteigt, eine »Blasenbildung« im Gehirn, dem Rückenmark und in der Wirtschaft riskieren, nehmen die meisten in Anbetracht einer erhöhten, temporären *Befriedigung* aber leider billig(end) in Kauf!...

Selbst wenn die Relevanz für die Entstehung neurotischer Störungen anscheinend weder experimentell noch statistisch erwiesen ist, so kann man sich dennoch leicht vorstellen, dass eine lebenslange Verdrängung nicht nur zu Neurosen und Psychosen führen kann, sondern auch verschiedene psychosomatische Konsequenzen mit sich bringt, mit denen sich der eine oder andere von uns dann ganz (un(ter))bewusst herumzuschlagen hat. Indem wir unsere Probleme alle in ein Zimmer packen und von außen ständig mit dem Rücken gegen die Türe (des »Raumes«) drücken, suchen wir das vermeintlich kleinere Übel und hoffen, dass sich mit der »Zeit« oder durch eine »himmlische Fügung« **all*ES*** von ganz alleine regelt. Doch das tut weder die »Zeit« noch der »liebe Gott«, denn das Zimmer ist von uns über die Jahre hinweg so voll mit »Zeug« gestopft worden, dass die schiere Masse an Problemen und Gewissensbissen unsere Bewältigungsmöglichkeiten über kurz oder lang übersteigt!...

Niemand wird über Nacht dick, keiner trinkt von heute auf morgen zwei oder mehr Flaschen Schnaps am Tag und/oder verschuldet sich – grundlos und von jetzt auf nachher – um Hunderttausende oder gar Billionen von Euro! Wie bei allem anderen ist auch hier wieder einmal die »Schuld« bei **jedem** von uns **selbst** zu suchen! Da wir die Anfänge nicht erkannt, und, solange *ES* noch ging, nicht die dementsprechende Gegenmaßnahmen ergriffen haben, müssen wir mit der Zeit immer mehr Kraft aufwenden, um die Türe(n) (des »Speichers«) in und hinter uns geschlossen zu halten. Das geht solange »gut«, bis wir uns nach und nach von innen heraus zerstört haben, der innere Druck zu groß wird und irgendwann **all*ES*** (besonders das »Zeug«) auf einen Schlag aus uns heraus bricht!

ES ist zum Kotzen!!! – Unsere Welt befindet sich in einem (»Teufels«)Kreislauf, aus dem wir wahrscheinlich nur mit Gewalt befreit werden. Erst wenn wir **wirkliche** Schmerzen haben, einem die Frau oder der Mann **tatsächlich** (und nicht nur angedroht) davongelaufen ist oder das wirtschaftliche, ökologische und/oder soziale Klima dieser Welt ein **(mit)menschliches** Leben auf diesem Planeten **spürbar** nicht mehr möglich macht und die **Dringlichkeit** besteht, werden wir unsere bisher verdrängten Fehler erkennen und versuchen uns zu ändern! Meistens ist es dann aber zu spät und alles, was wir dann noch tun können, ist Schaden zu begrenzen!

»Angesichts der Tatsache, dass die Menschheit nicht fähig ist,
aus den Fehlern der Vergangenheit zu lernen,
dürfen wir uns in Zukunft keine Fehler mehr leisten.«
- Ernst Ferstl

Unser Verdrängungsverhalten gegenüber offensichtlichen Fehlern im »*System*« ist mitunter darauf zurückzuführen, dass wir uns einfach nicht unnötig anstrengen wollen und das überschaubarere bequemere Übel suchen. Wir sind mal wieder zu **faul**, sehen, was wir sehen wollen, haben keine Kraft und auch keine Lust mehr, unsere Kinder ständig zu ermahnen bzw. Sanktionen durchzusetzen und (selbst) **global** und **lokal** moralisch einwandfrei zu handeln. Denn es ist beschwerlich und im heutigen Sinne wenig lukrativ, den ewigen Spielverderber zu markieren! Das scheinbar ***Ökonomisch(er)e Prinzip*** verbietet uns deshalb die Investitionen in Gefühle, in Ethik, in ein verantwortliches und anständiges Verhalten. Und alles nur, weil die Rendite schlecht ist! Das denken wir zumindest!?

Und so ist *ES* für uns nur recht und, gemäß der Werbeversprechen, auch (sau)billig, wenn wir uns hinter's Licht führen lassen. Scheinbar gut und günstig leben wir weiter in der »Matrix« und in der Hoffnung, dass sich **(all)*ES*** schon von alleine regelt. **(All)*ES*** wird »gut«, solange *man* nur so weitermacht wie bisher und dabei weiterhin den Prophezeiungen sowie ökonomischen Versprechungen des abhängig machenden Kapitalismus Glauben schenkt!(?)

Die »Dinge« regeln sich auch tatsächlich einmal von alleine, nur keine Angst, denn das haben sie schon immer auf irgendeine Art gemacht. Doch der Kaiser hat – außerhalb der »Matrix« – **wirklich** keine Kleider an! Er ist **tatsächlich** nackt, so wie *ES* in Hans Christian Andersens Märchen *Des Kaisers neue Kleider* beschrieben ist. Dennoch meinen wir aufgrund des ***Majoritäteneinflusses***[277], auf den ich später noch zurückkommen werde, die prunkvollen Gewänder und Vorzüge unserer oberflächlichen Lebensweise und Welt zu sehen. Obwohl wir es doch letztlich besser wissen, spüren und sehen müssten, manipulieren wir (gegenseitig) unsere **eigene** Wahrnehmung. Alle unsere **eigenen** Sinne sagen uns etwas anderes, zeigen uns, dass der reine profitorientierte und entmenschlichte Kapitalismus nackt ist. Doch das gemeine Schaf will von alledem nichts wissen!

Wie alle anderen frisst *ES* weiter (nicht vorhandenes) Gras und tut dies anscheinend deshalb, weil *ES* in seiner Natur liegt, *ES* – wie es scheint – nichts anderes kann und es verdammt nochmal den leichtesten Weg darstellt! Es ist ja soooooo bequem, faul zu sein. Und das war *ES* schon immer, oder nicht?

»*Jede Wahrheit passiert in drei Stadien, bevor sie anerkannt wird.*
Im ersten wird sie lächerlich gemacht.
Im zweiten wird sie verworfen.
Im dritten wird sie als selbstverständlich angesehen.«
- Arthur Schopenhauer

---

[277] »*Majoritäteneinfluss tritt auf, wenn der größere Anteil von Individuen (›majority subgroup‹) einen Einfluss auf die Meinungen oder das Verhalten des kleineren Anteils von Individuen (›minority subgroup‹) hat. Der Einfluss anderer Menschen führt hier dazu, dass man sich konform verhält, also der Mehrheitsmeinung zustimmt.*« (441)
Vgl. dazu Kap. *Das Konformitätsexperiment von Solomon Asch*, S. 548ff

Der Kapitalismus auf dem Weg zum Faschismus!? – Von unserer Dummheit, wie und warum wir uns immer (wieder) verarschen lassen (wollen)!

»Ja ja. ‚Wir sitzen alle in einem Boot.‘
Das Problem ist nur, es ist Ihr Boot,
und wir müssen rudern.« (318)
- Die Ehe der Maria Braun
(BRD 1979)

Dass wir nicht unbedingt die Klügsten sind, wissen wir (hoffentlich)!? Aber dass wir uns zudem auch noch für dumm verkaufen lassen (**möchten**), sehen die meisten von uns nicht (ein)! *Sie*(!?) verdrängen eine Tatsache, die ich speziell in diesem Kapitel anhand einiger Beispiele aufzeigen werde!...

Doch zuerst Grundsätzliches: Die vermutlich wichtigsten Regeln beim »Veräppeln« eines anderen »Menschen« lauten wie folgt:

a) Such dir jemanden, der hinters Licht geführt werden will!
b) Such dir jemanden, der noch dümmer ist als du selbst!

Und

c) Erzähl immer das, was jemand hören will, und bedenke dabei Regel a) und b)!

Zu a) und b) brauche ich wahrscheinlich nichts zu sagen, denn wir alle wollen lieber der Lüge glauben als der Wahrheit – sofern die Lüge bequemer zu (er)tragen ist! Was die »Dummen« angeht, so muss ich – auf die Gefahr hin, es mir mit Ihnen, dem Leser, jetzt endgültig zu verscherzen – leider sagen, dass es davon genug gibt und Sie und ich da ganz bestimmt **keine** Ausnahme machen!

Unabhängig vom akademischen Titel, den viele so gerne und plakativ vor sich her tragen, oder den »geistreichen« Medien, die wir konsumieren, werden wir doch alle entweder dumm geboren, dumm gehalten oder mit der Zeit einfach dumm gemacht. Diejenigen von uns, die sich dem erfolgreich entzogen haben, stellen sich aus Anpassungsgründen und einem gewissen Zugehörigkeitsverlangen gerne blöd, was die »Sache« *an und für sich*(!?) nicht wirklich besser macht!

Bei den meisten unserer Verhaltensweisen scheint es keinen Zweifel daran zu geben, dass unsere Beschränktheit und das dementsprechende Verhalten von ganz oben so gewollt sein muss. Denn wie sonst als durch permanente Vorenthaltung, Unterdrückung und Überlagerung aufklärerischer Informationen könnte man uns heute, in einer Zeit, in der (fast) jeder die Möglichkeit hat, alles zu wissen, jeder meint, alles zu können und auch (fast) jeder glaubt, (s)einen **»freien« Willen** zu *besitzen*, nach Herzenslust manipulieren, kontrollieren und gegeneinander ausspielen!? Wie sonst ist es möglich, dass 95 % der von mir befragten Personen einer Meinung sind, doch diese Meinung sich, trotz klarer Mehrheit, in der Öffentlichkeit nicht umsetzen lässt!? Ist es der Kapitalismus, der uns dumm hält, oder sind wir es möglicherweise sogar selbst?

»Wer aber vom Kapitalismus nicht reden will,
sollte auch vom Faschismus schweigen.«
- Max Horkheimer

Be(tr)achtet *man* nüchtern und so *»objektiv«* wie irgendwie möglich die mittlerweile in Deutschland (immer mehr) vorherrschenden, streng militärisch anmutenden, hierarchischen (Befehls)Strukturen, die auf unserem Unverstand und Unvermögen basieren, sich trotz besseren Wissens und Gewissens nicht zu einer (mit)menschlichen Einheit formieren zu können, sondern uns von der Macht des Geldes steuern lassen, kann *man* leicht Parallelen zu den faschistoiden Strukturen der Nazizeit entdecken!...

»Holla, jetzt mal ganz sachte!«, werden Sie sich im Moment wahrscheinlich denken. »Wir sind doch keine Nazis … mehr!« Das habe ich auch nicht gesagt!

Um Missverständnissen wie diesen vorzubeugen und Ihnen begreiflich zu machen, um was es mir geht – ja um zu verstehen, in welche Richtung unser derzeitiges Verhalten sich entwickelt, ist es notwendig, einen kurzen Ausflug in marxistische Theorien zu machen! Auf meiner *Wiki*-DVD (2006/2007) kann man sie unter dem Begriff »Faschismus«, wie folgt, nachlesen…

»Marxistische Theorien

Die marxistische Faschismustheorie bezeichnet man als Agententheorie nach der die Führer der NSDAP Agenten oder Marionetten der Großindustrie gewesen sein sollen. Marxistische Theoretiker befassten sich intensiv mit dem Faschismusbegriff und definierten ihn im Wesentlichen aus einem spezifischen historischen und ökonomischen Kontext heraus als eine Variante des Kapitalismus in der Krise. Nach den umfassenden Theoriedebatten der 1970er und 1980er Jahre hat sich in der Geschichtswissenschaft heute mehrheitlich die Meinung durchgesetzt, unter Faschismus sei sinnvoll nur das europäische politische Phänomen der Zeit zwischen 1917 und 1945 zu verstehen. Der sehr weite Gebrauch des Begriffs Faschismus – wie er von marxistischen Theoretikern verwendet wird, zumal für Phänomene der Zeit nach 1945 – ist in der Geschichtswissenschaft nicht mehr verbreitet.

Marxistische Theoretiker (so in Deutschland zuerst Clara Zetkin, 1923) bezeichneten Faschismus als eine terroristische Herrschaftsform des Kapitals. Die klassisch gewordene Definition lieferte Georgi Dimitroff vor dem VII. Weltkongress der Komintern am 2. August 1935, als er vor dem Plenum der Kommunistischen Internationale feststellte, Faschismus sei ›die offene, terroristische Diktatur der reaktionärsten, chauvinistischsten, am meisten imperialistischen Elemente des Finanzkapitals‹. ***Damit war gemeint, dass zwischen Faschismus und Kapitalismus kein grundsätzlicher, vor allem kein ökonomischer Unterschied bestehe****: In dem Moment, in dem der Kapitalismus sich in seinen ungezügelten Verwertungsbedingungen bedroht fühle – etwa durch eine drohende Revolutionäre Bewegung, wie in den frühen zwanziger Jahren in Italien oder während der Weltwirtschaftskrise in Deutschland – streife er seine pseudodemokratische Maske ab und zeige im Faschismus eine besonders harte Gangart der Ausbeutung und Unterdrückung. Außerdem helfe die faschistische Diktatur dem Kapitalismus zu überleben, da dieser besonders auf die Entrechtung der Arbeiter und die Zerschlagung ihrer Organisationen (Gewerkschaften, Arbeiterparteien) abziele. In marxistischer Interpretation ist der deutsche Nationalsozialismus eine Form des Faschismus, da er die gleichen ›typischen‹ Grundzüge das Faschismus aufweist und die ›kapitalistischen Verhältnisse‹ dieser Ansicht nach im Faschismus weiter existieren und dort (auch entgegen der Nationalsozialistischen Proganda) nicht in Frage gestellt werden. Begründet wird diese These mit den hohen Gewinnen, die besonders Stahl- und Rüstungskonzerne in jener Zeit erwirtschafteten.«* (196)

Die Mehrzahl der Menschen, mit denen ich täglich in Kontakt komme, ist der Meinung, dass die Politik heute nur noch von der Wirtschaft gesteuert wird, die Politiker nichts weiter sind als Marionetten der (Groß)Industrie und der »kleine Mann« darunter zu leiden hat. Dass dieser Tage die Gewerkschaften und Arbeiterparteien sukzessive an Stabilität und teilweise auch an Integrität verlieren, soziale Leistungen der privaten Hand übergeben werden und Rüstungskonzerne weiter(e) Gewinne einstreichen, indem sie weltweit **gegen** den Willen der Bevölkerung und der (Mit)Menschlichkeit Kriege am Laufen halten, zeigt mir, dass die Eckpfeiler des »**Sozialstaates**« und der **globalen** und **lokalen** Demokratie wegzubrechen scheinen. Es zeigt mir, dass sich der Kapitalismus in der Krise befindet und möglicherweise (kurz) davor steht oder schon seit Langem dabei ist, (s)eine pseudodemokratische Maske abzustreifen um – wie der Faschismus – eine besonders harte Gangart der Ausbeutung und Unterdrückung folgen zu lassen! Eines ist Ihnen hoffentlich schon klar geworden:

Der **Kapitalismus** hat es bereits geschafft seine »Agenten« im weltweiten (Brett)Spiel in Stellung zu bringen. *Sie*(!?) besitzen bereits Schlüssel(positionen)!

Darüber hinaus hat er es geschafft, uns zu täuschen, zu benutzen, uns und unsere Familie(n) zu infiltrieren, gegeneinander auszuspielen, aufzuhetzen, zu unterwerfen, abhängig zu machen und zu entmenschlichen! Was die Stabilität des Kapitalismus angeht, *»so hält die Mehrheit der Wissenschaftler den Kapitalismus für ein stabiles System, das nur durch temporäre Wirtschaftskrisen beeinträchtigt werde. Allerdings wird ihm auch von verschiedenen Kritikern der Untergang prophezeit oder prognostiziert: Marxistische Kritiker gehen davon aus, er werde durch Mehrwertanhäufung und daraus resultierende Monopolbildung unerträglich und irgendwann zwangsläufig durch eine Revolution beendet.«* (319)

Der letzte und – was den Fortgang der Geschichte und die Logik angeht – wohl auch verworrenste Teil der *Matrix-Trilogie* heißt bestimmt nicht umsonst *Matrix Revolutions* (interessante Interpretationsansätze und Deutung des Endes können unter *Wikipedia* bequem nachgelesen werden!). Doch so weit wie im Film muss es in der »Realität« nicht kommen! Aber mal ehrlich, ist Ihnen nicht auch schon aufgefallen, dass sich weltweit immer mehr Monopole bilden, dass sich Kapital immer ungleichmäßiger und ungerecht(fertigt)er anhäuft und dass die Fragen nach einem Umbruch weltweit immer lauter werden?...

Sie als Arbeitnehmer agieren bzw. reagieren im **momentanen** »*System*« dabei nur noch als reiner Befehlsempfänger und sind letztlich doch nur der »Leo«[278] – oder nicht!? Sie sind nichts weiter als ein Soldat an der (Arbeits)Front, vergleichbar mit einem (Einzel)Kämpfer, der nicht denken soll, sondern nur funktionieren muss; ein Söldner, der durch Angst vor den skrupellosen Vorgesetzten solange zu (Himmelfahrts)Kommandos gezwungen ist bzw. wird, bis *man* ihm die Rübe wegballert und der nächste Kandidat an seine Stelle (nach)rutscht!...

Während des Gefechts können und sollen wir nicht um den gerade gefallenen Kameraden trauern, dürfen keine Gnade und auch kein (Mit)Gefühl (er)kennen, sondern sollen froh sein, im Moment **selbst** noch zu »leben«! Meistens begreifen wir die Sinnlosigkeit des ganzen Unterfangens erst dann, wenn es zu spät ist und das Leben rhythmisch in Wellenform blutend unseren **eigenen**, ohnehin abgewirtschafteten Körper verlässt. Wie immer sitzen unsere (an)führenden Befehlshaber währenddessen sicher im Bunker (der Macht), entscheiden über Leben und Tod und sind dabei so weit vom **eigentlichen** Geschehen und dem Leid(en) entfernt, dass *Sie*(!?) nicht einmal ansatzweise so etwas wie Reue für *Ihre*(!?) Taten empfinden! Mal ehrlich, es gibt k(aum)einen, der die Verantwortung für seine (Ent)Scheidung(en) übernimmt und – wie es sich **eigentlich** gehört – (gem)einsam mit und **vor** der Mannschaft steht und ggf. untergeht!...

Wieso auch, genießen die »Generäle« nach einem (betriebs)wirtschaftlichen Völkermord doch diplomatische Immunität!? Eine Immunität, die *ES* ihnen er-

[278] Abk.: Leibeigener ohne… (z.B. Rechte)

möglicht, allenfalls mit einem Klaps auf den wohlgenährten Hintern – der dem einen oder anderen vielleicht sogar noch Lust bereitet – bestraft zu werden!...

Wer dagegen an der Front den Befehl (aus *moralischen*, *ethischen* oder *logischen* Gründen) verweigert oder sich sonst nur irgendeine Kleinigkeit zu Schulden kommen lässt, wird dafür standrechtlich erschossen! Die Bosse haben dagegen gelernt und könn(t)en es sich zudem noch leisten, einfach solange auf einen »fairen« Prozess zu warten, bis die Tat verjährt ist, sich die »Dinge« von alleine regeln und gegebenen- bzw. bestenfalls im Sande verlaufen. Wie im Krieg scheint es das Schicksal des nied(rig)eren Soldaten zu sein, jede auch noch so unsinnige Order auszuführen und das auszubaden, was andere (weiter oben z.B. am Schreibtisch) verbrochen haben. Und die Leidtragenden des zurzeit allerorts stattfindenden »**Krieges**« findet *man*, wie immer, hauptsächlich unter der **Zivilbevölkerung**! Es sind die Kinder, die Alten, die Frauen und die Kranken, die am schlimmsten und meistens auch als erstes betroffen sind. Aber immer, ich wiederhole, **immer** sind es die **Menschen**, die in und unter einem Krieg leiden!!!

...

Wer das **(all)***ES* (er)kennt und wider Erwarten im »*System*« der gegenwärtigen Wirtschaft nicht funktioniert, sondern **selbst**(und)ständig überlegt, das Maul aufreißt und sagt, was längst schon **alle** denken und/oder fühlen, wird aus Gründen (s)einer von ihm ausgehenden Gefahr für das »*System*« mit allen Mitteln entfernt oder (mund)tot gemacht! Für das (Über)Leben d(ies)es **faschistischen** »*Systems*« ist *ES* absolut nötig, denn ein Soldat, der den Wahnsinn des Krieges (er)kennt und die (mit)menschliche **Dringlichkeit** verspürt, etwas (dagegen) zu unternehmen, könnte andere Kämpfer an der Front anstecken! Er wäre wie ein fauler Apfel oder aber ein schwarzes, eventuell abfärbendes Schaf: er hätte das Potenzial, zur Meuterei aufrufen, was von den »Agenten« einer unmenschlichen (Markt)Wirtschaft natürlich auf jeden Fall verhindert werden muss. Andernfalls käme das ganze (militärische) Gefüge ins Wanken und entzöge den wenigen Mächtigen, die im Bunker (ihres *Habens*) sitzen und sich (darauf) ausruhen, zwangsläufig die (Führungs)Gewalt!... ...

Okay, Sie merken schon, hier spricht einer, der es satt hat, weiterhin (s)einen menschlichen Kopf und Hintern für die »feine« bzw. »Schweine«-Gesellschaft der »*Herren-Farm*« hinzuhalten. Zur Erklärung:

In Orwells *Farm der Tiere* (Originaltitel: *Animal Farm*), einem im Jahr 1945 erschienenen Roman, vertreiben die Tiere eines Hofes den Bauern und bemühen sich daraufhin, die Farm **selbst** zu betreiben. Am Anfang war **(all)***ES* wunderbar und **jeder** war *glücklich* und *zufrieden*! Nach einiger Zeit stellten sich allerdings die alten Machtverhältnisse wieder ein, nur waren es diesmal bezeichnenderweise die **Schweine**, die sich im sicheren Haus breit machten und es sich gut gehen ließen, während die anderen (für sie) schufteten. Die(se) »**Schweine**« verbündeten sich schließlich sogar mit den »Menschen«, um ihre Macht (über die Tiere) auszubauen!

»ALLE TIERE SIND GLEICH«...

...lautet(e) **eigentlich** das letzte und wichtigste der sieben Gebote der Farm und es erinnert uns verdächtig an den bekannten Auszug aus dem Vorwort zur *Unabhängigkeitserklärung der Vereinigten Staaten von Amerika*:

»*We hold these truths to be self-evident, that all men are created equal*«

–

»*Wir halten diese Wahrheiten für ausgemacht,*
dass alle Menschen gleich erschaffen wurden« (320)

Auf diesen berühmten Grundsatz und die *Amerikanische Unabhängigkeitserklärung* komme ich an anderer Stelle noch mal zurück, möchte hier aber auch daran erinnern, dass wir den Grundgedanken der Gleichheit bzw. Gleich**wertigkeit** sowohl im *Artikel 3*[279] *des Grundgesetzes* als auch dem *Allgemeinen Gleichbehandlungsgesetz (AGG)* der Bundesrepublik Deutschland wiederfinden!

Seit dem 18. August 2006 ist das *AGG* – umgangssprachlich auch *Antidiskriminierungsgesetz* genannt – in Kraft getreten mit dem Ziel:

»*Benachteiligungen aus Gründen der Rasse oder wegen der ethnischen Herkunft, des Geschlechts, der Religion oder Weltanschauung, einer Behinderung, des Alters oder der sexuellen Identität zu verhindern oder zu beseitigen.*« (321)

Die Tatsache, dass **alle** von Natur aus gleich(**wertig**) sind, war auch in der »tierischen« Verfassung des Orwellschen Bauernhofs eine, wenn nicht sogar **die** tragende Stütze gewesen! Es war die letzte Bastion der freien **Menschheit**, aber wie *man* weiß und *ES* sich fast denken kann, haben die »**Schweine**« daraus...

---

279 »**Art 3**
(1) *Alle Menschen sind vor dem Gesetz gleich.*
(2) *Männer und Frauen sind gleichberechtigt. Der Staat fördert die tatsächliche Durchsetzung der Gleichberechtigung von Frauen und Männern und wirkt auf die Beseitigung bestehender Nachteile hin.*
(3) *Niemand darf wegen seines Geschlechtes, seiner Abstammung, seiner Rasse, seiner Sprache, seiner Heimat und Herkunft, seines Glaubens, seiner religiösen oder politischen Anschauungen benachteiligt oder bevorzugt werden. Niemand darf wegen seiner Behinderung benachteiligt werden.*« (442)

...gemacht. Nach und nach haben *Sie*(!?) alle Gesetze und natürlichen Gebote in ihrem Sinne verändert und damit alles ursprünglich einmal Gute und Rechtschaffene auf der Welt in den Dreck gezogen!...
Gut, Orwell bezieht sich mit seinem Roman anscheinend auf die Verfälschung des Sozialismus durch den Stalinismus und die Geschichte ist wohl als Satire auf die kommunistische Revolution in Sowjetrussland zu werten, wie mein omnipotenter Freund *G. Oogle* gerade einwirft. Aber das, was auf dem beispielhaften Bauernhof abging, kann meiner Meinung nach genauso gut und ohne Weiteres auf die heutige Situation und unseren (westlichen) Alltag übertragen werden:
Die einen werden immer dünner, während die anderen immer fetter werden, auf dass es in Deutschland und dem Rest der Welt zu einer **spürbar** ungleichmäßigen (Vermögens)Verteilung mit zunehmenden Spannungen kommt!...
Merken Sie sich also ruhig den altbekannten Slogan:
»***Alle Tiere sind gleich, aber einige Tiere sind gleicher als andere***« (englisch: »All animals are equal, but some animals are more equal than others«), denn er wird Ihnen in Zukunft vielleicht noch öfters als bisher in den Sinn kommen!? Er beschreibt nicht nur den Niedergang eines Gemeinwesens der Tiere – das ursprünglich einmal die unmenschlichen und gemeinen »Menschen« von der *Manor-Farm*[280] verjagt hat – sondern vielleicht sogar den endgültigen Niedergang des intelligenten, freien und l(i)ebenden **Menschen** (*an sich*)! Am Ende unserer Geschichte unterdrück(t)en die »Schweine« (immer wieder) alle anderen »Tiere«, versuch(t)en sich sogar gegenseitig zu unterwerfen und zu bekämpfen und sind folglich genauso tyrannisch, barbarisch und abgrundtief dämlich, wie der »Bauer« *ES* einst war! Und dieses »***Prinzip***« setzt sich aller Voraussicht nach solange fort, bis wir alle »**Schweine**«, unterdrückt oder endlich erwachsen sind!

Leider sind sich die Tiere, ist sich das (deutsche) Volk, der Wähler, der Kunde, Konsument und Arbeitnehmer – ja sind sich im Grunde genommen die sog. »***Proles***« dieser Erde ihrer Macht und zugleich ihrer Schwäche(n) genauso wenig bewusst wie das gemeine Vieh auf der Weide. George Orwell schreibt in seinem Roman *1984*[281]:

»*Wenn es eine Hoffnung gibt, liegt sie bei den Proles.*« (322)

Mit »*Proles*« meint Orwell natürlich das *Proletariat*, das heißt, die *Proletarier* und bemerkt bereits schon auf der nächsten Seite...

---

[280] zu Deutsch: *Herren-Farm*, danach in *Farm der Tiere* umbenannt
[281] Anm.: Der Roman verdankt seinen Titel einem Zahlenspiel – Orwell schrieb ihn im Jahre »*1948*«!

»Solange ihr Bewußtsein nicht erwacht, werden sie niemals rebellieren, und solange sie nicht rebelliert haben, wird ihr Bewusstsein nicht erwachen können.« (322)

Selbst wenn Orwell – der mit bürgerlichem Namen *Eric Arthur Blair* hieß (George Orwell ist ein Pseudonym) – »sie« und »ihr« im letzten Satz nicht groß- u. kursiv- und mit (kl)einem darauffolgenden Anführungs- und Fragezeichen geschrieben hat, dürfen ***Sie***(!?) sich (jetzt) gerne angesprochen fühlen! Orwell hat's kapiert und kommt nach rund 211 Seiten dann auf den Punkt:

»Von den Proletariern steht nichts zu befürchten. Sich selbst überlassen, werden sie von Generation zu Generation und von Jahrhundert zu Jahrhundert weiterhin arbeiten, Kinder zeugen und sterben, und das nicht nur ohne jeden Drang zur Rebellion, sondern ohne sich auch nur vorstellen zu können, daß die Welt ganz anders sein könnte, als sie ist. Gefährlich können sie nur dann werden, wenn die Weiterentwicklung der industriellen Technik es erforderlich machen sollte, sie besser auszubilden; aber da militärische und wirtschaftliche Konkurrenz keine Rolle mehr spielt[282]*, sinkt das allgemeine Bildungsniveau. Was die Massen meinen oder nicht meinen, wird als gleichgültig angesehen. Man kann ihnen intellektuelle Freiheit einräumen, weil sie keinen Intellekt besitzen. Bei einem Parteimitglied jedoch kann selbst in der unbedeutendsten Frage auch nicht die geringste Meinungsabweichung geduldet werden«* (323)

Ob Sie's glauben oder nicht, »Schafe«, »Kühe« und insbesondere »Zugpferde« verfügen – nicht nur nach Orwells (vgl. Kap. *Freier Wille!?*, S.206/207), sondern auch nach meiner und vielleicht sogar nach Ihrer Meinung – über eine Macht, die nur aus einem kollektiven und erwachsenen Bewusstsein heraus entstehen kann und das auch muss, um in Zukunft **(gem)einsam** – da beziehe ich die »Schweine« (einer Partei) selbstverständlich mit ein – in *langfristig* **friedlicher** Koexistenz leben zu können!

Doch die Masse (der »Menschen«) ist leider noch immer nicht darauf aus(gelegt) *kurzfristig* zu investieren, um *langfristig* zu profitieren! Wir sind – in unserer Wahrnehmung – einfach zu beschränkt (gehalten), um die absehbaren (**eigenen**) Nachteile zugunsten eines allgemein dauerhaften Vorteils – der letztlich einem (**selbst**) wieder zugutekommt! – zu akzeptieren. Der halbwüchsige **Mensch** ist bekanntermaßen nicht gewillt, (heute) weniger zu *besitzen*, um (morgen) mehr zu *sein*, und statt zu verzichten: »haut er eben rein«! Er »glaubt«

---

[282] *Zur* Erinnerung: Theoretisch könnten wir heutzutage **alle** in einem **ausreichenden** Wohlstand leben und seit dem Kalten Krieg hat sich insgesamt gesehen ein militärisches Gleichgewicht gebildet – ein Atomkrieg würde unser **aller** Ende bedeuten!

(nämlich) eher das und dem, was *man* ihm billig verkauft und verspricht, als dem, was er **selbst** anhand seiner menschlichen sechs Sinne (Sehen, Hören, Tasten, Riechen, Schmecken und Gleichgewicht) und unter Zuhilfenahme **seines** Verstandes im Grunde seines (**eigenen**) Herzens längst weiß und verspürt!

Der *7. Sinn*, das heißt, »Dinge« wahrzunehmen, die anscheinend nicht mit den Sinnesorganen aufgenommen werden können und der *»ein Frühwarnsystem darstellt, das bei drohender Gefahr einer Fehlentscheidung aktiv wird«*, ist beim modernen »Menschen« offenbar verkümmert. Denn, so heißt es in *Wiki* über den *7. Sinn* weiter: *»Sollte eine Situation als ›gefährlich‹ interpretiert werden, schlägt es«*, das eben genannte Frühwarnsystem, *»sofort Alarm, so dass das Individuum die Möglichkeit hat, eine Änderung seines momentanen Verhaltens einzuleiten.«* (324)

Nach wie vor denkt aber **jeder** ganz selbstverständlich und (leider oft auch) nachvollziehbar in erster Linie nur an sich **selbst** und seine **eigenen** (Überlebens)Chancen: Wären wir heute beispielsweise an der Stelle der inhaftierten Juden im 2. Weltkrieg, so wage ich an dieser Stelle die ketzerische, aber ganz bestimmt nicht antisemitisch(!) gemeinte Behauptung, dass auch wir uns – für ein (gem)einsames Überleben – nicht ausreichend organisieren bzw. synchronisieren würden! Selbst im kollektiven Bewusstsein des Unabänderlichen würden wir die zahlenmäßig unterlegenen »Aufseher« nicht überrennen – obwohl wir es eigentlich könn(t)en!

…

Verstehen Sie all das jetzt bloß nicht als Aufruf zum **gewaltsamen** Umsturz, denn solange die »Menschen« sich nicht *von sich aus* verändern wollen und als potenziell (selbst)denkende, wissende, fühlende, gleich(wertig)e, (voneinander) abhängige und l(i)ebende Wesen (er)kennen (wollen), würde sich das, was auf eine unüberlegte, kindliche Revolution[283] folgt, gemäß der *Farm der Tiere* und der Wellentheorie, zwar etwas anders, im Endeffekt aber doch wieder gleich entwickeln! Marx hat das erkannt als er sagte:

> *»Alle Revolutionen haben bisher nur eines bewiesen, nämlich, daß sich vieles ändern läßt, bloß nicht die Menschen.«*
>
> \- Karl Marx

---

[283]»***Re|vo|lu|ti|on*** *die; -, -en <lat.(-fr.)>:*

1. *[gewaltsamer] Umsturz der bestehenden politischen u. sozialen Ordnung.*

2. *Aufhebung, Umwälzung der bisher als gültig anerkannten Gesetze od. der bisher geübten Praxis durch neue Erkenntnisse u. Methoden (z. B. in der Wissenschaft).*

3. *(Geol.) Gebirgsbildung.*

4. *(Astron.) Umlauf eines Himmelskörpers um ein Hauptgestirn.*

5. *Solospiel im Skat«*

Obwohl ich – anders als all die anderen, mit denen ich es bisher zu tun hatte – grundsätzlich der Meinung bin, dass sich auch und gerade der »Mensch« (ver)ändern lässt – jedoch nicht in dem Sinne und auf die Art, wie wir *ES* gerne hätten oder *ES* uns vorstellen![284] – muss ich Marx Recht geben:

Jegliche unterentwickelte und in (mit)menschlichen Belangen unreife Gesellschaft, die sich zu befreien versucht und es aus **eigenem** Antrieb wahrscheinlich auch schafft; sich im Grunde und von nun ab aber nicht weiter entwickeln **will** und sich daher auch nicht täglich aufs Neue und **freiwillig** reflektiert und konzentriert, wird im Laufe der Zeit zwangsläufig wieder in den bewusstlosen, ohnmächtigen Zustand verfallen, aus dem sie einst hervorging – **drei Klassen** mit Ober-, Mittel- und Unterschicht!...

Damit so etwas nicht (erneut) geschieht, sondern wir »Menschen« irgendwann einmal **alle** annähernd auf ein und derselben Stufe stehen, uns als **Ganzes** begreifen und uns entwickeln können, müssen wir also zuvor (ein)sehen, dass wir erst erwach(s)en (werden) müssen, um (gem)einsam, d.h. kollektiv zu denken! Wir müssen lernen, das »*System*« zu verstehen und erkennen, was wir sind und was wir tun! Dies sehe ich mitunter als essenzielle Voraussetzung an, durch welche es uns einmal möglich sein wird, die momentan antrainierte und akzeptierte Hilflosigkeit abzulegen, um im (mit)menschlichen Sinne (unter anderem wirtschaftlich) zu handeln und schließlich (frei) zu *sein*.

»Ich bin davon überzeugt, dass es nur einen Weg gibt, dieses Übel (den Kapitalismus) loszuwerden, nämlich den, ein sozialistisches Wirtschaftssystem zu etablieren, begleitet von einem Bildungssystem, das sich an sozialen Zielsetzungen orientiert. In solch einer Wirtschaft gehören die Produktionsmittel der Gesellschaft selbst und ihr Gebrauch wird geplant.«[285]

- Albert Einstein

Dass wir – als Mensch und als Volk – noch weit davon entfernt sind, erwachsen zu sein und uns nicht so schnell dort hin entwickeln, wie viele vielleicht einmal dachten, zeigte zum Beispiel die ausgebliebene Reaktion des deutschen Volkes im Jahr 2005! Sie fragen sich jetzt vielleicht (zurecht), was da schon wieder war,

---

[284] Anm.: **Der Mensch verändert sich – gemäß der Synergie(n), in der er lebt – eher *indirekt* als *direkt*, mehr *un(ter)bewusst* als *bewusst* und wenn überhaupt, dann letzten Endes nur durch sich *selbst*, das heißt durch den *eigenen* (An)Trieb!**

[285] Anm.: »Why Socialism« wurde erstmals 1949 in der ersten Ausgabe der Zeitschrift *Monthly Review* veröffentlicht. (443)

Anm.: »*Monthly Review ist eine US-amerikanische sozialistische Zeitschrift, welche 11 Mal im Jahr erscheint. Ihre erste Ausgabe erschien im Mai 1949, ihr Gründer und Herausgeber war Paul Sweezy. Der Aufmacher der ersten Ausgabe stammte von Albert Einstein und trug den Titel Why Socialism?.*« (444)

und das wundert mich nicht wirklich, denn seither ist zum einen viel geschehen, und zum anderen gab es damals kaum (Re)Aktionen, was die Frage aufwirft, ob überhaupt etwas Ernsthaftes passiert war!? Ich meine, wenn im Wald ein Baum umfällt und keiner bekommt es mit, ist er dann wirklich umgefallen, und wenn ja, was macht es dann schon aus!?... Doch es war etwas passiert:

Der deutsche Bundeskanzler – damals hieß er Gerhard Schröder – stellte am 1. Juli 2005 im Parlament die Vertrauensfrage gemäß Art. 68 GG., was seinerzeit zur Auflösung des 15. Deutschen Bundestages führte. »*Es war nach den Anträgen von Willy Brandt (1972) und Helmut Kohl (1982) das dritte Mal, dass der Bundeskanzler die Vertrauensfrage mit dem Ziel stellte, sie zu ›verlieren‹. Für eine derartige Vertrauensfrage hatte sich die Bezeichnung unechte Vertrauensfrage eingebürgert. In seinem Urteil vom 25. August 2005 hat das Bundesverfassungsgericht diesen Terminus verworfen und den Begriff auflösungsgerichtete Vertrauensfrage eingeführt.*« (325)…

Man mag sich darüber streiten, ob die Vertrauensfrage nun verfassungsmäßig war oder nicht – die meisten Menschen haben von dieser Frage und dem abgeänderten Terminus, genau wie ich, sowieso nichts mitbekommen – doch erreichten im Anschluss daran »*weder Unionsparteien und FDP noch SPD und Grüne eine Mehrheit. Damit waren die von den genannten Parteien bevorzugten Koalitionen Schwarz-Gelb bzw. Rot-Grün unmöglich.*« (325)

Tja, kein »Schwein« (der *Animal Farm*!) will und kann sich heute mehr daran erinnern. Woran *man* sich aber eventuell noch erinnert, ist das groteske (Fernseh)Bild, welches sich dem deutschen Volk in Form der *Elefantenrunde* seinerzeit bot und im Internet als sog. »**Live-Stream**«[286] jederzeit wieder be(tr)achtet werden kann!? (326) Noch am Abend des Wahltages wurde diese »Runde« im *ZDF* ausgestrahlt und man konnte beobachten, wie sowohl Angela Merkel (derzeitige Kanzlerin) als auch ein sichtlich »heiterer« Gerhard Schröder die Bildung der neuen Regierung jeweils für sich beanspruchten. …

Das alleine wäre gar nicht so schlimm gewesen, doch die Art und Weise, wie dieses Gespräch geführt wurde, und der durchaus ernstzunehmende Hintergrund – de facto hatte sich so etwas wie ein (Macht)Vakuum gebildet – hätte vermuten lassen, dass der »kleine Mann« schnurstracks sein Bier abstellen, vorm Fernseher aufstehen und auf die Straße gehen würde, um (s)einem Ärger (endlich) Luft zu machen!...

---

[286] »*Streaming Media ist der Oberbegriff für Streaming Audio und Streaming Video und bezeichnet aus einem Computernetzwerk empfangenen und gleichzeitig wiedergegebenen Audio- und Videodaten. Den Vorgang der Übertragung selbst nennt man Streaming. Streaming Media bildet damit das Internet-Äquivalent zu Broadcasting-Technologien wie Hörfunk oder Fernsehen. Programmformate sind beispielsweise Internetradio und Video on Demand. Gestreamte Programme werden als Livestream oder Direktstrom bezeichnet.*« (445)

Doch nichts, absolut gar nichts dergleichen geschah, denn wir waren gar nicht »ärgerlich«, hatten wir das Fiasko doch keinem anderen als uns **selbst** zuzuschreiben! Von diesem durchaus schlagenden Argument einmal abgesehen, war unsere darauffolgende, innere Teilnahmslosigkeit zumindest in meinen Augen bedrohlich, zeigt es doch, wie **ignorant** und **gleichgültig** wir prinzipiell der Tatsache gegenüberstehen, was mit uns in Zukunft passiert!...

Die **tatsächliche persönliche** Wertigkeit dieser und anderer (politischer) Entscheidungen und Ereignisse – die doch letzten Endes **alle** betreffen – erkennt *man* jedenfalls daran, dass nach jedem Fußballspiel zwischen zwei Kreisliga-A-Mannschaften mehr öffentliche Auseinandersetzungen stattfinden als nach einem offensichtlichen Totalausfall der Kommandobrücke des Deutschlandbootes! Das hat(te) aber nichts damit zu tun, dass wir uns alle so unter Kontrolle haben, **selbst** die Schuld anerkennen oder als deutsches Volk so irre abgeklärt, diszipliniert und gut erzogen sind. Nein, es geht uns – und da nehme ich mich wie immer nicht aus! – insgesamt einfach noch zu gut, um uns mit solchem unnötigen Zeug wie »Politik« zu befassen! Oder anders ausgedrückt:

Solange wir heute den Bauch voll, noch genügend zu (fr)essen oder etwas Ordentliches zum Spielen haben, ist es uns im Grunde genommen doch scheißegal, was unsere »Eltern« machen! In Wahrheit kümmert es uns einen Dreck, was morgen oder – besser gesagt – in mehr als **vier** bis **sieben** Jahren mit uns und der Welt passiert! Denn irgendwie wird *ES* schon weitergehen ...

> »*Der vernünftige Mensch paßt sich der Welt an; der unvernünftige besteht auf dem Versuch, die Welt sich anzupassen. Deshalb hängt aller Fortschritt vom unvernünftigen Menschen ab.*«
> - George Bernard Shaw
> (Das war Bernard Shaw)

Gewalt ist nicht einmal die dümmste und infantilste (kindischste), sondern gar keine Lösung von Problemen, das möchte ich hier nochmals explizit erwähnen!

Doch **Ignoranz** auch nicht!! Dennoch, das »Boot« mit Namen *Bundesrepublik Deutschland* schwamm unbeirrt weiter, als wäre nichts geschehen, was zeigt, dass wir – für die meiste Zeit und solange nichts Unvorhergesehenes kommt – auf eine (politische) Führung oder Meinung verzichten könn(t)en…

Davon abgesehen könn(t)en wir die erste Riege der Politiker – also die, die uns durch Funk, Fernsehen und (Regenbogen)Presse vom Gesicht, Namen oder Skandal her hinlänglich bekannt ist und sich dort beinahe täglich profiliert – sowieso getrost vergessen!... Wichtig sind im Grunde doch die, die kein »Schwein« kennt, aber im Hintergrund gekonnt und immerzu die Strippen ziehen! Wenn man so will, dann ist es die sog. »**graue Eminenz**«, das heißt, die »*nach außen hin kaum in Erscheinung tretende, aber einflussreiche (politische)*

Persönlichkeit« von sogenannten »**Expertenausschüssen**«, falschen Autoritäten, (r)echten Speichelleckern und vermeintlichen (Sach)Verständigen, welche im einzelnen nicht besser bzw. integrer[287], erwachsener oder gar freier sind als andere »Menschen«, im Endeffekt und als Einheit in einer »Person« zusammengefasst aber die politischen Marionetten genau das sagen lässt, was momentan am besten beim Wähler ankommt und letztlich (für einen **selbst**) am profitabelsten ist. Die(se) »graue Eminenz« offenbart, dass die **eigentliche** Führung dieser Erde nicht in den selbstlos, wohltätigen, vernünftigen, intelligenten und erwachsenen Köpfen und Herzen der sich (**selbst**) bewusst gewordenen menschlichen Autorität(en) sitzt, sondern ganz woanders, nämlich im Geldbeutel und der Hose der *langfristig* (menschlich) suizidalen, wirtschaftlichen Ideologie der **ganzen** konkurrierenden Welt des rein kindlich motivierten Kapitalismus zu finden ist!

…

Meine Herren, war das (mal wieder) ein Satz! Und da will noch jemand behaupten, dass (sau)mäßiger Alkohol»genuss«, geflissentliches Fernsehen und regelmäßiges Computerspielen einen »gagga« machen!?...

Aber »gagga« hin oder »balla« her, Sie dürfen mir ruhig das Gegenteil von dem, was ich eben gesagt habe, beweisen! Ich glaube aber nicht, dass sich einer die Mühe machen wird – denn nach wie vor verharrt das Volk zum größten Teil in einer Art »**Duldungsstarre**«! *ES* ist einfach zu faul, zu träge, um den wohlgenährten Leib zu heben und – auf die Gefahr hin alleine und/oder gemeinsam auf etwas verzichten zu müssen – viel zu bequem, stumpf, lethargisch und ängstlich, um **selbst** *geistig* und *emotional* erwachsen bzw. ***a(ttra)ktiv*** zu werden!...

Ähnlich wie kleine Kinder, die Zeugen eines lautstarken und albernen Streits ihrer Eltern werden, verhalten wir uns bei (politischen) Auseinandersetzungen daher mucksmäuschenstill. In absoluter Bewegungslosigkeit verharrend, hoffen wir, dass zum Schluss eine annehmbare Lösung (für uns) gefunden wird!...

Doch glauben Sie mir, der weit größere Teil unserer Streithähne bzw. »Erziehungsberechtigten« tut es nicht – sie finden keine **erwachsene** Lösung (für uns), denn ohne *ES* zu ahnen, sind auch *Sie*(!?), die Eltern, Vorgesetzten, Chefs und Weisungsbefugten, im Grunde genommen also die »Hirten« bzw. »Bauern«, nichts weiter als Kinder, streiten sich auf kindische Art um kindische »Dinge« und erkennen nicht, was dies für die *Ihnen*(!?) anvertrauten Kinder, Rinder bzw. Schafe (im Gegenzug) einmal bedeuten wird!...

---

[287] »***in|te|ger*** *<lat.>:*
1. *unbescholten; ohne Makel; unbestechlich.*
2. *(veraltet) neu; sauber, unversehrt.*«

»Der Kapitalismus basiert auf der merkwürdigen Überzeugung, dass widerwärtige Menschen aus widerwärtigen Motiven irgendwie für das allgemeine Wohl sorgen werden.«
- John Maynard Keynes[288]

Dabei scheint es so zu sein, dass unsere Kinder in bestimmten Situationen die (erwachsen(er)en) **Menschen** sind!? (Beispiele spar ich mir jetzt!)…

Aus eigener Erfahrung weiß ich aber, dass man als Kind – und mag man dabei auch noch so alt sein – von seinen Eltern nur formal nach (s)einer Meinung gefragt wird. Die **eigentliche** Entscheidung wurde aber schon längst im Vorfeld und über unseren Kopf hinweg getroffen! Ein Umstand, den *man* im weitesten Sinn auch als eine Art von respektloser »Verarsche« ansehen kann und den auch jeder( )mann kennt, dessen Frau ihn lediglich der Form halber fragt, ob sie nun das kurze schwarze oder das rote lange Kleid kaufen bzw. anziehen soll!...

So wundert es nicht, dass z.B. Themen wie das Mautsystem, Mehrwertsteuer, EU-Beitritt, genveränderte Nahrungsmittel, Tempolimit, (Tornado)Einsatz in Afghanistan und die Durchführung des *G8-Gipfels* in Heiligendamm im Jahr 2007 sowie vieles mehr abseits der Öffentlichkeit entschieden wurden, obwohl der Wille des Volkes möglicherweise ein ganz anderer gewesen wäre. Gerade anhand der Mehrwertsteuer(erhöhung) erkennt man aber, dass unsere Demokratie lediglich aufgeflanscht ist und unsere Politiker nichts weiter als die grinsenden Bauchrednerfiguren einer viel größeren Macht darstellen. Ein Beispiel:

Es sei hier mal dahingestellt, ob die Mehrwertsteuererhöhung im Jahre 2007 **gut** oder **schlecht** (für uns, den Staat und die Wirtschaft) **war**. Denn die Frage, die wir uns stellen sollten, ist folgende: »Wenn keiner der Wähler die Mehrwertsteuer wirklich wollte – kein einziger meiner von mir befragten Patienten war dafür! –, wie ist es dann in einem **demokratischen** ›*System*‹, in dem von unten nach oben entschieden werden sollte, bitte schön möglich, dass die Erhöhung dennoch kam und über unsere Köpfe hinweg durchgesetzt werden konnte?«…

Und noch etwas ist doch sehr verwunderlich: Seitdem sie erhöht wurde, kräht kein Hahn mehr danach! Wir haben uns an die Mehrwertsteuer offenbar genauso gewöhnt wie an die andauernden Diätenerhöhungen unserer Abgeordneten oder an den (Tornado)Einsatz im Afghanistan, den Benzinpreis oder auch das Nichtraucherschutzgesetz. Wobei man – insbesondere in Hinblick auf Letzteres – natürlich sagen muss, dass **(all)*ES*** wie immer zwei (bis drei) Seiten hat!...

---

288 *»John Maynard Keynes, Baron Keynes (* 5. Juni 1883 in Cambridge; † 21. April 1946 in Tilton, Firle, East Sussex) war ein britischer Ökonom, Politiker und Mathematiker. Er zählt zu den bedeutendsten Ökonomen des 20. Jahrhunderts und ist Namensgeber des Keynesianismus. Seine Ideen haben bis heute Einfluss auf ökonomische und politische Theorien.«* (446)

Davon abgesehen kann man aber gerade am *Nichtraucherschutzgesetz* – welches das Rauchen in Speisegaststätten, Diskotheken etc. weitestgehend untersagt und, auch wenn man es inkonsequenterweise wieder lockern will, größtenteils funktioniert – erkennen, dass unpopuläre, aber durchaus vernünftige und erwachsene Entscheidungen gegenüber einem »abhängigen« Verhalten – wie dem des Rauchens – in **unserem** »*System*« noch immer durchführ- und annehmbar sind!...

D(ies)em (Schachtelsatz) zufolge ist es also durchaus möglich, das (Sucht)Verhalten einer **ganzen** Nation – und vielleicht sogar der **ganzen** Menschheit – in sozial verträglich(er)e Bahnen zu lenken! Solange *man* gewisse Regeln befolgt – wie beispielsweise **alle** Menschen tatsächlich gleich(wertig) zu behandeln, eine gewisse allgemeine Vernunft herrschen zu lassen und jedem (auch und vor allen anderen die Obrigkeit) bei Zuwiderhandlung **dieselbe** Strafe aufzuerlegen – kann *man* uns also ohne Weiteres unsere (Spiel)Sachen wegnehmen und sogar unsere lieb gewonnene(n) Droge(n) reduzieren! Und wir werden sie – nach anfänglichem »Murren und Zetern« – später nicht einmal mehr vermissen!...

Erst wenn man einen Raucher bzw. Konsumenten daran erinnert, wie »schön« *ES* doch früher war und dabei (s)einem (Sucht)Gedächtnis etwas auf die Sprünge hilft, geht das Gejammer wieder los! Da man zum einen aber eh nichts mehr an der Situation ändern kann und es sich zum anderen bei einer solchen Entscheidung (wie dem *Nichtraucherschutzgesetz*) um etwas – auch für Kinder und adoleszente Erwachsene – Nachvollziehbares und irgendwie auch Vernünftiges handelt, wird das Wehgeschrei bei Weitem nicht mehr so lange andauern und auch bei Weitem nicht so vehement eingesetzt werden wie zuvor, als **(all)*ES*** sich noch in der Schwebe befand! Im Hinblick auf unsere weitere **globale** und **lokale** Zukunft sollte, ach was sag ich da, **muss** es sich daher um für **jeden** nachvollziehbare und irgendwie auch vernünftige Entscheidungen handeln, zu denen ich im Übrigen auch ein etwaiges Tempolimit auf deutschen Autobahnen zählen möchte!(?)... Doch davon, das heißt von durchweg **vernünftigen** und **durchschaubaren** Entscheidungen ist nicht unbedingt auszugehen, da wir uns – außer bei spürbaren (Fehl)Entscheidungen – offenbar nicht daran stören, dass die weitere (unvernünftige) Entwicklung der Welt auch zukünftig am Volk vorbei entschieden wird. Zumindest in Deutschland fordern deshalb nicht umsonst vor allem linksgerichtete Parteien schon seit Längerem den sog. »**Volksentscheid**«!

Dies geschieht meines Erachtens allerdings eher aus **eigennützigen** Gründen (um beispielsweise eine größere Wählerschaft hinter sich zu vereinigen, das Ego zu befriedigen und Macht ausüben zu können) als aus der Erkenntnis heraus, dass das Volk tatsächlich **selbst** einmal entscheiden **muss**. Denn »die Linken« vergessen dabei, dass wir, das sog. »**Volk**«, uns über die Jahre künstlich dumm und kindlich halten ließen und uns – wie schon erwähnt – bereits daran gewöhnt haben! Deshalb müssen wir vorab lernen, als Kind bzw. Volk mit einer solchen Verantwortung in erwachsener, gewissenhafter Art und Weise umzugehen. **Zeit**, **Wille** und (aufklärerische) **Arbeit** ist dazu nötig, von denen wir allerdings insgesamt und jeweils gesehen viel zu wenig *haben*!...?

Folglich ist es noch immer das mangelnde (Selbst)Vertrauen – vergleichbar mit dem eines kleingehaltenen Kindes –, die Angst vor der **eigenen** Courage und die Furcht vor der Freiheit und den möglichen Konsequenzen des **eigenen** erwachsenen Handelns, was uns nicht die »Pfote(n)« öffnen und unsere Zukunft ständig in andere Hände – zur Not sogar in die eines vermeintlichen »Gottes« – legen lässt! Die Angst – maßgeblich die, etwas zu verlieren – verhindert, dass wir uns endlich ein Herz fassen und (eigen)verantwortlich und unserem wahren Alter und unseren wahren Fähigkeiten entsprechend ***aktiv*** (tätig) werden!

Dass manche Eltern es nicht gerne sehen, wenn ihre Kinder erwachsen werden, wissen Sie bestimmt selbst (aus eigener Erfahrung)!? Irgendwie auch logisch, denn dies würde die Eltern letztlich überflüssig werden lassen – sie oder möglicherweise auch *Sie* ihrer Funktion berauben! Da die(se) Funktion aber für die meisten von uns **all*ES*** ist, was wir *haben*, macht »man« als ach so fürsorglicher Elternteil un(ter)bewusst alles, um die Adoleszenz[289] seiner Sprösslinge zu verhindern. Dazu nimmt man den Kindern am besten schon frühzeitig alles ab, was für eine gesunde und (mit)menschliche Entwicklung (Reifung) nötig und richtig wäre und überhäuft *Sie*(!?) stattdessen mit (Spiel)Sachen, setzt *Sie*(!?) kaum einer Gefahr oder gar einem Konflikt aus und befriedigt so gut es eben geht *Ihre*(!?) Wünsche! Doch wenn die Hosenscheißer einmal auf sich (**selbst**) gestellt sind, können sie sich im Zweifelsfalle kaum selbst und anständig ernähren, die Nase putzen, verteidigen, beherrschen, wählen oder den A....llerwertesten abwischen! Wir könn(t)en uns nicht einmal – **mit** oder sagen wir besser **durch** uns – selbst befriedigen! Doch sobald wir es müss(t)en und die Angst davor überwunden haben bzw. hätten, könn(t)en wir auch das. Glauben Sie mir – es geht!!! Wie immer müss(t)en wir (*ES*) nur **wollen**!

»*Wenn eine verzweifelte Situation ein besonderes Können erfordert, dann bringt man dieses Können auch auf, obwohl man vorher keine Ahnung davon hatte.*«
- Napoleon Bonaparte

Doch wir **wollen** (das) nicht – wir **wollen (all)*ES***, aber keine echte Ahnung haben und sind aus diesem Grund in vielen Bereichen unseres Lebens immer noch

---

[289] »***Ado|les|zẹnz*** *die; -: Jugendalter, bes. der Lebensabschnitt nach beendeter Pubertät.*«

kleine, pubertierende Kinder und möchten dies – wenn wir ehrlich zu uns sind – auch möglichst lange bleiben! Darum würden auch wir Deutschen bei etwaigen Ungereimtheiten einer (Bundestags)Wahl – die einer »Wahl« in einer handelsüblichen Bananenrepublik in nichts nachstehen würde – in ähnlicher Weise (re)agieren wie die Amerikaner bzw. die Russen, bei welchen vor einiger Zeit genau das geschah. Oder was glauben Sie, wie *George Walker Bush* oder *Wladimir Wladimirowitsch Putin* seinerzeit an die Macht kamen und diese bis zum bitteren Ende erfolgreich zu verteidigen wissen bzw. wussten!?...

Dass es bei **beiden** politischen »Karrieren« nicht unbedingt mit (r)echten demokratischen »Dingen« zuging, ist hinlänglich und allgemein bekannt und entbehrt (hoffentlich) jeder weiteren Erklärung!?[290]

Obwohl wir das alles (im »***Prinzip***«) wissen oder zumindest ganz stark vermuten, lassen wir uns von denen und anderen ihrer (Bau)Art weiterhin einen Bären aufbinden! Obwohl solche »Menschen« sich (**selbst**) und die **ganze** Welt ständig verarschen und trotz aller offensichtlicher Ungerechtigkeit, die dadurch entsteht und welche täglich aufs Neue zuzunehmen scheint, geschieht auf dieser Welt nichts, um dem ein Ende zu bereiten oder zumindest Einhalt zu gebieten. Dazu sind die systemischen Parameter mittlerweile zu festgefahren – ist die Macht zu klar verteilt! Sicherlich gibt es (noch) immer ein paar Hansel mit Tröte und Schildchen um den Hals, die meinen, *E*(twa)*S* bewegen zu können, indem sie sich beispielsweise lustig verkleiden, ***passive*** Zeichen setzen oder sich – nachdem sie sich zum Teil blutige Straßenschlachten mit der Polizei[291] geliefert haben – »einknasten« lassen. …

Ich möchte deren Bemühungen, sofern sie **friedlicher** Natur sind, auch keinesfalls schmälern. Ganz im Gegenteil, **wir brauchen (solche) Helden mehr denn je!!!** Doch *Sie*(!?) kämpfen leider gegen Windmühlen: dem überwiegenden Teil der (Welt)Bevölkerung fehlt nämlich das Verständnis für die Notwendigkeit von tiefgreifenden *systemischen* Veränderungen und selbst ein Großteil derjenigen, die demonstrieren, streiken oder sonst auf irgendeine Art und Weise auf *Ihre*(!?) Situation im »*System*« hinweisen wollen, begreift nicht, dass die Erpressung der

---

[290] Anm.: Wegen Beteiligung an einer Demonstration gegen den russischen Präsidenten *Wladimir Putin* war der frühere Schachweltmeister und Oppositionspolitiker *Garri Kasparow* beispielsweise eine Woche vor der Parlamentswahl Ende 2007 festgenommen und zu fünf Tagen Gefängnis verurteilt worden! (447) Natürlich ist bzw. war die russische Situation in Wahrheit komplexer als von mir beschrieben, und unter Umständen mit Vorurteilen behaftet, aber es ist schon komisch, mit welcher überragender Mehrheit der *Putin*-Vertraute *Medwedjew* am 2. März 2008 die Präsidentschaftswahl in Russland gewann und es *Putin* somit ermöglichte, auch nach seinem Ausscheiden aus dem Amt weiterhin die Zügel in der Hand zu halten. Zu *G. W. Bush* spare ich mir einen Kommentar!

[291] Frage: Wer hält eigentlich Polizisten in Schach, falls die (doch) mal demonstrieren?

Obrigkeit (z.B. im Falle eines Streikes) nichts am **eigentlichen** Problem ändert, sondern dieses nur um ein paar (weitere) Jahre nach hinten verschiebt!...

Aufgeschoben ist eben nicht aufgehoben und so bleibt das Unvermeidbare weiterhin bestehen! Es kann also nur Sinn und Zweck eines Streikes oder einer Demonstration sein, einen möglichst großen Teil der Bevölkerung auf (s)eine Seite zu bringen und davon zu überzeugen, sich (**selbst**) zu ändern!...

Da aber gerade der »kleine Mann« der Meinung ist, der **eigentliche** Leidtragende, ja das sog. »**Opfer**« einer solchen Situation zu sein, ist es fraglich, ob gesellschafts-sabotierende Aktionen nicht am Ziel vorbeischießen. Denn die, die es **eigentlich** treffen soll(te), fahren bestimmt nicht mit der Bahn und verfügen selbst dann noch über Luxus, eine exzellente (medizinische) Betreuung und ausreichende (Energie-)Versorgung, wenn das **soziale** »*System*« ein Ausdruck der Geschichte ist und *man* das Fass Rohöl mit Gold oder – wenn es klimatisch so weiter geht – mit Trinkwasser kaum aufwiegen kann!...

Wenn die Metaller, Eisenbahner oder die Telekom streiken, der Müll nicht abgeholt wird oder die Arztpraxen geschlossen sind, dann trifft der Streik hauptsächlich die **eigene** und die **darunterliegende(n)** Kaste(n) unserer Gesellschaft! Es sind die Ärmeren bzw. Schwächeren von uns und nicht die Reich(er)en, die im Falle eines Streikes eventuell nicht rechtzeitig zur Arbeit gelangen, auf ärztliche Versorgung verzichten müssen oder bei denen sich der Unrat vor der Haustüre sammelt. Und das regt auf! Dabei sind diese »Dinge« nur kurze Ausblicke auf einen bevorstehenden Dauerzustand, vor dem auch wir nicht gefeit sind!...

Es scheint nur eine Frage der Zeit zu sein, bis wir **selbst** an der Reihe sind und vielleicht auch ebenso verzweifelt zu streiken beginnen, aber uns keiner hören will! Dabei ist **jeder** von uns auf **jeden** angewiesen, und wenn ein Teil einer Maschine nicht richtig funktioniert, überlastet wird und, kurz bevor er ausfällt, zu streiken beginnt, bedeutet dies für den Rest des Apparates bestimmt nichts Gutes! Der gegen das »*System*« aufbegehrende Geist der siebziger Jahre, der vielleicht noch etwas daran hätte ändern können, ist leider im Individualismus, dem ständig steigenden Konsum, in der nicht enden wollenden **persönlichen** *Befriedigung* und dem daraus hervorgehenden »Sozialdarwinismus« des zivilisierten, modernen »Menschen« untergegangen. Wäre dies nicht der Fall, würde also **jeder** an den Nächsten und die Herde denken und nicht in erster Linie nur an sich **selbst**, dann würden wir nicht nur auf die Straße gehen, wenn *ES* uns an den **eigenen** Kragen geht! Wir würden als Starke den Schwachen helfen, so wie die Schwachen dies für die Starken tun würden. Wir würden als Arbeitnehmer den Arbeitgeber unterstützen, so wie er dies für uns tun würde. Patienten stünden im Schulterschluss mit Ärzten, und wir, die Arbeiter – und jeder **Mensch** ist im Grunde genommen doch ein Arbeiter – würden nicht immer noch billigere Ware(n) erwarten und kaufen, sondern würden zu guter Letzt die Sinnlosigkeit begreifen und als **Mensch** *mit* **Menschen**, ja als **Mensch** *für* **Menschen**, eine

Einheit bilden! Wir hätten begriffen, dass wir uns gegenseitig brauchen, und würden uns alleine deshalb schon am Leben lassen. Kurz gesagt: Wir hätten uns (**alle**) einfach mal wieder lieb! Das wollten Sie doch hören – oder nicht!?

Grundvoraussetzung dafür, dass wir uns im übertragenen Sinne (alle) lieb haben, ist allerdings ein erwachsenes und weitreichendes Verständnis, welches sich auf das **gesamte** »*System*« bezieht »*und nicht auf isolierte und bruchstückhafte Aspekte*« begrenzt ist. »*Man muß sich bewußt werden, daß all diese Phänomene Teile eines Systems sind, das unweigerlich all diese Symptome hervorbringt. Man erreicht deshalb nichts, wenn man isolierte Symptome bekämpft; vielmehr muß man das System ändern, in dem diese wurzeln*«, (327) sagt Fromm in einem seiner vielen Bücher. Nach dieser wahrhaft »frommen« Erkenntnis frage ich Sie nun:

»Werden Sie sich (als Autofahrer) solidarisch zeigen und Seite an Seite mit Ihrem ›Nächsten‹ stehen, gerade wenn es darum geht, beispielsweise das Auto stehen zu lassen? Werden Sie es verstehen, wenn irgendjemand zu streiken beginnt und werden Sie sich trotz **persönlicher** Nachteile, die Ihnen dadurch entstehen, zumindest moralisch mit ihm verbünden, weil Sie wissen, dass Sie höchstwahrscheinlich der Nächste sein werden, den es trifft? Sind Sie ›*bereit und fähig, sich in die Einstellung anderer Menschen einzufühlen*‹, die Welt zu verstehen, sie zu spüren und dementsprechend (›selbstlos‹) zu handeln?...

Oder werden Sie weiterhin in den ohnehin bereits verlorenen (Wirtschafts)Krieg ziehen, sich als Demonstrant oder als Polizist – obwohl Sie prinzipiell doch der **gleichen** (sozialen) **Kaste** angehören und einander deshalb ver- und beistehen sollten – wie bisher gegenseitig die Fresse polieren und dabei sinnlos den Kopf für ›Größere‹ hinhalten? Werden Sie das weiterhin tun, obwohl **Sie** – genau wie alle anderen – doch ganz genau wissen, dass *man* **uns**, die *Proles*, im Endeffekt doch nur als seelenloses Werkzeug der ›Bourgeoisie‹[292] missbraucht und – wie *man* sieht, leider zurecht – für dumm verkauft?...

Werden Sie sich also weiterhin künstlich aufregen, wenn die Bahn nicht kommt oder der Müll nicht abgeholt wird, nur weil sich Ihr Nachbar dagegen wehrt, ausgebeutet zu werden? Und werden Sie sich zukünftig dagegen wehren, auf einen noch größeren Teil Ihres Lohns zu verzichten und mehr von Ihrem Geld in ein **soziales** ›*System*‹ zu investieren, nur weil Sie beispielsweise **selbst** keine Kinder haben, nicht in die Kirche gehen oder im Augenblick nicht krank, arbeitslos oder alt sind?«

---

[292] »***Bour|geoi|sie*** *die; -, ...ien:*
1. *wohlhabender Bürgerstand, Bürgertum.*
2. *(Marxismus) herrschende Klasse der kapitalistischen Gesellschaft, die im Besitz der Produktionsmittel ist.*«

Ich befürchte, dass die Antwort auf die letzteren Fragen »**ja**« lautet. Denn im Grunde haben wir nichts anderes gelernt, als lediglich an uns **selbst** zu denken!

Und so würden die meisten von uns mit an Sicherheit grenzender Wahrscheinlichkeit innerlich nickend, aber äußerlich kopfschüttelnd und vielleicht sogar zornig an jemandem vorbeifahren, der hierzulande **mutig** genug ist, eine Tankstelle zu bestreiken! Sobald *ES* um unseren **eigenen** *kurzfristigen* Vorteil geht, lehnen wir diejenigen ab, die in irgendeiner (möglichst gewaltlosen!) Weise das zum Ausdruck bringen, was alle im »***Prinzip***« und der Tiefe ihrer selbst denken, sagen und schließlich tun woll(t)en! Ein solcher »Quertreiber«, der sagt, was offensichtlich, ja was »Sache« ist und etwas dagegen tut, würde paradoxerweise auf das Unverständnis der breiten Masse(n) stoßen und würde beispielsweise Ärger mit den anderen Verkehrsteilnehmern, ja den lieben »Kolleg(inn)en« bekommen, die doch jetzt »ganz dringend und schnell« z.B. tanken müssen. …

Mehr noch: der »Quertreiber« würde seine Arbeit, seine gesellschaftliche Stellung, seine Familie, Freu(n)de – ja letztlich (s)eine »Sicherheit« und damit vermutlich sich selbst, so wie er sich und alles andere bisher kannte, aufs Spiel setzen. Zu »guter« Letzt würde er sogar noch eingebuchtet werden, würde die Härte des Staates und der autoritären Gesetze zu spüren bekommen, welchen er zuwider gehandelt hat. Und das alles nur, weil er »Dinge« in Frage stellt, die augenscheinlich nicht in Frage gestellt werden dürfen! Doch er wäre frei – freier, als er *ES* jemals in (s)einem Leben war!!!

> »*In der Tat waren weder Buddha, noch die Propheten, Jesus, Eckhart, Spinoza, Marx oder Albert Schweizer ›softies‹. Ganz im Gegenteil, sie waren nüchterne Realisten, und die meisten von ihnen wurden verfolgt und verleumdet – nicht etwa, weil sie Tugenden predigten, sondern weil sie die Wahrheit sagten. Sie respektierten nicht Macht, noch Titel und Ruhm, und es war ihnen bewußt, daß der Kaiser*[293] *nackt war. Sie wußten, daß Macht diejenigen töten kann, welche die Wahrheit sagen.*« (328)

Das zu sagen oder sogar noch zu tun, was sowieso schon **alle** denken und spüren, ist noch immer genauso dämlich, wie als Politiker seinen Wählern, als Verkäufer den Kunden und als Chef den Angestellten die Wahrheit zu sagen. Denn die Wahrheit können wir schon lange nicht mehr ertragen, wie uns Jack Nicholson als Colonel Nathan R. Jessep im Film *Eine Frage der Ehre* (Originaltitel: *A Few Good Men*) lauthals klar machen will!

---

[293] Anm.: Fromm spielt hier auf Hans Christian Andersens Märchen *Des Kaisers neue Kleider* an!

Mal ehrlich, würden Sie jemanden wählen, der zugibt, dass es – sofern wir uns und unsere Lebensweise(n) nicht radikal ändern – bei der derzeitigen Situation im Grunde genommen doch scheißegal ist, was wir tun; der uns einen Spiegel vorhält und uns klar macht, dass wir den Bogen schon vor Jahren überspannt haben und es deshalb für die meisten Menschen in Zukunft wirtschaftlich bergab gehen wird; der öffentlich bekennt, auch nur ein »Mensch« zu sein und die gleichen Fehler zu machen wie alle anderen auch? Oder anders gefragt:

»Würden Sie von jemandem einen Fernseher kaufen (wollen), der behauptet, dass Sie sich **selbst** ein Bild machen (**müssen**) und es im ›***Prinzip***‹ vollkommen wurscht ist, welchen ›(Staats)Apparat‹ Sie bestellen – der behauptet, dass der rapide Preisverfall ein Schnäppchen mittlerweile unmöglich macht, die technischen, größenmäßigen, sowohl *quantitativen* als auch *qualitativen* Unterschiede des Bildes dem Gewöhnungseffekt (bereits nach kurzer Zeit) zum Opfer fallen und der ›normale‹ Mensch, eben weil er sich sehr schnell an *E*(twa)*S* gewöhnt, auf Dauer damit nicht wirklich zufrieden(er) sein wird?...
Würden Sie einen ›Verkäufer‹ **wählen**, der behauptet, dass *man* auf der Stelle tritt, dass das ›(Partei)Programm‹, nur weil *man* sich einen größeren oder teur(er)en ›Fernseher‹ anschafft und ihn sich ›leistet‹, auch nicht besser ist bzw. wird und wir – trotz eines vermeintlich besseren und klareren ›Bildes‹ – mit uns **selbst** und unserer Suche nicht wirklich weiter gekommen sind? Und würden Sie für d(ies)en ›Chef‹ noch einen Finger krumm machen, wenn er allen Ernstes noch behaupten würde, dass es nur eine Frage der Zeit ist, bis der Laden, in dem Sie arbeiten, von einem größeren geschluckt wird, Sie ihm persönlich mittlerweile so egal geworden sind wie er Ihnen, und er deshalb (s)ein **eigenes** Schäfchen schon längst im Trockenen hat? …
Würden Sie jemanden ›wählen‹, der nicht wie Sie, sondern einfach nur ehrlich bzw. ein Spielverderber ist und im Grunde nicht das reflektiert, was wir *haben* (wollen), sondern uns lediglich das zeigt, was wir *sind* ???«

Die Antwort auf all diese Fragen kann nur »**nein**« lauten! Denn wir wählen lieber jemanden, der die – am Anfang dieses Kapitels genannten – Regeln (des Spiels) beherzigt; der »gescheiter« ist als wir, der uns sagt, was wir hören wollen und uns folglich das Blaue vom Himmel verspricht; der uns sagt, dass **(all)*ES*** gut werden wird, wir gesund werden, wir unser Geld genau richtig angelegt haben und uns keine Sorgen machen müssen. Er alleine hat (uns und) **(all)*ES*** im Griff und ist besser als wir und alle anderen zusammen! Die Aktien werden (ständig) steigen, die Renten und Finanzen sind gesichert, Sie haben keinen Krebs, leben sogar ewig und **(all)*ES*** wird bis in alle Ewigkeit so (rasant und toll) weiter gehen wie bisher. **Wir** müssen **uns** nicht verändern, denn schuld, schuld sind alle **anderen**!...

… Tja, schön wär‘s!(?)

Da wir aber nun mal in einer kapitalistischen, von dieser Ideologie erfassten und geführten Welt l(i)eben – einer Welt, welche uns dazu erzieht, nicht **selbst** zu l(i)eben, geschweige denn zu denken bzw. an andere zu denken, einer Welt, die uns beibringt, misstrauisch, ängstlich, unzufrieden und unvernünftig zu sein, aus individueller und kollektiver Not Kapital zu schlagen und aus unserem individuellen und kollektiven Fehlverhalten einen Nutzen zu ziehen, werden wir genau wie bisher weiter abwarten, uns mit mehr und immer teurerem »(Spiel)Zeug« weiter ablenken und vergeblich hoffen, dass der daraus resultierende und bevorstehende Absturz samt Aufprall uns (selbst) nicht erwischt!...
Mit »(Spiel)Zeug« meine ich natürlich das, wonach wir *süchtig*, wovon wir *abhängig* sind – und aufgrund der offensichtlichen Relevanz erinnere ich nochmals an ein Zitat von Erich Fromm:

»*Wenn wir heute zwischen zwei Übeln zu wählen haben, neigen wir gewöhnlich dazu, das kleinere Übel zu wählen und vergessen meistens, daß wir mit der Wahl des kleineren Übels nur die Zeit hinausschieben, bis das größere Übel schließlich mit umso größerer Sicherheit eintritt.*« (310)
- Erich Fromm

Eine *weitreichende(re)* Wahrheit schmerzt erfahrungsgemäß mehr als alles andere, und so wählen wir meistens den angenehm(er)en Weg und leben viel lieber die Lüge, oder sagen wir besser die **bequeme(re)** (Un)Wahrheit, welche uns unser Leben auf eine für uns absehbare(re) Zeit angenehm(er) und leicht(er) erscheinen lässt! Wir sind, wie die Söhne von *Nathan dem Weisen*[294], dadurch jedoch betrogene Betrüger und werden die »Dinge« erst erkennen, wenn sie direkt vor uns stehen und keine Möglichkeit der Negation und Ignoranz mehr besteht! Wäre dies nicht so, dann wären uns zweifelsohne andere Aspekte unseres Lebens wichtig, andere »Menschen« wären an der Macht und andere »Bosse« würden uns sagen, was zu tun und zu lassen ist!... **Menschen** wären da, wo jetzt »Dinge« sind und statt uns wiederholt und andauernd (**selbst**) zu betrügen, würden wir aus (r)einem (Über)Lebenswillen in den sauren Apfel der Erkenntnis beißen, endlich aus unserem *luziden Traum* erwachen und die Welt auf eine andere als die bisherige Art verändern – sie transzendieren[295]!

»*Probleme kann man niemals mit derselben Denkweise lösen, durch die sie entstanden sind.*«
- Albert Einstein

---

[294] Vgl. Band 2, Kap. *Herrschaft – Nathan der Weise – das werdende (Selbst)Bewusstsein,* S. 169ff

[295] »***tran|s|zen|die|ren***: *(Philos.) über einen Bereich hinaus in einen anderen [hin]übergehen*«

Der Klartraum

»Was der Traum zeigt, ist der Schatten dessen, was an Weisheit im Menschen vorhanden ist, selbst wenn er im Wachzustand nichts davon wissen mag... Wir wissen nichts davon, weil wir unsere Zeit mit äusserlichen und vergänglichen Dingen vertrödeln und dem, was in uns real ist, keine Aufmerksamkeit schenken.«

- Paracelsus

»Klartraum

aus Wikipedia, der freien Enzyklopädie

»Ein Klartraum oder auch luzider Traum (von lat. lux ›Licht‹) ist ein Traum, in dem der Träumer sich bewusst ist, dass er träumt. Die Theorie des luziden Träumens geht davon aus, dass sowohl das bewusste Träumen als auch die Fähigkeit zum willentlichen Steuern von Trauminhalten erlernbar sind.[...]

Paul Tholey präzisiert den Unterschied zwischen gewöhnlichen Träumen und Klarträumen anhand von sieben Merkmalen:

1. *Der Träumer ist sich darüber im Klaren, dass er träumt.*
2. *Der Träumer ist sich über seine Entscheidungsfreiheit im Klaren.*
3. *Das Bewusstsein ist klar, es gibt keine traumtypische Verwirrung oder Bewusstseinstrübungen.*
4. *Die Wahrnehmung der fünf Sinne ist wie im Wachzustand.*
5. *Es besteht Klarheit über das Wachleben, also wer man ist oder was man sich für den Klartraum vorgenommen hat.*
6. *Nach dem Traum gibt es eine klare Erinnerung.*
7. *Der Träumer ist sich über den Sinn des Traums im Klaren.*

Durch das Bewusstsein über den eigenen Traumzustand ist es möglich, in bestimmten Grenzen in den Traum einzugreifen und planvoll im Traumgeschehen zu handeln. Es sind dann nicht nur die eigenen Handlungen kontrollierbar, sondern auch die Traumumgebung und die Traumfiguren. Die Wahrnehmung der Traumhandlung reicht dabei von verschwommen und unzusammenhängend, über realistische Wahrnehmung bis hin zu realistischer als die Realität selbst (im Sinne von verstärkten Sinneseindrücken). Allerdings kann der Träumer keine komplizierten Aufgaben, wie etwa mathematische Berechnungen erledigen. Ob diese Beschränkungen zu überwinden sind, ist Teil der aktuellen Forschung; die Existenz von Klarträumen wurde jedoch bereits wissenschaftlich erwiesen.« (329)

Für Sie mag es vielleicht bekloppt klingen, aber nach Paul Tholeys Merkmalen eines Klartraumes kann *man* sich wirklich die Frage stellen, ob wir alle – in diesem Moment – **träumen** oder nicht!?...

Gut, das hat sich jeder von uns bestimmt schon mal gefragt, aber wie Sie sehen, ist es gar nicht so abwegig, denn es lassen sich tatsächlich alle der sieben eben genannten Punkte auf unser »reales« Leben übertragen: Tief in uns drin wissen wir nämlich, dass wir träumen, dass wir entscheiden könn(t)en und dass die Wirklichkeit »in Wirklichkeit« ganz anders aussieht! Wir nehmen uns und unsere Umgebung trotz des Traumes mit all unseren Sinnen wahr, meinen, unser Bewusstsein sei ungetrübt, doch erkennen auch den Sinn des Ganzen und werden uns später, wenn der »Traum« vorbei ist, (klar) daran erinnern!...

Wir empfinden die Realität, die uns umgibt so, wie sie Tom Cruise im Film *Vanilla Sky* empfunden hat oder wie die »Menschen« der *Matrix* ihre Realität empfinden. Wir »glauben« förmlich daran, obwohl wir eine größere Realität hinter unserer **eigenen** *Wahrheit – Wahrnehmung – Wirklichkeit* (ver)spüren! (vgl. Band 2, S. 262ff) So lassen wir uns beispielsweise erzählen, dass die Krankenkassenbeiträge (wieder) erhöht werden **müssen**, obwohl nach den letzten Reformen (mal wieder) Gewinn »gemacht« wurde, dass der Irak Massenvernichtungswaffen hat und deshalb präventiv dem Erdboden gleichgemacht werden muss und dass die Arbeitslosenzahlen (mal wieder) sinken, obwohl *man* zumindest das Gefühl hat, dass viele Firmen ihre Arbeiter entlassen. …

Des Weiteren lassen wir uns ein Produkt als das »Beste« verkaufen, was uns im Leben nur passieren konnte; bilden uns ein, dass das Fleisch, obwohl es billiger ist als Hundefutter, frisch und das Gemüse, weil »bio« draufsteht, im Endeffekt **gut ist**! *Man* meint zudem, dass genveränderte Nahrungsmittel absolut unbedenklich und nebenwirkungsfrei sind, dass das »(Finanz)*System*« hält und die (Klima)Katstrophe noch auf sich warten lässt. Schließlich glauben wir un(ter)bewusst daran, unsterblich zu sein, nicht zu altern oder zu erkranken; glauben an die Unvergänglichkeit der Seele, die Rechtschaffenheit von uns und unseren Führern und meinen insgeheim, dass alles für alle immer und überall »besser« wird! Wir glauben, dass unsere Freunde Freunde sind, unser Partner uns niemals betrügt, wir selbst niemals betrügen und überhaupt die christlichsten Christen und somit die »besseren« Menschen sind. Wir lassen uns verarschen und verarschen uns andauernd **selbst**, weil wir ansonsten durchdrehen und/oder an uns, unserer Falschheit und an der (der) »Matrix« zerbrechen!

»*Manche Menschen sind so falsch,*
dass sie nicht einmal mehr das Gegenteil von dem denken, was sie sagen.«
- Marcel Aymé

Die (Um)Welt ist eine »Matrix«, die, wie *man* weiß, in ihrer ersten Version erstaunlicherweise als perfekte Welt geplant war, »*in der kein Mensch hätte leiden müssen*«. Doch sie hat nicht funktioniert! Agent Smith glaubt, dass die Spezies Mensch ihre Wirklichkeit durch **Kummer** und **Leid** definiert, und dass das sog. »**Paradies**«, in welchem jeder ein rundum glückliches Leben führt, aus diesem Grunde von der Menschheit nicht angenommen wurde!...

Aber Sie haben recht, was weiß eine Maschine, geschweige denn eine in einem Film dargestellte Person schon vom **wahren** Leben? Sehr viel, denn wie es scheint, wollen wir nicht (*glücklich* und schon gar nicht *zufrieden*) *sein*! Wir wollen leiden, uns **bewusst** veräppeln (lassen) und halten uns und die »Matrix« dadurch weiter am Laufen! Neben der alltäglichen Politik, welche zweifelsohne mit der *Augsburger Puppenkiste* vergleichbar ist und der wir genauso viel unnötige Bedeutung zumessen wie dem übertriebenen Wohlstand *an sich*, zeigt das wohl am besten der ständig wechselnde Benzinpreis!?... Sie erinnern sich (vielleicht), *ES* war der Benzinpreis, der damals zu D-Mark-Zeiten noch unter viel Geschrei innerhalb eines Tages teilweise um einen **ganzen Pfennig** nach oben bzw. nach unten ging und der heute – in einer Zeit, in der er größere Sprünge macht als ein Känguru auf *Ecstasy* – genauso wenig Aufmerksamkeit erregt wie besagte *Marionetten-Politik*! Anfang 2007 variierte der Spritpreis innerhalb nur eines Tages manchmal um **mehr als 7 Cent** und wenn man ehrlich ist, interessierte es schon damals keine »Sau« mehr, wie hoch oder tief der Preis insgesamt noch steigen oder fallen würde. »Teurer Sprit, wieso? Ich tanke immer für 'nen Zwanziger!«, heißt es dann im Witz. Der Liter Normalbenzin kostete am 26.2.2007 aber – ohne Witz – stolze **1,209 Euro**, während er mir bereits schon am nächsten Tag mit **1,279 Euro** entgegenkam! Nur »Gott« weiß, wie viel oder wenig der Sprit einmal kostet, wenn dieses Buch erscheint: »*Mehr als **1,50 Euro** kostet ein Liter Benzin – und das ausgerechnet am Pfingstwochenende.*« (330) schreibt jedenfalls *Die Welt* am 10. Mai 2008 online (»autsch«), wohingegen ein halbes Jahr später, am 17. November 2008, der Sprit mit **1,19 Euro** pro Liter wieder so günstig war wie vor **drei** Jahren (»puh!«) (331) …

Ganz ehrlich, wenn *ES* weder eine Folge noch ein böses Omen einer etwaig bevorstehenden und anhaltenden weltweiten Rezession gewesen wäre, wenn es nicht die Extrasystolen[296] einer übertrainierten und daher ziemlich erschöpften, sich verselbstständigten Welt und ihrer Wirtschaft gewesen wären, hätte ich

[296] »*Eine Extrasystole ist ein Herzschlag, der außerhalb des normalen Herzrhythmus auftritt. Dabei kann der Herzrhythmus unbeeinflusst bleiben oder verschoben werden. Extrasystolen entstehen nicht im normalen Schrittmacherzentrum (Sinusknoten), sondern in ektopen Erregungszentren (ektoper Fokus). Der Betroffene spürt sie oft als Herzstolpern. Extrasystolen kommen v. a. bei Jugendlichen häufiger vor, sind jedoch meist unbedeutend und harmlos. Gelegentlich können sie aber auch auf eine bedeutsame Herzerkrankung hinweisen. Kammerflimmern beginnt typischerweise mit einer Extrasystole in der relativen Refraktärzeit.*« (448)

mich darüber sogar gefreut! Doch selbst wenn der Spritpreis zurzeit (Dezember 2008) und aufgrund der weltweiten Finanzkrise weiter fällt und der Ölpreis – obwohl sowohl der Verbrauch als auch die geförderte Menge an Öl sich während dieser Zeit nicht wesentlich verändert hat(!) – pro Barrel binnen kürzester Zeit auf weniger als ein Drittel seines Jahres-Höchstpreises zurückgeht (an meiner Heimattanke kostete der Liter Normalbenzin am 15. Dezember 2008 »nur« sagenhafte **1,07 €**), werden die **1,50 €** und mehr für einen Liter Benzin auf jeden Fall bald wieder erreicht werden! »*Nach seinem historischen Hoch von 147 Dollar pro Fass (159 Liter) im Juli war er*«, die Rede ist vom Ölpreis, »*in den vergangenen Wochen drastisch gesunken und liegt derzeit bei knapp 50 Dollar pro Barrel.*« (332) schreibt die *Tagesschau* am 17. Dezember 2008 im Internet!...

Der Rohölpreis war zu dieser Zeit zwischendurch um acht Prozent auf unter 40 Dollar eingebrochen. Der schwarze Rohstoff war damit so billig wie seit Juli 2004 nicht mehr, d.h., er war so billig wie vor **vier** Jahren! Zur Erinnerung: Noch vor einem Monat, im November 2008, war er so billig wie vor **drei** Jahren! Dass das natürlich nicht ewig so weitergehen kann, war klar. Jedenfalls so klar wie die Tatsache, dass über kurz oder lang die Preise (nicht nur für Öl) wieder anziehen und auch die gefürchteten **5 DM** pro Liter Benzin, die einst von Grünen Politikern gefordert wurden, schon bald echte Realität sein werden. Aber dann sind es ja **2 Euro 50** und keine **fünf Mark** – ist also alles nur **halb** so schlimm, nicht wahr!?

Keine Frage, schon alleine aus (öko)logischen Gründen ist es absolut notwendig, dass der Benzinpreis mit der Zeit nach oben geht, und es steht hier nicht zur Debatte, dass wir uns auf Dauer sowieso – und nicht nur, was den Energieverbrauch und die Emissionen angeht – am Riemen reißen müssen. Neben dem Hinweis auf das sehr besorgniserregende und *langfristig* ungesunde Auf und Ab im EKG der Weltkonjunktur wollte ich mit dem Benzinpreis selbstverständlich wieder mal nur das »***Prinzip***« verdeutlichen, mit welchem wir uns **alle** täglich **selbst** verarschen und verarschen lassen! Nicht nur, dass der Spritpreis komischerweise immer **vor** dem Wochenende, den Ferien oder den Feiertagen (Pfingstwochenende!) zu steigen scheint und Normalsprit seit neuestem (Dezember 2007) gleich viel kostet wie Superbenzin (und das, ohne dass jemand etwas sagt, tut oder weiß, warum das so ist), nein, wir Schafe meinen allen Ernstes noch immer, Schnäppchen machen zu können, wenn der Preis einmal um angenommene **4 Cent fällt**! Dass er kurz zuvor aber um **7 Cent gestiegen** war, juckt keinen, denn »Jetzt ist der absolut günstigste Zeitpunkt, um zu tanken!«, denken die meisten von uns und tun dies dann auch zur Genüge. Warum? Na, weil das **Dopamin** – ausgelöst durch das »gigantische« Gefühl, etwas gespart zu haben – unseren konsumkonditionierten Körper durchströmt! *ES* belohnt uns für das Meisterstück, das wir wieder einmal vollbracht haben, und lenkt ab von dem, was wirklich(er) ist! Doch wer traut schon (s)einem Gefühl. Sie vielleicht?

Denken Sie an die Alexithymie – die Unfähigkeit, Gefühle hinreichend wahrnehmen und beschreiben zu können! Also rechnen wir besser mal nach…

+	7	
-	4	
=	3	Cent

… die wir unter dem Strich ***mehr*** zahlen als zuvor!

Man muss (k)ein Grundschüler sein, um zu begreifen, dass es nach obiger Rechnung eigentlich keinen Grund zur Freude geben dürfte. Aber dennoch tun wir's – wir freuen uns glatt ein zweites Loch in den Hintern, nur weil wir meinen, bei einem Schnäppchenangebot mal wieder irrsinnig viel gespart zu haben! Statt zu »fühlen«, zu »meinen« oder gar zu »glauben«, sollten wir aber besser und öfters mal nachrechnen oder zumindest entsprechend denken! Wir würden vermutlich bemerken – und schwarz auf weiß bestätigt bekommen –, wie dumm wir eigentlich sind und waren! Und außerdem, was soll man denn mit zwei Arschlöchern anfangen? Die Welt ist doch sowieso schon beschissen dran. Da könnte man (engl. *man*) – wenigstens was die Arschlöcher angeht – mal sparen, meinen Sie nicht (auch)!?

Doch bei des Deutschen liebstem Kind setzt die Ratio bekanntlich komplett aus: Nicht nur, dass wir nach wie vor auf eine Antriebstechnik von vor hundert Jahren setzen – »*der Wirkungsgrad (Verhältnis von abgegebener zu zugeführter Leistung) liegt bei den modernsten Ottomotoren bei* ***max. 35%****, bei modernen Dieselfahrzeugen bei* ***max. 45%***«, (333) d.h. über die Hälfte der zugeführten Energie wird nicht auf die Straße gebracht, sondern geht über die Wärmeentwicklung (Kühler, Abgase etc.) oder Reibung verloren –, nein, wir fahren Autos und verwenden bzw. entwickeln andere Maschinen, deren Potenzial wir kaum oder nur selten (vollkommen) begreifen, geschweige denn ausnutzen (können)!

Mal ehrlich, kennen oder benötigen Sie **sämtliche** Funktionen Ihres (Neu)Fahrzeugs? Und wie oft fährt man schon 280 km/h oder querfeldein? Also wozu dann einen mit Elektronik vollgestopften (Sport)Wagen oder gar einen *SUV*? Wozu einen (immer noch größeren, leistungsstärkeren und damit unterm Strich spritfressenderen) Verbrennungsmotor, wenn doch hinlänglich bekannt ist, dass uns der zum Fahren nötige (fossile) Brennstoff (einmal) ausgeht bzw.

sich durch unser Zutun im *Golf von Mexiko*[297] oder sonst wo (z.B. *Nigerdelta*[298]) verteilt und damit nachhaltig das (**ökologische**) »*System*« unseres Planeten bedroht? Also entweder lügen uns die Wissenschaftler an, oder aber der gut gekleidete Herr, der uns gerade den Schlüssel des neuen kraftstrotzend(er)en (Sport)Wagen oder *SUV* in die Hand drück, ist ein Schuft und lacht sich eins ins Fäustchen. Hmm …, eine äußerst schwierige Frage!...

»*SUV*« bedeutet im Übrigen: »*Sports Utilitiy Vehicle*«, was auf Deutsch der Bezeichnung für ein »Sportnutzfahrzeug« entspricht. Keine Ahnung, was der Ausdruck *SUV* mit den riesigen, immer gewaltiger werdenden, von verzweifelten (Ehe)Frauen beim Einkaufen auch gerne mal in (engen) Parklücken und (entsprechenden) Hauseinfahrten verkeilten Geländewagen zu tun hat!? Für sportlich, schnelles Fahren zu groß und bullig, vom Innerraum her nicht unbedingt größer als ein handelsüblicher Kombi und oft nicht einmal richtig geländetauglich, erfüllen diese Monster keinen **wirklichen** Zweck und sind deshalb nicht umsonst Inbegriff und statussymbolischer Ausdruck unserer kapitalistisch-darwinistischen Lebensweise, nach der wir wohl immer größer, (kraftstoff)verbrauchender und imposanter sein bzw. wirken müssen als unsere Artgenossen! Und so stört es auch nicht, dass *SUV* der falsche Ausdruck ist und Sie in so einem Ding ein erhöhtes Risiko für etwaige Unfallgegner darstellen: Die Wahrscheinlichkeit für Fußgänger, bei einer Kollision getötet zu werden, ist im Vergleich mit »gewöhnlichen« Fahrzeugen zum Teil doppelt bis dreifach so hoch! Dafür kann man bequem(er) einsteigen, was unserem vom Tennis und Golf geplagten Rücken entgegenkommt! »Je größer das Auto, desto kleiner wird die Welt!«, war zudem die beschwingte Antwort eines Autoverkäufers, als ich ihn fragte, ob diese Fahrzeuge für deutsche Straßen nicht ein »bisschen« zu überdimensioniert wären. Und jetzt frage ich Sie, klang das eben wie die Aussage eines Vernünftigen – eines Erwachsenen? Wohl kaum!...

---

[297] Anm.: Die Katastrophe begann am 20. April 2010: Die Ölplattform *Deepwater Horizon* (*BP*) explodiert etwa 70 Kilometer vor der US-Küste, sinkt zwei Tage später auf den Meeresgrund und reist dort, in etwa 1500 Meter Tiefe, ein riesiges Bohrloch auf, aus dem **Tag für Tag** und **monatelang mehrere Millionen(!)** Liter Öl ins Meer fließen! Wie viele Millionen Liter Öl (von den zur »Bekämpfung« des Ölteppichs von *BP* ins Meer geleiteten Chemikalien ganz zu schweigen) insgesamt in den Golf von Mexiko gelangt sind, kann niemand mit Sicherheit sagen, doch heute – nicht ganz 3 Monate später (12. Juli 2010) – ist das Bohrloch noch immer nicht verschlossen und ich bin schon gespannt, was passiert, wenn bzw. falls die schwarze Pampe (samt den ominösen Chemikalien) erst einmal den Golfstrom erreicht.

[298] »*Seit 50 Jahren fördern hier ausländische Konzerne das leicht zu raffinierende nigerianische Öl. Nach Schätzung von Umweltschützern sind seither* ***zwei Milliarden Liter*** *davon ins Nigerdelta geflossen – das entspricht ungefähr einem Tankerunglück der Kategorie "Exxon Valdez" pro Jahr.*« (476)

– ZEIT Online

(Der Artikel erschien am 08.07.2010 im *Handelsblatt*)

Wenn eine solche Einstellung allerdings Schule macht – und so wie es aussieht, tut sie das –, dann wundert mich gar nichts mehr. Dann weiß ich endlich auch, weshalb man im deutschen Fernsehen getrost und ohne die geringste Angst um Leib und Leben haben zu müssen, kurz vor den Werbepausen sogenannte »**Quizfragen**« stellen kann, für die man normalerweise selbst von frisch lobotomierten Kapuzineräffchen mit Recht und zur Sicherheit die Fresse poliert bekäme! So wurde allen Ernstes einmal gefragt, ob Windpocken a) ein Sturm oder b) eine Kinderkrankheit sind!? Die anspruchsvolleren Rätselfreunde und hochmotivierten Pantoffeltierchen durften sich dagegen mit der weltbewegenden Frage beschäftigen, ob ein Tanztrainer a) ein Choreograf oder b) ein Chronograf sei!? (Kleiner Tipp: Es ist nicht b)!) Wem allerdings selbst diese beiden Rätsel zu knifflig sind, der kann sich vor der (verdienten) Werbung dann noch überlegen, wer das Wild schießt – die Jäger oder die Sammler? Doch richtig qualifiziert man sich erst dann als geeichter Fernsehzuschauer einer gehirnverdampften Gegenwart und Zukunft, wenn man daraufhin brav zum Hörer greift, um – wie befohlen – 50 Cent in die Tonne zu drücken! **50 Cent**, für die man anderenorts teilweise einen ganzen Tag schwer schuften muss!!!

Dies alles waren wohlgemerkt keine Scherzfragen, sondern echte »Rätsel«, die tatsächlich im deutschen Fernsehen gestellt wurden und deutlich zeigen, für wie dämlich man uns eigentlich hält. Offensichtlich zurecht, denn würde man mit solchen »Denksportaufgaben« nicht ankommen und keinen (wirtschaftlichen) Erfolg haben, würde man es doch logischerweise einfach bleiben lassen und versuchen, uns zumindest **etwas** raffinierter (als bisher) für blöd zu verkaufen! Aber da *man* damit eben doch Erfolg hat und noch dazu »gutes« Geld verdient, hat man dies nicht (unbedingt) nötig!...

Ursprünglich wollte ich noch mehr Beispiele bringen, die zeigen, mit welcher Selbstverständlichkeit wir uns heute durch das Fernsehen beleidigen und Ohrfeigen lassen. Ich wollte Beispiele bringen, die beweisen, wie wir uns täglich im gegenseitigen Einverständnis für blöd verkaufen oder dies zumindest versuchen. Doch glauben Sie mir, dann würde mein Buch noch bei Weitem dicker werden als *ES* ohnehin schon ist! Falls dennoch Bedarf besteht schlage ich daher vor, unerlaubterweise parallel zum Fernsehen Ihr Hirn einzuschalten: dann könn(t)en Sie sich unsere Beschränktheit nämlich **selbst**, ganz bequem und per K(n)opfdruck zeigen lassen. Und das solange Sie wollen und *ES* aushalten! Vielleicht fragen Sie sich dann ja auch mal, wer dafür verantwortlich ist, dass sich Fußballspieler und andere (Profi)Sportler so viel leisten können, Ihr Boss oder **manch** ein Politiker sich 'ne goldenen Nase verdient und die (Finanz)Wirtschaft samt der **globalen** (Mit)Menschlichkeit – inklusive einer **weitreichenden** Vernunft – ganz allmählich den Bach runter geht!? Während Sie jetzt eventuell noch vom Stadionbesuch schwärmen und dabei Ihr Fantrikot (plus Hartz IV Bescheid) betrachten, an die Wahl(en) zurückdenken oder – da Sie Ihren

(Ehe)Partner oder die Kassiererin im Supermarkt ungerechterweise belogen und betrogen haben – unter Umständen mit einem undefinierbaren Gefühl in der Magengegend kämpfen, möchte ich bitte lösen:

»Es sind die Jäger, die das Wild schießen, **nicht** die Sammler!«

Nach dieser – natürlich nicht persönlich gemeinten – Beleidigung dürfen Sie mich jetzt ruhig hassen, das ist schon in Ordnung, und irgendwie habe ich mich schon darauf gefreut und auch schon (fast) daran gewöhnt! …

Was die **(all)gemeine** Verarsche angeht, sind Sie aber nicht alleine: Auch ich zahle nämlich noch immer brav (m)eine Sektsteuer und den Solidaritätszuschlag, wobei beides doch mittlerweile mehr als überholt sein sollte!? Ich meine, Kaiser Wilhelm II hatte die Schaumweinsteuer im Jahre 1902 zur »*Finanzierung des Kaiser-Wilhelm-Kanals*[299] *und der kaiserlichen Kriegsflotte eingeführt.*« (334) Wie zu erwarten war ist der Kanal mittlerweile fertig, die Kriegsflotte gibt's nicht mehr und was die Wiedervereinigung angeht, so ist sie – genauso wie die angepriesene Solidarität – nun auch schon seit einiger Zeit passé! Übrig geblieben sind nur noch die besagten Steuern, die aber ursprünglich nicht dafür gedacht waren, auf ewig zu gelten!...

Zur Sektsteuer, dem Solidaritätszuschlag und anderen Steuern, die zu einem gewissen Zweck erhoben wurden und nach Erreichen von diesem nie mehr abgesetzt wurden, muss ich an dieser Stelle wohl nichts mehr sagen, sondern hoffe inständig, dass sie – hoffentlich genauso wie die Ökosteuer – wenigstens für einen guten und sozialen Zweck genutzt werden. Denn sonst fühle ich mich echt mal wieder etwas – … na Sie wissen schon … – »hinters Licht geführt«!

»Der Kluge ist der, welchen die scheinbare Stabilität nicht täuscht und der noch dazu die Richtung, welche der Wechsel zunächst nehmen wird, vorhersieht.«
– Arthur Schopenhauer
(Aphorismen zur Lebensweisheit)

[299] »*Der Nord-Ostsee-Kanal (NOK, engl. Kiel Canal) ist der Kanal zwischen der Elbemündung an der Nordsee und der Kieler Förde an der Ostsee. Die Seeschifffahrtsstraße durchquert Schleswig-Holstein und ist die meistbefahrene künstliche Wasserstraße der Welt. Sie erspart den längeren Weg um das Skagerrak an der Nordspitze Dänemarks. Der Kanal wurde 1895 eröffnet und hieß bis 1948 Kaiser-Wilhelm-Kanal.*« (449)

Steuern, Wirtschaft und »Soziales«

»Was klagt ihr über die vielen Steuern. Unsere Trägheit nimmt uns zweimal soviel ab, unsere Eitelkeit dreimal soviel und unsere Dummheit viermal soviel.«
- Benjamin Franklin

Was nun folgt, hätte auch gut zu den beiden vorherigen Kapiteln gepasst: *Kapitalismus/Faschismus!? – Von unserer Dummheit, wie und warum wir uns immer (wieder) verarschen lassen (wollen)!* und *Der Klartraum*. Es ist natürlich schwer zu sagen, ob *ES* ein guter oder ein böser *Klartraum* ist, den wir zurzeit (er)leben bzw. uns einbilden, oder ob es einmal ein gutes oder böses Erwach(s)en für uns gibt. Auch beim Thema *Steuern*[300] und den *Zinsen* – beide sind sehr eng miteinander verbunden(!) – scheiden sich mitunter die Geister: Wenngleich klar sein sollte, dass Steuern für ein funktionierendes Staatswesen zwingend nötig sind, sind sie doch ein andauernder politischer und gesellschaftlicher Streitpunkt!

Keine Angst, ich werde nicht genauer darauf eingehen. Ich will Sie nur etwas fragen: »Haben Sie sich noch nie gefragt, wofür Ihre Steuern verwendet werden, weshalb Sie eine Steuererklärung überhaupt machen müssen oder ob sie tatsächlich so kompliziert sein muss bzw. überhaupt so kompliziert sein darf? Fordert das Rechtsstaats- und das Demokratieprinzip denn nicht eine Verständlichkeit, Voraussehbarkeit und Berechenbarkeit der Besteuerung? Bestätigen wir, als Steuerpflichtige, denn mit unserer Unterschrift nicht die Richtigkeit unserer Steuererklärung, für die wir unter Strafandrohung einzustehen haben?«…

Ich denke schon! Also warum zum »Teufel« kapieren wir unser »**eigenes**« Steuerrecht nicht, sondern brauchen Steuerberater, die oft selbst nicht richtig durchblicken? Und wenn wir schon dabei sind: Was soll denn die *steuerliche Identifikationsnummer nach §139b der Abgabenordnung (AO)* bringen, wenn nicht eine bessere Überwachbarkeit, wie sie in totalitären Staaten üblich ist bzw. war!? Offensichtlich sind wir zu nichts weiter als Buchstaben, Zahlen und Nummern geworden, was im Hinblick auf die deutsche Vergangenheit nichts Gutes erahnen lässt! Aber das mal wieder nur so am Rande. …

Eigentlich wollte ich von Ihnen wissen, warum Entfernungspauschalen erst ab einer gewissen Wegstrecke und nicht **prozentual**, das heißt, im **anteilsmäßigen Verhältnis** berücksichtigt werden!? Weshalb werden sogenannte »**Nichtbeanstandungsgrenzen**« in unserer Lohnsteuererklärung nur angerechnet, sobald man sie angibt? Ein Schuft, der Böses dabei denkt, aber wenn ich – wie es bei

[300] *»›Steuer‹ kommt aus dem Althochdeutschen stiura, was Stütze bedeutet und im Sinne von Unterstützung, Hilfe oder auch Beihilfe verwendet wurde. Aus den ursprünglich als Naturalabgaben in Form von Sach- oder Dienstleistungen (Frondiensten) erhobenen Steuern sind heute reine Geldleistungen geworden.«* (450)

mir 2007 beispielsweise der Fall war – keine Fahrtkosten erstattet bekomme, weil die einfache Wegstrecke zum Arbeitgeber weniger als 21 km beträgt und ich, da ich dadurch irgendeinen Pauschbetrag nicht erreiche, statt **prozentual weniger**, letztlich überhaupt nichts mehr von Finanzamt zurückbekomme[301], fällt es schwer, ans Gute im Menschen und an den (ger)echten Staat zu glauben!...

Und noch etwas fällt auf: Wenn bei der Lohnsteuererklärung z.B. Arbeitsmittel (110 €) und Kontoführungsgebühr (16 €) sowieso **jedem** als eine Art »Pauschale« angerechnet werden, verstehe ich nicht, warum man sie dann überhaupt noch explizit angeben **muss**!? Nur so zum »Spaß« oder weil die, die es nicht wissen und sich keinen Steuerberater bzw. ein entsprechendes Computerprogramm leisten bzw. bedienen können oder wollen, vielleicht die Gelackmeierten sind? Könnte das vielleicht sein!? Glauben Sie mir, ich weiß sehr gut, wie einfältig und übers Ohr gehauen man sich dann vorkommt – und es mit an Sicherheit grenzender Wahrscheinlichkeit auch ist!

»*Der, die, das – wer, wie, was – wieso, weshalb, warum – wer nicht fragt, bleibt dumm!*«, heißt es im Titellied der *Sesamstraße*. Da ich aber ganz bestimmt nicht dumm bleiben will und wir gerade so schön beim Thema ... *Steuern* sind, frage ich Sie, warum in **unserem** »*System*« eigentlich nicht **jeder** Mensch von (s)einem Gehalt **gleichermaßen prozentual** seine Steuern bezahlen kann, sondern, sobald er etwas mehr verdient (da er beispielsweise auch mehr arbeitet, eine Tätigkeit bestreitet, die außer ihm nur wenige machen können oder einfach nur engagierter ist) auch mehr zur Kasse gebeten wird? Er bzw. sie wird für seine Motivation und aufgebrachte (Mehr)Leistung quasi »bestraft« und dadurch über die Zeit hinweg in die Passivität, Lethargie[302] oder Straffälligkeit getrieben!

Und das nur, weil für ihn zum Schluss und unter dem Strich kaum mehr herauskommt als zuvor! (Denken Sie von mir aus ruhig an die »7 minus 4 Tankstellenrechnung«. Das »***Prinzip***« ist zwar nicht ganz dasselbe, aber doch sehr ähnlich!)

Das Verhältnis von *Brutto* und *Netto* ändert sich, je nachdem wie viel man verdient, das wissen Sie!(?) Es ist mittlerweile »normal«, aber ist das im *objektiven* Sinn denn natürlich, sinnvoll, (ger)echt oder gar wirtschaftlich motivierend?...

Ich rede hier übrigens nicht von den superreichen Snobs, die ihre Kohle nach Liechtenstein, Jungholz, Monaco, auf die Kaiman-Inseln (engl. *Cayman Islands*)

---

301 Hallo!?.., bei mir hätte die Rückzahlung kaum mehr als eine einzige Tankfüllung ausgemacht! Der Fairness halber muss aber erwähnt werden, dass die Entscheidung über die Pendlerpauschale(n) im Nachhinein (2009) revidiert wurde und meine Lohnsteuerrückerstattung (**ohne** Zinsen!) doch noch überwiesen wurde.

302 »***Le|thar|gie*** *die; - <gr.-lat.>:*

1. *(Med.) krankheitsbedingte Schlafsucht mit Bewusstseinsstörungen (z. B. bei Vergiftungen).*

2. *körperliche u. seelische Trägheit; Gleichgültigkeit, Teilnahmslosigkeit.*«

oder sonst wohin bringen. Ich rede nicht (nur) von den Lichtgestalten aus dem Sport, Funk und Fernsehen und all den anderen, die in Deutschland wenig(er) oder sogar gar **keine** Steuern zahlen aber dennoch und paradoxerweise wie Götter von uns hofiert werden – sondern von ganz »normalen« Menschen wie Ihnen und mir, das muss Ihnen klar sein! Wäre es im Grunde nicht sinnvoller, (ger)echter und im Hinblick auf die Bekämpfung einer zunehmenden gesellschaftlichen Verantwortungslosigkeit, einer (all)gemeinen Gleichgültig- bzw. Teilnahmslosigkeit nebst damit verbundener Unzufriedenheit nicht besser, wenn **jeder** von uns jeweils den **verhältnismäßig** **selben** Anteil für die Gesellschaft leistet? Wäre es **insgesamt** nicht günstiger, wenn ein Reicher wie ein Armer **denselben** **prozentualen** Anteil an Steuern leisten würde? Obwohl die *Quantität*, das heißt, das, was jemand *mengenmäßig* zu bezahlen hat unterschiedlich erscheint, ist es doch hinsichtlich der *Qualität* des empfundenen Verlustes **dasselbe**! Mit anderen Worten: selbst wenn *ES quantitativ* und auf dem Papier so aussehen mag, als würde der eine mehr bzw. weniger bezahlen, tut einem reich(er)en Menschen (s)ein **prozentualer** Anteil x (s)eines Vermögens – den er für die Allgemeinheit berappen muss und der für **jeden** anderen Menschen **gleichermaßen** gilt – doch sicherlich genauso »weh« wie dem armen bzw. ärmeren Schlucker von nebenan. Den reich(er)en Menschen »schmerzt« d(ies)er **anteilmäßige** Verlust x in gleicher Weise wie den armen bzw. ärmeren – was, wie ich meine, in gewisser Weise doch gerecht(er) wäre!?...

Naja, jedenfalls wäre so eine Regelung – nach der **jeder anteilsmäßig** **gleich** besteuert und beispielsweise auch **jeder**, der ein Kind hat, egal, ob arm oder reich, **gleichermaßen** von (s)einem Teil der steuerlichen Last befreit werden würde – *objektiv* gesehen gerechter, als es momentan der Fall ist! Oder können Sie mir erklären, warum man weniger Steuern zahlen muss, nur weil man, statt wie bisher in einer »wilden Ehe« zu leben, das Ganze nun mit einem Trauschein legalisiert? Ich glaube, eine Regelung, bei der **jeder** in **gleichem Maße** (s)einen Anteil für die Gesellschaft leistet, würde von Ihnen – ob nun arm oder reich – nach einiger Zeit als (ger)echt empfunden werden!...

Vorausgesetzt, *man* weiß in ein paar Jahren noch, was eine sog. »**Rente**« ist, sollen von mir aus dann auch die reich(er)en Mitglieder unserer Gesellschaft später **prozentual**, das heißt, *quantitativ* **mehr**, aber *qualitativ* **dieselbe** Rente beziehen! *Mengenmäßig* scheint die Rente eines Reich(er)en zwar **mehr** zu sein als die eines armen bzw. ärmeren Menschen, der »*subjektiven* Beschaffenheit nach« ist sie aber **dasselbe**! Ein reicher(er) Mensch hat sich – auch wenn Sie, als Leser, das jetzt vielleicht nicht als gerecht empfinden – durch (s)ein höheres Einkommen an einen höheren Lebensstandard gewöhnt. In ähnlicher Weise hat dies doch auch der im Verhältnis dazu ärmere Mensch! Keinem würde durch (m)ein (**ger)echtes anteilsmäßiges** »(Steuer- und Renten)*System*« mehr genommen oder geschenkt. Alle würden gleich(wertig) behandelt – **vorausgesetzt,**

dass sich Geld nicht selbst( )ständig vermehren kann, versteht sich! Und das ist der K(n)ackpunkt!!!...

Geld kann und darf sich nicht selbst( )ständig vermehren, denn je mehr einer zur Verfügung hat und durch (s)eine Tätigkeit verdient, desto mehr Geld kann bzw. könnte dieser jemand – **ohne** etwas (**selbst**) zu tun – (**obendrein** noch) »machen«! Dadurch kann er sich – wie *ES* im **kapitalistischen** »*System*« leider der Fall ist – einen **unfairen**, in gewisser Weise **künstlichen**, aber auf jeden Fall **unnatürlichen** Vorteil gegenüber anderen verschaffen!...

Ein Umstand, den unsere gegenwärtige »soziale« Marktwirtschaft und (Steuer)Politik zwar scheinbar zu verhindern und auszugleichen versucht, es aber augenscheinlich nicht schafft! *ES* ist wohl einfach zu kompliziert geworden(?); die Schere geht auf allen Ebene (jedenfalls) immer weiter und schneller auseinander, und das nicht, weil wir unterschiedlich verdienen – was in gewisser Weise gerecht erscheint, da nicht jeder alles tun bzw. (sich) leisten kann – sondern weil wir im **momentanen** »*System*« die Möglichkeit haben, **ohne** Eigenleistung immer noch mehr und schneller Kapital anzuhäufen! Dass das nicht (r)echt, aber heute leider gang und gäbe[303] ist, versteht sich (fast) von selbst und wir haben eben und bereits an anderer Stelle darüber gesprochen, dass sich Geld in einem **natürlich funktionierenden** »(Wirtschafts)*System*« nicht **selbst** vermehren kann und sich deshalb auch nicht **selbst**( )ständig »machen« darf!

Ich weiß, das **all*ES*** ist nicht leicht zu akzeptieren, vor allem, wenn *man* schon als Kind im »Glauben« erzogen wurde, sein Geld am besten auf die Bank zu tragen um dafür Zinsen zu kassieren.[304] Es ist schwer zu ertragen, wenn der **eigene** Lebensstandard darauf basiert (Geld und damit **andere** »Menschen« für sich arbeiten zu lassen), *man* sich stets nach oben vergleicht und (s)ein jeweiliges Glück lediglich und fälschlicherweise von **materiellen** Gütern abhängig macht!

Solange *ES* in unserer Gesellschaft aber nun mal so ist, – wir uns also an diese Umstände gewöhnt haben und weiterhin glauben, dass (mehr) *Haben* in gleichem Maße auch (mehr) *Sein* bedeutet, – und nicht zu einer ***natürlich(er)en Wirtschaftordung*** finden, entspricht die genannte Auffassung nichts weiter als (m)einer fixen Idee, die vom und im »***Prinzip***« mal wieder ein »(Wirtschafts)*System*« beschreibt, das als Ziel die Gleichbehandlung, Gleichwertigkeit

---

303 »*Ein Stabreim, der aus den Worten "gang", also "dem was unter den Leuten umläuft (gängig ist)" und "gäbe", mhd. "gaebe" = "angenehm, gültig", zusammengesetzt ist.*« (451)

304 »***kas|sie|ren*** *<lat.-it.>:*

1. *Geld einnehmen, einziehen, einsammeln.*

2. *(ugs.)*

a) *etwas an sich nehmen;*

b) *etwas hinnehmen;*

c) *jmdn. gefangen nehmen.*«

und den Erhalt eines jeweiligen (Bewegungs)Zustandes zur Grundlage hat! *ES* weist natürlich dieselben Schwächen und Gefahren auf, wie es der **Kommunismus/Sozialismus** in der Vergangenheit getan hat, brächte aber – zumindest in meiner Vorstellung – vielleicht wieder etwas mehr Gerechtigkeit und Zufriedenheit in unser Leben. Mehr, als es das **derzeitige** (**kapitalistische**) »*System*« augenscheinlich zu schaffen vermag! Ich komme an anderer Stelle nochmals auf dieses Thema zurück. …

Bis dahin nehmen wir einmal an, die Verantwortlichen (Politiker oder unsere Vorgesetzten, von denen (beinahe) **jeder** von uns einen hat) würden von sich **selbst** genau **dasselbe** verlangen wie von ihren »Schützlingen« und würden demnach beispielsweise ihre Diäten oder Gehälter zumindest für eine gewisse Zeit einfrieren, sozusagen von oben her schon mal ein gewisses Zeichen setzen und ein (ideales) Vorbild sein – dann könnte sich doch bestimmt auch der »kleine(re) Mann« damit anfreunden, mit (s)einem Gehalt mehr oder weniger auf der Stelle zu treten!? In diesem Zusammenhang würde das für mich sogar bedeuten, dass **jeder** von uns ganz **automatisch** eine jährliche Lohn**angleichung** bekommt, die sich beispielsweise an der jährlichen Inflationsrate orientiert!...

Die lästigen und *gesamtsystemisch* schädlichen Tarifverhandlungen wären in einem solchen Falle (endlich) passé, da ja **jedes** Mitglied der Gesellschaft **gleichermaßen** sowohl am Gewinn als auch am Verlust beteiligt wäre! *Man* bekäme demnach eine regelmäßige *quantitative* Gehaltserhöhung, aber verständlicherweise auch eine dementsprechende Lohnminderung gemäß den wirtschaftlichen Umständen – die dann aber wirklich **alle gleichermaßen** betrifft!...

In Anlehnung an Giuseppe Tomasi di Lampedusas Spruch auf S. 377 würde *man* sich damit stets (*quantitativ*) verändern und dabei trotz allem auf (s)einer (*qualitativen*) Stelle treten! *Man* würde sich nicht mehr **gegenseitig** ausbeuten, d.h. vor allem auf Kosten des und der anderen vorankommen (können und wollen), sondern – sofern man *ES* **selbst** mag und anders als *ES* momentan der Fall zu sein scheint – sich auf **eigene** Kosten weiterentwickeln (können und wollen)! Folglich wäre *man* nicht (mehr) (nur) Mittel, sondern **Zweck**!...

Sie sehen, die Rede ist von einem **dynamischen** Gehalt, das sich der (Um)Welt, d.h. einem **dynamischen biologischen** »*System*« kontinuierlich anpasst und **jeden** Einzelnen von uns gemäß (s)einer **individuellen** Leistung auf (s)einem jeweiligen – nicht **stati(sti)sch** zu sehenden – (*qualitativen*) Level[305] hält! *Man* hätte schließlich die Möglichkeit sich und (s)ein »**Selbst**« weiter zu entwickeln!

Keine Sorge, wie ich eben schon angedeutet habe gäbe es in meinem Modell natürlich auch Aufstiegschancen, d.h. Gehalts**erhöhungen**, aber eben in Relation zum betrieblichen bzw. jeweiligen *gesamtsystemischen* Gewinn und der

---

[305] »***Le|vel*** *der; -s, -s <lat.-engl.>: erreichtes Niveau, Leistungsstand, Rang, Stufe.*«

eigenen Mehrleistung – was wiederum als (gemeinschaftliche) Motivation dienen kann und die bereits angesprochenen, periodisch wiederkehrenden (Tarif)Konflikte überflüssig erscheinen lässt!...

Komplizierter Scheiß, ich weiß, und so etwas in der Art gab es schon mal und es hat augenscheinlich nicht (r)echt funktioniert! Es war ja auch nur so ein Gedanke von mir – also hören Sie bitte auf, eine zur kapitalistischen »Welt(Religion)« gegenläufige Meinung gleich wieder negativ, schwarz bzw. weiß zu sehen und Ihr persönliches Glück vom rein **materiellen** Gewinn und Besitz abhängig zu machen! Ich nehme Ihnen schon nichts weg, sondern will Sie nur dazu ermuntern, die ganze(n) »Sache(n)« einmal aus einem anderen Blickwinkel als dem bisherigen zu be(tr)achten. Vielleicht erkennen Sie dann, dass ein »(Wirtschafts)*System*« wie der **Kapitalismus** und **Darwinismus** nicht in Stein gemeißelt ist bzw. wurde, sondern *ES* auf eine andere Art eventuell auch und möglicherweise für **alle** sogar besser »laufen« kann!? Doch kommen wir zurück zur allgegenwärtigen »Veräppelung« und der Frage, wozu das **(all)*ES*** führt bzw. eine primär kapitalistische Orientierung des »*Systems*« führen könnte:

Welchen Zweck verfolgen beispielsweise Krankenkassen, die ihren Mitgliedern »attraktive« Zusatzleistungen in Form von **privat** zu leistenden Zusatzversicherungen anbieten? Denkt man da wirklich daran, dem »armen Kranken« die Möglichkeit zu geben, etwas zu sparen, oder führt es eher dazu, die **gesetzlichen** Leistungen in absehbarer Zeit auf ein Minimum zu reduzieren?...

Doch damit nicht genug, auch alle anderen Versicherungen, wie beispielsweise die **staatliche** Rentenversicherung, verarschen die Menschen (und im Endeffekt sich **selbst**) in ähnlicher Weise und nach Belieben, und wir dürfen uns keinesfalls wundern, wenn in nicht allzu ferner Zukunft die **gesetzliche** Rente aufgrund der geschickt eingefädelten und entsprechend verkauften **privaten** Altersvorsorge den Bach runtergeht und keinen Pfifferling mehr wert ist! Falls Sie es nicht glauben, dann empfehle ich Ihnen einen kecken Blick über den Kanal (nach England) zu riskieren: Dort sieht *man* nämlich schon jetzt die Auswirkungen **privater** Altersvorsorge und sieht sich mit einer erschreckenden Armut der ausrangierten Menschen konfrontiert, die – nur um zu überleben – nun so lange schuften müssen, bis sie (endlich) ins Gras beißen (dürfen)! Auch diese (Erden)Bürger haben gearbeitet und jahrelang in eine **private** Vorsorge investiert, welche heute nichts mehr wert ist, da die Anbieter und Verwalter d(ies)er »**persönlichen**« Leistung(en) irgendwann insolvent geworden waren!...

Doch auch auf andere Art und Weise und an anderer Stelle wird »gemogelt«: So wird bekanntlich mit der Auszahlung von Leistungen oft solange gewartet, bis der (schwache) Versicherungsnehmer entweder tot ist, kein Geld für einen Rechtsstreit mehr besitzt oder entnervt die Hoffnung auf Auszahlung (s)einer Einzahlung aufgibt!...

Aber wie Sie wissen – und das ist das eigentlich Schlimme daran, nämlich, dass Sie es **wissen** – hält uns auch das Bank-, Finanz- und Kredit*wesen* zum Narren: *ES* macht uns nach wie vor weis, dass *man* spart, wenn *man* ausgibt – und zwar am besten mehr als *man* hat –, und unser Geld (dadurch) für immer sicher ist! So kann man beispielsweise heute ein Auto **ohne** das nötige (Eigen)Kapital kaufen und hat am Ende des Tages und der überaus »geschickten« Finanzierung sogar noch das Gefühl, ein paar Kröten gut gemacht zu haben. Natürlich täuscht eine solche oder ähnliche Finanzierung, mit der *man* allem Anschein nach ein paar Euro »gut« macht, vollkommen darüber hinweg, dass das finanzierte »Ding« – obwohl wir es nicht brauchen und *ES* uns im Grunde auch nicht wirklich leisten können – uns am Ende doch mehrere tausend Euronen kosten wird!...

Aber wen juckt das schon? Solange es die Fußmatten und den feinen Schlüsselanhänger nach dem bekannt anfänglichem Zögern des Verkäufers zum – vom Händler zuvor bereits auf Jahreswagenqualität gebrachten – »neuen« Auto großzügigerweise für »umme« dazugibt, ist **(all)*ES*** in Ordnung!? Auch dass wir (Handy)Verträge häufig nur abschließen, weil es dazu umsonst einen bescheidenen DVD-Spieler, eine Kamera, ‘nen Mixer, eine Wohnungsbauprämie, »Rückzahl-Punkte« oder einen Massagestab mit drei Gängen und in vier verschiedenen Geschmacksrichtungen gibt, stört niemanden – denn wir lassen uns weiterhin ablenken und freuen uns wie ein kleines Kind: »Hauptsache **meines**!« – nicht wahr?

Im großen wie im kleinen Stil lassen wir uns so und auf andere Art und Weise(n) an der Nase herumführen bzw. an ihr über den Tisch ziehen! Und obwohl wir das alles **eigentlich** wissen (sollten), fallen wir trotzdem immer wieder und auch ganz gerne darauf herein – denn unsere (Markt)Wirtschaft basiert auf (Verkaufs)Psychologie, dem ausgeklügelten »*System*« der gegenseitigen Übervorteilung! Wenn das nicht wäre, sondern jeder vom anderen aus purem Anstand heraus, den **tatsächlichen** Preis für (s)eine Leistung verlangen würde, würde bei uns wahrscheinlich nichts mehr so funktionieren, wie wir *ES* gewohnt sind!?...

Obwohl wir das aber wissen, regen wir uns trotzdem künstlich auf, wenn die Druckerpatrone im Internet um einen Euro billiger ist als die, die wir kürzlich im Laden (um die Ecke) erstanden haben! Wir grämen uns beinahe zu Tode, aus Versehen an der (momentan) etwas teureren Tanke gezapft zu haben, und wenn wir die gleiche Hose, die uns eben als Schnäppchen verkauft wurde und »suuuper« passt am nächsten Tag in einem anderen Geschäft für weniger Geld erspähen, fühlen wir uns traurig und hintergangen! Doch so läuft die (t)olle »freie« Marktwirtschaft eben: Wir *haben* viel und *sind* doch wenig (*glücklich* und *zufrieden*), sodass wir als Ausgleich dafür sofort über einen »Call-by-Call« Anbieter telefonieren, der um gewaltige 0,02 Cent billiger ist als der andere!...

Ja, ja ich weiß, Sie haben ja 'ne »Flatrate« (aus dem Englischen *flat* = flach bzw. eben, *rate* = Gebühr) und sind doch nicht blöd. Dennoch feilschen wir wie bekloppt um jeden Cent, der **spürbar** und **sichtbar** durch unsere Hände rinnt!...
Paradoxerweise tun wir das aber, obwohl uns zur selben Zeit weit mehr Geld durch die Lappen geht: Entweder sind wir jahrelang falsch oder zu umfassend versichert, haben (vor Jahren) die falsche(n) Geldanlage(n) beim falschen Berater gewählt oder zahlen ständig mit EC- bzw. Kreditkarte! Den Überblick über unsere Finanzen und das (**wirkliche**) Gefühl für das Geld haben wir – nicht zuletzt dadurch – derweil schon längst verloren und sind oft nicht einmal mehr in der Lage oder gar willens dazu, den Handyvertrag, das Konto oder das (Zeitungs)Abonnement rechtzeitig zu kündigen. Lieber führen wir kostenintensive(re) und gesamtwirtschaftlich schädigende(re) (Tarif)Verhandlungen und einen Krieg gegen die Natur, den wir zum einen nicht gewinnen können und der uns zum anderen teurer zu stehen kommt als **alles** bisher Dagewesene! Was wir uns in dreißig Jahren noch von unserer »Rente« – die ja vor nicht allzu langer Zeit (Juli 2007) um brachiale 0,54 % (335) gestiegen ist (davor hatte es drei Jahre lang überhaupt keine Anpassungen gegeben) – leisten können oder was von ihr, trotz Privatvorsorge, noch übrig sein wird, ist uns zu allem Überfluss dann auch noch so egal wie der ganze verdammte Rest des **sozialen** »(Öko)*Systems*«. Denn solange wir die Brezel beim SB-Bäcker um zwei dopamin-spendende Cent billiger bekommen, scheint **(all)*ES*** für uns in Butter zu sein! Wir sind tatsächlich »Pennywise but pound foolish«! Oder sind wir etwa schon ganz und gar blöde geworden???
Ich denke ja, denn es schert doch keinen mehr wirklich, dass *Media Markt* und *Saturn* in **eine** Tasche wirtschaften – beide gehören, ebenso wie *Real* und die *Galeria Kaufhof* zur *Metro Ag*[306] [Stand 2010] –, aber nach außen hin als Konkurrenten auftreten, um dadurch andere Wettbewerber auszustechen und uns so das Geld noch *effektiver* respektive *effizienter* aus dem Beutel zu ziehen! Auch dass überall mit Lockvogelangeboten geworben wird, dass die **gleichen** (Lebensmittel)Erzeugnisse andernorts, in anderer Verpackung, zu unterschiedlichen Preisen angeboten werden (dürfen), und dass man uns auch sonst beim Einkaufen nach allen Regeln der Kunst an der Nase herumführt, ist uns bekannt. Obwohl wir uns

[306] Bedeutende internationale Konkurrenten der *Metro* sind, laut *Wikipedia* (474), *Carrefour* und *Tesco*, auf dem deutschen Markt die *Edeka* sowie die *Rewe Group*. Zur *Edeka-Gruppe* (eigene Schreibweise: *EDEKA*) – sie ist seit 2005 durch die Übernahme der *Spar Handelsgesellschaft* der größte Verbund im deutschen Einzelhandel – gehören unter »extrem vielen« anderen übrigens die Supermärkte *Nah & Gut*, *aktiv Discount* und natürlich *Spar*, ebenso wie die Discounter *Treff 3000*, *Netto (Marken-Discount)* und *Plus*. Auch *Handelshof*, *Marktkauf*, diverse Getränkefachmärkte und Bäckereien gehören inzwischen zur »Familie«. (472)
Sie sehen, es ist wirklich scheißegal, wo *man* etwas (ein)kauft – es ist (so gut wie) immer das Gleiche beim selben, nur eben (wo)anders!

sogar bewusst sind, dass man uns so weit manipuliert, dass wir »Dinge« kaufen, die wir im Grunde eigentlich weder brauchen noch wollen, ändert es nichts an der Tatsache, dass wir es dennoch tun: denn wir spielen mit im globalen Spiel der »freien« Marktwirtschaft und laufen wie eine hypnotisierte und (fern)gesteuerte Schaf- bzw. Kuhherde immer schneller und höriger in die Richtung, in die man uns lotsen will! Indem wir die(se) Verarschung sehen, aber nichts dagegen tun, akzeptieren wir sie und unsere **eigene** Dummheit!...

Wer, außer einem Idioten, würde das sonst wohl zulassen!? So machen wir letzten Endes genau das, was man von uns erwartet: wir konsumieren! Wir »verbrauchen« und versuchen dabei stets den besten (ökonomischen) Schnitt zu machen um, wie wir es uns immerzu einreden, dadurch **selbst** zu (über)leben!

Doch wie ein Süchtiger sind wir »abhängig« vom besten Schnitt und freuen uns darüber, der Gewinner im täglichen Preiskampf zu sein. Tatsächlich sind wir dadurch nur Verlierer: Dass der »beste« Schnitt nicht der ***Goldenen Schnitt***, sondern eher der goldene Schuss im Leben eines Süchtigen sein kann, ist uns nämlich nicht aufgefallen und irgendwie und -wann auch vollkommen wurscht (geworden)!...

»Der Mangel an Urteilskraft ist eigentlich das, was man Dummheit nennt, und einem solchen Gebrechen ist gar nicht abzuhelfen.«

- Immanuel Kant

(Kritik der reinen Vernunft)

Also kaufen wir weiter (ein) und freuen uns wie blöd über die scheinbare (preisdrückende) »Konkurrenz« ein und derselben Firma, der wir dennoch munter unsere Kohle in den Rachen werfen. Dass manche Ausgaben von Zeitschriften wie *Frau im Spiegel* und *Look* – bis auf das Cover (Titelbild) und die ersten und letzten ein bis zwei Seiten – absolut identisch sind (die beiden Zeitschriften gehören vermutlich ein und derselben Organisation an!?), mag da ja noch harmlos klingen und dem einen oder anderen von uns sogar schon aufgefallen sein. Dass aber ganze Länder und Staaten trotz unterschiedlicher Nationalität, Sprache, Kultur, Religion und Flagge, also trotz der unterschiedlich anmutenden »Verpackung«, vom (ökonomischen) »***Prinzip***« her bald vollkommen identisch sind, will indes keiner (mehr) sehen!...

Bei alledem bemerken wir nicht, dass sich unser Leben durch das vermeintliche Sparen nicht **wirklich** verbessert (hat), sondern wir, die **Menschen**, zum Schluss die Dummen sind. Denn die Abhängigkeit vom **scheinbaren** Sparen und derlei abstruser Befriedigung wird sich bis zu dem Punkt verstärken, an dem wir selbst einmal unsere eigenen Lügen glauben! Ob nun Chinesen, Amerikaner, Deutsche oder Russen, wir sind schließlich alle **Menschen,** aber momentan dem (r)einen **Kapitalismus** und somit **Mammon** verfallen! Wir sind einem »*Ismus*« verfallen, der die Welt geschickt monopolisiert und irgendwann durch eine Hand voll ferngesteuerter Unternehmen lenken wird. Diese globalen bzw. internationalen Unternehmen treten uns, den Kunden respektive Verbrauchern (der Welt), dann selbst als ihr eigener Konkurrent entgegen, um uns so weiterhin zum Kauf zu animieren, insgesamt zu kontrollieren und den Anschein einer Wahl zu lassen.

Sie meinen, das ist dumm und schlichtweg unmöglich? Ich will Ihnen sagen, was dumm und **eigentlich** unmöglich ist: Die gesamte globale Wirtschaft ist dumm und im Grunde unmöglich und nichts weiter als ein unphysiologisches Gedankenkonstrukt ohne Herz und Verstand! Warum? Das **kapital(istisch)e** »*System*« baut im »***Prinzip***« doch nur auf Lügen, Verarsche und dem Lippenbekenntnis zur Erbringung einer Leistung, sprich, auf **Schulden**, auf! Dieser weitreichende Unverstand und die Tatsache, dass unser **gesamtglobales** »(Wirtschafts)*System*« durch die Schuldenfalle, in der wir uns befinden, auf wackligdünnen, **imaginären** Beinchen steht, wird letztlich darin gipfeln, den **Menschen** am Ende nicht mehr **Mensch** sein zu lassen. Er wird zum Zahnrad der Megamaschine, welche schließlich nur funktioniert, um größer zu werden und noch schneller zu laufen als bisher!

Die Dummheit und die Unmöglichkeit unseres **gegenwärtigen** »(Wirtschafts)*Systems*« – das es so wohl nur in der »Matrix« eines Films (den unser Gehirnkino spielt) geben kann – lässt sich auch gut am Aktienkurs erkennen, der komischerweise immer dann steigt, sobald Tausende **Menschen** entlassen werden (sollen)! Dabei sollte doch eigentlich das Gegenteil der Fall sein – der Kurs müsste steigen, wenn **menschliche** Arbeitskräfte benötigt, und fallen, sobald diese eingespart werden!? Denn wer macht denn – in nicht allzu ferner Zukunft – dann die Arbeit, die **später** das liebe Geld hervorbringt? Wer erwirtschaftet und (ver)braucht denn das Geld und die stets in größerer Menge hergestellten Produkte? Sind es die Maschinen? Kann eine **(mit)menschliche** Gesellschaft, die einerseits aus Aktionären besteht und andererseits durch immer leistungsfähigere Automaten ersetzt wird, überhaupt (*langfristig*) existieren? Ist das **(all)*ES*** (physio)logisch?...

Man muss wahrlich kein Physiologe oder entsprechender Therapeut sein, um zu verstehen, dass da was nicht stimmt! Um den ganz »normalen« Wahnsinn zu begreifen, muss *man* vielmehr ein ganz »unnormaler« **Mensch** sein und sich als ein solcher zudem fragen, weshalb wir (ökologisch) alle so weitermachen wie bisher: Beinahe alle Wissenschaftler – außer diejenigen, die in den Diensten der Öl- und Kohleindustrie stehen – sind überzeugt davon, dass der »Mensch« die Erderwärmung beschleunigt bzw. (mit) verursacht.[307] Vorsichtig ausgedrückt ist der »Mensch« am Fieber der Welt bestimmt nicht ganz unschuldig! Das berichtet jedenfalls die *GEO*-Zeitschrift (12/2007) in einem Artikel mit der bezeichnen-

[307] Vgl. *GEO* 12/2007, S.192ff

den Überschrift: »*Alles halb so wild? Populäre Meinungen – und was von ihnen zu halten ist.*« Darin ist auch zu lesen:

> »*Das schnelle Abschmelzen des Festlandeises auf Grönland, das anders als beim schwimmenden Eis am Nordpol den Meeresspiegel ansteigen lässt, beunruhigt Wissenschaftler und Laien – auch deshalb, weil es anscheinend schneller geschieht, als selbst die Computermodelle mit den pessimistischsten Grundannahmen vorhersagen.*
> *Umso wichtiger ist es, den Temperaturanstieg zu bremsen. Die vom Menschen verursachten Treibhausgase haben, wie gesagt, seit Beginn der Industrialisierung eine globale Erwärmung von 0,8 Grad Celsius bewirkt. Da das System von Atmosphäre und Ozeanen träge reagiert, ist ein weiterer Anstieg programmiert: laut IPCC im besten Fall um 1,8 Grad bis 2100, im schlimmsten Fall um 4, nach den ganz pessimistischen Szenarien sogar um 6 Grad. Eine Erwärmung von knapp 2 Grad bis Ende des Jahrhunderts ist also nicht mehr zu verhindern.*
> *Diese ›Zwei-Grad-Grenze‹ nicht zu überschreiten, ist eine zentrale Forderung der Klimaforscher und inzwischen beschlossenes Ziel der EU-Politik. Bei einer Erwärmung darüber hinaus drohen unkontrollierbare und irreversible Schäden. Bezahlbar sind die erforderlichen Maßnahmen – wenn schnell damit begonnen wird.*« (336)

Ich bin kein Wissenschaftler, sondern nur ein einfacher Krankengymnast und muss mich demnach auf das verlassen, was mir die durchaus manipulierbaren Medien zutragen! Das eben Gehörte deckt sich aber gut mit dem, was ich anderweitig in Erfahrung gebracht habe und auch Sie sollten sich besser jetzt als zu spät Gedanken darüber machen, ob die gut ausgebildeten Wissenschaftler weltweit Recht behalten (werden)!? In der wahren Welt, so scheint es, voraussichtlich ja – in der »Matrix« aber leider nicht. Denn hier, in der synthetischen Welt, ist **all*ES*** anders als *ES* scheint! Und so kann man(n) zum »Pimpen« (s)eines Fahrzeugs – welches mit herkömmlichem Verbrennungsmotor ausgestattet bekanntlich eine mehr als antiquierte Technik darstellt – selbstverständlich und ganz legal Zubehör kaufen, das gar keine allgemeine Betriebserlaubnis gemäß *§ 20* der *Straßenverkehrszulassungsordnung* hat und diese, so »*fast & furious*[308]« – wie mancher vielleicht meint – auch nicht bekommen wird! Obwohl das Vervielfältigen der meisten Datenträger **eigentlich** gesetzlich untersagt ist, kann man zudem an allen Ecken CD- oder DVD-Rohlinge kaufen und in frei verkäuflichen Zeitschriften immer wieder lesen, wie man diese mit den neuesten

---

[308]»*The Fast and the Furious (engl. fast = schnell; furious = wütend) ist ein US-Actionfilm aus dem Jahr 2001, der in der illegalen Straßenrennen- und Tuningszene spielt.*« (452)

Tricks (trotz Kopierschutz!) brennen kann. Es ist eine Doppelmoral, die wir »l(i)eben«, und so wird auch die globale Entmenschlichung weiterhin dadurch subventioniert, dass man sich zwar auf der einen Seite für die (Menschen)Rechte einsetzt, auf der anderen Seite aber die Wirtschaft diesbezüglich falsch bezuschusst und außerdem weiterhin dazu aufruft, immer mehr und billigere Waren zu kaufen! Ich zitiere eine weitere Aussage des UN-Sonderberichterstatter Jean Ziegler, welche im Film *We Feed The World* zu hören ist und die man im dazu begleitenden Unterrichtsmaterial nachlesen kann:

> »*Die Absurdität der Situation der Agrarmärkte heute ist die folgende: Die reichen Länder, also die EU, die Vereinigten Staaten, die zahlen ihren Bauern für ihre Produktion und für die Exporte der Produkte Subventionen im Jahr, letztes Jahr, von 349 Milliarden Dollar, das ist mehr als eine Milliarde pro Tag. Die Konsequenz davon ist das Dumping, die Zerstörung der Agrarwirtschaften in der südlichen Hemisphäre, wo es fast nur Bauern gibt, mit einigen Ausnahmen. Ich nehme ein Beispiel, die Hauptstadt von Senegal, der Republik Senegal, in Westafrika, heißt Dakar. Diese Stadt beherbergt den größten Markt, Landwirtschaftsmarkt, in Westafrika, das ist die Sandagar, der Sandagarmarkt. Wenn sie auf den Sandagarmarkt gehen, können sie europäisches Gemüse, europäische Früchte, europäische Kartoffeln und so weiter zu einem Drittel der einheimischen Preise kaufen. Also der senegalesische Bauer, auch wenn er 18 Stunden am Tag arbeitet unter brennender Sonne, mit letztem Einsatz, der hat überhaupt gar keine Chance mehr, das Auskommen zu finden auf seinem eigenem Boden. Was muss er tun, wenn er noch die Kraft hat, emigriert er unter Todesgefahr über die Meerstraße von Gibraltar und muss sich dann irgendwo in Südspanien oder als Straßenkehrer in Paris verdingen zu unmenschlichen Bedingungen.*« (337)

Und weiter liest man: »*Die EU gibt ca. 7 Prozent ihres gesamten Agrarhaushaltes für die Subventionen von Exporten aus, damit Produkte wie zum Beispiel Rindfleisch, Milchpulver oder Zucker billig in andere Länder exportiert werden können. Die Subventionen dienen vor allem dazu, die Überschussproduktion der europäischen Landwirtschaft zu Dumpingpreisen in anderen Ländern zu verkaufen.*« Weitere Daten und Fakten, die Sie schwindlig machen werden, entnehmen Sie bitte dem Film, dem gleichnamigen Buch oder dem Unterrichtsmaterial selbst, welches freilich online verfügbar ist!

Wie Sie sehen und bestimmt schon selbst am eigenen Leib erfahren mussten, ist mittlerweile beinahe **alles** auf der Welt – ob im Kleinen oder im Großen – ganz gut vergleichbar mit dem umfassenden Trick 17 mit eingebauter Selbstverarschung, über den »man« im Grunde nur herzhaft lachen könnte, wenn ES nicht so bitter ernst und traurig wäre! Bei all dem Leid, welches dieser teuflische Trick auf der Welt verursacht, frage ich mich hoffentlich nicht alleine, welchen Sinn das alles macht!? Aber genauso könnte *man* sich fragen, welchen Sinn lackierte Stoßstangen machen, oder warum es immer noch weiße Unterwäsche gibt, wo doch schwarze »augenscheinlich« sauberer bleibt!...

Ferner könnte *man* sich fragen, weshalb es auf öffentlichen Toiletten immer noch elektrische Händetrockner gibt, wenn sich doch sowieso kein »Schwein« die Pfoten wäscht!? Keine Sau hat mehr die (zum Trocknen der Hände) benötigte Zeit zur Verfügung! Und so trockne ich mir, wie immer, lieber im Gehen die gerade frisch gesäuberten Pratzen an der eigenen (dreckigen) Hose ab und frage mich beim Verlassen der Flughafentoilette gerade eben, weshalb ich auf Flugreisen eigentlich nur noch Flüssigkeiten bis 100 ml im Handgepäck mitführen darf und diese samt Behälter in einem durchsichtigen, wiederverschließbaren Plastiksack deponieren muss. Als würde das bei Flüssigsprengstoff – den ein pfiffiger Terrorist zur Not doch sicherlich auf der Flugzeugtoilette zusammenmischen könnte – tatsächlich einen Unterschied machen! Oder kann ein Terrorist etwa keine wiederverschließbaren Beutel öffnen? Vielleicht steht aber auch »Flüssigsprengstoff« auf der Packung von Flüssigsprengstoff und das ist der Grund, weshalb die Tüten durchsichtig sein müssen!?

Ich weiß, was das folgerichtige Denken angeht habe ich keine Ahnung und kann mir daher auch nicht erklären, weshalb die Feinstaubplaketten[309], die in manchen deutschen Städten mittlerweile für Autos vorgeschrieben sind, unterschiedlich teuer sein dürfen!? (Die Antwort »Freie Marktwirtschaft« kann doch wohl nicht Ihr Ernst sein!?) Sie kosten fünf bis zehn Euro, und ob die Dinger, neben einem betriebswirtschaftlichen, überhaupt einen *öko*logischen Nutzen haben, wage ich zu bezweifeln. Der »Autopapst« von *ZEIT Online* meint dazu, *»dass ›Umweltplaketten‹ (jedenfalls die im Moment gültigen!*[310]*) die Umwelt etwa so entlasten wie ein Fliegenfänger die Zahl der Fliegen reduziert«*, (338) und dass die verantwortlichen Politiker dies besser einsehen sollten! *»Besser wäre es, der Zeit die Lösung zu hoher Schadstoffwerte im Abgas zu überlassen. Irgend wann geht schließlich fast jedes Auto mal den Weg alles irdischen und wird durch ein sauberes Vehikel ersetzt.«*, (338) sagt der (Auto)Papst, und Sie können sich denken, dass ich mich **diesem** Pontifex zur Abwechslung gerne anschließen möchte. Das macht mich zwar zu einem – ökologischen und vielleicht auch religiösen – Stinkstiefel, aber das ist mir egal, denn im Grunde hab ich doch Recht, wenn ich mir Gedanken mache und mir nicht alles einfach so verkaufen lasse! Ich meine, um wie viel (mehr) wäre uns und der Umwelt ge-

---

[309] Haben Sie sich eigentlich schon mal gefragt, wie viel »umweltbelastende« Energie die Herstellung dieser Plaketten verbraucht, wie gering die Herstellungskosten im Vergleich zum Verkaufspreis wohl sind und ob es nicht clever wäre, Anteile der Herstellerfirmen zu kaufen?

[310] Stand 01.02.2008

dient, wenn wir, statt den dummen Plaketten, ein **generelles Tempolimit** auf deutschen Autobahnen eingeführt hätten? Okay, ich sag's Ihnen…

> *»Ein allgemeines Tempolimit für Pkw auf Autobahnen in der hier untersuchten Höhe von 100-120 km/h würde die Verkehrssicherheit erhöhen, die Lärm- und Schadstoffemissionen vermindern und könnte den Flächenverbrauch bei Autobahnneu- und -ausbauten verringern.*
> *Bezüglich der Luftschadstoffemissionen sind insbesondere die Minderungspotentiale bei den für die Ozonbildung mitverantwortlichen Stickoxiden und beim Kohlendioxid (Treibhausgas) von Bedeutung:*
> *Durch ein allgemeines Tempolimit von 120 km/h würden die von Pkw auf Autobahnen emittierten Stickoxide um 16 % abnehmen; die Kohlendioxid-Emissionen würden sich um 9 % verringern. Bei einer allgemeinen Beschränkung auf 100 km/h würden die Minderungen 34 % (Stickoxide) bzw. 19 % (Kohlendioxid) betragen. Auf den gesamten Straßenverkehr bezogen liegt das Minderungspotential eines allgemeinen Tempolimits von 120 km/h sowohl für die Stickoxid- als auch für die Kohlendioxidemissionen in der Größenordnung von 2 %. Ein allgemeines Tempolimit von 100 km/h würde die Stickoxidemissionen des gesamten Straßenverkehrs um 5 % und die Kohlendioxidemissionen um 3 % senken.*
> *Bei der Bewertung dieser Minderungspotentiale ist zu berücksichtigen, daß ein generelles Tempolimit die Möglichkeit bietet, relativ schnell die Schadstoffemissionen des Straßenverkehr zu senken und daß die CO2-Emissionen nicht durch nachgeschaltete Reinigungstechniken vermindert werden können. Des weiteren ist zu beachten, daß ein allgemeines Tempolimit eine Einzelmaßnahme darstellt, deren Minderungswirkung durchaus mit anderen, zum Teil langfristigen, Maßnahmen zur Umweltentlastung vergleichbar ist.«* (339)
>
> - Umweltbundesamt (1999):
> Umweltauswirkungen von Geschwindigkeitsbeschränkungen

Sie sehen: ganzheitliche, (öko)logische, vernünftige, *objektive*, bremsende bzw. verzögernde Überlegungen sind in einem **biologisch-dynamischen** »*System*«, das stets und immer schneller an Geschwindigkeit dazugewinnt und irre viel Spaß daran hat, von sich und seiner Natur verarscht zu werden, fehl am Platz!

So fehl wie die Tatsache, dass ich mich (noch) nicht kringelig freue, Gewinner eines Gratis-Gewinnspiels zu sein, bei dem ich gar nicht mitgemacht habe. Oder habe ich etwa (nicht) Recht, mich über solch einen dilettantischen Täuschungsversuch »tierisch« aufzuregen und die ketzerische Frage in den Raum zu stellen, weshalb wir eigentlich Lotto spielen!? Klar, wir wollen (ein besseres Leben) gewinnen; aber mal ehrlich, bei einer Chance von 1 zu 140 Millionen (exakter

Wert: 139.838.160) für einen Sechser mit Superzahl, sollten wir besser wieder *Blitz-Bingo* spielen (vgl. S.104)! Die Chance für sechs Richtige liegt übrigens bei rund 1:15 Millionen (15.537.573) und wer »*mit weniger als einem Sechser zufrieden ist, hat auch weit größere Chancen glücklich zu werden: Die Wahrscheinlichkeit, überhaupt etwas im Lotto zu gewinnen, liegt bei 1:54.*«, schreibt die *Süddeutsche* im Oktober 2006. (340)...

Jedes Kind weiß, **bei einem Glückspiel gewinnt immer (nur) die Bank!** In d(ies)em Fall ist es der Staat, der uns sogar doppelt verarscht, indem er einerseits mehr Geld einnimmt, als er an Gewinn ausschüttelt, und andererseits die Zinserträge aus einem Gewinn versteuert! Sicherlich gibt es ein Lottogesetz, wonach ein Teil der Einnahmen von Glücksspielen an gemeinnützige Einrichtungen fließen, und dass das Geld in den sozialen Einrichtungen dringend gebraucht wird, ist keine Frage. Falls das Glück der **anderen** die einzige Motivation für ein »Glückspiel« wäre, fände ich das ja auch völlig in Ordnung und ich möchte nicht, dass es gerade dort, wo *man* es dringend braucht, fehlt! Aber mal ehrlich, Hand aufs Herz, was glauben Sie, was **wirklich** dahinter steckt?

Und da wir schon dabei sind: In Ländern wie in Deutschland und Österreich besteht – zugegebenermaßen nicht ganz ohne Grund, da ansonsten das Glücksspiel und die damit einhergehenden Manipulationen überhand nehmen würden – ein sogenanntes »**Lotteriemonopol**«. »*Danach dürfen nur die konzessionierten Lottogesellschaften (in Deutschland auf Ebene der Bundesländer) Lotto durchführen. In der Schweiz ist das Lotteriemonopol auf der Ebene der Kantone organisiert: Deutschschweizer Kantone führen die Swisslotto, die französischsprachigen Kantone die Loterie Romande. Analog dazu gibt es ein Wettmonopol zum Beispiel im Bereich der Sportwetten. Private Lottoanbieter oder gewerbliche Tippgemeinschaften bieten gegen Gebühren Lotto an, spielen jedoch nicht selbst, sondern bei den konzessionierten Unternehmen.*« (341)

Verdammt clever, nicht wahr!? So clever, dass schon längst keiner mehr fragt, warum das so ist oder weshalb die lieben **kommerziellen(!)** Lottogesellschaften nicht ihre **eigenen**, »todsicheren« Methoden nutzen, um **selbst** reich zu werden. Immer wieder hört man in der Werbung, »... und morgen haben Sie es in Ihrem Briefkasten!« und immer wieder versucht man (mit dicker Werbung) neue Kunden zu fangen. Was glauben Sie, wie viel »Dumme« *man* braucht, damit sich der Aufwand, mehrere Millionen Haushalte gleichzeitig anzuschreiben, lohnt? Es müssen auf jeden Fall 'ne ganze Menge sein, um alleine das Porto wieder zu erwirtschaften – vom Papier und dem Druck ganz abgesehen, meinen Sie nicht!?

Doch kommen wir noch kurz zum Sport oder, wie es in *RTL Samstag-Nacht* einmal hieß: »*Mahlzeit, Neues vom Spocht!*«

Doping, das heißt die Einnahme von leistungssteigernden Substanzen und Nutzung dementsprechender Methoden, ist in einer Welt, die vorrangig Geschäfte machen will, »normal«. **Jeder** weiß, dass kein **Mensch** der (sportlichen) Belastung mehr gewachsen ist, Höchstleistungen nicht mehr auf natürliche Weise erbracht werden (können) und nur derjenige gewinnt, der auf dem Treppchen ganz oben steht! »Zweiter Gewinner« ist in unserer Welt gleichbedeutend mit »erstem Verlierer« und somit kaum der Rede – oder des Einschaltens und Zuschauens – wert!...

Ja, ja, ich weiß schon, ich rede es wieder mal schlecht und bin schief gewickelt, denn es war auf der Welt noch nie anders. Wann immer etwas oder jemand zum Verkauf angeboten wird, kann man auch heute noch davon ausgehen, dass belogen, betrogen, übertrieben, beschönigt und sich gegenseitig über den Tisch gezogen wird! Da wir mittlerweile aber selbst kaum mehr sind als eine Ware und uns dementsprechend täglich selbst (ver)kaufen, ist es für mich, den Miesmacher, klar, dass wir nicht nur im betriebswirtschaftlichen, sondern auch im zwischenmenschlichen Bereich ganz ähnlich mit uns verfahren und somit nichts von dem tun, was **gut** (für uns) **ist** bzw. **wäre**. Wenn es aber stimmt, dass wir – durch unser Verhalten – **selbst** schuld an unserer zukünftigen Misere sind und uns gegenseitig (*langfristig*) den Garaus machen, dann wäre doch gerade jetzt der Zeitpunkt gekommen, damit aufzuhören!? Es wäre der Zeitpunkt gekommen, ehrlich zu sein, erwachsen zu werden und die »Matrix« zu verlassen! Oder wollen wir uns tatsächlich solange weiter belügen und betrügen, bis wir irgendwann einmal tatsächlich aufhören **Mensch(en)** zu sein? Der **Mensch** darf niemals aufhören **Mensch** zu sein, doch wie *Cypher* – der Judas des *Matrix*-Filmes – möchten wir, sobald wir die **echte** Welt einmal gesehen haben, mit aller Gewalt wieder zurück in die wohlige Höhle unserer kindlichen Unwissenheit. Denn auch wir sind leider (noch) zu schwach, zu bequem und ängstlich für etwas Neues und begehen infolgedessen nur allzu gerne Verrat an all denen, die uns die Wahrheit und vollkommene Freiheit (näher) bringen könn(t)en!

Ich könnte bestimmt eine ganze Reihe von Büchern schreiben und würde dennoch nicht fertig werden, all das aufzuzählen, womit wir uns täglich betäuben, belügen und hypnotisieren (lassen)! Das alleine zeigt mir aber mehr denn je den absoluten Handlungsbedarf in Punkto »Wahrheit«, auf die ich im Speziellen an späterer Stelle (vgl. Band 2, S. 262ff) noch zurückkommen werde. Da wir im **derzeitigen** »*System*« wohl durch nichts mehr manipuliert werden als durch die **Werbung**, und diese, sofern sie nur der unmenschlichen Profitsteigerung dient, maßgeblich für unser Unwohlsein verantwortlich ist, möchte ich nun auf diese zu sprechen kommen. Es sei denn, Sie entscheiden sich **freiwillig** für die blaue Kapsel – oder war's doch die rote!?...

Solange Sie noch nachdenken, schalte ich dann mal zur Werbung – O.K.?

»Im Augenblick, als die Welt ihren Sinn verlor,
entdeckte die Werbung die Heilsbotschaft.«
- Roger Willemsen

Werbung

»Alles, was du liest und hörst und trägst und im Fernsehen siehst, ist ein Produkt, das dich um jeden deiner dreckigen Dollars anbettelt.«
- Maynard James Keenan

Werbung – für die man auch das Wort »**Propaganda**« benutzen kann und welche mit **politischer Propaganda** absolut zu vergleichen ist – dient per definitionem dem Zwecke der Meinungsbildung und Meinungsbeeinflussung einer Gruppe! Sie will Menschen beeinflussen, gewinnen und für bestimmte Ziele aktivieren und wird in der Wirtschaft seit jeher dazu verwendet, den Absatz eines »Produktes« zu erhöhen!...

Schon im antiken Rom betrieben die sog. »**Praeco**« – die als öffentliche Ausrufer sowohl staatliche als auch private Termine, wie etwa Auktionen oder die Ankunft bestimmter Händler ankündigten – wirtschaftliche Werbung. (342) Nachdem Johannes Gutenberg[311] im 15. Jahrhundert die technischen Voraussetzungen für Handzettel, welche von nun an in großem Stil produziert, verteilt und plakatiert wurden, geschaffen hatte, trieb die Erfindung des Buchdruckes – ob nun gewollt oder ungewollt sei dahingestellt – die Möglichkeiten der Werbung weiter voran. Kein Medium, das eine breite Masse von Leuten anspricht, wurde seither von irgendeiner Form der Werbung bzw. Propaganda verschont und Theodor Adorno schreibt in seinen, zwischen 1944 und 1949 entstandenen und in Deutschland erstmals 1951 veröffentlichten, *Reflexionen aus dem Beschädigten Leben – Minima Moralia*:

> *»Der Mechanismus der Reproduktion des Lebens, seiner Beherrschung und seiner Vernichtung ist unmittelbar der gleiche, und demgemäß werden Industrie, Staat und Reklame fusioniert.«* (343)

Der Zusammenhang zwischen der Entwicklung von Massenmedien und dem Fortschritt der Werbebranche, welche immer größeren, wenn nicht sogar den **größten** Einfluss auf unser (**tägliches**) Leben nimmt, macht uns schmerzhaft bewusst, dass wir, selbst wenn wir uns heutzutage der Werbung, der Industrie und dem Staat samt (s)einer Ideologie entziehen wollten, überhaupt keine Chance mehr dazu haben. Selbst an den entlegensten Teilen der Erde sieht »man« sich noch von Cola und Konsorten verfolgt, und wenn ich Sie jetzt bitte, Ihren Kopf zu heben, um sich umzusehen, werden Sie mit fast hundertprozentiger

---

[311] *»Johannes Gensfleisch, genannt Gutenberg, (* um 1400 in Mainz; † 3. Februar 1468 ebenda) gilt als Erfinder des Buchdrucks mit beweglichen Metall-Lettern (Mobilletterndruck) in Europa und des mechanischen Buchdrucks.«* (453)

Wahrscheinlichkeit irgendwo – und wenn es an Ihrem **eigenen** Körper ist – ein *Logo*, ein *Symbol* oder sonst etwas *Markenspezifisches* ausmachen können!

Das englische Wort für *Marke*, *Sorte* oder *Fabrikzeichen* lautet übrigens »*brand*«. »*Brand*« bedeutet darüber hinaus aber auch *Brandzeichen* und wenn ich uns so betrachte, wenn ich sehe, wie wir selbstverständlich und voller Stolz die Namen der (Bekleidungs)Firmen auf der Brust, der Brille, der Uhr, dem Hinterteil oder sonst wo tragen, und uns zum Teil sogar über diese Marken als »Mensch« definieren, so komme ich nicht umhin zu glauben, dass wir – wie die meisten anderen Schafe und Kühe auch – mit einem Brandzeichen versehen wurden!? Wir sind wirklich nichts weiter als Schafe oder Rinder, die auch noch so dumm sind, dafür zu bezahlen, den Namen oder das Symbol ihres »Hirten« auf der Haut tragen zu dürfen! Und nur weil wir uns unter Umständen zu einer exklusiveren Herde dazuzählen dürfen und deren Zeichen tragen, meinen wir tatsächlich, etwas »Besseres« zu sein. Doch sind wir es deshalb denn wirklich?

Sehen Sie's ein, die Werbung hat uns längst unterwandert, hat Einzug in unsere Wohnung(en) gehalten und hat vor unseren Köpfen ebenso wenig Halt gemacht, wie vor unseren Geldbeuteln und Briefkästen! Da können Sie auch noch so verbissen versuchen, Ihren Kopf vor der allgegenwärtigen **Werbung** zu verschließen. Sie werden es genauso wenig schaffen, wie ich es mit meinem Briefkasten geschafft habe! Den habe ich nämlich mit dem entsetzlichen Aufkleber eines *BGH Urteils (Az. VI ZR 182/88)* versehen, wonach es gerichtlich untersagt ist, Werbewurfsendungen und Prospekte einzuwerfen. Und was meinen Sie, was passiert ist? Wie das Fleisch in den Maultaschen, liegt die **Werbung** nun nicht mehr **auf** der Zeitung, sondern **in** der Zeitung! Vor »Gottes« Blick weitgehend geschützt lauert sie dort, wie eine Muräne, die sich in Riffspalten versteckt hält, auf ihr Beute(l)tier – nämlich mich! Und so habe ich bei mir zu Hause – ohne dass ich überhaupt eine (Tages)Zeitung oder dergleichen abonniert habe (die Muräne lauert bei mir in der Sonntagszeitung, die ich für »umsonst« bekomme) – mehr Altpapier zu entsorgen als mir recht und vor allem billig ist!...

Ob ich *ES* nun will oder nicht, werde ich also stets mit verbrauchergerechten Informationen »versorgt«, deren Verführung ich mich nur erwehren kann, indem das Zeug postwendend und vor allem **ungesehen** in die Ablage »P« wandert! Falls Sie aber immer noch der Meinung sind, Ihren Kopf und Ihr (Email)Postfach – im Gegensatz zu mir – tatsächlich vor der Werbung schützen zu können, möchte ich Ihnen eines verraten: »Bevor Sie überhaupt nur bemerken, dass es sich bei einer vermeintlichen Information um **Werbung** handelt, wurden Sie schon längst manipuliert!«... Wie das geht? Nun, ganz einfach, schon seit geraumer Zeit macht sich das sog. »**Neuromarketing**« die neusten neurophysiologischen Zusammenhänge und Erkenntnisse zunutze, um uns immer raffinierter und immer un(ter)bewusster steuern zu können! Natürlich versucht *man* gedankenkontrollierende Werbung zu verbieten und per Gesetz zu unterbinden, doch nach wie vor wird versucht (durch sie) auf unser *Belohnungszentrum* Einfluss zu nehmen, und alles, was damit zu tun hat, profitsteigernd so zu justieren, dass *ES* ins (gesamt)wirtschaftliche Bild passt und wir kontinuierlich weiter grasen ... äh, ich meine natürlich konsumieren!

Die **kapitalistisch** orientierte Wirtschaft regiert die Welt! Deshalb sollte Ihnen bewusst sein, dass sich jegliche Art der **Werbung**, und auch jegliche Art der **politischen Propaganda** frech neurophysiologischer Tatsachen und Gegebenheiten bedient und diese auch benutzt, um uns nach Belieben zu steuern! Wie Sie schon an anderer Stelle gehört haben, reicht bei einem Süchtigen beispielsweise alleine der Anblick und die Aussicht auf den süchtig machenden Stoff (z.B. ein Glas Bier oder ein paar neue Schuhe) aus, um sein *Belohnungszentrum* zu aktivieren und damit die Sucht erneut auszulösen. *ES* ist das sogenannte »**Suchtgedächtnis**«, das hier (s)eine Rolle spielt und den Alkoholiker – selbst bei kleinsten Dosen – eventuell wieder rückfällig werden lässt!...

Geht *man* nun davon aus, dass wir **alle** süchtig (nach »Konsum«) sind und unsere Dealer sich über die ganze Welt verteilt haben, kann man leicht verstehen, dass die allgegenwärtige **Werbung** stets das **Suchtgedächtnis** benutzt, um uns mehr denn je bei der wirtschaftlichen und politischen Stange, das heißt, im Zaum zu halten! Leider ist dies notwendig, um die Megamaschine des Konsums weiter anzutreiben, denn, wenn morgen keiner mehr etwas in der Art und Weise, wie wir es augenblicklich tun, konsumieren würde oder könnte, würde die Welt, wie wir Sie kennen, in »Nullkommanichts« wie ein Kartenhaus in sich zusammenfallen! Doch wäre das tatsächlich so schlimm?

Am Anfang dieses Buches (S. 56ff) habe ich Ihnen etwas über (m)ein »Fundament« erzählt und darauf hingewiesen, dass ein (Karten)Haus, das auf Sand gebaut wird, zwangsläufig instabil ist und irgendwann umkippen wird. Was ich nicht erzählt habe, ist, dass *man* nach dem Zusammenbruch eines Gebäudes in der Regel die übriggebliebenen Balken und die Steine dazu verwenden kann, um ein neues, eventuell besseres Haus zu bauen! Wie die Karten eines Kartenhauses werden auch die Trümmer eines Gebäudes wieder aufgenommen und bieten uns – nachdem *Sie*(!?) etwas »überarbeitet« wurden – die Chance, ein stabileres Haus als das bisherige zu bauen. Mehr noch, die vor uns liegenden Karten bieten uns die Chance, ein anderes Spiel als das bisherige zu spielen (statt *Poker* zum Beispiel *Mau Mau*)! Ein Vergleich, auf den ich später noch zurück kommen werde!

Das »Haus«, in dem wir uns derzeit befinden, hat zwei entscheidende Nachteile:

1. Das Fundament ist **nicht** stabil, da es die Gesetze der Natur missachtet!
2. Der »Mörtel«, der unser »Haus« zusammenhält, gibt mit der Zeit nach, da der **Glaube** – im und an den (r)einen Kapitalismus – aus Kostengründen auf eine ethische und moralische Zusammensetzung verzichtet!

Meiner Meinung nach befinden wir uns momentan also in einem Haus, welches über kurz oder lang zusammenbrechen wird! *ES* ist in der Tat ein sehr schönes, luxuriöses Haus, in dem *man* recht gut leben kann. Trotz allem gewährt ***ES*** uns aber **keine** *langfristige* Sicherheit! Un(ter)bewusst spüren wir das: wir spüren, dass unser Haus wackelt, langsam zerbricht! Angst und Misstrauen machen sich breit und *ES* geht so weit, dass wir bald kein Auge mehr zumachen werden!...

Wenn sich demnächst – ich spreche hier unter Umständen von Jahrzehnten(!) – nicht etwas **Grundlegendes** ändert, ist *ES* vorbei. Nun könnte *man* sagen, dass ein bisschen mehr Zement, Mörtel und Leim unserem Haus wieder Stabilität, das heißt, Beständigkeit und (Gleichgewichts)Sicherheit verleihen. Solange es sich beim »Bindemittel« aber um einen *qualitativ* schlechten Mörtel handelt, *man* ihn nur oben drauf klatscht, nur die Fassade erneuert und *man* beim Restaurieren des Fundaments an der falschen Stelle spart, ist die Gefahr, statt aufgehoben, nur aufgeschoben! Um uns dennoch in **falscher** Sicherheit zu wiegen, werden wir aber niemals irgendwo Sprüche lesen wie:

»***Das Bundesgesundheitsministerium warnt!***
Konsum gefährdet Ihre Gesundheit!«

oder beispielsweise im Radio hören:

»***Vorsicht! Kaufen macht süchtig!***«

Auch wird nirgends stehen, dass ***Werbung nachhaltig unsere Zufriedenheit beeinträchtigt*** oder sie – mittels unserer **Gier** – unseren **»freien« Willen** in Ketten legt! Das wäre im Hinblick darauf, wie das »*System*« inzwischen funktioniert, auch mehr als dämlich, denn wie ich bereits am ***Schaubild zur Suchtentstehung*** (vgl. S. 260) erklärt habe, **wollen** und **brauchen** wir – die wir ja ständig nach irgendetwas »**gierig**« bzw. **süchtig** sind – schließlich **immer mehr** (von dem, was uns »high« werden lässt)! Also muss auch **immer mehr** produziert werden! – Ein (r)echt(beschissen)er (»Teufels«)Kreislauf!

Voraussetzung dafür, dass wir nach **(immer) mehr** verlangen, ist allerdings, dass wir **wissen**, dass es überhaupt »**mehr**« gibt! Oder würden Sie etwa nach einem noch größeren Fernseher oder einer noch besseren Bildschirmauflösung verlangen, wenn Sie gar nicht wüssten, dass so etwas existiert? Vermutlich nicht! Sie würden sicherlich auch Ihre **eigene** Beziehung und Ihr Leben weniger in Frage stellen, wenn Sie nicht andauernd andere, angeblich bessere Beispiele und alternative Lebensmöglichkeiten unter die Nase gerieben bekämen!(?)

Natürlich gäbe es einen gewissen »Drang« im Menschen, sich zu verbessern und über den Tellerrand (s)einer Existenz zu blicken, das ist klar. Aber dieser wäre bei Weitem nicht so groß oder so stark, wäre da nicht die **Werbung**, die uns genauso den Kopf verdreht wie der Anblick einer (scheinbar) noch schöneren Frau oder eines noch tolleren Mannes! Es ist eine altbekannte Regel, dass die Kirschen in Nachbars Garten die »besten« sind, und wenn sie uns dann auch noch durch die **Werbung** so herrlich verlockend präsentiert werden, geraten wir leicht in einen kräfteraubenden Konflikt mit uns (**selbst**) und der (Um)Welt:

Wir kommen in »Versuchung«, diese »Kirschen« zu kosten!...

Dieser Mechanismus und die Tatsache, dass wir – trotz eines moralischen oder wie auch immer gearteten Verbotes – bei etwas Leckerem nur schlecht »Nein« oder »Aus« sagen können, ist im Übrigen so alt wie die Bibel:

> *»Da sah die Frau, dass es köstlich wäre, von dem Baum zu essen, dass der Baum eine Augenweide war und dazu verlockte, klug zu werden. Sie nahm von seinen Früchten und aß; sie gab auch ihrem Mann, der bei ihr war, und auch er aß.«*
> - Genesis 3, 6,

Wie Sie vielleicht wissen, war es uns von »Gott« einst streng verboten worden, vom *Baum* – in diesem Fall – *der »Erkenntnis«* zu (fr)essen. Wir, Männlein wie Weiblein, wussten es aber mal wieder besser und haben es aus »freien« Stücken oder, wer weiß, vielleicht auch nur aus *langer* Weile dennoch getan: Wir haben gegen ein Ver- bzw. Gebot unseres bewussten Seins verstoßen, aus Jux und Tollerei, und da hilft es auch nichts, im Nachhinein irgendwem die Schuld für unsere **eigene(n)** Schwäche(n) und Entgleisung(en) zu geben – kapiert!?

Nachdem der **Mensch** – jung und dumm, wie er *war*(!?) – also schon der ersten aller **Versuchungen** erlag, – die (autoritäre) **Kirche** spricht hier vom »**Sündenfall**«, wohingegen aus **humanistischer Sicht** (dies)»*ES*« wohl eher dem Anfang der **menschlichen Freiheit** entspricht (vgl. Fromm) – war es bekanntermaßen vorbei mit dem Paradies, und ein Wiedereintritt wird ihm seither durch zwei nahezu unüberwindliche »Türsteher« mit flammenden Schwertern verwehrt!

Dessen sollten Sie sich stets bewusst sein – vor allem falls Sie mal (wieder) meinen, Ihren Partner verbotenerweise betrügen zu müssen oder sonstigen **Versuch(ung)en** so mir nichts, dir nichts nachzugeben! Womöglich handelt *ES* sich bei der nächstbesten »Gelegenheit« nämlich um nichts anderes als um das, was ich eben beschrieben habe!? Also nehmen Sie sich die »Zeit« und überlegen Sie sich gut, ob Sie das ganze »**Paradies**« für die **Lust** (auf einen vergänglichen Apfel) aufs Spiel setzen möchten – der »Teufel« ist nämlich ein Eichhörnchen!

Nichtsdestotrotz hätten wir es an Stelle von Adam und Eva mit größter Wahrscheinlichkeit auch getan bzw. getrieben – hätten uns blenden lassen und sicherlich noch weniger gezögert bzw. gedankenloser gehandelt, wenn das Eichkätzchen (Sciurus vulgaris), oder sagen wir besser die Schlange, die das Ganze schon damals so toll verkauft und eingefädelt hat, die Möglichkeiten der heutigen **Werbung** gehabt hätte:…

Noch bevor Eva überhaupt den Apfel in natura gesehen hätte, hätte sie morgens bunte Prospekte mit riesenhaften Lettern aus ihrem vermeintlich sicheren Briefkasten gefischt. Auf dem Weg zur Arbeit würde sie aus dem Augenwinkel auf Litfaßsäulen und Plakatwänden lesen können: »Iss den Apfel (der Erkenntnis) jetzt! Sei doch nicht blöd!«, und während ihr eingängige Jingles aus dem Autoradio ins Gedächtnis hämmern, »Das Angebot gilt nur, solange der Vorrat reicht … trallali … trallala!«, wäre ihr schon das Wasser im Mund zusammengelaufen!

In der Arbeit angekommen, muss Eva dann erst einmal genervt ihr E-Mailkonto von den Spam-Mails einer gewissen Miss Snake befreien und trotz sog. »Pop-up-Blocker« gehen beim Internetsurfen auf ihrem *Apfelcomputer*bildschirm ab und an Fensterchen mit Äpfeln auf!... In der Mittagspause informiert sich die blonde Nackte dann in Frauenzeitschriften über die besten Apfelmus-Rezepte samt den Vorzügen der neuen Apfeldiät, welche schon bei der Prominenz gewirkt hat, beäugt schrille und ebenso teure Apfel-Outfits angesagter Designer (aus *Big Apple*) und hört, etwas später am Tag, wie ihre Kollegin im Vorbeigehen von den neuesten Apfel-Deko-Tipps, dem schicken *Apfelhandy* und modischen Accessoires im trendigen Apfelstyle schwärmt!...

Wieder auf dem Nachhauseweg fährt und schaut Eva abermals vorbei an den Säulen, Plakaten und Figuren – den veräppelten Menschen und Apfelhuren. Das Radio verspricht derweilen eine 0 % Sonderfinanzierung (Sofortkredit) auf sämtliche Apfelprodukte (Ganz ohne Zusatzkosten!) – und da vergisst sie doch tatsächlich und leicht beschwingt, dass sie die Jingles schon selbst (mit)singt!

Abends liegen die letzten ersten Menschen dann wie immer vor der Glotze und während er, Adam, via Fernbedienung wie wild von einer Apfelwerbung zur anderen jagt (komischerweise veräppeln einen die »Verbraucherinformationen« ja immer zur selben Zeit), blättert Eva etwas gelangweilt in einer Modezeitschrift, welche viel zu dünne, in Apfelton geschminkte Models in tollen Apfelkostümchen zeigt. Selbst während der eigentlichen Fernsehsendungen kommt mittlerweile und ganz selbstverständlich ein Apfellogo durchs Bild geflogen und ein Nachrichtensender zeigt per Börsenticker den Zuwachs der *Apfel*aktie und die weltweite Bedrohung der Äpfel durch die Birnen an! Während sich zu späterer Stunde und im Eifer der längst überfällig scheinenden (geschlechtlichen) Liebe Evas Finger in Adams Apfelpo bohren und er, kurz vor dem Höhepunkt, an »warmen Apfelkuchen« denkt, ist sie bereits schon eingeschlafen und im Traum an dem Tag angelangt, an welchem sie endlich einkaufen und ein Stück vom »Paradies« ihr Eigen nennen kann. Kurze Frage:

»Haben Sie jetzt auch Lust auf einen Apfel(po)?«

Alleine das häufig gefallene Wort »Apfel« hat vermutlich das Verlangen nach demselbigen bei einigen von Ihnen ausgelöst – ...selbst bei mir, und ich bin gegen die Dinger allergisch!
Wie dem auch sei, *ES* ist heutzutage (alles) eine Frage des »**Marketings**« und – was wir kaufen, träumen und toll finden – längst nicht mehr Sache unseres **»freien« Willens!** Selbst der Verkauf und der Erfolg (m)eines Buches – (falls *ES* tatsächlich einmal so weit kommt) – wird hauptsächlich davon abhängen, wie clever *man* es vermarktet. Der Inhalt spielt – und da mache ich Ihnen und mir nichts vor – dabei wohl eher eine sekundäre Rolle! Viel wichtiger ist es doch, einen schönen, auffälligen Einband zu *haben*, attraktiv bzw. schmackhaft zu erscheinen und »Menschen« mit Rang und Namen auf (s)eine Seite zu bekommen! Das **(all)*ES*** – und noch ein bisschen mehr – ist (leider) nun mal nötig, um (s)eine Kunst zum Kassenschlager und somit gesellschaftsfähig, *interessant*[312], begehrt und – insbesondere **finanziell** – erfolgreich zu machen!

»*Ein Prominenter ist jemand, der dauernd für sich werben kann, weil er von den Medien umworben ist.*« (344)
- Gerhard Uhlenbruck

Machen Sie sich von nun an doch **selbst** einmal Gedanken darüber, ob Ihr (Konsum)Verhalten tatsächlich durch Ihren **»freien« Willen** bestimmt ist, oder ob *man* das, was Sie tun und speziell kaufen, vielmehr als einfaches Ergebnis einer vorhersagbaren (Re)Aktion ansehen kann! Oder noch viel einfacher: Stellen Sie sich beim nächsten (Ein)Kauf folgende, ketzerisch anmutende und bereits aus dem Kapitel »*Belohnungszentrum – Animal addictum*« (S. 244) geläufige Frage:

»Brauche ich *ES* wirklich, oder meine ich nur, dass *ES* so ist?«

Sie werden sehen, dass letzteres häufig überwiegt: Meistens glauben wir nämlich nur, *E*(twa)*S* zu brauchen, und erkennen dabei nicht, dass unser **Wille** beim Kauf genauso wenig **»frei«** ist wie die dazugehörige, sogenannte, »***›freie‹ Marktwirtschaft***«, in der (je)der Einzelne angeblich so sein und bleiben kann, wie er will, aber im Endeffekt doch keine Wahl hat, sondern nur das tut, was sie bzw. *man* (und damit *ES*) von ihm verlangt!
Falls Sie aber immer noch der Meinung sind, Sie besäßen einen **»freien« Willen** und noch dazu meinen, einen **eigenen** (erwachsenen) Geschmack nebst dazugehöriger (Kauf- bzw. Sauf)Kontrolle Ihr »Eigen« nennen zu dürfen, muss ich

---

[312] »***in|te|r|es|sant*** *<lat.-mlat.-fr.>:*
1. *geistige Teilnahme, Aufmerksamkeit erweckend; fesselnd.*
2. *(Kaufmannsspr.) vorteilhaft.*«

Sie leider abermals enttäuschen: Folgenden Artikel, vom 4. Mai 2006, habe ich im Netz unter *»http://www.lifegen.de«* gefunden! Ich bitte Sie, ihn aufmerksam durchzulesen und sich dabei **wirklich** einmal **eigene** Gedanken zu machen! Der Artikel ist zwar kostenlos erhältlich, aber bestimmt nicht umsonst…

»Neuromarketing nimmt Kinder ins Visier

*Wer den Einsatz der bildgebenden Verfahren wie PET oder MRT bislang nur aus der Medizin kannte, sieht sich mittlerweile eines Besseren belehrt. Viele Unternehmen wollen wissen, wie das Gehirn des Konsumenten auf Werbebotschaften und Produkte reagiert – und scheuen dazu keine Mühen. Neuromarketing heißt das neue Zauberwort, bei der die Konzerne auf das Know-how von Hirnforschern setzen. Der Clou: Durch Messung der Blutströmungen im Gehirn der Konsumenten erkennen die Forscher, welche Hirnregionen bei visuellen oder geschmacklichen Reizen reagieren. Entscheidend für die Akzeptanz eines Produktes durch unser Gehirn ist nämlich, ob die entsprechenden emotionalen Zentren auf die auferlegten Reize positiv reagieren. **Einfacher ausgedrückt: Das Gehirn muss auf die angebotene Ware mit einem Gefühl der Belohnung antworten**. Hinzu kommt eine weitere Finesse unseres Gehirns. Das Gefühl des eigenen Ich, unsere Selbstidentifizierung also, wird vom sogenannten medialen prefrontalen Cortex bestimmt. Bei Testpersonen, die sich während einer Magnetresonanztomographie (fMRT) verschiedene Markenprodukte ansehen mussten, zeigte sich in eben dieser Hirngegend eine erhöhte Blutströmung – aber nur dann, wenn sich die Probanden mit dem Produkt identifizierten. Jetzt nimmt sich das im S.Fischer Verlag erschienene Sachbuch ›KonsumKids – Wie Marken unseren Kindern den Kopf verdrehen‹ der Thematik an.*

Dass Neuromarketing einen massiven Einfluss auf das Gehirn des Menschen zu haben scheint fanden auch Mediziner am Baylor College of Medicine in Houston, Texas, heraus. Nahezu alle Testpersonen bevorzugten im Blindversuch, also ohne Kenntnis der probierten Marke, Pepsi als Colagetränk. Der Konkurrent Coca Cola hingegen blieb als getarnte Version in der geschmacklichen Beliebtheit weit zurück. Entsprechenden fMRT-Bilder verdeutlichten, warum das so war: Pepsi löste im Belohnugszentrum des Gehirns, dem sogenannten ventral putamen, entsprechende Signale aus – Coke hingegen schaffte das in weitaus wenigeren Fällen. Daraufhin änderten die Forscher die Versuchsanordnung – und kamen zu einem sensationellen Ergebnis. Jene Menschen, denen Pepsi im Blindversuch besser schmeckte, fanden bei Nennung der Marken vor dem Verkosten mit einem Mal Coke leckerer. Denn das Produkt verfügte offenbar über das bessere Marken-Branding, und aktivierte dadurch den bereits erwähnten prefrontalen Cortex massiv. Anders ausgedrückt: Die Probanden identifizierten sich mit der Marke, bevor das Belohnungszentrum reagieren konnte. Dadurch suggerierte das Gehirn den besseren Geschmack – obwohl es ohne Markennennung eigentlich eine andere Geschmacksrichtung favorisierte.

Dass Marketing ›bereits tief in die Pathologie‹ des Menschen eingreift, meint auf Grund solcher Ergebnisse Gary Ruskin vom US-amerikanischen Verbraucherschutzverband Commercial alert, der in Portland seinen Sitz hat. Ruskin zufolge machen sich gerade bei Kindern mit Diabetes-Typ-2 oder Übergewicht die ›epidemischen Folgen des Marketings‹ bemerkbar. Und: ›Neuromarketing ist ein Tool, um diese Trends zu verstärken‹.« (345)

Das Konformitätsexperiment von Solomon Asch

Wie Sie sehen, hat die Leistungsfähigkeit (*Effizienz*), die Wirksamkeit (*Effektivität*) und folglich die **Macht der Werbung** – genau wie die der **politischen Propaganda**, von der Sie noch hören werden – mittlerweile einen kaum mehr zu »toppenden« Grad erreicht. Wie einfach wir uns, unsere Wahrnehmung und mit ihr unsere Welt nicht nur von der Werbung, sondern von anderen Personen beeinflussen lassen, hat dabei das ***Konformitätsexperiment von Solomon Asch***[313] Anfang der fünfziger Jahren aufgezeigt! Heute gilt es als Klassiker der Psychologie und beschreibt den sog. »**Majoritäteneinfluss**«, den ich schon an früherer Stelle kurz erwähnt habe. Es ist denkbar einfach:

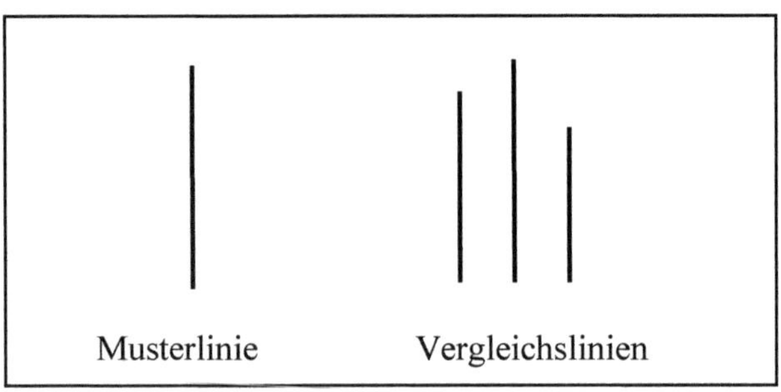

[313] »*Solomon E. Asch (* 14. September 1907 in Warschau; † 20. Februar 1996) war ein polnisch-amerikanischer Gestaltpsychologe und Pionier der Sozialpsychologie. [.]Mit seinen Thesen beeinflusste er nachhaltig die Arbeit des Psychologen Stanley Milgram und diente als dessen Doktorvater an der Harvard University.*« (454)

Die Versuchsperson wird gefragt, mit welcher von drei unterschiedlich lang gezeichneten Vergleichslinien eine Musterlinie übereinstimmt. Eine einfache Frage, denn der Unterschied scheint für jedermann leicht ersichtlich zu sein!

Sitzen nun aber 10 Personen in einer Reihe, von denen die ersten 9 ins Experiment eingeweiht wurden und nach einiger Zeit vereinbarungsgemäß eine **falsche** Linie nennen, so passt sich die 10te, nichts ahnende (naive) und eigentliche Versuchsperson in **rund einem Drittel** der Fälle d(ies)er **falschen** (Längen)Aussage der Gruppe an! (346) Das ließ und lässt darauf schließen, dass ein nicht zu unterschätzender Teil der »Menschen« in nicht eindeutigen bzw. unsicheren Situationen mit den Urteilen anderer »konform« gehen! Das **Majoritätenurteil** der Gruppe beeinflusst somit das Urteil, die Wahrnehmung und zum Teil sogar die Empfindung (z.B. den Geschmack) Einzelner, selbst wenn *ES* bzw. sie »offensichtlich« falsch is(s)t!...

In welchem Maße (dies)*ES* so is(s)t, hängt von verschiedenen Faktoren ab, auf die ich jetzt leider nicht genauer eingehen kann. Ich gebe nur zu bedenken, dass in der **Politik** wie in der **Werbung** zum großen Teil von der Möglichkeit, Menschen gegen das **eigene** Interesse zu beeinflussen, Gebrauch gemacht wird(!):

So wird beispielsweise durch Vortäuschung einer etwaigen »Mehrheit« (»So und so viel Prozent der Deutschen würden oder haben sich für die Partei oder das Produkt entschieden!«) versucht, das Ergebnis von Wahlen oder (Kauf)Entscheidungen zu manipulieren. Und was die (Überzeugungs)Gewalt von gigantischen Aufmärschen während der Nazidiktatur und die (psychologische) Wirkung von Massenveranstaltungen in faschistisch/kommunistisch regierten Staaten betrifft, erübrigt sich (hoffentlich) jeglicher Kommentar!

Durch den berühmten **Gruppenzwang** (auch **Gruppen**- oder **Konformitätsdruck** genannt) werden auf der **ganzen** Welt somit die offensichtlich **falschen** Aussagen und Entscheidungen von in hohem Amt stehenden Personen nicht selten als »richtig« bewertet und die »Richtigkeit« einer eventuell **grottenfalschen** Ideologie dadurch bestärkt und bestätigt, dass möglichst viele an den Schwindel glauben! Unnötig zu erwähnen, dass die Mehrheit der »Menschen« zurzeit (noch) an das **Finanz*system*** »glaubt« und von der prinzipiellen Richtigkeit des Kapitalismus, der Macht des Geldes, den Aussagen des »Chefs« und dem Überleben des oder der Stärkeren überzeugt ist!(?)

Der **Gruppenzwang** »*ist Auslöser für eine Veränderung des Verhaltens oder der Einstellung von Personen innerhalb einer überstimmenden Gruppe. Häufig zeigt die Person betreffende Verhaltensweisen nur innerhalb der Gruppe.*« (347) meint *Wiki* und vielleicht erinnern Sie sich noch daran, wie ich ganz am Anfang des Buches einmal gesagt habe, dass meine Patienten im Einzelgespräch und in einer Kabine, abgeschottet von der störende Außenwelt, beinahe alle **dieselbe** Meinung vertreten: *Sie*(!?) verabscheuen, wünschen und sehen **dieselben** »Dinge« wie **ich** und **alle anderen** auch! Doch sobald *Sie*(!?) draußen sind, ist **(all)*ES*** anders! Das wundert mich nicht (mehr), denn den »Menschen« innerhalb und den »Zuschauern« außerhalb eines faschistischen Aufmarsches oder »*Systems*« soll gezeigt werden: »Alle sind dafür, also is(s)t **(all)*ES*** richtig und gut!«…

Die Repräsentanten des Staates, eines Konzerns, Betriebes oder einer Familie tun ihr Übriges dazu, spielen die Rolle der »Fürsten« und bestätigen abermals und nur allzu oft das bereits an anderer Stelle erwähnte und absolut zeitlose Märchen von *des Kaisers neuen Kleidern*! Für die, die es nicht kennen:

»*Das Märchen handelt von einem Kaiser, der sich von zwei Betrügern für viel Geld neue Gewänder weben lässt. Diese machen ihm weis, die Kleider seien nicht gewöhnlich, sondern könnten nur von Personen gesehen werden, die ihres Amts würdig und nicht dumm seien. Tatsächlich geben die Betrüger nur vor zu weben und dem Kaiser die Kleider zu überreichen. Aus Eitelkeit und innerer Unsicherheit erwähnt dieser nicht, dass er die Kleider selbst auch nicht sehen kann und auch die Menschen, denen er seine neuen Gewänder präsentiert, geben Begeisterung über die scheinbar schönen Stoffe vor. Der Schwindel fliegt erst auf, als ein Kind ausruft, der Kaiser habe gar keine Kleider an.*

Die Erzählung wird gelegentlich als Beispiel angeführt, um Leichtgläubigkeit und die unkritische Akzeptanz angeblicher Autoritäten und Experten zu kritisieren – vergleichbar mit Kleider machen Leute und dem Hauptmann von Köpenick. Aus Furcht um seine Stellung und seinen Ruf spricht wider besseres Wissen niemand, nicht einmal der treueste Minister des Kaisers, die offensichtliche Wahrheit aus; vor die Entscheidung ›Ansehen und Wohlstand oder Wahrheit‹ gestellt, entscheidet man sich letzten Endes gegen die Wahrheit und für die materiellen und ökonomischen Vorteile.« (348)

Spinnt man das Märchen weiter, überträgt *ES* auf unsere Welt und geht davon aus, dass die(se) Welt vornehmlich vom Kapitalismus und dem damit verbundenen und darauffolgenden Faschismus regiert wird, so erkennt man eine nackte, allenfalls in Unterwäsche gekleidete, unmenschliche und künstliche Welt, die uns lediglich als die vermeintlich schönste und tollste von allen erscheint.

Die **Werbung/Propaganda** und die damit verbundene Beeinflussung unserer Wahrnehmung und unseres Geschmacks bezüglich so ziemlich allen Belangen unseres Lebens ist (fast) nicht mehr aufzuhalten, geschweige denn, dass wir sie »wegdenken« können. Die **Reklame** scheint dabei am besten zu funktionieren, wenn sie von uns nicht einmal mehr als solche wahrgenommen wird! Wir haben uns sogar schon so weit an die **Propaganda** und die **(Öffentlichkeits)Arbeit** (unseres eigenen *Es*) gewöhnt, dass viele von uns vehement leugnen, überhaupt (von sich **selbst** oder sonst wem) manipuliert zu werden. Ein nahezu fatalistischer[314] Zustand, wenn *man* bedenkt, dass auf diese Art und Weise ganze Völker eine vorgegebene Sicht un(ter)bewusst aufoktroyiert bekommen, *man* zu dem Schluss kommt, dass ***ES*** der **eigene** (»freie«) Wille ist und es irgendwann nicht mehr nur noch darum geht, welches Parfüm oder welchen Fußbodenreiniger wir kaufen oder besser finden sollen. Wir sind umgeben von Schaufenstern, Leuchtreklamen, Trikotwerbung, Litfaßsäulen, Plakaten und lesen – während wir so vor uns »hinleben« – die Aufschriften auf Gebäuden und Verkehrsmitteln wie Bussen und Bahnen. Wir sehen Werbespots im Fernsehen, hören sie im Radio, lesen Prospekte und Werbebriefe, blättern in Zeitschriften und Magazinen, die allesamt fast nur noch aus **Werbung** bestehen! Trotz des zunehmenden Einflusses der Print- und audiovisuellen Massenmedien einer online vernetzten Welt bemerken wir aber nicht, wie die **Gier** in uns **ständig** geweckt wird und so – wenn Buddha Recht hat – das Leiden auf dieser Welt einfach kein Ende findet!

In Howard C. Cutlers Buch *Die Regeln des Glücks,* in dem der amerikanische Psychiater seine Gespräche und Erfahrungen mit Tenzin Gyatso, dem XIV. und derzeitigen Dalai Lama, wiedergibt und dabei unter anderem die buddhistische Lebensphilosophie mit den wissenschaftlichen Erkenntnissen der westlichen Welt bzw. Forschung in Einklang bringt, gibt es ein Zitat des liebenswert lächelnden Mannes, der sich gerne in kastanienbraune/safranfarbene Mönchsroben kleidet. Er sagt:

> »*Das eigentliche Mittel gegen Gier ist Zufriedenheit. Wenn Sie ein hohes Maß davon besitzen, spielt es keine Rolle, ob Sie ein Objekt erhalten oder nicht – Sie werden immer zufrieden sein.*« (349)
>
> \- XIV Dalai Lama

Das ist leichter gesagt als getan, denn wäre in Zeitschriften nicht der wahrscheinlich rechtlich notwendige Schriftzug »**Anzeige**« oder »**Promotion**« – so wird **Werbung** in »Neusprech« genannt – klein in irgendeiner Ecke zu (über)sehen, ich glaube, dann würden wir wahrscheinlich nicht einmal mehr den Unterschied zwischen **Werbung** und »**unabhängigem Leseinhalt**« erkennen! Wie soll *man* also (zufrieden) sein, wenn die **Gier** in uns – ohne dass wir es merken – ständig aufs Neue geweckt wird? Durch **Achtsamkeit** oder – wenn man so will – **Wachsamkeit**!!! Aber kommen wir wieder zurück:

Vielleicht ist es Ihnen selbst schon aufgefallen: Mittlerweile haben wir sogar einen Punkt der **Propaganda** erreicht, an dem die **Werbung** für und – was in meinen Augen noch perverser ist – mit sich **selbst** wirbt! Inzwischen gibt es also **Werbung** für **Werbung**, die ihrerseits wieder für **Produkte** wirbt, die wir dann kaufen sollen. In diesem Sinn hat ein großer Elektronikhandel im Januar 2007

---

[314] »***fa|ta|lis|tisch***: *sich dem Schicksal ohnmächtig ausgeliefert fühlend; schicksalsgläubig.*«

beispielsweise den Geburtstag des tausendsten Prospekts gefeiert und pünktlich ein Jahr später (Januar 2008) für und mit dem »ersten, besten Katalog« des Jahres geworben. Wie immer hat er damit die richtigen Knöpfe gedrückt, tolle(re) und **scheinbar** billige(re) »Dinge« an den unbedarften kleinen Mann und seine Frau gebracht und unser (»aller«) Leben bereichert! Bei aller verständlichen Euphorie[315] gestatten Sie mir dennoch eine Frage:

»Sind wir eigentlich noch zu retten?«

Solange ich noch immer Angeboten (wie diesen) hinterherlaufe und wir uns selbst, als Person, über die Marken und Produkte, die wir kaufen und *haben*, definieren, ist die Antwort wohl klar: Wie eine lebendige Litfaßsäule tragen wir stolz fremde Namen auf der Brust oder präsentieren Logos an unserem Körper, um zu zeigen, dass wir jemand *sind*! Dabei *sind* wir dadurch eigentlich zu einem **Niemand** geworden und rennen – wie alle anderen Schafe und Rinder auch – einfach nur in die Richtung, die »man« uns freundlicherweise vorgibt. …

Im Fernsehen präsentiert indessen ein Katzenfutter das Wetter, eine Biermarke sorgt für den langen und »werbefreien« Spielfilmgenuss am Sonnabend und eine *Wetten, dass ...?*-Sendung ohne die bunten Gelatinetierchen auf dem Tisch wird's wohl erst geben, wenn man Gottschalk den Stecker (aus dem Lockenstab) zieht oder BSE wieder zum Thema (in den Medien) wird![316] Nebenbei gesagt:

»James Bond fährt wieder (s)einen Engländer und Will Smith lenkt in einem Film ein futuristisches Auto aus Deutschland! Sonnenbrillen müssen natürlich ein bestimmtes »Design« aufweisen und nur mit den bekannten Streifen auf den Schuhen kann man gut kicken!« Was allerdings eine koffeinhaltige Zuckerlimonade oder Alkohol mit Sport zu tun hat und warum Fußballspieler ausgerechnet für fettreiche Nuss-Nugat-Creme werben, ist mir persönlich schleierhaft. Ich habe auch keine Ahnung, was genau *»100% Glanz und Kraft«* – so beschrieben auf (m)einem Shampoo – bedeutet oder warum mich das überhaupt interessiert! Und ich hab keinen Schimmer, was *Degistivum Essensis-Kulturen* sind oder um was genau es sich bei den angepriesenen *Frühstückscerealien* handelt. Ohne auch nur einen Gedanken daran zu ver(sch)wenden, wasche ich mir trotzdem die Haare – natürlich nicht mit den *Kulturen*, sondern mit *100% einer Einheit*, die mir nicht bekannt ist – und stopfe danach das furchtbar blähende Frühstückszeug in mich hinein! Und das Zeug schmeckt auch noch gut… – glaube ich!?

---

[315] »***Eu|pho|rie*** *die; -, ...ien <gr.>:*
a) *augenblickliche, heiter-zuversichtliche Gemütsstimmung; Hochgefühl, Hochstimmung;*
b) *(ohne Plural; Med., Psychol.) subjektives Wohlbefinden schwer Kranker.*«

[316] Anm.: **Gummibärchen** bestehen aus **Gelatine**; die wiederum wird aus **Bindegewebe** – vor allem aus **Haut** und **Knochen** von Schweinen und Rindern, aber auch von Geflügel und Fischen – gewonnen. Jetzt (er)kennen Sie den Zusammenhang!
(Vgl. *Wikipedia*: Gelatine. URL: http://de.*Wikipedia*.org/wiki/Gelatine)

Ach ja, fast hätt ich's vergessen: die linksdrehenden Milchsäurebakterien sind natürlich besser als die andersrumdrehenden – oder war es umgekehrt? – und *Waschmaschinen leben länger mit ...* na, Sie wissen schon! Wie dem auch sei, wir sollen (erst) bei »riesigen« Nebenwirkungen die Packungsbeilage lesen oder – falls wir nicht lesen können oder bei der Einnahme der hundertachtzigtausend Medikamente doch mal etwas daneben( )gehen sollte – den Arzt oder Apotheker fragen. So viel hab ich kapiert..!?

Nicht so klar ist den meisten von uns aber, warum sie überhaupt etwas kaufen, machen oder einnehmen sollen! Ist, wie es scheint, auch nicht so wichtig – denn wir tun es einfach, (ver)trauen blindlings der **Werbung** und sehen dabei nicht die zunehmende **persönliche** Verflechtung mit gewissen Marken, politischen Programmen und Produkten, welche schon längst an einem beinahe irreversiblen Punkt angelangt ist!...

Diesen Umstand kann man auch gut an unserer Sprache erkennen: Ohne es zu bemerken, fragen wir nämlich, statt nach einem »Taschentuch«, meistens nach einem »na Sie wissen schon was« und bei der Frage nach »Klebstoff« könnte es einem draußen, in der freien Natur durchaus passieren, dass man von einem »Waldscheißer« (so nenne ich spaßeshalber die Pfadfinderwichtel) einen ordentlichen Vogel in Form eine großen Eule gezeigt bekommt! Wenn ich singe: »Nichts ist unmöglich ...« denken Sie – als »älterer« (Mit)Bürger mit entsprechend »telemedialer« (Früh)Erziehung –, obwohl *ES* schon geraume Zeit her ist, an eine ganz bestimmte Automarke, und dass Kühe nicht lila sind, wissen längst nicht mehr alle ... Kinder!

...

Interessant war und ist bei alledem indes, dass ich **nie** eine **Marke** nennen musste, und die meisten von uns – vorausgesetzt, *Sie*(!?) sind alt genug und im Besitz eines funktionsfähigen Teleschirms – dennoch wussten, welche **Produkte** jeweils gemeint waren! Manchem »Pawlowschen Hund« ist bereits beim assoziierten Gedanken an Schokolade der Speichel im Mund zusammen gelaufen, oder er hat im Kühlschrank verzweifelt nach dem unschlagbaren Gefühl (»You can't beat the feeling«) gesucht. Für diejenigen von Ihnen, die diesen Pawlow-Köter nicht kennen – er hat Ähnlichkeiten mit dem bekannten (inneren) Schweinehund – kommt hier, wie immer, die Bildung aus dem Netz...

»Pawlowscher Hund

aus Wikipedia, der freien Enzyklopädie

Die Bezeichnung Pawlowscher Hund bezieht sich auf das erste empirische Experiment des russischen Forschers Iwan Petrowitsch Pawlow zum Nachweis der klassischen Konditionierung.

Pawlow hatte im Verlauf seiner mit dem Nobelpreis ausgezeichneten Experimente zum Zusammenhang von Speichelfluss und Verdauung beobachtet, dass bei Zwingerhunden schon die Schritte des Besitzers Speichelfluss auslösten, obwohl noch gar kein Futter in Sicht war. Er vermutete, dass das Geräusch der Schritte, dem regelmäßig die Fütterung folgte, für die Hunde mit Fressen verbunden war. Der vorher neutrale akustische Stimulus (Schrittgeräusch) werde im Organismus des Hundes mit dem Stimulus ›Futter‹ in Verbindung gebracht. Um diese Hypothese zu prüfen, gestaltete er 1905 [1] ein aussagekräftiges Experiment: Auf die Darbietung von Futter, einem natürlichen Reiz, folgt Speichelfluss, auf das Ertönen eines Glockentons nicht. Wenn aber der Glockenton wiederholt in engem zeitlichem Zusammenhang mit dem Anbieten von Futter erklingt, reagieren die Hunde schließlich auf den Ton allein mit Speichelfluss. Dieses Phänomen bezeichnete Pawlow als Konditionierung.« (350)

Ich weiß ja, dass Sie sind kein Hund sind – »Ja, feeiiin!« –, aber läuft Ihnen nicht auch manchmal das Wasser im Munde zusammen, oder haben Sie nicht auch manchmal das Verlangen danach, etwas zu kaufen oder zu erreichen, nur weil man bei Ihnen den richtigen »Stimulus« verwendet. Sind wir also wirklich nur konditioniert und weder Herr unserer Sinne noch über den eigenen (Schweine)Hund?

»Jede Herausforderung muß immer neu sein, und solange der Geist konditioniert ist, reagiert er auf Herausforderungen entsprechend seiner Konditionierung; deshalb ist die Reaktion niemals angemessen.« (351)

- Krishnamurti

(Vollkommene Freiheit)

»Klassische Konditionierung
aus Wikipedia, der freien Enzyklopädie

Klassisches Konditionieren ist eine von dem russischen Physiologen Iwan Petrowitsch Pawlow begründete Theorie, die besagt, dass dem natürlichen, meist angeborenen Reflex künstlich ein neuer, bedingter Reflex hinzugefügt werden kann: Gegeben sei ein unkonditionierter Reiz (US), der als Reflex eine unkonditionierte Reaktion (UR) auslöst. Bietet man nun vor dem US mehrfach einen bislang neutralen Reiz (NS) dar, so wird letzterer zum konditionierten Reiz (conditioned stimulus, kurz CS). Er löst nun ebenfalls eine Reflexreaktion (die konditionierte Reaktion CR) aus, die der unkonditionierten Reaktion UR meist sehr ähnlich ist.
Die Konditionierung funktioniert meist besser, wenn der neutrale und der unbedingte Reiz kurz aufeinander folgen (Kontiguität). In manchen Fällen funktioniert die Konditionierung aber auch, wenn Stunden zwischen beiden Reizen liegen (z.B. Assoziation einer Übelkeitsreaktion mit dem Geschmack von Blaubeeren, weil man am Abend zuvor zufällig Blaubeeren gegessen hat). Entscheidend für die Konditionierung ist jedoch die Kontingenz zwischen CS und US: Die CR wird quasi nur dann ausgebildet, wenn der CS einen Signalcharakter bekommt, da er mit einer gewissen Wahrscheinlichkeit den US vorhersagt. Man sagt dann, US und CS seien kontingent dargeboten worden..« (352)

Nun ist es natürlich ein mehr als ungutes Gefühl, anzunehmen, dass wir von der Wirtschaft und der Politik einfach nur an der Nase und an der Leine herumgeführt werden, und wir uns aufgrund der Konditionierung nicht richtig selbstbestimmt durchs Leben bewegen. Aber meinen Sie wirklich, dass all die ständig wiederkehrenden Reize, welche durch die **Werbung** und über die **Medien** auf uns einprasseln, und die in zeitlichem Zusammenhang mit bestimmten Gefühlen und Situationen gebracht werden, bei uns wirkungslos verpuffen? Glauben Sie wirklich, dass gewisse politische und wirtschaftliche Ansichten, Meinungen und Verhaltensweisen nicht durch den ständigen Einfluss der **Medien** konditioniert werden? Neben dem Beispiel des Pawlowschen Hundes, bei dem ein Summton alleine schon Speichelabsonderung hervorruft, findet man in *Wikipedia* ein weiteres Beispiel, welches den Vorgang des klassischen Konditionierens bei menschlichem Verhalten verdeutlichen soll…

»Das Fallen der Bomben im 2. Weltkrieg hat bei den Menschen Angst und Schrecken ausgelöst. Meistens jedoch ertönte vor dem Fallen der ersten Bomben der Fliegeralarm. Bei vielen Menschen hat nach der zweiten Wie-

derholung jener Signalabfolge schon der Fliegeralarm selbst Angst und Schrecken verursacht. ›Auch in Friedenszeiten löst die Sirene bei zahlreichen Menschen Angst aus, selbst wenn es sich nur um einen Probealarm handelt.‹ (Edelmann, 1996, S. 63) Für den unkonditionierten Menschen würde der Alarm alleine keine signifikante Reaktion auslösen. Erst durch die Kombination von Fliegeralarm und dem Fallen der Bomben wird die Reaktion (Angst und Schrecken) konditioniert. Aber nicht nur der zeitliche Faktor, sondern auch die Anzahl der Wiederholungen der Koppelung von bedingtem (CS) und unbedingtem Reiz (US) haben Auswirkungen auf den Lernprozess. ›In der Regel ist also der Erwerb einer bedingten Reaktion (CR) an das wiederholte Zusammenvorkommen dieser beiden Reize gebunden. Dieses Prinzip wollen wir Bekräftigung nennen.‹ (Edelmann, 1996, S. 69)« (352)

┘

Es ist leicht vorstellbar, dass wir, wenn wir nur oft genug etwas gezeigt und vor die Schnauze gehalten bekommen, quasi »lernen«, dass etwas so sein muss, wie »man« *ES* uns verkauft. Konkret bedeutet dies, dass wir »lernen«, dass ein »**Produkt**« – welches »gut« und nach allen Regeln der neurophysiologischen Kunst vermarktet wird – tatsächlich »gut« sein muss, obwohl *ES* in Wirklichkeit gar nicht so ist! Wir werden sozusagen darauf **konditioniert**, *E*(twa)*S* »gut« oder »schlecht« zu finden bzw. dementsprechende Emotionen zu entwickeln. Und da ist es auch vollkommen egal, ob es sich bei dem »**Produkt**« um ein Bier, eine globale Ideologie oder um einen einzelnen Menschen oder Politiker handelt: Sobald wir ein **Produkt** wiederholt mit einem gewissen, sagen wir, »Gefühl« assoziiert bekommen, werden wir annehmen, dass *E*(twa)*S* tatsächlich so ist, wie »man« uns »glauben« macht! Nur weil die **Medien** *ES* uns so oder anders verkaufen, glauben wir also, dass ein tolles Auto uns glücklich macht, dass alle Moslems böse sind und dass die (Welt)Wirtschaftkrise samt Klimakatastrophe auf sich (nicht) warten lässt! Wer vermag da noch zu sagen, was richtig und was falsch ist?...

Ich sage es Ihnen: »**Niemand!**« Nur Sie (alleine) sind dazu in der Lage, die Wahrheit zu (er)kennen und den richtigen Weg zu gehen!...

Doch ohne Anstrengung und Bewusstwerdung wird es nicht klappen, die Augen zu öffnen! Mir ist klar, dass wir *ES* nicht wahrhaben wollen, dass Reflexe in uns wirken, welche beinahe auf Rückenmarksebene (monosegmental) verschaltet werden und dadurch kaum unser Bewusstsein erreichen. Doch solange wir uns unserer **Selbst**, der Leine, die uns führt, und den meisten anderen uns beeinflussenden Faktoren, wie der **Werbung** und unseren **eigenen** Trieben, nicht bewusst sind, sind wir nicht unabhängig, sondern tatsächlich einer Vielzahl von automatischen Abläufen ausgesetzt. Wir sind nicht »Herr im eigenen Haus«, nicht Herr über den inneren (Schweine)Hund, sondern reagieren größtenteils wie ein Oberschenkel auf den Kniesehnenreflex und freuen uns, endlich mal wieder anspannen zu dürfen! Doch Sie haben Recht: Im Gegensatz zu unserem Quadrizeps ist der **Mensch** unter gewissen Vorrausetzungen, und wenn er sich ganz »doll« anstrengt, zu weit mehr fähig als zur reinen reflexartigen Reaktion: Er kann sich (**selbst**) **reflektieren** und sich entscheiden ... zum Guten wie zum Schlechten!

Klar werden Sie (sich) sagen, dass bei der »Qualität«, »Vielfältigkeit« und »Unabhängigkeit« – ja dem »Anspruch« unserer **Medien**, die Wahrheit immer ans Licht kommt und Sie, solange Sie sich informieren, stets das Richtige denken und tun. Aber ganz so einfach ist *ES* leider nicht, wie Sie gleich und im nächsten Kapitel sehen werden!...

»Jede Propaganda hat volkstümlich zu sein und ihr geistiges Niveau einzustellen nach der Aufnahmefähigkeit des Beschränktesten unter denen, an die sie sich zu richten gedenkt. Damit wird ihre rein geistige Höhe um so tiefer zu stellen sein, je größer die zu erfassende Masse der Menschen sein soll. Handelt es sich aber, wie bei der Propaganda für die Durchhaltung eines Krieges, darum, ein ganzes Volk in ihren Wirkungsbereich zu ziehen, so kann die Vorsicht bei der Vermeidung zu hoher geistiger Voraussetzungen gar nicht groß genug sein.

Je bescheidener dann ihr wissenschaftlicher Ballast ist, und je mehr sie ausschließlich auf das Fühlen der Masse Rücksicht nimmt, um so durchschlagender der Erfolg. Dieser aber ist der beste Beweis für die Richtigkeit oder Unrichtigkeit einer Propaganda und nicht die gelungene Befriedigung einiger Gelehrter oder ästhetischer Jünglinge.

Gerade darin liegt die Kunst der Propaganda, daß sie, die gefühlsmäßige Vorstellungswelt der großen Masse begreifend, in psychologisch richtiger Form den Weg zur Aufmerksamkeit und weiter zum Herzen der breiten Masse findet. Daß dies von unseren Neunmalklugen nicht begriffen wird, beweist nur deren Denkfaulheit oder Einbildung.

Versteht man aber die Notwendigkeit der Einstellung der Werbekunst der Propaganda auf die breite Masse, so ergibt sich weiter schon daraus folgende Lehre: Es ist falsch, der Propaganda die Vielseitigkeit etwa des wissenschaftlichen Unterrichts geben zu wollen.

Die Aufnahmefähigkeit der großen Masse ist nur sehr beschränkt, das Verständnis klein, dafür jedoch die Vergeßlichkeit groß. Aus diesen Tatsachen heraus hat sich jede wirkungsvolle Propaganda auf nur sehr wenige Punkte zu beschränken und diese schlagwortartig so lange zu verwerten, bis auch bestimmt der Letzte unter einem solchen Worte das Gewollte sich vorzustellen vermag.«

- Adolf Hitler!

(*Mein Kampf*, 1943, 851.-855. Aufl., S. 197-198)

Von der Macht und der (Un)Abhängigkeit der Medien, Lobbyismus, etc.

»Wer die Vergangenheit kontrolliert, kontrolliert die Zukunft, wer die Gegenwart kontrolliert, kontrolliert die Vergangenheit.« (353)
- Parteiparole in George Orwells Roman *1984*

Wie Sie gehört haben, sind wir **alle** konditionierbar – und das Fernsehen eignet sich natürlich hervorragend zur Manipulation und Konditionierung ganzer Herden von Tieren bzw. Menschenmassen! Verständlicherweise, denn das Fernsehen transportiert Bild, Ton und Emotion(en) in einer technisch nie da gewesenen *Qualität* und *Quantität* und ist somit realer, als es sämtliche anderen Medien bisher waren!...

Was aber die **Unabhängigkeit** und **Objektivität** der Informationen, die uns erreichen und uns täglich konditionieren, angeht, so ist es fraglich, ob es so etwas wie eine »**Unabhängigkeit**« **der Medien** überhaupt gibt und ob unsere Meinung, die daraus erwächst, auch tatsächlich **unsere** Meinung ist! Hören wir dazu einen kleinen Reim vom ehemaligen Stuttgarter Oberbürgermeister:

»Von ihrer Dummheit rasch genesen
Leute, die gern Zeitung lesen.
Es sitzt im Kopf einst öd und leer,
die Meinung bald vom Redakteur.«
- Prof. Dr. h.c. Manfred Rommel –

Ein sehr treffendes »Gedicht«, wie ich finde, das uns nochmals daran erinnern soll, all*ES*, aber auch wirklich **alles** kritisch zu hinterfragen! Selbst unsere sogenannten »**Kulturmagazine**«, wie *Focus*, *Stern*, *Spiegel* und wie sie alle heißen, die auch schon seit Längerem im Fernsehen und/oder im Internet anzutreffen sind und von mir oft hemmungslos zitiert werden, sind in Wahrheit ebenfalls der Profitmaximierung – und somit dem **Wohlwollen** des **Kunden** – unterworfen!

Unsere »freien« Medien bringen deshalb schon längst nicht mehr wirtschaftlich **unabhängige** bzw. dem Käufer eventuell **unangenehme** Themen hervor. *Sie*(!?) wollen nicht mehr (nur) aufklären, sondern müssen vor allem anderen **verkauft** werden! Es versteht sich daher von selbst, dass die jeweiligen Redakteure uns zu diesem Zweck und zum größten Teil genau das anbieten, was die Mehrzahl von uns hören, sehen und lesen will. Denn nur dann, wenn man uns (Kindern) den »richtigen« Honig ums Maul schmiert, erreicht man eine Auflage, die wirtschaftlich lukrativ erscheint und welche die geschickt platzierten Verbraucherinformationen einer größtmöglichen Anzahl von Konsumenten zuführt! Dass eine stetig steigende Dosis-Erhöhung (z.B. Schwachsinn, Gewalt, Sex, wirtschaftliche, gesellschaftliche und politische Themen und Skandale, die allesamt nicht unbedingt der Wahrheit entsprechen) natürlich den **Wert** der Werbemöglichkeit und somit den Profit in **allen** erdenklichen **Medien** nach oben treibt (man erreicht damit mehr Aufmerksamkeit, eine breiter gefächerte Zielgruppe und somit mehr Menschen!), ist hoffentlich auch klar. …

Verstehen Sie mich dennoch nicht falsch, bis zu einem gewissen Grad ist es ja absolut legitim und auch nachvollziehbar, als Informationsbringer und Informationsverteiler so zu handeln und beispielsweise durch ein dementsprechendes Nachmittagsprogramm die allgemein grassierende Demenz (nicht nur unter den Schafen) voranzutreiben. Jeder will ja (von irgendetwas) leben! Dennoch sollte *man* sich (s)einer Verantwortung bewusst sein und sich irgendwann auf die Wurzeln (des Journalismus) zurückbesinnen. *Man* sollte sich fragen, **warum** und vor allem für **wen** man das **all***ES* macht! Die grundlegend(st)e Frage – auf die wir in Band 2 beim Thema *Motivation* aber noch genauer eingehen werden – ist also, **warum** wir als Politiker, Metzger, Physiotherapeut oder, in diesem Fall, als Journalist, überhaupt etwas tun und infolgedessen unseren Beruf ausüben!...

Anders ausgedrückt sollten wir uns fragen, wer zum Schluss denn nun wen kontrolliert: Wir, und somit die Medien, das Geld oder das Geld die Medien? Denkt man noch etwas genauer darüber nach, so stellt sich nach geraumer Zeit sogar die Frage, ob der **Mensch** die **Ethik** und **Moral** bestimmt, oder umgekehrt, ob die **Ethik** und **Moral** den **Menschen** bestimmt!

Ich persönlich bin der Meinung, dass unsere (innere) Grundeinstellung, sprich, die (mit)menschliche **gütige** Ethik und Moral, wie sie vom Dalai Lama in seinem *Buch der Menschlichkeit – Eine neue Ethik für unsere Zeit* bereits postuliert wurde, unser prinzipielles Handeln bestimmt! Dennoch ist das Wirtschafts*system* – und damit Mammon – dazu in der Lage, uns diese inhärenten »(Spiel)Regeln« vergessen zu lassen: Nicht wir kontrollieren das (Wirtschafts)*System* und mit ihm die **Medien**, sondern das (Wirtschafts)*System* kontrolliert mittlerweile **uns**! Mit anderen Worten hat das Freud'sche *Es* in uns offensichtlich die Oberhand gewonnen: ***ES* kontrolliert uns, den unreifen Menschen, die Politik und die Medien über die Werbung/Propaganda**!...

Wir wiederum kontrollieren sowohl über unser un(ter)bewusstes als auch bewusstes Handeln und Tun (z.B. Konsumverhalten) die Wirtschaft und schließen somit den wechselwirkenden (»Teufels«)Kreislauf, welcher über das in uns liegende »***Prinzip***« der **Sucht** nach und nach aus dem Ruder zu laufen droht!...

Um also regelnd(er) in dieses **sich selbstbestimmende** »*System*« eingreifen und aus dem konsumorientierten (»Teufels«)Kreislauf ausbrechen zu können, sollten wir uns auch hier – wie immer (!) – an die **eigene** Nase packen! Wir sollten uns unserer Verantwortung als Konsument und als **Mensch** im »*System*« klar(er), d.h. bewusst(er) werden, bevor wir vor lauter Schwachsinn, Sex, Gewalt, Konsum und synthetischen Gefühlen nichts mehr von der **wahren** Welt da draußen und in uns drinnen mitbekommen! Passiert dies nicht, stehen wir zum Schluss mit ziemlicher Sicherheit vor vollendeten (wirtschaftlichen, politischen und sozialen bzw. unmenschlichen) Tatsachen und fragen uns schneller, als *ES* uns lieb sein dürfte, wie das alles (schon wieder?!) passieren konnte!...

Wahrscheinlich fragen wir uns das dann aber gar nicht mehr, denn die Fähigkeit zum kritischen Denken, zum Hinterfragen und zum »In-Zusammenhang-bringen« haben wir an diesem Punkt längst an andere, mit kleineren Köpfen und schmaleren Herzen, aber dafür mit größeren Brieftaschen, größerem Maul und breiterem Lächeln abgegeben!...

Dass dieser Punkt möglicherweise längst erreicht und, wie so oft in der Geschichte, vermutlich schon längst überschritten wurde – wir längst nicht mehr die Möglichkeit haben, etwas zu Durchschauen und die uns erreichenden Nachrichten kritisch zu hinterfragen – wissen Sie im Grunde doch **selbst**! Ich möchte Sie deshalb Folgendes fragen: »*Warum wedelt ein Hund mit seinem Schwanz?*«

Ich verrate es Ihnen: »*Weil ein Hund schlauer ist als sein Schwanz. Wenn der Schwanz schlauer wäre, würde der Schwanz mit dem Hund wedeln!*«

So heißt es jedenfalls im Prolog zum Ende der neunziger Jahre erschienenen Film *Wag the Dog – Wenn der Schwanz mit dem Hund wedelt*, der uns auf bitterböse Art vor Augen führt, »*wie von der Politik und den Medien das Verhältnis von Ursache und Wirkung auf den Kopf gestellt wird.*« (354).

Kurz zur Handlung:

> »*Als der US-amerikanische Präsident zwei Wochen vor der Wahl in einen Sex-Skandal mit einer minderjährigen Schülerin gerät, wird Conrad Brean (Robert de Niro) engagiert, um dessen Bild in Amerika zu retten. Brean holt sich wiederum Hilfe bei einem waschechten Filmproduzenten Motss (Dustin Hoffman), um seine Gegenkampagne entsprechend in Szene zu setzen. Die einzige Möglichkeit den Skandal zu vertuschen sehen die Hintermänner des Präsidenten darin, einen Krieg anzuzetteln. In den Nachrichten wird nun die Meldung verbreitet, dass die USA gegen Albanien in den Krieg ziehen würden. Mit allen möglichen Aktionen und Inszenierungen wird von den Spin Doctors eine Welle von Patriotismus erzeugt.*« (355)

In der Online-Enzyklopädie ist weiter zu lesen:

> »*Als Vorgriff auf die Realität wird Wag the dog im Zusammenhang mit der Lewinsky-Affäre des Präsidenten Bill Clinton gehandelt. Dieser ließ 1998 während der Anhörungen über die Affäre*« – es handelte sich um den Beginn des Amtsenthebungsverfahren am 19. Dezember 1998 – » *den Irak bombardieren (Operation Desert Fox), was von einigen Medien als Ablenkungsmanöver bewertet wurde.*« (356)

Statt gegen den Irak oder Afghanistan findet der Krieg im Film gegen Albanien und – statt in »echt« – nur in den Medien statt! Aber wie viele andere Filme verfügt auch *Wag the Dog* über mehr Realitätsbezug, als viele von uns meinen und wahrhaben möchten. Falls Sie sich jetzt fragen sollten, warum im Film gerade Albanien angegriffen werden soll und warum überhaupt zur Ablenkung ein Krieg angezettelt wird, dann lesen Sie folgendes Gespräch der Spin Doctors, das sie während eines Inlandfluges miteinander führen:

»*Das ist kein neues Konzept. Wecken Sie mich, wenn wir landen, dann reden wir weiter!*«

»*Nein warten ... warten Sie! Wir können uns keinen Krieg leisten.*«

»*Wir werden auch keinen Krieg führen. Wir werden nur einen vermeintlichen Krieg führen.*«

»*Aber wir können uns auch keinen vermeintlichen Krieg leisten.*«

»*Was kann es schon kosten?*«, lautet daraufhin die rhetorische Frage.

»*Aber die werden es doch herausfinden.*«

»*Wer wird es herausfinden? Das amerikanische Volk? Wer wird es ihm erzählen?*«

»*Äh..mhm..?*«

»*Was hat man über den Golfkrieg erfahren? – Ein Video von einer Bombe, die fällt in einen Schornstein und ein Gebäude geht in die Luft. Das hätte auch aus Lego sein können.*«

»*Wollen Sie wirklich, dass wir einen Krieg führen?*«

»*Darauf läuft's heraus.*«

»*Gegen wen?*«

»*Ich arbeite dran*«, sagt Conrad Brean, dreht sich um und schläft ein. (357)

- Wag the Dog
(USA 1997)

Wie Sie sich vielleicht noch erinnern können, haben wir während des *zweiten Golfkrieges* 1990/91 (der erste war zwischen Iran und Irak 1980 bis '88) in der Tat nur ein paar wenige Bomben gesehen, die ihr Ziel immer genau trafen. Immer dieselben Bilder! Was ist aber aus den tausend anderen Bomben geworden, die Tag und Nacht abgeworfen wurden? …

»*Eine clevere Bombe fällt in einen Schornstein, zweitausendfünfhundet Einsätze am Tag, hundert Tage lang*«, heißt es an einer anderen Stelle im Film.» *Ein Video von einer Bombe, Mr. Motss, und schon hat das amerikanische Volk den Krieg gekauft. Krieg ist Showbusiness und deshalb sind wir hier.*«…

Krieg ist Business, und als das Flugzeug mit den Spin Doctors gelandet war, war für sie alles klar! »*Albanien?*«, fragt Breans Assistentin dennoch ungläubig, als sich beide zügig auf dem Weg vom Flugzeug zum Ausgang des Flughafen befinden. Und Brean antwortet…

»*Ja!*«

»*Wieso?*«

»*Wieso nicht? Was wissen Sie über die?*«

»*Nichts*«, lautet die beinahe selbstverständliche Antwort der hübschen Blondine.

»*Das ist es eben. Albaner wirken zwielichtig, verschlagen. Kennen Sie einen Albaner? Was wissen Sie über Albaner? Wer traut Albanern?*«

»*Ja, aber was haben die uns jemals getan?*«

»*Haben die denn mal was für uns getan? Und deshalb müssen wir jetzt den B3 Bomber mobilisieren.*«

»*Wollen Sie wirklich gegen Albanien in den Krieg ziehen?*«

»*Uns bleibt gar nichts anderes übrig. Machen Sie Folgendes: Sagen Sie Ihrem Pressebüro, dass es sofort dementiert!*«

»*Ok, es ist also nicht geschehen.*«

»*Dementieren Sie! Es gibt keinen Bericht über albanische Aktivitäten. Sie müssen dementieren!*«

»*Es ist gar nichts passiert!*«

»*Dementieren, dementieren, dementieren ...* « (357)

- Wag the Dog
(USA 1997)

Jetzt fehlt natürlich noch ein **Motiv**! Und auch über das macht man sich bereits in Hollywood zusammen mit dem gewieften Filmproduzenten Motss Gedanken:

»*Warum Albanien?*«, wird Brean von Motss gefragt.

»*Weil ...?*« Brean zuckt mit den Achseln, und da er keine Antwort hat, fällt ihm Motss ins Wort. Von nun ab geht alles Schlag auf Schlag:

»*Die müssen doch was haben, was wir wollen?*«

»*Na, das haben sie sicher.*«

»*Was haben wir, was die wollen?*«

»*Hm,...die Freiheit?!*«

»*Und warum sollten die die wollen?*«

»*Sie werden unterdrückt?!*«

»*Nein, nein, nein, nein, nein ... scheiß auf die Freiheit! Sie wollen ... sie wollen den gottlosen Satan vernichten ... die Vereinigten... Sie wollen unsere Lebensart vernichten, klar!...Okay, okay! ... [....] ... Wir haben festgestellt, sie haben die Atombombe.*« (357)

- Wag the Dog
(USA 1997)

Das alles kommt einem schmerzlich bekannt vor, nicht wahr? Und wenn *man* bedenkt, dass der Film ca. vier bis fünf Jahre **vor** dem Irak-Krieg (2003) entstand, wird es einem beinahe schlecht! Doch seit dem Golfkrieg hat man bezüglich der Manipulation der Medien einiges dazu gelernt: »**Embedded Media**«,

Einbettung der Medien, heißt das neue Zauberwort der modernen, profitorientierten Kriegsführung, welches die ursprüngliche Feindschaft zwischen »freien« Medien und Militär überwinden soll. Was das heißt, fragen Sie? Das heißt, dass nun »freie« Journalisten mit Militäreinheiten zusammenleben und es so zu einer emotionalen Bindung, nicht nur zwischen Journalisten und Soldaten, sondern in der Folge auch zwischen Ihnen, dem Zuschauer, und den Soldaten kommt! Das Ergebnis könnte man auch als »Zensur im Kopf« bezeichnen – denn die einstmals »unabhängigen« Journalisten identifizieren sich, und damit auch **Sie**, den Leser bzw. den Fernsehzuschauer, mit den Soldaten der einen Seite! Somit sind die eingebetteten Journalisten – trotz der angeblichen »Offenheit« der Kriegsberichterstattung – alles andere als unvoreingenommen! Und **Sie** sind es auch!!!

»Der Blick des Journalisten fällt durch den Sehschlitz des Panzers.
Und der ist nicht sehr groß.«
- Friedrich Nowottny[317]

Apropos »Zensur im Kopf«: Was wissen Sie denn über Afghanistan, China, den Iran, Araber oder über Moslems? Kennen Sie einen Moslem? Trauen Sie ihnen?

Und nun gehen wir einmal für einen Moment weg vom Krieg: Was wissen Sie denn sonst noch so? Was wissen Sie über Politiker, Arbeitslose, Manager, Obdachlose, Millionäre, Verbrecher, Homosexuelle, Drogensüchtige, Prominente, Ihre(n) Nachbarn oder über sich **selbst**? Doch höchstwahrscheinlich auch nur das, was man in den Medien darüber berichtet!? **Eigene** Erfahrungen haben dagegen nur die wenigsten von uns gemacht. Kollektiv sehen wir indessen täglich dieselben Bilder und bilden uns dazu eine kollektiv-ähnliche Meinung. Und da ist es auch völlig egal, ob wir alle nur **eine** Bombe sehen, die in einen Kamin fliegt und daraufhin das Gebäude explodiert, oder ob »man« uns sonst irgendetwas weismachen will!

Man muss den Film *Wag the Dog* nicht gesehen haben oder ihn zu Ende erzählt bekommen, um zu begreifen, dass es im »***Prinzip***« um den Umgang der Mächtigen mit den Medien und der Öffentlichkeit geht, und dass er zeigt, wie leicht wir alle zu manipulieren sind – denn die Möglichkeiten der Täuschung sind heutzutage beinahe unendlich! Nur ein Beispiel: Wenn jemand wie ich, ohne großartige Software oder überdurchschnittliche Computerkenntnisse, innerhalb kürzester Zeit per Bildbearbeitung (m)einen eigenen Kopf in einem Foto so auf einen anderen Körper verpflanzen kann, dass man es kaum (be)merkt, was meinen Sie, zu was »die« dann fähig sind. Mit »die«, meine ich die »Spin Doctors« und ihre Auftraggeber. Über erstere sollte man (engl. *man*) Folgendes wissen…

---

[317] »*Friedrich Nowottny (* 16. Mai 1929 in Hindenburg, Oberschlesien; heute Zabrze, Polen) ist deutscher Journalist und ehemaliger Intendant des Westdeutschen Rundfunks (WDR)*« (455)

»*Spin Doctor*

aus Wikipedia, der freien Enzyklopädie

Spin Doctor ist eine aus dem Englischen übernommene Bezeichnung für einen Verantwortlichen für Public Relations bzw. Öffentlichkeitsarbeit. Die Bezeichnung wird von den Medien besonders im Bereich der Politik benutzt und hat einen abwertenden Unterton, da sie andeutet, dass der so Bezeichnete Ereignisse und deren Darstellung mit dem richtigen Dreh (engl. spin) versieht, also manipuliert. Von PR-Experten wird der Ausdruck daher abgelehnt.

Im Unterschied zu politischen Propagandisten geht es einem Spin Doctor nicht um die Vermittlung einer bestimmten Ideologie, sondern darum, seinen Auftraggeber, dessen Politik oder andere Personen oder Ereignisse in einem möglichst positiven (oder auch negativen) Licht darzustellen. Das entspricht im Grunde dem klassischen Lobbyismus. Er arbeitet mit Bildern, Inszenierungen (z. B. Photo-Ops, oft inszenierten ›Foto-Gelegenheiten‹, Events für die Kameras der Presse) sowie PR, und nutzt die Medien für seine Ziele (z. B. Agenda-Setting). Dabei bleibt er meistens als graue Eminenz im Hintergrund, taucht also selten selbst in den Medien auf.« (358)

Wer über **Spin Doctors** bzw. **Lobbyisten** noch etwas mehr erfahren möchte, dem rate ich zu einem weiteren Film: *Thank You for Smoking*. Hier bleibt der Lobbyist zwar nicht im Hintergrund – denn Nick Naylor ist Pressesprecher der Tabakindustrie und die Hauptperson des Films –, aber in dieser Satire wird gut gezeigt, wie leicht die Wahrheit zu verdrehen ist, solange man nur eine gewisse, wie er es nennt, »moralische Flexibilität« vorzuweisen hat.

»*Das ist das Schöne an Argumenten. Wenn du gut argumentierst, hast du immer Recht*«, sagt er und beweist seine zweifelhaften Fähigkeiten vor der Grundschulklasse seines Sohnes, in die die Eltern der Schüler jeweils einzeln eingeladen wurden, um etwas über ihren Beruf zu erzählen. Er fängt an: »*Wie viele von euch wollen später mal Anwalt werden? Gut ... äh ...*« Nur einer meldet sich. »*Wie wär's denn mit Filmstar? Wowhoha...*« Er lacht, da jetzt viele der Kinder den Finger strecken. »*Und wie wär's mit Lobbyist?*«…

»*Was ist das?*«, fragt ein Kind neugierig.

»*So was Ähnliches wie ein Filmstar*«, antwortet Naylor. »*Das ist mein Beruf. Ich rede auch für mein Geld.*« Natürlich redet Nick über Zigaretten und darüber, dass alles gar nicht so schlimm ist, wie alle immer tun. Aber wenn man's genau nimmt, tut er das gar nicht! Er lässt nur die Gegenseite blöd aussehen und argumentiert so (lange) im Kreis herum, bis er das hat, was er wollte: Uns und den Profit auf seiner Seite zu sehen! Der Rest ist legal, illegal oder ganz egal. …

Und so fährt er fort: »*Wisst ihr, es wird immer Leute geben, die euch sagen wollen, was ihr zu tun und zu denken habt. Bestimmt kennt ihr solche Leute jetzt schon, hab ich Recht?*« Und während die biedere Lehrerin eben angesäuert die Lippen schürzt, antwortet die Klasse kleinlaut aber bestimmt im Chor: »*Ja*« …

»*Ich möchte euch nur klar machen, dass, ... wenn sich jemand vor euch als großer Experte aufspielt, dann könnt ihr ihn fragen: Wer hat das gesagt?*«

»*Aha, dann sind Zigaretten also gesund?*«, meint daraufhin ein Dreikäsehoch. Und als just in diesem Moment die Lehrerin einschreiten will, wirft Nick ein:

»*Nein, das ... das hab ich nicht gesagt. Ich meine damit, dass ihr selbstständig denken sollt. Ihr sollt Autorität hinterfragen! Wenn auf einmal eure Eltern sagen, Schokolade ist gefährlich, glaubt ihr das dann einfach?*«

»*Nein*«, antworten alle wie aus einem Mund.

»*Ganz genau. Also vielleicht solltet ihr euch nicht wie Schafe benehmen, wenn's um Zigaretten geht, sondern euch eine eigene Meinung bilden.*« (359)

- Thank You for Smoking
(USA 2005)

Hoppla, da hab' ich mir wohl (**selbst**) ein Bein gestellt!? Aber genau darum geht es mittlerweile doch überall: ums »Beinestellen« und darum, die Wahrheit so (lange) zu verdrehen, dass – allen moralischen Bedenken zum Trotz – das Resultat ins betriebswirtschaftlich profitable Raster passt und die Schafe dabei am besten noch der Meinung sind, sich **selbst** so etwas wie eine **eigene** Meinung und/oder Regierung gebildet zu haben!...

Wenn ich heute, genauer gesagt am 31. Januar 2007, im Radio höre, dass die Arbeitslosenzahl »*weniger stark gestiegen*« sei als **erwartet**, und ich Ende des Jahres 2007 in den Nachrichten gesagt bekomme, dass die »***Neu**verschuldung*« der BRD gesenkt wurde, so ist das nichts anderes als **Lobbyismus**![318] Wenn ich – als (Durchschnitts)Schaf – so etwas höre, denke ich doch zuallererst an etwas »Gutes«, an Aufschwung und nicht etwa daran, dass man mich (schon wieder) verarschen will!? Doch damit wir uns (r)echt verstehen und über dasselbe sprechen, ist hier der diesbezügliche Artikel der *Tagesschau* (Stand: 13.10.2007, 18:37 Uhr) aus dem Netz…

---

[318] »*Lobbyismus, auch als Fünfte Gewalt bekannt, ist eine aus dem Englischen übernommene Bezeichnung (Lobbying) für eine Form der Interessenvertretung in der Politik, in der Interessengruppen, die Lobbys, die Exekutive und Legislative durch persönliche Kontakte beeinflussen oder die öffentliche Meinung über die Massenmedien. Offizielle Bezeichnungen sind etwa Interessenvertretung, Public Affairs, politische Kommunikation, Politikberatung und Ähnliches.*« (456)

»Steuereinnahmen höher als geplant

Bund macht gut fünf Milliarden weniger Schulden

Bundesfinanzminister Peer Steinbrück muss in diesem Jahr nur etwas mehr als 14 Milliarden Euro neue Schulden aufnehmen. Das Ministerium bestätigte eine entsprechende Vorabmeldung des Nachrichtenmagazins ›Der Spiegel‹. Der Nachtragshaushalt für 2007, aus dem die Zahl hervorgeht, soll am kommenden Mittwoch im Bundeskabinett beraten werden.

Noch mehr Steuern als erhofft
Im bislang gültigen Haushaltsplan hatte Steinbrück eine Nettokreditaufnahme von 19,6 Milliarden Euro vorgesehen. Dank sprudelnder Steuereinnahmen hätte der Finanzminister die Neuverschuldung aber noch viel weiter senken können. Nach Angaben des Finanzministeriums kann der Bund in diesem Jahr mit zwei Milliarden Euro mehr Steuereinnahmen rechnen als bei der Steuerschätzung im Mai prognostiziert. Die Steuerschätzer hatten dabei schon zehn Milliarden Euro mehr veranschlagt als Steinbrück im Haushalt angesetzt hatte. Bis 2011 wird ein ausgeglichener Bundesetat ohne neue Schulden erwartet.« (360)

Peer Steinbrück sprach damals von einem »ausgeglichenen« Staatshaushalt bis zum Jahr 2011, was schon zu jener Zeit und im Hinblick auf eine längst über beide Ohren überschuldete Menschheit – nebst bevorstehender Immobilienkrise als Vorläufer einer waschechten Finanzmarkt-, Banken- und eventuellen Weltwirtschaftskrise – eine reine Einbildung, wenn nicht sogar eine Lüge war!...
Aber ist Ihnen beim Lesen des Textes aus der *Tagesschau* eigentlich aufgefallen, dass es sich bei den **zusätzlichen** Schulden »***nur***« um »***etwas*** ***mehr*** *als 14 Milliarden Euro*« handelt und dass es sich nicht etwa um alte, sondern um »***neue*** *Schulden*« dreht? Ist Ihnen darüber hinaus aufgefallen, dass wir im Jahre 2011, wenn wir – laut der damaligen Aussage von Steinbrück – **voraussichtlich** einmal keine **neuen** Schulden mehr machen (**müssen**), trotz eines »ausgeglichenen« Staatshaushaltes noch immer (einen Haufen) Schulden haben werden?
Nochmals zum Mitschreiben:

»Ein ›**ausgeglichener**‹ Bundesetat bedeutet, dass keine **neuen** Schulden gemacht werden (**müssen**). Es bedeutet **nicht**, dass die bereits bestehenden Schulden getilgt sind oder werden und *man* schuldenfrei ist!!!«

Das Ganze ist damit zu vergleichen, als würden Sie krampfhaft versuchen, die Hypothek für Ihr Haus abzubezahlen und sich jetzt darüber freuen, dass der **neue** Kredit – den Sie zur Tilgung der Zinsen **zusätzlich** zu der längst schon bestehenden **Über**schuldung irgendwo aufnehmen (**müssen**) – **voraussichtlich**

nicht ganz so hoch sein wird wie die Kredite, die Sie in all den Jahren zuvor jeweils schon aufgenommen haben! Mit anderen Worten können Sie stolz auf sich sein, weil der **neue**, **zusätzlich** abzuzahlende Kredit – den Sie zum Erhalt Ihres (im Vergleich zum Einkommen) viel zu hohen Lebensstandards dringend brauchen – **vermutlich** geringer ausfällt, als Sie es sich (selbst) **gedacht** haben! Klingt vielleicht komisch, ist aber so!?...

Doch wie gesagt, das Haus, das Auto oder was-auch-immer Sie wieder mal auf Pump kaufen, gekauft haben oder meinen zu besitzen, ist zum Zeitpunkt eines »ausgeglichenen« (Staats)Haushaltsplans noch immer nicht abbezahlt. Ganz im Gegenteil: *ES* ist (dann) **höher** verschuldet als es jemals zuvor der Fall war!!!

– **Sie** sind (dann) höher verschuldet, als es jemals zuvor der Fall war, und gehören, genau wie Ihr Auto, das Haus oder was-auch-immer Sie auf Pump gekauft und (noch) nicht abbezahlt haben, damit noch immer der Bank und somit den Armen dieser Welt – … die unser Leben mit ihrem bezahlen!

Im Endeffekt ist man (engl. *man*) aber Gaias Eigentum, bei der wir uns seit Langem über beide Ohren nicht nur ver-, sondern **über**schuldet haben und welche als Gläubiger irgendwann todsicher auf der Matte stehen wird!...

So blöd es klingt, es scheint fast so, als hätten wir unser **eigenes** Land, Leben und das der (globalen) Gesellschaft in ähnlicher Weise verzockt, wie es ein Spielsüchtiger in Las Vegas klischeehaft zu tun pflegt. Mehr noch, wir haben bisher **all***ES* auf dieselbe Weise konsumiert, wie ein Alkoholiker seinen Schnaps (ver)braucht. Und anstatt zu bremsen, bestellen wir weiterhin **neue** Schnäpse und Biere auf **fremde** Rechnung!... Aber es stimmt, Sie haben Recht, glücklicherweise sind es **nicht so viele** Biere **mehr** wie gestern und auch **nicht** mehr **so viele** Schnäpse, wie Sie es von sich (selbst) gewohnt sind und erwartet haben!...

Und dass in der Stammkneipe – die für viele die Welt bedeutet – noch nicht einmal die Bierdeckel und Spielschulden von **vorvorgestern** bezahlt wurden, steht wohl doch auf einem anderen Blatt – oder etwa nicht!?

Falls es Sie tatsächlich interessiert: Die **aktuelle Staatsverschuldung** kann bequem im Internet beim *Bund der Steuerzahler e.V.* abgefragt werden (http://www.steuerzahler.de). Sie beläuft sich **im Moment**, und jetzt halten Sie sich fest, auf: **1.495.614.125.280 €!** Oder anders ausgedrückt:

einebillionvierhundertfünfundneunzigmilliardensechshundertundvierzehnmillioneneinhundertfünfundzwanzigtausendzweihundertundachzig Euro … plus Mehrwertsteuer!

Wenn ich sage »**im Moment**«, dann meine ich damit den 18. Mai 2008, 23 Uhr und 45 Sekunden, und es war gar nicht so leicht, die deutsche Staatsverschuldung so hundertprozentig genau festzuhalten, wie Sie meinen. …

Der Schulden**zuwachs** betrug zu diesem Zeitpunkt nämlich **474 € pro Sekunde**! Sie haben richtig gehört, »**pro Sekunde**« 474 Euro »**mehr**« Schulden, und da kann es einem beim Ablesen der **(Schulden)Uhr** verständlicherweise schon etwas schwindlig werden. Laut meinen Recherchen im Internet (http://www.steuerzahler.de) waren es ein Jahr zuvor (2007) zwar noch 539 €, mit denen wir uns – bei wem auch immer – sekündlich mehrverschuldet haben, doch ist das sicherlich kein Grund zur Entwarnung!!!...

Heute schreibe ich den 12. April 2009 in dieses Buch. Es ist Ostersonntag, der verdammte Heuschnupfen plagt mich wie jedes Jahr um diese Zeit, und da mir gerade nichts Besseres einfällt und ich vom Vorabend noch immer leicht verkatert bin, wollte ich an diesem Morgen doch mal sehen, wie es um unsere (Staats)Verschuldung – nicht ganz ein Jahr nach meinen ersten dementsprechenden Nachforschungen und in einer Zeit, in der die Weltwirtschaftskrise langsam für jedermann real wird – so bestellt ist. Halten Sie sich abermals fest!
Mittlerweile haben wir es mit einer Staatverschuldung von sage und schreibe **1,553...** und ein paar zerquetschten Billiönchen zu tun (Den »zerquetschten« Rest der Summe lasse ich verständlicherweise weg, denn das sind ja nur Peanuts!?). Nach den von **Peer Steinbrück** und dem **Finanzministerium** fürs Jahr 2007 veranschlagten 14 bis 19,6 Milliarden Euro haben wir in nur einem Jahr (2008-2009) rund 55 Milliarden Euro **neue** Schulden gemacht!...
Doch damit nicht genug: Der Schulden**zuwachs pro Sekunde** ist im Jahr 2009 von – kein Witz! – 474 € auf: **4.439 € pro Sekunde** gestiegen!!!
Demnach hat er sich binnen kürzester Zeit nur etwas weniger[319] als **verzehnfacht**! Und betrug die Pro-Kopf-Verschuldung im Jahr 2008, laut dem *Bund der Steuerzahler Deutschland,* noch **18.169 €**, so sind es jetzt, am Ostersonntag 2009, pro Nase bereits **18.934 Euro**! Eine Summe die – wenn *man* die Kriterien des Maastricht-Vertrags zugrunde legt und der *Welt* (361) Glauben schenken mag – bis Ende 2010 auf **20.249 Euro** steigt!
Inzwischen ist das **all*ES*** natürlich schon längst überholt und es juckt eh keinen (mehr), da wir uns einerseits damit abgefunden haben und andererseits diese Verschuldung als eine solche – noch immer – nicht (körperlich) spüren. Dabei stimmt es, was einst direkt unter der **Online-Schuldenuhr** zu lesen war:

»***Die Schulden von heute sind die Steuern von morgen!***«

---

[319] Anm.: Ich finde es nur gerecht an dieser Stelle auch mal eine Wortverdreherei zu benutzen. In Wirklichkeit beläuft sich der Faktor aber auf 9, 36 – etwas mehr als das Neunfache!

Wie gesagt, wenn wir heute – nachdem die Staatsverschuldung die **1,6 Billionen Euro Grenze** locker geknackt und mittlerweile bei Weitem überschritten hat[320] – von so etwas wie »Neuverschuldung« hören, geht es uns dabei prinzipiell nicht anders als all den anderen, vermeintlichen Vollidioten, die im Fernsehen vorgeführt werden, (nur) weil sie sich trotz eines bereits bestehenden und unüberschaubaren Bergs von Schulden in immer noch größere Unkosten stürzen bzw. gestürzt haben und erst dann aufwachen, wenn es (fast) zu spät ist – … und die Kameras samt der Bank mit dem Pfändungsbescheid vor der Tür stehen!
Dass wir – die vermeintlichen Zuschauer – uns bereits in einer ähnlichen (Schulden)Falle befinden und ähnlich pleite sind wie »die«, und wir uns **alle** darüber hinaus benehmen wie ein Drogensüchtiger oder Krebspatient, dem es im Augenblick zwar gut geht, der aber, wenn er so weitermacht wie bisher, ohne Behandlung in Zukunft mit ziemlicher Sicherheit krepieren wird, merken wir dagegen nicht! Obwohl in **Wirklichkeit** gar kein (werthaltiges) Geld mehr da ist und es de facto also gar nicht möglich sein dürfte, etwas davon auszugeben, können wir uns aber dennoch vieles und unser Leben leisten, geben die imaginäre Währung für immer imaginärere und nicht minder unnötige Produkte aus und tun dies in der Art und Weise, wie »man« es von uns verlangt – nämlich immer wieder gerne, unüberlegt und (eigentlich) mehr als zur Genüge! Aber das (all)*ES* hatten wir ja schon beim Thema *Schulden*, nicht wahr!? Nichtsdestotrotz sollten Sie sich den makaberen Spaß gönnen und mit der ständig wechselnden Gesamtsumme der »**Schuldenuhr**« (im Internet), wenn schon nicht gedanklich, dann wenigstens mit einem Auge Schritt zu halten – und das möglichst ohne, dass Ihnen dabei schwindlig und/oder schlecht wird! Dass das eigentlich kaum möglich ist, ist klar, denn die Zeit reicht nicht mal aus, um die jeweilige Summe in Worten wiederzugeben bzw. diese voll und ganz auszusprechen!

Die rasant steigende Verschuldung der Welt und insbesondere Amerikas fand übrigens am 8. Oktober 2008 ihren traurigen Ausdruck in der berühmten New Yorker Schuldenuhr, der vor lauter Aufregung die Stellen ausgingen. Auf mehr als **10 Billionen Dollar** hatte das damalige Rettungspaket für die amerikanischen Banken die Uhr an der Kreuzung Sixth Avenue und 42. Street, einen Straßenzug vom Times Square entfernt, schnellen lassen. »*Dafür braucht eine Digi-*

---

[320] »*Ende 2009 hatten Bund, Länder und Kommunen Kreditmarktschulden in Höhe von insgesamt 1.633,5 Milliarden Euro angehäuft. Ausgehend von einem Schuldenzuwachs in Höhe von 111,2 Milliarden Euro wird somit zum Jahresende 2010 die deutsche Staatsverschuldung bei voraussichtlich 1.744,7 Milliarden Euro liegen. Deutschland bewegt sich also in Riesenschritten auf die 2-Billionen-Marke zu.*« (473)

– Pressemitteilung Bund der Steuerzahler (01.07.2010)

taluhr 14 Stellen. Weil die New Yorker Uhr auf nur 13 Stellen ausgelegt war, musste jetzt kurzfristig das Dollarzeichen zu einem Zahlenzeichen umfunktioniert werden«, schreibt die *Netzzeitung* daraufhin und berichtet weiter: »*Die Betreiber der Uhr haben versprochen, im kommenden Jahr weitere Stellen hinzuzufügen. Die Digitaluhr war 1989 in Betrieb genommen worden. Das damalige Defizit betrug 2,7 Billionen Dollar. In der ersten Zeile werden die Staatsschulden angezeigt, in der zweiten Zeile die Pro-Kopf-Verschuldung.*« (362)

Schuldenuhr in New York

Vorher

Photos by: Digiart2001 / jason.kuffer
(Ins Netz hochgeladen am 23. Januar 2008)

Nachher

Photos by: Kevin Krejci
(16. November 2008)
(Ins Netz hochgeladen am 27. November 2008)

Gehen wir nun aber weg von der amerikanischen Schuldenuhr, die seit Mitte November 2009 über **12 Billionen Dollar**[321] (damals rund 8 Billionen Euro) zeigt. Gehen wir weg von der Illusion[322], die **Schuldenuhr der Welt** – ohne uns und das »*System*« zu verändern – tatsächlich anhalten oder zurückdrehen zu können. Gehen wir weg von der Selbsttäuschung Geld zu sparen, indem wir mehr ausgeben, als wir haben; weg von dem Traum – ohne uns am Riemen zu reißen und den Gürtel enger zu schnallen – eine schlanke Linie und einen ausgeglichenen Haushalt oder gar eine **eigene** (Schulden)Freiheit – nicht nur gegenüber der Welt – rechtzeitig herbeiführen zu können!...

Gehen wir also weg von der irrwitzigen Annahme, bei nach wie vor gleichem (Fr)Essverhalten – ohne einen Finger krumm zu machen, also ohne zu »leiden« – abnehmen zu können, und hin zu der Erkenntnis, dass ein solches (Fehl)Verhalten das Unausweichliche zeitlich zwar nach hinten verschiebt, *ES* dadurch (insgesamt) aber nur noch schlimmer macht! Was meinen Sie, wie viel Zeit uns (dann) noch bleibt?

Während Sie nachdenken, möchte ich zu der Anfang 2007 im Radio getätigten und von mir kurz erwähnten Aussage, wir hätten es mit einer »*weniger stark gestiegenen*« Arbeitslosenzahl zu tun (vgl. S. 565), zurückkommen. …

Auch was diese Zahl angeht, muss ich Ihnen leider sagen: Nach wie vor wird es – den geschickt ausgedrückten Nachrichten zufolge – statt »immer weniger«, »immer **mehr**« Menschen ohne Job und vielleicht auch ohne Zukunft geben!

Tja, die Meldung, dass die (Arbeitslosen)Zahl »*weniger stark gestiegen*« sei als beispielsweise im Vorjahr, besagt ja auch nur, dass die (An)Zahl der **zusätzlich** arbeitslos gewordenen (Mit)Menschen sich, im Vergleich zum Vorjahr, »nicht (noch) weiter erhöht« hat – was rechtlich und *objektiv* gesehen sicherlich nicht falsch ist, aber dem Zuhörer zumindest *subjektiv* etwas anderes als die unbequeme Wahrheit vorgaukelt. Denn **höher** ist die Zahl (der Arbeitslosen) trotz der schlauen Wortverdreherei d(enn)och geworden!?...

Und selbst wenn die Arbeitslosenzahl rein rechnerisch gesehen **tatsächlich** einmal *abnimmt*, muss »man« sich neben der Frage, wie lange das wohl so sein wird, doch einmal ernsthafte Gedanken darüber machen, wie viele sogenannte »**Vollzeitarbeitsplätze**« unter den »frischen« Arbeitnehmern zu finden sind!?...

---

[321] Vgl. US Debt Clock.org (URL: http://www.usdebtclock.org/)

[322] »***Il|lu|si|on*** *die; -, -en <lat.-fr.>:*

1. *beschönigende, dem Wunschdenken entsprechende Selbsttäuschung über einen in Wirklichkeit weniger positiven Sachverhalt.*

2. *(Psychol.) falsche Deutung von tatsächlichen Sinneswahrnehmungen (im Unterschied zur Halluzination).*

3. *(Ästhetik) Täuschung durch die Wirkung des Kunstwerks, das Darstellung als Wirklichkeit erleben lässt.*«

Dass wir uns richtig verstehen, ich spreche hier von **unbefristet** angestellten **Vollzeit**beschäftigten, die ihrerseits über gewisse **Rechte** verfügen – und nicht etwa von Leuten mit **begrenzten** sog. »**Zeitarbeitsverträgen**«, die der reinen Willkür ihres Vorgesetzten ausgesetzt sind und, falls sie nicht spuren, einfach und bequem – indem man sie mobbt oder beispielsweise deren Verträge nicht verlängert – durch »frische(re)« Leibeigene ersetzt werden (können)!...

Auch meine ich nicht die Masse an »400 €-Jobs«, »1 €-Jobbern« oder »Umschülern«, obwohl diese ja offiziell nicht arbeitslos sind und deshalb praktischerweise in keiner Arbeitslosenstatistik auftauchen! Wie gesagt, ich meine die ganz »normalen« Arbeitsstellen, wie wir sie von unseren Eltern her kennen und mit denen man sicher, gut und auf Dauer (s)eine Familie ernähren kann! Ich weiß nicht, wie es Ihnen geht, aber ich für meinen Teil kenne in meinem Umfeld komischerweise keine Firma, die kürzlich hunderte oder – um etwas zu übertreiben – gar tausende solcher Stellen neu besetzt hat und so die »echte« Arbeitslosenzahl, so wie ich sie sehe, reduzieren konnte. ...

Es ist also gut möglich, dass die Erwerbslosenquote (auf dem Papier) bald sinken wird, aber die meisten von uns dafür zwei oder mehr Arbeitsstellen haben. Und dann fragt keiner mehr, was das für Arbeitsplätze sind und ob *man* damit zufrieden ist! Wie heißt es doch so schön: »Trau keiner Statistik, die du nicht **selbst** gefälscht hast!« Warten wir's also ab, in was für eine Gesellschaft wir uns – den Statistiken zufolge – verwandeln!(?)

Wie Sie aus diesen Beispielen unschwer erkennen können, wendet *man* heute gerne einen simplen mathematischen Trick an, um uns – vorsichtig ausgedrückt – »hinters Licht« zu führen. Anstatt sich mit dem **Ist-Zustand**, das heißt, der **Geschwindigkeit** (eines **biologisch-dynamischen** »*Systems*«) zu beschäftigen, lenkt man von diesem ab und beschreibt dafür einfach die ***Veränderung*** (s)einer sogenannten »**Funktion**«! Um genau zu sein, handelt es sich dabei wohl um die »***1. Ableitung***« einer (mathematischen) **Entwicklung – die *Beschleunigung***!

Ich möchte Sie jetzt nicht mit der *Kurvendiskussion*, in welcher ich ehrlich gesagt selbst nicht mehr ganz firm bin, belästigen. Es reicht dafür zu wissen, dass die *Ableitung* einer (mathematischen) **Funktion** nur den *Grad der positiven bzw. negativen Steigung* beschreibt! Geht etwas steil bergauf oder bergab, so ist die *Ableitung* dieser **Bewegung** dementsprechend groß oder klein bzw. positiv oder negativ. Man könnte auch sagen, die *Ableitung* beschreibt die *Tendenz*, mit der sich etwas nach oben oder nach unten **bewegt**! Und das ist meiner Meinung nach (einer) der Fehler in unserem »*System*«: nicht, dass *ES* ständig hoch oder runter, rein oder raus geht, sondern, dass wir uns beinahe ausschließlich mit *Tendenzen, Beschleunigung(en)* und *Steig(er)ungen* beschäftigen, uns darauf konzentrieren und nicht mit der **Gegenwart** im **Ist-Zustand**, dem sog. »**Augenblick**« übereinkommen (wollen)!...

Wenn es in unserem Leben dann (nur) noch um die »*Steigerung* der *Steigerung*« geht, *ES* sich primär also um die »*Ableitung* der *Ableitung*« – die in der Mathematik auch als »***2. Ableitung***« bekannt ist – dreht, bemerkt *man*, wie weit wir uns alle durch unser derzeitiges wirtschaftliches (Fehl)Verhalten von »**Gott**« und (somit) unserem **Bewusstsein** und dem **Augenblick** entfernen!...
Das war jetzt vielleicht ein bisschen zu kompliziert und philosophisch gesprochen und wenn Sie damit nichts anzufangen wissen, dann streichen Sie das eben. Wenn heute aber (m)eine Firma oder Branche von »**Verlust**« (aufgrund eines »**verminderten *Wachstums*«**) spricht, dann handelt es sich dabei meist immer noch um ein »**<u>Mehr</u>** an ***Gewinn*«**!? *ES* handelt sich demnach um eine **positive *2. Ableitung***, die – im Vergleich zu den Jahren zuvor – nur nicht mehr ganz so groß bzw. hoch ist! Was nämlich den Ausdruck »***Wachstum***«, »***Gewinn***« oder sagen wir besser »***Profit***« angeht, so beschreibt er *an sich*(!) schon eine *Steigerung*, d.h., die **positive *1. Ableitung*** und damit (m)eine *Beschleunigung*! Folglich ist die »***Profit-steigerung***« nichts anderes als die »***Steigerung*** der ***Steigerung***«!! Sie entspricht damit der **positiven *2. Ableitung*** – einer Parabel –, die irgendwann zu einem Wendepunkt führt und über die wir schon im Kapitel *(Wirtschaftliche) Beschleunigung – eine Parabel* (S. 417ff) diskutiert haben!
Statt **gleichförmig** zu wachsen und uns **gleichmäßig** beschleunigt fortzubewegen bzw. fortzuschreiten, geht es uns also häufig nicht (mehr) nur um den (r)einen Gewinn und das Wachsen *an sich*, sondern um die möglichst hohe »***Steigerung*** des ***Gewinnes***«! Es geht (uns) um die »*Beschleunigung* der *Beschleunigung*« (s.o.)! Das ist verrückt, ich weiß und wenn *man* länger darüber nachdenkt, verwandelt sich das eigene Gehirn zunehmend in Fleischsalat. Aber so ist es nun mal in einer Welt der ständig schneller wachsenden Wirtschaft: Es geht (uns) um immer »**<u>Mehr</u>**« und darum, dass der Arbeiter immer schneller, *effizienter* und *effektiver* sein – »Zeug« erledigen – muss! Dass im Zuge dessen Arbeitsplätze reduziert werden und Sie vor lauter Stress nicht mehr wissen, wer oder was Sie eigentlich sind, versteht sich dabei (fast) von selbst. *Körperliche* Beschwerden wie Bandscheibenvorfälle und Herzprobleme sind dann genauso vorprogrammiert wie *psychische* und *seelische* Beeinträchtigungen, welche sich als *Burn Out*, Angst, Unzufriedenheit, Lethargie und Ohnmacht bzw. Bewusstlosigkeit eines ganzen Volkes manifestieren und uns alle in unseren zwischenmenschlichen Beziehungen nicht unbedingt (mit)menschlicher machen!

Doch wir waren eigentlich bei der Frage angelangt, wie man etwas mit dem richtigen Dreh versieht und versucht, etwas – Schlechtes – in einem guten Licht darzustellen. Während Sie sich möglicherweise noch immer fragen, wie ich das mit der Wirtschaft und der zunehmenden Entfernung von »**Gott**« und dem **Augenblick** gemeint habe, würde ich gerne wissen, warum das *Arbeitsamt* jetzt eigentlich »*Agentur für Arbeit*« heißt. Ist das auch wieder *Neusprech*? Was meinen Sie, was dieser »trendige« Imagewechsel – im Zuge dessen nicht nur die riesigen Schilder auf den Filialen der »*Agency*« ausgetauscht werden mussten – (uns) insgesamt gekostet hat? Dabei ist die eigentliche Aufgabe, ja die **Funktion** des ehemaligen *Arbeitsamts* doch im Wesentlichen die gleiche, wenn nicht sogar **dieselbe** geblieben – oder nicht!?

Nicht nur hier, sondern auch anhand vieler anderer Beispiele, die Sie täglich selbst sehen und erleben könn(t)en, zeigt sich, dass uns alleine die (Wort)Wahl zu der einen oder anderen »Ansicht« bringt, und es bei uns schon längst nicht mehr darum geht, **was** gesagt wird. Es geht darum **wie** etwas gesagt wird!

Jeder, der schon einmal ein Arbeitszeugnis verfassen oder entgegennehmen durfte, weiß, wovon ich rede! Und so verhält es sich auch mit fast allem anderen, was wir täglich hören, sehen und vielleicht auch zu spüren bekommen. Oder glauben Sie wirklich, dass damals zu Kriegsbeginn mit B 52-Bombern »*präzise*« Angriffe in Afghanistan oder sonst wo geflogen wurden? Das wäre dann nämlich ungefähr so, als würde man mit einem Vorschlaghammer versuchen, einen Reißnagel in – oder besser gesagt: **durch** die Wand zu schlagen! B 52-Bomber können zwar Präzisionsmunition aufnehmen, das mag schon sein, doch werden die schweren Langstreckenbomber von je her als **Flächen**bomber eingesetzt! »*Ein großer Teil der geschätzten über 3000 zivilen Opfer (Oktober 2001 bis März 2002) geht auf die von B-52 durchgeführten Flächenbombardements, die abgeworfenen Landminen sowie auf durch die Bombardierung der Tora Bora-Höhlenkomplexe mit Großbomben ausgelöste Bergstürze zurück*«, sagt *Wiki.* (363) Sie können natürlich glauben, was Sie wollen, aber wenn das Bombardieren eines Gebäudes einer Stadt wirklich so chirurgisch genau abläuft, wie »man« sagt, warum mühen sich die Abrissunternehmen dann eigentlich so ab? Ich meine, kurz mal bei *Georg Doppel U* in Übersee angeklingelt, irgendwas von arabischen (Terror)Nachbarn mit (Massenvernichtungs)Waffen gefaselt, und die Sache wäre doch geritzt!? Aber »Spaß« beiseite, ich möchte nicht wissen, wie viele sogenannte »**Kollateralschäden**« (Unwort der Jahres 1999 laut *Institut für Deutsche Sprache*) es wirklich gab! Das Wort »**Kollateralschäden**« ist in Wirklichkeit eine mehr als euphemistische Beschreibung für wissentlich nebenbei **getötete** und **verletzte Zivilisten** – meinen Sie nicht auch!?

Tun Sie mir jetzt doch mal einen Gefallen und schließen nur für einen Moment die Augen! Und nun stellen Sie sich das gleiche Szenario, wie es im Irak abgelaufen ist, in Ihrer **eigenen** Nachbarschaft vor!... Auf einen (An)Schlag liegt Ihr Ehepartner zerfetzt am Boden, und während Sie noch die Hitze des zerstörten und brennenden Gebäudes spüren, ein Geschmack von verbranntem Fleisch, Dreck und Staub in der Luft liegt und Sie die Schreie der Menschen um sich herum vernehmen, schaffen Sie es nicht, Ihren Kindern die Gedärme in deren Bauch zurückdrücken. Das sind dann die »**Kollateralschäden**!«, von denen wir beinahe täglich hören bzw. gehört haben!!! Joseph Goebbels hätte es damals bestimmt nicht besser ausdrücken können, und es hätte auch gut aus seiner Feder stammen können, wenn man heute irgendwo liest und hört, dass »*per chirurgischem Eingriff mit intelligenten Waffen, Schock und Ehrfurcht einem Enthauptungsschlag folgen, um Saddam abzulösen.*« Gut, man hätte auch sagen können, dass »*Häuser zerstört, und unschuldige Menschen beim Bombenhagel auf Regierungsgebäude zerfetzt und getötet werden, um den gottverdammten Saddam ein für alle mal kalt zu machen*«! Aber wie hört sich das denn an? Das ist nun wirklich nichts für die gepflegten Vorabendnachrichten zur Abendbrotzeit!?... Neben vielen anderen »Dingen« bekommen wir in den Nachrichten dann auch nur selten den **genauen** Wortlaut des US-Präsidenten oder anderer Machthaber zu hören, sondern lauschen der Übersetzung, bei welcher es sich größtenteils eher um eine »sinngemäße« Wiedergabe dessen handelt, was man sich sonst eigentlich nur zu späterer Stunde mit einer alkoholinduzierten halbseitigen Gesichtslähmung quer über den Stammtisch zubrüllt!...

Es tut mir leid, wenn sich das (alles) sehr antiamerikanisch anhört. Aber man darf sich doch wohl mal fragen, wo das alles noch hinführen soll – oder nicht!? Aber was soll's denn, die »anderen« sind ja leider auch nicht besser. Auch sie (be)nutzen die modernen Möglichkeiten der Gehirnwäsche, um die »guten« Gläubigen dazu zu bringen, den »bösen« Ungläubigen den Garaus zu machen!

Tja, es ist eben alles nur eine Frage der durchaus geschickten Beeinflussung der Massen, der Sie sich als aufgeklärter *RTL2*-Seher natürlich erfolgreich zu entziehen wissen! Ist Ihnen dabei aber schon einmal in den Sinn gekommen, dass dies anhand der multimedialen Präsenz vielleicht gar nicht mehr möglich ist, wir von der Wirtschaft und der von ihr abhängigen Politik so manipuliert werden, wie *ES* die gegenwärtige Situation gerade erfordert? Waren zu Zeiten des Kalten Krieges noch hauptsächlich die Russen die bösen Buben im Film, so sind es heute ganz überraschenderweise die Araber und teilweise sogar schon die Asiaten, die dem meist amerikanischen Helden unnötige Probleme bereiten. Und dass die bösen Jungs – die übrigens auch Familien, Freunde und ein Leben haben – erfahrungsgemäß reihenweise Hops gehen, während ein Aufschrei durchs Publikum geht, nur weil sich unser Held beim gewöhnlichen Genickbrechen gerade den Fingernagel eingerissen hat, stört den Zuschauer genauso wenig wie die **inkorrekte** Darstellung historischer Fakten, die scheinbar aus dramaturgischer Sicht heraus genau so, und nicht anders – also **richtig** – sein musste. Parallelen zu Orwells *1984* sind natürlich auch hier klar erkennbar!

Der Publizist Roger Willemsen hatte kurz nach dem 11.September 2001 vor einer »*Zweiklassengesellschaft der Toten*« gewarnt, fand sich aber dennoch in einer Gesellschaft wieder, »*die in ihrer Mehrheit George W. Bush für einen großen Staatsmann hält, in der jegliche Kritik an amerikanischer Außenpolitik als ›antiamerikanisch‹ diffamiert wird.*« (364)

Auch heute ist das – von *Bush* mal abgesehen – im »***Prinzip***« nicht anders: Soweit ich weiß, gibt es in Deutschland bis heute keine **unabhängige** Institution, die die Medien beobachtet und uns vor der einen oder anderen Art von **Propaganda** zu schützen versucht! Und wenn wir ehrlich sind, dann juckt es uns auch nicht wirklich, wenn am anderen Ende der Welt präventiv Hunderte oder gar Tausende »böser« Typen unschuldig ins – zum Teil gar nicht mehr vorhandene – Gras beißen, nur damit wir weiterhin so leben können wie bisher. Das ist uns egal, doch sobald auch nur ein amerikanischer oder sogar ein deutscher Soldat ums Leben kommt, machen wir uns – durch unsere **einseitige** Sichtweise, und auch nur für den kurzen Moment einer Eilmeldung lang – Gedanken. Selbst wenn wir es nicht wahr haben wollen, aber es gibt in der Tat eine »*Zweiklassengesellschaft der Toten*«. Und das nicht nur im Film!

Wir sind aber **alle** (nur) **Menschen**, die bluten, fühlen, denken und lieben, und im Grunde einfach nur leben wollen! Das dürfen wir nie vergessen! Die Tatsache, dass die westliche Welt im gleichen Maße von westlicher Propaganda beeinflusst wird, wie es die östliche Welt von der ihrigen ist, macht es verständlicherweise umso schwieriger, den Rechtsgrundsatz »*Audiatur et altera pars*« (lat. »auch der andere Teil bzw. die Gegenseite möge gehört werden«) durchzusetzen und zu einem **vernünftigen** Miteinander zu finden. Nur mit viel Zeit, Mühe und **gesundem** Menschenverstand ist heute noch ein neutrales Urteil über die Vorgänge auf dieser Welt und in unserem eigenen Land zu fällen. Doch **Mühe**, **Zeit** und **(gesunder) Menschenverstand** sind drei »Dinge«, die nicht nur im Hinblick auf unser soziales Miteinander alles andere als massig gesät sind. **Propaganda** dagegen ist **Neuromarketing** der ersten Güte, und die wohl übelste (Massenvernichtungs)Waffe überhaupt! Denn durch was, wenn nicht durch geschickt dargestellte Informationen, schafft man es, dass sich zivilisierte Völker aufgrund primär wirtschaftlicher Interessen (andauernd) die Köpfe einschlagen, aber trotz des offensichtlich *langfristig* ausbleibenden Vorteils, die infantile Kriegsrechtfertigungen ihrer jeweiligen geistigen und weltlichen Führer akzeptieren!? Sie kennen das: »Die ›**Bösen**‹ wollen uns vernichten! Sie haben Massenvernichtungswaffen, ich weiß es genau… (ich, das heißt **wir** haben sie ihnen ja **selbst** verkauft)! Außerdem glauben die nicht an (unseren) Gott. Also in Gottes Namen, macht sie – verdammt nochmal – platt, solange es (noch) geht!«

Der moderne Mensch »googelt« derweil fröhlich die Welt, ohne zu bedenken, dass die Infos, die er als **erstes** präsentiert bekommt, vielleicht genauso gewollt und geordnet[323] seine Wahrnehmung manipulieren wie der Rest der Medien, die

[323] Frage: Wer schaut denn bei *Google* heute noch weiter als auf Seite drei oder denkt an die zugrunde liegenden und (kommerziell) beeinflussbaren »Filter«, nach denen bei *Google* und

auf ihn einwirken. Laut einem *Focus*-Artikel (42/2006) hat *Google* durch die Kollaboration mit der politischen Führung der Volksrepublik China bereits jetzt gezeigt, dass man leicht die Wirklichkeit verändern kann. »*Unerwünschte Teile der Realität wie das Massaker auf dem Platz des Himmlischen Friedens werden dort*« – im chinesischen Internet – »*schlichtweg ausgeblendet.*« (365)…

Ich habe keine Ahnung, wie das funktioniert, aber bei der schieren Masse an Informationen, die uns derzeit zur Verfügung steht, haben (auch) wir zum größten Teil die Kontrolle verloren und die Verantwortung über das, was uns erreicht, schon längst gutgläubig und vertrauensvoll an den »großen Bruder« abgegeben. Doch die Hoffnung, dass unser Vertrauen nicht missbraucht wird, ist wohl ebenso an den Haaren herbeigezogen wie die Annahme, dass **jeder** das Beste für uns will und (m)ein Mobilfunk-Anbieter mir einen neuen Tarif vorschlägt, nur weil es für **mich** günstiger wäre!

Bei alledem geht (m)ein Verfolgungswahn mittlerweile davon aus, dass an **sämtlichen** Medien, die uns heute erreichen, in irgendeiner Form (kommerziell) gedreht wurde und *man* deshalb im »***Prinzip***« so gut wie gar nichts mehr von dem, was wir als »echte« Information und Nachrichten empfinden, glauben sollten! Nur weil eine Information auf den ersten Seiten in *Google* genau so (und nicht anders) zu finden ist, heißt das also noch lange nicht, dass die dort enthaltenen Berichte der Wahrheit entsprechen. Und dass die Suchalgorithmen[324] und Informationsfilter der anderen Suchmaschinen ebenfalls unsere Realität (kommerziell) beeinflussen, ist eigentlich auch klar!? Wenn man bedenkt, dass wohl kaum ein Foto eines Magazins heute nicht in irgendeiner Art und Weise digital nachbearbeitet worden ist, dann traut man – von seinen »**eigenen**« Augen ganz abgesehen – auch keinem Bild mehr. Und was die Manipulation von und durch Film, Funk und Fernsehen betrifft, muss *man* sich nur die technischen Möglichkeiten – beispielsweise der Filmindustrie[325] – vor Augen halten!

In Wahrheit muss überhaupt gar nichts mehr von dem, was wir täglich sehen und wahrnehmen, tatsächlich so geschehen oder (r)echt sein! Das stört aber nicht weiter, denn die meisten gehen ja nur wegen den Spezialeffekten ins Kino, von denen bekanntlich die besten nun mal die sind, die wir als solche gar nicht

---

anderen Suchmaschinen die Informationen, die auf unserem Bildschirm erscheinen, ausgewählt werden – Sie vielleicht?

[324] »*Unter einem Algorithmus (auch Lösungsverfahren) versteht man eine genau definierte Handlungsvorschrift zur Lösung eines Problems oder einer bestimmten Art von Problemen in endlich vielen Schritten.*« (457)

[325] Apropos, es ist komisch, dass die Videos von *al-Qaida* und *Bin Laden*, das heißt, einer weltweit operierenden Terrororganisation und einem betuchten Menschen, die (gem)einsam die Terroranschläge am 11. September 2008 geplant und durchgeführt haben (sollen) und es somit geschafft haben zwei Passagierflugzeuge ins *World Trade Center* zu jagen, stets dieselbe, dilettantische und fürchterliche VHS-Qualität haben. Könnte sich so jemand nicht ein besseres Equipment samt brauchbarem Regisseur (wie Stanley Motss) leisten?

(mehr) wahrnehmen. (Wenn man will, kann *man* das jetzt sowohl auf die Kinos als auch die Effekte beziehen!) Im Grunde ist es wie mit der **Werbung**, welche nun mal am besten funktioniert, wenn wir denken, dass sie gar nicht stattgefunden hat! Doch wenn wir unseren **eigenen** Augen nicht mehr trauen dürfen, was bleibt uns dann noch außer dem Rest eines *Gefühls* und *natürlichem Verstand?* Ich meine, von uns hat doch heute keiner mehr die Zeit, die Fakten zu kontrollieren und sich zu überlegen, ob das, was »man« in den Nachrichten oder sonst wo sieht und hört, überhaupt so sein kann oder irgendeinen Sinn ergibt. Die Medien selbst tun und können dies nicht, oder nur ungenügend, da auch sie immer schneller und vielfältiger werden müssen und – um zu überleben – auf den Luxus einer gesicherten Wahrheit verzichten müssen! Für die heutige (Medien)Welt stellt **Aktualität** (Schnelligkeit) nun mal ein zentrales (Wettbewerbs)Argument dar. Dass einer geschickten Manipulation dadurch Tür und Tor geöffnet ist, versteht sich von selbst, und ich muss zugeben, dass es mich etwas beunruhigt, wenn ich auf **sämtlichen** Kanälen, Nachrichtensendern und Programmen stets die **gleichen** Meldungen und Meinungen sehe! Es beunruhigt mich, dass ich über **ein** und **dieselben** Neuigkeiten **gleichzeitig** auch in (beinahe) **allen** Tageszeitungen und im Internet lesen kann und, zusätzlich dazu, noch in den meisten Radiosendern darüber berichtet wird!...

Im Grunde genommen spräche dies(all)*ES* ja für die Wichtigkeit und Richtigkeit einer Meldung. Doch nur weil alle (Medien) **derselben** Meinung sind, heißt das noch lange nicht, dass es auch stimmt, was gesagt wird – denn:

»Kollektive ›Unwissenheit‹[326] *macht eine falsche Sache nicht richtig(er)!«*

Also was bringt die ganze Vielfältigkeit der Medien, wenn zum Schluss doch sowieso alle einer Meinung sind? Ist das vielleicht der Sinn von »unabhängigen« Medien oder einer dementsprechenden Demokratie? Macht es Sinn, stets **dieselbe** Meinung jeweils nur anders zu verpacken, zu verkaufen und an den Mann (engl. *man*) zu bringen? Ich hoffe doch nicht, denn falls es so wäre, dann würde das bedeuten, dass das *Es* auch über die Medien die Überhand gewonnen hätte. Wir wären ihm – ohne dass wir »*ES*« (er)ahnen – auf den Leim gegangen und in Zukunft hilf- und bewusstlos ausgeliefert!

Doch noch ist *ES* nicht so weit – noch nicht, denn solange ein schizophrenes (Medien)Kind **kritische** Fragen stellen kann bzw. will, ist es noch nicht zu spät! Nachdem beispielsweise Anfang März '07 – genau genommen war es am 7.3.2007 – in vielen deutschen Medien am gleichen Tag davon berichtet wurde, dass der *»deutsche Dackel ausstirbt«*, kamen mir folgende Fragen in meinen verdrehten Kopf…

---

[326] Anm.: Man könnte auch »Dummheit« sagen, aber dann fühlen sich bestimmt wieder viele auf den Schlips getreten – meinen Sie nicht?

1. Haben wir eigentlich keine anderen Sorgen, als dass der deutsche Dackel die Biege macht? [327] (Lesen Sie auch die Fußzeile(n)!?)
2. Wer zum »Teufel« bestimmt eigentlich, welche Nachrichten über (alle) Medien (gleichzeitig) verteilt werden und andere, weitaus wichtigere »Dinge« dafür in den Hintergrund geraten? Und …
3. Haben wir eigentlich noch alle Latten am Zaun?

Lassen wir Frage Nr. 1 und 3 mal außer »8« – es sind rhetorische Fragen – und kümmern uns nur um die 2: »Wer ist für die Auswahl und die Infos verantwortlich, die wir täglich zu sehen und hören bekommen?« Ganz ehrlich, ich weiß es nicht. Wissen Sie's? Das habe ich mir doch gedacht. Also habe ich mich mal wieder schlau gemacht. Wem die Sache mit der Auswahl und der Verteilung von Nachrichten aber zu (bl)öde ist, der darf hier auch gerne weiterblättern!

»Nachrichten- und Presseagentur

aus Wikipedia, der freien Enzyklopädie

Nachrichten- und Presseagenturen (nicht zu verwechseln mit Nachrichtendiensten) liefern Nachrichten, die Informationen über aktuelle Ereignisse enthalten, als vorgefertigte Meldungen für Medien zur Verwendung in Zeitungen und Nachrichtensendungen. Darüber hinaus gibt es sog. PR-Agenturen, über die Pressestellen von Unternehmen und Organisationen Informationen und Presseerklärungen verbreiten. Die Presse- und Nachrichtenagenturen spielen im weltweiten Nachrichtenfluss eine zentrale Rolle (besonders seit viele Zeitungen weniger Personal haben und weniger Termine selbst besetzen können –Tendenz des Mainstreaming). Der heutige Journalismus wäre ohne die Nachrichtenagenturen unmöglich. Über 180 Nachrichtenagenturen gibt es zurzeit weltweit, von diesen agieren aber nur sehr wenige weltweit, die meisten versorgen nur den Pressemarkt ihres eigenen Landes.[…]

Aufbau und Arbeitsweise der Nachrichtenagenturen

Vom Ereignis zur Meldung

Nachrichtenagenturen schreiben grundsätzlich für alle Medien und werden auch von allen genutzt. Der große Vorteil der Nachrichtenagenturen ist die

[327] Anm.: Hochrechnungen zeigen, dass **pro Stunde 3 Tier- oder Pflanzenarten aussterben, pro Jahr sind damit 27.000 Arten für immer verloren**! Und während die Menschen, die mitunter dafür verantwortlich sind, hier und anderenorts um ihren Arbeitsplatz und/oder ihr Leben bang(t)en, macht uns allen demnächst das globale, zwischenmenschliche, soziale oder ökologische Klima höchstwahrscheinlich (auch) den Garaus! Im Vergleich dazu gibt es, wie Sie wissen, doch eigentlich noch genug deutsche Dackel. Vor allem die auf zwei Beinen!

Aktualität, Universalität und die schnelle Lieferung von Berichten über aktuelle Ereignisse. Der große Nachteil ist, dass durch eigene Prioritätensetzungen Meldungen untergehen und andere hervorgehoben werden oder bestimmte Sachverhalte einseitig dargestellt werden können – und dies mit großer Tragweite. Denn: Eine Nachrichtenagentur ist ein Nachrichtengroßhändler.

Außer Tageszeitungen, Fernsehen und Rundfunkanstalten nutzen auch sehr viele Verbände und politische Akteure die Nachrichtenagenturen zur Informationsbeschaffung.

Agenturen sind so genannte ›gatekeeper‹. Sie entscheiden darüber, welche Nachrichten relevant sind, um bearbeitet und weitergeleitet zu werden, welche Ereignisse mitteilenswert sind und welche nicht oder zu welchen Ereignissen es nötig ist Korrespondenten oder Reporter zu schicken. Sie treffen eine Vorauswahl, denn sie werden mit Meldungen geradezu zugeschüttet.

Als Ideal gilt: Sie sind so objektiv wie möglich, haben keine politische Färbung, was natürlich in der Praxis nie hundertprozentig möglich ist, denn überall dort, wo Menschen arbeiten, gibt es auch Färbung. Es wäre etwa unsinnig, anzunehmen, eine kirchliche Nachrichtenagentur hätte keinerlei Färbung, um nur ein Beispiel zu nennen, warum auch Nachrichtenagenturen natürlich Meinung machen und an der Meinungsbildung mitwirken, sei es durch Färbung oder Streichung von als nicht wichtig eingestuften Meldungen. Ihre Nachrichten/Artikel gelten als verlässlich und gut recherchiert, bei Fehlern werden diese schnellstmöglich korrigiert und weitergeleitet. Wenn eine wichtige Nachrichtenagentur eine fehlerhafte Meldung sendet, wird diese möglicherweise sehr oft einfach von den Redaktionen übernommen.

Die Meldungen werden nach Ressorts sortiert, die verschiedenen Ressorts tragen bei den Nachrichtenagenturen verschiedene Kürzel, pl für Politik, wi für Wirtschaft und so weiter. Des Weiteren wird jede Meldung mit thematischen Stichworten kategorisiert und ist somit auf den ersten Blick für die Redaktionen inhaltlich einzuordnen.

Die Nachricht einer Agentur ist gespickt mit Abkürzungen, hinter diesen verbergen sich Informationen zum Zeitpunkt des Versands, zur Länge, zur Priorität, zum Ressort et cetera. Der erste Satz einer Agenturmeldung wird als ›lead‹ bezeichnet, dieser soll so gestaltet sein, dass er zum Weiterlesen anregt. Er sollte den Inhalt des Artikels kurz, in maximal 30 Wörtern, und präzise wiedergeben und im Perfekt gehalten sein. Eine Nachricht sollte grundsätzlich nicht mehr als 700 Zeichen umfassen, eine Reportage zwischen 4000 und 5000 Zeichen. Üblicherweise werden zunächst radioaffine

Zehn-Zeilen-Meldungen zeitnah rausgeschickt und innerhalb der nächsten Stunden um ausführlichere Zusammenfassungen ergänzt.

Redakteure schreiben die Nachrichten, oft werden auch Freie Journalisten gegen Honorar beauftragt.

Welche Dienste abonniert und damit geliefert wird, entscheiden die Redaktionen selbstständig. Die Preise der Dienste richten sich nach ihrem Umfang und der verkauften Auflage der jeweiligen Publikation, bei elektronischen Medien richten sie sich nach der Reichweite. So gibt es eine Preisgerechtigkeit innerhalb des Pressewesens bezüglich der Nachrichtenagenturen.

Kritisiert wird immer wieder des Öfteren der übertriebene Stil der Nachrichten. Außerdem seien wissenschaftliche oder Nachrichten aus der Dritten Welt stark unterrepräsentiert.

Korrespondenten

Korrespondenten in mehreren Büros in Deutschland oder auf der Welt zu unterhalten ist sehr teuer. Kleine Redaktionen können sich selbstverständlich keine eigenen Korrespondenten leisten und auch die Korrespondenten der großen Medienstationen können nicht immer überall sein. Ihnen sind nämlich zumeist sehr große Gebiete unterstellt. Die Nachrichtenagenturen haben ebenfalls nicht überall ihre eigenen Korrespondenten. Sie arbeiten häufig auch mit fremdländischen Agenturen zusammen, werten andere Medienberichte aus (aus dem TV, anderen Zeitungen oder dem Internet) und arbeiten mit Experten zusammen

Dringlichkeitsstufen

Es gibt verschiedene Dringlichkeitsstufen: als höchste Priorität wird die Blitzmeldung eingestuft, diese wird jedoch selten und nur für außerordentliche Ereignisse (Beginn eines Krieges, Tod sehr wichtiger Persönlichkeiten) verwendet. Die nächste Stufe ist die Eilmeldung. Sie berichtet über außerordentliche politische Entscheidungen oder Ereignisse, aber auch Naturkatastrophen. Sie wird auch für Korrekturmeldungen verwendet, wenn zuvor falsche Informationen übermittelt wurden, diese wird zumeist zweimal verschickt, gesendet damit sie keineswegs von den Redakteuren übersehen wird und die Falschmeldung letztendlich in der Publikation doch erscheint. Die Schnellmeldung ist eine knappe und präzise formulierte Meldung mit der dritten Prioritätsstufe. Die meisten Meldungen werden mit als ›Dringend‹ oder als ›Normal‹ eingestuft.

Früher waren die Dringlichkeitsstufen sehr viel wichtiger, da die Eilmeldungen die anderen Meldungen in der Sendeschlange überholten. Die Meldungen wurden damals durch Klingeln an den Fernschreibern in den Redaktionen angekündigt, die je nach Dringlichkeitsstufe der Nachricht bestimmte Male klingelte. Heute gibt es diese Klingeln nicht mehr, stattdessen piepsen nun die Computer.

Redaktionelle Weiterverarbeitung einer Meldungen

Die Artikel der Nachrichtenagenturen werden entweder verarbeitet, dabei eigene Rechercheergebnisse und Informationen hinzugefügt oder sie werden einfach wortwörtlich übernommen und mit dem Kürzel der jeweiligen Agentur am Anfang des Artikels versehen. Durch diese vorgeschriebenen Meldungen, meist in druckfertiger Fassung nehmen sie den Redaktionen beziehungsweise den Redakteuren sehr viel Arbeit ab.

Presserechtlich verantwortlich sind allerdings weiter die Chefredakteure oder Ressortleiter der jeweiligen Publikation, diese müssten alles kritisch überprüfen (Verbreiterhaftung). (366)

⌟

Zusammenfassend kann man sagen, dass irgendwie alle voneinander abschreiben, und es trotz (aller) vermeintlicher Vielfältigkeit so etwas wie »unabhängige« Medien und Informationen, die eine breite Masse *objektiv* und *kritisch* mit so etwas wie der »Wahrheit« versorgen, gar nicht gibt!...

Dass der Zusammenschluss verschiedener Sender die Gleichschaltung der Berichterstattung zusätzlich noch begünstigt, muss an dieser Stelle wohl ebenso wenig erwähnt werden wie die Tatsache, dass auch die Medien – wie alles in der Wirtschaft – zunehmend monopolisiert werden und dem Endverbraucher auch hier (häufig) als ihr eigener Konkurrent entgegentreten! Aus diesem Grund soll es Menschen geben, die sämtliche Nachrichten etc. pp ablehnen!? Zu diesem Thema eine kurze Unterhaltung aus dem Film *Stirb langsam 4.0*:

»*Sekunde, ... du hörst dir die Nachrichten an?*«
»*Hast Du auch was gegen die Nachrichten?*«
»*Jaha ...*« der Computerhacker Matt Farrell lacht verständnislos »*... allerdings. Ich hab echt was gegen die Nachrichten. Bist du bereit?*« und es kommt wie aus der Pistole geschossen: »*Die Nachrichten sind komplett manipuliert. Alles, was die uns erzählen, an jedem einzelnen Tag, wird von Medienkonsortien lanciert, und zwar nur zu einem einzigen Zweck, und jetzt kommts ... die wollen, dass wir in Angst leben!*«

»*In Angst?*«, fragt John McClane, der bekanntlich schon so einiges mitgemacht hat, recht zynisch.

»*In totaler Angst!!! – Damit wir losziehen und Geld für alles Mögliche rauswerfen. Für Dinge, die wir niemals brauchen, die wir wahrscheinlich schon sechs mal haben, damit die Werbefirmen auch weiter Sendezeit kaufen* ..« (367)

- Stirb langsam 4.0

(USA / UK 2007)

Charles Talleyrand hat einmal gesagt: »*Wer die Wahrheit verbergen will, braucht sie nur offen auszusprechen – sie wird einem ja doch nicht geglaubt*« (10). Dialoge wie der von eben zeigen, dass die Wahrheit heute tatsächlich ausgesprochen wird, sie im Kabarett oder in solchen überzogenen Actionfilmen wie *Die Hard – Stirb langsam 4.0* aber komplett an Wirkung verliert und deshalb von niemandem mehr ernstlich geglaubt wird. Denn solche Filme suggerieren uns, dass die darin enthaltene Wahrheit genauso komisch, unmöglich und unrealistisch ist wie der ganze Rest des Films. Wen's interessiert:

»*Deutschland ist das Land mit den meisten Nachrichtenagenturen in seiner eigenen Sprache. Die dpa ist die unbestrittene Marktführerin, die so genannte Primäragentur, nur sechs Tageszeitungen sind nicht Kunden der dpa.*« (366)

Die *Deutsche Presseagentur (dpa)* hat also das Monopol der Nachrichtenverbreitung bei uns inne, und, auch wenn ich es nicht sicher weiß, kann ich mir gut vorstellen, dass die *dpa* selbst wieder Teil eines Konsortiums ist. Es ist nicht auszudenken, was eine falsche Information am Anfang einer solchen »Nachrichtennahrungskette« weltweit auslösen kann oder könnte. Was das für uns bedeutet und einmal bedeuteten wird, brauche ich Ihnen hoffentlich nicht zu sagen!?

Wie wir von *Wiki* gehört haben, kommt eine Nachrichtenagentur einem »Nachrichtengroßhändler« gleich. Darum verhält es sich mit Falschnachrichten ähnlich wie mit verdorbenen Lebensmitteln: einmal in Umlauf gebracht, ist es kaum mehr nachzuvollziehen, wer davon gegessen hat und wie viel schon konsumiert wurde! Und nachträglich die in den Regalen liegende Ware zurückzuziehen, ändert nur wenig daran, dass sich viele von uns schon längst – und gänzlich ohne ES zu bemerken – den Magen verdorben bzw. das Hirn vergiftet haben! Ob nun Gammelfleisch, genveränderte Nahrungsmittel, Kriegsverbrechen, Dioxin-Skandale, Finanzkrise, Genozid oder Vogelgrippe. Falls wir von alledem überhaupt etwas mitbekommen, dann ist es meist nur die Spitze des Eisberges! Und selbst bei der Einschätzung dieser »sichtbaren« Gefahrenpotenziale liegt es im Ermessen der Medien, ob wir (dabei) in Panik geraten oder nicht. Dass dies in der Tat so ist, möchte ich am Beispiel der Vogelgrippe verdeutlichen:

Am 26. August 2007 – als man von der **Schweine**grippe noch gar nichts gewusst, geschweige denn geahnt hat – hörte man im Radio (*SWR3*) von der Keulung von 160.000 Enten eines deutschen Geflügelhofes. Im Internet konnte man auf *BR-online* dazu lesen:

> »*Auf einem von der Vogelgrippe betroffenen Geflügelhof in Wachenroth ist bis Sonntagabend die Keulung aller 160.000 Tiere abgeschlossen. Die Keulung war am Samstag vom bayerischen Landwirtschaftsministerium angeordnet worden, nachdem bei fünf Enten des Bestandes das hochansteckende und auch für den Menschen gefährliche H5N1-Virus entdeckt worden war. Nach Auskunft des bayerischen Umweltministeriums handelte es sich dabei um die größte Keulungsaktion Deutschlands. Die Kadaver wurden in zwei Tierkörperbeseitigungsanlagen transportiert.*« (368)

Wohlgemerkt hat die **größte** Keulungsaktion, die es – bis zu diesem Zeitpunkt[328](!) – jemals in Deutschland gegeben hat, kaum ein Jahr nachdem wir **eigentlich** dachten, eine Epidemie würde uns alle für immer dahinraffen, stattgefunden. Sämtliche *Tamiflu*®-Reserven – die angeblich einzige Chance, eine Vogelgrippeinfizierung zu (üb)erleben – wurden im Jahr 2006 ruck zuck leer gekauft. Ich selbst bin seither stolzer Besitzer einer solchen Packung und hab' mir beinah in die Federn gemacht. Doch heute (2007), ein Jahr nachdem etwas Gras über die Sache gewachsen ist und wir uns an die drohende Gefahr gewöhnt haben, kräht – aufgrund der verminderten medialen Präsenz und gewissen »Säuberungsaktionen« – im wahrsten Sinne des Wortes kein Hahn mehr danach, und *Tamiflu*® scheint (vorerst) vergessen!... Wie gewöhnlich füttern wir wieder die Enten im Teich, essen Geflügel und Eier und freuen uns – trotz der vermutlich ernster als bisher zu nehmenden Gefahr – weiterhin unseres Lebens. Und das ist – abgesehen davon, dass wir insgesamt wirklich weniger (oder gar kein) Fleisch und Geflügel essen sollten – auch gut so! Dennoch zeigt das Beispiel Vogelgrippe, wie leicht wir uns steuern lassen und wie unser tägliches Leben, samt den darin enthaltenen Ängsten und Nöten, nicht von uns und unserem Verstand, sondern größtenteils von den Medien und deren »Beherrschern« (z.B. Pharmaunternehmen) gewinnbringend manipuliert und bestimmt wird!

Die Tatsache, dass wir, solange es gut gemacht ist, den *natürlichen Verstand* kritiklos hinten anstellen und infolgedessen so ziemlich alles (fr)essen und glauben, was wir im Fernsehen sehen, im Radio hören und den Zeitungen lesen, birgt – neben den offensichtlichen Vorteilen für die Wölfe bzw. Schäferhunde – jedoch eine nicht zu verachtende Gefahr: *ES* kann durch eine einzige (unter Umständen falsche) Information, die an einer Schlüsselstelle unbemerkt ins »*System*« geschleust wird, leicht zu einer kollektiven Meinung bis hin zu einer Massenpanik der (Schaf)Herde kommen! Es ist möglich und nicht von der Hand zu

[328] Anm.: Laut dem *Hamburger Abendblatt* wurden 2 Wochen später weitere **205 000 Enten** getötet! (458)

weisen, dass durch die direkte mediale Verknüpfung der Welt diese Panik binnen kürzester Zeit epidemisch, d.h., seuchenartig Landesgrenzen überschreitet und die Angst und Verzweiflung globale Ausmaße annehmen lässt. So weit ist es zwar (noch?) nicht gekommen, aber wenn es geschieht, ein (Wahrheits)Virus die kommerzielle »Matrix« zum Erliegen bringt und wir alle (wieder) blindlings losgaloppieren, dann Gnade uns »Gott«, denn dann ist – zunächst einmal – die Hölle los! Für alle diejenigen, die so etwas nicht für möglich halten, habe ich folgendes Beispiel parat. Dazu schwenken wir kurz nach England und gehen abermals zurück ins Jahr 2007! Die *Deutsche Welle* berichtet(e):

»Northern-Rock-Aktie zeitweise vom Handel ausgesetzt

Die britische Hypothekenbank Northern Rock befindet sich im freien Fall. Nachdem die Bank von England Nothilfe leistete, heben die Kunden panikartig ihre Ersparnisse ab. Finanzminister Darling versucht zu beruhigen.
Die Aktie der schwer angeschlagenen britischen Hypothekenbank Northern Rock ist am Montag (17.09.2007) zeitweise vom Handel ausgesetzt worden. Das Papier der Bank, die von der Bank von England mit einem Notfallkredit hatte gestützt werden müssen, verlor kurz nach Handelsbeginn ein Drittel an Wert. Die Kursverluste heizten Übernahmegerüchte zusätzlich an. Die Turbulenzen um Northern Rock lösten eine regelrechte Panik bei den Bankkunden aus. Nach Angaben der BBC musste das Institut fast zwei Milliarden Pfund (2,9 Milliarden Euro) auszahlen – das entspricht rund acht Prozent ihrer Einlagen.
Bereits am Freitag war der Kurs von Northern Rock um ein Drittel eingeknickt, nachdem bekannt wurde, dass die britische Notenbank dem Geldhaus einen Notkredit zugeschossen hatte. Großbritanniens fünftgrößte Hypothekenbank war nach der weltweiten Kreditkrise wegen des US-Immobilienmarkts in Schwierigkeiten geraten. Zu Jahresbeginn stand der Aktienwert von Northern Rock noch bei 1250 Pence. Auch die Papiere anderer Banken rutschten am Montag ins Minus.« (369)

Wie genau es zu der Bankenkrise in England kam, und ob die amerikanische Immobilienkrise auch für uns und den Rest der Welt von entscheidender Bedeutung war oder sein wird, sei hier für einen kurzen Augenblick hinten angestellt.

Wichtiger ist zunächst einmal die (Er)Kenntnis, dass es in einer Gesellschaft (aus Schafen) dank der manipulativen Macht der Medien ganz leicht und überaus schnell zu einer Massenhysterie mit schlimm(st)en Konsequenzen kommen kann! Trotz aller Schutzmechanismen, die uns die kapitalistische Wirtschaft auf dem Papier so verheißungsvoll anbietet, kann es aufgrund der fehlenden naturgesetzlichen Verankerung dieses »*Systems*« sogar zu einer Weltwirtschaftskrise bis hin zum Krieg kommen, denn wenn es – aus welchem Grund auch immer –

morgen heißt, die Börse bricht zusammen, was glauben Sie, wen sie noch heute neben sich in der Schlange vor der Bank oder den Dopamin-spendenden Futtertrögen dieser Welt stehen sehen: **Mich!!(?)**

Was nun das Platzen der Immobilienblase und die weitreichenden, (welt)wirtschaftlichen Auswirkungen angeht, präsentiere ich Ihnen jetzt ein paar Ausschnitte aus Onlineberichten der *Tageschau* und des *Handelsblatts*, welche diese bevorstehende Krise, in der wir uns schon seit geraumer Zeit unbemerkt und immer noch befinden, meiner Meinung deutlich machen. Nach Erscheinen meines Buches – also quasi im Nachhinein – werden sie unter Umständen zeigen, dass alles wieder mal hätte verhindert werden können, wenn wir nur zur rechten Zeit die Augen aufgemacht und die nötigen Konsequenzen gezogen hätten!(?) Die *Tagessschau* schreibt am 8.September 2008:

»*Fannie Mae und Freddie Mac verstaatlicht*

Die US-Regierung übernimmt die Kontrolle bei den zwei größten Baufinanzierern des Landes, Fannie Mae und Freddie Mac. Sie waren im Verlauf der US-Immobilienkrise in immer größere finanzielle Schwierigkeiten gerutscht. Fannie Mae meldete erst Anfang August, dass sich die Verluste allein im zweiten Quartal auf 2,3 Milliarden Dollar summierten. Finanzminister Henry Paulson will damit noch größere Unruhe auf den amerikanischen und den internationalen Finanzmärkten vermeiden. Die beiden Unternehmen seien ›so groß und so mit dem Finanzsystem verwoben, dass das Scheitern eines der beiden große Unruhe auf unseren Finanzmarkt hier und in der ganzen Welt auslösen würde‹, sagte Paulson.« (370)

Am 21.September 2008 – kaum 2 Wochen später – lese ich zu meinem Erschrecken dann im *Handelsblatt* online:

»*US-Regierung unterstützt Banken mit 700 Mrd. Dollar*

Die Pläne zur Unterstützung des taumelnden Finanzsektors in den USA werden konkret: Die US-Regierung will faule Kredite[329] *im Gesamtwert von 700 Mrd. Dollar aufkaufen und die Staatsverschuldunsgrenze dafür um densel-*

---

[329] »*Notleidende Kredite (auch Non-performing Loans, Problemkredite oder umgangssprachlich "Faule Kredite") sind Kredite, bei denen der Schuldner mit der Erfüllung seiner Pflichten bereits in Verzug geraten ist, beziehungsweise die Bank auf Grund der Kreditnehmerbonität Zugeständnisse gemacht hat oder die unter strategischen Aspekten kein attraktives Rendite-/Risikoprofil aufweisen.*« (459) Mit anderen Worten sind es Kredite, die aus Profitgründen ungerechtfertigter Weise gewährt wurden und aufgrund der Fehleinschätzung der Zahlungsfähigkeit des Schuldners nicht gedeckt sind!

ben Betrag erhöhen. Analysten begrüßen das Hilfspaket der US-Regierung, Wirtschaftsnobelpreisträger Stiglitz warnt dagegen vor den Folgen.
HB WASHINGTON/FRANKFURT. Die US-Regierung will 700 Mrd. Dollar[330] *für ihren geplanten Rettungsfonds für faule Kredite bereitstellen. Dies sieht ihr Gesetzentwurf zur Bekämpfung der Finanzmarktkrise vor, der am Samstag den zuständigen Kongress-Ausschüssen vorgelegt wurde. Die Verschuldungsgrenze der US-Regierung soll dazu um den gleichen Betrag auf 11,315 Billionen*[331] *Dollar angehoben werden.[..]*
Der Wirtschaftsnobelpreisträger Joseph Stiglitz kritisiert dagegen die Pläne. ›Das ist nur eine kurzfristige Lösung‹, sagte Stiglitz der ›Frankfurter Allgemeinen Sonntagszeitung‹. ›Man legt die riskanten Anlagen in die Hände der Steuerzahler.‹ Kein privater Investor wolle diese Anlagen haben, ›aber dem Steuerzahler drückt man sie auf. Das ist ungeheuerlich‹.
Stiglitz sieht die Finanzkrise noch längst nicht als ausgestanden an: ›Es gibt eine sehr hohe Wahrscheinlichkeit, dass es bald wieder eine Bank trifft‹, sagte der Wirtschaftsprofessor, der an der Columbia Universität in New York lehrt. Die Krise sei ›das Ende eines desaströsen Geschäftsmodells‹ sowie ›das Ende der Ideologie, dass freie, deregulierte Märkte immer funktionieren‹. Amerikas Finanzsystem sowie die Regierung hätten ihre Glaubwürdigkeit verloren.« (371)

Die US-Regierung, so heißt es an einer anderen Stelle des Artikels, will bzw. wollte also »*mit dem milliardenschweren Maßnahmepaket die schärfste Finanzkrise seit einem dreiviertel Jahrhundert bekämpfen.*« Und das macht(e) sie, indem sie – wie immer – die Schuld(en) auf die Steuerzahler abwälzt(e)! Wie die ohnehin schon angeschlagenen, hungernden und immer arbeitsloser werdenden Schafe und Kühe mithilfe einer stagnierenden Wirtschaft allerdings die(se) Schuld(en) jemals begleichen wollen, stand schon damals (2008) auf einem anderen Blatt! Am 26.9.2008 brach jedenfalls die größte Sparkasse des amerikanischen Landes, die *Washington Mutual*, zusammen. »*Die Pleite ist der bislang größte Banken-Zusammenbruch in der US-Geschichte*«, berichtet daraufhin die *Tagesschau* im Internet. Wie man weiß, wird es in Amerika und weltweit nicht der letzte (gewesen) sein: In allerletzer Minute wurde drei Tage später, am 29/30. September 2008, das Münchner Geldhaus *Hypo Real Estate (HRE)* vor der sicheren Pleite gerettet. Die *HRE* erhielt 35 000 000 000 € (35 Mrd.) **frische** Kredite. Zu wenig, wie »man« später erkennen wird!...

Das Verrückte und geradezu Unmögliche daran: Für den Löwenanteil der dafür erstmalig nötigen Bürgschaft von 26,6 Mrd. (entspricht rund einem Zehntel des Bundeshaushalts 2008) bürgt, wie in Amerika, der sogenannte »**Staat**« – also

---

[330] Anm.: Zum damaligen Zeitpunkt umgerechnet rund **490 Milliarden Euro!**

[331] Anm.: Eine **Billion** entspricht einer **Eins mit 12 Nullen!**

der **Steuerzahler**! Private Banken übernahmen in Deutschland nur einen Teil (8,4 Mrd. Euro). (372)

Keine Frage, wäre es nicht so gewesen, wäre es zu einem finanziellen Supergau mit haarsträubenden Konsequenzen für Deutschland gekommen. Falls Sie sich aber dennoch fragen, was dann so »verrückt« und geradezu »unmöglich« an der Bürgschaft war, möchte ich es Ihnen sagen:

Nehmen wir an, Sie hätten momentan, das heißt im Jahr 2008 fünf oder etwas mehr Hypotheken am Laufen, wären mittlerweile mit über **1,5 Billionen Euro (1 500 000 000 000 €!)** verschuldet und Ihre Schuld(en) würde(n) **pro Sekunde** um rund **500 €** anwachsen. Ihr Freund, ein gewisser *Hr.E.* wäre gerade Pleite gegangen und bräuchte dringend einen Kredit im Wert von **35 Mrd. Euro**. Diesen bekommt er aber nur, wenn **Sie** – und jetzt kommt's! – für ihn bürgen. Mal ehrlich, wer auf Gottes weiter Erde wäre so blöd, **Sie** bürgen zu lassen? Käme *Hr.E.* trotz Kredit nicht auf die Beine, und das wird mit ziemlicher Sicherheit so sein, müssten **Sie** – jemand, der **selbst** bis über beide Ohren verschuldet ist – dafür geradestehen! Erklären Sie mir mal, wie das bitteschön gehen soll!?

Übrigens, gleiches ist währenddessen in den USA geschehen:

Nachdem am Montag den 29. September 2008 die erste Version des **700 Mrd. Dollar** schweren Rettungspakets im Repräsentantenhaus mehrheitlich abgelehnt wurde, wurde es nach einigem Hin und Her am 3. Oktober. 2008[332] – grotesker weise dem *Tag der Deutschen Einheit* – im zweiten Anlauf doch angenommen! Es musste einfach angenommen werden, soviel war klar, aber ist bzw. war Ihnen auch klar, dass es nach der **ersten** (gescheiterten) Abstimmung zu einem **historischen Kursverlust** an der New Yorker Börse kam?...

»*Um fast 800 Zähler war der Dow Jones-Index am Montag nach unten geplumpst – nach Punkten gerechnet war das der* ***größte Tagesverlust in der Geschichte des Barometers der Weltleitbörse.*** *›Pure Panik‹ habe zum Kurssturz geführt, hieß es vom Parkett in New York. Und das trotz des Verbots Leerverkäufe tätigen, also mit der Spekulation auf fallende Kurse Gewinne machen zu können*« (373), konnte man seinerzeit im Internet lesen. Der Kurs fiel am 29./30. September 2008 demnach **tiefer** als nach den Terroranschlägen am 11. September und **tiefer** als am 24. Oktober 1929, dem berühmten *Schwarzen Donnerstag*, der seinerzeit den schwersten u. folgenreichsten volkswirtschaftlichen Einbruch in allen Industrienationen einläutete und »*sich unter anderem in Unternehmenszusammenbrüchen, massiver Arbeitslosigkeit und Deflation äußerte.*« (374)...

Ironischerweise wurden mit den Kursverlusten am *Schwarzen Montag* und *Dienstag* 2008 »*an den US-Börsen mit einem Schlag höhere Werte vernichtet,*

---

[332] Klaus Scherer, *ARD* Washington berichtet im Nachtmagazin am 04.10.2008 um 00:35 Uhr via Livestream im Internet. (Zeitverschiebung nicht vergessen!) (Tagesschau.de. URL: http://www.tagesschau.de/multimedia/video/video387048.html. [Stand: 1.11.2009])

als sie mit dem Rettungspaket zur Verfügung gestellt werden sollen. Der Dow Jones-Wilshire-5.000-Index, der umfassendste Messwert für Börsenbewegungen in den USA, weist einen Wertverlust von 1,2 Billionen Dollar aus.« (373)

Wir (Deutschen) haben davon mal wieder nichts mitbekommen, denn in Bayern waren währenddessen Landtagswahlen, nach welchen die CSU zum Regieren erstmals seit 46 Jahren einen Koalitionspartner brauchte! Das ist zwar ungefähr so (spannend), als würden wir als Arzt bei einem Krebspatienten im Endstadium oder einem eingelieferten Süchtigen mit Überdosis unser Hauptaugenmerk auf den etwas komisch aussehenden Pickel am Arsch verwenden, aber was soll's: »Brot und Spiele«, nicht wahr!?...

Jeder, der aber eins und eins zusammenzählt, weiß, was uns, den »**Sucht**- bzw. **Krebspatienten**« (dieser Welt), auf *lange* Sicht gesehen noch bevorsteht!

Das Schlimme daran ist, dass **(all)*ES*** abzusehen war: Ein »*System*« wie Gaia, ein menschlicher *Körper* oder das der derzeitig globalisierten (Finanz)Wirtschaft lässt sich – ohne Schaden zu nehmen – nur bis zu einem gewissen Grad überdrehen! Bescheißen lässt er bzw. *ES* sich aber nicht: wie in unserem *Körper* gibt es **natürliche Grenzen – natürliche Gesetze**! Vergleicht man das **kapitalistische** »(Wirtschafts)*System*« Amerikas und das vom Rest der »freien« Welt mit einem Extremsportler – und zwar einem, der jahrelang Extremsport im roten Bereich geleistet hat und an diesen gewöhnt ist –, so ist ersichtlich, dass ein sofortiger Stop der *körperlichen* Belastung zwar möglich ist, er dem Organismus aber Schaden zufügen und ihn unter Umständen sogar das Leben kosten würde!

Wie der Extremsportler – der im »***Prinzip***« mit einem Alkoholkranken zu vergleichen ist –, muss ein solches (**gedoptes**) »(Finanz)*System*« wie das unsrige daher *langsam* und *kontrolliert* herunterfahren. *ES* muss *langsam* und *gezielt* abtrainieren, sich **entwöhnen**, um das **insgesamt** *körperliche*, *geistige* und *emotionale* Leid **aller** Beteiligten möglichst gering zu halten!...

Man kann es in der Tat mit einem mit Überdosis ins Krankenhaus eingelieferten Suchtpatienten bzw. Alkoholiker vergleichen! Bei ihm gibt es zwei bis drei Möglichkeiten der Behandlung: Entweder man verweigert ihm (s)eine Droge(n) auf die Gefahr hin, dass der kalte Entzug ihn umbringt, oder man setzt die Droge(n) *langsam* und *kontrolliert* ab. Die dritte Möglichkeit wäre die der sog. »**Substitution**« (fachspr. für Stellvertretung, Ersetzung) einer Droge durch eine andere, weniger gefährliche und gegebenenfalls sozial verträglichere. So kann ein Raucher, Essgestörter oder Drogenabhängiger es beispielsweise mit *kontrollierter* sportlicher Betätigung versuchen, ein Heroinabhängiger mit Methadon[333] und ein konsumabhängiger Kapitalist mit **(reziprokem) Altruismus**!?...

---

[333] »*Methadon ist ein vollsynthetisch hergestelltes Opioid mit starker schmerzstillender Wirksamkeit. Methadon ist reiner Agonist am µ-Opioid-Rezeptor. Es wurde in der Öffentlichkeit*

Es versteht sich von selbst, »weiterzumachen wie bisher« wird zwar angewandt, aber *ES* ist keine (vierte) Lösung! Und dass eine »Ersatzdroge« ihrerseits dann nicht im selben Maße übertrieben benutzt oder gar zum »Selbstzweck«[334] werden darf und die *körperlichen*, *geistigen* und *emotionalen* Schäden – die der frühere übermäßige (Drogen)Konsum dem Organismus bereits zugefügt hat – ihre Spuren hinterlassen haben und nicht vollständig wettgemacht werden können, auch! Langzeitschäden sind eben kaum oder nur schlecht wiedergutzumachen, was nicht heißen soll, dass wir nicht gleich mit der Therapie beginnen sollten!... Für die »freie« Welt der **Menschen** bedeutet dies, dass wir im besten Fall über Jahrzehnte hinweg unser **aller** Leben (den inneren Schweinehund) wieder in den Griff bekommen müssen. Es wird Generationen dauern, bis wir uns an einen neuen Zustand **gewöhnt** haben, und falls wir es tatsächlich schaffen, diese (Ver)Änderung, statt mit einem Knall, *langsam* und *gemächlich* (ggf. durch Substitution) vonstatten gehen zu lassen, werden wir **die(se)** *Veränderung* als eine solche vermutlich gar nicht bemerken. Unser Gehirn bemerkt hauptsächlich die abrupte(n) ***Veränderung(en)*** (im Muster bzw. dem »*System*«) und registriert ohne Anstrengung eher weniger den **Zustand**, in dem wir uns befinden! ***ES*** bemerkt, dass etwas nicht mehr so ist, wie es ursprünglich einmal war. ***ES*** bemerkt, dass etwas schneller oder langsamer läuft, dass etwas nicht mehr dort ist, wo wir es gelassen haben und wir uns heute nicht mehr das leisten können, was gestern noch ohne Weiteres »bezahlbar« war! Daher wird ein **globales »Reset«** (vgl. S. 135) für die meisten von uns wohl erst dann spürbar und bewusst (werden), wenn es zu schnell oder auf einen Schlag eintritt. Sonst nicht oder nur dann, wenn *man* uns mit der Nase drauf bzw. hinein stößt. …
Also vergessen Sie das, was ich eben gesagt habe, besser ganz schnell! Entspannen wir uns und hören lieber ein bisschen Musik: ahhh, ist das schön! Hören Sie, wie schön die Dame singt!? Sie heißt, glaube ich, Shania ... ja, Shania Twain, und sie singt: »*We live in a greedy little world, that teaches every little boy and girl – to earn as much as they can possibly – then turn around and spend it ...*«
Was sagen Sie, Sie verstehen kein Wort? Ach so, wir leben ja in Deutschland und da spricht man (noch) deutsch! Na bitte, dann versuchen wir es eben auf Deutsch…

---

bekannt als Opiatersatzstoff durch seine breite Anwendung im Rahmen von Heroin-Substitutionsprogrammen.« (460)

[334] »***Ex opere operato*** *(Latein »durch die vollzogene Handlung«, »Das, was durch das Tun an sich geschieht«) heißt etwas wirkt unabhängig von der Einstellung dessen, der es tut, und unabhängig von der Einstellung dessen, an dem und für den es getan wird. In der katholischen Dogmatik ist der Begriff die Bezeichnung für die objektive Wirkungsweise der Sakramente aufgrund ihres richtigen Vollzugs, unabhängig von der sittlichen Disposition des spendenden Priesters. Die Wirksamkeit eines Sakramentes tritt dann ein, wenn der Empfänger dem nicht entgegenwirkt.*« (461)

Shania Twain – Ka-ching!

Wir leben in einer kleinen habgierigen Welt.
in der jedem schon im Kindesalter beigebracht wird,
dass es nur darum geht, möglichst viel Geld zu verdienen,
um es im nächsten Augenblick wieder sinnlos verprassen zu können

Wir haben uns ein Kreditkartenchaos geschaffen,
und geben Geld aus, das wir gar nicht besitzen.
Unsere Religion ist es, alles auf den Kopf zu hauen,
und an jedem Wochenende herrscht Großkampftag in der Kaufhalle.

Wir wollen alle nur immer mehr, können einfach nicht genug bekommen.
Also wo ist hier der nächste Einkaufsladen?

Hörst du es wieder klingeln? Da hüpft dein Herz doch vor Freude, oder?
Das ist einfach ein tolles Geräusch: Ka-ching!
Ein Diamantring nach dem anderen, das macht Laune!
Du fühlst dich wie ein König mit deinem Geld und all dem Kram!

Wenn du pleite bist, lauf los und besorg dir einen Kredit,
oder nimm noch eine Hypothek auf dein Haus auf.
Du solltest bloß möglichst bald wieder auf die Beine kommen,
damit du dir noch mehr kaufen kannst, wenn dir wieder mal langweilig ist.

Wir wollen alle nur immer mehr, können einfach nicht genug bekommen.
Also wo ist hier der nächste Einkaufsladen?

Lass uns losziehen, schau doch noch mal tiefer in den Taschen nach.
Komm schon, ich weiß du hast noch was.
Schau noch mal richtig in deiner Geldbörse nach.

Hörst du es wieder klingeln? Da hüpft dein Herz doch vor Freude, oder?
Das ist einfach ein tolles Geräusch: Ka-ching!

»... *Can you hear it ring? It makes you wanna [want to] sing. It's such a beautiful thing* – ***Ka-ching!***« ...

Uups, hat Sie das Kassengeräusch etwa geweckt? Das sollte *ES* (nicht)! Doch wenn Sie nun schon mal wach sind, möchte ich Sie nochmals daran erinnern, dass nicht mehr viel Zeit bleibt: Nicht nur der an anderer Stelle bereits erwähnte Wirtschaftsnobelpreisträger Joseph Stiglitz vertritt die Meinung, dass alles wohl oder übel im Desaster endet. Auch der Wirtschaftsprofessor Max Otte vertritt in seinem Buch *Der Crash kommt* die Ansicht, dass eine derartige Überschuldung irgendwann zu einer (mehr oder weniger großen) Katastrophe führt. Er wird Recht behalten und aus diesem Grund vielleicht noch in die eine oder andere Talkshow (mehr) eingeladen werden!?

Wenn Sie ehrlich sind, dann wissen (bzw. wussten) Sie das alles aber auch: Sie wissen, dass die Börse sehr direkt auf die in oder durch die Medien transportierten Aussagen mancher Leitwölfe reagiert! Obwohl Sie eventuell nicht studiert haben, wissen Sie aber nicht nur das: Sie wissen auch, dass das **all*ES*** nichts mehr mit menschlicher Logik und einer menschenfreundlichen, wirtschaftlich (be)greifbaren Realität zu tun hat! Nicht nur, dass die Aktien paradoxerweise nach oben schnellen, sobald die Angestellten hinausgeworfen werden oder *man* dieses auch nur ankündigt, nein:

> »Angenommen, sämtliche Medien berichten morgen, dass die Börse – aus welchem mehr oder weniger triftigen Grund auch immer – »crasht« und sämtliche Banken alle auf einmal zahlungsunfähig werden, was meinen Sie denn, wer – trotz der Beschwichtigungsversuche sogenannter »**(Wirtschafts)Experten**« – noch am selben Tag alle Aktien veräußert haben möchte und zudem hysterisch quiekend seine letzten Piepen von der Bank abheben will?«

Sie glauben immer noch nicht, dass dies (einmal) geschieht – hab' ich Recht!? In gewisser Weise ist das auch gut so! Dennoch, bewegende bzw. bewegte Bilder von der damaligen Panik-Situation in England konnte man sich bis vor Kurzem (2007) noch in der Mediathek des *ZDF online* zu Gemüte führen. Heute (2009) ist die Mediathek des *ZDF* – wie von Geisterhand und als wäre nichts geschehen – davon gesäubert! Wen *ES* trotz allem interessiert und des Englischen mächtig ist wird auf *Youtube* unter dem Begriff »Northern Rock Panic« fündig[335]. Wenn's blöd läuft können wir uns aber auch schon morgen **selbst** und ohne Internet davon überzeugen, dass die (kapitalistische) Welt auf ganz dünnen, imaginären Beinchen steht bzw. stand! Na, dann lassen wir uns mal überra-

335 Vgl. *BBC News 24* (URL: http://www.youtube.com/watch?v=sKjdT8I6TnE&hl=de [Stand: 23.9.2009])

schen und freuen uns der »Dinge«, die da (noch) kommen. Bekanntlich liebt unser Gehirn ja Überraschungen – nicht wahr!?

Nachdem Sie nun schon einiges über die beeinflussenden Möglichkeiten der Medien gehört haben, möchte ich Sie fragen, wovon Ihrer Ansicht nach *Ihre*(!?) Meinung und die Angst vor einer ernst zu nehmenden Bedrohung (z.B. Vogelgrippe, Weltwirtschaftskrise, Krieg, Killertomaten und Aliens) tatsächlich abhängt: Von der Wahrheit, oder eher von dem, was uns Lobbyisten wie Nick Naylor glauben machen wollen? Übrigens, nachdem Nick seinen Job bei der Tabakindustrie an den Nagel gehängt hat, arbeitet er nun selbständig und bietet kreative »Strategielösungen« wie diese an: »*Gentlemen, üben Sie diese Worte vor dem Spiegel: Obwohl uns diese Frage natürlich immer wieder gestellt wird, können wir nur sagen, es gibt keinen bewiesenen Zusammenhang zwischen Mobiltelefonen und Gehirntumoren*«. (359)

Ich persönlich glaube ja, dass das Handy in meiner Hose mir nicht nur den Sack verstrahlt, und was beispielsweise einen Krieg der (ideologischen) Welten angeht, so zitiere ich nochmals Conrad Brean aus *Wag the Dog*: »*Der Krieg ist vorbei, Leute. Er ist vorbei, ich habe es im Fernsehen gesehen!*« (357)

Sehen Sie's doch ein, durch die **Macht** der Medien und derer, die sie (bzw. Sie) beherrschen, können heute einzelne Personen, Parteien, ganze Völker oder generell Ideologien bequem und ohne, dass einer von uns *ES* je bemerkt, diskreditiert (der Jugendliche sagt dazu: »gedisst«, das heißt, in Verruf gebracht) werden! Personen, Parteien, Völker oder ganze Ideologien werden dadurch, obwohl sie unter Umständen Recht haben oder richtig(er) sind, eventuell in den Dreck gezogen und uns als unglaubwürdig, bekloppt, schuldig und sogar als gefährlich erscheinen. Nehmen wir (nur) mal unsere **eigene** Politik als Beispiel:

Wer von uns vermag denn heute **wirklich** noch zu sagen, ob nun die eine oder die andere Partei bzw. der eine oder andere Politiker für irgendetwas **tatsächlich** verantwortlich ist oder nicht? Die wenigsten von uns kennen sich **wirklich** aus oder machen sich Gedanken darüber, weshalb uns innerparteiliche Streitigkeiten (Wer ist denn nun Parteichef?) wichtig sind, während die **eigentliche** Politik, Sorgen und Nöte der globalen und nationalen Bevölkerung unter ferner liefen vonstatten gehen. Der überwiegende Teil der Bevölkerung meint doch höchstwahrscheinlich, durchaus gut informiert zu sein, glaubt dem, was in den Medien über die Politik (kurz) berichtet wird, aber vergisst aufgrund der uns manipulierenden Meinungsumfragen – welche in meinen Augen nicht unbedingt repräsentativ oder verlässlich sind – dabei vollkommen, sich **selbst** möglichst **unabhängig** und **objektiv** (in Gedanken) ein Bild von der politischen und gesellschaftlichen Gesamtsituation zu machen. Kein Wunder, ist doch auch der Anteil unpolitischer Themen in Nachrichtensendungen, selbst bei *ARD* und *ZDF*, gestiegen!

Was das für unsere allgemein-politische (Medien)Bildung heißt, brauche ich nicht weiter zu erläutern. Es ist schon erstaunlich und irgendwie verwunderlich, ausgerechnet in einem Artikel (m)einer Fernsehzeitschrift (375) lesen zu müssen, dass zwischen 2001 und 2004 bei *ARD* satte 11, und beim *ZDF* sogar 14% **mehr** unpolitische Themen zu verzeichnen waren! Doch mit einem Anteil von 43 (*ARD*) bzw. 48% (*ZDF*) lägen die unpolitischen Themen der Nachrichten noch weit unter den Werten von *RTL* und *SAT.1*, bei denen stolze **63** und im Falle von *SAT.1* **70%** an unpolitischen Themeninhalten zu Buche schlagen. …

Der Artikel beruft sich dabei auf Ergebnisse einer Langzeitstudie der *Landesanstalt für Medien Nordrhein-Westfalen* und beschreibt die Tendenz der Sender, mehr und mehr News in eigener Sache zu machen, Angstthemen hervorzuheben und auch sonst eher Emotionen hervorzurufen, anstatt **objektiv** zu berichten! »*Wir berücksichtigen Themen, die sich an der Lebenswirklichkeit der Zuschauer orientieren*«, sagt(e) Thomas Kausch, ehemaliger Moderator der *SAT.1 News*[336]. Das wundert (nicht), denn ein effektvoll dargestellter Krieg in Echtzeit, Blut, Leid und reichlich (künstliche) Emotionen bringen nun mal mehr Zuschauer – und somit mehr Geld – in die eigenen Reihen als eine Übertragung aus dem heimeligen Wohnzimmer oder der jüngsten, gähnend leeren Bundestagsdebatte!

Es vergeht indessen kein Tag, an dem wir nicht von Familientragödien, Morden und anderen (Gewalt)Verbrechen hören und im Anschluss daran wieder mit der Geburt eines Pandabärenbabys oder Ähnlichem »getröstet« werden. Daran wird sich auch in Zukunft nichts ändern, jedenfalls nicht, solange uns die Eskapaden einer **Paris Hilton** mehr bedeuten als das Schicksal unseres Nachbarn, und uns die Frisur oder der etwas zu gewagte Ausschnitt der Bundeskanzlerin (Merkel) wichtiger ist als deren politische Fähigkeit, Motivation und Leistung. Solange wir unsere dümmliche Oberflächlichkeit konsequent zur Schau stellen und diese ständig über unsere **eigene** (mit)menschliche Vernunft, Zukunft und die Welt, in der wir leben, bestimmen lassen, haben wir es vielleicht nicht anders verdient als Tag ein, Tag aus mittels geschickter Gedankenmanipulation von den **wahren** Problemen einer konsumorientierten, kosmokratischen Welt abgelenkt und im wahrsten Sinne für **dumm verkauft** zu werden!? Überlegen Sie mal:

> »Kann man in einer großen Koalition aus CDU und SPD oder einem Bündnis der globalen Politik, in der letzten Endes doch (vordergründig) **gemeinschaftlich** entschieden wird und an der so viele verschiedene Menschen und Völker beteiligt sind, denn zum Schluss tatsächlich irgendwem die Schuld für etwas geben?«…

[336] Anm.: T. Kausch moderiert seit 2008 das *ARD*-Politmagazin *FAKT*. (462)

Eigentlich nicht, doch trotzdem tun wir's jeden Tag: ohne genauer darüber nachzudenken, finden wir einmal die eine und dann wieder die andere Partei blöd und gemein und machen dabei im Grund schon wieder nichts anderes als Kinder, die je nachdem entweder Mami oder Papi gerne auf den Mond schießen würden! Auf den Gedanken, dass in Wirklichkeit **beide** Elternteile gemeinschaftlich die Verantwortung tragen, vernünftig und erwachsen sein soll(t)en und dem Kind auch so begegnen müss(t)en, ja ihm ein dementsprechend manierliches Verhalten vorleben müss(t)en, darauf kommen bei Weitem nicht alle Eltern und schon gar nicht unsere Politiker – von uns als Volk ganz zu schweigen!

Und so machen wir, die unerfahrenen Kinder, weiterhin **einzelne** Marionetten maßgeblich für die Fehler und das Verhalten einer **ganzen** Gruppe bzw. Gesellschaft verantwortlich. Und all das nur, weil *man* es uns genau so verkauft! Ob *ES* aber **wirklich** so ist, dass beispielsweise die SPD oder die CDU – die beide hinter den Kulissen vermutlich sowieso (gem)einsame Sache machen und die Leute nach außen hin für dumm verkaufen – die Schuld an einer falschen Entscheidung zu tragen hat, das wissen wir nicht. Denn kaum einer von uns verfügt (noch) über das nötige Hintergrund- bzw. Fachwissen, um zu entscheiden, welcher der Köche denn nun tatsächlich die Suppe versalzen hat! Also (ver)trauen wir blindlings den Medien und (größten)teils aus dem Hut gezauberten »Experten«, die uns möglichst einen adäquaten **Sündenbock** präsentieren und dadurch unseren **eigenen**, naiven und unmündigen Hintern aus der Schusslinie einer denkbaren Eigenverantwortung buchsieren. Und wenn dann doch mal alle Stricke reißen und die Kacke richtig am Dampfen ist, dann geben wir am besten **beiden** Eltern die Schuld dafür, dass **alles** so ist, wie *ES* is(s)t, und wir letztlich so sind, wie wir (geworden) sind! Aber apropos »Experten« … da fällt mir gerade ein Witz dazu ein:

> Frage: »Was ist der Unterschied zwischen einem Experten und einem Journalisten?«
>
> Antwort: »Ein Experte ist der, der von sehr wenig besonders viel Ahnung hat, wohingegen ein Journalist jemand ist, der von besonders viel sehr wenig Ahnung hat!«

Manche – unter anderem Juristen selbst – behaupten dann noch, dass Juristen diejenigen sind, die von absolut allem überhaupt keine Ahnung haben! Aber das ist eine andere Geschichte, weshalb wir – aus Angst vor einer Klage – wohl besser wieder zurück zum **Sündenbock** kommen sollten. …

Egal wie ein **Sündenbock** für uns auch immer aussehen mag, **er** ändert nicht das Problem bzw. »*System*«! Auslöffeln müssen wir die versalzene Suppe zum Schluss alle (gem)einsam! Falls Sie es schon wieder vergessen haben sollten: »Wir befinden uns alle in einem **gigantischen** ›*System*‹ der Wechselwirkungen, in dem eines aufs andere wirkt und umgekehrt!« Dass die Medien häufig genauso die Wahrheit verdrehen wie manch ein Politiker oder wir **selbst,** und uns bei der ständigen Suche nach einem Dummen oft Experten, Fachmänner und Spezialisten präsentieren, die eigentlich gar keine sind, stört unterdessen niemanden.

Auch dass viele der verteilten Informationen meistens auf **Vermutungen**, das heißt, auf **Mutmaßungen** und **Verdächtigungen** aufbauen und darüber hinaus einer gewissen **Zensur** unterliegen, scheint uns nichts auszumachen. Wie immer braucht ***ES*** (auf globaler oder lokaler Ebene) nur einen *Lee Harvey Oswald*[337] – jemanden, der die Schuld auf sich nimmt bzw. bekommt! *Man* braucht einen, der von der Wahrheit ablenkt, einen, über den wir (Schafe) reden können und der es uns ermöglicht, unser Leben wie gewohnt fortzuführen und uns nicht weiter als bis zur Tür denken lässt!

Da wir gerade vom »**Sündenbock**« sprechen, kommt Ihnen beim Thema *Tibet* nicht auch ab und zu in den Sinn, dass der Dalai Lama aufgrund entsprechender Informationen vom chinesischen Volk möglicherweise tatsächlich als Terrorist empfunden wird? »*China lägen ›reichliche Beweise‹ vor, wonach die ›Dalai Lama-Clique‹ hinter den blutigen Unruhen in Lhasa stecke, sagte Wen Jiabao auf einer Pressekonferenz in Peking.*« (376) Wen Jiabao, Chinas Regierungschef, hatte damit den Dalai Lama, einen Friedensnobelpreisträger, der seit Jahrzehnten für Gewaltlosigkeit kämpft, für die gewaltsamen Proteste (März 2008) in Tibet verantwortlich gemacht! Bei diesen Protesten wurden möglicherweise mehr als 100 Menschen getötet, und dass der Dalai Lama ernsthaft etwas damit zu tun haben soll, ist und war aus **unserer** Sicht natürlich ausgemachter Blödsinn. Aus **deren** Sicht ist und war es aber (leider) durchaus verständlich und »Realität«! Und wir, was denken oder dachten wir? Wir denken, dass Bin Laden ein Terrorist und kein Freiheitskämpfer ist und in jedem Moslem ein potentieller Bombenleger steckt. Dass aber nicht **jeder** Moslem ein Islamist und nicht **jeder** Christ ein bibeltreuer Radikaler ist, vergessen wir dabei ebenso wie die Tatsachen, dass **(all)*ES*** nur vom Blickwinkel abhängt!...

Doch wer vermittelt uns diese Perspektive[338]? *Objektiv* betrachtet sind es nicht wir selbst, nicht unsere **eigenen** Erfahrungen und Überlegungen, sondern größtenteils die Medien und die, die wissen, wie man sie, Sie und das zugehörige

---

[337] »*Lee Harvey Oswald (alias Alek J. Hidell, Leon Oswald und O.H. Lee) (* 18. Oktober 1939 in New Orleans, Louisiana; † 24. November 1963 in Dallas, Texas) wurde beschuldigt, der Mörder des damaligen US-Präsidenten John F. Kennedy zu sein. Zwei Tage nach dem Attentat wurde Oswald in Polizeigewahrsam von Jack Ruby erschossen, noch bevor Anklage gegen ihn erhoben werden konnte.*« (463)

[338] »***Per|s|pek|ti|ve*** *die; -, -n:*

1. a) *Betrachtungsweise, -möglichkeit von einem bestimmten Standpunkt aus; Sicht, Blickwinkel;* ***b)*** *Aussicht für die Zukunft.*

2. *dem Augenschein entsprechende ebene Darstellung räumlicher Verhältnisse u. Gegenstände.*«

»(Informations)*System*« manipuliert und gebraucht. Sie sind es, die uns – wie gewohnt – von einer anderen, unter Umständen richtig(er)en Realität und einer (**gem)einsamen** menschlichen Schnittmenge ablenken (wollen)!...

Es tut mir leid, es wieder zu sagen, aber die Welt, wie wir sie bislang kennen, ist nun mal nicht wirklich (r)echt. Sie ist in der Regel einseitig, schwarz oder weiß und nur so (r)echt, wie man (engl. *man*) sie präsentiert oder sie sich macht! Auf die »R*e*AlitäT« (der Welt) und die Frage nach der »Wahrheit« gehen wir in Band 2 im Kap. *Wahrheit – Wahrnehmung – Wirklichkeit* aber noch genauer ein.

Kommen wir zurück zur Nachrichtenwelt und be(tr)achten diese ganz (all)gemein, so fällt in der Tat auf, wie schnell *man* heute sog. »**Kapazitäten**« für was-auch-immer aus dem Hut zaubert und uns – kaum nachdem etwas passiert ist – schon die »**mutmaßlichen**« Terroristen oder Straftat**verdächtigen** präsentieren kann. Ob sich der »Verdacht« später einmal tatsächlich bestätigt und die getöteten Terroristen wirklich Terroristen oder gar Zivilisten waren, erfahren wir, wenn überhaupt, jedoch nur so am Rande! Auch ob der **mutmaßliche** Straftäter XY zu Unrecht beschuldigt wurde, bleibt ungewiss. Und das ist fatal, denn je nachdem, wie heute jemand in den Medien beschrieben oder einer Tat angeklagt wird, ist er in unseren Köpfen beinahe schon schuldig bzw. unschuldig, was einen fairen Prozess samt dementsprechender Behandlung des Angeklagten schier unmöglich werden lässt! Erinnern Sie sich noch: So etwas Ähnliches hatten wir bei uns schon vor ca. siebzig Jahren, und das hat dann beinahe einem ganzen Volk Kopf und Kragen gekostet!...

Natürlich muss man zugeben, dass in den heutigen Medien die Chance auf **Objektivität**, **Richtigstellung**, **Rehabilitation** und **Verteidigung** zwar grundsätzlich gegeben ist und bestimmt auch gesetzlich verankert wurde, doch ist der **erste Eindruck** in der Regel der **entscheidende** und meist auch **bleibende**! Die Gegendarstellung interessiert nämlich keine »Sau« und sie liest auch kaum ein »Mensch«. **Völlige** Rehabilitation ist (danach) schier unmöglich, wie der Fall *Birkel* beweist. Die *Stuttgarter Zeitung* schreibt:

»Vor 20 Jahren machte der so genannte Flüssigei-Skandal bundesweit Schlagzeilen. Im Sommer 1985 hatte das Stuttgarter Regierungspräsidium auf dem Höhepunkt des Skandals vor dem Verzehr angeblich "mikrobiell verseuchter" Nudeln des schwäbischen Produzenten Birkel gewarnt. Das Amt hatte damals eine Liste veröffentlicht, in der unter anderen auch fünf Birkel-Produkte standen. Die Eierteigwaren seien Ekel erregend verschmutzt und enthielten einen überhöhten Milchsäurewert, der auf die Verwendung von verdorbenem Flüssigei zurückzuführen sei, hatte die Behörde damals erklärt. Birkel hatte die Vorwürfe bestritten und erklärt, aus seinen Rezepturen gehe eindeutig hervor, dass bei den inkriminierten Produkten nur Trockenei

verwendet worden sei. Der hohe Milchsäureanteil sei ausschließlich dadurch bedingt.
Es folgte ein jahrelanger Rechtsstreit. Die Richter bescheinigten dem Land massive Fehler und rehabilitierten den Eierteigwarenhersteller voll. Birkel hatte das Land damals wegen erlittener Umsatzeinbußen auf die bislang in der Bundesrepublik beispiellose Schadenersatzsumme von 43,2 Millionen Mark (22 Millionen Euro) verklagt. Nach zwei juristischen Schlappen für den Staat verglichen sich Birkel und das Land im Jahr 1991 auf 12,75 Millionen Mark (6,52 Millionen Euro) Schadenersatz. Die Vergleichssumme ging an den ehemaligen Firmeninhaber Klaus Birkel, der das Unternehmen inzwischen verkauft hatte.« (AP, veröffentlicht am 21.10.2005) (377)

┘

Seither ist *man* natürlich vorsichtig(er) geworden, doch es beweist, dass eine einst gemachte Falschaussage unter Umständen gewaltige Folgen hat und nur schwer aus dem Bewusstsein zu (ver)drängen ist. Das liegt daran, dass der dafür notwendige »(An)Reiz« zu gering ist, dass das »Böse« mehr wiegt als das »Gute«, wir für so etwas wie die »Wahrheit« keine Zeit (mehr) haben und etwaige Gegendarstellungen meist in weit geringerem Maße und effekthascherischem Aufwand verbreitet bzw. verkauft werden (müssen), als es bei den ursprünglichen (Falsch)Meldungen einmal der Fall war!...

Letzteres ist insofern nachvollziehbar, da das »Geschäft« von Nachrichtendiensten und infolgedessen das (m)einer Zeitung bzw. (m)eines Nachrichtensenders bis hin zu (m)einer Regierung empfindlich von deren **Integrität**[339] abhängt. Also versucht man wie immer auf Kosten der Wahrheit Fehler weitestgehend zu vertuschen bzw. so darzustellen, dass sie in der Flut der (all)gemeinen Informationen möglichst unbemerkt bleiben und untergehen! Für einige von Ihnen mag das nicht so schlimm erscheinen, doch was, wenn es einmal nicht mehr nur darum geht, ob ein Herr oder eine Frau So-und-so nun Recht hat oder nicht oder etwas getan hat oder nicht, sondern es darum geht, gegen wen oder was auch immer mobil zu machen? Was, wenn es darum geht, auf welche Art wir als Menschheit in Zukunft (über)leben wollen – was dann? Verlassen wir uns dann auch auf die Medien und »Experten« wie Dr. Best, der zum Beweis (s)einer These eine Plastiktomate mit 'ner Zahnbürste malträtiert?...

Leider ja! Beispiele dazu, wie leicht trotz mannigfaltiger Medien eine beinahe weltweit polarisierende Sicht entstehen kann, finden wir in der Geschichte zuhauf. Und bei der retrospektiven Verdrehung der Wahrheit, welche wir unbemerkt über uns ergehen lassen, fühlt sich manch einer von uns zu Recht an das

---

[339]»***In|te|g|ri|tät*** *die; - <lat.>:*
1. *Makellosigkeit, Unbescholtenheit, Unbestechlichkeit.*
2. *(Rechtsw.) Unverletzlichkeit [eines Staatsgebietes].*«

Ministerium für Wahrheit aus Orwells *1984* erinnert! Wie Sie sicherlich wissen, sind die Amerikaner von je her ganz gut darin, etwas »im richtigen Licht« darzustellen. Darum möchte ich als Beispiel für die erfolgreiche Manipulation der Welt den 11. September 2001 ins Gedächtnis rufen!...

Am 11. September 2001 berichteten bei uns sämtliche Nachrichtendienste auf **ein** und (fast) **dieselbe** Art und Weise von einem Terroranschlag auf das *World Trade Center* in New York. Ich weiß noch genau, wie ich in der Praxis – in der ich damals gearbeitet habe – aus dem Radio davon erfuhr: Wie viele andere konnte auch ich es zuerst nicht glauben und dachte, es handle sich dabei um einen Scherz. Doch dieser Anschlag – auch wenn es zuerst aussah wie Szenen aus einem Actionfilm – hat definitiv stattgefunden, und es steht außer Frage, dass so etwas Schreckliches nie, nie wieder vorkommen darf!!!...

Allerdings machte mich schon damals die Art der Berichterstattung etwas stutzig: Noch bevor man nämlich wusste, was genau geschehen war, hatten viele (deutsche) Fernsehsender **durchgängig** die amerikanische Flagge im Bild wehen, und wir sahen immer die **gleichen** Bilder des Terrors und immer **dieselben** (Fernseh)Bilder einer **vermeintlich** tanzenden islam(ist)ischen Welt! Es war genauso, wie es Conrad Brean aus *Wag the Dog* gesagt hat: »*Eine clevere Bombe fällt in einen Schornstein*«, und mir war damals fast so, als wären wir die Nächsten, die es erwischen würde!... Augenscheinlich hatten **wir** »Glück«, denn nichts dergleichen geschah und zumindest »unsere« Welt ist noch in einem Stück! Bis heute (7-8 Jahre nach dem Anschlag) fragen sich deshalb nur wenige von uns, wie es dazu kommen konnte. Und für den **echten** Grund, warum jemand ein Flugzeug in ein Gebäude jagt oder sich irgendwo in die Luft sprengt, interessiert sich auch kein »Schwein«!...

Doch was kann der (**wirkliche**) Grund dafür sein, einen (solchen) Terroranschlag zu begehen? Wenn ich Ihnen eins auf die »Fresse« gebe, fragt man doch auch, was Sie mir getan haben, oder nicht!? Und die Antwort, ich wäre von Grund auf einfach nur böse und gemein, lassen Sie doch auch nicht gelten!?...

Na ja, das hoffe ich jedenfalls – aber heute wie damals reicht es zu wissen, dass die »Bösen« eben böse sind und deshalb die gute (amerikanische) Lebensart vernichten woll(t)en! Abgesehen davon reicht es auch zu wissen, dass Kinder Amok laufen, weil sie Computer spielen, und es reicht zu wissen, dass es keine Alternative zu unserer bisherigen Art zu l(i)eben gibt!? Doch bleiben wir beim Anschlag auf das *World Trade Center* und gehen dabei etwas mehr ins Detail:

Bis heute fragen sich nur wenige Schafe, wie die beiden Türme des *World Trade Centers* so bilderbuchmäßig und überaus praktisch in sich zusammenfallen konnten. Natürlich, wir haben gehört, dass das brennende Flugzeugkerosin die Stahlträger der Gebäude geschmolzen hat usw.. Aber machen wir uns bewusst, dass Flugzeugtreibstoff keine solch große Hitze erzeugen kann und, selbst wenn, die Zeit zum Schmelzen der Träger zu kurz war; dass die Gebäude des *World Trade Centers* **eigentlich** so konstruiert waren, stärkste Stürme und (**solche**) Flugzeugeinschläge zu überstehen, und dass es der erste Fall in der Geschichte ist, bei dem eine derartige Stahlkonstruktion durch »Feuer« in sich zusammenfiel (gleich zwei, mit *WTC 7* sogar **drei** Mal!), so liegt die Annahme doch nahe, dass es sich eher um **geplante** Gebäudesprengungen als um die »zufälligen« Folgen eines Flugzeugabsturzes handelte! Laut der auf der DVD *Die Beweise auf den Tisch – Untersuchungen zum 11. September 2001*[340] gemachten Aussagen (u.a. von Jeff King, einem Physiker und Ingenieur, der am *Massachusetts Institute of Technology* (*MIT*), einer der weltweit führenden Universitäten im Bereich von technologischer Forschung und Lehre studiert hat), gibt es mehrere Hinweise für eine kontrollierte Sprengung der Türme! Dieser Verdacht erhärtet sich, wenn man weiß, dass der US-amerikanische Milliardär und Investor **Larry Silverstein** am 24. Juli 2001 (sechs Wochen vor den Anschlägen) die beiden 110 Stockwerke hohen Zwillingstürme des *World Trade Centers* in New York City für 99 Jahre gepachtet und für 3,5 Milliarden Dollar gegen Terrorangriffe versichert hatte. Da zum Schluss nicht klar war, ob 3,5 Milliarden Dollar insgesamt oder pro Stück, also pro Turm vereinbart waren, einigte man sich vor Gericht auf einen Vergleich: Die Versicherer zahlten ihrem »Kunden«, **Larry Silverstein**, 4,6 Milliarden Dollar! (378)

Denken Sie von mir aus, was Sie wollen, aber für mich sieht es so aus, als wäre etwas faul im Staate »Dänemark«! Wenigstens einer der Türme hätte doch **schräg** umfallen oder, wenn er Stockwerk für Stockwerk zusammengebrochen wäre, zumindest **langsamer als mit Fallgeschwindigkeit** zusammenbrechen müssen! Keines von beidem geschah und bei ersterem muss man sogar sagen: »Zum Glück!« Wäre er nämlich tatsächlich **schräg** umgefallen, was meinen Sie wie viel mehr Opfer es dann zu beklagen gegeben hätte!? Glück – im Unglück? Zufall, ... Vor(her)sehung, … »Gott«?

Übrigens, noch etwas ist komisch: Das *7. World Trade Center* (abgekürzt engl. *7 WTC*, auch *WTC 7*, auf Deutsch *Welthandelszentrum – Gebäude 7*), von dem hierzulande komischerweise kaum jemand weiß, ist rund **acht Stunden nach** dem Anschlag auf **dieselbe** Weise wie die Zwillingstürme eingestürzt! Dabei stand das Gebäude, das unter anderem die Börsenaufsicht *SEC* beherbergte, »*außerhalb des eigentlichen World Trade Center-Vierecks, nördlich der Vesey Street. Es hatte 47 Stockwerke bei einer Höhe von 174 m. 7 WTC war mit einer rötlichen Granitfassade verkleidet und über eine Fußgängerbrücke mit dem Hauptkomplex verbunden.*«, heißt es in *Wikipedia.* (379) **Finanz**- und **Versicherungsunternehmen** sowie **Regierungseinrichtungen**, die dort zu finden waren,

[340] Orig. Titel: *Confronting the Evidence: A Call to Reopen the 9/11- Investigation,* von Jimmy Walter. (Frei erhältlich unter URL: www.neueimpulse.org. und u.a. im Internet abrufbar unter URL: http://video.google.com/videoplay?docid=-2152679313583916027)

sind nun mal auch ein lohnendes Ziel – vor allem, wenn man was zu vertuschen hat, meinen Sie nicht!? Doch kommen wir nun auf die Flugzeuge zu sprechen: Haben Sie sich schon mal gefragt, ob das letzte Flugzeug, welches angeblich Richtung *Weißes Haus* unterwegs war, wirklich so abgestürzt war, wie man es uns bisher – unter anderem durch zwei Filme – glauben machen wollte? Haben wirklich die heldenhaften Passagiere die *United-Airlines*-Maschine zum Absturz gebracht oder war jemand anderes dafür verantwortlich? Am Sonntag den 21. Oktober 2007 konnte man in der *Netzzeitung* lesen:

»***Terrorattentäter brachten am 11. September Flugzeug in Pennsylvania selbst zum Absturz***

Der Absturz der United-Airlines Maschine am 11. September 2001 wurde von den Flugzeugentführern selbst herbeigeführt. Das ergab eine FBI-Untersuchung der Gespräche im Cockpit.

Fast zwei Jahre nach den Terrorattentaten in den USA sind neue Erkenntnisse des FBI über den Absturz der United-Airlines-Maschine im Bundesstaat Pennsylvania bekannt geworden. Eine Auswertung der Cockpit-Gespräche ergab demnach, dass die Entführer das Flugzeug am 11. September 2001 absichtlich abstürzen ließen.

Demnach befahl einer der Attentäter dem Terrorpiloten Ziad Jarrah, das Flugzeug nicht länger in der Luft zu halten. Bislang war davon ausgegangen worden, dass das Flugzeug wegen eines Kampfes zwischen Entführern und Passagieren abgestürzt war.

FBI-Direktor Robert Mueller habe die neue Theorie Vertretern des US-Kongresses im vergangenen Jahr bei einer Sitzung hinter verschlossenen Türen dargelegt, berichtet CNN. Seine Ausführungen sind Teil des Regierungsberichts zum 11. September, der in diesem Juli dem Kongress vorgelegt wurde.

Das FBI erkennt aber weiterhin an, dass die Reisenden sich den Kidnappern heldenhaft entgegen gestellt hätten. Dies habe die Attentäter letztlich dazu gebracht, den Flug nicht weiter fortzusetzen, heißt es in dem Bericht. Den Ermittlungen zufolge sollte das Flugzeug möglicherweise in das Weiße Haus in Washington gelenkt werden.

Bei dem Absturz wurden damals alle 33 Passagiere, die sieben Besatzungsmitglieder und die vier Terroristen getötet. (nz)« (380)

Soviel zum Thema *Gegendarstellung und deren Wirkung*, oder haben Sie vielleicht etwas davon gehört, dass nun doch nicht die Passagiere den Flieger zum Abstürzen gebracht haben, sondern die Terroristen!? Wie dem auch sei, ich weiß, es ist geschmacklos von mir, das zu sagen, aber runtergekommen ist es auf alle Fälle – oder nicht? Dazu gleich mehr. Vorerst hätte ich nämlich noch (m)eine dritte These bezüglich des Absturzes der *United-Airlines*-Maschine Flug 93 anzubieten. Kurzum: »Es wurde **abgeschossen**!«

Wieder weiß ich nicht, wie's Ihnen dabei geht, aber wäre es nicht die logisch(st)e Konsequenz gewesen? Wäre es nicht die logisch(st)e Konsequenz gewesen, ein Flugzeug, welches sich auf dem Weg zum ***Weißen Haus*** befindet, abzuschießen, nachdem drei Flugzeuge kurz davor schon als »Waffe« benutzt und zum Absturz gebracht wurden und alle anderen in der Luft befindlichen Flugzeuge unter Androhung eines Abschusses aufgefordert wurden, den nächstmöglichen Flughafen anzusteuern? Was haben Sie denn vom Wrack dieser Maschine oder der, die **scheinbar** das Pentagon getroffen hat, gesehen? Also bei Flug 93 kann ich mich nur an einen Waldrand und einzelne, in weiß gekleidete Personen, die dort irgendetwas gemacht haben, erinnern. Von einem abgestürzten Flugzeugwrack keine Spur!...

Dasselbe bei der Explosion im Pentagon: kein Flugzeug, keine Leichen(?)! Trotz erkennbarem (dünnen) weißen Strich[341] auf dem von der Regierung **später** freigegebenen Film zweier Überwachungskameras, die außerhalb des Gebäudes positioniert waren, blieb nichts dergleichen zurück(?)! Ist Flug 93 im Moor versunken und Flug 77 komplett verpufft?

Angenommen, die Flüge 93 und 77 hätten **wirklich** so existiert oder wären **wirklich** so abgestürzt, wie man sagt, – hätten die Medien da nicht mehr »zusammenhängende« Flugzeugteile, wie beispielsweise ein Leitwerk, Turbinen oder dergleichen zeigen können bzw. müssen? Hätte es von diesen beiden Abstürzen nicht mindestens ebenso viel(fältig)e Bilder geben müssen wie von den beiden anderen Abstürzen am 11. September!? Mag sein, dass es nur eine Sinnestäuschung von mir ist und ich in der Vergangenheit (viel) zu oft die Serie *24* geschaut habe, aber nochmal: »Meinen Sie wirklich, man hätte auch nur einen Moment lang gezögert, ein Flugzeug abzuschießen, wenn man gewusst hätte, wohin es unterwegs war – zumal man sich bewusst gewesen wäre, dass es sowieso zum Absturz gebracht werden würde und dadurch vielleicht noch mehr Menschen getötet würden!?«... Und was im Übrigen die Telefongespräche der Passagiere und die anderen »Beweise« angeht, welche oft als Gegenargument angeführt werden, so muss ich Sie doch nicht extra daran erinnern, wie leicht *man* so etwas heute fälschen und unter die Leute bringen kann. Der Filmproduzent Motss würde sagen: »*Sehen Sie sich das an, das Ganze ist ein totaler scheiß Schwindel, und es sieht 100 Prozent echt aus. Das ist bestimmt die beste Arbeit meines Lebens, weil sie so ehrlich ist!*« (357)

---

[341] Anm.: Der nur für einen Bruchteil einer Sekunde zu sehende »Strich« sollte den Einschlag der *American-Airlines*-Maschine mit der Flugnummer 77 beweisen – hätte aber auch gut eine Rakete oder etwas anderes sein können!?

Was Sie hier gerade gehört haben, sind natürlich nur (Verschwörungs)Theorien über den 11. September, die Sie in ähnlicher und in anderer Form im Internet nachlesen[342] oder sich als Film bequem zu Gemüte führen könn(t)en! **Theorien** gab es natürlich schon immer, auch zu anderen Ereignissen in der Geschichte, und dass wir ihnen, sofern sie nicht bewiesen sind, kaum mehr Wahrheitsgehalt beimessen sollten als den »offiziellen« Verlautbarungen, brauche ich (auch) nicht extra zu erwähnen!(?) Indem ich den Moderator des amerikanischen Radioprogramms *The Power Hour* sinngemäß zitiere, gebe ich dennoch Folgendes zu bedenken:

> »Wenn *man* keine Beweise hat, ist es eine (Verschwörungs)**Theorie**. Sobald *man* jedoch ein Beweisstück hat, selbst wenn es nur ein Indiz oder ein hauchdünner Hinweis ist, dann ist es immerhin eine **Möglichkeit**. Und je mehr Beweismaterial *man* ansammelt, umso eher ist die (Verschwörungs)**Theorie** eine **Möglichkeit** und dann sogar **wahrscheinlich**! Das müssen wir bei einer Untersuchung immer im Auge behalten!«

Es liegt natürlich bei Ihnen, ob Sie den offiziellen oder inoffiziellen »Beweisen« der allgegenwärtigen Medien – zu welchen Themen auch immer(!) – (Ihren) »Glauben« schenken oder nicht. Aber Massenvernichtungswaffen gab es im Irak keine und eine **direkte** Verbindung von Bin Laden, den Taliban und der al-Qaida mit den Anschlägen auf das *World Trade Center* ist bisher **nicht** bewiesen! Klar, der »Mensch« neigt gerne dazu, die »Dinge« zu verkomplizieren, das ist mir bewusst. Doch er neigt auch – und im stärkeren Maße – dazu, sich nicht anzustrengen! Er neigt dazu, die **bequeme(re)** »Wahrheit« anzuerkennen und sich (**selbst**) dabei zu vergessen!

Obwohl die beschriebenen Szenarios – wenn auch beängstigender und weniger einfach zu begreifen – momentan die (ein)leuchtendere Variante für mich **persönlich** darstellen, liegt die **Wahrheit**, wie immer, irgendwo **dazwischen**! Was **wirklich** geschah, werden wir nie erfahren – und wenn wir ehrlich sind, interessiert es uns auch gar nicht! Doch falls es tatsächlich so gewesen wäre und Flug 93 beispielsweise wirklich abgeschossen worden wäre, wäre es nicht unbedingt gut und publicityträchtig bei uns und der amerikanischen Bevölkerung angekommen. Die Amerikaner und ein Teil ihrer Verbündeten wären nicht so ohne Weiteres in den Krieg gezogen – das versteht sich von selbst!(?) Wie immer liegt es also mal wieder an **jedem selbst**, was er »glauben« mag oder nicht! …

Be(tr)achtet *man* die **gesamten** Geschehnisse des 11. Septembers, samt den darauffolgenden kriegerischen (Re)Aktionen der westlichen Welt, so war das Ganze von mir nur als eindrückliches Beispiel gedacht, um Ihnen zu zeigen,

[342] Vgl. URL: http://www.verschwoerungen.info/wiki/United_Airlines_Flug_93

dass ein **kleines** Fünkchen *Logik* und *Objektivität*, gemischt mit *natürlichem, (mit)menschlichem Verstand*, die **ganzen** »Dinge«, von denen wir täglich sehen, lesen und hören, oft in einem ganz anderen Licht erscheinen lassen! *ES* soll(te) uns zeigen, dass wir unter bestimmten Umständen trotz allem bereit wären, auch heute wieder blind(lings) drauf loszumarschieren, um abermals einen **vermeintlichen** Feind zu bekämpfen, der es entweder nicht verdient hat oder den es (so) gar nicht gibt. Man muss *ES* uns nur gut genug **verkaufen!**

Während Sie gerade noch darüber nachdenken, was sie nun eigentlich noch »glauben« können und die Sache mit dem »(Los)Marschieren« und dem »abgeschossenen« Flugzeug als übertrieben abtun, sollte uns am Ende klar werden, welche **tatsächliche** Gefahr von einer, auf **rein wirtschaftlichen** Grundsätzen basierenden, medialen Gedankenkontrolle – in der Fakt und Fiktion, Film und Realität dermaßen miteinander verflochten sind, dass man (engl. *man*) sie so gut wie nicht mehr voneinander trennen kann – ausgeht!...

Diese Gefahr ist sicherlich schon lange auf der **ganzen** Welt erkennbar, aber längst nicht mehr aufzuhalten. Denn solange beinahe allerorts **synchron** über etwas berichtet wird, ist es für das Otto Normalschaf schon längst nicht mehr von nennenswertem Interesse, ob dieses »etwas« richtig oder falsch ist, oder ob es sich dabei um die **Wahrheit** oder um eine (weitere) **Lüge** handelt! Dem Schaf ist es auch egal, welchem Schäfer es hinterherläuft, denn es interessiert sich schon lange nicht mehr dafür, warum es etwas macht! Hauptsache, *ES* hat »Spaß« daran und bekommt vom Hirten genug – auch Informationen(!) –, um sich ausreichend **Befriedigung**, vermeintliche **Sicherheit** und **Legitimation** für (s)eine Verhaltensweise(n) verschaffen zu können!

Fazit (nach diesem überaus langen Kapitel):

Was früher – meistens in Kriegszeiten – noch mit dem Wort »**Propaganda**« bezeichnet wurde, nennt sich in der *Neusprech*-Terminologie der Gegenwart »*Social Marketing*« oder »*Sozialmarketing*«. Dies ist laut *Brockhaus* eine »*planmäßige Information*«, welche durch nichterwerbswirtschaftliche Inhalte eine angesprochenen Personengruppe zu einem bestimmten Verhalten anregen will, und das – wie *man* sich denken kann – natürlich auch tut! (40)

Da heute aber so gut wie nichts mehr als »nichterwerbswirtschaftlich« gewertet werden kann, sondern beinahe jede Botschaft – manche religiösen Botschaften sind davon genauso wenig ausgenommen wie wirtschaftliche oder politische – einen **materiell profitablen** Zweck erfüllt, ist jedwede **Propaganda** nichts anderes als **Werbung**, und umgekehrt! Das heißt, wir sind durch die täglichen **Medien** (Synonym für »Medien« laut Textverarbeitungsprogramm: »okkultische Mittler«) denselben Mächten ausgeliefert wie durch die **Werbung**:

Ohne dass wir es bemerken, werden wir u.a. durch Männer wie Conrad Brean und Nick Naylor manipuliert und sehen die Welt nur so, wie wir sie sehen sollen. Einmal mehr öffnen wir dagegen die Augen, wenn wir – um hinter die

»Fassade« zu blicken – in uns gehen, uns den (all)gemein systemischen Gesetzmäßigkeiten bewusst werden und dabei den ***natürlichen*** *Verstand* und unser ***wahres*** *Gefühl* walten lassen!...

Ich hoffe, ich konnte Ihnen zeigen, dass hinter den Informationen, die wir täglich u.a. in den Nachrichten vorgesetzt bekommen, ein **gewinnbringendes** »*System*« steckt, und dass es außerdem immer jemanden gibt, der einen Nutzen daraus zieht, uns mit bestimmten (verdrehten) Informationen zu versorgen – während andere dafür weggelassen werden! Westlich orientierte Darstellungen (welt)wirtschaftlicher, (welt)politischer und religiöser Themen in unseren Nachrichten bringen uns zu einer **einseitig** polarisierten Sicht der »Dinge«, welche durch die allgemein zunehmende Entpolitisierung der profitabhängigen Nachrichtensendungen weiterhin unterstützt werden. Aus betriebswirtschaftlichen Gründen verschiebt sich also auch bei den angeblich »unabhängigen« Medien die Waage weiterhin von den nichterwerbswirtschaftlichen Inhalten zu den erwerbswirtschaftlichen – denn alleine bei der Auswahl der Nachrichtensender richtet sich der Zuschauer doch meistens nach der Darstellung, nicht nach dem Inhalt der Informationen! Was für uns dann noch von der Welt da draußen übrig bleibt, ist alles andere als die **Wahrheit**, sondern nur ein in Spezialeffekte gehüllter, **kapital(istisch)er** Cocktail aus dem, was wir hören wollen, und dem, was wir hören sollen! Doch wie es wirklich in der Welt außerhalb der »Matrix« und tief in uns drinnen aussieht, bleibt uns größtenteils verborgen. …

Nichts von dem, was wir in den Medien sehen, hören und lesen, muss echt sein.
Nichts von dem, was unsere Sinne uns weismachen, muss real sein.
Nichts von dem, was wir über die Welt und die Menschen, die in ihr leben, wissen, denken und glauben, muss richtig sein. Denn der nicht bewusst gewordene, unaufgeklärte und kleine Mensch wird fortwährend manipuliert, noch bevor ihm überhaupt klar geworden ist, dass er manipuliert wird bzw. wurde! Und das nicht nur von sich **selbst**!...

Darum – und aus Angst (vor der Wahrheit, der Freiheit und der damit verbundenen (Eigen)Verantwortung) – wird ***man*** auch weiterhin abstreiten, kontrolliert zu werden. ***Man*** wird weiter an (s)eine Welt glauben und nichts dagegen tun. Denn was bleibt ihm, einem kleinen Kind, sonst auch anderes übrig – als (genau) das zu denken, zu glauben, zu spüren und zu tun, was ***man*** ihm sagt?

»Das meiste, was auf der Welt passiert, berichten die Agenturen nicht. Das meiste, was Agenturen berichten, wird nicht gedruckt und nicht gesendet. Das meiste, was gedruckt oder gesendet wird, wird nicht gehört und nicht gelesen. Und das meiste, was gehört oder gelesen wird, wird nicht verstanden.«
(381)

- Wolf Schneider
(Unsere tägliche Desinformation)

Cliffhanger!?

[343]

[343] Sie haben doch nicht allen Ernstes gedacht, Sie müssten eine unangemeldete Klassenarbeit schreiben und von Seite 65 hierher geblättert, oder?

Literaturverzeichnis

1. Der Herr der Ringe – Die Gefährten (SE). Neuseeland / USA 2001. Regie: Peter Jackson. New Line Cinema/ Warner Home Video – DVD 2002.
2. Theodor W. Adorno: Minima Moralia - Reflexionen aus dem beschädigten Leben. (Suhrkamp) Frankfurt am Main 1951. Suhrkamp Taschenbuch der Wissenschaft 1704. Erste Auflage 2003, S.43 ISBN: 978-3-518-29304-1.
3. Johann Wolfgang von Goethe: Wilhelm Meisters Wanderjahre, Hamburger Ausgabe, Bd 8 (Romane und Novellen III), dtv Verlag, München, 1982, S. 283. Quelle: URL: http://www.zitate-aphorismen.de/zitate/interpretation/Johann_Wolfgang_von_Goethe/792 [Stand: 2009].
4. Ghostrider. USA / Australien 2007. Regie: Mark Steven Johnson. Columbia Pictures Corporation / Sony Pictures Home Entertainment 2007.
5. Scrubs: Die Anfänger. 5.Staffel, Folge 18. Touchstone 2006.
6. Vgl. Erich Fromm. Ihr werdet sein wie Gott, S.170. und Nissan Dovid Dubov, Die Reise nach Innen, Kapitel 22. Abrufbar im Internet. URL: http://www.de.chabad.org/library/article_cdo/aid/534923/jewish/Der-Benoni.htm [Stand: 1.11.2009].
7. Robert M. Pirsig: ZEN und die Kunst ein Motorrad zu warten. (Fischer) Frankfurt am Main 1978, 30.Auflage 2007, S.181.
8. Sinnsprüche. URL: http://www.sinnsprueche.de/daten/s123Seite3.htm [Stand: 5.9.2009]) .
9. *Wikipedia*: Ganzheitliche Medizin. URL: http://de.*Wikipedia*.org/wiki/Ganzheitliche_Medizin [Stand: 29.10.2008].
10. Zitate und Sprichwörter. Paramount Publishing 2001, Edition XXL GmbH, Reichelsheim 2003. ISBN 3-89736-900-1.
11. *Wikipedia*: Höhlengleichnis. URL: http://de.*Wikipedia*.org/wiki/Höhlengleichnis#Inhalt_des_Gleichnisses [Stand: 22.10.2008].
12. *Wikipedia*: Höhlengleichnis. URL: http://de.*Wikipedia*.org/wiki/Höhlengleichnis#Inhalt_des_Gleichnisses [Stand: 22.10.2008].
13. Avatar - Aufbruch nach Pandora. USA / UK 2009. Regie und Drehbuch: James Cameron. Twentieth Century-Fox Film Corporation.
14. *Wikipedia* DVD 2006/2007: Hermann Stöhr.
15. Gottfried Eitel/ Thomas Koch. Gewalt vermindern – Verständigung fördern Kriegsdienstverweigerung und Ziviler Friedensdienst. PDF: URL: http://www.bb-evangelisch.de/ag_dekade/bilder/Koch.pdf [Stand: 2.9.2007].
16. Aldous Huxley: Schöne neue Welt. (Fischer) Frankfurt am Main 1981. ISBN: 3-596-20026-1.
17. Jean Ziegler: Das Imperium der Schande – Der Kampf gegen Armut und Unterdrückung. 1.Auflage. München 2008, S. 40-41. ISBN: 978-3-442-15513-2.

18. Erich Fromm / Rainer Funk: Haben oder Sein. Spiegel-Edition. Hamburg 2006/2007. ISBN: 978-3-87763-028-0.
19. *Wikipedia*: Kassandra-Syndrom. URL: http://de.*Wikipedia*.org/wiki/Kassandra-Syndrom [Stand: 17.9.2007].
20. *Wikipedia*: Craving. URL: http://de.*Wikipedia*.org/wiki/Craving [Stand: 6.9.2009].
21. *Wikipedia* DVD 2006/2007: Entzugssyndrom.
22. *Wikipedia* DVD 2006/2007: Entzug (körperlich) Pathophysiologie .
23. Erich Fromm / Rainer Funk: Die Kunst des Liebens.(DVA Sonderausgabe) München 2006, S.25. ISBN: 978-3-421-04239-2.
24. *Wikipedia*: Schrödingers Katze. URL: http://de.*Wikipedia*.org/wiki/Schrödingers_Katze [Stand: 20.6.2008].
25. Herman Haken / Maria Haken-Krell: Gehirn und Verhalten – Unser Kopf arbeitet anders, als wir denken. Stuttgart 1997, S.16. ISBN: 3-421-02774-9.
26. *Wikipedia*: Synergetik. URL: http://de.*Wikipedia*.org/wiki/Synergetik [Stand:21.09.2007].
27. Erich Fromm / Rainer Funk: Humanismus als reale Utopie – Der Glaube an den Menschen.(Ullstein) 1.Auflage. 2005. S.191-192. ISBN: 978-3-548-36776-7.
28. Michael Ende: Momo. Stuttgart 1973, S.36. ISBN: 3-522-11940-1-30-29-28-27-26.
29. *Wikipedia*. URL: http://de.*Wikipedia*.org/wiki/*Wikipedia*:Hauptseite [Stand 1.Juni 2009]).
30. *Wikipedia*: *Wikipedia*. URL: http://de.*Wikipedia*.org/wiki/*Wikipedia* [Stand: 30.1.2007].
31. *Wikipedia*: Internet. URL: http://de.*Wikipedia*.org/wiki/Internet [Stand: 24.4.2008].
32. Hexal - Arzneimittel Ihres Vertrauens. URL: http://www.hexal.de/subdomains/praeparate/arzneimittel-richtig-anwenden/zaepfchen/index.php [Stand: 6.9.2009].
33. *Wikipedia*: Bahai. URL: http://de.*Wikipedia*.org/wiki/Bahai [Stand: 5.12.2008].
34. *Wikipedia*. URL: http://de.*Wikipedia*.org/wiki/Fundament.
35. Ralph Waldo Emerson: Essays and Poems, New York: Barnes & Noble, 2004, S. 49.
36. *Wikipedia*: Craving. URL: http://de.*Wikipedia*.org/wiki/Craving [Stand: 6.9.2009].
37. *Wikipedia* DVD 2006/2007: Isaac Newton.
38. Franz Mechsner: Die Sprache der Gefühle. In: GEO 08/2006, S.125-126.
39. *Wikipedia* DVD 2006/2007: Jean-Baptiste de Lamarck..
40. Der Grosse Brockhaus in 2 Bänden. Leipzig 2004. ISBN: 3-7653-0073-x.
41. Fluch der Karibik. USA 2003. Regie: Gore Verbinski. Walt Disney Pictures / Walt Disney 2004.
42. *Wikipedia* DVD 2006/2007: System..
43. *Wikipedia* DVD 2006/2007: Geschlossenes System..

44. *Wikipedia* DVD 2006/2007: Offenes System..
45. Friedrich Nietzsche: Werke IV - Aus dem Nachlaß der Achtzigerjahre, 6. Aufl. Frankfurt/M u. a.: Ullstein, 1969, S. 495. ISBN: 354803229X.
46. Horton hört ein Hu!. USA 2008. Regie: Jimmy Hayward / Steve Martino. Blue Sky Studios / Twentieth Century Fox Home Entert..) URL:http://www.amazon.de/Horton-hört-ein-Jimmy-Hayward/dp/B0016KH1ZA/ref=sr_1_1?ie=UTF8&s=dvd&qid=1252339306&sr=1-1[Stand: 21.10.].
47. *Wikipedia* DVD 2006/2007: Gaia Hypothese.
48. *Wikipedia*: Kleinstes Teilchen. URL: http://de.*Wikipedia*.org/wiki/Kleinstes_Teilchen [Stand: 27.5.2008].
49. Horton hört ein Hu!. USA 2008. Regie: Jimmy Hayward / Steve Martino. Blue Sky Studios / Twentieth Century Fox Home Entert..).
50. Men in Black. USA 1997. Regie: Barry Sonnenfeld. Amblin Entertainment / Sony Pictures Home Entertainment 1997.
51. *Wikipedia* DVD 2006/2007: Quantenmechanik.
52. URL: http://www.esowatch.com/index.php?title=Dieter_Broers [Stand: 10.9.2009].
53. *Wikipedia*: Komplementarität. URL: http://de.*Wikipedia*.org/wiki/Komplementarität [Stand: 10.9.2009]).
54. *Wikipedia* DVD 2006/2007: Komplementarität.
55. Jörg-Uwe Albig: Martin Luther - »Wer weiß, ob es wahr ist«. GEO 11/2007, S. 186.
56. Herman Haken / Maria Haken-Krell: Gehirn und Verhalten – Unser Kopf arbeitet anders, als wir denken. Stuttgart 1997, S.66. ISBN: 3-421-02774-9.
57. Herman Haken / Maria Haken-Krell: Gehirn und Verhalten – Unser Kopf arbeitet anders, als wir denken. Stuttgart 1997, S.66-67. ISBN: 3-421-02774-9.
58. Ilka aus der Mark / Martin Dreifert / Christoph Goldbeck, Heinz Greuling, Hani Narouz, Martin Rosenberg: Die Quarks & Co „Die Chaos-Theorie – einfach erklärt". PDF: URL: http://www.wdr.de/tv/quarks/sendungsbeitraege/2002/0723/pdf/Quarks_Chaos_cWDR2002.pdf.
59. Constantine. USA / Deutschland 2005. Regie: Francis Lawrence. Warner Bros. Pictures / Warner Home Video – DVD 2005.
60. *Wikipedia*: Zufall. URL: http://de.*Wikipedia*.org/wiki/Zufall [Stand:10.3.2007].
61. Illuminati, USA 2009. Regie: Ron Howard.Columbia Pictures / Sony Pictures Home Entertainment.
62. *Wikipedia* DVD 2006/2007: Dreifaltigkeit.
63. Robert M. Pirsig: ZEN und die Kunst ein Motorrad zu warten.(Fischer) Frankfurt am Main 1978, 30.Auflage 2007, S.251 ISBN:978-3-596-22020-5.
64. Aldous Huxley: Schöne neue Welt. (Fischer) Frankfurt am Main 1981, S.230-231. ISBN: 3-596-20026-1.

65. Die Simpsons: Der Film. USA 2007. Regie: David Silverman. Twentieth Century Fox Home Entert..
66. Barry Schwartz: Anleitung zur Unzufriedenheit – Warum weniger glücklicher macht. 1.Auflage. (Ullstein) Berlin 2006, S. 115. ISBN: 978-3-548-36867-2.
67. *Wikipedia*: Sieben letzte Worte. URL: http://de.*Wikipedia*.org/wiki/Sieben_Letzte_Worte [Stand: 11.9.2009].
68. *Wikipedia* DVD 2006/2007: Ijob..
69. Erich Fromm / Rainer Funk: Haben oder Sein. Spiegel-Edition. Hamburg 2006/2007, S. 162. ISBN: 978-3-87763-028-0.
70. *Wikipedia* DVD 2006/2007: Bit..
71. *Wikipedia*: Zufall. URL: http://de.*Wikipedia*.org/wiki/Zufall [Stand:10.3.2007].
72. Dan Brown: Illuminati. Buchnr.: 010254. Bergisch Gladbach 2005, S. 105.
73. Buddhismus.de: Wer war Buddha. URL: http://www.buddhismus.de/01_buddha.php [Stand: 11.9.2009] + *Wikipedia*: Buddha. URL:http://de.*Wikipedia*.org/wiki/Buddha [Stand: 11.9.2009].
74. *Wikipedia*: Buddhismus. URL: http://de.*Wikipedia*.org/wiki/Buddhismus [Stand:11.9.2009]) .
75. Buddhismus.de: Die Grundlagen von Buddhas Lehre. URL: http://www.buddhismus.de/02_grundlagen.php [Stand:11.9.2009].
76. Erich Fromm / Rainer Funk: Humanismus als reale Utopie – Der Glaube an den Menschen.(Ullstein) 1.Auflage. 2005. S.89. ISBN: 978-3-548-36776-7.
77. *Wikipedia* DVD 2006/2007: René Descartes, Dualismus (Philosophie).
78. *Wikipedia* DVD 2006/2007: Antonio Damasio.
79. Seneca: Der Schlüssel zur Gelassenheit (Hrsg.: Margit Hoffmann), Groh Verlag, Germering, 2007, S. 22. Quelle: Zitate-aphorismen.de URL: http://www.zitate-aphorismen.de/zitate/interpretation/Seneca/3360 [Stand: 18.11.2009].
80. Pschyrembel- Klinisches Wörterbuch. 258. Auflage. Berlin 1997, S. 693. ISBN: 3-11-015676-8.
81. *Wikipedia*: Balance. URL: http://de.*Wikipedia*.org/wiki/Balance [Stand: 4.10.2006].
82. Terminator. UK / USA 1984. Regie: James Cameron. Hemdale Film / MGM Home Entertainment GmbH (dt.) 2003.
83. Krishnamurti: Jiddu Krishnamurti - Freiheit und wahres Glück, Heyne Verlag, München, 2007, S. 221 f. Zitate-aphorismen.de URL: http://www.zitate-aphorismen.de/zitate/interpretation/Krishnamurti/3820 [Stand:11.11.2009].
84. Der Grosse Brockhaus in 2 Bänden. Leipzig 2004, S. 400. ISBN: 3-7653-0073-x.
85. *Wikipedia* DVD 2006/2007: Goldener Schnitt.
86. *Wikipedia*: Caspar David Friedrich. URL: http://de.*Wikipedia*.org/wiki/Caspar_David_Friedrich#Symbolik [Stand: 7.8.2008].
87. URL: http://www.kulturgutschrift.de/Visconti_La_Divina [Stand: 12.9.2009]).

88. Dr. Dr. Ruben Stelzner: Der goldene Schnitt - Das Mysterium der Schönheit, 2003. PDF: URL: http://www.golden-section.eu/goldener_schnitt.pdf [Stand: 10. 6.2010].
89. Kulturgutschrift.de. URL: http://www.kulturgutschrift.de/Visconti_La_Divina [Stand: 12.9.2009].
90. Hancock. USA 2008. Regie: Peter Berg. Columbia Pictures / Sony Pictures Home Entertainment 2008.
91. Rumi: Das Lied der Liebe, Knaur Verlag, München, 2005, S. 56. Quelle: Zitate-aphorismen.de URL:http://www.zitate-aphorismen.de/zitate/interpretation/Rumi/2711 [Stand: 18.11.2009].
92. Max Otte: Der Crash kommt – Die neue Weltwirtschaftskrise und wie Sie sich darauf vorbereiten. 4.,aktualisierte und erweiterte Auflage. Ullstein Buchverlage GmbH,Berlin 2006, S. 117. Aus Batra (1988) S.23 ff. ISBN: 13-978-3-430-20001-1.
93. *Wikipedia* DVD 2006/2007: Schwingung.
94. *Wikipedia*: Kinetische Energie. URL: http://de.*Wikipedia*.org/wiki/Kinetische_Energie [Stand: 24.7.2008]).
95. Star Wars V - Das Imperium schlägt zurück. USA 1980. Regie: Irvin Kershner. Lucasfilm / 20th Century Fox 2006.
96. *Wikipedia*: Star Wars. URL: http://de.*Wikipedia*.org/wiki/Star_Wars [Stand: 12.9.2009].
97. Khalil Gibran: Sämtliche Werke, Patmos Verlag, Düsseldorf, 2003. Zitate-aphorismen.de URL: http://www.zitate-aphorismen.de/zitate/interpretation/Khalil_Gibran/3330 [Stand: 11.11.2009].
98. American Beauty. USA 1999. Regie: Sam Mendes. DreamWorks SKG / Paramount Home Entertainment 2001.
99. *Wikipedia* DVD 2006/2007: Schönheit.
100. Niccolò Machiavelli: Der Fürst. Erste Auflage. Frankfurt am Main 1990, S.88. ISBN: 978-3-458-32907-7.
101. Informationsservice Klinik am Osterbach. URL:http://www.alexithymie.de [Stand: 2007].
102. Pschyrembel- Klinisches Wörterbuch. 258. Auflage. Berlin 1997, S. 38. ISBN: 3-11-015676-8.
103. Netzwissen.com: Kobe-Rind und Kobe-Rindfleisch – Alles über Kobe-Rind und Kobe-Rindfleisch. URL:http://www.netzwissen.com/ernaehrung/kobe-beef/index.php [Stand:12.9.2009].
104. Diana Ellermann: Körperwahrnehmung. URL: http://www.psychische-traumatisierung.de/koerperwahrnehmung/ [Stand: 12.9.2009].
105. *Wikipedia*: Buddha. URL:http://de.*Wikipedia*.org/wiki/Buddha.
106. Giulio Cesare Giacobbe: Wie Sie Ihre Hirnwichserei abstellen und stattdessen das Leben genießen. 3.Auflage. München 2005. S. 96. ISBN: 978-3-442-21716.
107. *Wikipedia*: Umami. URL: http://de.*Wikipedia*.org/wiki/Umami [Stand: 3.4.2008].
108. Heiko Schneider: Fieses Fernsehen. TV Spielfilm 10/8, S. 15..

109. *Wikipedia*: Die Passion Christi. URL:
http://de.*Wikipedia*.org/wiki/Die_Passion_Christi [Stand: 16.5.2008].
110. Robert Musil: Der Mann ohne Eigenschaften - II. Aus dem Nachlaß, Reinbek bei Hamburg: Rowohlt, 2000, S. 1508. ISBN: 3499134632.
111. Barry Schwartz: Anleitung zur Unzufriedenheit – Warum weniger glücklicher macht. (Ullstein) 1.Auflage. Berlin 2006, S. 188. ISBN: 978-3-548-36867-2.
112. Barry Schwartz: Anleitung zur Unzufriedenheit – Warum weniger glücklicher macht.(Ullstein) 1.Auflage. Berlin 2006, S. 78-79. ISBN: 978-3-548-36867-2.
113. Die Geisha. USA 2005. Regie: Rob Marshall. Columbia Pictures Corporation / Warner Home Video – DVD 2006.
114. Petra Steinberger: Das spurlose Sterben. Sueddeutsche.de. 12.3.2007. URL:
http://www.sueddeutsche.de/wissen/artikel/352/105247/print.html
[Stand:12.9.2009].
115. Der Milliardenkollaps. Zeit Online. URL:
http://www.zeit.de/online/2007/16/bienensterben-usa?page=1 [Stand12.9.2009].
116. *Wikipedia* DVD 2006/2007: Kaspar-Hauser-Versuch.
117. Jörg Blech / Rafaela von Bredow: Die Grammatik des Guten. Spiegel Nr.31/30.7.2007, S.112. Basierend auf Matthias Mahlmann: Rationalismus in der praktischen Theorie: Normentheorie und praktische Kompetenz. Nomos Verlagsgesellschaft Baden Baden.
118. Wilhelm Busch: Spruchweisheiten & Gedichte, Leonberg: Garant, 2007, S. 11.
119. Jörg Blech / Rafaela von Bredow: Die Grammatik des Guten. Spiegel N.31/30.7.2007, S.110.
120. Erich Fromm / Rainer Funk: Haben oder Sein. Spiegel-Edition. Hamburg 2006/2007, S. 94. ISBN: 978-3-87763-028-0.
121. Allan & Barbara Pease: Warum Männer nicht zuhören und Frauen schlecht einparken – Ganz natürliche Erklärungen für eigentlich unerklärliche Schwächen. 29.Auflage. Berlin 2005, S.283.
122. Jörg-Uwe Albig: Martin Luther - »Wer weiß, ob es wahr ist«. GEO 11/2007, S.185.
123. *Wikipedia*: Triebtheorie. URL: http://de.*Wikipedia*.org/wiki/Triebtheorie [Stand: 10.12.2006] .
124. Martin Trepel: Neuroanatomie – Struktur und Funktion. München 1995, S. 191. ISBN: 3-541-13431-3.
125. *Wikipedia*: Pheromon. URL: http://de.*Wikipedia*.org/wiki/Pheromon [Stand: 10.10.2008].
126. Partnerwahl – Der betörende Duft des Immunsystems. Welt Online. URL:
http://www.welt.de/wissenschaft/article2521901/Der-betoerende-Duft-des-Immunsystems.html [Stand: 2.10.2009].
127. Lars Kreye: Partnerschaft – Warum Männer Frauen auf den Hintern gucken. Welt Online. URL:
http://www.welt.de/vermischtes/article985380/Warum_Maenner_Frauen_auf_den_Hintern_gucken.html [Stand: 29.7.2007].

128. Horst Güntheroth. Titelthema: Stern 4/2007, S.93.
129. Matrix. USA / Australien 1999. Regie: Andy Wachowski / Larry Wachowski. Warner Home Video – DVD.
130. Frank Patalong: Nacktmull-Kult »Säbelzahnwürstchen unter den Nagern«. Spiegel Online. URL: http://www.spiegel.de/netzwelt/web/0,1518,300156,00.html [Stand: 13.9.2009].
131. George Orwell: Farm der Tiere.(Diogenes) Zürich 1982. ISBN: 978-3-257-20118-5.
132. *Wikipedia*: Aasfresser. URL: http://de.*Wikipedia*.org/wiki/Aasfresser [Stand: 21.9.2008].
133. Aldous Huxley: Schöne neue Welt. (Fischer) Frankfurt am Main 1981, S.102. ISBN: 3-596-20026-1.
134. Arthur Schopenhauer: Hauptwerke Band I - Die Welt als Wille und Vorstellung, Köln: Parkland, 2000, S. 337 (IV,55). Quelle: zitate-aphorismen.de URL: http://www.zitate-aphorismen.de/zitate/interpretation/Arthur_Schopenhauer/649 [Stand: 21.6.2010].
135. *Wikipedia* DVD 2006/2007: Gewissen..
136. Jörg Blech / Rafaela von Bredow: Die Grammatik des Guten. Spiegel Nr.31/30.7.2007, S.116.
137. Sven Hillenkamp: Strategien für den Weltfrieden. GEO 08/2007, S. 44..
138. Sven Hillenkamp: Strategien für den Weltfrieden. GEO 08/2007, S.47..
139. Thomas Jefferson (1743-1826); Computerspiel: Wing Commander IV - The Price of Freedom. Origin 1996.
140. Jörg Blech / Rafaela von Bredow: Die Grammatik des Guten. Spiegel Nr.31/30.7.2007, S. 111 f.
141. Jörg Blech / Rafaela von Bredow: Die Grammatik des Guten. Spiegel Nr.31/30.7.2007, S. 113..
142. *Wikipedia* DVD 2006/2007: Gewissen..
143. *Wikipedia*: Drei-Instanzen-Modell: URL: http://de.*Wikipedia*.org/wiki/Drei-Instanzen-Modell [Stand: 9.8.2007].
144. Jörg Blech / Rafaela von Bredow: Die Grammatik des Guten. Spiegel Nr.31/30.7.2007, S. 115..
145. *Wikipedia*: Very Bad Things. URL: http://de.*Wikipedia*.org/wiki/Very_Bad_Things [Stand:21.6.2008].
146. Very Bad Things. USA 1998. Regie: Peter Berg. Initial Entertainment Group (IEG) / Splendid Entertainment/WVG 2000.
147. Fight Club. USA / Deutschland 1999. Regie: David Fincher, Drehbuch: Jim Uhls, nach dem gleichnamigen Roman und Erstlingswerk von Chuck Palahniuk..
148. *Wikipedia*: Verantwortung. URL: http://de.*Wikipedia*.org/wiki/Verantwortung [Stand: 29.6.2008] .
149. Hulk. USA 2003. Regie: Ang Lee. Universal Pictures / DVD 2004.
150. Matrix. USA / Australien 1999. Regie: Andy Wachowski / Larry Wachowski. Warner Home Video – DVD.

151. cis / ddp: Revanche-Fouls Magnetspule stoppt Rachedurst. Spiegel Online Wissenschaft 6.10.2006 URL: http://www.spiegel.de/wissenschaft/mensch/0,1518,441139,00.html [Stand: 13.9.2009].
152. nz: Siemens-Spitzen verdienen 30 Prozent mehr. Netzeitung.de 16.9.2006. URL: http://www.netzeitung.de/wirtschaft/unternehmen/440758.html [Stand: 13.9.2009].
153. Robert M. Pirsig: ZEN und die Kunst ein Motorrad zu warten. (Fischer) Frankfurt am Main 1978, 30.Auflage 2007, S. 350. ISBN:978-3-596-22020-5.
154. Hautnah. USA 2004. Regie: Mike Nichols. Icarus Productions / Sony Pictures Home Entertainment 2005.
155. Per Anhalter durch die Galaxis. USA / UK 2005. Regie: Garth Jennings. Touchstone Pictures / Touchstone Home Video 2005.
156. *Wikipedia*: Sinn des Lebens. URL: http://de.*Wikipedia*.org/w/index.php?title=Sinn_des_Lebens&oldid=37430119 [Stand: 3.10.2007].
157. *Wikipedia* DVD 2006/2007: Zufriedenheit..
158. *Wikipedia* DVD 2006/2007: Bedürfnis..
159. Richard David Precht: Wer bin ich und wenn ja, wie viele? 16.Auflage. München 2007, S. 282. ISBN: 978-3-442-31143-9.
160. *Wikipedia* DVD 2006/2007: Liebe..
161. *Wikipedia* DVD 2006/2007: Orgasmus.
162. Metropolis. Deutschland 1927. Regie: Fritz Lang. Universum Film (UFA). Quelle: Helmut Ziegler: Die Rückkehr der schönsten Film-Weisheiten. Humboldt Verlags GmbH, Baden Baden 2005. 1. Auflage 2005 ISBN: 3-89994-053-9.
163. Friedrich Nietzsche: Werke I - Unzeitgemäße Betrachtungen, 6. Aufl. Frankfurt/M u. a.: Ullstein, 1969, S. 287 f. Quelle: Zitate-aphorismen.de URL: http://www.zitate-aphorismen.de/zitate/interpretation/Friedrich_Nietzsche/1840 [Stand24.6.2010].
164. *Wikipedia* DVD 2006/2007: ADS / Essstörung. Wiki-Bildungsserver: Aufmerksamkeitsdefizit-/Hyperaktivitätsstörung. 7.1.1. Wie Sucht "funktioniert". URL: http://wiki.bildungsserver.de/index.php/Aufmerksamkeitsdefizit-/Hyperaktivitätsstörung[Stand: 30.10.2009].
165. *Wikipedia* DVD 2006/2007: Droge..
166. *Wikipedia*: Messie. URL: http://de.*Wikipedia*.org/wiki/Messie [Stand: 5.9.2007].
167. Vgl. Aktionswoche-alkohol.de. URL: http://www.suchtwoche.de/web/einleitung/index.php?id=1 [Stand: 28.3.2008].
168. Aktionswoche: »Alkohol - Verantwortung setzt die Grenze«. Suchtwoche 2007 / 14.-18.Juni. URL: http://www.augsburg.de/fileadmin/www/dat/02ra/Pressemitteilungen/Pressemitteilungen_2007/07_05_18_Alkohol_Zahlen_Fakten.pdf .

169. Definition der Abhängigkeit. Schwarz-netz.de. URL: http://www.alkohol.schwarz-netz.de/html/Definition_des_Alkohols.htm [Stand: 28.3.2008].
170. *Wikipedia*: Elvin Morton Jellinek. URL: http://de.*Wikipedia*.org/wiki/Elvin_Morton_Jellinek [Stand: 15.9.2009]) .
171. *Wikipedia*: Alkoholismus. URL: http://de.*Wikipedia*.org/wiki/Alkoholismus [Stand: 28.3.2008].
172. Ärztejournal Online: Suchtfalle Alkohol - Was die Alltagsdroge in unserem Gehirn bewirkt. URL: http://www.aerztejournal.at/news_detail.php?l_id=de&p_id=1&page=&n_id=487&fil ter_text= [Stand: 18.9.2009].
173. Hermann Hesse: Der Steppenwolf, Gesammelte Werke Bd. 7, 1. Aufl. Frankfurt am Main: Suhrkamp, 1987, S. 228. (Tractat vom Steppenwolf). ISBN: 3518381008.
174. Beat Balzli / Jan Fleischhauer / Konstantin von Hammerstein / Frank Hornig / Christian Reiermann / Wolfgang Reuter / Michaela Sauga: Der kranke Gorilla. Spiegel 5/2008, S.32.
175. Dalai Lama: Das Buch der Menschlichkeit – Eine neue Ethik für unsere Zeit. (Bastei Lübbe Taschenbuch) 7.Auflage. Bergisch Gladbach 2007, S.62. ISBN: 3-404-60514-4.
176. Khalil Gibran: Sämtliche Werke, Düsseldorf: Patmos, 2003, S. 343. (Aus: Eine Träne und ein Lächeln, Geschichte eines Freundes). ISBN: 3491507014.
177. Walter Schmidt: Der "Blödsinn", den Körper entschlacken zu müssen. Hamburger Abendblatt 26. Februar 2007, 00:00 Uhr. URL: http://www.abendblatt.de/ratgeber/wissen/medizin/article452390/Der-Bloedsinn-den-Koerper-entschlacken-zu-muessen.html[Stand:Nov.2010].
178. myja / mp: Gefürchtete Schlacken entstehen beim Entschlacken. 3sat / nano, 15.3.2006. URL: http://www.3sat.de/nano/cstuecke/89912/index.html [Stand: 19.9.2009].
179. Dirk Schönlebe: Die Qual der Wahl. Fluter 29.6.2005. URL: http://www.fluter.de/de/freiheit/heft/4070/ [Stand:19.9.2009]. PDF: URL: http://www.fluter.de/heftpdf/issue39/artikel4070/pdf_article4070.pdf.
180. Star Wars I – Die dunkle Bedrohung. USA 1999. Regie: George Lucas. Lucasfilm / Twentieth Century Fox Home Entert. 2000.
181. Antoine de Saint-Exupéry: Wind, Sand und Sterne, 3. Aufl. Düsseldorf: Karl Rauch, 2002, S. 191. URL: http://www.zitate-aphorismen.de/zitate/interpretation/Antoine_de_Saint-Exupery/3338.
182. Dagmar Knopf: Unser Gehirn liebt Überraschungen. Spektrumdirekt – Die Wissenschaftszeitung im Internet 18.4.2001. URL: http://www.wissenschaft-online.de/artikel/572776&_z=859070. Journal of Neuroscience 21(8): 2793-2798 (2001).
183. Dodge Ball. USA 2004. Regie: Rawson Marshall Thurber. Twentieth Century-Fox Film Corporation / Twentieth Century Fox Home Entert. 2005.

184. Findet Nemo. USA 2003. Regie: Andrew Stanton / Lee Unkrich (Co-Regisseur). Walt Disney Pictures.
185. DPA: Auf der Südseeinsel Vanuatu leben die glücklichsten Menschen. Welt Online 13.7.2006. URL: http://www.welt.de/print-welt/article229055/Auf_der_Suedseeinsel_Vanuatu__leben_die_gluecklichsten_Menschen.html.
186. Deux Ex - Invisible War. Computerspiel. Eidos 2003.
187. *Wikipedia*: Wertvorstellung. URL: http://de.*Wikipedia*.org/wiki/Wertvorstellung [Stand: 17.4.07].
188. *Wikipedia* DVD 2006/2007: System.
189. Robert M. Pirsig: ZEN und die Kunst ein Motorrad zu warten. (Fischer) Frankfurt am Main 1978, 30.Auflage 2007, S. 207. ISBN: 978-3-596-22020-5.
190. Robert Musil: Gesammelte Werke 8, Reinbek bei Hamburg: Rowohlt, 1978, S. 1261 .
191. *Wikipedia* DVD 2006/2007: Amtseid.
192. Manfred Lütz: Gesund und gleichzeitig krank – Ein Plädoyer gegen den Fitness- und Wellnesswahn. Abschrift freier Vortrag Erstsendung: Sonntag 29. August 2004, 8.30 Uhr, SWR2.
193. Deloitte: Der deutsche Fitness & Wellness Markt 2007 – Newsletter 1.Quartal 2007. PDF: URL: http://www.deloitte.com/dtt/cda/doc/content/de_CB_HealthFitnessQ107_210307.pdf [Stand 19.9.2009].
194. CF: Kirchenmitglieder und Demografie. Humanistischer Pressedienst (hpd). URL: http://hpd-online.de/node/1351 [Stand: 7 Mär 2007 – 11:09 Nr. 1351].
195. *Wikipedia* DVD 2006/2007: Down-Syndrom.
196. *Wikipedia* DVD 2006/2007: Faschismus.
197. Shoot 'Em Up. USA 2007. Regie: Michael Davis. New Line Cinema / Warner Home Video – DVD 2008.
198. Zitate und Sprichwörter. Paramount Publishing 2001, Edition XXL, GmbH Reichelsheim 2003, S. 138. ISBN 3-89736-900-1.
199. *Wikipedia* DVD 2006/2007: Todsünde.
200. Krishnamurti: Vollkommene Freiheit, Fischer Verlag, Frankfurt am Main, 2006, S. 434. Zitate-aphorismen.de URL: http://www.zitate-aphorismen.de/zitate/interpretation/Krishnamurti/2301 [Stand: 11.11.2009].
201. Dalai Lama: Das Buch der Menschlichkeit – Eine neue Ethik für unsere Zeit. (Bastei Lübbe Taschenbuch) 7.Auflage. Bergisch Gladbach 2007, S.93. ISBN: 3-404-60514-4.
202. Shantideva. Dalai Lama: Was aber ist Glück? Fragen an den Dalai Lama. (Fischer) Frankfurt 2003, ISBN 3-596-16085-5 (Kommentare zum Bodhicaryavatara vom 14. Dalai Lama).
203. Quelle: Helmut Ziegler: Die schönsten Film-Weisheiten. Humboldt Verlags GmbH, Baden Baden 2004. 3.Auflage 2006. ISBN: 3-89994-031-8 .

204. Erich Fromm: Ihr werdet sein wie Gott – Eine radikale Interpretation des Alten Testaments und seiner Tradition. (Aus dem Englischen von Liselotte und Ernst Mickel.) Deutscher Taschenbuchverlag GmbH & Co.KG, München September 2008, S. 59-60. ISBN: 978-3-423-34499-9.
205. Sascha Westphal (Amazon.de-Redaktion): Rezension Nackt. URL: http://www.amazon.de/Nackt-Heike-Makatsch/dp/B00009RBJX/ref=pd_bbs_sr_1/302-4347851-0236010?ie=UTF8&s=dvd&qid=1177612877&sr=8-1: [Stand: 24.9.2009].
206. *Wikipedia*: Quantität. URL: http://de.*Wikipedia*.org/wiki/Quantität [Stand:24-9.2009].
207. Vgl. Statistisches Bundesamt, Wiesbaden 2006: Mikrozensus – Fragen zur Gesundheit – Körpermaße der Bevölkerung 2005. PDF. URL: https://www-ec.destatis.de/csp/shop/sfg/bpm.html.cms.cBroker.cls?cmspath=struktur,vollanzeige.csp&ID=1018558 [Stand 24.9.2009].
208. Tagesschau.de.: Europameister – im Dicksein! [Stand: 19.04.2007 15:22 Uhr]. URL: http://www.tagesschau.de/aktuell/meldungen/0,,OID6643318_,00.html [Stand: 24.9.2009].
209. WE FEED THE WORLD – Essen Global. Unterrichtsmaterial 2006, S. 26. PDF. URL: http://www.essen-global.de/schule.html; URL: http://www.essen-global.de/material/Schulheft1.pdf [Stand24.9.2009].
210. Jean Ziegler: Das Imperium der Schande – Der Kampf gegen Armut und Unterdrückung. 1.Auflage. München .
211. WE FEED THE WORLD – Essen Global. Unterrichtsmaterial 2006, S. 26. PDF. URL: http://www.essen-global.de/schule.html; URL: http://www.essen-global.de/material/Schulheft1.pdf [Stand24.9.2009].
212. WE FEED THE WORLD – Essen Global. Unterrichtsmaterial 2006, S. 31. PDF. URL: http://www.essen-global.de/schule.html; URL: http://www.essen-global.de/material/Schulheft1.pdf [Stand24.9.2009].
213. Antz. USA 1998. Regie: Eric Darnell / Tim Johnson. Dream Works / Paramount Home Entertainment 2006. Quelle: Helmut Ziegler: Die schönsten Film-Weisheiten. Humboldt Verlags GmbH, Baden Baden 2004. 3.Auflage 2006, S.27. ISBN: 3-89994-031-8.
214. WE FEED THE WORLD – Essen Global. Unterrichtsmaterial 2006, S. 27. PDF. URL: http://www.essen-global.de/schule.html; URL: http://www.essen-global.de/material/Schulheft1.pdf [Stand24.9.2009].
215. Krishnamurti: Vollkommene Freiheit, 5. Aufl. Frankfurt am Main: Fischer, 2006, S. 162.
216. *Wikipedia* DVD 2006/2007: Neid.
217. Erich Fromm / Rainer Funk: Haben oder Sein. Spiegel-Edition, Hamburg 2006/2007, S. 41. ISBN: 978-3-87763-028-0.
218. *Wikipedia* DVD 2006/2007: Eifersucht.

219. Jean Ziegler: Das Imperium der Schande – Der Kampf gegen Armut und Unterdrückung. 1.Auflage. (Wilhelm Goldmann Verlag) München 2008, S. 263f. ISBN: 978-3-442-15513-2.
220. *Wikipedia* DVD 2006/2007: Spende.
221. Spiegel Online: Opferzahlen Tsunami tötete bis zu viermal mehr Frauen als Männer. 29.6.2005. URL: http://www.spiegel.de/wissenschaft/mensch/0,1518,362711,00.html.
222. Red Heat. USA 1988. Regie: Walter Hill. Carolco Pictures. Quelle: Helmut Ziegler: Die Rückkehr der schönsten Film-Weisheiten. Humboldt Verlags GmbH, Baden Baden 2005. 1. Auflage 2005 ISBN: 3-89994-053-9.
223. Max Otte: Der Crash kommt – Die neue Weltwirtschaftskrise und wie Sie sich darauf vorbereiten. 4.,aktualisierte und erweiterte Auflage. (Ullstein Buchverlage GmbH) Berlin 2006, S. 127.
224. Fernando Pessoa: Das Buch der Unruhe, 3. Aufl. Frankfurt/M: Fischer, 2008, S. 183, Nr. 178. Quelle: URL: http://www.zitate-aphorismen.de/zitate/interpretation/Fernando_Pessoa/3783.
225. Hendrik Werner: Monopoly reloaded. Welt Online, 17. Januar 2007. URL: http://www.welt.de/print-welt/article709229/Monopoly_reloaded.html [Stand: 25.9.2009].
226. *Wikipedia* DVD 2006/2007: Der Herr der Ringe.
227. *Wikipedia* DVD 2006/2007: Erfahrung.
228. Der Herr der Ringe –Die Rückkehr des Königs (SE). USA / Neuseeland / Deutschland 2003. Regie: Peter Jackson. New Line Cinema / Warner Home Video - DVD.
229. *Wikipedia* DVD 2006/2007: Versuchung.
230. *Wikipedia* DVD 2006/2007: Teufel.
231. *Wikipedia* DVD 2006/2007: Weltreligion.
232. *Wikipedia* DVD 2006/2007: Baha'i.
233. Erich Fromm / Rainer Funk: Haben oder Sein. (Spiegel-Edition) Hamburg 2006/2007, S. 105. ISBN: 978-3-87763-028-0.
234. *Wikipedia* DVD 2006/2007: Teufel.
235. *Wikipedia* DVD 2006/2007: Mammon.
236. Neue Impulse Newsletter Januar 2009: Botschaft von Larry Hannigan. URL: http://www.neueimpulse.org/infos/2009/januar-2009/ [Stand: 26.9.2009].
237. Jean Ziegler: Das Imperium der Schande – Der Kampf gegen Armut und Unterdrückung. 1.Auflage. (Wilhelm Goldmann Verlag) München 2008, S. 87f. ISBN: 978-3-442-15513-2.
238. Jean Ziegler: Das Imperium der Schande – Der Kampf gegen Armut und Unterdrückung. 1.Auflage. (Wilhelm Goldmann Verlag) München 2008, S. 55. ISBN: 978-3-442-15513-2.
239. Max Otte: Der Crash kommt – Die neue Weltwirtschaftskrise und wie Sie sich darauf vorbereiten. 4.,aktualisierte und erweiterte Auflage. (Ullstein Buchverlage GmbH) Berlin 2006, S. 132. ISBN: 13-978-3-430-20001-1.

240. Richard David Precht: Wer bin ich und wenn ja, wie viele? 16.Auflage. München 2007, S. 368. ISBN: 978-3-442-31143-9.
241. *Wikipedia* DVD 2006/2007: Schulden.
242. *Wikipedia* DVD 2006/2007: Spekulation (Wirtschaft).
243. Max Otte: Der Crash kommt – Die neue Weltwirtschaftskrise und wie Sie sich darauf vorbereiten. 4.,aktualisierte und erweiterte Auflage. (Ullstein Buchverlage GmbH) Berlin 2006, S. 82ff. ISBN: 13-978-3-430-20001-1.
244. Snatch-Schweine und Diamanten. UK / USA 2000. Regie: Guy Ritchie. Columbia Pictures Corporation / Sony Pictures Home Entertainment 2002.
245. WE FEED THE WORLD – Essen Global. Unterrichtsmaterial 2006, S. 7. PDF. URL: http://www.essen-global.de/schule.html; URL: http://www.essen-global.de/material/Schulheft1.pdf [Stand24.9.2009].
246. Marx: Philosphisch-ökonomischen Manuskripte von 1844 (MEGA I,3,S. 147 und 149. Erich Fromm / Rainer Funk: Vom Haben zum Sein – Wege und Irrwege der Selbsterfahrung. (Ullstein) Deutschland 2006, S. 137-138. ISBN: 978-3-548-36775-0).
247. *Wikipedia* DVD 2006/2007: Matrix (Film).
248. *Wikipedia* DVD 2006/2007: Freiwirtschaft.
249. *Wikipedia* DVD 2006/2007: Silvio Gesell.
250. Goldseiten.de: Prof. Dr. Eberhard Hamer. URL: http://www.goldseiten.de/content/kolumnen/autoren.php?uid=18 [Stand: 25.9.2009].
251. Prof. Dr. Eberhard Hamer: Der Welt-Geldbetrug. URL: http://www.kulturkritik.net/Quellen/gelddeckung.html [Stand: 24.9.2009], Veröffentlicht von Prof. Dr. Eberhard Hamer am 02.12.2004.
252. Margrit Kennedy: Geld ohne Zinsen und Inflation - Ein Tauschmittel, das jedem dient.Wilhelm Goldmann Verlag, München 1994, Stand 3.4.1996. ISBN 3-442-12341-0. URL: http://userpage.fu-berlin.de/~roehrigw/kennedy/kap4.html [Stand:30.10.2009].
253. Neue Impulse Newsletter Januar 2009. URL: http://www.neueimpulse.org/infos/2009/januar-2009/ [Stand: 24.9.2009].
254. *Wikipedia*: Heiner Geißler. URL: http://de.*Wikipedia*.org/wiki/Heiner_Geißler [Stand: 30.10.2009], Quelle: Interview in Die Zeit Zuender KW 21, 2007. URL: http://zuender.zeit.de/2007/21/geissler-attac-interview [Stand: 26.9.2009].
255. : ARD: Beckmann 13.10. 2008, URL:http://mediathek.daserste.de/daserste/servlet/content/1017008?pageId=487872&moduleId=443668&categoryId=&goto=1&show= [Stand: 15.10.2008] (14 Min 45Sec – 15 Min 30 Min).
256. *Wikipedia* DVD 2006/2007: Geld.
257. *Wikipedia*: Geld. URL: http://de.*Wikipedia*.org/wiki/Geld [Stand 24.3.2008].
258. *Wikipedia* DVD 2006/2007: Rechtliche_Aspekte_bei_Hilfeleistung.
259. *Wikipedia* DVD 2006/2007: Faulheit.
260. Rezensionen aus der Amazon.de-Redaktion. URL: http://www.amazon.de/Das-Glücksprinzip-Kevin-Spacey/dp/B00005YXD3 [Stand: 26.9.2009].

261. *Wikipedia* DVD 2006/2007: Müßiggang.
262. Immanuel Kant: Beantwortung der Frage: Was ist Aufklärung. Berlinische Monatsschrift, Dezember-Heft 1784, S. 481-494. URL: http://www.rosalux.de/fileadmin/rls_uploads/pdfs/159_kant.pdf [Stand: 5.4.2010].
263. *Wikipedia* DVD 2006/2007: Ökonomisches Prinzip.
264. Erich Fromm / Rainer Funk: Haben oder Sein. (Spiegel-Edition) Hamburg 2006/2007, S. 137-138. ISBN: 978-3-87763-028-0.
265. Theodor Adorno: Minima Moralia - Reflexionen aus dem beschädigten Leben. Suhrkamp Verlag Frankfurt am Main 1951. Taschenbuch, Erste Aufl. 2003, S.32 .
266. *Wikipedia* DVD 2006/2007: Interaktion.
267. *Wikipedia* DVD 2006/2007: Kommunikation.
268. *Wikipedia* DVD 2006/2007:Autopoiesis.
269. Erich Fromm / Rainer Funk: Haben oder Sein. (Spiegel-Edition) Hamburg 2006/2007, S. 214-215. ISBN: 978-3-87763-028-0.
270. *Wikipedia* DVD 2006/2007: Adolf_Eichmann.
271. Erich Fromm / Rainer Funk: Haben oder Sein. (Spiegel-Edition) Hamburg 2006/2007, S. 216. ISBN: 978-3-87763-028-0.
272. Terminator 2 – Tag der Abrechnung. USA 1991. Regie: James Cameron. Tri Star Pictures /Kinowelt Home Entertainment/DVD 2005. Quelle: Helmut Ziegler: Die schönsten Film-Weisheiten. Humboldt Verlags GmbH, Baden Baden 2004. 3.Auflage 2006, S.118. ISBN: 3-8999.
273. Alvin Toffler: Der Zukunftsschock. (Scherz) Auflage: 2. Aufl. 1970. ASIN: B0000BTNB8. Gefunden unter: Wikiquote: Beschleunigung. URL: http://de.wikiquote.org/wiki/Beschleunigung [Stand:11.12.2007].
274. *Wikipedia* DVD 2006/2007: Wirtschaftswachstum.
275. *Wikipedia* DVD 2006/2007: Nachhaltige Wachstumsrücknahme.
276. *Wikipedia* DVD 2006/2007: Beschleunigung.
277. *Wikipedia*: Effektivität. URL: http://de.*Wikipedia*.org/wiki/Effektivität [Stand: 7.10.2009].
278. *Wikipedia* DVD 2006/2007: Wirtschaften.
279. Dahl Jürgen: Vom Geschmack der Lilienblüten. (Dtv) 1995. ISBN-13: 978-3423304641. Gefunden über Wikiquote: Geduld. URL:http://de.wikiquote.org/wiki/Geduld [Stand: 11.11.2009].
280. *Wikipedia*: Matrix (Film). URL: http://de.*Wikipedia*.org/wiki/Matrix_(Film) [Stand: 24.9.2008].
281. *Wikipedia* DVD 2006/2007: Blade Runner.
282. Ariel Hauptmeier: Ich ist ein Anderer. GEO 12/2007, S. 127.
283. Ariel Hauptmeier: Ich ist ein Anderer. GEO 12/2007, S. 120.
284. Katja Seefeldt: Der Monitor geht ins Auge. Heise online 29.4.2004. URL: http://www.heise.de/tp/r4/artikel/17/17313/1.html [Stand: 7.10.2009].
285. Gerhard Vollmer: Auf der Suche nach der Ordnung. (Hirzel) Stuttgart 1995, S.43-59. Auch in: Aufklärung und Kritik 1/1994, S. 81-92. PDF URL:

http://fowid.de/fileadmin/textarchiv/Menschenbild_-_Kr_nkungen__Gerhard_Vollmer___TA-1994-1.pdf[Stand: 7.10.2009].
286. Ärztejournal Online: Suchtfalle Alkohol - Was die Alltagsdroge in unserem Gehirn bewirkt. URL: http://www.aerztejournal.at/news_detail.php?l_id=de&p_id=1&page=&n_id=487&f il ter_text= [Stand: 18.9.2009].
287. The Love Bug – Ein toller Käfer. USA 1969. Regie: Robert Stevenson. Walt Disney Productions. Aus: Helmut Ziegler: Die schönsten Film-Weisheiten. Humboldt Verlags GmbH, Baden Baden 2004. 3.Auflage 2006, S.132. ISBN: 3-89994-031-8.
288. Martin Wagner: Gott und die Frauen. 28.4.2006. URL: http://www.martin-wagner.org/gott_und_die_frauen.htm [Stand: 7.10.2009].
289. Erich Fromm: Ihr werdet sein wie Gott – Eine radikale Interpretation des Alten Testaments und seiner Tradition. (Aus dem Englischen von Liselotte und Ernst Mickel.) Deutscher Taschenbuchverlag GmbH & Co.KG, München September 2008, S. 35. ISBN: 978-3-423-3.
290. Hermann Hesse: Eigensinn macht Spaß – Individuation und Anpassung, (Suhrkamp Verlag) Frankfurt am Main 1986, S. 99. ISBN: 3-518-03585-1.
291. Erich Fromm: Ihr werdet sein wie Gott – Eine radikale Interpretation des Alten Testaments und seiner Tradition. (Aus dem Englischen von Liselotte und Ernst Mickel.) Deutscher Taschenbuchverlag GmbH & Co.KG, München September 2008, S. 48. ISBN: 978-3-423-3.
292. Erich Fromm / Rainer Funk: Humanismus als reale Utopie – Der Glaube an den Menschen. (Ullstein) 1.Auflage. 2005. S.193. ISBN: 978-3-548-36776-7.
293. Erich Fromm / Rainer Funk: Humanismus als reale Utopie – Der Glaube an den Menschen.(Ullstein) 1.Auflage. 2005. S.194. ISBN: 978-3-548-36776-7.
294. *Wikipedia* DVD 2006/2007: Großer Bruder.
295. *Wikipedia* DVD 2006/2007: 1984 (Roman).
296. *Wikipedia* DVD 2006/2007: Damnatio memoriae.
297. Rede Bundeskanzlerin Merkel vor dem Kongress der Vereinigten Staaten von Amerika. Di, 03.11.2009 in Washington.Quelle: bundesregierung. de. URL: http://www.bundesregierung.de/Content/DE/Rede/2009/11/2009-11-03-rede-merkel-usa.html [Stand: 6.11.2009].
298. *Wikipedia* DVD 2006/2007: Schöne neue Welt.
299. *Wikipedia* DVD 2006 / 2007: Soziale Kompetenz.
300. Dr. med. Rudolf Ziegler: Bewegung – die Medizin des 21. Jahrhunderts. Puls-Aktiv. 12.Jahrgang. Ausgabe 2009, S. 4. URL: http://www.pulsaktiv.de/3_Thema/thema_01.html [Stand: 10.10.2009].
301. Wilde Affen benutzen Werkzeug. Spiegel Online Wissenschaft 10.12.2004. URL: http://www.spiegel.de/wissenschaft/natur/0,1518,332033,00.html [Stand: 10.10.2009].
302. *Wikipedia* DVD 2006/2007: Freiwirtschaft.

303. *Wikipedia*: Völker und Allianzen im Star-Trek-Universum. URL: http://de.*Wikipedia*.org/wiki/Völker_im_Star-Trek-Universum#Borg[Stand: 10.8.2009].
304. Memory Alpha. URL: http://memory-alpha.org/de/wiki/Hive-Bewusstsein [Stand 10.8.2009].
305. Erich Fromm / Rainer Funk: Vom Haben zum Sein – Wege und Irrwege der Selbsterfahrung. (Ullstein) Deutschland 2006, S. 137-138. ISBN: 978-3-548-36775-0.
306. Florian Rötzer: Droht uns die "digitale Demenz"?. Heise Online 11.6.2007. URL: http://www.heise.de/tp/r4/artikel/25/25483/1.html [Stand:10.10.2009].
307. Dr. med. Rudolf Ziegler: Editorial Puls Aktiv. 11.Jahrgang. Ausgabe 2008. URL: http://www.pulsaktiv.de/editorial.html [Stand:16.8.2008].
308. Tobias Hürter / Kathrin Zinkant: Wie gesund ist Sport wirklich? Die Zeit - Zeit Wissen. Nr. 6 2007, S. 14-17..
309. Erich Fromm / Rainer Funk: Haben oder Sein. (Spiegel-Edition) Hamburg 2006/2007, S. 25. ISBN: 978-3-87763-028-0.
310. Erich Fromm / Rainer Funk: Humanismus als reale Utopie – Der Glaube an den Menschen. (Ullstein) 1.Auflage. 2005. S. 81. ISBN: 978-3-548-36776-7.
311. Die Truman Show. USA 1998. Regie: Peter Weir. Paramount Pictures / Paramount Home Entertainment 2003.
312. *Wikipedia* DVD 2006/2007: Die Truman Show.
313. Blaise Pascal: Gedanken, Anaconda Verlag, Köln, 2007, S. 90 (II, 176). Quelle: Zitate-aphorismen.de URL:http://www.zitate-aphorismen.de/zitate/interpretation/Blaise_Pascal/3079 [Stand:11.11.2009].
314. Frank Schätzing: Nachrichten aus einem unbekannten Universum. 1.Auflage. Köln 2007, S.285. ISBN: 978-3-462-03786-9.
315. *Wikipedia* DVD 2006/2007: Archimedisches Prinzip.
316. *Wikipedia* DVD 2006/2007: Verdrängungsarbeit.
317. *Wikipedia* DVD 2006/2007: Verdrängung (Pschologie).
318. Die Ehe der Maria Braun. BRD 1979. Regie: Rainer Werner Fassbinder. Albatros Filmproduktion / CMS Complete Media Services GmbH 2005. Aus: Helmut Ziegler: Die Rückkehr der schönsten Film-Weisheiten. Humboldt Verlags GmbH, Baden Baden 2005. 1. Auflage 2005.
319. *Wikipedia* DVD 2006/2007: Kapitalismus.
320. *Wikipedia*: Unabhängigkeitserklärung der Vereinigten Staaten. URL: http://de.*Wikipedia*.org/wiki/Unabhängigkeitserklärung_der_Vereinigten_Staaten#Die_Pr.C3.A4ambel [Stand: 21.6.2009].
321. Bundesministerium der Justiz: AGG - § 1 Ziel des Gesetzes. URL: http://www.gesetze-im-internet.de/agg/__1.html [Stand: 10.10.2009].
322. George Orwell: 1984. (Ullstein) Frankfurt/M - Berlin 1991, S. 73-74. ISBN: 3-548-20456-2.
323. George Orwell: 1984. (Ullstein) Frankfurt/M - Berlin 1991, S. 211. ISBN: 3-548-20456-2.

324. *Wikipedia* DVD 2006/2007: Sinn (Wahrnehmung).
325. *Wikipedia* DVD 2006/2007: Bundestagswahl 2005.
326. Wahl 05 - Das Erste - 18.09.05. Direkt unter: URL: http://www.tagesschau.de/multimedia/video/video99552.html [Stand: 10.10.2009].
327. Erich Fromm / Rainer Funk: Humanismus als reale Utopie – Der Glaube an den Menschen.(Ullstein) 1.Auflage. 2005. S.63-64. ISBN: 978-3-548-36776-7.
328. Erich Fromm / Rainer Funk: Vom Haben zum Sein – Wege und Irrwege der Selbsterfahrung. (Ullstein) Deutschland 2006, S. 34. ISBN: 978-3-548-36775-0.
329. *Wikipedia* DVD 2006/2007: Klartraum.
330. dpa/AFP/cn/dma: Preisexplosion - Grüne gegen Steuersenkung beim Sprit. 10. Mai 2008, 10:31 Uhr. URL: http://www.welt.de/finanzen/article1983175/Gruene_gegen_Steuersenkung_beim_Sprit.html [Stand: 4.12.2008].
331. DPA/Reuters: Ölpreis - Benzin so günstig wie vor drei Jahren. 17. November 2008, 16:23 Uhr. URL: http://www.stern.de/wirtschaft/unternehmen/maerkte/:%D6lpreis-Benzin/645960.html [Stand:4.12.2008].
332. Fördermenge sinkt um 2,2 Millionen Fass - Die OPEC macht das Öl knapp. Tagesschau.de [Stand: 17.12.2008 21:49 Uhr]. URL: http://www.tagesschau.de/wirtschaft/opec122.html [Stand: 30.10.2009].
333. www.kfztech.de. URL: http://www.kfztech.de/kfztechnik/motor/steuerung/leistung.htm [Stand: 2.7.2010].
334. *Wikipedia* DVD 2006/2007: Schaumweinsteuer (Deutschland).
335. Rainer Woratschka: Rentenanpassung 2008 könnte höher ausfallen als erwartet. Der Tagesspiegel 1.11.2007. URL: http://www.tagesspiegel.de/politik/div/;art771,2411113 [Stand: 12.10.2009].
336. Bernhard Pötter: Durchblick beim Klimawandel – Zwölf verbreitete Halbwahrheiten im Licht der Forschung. GEO 12/2007, S.193-194.
337. WE FEED THE WORLD – Essen Global. Unterrichtsmaterial 2006, S. 16. PDF. URL: http://www.essen-global.de/schule.html; URL: http://www.essen-global.de/material/Schulheft1.pdf [Stand24.9.2009].
338. Autopapst: Und noch einmal: Feinstaubplaketten. Zeit Online 1. Februar 2008 um 20:25 Uhr. URL: http://blog.zeit.de/autopapst/?p=226.
339. Dr. Gunnar Gohlisch und Marion Malow: Umweltauswirkungen von Geschwindigkeitsbeschränkungen. Umweltbundesamt, Berlin Juni 1999. Online PDF URL: http://www.umweltdaten.de/publikationen/fpdf-l/3136.pdf [Stand: 20.2.2010].
340. hgn: Wie groß ist die Chance im Lotto zu gewinnen? Sueddeutsche.de 06.10.2006, 10:40. URL: http://www.sueddeutsche.de/panorama/797/374607/text/ [Stand: 18.10.2009].
341. *Wikipedia*: Lotteriemonopol. URL: http://de.*Wikipedia*.org/wiki/Lotteriemonopol [Stand: 17.10.2009].

342. : Referat Werbung und Medien bei Dr. Gregor Jansen, SS 2000, Fh Aachen, Fb 04 VisKom, Helge Barske. URL: http://www.barske.com/FP/PRIVAT/WERBUNG.HTML [Stand: 18.10.2009].
343. Theodor Adorno: Minima Moralia – Reflexionen aus dem beschädigten Leben. (Suhrkamp) Frankfurt am Main 1951. Taschenbuch Erste Auflage 2003, S. 59. ISBN: 978-3-518-29304-1.
344. Die Wahrheit lügt in der Mitte, Ralf Reglin Verlag Köln, Ausgabe 1999, S. 26. ISBN 3-930620-24-3.
345. Neuromarketing nimmt Kinder ins Visier. LifeGen.de 4.5.2006. URL: http://www.lifegen.de/newsip/shownews.php4?getnews=2006-05-02-4409&pc=s01 [stand: 30.10.2009].
346. Vgl. Reto U. Schneider: Das Experiment -- Ja nicht aus der Reihe tanzen.NZZ Folio 09/07 - Thema: Sicherheit. URL: http://www.nzzfolio.ch/www/d80bd71b-b264-4db4-afd0-277884b93470/showarticle/8fd218d3-815a-4587-b108-d86648a80306.aspx Stand: 30.10.2009].
347. *Wikipedia* Konformitätsdruck. URL: http://de.*Wikipedia*.org/wiki/Konformitätsdruck [Stand: 12.7.2009].
348. *Wikipedia*: Des Kaisers neue Kleider. URL: http://de.*Wikipedia*.org/wiki/Des_Kaisers_neue_Kleide [Stand: 13.7.2009].
349. Dalai Lama / Howard C. Cutler: Die Regeln des Glücks. 12.Auflage.(Bastei Lübbe) Bergisch Gladbach 2006, S. 37. ISBN: 978-3-404-70170-4.
350. *Wikipedia*: Pawlowscher Hund. URL: http://de.*Wikipedia*.org/wiki/Pawlowscher_Hund [Stand: 19.10.2007].
351. Krishnamurti: Vollkommene Freiheit, 5. Aufl. Frankfurt am Main: Fischer, 2006, S. 283. ISBN: 3596150671.
352. *Wikipedia* DVD 2006/2007: Klassische Konditionierung.
353. George Orwell: 1984. (Ullstein) Frankfurt/M - Berlin 1991, S. 39 u. S. 251. ISBN: 3-548-20456-2.
354. Harald Pauli: „Lächerlich und absurd“. Focus 12/98. Focus Online 16.03.1998. URL: http://www.focus.de/panorama/boulevard/entertainment-laecherlich-und-absurd_aid_169890.html [Stand: 30.10.2009].
355. *Wikipedia* DVD 2006/2007: Wag the Dog.
356. *Wikipedia*: Wag the Dog - Wenn der Schwanz mit dem Hund wedelt. URL:http://de.*Wikipedia*.org/wiki/Wag_the_Dog_–_Wenn_der_Schwanz_mit_dem_Hund_wedelt [Stand: 18.10.2009].
357. Wag the Dog – Wenn der Schwanz mit dem Hund wedelt. USA 1997. Regie: Barry Levinson. Baltimore Pictures / Concorde Video 1999.
358. *Wikipedia* DVD 2006/2007: Spin Doctor.
359. Thank You for Smoking. USA 2005. Regie: Jason Reitman. Room 9 Entertainment / Twentieth Century Fox Home Entert. 2007.
360. Steuereinnahmen höher als geplant - Bund macht gut fünf Milliarden weniger Schulden. Tagesschau.de 13.10.2007 18:37 Uhr. URL: http://www.tagesschau.de/inland/haushalt4.html.

361. Vgl. Welt Online: Pro-Kopf-Verschuldung steigt erstmals über 20 000 Euro. URL: http://www.welt.de/wams_print/article3337690/Pro-Kopf-Verschuldung-steigt-erstmals-ueber-20-000-Euro.html. Stand: 8. März 2009, 02:32 Uhr.
362. dpa: Zehn Billionen erreicht: Zu viele Nullen für die Schuldenuhr. Netzzeitung.de 09. Okt 2008 14:59 URL: http://www.netzeitung.de/wirtschaft/wirtschaftspolitik/1182218.html [Stand: 18.10.2009].
363. *Wikipedia* DVD 2006/2007: Boeing B-52.
364. Dirk Eckert: Es begann mit einer Lüge. Heise online 5.2.2002. URL: http://www.heise.de/tp/r4/artikel/11/11759/1.html und http://www.dirk-eckert.de/texte.php?id=190 [Stand: 20.10.2009].
365. Jörg Rohleder / Joachim Hirzel: Google oder böse. Focus 42/2006 S. 226.
366. *Wikipedia*: Nachrichten- und Presseagentur. URL: http://de.*Wikipedia*.org/wiki/Nachrichten-_und_Presseagentur [Stand: 21.10.2007].
367. Stirb langsam 4.0. USA / UK 2007. Regie: Len Wiseman. Twentieth Century-Fox Film Corporation / Twentieth Century Fox Home Entert. 2007.
368. BR – Online. URL: http://www.br-online.de/umwelt-gesundheit/thema/vogelgrippe/index.xml [Stand: 27.8.2007].
369. vem: Northern-Rock-Aktie zeitweise vom Handel ausgesetzt. DW-World.de. URL: http://www.deutsche-welle.de/dw/article/0,2144,2785659,00.html [Stand: 21.10.2009].
370. Folge der US-Immobilienkrise - Fannie Mae und Freddie Mac verstaatlicht. Tagesschau. de 08.09.2008 09:58 Uhr. URL: http://www.tagesschau.de/wirtschaft/immobilienkrise110.html [Stand: 8.9.2008].
371. Finanzkrise - US-Regierung unterstützt Banken mit 700 Mrd. Dollar. Handelsblatt. com 21.09.2008 07:11 Uhr. URL: http://www.handelsblatt.com/politik/konjunktur-nachrichten/us-regierung-unterstuetzt-banken-mit-700-mrd-dollar;2044407 [Stand: 21.9.2008].
372. Vgl. Hypo Real Estate bekommt 35 Milliarden - Bank in allerletzter Minute vor der Pleite gerettet! Bild.de 30.09.2008 - 12:16 UHR. URL: http://www.bild.de/BILD/news/wirtschaft/2008/09/30/hypo-real-estate-vor-pleite-gerettet/steuerzahler-buergen.html [Sta.
373. AB: Die Börse braucht ein Rettungspaket. boerse. ARD.de 30.09.2008 15:16. URL: http://boerse.ard.de/content_rb.jsp?key=dokument_314222&date=30.09.2008.
374. *Wikipedia*: Weltwirtschafskrise. URL: http://de.*Wikipedia*.org/wiki/Weltwirtschaftskrise [Stand: 4.10.2008].
375. Rüdiger Meyer: News in der Krise. TV Spielfilm September 2006.
376. ap: Dalai Lama ruft zu Gewaltverzicht auf – China: Geistliches Oberhaupt der Tibeter Schuld an Aufruhr. 18.03.2008 [Archiv]. URL: http://www.heute.de/ZDFheute/inhalt/28/0,3672,7182492,00.html?dr=1 [Stand. 21.10.2009].

377. AP: Der schwäbische Flüssigei-Skandal. Stuttgarter Zeitung. 21.10.2005. URL: http://www.stuttgarter-zeitung.de/stz/page/1016187_0_9223_-vor-20-jahren-der-schwaebische-fluessigei-skandal.html [Stand: 24.10.2009].
378. Welt Online 20. August 2002, 00:00 Uhr URL: http://www.welt.de/print-welt/article407237/Versicherungsstreit_ums_World_Trade_Center.html [Stand. 21.10.2009], Zeit Online 4.9.2006 - 01:32 Uhr URL: http://www.zeit.de/2006/36/P-Silverstein1[Stand. 21.10.2009].
379. *Wikipedia* 7 World Trade Center URL: http://de.*Wikipedia*.org/wiki/WTC_7#Einsturz [Stand: 3.5.2009].
380. nz: Terrorattentäter brachten am 11. September Flugzeug in Pennsylvania selbst zum Absturz. Netzzeitung.de 08. Aug 2003 07:08. URL: http://www.netzeitung.de/spezial/kampfgegenterror/250221.html [Stand: 21.10.2009].
381. Wolf Schneider: Unsere tägliche Desinformation - Wie Massenmedien uns in die Irre führen. (Gruner +Jahr) 2. Auflage. Hamburg 1984, S.11-12. ISBN: 3-570-03915-3.
382. Michael Kneissler. PM-Magazin.de: Die Wahrheit über den Da Vinci Code. URL: http://www.pm-magazin.de/de/specials/artikel.asp?id=128 [Stand: 12.9.2009].
383. *Wikipedia*: Entfremdung. URL: http://de.*Wikipedia*.org/wiki/Entfremdung [Stand: 5.9.2009].
384. *Wikipedia*: Dialektische Aufhebung. URL: http://de.*Wikipedia*.org/wiki/Dialektische_Aufhebung [Stand: 5.9.2009].
385. *Wikipedia*: Yps. URL: http://de.*Wikipedia*.org/wiki/Yps [Stand: 9.3.2008].
386. *Wikipedia*: Style. URL:http://de.*Wikipedia*.org/wiki/Style [Stand: 24.3.2008].
387. *Wikipedia*: Proll. URL: http://de.*Wikipedia*.org/wiki/Proll [Stand: 28.02.2008].
388. *Wikipedia*: Prolet. URL: http://de.*Wikipedia*.org/wiki/Prolet [Stand:28.02.2008].
389. *Wikipedia*: Talmud. URL: http://de.*Wikipedia*.org/wiki/Talmud [Stand: 23.7.2009].
390. *Wikipedia*: Schrödingers Katze. URL: http://de.*Wikipedia*.org/wiki/Schrödingers_Katze [Stand: 20.6.2008].
391. *Wikipedia*: Phishing URL: http://de.*Wikipedia*.org/wiki/Phishing [Stand: 24.4.2008].
392. *Wikipedia*: Allgemeinwissen. URL: http://de.*Wikipedia*.org/wiki/Allgemeinwissen [Stand: 22.4.2008].
393. *Wikipedia*: Star Wars. URL: http://de.*Wikipedia*.org/wiki/Star_Wars [Stand:30.5.2008].
394. Vgl. *Wikipedia*. URL: http://de.*Wikipedia*.org/wiki/Gustav_Stresemann [Stand: 14.5.2007].
395. Science.orf.at. Abrufbar im Internet: URL: http://science.orf.at/science/news/95779 [Stand: 7.9.2009].
396. *Wikipedia*: Metaphysik. URL: http://de.*Wikipedia*.org/wiki/Metaphysik [Stand: 10.9.2009].

397. Martin Häusler: Ist die Sonne unser Schicksal. Interview mitDieter Broers. 1. Januar 2009. Quelle: www.hoerzu.de. PDF: URL: http://www.huna-vita.de/grafik/PDF-Datein/H%F6r-Zu-Artikel.pdf [Stand: 10.9.2009].
398. *Wikipedia* DVD 2006/2007: Sündenbock.
399. *Wikipedia*: Lethargie. URL: http://de.*Wikipedia*.org/wiki/Lethargie [Stand: 11.9.2008].
400. *Wikipedia*: Skandhas. Url: http://de.*Wikipedia*.org/wiki/Skandhas [Stand: 11.9.2009].
401. *Wikipedia*: Selbstregulation. URL: http://de.*Wikipedia*.org/wiki/Selbstregulation [Stand: 25.9.2007].
402. *Wikipedia*: Kinetische Energie. URL: http://de.*Wikipedia*.org/wiki/Kinetische_Energie [Stand: 24.7.2008].
403. *Wikipedia*: Unisono. URL: http://de.*Wikipedia*.org/wiki/Unisono [Stand: 21.7.2008].
404. *Wikipedia*: Devendra Singh. URL: http://de.*Wikipedia*.org/wiki/Devendra_Singh [Stand: 29.5.09].
405. *Wikipedia*: Pfingsten. URL: http://de.*Wikipedia*.org/wiki/Pfingsten [Stand:17.5.2008].
406. *Wikipedia*: Schwellenpotential. URL: http://de.*Wikipedia*.org/wiki/Schwellenpotential [Stand: 5.12.2007].
407. *Wikipedia* DVD 2006/2007: Kommune 1.
408. Franz Mechsner: Die Sprache der Gefühle. GEO 08/2006, S.119.
409. *Wikipedia*: Gruppe der Acht. URL: http://de.*Wikipedia*.org/wiki/Gruppe_der_Acht [Stand: 15.7.2009].
410. *Wikipedia*: Spiegelneuron. URL: http://de.*Wikipedia*.org/wiki/Spiegelneuron [Stand: 12.9.2009].
411. *Wikipedia*: Die Peanuts. URL: http://de.*Wikipedia*.org/wiki/Die_Peanuts#Woodstock [Stand: 11.6.2008].
412. *Wikipedia*: Tiermehl. URL: http://de.*Wikipedia*.org/wiki/Tiermehl [Stand: 3.8.2009].
413. *Wikipedia*: BSE. URL: http://de.*Wikipedia*.org/wiki/Bovine_spongiforme_Enzephalopathie [Stand: 3.8.2009].
414. *Wikipedia* DVD 2006/2007: Timm Thaler.
415. *Wikipedia* DVD 2006/2007: Edler Wilder.
416. *Wikipedia*: Aspartam. URL: http://de.*Wikipedia*.org/wiki/Aspartam [Stand: 20.7.2009].
417. *Wikipedia*: Olestra. URL: http://de.*Wikipedia*.org/wiki/Olestra#cite_note-0 [Stand: 20.7.2009].
418. *Wikipedia* DVD 2006/2007: Bolustod.
419. DPA: WWF warnt: Eisbären sterben bis 2050 aus. Handelsblatt.com. URL: http://www.handelsblatt.com/technologie/forschung/wwf-warnt-eisbaeren-sterben-bis-2050-aus;1321356 [Stand: 11.09.2007].

420. Die Zehn Gebote. Evangelische Kirche in Deutschland. URL: http://www.ekd.de/glauben/zehn_gebote.html [Stand:20.9.2009].
421. *Wikipedia* DVD 2006/2007: Bit.
422. *Wikipedia*: Anagramm. URL: http://de.*Wikipedia*.org/wiki/Anagrammieren [Stand: 11.9.2008].
423. *Wikipedia*: Hobbit. URL: http://de.*Wikipedia*.org/wiki/Hobbit [Stand: 13.10.2008].
424. *Wikipedia*: Regionen und Orte in Tolkiens Welt. URL: http://de.*Wikipedia*.org/wiki/Schicksalsberg#Der_Schicksalsberg [Stand: 23.9.2008].
425. *Wikipedia*: Schuldenerlass . URL: http://de.*Wikipedia*.org/wiki/Schuldenerlass [Stand: 25.9.2009].
426. Roland Geitmann: Bibel Kirchen Zinswirtschaft. URL: http://userpage.fu-berlin.de/roehrigw/geitmann/ [Stand: 25.9.2009].
427. *Wikipedia* Android. URL: http://de.*Wikipedia*.org/wiki/Android [Stand: 27.9.2009].
428. *Wikipedia* DVD 2006/2007: Impulserhaltungssatz.
429. *Wikipedia* DVD 2006/2007: Kaizen.
430. *Wikipedia* DVD 2006/2007: PSA.
431. *Wikipedia*: Second Life. URL: http://de.*Wikipedia*.org/wiki/Second_Life [Stand: 24.9.2007].
432. *Wikipedia*: Spiritualität. URL: http://de.*Wikipedia*.org/wiki/Spiritualität [Stand 29.2.2008].
433. *Wikipedia*: Oval Office. URL: http://de.*Wikipedia*.org/wiki/Oval_Office [Stand: 8.10.2009].
434. *Wikipedia*: Quantencomputer. http://de.*Wikipedia*.org/wiki/Quantencomputer [Stand: 19.3.2009].
435. *Wikipedia*: Form follows function. URL: http://de.*Wikipedia*.org/wiki/Form_follows_function [Stand: 10.10.2009].
436. Memory Alpha.org URL: http://memory-alpha.org/de/wiki/Locutus [Stand: 10.8.2009].
437. *Wikipedia*: MacGyver. URL: http://de.*Wikipedia*.org/wiki/MacGyver [Stand: 10.10.2009].
438. *Wikipedia*: PDA. URL: http://de.*Wikipedia*.org/wiki/PDA [Stand: 10.10.2009].
439. *Wikipedia*: Epidemiologie. URL: http://de.*Wikipedia*.org/wiki/Epidemiologie [Stand: 16.5.2008].
440. *Wikipedia*: Duldungsstarre. http://de.*Wikipedia*.org/wiki/Duldungsstarre [Stand:16.8.2008].
441. *Wikipedia*: Majoritäteneinfluss. URL: http://de.*Wikipedia*.org/wiki/Majoritäteneinfluss [Stand:11.7.2009].
442. Bundesministerium der Justiz: Grundgesetz für die Bundesrepublik Deutschland. URL: http://www.gesetze-im-internet.de/gg/BJNR000010949.html [Stand:10.10.2009].

443. Vgl. Albert Einstein: Warum Sozialismus 1949. PDF. URL: http://www.netzwerkit.de/projekte/man-nci/turbo/chronik/Albert%20Einstein.pdf [Stand: 10.10.2009].
444. *Wikipedia*: Monthly Review. URL: http://de.*Wikipedia*.org/wiki/Monthly_Review [Stand: 10.10.2009].
445. *Wikipedia* DVD 2006/2007: Streaming Media.
446. *Wikipedia*: John Maynard Keynes. URL: http://de.*Wikipedia*.org/wiki/John_Maynard_Keynes [Stand: 12.10.2009].
447. Vgl. Tagesschau Online. URL: http://www.tagesschau.de/ausland/dumawahl6.html [Stand: 24.11.2007 21:34 Uhr].
448. *Wikipedia*: Extrasystole. URL: http://de.*Wikipedia*.org/wiki/Extrasystole [Stnad: 3.12.2008].
449. *Wikipedia* DVD 2006/2007: Nord-Ostsee-Kanal.
450. *Wikipedia*: Steuer. URL: http://de.*Wikipedia*.org/wiki/Steuer [Stand: 15.10.2009].
451. Korrekturen.de – Korrekturservice im Internet. URL: http://www.korrekturen.de/beliebte_fehler/gang_und_gebe.shtml [Stand; 29.8.2008].
452. *Wikipedia*: The Fast and the Furious. URL: http://de.*Wikipedia*.org/wiki/The_Fast_and_the_Furious [Stand: 17.10.2009].
453. *Wikipedia*: Johannes Gutenberg. URL: http://de.*Wikipedia*.org/wiki/Johannes_Gutenberg [Stand: 18.10.2009].
454. *Wikipedia*: Solomon Asch. URL: http://de.*Wikipedia*.org/wiki/Solomon_Asch [Stand: 12.7.2009].
455. *Wikipedia*: Friedrich Nowottny. URL: http://de.*Wikipedia*.org/wiki/Friedrich_Nowottny. [Stand: 18.10.2009].
456. *Wikipedia*: Lobbyismus. URL: http://de.*Wikipedia*.org/wiki/Lobbyismus [Stand: 2.7.2009].
457. *Wikipedia*: Algorithmus. URL: http://de.*Wikipedia*.org/wiki/Algorithmus [Stand: 21.10.2009].
458. dpa/lby: Hamburger Abendblatt: Deutschlands größte Keulung hat begonnen. 8.September 2007, 13.22 Uhr. URL: http://www.abendblatt.de/nachrichten/nachrichten-des-tages/article878466/Deutschlands-groesste-Keulung-hat-begonnen.html [Stand: 21.10.2009].
459. *Wikipedia*: Notleidender Kredit. URL: http://de.*Wikipedia*.org/wiki/Notleidender_Kredit [Stand: 22.9.2008].
460. *Wikipedia*: Methadon. URL: http://de.*Wikipedia*.org/wiki/Methadon [Stand:14.7.2009].
461. *Wikipedia*: Ex opere operato. http://de.*Wikipedia*.org/wiki/Ex_opere_operato [Stand: 16.9.2009].
462. Vgl. Rüdiger Meyer: News in der Krise. TV Spielfilm September 2006..
463. *Wikipedia* DVD 2006/2007: Lee_Harvey_Oswald.

464. *Wikipedia*: Erich Kästner. URL: http://de.*Wikipedia*.org/wiki/Erich_Kästner [Stand: 5.11.2009].
465. Vgl. *Wikipedia*: William Faulkner. URL: http://de.*Wikipedia*.org/wiki/William_Faulkner [Stand: 24.9.2009].
466. *Wikipedia*: Soziales Netzwerk (Systemtheorie). URL: http://de.*Wikipedia*.org/wiki/Soziales_Netzwerk_(Systemtheorie) [Stand: 16.11.2009].
467. *Wikipedia*: Soziales Netzwerk (Internet). URL: http://de.*Wikipedia*.org/wiki/Soziales_Netzwerk_(Informatik) [Stand: 15.11.2009].
468. *Wikipedia*: Energieerhaltungssatz. URL: http://de.*Wikipedia*.org/wiki/Energieerhaltungssatz [Stand: 25.11.2009].
469. Aus dem Album WILLST DU MIT MIR GEHEN, Music by NENA - Uwe Fahrenkrog-Petersen / Text by NENA.
470. *Wikipedia*: Avatar (Internet). URL: http://de.*Wikipedia*.org/wiki/Avatar_(Internet) [Stand: 21.12.2009].
471. *Wikipedia*: Erweiterte Realität. URL: http://de.*Wikipedia*.org/wiki/Erweiterte_Realität [Stand: 17.6.2010].
472. *Wikipedia*: Edeka. URL: http://de.*Wikipedia*.org/wiki/Edeka [Stand: 2.7.2010].
473. Bund der Steuerzahler Deutschland e.V.: Halbzeit 2010: Bund der Steuerzahler stellt Schuldenuhr um. (01.07.2010) URL:http://www.steuerzahler.de/wcsite.php?wc_c=31791 [Stand: 2.7.2010].
474. *Wikipedia*: Metro AG. URL: http://de.*Wikipedia*.org/wiki/METRO_AG [Stand: 2.7.2010].
475. *Wikipedia*: Homo oeconomicus. URL: http://de.*Wikipedia*.org/wiki/Homo_oeconomicus [Stand: 21.7.2010].
476. Jon Gambrell: Nigerdelta - Die ganz alltägliche Ölpest, Zeit Online (8.7.2010 - 09:43 Uhr), URL: http://www.zeit.de/wirtschaft/2010-07/oelpest-nigeria?page=1 [Stand: 23.7.2010].
477. *Wikipedia*: Essay. URL: http://de.*Wikipedia*.org/wiki/Essay [Stand: 30.8.2010].
478. *Wikipedia*: Marketing-Charakter. URL: http://de.*Wikipedia*.org/wiki/Marketing-Charakter [Stand: 13.9.2009].

Abbildungsverzeichnis

S. 416 Ebusiness Concept 02. © Nmedia - www.fotolia.de

S. 570 Schuldenuhr New York (Vorher). Photos by: Digiart2001 / jason.kuffer URL: http://farm3.static.flickr.com/2113/2214844805_a089681ae9_o_d.jpg [Stand: 26.1.2010]. Lizenz: Creative Commons Attribution-Share Alike 2.0 Generic (Namensnennung-Weitergabe unter gleichen Bedingungen 2.0 US-amerikanisch (nicht portiert))
Schuldenuhr New York (Nachher). Photos by: Kevin Krejci (16. November 2008)
URL: http://www.flickr.com/photos/kevinkrejci/3065365140/sizes/o/ [Stand: 26.1.2010]. Lizenz: Creative Commons Attribution 2.0 Generic (Namensnennung 2.0 US-amerikanisch (nicht portiert))

S. 606 Maulwurf. © Marina Lohrbach - www.fotolia.de